Voici le meilleur d

FRAN

ANGL

jamais publié à un ... bas

Il a été expressément conçu pour la plus grande variété possible de lecteurs : étudiants, professeurs, touristes — au bureau et à la maison... Vous y trouverez plus de 35 000 mots dans l'ordre alphabétique, la prononciation figurée du français et de l'anglais, les locutions et les idiotismes les plus répandus dans les deux langues, les américanismes, les canadianismes...

Rédigé tout récemment par les plus éminents spécialistes en matière de lexicologie française, il est à la fois concis et précis. C'est un guide indispensable, dont l'utilisateur mesurera chaque jour la valeur.

The above text appears in English on the back cover.

Dictionnaire

FRANÇAIS-ANGLAIS
ANGLAIS-FRANÇAIS

Larousse

Deux volumes en un seul

par

Marguerite-Marie Dubois

Docteur ès lettres, Professeur à la Sorbonne

Denis J. Keen

M. A. (Cantab.). Assistant à la Sorbonne,
Directeur de la Section de français
à l'Institut britannique des Universités
de Paris et de Londres

Barbara Shuey

M. A.
University of California

avec la collaboration de

Jean-Claude Corbeil

Professeur adjoint à l'Université de
Montréal, Membre du Conseil
international de la langue française

Lester G. Crocker

Dean of Humanities
Case Western Reserve
University (Cleveland)

Édition revue et augmentée

PUBLISHED BY POCKET BOOKS NEW YORK

Distributed in Canada by PaperJacks Ltd., a Licensee
of the trademarks of Simon & Schuster, Inc.

Larousse's

FRENCH-ENGLISH
ENGLISH-FRENCH

Dictionary

Two volumes in one

by

MARGUERITE-MARIE DUBOIS

Docteur ès lettres, Professeur à la Sorbonne

DENIS J. KEEN

M. A. (Cantab.). Assistant à la Sorbonne,
Directeur de la Section de français
à l'Institut britannique des Universités
de Paris et de Londres

BARBARA SHUEY

M. A.
University of California

with the assistance of

JEAN-CLAUDE CORBEIL

Professeur adjoint à l'Université de
Montréal, Membre du Conseil
international de la langue française

LESTER G. CROCKER

Dean of Humanities
Case Western Reserve
University (Cleveland)

Revised and enlarged

PUBLISHED BY POCKET BOOKS NEW YORK

Distributed in Canada by PaperJacks Ltd., a Licensee
of the trademarks of Simon & Schuster, Inc.

POCKET BOOKS, a division of Simon & Schuster, Inc.
1230 Avenue of the Americas, New York, N.Y. 10020
In Canada distributed by PaperJacks Ltd.,
330 Steelcase Road, Markham, Ontario

First edition copyright © 1955 by Librairie Larousse,
Paris, France; revised and enlarged edition copyright
© 1971 by Librairie Larousse, Paris, France

Published by arrangement with Librairie Larousse

ISBN: 0-671-52752-5

First Pocket Books printing (revised and enlarged edition)
May, 1971

45   44   43   42   41   40

POCKET and colophon are registered trademarks
of Simon & Schuster, Inc.

Printed in Canada

PREFACE

The present work is the first handy-sized French-English, English-French dictionary to treat the American language with the same importance as the English language. Intended for a wide public, this book aims at satisfying the requirements not only of tourists, but also of students, teachers, technicians, business people, manufacturers and even those who have just a general interest in matters of language.

More than 35,000 words, arranged in their alphabetical order, make possible a ready translation of the most varied ideas. Difficult turns of phrase are clearly explained and illustrated by examples, rules and idiomatic expressions; careful discrimination is made between Americanisms and Anglicisms; Canadianisms are pointed out; the latest neologisms and even present-day slang enrich the standard vocabulary; the usual abbreviations add to the accuracy of the text; and a perfectly clear type enables the root-word to be distinguished at a glance from the compound word or the colloquial phrase deriving from it.

Words of the same family have, for reasons of greater etymological accuracy, been grouped together in paragraphs; and to avoid possible misinterpretations, we have clarified the meaning or the implication of certain words by the use of explanatory terms placed between square brackets.

The spelling used throughout the work invariably follows American usage, brackets indicating where necessary the English forms. E.g.: hono(u)r; travel(l)ed, etc.

A summary of English and French grammar enables the reader to refer to irregular forms, marked by asterisks, without difficulty, and to use the fundamental rules indispensable for correct speaking or writing.

The phonetic pronunciation used is both simple to understand and scientifically accurate. The transcription adopted reproduces textually, by means of familiar letters, the symbols of the International Phonetic Alphabet. In the English-French section, we have given preference to the American pronunciation as recorded in the dictionary of J. S. Kenyon and Th. A. Knott; in the French-English section, we have followed the method of A. Barbeau and E. Rohde.

Finally, conversion tables for money, weights and measures will prove of real service to travelers spending some time in one or another of our countries.

PRÉFACE

Voici le premier dictionnaire bilingue français-anglais, anglais-français qui, dans un format réduit, donne à la langue américaine autant d'importance qu'à la langue anglaise. Destiné à un vaste public, ce livre s'adresse aussi bien aux touristes qu'aux étudiants et aux professeurs, aux techniciens, commerçants ou industriels comme aux simples curieux amateurs de linguistique.

Plus de 35 000 mots, présentés dans l'ordre alphabétique, permettent de traduire sans peine les idées les plus variées. Des exemples, des règles, des expressions idiomatiques précisent les emplois difficiles; les américanismes et les anglicismes différenciés avec soin, les canadianismes, les néologismes les plus récents, l'argot courant lui-même enrichissent le vocabulaire de base; les abréviations usuelles, aisément comprises dans les deux langues, ajoutent à la précision du texte; enfin, une typographie parfaitement claire permet de distinguer au premier coup d'œil le mot souche du mot composé ou de l'expression familière qui en découlent.

Les mots de la même famille ont été groupés en paragraphes — une plus grande précision étymologique en résulte — et, pour éviter des confusions de sens, nous avons placé entre crochets quelques termes explicatifs qui précisent la signification ou la portée de certains vocables.

L'orthographe donnée dans le cours de l'ouvrage reproduit toujours l'usage américain, des parenthèses indiquant au besoin la graphie anglaise. Ex.: hono(u)r; travel(l)ed, etc.

Un précis grammatical de l'anglais et du français permet de retrouver sans peine les formes irrégulières, signalées par un astérisque, et d'utiliser les notions indispensables pour parler ou écrire correctement.

La prononciation figurée est présentée selon un système clair et scientifiquement exact. Les notations adoptées reproduisent textuellement, au moyen de graphies commodes, les symboles de l'alphabet phonétique international. Dans la partie anglais-français, nous avons donné de préférence la prononciation américaine d'après le dictionnaire de J. S. Kenyon et Th. A. Knott; dans la partie français-anglais, nous avons suivi la méthode de A. Barbeau et E. Rohde.

Enfin, des tables de monnaies et de mesures rendront de réels services aux voyageurs et aux touristes qui séjournent dans l'un ou l'autre de nos pays.

ABBREVIATIONS

abbrev.	abbreviation	abréviation	jur.	jurisdiction	juridiction
adj.	adjective	adjectif	lit.	literature	littérature
adv.	adverb	adverbe	*m.*	masculine	masculin
agr.	agriculture	agriculture	math.	mathematics	mathématiques
Am.	American	américain	mech.	mechanics	mécanique
anat.	anatomy	anatomie	med.	medicine	médecine
arch.	architecture	architecture	metall.	metallurgy	métallurgie
art.	article	article	meteor.	meteorology	météorologie
artill.	artillery	artillerie	mil.	military	militaire
astr.	astrology	astrologie	min.	mineralogy	minéralogie
aux.	auxiliary	auxiliaire	mus.	music	musique
aviat.	aviation	aviation	naut.	nautical	marine
bot.	botany	botanique	*pers.*	personal	personnel
Br.	British	anglais	pharm.	pharmacy	pharmacie
©	Canadianism	canadianisme	phot.	photography	photographie
caval.	cavalry	cavalerie	phys.	physics	physique
chem.	chemistry	chimie	*pl.*	plural	pluriel
colloq.	colloquial	familier	poet.	poetry	poésie
comm.	commerce	commerce	pol.	politics	politique
comp.	comparative	comparatif	pop.	popular	populaire
conj.	conjunction	conjonction	*poss.*	possessive	possessif
constr.	construction	construction	*p. p.*	past participle	participe passé
culin.	culinary	culinaire			
def.	definite	défini	*pref.*	prefix	préfixe
defect.	defective	défectif	*prep.*	preposition	préposition
demonstr.	demonstrative	démonstratif	*pret.*	preterit	prétérit
eccles.	ecclesiastical	ecclésiastique	*pron.*	pronoun	pronom
econ.	economics	économie	*prop.*	proper	propre
educ.	educational	éducatif	*pr. p.*	present participle	participe présent
electr.	electricity	électricité			
ent.	entomology	entomologie	psych.	psychology	psychologie
f.	feminine	féminin	railw.	railway	chemin de fer
fam.	familiar	familier	*refl.*	reflexive	réfléchi
fig.	figuratively	figuré	*rel.*	relative	relatif
fin.	finance	finances	relig.	religion	religion
Fr. Can.	(French) Canadianism	canadianisme (français)	*s.*	substantive	substantif
			sup.	superlative	superlatif
geogr.	geography	géographie	surg.	surgery	chirurgie
geol.	geology	géologie	techn.	technical	technique
geom.	geometry	géométrie	telegr.	telegraphy	télégraphie
gramm.	grammar	grammaire	teleph.	telephony	téléphonie
hist.	history	histoire	text.	textile	textile
hort.	horticulture	horticulture	theat.	theater	théâtre
hyg.	hygiene	hygiène	theol.	theology	théologie
impers.	impersonal	impersonnel	topogr.	topography	topographie
ind.	industry	industrie	typogr.	typography	typographie
indef.	indefinite	indéfini	univ.	university	université
interj.	interjection	interjection	*v.*	verb	verbe
interrog.	interrogation	interrogation	vet.	veterinary	vétérinaire
inv.	invariable	invariable	zool.	zoology	zoologie

* See grammatical part for irregular forms marked by asteriks.	* voir la partie grammaticale pour les formes irrégulières signalées par un astérisque.

PART ONE

FRENCH-ENGLISH

THE ESSENTIALS OF FRENCH GRAMMAR

SENTENCE-BUILDING

Interrogation.

When the subject is a pronoun, place it after the verb, and, in compound tenses, between the auxiliary and the verb. Ex. : *Do you speak?* PARLEZ-VOUS? *Did you speak?* AVEZ-VOUS PARLÉ?

With verbs ending in a vowel, put an euphonic t before a third person pronoun. Ex. : *Did he speak?* A-T-IL PARLÉ? *Does he speak?* PARLE-T-IL? When the subject is a noun, add a pronoun. Ex. : *Does Paul speak?* PAUL PARLE-T-IL?

A handy way of putting questions is merely to place EST-CE QUE before the positive sentence. Ex. : *Does he write?* EST-CE QU'IL ÉCRIT?

Objective pronouns.

They are placed after the verb only in the imperative of reflexive verbs : *sit down*, ASSEYEZ-VOUS. They come before the verb even in compound tenses : *he had said it to me*, IL ME L'AVAIT DIT. The verb should be separated from its auxiliary only by an adverb, or by a pronoun subject in an interrogative sentence. Ex. : IL A BIEN FAIT; AVEZ-VOUS MANGÉ?

THE ARTICLE

Definite article.

The definite article is LE (m.), LA (f.), LES (m. f. pl.). Ex. : *the dog*, LE CHIEN; *the girl*, LA FILLE; *the cats*, LES CHATS. LE, LA are shortened to L' before a vowel or a mute *h*. Ex. : *the man*, L'HOMME; *the soul*, L'ÂME (but LE HÉROS).

Indefinite article.

The indefinite article is UN, UNE. Ex. : *a boy*, UN GARÇON; *a woman*, UNE FEMME.

The plural DES is generally translated by *some* : *some books*, DES LIVRES.

Partitive article.

The partitive article DU (m.), DE LA (f.) is used in sentences like : *take some bread*, PRENEZ DU PAIN; *to have a temperature*, AVOIR DE LA FIÈVRE.

THE NOUN

Plural.

- The plural is generally formed in *s*, as in English.
- Nouns in s, x and z do not change in the plural.
- Nouns in **au**, eau and **eu** (except BLEU) and some in **ou** (CHOU, BIJOU, GENOU, CAILLOU, HIBOU, JOUJOU, POU) form their plural in x. Ex. : CHOU *(cabbage)*, CHOUX; JEU *(game)*, JEUX.

- Nouns in **al** form generally their plural in **aux**. Ex. : CHEVAL, CHEVAUX. A few nouns form their plural in **als** : BAL, CAL, CARNAVAL, CHACAL, FESTIVAL, PAL, RÉCITAL, RÉGAL.

- A few nouns in **ail** form their plural in **aux** : BAIL, CORAIL, ÉMAIL, SOUPIRAIL, TRAVAIL, VITRAIL.

- AÏEUL, CIEL and ŒIL become AÏEUX, CIEUX, YEUX in the ordinary meaning.

Gender of nouns.

- There are no neuter nouns in French. Nearly all nouns ending in a mute *e* are feminine, except those in **isme**, **age** (but IMAGE, NAGE, RAGE are f.), and **iste** (the latter being often either m. or f.).

- Nearly all nouns ending in a consonant or a vowel other than a mute *e* are masculine, except nouns in **ion** and **té** (but ÉTÉ, PÂTÉ are m.).

Feminine.

- The feminine is generally formed by adding e to the masculine. Ex. : PARENT *(relative)*, PARENTE ; AMI *(friend)*, AMIE.

- Nouns in **er** form their feminine in **ère**. Ex. : LAITIER *(milkman)*, LAITIÈRE.

- Nouns in **en**, **on** form their feminine in **enne**, **onne**. Ex. : CHIEN, CHIENNE ; LION, LIONNE.

- Nouns in **eur** form their feminine in **euse**, except those in **teur**, which give **trice**. Ex. : DANSEUR, DANSEUSE ; ADMIRATEUR, ADMIRATRICE. (Exceptions : ACHETEUR, ACHETEUSE ; CHANTEUR, CHANTEUSE ; MENTEUR, MENTEUSE.)

- Nouns in **x** change *x* into se. Ex. : ÉPOUX, ÉPOUSE.

- A few words in e form their feminine in esse. Ex. : MAÎTRE, MAÎTRESSE ; ÂNE, ÂNESSE.

THE ADJECTIVE

Plural.

- The plural is generally formed by adding s to the masculine (m. pl.) or feminine form (f. pl.).

- The masculine of adjectives in s or x do not change in the plural.

- Adjectives in **al** form their plural in **aux** (m.), **ales** (f.). Ex. : PRINCIPAL, PRINCIPAUX (m. pl.), PRINCIPALES (f. pl.). But BANCAL, GLACIAL, NATAL, NAVAL form their plural in **als**, **ales**.

Feminine.

- The feminine is generally formed by adding e to the masculine form. Ex. : ÉLÉGANT, ÉLÉGANTE ; POLI, POLIE.

- Adjectives in **f** change *f* into **ve**. Ex. : VIF, VIVE. Those in **x** change *x* into **se**. Ex. : HEUREUX, HEUREUSE. (Exceptions : DOUX, DOUCE ; FAUX, FAUSSE ; ROUX, ROUSSE and VIEUX, VIEILLE.)

- Adjectives in **er** form their feminine in **ère**. Ex. : AMER, AMÈRE.

- Adjectives in **gu** form their feminine in **guë**, which is pronounced [gü]. Ex. : AIGU, AIGUË.

- Adjectives in **el**, **eil**, **en**, **et**, **on** double the final consonant before adding *e*. Ex. : BEL, BELLE ; BON, BONNE ; ANCIEN, ANCIENNE. (Exceptions : COMPLET, INCOMPLET, CONCRET, DÉSUET, DISCRET, INDISCRET, INQUIET, REPLET, SECRET, which change **et** in **ète**.)

- Some adjectives in **c** change *c* into **qu** (CADUC, CADUQUE ; LAÏC, LAÏQUE ; PUBLIC, PUBLIQUE ; TURC, TURQUE) or **ch** (BLANC, BLANCHE ; FRANC, FRANCHE). The feminine of GREC is GRECQUE.

- A few adjectives in **s** double *s* before adding *e* : BAS, GRAS, LAS, ÉPAIS, MÉTIS, GROS.

- BOULOT, PÂLOT, SOT, VIEILLOT double *t* (BOULOTTE, PÂLOTTE, etc.).

- Adjectives in **eur** form generally their feminine in **euse**, except those in **teur**, which give **trice**. Ex. : MOQUEUR, MOQUEUSE ; PROTECTEUR, PROTECTRICE (but MENTEUR, MENTEUSE). A few adjectives in **eur** form their feminine in **eure** : ANTÉRIEUR, POSTÉRIEUR, ULTÉRIEUR, EXTÉRIEUR, INTÉRIEUR, MAJEUR, MINEUR, SUPÉRIEUR, INFÉRIEUR, MEILLEUR.

Comparative.

- *More* or the ending *er* of adjectives should be translated by PLUS ; *less* by MOINS, and *than* by QUE. Ex. : *more sincere*, PLUS SINCÈRE ; *stronger*, PLUS FORT ; *less good than*, MOINS BON QUE, MOINS BONNE QUE.

- *As... as* should be translated by AUSSI... QUE ; *as much... as* and *as many... as* by AUTANT... QUE ; *not so... as* by PAS SI... QUE, *not so much (many)... as* by PAS TANT... QUE.

Superlative.

- *The most* or the ending *est* should be translated by LE PLUS. Ex. : *the poorest*, LE PLUS PAUVRE ; *the most charming*, LE PLUS CHARMANT.

- *Most* is in French TRÈS. Ex. : *most happy*, TRÈS HEUREUX.

Comparative and superlative : irregular forms.

- *Better*, MEILLEUR ; *the best*, LE MEILLEUR ; *smaller*, MOINDRE ; *the least*, LE MOINDRE ; *worse*, PIRE ; *the worst*, LE PIRE.

Cardinal numbers.

- UN, DEUX, TROIS, QUATRE, CINQ, SIX, SEPT, HUIT, NEUF, DIX, ONZE, DOUZE, TREIZE, QUATORZE, QUINZE, SEIZE, DIX-SEPT, DIX-HUIT, DIX-NEUF, VINGT, VINGT ET UN, VINGT-DEUX... ; TRENTE ; QUARANTE ; CINQUANTE ; SOIXANTE ; SOIXANTE-DIX ; QUATRE-VINGTS ; QUATRE-VINGT-DIX ; CENT, CENT UN, CENT DEUX... ; DEUX CENTS, TROIS CENTS... ; MILLE ; UN MILLION ; UN MILLIARD.

- **Vingt** and **cent** are invariable when immediately followed by another number. Ex. : QUATRE-VINGT-TROIS ANS ; DEUX CENT DOUZE FRANCS (but MILLE QUATRE-VINGTS FRANCS, MILLE DEUX CENTS FRANCS).

- **Mille** is invariable (in dates, it is written MIL).

Ordinal numbers.

- PREMIER, DEUXIÈME, TROISIÈME, QUATRIÈME, CINQUIÈME, SIXIÈME, SEPTIÈME, HUITIÈME, NEUVIÈME, DIXIÈME, ONZIÈME, DOUZIÈME, TREIZIÈME, QUATORZIÈME, QUINZIÈME, SEIZIÈME, DIX-SEPTIÈME... ; VINGTIÈME, VINGT ET UNIÈME, VINGT-DEUXIÈME... ; TRENTIÈME ; QUARANTIÈME... ; CENTIÈME, CENT UNIÈME, CENT DEUXIÈME... ; DEUX CENTIÈME... ; MILLIÈME... ; MILLIONIÈME...

Demonstrative adjectives.

- *This* and *that* are generally translated by CE, CET (m.), CETTE (f.), CES (pl.) [CE before a masc. noun beginning with a consonant or an aspirate *h*; CET before a masc. word beginning with a vowel or a mute *h*]. The opposition between *this* and *that* may be emphasized by adding -CI or -LÀ. Ex. : *this book*, CE LIVRE-CI ; *those men*, CES HOMMES-LÀ.

- *That of* should be translated by CELUI (f. CELLE, pl. CEUX, CELLES) DE, *he who, the one which, those* or *they who* by CELUI (CELLE, CEUX, CELLES) QUI.

Possessive adjectives.

My is in French MON (m.), MA (f.), MES (pl.); *your* (for *thy*) is TON, TA, TES; *his, her, its* are SON, SA, SES (agreeing with the following noun); *our* is NOTRE (m. f.), NOS (pl.) ; *your* is VOTRE, VOS; *their* is LEUR (m. f.), LEURS (pl.). Ex. : *his king*, SON ROI; *his sister*, SA SŒUR, *his books*, SES LIVRES; *her father*, SON PÈRE; *her mother*, SA MÈRE.

THE PRONOUN

Personal pronouns (subject).

- JE, TU, IL, ELLE (f.); pl. NOUS, VOUS, ILS, ELLES (f.). Ex. : *you speak*, TU PARLES [VOUS PARLEZ]; *she says*, ELLE DIT.
- The second person singular (TU, TE, TOI, TON, TA, TES, LE TIEN, etc.), indicating intimacy, is used between members of the same family, at school, between soldiers and close friends.

Personal pronouns (direct object).

ME, TE, LE, LA (f.); pl. NOUS, VOUS, LES. Ex. : *I see her*, JE LA VOIS; *I see him* (or *it*), JE LE VOIS (the same pr. is used for masculine and neuter in most cases).

Personal pronouns (indirect object; dative).

ME, TE, LUI (m. f.); pl. NOUS, VOUS, LEUR. Ex. : *he speaks to her*, IL LUI PARLE.

Personal pronouns (after a preposition).

MOI, TOI, LUI, ELLE (f.); pl. NOUS, VOUS, EUX. They are also used emphatically : *I think*, MOI, JE PENSE.

Reflexive pronouns.

- ME, TE, SE; pl. NOUS, VOUS, SE. Ex. : *they flatter themselves*, ILS SE FLATTENT; *he spoke to himself*, IL SE PARLAIT.
- The same pronoun is used to translate *each other* and *one another*. Ex. : *they flatter each other*, ILS SE FLATTENT.

Possessive pronouns.

LE MIEN (f. LA MIENNE, pl. LES MIENS, LES MIENNES); LE TIEN (f. LA TIENNE, pl. LES TIENS, LES TIENNES); LE SIEN (f. LA SIENNE, pl. LES SIENS, LES SIENNES); LE NÔTRE (f. LA NÔTRE, pl. LES NÔTRES); LE VÔTRE (f. LA VÔTRE, pl. LES VÔTRES); LE LEUR (f. LA LEUR, pl. LES LEURS). Ex. : *I have lost my watch, lend me yours*, J'AI PERDU MA MONTRE, PRÊTEZ-MOI LA VÔTRE.

Note. — *This book is mine, yours, his, hers...* CE LIVRE EST À MOI, À TOI (À VOUS), À LUI, À ELLE... See *Personal pronouns (after a preposition)*.

Relative pronouns.

Who is translated by QUI, *whom* by QUE (QUI after a preposition), *whose* by DONT, *which* by QUI (subject) or QUE (object). Ex. : *the man who comes*, L'HOMME QUI VIENT ; *the girl whom I see*, LA FILLE QUE JE VOIS ; *the author whose book I read*, L'AUTEUR DONT JE LIS LE LIVRE ; *the books which (that) I read*, LES LIVRES QUE JE LIS.

Note. — After a preposition, *which* should be translated by LEQUEL (m.), LAQUELLE (f.), LESQUELS (m. pl.), LESQUELLES (f. pl.) ; *of which* by DUQUEL, DE LAQUELLE, DESQUELS, DESQUELLES ; *to which* by AUQUEL, À LAQUELLE, AUXQUELS, AUXQUELLES.

Interrogative pronouns.

Who, *whom* are translated by QUI ; *what* by QUE (object). *What* when an adjective should be translated by QUEL, QUELLE, QUELS, QUELLES, when a subject by QU'EST-CE QUI. Ex. : *Who came?* QUI EST VENU ? *What do you say?* QUE DIS-TU ? *What time is it?* QUELLE HEURE EST-IL? *What happened?* QU'EST-CE QUI EST ARRIVÉ ?

THE ADVERB

Adverbs of manner.

● Most French adverbs of manner are formed by adding *ment* to the **feminine** form of the corresponding adjective. Ex. : *happily*, HEUREUSEMENT.

● Adjectives in **ant** form their adverbs in **amment**, and those in **ent** in **emment.** Ex. : *abundantly*, ABONDAMMENT ; *patiently*, PATIEMMENT.

Negative adverbs and pronouns.

● *Not* should be translated by NE... PAS, *never* by NE... JAMAIS, *nobody* by NE... PERSONNE, *nothing* by NE... RIEN, *nowhere* by NE... NULLE PART. Ex. : *I do not speak*, JE NE PARLE PAS ; *he never comes*, IL NE VIENT JAMAIS.

● *Nobody*, when subject, should be translated by PERSONNE NE, and *nothing*, by RIEN NE. Ex. : *nobody laughs*, PERSONNE NE RIT ; *nothing stirred*, RIEN N'A BOUGÉ.

THE VERB

Note. — French regular verbs are generally grouped in four classes or conjugations ending in **er, ir, oir** and **re.**

Compound tenses.

Compound tenses are conjugated with the auxiliary AVOIR and the **past participle,** except reflexive verbs and the most usual intransitive verbs (like ALLER, ARRIVER, DEVENIR, PARTIR, RESTER, RETOURNER, SORTIR, TOMBER, VENIR, etc.), which are conjugated with ÊTRE. Ex. : *he spoke,* IL A PARLÉ ; *he came,* IL EST VENU.

The French past participle.

● It always agrees with the noun to which it is either an attribute or an adjective. Ex. : *the woman was punished,* LA FEMME FUT PUNIE ; *the broken tables,* LES TABLES BRISÉES.

● It agrees with the object of a verb conjugated with AVOIR **only** when the object comes before it. Ex. : *he broke the plates,* IL A CASSÉ LES ASSIETTES ; *the plates he broke,* LES ASSIETTES QU'IL A CASSÉES.

First conjugation — AIMER (to love)

INDICATIVE	SUBJUNCTIVE

Present

J'aime	Que j'aime
Tu aimes	Que tu aimes
Il aime	Qu'il aime
Nous aimons	Que n. aimions
Vous aimez	Que v. aimiez
Ils aiment	Qu'ils aiment

Imperfect

	Imperfect
J'aimais	Que j'aimasse
Tu aimais	Que tu aimasses
Il aimait	Qu'il aimât
Nous aimions	Que n. aimassions
Vous aimiez	Que v. aimassiez
Ils aimaient	Qu'ils aimassent

Past tense

	CONDITIONAL
J'aimai	J'aimerais
Tu aimas	Tu aimerais
Il aima	Il aimerait
Nous aimâmes	Nous aimerions
Vous aimâtes	Vous aimeriez
Ils aimèrent	Ils aimeraient

Future

J'aimerai	
Tu aimeras	IMPERATIVE
Il aimera	Aime Aimons Aimez
Nous aimerons	PARTICIPLE
Vous aimerez	Present: Aimant
Ils aimeront	Past: Aimé, ée, és, ées

Second conjugation — FINIR (to end)

INDICATIVE	SUBJUNCTIVE

Present

Je finis	Que je finisse
Tu finis	Que tu finisses
Il finit	Qu'il finisse
Nous finissons	Que n. finissions
Vous finissez	Que v. finissiez
Ils finissent	Qu'ils finissent

Imperfect

	Imperfect
Je finissais	Que je finisse
Tu finissais	Que tu finisses
Il finissait	Qu'il finît
Nous finissions	Que n. finissions
Vous finissiez	Que v. finissiez
Ils finissaient	Qu'ils finissent

Past tense

	CONDITIONAL
Je finis	Je finirais
Tu finis	Tu finirais
Il finit	Il finirait
Nous finîmes	Nous finirions
Vous finites	Vous finiriez
Ils finirent	Ils finiraient

Future

Je finirai	IMPERATIVE
Tu finiras	Finis Finissons Finissez
Il finira	PARTICIPLE
Nous finirons	
Vous finirez	Present: Finissant
Ils finiront	Past: Fini, ie, is, ies

Third conjugation — RECEVOIR (to receive)

INDICATIVE	SUBJUNCTIVE
Present	*Present*
Je reçois	Que je reçoive
Tu reçois	Que tu reçoives
Il reçoit	Qu'il reçoive
Nous recevons	Que n. recevions
Vous recevez	Que v. receviez
Ils reçoivent	Qu'ils reçoivent
Imperfect	*Imperfect*
Je recevais	Que je reçusse
Tu recevais	Que tu reçusses
Il recevait	Qu'il reçût
Nous recevions	Que n. reçussions
Vous receviez	Que v. reçussiez
Ils recevaient	Qu'ils reçussent
Past tense	CONDITIONAL
Je reçus	Je recevrais
Tu reçus	Tu recevrais
Il reçut	Il recevrait
Nous reçûmes	Nous recevrions
Vous reçûtes	Vous recevriez
Ils reçurent	Ils recevraient
Future	IMPERATIVE
Je recevrai	
Tu recevras	Reçois Recevons Recevez
Il recevra	
Nous recevrons	PARTICIPLE
Vous recevrez	*Past* *Present*
Ils recevront	Recevant Reçu, ue, us, ues

Fourth conjugation — VENDRE (to sell)

INDICATIVE	SUBJUNCTIVE
Present	*Present*
Je vends	Que je vende
Tu vends	Que tu vendes
Il vend	Qu'il vende
Nous vendons	Que n. vendions
Vous vendez	Que v. vendiez
Ils vendent	Qu'ils vendent
Imperfect	*Imperfect*
Je vendais	Que je vendisse
Tu vendais	Que tu vendisses
Il vendait	Qu'il vendît
Nous vendions	Que n. vendissions
Vous vendiez	Que v. vendissiez
Ils vendaient	Qu'ils vendissent
Past tense	CONDITIONAL
Je vendis	Je vendrais
Tu vendis	Tu vendrais
Il vendit	Il vendrait
Nous vendîmes	Nous vendrions
Vous vendîtes	Vous vendriez
Ils vendirent	Ils vendraient
Future	IMPERATIVE
Je vendrai	
Tu vendras	Vends Vendons Vendez
Il vendra	
Nous vendrons	PARTICIPLE
Vous vendrez	*Present* *Past*
Ils vendront	Vendant Vendu, ue, us, ues

FRENCH IRREGULAR VERBS[1]

FIRST CONJUGATION

Aller. *Pr. ind.* : vais, vas, va, vont. *Fut.* : irai, iras, etc. *Imper.* : va (vas-y). *Pr. subj.* : aille, ailles, aille, allions, alliez, aillent.

Envoyer, Renvoyer. *Fut.* : (r)enverrai, etc.

Verbs in **cer** take **ç** before **a** and **o**. Ex. : *percer,* je perçais, nous perçons.

Verbs in **ger** add **e** before endings in **a** and **o.** Ex. : *manger,* je mangeais, nous mangeons.

Verbs in **eler, eter** double the **l** or **t** before a mute **e.** Ex. : *appeler,* j'appelle ; *jeter,* je jette. (*Acheter, celer, ciseler, congeler, crocheter, déceler, dégeler, démanteler, écarteler, fureter, geler, haleter, marteler, modeler, peler, racheter, receler* only take **è.** Ex. : *geler,* gèle ; *acheter,* achète.)

Verbs having a mute **e** in the last syllable but one change **e** into **è** when the ending begins with a mute **e.** Ex. : *peser,* je pèse.

Verbs having an acute **é** in the last syllable but one change it for a grave **è** when the ending begins with a mute **e** (except in the future and cond.). Ex. : *protéger,* je protège.

Verbs in **yer** change **y** into **i** before a mute **e.** Ex. : *ployer,* je ploie.

Verbs in **ayer** keep the **y.**

SECOND CONJUGATION

Acquérir. *Pr. ind.* : acquiers, acquiers, acquiert, acquérons, acquérez, acquièrent. *Imp.* : acquérais, etc. *Past tense* : acquis, etc. *Fut.* : acquerrai, etc. *Pr. subj.* : acquière, acquières, acquière, acquérions, acquériez, acquièrent. *Pr. part.* : acquérant. *Past part.* : acquis.

Assaillir. *Pr. ind.* : assaille, etc. (1). *Pr. subj.* : assaille, etc. (1). *Pr. part.* : assaillant.

Bénir. *Past part.* : béni, ie ; bénit, bénite [consecrated].

Bouillir. *Pr. ind.* : bous, bous, bout, bouillons, bouillez, bouillent *Imp.* : bouillais, etc. (1). *Pr. subj.* : bouille (1). *Pr. part.* : bouillant.

Conquérir. See *Acquérir.*

Courir. *Pr. ind.* : cours, cours, court, courons, courez, courent. *Imp.* : courais, etc. (1). *Past tense* : courus (3). *Fut.* : courrai, etc. *Pr. subj.* : coure, etc. (1). *Imp. subj.* : courusse (3). *Pr. part.* : courant.

Couvrir. See *Ouvrir.*

Cueillir. *Pr. ind.* : cueille, etc. (1). *Imp.* : cueillais, etc. (1). *Fut.* : cueilleral, etc. (1). *Pr. subj.* : cueille (1). *Pr. part.* : cueillant.

Découvrir. See *Ouvrir.*

Défaillir. See *Assaillir.*

Démentir. See *Mentir.*

Départir. See *Mentir.*

Desservir. See *Servir.*

Détenir, Devenir. See *Tenir.*

Dormir. *Pr. ind.* : dors, dors, dort, dormons, dormez, dorment. *Imp.* : dormais, etc. (1). *Pr. subj.* : dorme (1). *Pr. part.* : dormant.

Encourir. See *Courir.*

Endormir. See *Dormir.*

Enfuir (s'). See *Fuir.*

Faillir. *Pr. ind.* : faux, faux, faut, faillons, faillez, faillent. *Imp.* : faillais (1). *Pr. part.* : faillant.

Fleurir. *Has a form in the imperfect* : florissais, etc., *and for pr. part.* : florissant, *in the meaning of* « prospering ».

Fuir. *Pr. ind.* : fuis, fuis, fuit, fuyons, fuyez, fuient *Imp.* : fuyais, etc. (1). *Pr. subj.* : fuie, fuies, fuie, fuyions, fuyiez, fuient. *Pr. part.* : fuyant. *Past part.* : fui, fuie.

Gésir. *Used only in pr. ind.* : gis, gis, gît, gisons, gisez, gisent ; *imp.* : gisais, etc. ; *pr. part.* : gisant.

Haïr. *Regular except in singular of present ind. and imper.* : je hais, tu hais, il hait ; hais, haïssons, haïssez.

Intervenir. See *Tenir.*

Maintenir. See *Tenir.*

Mentir. *Pr. ind.* : mens, mens, ment, mentons, mentez, mentent. *Imp.* : mentais (1). *Pr. subj.* : mente, etc.

Mourir. *Pr. ind.* : meurs, meurs, meurt, mourons, mourez, meurent. *Imp.* : mourais, etc. (1). *Past tense* : mourus, etc. (3). *Fut.* : mourrai, etc. *Pr. subj.* : meure, meures, meure, mourions, mouriez, meurent. *Pr. part.* : mourant. *Past part.* : mort, morte.

Obtenir. See *Tenir.*

Offrir. *Pr. ind.* : offre, etc. (1). *Imp.* : offrais, etc. (1). *Pr. part.* : offrant. *Past part.* : offert, offerte.

Ouvrir. *Pr. ind.* : ouvre, etc. (1). *Imp.* : ouvrais, etc. (1). *Pr. part.* : ouvrant. *Past part.* : ouvert, ouverte.

---

1. In this list numbers (1), (2), (3) indicate whether the foregoing tense should be conjugated like the corresponding tense of the first, second or third conjugation.

Parcourir. See *Courir.*
Partir. See *Mentir.*
Parvenir. See *Tenir.*
Recourir. See *Courir.*
Recueillir. See *Cueillir.*
Repentir. See *Mentir.*
Requérir. See *Acquérir.*
Ressentir. See *Sentir.*
Ressortir. See *Sortir.*
Ressortir à is conjugated like FINIR (3).
Retenir, Revenir. See *Tenir.*
Revêtir. See *Vêtir.*
Saillir (meaning « to gush »). *Pr. ind. :* saille, saillent. *Imp. :* saillait. *Fut. :* saillera. *Pr. subj. :* saille. *Pr. part. :* saillant. *Past part. :* sailli, ie.
Secourir. See *Courir.*
Sentir. See *Mentir.*

Servir. *Pr. ind. :* sers, sers, sert, servons, servez, servent. *Imp. :* servais, etc. (1). *Pr. subj. :* serve, etc. (1). *Pr. part. :* servant.
Sortir. See *Mentir.*
Souffrir. See *Offrir.*
Soutenir, Souvenir, Subvenir, Survenir. See *Tenir.*
Tenir. *Pr. ind. :* tiens, tiens, tient, tenons, tenez, tiennent. *Imp. :* tenais, etc. (1). *Past tense :* tins, tins, tint, tînmes, tîntes, tinrent. *Fut. :* tiendrai, etc. *Pr. subj. :* tienne. *Pr. part. :* tenant. *Past part. :* tenu, ue.
Tressaillir. See *Assaillir.*
Venir. See *Tenir.*
Vêtir. *Pr. ind. :* vêts, vêts, vêt, vêtons, vêtez, vêtent. *Imp. :* vêtais, etc. (1). *Pr. subj. :* vête, etc. (1). *Pr. part. :* vêtant. *Past part. :* vêtu, ue.

THIRD CONJUGATION

Asseoir. *Pr. ind. :* assieds, assieds, assied, asseyons, asseyez, asseyent. *Imp. :* asseyais, etc. *Past tense :* assis, etc. (2). *Fut. :* assiérai, etc. *or* asseyerai, etc. *Pr. subj. :* asseye, etc. *Pr. part. :* asseyant. *Past part. :* assis, assise.
Avoir. *Pr. ind. :* ai, as, a, avons, avez, ont. *Past tense :* eus, eus, eut, eûmes, eûtes, eurent. *Fut. :* aurai, etc. *Pr. subj. :* aie, aies, ait, ayons, ayez, aient. *Imp. subj. :* eusse, eusses, eût, eussions, eussiez, eussent. *Imper. :* aie, ayons, ayez. *Pr. part. :* ayant. *Past part. :* eu, eue.
Choir. *Past part. :* chu, chue.
Déchoir. *Pr. ind. :* déchois, déchois, déchoit, déchoyons, déchoyez, déchoient. *Imp. :* déchoyais, etc. *Fut. :* décherrai, etc. *Pr. subj. :* déchoie, déchoies, déchoie, déchoyions, déchoyiez, déchoient. *Pr. part. :* none. *Past part. :* déchu, ue.
Devoir. *Pr. ind. :* dois, dois, doit, devons, devez, doivent. *Imp. :* devais, etc. *Past tense :* dus, etc. *Fut. :* devrai, etc. *Pr. subj. :* doive, etc. *Pr. part. :* devant. *Past part. :* dû, due.
Echoir. *Pr. ind. :* échoit. *Imp. :* échéait. *Past tense :* échus, etc. *Fut. :* écherrai, etc. *Pr. part. :* échéant. *Past part. :* échu, ue.
Emouvoir. See *Mouvoir.*
Entrevoir. See *Voir.*
Falloir. *Pr. ind. :* il faut. *Imp. :* il fallait. *Past tense :* il fallut. *Fut. :* il faudra. *Pr. subj. :* il faille. *Past part. :* fallu.
Mouvoir. *Pr. ind. :* meus, meus, meut, mouvons, mouvez, meuvent. *Imp. :* mouvais. *Past tense :* mus, etc. *Fut. :* mouvrai, etc. *Pr. subj. :* meuve, etc. *Pr. part. :* mouvant. *Past part. :* mû, ue.
Pleuvoir. *Pr. ind. :* pleut, pleuvent. *Imp. :* pleuvait. *Past tense :* plut.

Fut. : pleuvra. *Pr. subj. :* pleuve. *Pr. part. :* pleuvant. *Past part. :* plu.
Pourvoir. Like VOIR, except in the past tense : pourvus, etc. *Fut. :* pourvoirai.
Pouvoir. *Pr. ind. :* puis *or* peux, peux, peut, pouvons, pouvez, peuvent. *Past tense :* pus, etc. *Fut. :* pourrai, etc. *Pr. subj. :* puisse, puisses, puisse. *Pr. part. :* pouvant. *Past part. :* pu.
Prévaloir. Like VALOIR, except in pr. subj. : prévale, etc.
Prévoir. See *Voir.*
Promouvoir. Like MOUVOIR, but used only in compound tenses.
Revoir. See *Voir.*
Savoir. *Pr. ind. :* sais, sais, sait, savons, savez, savent. *Past tense :* sus, etc. *Fut. :* saurai, etc. *Imper. :* sache, sachons, sachez. *Pr. subj. :* sache. *Pr. part. :* sachant. *Past part. :* su, sue.
Seoir. *Pr. ind. :* sieds, sieds, sied, seyons, seyez, siéent. *Imp. :* seyait, seyaient. *Fut. :* siéra, siéront. *Pr. subj. :* siée, siéent. *Pr. part. :* séant.
Surseoir. See *Asseoir.*
Valoir. *Pr. ind. :* vaux, vaux, vaut, valons, valez, valent. *Imp. :* valais, etc. *Past tense :* valus, etc. *Fut. :* vaudrai, etc. *Pr. subj. :* vaille. *Part. :* valant (pr.), valu, ue (past).
Voir. *Pr. ind. :* vois, vois, voit, voyons, voyez, voient. *Imp. :* voyais, etc. *Past tense :* vis, etc. (2). *Fut. :* verrai, etc. *Pr. subj. :* voie, voies, voie, voyions, voyiez, voient. *Pr. part. :* voyant. *Past part. :* vu, vue.
Vouloir. *Pr. ind. :* veux, veux, veut, voulons, voulez, veulent. *Imp. :* voulais, etc. *Past tense :* voulus, etc. *Fut. :* voudrai, etc. *Imper. :* veux *or* veuille, veuillons, veuillez. *Pr. subj. :* veuille, etc. *Pr. part. :* voulant. *Past part. :* voulu, ue.

FOURTH CONJUGATION

Absoudre. *Pr. ind.* : absous, absous, absout, absolvons, absolvez, absolvent. *Imp.* : absolvais, etc. *Fut.* : absoudrai, etc. *Pr. subj.* : absolve, etc. *Pr. part.* : absolvant. *Past part.* : absous, absoute.

Atteindre. See *Peindre.*

Battre. *Pr. ind.* : bats, bats, bat, battons, battez, battent. *The other tenses like* VENDRE (4).

Boire. *Pr. ind.* : bois, bois, boit, buvons, buvez, boivent. *Imp.* : buvais, etc. *Past tense* : bus, bus, but, bûmes, bûtes, burent. *Fut.* : boirai, etc. *Pr. subj.* : boive, boives, boive, buvions, buviez, boivent. *Imp. subj.* : busse, etc. (3). *Pr. part.* : buvant. *Past part.* : bu, bue.

Braire. *Pr. ind.* : brait. *Imp.* : brayait. *Cond.* : brairait.

Ceindre. See *Peindre.*

Circonscrire. See *Ecrire.*

Clore. *Pr. ind.* : clos, clos, clôt. *Pr. subj.* : close. *Past part.* : clos, close.

Combattre. See *Battre.*

Commettre. See *Mettre.*

Comparaître. See *Paraître.*

Complaire. See *Plaire.*

Comprendre. See *Prendre.*

Conclure. *Pr. ind.* : conclus, conclus, conclut, concluons, concluez, concluent. *Imp.* : concluais. *Past tense* : conclus, etc. (3). *Pr. subj.* : conclue, conclues, conclue, concluions, concluiez, concluent. *Imp. subj.* : conclusse, etc. *Pr. part.* : concluant. *Past part.* : conclu, ue.

Conduire. See *Déduire.*

Confire. See *Interdire.*

Connaître. See *Paraître.*

Construire. See *Déduire.*

Contraindre. See *Craindre.*

Contredire. *Pr. ind.* : contredis, contredisez, contredisent. *The other tenses like* DIRE.

Convaincre. See *Vaincre.*

Coudre. *Pr. ind.* : couds, couds, coud, cousons, cousez, cousent. *Imp.* : cousais, etc. *Past tense* : cousis, etc. *Pr. subj.* : couse, etc. *Pr. part.* : cousant. *Past part.* : cousu, ue.

Craindre. *Pr. ind.* : crains, crains, craint, craignons, craignez, craignent. *Imp.* : craignais, etc. *Past tense* : craignis, etc. *Pr. subj.* : craigne, etc. *Pr. part.* : craignant. *Past part.* : craint, crainte.

Croire. *Pr. ind.* : crois, crois, croit, croyons, croyez, croient. *Imp.* : croyais. *Fut.* : croirai, etc. *Past tense* : crus, crus, crut, crûmes, crûtes, crurent. *Pr. subj.* : croie, croies, croie, croyions, croyiez, croient. *Imp. subj.* : crusse, etc. *Pr. part.* : croyant. *Past part.* : cru, crue.

Croître. *Pr. ind.* : croîs, croîs, croît, croissons, croissez, croissent. *Imp.* : croissais, etc. *Past tense* : crûs, crûs, crût, crûmes, crûtes, crûrent. *Pr. subj.* : croisse, etc. *Imp. subj.* : crûsse, etc. *Pr. part.* : croissant. *Past part.* : crû, crue.

Débattre. See *Battre.*

Décrire. See *Ecrire.*

Décroître. See *Croître.*

Déduire. *Pr. ind.* : déduis, déduis, déduit, déduisons, déduisez, déduisent. *Imp.* : déduisais, etc. *Past tense* : déduisis, etc. *Fut.* : déduirai, etc. *Pr. subj.* : déduise, etc. *Pr. part.* : déduisant. *Past part.* : déduit, déduite.

Défaire. See *Faire.*

Démettre. See *Mettre.*

Dépeindre. See *Peindre.*

Déplaire. See *Plaire.*

Déteindre. See *Peindre.*

Détruire. See *Déduire.*

Dire. *Pr. ind.* : dis, dis, dit, disons, dites, disent. *Imp.* : disais, etc. *Past tense* : dis, dis, dit, dîmes, dîtes, dirent. *Fut.* : dirai, etc. *Pr. subj.* : dise, etc. *Pr. part.* : disant. *Past part.* : dit, dite.

Disparaître. See *Paraître.*

Dissoudre. See *Absoudre.*

Ecrire. *Pr. ind.* : écris, écris, écrit, écrivons, écrivez, écrivent. *Imp.* : écrivais, etc. *Past tense* : écrivis, etc. *Fut.* : écrirai, etc. *Pr. subj.* : écrive, etc. *Pr. part.* : écrivant. *Past part.* : écrit, écrite.

Elire. See *Lire.*

Enclore. See *Clore.*

Enduire. See *Déduire.*

Enfreindre. See *Peindre.*

Entreprendre. See *Prendre.*

Eteindre. See *Peindre.*

Etre. *Pr. ind.* : suis, es, est, sommes, êtes, sont. *Imp.* : étais, etc. *Past tense* : fus, fus, fut, fûmes, fûtes, furent. *Fut.* : serai, seras, etc. *Imper.* : sois, soyons, soyez. *Pr. subj.* : sois, sois, soit, soyons, soyez, soient. *Pr. part.* : étant. *Past part.* : été.

Etreindre. See *Peindre.*

Exclure. See *Conclure.*

Faire. *Pr. ind.* : fais, fais, fait, faisons, faites, font. *Imp.* : faisais, etc. *Past tense* : fis, fit, etc. *Fut.* : ferai, etc. *Pr. subj.* : fasse, etc. *Pr. part.* : faisant. *Past part.* : fait, faite.

Feindre. See *Peindre.*

Frire. *Pr. ind. :* fris, fris, frit. *Fut. :* frirai. *Past part. :* frit, frite. *No other tenses.*

Inclure. See *Conclure.*

Induire. See *Déduire.*

Instruire. See *Déduire.*

Interdire. *Like* DIRE. *2nd pers. pl. pr. ind. and imper. :* interdisez.

Joindre. *Pr. ind. :* joins, joins, joint, joignons, joignez, joignent. *Imp. :* joignais, etc. *Fut. :* joindrai, etc. *Past tense :* joignis, etc. *Pr. subj. :* joigne, etc. *Pr. part. :* joignant. *Past part. :* joint, jointe.

Lire. *Pr. ind. :* lis, lis, lit, lisons, lisez, lisent. *Imp. :* lisais, etc. *Past tense :* lus, etc. *Fut. :* lirai, etc. *Pr. subj. :* lise, etc. *Pr. part. :* lisant. *Past part. :* lu, lue.

Luire. See *Déduire.*

Maudire. *Pr. ind. :* maudis, etc. (2). The other tenses like DIRE.

Médire. See *Interdire.*

Mettre. *Pr. ind. :* mets, mets, met, mettons, mettez, mettent. *Imp. :* mettais, etc. *Past tense :* mis, etc. *Pr. subj. :* mette, etc. *Past part. :* mis, mise.

Moudre. *Pr. ind. :* mouds, mouds, moud, moulons, moulez, moulent. *Imp. :* moulais, etc. *Past tense :* moulus, etc. (3). *Pr. subj. :* moule, etc. *Pr. part. :* moulant. *Past part. :* moulu, ue.

Naître. *Pr. ind. :* nais, nais, naît, naissons, naissez, naissent. *Imp. :* naissais, etc. *Past tense :* naquis, etc. *Pr. subj. :* naisse, naisses, naisse. *Pr. part. :* naissant. *Past part. :* né, née.

Nuire. *Like* DÉDUIRE *(except past part. :* nui).

Oindre. See *Joindre.*

Omettre. See *Mettre.*

Paître. *Like* PARAÎTRE. *No past tense.*

Paraître. *Pr. ind. :* parais, parais, paraît, paraissons, paraissez, paraissent. *Imp. :* paraissais, etc. *Past tense :* parus, etc. *Pr. subj. :* paraisse, etc. *Pr. part. :* paraissant. *Past part. :* paru, ue.

Peindre. *Pr. ind. :* peins, peins, peint, peignons, peignez, peignent. *Imp. :* peignais, etc. *Past tense :* peignis. *Pr. subj. :* peigne, etc. *Pr. part. :* peignant. *Past part. :* peint, peinte.

Permettre. See *Mettre.*

Plaindre. See *Craindre.*

Plaire. *Pr. ind. :* plais, plais, plaît, plaisons, plaisez, plaisent. *Imp. :* plaisais, etc. *Past tense :* plus, etc. *Pr. subj. :* plaise, etc. *Pr. part. :* plaisant. *Past part. :* plu, plue.

Poindre. See *Joindre.*

Poursuivre. See *Suivre.*

Prédire. See *Contredire.*

Prendre. *Pr. ind. :* prends, prends, prend, prenons, prenez, prennent. *Imp. :* prenais, etc. *Past tense :* pris, etc. *Pr. subj. :* prenne, etc. *Pr. part. :* prenant. *Past part. :* pris, prise.

Produire. See *Déduire.*

Reconduire. See *Déduire.*

Reconnaître. See *Paraître.*

Reconstruire. See *Déduire.*

Redire. See *Dire.*

Réduire. See *Déduire.*

Rejoindre. See *Joindre.*

Reluire. See *Déduire.*

Remettre. See *Mettre.*

Repaître. See *Paraître.*

Reprendre. See *Prendre.*

Reproduire. See *Déduire.*

Résoudre. *Like* ABSOUDRE. *Past tense :* résolus, etc. (3).

Restreindre. See *Peindre.*

Rire. *Pr. ind. :* ris, etc. (2). *Imp. :* riais, riais, riait, riions, riiez, riaient. *Past tense :* ris, etc. *Fut. :* rirai, etc. *Pr. subj. :* rie, etc. *Pr. part. :* riant. *Past part. :* ri.

Rompre. *Pr. ind. :* il rompt. *The other tenses like* VENDRE (4).

Séduire. See *Déduire.*

Soumettre. See *Mettre.*

Sourire. See *Rire.*

Souscrire. See *Écrire.*

Soustraire. See *Traire.*

Suffire. See *Déduire.*

Suivre. *Pr. ind. :* suis, suis, suit, suivons, suivez, suivent. *Imp. :* suivais, etc. *Past tense :* suivis, etc. *Pr. subj. :* suive, etc. *Pr. part. :* suivant. *Past part. :* suivi, ie.

Surfaire. See *Faire.*

Surprendre. See *Prendre.*

Survivre. See *Vivre.*

Taire. See *Plaire.*

Teindre. See *Peindre.*

Traduire. See *Déduire.*

Traire. *Pr. ind. :* trais, trais, trait, trayons, trayez, traient. *Imp. :* trayais, etc. *No past tense. Pr. subj. :* traie, etc. *Pr. part. :* trayant. *Past part. :* trait, traite.

Transcrire. See *Écrire.*

Transmettre. See *Mettre.*

Transparaître. See *Paraître.*

Vaincre. *Pr. ind. :* vaincs, vaincs, vainc, vainquons, vainquez, vainquent. *Imp. :* vainquais, etc. *Past tense :* vainquis, etc. *Pr. subj. :* vainque. *Pr. part. :* vainquant. *Past part. :* vaincu, ue.

Vivre. *Pr. ind. :* vis, vis, vit, vivons, vivez, vivent. *Past tense :* vécus, etc. (3). *Pr. subj. :* vive. *Pr. part. :* vivant. *Past part. :* vécu, ue.

FRENCH CURRENCY, WEIGHTS
AND MEASURES

CURRENCY

(when the rate of exchange is £ 1 : 13.00 F and 1 $: 5.50 F)

1 centime	1/4 penny.	1/5 cent.
1 franc (100 centimes).	1 shilling and 6 pence.	18 cents.

Coins : 1 centime, 2 centimes, 5 centimes, 10 centimes, 20 centimes, 1 F, 5 F, 10 F.

Banknotes : 5 F, 10 F, 50 F, 100 F, 500 F.

METRIC WEIGHTS

Milligramme	1 thousandth of a gram.	0.015 grain.
Centigramme	1 hundredth of a gram.	0.154 grain.
Décigramme	1 tenth of a gram.	1.543 grain.
Gramme	1 cub. centim. of pure water.	15.432 grains.
Décagramme	10 grams.	6.43 pennyweights.
Hectogramme	100 grams.	3.527 oz. avoir.
Kilogramme	1 000 grams.	2.204 pounds.
Quintal métrique ..	100 kilograms.	220.46 pounds.
Tonne	1 000 kilograms.	19 cwts 2 grs 23 lbs.

METRIC LINEAL MEASURES

Millimètre	1 thousandth of a meter.	0.039 inch.
Centimètre	1 hundredth of a meter.	0.393 inch.
Décimètre	1 tenth of a meter.	3.937 inch.
Mètre		1.0936 yard.
Décamètre	10 meters.	32.7 ft., 10.9 yards.
Hectomètre	100 meters.	109.3 yards.
Kilomètre	1 000 meters.	1,093 yards.

METRIC SQUARE AND CUBIC MEASURES

Centiare	1 square meter.	1.196 square yard.
Are	100 square meters.	about 4 poles.
Hectare	100 ares.	about 2 1/2 acres.
Stère	1 cubic meter.	35 cubic feet.
Décastère	10 cubic meters.	13.1 cubic yards.

METRIC FLUID AND CORN MEASURES

Centilitre	1 hundredth of a liter.	0.017 pint.
Décilitre	1 tenth of a liter.	0.176 pint.
Litre		1.76 pint.
Décalitre	10 liters.	2.2 gallons.
Hectolitre	100 liters.	22.01 gallons.

THERMOMETER

0° Celsius *or* Réaumur = 32° Fahrenheit. — 100° Celsius = 212° Fahrenheit = 80° Réaumur.

To convert Fahrenheit degrees into Celsius, deduct 32, multiply by 5 and divide by 9.

Pour convertir les degrés Celsius en degrés Fahrenheit, multiplier par 9, diviser par 5 et ajouter 32.

THE FRENCH SOUNDS
EXPLAINED TO ENGLISH-SPEAKING PEOPLE

SIGN	FRENCH TYPE	NEAREST ENGLISH SOUND	EXPLANATION
î	bise	bees	Shorter than English *ee*.
ì	vif	beef	Same sound but shorter.
é	clé	clay	The French sound is closer and without the final *i*.
è	bec	beck	French sound more open.
•	re(gain)	a(gain)	*a* as short as possible. Cf. the *a* in *abed* and *China*.
ë	eux	ear(th)	French sound closer, with the lips well rounded.
œ	œuf	up	The *u* sound of *up*, but closer.
à	bague	bag	Between *bag* and *bug*.
â	pâme	palm	
ò	bosse	boss	The French sound is closer.
ô	seau	so	Without the final *u* of *so*.
au	lau(re)	law	
û	poule	pool	
ü	du		There is no such sound in English : round your lips as if to whistle and try to pronounce the *e* sound of *he* (German *ü*).

a^n i^n o^n u^n	These four nasal sounds are best described as the sounds of *â*, *é*, *ò*, *œ*, uttered while keeping the passage between throat and nose closely shut, but it has been thought advisable to note them with their usual French spelling (a smaller *n* being used to emphasize the nasal sound).
t, d	In French are placed next to the teeth.
l	French *l* is much lighter and clearer than in English, especially when final.
r	Though usually uvular in French, is quite correctly pronounced as a slightly rolled English *r*.
ñ	Is spelt *gn* in French. It is found in the *ni* of *lenient*.
y	Like *y* in *yes*, even at the end of a word (*fille* : fîy).
j	Is never *dj* but always like *ge* in *rouge*.
g, g	Is never *dj*. Before *a*, *o*, *u*, French *g* has the English sound ; before *e*, *i*, *y*, it has the value of French *j*. In figurative pronunciation g (before *e*, *i*) has the value of *g* in *give*.
h, '	Is never sounded in French. When it is said to be « aspiré » (in which case we print a (') before the word), it merely means that no *liaison* should be made.

Stress. — It falls on the last sounded syllable (printed in italics).

Liaison. — In most cases, when a word begins with a vowel (or a mute *h*), it is joined with the last consonant of the preceding word, even when the consonant is followed by a mute *e*. Ex. : sept heures (sètœr), cette âme (sètâm). In such cases, final *c* and *g* are pronounced as k [avec elle (avèkèl)] ; final *s* and *x* as z : [six années (sizàné)] ; final *d* as t [grand homme (gra^ntòm)].

The *liaison* only occurs when the two words are intimately connected and pronounced in one breath.

FRANÇAIS-ANGLAIS

A

a [à], *see* avoir.

à [à] *prep.* at, in; to; from; of; on; for; by; with; *à la française,* French style; *tasse à thé,* teacup; *machine à coudre,* sewing-machine; *à la barbe grise,* grey-bearded; *au, aux = à + le,* les.

abaissement [àbèsmaⁿ] *m.* dip, drop, fall; humiliation; subsidence. ‖ *abaisser* [-é] *v.* to lower, to drop; to reduce; to bring down; to humble; *s'abaisser,* to subside; to sink; to humble oneself; to stoop.

abandon [àbaⁿdóⁿ] *m.* surrender; waiver; abandonment; neglect; unreserve. ‖ *abandonner* [-òné] *v.* to give up; to forsake; to abandon; *s'abandonner à,* to give oneself up to, to indulge in; to give way to.

abasourdir [àbàzûrdîr] *v.* to dumbfound, to amaze. ‖ *abasourdissement* [-ìsmaⁿ] *m.* stupefaction.

abâtardir [àbâtàrdîr] *v.* to debase; to mar; *s'abâtardir,* to degenerate.

abat-jour [àbàjûr] *m.* lamp-shade; eye-shade; sun-blind.

abats [àbà] *m. pl.* offal; giblets.

abattage [àbàtaj] *m.* felling [arbres]; slaughtering [animaux].

abattis [àbàtì] *m.* felling [arbres]; slaughter [gibier]; *pl.* giblets. ‖ *abattoir* [-wàr] *m.* slaughter-house. ‖ *abattre* [àbàtr] *v.* to pull down; to fell; to demolish; to dishearten; to kill; to slaughter; *s'abattre,* to fall down; to subside; to crash. ‖ *abattu* [-ü] *adj.* felled; prostrate; dejected; dispirited; downcast; *p. p. of abattre.*

abbaye [àbéi] *f.* abbey. ‖ *abbé* [-é] *m.* abbot; priest; curate. ‖ *abbesse* [-ès] *f.* abbess.

A. B. C. [âbésé] *m.* rudiments.

abcès [àbsè] *m.* abscess.

abdication [àbdìkàsyoⁿ] *f.* abdication. ‖ *abdiquer* [àbdìké] *v.* to abdicate.

abdomen [àbdòmèn] *m.* abdomen.

abeille [àbèy] *f.* bee.

aberrant [àbèraⁿ] *adj.* aberrant; deviating. ‖ *aberration* [àbèr(r)àsyoⁿ] *f.* aberration; error.

abêtir [àbêtîr] *v.* to dull; to make stupid; to besot.

abhorrer [àbòré] *v.* to abhor.

abîme [àbîm] *m.* abyss. ‖ *abîmer* [-ìmé] *v.* to spoil, to damage; *s'abî-*

mer, to sink; to be submerged, plunged in [pensée, chagrin]; to get spoiled.

abject [àbjèkt] *adj.* abject, base. ‖ *abjection* [àbjèksyoⁿ] *f.* abjection, abjectness, abasement.

abjurer [àbjüré] *v.* to abjure; to forswear, to renounce; to recant.

ablation [àblàsyoⁿ] *f.* ablation; removal, excision.

abnégation [àbnégàsyoⁿ] *f.* abnegation; self-sacrifice.

aboi [àbwà], **aboiement** [-maⁿ] *m.* bark(ing), *aux abois,* at bay; with one's back to the wall.

abolir [àbòlîr] *v.* to abolish, to suppress. *abolition* [àbòlìsyoⁿ] *f.* abolition. ‖ *abolitionnisme* [-syònìsm] *m.* abolitionism. ‖ *abolitionniste* [-nìst] *m.* abolitionist, free-trader.

abominable [àbòmìnàbl] *adj.* abominable, horrible [temps]. ‖ *abomination* [-nàsyoⁿ] *f.* abomination; detestation; filthy stuff.

abondamment [àboⁿdàmaⁿ] *adv.* abundantly, plentifully. ‖ *abondance* [-aⁿs] *f.* abundance; plenty; copiousness. ‖ *abondant* [-aⁿ] *adj.* abundant; plentiful, copious. ‖ *abonder* [-é] *v.* to abound; to be plentiful; to teem.

abonné [àbòné] *m.* subscriber; consumer, commuter [train]. ‖ *abonnement* [-maⁿ] *m.* subscription; *carte d'abonnement.* Br. season-ticket, Am. commutation ticket, commute-book. ‖ *abonner* [-é] *v.* to take out a subscription (à, to); *s'abonner,* to subscribe; to contract; to commute.

abord [àbòr] *m.* approach; access; *pl.* approaches, surroundings, outskirts; *d'un abord facile,* easy to approach; *d'abord,* at first; *tout d'abord,* first of all. ‖ *abordable* [-dàbl] *adj.* accessible. ‖ *abordage* [-dàj] *m.* collision; boarding (naut.); coming alongside [quai]. ‖ *aborder* [-dé] *v.* to land; to approach; to board (naut.); to attack; to engage; to embark upon.

aborigène [àbòrìjèn] *m.* native.

aboucher [àbûshé] *v.* to join together; to connect (techn.); *s'aboucher,* to parley.

about [àbû] *m.* butt-end (techn.). ‖ *abouter* [àbûté] *v.* to join end to end; to butt; to bond.

aboutir [àbûtîr] *v.* to lead, to come (à, to); to end at; to result in; to

succeed; *ne pas aboutir*, to fail. ‖ **aboutissement** [-ìsma^n] *m.* issue, outcome; result; effect; upshot; materialization [projets].

aboyer [àbwàyé] *v.* to bark; to bay. ‖ **aboyeur** [àbwàyœr] *m.* barker; dun; carper; tout.

abracadabrant [àbràkàdàbra^n] *adj.* staggering, astounding, amazing.

abrégé [àbréjé] *m.* summary; abridgment; digest. ‖ **abréger** [-é] *v.* to abridge; to shorten; to cut short.

abreuver [àbrœvé] *v.* to water [bétail]; to prime (pompe); to soak; to steep; *s'abreuver v.* to drink. ‖ **abreuvoir** [-wàr] *m.* watering place; watering-trough.

abréviation [àbrévyàsyo^n] *f.* abbreviation; contraction; curtailment.

abri [àbrí] *m.* shelter; cover; refuge; dugout; *à l'abri,* sheltered, protected, under cover ; *à l'abri du besoin,* secure from want; *abri blindé,* bombproof shelter.

abricot [àbrìkð] *m.* apricot. ‖ **abricotier** [-tyé] *m.* apricot-tree.

abriter [àbrìté] *v.* to shelter; to protect; to shield; to hide; to shadow; *s'abriter,* to take shelter; to take cover.

abroger [àbrðjé] *v.* to rescind; to abrogate; to repeal.

abrupt [àbrüpt] *adj.* steep; abrupt; blunt (parole).

abruti [àbrütí] *m.* dolt, dullard; sot; clod; boor.

abrutir [àbrütír] *v.* to brutalize; to daze; to stupefy; to besot.

abscisse [àbsís] *f.* abscissa; co-ordinate.

absence [àbsa^{n}s] *f.* absence; *absence d'esprit,* absent-mindedness, abstraction. ‖ **absent** [àbsa^n] *adj.* absent, missing, away; *m.* absentee. ‖ *s'absenter* [sàbsa^{n}té] *v.* to leave; to be absent; to be away.

abside [àbsíd] *f.* apse.

absinthe [àbsì^{n}t] *f.* wormwood (bot.); absinth (boisson).

absolu [àbsðlü] *adj.* absolute, complete, total; peremptory; positive. **absolution** [àbsðlüsyo^n] *f.* acquittal, discharge (jur.); absolution. ‖ *absolvant,* pr. p. of *absoudre.*

absorbant [àbsðrba^n] *adj.* absorbent; absorptive; absorbing. ‖ **absorber** [-é] *v.* to absorb; to soak up; to imbibe; to consume; to interest; *s'absorber dans,* to be swallowed up by; to become engrossed in. ‖ **absorption** [àbsðrpsyo^n] *f.* absorption.

absoudre [àbsüdr] *v.** to absolve; to exonerate. ‖ *absous,* -te (absû, -t) p. p.

of *absoudre.* ‖ **absoute** [àbsût] *f.* absolution.

abstenir (s') [sàbst°nír] *v.* to abstain, to refrain. ‖ **abstention** [àbsta^{n}syo^n] *f.* abstention.

abstinence [àbstìna^{n}s] *f.* abstinence; abstemiousness.

abstinent [àbstìna^n] *m.* teetotaller.

abstraction [àbstràksyo^n] *f.* abstraction; *abstraction faite de,* leaving... out of account. ‖ *abstraire* [àbstrèr] *v.* to abstract; to separate; *s'abstraire,* to withdraw oneself. ‖ *abstrus* [àbstrü] *adj.* abstruse, recondite.

absurde [àbsürd] *adj.* absurd, preposterous; senseless; *par l'absurde,* ad absurdum. ‖ **absurdité** [-lté] *f.* absurdity; nonsense.

abus [àbü] *m.* abuse, misuse; error; breach; excess. ‖ **abuser** [-zé] *v.* to abuse; to take unfair advantage (de, of); to impose (de, upon); to deceive; to delude (*quelqu'un,* someone); to indulge in; to seduce; *s'abuser,* to deceive oneself. ‖ **abusif** [zìf] *adj.°* improper, wrong; excessive; unauthorized.

acabit [àkàbí] *m.* stamp; *du même acabit,* of the same kidney.

acacia [àkàsyà] *m.* acacia.

académicien [àkàdémìsyì^n] *m.* academician. ‖ *académie* [-ì] *f.* academy; University; nude. ‖ *académique* [-ìk] *adj.* academic.

acajou [àkàjú] *m.* mahogany; *adj.* dark auburn.

acariâtre [àkàryátr] *adj.* cantankerous; shrewish.

accablant [àkàbla^n] *adj.* overwhelming (preuve); crushing (désastre); overpowering (chaleur). ‖ **accablement** [àkàbl°ma^n] *m.* pressure (travail); dejection; prostration. ‖ *accabler* [àkàblé] *v.* to crush; to overthrow; to overpower; to overcome; to overwhelm (fig.).

accalmie [àkàlmí] *f.* lull; calm.

accaparement [àkàpàrma^n] *m.* monopolizing; cornering. ‖ *accaparer* [-é] *v.* to monopolize; to corner; to hoard. ‖ *accapareur* [-œr] *m.* monopolist.

accéder [àksédé] *v.* to have access (à, to); to comply (à, with).

accélérateur [àkséléràtœr] *m.* accelerator. ‖ *accélération* [-àsyo^n] *f.* acceleration; hastening; speeding up. ‖ *accélérer* [àkséléré] *v.* to accelerate; to quicken; to hasten; *pas accéléré,* quick march.

accent [àksa^n] *m.* accent; stress; tone; pronunciation; strains. ‖ *accentuation* [-tüàsyo^n] *f.* accentuation;

emphasis. ‖ **accentuer** [-tüé] v. to stress; to emphasize; to accentuate; **s'accentuer,** to increase, to grow stronger.

acceptable [àksèptàbl] adj. acceptable; agreeable; welcome; fair; decent. ‖ **acceptation** [àksèptàsyoⁿ] f. acceptance. ‖ **accepter** [-é] v. to accept; to admit; to agree to; to acquiesce. ‖ **acception** [àksèpsyoⁿ] f. acceptation; meaning.

accès [àksè] m. access; approach, admission; fit, attack (med.); outburst [colère]. ‖ **accessible** [-sìbl] adj. accessible; approachable. ‖ **accessoire** [-swàr] adj. accessory; additional; secondary; m. accessory, fitting; pl. appliances; accessories; properties (theat.). ‖ **accessoiriste** [-swàrìst] m. property man (theat.).

accident [àksidaⁿ] m. accident; mishap; wreck; casualty; fold, feature [terrain]; *sans accident,* safely. ‖ **accidenté** [-té] adj. hilly, uneven; rough, broken (topogr.); checkered [carrière]; eventful; m. victim, casualty, pl. injured. ‖ **accidentel** [-tèl] adj.* accidental; adventitious; haphazard. ‖ **accidenter** [-té] v. to render uneven; to vary; to cause an accident to.

acclamation [àklàmàsyoⁿ] f. cheering; acclamation; applause. ‖ **acclamer** [-é] v. to acclaim; to cheer; to applaud; to hail.

acclimatation [àklìmàtàsyoⁿ] f. acclimatization; *jardin d'acclimatation,* zoo. ‖ **acclimater** [-é] v. to acclimatize; **s'acclimater,** to become acclimatized; to get used.

accointance [àkwèⁿtaⁿs] f. intimacy; pl. dealings; relations.

accolade [àkòlàd] f. accolade; embrace; brace (typogr.). ‖ **accoler** [-é] v. to couple; to bracket.

accommodant [àkòmòdaⁿ] adj. easygoing; accommodating; good-natured. ‖ **accommodation** [-àsyoⁿ] f. adaptation; conversion. ‖ **accommodement** [-maⁿ] m. compromise; settlement; arrangement. ‖ **accommoder** [-é] v. to suit; to season; to accommodate; to arrange; to adapt; to dress [repas]; **s'accommoder à,** to adapt oneself to; **s'accommoder de,** to put up with, to make the best of.

accompagnateur [àkoⁿpàñàtœr] m. accompanist. ‖ **accompagnement** [-maⁿ] m. accompaniment; escorting. ‖ **accompagner** [-é] v. to accompany; to convoy; to escort.

accompli [àkoⁿplì] adj. accomplished; finished; perfect; thorough. ‖ **accomplir** [-ìr] v. to accomplish; to do; to perform; to fulfil(l); to achieve; to carry out, to finish; **s'accomplir,** to

happen; to take place. ‖ **accomplissement** [-ìsmaⁿ] m. accomplishment; completion; performance; fulfil(l)ment.

accord [àkòr] m. accord, agreement; settlement; harmony, concord; chord, tune, strains (mus.); tuning [radio]; *d'accord,* agreed; *mettre d'accord,* to reconcile; *se mettre d'accord,* to come to an agreement. ‖ **accordailles** [-dày] f. pl. betrothal. ‖ **accordéon** [-déoⁿ] m. accordion; *en accordéon,* pleated, crumpled up. ‖ **accorder** [-dé] v. to reconcile; to grant, to concede, to give; to admit; to harmonize; to award (jur.); to tune [piano]; **s'accorder,** to agree; to come to terms; to harmonize (*avec,* with). ‖ **accordeur** [-dœr] m. tuner.

accorte [àkòrt] adj. f. sprightly, trim.

accoster [àkòsté] v. to come alongside, to accost; to approach.

accotement [àkòtmaⁿ] m. side-path.

accouchée [àkûshé] f. woman in childbed. ‖ **accouchement** [àkûshmaⁿ] m. delivery; child-birth; confinement. ‖ **accoucher** [-é] v. to be confined; to be delivered; to deliver (med.). ‖ **accoucheur** [-œr] m. obstetrician. ‖ **accoucheuse** [-èz] f. midwife.

accouder (s') [sàkûdé] v. to lean on one's elbows. ‖ **accoudoir** [àkûdwàr] m. elbow-rest.

accouplement [àkûplᵉmaⁿ] m. coupling, joining; linking; pairing; mating; connection (mech.); copulation (med.). ‖ **accoupler** [-é] v. to couple; to connect; to mate, to pair; to yoke; **s'accoupler,** to pair, to mate, to copulate.

accourir [àkûrìr] v. to run up.

accoutrement [àkûtrᵉmaⁿ] m. costume; « get-up » (fam.).

accoutumance [àkûtümaⁿs] f. habit, usage. ‖ **accoutumer** [àkûtümé] v. to accustom; to inure; to familiarize; **s'accoutumer à,** to get used to; *à l'accoutumée,* usually.

accréditer [àkrédìté] v. to accredit; to confirm; to authorize; to open a credit to; **s'accréditer,** to gain credence. ‖ **accréditif** [-ìf] m. credential.

accroc [àkrò] m. tear; rent; hindrance, hitch, snag (fam.). ‖ **accrochage** [-òshàj] m. hooking, catching, fouling; clinch; engagement (mil.); coupling (techn.); collision. ‖ **accroche-cœur** [-òshkœr] m. inv. kiss-curl. ‖ **accrocher** [-òshé] v. to hook; to hang up [tableau]; to catch on a nail; to engage (mil.); to ram (naut.); to clinch [affaire]; *accrocher quelqu'un,* to buttonhole someone; **s'accrocher,** to get caught [obstacle]; to cling [à, to]; to have a set-to.

accroissement [àkrwàsmaⁿ] *m.* growth; increase. ‖ **accroître** [àkrwátr] *v.** to increase, to augment, to enlarge; to add to; **s'accroître**, to grow, to increase.

accroupir (s') [sàkrûpîr] *v.* to squat, to crouch, to cower.

accueil [àkœy] *m.* reception; greeting; welcome. ‖ **accueillir** [-îr] *v.* to greet, to welcome, to receive; to give ear to, to credit.

acculer [àkülé] *v.* to drive back; to corner; to bring to bay.

accumulateur [àkümülàtœr] *m.* accumulator (electr.), storage battery; *adj.** acquisitive. ‖ **accumulation** [-àsyoⁿ] *f.* accumulation. ‖ **accumuler** [àkümülé] *v.* to accumulate; to amass; to hoard.

accusateur [àküzatœr] *m.* accuser; prosecutor, indicter (jur.); *adj.** accusing. ‖ **accusation** [-àsyoⁿ] *f.* charge, accusation, indictment; prosecution. ‖ **accuser** [àküzé] *v.* to accuse; to charge; to indict; to impute; to show up; to bring out; to indicate; to acknowledge [réception]; **s'accuser**, to accuse oneself; to stand out, to be marked.

acerbe [àsèrb] *adj.* sour, bitter; biting, sharp.

acéré [àséré] *adj.* sharp, keen, cutting; stinging. ‖ **acérer** [-é] *v.* to steel; to sharpen; to edge.

achalandage [àshàlaⁿdàj] *m.* custom, trade, connection; goodwill. ‖ **achalander** [-é] *v.* to bring custom to.

acharné [àshàrné] *adj.* eager in pursuit; inveterate, keen [joueur], fierce, bitter [haine]; stubborn, strenuous [lutte, travail]. ‖ **acharnement** [àshàrnᵉmaⁿ] *m.* relentlessness; determination; stubbornness. ‖ **acharner** [-é] *v.* to flesh [chien]; **s'acharner à**, to go for; to work away at, to slog at.

achat [àshà] *m.* buying; purchase.

acheminement [àshmìnmaⁿ] *m.* way; course; progress; forwarding, routing [marchandises]. ‖ **acheminer** [-é] *v.* to direct, to forward, to route; **s'acheminer**, to proceed, to move.

acheter [àshté] *v.* to buy; to purchase; to bribe. ‖ **acheteur, -teuse** [-œr, -ëz] *m., f.* buyer.

achèvement [àshèvmaⁿ] *m.* completion, termination; conclusion. ‖ **achever** [àshvé] *v.* to finish, to terminate; to complete; to dispatch, to finish off (fam.).

achigan [àshìgaⁿ] *m.* © bass [fish].

achopper [àshòpé] *v.* to stumble.

acide [àsîd] *m.* acid; *adj.* acid, tart, sour. ‖ **acidité** [àsìdìté] *f.* acidity. ‖

acidulé [-ülé] *adj.* acidulated; *bonbons acidulés*, acid drops.

acier [àsyé] *m.* steel. ‖ **aciérie** [-rî] *f.* steelworks

acompte [àkoⁿt] *m.* instalment; payment on account; margin.

à-côté [àkôté] *m.* aside. ‖ *pl.* byways, side-lights; side-issues; extras, kick-back

acoustique [àkûstîk] *adj.* acoustic; *f.* acoustics.

acquéreur [àkérœr] *m.* acquirer; buyer **acquérir** [-îr] *v.* to buy; to acquire; to obtain ‖ **acquêts** [àkè] *m. pl* acquisition, acquests.

acquiescement [àkyèsmaⁿ] *m.* acquiescence, acceptance. ‖ **acquiescer** [àkyèsé] *v* to consent; to comply; to agree, to assent.

acquis [àkì] *adj.* devoted; acquired; *mal acquis* ill-gotten; *m.* experience. ‖ **acquisition** [-zìsyoⁿ] *f.* acquisition; purchase. *pl* attainments.

acquit [àkì] *m* discharge; receipt. ‖ **acquittement** [-tmaⁿ] *m.* acquittal; discharge, payment. ‖ **acquitter** [-té] *v.* to acquit, to discharge; to receipt [note], **s'acquitter de**, to fulfil(l); to discharge; to carry out.

acre [àkr] *f.* acre.

âcre [âkr] *adj.* acrid; pungent; sharp, bitter. ‖ **acrimonieux** [âkrìmònyë] *adj.** acrimonious.

acrobate [àkròbàt] *m. f.* acrobat. ‖ **acrobaties** [-basî] *f. pl.* acrobatics, stunts *faire des acrobaties*, to stunt.

acte [àkt] *m.* action; act; deed; document, certificate; record; instrument, writ (jur.); *acte de décès*, death certificate, *acte de naissance*, birth certificate; *acte notarié*, notarial deed; *prendre acte de*, to take note of; *acteur, -trice* [-œr, -trìs] *m., f.* actor, actress, player. ‖ **actif** [-îf] *adj.** active; busy; agile; *m.* assets; credit [compte]; *armée active*, regular army. ‖ **action** [àksyoⁿ] *f.* action; deed; operation engagement (mil.); share (comm.); stock; suit (jur.); plot (theat.); *entrer en action*, to come into action; *action de grâces*, thanksgiving. ‖ **actionnaire** [-yònèr] *m. f.* stockholder. ‖ **actionner** [-yòné] *v.* to set in motion (mech.); to sue (jur.); to stimulate.

activer [àktìvé] *v.* to stir up; to quicken; to activate; to push on. ‖ **activisme** [-ìsm] *m.* activism. ‖ **activiste** [-ìst] *m.* activist. ‖ **activité** [ìté] *f.* activity; action; briskness; active service.

actualité [àktüàlìté] *f.* actuality; reality; *d'actualité*, of topical interest; *pl.* current events; news. ‖ **actuel**

[àktüèl] *adj.* real; current; present; actual. ‖ *actuellement* [-maⁿ] *adv.* now; at the present time.

acuité [àküìté] *f.* sharpness, acuteness, keenness.

adage [àdà] *m.* saying, adage.

adaptation [àdàptàsyoⁿ] *f.* adaptation; adjustment; *faculté d'adaptation*, adaptability. ‖ *adapter* [-é] *v.* to adapt; to adjust; *s'adapter*, to adapt oneself; to suit.

addition [àdìsyoⁿ] *f.* addition; bill, check [restaurant]. ‖ *additionner* [-yòné] *v.* to add up; to tot up.

adepte [àdèpt] *m., f.* adept.

adéquat [àdékwà] *adj.* adequate.

adhérent [àdéraⁿ] *adj.* adhesive; *m.* adherent. ‖ *adhérer* [-é] *v.* to adhere, to cling; to join [parti]. ‖ *adhésion* [àdézyoⁿ] *f.* adherence; membership; accession.

adieu [àdyë] *m.* farewell; good-bye; leave-taking.

adipeux [àdìpë] *adj.** adipose.

adjacent [àdjàsaⁿ] *adj.* adjacent; adjoining; neighbo(u)ring.

adjectif [àdjèktìf] *m.* adjective.

adjoindre [àdjwiⁿdr] *v.** to unite; to associate; to enroll. ‖ *adjoint* [àdjwiⁿ] *m.* associate; assistant; *adjoint au maire*, deputy mayor.

adjudant [àdjüdaⁿ] *m.* warrant officer, battery Serjeant-Major.

adjudication [àdjüdìkàsyoⁿ] *f.* auction; allocation, award; *Br.* tender. ‖ *adjuger* [àdjüjé] *v.* to award; to knock down [enchères].

adjurer [àdjüré] *v.* to entreat, to exorcise.

admettre [àdmètr] *v.** to admit; to allow; to let in; to permit; to grant; to assume [supposition].

administrateur [àdmìnìstràtœr] *m.* administrator; director; guardian; manager; trustee. ‖ *administration* [-àsyoⁿ] *f.* administration; management; direction; trusteeship; *conseil d'administration*, board of directors. ‖ *administrer* [-é] *v.* to administer; to direct; to govern; to manage; to control.

admirable [àdmìràbl] *adj.* admirable, wonderful; excellent. ‖ *admirateur*, *-trice* [-àtœr, -trìs] *m., f.* admirer; fan. ‖ *admiration* [-àsyoⁿ] *f.* admiration. ‖ *admirer* [-é] *v.* to admire; to wonder at.

admis [àdmì] *adj.* admitted; accepted; conventional. ‖ *admissible* [-sìbl] *adj.* admissible; eligible; allowable. ‖ *admission* [-syoⁿ] *f.* admission; intake; entry [douane].

admonestation [àdmònèstàsyoⁿ] *f.* admonition, admonishment. ‖ *admonester* [àdmònèsté] *v.* to admonish; to reprimand.

adolescence [àdòlèsaⁿs] *f.* adolescence; youth. ‖ *adolescent* [àdòlèsaⁿ] *m.* adolescent, teenager.

adonner (s') [sàdòné] *v.* to devote oneself; to become addicted [à, to].

adopter [àdòpté] *v.* to adopt; to take up; to espouse [cause]; to pass [projet de loi]. ‖ *adoption* [àdòpsyoⁿ] *f.* adoption.

adorateur [àdòràtœr] *m.* adorer; worshipper. ‖ *adoration* [-àsyoⁿ] *f.* adoration; worship. ‖ *adorer* [àdòré] *v.* to adore; to worship; to dote upon; to idolize.

adosser [àdòsé] *v.* to back against; *s'adosser à*, to lean [à, on].

adoucir [àdûsìr] *v.* to soften; to mellow; to smooth; to tone down; to sweeten; *s'adoucir*, to become mild. ‖ *adoucissement* [-ìsmaⁿ] *m.* softening; mollifying; appeasement; mitigation.

adresse [àdrès] *f.* address; cleverness; skill. ‖ *adresser* [-é] *v.* to address; to direct; to recommend; *s'adresser à*, to apply to, to appeal to, to be meant for.

adroit [àdrwà] *adj.* skil(l)ful; deft; clever; crafty; shrewd.

adulateur [àdülàtœr] *adj.** adulatory, fawning; *m.* adulator; toady. ‖ *adulation* [-syoⁿ] *f.* adulation. ‖ *aduler* [àdülé] *v.* to adulate; to flatter; to fawn upon.

adulte [àdült] *m., adj.* adult; grown-up.

adultère [àdültèr] *m.* adultery; adulterer; *f.* adulteress.

advenir [àdveⁿìr] *v.** to happen; to occur; to turn out; *advienne que pourra*, come what may.

adverbe [àdvèrb] *m.* adverb.

adversaire [àdvèrsèr] *m.* adversary; opponent; enemy; antagonist. ‖ *adverse* [àdvèrs] *adj.* opposing; hostile; adverse. ‖ *adversité* [-ìté] *f.* adversity.

aération [àéràsyoⁿ] *f.* airing; ventilation. ‖ *aérer* [àéré] *v.* to aerate; to air; to ventilate. ‖ *aérien* [-yìⁿ] *adj.* aerial; elevated; airy. ‖ *aérodrome* [-òdròm] *m.* aerodrome; *Am.* airdrome. ‖ *aérodynamique*, aerodynamic; streamlined (auto). ‖ *aérogare* [-ògàr] *f.* air terminal. ‖ *aéronautique* [-ònòtìk] *f.* aeronautics; aerial navigation. ‖ *aéronef* [-ònèf] *m.* airship; aircraft. ‖ *aéroplane* [-òplàn] *m.* airplane. ‖ *aéroport* [-òpòr] *m.* airport.

affabilité [àfàbìlìté] *f.* affability. ‖ *affable* [àfàbl] *adj.* affable.

affadir [àfàdîr] *v.* to make insipid, dull; *s'affadir,* to lose flavor, to become dull.

affaiblir [àfèblîr] *v.* to weaken. ‖ *affaiblissement* [-ìsmⁿ] *m.* weakening; attenuation.

affaire [àfèr] *f.* affair, business; matter; engagement (mil.); case, lawsuit (jur.); duel; *pl.* things, belongings; dealings, business: *dans les affaires,* in business; *avoir affaire à,* to deal with; *avoir affaire avec,* to have business with; *cela fera l'affaire,* that will do it; *son affaire est faite,* he's done for; *chiffre d'affaires,* turnover; *affaire en instance,* pending matter. ‖ *affairé* [-é] *adj.* busy. ‖ *s'affairer* *v.* to be busy; to fuss; to bustle about.

affaissement [àfèsmⁿ] *m.* subsidence; depression; prostration (med.); collapse. ‖ *affaisser* [-é] *v.* to weigh down; to overwhelm; *s'affaisser,* to sink; to sag; to give way; to become depressed; to flop.

affaler [àfàlé] *v.* to haul down; *s'affaler,* to drop, to slouch.

affamé [àfàmé] *adj.* hungry; starving; famished. ‖ *affamer* [-é] *v.* to starve.

affectation [àfèktàsyoⁿ] *f.* affectation; appropriation; mannerism, affectedness; *Am.* assignment (mil.); *Br.* posting (mil.). ‖ *affecter* [-é] *v.* to affect; to allot; to pretend, to feign; to hurt, to harm; *Am.* to assign (mil.); *Br.* to post (mil.).

affectif [àfèktîf] *adj.* emotional. ‖ *affection* [-syoⁿ] *f.* affection; ailment, disease (med.). ‖ *affectueux* [-tüè] *adj.* affectionate.

afférent [àféràⁿ] *adj.* relevant, applicable, pertaining.

affermer [àfèrmé] *v.* to rent; to lease; to farm out; to let.

affermir [àfèrmîr] *v.* to strengthen; to steady; to consolidate; *s'affermir,* to harden; to take root.

affichage [àfîshàj] *m.* bill-posting; flaunting (fig.). ‖ *affiche* [àfîsh] *f.* bill, poster, placard. ‖ *afficher* [-é] *v.* to post up; to placard; to bill; to display; to flaunt; *s'afficher,* to attract notice.

affiler [àfîlé] *v.* to sharpen; to whet.

affiliation [àfîlyàsyoⁿ] *f.* affiliation. ‖ *affilier* [-yé] *v.* to affiliate.

affiner [àfîné] *v.* to refine; to improve; *s'affiner,* *v.* to mature.

affirmatif [àfîrmàtîf] *adj.* affirmative; positive. ‖ *affirmation* [-àsyoⁿ] *f.* assertion. ‖ *affirmative* [-àtîv] *f.* affirmative. ‖ *affirmer* [àfîrmé] *v.* to affirm; to assert; *s'affirmer,* to assert oneself.

affleurer [àflœré] *v.* to level; to make flush; to crop out [mine].

affliction [àflìksyoⁿ] *f.* affliction. ‖ *affliger* [-jé] *v.* to afflict, to distress; *s'affliger,* to grieve.

affluence [àflüàⁿs] *f.* flow, flood; affluence, abundance; crowd; *heures d'affluence,* peak, rush hours. ‖ *affluent* [-üàⁿ] *m.* tributary [rivière]. ‖ *affluer* [-üé] *v.* to flow; to abound; to flock; to crowd.

affolement [àfòlmàⁿ] *m.* distraction; panic. ‖ *affoler* [-é] *v.* to madden; to drive crazy; to disturb (mech.); *s'affoler,* to fall into a panic; to get crazy (de, about); to spin [boussole]; to race [moteur].

affranchir [àfràⁿshîr] *v.* to free; to emancipate; to exempt; to prepay; to stamp [lettre]. ‖ *affranchissement* [-ìsmⁿ] *m.* liberation; emancipation; postage; mailing; stamping.

affres [àfr] *f. pl.* throes, pangs.

affrètement [àfrètmàⁿ] *m.* chartering; freighting. ‖ *affréter* [àfrété] *v.* to charter. ‖ *affréteur* [-œr] *m.* charterer; freighter.

affreux [àfrè] *adj.* horrible; frightful; hideous; dreadful; shocking.

affrioler [àfrìyòlé] *v.* to entice; to allure.

affront [àfroⁿ] *m.* affront; insult; snub. ‖ *affronter* [-té] *v.* to confront; to face; to encounter; to brave.

affût [àfü] *m.* gun carriage; mount (mil.); hiding-place; *à l'affût de,* on the lookout for. ‖ *affûter* [-té] *v.* to set; to sharpen [outil]; to grind.

afin [àfⁿ] *adv.* *afin de,* in order to; *afin que,* in order that.

africain [àfrìkⁿ] *m.,* *adj.* African.

agaçant [àgàsⁿ] *adj.* aggravating, provoking, annoying. ‖ *agacement* [-mⁿ] *m.* irritation; annoyance. ‖ *agacer* [-é] *v.* to irritate; to entice; to lead on; *s'agacer,* to get annoyed.

âge [àj] *m.* age; period; epoch; *âge de raison,* years of discretion; *bas âge,* infancy; early childhood; *jeune âge,* childhood, *Moyen Age,* Middle Ages; *entre deux âges,* middle-aged; *hors d'âge,* over age; *d'un certain âge,* elderly; *quel âge a-t-il?,* how old is he? ‖ *âgé* [-é] *adj.* aged; old; *plus âgé,* older; *le plus âgé,* the eldest.

agence [àjàⁿs] *f.* agency; bureau; branch office; *agence immobilière,* real-estate agency. ‖ *agencements* [àjàⁿsmàⁿ] *m. pl.* fittings, fixtures. ‖ *agencer* [-é] *v.* to arrange; to dispose; to set up; to fit up; to adjust.

agenda [àjìⁿdà] *m.* memorandum-book; agenda; diary.

agenouiller (s') [sàjnûyé] v. to kneel down.

agent [àjaⁿ] m. agent; representative; medium; *agent de police*, policeman; *agent de change*, stockbroker; *agent de liaison*, liaison agent; *agent voyer*, road surveyor.

agglomération [àglòméràsyoⁿ] f. agglomeration; mass; aggregation; built-up area; caking. ‖ *aggloméré* [-é] m. compressed fuel; conglomerate. ‖ *agglomérer* [-é] v. to agglomerate; *s'agglomérer*, to agglomerate; to cake; to mass.

aggraver [àgràvé] v. to aggravate; to make worse; to increase [taxation]; *s'aggraver*, to grow worse.

agile [àjíl] adj. agile, nimble, light-footed; prompt. ‖ *agilité* [-ité] f. nimbleness, agility, quickness.

agioter [àjyòté] v. to speculate; to gamble; to play the market.

agir [àjîr] v. to act; to take action; to operate; to proceed; to work; to carry on; to behave; *s'agir de*, to be a question of; to concern; *de quoi s'agit-il?*, what is it about? ‖ *agissant* [-îsaⁿ] adj. active, effective; drastic (med.). ‖ *agissements* [-îsmaⁿ] m. pl. doings; goings-on, machinations.

agitateur [àjîtàtœr] m. agitator. ‖ *agitation* [-îtàsyoⁿ] f. agitation; shaking; tossing; waving; perturbation; excitement; restlessness; roughness [mer]. ‖ *agiter* [-ité] v. to agitate; to shake; to wave; to disturb; to excite; to discuss; *s'agiter*, to be restless, to bustle.

agneau [àñó] m.ᵉ lamb.

agonie [àgònî] f. death-throes. ‖ *agoniser* [-izé] v. to be dying; to be at one's last gasp.

agrafe [àgràf] f. clasp; buckle; fastening; clip; clamp; staple. ‖ *agrafer* [-é] v. to clasp; to buckle. ‖ *agrafeuse* [-fêz] f. stapler.

agraire [àgrèr] adj. agrarian.

agrandir [àgraⁿdîr] v. to enlarge; to increase; to augment; to elevate; *s'agrandir*, to expand, to grow, to extend. ‖ *agrandissement* [-îsmaⁿ] m. enlargement, expansion.

agréable [àgréàbl] adj. agreeable; pleasing; pleasant. ‖ *agréer* [àgréé] v. to accept; to recognize; to approve; to suit; to please.

agrégat [àgrégà] m. aggregate. ‖ *agrégation* [-syoⁿ] f. aggregation; conglomeration; binding; competitive university examination.

agrément [àgrémaⁿ] m. assent, approval; pleasure, amusement; charm, gracefulness; pl. accomplishments [arts]; ornaments.

agrès [àgrè] m. pl. rigging, tackle (naut.); apparatus [gymnastique].

agresseur [àgrèsœr] m. aggressor; assailant. ‖ *agression* [-yoⁿ] f. aggression; attack; assault.

agricole [àgrìkòl] adj. agricultural, farming. ‖ *agriculteur* [-ültœr] m. farmer; agriculturist. ‖ *agriculture* [-ültür] f. agriculture; husbandry; tillage; farming.

agripper [àgrîpé] v. to clutch, to grab, to snatch.

aguerri [àgèrî] adj. seasoned; hardened; inured. ‖ *aguerrir* [-îr] v. to season, to harden; to inure.

aguets [àgè] m. pl. watch, watching; *aux aguets*, on the lookout.

aguicher [àgîshé] v. to allure, to ogle; *Am.* to give the come-on to.

ahurir [àürîr] v. to dumbfound; to daze; to bewilder; to flabbergast. ‖ *ahurissement* [-îsmaⁿ] m. stupefaction, bewilderment.

aide [èd] f. aid; help; assistance; rescue; m. aide, assistant; helper. ‖ *aider* [-é] v. to aid; to help; to assist; to relieve [pauvres]; *s'aider de*, to make use of.

aïeul, aïeule [àyœl] (pl. aïeux [àyë]) m. grandfather, f. grandmother; pl. ancestors; forefathers.

aigle [ègl] m. eagle; genius (fig.); f. standard, banner.

aigre [ègr] adj. sour, bitter; harsh, acid, tart; *aigre-doux*, bitter-sweet. ‖ *aigrefin* [-⁽e⁾fîⁿ] m. sharper. ‖ *aigreur* [-œr] f. sourness; bitterness; tartness; acidity; ranco(u)r. ‖ *aigrir* [-îr] v. to embitter; to make sour; *s'aigrir*, to turn sour; to become embittered.

aigrette [ègrèt] f. aigrette, egret; tuft, crest.

aigu [ègü] adj.ᵉ sharp; acute; pointed; keen, shrill; piercing; critical. ‖ *aiguille* [ègüy] f. needle; hand [pendule]; point [obélisque]; *Am.* switch, *Br.* point (railw.); needle (med.); *travaux d'aiguille*, needlework. ‖ *aiguiller* [-é] v. to shunt; to switch (railw.). ‖ *aiguilleur* [-œr] m. *Am.* switchman; *Br.* pointsman. ‖ *aiguillette* [-èt] f. aiguillette; shoulder-knot (mil.); strip of flesh [viande]. ‖ *aiguillon* [-oⁿ] m. goad; spur; stimulus; sting [guêpe]; prickle (bot.). ‖ *aiguillonner* [-òné] v. to spur; to stimulate; to urge on. ‖ *aiguiser* [ègüîzé] v. to sharpen; to whet; to point; to stimulate [appétit].

ail [ày] (pl. aulx [ô]) m. garlic; *gousse d'ail*, clove of garlic; *aïlloli*, garlic mayonnaise.

aile [èl] f. wing; pinion; sail; whip [moulin]; blade [hélice]; aisle [église]; brim [chapeau]; fluke [ancre]; *Am.*

fender, *Br.* wing [auto]; vane (mech.); *rogner les ailes à,* to clip the wings of; *voler de ses propres ailes,* to stand on one's own feet. ‖ *aileron* [-roⁿ] *m.* aileron; wing flap (aviat.); pinion [oiseau]; flipper [pingouin]; fin [requin]. ‖ *ailier* [-lyé] *m.* winger.

ailleurs [àyœr] *adv.* elsewhere; *d'ailleurs,* besides; moreover; furthermore; *par ailleurs,* incidentally, otherwise, besides.

aimable [èmàbl] *adj.* kind, amiable, pleasant, nice. ‖ *aimant* [èmaⁿ] *m.* magnet; lodestone; *adj.* loving. ‖ *aimanter* [-té] *v.* to magnetize. ‖ *aimer* [èmé] *v.* to love; to like; to fancy; to be fond of; to care for; to enjoy; *aimer mieux,* to prefer.

aine [èn] *f.* groin.

aîné [èné] *m.* elder; eldest; senior. ‖ *aînesse* [ènès] *f.* primogeniture; *droit d'aînesse,* birth-right.

ainsi [iⁿsì] *adv.* thus, so; hence; therefore; *ainsi que,* as well as; *ainsi de suite,* and so on; *s'il en est ainsi,* if so; *pour ainsi dire,* so to speak; *ainsi soit-il,* amen.

air [èr] *m.* air; wind; appearance; look; tune; *avoir l'air,* to look, to seem; *donner de l'air,* to air; *courant d'air,* draft; *air de famille,* family likeness; *se donner des airs,* to put on airs.

airain [èriⁿ] *m.* brass; bronze.

aire [èr] *f.* area, space; surface; threshing floor; eyrie [aigle].

airelle [èrèl] *f.* huckleberry, blueberry.

aisance [èzaⁿs] *f.* ease; comfort; sufficiency; freedom [mouvement]. ‖ *aise* [èz] *f.* ease; comfort; convenience; content; *adj.* glad; well-pleased; *à votre aise,* at your ease; *comblé d'aise,* overjoyed; *mal à l'aise,* ill at ease. ‖ *aisé* [-é] *adj.* easy; comfortable; free; well-to-do; well-off.

aisselle [èsèl] *f.* armpit.

aîtres [ètr] *m. pl.* ins and outs.

ajonc [àjoⁿ] *m.* furze, gorse.

ajouré [àjûré] *adj.* perforated; openwork; pierced; fretwork.

ajournement [àjûrºmaⁿ] *m.* adjournment; postponement; subpoena; deferment (mil.). ‖ *ajourner* [-é] *v.* to adjourn; to postpone; to stay; to delay; to defer (mil.); to fail, to refer.

ajouter [àjûté] *v.* to add, to join; *ajouter foi à,* to give credit to.

ajuster [àjüsté] *v.* to adjust; to set; to adapt; to fit; to aim at; to arrange; to settle. ‖ *ajusté* [-té] *adj.* tightfitting. ‖ *ajusteur* [-œr] *m.* fitter.

alambic [àlaⁿbìk] *m.* still.

alanguissement [àlaⁿgìsmaⁿ] *m.* languor; weakness; droopiness.

alarme [àlàrm] *f.* alarm. ‖ *alarmer* [-é] *v.* to frighten; to alarm; *s'alarmer,* to take fright; to be alarmed.

albâtre [àlbâtr] *m.* alabaster.

alcool [àlkòl] *m.* alcohol; spirits; hard liquor; *alcool à brûler,* denatured alcohol. ‖ *alcoolisme* [-ìsm] *m.* alcoholism.

aléa [àléà] *m.* risk; hazard. ‖ *aléatoire* [-twàr] *adj.* risky, chancy, contingent; problematical.

alène [àlèn] *f.* awl.

alentour [àlaⁿtûr] *adv.* around, round about; *m. pl.* neighbo(u)rhood; vicinity; surroundings.

alerte [àlèrt] *f.* alarm, warning, alert; *adj.* alert; vigilant; brisk, quick; spry; crisp.

alevin [àlviⁿ] *m.* fry, young fish.

alezan [àlzaⁿ] *m., adj.* chestnut, sorrel [cheval]; *alezan roux,* red bay.

algarade [àlgàràd] *f.* quarrel; scolding; dressing-down; prank.

algèbre [àljèbr] *f.* algebra. ‖ *algébrique* [-ìk] *adj.* algebraic.

Algérie [àljérì] *f.* Algeria. ‖ *algérien* [-yiⁿ] *m., adj.** Algerian.

algue [àlg] *f.* seaweed.

alibi [àlìbì] *m.* alibi.

aliénation [àlyénàsyoⁿ] *f.* alienation; transfer; derangement (med.). ‖ *aliéné* [-é] *m.* lunatic, madman, maniac; *adj.* insane. ‖ *aliéner* [-é] *v.* to alienate; to unhinge; to estrange; to transfer [propriété]; *s'aliéner,* to lose.

alignement [àlîimaⁿ] *m.* alignment; line; dressing (mil.). ‖ *aligner* [-é] *v.* to draw up (mil.); to line up; to align; *s'aligner,* to dress (mil.); to fall into line; *s'aligner avec,* to take on.

aliment [àlìmaⁿ] *m.* aliment; food; sustenance. ‖ *alimentation* [-tàsyoⁿ] *f.* rationing; subsistence; food; nourishment; feeding; feed (mech.). ‖ *alimenter* [-té] *v.* to feed; to supply (mech.); *s'alimenter,* to eat; to lay in.

alinéa [àlìnéà] *m.* paragraph, indentation.

aliter [àlìté] *v.* to confine to bed; to keep in bed; *s'aliter,* to take to one's bed.

alizé [àlìzé] *m.* trade wind.

allaiter [àlèté] *v.* to suckle, to feed.

allant [àlaⁿ] *m.* go; liveliness; dash; *adj.* active, busy, buoyant.

allécher [àlléshé] *v.* to allure; to attract; to tempt.

allée [àlé] *f.* alley; walk; path; drive; *allées et venues,* comings and goings.

allège [àlèj] *adj.* Ⓒ unloaded.

alléger [àlléjé] *v.* to lighten; to alleviate; to relieve; to unburden; *s'alléger*, to grow lighter.

allégorie [àllégòrî] *f.* allegory.

allègre [àllègr] *adj.* lively, cheerful. ‖ *allégresse* [àllégrès] *f.* liveliness; cheerfulness; joy.

alléguer [àllégé] *v.* to adduce; to allege; to assign; to cite, to plead.

Allemagne [àlmàñ] *f.* Germany. ‖ *allemand* [àlmaⁿ] *m.*, *adj.* German.

aller [àlé] *v.*° to go; to proceed; to move; *m.* departure; outward journey; one-way ticket; *aller à pied*, to walk; *aller à cheval*, to ride; *aller en voiture*, to ride, to drive; *aller en bateau*, to sail; *comment allez-vous?*, how are you?; *aller chercher*, to go for; *allons!*, come on!; *cela vous va*, it fits you, it suits you; *il y va de sa vie*, his life is at stake; *aller à la dérive*, to drift; *s'en aller*, to go away, to depart; to die; *au pis aller*, at the worst; *aller et retour*, Am. round-trip ticket, Br. return ticket.

allergie [àlèrjî] *f.* allergy.

alliage [àlyàj] *m.* alloy. ‖ *alliance* [-yàⁿs] *f.* alliance; union; marriage; wedding ring. ‖ *allié* [-yé] *m.* ally; kin. ‖ *allier* [-yé] *v.* to ally; to unite; to alloy; to combine, to blend [couleurs]; *s'allier*, to ally; to alloy; to harmonize; to marry into [à une famille].

alligator [àligàtòr] *m.* alligator.

allô! [àlô] *interj.* hullo!; hallo!

allocation [àllòkàsyoⁿ] *f.* allocation; allowance; assignment; allotment; dole [chômage]; *pl.* family allowance [allocations familiales].

allocution [àllòkùsyoⁿ] *f.* address, speech, allocution.

allongement [àloⁿjmaⁿ] *m.* lengthening; extension; elongation. ‖ *allonger* [-é] *v.* to lengthen; to extend; to stretch; to elongate; to lift [tir]; *s'allonger*, to grow longer; to stretch out; to lie down at full length; to fall [visage].

allouer [àlùé] *v.* to allow; to grant; to allocate; to award; to allot.

allumage [àlùmàj] *m.* kindling, lighting, ignition (mech.); *couper l'allumage*, to switch off the ignition. ‖ *allumer* [-é] *v.* to light; to kindle; to inflame; to set fire to; to stir up [passions]; *s'allumer*, to catch fire. ‖ *allumette* [-èt] *f.* match. ‖ *allumeur* [-œr] *m.* igniter (mech.); lighter. ‖ *allumeuse* [-èz] *f.* vamp, tease.

allure [àlùr] *f.* gait; manner; aspect; style; behavio(u)r; walk, pace; rate of march (mil.); turn; *à toute allure*, at top speed; *régler l'allure*, to set the pace; *d'allures libres*, fast; *d'allure louche*, suspicious-looking.

allusion [àllùzyoⁿ] *f.* allusion, hint; *faire allusion à*, to refer to.

aloès [àlòès] *m.* aloe.

aloi [àlwà] *m.* legal tender; quality; *de bon aloi*, genuine.

alors [àlòr] *adv.* then; so; in such a case, *alors que*, whereas; *et alors?*, so what?; *alors même que*, even though.

alose [àlòz] *f.* shad.

alouette [àlwèt] *f.* lark.

alourdir [àlùrdîr] *v.* to make heavy; to weigh down; to dull [esprit]; *s'alourdir*, to become heavy.

aloyau [àlwàyô] *m.* sirloin.

alpage [àlpàj] *m.* mountain pasture.

alphabet [àlfàbè] *m.* alphabet; reading-primer. ‖ *alphabétique* [-étìk] *adj.* alphabetical.

alpinisme [àlpìnîsm] *m.* mountaineering. ‖ *alpiniste* [-ìst] *m.*, *f.* alpinist; moutain-climber.

altérable [àltéràbl] *adj.* alterable. ‖ *altérant* [-aⁿ] *adj.* thirst-producing. ‖ *altération* [-àsyoⁿ] *f.* adulteration; deterioration; debasement; faltering [voix]; heavy thirst [soif]; inflecting [musique].

altercation [àltèrkàsyoⁿ] *f.* altercation, dispute.

altérer [àltéré] *v.* to alter; to change; to adulterate; to spoil; to fade; to make thirsty; *s'altérer*, to undergo a change; to alter; to degenerate; to deteriorate; to twist.

alternance [àltèrnaⁿs] *f.* alternation; rotation (agr.). ‖ *alternatif* [-àtìf] *adj.*° alternate, alternative. ‖ *alternative* [-àtìv] *f.* alternative, option. ‖ *alterner* [-é] *v.* to alternate; to rotate.

altier [àltyé] *adj.*° haughty, proud. ‖ *altitude* [-ìtüd] *f.* altitude, height. ‖ *alto* [àltô] *m.* alto, viola.

aluminium [àlümìnyòm] *m.* aluminï(u)m.

alunir [àlünîr] *v.* to land on the moon. ‖ *alunissage*, landing on the moon.

alvéole [àlvéòl] *m.* cell [miel]; pit cavity, socket [dent]; alveolus (med.).

amabilité [àmàbìlité] *f.* amiability; affability; kindness.

amadou [àmàdù] *m.* amadou; Am. punk; tinder. ‖ *amadouer* [-wé] *v.* to wheedle; to soften up; to coax; to get round.

amaigrir [àmègrîr] *v.* to make thin; to emaciate; to grow thin; to slim. ‖

amaigrissement [-ìsmaⁿ] *m.* growing thin; thinning down; emaciation; slimming; wasting away.

amalgame [àmàlgàm] *m.* amalgam; medley. ‖ *amalgamer* [-é] *v.* to amalgamate; to blend.

amande [amaⁿd] *f.* almond. ‖ *amandier* [-yé] *m.* almond-tree.

amant [amaⁿ] *m.* lover; paramour.

amariner (s') [sàmàrìné] *v.* to find one's sea-legs.

amarre [àmàr] *f.* mooring rope; hawser; cable. ‖ *amarrer* [-é] *v.* to moor, to cable, to berth; to secure; to lash [cordage].

amas [amà] *m.* heap, pile; hoard; mass; accumulation. ‖ *amasser* [-sé] *v.* to heap up; to amass; to hoard; *s'amasser,* to pile up, to crowd together; to gather.

amateur [amàtœr] *m.* lover, amateur, dilettante; fan; bidder.

ambages [aⁿbàʒ] *f. pl.* circumlocution; *sans ambages,* forthrightly, outspokenly.

ambassade [aⁿbàsàd] *f.* embassy; errand, mission. ‖ *ambassadeur* [-œr] *m.* ambassador.

ambiance [aⁿbyaⁿs] *f.* environment; surroundings; atmosphere; spirit.

ambigu [aⁿblgü] *adj.* ambiguous; cryptic, doubtful, shady. ‖ *ambiguïté* [-güïté] *f.* ambiguity.

ambitieux [aⁿblsyé] *adj.* ambitious. ‖ *ambition* [-yoⁿ] *f.* ambition.

ambre [aⁿbr] *m.* amber.

ambulance [aⁿbülaⁿs] *f.* ambulance; surgical hospital (mil.); dressing-station. ‖ *ambulancier* [-yé] *m.* orderly (med.). ‖ *ambulant* [aⁿbülaⁿ] *adj.* travel(l)ing; itinerant; *marchand ambulant,* hawker, peddler.

âme [âm] *f.* soul; spirit; sentiment; heart; feeling; bore [canon]; core [câble]; soundpost [violon]; *âme damnée,* creature, tool, stooge; *grandeur d'âme,* magnanimity

améliorer [amélyòré] *v.* to improve; to ameliorate; to better; *s'améliorer,* to ameliorate, to grow better; to mend.

aménagement [amónàʒmaⁿ] *m.* arrangement, equipment, fitting up; preparation, fixtures [maison]; set-up. ‖ *aménager* [amónàʒé] *v.* to prepare; to fit up; to plan; to harness.

amende [amaⁿd] *f.* fine; penalty; forfeit; *amende honorable,* apology. ‖ *amender* [-dé] *v.* to amend, to improve; *s'amender,* to mend one's ways; to improve; to reform.

amener [àmné] *v.* to bring; to lead; to conduct; to introduce [style]; to

induce; to occasion; to haul down (naut.); to strike [pavillon]; to lower [voile]; *s'amener,* to arrive, to turn up, to roll up.

aménité [àmènité] *f.* charm, graciousness; *pl.* compliments (ironique).

amenuiser [àm·nüìzé] *v.* to pare; to whittle; to reduce; *s'amenuiser,* to dwindle, to decrease.

amer [àmèr] *adj.* bitter; *m.* bitters.

américain [àmérlkⁿ] *m., adj.* American. ‖ *américaniser* [-ànìzé] *v.* to Americanize. ‖ *amérindien* [-rìⁿdyⁿ] *adj.* Amerindian. ‖ *Amérique* [àmérìk] *f.* America.

amerrir [àmérîr] *v.* to alight on the water (aviat.).

amertume [àmèrtüm] *f.* bitterness.

ameublement [àmëbl·maⁿ] *m.* furniture; furnishings.

ameuter [àmëté] *v.* to train [chiens]; to stir up, to rouse [foule]; *s'ameuter,* to rise; to mob.

ami [àmì] *m.* friend; *petite amie,* mistress, girl-friend. ‖ *amiable* [àmyàbl] *adj.* amicable, friendly; *à l'amiable,* amicably, by mutual agreement.

amiante [àmyaⁿt] *f.* asbestos.

amical [àmìkàl] *adj.* friendly; amicable; *amicale* *f.* friendly society.

amidon [àmìdoⁿ] *m.* starch. ‖ *amidonner* [-òné] *v.* to starch.

amincir [àmⁿsîr] *v.* to thin, to reduce; *s'amincir,* to slenderize, to slim, to grow thinner.

amiral [àmìràl] *m.* admiral; *adj.* flagship . *contre-amiral m.* rear admiral. ‖ *amirauté* [àmìrôté] *f.* admiralship; admiralty; *Br.* Admiralty House.

amitié [àmìtyé] *f.* friendship; affection; kindness; *mes amitiés à,* my kindest regards to.

ammoniac [àmònyàk] *adj.* ammoniac. ‖ *ammoniaque f.* ammonia.

amnésie [àmnézî] *f.* amnesia.

amnistie [àmnìstî] *f.* amnesty. ‖ *amnistier* [-tyé] *v.* to amnesty.

amoindrir [àmwⁿdrîr] *v.* to lessen; to reduce; to belittle; to mitigate; *s'amoindrir,* to diminish.

amollir [àmòlîr] *v.* to soften; to unman; to enervate; to weaken.

amonceler (s') [sàmoⁿslé] *v.* to heap up; to drift; to bank up.

amont [àmoⁿ] *m.* upstream water; head waters; *en amont,* upriver.

amorçage [àmòrsàʒ] *m.* priming [canon]; capping [obus]; starting (electr.); baiting [poisson]. ‖ *amorce* [àmòrs] *f.* primer; priming; percussion cap; fuze (electr.); detonator;

beginning (fig.). || **amorcer** [-é] v. to prime [canon]; to start; to embark upon; to bait [poisson].

amorphe [àmòrf] adj. amorphous, shapeless; flabby; slack.

amortir [àmòrtîr] v. to deaden [son, douleur]; to muffle; to subdue; to absorb [choc]; to pay off [argent]; to amortize. || **amortissement** [-ìsmaⁿ] m. abatement; deadening; absorption [choc]; redemption [finance]; soundproofing [son]; *fonds d'amortissement*, sinking funds. || **amortisseur** [-ìsœr] m. snubber; shock-absorber; shock-snubber; fender; dashpot; damper (electr.).

amour [àmûr] m. love; affection; passion; *mal d'amour*, lovesickness; *f. pl. premières amours*, calf-love; (*faire l'amour* does not mean « make love », and is not in polite use); *amour-propre*, self-pride; self-respect; || **s'amouracher** [sàmûràshé] v. to fall in love (de, with), to fall for. || **amourette** [àmûrèt] f. passing fancy, crush. || **amoureux** [-ë] adj.ᵃ loving, enamoured; m. lover, sweetheart.

amovible [àmòvìbl] adj. revocable [poste]; removable; detachable.

amphibie [aⁿfìbì] adj. amphibious; m. amphibian.

amphithéâtre [aⁿfìtéátr] m. amphitheater; Br. amphitheatre.

ample [aⁿpl] adj. broad; ample; wide; spacious. || **ampleur** [-œr] f. width; fullness; intensity; volume. || **ampliation** [-làsyoⁿ] f. amplification; certified copy (jur.). || **amplificateur** [-lfìkàtœr] m. amplifier [radio], enlarger (phot.); adj.ᵃ magnifying, amplifying. || **amplifier** [-lfyé] v. to amplify, to magnify; to enlarge. || **amplitude** [-lüd] f. amplitude; vastness; extent; scope.

ampoule [aⁿpûl] f. ampulla; phial; bulb (electr.); blister (med.). || **ampoulé** [-lé] adj. bombastic.

amputation [aⁿpütàsyoⁿ] f. amputation; reduction; curtailment; cutting-down, cut. || **amputer** [-é] v. to amputate; to curtail.

amure [àmür] f. tack of sail. || **amurer** [-ré] v. to board the tack.

amusant [àmüzaⁿ] adj. amusing, diverting. || **amusement** [-maⁿ] m. amusement; entertainment; diversion; recreation. || **amuser** [-é] v. to amuse; to divert; to fool [créanciers]; *s'amuser*, to amuse oneself, to have a good time; to enjoy oneself. || **amusette** [-zèt] f. plaything; child's play.

amygdale [àmìdàl] f. tonsil.

an [aⁿ] m. year; *avoir six ans*, to be six years old; *le jour de l'an*, New

Year's day; *bon an mal an*, taking one year with another; *l'an dernier*, last year.

anachorète [ànàkòrèt] m. anchorite, anchoret, hermit.

anachronique [ànàkrònìk] adj. anachronistic. || **anachronisme** [-ìsm] m. anachronism.

analgésie [ànàljézì] f. analgesia. || **analgésique** [-ìk] adj., m. analgesic.

analogie [ànàlòjì] f. analogy. || **analogique** [-ìk] adj. analogical. || **analogue** [ànàlòg] adj. analogous, similar; counterpart.

analyse [ànàlìz] f. analysis. || **analyser** [-lzé] v. to analyse. || **analytique** [ànàlìtìk] adj. analytical.

ananas [ànàná] m. pineapple.

anarchie [ànàrshì] f. anarchy. || **anarchiste** [-ìst] m., f. anarchist.

anathème [ànàtèm] m. anathema; curse.

anatomie [ànàtòmì] f. anatomy. || **anatomique** [-ìk] adj. anatomical.

ancestral [aⁿsèstràl] adj.ᵃ ancestral. || **ancêtre** [aⁿsètr] m. ancestor; forefather, forbear; gaffer.

anchois [aⁿshwá] m. anchovy.

ancien [aⁿsyìⁿ] adj.ᵃ ancient; old; elder; former; senior; early; past; bygone; *ancien élève*, alumnus; Br. old boy; **anciennement** [-syènmaⁿ] adv. formerly. || **ancienneté** [aⁿsyènté] f. seniority; oldness; antiquity.

ancrage [aⁿkráj] m. anchoring; anchorage. || **ancre** [aⁿkr] f. anchor; brace [construction]; *jeter l'ancre*, to cast anchor; *lever l'ancre*, to weigh anchor. || **ancrer** [-é] v. to anchor; to brace; to tie; to secure; *s'ancrer*, to establish oneself, to dig in; to become rooted.

andain [aⁿdìⁿ] m. swath.

andouille [aⁿdûy] f. chitterlings; (pop.) fool, boob, ninny, sap.

andouiller [aⁿdûyé] m. antler, tine [of antler].

âne [àn] m. ass, donkey; *bonnet d'âne*, dunce's cap; *coup de pied de l'âne*, last straw; *dos d'âne*, ridge.

anéantir [ànéaⁿtîr] v. to annihilate; to exhaust, to overwhelm; to blast; to destroy. || **anéantissement** [-ìsmaⁿ] m. annihilation; destruction; ruin; prostration.

anecdote [ànèkdòt] f. anecdote. || **anecdotique** [-tìk] adj. anecdotic, anecdotal.

anémie [ànémì] f. an(a)emia. || **anémier** [-yé] v. to make an(a)emic; to debilitate. || **anémique** [-ìk] adj. an(a)emic.

anémone [ànémòn] *f.* anemone, wind-flower; sea-anemone.

ânerie [ànrî] *f.* stupidity. ‖ *ânesse* [-ès] *f.* she-ass.

anesthésie [ànèstézî] *f.* an(a)esthesia. ‖ *anesthésier* [-yé] *v.* to an(a)esthetize. ‖ *anesthésiste* [-ìst] *m.*, *f.* anaesthetist.

anévrisme [ànévrìsm] *m.* aneurism.

anfractuosité [anfràktüòzìté] *f.* anfractuosity; sinuosity; winding [route]; rugged outlines [terrain].

ange [an̄j] *m.* angel; *être aux anges*, to walk on air. ‖ *angélique* [-élìk] *adj.* angelic; *f.* angelica.

angine [an̄jìn] *f.* tonsillitis; quinsy; angina (med.).

anglais [an̄glè] *m.* English; Englishman; English language; *adj.* English. ‖ *anglaise* [-èz] *f.* Englishwoman; Italian hand [écriture]; *pl.* ringlets.

angle [an̄gl] *m.* angle; corner; quoin [bâtiment]; edge [outil]; *angle visuel*, angle of vision.

Angleterre [an̄glètèr] *f.* England. ‖ *anglican* [an̄glìkan] *m.*, *adj.* Anglican. ‖ *angliciser* [-ìsìzé] *v.* to anglicize. ‖ *anglo-normand* [an̄glònòrman] *adj.* Anglo-Norman; *les îles Anglo-Normandes*, the Channel Isles. ‖ *anglophile* [-fìl] *m.*, *adj.* Anglophil(e); pro-English. ‖ *anglo-saxon* [-sàksòn] *m.*, *adj.* Anglo-Saxon; Anglo-American.

angoisse [an̄gwàs] *f.* anguish; agony; spasm; distress; anxiety; *poire d'angoisse*, choke-pear. ‖ *angoisser* [-é] *v.* to anguish, to distress.

anguille [an̄gìy] *f.* eel; *anguille de mer* (*congre*), conger.

angulaire [an̄gülèr] *adj.* angular; *pierre angulaire*, cornerstone. ‖ *anguleux* [-ë] *adj.* angular.

anicroche [ànìkròsh] *f.* hitch, snag.

animal [ànìmàl] *m.* animal, beast; *adj.* animal, brutish.

animateur [ànìmàtær] *m.* animator; moving spirit; *adj.* animating, life-giving. ‖ *animation* [-àsyòn] *f.* animation, liveliness; excitement; quickening. ‖ *animer* [ànìmé] *v.* to animate; to quicken; to enliven; to stir up.

animosité [ànìmòzìté] *f.* animosity, hostility; spite.

anis [ànì] *m.* aniseed.

ankylose [an̄kìlòz] *f.* anchylosis; cramp; stiffness. ‖ *ankyloser* [-é], *s'ankyloser* *v.* to stiffen.

annales [ànnàl] *f. pl.* records, annals.

anneau [ànô] *m.* ring; link; ringlet; hoop; *anneau brisé*, split ring.

année [àné] *f.* year.

annelé [ànlé] *adj.* ringed; annulate, annulose.

annexe [ànnèks] *f.* annex; appendix; enclosure; supplement; *adj.* annexed, enclosed; *lettre annexe*, covering letter. ‖ *annexer* [-é] *v.* to annex. ‖ *annexion* [-yòn] *f.* annexation.

annihilation [ànnìilàsyòn] *f.* annihilation. ‖ *annihiler* [ànnìilé] *v.* to annihilate; to annul.

anniversaire [ànìvèrsèr] *m.* anniversary, birthday.

annonce [ànons] *f.* announcement; publication; advertisement; notification; banns. ‖ *annoncer* [-é] *v.* to announce; to declare; to proclaim; to usher in; to presage; to foretell; to advertize; *s'annoncer bien*, to be promising. ‖ *annonceur* [-ær] *m.* advertizer; announcer [radio]. ‖ *annonciateur* [-syàtær] *adj.* foreboding; announcer. ‖ *Annonciation* [-syàsyòn] *f.* Annunciation, Lady Day. ‖ *annoncier* [-yé] *m.* advertizing agent.

annotation [ànnòtàsyòn] *f.* annotation; note. ‖ *annoter* [-é] *v.* to annotate.

annuaire [ànnüèr] *m.* yearbook; directory; annual; almanac; *annuaire du téléphone*, telephone directory. ‖ *annuel* [ànnüèl] *adj.* annual; yearly. ‖ *annuité* [ànnüìté] *f.* annuity.

annulaire [ànnülèr] *adj.* annular; ring-shaped; *m.* fourth finger; ring-finger.

annulation [ànnülàsyòn] *f.* cancellation; annulment. ‖ *annuler* [-é] *v.* to annul; to repeal; to nullify; to cancel; to rescind; to reverse; *s'annuler*, to counterbalance, to cancel each other.

anoblir [ànòblìr] *v.* to ennoble; *Br.* to raise to the peerage. ‖ *anoblissement* [-lsman] *m.* ennoblement.

anodin [ànòdìn] *adj.* anodyne; mild; harmless.

anomalie [ànòmàlî] *f.* anomaly.

ânon [ànòn] *m.* ass's foal; (fam.) fool. ‖ *ânonner* [àànòné] *v.* to drone, to hem and haw.

anonymat [ànònìmà] *m.* anonymity. ‖ *anonyme* [-ìm] *adj.* anonymous, nameless; Inc. Ltd. (comm.).

anorak [ànòràk] *m.* anorak, wind-jacket.

anormal [ànòrmàl] *adj.* abnormal.

anse [ans] *f.* handle; ear [pot]; loop [corde]; creek; cove (geogr.).

antagonisme [antàgònìsm] *m.* antagonism. ‖ *antagoniste* [-ìst] *m.*, *adj.* antagonist.

antan [antan] *m.* yesteryear.

antécédent [antésédan] *m.* antecedent; *adj.* previous.

antenne [aⁿtèn] *f.* aerial; antenna; feeler; lateen yard (naut.); branch line (railw.).

antérieur, -e [aⁿtéryœr] *adj.* previous; former; anterior; prior. || *antériorité* [-ìòrìté] *f.* priority.

anthracite [aⁿtràsìt] *m.* anthracite; stone coal.

anthrax [aⁿtràks] *m.* anthrax.

anthropophage [aⁿtròpòfàj] *m.* cannibal. || *anthropophagie* [-ĩ] *f.* cannibalism.

antiaérien [aⁿtîâéryiⁿ] *adj.** antiaircraft.

antialcoolisme [-àlkòlìsm] *m.* teetotalism, prohibitionism.

antiaveuglant [-àvèglaⁿ] *adj.* antidazzle, antiglare.

antibrouillard [-brûyàr] *m. inv.* foglight; demister.

antichambre [aⁿtìshaⁿbr] *f.* anteroom; waiting room; *faire antichambre chez,* to dance attendance on.

antichar [aⁿtìshàr] *m.* antitank weapon; *adj.* antitank.

anticipation [aⁿtìsìpàsyoⁿ] *f.* anticipation; encroachment; *par anticipation,* in advance. || *anticiper* [-é] *v.* to anticipate; to forestall; to encroach.

anticonceptionnel [aⁿtìkoⁿsèpsyonèl] *m., adj.** contraceptive.

antidérapant [aⁿtìdéràpaⁿ] *adj.* nonskidding, non-slipping; *m.* non-skid tire.

antidote [aⁿtìdòt] *m.* antidote.

antienne [aⁿtyèn] *f.* anthem; antiphon; story (fam.).

antigel [aⁿtìjèl] *m.* antifreeze.

antigivre [aⁿtìjìvr] *m.* de-icer; *adj.* de-icing.

Antilles [aⁿtîy] *f. pl.* West Indies; *mer des Antilles,* Caribbean Sea.

antilope [aⁿtìlòp] *f.* antelope.

antiparasite [aⁿtìpàràzìt] *m.* suppressor [télévision].

antipathie [aⁿtìpàtî] *f.* antipathy, aversion. || *antipathique* [-ìk] *adj.* unlikable; uncongenial.

antipodes [aⁿtìpòd] *m. pl.* antipodes.

antiquaire [aⁿtìkèr] *m.* antiquary; antique-dealer. || *antique* [aⁿtìk] *adj.* antique, ancient. || *antiquité* [-ìté] *f.* antiquity; *magasin d'antiquités,* old curiosity shop.

antisémite [aⁿtìsémìt] *adj.* anti-Semitic; *m.* anti-Semite. || *antisémitisme* [-tìsm] *m.* anti-Semitism.

antiseptique [aⁿtìsèptìk] *m., adj.* antiseptic.

antre [aⁿtr] *m.* den; lair.

anxiété [aⁿksyété] *f.* anxiety; concern. || *anxieux* [-yë] *adj.** anxious; uneasy.

aorte [àòrt] *f.* aorta.

août [û] *m.* August.

apache [àpàsh] *m.* apache; tough, hooligan, hoodlum.

apaisement [àpèzmaⁿ] *m.* appeasement; quieting; calming. || *apaiser* [-é] *v.* to appease; to pacify; to calm; to soothe; to allay; to lull; to quell; to satisfy [faim]; to quench [soif]; to assuage [douleur]; *s'apaiser,* to subside; to quieten down; to cool down [colère]; to calm down (personne).

apanage [àpànàj] *m.* appanage.

aparté [àpàrté] *m.* aside; private conversation.

apathie [àpàtî] *f.* apathy. || *apathique* [-ìk] *adj.* apathic.

apatride [àpàtrìd] *m., f.* stateless person.

apercevoir [àpèrsᵉvwàr] *v.** to perceive; to catch sight of; to glimpse; *s'apercevoir,* to realize, to be aware of; to notice. || *aperçu* [àpèrsù] *m.* glimpse; insight; summary; outline; approximation; rough estimate; view.

apéritif [àpérìtìf] *m.* appetizer.

à-peu-près [àpëprè] *m.* approximation.

apeuré [àpëré] *adj.* scared, frightened; timid.

aphone [àfòn] *adj.* voiceless.

aphte [àft] *m.* aphta; gum-boil.

apiculteur [àpìkültœr] *m.* beekeeper. || *apiculture* [-ür] *f.* apiculture; beekeeping.

apitoiement [àpìtwàmaⁿ] *m.* compassion. || *apitoyer* [-yé] *v.* to arouse pity in; to move; *s'apitoyer,* to feel pity; to condole.

aplanir [àplànîr] *v.* to level; to smooth; to plane; to iron out, to be removed [difficultés].

aplatir [àplàtîr] *v.* to flatten; to clench [rivet]; to plaster down [cheveux]; to knock out [personne]; *s'aplatir,* to flatten out; to collapse; to grovel.

aplomb [àploⁿ] *m.* equilibrium; perpendicularity; uprightness; balance; self-possession; coolness; cheek; stand [cheval]; *d'aplomb,* vertical, plumb, steady; *ça vous remettra d'aplomb,* that will set you up.

apocalypse [àpòkàlìps] *f.* apocalypse; book of Revelation.

apogée [àpòjé] *m.* apogee; zenith; peak; apex.

apologétique [àpòlòjétĭk] *f.* apologetics. ‖ *apologie* [-î] *f.* apologia, vindication, defense.

apoplectique [àpòplèktĭk] *adj.* apoplectic. ‖ *apoplexie* [àpòplèksî] *f.* apoplexy; cerebral hemorrhage; *attaque d'apoplexie*, stroke.

apostasie [àpòstàzî] *f.* apostasy; *Br.* ratting (fam.). ‖ *apostasier* [-àzyé] *v.* to apostatize; to abandon. ‖ *apostat* [-à] *m.* apostate.

apostille [àpòstîy] *f.* note, sidenote. ‖ *apostiller* [-lyé] *v.* to annotate; to endorse [requête].

apostolat [àpòstòlà] *m.* apostolate. ‖ *apostolique* [-ĭk] *adj.* apostolic; papal.

apostrophe [àpòstròf] *f.* apostrophe; reprimand. ‖ *apostropher* [-é] *v.* to apostrophize; to scold.

apothéose [àpòtéôz] *f.* apotheosis; glorification; finale.

apothicaire [àpòtĭkèr] *m.* apothecary.

apôtre [àpôtr] *m.* apostle; *bon apôtre*, hypocrite.

apparaître [àpàrètr] *v.* to appear; to come into sight; to become visible.

apparat [àpàrà] *m.* show, pomp, display, state.

appareil [àpàrèy] *m.* apparatus; plant; machine; mechanism; instrument; device; plane (aviat.); camera (phot.); set (radio); telephone; appliance (surg.); show, pomp, display. ‖ *appareillage* [-àj] *m.* fitting up; installation; preparation; outfit; equipment; accessories; getting under way (naut.); matching [couleurs]; pairing, mating. ‖ *appareiller* [-é] *v.* to install; to fit up; to spread [filet]; to trim [voile]; to get under way (naut.); *s'appareiller*, to pair.

apparence [àpàràⁿs] *f.* appearance; semblance; likelihood; trace; *sauver les apparences*, to save face, to keep up appearances. ‖ *apparent* [-àⁿ] *adj.* visible; noticeable; apparent; conspicuous; *peu apparent*, inconspicuous.

apparentement [àpàràⁿtmàⁿ] *m.* electoral alliance; pooling (or) linking arrangements. ‖ *apparenter* [àpàràⁿté] *v.* to connect; to ally [mariage].

appariteur [àpàrìtœr] *m.* usher; attendant; beadle; laboratory assistant.

apparition [àpàrìsyoⁿ] *f.* apparition; appearance; vision.

appartement [àpàrtᵉmàⁿ] *m.* flat; apartment; rooms; quarters.

appartenir [àpàrtᵉnîr] *v.* to belong; to suit; to concern; to fit; to appertain to; *s'appartenir*, to be one's own master.

appas [àpâ] *m. pl.* charms; bust. ‖ *appât* *m.* bait; allurement. ‖ *appâter* [-é] *v.* to lure with bait; to entice.

appauvrir [àpôvrîr] *v.* to impoverish; to weaken; to thin [vin]; *s'appauvrir*, to become impoverished.

appeau [àpô] *m.* decoy; bird-call.

appel [àpèl] *m.* appeal, call; roll call; callover; summons; muster (mil.); *appel téléphonique*, telephone call; *faire l'appel*, to call the roll; *faire appel à*, to appeal to; to call on; *interjeter appel*, to lodge an appeal; *juger en appel*, to hear on appeal (jur.). ‖ *appeler* [àplé] *v.* to call; to name; to summon; to call in; to call for; to hail; to require; to send for; to draft (mil.); *en appeler à*, to appeal to; *s'appeler*, to be called; to be named; to be termed; *je m'appelle Jean*, my name is John. ‖ *appellation* [àpèllàsyoⁿ] *f.* name; term; trade-mark.

appendice [àpîⁿdîs] *m.* appendix (med.); supplement; annex; appendage. ‖ *appendicite* [-ît] *f.* appendicitis.

appentis [àpàⁿtî] *m.* lean-to, penthouse; shed; out-house.

appesantir [àpᵉzàⁿtîr] *v.* to make heavy; to weigh down; *s'appesantir*, to grow heavy; to dwell on.

appétissant [àpétìsàⁿ] *adj.* appetizing. ‖ *appétit* [-î] *m.* appetite.

applaudir [àplôdîr] *v.* to applaud; to clap; to approve; to praise; to acclaim; to compliment; to commend. ‖ *applaudissements* [-ìsmàⁿ] *m. pl.* applause; clapping; cheers; acclamation.

applicable [àplìkàbl] *adj.* applicable, appropriate. ‖ *application* [-àsyoⁿ] *f.* application; assiduity; diligence; industry; sedulousness; laying-on; *mettre en application*, to apply; to administer. ‖ *applique* [àplîk] *f.* ornament; wall bracket; bracket candlestick, sconce; mounting, setting. ‖ *appliquer* [-é] *v.* to apply; to put on, to lay on; to put to use; to carry out; to enforce; *s'appliquer*, to apply; to apply oneself; to devote oneself (à, to); to work hard (à, at).

appoint [àpwîⁿ] *m.* addition; contribution; odd money; balance. ‖ *appointements* [-tmaⁿ] *m. pl.* salary; emoluments. ‖ *appointer* [-té] *v.* to put on salary; to pay a salary to; to sharpen [crayon].

appontement [àpoⁿtmaⁿ] *m.* wooden pier; flying bridge; landing stage. ‖ *apponter* [-é] *v.* to deck-land (aviat.).

apport [àpòr] *m.* contribution; share [capital]; deposit; bringing up (mil.). ‖ *apporter* [-té] *v.* to bring; to fetch; to supply; to provide; to produce.

apposer [àpôzé] *v.* to affix; to place; to add; to stick [affiche]; to insert;

to put [signature]. ‖ **apposition** [-ìsyoⁿ] *f.* affixing; apposition.

appréciable [àprésyàbl] *adj.* appreciable; noticeable. ‖ **appréciation** [-yàsyoⁿ] *f.* appreciation; estimation; estimate; valuation. ‖ **apprécier** [-yé] *v.* to appraise; to estimate; to appreciate; to value; to esteem.

appréhender [àpréaⁿdé] *v.* to apprehend; to dread, to fear; to arrest. ‖ **appréhension** [-syoⁿ] *f.* apprehension; fear; dread; arrest.

apprendre [àpraⁿdr] *v.** to learn; to inform; to find out; to teach; *ça t'apprendra,* serve you right.

apprenti [àpraⁿtì] *m.* apprentice; beginner. ‖ **apprentissage** [-sàj] *m.* apprenticeship.

apprêt [àprè] *m.* preparation; dressing [nourriture]; finish (techn.); sizing [encollage]; affectation, « frills ». ‖ **apprêtage** [-tàj] *m.* dressing; sizing (techn.). ‖ **apprêter** [-té] *v.* to prepare; to dress; to finish; to prime; to cook; *s'apprêter,* to get ready; to dress; to be imminent, to be brewing.

apprivoiser [àprìvwàzé] *v.* to tame; to domesticate; *s'apprivoiser,* to grow tame; to become more sociable; to get used (*avec,* to).

approbateur [àpròbàtœr] *adj.** approving, M. approver. ‖ **approbatif** [-àtìf] *adj.** approving. ‖ **approbation** [-àsyoⁿ] *f.* approval; approbation; consent.

approchable [àpròshàbl] *adj.* approachable, accessible. ‖ **approchant** [-aⁿ] *adj.* approximating. ‖ **approche** [àpròsh] *f.* approach; advance; oncoming. ‖ **approcher** [-é] *v.* to approach; to draw near; to bring up; *s'approcher de,* to draw near to.

approfondi [àpròfoⁿdì] *adj.* elaborate; careful; extensive; thorough. ‖ **approfondir** [-ìr] *v.* to deepen; to master; to fathom; to excavate; to go deeply into.

appropriation [àpròprìàsyoⁿ] *f.* appropriation; embezzlement; allocation; adaptation. ‖ *s'approprier* [sàpròprìyé] *v* to appropriate.

approuver [àprûvé] *v.* to approve; to agree to; to consent to; to authorize; to pass.

approvisionnement [àpròvìzyòn-maⁿ] *m.* supplying; supplies (mil.); victualing, catering; stock; store; provisioning. ‖ **approvisionner** [-é] *v.* to supply; to feed (mil.); to store; to victual; *s'approvisionner,* to get in supplies.

approximatif [àpròksìmàtìf] *adj.** approximate; approximative.

appui [àpü] *m.* support; backing; prop; stay; bearing (mech.); docu-

ments à l'appul, supporting documents; *être sans appui,* to be unprotected; to be friendless; *appui de fenêtre,* window-sill; *point d'appui,* fulcrum, purchase; *appui-bras,* armrest. ‖ **appuyer** [-yé] *v.* to support; to strengthen; to second; to lean; to stress; *s'appuyer sur,* to lean against; to rest on; to depend on; to rely on.

âpre [âpr] *adj.* rough, harsh; bitter, tart; peevish, severe; ruthless; keen; crabbed; grasping; rasping.

après [àprè] *prep.* after; *adv.* afterwards; later; *d'après,* according to; *après que,* after; *après tout,* after all; *après-demain,* the day after tomorrow; *après-dîner,* evening; *après-midi,* afternoon; *après-guerre,* afterwar period.

âpreté [àprºté] *f.* roughness; bitterness; sharpness; asperity; acrimony; sourness; tartness.

à-propos [àpròpô] *m.* relevance, opportuneness.

apte [àpt] *adj.* fit, apt; suitable; qualified; appropriate. ‖ **aptitude** [-ìtüd] *f.* aptitude; capacity; turn (*à,* for); qualification; fitness; efficiency; qualities.

apurement [àpürmaⁿ] *m.* audit. ‖ **apurer** [àpüré] *v.* to audit.

aquaplane [àkwàplàn] *m.* surf-board, aquaplane.

aquarelle [àkwàrèl] *f.* water colo(u)r. ‖ **aquarelliste** [-ìst] *m., f.* water-colo(u)rist.

aquarium [àkwàryòm] *m.* aquarium. ‖ **aquatique** [-àtìk] *adj.* aquatic; watery, marshy.

aqueduc [akdük] *m.* aqueduct; culvert; conduit.

aquilon [àkìloⁿ] *m.* North wind.

arabe [àràb] *m. f., adj.* Arab; Arabic; Arabian.

arabesque [àràbèsk] *f.* arabesque.

arable [àràbl] *adj.* arable; tillable.

arachide [àràshìd] *f.* groundnut, peanut; *beurre d'arachide,* © peanut butter.

araignée [arèñé] *f.* spider; grapnel.

arbalète [àrbàlèt] *f.* crossbow.

arbitrage [àrbìtràj] *m.* arbitration; arbitrage (comm.). ‖ **arbitraire** [-èr] *adj.* arbitrary; despotic; discretionary; lawless; *m.* good pleasure, discretion. ‖ **arbitre** [àrbìtr] *m.* arbitrator; adjudicator; referee, umpire; disposer; *libre arbitre,* free-will. ‖ **arbitrer** [-é] *v.* to arbitrate; to umpire; to referee.

arborer [àrbòré] *v.* to raise; to erect; to set up; to hoist; to fly [pavillon]; to step [mât]; to flaunt, to sport.

arboriculteur [àrbòrìkültær] *m.* arboriculturist, nurseryman. ‖ *arbre* [àrbr] *m.* tree; arbor, shaft, spindle, axle (mech.). ‖ *arbrisseau* [-ìsô] *m.* shrub; sapling. ‖ *arbuste* [àrbüst] *m.* shrub.

arc [àrk] *m.* bow; arch; arc [cercle]; *tir à l'arc,* archery; *arc-en-ciel m.* rainbow.

arcade [àrkàd] *f.* arcade; passageway; arch.

arc-boutant [àrkbûtaⁿ] *m.* flying-buttress; prop, stay. ‖ *arc-bouter v.* to buttress; *s'arc-bouter,* to lean, to set one's back [*contre,* against]; to brace up.

arceau [àrsô] *m.** arch; hoop.

archaïque [àrkàìk] *adj.* archaic.

arche [àrsh] *f.* ark; arch [pont].

archéologie [àrkéòlòjî] *f.* arch(a)eology. ‖ *archéologue* [-òg] *m.* arch(a)eologist.

archet [àrshè] *m.* bow.

archevêché [àrshᵉvèshé] *m.* archbishopric; archbishop's palace. ‖ *archevêque* [-èk] *m.* archbishop.

archicomble [àrshìcoⁿbl] *adj.* packed.

archipel [àrshìpèl] *m.* archipelago.

architecte [àrshìtèkt] *m.* architect. ‖ *architecture* [-ür] *f.* architecture.

archives [àrshìv] *f.* archives, records.

arçon [àrsoⁿ] *m.* saddlebow.

ardemment [àrdàmaⁿ] *adv.* ardently, eagerly. ‖ *ardent* [àrdaⁿ] *adj.* burning; hot; scorching; eager, fervent; ardent, passionate; earnest; raging. ‖ *ardeur* [-ær] *f.* ardo(u)r; heat; earnestness; eagerness; spirit, mettle.

ardoise [àrdwàz] *f.* slate; debt; score. ‖ *ardoisière* [-yèr] *f.* slate quarry.

ardu [àrdü] *adj.* steep; abrupt; arduous; difficult, knotty; uphill.

arène [àrèn] *f.* arena; *pl.* amphitheater; *Br.* amphitheatre; ring.

arête [àrèt] *f.* fishbone; bridge; crest, ridge; chamfer [moulure]; angle.

argent [àrjaⁿ] *m.* silver; money; *argent comptant,* cash; *argent disponible,* available money; *argent liquide,* ready money; *argent monnayé,* silver currency. ‖ *argenterie* [-trî] *f.* silver, silver-plate, silverware, flatware. ‖ *argentin* [-tⁱⁿ] *adj.* tinkling; silvery; argentine.

argile [àrjìl] *f.* clay; *argile réfractaire,* fireclay.

argot [àrgô] *m.* slang. ‖ *argotique* [-òtìk] *adj.* slangy.

arguer [àrgüé] *v.* to deduce; to argue; to plead; to allege. ‖ *argument*

[-ümaⁿ] *m.* argument, reasoning; evidence; summary, outline. ‖ *argumenter* [-ümaⁿté] *v.* to argue. ‖ *argutie* [-üsî] *f.* quibble, cavil.

aride [àrìd] *adj.* arid, dry; sterile; barren. ‖ *aridité* [-ìté] *f.* aridity.

aristocratie [àrìstòkràsî] *f.* aristocracy.

arithmétique [àrìtmétìk] *f.* arithmetic; arithmetic book.

arlequin [àrlᵉkⁱⁿ] *m.* harlequin; *en arlequin,* in motley.

armagnac [àrmànyàk] *m.* Armagnac brandy.

armateur [àrmàtær] *m.* ship outfitter; ship owner. ‖ *armature* [-ür] *f.* frame; brace; armature (electr.); key signature (mus.); backbone, core (fig.). ‖ *arme* [àrm] *f.* weapon, arm; branch of the service; *à armes égales,* on equal terms; *arme de choc,* striking weapon; *être sous les armes,* to be under arms; *faire des armes,* to fence; *faire ses premières armes,* to make one's first campaign; *passer par les armes,* to shoot; *prise d'armes,* military review, parade. ‖ *armée* [àrmé] *f.* army (mil.); crowd, host, army (fig.); *armée de l'air,* air force; *armée de mer,* navy, fleet, sea forces; *armée de terre,* land forces; *zone des armées,* theater of operations. ‖ *armement* [àrmᵉmaⁿ] *m.* armament, arming; equipment; commissioning (naut.); manning (techn.); loading, cocking [armes]. ‖ *armer* [àrmé] *v.* to arm; to equip; to fortify; to reinforce; to sheathe; to man, to commission (naut.); to load [canon]; to cock [arme à feu]; to mount [machine]; to wind (electr.); to set [appareil]; to dub [chevalier]. ‖ *armistice* [-ìstìs] *m.* armistice.

armoire [àrmwàr] *f.* wardrobe; locker; cupboard.

armoiries [àrmwàrî] *f. pl.* arms, armorial bearings; coat of arms. ‖ *armorier* [àrmòryé] *v.* to emblazon.

armure [àrmür] *f.* armo(u)r; weave (techn.). ‖ *armurier* [-yé] *m.* armo(u)rer; gunsmith.

aromate [àròmàt] *m.* aromatic substance. ‖ *aromatiser* [-ìzé] *v.* to give flavo(u)r, aroma (*à,* to).

arôme [àròm] *m.* aroma, flavo(u)r.

arpent [àrpaⁿ] *m.* acre. ‖ *arpentage* [-tàj] *m.* land surveying; land measuring; survey. ‖ *arpenteur* [-tær] *m.* land surveyor.

arpète [àrpèt] *f.* milliner's apprentice.

arquer [àrké] *v.* to bend; to arch; to curve; to camber.

arrachage [àràshàj] *m.* pulling up, uprooting. ‖ *arracher* [àràshé] *v.* to tear out, to tear away; to pull out; to uproot; to extract; to draw [dents]; to wrench [clou]; to strip; to extort; *d'arrache-pied,* unremittingly, at a stretch.

arraisonnement [àrèzònma ⁿ] *m.* boarding, hailing; visiting of a ship. ‖ *arraisonner* [àrèzònè] *v.* to hail, to board, to visit (naut.).

arrangement [àraⁿjmaⁿ] *m.* arrangement, adjustment; ordering; agreement, terms; understanding; adaptation. ‖ *arranger* [-é] *v.* to arrange, to adjust; to set in order; to get up, to organize; to settle [querelle]; to fit, to be convenient; *s'arranger,* to manage, to contrive; to come to terms, to settle matters (*avec,* with); to get oneself up.

arrérages [àrérà] *m. pl.* arrears.

arrestation [àrèstàsyoⁿ] *f.* arrest; apprehension. ‖ *arrêt* [àrè] *m.* stop, stoppage, stopping, halt; interruption; sentence, award, judgment, attachment (jur.); detention; seizure; *aux arrêts,* under arrest; *arrêt de mort,* death sentence; *chien d'arrêt,* pointer; *maison d'arrêt,* prison; *prononcer un arrêt,* to pass sentence. ‖ *arrêté* [-té] *m.* decision; order; ordinance, decree; bylaw; *adj.* decided, determined; settled. ‖ *arrêter* [-té] *v.* to stop, to check; to arrest; to fix, to fasten; to draw up, to determine, to decide; to settle [comptes]; to engage, to hire [employé, chambre]; to cast off [maille]; *s'arrêter,* to stop; to halt; to pause; to cease.

arrhes [àr] *f. pl.* earnest money; deposit.

arrière [àryèr] *m.* rear [armée]; stern (naut.); back part; *à l'arrière,* aft; *en arrière,* behind; backward(s); in arrears; *arrière-garde,* rear-guard; *arrière-goût,* aftertaste; *arrière-grand-mère,* great-grandmother; *arrière-grand-père,* great-grandfather; *arrière-pensée,* ulterior motive; *arrière-petit-fils,* great-grandson; *arrière-petite-fille,* great-grand-daughter; *arrière-plan,* background; *arrière-saison, Am* late fall, *Br.* late autumn; *arrière-train,* back, rear part [véhicule]; trailer, hind quarters [animal]. ‖ *arriéré* [àryéré] *adj.* overdue; backward; antiquated.

arrimer [àrìmé] *v.* to stow (naut.); to trim; to pack (aviat.).

arrivage [àrìvàj] *m.* arrival; new consignment [marchandises]. ‖ *arrivée* [-é] *f.* arrival [personne]; coming; inlet, intake (techn.); winning post; finish. ‖ *arriver* [-é] *v.* to arrive, to come; to happen; *en arriver à,* to come to; *arriver à,* to succeed in, to manage to, to reach. ‖ *arriviste* [-ìst] *m., f.* pusher, thruster, climber.

arrogance [àrògaⁿs] *f.* arrogance; haughtiness. ‖ *arrogant* [-gaⁿ] *adj.* arrogant, overbearing. ‖ *s'arroger* [sàròjé] *v.* to arrogate to oneself, to assume [privilège].

arrondir [àroⁿdîr] *v.* to make round; to round off; to rub down [angles]; to round [période]; *s'arrondir,* to become round, to fill out. ‖ *arrondissement* [-ìsmaⁿ] *m.* rounding off; district, ward [ville].

arrosage [àròzà] *m.* watering, wetting, moistening; sprinkling; irrigation; basting; dilution [vin]. ‖ *arroser* [-é] *v.* to water; to wet; to moisten; to sprinkle; to baste; to bribe; *ça s'arrose,* that calls for celebration. ‖ *arrosoir* [-wàr] *m.* watering can; sprinkler.

arsenal [àrsᵉnàl] *m.** arsenal; armory, dockyard; navy yard (naut.).

arsenic [àrsᵉnìk] *m.* arsenic.

art [àr] *m.* art; skill; artfulness; knack; artificiality.

artère [àrtèr] *f.* artery (med.); thoroughfare [rue]. ‖ *artériel* [àrtéryèl] *adj.** arterial.

arthrite [àrtrìt] *f.* arthritis.

artichaut [àrtìshó] *m.* artichoke; spiked barrier (mil.).

article [àrtìkl] *m.* article; item; thing; commodity, clause; entry; matter; subject, stipulation, provision; *articles de Paris,* fancy goods; *faire l'article,* to show off, to vaunt; *à l'article de la mort,* at the point of death.

articulation [àrtìkülàsyoⁿ] *f.* articulation, joint, utterance; connection; coupling, deployment (mil.). ‖ *articuler* [-é] *v.* to articulate; to link; to joint; to pronounce, to utter; to subdivide (mil.).

artifice [àrtìfìs] *m.* artifice; guile; contrivance; stratagem; expedient; *feu d'artifice,* fireworks. ‖ *artificiel* [-yèl] *adj.** artificial. ‖ *artificier* [-yé] *m.* pyrotechnist. ‖ *artificieux* [-yë] *adj.** artful, cunning.

artillerie [àrtìyrî] *f.* artillery; ordnance, mounted guns; *artillerie de campagne,* field artillery. ‖ *artilleur* [-lyœr] *m.* artilleryman; artillerist; gunner.

artisan [àrtìzaⁿ] *m.* artisan, craftsman; agent (fig.). ‖ *artisanat* [-zànà] *m.* handicraft; craftsmen *pl.*

artiste [àrtìst] *m.* artist, performer. ‖ *artistique* [-ìk] *adj.* artistic.

as [âs] *m.* ace.

ascendance [àsaⁿdaⁿs] *f.* ancestry. ‖ *ascendant* [-aⁿ] *adj.* ascending; upward; mounting, rising; *m.* ascendant; ascendency; influence; *pl.* ancestry; *prendre de l'ascendant sur,* to gain advantage over. ‖ *ascenseur* [àsaⁿsœr] *m. Am.* elevator; *Br.* lift. ‖ *ascension* [-yoⁿ] *f.* ascent; Ascension; climb.

ascèse [àsèz] *f.* asceticism. ‖ *ascète* [-sèt] *m., f.* ascetic.

asepsie [àsèpsî] *f.* asepsis. ‖ *aseptiser* [-tìzé] *v.* to asepticize.

asile [àzîl] *m.* asylum; retreat; home, shelter, refuge; haven.

aspect [àspè] *m.* aspect; sight; appearance; look; point of view.

asperge [àspèrj] *f.* asparagus. ‖ *asperger* [-é] *v.* to sprinkle; to spray.

aspérité [àspérìté] *f.* asperity, roughness, harshness.

aspersion [àspèrsyoⁿ] *f.* sprinkling, spraying.

asphyxie [àsfìksî] *f.* asphyxia. ‖ *asphyxier* [-yé] *v.* to asphyxiate, to suffocate.

aspic [àspìk] *m.* asp, serpent, coral snake; aspic.

aspirant [àspìraⁿ] *m.* candidate; midshipman (naut.); officer candidate (mil.). ‖ *aspirateur* [-àtœr] *m.* suction van; vacuum cleaner; aspirator (mech.). ‖ *aspiration* [-àsyoⁿ] *f.* aspiration; inspiration (med.); inhaling; suction; longing; intake. ‖ *aspirer* [-é] *v.* to aspire; to inspire, to inhale; to breathe in, to suck in; to desire; to long (à, for).

assagir [àsàjîr] *v.* to make wiser; to sober, to steady.

assaillant [àsàyaⁿ] *m.* assailant; besieger; aggressor. ‖ *assaillir* [àsàyîr] *v.*° to attack; to besiege; to assault; to assail.

assainir [àsènîr] *v.* to make healthier; to decontaminate; to purify; to cleanse. ‖ *assainissement* [-ìsmaⁿ] *m.* cleansing, purifying; sanitation; disinfecting; decontamination; hygiene; reform, reorganization.

assaisonnement [àsèzònmaⁿ] *m.* seasoning; flavo(u)ring; dressing. ‖ *assaisonner* [-é] *v.* to season, to dress; to give zest to.

assassin [àsàsìⁿ] *m.* murderer; assassin. ‖ *assassinat* [-inà] *m.* murder; assassination. ‖ *assassiner* [-ìné] *v.* to murder; to assassinate; to pester.

assaut [àsô] *m.* assault, attack; onslaught; match; bout; *donner l'assaut,* to storm, to charge; *enlever d'assaut,* to take by storm; *monter à l'assaut,* to storm.

assèchement [àsèshmaⁿ] *m.* drying, draining. ‖ *assécher* [àséshé] *v.* to dry, to drain.

assemblage [àsaⁿblàj] *m.* assemblage; gathering, collection; assembly; combination; connection, coupling (electr.);

joint (techn.). ‖ *assemblée* [-é] *f.* assembly; meeting; congregation; gathering; company. ‖ *assembler* [-é] *v.* to gather; to bring together; to muster; to assemble, to join; to fit together; to joint, to connect (electr.); to collect; *s'assembler,* to assemble, to meet; to be joined.

assener [às°né] *v.* to strike; to land [coup]; to hit.

assentiment [àsaⁿtìmaⁿ] *m.* agreement, consent.

asseoir [àswàr] *v.*° to seat, to set; to settle, to fix; to place; to lay; to establish [impôt]; *s'asseoir,* to sit down; to settle.

assermenté [àsèrmaⁿté] *adj.* sworn-in; on oath; juror. ‖ *assermenter* [-é] *v.* to swear in.

assertion [àsèrsyoⁿ] *f.* assertion.

asservir [àsèrvîr] *v.* to enslave; to subject. ‖ *asservissement* [-ìsmaⁿ] *m.* slavery, subjection; bondage.

assesseur [àsèsœr] *m.* assessor; assistant.

assez [àsè] *adv.* enough; rather; fairly; sufficiently; *j'en ai assez!,* I'm fed up with it!; *assez!,* that will do! *assez!,* that will do!

assidu [àsìdü] *adj.* assiduous, diligent; regular. ‖ *assiduité* [-üìté] *f.* assiduity, diligence.

assiégeant [àsyéjaⁿ] *m.* besieger. ‖ *assiéger* [-é] *v.* to besiege; to surround; to beset; to mob; to dun.

assiette [àsyèt] *f.* plate [vaisselle]; seat [cheval]; trim (naut.); stable position; basis. ‖ *assiettée* [-é] *f.* plateful, plate.

assignation [àsìñàsyoⁿ] *f.* assignment; summons; subpoena. ‖ *assigner* [-é] *v.* to assign, to allot; to fix, to appoint; to allocate, to earmark; to summon, to cite, to subpoena (jur.); to sue (en, for).

assimilable [àsìmìlàbl] *adj.* assimilable; comparable. ‖ *assimilation* [-àsyoⁿ] *f.* assimilation. ‖ *assimiler* [-é] *v.* to assimilate; to compare; to give an equivalent status to; to digest.

assis [àsì] *p. p. of* s'asseoir; *adj.* seated, sitting; established. ‖ *assise* [-îz] *f.* foundation; seating; layer, stratum, bed, course (techn.); seat [cavalier]; *pl.* Assizes, criminal court (jur.).

assistance [àsìstaⁿs] *f.* audience, spectators, bystanders; congregation; presence, attendance; assistance; *assistance publique,* public relief administration; *assistance sociale,* social welfare work; *assistance maritime,* salvage; *assistance judiciaire,* free legal aid. ‖ *assistant* [-aⁿ] *m.* assistant; helper; onlooker, bystander, spectator.

assister [-é] *v.* to assist; to aid, to help; **assister à**, to attend, to be present at.

association [asòsyàsyoⁿ] *f.* association; partnership; combination; coupling (electr.); gang. **associer** [-yé] *v.* to associate, to unite; to join up; to connect (electr.); **s'associer**, to share; to join; to participate; to go into partnership with; to sympathize with. **associé** [-yé] *m.* partner; associate [société savante].

assoiffé [àswàfé] *adj.* thirsty, thirsting; parched; eager.

assolement [àsòlmaⁿ] *m.* (crop)-rotation. **assoler** [-é] *v.* to rotate.

assombrir [asoⁿbrîr] *v.* to darken; to sadden, to make gloomy; to cloud; **s'assombrir**, to darken; to become cloudy; to cloud over.

assommant [àsòmaⁿ] *adj.* deadly dull; boring; tiresome, plaguy; stunning. **assommer** [àsòmé] *v.* to fell; to knock on the head, to stun; to bore, to plague, to pester. **assommoir** [-wàr] *m.* bludgeon, blackjack; loaded cane; breakback trap; low dive, *Am.* deadfall, dram shop.

assomption [àsoⁿpsyoⁿ] *f.* assumption.

assortiment [àsòrtìmaⁿ] *m.* matching; assortment, range; variety; suitability; set. **assortir** [-îr] *v.* to match; to pair; to assort; to stock [comm.]; **s'assortir**, to match.

assoupir [àsûpîr] *v.* to make sleepy, drowsy; to soothe [douleur]; **s'assoupir**, to become drowsy; to doze off; to wear off [douleur]. **assoupissement** [-lsmaⁿ] *m.* drowsiness; doze, nap; sloth.

assouplir [àsûplîr] *v.* to make supple; to break in; **s'assouplir**, to become supple (or) more tractable. **assouplissement** [-lsmaⁿ] *m.* breaking in; relaxation [formalités].

assourdir [àsûrdîr] *v.* to deafen; to muffle [son]; to tone down.

assouvir [àsûvîr] *v.* to satiate; to satisfy; to glut; to gratify; **s'assouvir**, to gorge, to become sated (*de*, with).

assujettir [àsüjétîr] *v.* to subjugate, to subdue; to compel; to fix, to fasten; to tie down; to secure; **s'assujettir**, to subject oneself. **assujettissement** [-lsmaⁿ] *m.* subjugation; fastening; securing; dependence.

assumer [àsümé] *v.* to assume, to take upon oneself.

assurance [àsüraⁿs] *f.* assurance; self-confidence; certainty; pledge, security, safety; guarantee; insurance; *assurance contre les accidents du travail*, workmen's compensation insurance;

assurances sociales, social security; *assurance contre l'incendie*, fire insurance. **assurer** [-é] *v.* to assure; to secure; to fasten; to insure; to affirm; to ensure [résultat]; **s'assurer**, to ascertain, to make sure; to secure, to get hold (*de*, of); to get insured; to seize (mil.), to apprehend.

astérisque [àstérìsk] *m.* asterisk.

asthénie [àsténî] *f.* debility.

asthme [àsm] *m.* asthma.

asticot [àstìkô] *m.* maggot, gentle. **asticoter** [-té] *v.* to harass, to tease; to nag.

astiquer [àstìké] *v.* to polish; to scour; to smarten.

astral [àstràl] *adj.* astral, starry. **astre** [àstr] *m.* heavenly body; star.

astreindre [àstrⁱⁿdr] *v.* to subject; to compel, to force; to bind. **astringent** [-lⁿjaⁿ] *adj.* astringent; binding; styptic.

astrologie [àstròlòjî] *f.* astrology. **astrologue** [-òg] *m.* astrologer.

astronef [àstrònèf] *m.* space-ship.

astronome [àstrònòm] *m.* astronomer. **astronomie** [-î] *f.* astronomy.

astuce [àstüs] *f.* guile, craftiness; wile, trick. **astucieux** [-yë] *adj.* crafty, astute, artful.

atavique [àtàvìk] *adj.* atavistic.

atelier [àt•lyé] *m.* workshop; studio; repair shop [réparations].

atermoiement [àtèrmwàmaⁿ] *m.* delay; renewal (jur.) *pl.* procrastination, shilly-shally. **atermoyer** [-àyé] *v.* to put off; to defer; to procrastinate; to dally.

athée [àté] *m.*, *f.* atheist, nullifidian; *adj.* atheistic. **athéisme** [-lsm] *m.* atheism.

athlète [àtlèt] *m.*, *f.* athlete. **athlétique** [-étîk] *adj.* athletic. **athlétisme** [-étîsm] *m.* athletics.

Atlantique [àtlaⁿtìk] *m.* Atlantic Ocean.

atlas [àtlàs] *m.* atlas.

atmosphère [àtmòsfèr] *f.* atmosphere. **atmosphérique** [-érîk] *adj.* atmospheric.

atoll [àtòl] *m.* atoll, coral island.

atome [àtòm] *m.* atom; speck [poussière]; jot. **atomique** [-ìk] *adj.* atomic. **atomiser** [-zé] *v.* to atomize, to pulverize.

atone [àtòn] *adj.* atonic; unstressed; dull, vacant. **atonie** [-î] *f.* atony, sluggishness.

atours [àtûr] *m. pl.* finery.

atout [àtû] *m.* trump; courage; setback.

atrabilaire [àtràbilɛ̀r] *adj.* atrabilious; melancholy; cantankerous.

âtre [âtr] *m.* hearth.

atroce [àtrɔ̀s] *adj.* atrocious, dreadful, grim; cruel; heinous. ‖ **atrocité** [-lté] *f.* atrocity, atrociousness.

atrophie [àtrɔ̀fî] *f.* atrophy, emaciation; withering. ‖ **atrophier** [-yé] *v.* to atrophy.

attabler (s') [sàtàblé] *v.* to sit down to table.

attachant [àtàshaⁿ] *adj.* winning, endearing; attractive; arresting. ‖ **attache** [àtàsh] *f.* bond, tie, link; cord; strap; attachment; paper clip; joint, brace (mech.); *port d'attache,* home port. ‖ **attacher** [-é] *v.* to attach; to fasten; to tie; to attract; to attribute; *s'attacher,* to attach oneself; to cling; to devote oneself; *s'attacher aux pas de,* to dog the steps of.

attaque [àtàk] *f.* attack; assault; onset; *attaque d'apoplexie,* apoplectic stroke; *attaque de nerfs,* fit of hysterics. ‖ **attaquer** [-é] *v.* to attack; to assail; to assault; to contest; to lead [cartes]; to operate (techn.); to corrode; to tackle; *s'attaquer à,* to attack, to fall upon; to grapple with.

attardé [àtàrdé] *adj.* belated, behindhand; old-fashioned; backward; *m.* laggard. ‖ **attarder** [-é] *v.* to delay; to make late; *s'attarder,* to delay, to linger, to dawdle.

atteindre [àtⁱⁿdr] *v.** to reach, to attain; to hit [cible]; to strike; to overtake; to affect, to injure. ‖ **atteinte** [-ⁱⁿt] *f.* reach; stroke, blow; shock, touch; harm, injury.

attelage [àtlàj] *m.* harnessing; team, yoke; coupling (techn.). ‖ **atteler** [-é] *v.* to harness; to couple; to yoke; *s'atteler à,* to set to; to buckle to; to get down to. ‖ **attelle** [àtèl] *f.* splint; *pl.* hames.

attenant [àtⁿaⁿ] *adj.* adjoining, adjacent; neighbo(u)ring.

attendant (en) [aⁿnàtaⁿdaⁿ] *adv.* meanwhile; *prep.* pending; *en attendant que,* until. ‖ **attendre** [àtaⁿdr] *v.* to wait for, to await; to expect; to look forward to; to long for; to stop; *faire attendre,* to keep waiting; *s'attendre à,* to expect.

attendrir [àtaⁿdrîr] *v.* to make tender; to soften [viande]; to move, to touch; *se laisser attendrir,* to become tender; to be affected, to be moved; *s'attendrir,* to become tender; to soften, to be moved (fig.). ‖ **attendrissement** [-ismaⁿ] *m.* making tender; hanging [viande]; emotion; pity.

attendu [àtaⁿdü] *prep.* considering; on account of; *m.* ground, reason

adduced; *attendu que,* considering that; whereas.

attentat [àtaⁿtà] *m.* criminal attempt; outrage; *attentat à la pudeur,* indecent assault, offense against public morals.

attente [àtaⁿt] *f.* wait, waiting; expectation; *salle d'attente,* waiting room.

attenter [àtaⁿté] *v.* to make a criminal attempt (à, on); *attenter à ses jours,* to attempt suicide.

attentif [àtaⁿtîf] *adj.** attentive, careful, heedful, mindful. ‖ **attention** [-syoⁿ] *f.* attention; care; heed; *faire attention à,* to pay attention to; to mind, to heed; *attention!,* look out! mind! ‖ **attentionné** [-syòné] *adj.* considerate.

attentisme [àtaⁿtîsm] *m.* sitting-on-the-fence policy.

atténuation [àténüàsyoⁿ] *f.* extenuation, attenuation, mitigation; reduction. **atténuer** [-üé] *v.* to extenuate; to attenuate, to reduce; *s'atténuer,* to soften; to die down; to lessen.

atterrer [àtèré] *v.* to astound, to dismay; to stun.

atterrir [àtèrîr] *v.* to make land; to ground (naut.); to land (aviat.). ‖ **atterrissage** [-isàj] *m.* landfall; alighting; grounding, landing; *train d'atterrissage* under-carriage

attestation [àtèstàsyoⁿ] *f.* attestation; testimonial, certificate; character, affidavit. ‖ **attester** [-é] *v.* to certify, to testify, to vouch.

attiédir [àtyédîr] *v.* to cool; to warm; to damp, *s'attiédir,* to cool down.

attifer [àtîfé] *v.* to dress up, to get up; *s'attifer,* to rig oneself up.

attirable [àtîràbl] *adj.* attractable. ‖ **attirail** [-ày] *m.* outfit; gear, tackle; pomp. ‖ **attirance** [-aⁿs] *f.* attraction. ‖ **attirant** [-aⁿ] *adj.* attractive. ‖ **attirer** [-é] *v.* to draw; to attract; to entice; to lure, to allure; to decoy; to win; *s'attirer,* to bring upon oneself.

attiser [àtîzé] *v.* to stir up; to poke; to arouse.

attitré [àtîtré] *adj.* appointed, regular, customary; recognized.

attitude [àtîtüd] *f.* attitude; posture, pose.

attraction [àtràksyoⁿ] *f.* attraction; attractiveness; *pl.* variety entertainment; floor show.

attrait [àtrè] *m.* attraction; charm; liking; lure.

attrape [àtràp] *f.* trap, snare; trick, hoax; *attrape-mouches,* flypaper; *attrape-nigaud,* boobytrap. ‖ **attraper** [-é] *v.* to entrap; to trick; to catch; to scold (fam.).

attrayant [àtrèyaⁿ] *adj.* attractive.

attribuer [àtrìbüé] *v.* to attribute; to ascribe; to assign; to allot; to grant. ‖ **attribut** [-ü] *m.* attribute. ‖ **attribution** [-üsyoⁿ] *f.* conferment; allocation; *pl.* competence, powers, duties.

attrister [àtrìsté] *v.* to grieve; to sadden; to darken; *s'attrister,* to become sad; to mope; to lour.

attroupement [àtrûpmaⁿ] *m.* mob; unlawful assembly; disorderly gathering; riot. ‖ **attrouper** [-é] *v.* to gather; to assemble; *s'attrouper,* to assemble, to crowd, to flock together.

au [ô], *see* **à.**

aubaine [ôbèn] *f.* godsend; windfall.

aube [ôb] *f.* dawn, daybreak.

aube [ôb] *f.* paddle, float.

aubépine [ôbépìn] *f.* hawthorn; whitethorn; may.

auberge [ôbèrj] *f.* inn, tavern; *auberge de jeunesse,* youth hostel.

aubergine [ôbèrjìn] *f.* eggplant.

aubergiste [ôbèrjìst] *m., f.* innkeeper, landlord, host.

aucun [ôkuⁿ] *adj., pron.* not any, none, any; *d'aucuns,* some people. ‖ **aucunement** [-ünmaⁿ] *adv.* by no means, not at all, in no way.

audace [ôdàs] *f.* daring, boldness, audacity; cheek; *payer d'audace,* to face the music. ‖ **audacieux** [-yè] *adj.** bold, audacious; daring.

au-dehors [ôd•ôr] *adv.* outside; abroad. ‖ **au-delà** [ôdlà] *adv.* more; longer; beyond; *m.* beyond. ‖ **au-delà de loc. prép.** beyond, over, past. ‖ **au-dessous** [ôdsü] *adv.* below. ‖ **au-dessus** [ôdsü] *adv.* over; above. ‖ **au-devant** [ôdvaⁿ] *adv.* forward, ahead; *aller au-devant de,* to go to meet.

audience [ôdyaⁿs] *f.* sitting, session; hearing; *audience publique,* open court. ‖ **auditeur** [-ìtœr] *m.* listener, hearer; auditor [comptes]; prosecutor (jur.). ‖ **auditif** [-ìtìf] *adj.** auditory. ‖ **audition** [-ìsyoⁿ] *f.* hearing; recital; auditing (comm.); audition. ‖ **auditoire** [-ìtwàr] *m.* auditorium; audience; attendance; congregation; court-room. ‖ **audio-visuel** [ôdyòvìzüèl] *adj.** audio-visual.

auge [ôj] *f.* trough; manger.

augmentation [ôgmaⁿtàsyoⁿ] *f.* increase, enlargement; raise; rise [prix]. ‖ **augmenter** [-é] *v.* to increase, to enlarge; to raise, to rise.

augure [ôgür] *m.* augur; augury, omen; *de bon augure,* auspicious; *de mauvais augure,* ominous.

aujourd'hui [ôjûrdüì] *adv.* today; nowadays; *d'aujourd'hui en huit, en quinze,* today week, fortnight.

aulne [ôn] *m.* alder [arbre].

aulx [ô] *pl. of* ail.

aumône [ômôn] *f.* alms, charity; *faire l'aumône,* to give alms. ‖ **aumônerie** [-rì] *f.* chaplaincy; chaplainship. ‖ **aumônier** [-yé] *m.* chaplain.

auparavant [ôpàràvaⁿ] *adv.* before; beforehand; previously.

auprès [ôprè] *adv.* near; close to; close by; *auprès de,* beside, near; *auprès de la Cour,* attached to the Court.

auquel [ôkèl], *see* lequel.

auréole [ôréòl] *f.* aureole, halo; halation (phot.).

auriculaire [ôrìkülèr] *adj.* auricular; *m.* little finger.

aurifère [ôrìfèr] *adj.* auriferous, gold-bearing. ‖ **aurifier** [-yé] *v.* to fill, to stop with gold.

aurore [ôròr] *f.* dawn, daybreak; *aurore boréale,* northern lights.

auscultation [ôskültàsyoⁿ] *f.* auscultation. ‖ **ausculter** [-é] *v.* to auscultate, to sound.

auspices [ôspìs] *m. pl.* auspice, omen.

aussi [ôsì] *adv.* also; as; so; therefore; *aussi bien,* besides, for that matter; *moi aussi,* so am I, so do I. ‖ **aussitôt** [ôsìtô] *adv.* immediately; at once; directly; forthwith; *aussitôt que,* as soon as.

austère [ôstèr] *adj.* austere, severe, sober; stern. ‖ **austérité** [-érìté] *f.* austerity, sternness.

autant [ôtaⁿ] *adv.* as much, as many; so much; so many; *d'autant plus que,* all the more as; especially as; *en faire autant,* to do the same; *autant le faire vous-même,* you might as well do it yourself; *autant que,* as far as.

autel [ôtèl] *m.* altar.

auteur [ôtœr] *m.* author, originator, writer, composer; perpetrator; *droits d'auteur,* royalties.

authenticité [ôtaⁿtìsìté] *f.* authenticity, genuineness. ‖ **authentifier** [-ìfyé] *v.* to authenticate. ‖ **authentique** [-ìk] *adj.* authentic; certified [document].

auto [ôtô] *f.* car, motor. ‖ **auto-école** [-ékòl] *f.* driving school.

autobus [ôtòbüs] *m.* motorbus, bus.

autocar [ôtòkàr] *m.* motor coach.

autochenille [ôtòshnìy] *f.* halftrack vehicle; caterpillar-tractor.

autoclave [ôtòklàv] *m.* sterilizer; *adj.* self-regulating.

autocuiseur [ôtòküìzœr] *m.* pressure cooker, self-cooker.

autodidacte [ôtòdìdàkt] *m., f.* self-taught person.

autodrome [ôtòdròm] *m.* motor-racing track.

autographe [ôtògràf] *adj.* autographic; *m.* autograph.

automate [ôtòmàt] *m.* automaton. ‖ *automatique* [-ìk] *adj.* automatic, self-acting.

automitrailleuse [ôtòmìtràyëz] *f.* combat car.

automne [ôtòn] *m.* autumn, *Am.* fall.

automobile [ôtòmòbìl] *f.* automobile; car; *adj.* self-propelled; *canot automobile*, motor boat. ‖ *automobiliste* [-ìst] *m., f.* motorist, automobile driver.

automotrice [ôtòmòtrìs] *f.* railcar.

autonome [ôtònòm] *adj.* autonomous. ‖ *autonomie* [- í] *f.* autonomy, self-government; independance; range.

autopsie [ôtòpsí] *f.* autopsy; post-mortem.

autorail [ôtòràỳ] *m.* railcar.

autorisation [ôtòrìzàsyo^n] *f.* authorization; permission; leave; license; warrant. ‖ *autoriser* [-ìzé] *v.* to authorize; to empower; to permit; *s'autoriser*, to take the liberty; to ground oneself (*de*, on). ‖ *autoritaire* [-ìtèr] *adj.* authoritarian; high-handed. ‖ *autorité* [-ìté] *f.* authority; legal power; *avoir de l'autorité sur*, to have power over; *faire autorité en*, to be an authority on.

autoroute [ôtòrût] *f.* motor highway, turnpike, express way.

autostop [ôtòstòp] *m.* hitch-hiking; *Am.* thumbing rides; *faire de l'autostop*, to hitch-hike, *Am.* to thumb a ride; to bum a ride (fam.).

autour [ôtûr] *adv.* about, around.

autre [ôtr] *adj., pron.* other; another; different; further; else; *quelqu'un d'autre*, someone else; *l'un ou l'autre*, either; *ni l'un ni l'autre*, neither; *l'un et l'autre*, both; *l'un l'autre*, each other, one another; *tout autre*, anyone else; *une tout autre femme*, quite a different woman; *autre chose*, something else; *à d'autres !*, tell that to the marines ! ‖ *autrefois* [-fwà] *adv.* formerly, of old, in the past. ‖ *autrement* [-ma^n] *adv.* otherwise.

Autriche [ôtrìsh] *f.* Austria. ‖ *autrichien* [-yi^n] *m., adj.** Austrian.

autruche [ôtrüsh] *f.* ostrich.

autrui [ôtrüì] *m.* others, other people.

auvent [ôva^n] *m.* penthouse; weatherboard; porch roof; hood.

aux [ô], *see* à.

auxiliaire [ôksìlyèr] *adj.* auxiliary; subsidiary; *m.* auxiliary, assistant; *bureau auxiliaire*, sub-office.

auxquels [ôkèl], *see* lequel.

avachir [àvàshîr] *v.* to soften; *s'avachir*, to lose shape; to become sloppy.

aval [àvàl] *m.* downstream.

aval [àvàl] *m.* endorsement (comm.).

avalanche [àvàla^nsh] *f.* avalanche.

avaler [àvàlé] *v.* to swallow, to gulp down; to gobble; to lower; to pocket [affront]; to inhale [fumée].

avaliser [àvàlìzé] *v.* to indorse.

à-valoir [àvàlwàr] *m.* instalment.

avance [àva^ns] *f.* advance; progress; loan (comm.); lead, travel (mech.); *avoir de l'avance sur*, to be ahead of; *d'avance*, beforehand; *être en avance*, to be fast; *prendre de l'avance*, to take the lead. ‖ *avancé* [-é] *adj.* advanced; forward; progressive; overripe [fruit]; high [viande]. ‖ *avancement* [-ma^n] *m.* promotion; projection; advancement; progress; pitch (techn.); *recevoir de l'avancement*, to be promoted. ‖ *avancer* [-é] *v.* to move forward; to advance; to promote; to push; to hasten; to proceed, to progress; to be fast [montre]; to pay in advance; *s'avancer*, to move forward, to advance; to jut out; to go too far.

avanie [àvànî] *f.* affront, snub.

avant [àva^n] *prep.* before; in front of; *adv.* beforehand; previously; forward; *m.* bow (naut.); forward [football]; front, fore part; *en avant*, forward; in front; *plus avant*, further; *avant que*, before; *avant-bras*, forearm; *avant-coureur*, forerunner; precursor; harbinger; scout; *avant-dernier*, penultimate; next to last; last but one; *avant-garde*, advance guard, vanguard; *avant-goût*, foretaste; *avant-hier*, the day before yesterday; *avant-midi*, © forenoon, morning; *avant-port*, outer harbo(u)r; *avant-première*, dress rehearsal; private view; *avant-projet*, rough draft; preliminary plan; *avant-propos*, introduction; foreword; *avant-scène*, proscenium; *avant-train*, limber (mil.); forecarriage [véhicule]; forequarters [animal]; *avant-veille*, two days before.

avantage [àva^ntàj] *m.* advantage, profit; benefit; gain; *donner l'avantage*, to give odds; *tirer avantage de*, to turn to advantage. ‖ *avantager* [-jé] *v.* to benefit; to give an advantage to; to become. ‖ *avantageux* [-ë] *adj.** advantageous, profitable; becoming; conceited, self-satisfied (fig.).

avare [àvàr] *m., f.* miser, niggard; *adj.* miserly, avaricious, stingy. ‖ *avarice* [-ìs] *f.* avarice; stinginess.

avarie [àvàrĭ] *f.* damage, injury; *pl.* deterioration; *subir une avarie*, to be damaged. || *avarier* [-yé] *v.* to spoil, to damage.

avatar [àvàtàr] *m.* avatar; transformation; *pl.* vicissitudes, ups and downs.

avec [àvèk] *prep., adv.* with.

avenant [àvnaⁿ] *adj.* prepossessing, comely; *m.* codicil, rider, clause (jur.); *à l'avenant*, in keeping, appropriate, to match.

avènement [àvènmaⁿ] *m.* coming; arrival; advent, accession.

Avent [àvaⁿ] *m.* Advent.

aventure [àvaⁿtür] *f.* adventure; chance, luck, venture; *dire la bonne aventure*, to tell fortunes; *à l'aventure*, at random. || *aventurer* [-é] *v.* to risk; *s'aventurer*, to venture, to take risks. || *aventureux* [-ë] *adj.*° venturesome, risky, reckless. || *aventurier* [-yé] *m.* adventurer.

avenu [àvnü] *adj.; nul et non avenu*, null and void.

avenue [àvnü] *f.* avenue, drive.

avérer [àvéré] *v.* to establish, to authenticate; *s'avérer*, to prove, to turn out.

averse [àvèrs] *f.* shower, downpour.

aversion [àvèrsyoⁿ] *f.* aversion, dislike; reluctance.

avertir [àvèrtîr] *v.* to warn, to notify. || *avertissement* [-ìsmaⁿ] *m.* warning; foreword; notification. || *avertisseur* [-ìsœr] *m.* warning signal; hooter; alarm [feu]; call bell; horn [auto]; callboy (theat.).

aveu [àvë] *m.*° admission; avowal; confession; consent; acknowledgment; *sans aveu*, disreputable.

aveuglant [àvœglaⁿ] *adj.* blinding; glaring; overpowering, categorical, indubitable. || *aveugle* [àvœgl] *m.* blind man; *f.* blind woman; *adj.* blind, sightless. || *aveuglement* [-ᵉmaⁿ] *m.* blinding; blindness [moral]. || *aveugler* [-é] *v.* to blind; to dazzle; to hoodwink; to stop [fuite]. || *aveuglette (à l')* [-èt] *adv.* blindly, gropingly.

aviateur [àvyàtœr] *m.* airman; aviator, flyer. || *aviation* [àvyàsyoⁿ] *f.* aviation; air force; flying; airplanes.

aviculture [àvìkültür] *f.* bird fancying; poultry farming.

avide [àvìd] *adj.* greedy, eager (for); keen (on). || *avidité* [-ìté] *f.* avidity; greediness; eagerness.

avilir [àvìlîr] *v.* to debase, to degrade, to lower. || *avilissement* [-ìsmaⁿ] *m.* debasement, degradation, depreciation.

aviné [àvìné] *adj.* tipsy, drunk.

avion [àvyoⁿ] *m.* airplane, plane; *Br.* aeroplane; *avion de tourisme*, private airplane; *avion radio-commandé*, wireless-controlled airplane; *avion à réaction*, jet; *par avion*, by airmail.

aviron [àvìroⁿ] *m.* oar, scull, © paddle; rowing. || *avironner* [-òné] *v.* © to paddle, to row.

avis [àvì] *m.* opinion; guess; advice; notice; notification; intimation; warning; *à mon avis*, in my opinion; *changer d'avis*, to change one's mind; *jusqu'à nouvel avis*, until further notice; *sauf avis contraire*, unless I hear to the contrary. || *avisé* [-zé] *adj.* shrewd, sagacious. || *aviser* [-zé] *v.* to catch sight of; to inform, to notify; to advise; *s'aviser de*, to think about; to dare, to find a way.

aviso [àvìzô] *m.* dispatch boat.

aviver [àvìvé] *v.* to brighten; to touch up [couleurs]; to revive [feu]; to burnish [métal]; to sharpen [outils]; to irritate [plaie].

avocat [àvòkà] *m.* barrister; counsel; lawyer; advocate, pleader, counsel(l)or; *avocat général, Br.* Public Prosecutor, *Am.* Attorney general.

avocat [àvòkà] *m.* avocado [fruit].

avoine [àvwàn] *f.* oats.

avoir [àvwàr] *m.* property; possession; credit; fortune; *v.*° to have; to possess; to hold; *avoir chaud*, to be warm; *il y a trois jours*, three days ago; *qu'est-ce qu'il y a?*, what is the matter?; *en avoir contre*, to have a grudge against.

avoisinant [àvwàzìnaⁿ] *adj.* neighbouring; nearly. || *avoisiner* [-é] *v.* to adjoin; to border on; to be near to.

avortement [àvòrtᵉmaⁿ] *m.* miscarriage; failure; abortion. || *avorter* [-é] *v.* to miscarry, to abort; *se faire avorter*, to cause oneself to miscarry.

avouable [àvwàbl] *adj.* avowable. || *avoué* [àvwé] *m.* solicitor. || *avouer* [àvwé] *v.* to admit, to acknowledge; to own to; to ratify; to endorse.

avril [àvrìl] *m.* April; *poisson d'avril*, April fool joke.

axe [àks] *m.* axis; axle; spindle; pin; line; *axe de manivelle*, crankshaft. || *axer* [-é] *v.* to center.

axiome [àksyòm] *m.* axiom.

ayant [èyaⁿ] *pr. p. of avoir.* || *ayant droit* [-drwà] *m.* rightful claimant.

azotate [àzòtàt] *m.* nitrate. || *azote* [àzòt] *m.* nitrogen.

azur [àzür] *m.* azure, blue; *la Côte d'Azur*, the Riviera.

azyme [àzìm] *adj.* unleavened.

B

baba [bàbà] *m.* sponge-cake steeped in rum.

baba [bàbà] *adj.* (pop.) flabbergasted, amazed; *en rester baba*, to be dumbfounded.

babeurre [bàbœr] *m.* buttermilk.

babil [bàbìl] *m.* prattle [enfants]; twittering [oiseaux]. || *babillard* [-lyàr] *m.* chatterer, © notice-board; *adj.* talkative, garrulous.

babine [bàbìn] *f.* pendulous lip; chop.

babiole [bàbyòl] *f.* toy, plaything; curio; gewgaw.

bâbord [bâbòr] *m.* port (naut.).

babouche [bàbûsh] *f.* Turkish slipper.

bac [bàk] *m.* ferry-boat; tank; tub; sink; vat (techn.); *passer en bac*, to cross on the ferry.

bac [bàk] *abbrev. for baccalauréat.*

baccalauréat [bàkàlòréà] *m.* secondary school leaving-certificate, *Am.* bachelor's degree.

bacchanale [bàkànàl] *f.* orgy.

bâche [bâsh] *f.* canvas cover.

bachelier [bàshelyé] *m.* bachelor [Académie].

bachique [bàshìk] *adj.* Bacchic.

bachot [bàshô] *m.* dinghy; wherry.

bachot [bàshô] *m.* (pop.), *see baccalauréat.*

bacille [bàsìl] *m.* bacillus.

bâcler [bâklé] *v.* to bar, to bolt [porte]; to close; to hustle; to patch up; to hurry over [travail].

bactérie [bàktéri] *f.* [usually *pl.*] bacteria. || *bactériologie* [-lòlòjî] *f.* bacteriology.

badaud [bàdô] *m.* stroller; gaper, *Am.* rubber-neck. || *badauder* [-dé] *v.* to stroll about; to gape.

baderne [bàdèrn] *f.* fender (naut.); *vieille baderne*, old fog(e)y.

badigeon [bàdìjoⁿ] *m.* whitewash; distemper [murs]. || *badigeonner* [-òné] *v.* to paint; to daub; to whitewash.

badin [bàdìⁿ] *m.* joker, banterer; *adj.* playful. || *badinage* [-ìnàj] *m.* banter. || *badiner* [-ìné] *v.* to toy, to trifle; to dally; to tease.

bafouer [bàfwé] *v.* to ridicule, to scoff at, to gibe at.

bafouillage [bàfûyàj] *m.* nonsense. || *bafouiller* [-ûyé] *v.* to stammer; to splutter [moteur]; to talk nonsense.

bâfrer [bâfré] *v.* (pop.) to guzzle, to gorge; to stuff oneself with.

bagage [bàgàj] *m.* baggage; luggage; *plier bagage*, to pack up and leave; *dépôt des bagages*, luggage office; *bagages non accompagnés*, luggage in advance.

bagarre [bàgàr] *f.* scuffle, brawl; free fight; quarrel. || *se bagarrer* [sebàgàré] *v.* to scuffle.

bagatelle [bàgàtèl] *f.* trifle; lovemaking; *interj.* nonsense!

bagne [bàñ] *m.* convict prison; hulk.

bagnole [bàñòl] *f.* cart; (fam.) car.

bagou(t) [bàgû] *m.* (fam.) glibness; *avoir du bagout*, to have the gift of the gab.

bague [bàg] *f.* ring; band.

baguenauder [bàgnôdé] *v.* (pop.) to loaf; to waste time.

baguette [bàgèt] *f.* stick; wand; rod; bread [pain]; beading (techn.).

bahut [bàü] *m.* chest; cupboard.

bai [bè] *adj.* bay [cheval].

baie [bè] *f.* bay (geogr.).

baie [bè] *f.* berry (bot.).

baignade [bèñàd] *f.* bathe, dip. || *baigner* [-é] *v.* to bathe; to bath; to steep; to wash [côte]; *se baigner*, to take a bath; to have a bathe. || *baigneur* [-œr] *m.* bather. || *baignoire* [-wàr] *f.* bath, bathtub; lower box, baignoire (theat.).

bail [bày] (*pl.* **baux** [bô]) *m.* lease; *prendre une maison à bail*, to lease a house.

bâillement [bâymaⁿ] *m.* yawn; gaping. || *bâiller* [bâyé] *v.* to yawn; to gape; to be ajar [porte].

bailleur [bàyœr] *m.* giver; lessor; *bailleur de fonds*, silent partner, financial backer.

bâillon [bâyoⁿ] *m.* gag. || *bâillonner* [bâyòné] *v.* to gag.

bain [biⁿ] *m.* bath; bathing; *salle de bains*, bathroom; *bains publics*, public baths; *bain-douche*, shower bath; *bain-marie*, water-bath, *Br.* jacketed saucepan, *Am.* double-boiler.

baïonnette [bàyònèt] *f.* bayonet.

baisemain [bèzmiⁿ] *m.* hand-kissing.

baiser [bèzé] *m.* kiss.

baisse [bès] *f.* lowering; going down [eaux]; ebb [marée]; fall [prix]; *en baisse*, falling. || *baisser* [bèsé] *v.* to lower; to let down [vitre]; to turn down [lampe]; to hang [tête]; to dip, to dim [phares]; to sink; to decline; to drop; to abate; *se baisser*, to stoop; to bend down.

bajoue [bàjú] *f.* chap, chop, jowl.

Bakélite [bàkélît] *f.* (trade-mark) Bakelite.

bal [bàl] *m.* ball; dance.

balade [bàlàd] *f.* (fam.) stroll; ramble; excursion. ‖ *balader* [-é] *v.* (fam.) to take for a walk; *envoyer balader*, to chuck away; to send packing; *se balader*, to go for a stroll. ‖ *baladeur* [-œr] *m.* saunterer; selector rod [auto]. ‖ *baladeuse* [-ëz] *f.* handcart; trouble lamp, inspection lamp.

balafre [bàlàfr] *f.* gash; scar. ‖ *balafrer* [-é] *v.* to gash, to slash.

balai [bàlè] *m.* broom; brush; mop; carpet-sweeper.

balance [bàlaⁿs] *f.* balance; scales, weighing-machine; hesitation; *faire pencher la balance*, to turn the scale; *faire la balance*, to strike a balance. ‖ *balancement* [-maⁿ] *m.* rocking; swinging; harmony; indecision. ‖ *balancer* [-é] *v.* to balance, to poise; to waver; to sway, to swing; to hesitate; *se balancer*, to swing, to rock; to ride [bateau]. ‖ *balancier* [-yé] *m.* pendulum [horloge]; balance-wheel [montre]; balancing-pole; screw-press (mech.). ‖ *balançoire* [-wàr] *f.* see-saw, swing.

balayage [bàlèyàj] *m.* sweeping; brushing; scanning. ‖ *balayer* [-èyé] *v.* to sweep; to sweep up [poussière]; to scan [télévision]; to scour [mer]. ‖ *balayeur* [-èyœr] *m.* sweeper, scavenger; *balayures*, sweepings.

balbutiement [bàlbüsîmaⁿ] *m.* stammering. ‖ *balbutier* [-yé] *v.* to stammer; to mumble.

balcon [bàlkoⁿ] *m.* balcony; dress-circle (theat.); pulpit (naut.).

baldaquin [bàldàkiⁿ] *m.* canopy; tester.

baleine [bàlèn] *f.* whale; whale-bone; corset-bone. ‖ *baleiner* [-é] *v.* to stiffen. ‖ *baleinier* [-yé] *adj.* whaling [industrie]; *m.* whaler [navire]; whale-fisher [pêcheur]; *baleinière*, whale-boat.

balise [bàlîz] *f.* beacon; ground-light (aviat.); *balise flottante*, buoy. ‖ *baliser* [-é] *v.* to beacon (naut.); to buoy, to mark; to provide landing-lights (aviat.).

balistique [bàlîstîk] *f.* ballistics; gunnery; *adj.* ballistic.

balivernes [bàlîvèrn] *f. pl.* nonsense.

ballade [bàlàd] *f.* ballad.

ballant [bàlaⁿ] *m.* swing; *adj.* dangling; swinging; slack [corde].

ballast [bàlàst] *m.* ballast.

balle [bàl] *f.* husk, chaff [avoine].

balle [bàl] *f.* pack; bale [coton].

balle [bàl] *f.* ball; bullet (mil.); shot; (pop.) franc; map [figure].

ballerine [bàlrîn] *f.* ballet-dancer. ‖ *ballet* [bàlè] *m.* ballet.

ballon [bàloⁿ] *m.* balloon; ball; football; ball-signal (naut.); flask (chem.); rounded hill-top; *envoyer un ballon d'essai*, to put out a feeler. ‖ *ballonnement* [-ònmaⁿ] *m.* swelling; bloat; flatulence. ‖ *ballonner* [-òné] *v.* to swell out; to balloon; to distend; to bulge.

ballot [bàlô] *m.* pack, bundle; ninny, sucker. ‖ *ballottage* [-òtàj] *m.* tossing; shaking; second ballot [élections]. ‖ *ballottement* [-òtmaⁿ] *m.* tossing. ‖ *ballotter* [-òté] *v.* to toss about; to shake, to jolt; to rattle [porte]; (fig.) to put off.

baluchon [bàlüshoⁿ] *m.* bundle.

balnéaire [bàlnéèr] *adj.* watering; *station balnéaire*, spa, bathing resort.

balourd [bàlûr] *adj.* dense, doltish; *m.* lout, clod-hopper. ‖ *balourdise* [-dîz] *f.* blunder, stupid mistake.

baluchon, *see* **balluchon.**

balustrade [bàlüstràd] *f.* balustrade; handrail. ‖ *balustre* [-lüstr] *m.* baluster, banister.

bambin [baⁿbiⁿ] *m.* urchin, youngster; (fam.) kid, brat.

bambocheur [baⁿbòshœr] *m.* (pop.) reveller; carouser.

bambou [baⁿbú] *m.* bamboo.

ban [baⁿ] *m.* proclamation; applause; *le ban et l'arrière-ban*, every man Jack; *mettre au ban*, to outlaw; to banish; *pl.* banns [mariage].

banal [bànàl] *adj.* commonplace; banal; trite; hackneyed. ‖ *banalité* [-îté] *f.* commonplace, banality, triteness.

banane [bànàn] *f.* banana.

banc [baⁿ] *m.* bench, seat, pew [église]; bench (mech.); bank; shoal [sable]; school [poissons]; *banc de neige*, ◊ snow-bank; *banc des témoins*, witness-box.

bancaire [baⁿkèr] *adj.* bank, banking.

bancal [baⁿkàl] (*pl.* **bancals**) *adj.* bandy-legged; unsteady.

bandage [baⁿdàj] *m.* bandaging; bandage; *Br.* tyre, *Am.* tire (techn.); winding up [ressort]; *bandage herniaire*, truss.

bande [baⁿd] *f.* band, strip; stripe; belt [terre]; cine-film; sound-track; tape; list (naut.); wrapper; *donner de la bande*, to list, to heel over.

bande [baⁿd] *f.* band, party, gang; troop; pack [loups]; flock; *bande noire*, set of terrorists.

bandeau [baⁿdô] *m.** headband; diadem; bandage.

bander [baⁿdé] *v.* to bind up, to bandage; to draw, to bend; to tighten; to strain; to be tight; *bander les yeux*, to blindfold; *se bander*, to be bent.

banderole [baⁿdròl] *f.* streamer; sling (mil.); pennant.

bandit [baⁿdì] *m.* bandit, gangster; (fam.) rogue, ruffian, *Am.* hijacker.

bandoulière [baⁿdûlyèr] *f.* shoulder-strap; *en bandoulière*, slung over the shoulder.

banlieue [baⁿlyë] *f.* suburb, outskirts; *de banlieue*, suburban.

banne [bàn] *f.* coal cart; basket, hamper; tilt, tarpaulin.

banni [bànì] *m.* outcast; outlaw; exile; *adj.* banished.

bannière [bànyèr] *f.* flag; banner; ensign; shirt-tail.

bannir [bànìr] *v.* to outlaw, to exile.

banque [baⁿk] *f.* bank; banking; *billet de banque*, banknote; *banque par actions*, joint-stock bank; *faire sauter la banque*, to break the bank [jeu]; *banque du sang*, blood bank.

banqueroute [baⁿkrùt] *f.* bankruptcy; failure; *faire banqueroute*, to go bankrupt. || **banqueroutier** [-yé] *m.* fraudulent bankrupt; bankrupt trader.

banquet [baⁿkè] *m.* feast, banquet. || *banqueter* [-té] *v.* to feast, to banquet.

banquette [baⁿkèt] *f.* bench, seat; bank [terre]; bunker [golf].

banquier [baⁿkyé] *m.* banker.

banquise [baⁿkîz] *f.* ice-floe, ice-pack, ice-field.

baptême [bàtèm] *m.* baptism, christening; *nom de baptême*, Christian name. || **baptiser** [bàtizé] *v.* to baptize, to christen; to name; to nickname; to water down.

baquet [bàkè] *m.* tub, bucket.

bar [bàr] *m.* bass [poisson].

bar [bàr] *m.* bar [hôtel, café].

baragouin [bàràgwⁿ] *m.* (pop.) gibberish. || **baragouiner** [-lné] *v.* to gibber; *baragouiner le français*, to murder French.

baraque [bàràk] *f.* hut, shed, shanty; booth; hovel. || **baraquement** [-maⁿ] *m.* hutting; hutments.

baratin [bàràtⁿ] *m.* spiel, line, ballyhoo. || **baratiner** [-tìné] *v.* to speechify, to gas.

baratte [bàràt] *f.* churn. || **baratter** [-é] *v.* to churn [lait].

barbare [bàrbàr] *m.* barbarian; *adj.* barbaric; uncivilized; barbarous, cruel. || **barbarie** [-î] *f.* barbarity. || **barbarisme** [-ìsm] *m.* barbarism (gramm.).

barbe [bàrb] *f.* beard; whiskers; burr (techn.); *se faire la barbe*, to shave; *rire dans sa barbe*, to laugh up one's sleeve; (pop.) *la barbe!*, shut up! || **barbeau** [-ô] *m.* barbel [poisson]; cornflower (bot.). || **barbelé** [-¹lé] *adj.* barbed. || **barber** [-é] *v.* to bore stiff. || **barbet** [-è] *m.* water-spaniel. || **barbiche** [-ìsh] *f.* short beard; goatee. || **barbillon** [-ìyoⁿ] *m.* barb. || **barbon** [bàrboⁿ] *m.* greybeard, old fogey.

barbiturique [bàrbìtürìk] *m.* barbiturate; *adj.* barbituric.

barboter [bàrbòté] *v.* to dabble; to splash; to bubble [gaz]. || **barboteur** [-œr] *m.* paddler; bubbler (techn.). || **barboteuse** [-ëz] *f.* rompers; washing-machine. || **barbot(t)e** [-òt] *f.* © catfish; © illegal gambling-house.

barbouillage [bàrbûyàj] *m.* daubing; scrawl; scribble. || **barbouiller** [-ûyé] *v.* to daub; to sully; (fam.) to mess up.

barbu [bàrbü] *adj.* bearded.

barde [bàrd] *m.* bard, poet.

barde [bàrd] *f.* pack-saddle; slice of bacon. || **barder** [-é] *v.* to bard [volaille]; to cover with.

barder [bàrdé] *v.* to carry away; (fam.) to toil; (pop.) *ça barde!*, it's tough going!

barème [bàrèm] *m.* ready-reckoner; scale [salaires]; graph.

baril [bàrì] *m.* barrel, keg, cask. || **barillet** [-yè] *m.* small barrel; keg; cylinder [revolver].

bariolage [bàryòlàj] *m.* motley, gaudy colo(u)r scheme. || **barioler** [-é] *v.* to checker; to paint gaudily; to variegate.

barman [bàrmàn] *m.* barman, *Am.* bartender.

barnum [bàrnòm] *m.* showman; shindy.

baromètre [bàròmètr] *m.* barometer; *baromètre enregistreur*, barograph. || **barométrique** [-étrìk] *adj.* barometric.

baron [bàroⁿ] *m.* baron. || **baronne** [-òn] *f.* baroness.

baroque [bàròk] *m.* baroque; *adj.* baroque; curious, odd, strange.

barque [bàrk] *f.* boat; barque; *bien conduire sa barque*, to manage one's affairs well. || **barquette** [-èt] *f.* skiff; small boat; shaped tart.

barrage [bàràj] *m.* barring, closing [rues]; barrier; obstruction; dam, weir (mech.); barrage (mil.); *barrage de*

route, road block. ‖ **barre** [bàr] *f.* bar;
rod; helm (naut.); ingot [or]; bar
[jur.]; stroke; bar-line (mus.); stripe;
bore [rivière]; *barre de connexion*, tie-
rod [auto]; *barre d'appui*, handrail;
paraître à la barre, to appear before
the Court; *barre de plage*, surf. ‖ *barreau* [-ô] *m.*[*] bar, rail; rung [échelle];
bar (jur.); *être reçu au barreau*, Br. to
be called to the bar; *Am.* to pass the
bar. ‖ **barrer** [-é] *v.* to bar; to stop;
to cross out; *Br.* to cross [chèque]; to
steer (naut.); © to lock (a door); *rue
barrée*, no thoroughfare; *se barrer*,
to buzz off (pop.). ‖ **barrette** [-èt] *f.*
small bar; connecting strip (electr.).

barrette [bàrèt] *f.* biretta; cardinal's
cap; hair-slide; spray.

barreur [bàrœr] *m.* helmsman; cox.

barricade [bàrìkàd] *f.* barricade. ‖
barricader [-é] *v.* to barricade.

barrière [bàrìyèr] *f.* barrier; obstacle; turnpike; gate [passage à niveau];
starting-post [courses].

barrique [bàrìk] *f.* hogshead, butt,
barrel, cask; barrel roll.

baryton [bàrìtoⁿ] *m., adj.* baritone.

bas [bâ] *m.* lower part; bottom; foot;
small; stocking; *adj.*[*] low; small;
mean; *adv.* low; *en bas*, below; *aller
en bas*, to go downstairs; *à bas...!*,
down with...!; *faire main basse sur*,
to lay hands on; *au bas mot*, at the
lowest estimate; *bas-fonds*, underworld; shallows (naut.); *bas-côté*,
aisle; *bas-relief*, low-relief.

basalte [bàzàlt] *m.* basalt.

basane [bàzàn] *f.* sheepskin; basil. ‖
basané [-é] *adj.* tanned, sunburnt,
swarthy.

bascule [bàskül] *f.* weighing-machine;
seesaw; *wagon à bascule*, tip-waggon;
Am. dump-cart. ‖ *basculer* [-é] *v.* to
rock; to tip up; *faire basculer*, to dip
[fanal, phare]. ‖ *basculeur* [-œr] *m.*
tilter; *basculeur de phares*, dipper
[autos].

base [bâz] *f.* base; base-line; bottom;
basis, ground, foundation; *jeter les
bases*, to lay the foundations; *sans
base*, unfounded; *base navale*, naval
base; *de base*, basic.

basoche [bàzòsh] *f.* the bar, the legal
profession.

basque [bàsk] *m., adj.* Basque; *f.*
skirt, tail.

basse [bâs] *see bas; f.* bass (mus.);
cello; shoal, reef (naut.); *basse-cour*,
farmyard. ‖ *bassesse* [-ès] *f.* baseness;
base action; vulgarity; *faire des bas-
sesses*, to stoop to some humiliating
expedient.

basset [bàsè] *m.* basset hound.

bassin [bàsⁿ] *m.* basin; lake [artifi-
ciel]; tank (techn.); dock; pelvis
(anat.); bed-pan. ‖ *bassine* [bàsìn] *f.*
pan; preserving pan; basin. ‖ *bassiner*
[-é] *v.* to warm [lit]; to bathe; (pop.)
to annoy. ‖ *bassinet* [-è] *m.* small
basin. ‖ *bassinoire* [-wàr] *f.* warming-
pan; bore (fam.).

bastion [bàstyoⁿ] *m.* bastion.

bastringue [bàstrⁿg] *m.* honky-tonk
joint; row, racket.

bât [bâ] *m.* pack-saddle; *cheval de
bât*, pack-horse.

bataille [bàtày] *f.* battle; *bataille rangée*, pitched battle; *livrer bataille à*,
to join battle with. ‖ *batailler* [-âyé] *v.*
to fight; to struggle. ‖ *batailleur*
[-âyœr] *adj.* fighting; quarrelsome. ‖
bataillon [-âyoⁿ] *m.* battalion.

bâtard [bâtàr] *m., adj.* bastard; cross-
bred; mongrel [animaux]; kind of
French bread; degenerate [race]. ‖
bâtardise [-dîz] *f.* bastardy.

bateau [bàtô] *m.*[*] boat, ship; *bateau
à vapeur*, steamer; *bateau de pêche*,
fishing-boat; *bateau de sauvetage*, lifeboat; *monter un bateau à quelqu'un*,
to pull someone's leg; *bateau-citerne*,
tanker; *bateau-feu*, lightship; *bateau-
hôpital*, hospital-ship; *bateau-mouche*,
small passenger steamer.

bateleur [bàt·lœr] *m.* mountebank.

batelier [bàt·lyé] *m.* boatman.

bâter [bâté] *v.* to saddle; *un âne
bâté*, a silly ass.

bâti [bâtì] *m.* framing; body [mo-
teur]; tacking. ‖ *bâtiment* [-maⁿ] *m.*
edifice, building; vessel (naut.); *bâtiment marchand*, merchant ship. ‖ *bâtir*
[bâtîr] *v.* to build, to construct; to tack
[couture]; to baste; *terrain à bâtir*,
building-site; *un homme bien bâti*, a
well-built man. ‖ *bâtisse* [-ìs] *f.* masonry; building.

batifoler [bàtìfòlé] *v.* to frolic, to
romp.

batiste [bàtìst] *f.* batiste, cambric.

bâton [bâtoⁿ] *m.* stick, staff; baton
(mil.); truncheon [police]; wand; ©
bat [baseball]; *à bâtons rompus*, by
fits and starts; *bâton ferré*, alpenstock;
bâton d'or, wall-flower. ‖ *bâtonne.*
[-òné] *v.* to beat; to cudgel.

battage [bàtàj] *m.* beating [tapis];
churning; threshing; field of fire
(mil.); boosting. ‖ *battant* [-aⁿ] *m.*
door; clapper [cloche]; *adj.* banging;
beating; pelting [pluie]; flying [pavil-
lon]; *porte battante*, swing-door; fold-
ing-door. ‖ *batte* [bàt] *f.* beater. ‖ *battement* [-maⁿ] *m.* beating; clapping;
palpitation; pulsation (techn.). ‖ *batterie* [-rì] *f.* gun-site; roll [tambour];
battery (mil.; electr.); set [cuisine]. ‖

batteur [-œr] *m.* beater; *batteur de pavé,* loafer; *batteur de pieux,* pile-driver. ‖ **batteuse** [-ëz] *f.* threshing-machine. ‖ **battoir** [-wàr] *m.* bat; beetle [linge]. ‖ **battre** [bàtr] *v.*ᵉ to beat; to thrash; to thresh; to mint [monnaie]; to defeat; to scour [campagne]; to shuffle [cartes]; to throb; to clap; *se battre,* to fight. ‖ **battu** [bàtü] *adj.* beaten; wrought [fer]. ‖ **battue** *f.* beat [chasse]. ‖ **batture** [-ür] *f.* © strand.

baudet [bôdè] *m.* donkey.

bauge [bôj] *f.* lair; filthy hovel.

bavard [bàvàr] *m.* gossiper; *adj.* talkative, garrulous. ‖ **bavardage** [-dàj] *m.* gossip; chatter. ‖ **bavarder** [-dé] *v.* to gossip; to chatter, to chat; to blab; to tattle. ‖ **bavasser** [-àsé] *v.* © to gossip; to blab.

bave [bàv] *f.* dribble; drivel; slobber; slime. ‖ **baver** [-é] *v.* to dribble; to drivel; to slobber; to ooze. ‖ **bavette** [-èt] *f.* bib; *tailler une bavette,* to gossip. ‖ **baveux** [-ë] *adj.*ᵉ dribbling; drooling; runny [omelette]. ‖ **bavoir** [-vwàr] *m.* bib. ‖ **bavure** [-ür] *f.* smear; beard [moulage]; burr; seam.

bayer [bàyé] *v.* to gape.

bazar [bàzàr] *m.* bazaar; © charity sale; bargain stores, five-and-ten; *tout le bazar,* the whole caboodle. ‖ **bazarder** [-dé] *v.* (fam.) to sell off.

béant [béaⁿ] *adj.* gaping; yawning.

béat [béà] *adj.* smug, complacent; quiet. ‖ **béatifier** [-tifyé] *v.* to beatify (eccles.). ‖ **béatitude** [-titüd] *f.* beatitude, bliss; complacency.

beau, belle [bô, bèl] (**bel,** *m.* before a vowel or a mute *h*) *m.*ᵉ beau; beautiful; fine [temps]; *f.* beauty; deciding game; *adj.*ᵉ beautiful, fair, handsome; smart, fashionable, elegant; fine, noble; good [temps]; splendid; excellent; comfortable; *une belle occasion,* a fine opportunity; *se faire beau,* to smarten oneself up; *au beau milieu,* in the very middle; *de plus belle,* more than ever; *tout beau !,* careful!; *avoir beau,* in vain [e. g. *j'ai beau chercher,* it's no use my looking]; *beau-fils,* stepson; *beau-frère,* brother-in-law; *beau-père,* father-in-law; *beaux-arts,* fine arts.

beaucoup [bôkû] *adv.* much; *m.* a great deal, many; much; *beaucoup de gens,* many people; *de beaucoup, à beaucoup près,* by far.

beaupré [bôpré] *m.* bowsprit.

beauté [bôté] *f.* beauty; loveliness.

bébé [bébé] *m.* baby; doll.

bec [bèk] *m.* beak, bill [oiseaux]; snout [poissons]; nose [outil]; spout; nib; *le bec dans l'eau,* in the lurch; *bec de gaz,* gas-burner; (pop.) *fermer ton bec !,* shut up!; **bec-de-cane,** lever-handle; **bec-de-lièvre,** hare-lip.

bécarre [békàr] *adj., m.* natural (mus.).

bécasse [békàs] *f.* woodcock; goose. ‖ **bécassine** [-in] *f.* snipe; little goose (fam.).

béchage [bèshàj] *m.* digging. ‖ **bêche** [bèsh] *f.* spade; *bêche-de-mer,* sea-slug. ‖ **bêcher** [-é] *v.* to dig, to delve.

becqueter [bèkté] *v.* to peck; to pick [up]; (fam.) to kiss.

bedaine [bᵉdèn] *f.* (fam.) stomach, paunch; pot; pot-belly.

bédane [bédàn] *m.* cold chisel.

bedeau [bᵉdô] *m.*ᵉ beadle; verger (eccles.).

bedonner [bᵉdoné] *v.* (fam.) to grow stout, paunchy, pot-bellied.

bée [bé] *adj. f.; bouche bée,* agape, open-mouthed; gaping.

bégaiement [bégèmaⁿ] *m.* stammering. ‖ **bégayer** [-èyé] *v.* to stammer, to stutter.

bègue [bèg] *m., f.* stammerer; *adj.* stammering.

béguin [bégiⁿ] *m.* mobcap; sweetheart; infatuation.

beigne [bèñ] *f.* biff, cuff (pop.); © *m.* doughnut. ‖ **beignet** [-yè] *m.* fritter, doughnut.

béjaune [béjôn] *m.* freshman; greenhorn; tyro.

bêlement [bèlmaⁿ] *m.* bleating. ‖ **bêler** [-é] *v.* to bleat, to blat.

belette [bᵉlèt] *f.* weasel.

belge [bèlj] *m., f., adj.* Belgian. ‖ **Belgique** [-ïk] *f.* Belgium.

bélier [bélyé] *m.* ram; battering ram (mil.); hydraulic ram.

bellâtre [bèlâtr] *m.* beau, fop; *adj.* dandified.

belle, see beau.

belligérant [bèllijéraⁿ] *m., adj.* belligerent. ‖ **belliqueux** [bèllikë] *adj.*ᵉ bellicose, warlike; quarrelsome.

bémol [bémòl] *m.* flat (mus.).

bénédictin [bénédiktiⁿ] *m., adj.* Benedictine. ‖ **bénédiction** [-iksyoⁿ] *f.* blessing; godsend, windfall.

bénéfice [bénéfis] *m.* benefit; gain, profit; living, benefice (eccles.); premium. ‖ **bénéficiaire** [-yèr] *m.* recipient; payee. ‖ **bénéficier** [-yé] *v.* to profit; to benefit.

benêt [bᵉnè] *m.* simpleton, sap; *adj. m.* stupid, simple.

bénévole [bénévòl] *adj.* kind; benevolent; unpaid [services]; *infirmière bénévole*, voluntary nurse.

bénin, bénigne [bénⁱⁿ, béniñi] *adj.* benign, kind; mild. ‖ **bénignité** [béniñité] *f.* kindness; mildness.

bénir [bénîr] *v.** to bless, to consecrate; *Dieu vous bénisse !*, God bless you! ‖ **bénitier** [-ìtyé] *m.* holy water vessel; stoup.

benjamin [bⁱⁿjàmⁱⁿ] *m.* junior, youngest child; darling.

benjoin [bⁱⁿjwⁱⁿ] *m.* benzoin, gum benjamin (bot.).

benne [bèn] *f.* hamper; basket; tub; *Am.* dump truck.

benzine [bⁱⁿzîn] *f.* benzine.

béquille [békîy] *f.* crutch; stand [bicyclette]; prop, leg (naut.); tail-skid (aviat.).

bercail [bèrkày] *m.* sheepfold; fold (eccles.).

berceau [bèrsô] *m.** cradle; bed (techn.); vault (arch.); arbo(u)r. ‖ **bercer** [-é] *v.* to rock; to lull; to soothe [chagrin]; to delude; *se bercer,* to rock; *se bercer d'un espoir,* to cherish a hope. ‖ **berceuse** [-ëz] *f.* swing-cot; © rocking-chair; lullaby.

béret [béré] *m.* tam-o'-shanter; beret.

berge [bèrj] *f.* bank [rivière, chemin, fossé]; parapet (mil.).

berger [bèrjé] *m.* shepherd. ‖ **bergère** [-èr] *f.* shepherdess; easy chair. ‖ **bergerie** [-rî] *f.* sheep-pen. ‖ **bergeronnette** [-rònèt] *f.* wagtail [oiseau].

berlue [bèrlü] *f.* faulty vision; *avoir la berlue,* to get things all wrong.

berne [bèrn] *f.;* *mettre le pavillon en berne,* to fly the flag at half-mast. ‖ **berner** [-é] *v.* to fool, to make fun of, to deceive.

bernique! [bèrnìk] *interj.* nothing doing!; no luck!

besicles [bezìkl] *f. pl.* (fam.) specs, giglamps, cheaters.

besogne [bezòñ] *f.* work, task, job. ‖ **besogner** [-é] *v.* to labour, to drudge. ‖ **besogneux** [-ë] *adj.** needy, hard-up.

besoin [bezwⁱⁿ] *m.* need, want; poverty; *au besoin,* in case of need; *avoir besoin de,* to want; *est-il besoin?,* is it necessary?

bestial [bèstyàl] *adj.** bestial, brutish. ‖ **bestiaux** [-yô] *m. pl.* livestock. ‖ **bestiole** [-yòl] *f.* tiny beast.

bêta [bètà] *m.* simpleton, block-head.

bétail [bétày] *m.* cattle; livestock.

bête [bèt] *f.* beast, animal; fool; *bête de somme,* pack animal, beast of burden; *bête à bon Dieu,* lady-bird;

bête puante, © skunk (*fr.* mouffette); *bête noire,* pet aversion; *bonne bête,* good sort; *faire la bête,* to play the fool; *chercher la petite bête,* to be over-critical; *adj.* silly, stupid. ‖ **bêtifier** [-ìfyé] *v.* to play the fool. ‖ **bêtise** [-ìz] *f.* a mere trifle; blunder; folly; nonsense; mistake; silliness.

béton [bétoⁿ] *m.* concrete; *béton armé,* reinforced concrete; ferro-concrete.

bette [bèt] *f.* white beet. ‖ **betterave** [-ràv] *f.* beetroot, beet; mangel-wurzer; sugar-beet.

beuglement [bëgl•maⁿ] *m.* bellowing; lowing [bétail]. ‖ **beugler** [-é] *v.* to bellow, to low.

beurre [bœr] *m.* butter; *un œil au beurre noir,* a black eye. ‖ **beurrer** [-é] *v.* to butter. ‖ **beurrier** [-yé] *m.* butter-man; butter-dish; *adj.* butter-producing.

beuverie [bëvrî] *f.* drinking bout.

bévue [bévü] *f.* blunder, slip, boner.

biais [byè] *m.* skew (techn.); slant; bias; expedient; tuck [couture]; *en biais,* askew; *regarder de biais,* to throw a side-glance; *chercher un biais pour,* to find an easy way of; *adj.* skew; sloping; oblique. ‖ **biaiser** [-zé] *v.* to slant, to cut aslant; to use evasions.

bibelot [bìblô] *m.* knick-knack, trinket, curio.

biberon [bìbroⁿ] *m.* feeding-bottle; tippler. ‖ **biberonner** [-òné] *v.* to tipple, to booze, to liquor up.

bibi [bìbî] *m.* number one (myself); tile (fam.).

bibite [bìbìt] *f.* © insect.

Bible [bìbl] *f.* Bible.

bibliographie [bìblìògràfî] *f.* bibliography. ‖ **bibliographique** [-gràfìk] *adj.* bibliographical. ‖ **bibliomane** [-màn] *m.* book collector. ‖ **bibliophile** [-fîl] *m.* book-lover. ‖ **bibliothécaire** [-tékèr] *m.* librarian. ‖ **bibliothèque** [-tèk] *f.* library; reading-room; bookcase; bookshelf.

biblique [bìblìk] *adj.* Biblical.

bicarbonate [bìkàrbònàt] *m.* bicarbonate.

biceps [bìsèps] *m., adj.* biceps.

biche [bìsh] *f.* hind, doe, roe.

bichon [bìshoⁿ] *m.* lap-dog. ‖ **bichonner** [-òné] *v.* to curl; to make smart; to caress.

bicoque [bìkòk] *f.* hovel; shack; *Am.* shanty; dump (fam.).

bicorne [bìkòrn] *m.* cocked hat.

bicyclette [bìsìklèt] *f.* bicycle, cycle; *aller à bicyclette,* to cycle; *bicyclette de course,* racing cycle.

bidet [bìdè] *m.* nag; bidet (hyg.); trestle.

bidon [bìdoⁿ] *m.* tin, can, drum [essence]; water-bottle (mil.). ‖ *bidon-ville* [-vìl] *m.* shanty-town.

bielle [byèl] *f.* tie-rod; crank-arm; *bielle motrice*, connecting-rod (mech.); *bielle de soupape*, valve push-rod.

bien [byìⁿ] *m.* good; welfare; possession, estate, property, wealth, goods; *adv.* well; right, proper; really; many; comfortable; *un homme de bien*, a good man; *biens immeubles*, real property; *faire du bien*, to do good; *être bien avec*, to be on good terms with; *vouloir bien*, to be willing; *être bien*, to be comfortable, to be good-looking; *bien des gens*, many people; *aussi bien que*, as well as; *bien que*, although; *tant bien que mal*, so-so, after a fashion; *bien-aimé*, beloved; *bien-être*, comfort; well-being; welfare; *bien-fondé*, cogency, merit; *bien-fonds*, real estate; landed property.

bienfaisance [byìⁿfᵉzaⁿs] *f.* beneficence; charity; *bureau de bienfaisance*, relief committee. ‖ *bienfaisant* [-aⁿ] *adj.* charitable; beneficial. ‖ *bienfait* [byìⁿfè] *m.* good turn, kindness; benefit. ‖ *bienfaiteur, trice* [-tœr, -trìs] *m., f.* benefactor, f. benefactress.

bienheureux [byìⁿnërë] *adj.* *m.* blissful; blessed; *m. pl.* the blessed, the blest.

bienséance [byìⁿséaⁿs] *f.* propriety, decorum. ‖ *bienséant* [-éaⁿ] *adj.* decent, becoming, seemly.

bientôt [byìⁿtô] *adv.* soon; before long; *à bientôt !*, see you shortly !, *Am.* so long !

bienveillance [byìⁿvèyaⁿs] *f.* benevolence; *par bienveillance*, out of kindness. ‖ *bienveillant* [-èyaⁿ] *adj.* benevolent.

bienvenu [byìⁿvnü] *m., adj.* welcome; *soyez le bienvenu !*, welcome ! ‖ *bienvenue* [-ü] *f.* welcome; *souhaiter la bienvenue à*, to welcome.

bière [byèr] *f.* beer; *bière blonde*, pale ale.

bière [byèr] *f.* coffin.

biffer [bìfé] *v.* to cross out, to strike out, to cancel [mot].

biffin [bìfìⁿ] *m.* *Am.* junkman; (fam.) foot-slogger.

bifteck [bìftèk] *m.* beefsteak.

bifurcation [bìfürkàsyoⁿ] *f.* bifurcation; fork [route]; junction (railw.). ‖ *bifurquer* [bìfürké] *v.* to fork; to bifurcate; to branch off [route]; to shunt (electr.).

bigame [bìgàm] *m.* bigamist; *adj.* bigamous. ‖ *bigamie* [-î] *f.* bigamy.

bigarré [bìgàré] *adj.* motley, variegated. ‖ *bigarrer* [-é] *v.* to mottle, to checker. ‖ *bigarrure* [-ür] *f.* mixture, variegation, motley.

bigle [bìgl] *adj.* squint-eyed.

bigot [bìgó] *m.* bigot; *adj.* bigoted, over-devout. ‖ *bigoterie* [-òtrî] *f.* bigotry.

bigoudi [bìgûdî] *m.* curling pin, hair-curler.

bijou [bìjû] *m.* jewel, gem. ‖ *bijouterie* [-trî] *f.* *Br.* jewellery, *Am.* jewelry; jeweler's shop. ‖ *bijoutier* [-tyé] *m.* jeweler.

bilan [bìlaⁿ] *m.* balance-sheet; statement; schedule (comm.); *déposer son bilan*, to file a petition in bankruptcy.

bilatéral [bìlàtéràl] *adj.* bilateral; two-sided.

bile [bìl] *f.* bile, gall; anger; *se faire de la bile*, to worry, to get worked up. ‖ *biliaire* [-yèr] *adj.* biliary; *canal biliaire*, bile-duct. ‖ *bilieux* [-yë] *adj.* bilious; choleric, cross, testy; morose; cantankerous.

bilingue [bìlⁿg] *adj.* bilingual. ‖ *bilinguisme* [-ùⁿsm] *m.* bilingualism.

billard [bìyàr] *m.* billiards; billiard-table; billiard-room.

bille [bìy] *f.* small ball [billard]; marble [jeu]; block, log [bois]; (pop.) nut; dial.

billet [bìyè] *m.* note, letter; circular; notice; bill (comm.); ticket; banknote; *billet doux*, love-letter; *billet de faire-part*, wedding, funeral announcement; *billet simple*, single ticket; *billet d'aller et retour*, return ticket; *billet à vue*, bill payable at sight; *billet de logement*, billeting order (mil.); *billet à ordre*, promissory note.

billevesées [bìlvᵉzé] *f. pl.* nonsense, crazy ideas; rubbish.

bimensuel [bìmaⁿsüèl] *adj.* twice-monthly. ‖ *bimestriel* [-mèstriyèl] *adj.* bimonthly.

bimoteur [bìmòtœr] *adj.* twin-engined; *m.* bimotored plane.

binette [bìnèt] *f.* hoe (agr.).

binette [bìnèt] *f.* (pop.) face, mug.

binocle [bìnòkl] *m.* eye-glasses; pince-nez.

biographe [bìògràf] *m.* biographer. ‖ *biographie* [-î] *f.* biography. ‖ *biographique* [-îk] *adj.* biographical.

biologie [bìòlòjî] *f.* biology. ‖ *biologique* [-îk] *adj.* biological. ‖ *biologiste* [-ìst] *m., f.* biologist.

biplace [bìplàs] *adj., m. f.* two-seater.

bique [bìk] *f.* she-goat, nanny-goat; old nag. ‖ *biquet* [-è] *m.* kid.

bis [bì] *adj.* brown; *pain bis,* brown bread.

bis [bìs] *adv.* twice, again, repeat; ditto; *encore!*; *n° 32 bis,* n° 32 A [maisons].

bisannuel [bìzànnüèl] *adj.*[*] bi-annual.

bisbille [bìzbîy] *f.* (fam.) bickering, quarrel; *en bisbille,* at loggerheads.

biscornu [bìskörnü] *adj.* two-horned; odd; misshapen, distorted; inconsequent [argument].

biscotte [bìsköt] *f.* rusk. ‖ *biscuit* [bìsküï] *m.* biscuit, *Am.* cracker; *biscuit de mer,* ship's biscuit, hard tack; *biscuit à la cuiller, Br.* sponge-finger, *Am.* lady-finger.

bise [bîz] *f.* north wind.

biseau [bìzô] *m.*[*] chamfer, bevel; bevelling. ‖ *biseauter* [-té] *v.* to bevel; to cheat [cartes].

bismuth [bìsmüt] *m.* bismuth.

bison [bìzoⁿ] *m.* bison, buffalo.

bissecteur, -trice [bìsèktœr, -trìs] *adj.* bisecting; *f.* bisector, bisectrix. ‖ *bissection* [bìsèksyoⁿ] *f.* bisection.

bisser [bìsé] *v.* to encore (theat.).

bissextile [bìsèkstìl] *adj.; année bissextile,* leap-year.

bistouri [bìstûrî] *m.* lancet, knife.

bistre [bìstr] *m.* bistre; *adj.* blackish-brown. ‖ *bistré* [-é] *adj.* brown, swarthy.

bistro [bìstrô] *m.* pub; publican; *le bistro du coin,* the local.

bitume [bìtüm] *m.* bitumen, asphalt; tar; *bitumé,* tarred.

bivouac [bìvwàk] *m.* bivouac. ‖ *bivouaquer* [-é] *v.* to bivouac.

bizarre [bìzàr] *m.* queer thing; strange part; *adj.* bizarre, odd, curious, strange. ‖ *bizarrerie* [-rî] *f.* oddness, peculiarity; whim.

bizut [bìzü] *m.* (fam.) fresher, freshman.

bla-bla-bla [blàblàblà] *m.* claptrap, blah, bunkum, *Am.* baloney.

blackbouler [blàkbûlé] *v.* to blackball, to turn down.

blafard [blàfàr] *adj.* pale, wan; livid.

blague [blàg] *f.* tobacco-pouch; humbug, nonsense; fib; banter; gag; *sans blague?,* you don't say? ‖ *blaguer* [blàgé] *v.* to chaff; to joke. ‖ *blagueur* [blàgœr] *m.* humbug; wag; *adj.*[*] bantering; scoffing.

blaireau [blèrô] *m.*[*] badger (zool.); shaving-brush; brush [peintre].

blâmable [blâmàbl] *adj.* blamable. ‖ *blâme* [blâm] *m.* blame; *vote de blâme,* vote of censure. ‖ *blâmer* [-é]

v. to blame; to censure; to reprimand; to find fault with.

blanc, blanche [blaⁿ, blaⁿsh] *m.* white; white part; white man; blank; bull's-eye [cible]; blank cartridge; breast [volaille]; *f.* billiard ball; minim (mus.); *adj.* white, pale; clean, spotless; blank; *chèque en blanc,* blank check; *chauffer à blanc,* to make white-hot; *blanc de chaux,* whitewash; *saigner à blanc,* to bleed white; *magasin de blanc, Br.* linen drapery, *Am.* household linen store; *nuit blanche,* sleepless night; *arme blanche,* cold steel; *blanc-bec,* greenhorn; *blanc-seing,* blank signature; full power. ‖ *blanchâtre* [blaⁿshâtr] *adj.* whitish. ‖ *blanche, see blanc.* ‖ *blancheur* [-œr] *f.* whiteness, pallor; purity. ‖ *blanchiment* [-ìmaⁿ] *m.* bleaching. ‖ *blanchir* [-îr] *v.* to whiten, to blanch, to bleach; to clean, to launder; to fade; to turn grey. ‖ *blanchissage* [-ìsàj] *m.* washing. ‖ *blanchisserie* [-ìsrî] *f.* laundry. ‖ *blanchisseur* [-ìsœr] *m.* laundry-man; bleacher (text.). ‖ *blanchisseuse* [-ìsëz] *f.* washerwoman; laundress.

blaser [blàzé] *v.* to blunt; to surfeit; *il est blasé,* he is jaded, blasé.

blason [blàzoⁿ] *m.* blazon, coat-of-arms; heraldry.

blasphème [blàsfèm] *m.* blasphemy; © oath, swear word. ‖ *blasphémer* [-émé] *v.* to blaspheme; to curse; © to swear.

blatte [blàt] *f.* cockroach, blackbeetle.

blé [blé] *m.* corn; wheat; *blé de Turquie,* © *blé d'Inde,* maize, *Am.* Indian corn; *blé noir,* buck wheat.

blême [blèm] *adj.* pale, wan; ghastly. ‖ *blêmir* [îr] *v.* to grow pale, to blanch.

bléser [blézé] *v.* to lisp.

blessant [blèsaⁿ] *adj.* wounding, offensive [remarque]. ‖ *blessé* [é] *m.* casualty. ‖ *blesser* [-é] *v.* to wound; to hurt; to offend; to jar upon; *se blesser,* to hurt oneself; to take offense. ‖ *blessure* [-ür] *f.* wound, injury.

blet [blè] *adj.*[*] over-ripe.

blette [blèt] *f.* white beet.

bleu [blë] *m.* blue; blue mark; bruise; recruit (mil.); blueprint; *adj.* blue; underdone [viande]; *bleu ciel,* sky blue; *bleu marine,* navy blue; *passer au bleu,* to blue; *colère bleue,* violent anger, towering rage; *conte bleu,* fairy tale; *en rester bleu,* to be flabbergasted; *pl.* overalls, dungarees. ‖ *bleuâtre* [-âtr] *adj.* bluish. ‖ *bleuet* *m.* cornflower; © blueberry, bilberry, whortleberry [*fr.* myrtille]. ‖ *bleuir* [îr] *v.* to make blue; to turn blue. ‖ *bleuter* [-té] *v.* to tinge with blue.

blindage [blin̩dàʒ] *m.* armo(u)r-plating. ‖ **blinder** [-é] *v.* to armo(u)r, to protect; to timber; to sheet; to screen (electr.); *voitures blindées,* armo(u)red vehicles.

bloc [blòk] *m.* block; memorandum pad; mass; lump; (pop.) clink; *en bloc,* wholesale; *visser à bloc,* to screw right in; *bloc de correspondance,* writing tablet. ‖ **blocage** [-àʒ] *m.* blocking; locking; jamming on. ‖ **blockhaus** [-ôs] *m.* blockhouse; conning-tower [sous-marin]. ‖ **blocus** [üs] *m.* blockade; *faire le blocus de,* to blockade; *forcer le blocus,* to run the blockade.

blond [blon̩] *m.,* *adj.* blond; *adj.* fair; flaxen; pale [bière]. ‖ **blonde** [blon̩d] *f.* ⓒ sweetheart. ‖ **blondeur** [-dœr] *f.* blondness. ‖ **blondin** [-din̩] *m.,* *adj.* fair-haired. ‖ **blondir** [-dîr] *v.* to grow yellow.

bloquer [blòké] *v.* to block up; to blockade; to besiege; to stop [chèque]; to jam on [freins]; to lock (mech.); *se bloquer,* to get jammed.

blottir (se) [seblòtîr] *v.* to squat; to crouch; to nestle; to huddle up.

blouse [blûz] *f.* blouse; smock; overall. ‖ **blouson** [zon̩] *m.* wind-cheater, wind-breaker.

bluet [blüè] *m.* cornflower.

bluff [blœf] *m.* bluff. ‖ **bluffer** [-é] *v.* to bluff; to pull a fast one. ‖ **bluffeur** [-œr] *m.* bluffer.

blutage [blütàʒ] *m.* bolting; sifting. ‖ **bluter** [-é] *v.* to bolt, to sift. ‖ **blutoir** [-wàr] *m.* sieve.

boa [bòà] *m.* boa.

bobard [bòbàr] *m.* tall story.

bobèche [bòbèsh] *f.* candle-ring; socket.

bobine [bòbîn] *f.* bobbin, spool, reel; roll; drum (techn.); coil (electr.); inductor; (fam.) mug, map. ‖ **bobiner** [-îné] *v.* to wind, to spool.

bobo [bòbô] *m.* (fam.) pain, sore.

bocal [bòkàl] *m.** glass jar; bowl; globe; *mettre en bocal,* to bottle.

bock [bòk] *m.* glass of beer; enema.

bœuf [bœf, *pl.* bë] *m.* ox; beef; *bœuf en conserve,* corned beef.

boire [bwàr] *m.* drink; drinking; *v.** to drink; to absorb; to imbibe; to swallow [insultes]; to drink in; *boire comme un trou,* to drink like a fish; *chanson à boire,* drinking song.

bois [bwà] *m.* wood; forest; timber; fire-wood; antler(s) [cerf]; wood-wind (mus.); *bois ronds,* spars; *cabane de bois ronds,* ⓒ log-cabin; *bois contre-plaqué,* plywood; *sous-bois,* undergrowth. ‖ **boisage** [-zàʒ] *m.* timbering;

afforestation. ‖ **boisé** [-zé] *adj.* wooded; timbered. ‖ **boisement** [-zman̩] *m.* tree-planting. ‖ **boiser** [-zé] *v.* to panel; to timber; to plant with trees. ‖ **boiserie** [-zrî] *f.* joinery; woodwork; wainscoting, panelling.

boisseau [bwàsô] *m.** bushel.

boisson [bwàson̩] *f.* drink; *pris de boisson,* intoxicated; in liquor.

boîte [bwàt] *f.* box, case; *Br.* tin; *Am.* can; (pop.) prison; *boîte aux lettres,* *Br.* letter-box; *Am.* mail-box; *boîte de vitesses,* gear-box; *boîte de nuit,* night-club; *en boîte,* *Br.* tinned, *Am.* canned; *mettre en boîte,* to pull someone's leg.

boiter [bwàté] *v.* to halt, to hobble, to limp, to be lame. ‖ **boiteux** [-ë] *adj.** lame; rickety.

boîtier [bwàtyé] *m.* box, case; box-maker.

boitiller [bwàtiyé] *v.* to hobble.

bol [bòl] *m.* bowl, basin.

bolcheviste [bòlshevìst] *m.,* *f.* Bolchevist. ‖ **bolchevisme** [-ìsm] *m.* Bolchevism.

bolduc [bòldük] *m.* tape, colored ribbon.

boléro [bòlérò] *m.* bolero.

bolide [bòlîd] *m.* meteorite; racing-car; *Am.* hot-shot; thunderbolt.

bombance [bon̩ban̩s] *f.* feasting, riot, revel, junket.

bombardement [bon̩bàrdman̩] *m.* bombing; shelling; bombardment. ‖ **bombarder** [-é] *v.* to shell; to bombard. ‖ **bombardier** [-yé] *m.* bombardier; bomber (aviat.).

bombe [bon̩b] *f.* bomb; depth-charge; *à l'épreuve des bombes,* bomb-proof; *en bombe,* like a rocket; *faire la bombe,* to go on a spree. ‖ **bomber** [-é] *v.* to bulge, to bend; to swell; to camber [route]; *se bomber,* to bulge.

bon, bonne [bon̩, bòn] *m.* order, voucher; bond, draft; *adj.* good; simple; kind; clever; fit, proper, right; witty; large; fine; well paid [emploi]; lucky [étoile]; *adv.* well; nice; fast; [*comp.* meilleur, better, *sup.* le meilleur, the best]; *bon de poste,* postal order; *bon du trésor,* treasury bond; *bonne année!,* a happy New Year!; *bonne compagnie,* elegant society; *il fait bon,* the weather is fine; *à quoi bon?,* what's the use?; *pour de bon,* in earnest, for good and all.

bonasse [bònàs] *adj.* easy-going, good-hearted.

bonbon [bon̩bon̩] *m. Br.* sweet, *Am.* candy. ‖ **bonbonnerie** [-ònrî] *f.* confectionery. ‖ **bonbonnière** [-ònyèr] *f.*

sweetmeat-box; candy-box; snug little house.

bond [bon] *m.* jump, bound, leap; spring; *je vous ai fait faux bond,* I left you in the lurch.

bonde [bond] *f.* plug; bung [tonneau]; bung-hole; sluice-gate. ‖ *bonder* [-é] *v.* to fill up; *salle bondée,* packed house.

bondieuserie [bondyèzerî] *f.* pietism; *pl.* church ornaments.

bondir [bondîr] *v.* to bound, to jump; to leap; to spring; to bounce; to caper.

bonheur [bònœr] *m.* happiness; bliss; good luck; success; *par bonheur,* luckily; *au petit bonheur,* haphazardly.

bonhomie [bònòmî] *f.* simplicity, good nature; heartiness. ‖ *bonhomme* [bònòm] *m.* man, fellow, chap; simple-minded man; bolt (mech.); *un faux bonhomme,* a humbug, a hypocrite.

boni [bònî] *m.* bonus, profit, allowance; surplus.

bonification [bònîfîkàsyon] *f.* improvement; allowance; rebate (comm.). ‖ *bonifier* [-yé] *v.* to better; to allow; *se bonifier,* to improve.

boniment [bònîman] *m.* patter, claptrap; compliments.

bonjour [bonjûr] *m.* good day; good morning; good afternoon.

bonne [bòn] *adj.,* see *bon*; *f.* maid, servant; *bonne à tout faire,* general servant; *bonne d'enfant,* children's nurse; *bonne-maman,* grandma.

bonnement [bònman] *adv.; tout bonnement,* clearly, plainly.

bonnet [bònè] *m.* cap; *gros bonnet,* bigwig, *Am.* big shot; *opiner du bonnet,* to nod assent; *avoir la tête près du bonnet,* to be quick-tempered. ‖ *bonneterie* [bòntrî] *f.* haberdashery, hosiery. ‖ *bonnetier* [bòntyé] *m.* haberdasher, hosier. ‖ *bonnette* [bònèt] *f.* bonnet; supplementary lens (phot.). ‖ *bonnichon* [-nîshon] *m.* child's cap.

bonsoir [bonswàr] *m.* good evening; good night.

bonté [bonté] *f.* goodness, kindness; *ayez la bonté de,* be so good as to.

boqueteau [bòktô] *m.* copse, spinney.

borax [bòràks] *m.* borax.

bord [bòr] *m.* edge, border; side, shore [mer]; bank; brim [chapeau]; verge [ruine]; tack (naut.); *à bord du bateau,* on board ship; *médecin du bord,* ship's doctor. ‖ *bordage* [dàj] *m.* hemming, bordering; bulwarks (naut.).

bordeaux [bòrdô] *m.* Bordeaux wine; claret.

bordée [bòrdé] *f.* board; tack; broadside; volley; watch (naut.); *bordée de neige,* ℂ heavy snowfall; spree.

bordel [bòrdèl] *m.* (pop.) brothel.

border [bòrdé] *v.* to hem, to border.

bordereau [bòrderô] *m.* memorandum, statement, docket, schedule; register, note; *bordereau de versement,* pay-in slip.

bordure [bòrdûr] *f.* border; bordering; edge; rim; *Br.* kerb, *Am.* curb [trottoir].

borgne [bòrñ] *adj.* one-eyed; disreputable, shady; *rue borgne,* blind alley.

borique [bòrîk] *adj.* boracic. ‖ *boriqué* [-é] *adj.* containing boracic.

bornage [bòrnàj] *m.* settling the boundary, staking, demarcation. ‖ *borne* [bòrn] *f.* boundary, limit; milestone, landmark, terminal (electr.); bollard (naut.), *dépasser les bornes,* to overstep the bounds; to go beyond a joke. ‖ *borné* [-é] *adj.* narrow, limited, cramped, restricted. ‖ *borner* [-é] *v.* to set limits; to limit; to confine.

bosquet [bòskè] *m.* grove; shrubbery.

bosse [bòs] *f.* hump; lump; bump; dent; knob; relief [art]; *avoir la bosse de,* to have a gift for. ‖ *bosseler* [-lé] *v.* to emboss; to batter. ‖ *bossoir* [-wàr] *m.* davit (naut.). ‖ *bossu* [-ü] *adj.* hunchbacked. ‖ *bossuer* [üé] *v.* to batter.

bot [bô] *adj.* pied bot, club-foot.

botanique [bòtànîk] *adj.* botanical; *f.* botany.

botte [bòt] *f.* bunch [fleurs], truss [foin], sheaf [blé].

botte [bòt] *f.* thrust [escrime].

botte [bòt] *f.* boot; *bottes d'égoutier,* waders.

botteler [bòtlé] *v.* to bind, to truss.

botter [bòté] *v.* to put on shoes, boots; to kick; to suit. ‖ *bottier* [-yé] *m.* shoemaker, bootmaker. ‖ *bottillon* [bòtîyon] *m.* bottee.

Bottin [bòtïn] *m.* (trade-mark) French directory; social register.

bottine [bòtîn] *f.* ankle-boot.

bouc [bûk] *m.* he-goat; goatee [barbe]; *bouc émissaire,* scape-goat, fall guy.

boucan [bûkan] *m.* (pop.) row, racket, shindy, noise.

bouchage [bûshàj] *m.* stopping; corking; plugging.

bouche [bûsh] *f.* mouth; opening; muzzle [canon]; nozzle; orifice; *bouche de chaleur,* hot-air grating; *bouche de métro,* subway entrance; *bouche à feu,* piece of artillery; *bouche d'incendie,* fire-hydrant, *Am.* fire-plug;

faire la petite bouche, to be finicky. ‖ *bouché* [-é] *adj.* stoppered; corked; bottled; clogged; stupid, dense. ‖ *bouchée* [-é] *f.* mouthful. ‖ *boucher* [-é] *v.* to stop (up), to cork; to shut up; *se boucher,* to become obstructed.

boucher [bûshé] *m.* butcher. ‖ *boucherie* [-rî] *f.* butcher's shop; slaughter, massacre.

bouche-trou [bûsh-trû] *m.* stop-gap; substitute.

bouchon [bûshoⁿ] *m.* cork, stopper, plug, bung; sign; inn, public-house; float [pêche]; wisp [paille]. ‖ *bouchonner* [òné] *v.* to rub down.

boucle [bûkl] *f.* buckle; ear-ring; curl; lock [cheveux]; loop; ring. ‖ *bouclé* [-é] *adj.* curly, curled. ‖ *boucler* [-é] *v.* to curl; to buckle; to loop; to strap; to lock up. ‖ *bouclette* [-èt] *f.* ringlet.

bouder [bûdé] *v.* to sulk; to fight shy of; to be cool towards. ‖ *bouderie* [rî] *f.* sulkiness. ‖ *boudeur* [-œr] *adj.*° sullen, sulky.

boudin [bûdⁿ] *m. Br.* black pudding, *Am.* blood-sausage; spring; flange [roue]; beading.

boudoir [bûdwàr] *m.* boudoir.

boue [bû] *f.* mud, mire; sediment; dirt; slush, sludge.

bouée [bûé] *f.* buoy; *bouée de sauvetage,* life-buoy.

boueur [bûœr] *m.* scavenger; *Br.* dustman, *Am.* garbage-collector; street cleaner. ‖ *boueux* [bûë] *adj.*° muddy; dirty; sloppy, squashy.

bouffant [bûfaⁿ] *adj.* puffed, full, ample. ‖ *bouffée* [-é] *f.* puff, whiff, gust [vent]; flush (med.); fit, outburst. ‖ *bouffi* [-î] *adj.* puffy; bloated; swollen. ‖ *bouffissure* [-ìsür] *f.* swelling; puffiness; bombast.

bouffon [bûfoⁿ] *m.* fool, jester; buffoon, prankster; *adj.*° farcical, ludicrous, jocular.

bougeoir [bûjwàr] *m.* candle-stick.

bougeotte [bûjòt] *f. avoir la bougeotte,* to have the fidgets.

bouger [bûjé] *v.* to stir; to move; to budge; to make a move, to act.

bougie [bûjî] *f.* taper; candle; candle-power; *bougie d'allumage, Br.* sparking-plug, *Am.* spark plug.

bougon [bûgoⁿ] *m.* grumbler, croaker, grouser; *adj.*° grumbling. ‖ *bougonner* [-òné] *v.* to grumble.

bougre [bûgr] *m.* fellow, chap, guy.

bouillabaisse [bûyàbès] *f.* Provençal fish-soup.

bouillant [bûyaⁿ] *adj.* boiling; hot; hot-tempered. ‖ *bouilleur* [bûyœr] *m.* boiler; distiller. ‖ *bouilli* [bûyî] *m.*

boiled beef. ‖ *bouillie* [bûyî] *f.* pap, pulp; gruel; mess. ‖ *bouillir* [bûyîr] *v.*° to boil; *faire bouillir,* to boil. ‖ *bouilloire* [bûywàr] *f. Br.* kettle, *Am.* teakettle. ‖ *bouillon* [bûyoⁿ] *m.* broth, soup; bubble; restaurant; unsold copies [journaux]; *bouillon d'onze heures,* poison. ‖ *bouillonnement* [bûyònmaⁿ] *m.* bubbling; effervescence, seething; boiling. ‖ *bouillonner* [-é] *v.* to boil; to seethe; to bubble; to foam; to froth; to puff [couture]. ‖ *bouillotte* [bûyòt] *f.* footwarmer; hot-water bottle.

boulange [bûlaⁿj] *f.* baker's trade. ‖ *boulanger* [-jé] *m.* baker. ‖ *boulangerie* [-rî] *f.* baking; bakery; baker's shop.

boule [bûl] *f.* ball; bowl; (pop.) nut, noddle, *boule de neige,* snowball; *boule de gomme,* gum-drop; *jouer aux boules,* to play bowls; *perdre la boule,* to go nuts; *se mettre en boule,* to get spiky.

bouleau [bûlô] *m.*° birch [arbre].

bouledogue [bûldòg] *m.* bulldog.

bouler [bûlé] *v.* to roll along; to pad; to fluff; *envoyer bouler,* to send packing. ‖ *boulet* [-è] *m.* shot; ball; (fig.) drag, millstone. ‖ *boulette* [-èt] *f.* meatball; blunder.

boulevard [bûlvàr] *m.* boulevard; bulwark.

bouleversement [bûlvèrs°maⁿ] *m.* overthrow; confusion; bewilderment. ‖ *bouleverser* [-é] *v.* to upset; to disrupt; to throw into confusion.

bouline [bûlîn] *f.* bowline.

boulon [bûloⁿ] *m.* bolt; pin. ‖ *boulonner* [-òné] *v.* to bolt (down).

boulot, -otte [bûlô, -òt] *adj.* fat, plump, tubby (person); *m.* (fam.) work, grind. ‖ *boulotter* [-òté] *v.* (fam.) to grub up; to tuck in.

bouquet [bûkè] *m.* bunch; cluster [arbres]; aroma [vins]; crowning-piece [feu d'artifice]; *c'est le bouquet!,* that's the last straw! ‖ *bouquetière* [-tyèr] *f.* flower-girl.

bouquin [bûkⁿ] *m.* (fam.) old book. ‖ *bouquiner* [-kiné] *v.* to pore over books; to browse among bookstalls. ‖ *bouquiniste* [-nìst] *m.* second-hand book dealer.

bourbeux [bûrbë] *adj.*° miry, muddy. ‖ *bourbier* [-yé] *m.* slough, mire; mess, fix.

bourde [bûrd] *f.* fib, humbug; mistake; blunder; boner; thumper.

bourdon [bûrdoⁿ] *m.* omission (typogr.).

bourdon [bûrdoⁿ] *m.* humblebee; drone bass; great bell. ‖ *bourdonnement* [-ònmaⁿ] *m.* humming; buzz; head noises, singing [d'oreilles].

bourdonner [-òné] v. to hum; to buzz; to murmur.

bourg [bûr] m. borough; market-town. ‖ **bourgade** [-gàd] f. large village. ‖ **bourgeois** [bûr|wà] m. citizen, townsman, middle-class person; (fam.) Philistine; capitalist; adj. middle-class; common; cuisine bourgeoise, plain cooking; pension bourgeoise, boarding-house; en bourgeois, in plain clothes. ‖ **bourgeoisie** [-zî] f. middle-class; droit de bourgeoisie, freedom of a city.

bourgeon [bûrjoⁿ] m. bud; pimple. ‖ **bourgeonnement** [-ònmaⁿ] m. budding, sprouting. ‖ **bourgeonner** [-òné] v. to bud, to shoot; un visage bourgeonné, a pimply face.

bourgeron [bûrj*e*roⁿ] m. overall; fatigue dress; jumper.

Bourgogne [bûrgòñ] f. Burgundy. ‖ **bourguignon** [-gíñoⁿ] adj.* Burgundian.

bourlinguer [bûrlⁿgé] v. to wallow, to strain, to make heavy going; to navigate, to knock about.

bourrade [bûràd] f. blow, knock, thump.

bourrage [bûràj] m. stuffing; padding; swotting; (fam.) bourrage de crâne, tripe, eyewash; brainwashing.

bourrasque [bûràsk] f. squall.

bourratif [bûràtìf] adj.* stodgy, filling.

bourre [bûr] f. fluff, flock [laine]; padding; floss; cotton-waste; wad.

bourreau [bûrô] m.* hangman; executioner; tormentor.

bourrelet [bûrlè] m. pad; draught-excluder; bulge; fender (naut.); flange [roue]; roll [de graisse].

bourrelier [bûrlyé] m. saddler. ‖ **bourrellerie** [-èlrî] f. harness-maker's shop; harness trade.

bourrer [bûré] v. to stuff; to pad; to cram; to ram in; to beat, to trounce.

bourrique [bûrìk] f. she-ass; blockhead, dolt.

bourru [bûrü] adj. shaggy; rough; rude; surly; peevish.

bourse [bûrs] f. purse; bag; stock-exchange; funds; scholarship. ‖ **boursier** [-yé] m. scholar, bursar, scholarship-holder; speculator; purse-maker (comm).

boursoufler [-é] v. to bloat; to puff up; to swell; to blister; to inflate. ‖ **boursouflure** [-ür] f. swelling; blister [peinture]; turgidity, bombast.

bousculade [bûskülàd] f. jostling; scrimmage; rush. ‖ **bousculer** [-é] v. to jostle, to hustle; to upset, to knock over; to bully; to rush; se bousculer,

to scramble, to push about; to hurry; to scuffle.

bouse [bûz] f. cow-dung.

boussole [bûsòl] f. compass; perdre la boussole, to be all at sea; to be off one's rocker.

boustifaille [bûstìfây] f. (pop.) food, grub.

bout [bû] m. end, extremity; tip; bit; au bout du compte, after all; à bout, tired out, worn out; exasperated, out of patience; joindre les deux bouts, to make both ends meet; à bout portant, point-blank; tenir le bon bout, to get the whip-hand.

boutade [bûtàd] f. whim; sally; par boutades, by fits and starts.

boute-en-train [bûtaⁿtriⁿ] m. teaser; (fam.) life and soul of the party, merry fellow.

bouteille [bûtèy] f. bottle; bouteille Thermos, Thermos flask (nom déposé); mettre en bouteille, to bottle; bouteille à gaz, gas cylinder; prendre de la bouteille, to age.

boutique [bûtìk] f. shop; store; booth; stall; boutique; parler boutique, to talk shop. ‖ **boutiquier** [-yé] m. shopkeeper.

bouton [bûtoⁿ] m. bud [fleur]; pimple; button; stud [chemise]; door-knob; handle; bouton-d'or, buttercup. ‖ **boutonner** [-òné] v. to bud; to button. ‖ **boutonnière** [-ònyèr] f. button-hole; rosette.

bouture [bûtür] f. cutting, slip (hort.). ‖ **bouturer** [-é] v. to strike, to plant cuttings; to shoot suckers (hort.).

bouvier [bûvyé] m. cowherd; drover. ‖ **bouvillon** [-lyoⁿ] m. bullock, young bullock, steer.

bouvreuil [bûvrœy] m. bullfinch.

bovin [bòviⁿ] adj., m. bovine.

box [bòks] m. cubicle; box stall; dock; stand.

boxe [bòks] f. boxing; sparring. ‖ **boxer** [-é] v. to box, to spar. ‖ **boxeur** [-œr] m. boxer.

boyau [bwàyô] m.* bowel, gut; hose-pipe; communication trench (mil.); corde à boyau, catgut.

boycottage [bòìkòtàj] m. boycotting. ‖ **boycotter** [-é] v. to boycott.

bracelet [bràslè] m. bracelet, armlet; watch-strap; bangle; bracelet-montre, wrist-watch.

braconnage [bràkònàj] m. poaching. ‖ **braconner** [-é] v. to poach. ‖ **braconnier** [-yé] m. poacher.

brader [bràdé] v. to sell off. ‖ **braderie** [-rì] f. clearance-sale, Am. rummage sale.

braguette [bràgèt] *f.* fly, flies [pantalon].

braillard [bràyàr] *m.* bawler, noisy brat; *adj.* noisy, obstreperous, shouting; brawling. ‖ **brailler** [bràyé] *v.* to bawl, to squall.

braire [brèr] *v.** to bray; to blubber [enfants]. to boohoo.

braise [brèz] *f.* glowing wood embers, live coals; (pop.) oof. ‖ **braiser** [-é] *v* to braise.

bramer [bràmé] *v.* to bell [animal].

brancard [braⁿkàr] *m.* stretcher; shaft [voiture] ‖ **brancardier** [-dyé] *m.* stretcher-bearer.

branchage [braⁿshà] *m.* branches, boughs [arbres], branchery. ‖ **branche** [braⁿsh] *f* branch, bough, arm [lunettes], blade [hélice], leg [compas]; side [famille], line [commerciale]. *vieille branche* old chap. ‖ **branchement** [-maⁿ] *m.* tapping, connection. junction. **brancher** [-é] *v.* to roost, to perch, to connect; to plug in (electr.), to branch (electr.). ‖ **branchette** [-èt] *f.* twig.

branchies [braⁿshì] *f. pl.* gills.

brandir [braⁿdír] *v.* to brandish, to flourish. to wave.

branlant [braⁿlaⁿ] *adj.* tottering, shaky, loose [dent]. ‖ **branle** [braⁿl] *m.* shaking, tossing, swinging start; impulse. *mettre en branle*, to set in motion. *branle-bas*, clearing the decks (naut.), disturbance ‖ **branler** [-é] *v.* to shake, to be loose, to be unsteady; to rock, to wag, to be in danger.

braquage [bràkà] *m.* pointing, aiming; steering [auto]. ‖ **braquer** [-é] *v.* to point, to level, to aim; to deflect (aviat.); to lock [roues]. *braquer les yeux sur*, to stare at.

bras [brà] *m.* arm; handle; hand; *avoir le bras long*, to be very influential; *manquer de bras*, to be shorthanded; *à tour de bras*, with might and main; *bras dessus, bras dessous*, arm in arm.

braséro [bràzérò] *m.* charcoal-pan, brazier. ‖ **brasier** [-yé] *m.* brazier; furnace, blaze.

brasillement [bràzìymaⁿ] *m.* glittering [métal]; spluttering. ‖ **brasiller** [-lyé] *v* to sparkle; to splutter; to grill; to sizzle.

brasse [bràs] *f.* fathom (naut.); breast-stroke [nage]; pitch-stirrer (techn.). ‖ **brassée** [-é] *f.* armful. ‖ **brasser** [-é] *v.* to brace (naut.).

brasser [bràsé] *v.* to brew; to mix; to handle; to hatch [complot]; to stir up. ‖ **brasserie** [-rí] *f.* brewing; brewery; restaurant. ‖ **brasseur** [-œr] *m.* brewer; *brasseur d'affaires*, big business man.

brassière [bràsyèr] *f.* shoulder-strap; child's bodice; *brassière de sauvetage*, life-jacket.

bravache [bràvàsh] *m.* bully; swaggerer **bravade** [-àd] *f.* bravado; bragging. **brave** [bràv] *adj.* brave; honest, good, nice smart, *un homme brave*, a brave man. *un brave homme*, a worthy man, a decent fellow ‖ **braver** [-é] *v.* to brave, to defy, to dare. ‖ **bravo** [-ô] *m* bravo, cheer, *interj.* bravo! well done! **bravoure** [-ûr] *f.* courage bravery.

brebis [brœbì] *f.* ewe; sheep; *brebis galeuse* black sheep.

brèche [brèsh] *f.* breach; notch [lame]. gap, hole; *une brèche à l'honneur*. a breach of hono(u)r.

bréchet [bréshè] *m* breast-bone.

bredouillage [brœdûyà] *m.* stammering muttering ‖ **bredouille** [brœdûy] *adj. revenir bredouille*, to return empty-handed. ‖ **bredouiller** [-é] *v* to stammer, to stutter; to mumble

bref [brèf] *m.* brief; *adj.** brief, short; concise *adv* briefly, in short; *parler bref*, to speak curtly

breloque [brœlòk] *f.* trinket, charm, breloque [bijou], dismiss (naut.); *battre la breloque* to go pit-a-pat [cœur], to go badly [pendule], to have a screw loose [personne].

Bretagne [brœtàñ] *f.* Brittany; *la Grande-Bretagne*. Great Britain.

bretelle [brœtèl] *f.* strap, sling (mil.); shoulder-strap; *pl.* braces, *Am.* suspenders

breton [brœtoⁿ] *m.*, *adj.** Breton.

breuvage [brœvà] *m.* drink; beverage. draught

brevet [brœvè] *m.* patent; warrant; certificate. *Am.* degree [diplôme]; licence, commission (mil.), badge (de scout); *brevet de pilote*, pilot's licence; *brevet de capitaine* master's certificate. ‖ **breveté** [-té] *m.* patentee; *adj.* patent. certificated, *Am.* holding a degree **breveter** [-té] *v.* to patent [invention] to license.

bribes [brîb] *f pl.* scraps, bits.

bric-à-brac [brìkàbràk] *m.* curios; bits and pieces, odds and ends.

bricolage [brìkòlà] *m.* tinkering, pottering, *Am.* puttering about. ‖ **bricole** [brìkòl] *f.* breast-harness; strap, brace; ricochet, backstroke; odd job; trifle. ‖ **bricoler** [-é] *v.* to tinker; to do odd jobs; *Am.* to putter; *qu'est-ce que tu bricoles?*, what are you up to? ‖ **bricoleur** [-œr] *m.* handyman; *Am.* putterer.

bride [brìd] *f.* bridle, reins; ribbon [chapeau]; loop; tie (mech.); flange;

à *bride abattue*, at full speed; *lâcher la bride* à, to give rein to; *tourner bride*, to turn back. ‖ **brider** [-é] *v.* to bridle; to check; to curb; to truss [volaille]; to flange (techn.); *yeux bridés*, narrow eyes.

bridge [brìdj] *m.* bridge [jeu]. ‖ **bridger** [-é] *v.* to play bridge.

brièveté [brìèvté] *f.* brevity, shortness, concision.

brigade [brìgàd] *f.* brigade (mil.); gang [travailleurs]; squad [police]; body [hommes]; shift(-work). ‖ **brigadier** [-yé] *m.* corporal (mil.); sergeant [police]; foreman.

brigand [brìga^n] *m.* brigand; robber; rogue. ‖ **brigandage** [-dàj] *m.* plunder; robbery.

briguer [brìgé] *v.* to court; to solicit; to intrigue for; to canvass for.

brillant [brìya^n] *m.* brightness, brilliance; shine; sheen; polish; glitter; brilliant [diamant]; *adj.* bright, shining, sparkling; wonderful; talented; dashing; dazzling. ‖ **briller** [brìyé] *v.* to shine; to sparkle; to blaze; to glitter; to glare; to be conspicuous.

brimade [brìmàd] *f.* Br. ragging, Am. hazing. ‖ **brimer** [-é] *v.* Br. to rag, Am. to haze; to bully.

brimborion [brì^{n}bòrìo^n] *m.* bauble, knick-knack.

brin [brì^n] *m.* shoot, blade [herbe]; thread, strand; bit; sprig [bruyère]; *un beau brin de fille*, a fine figure of a girl.

brindille [brì^{n}dîy] *f.* twig.

brio [brìyô] *m.* brio, dash, spirit.

brioche [brìyòsh] *f.* brioche; bun; (fam.) pot-belly.

brique [brìk] *f.* brick; cake [savon]; brick-red. ‖ **briquet** [-è] *m.* tinder-box; cigarette lighter; *battre le briquet*, to strike a light. ‖ **briqueterie** [-trî] *f.* brickyard. ‖ **briquettes** [-èt] *f. pl.* patent fuel, briquettes.

bris [brì] *m.* breaking open; breaking loose; wreckage (naut.). ‖ **brisant** [-za^n] *m.* breaker; reef, shoal; *adj.* breaking; bursting.

brise [brîz] *f.* breeze.

brisé [brìzé] *adj.* broken; tired out; folding [porte]. ‖ **brisées** [-é] *f. pl.* tracks; footsteps. ‖ **brisement** [-ma^n] *m.* breaking. ‖ **briser** [-é] *v.* to break; to shatter; *brisons là*, let's leave it at that; *se briser*, to break; *brise-bise*, draught-protector; *brise-circuit*, circuit-breaker; *brise-glace*, ice-breaker; *brise-lames*, breakwater; groyne.

bristol [brìstòl] *m.* visiting-card.

britannique [brìtànìk] *adj.* British; *m. f.* Briton, Britisher.

broc [brô] *m.* jug; pitcher.

brocantage [bròka^{n}tàj] *m.* second-hand dealing. ‖ **brocanteur** [-tœr] *m.* second-hand dealer.

brochage [bròshàj] *m.* stitching; brocading. ‖ **broche** [bròsh] *f.* spit [à rôtir]; skewer; spindle; pin (mech.); peg [tente]; knitting-needle; brooch, breast-pin; *pl.* tusks [sanglier]. ‖ **brocher** [-é] *v.* to stitch; to brocade; to emboss; to scamp; *un livre broché*, a paper-bound book.

brochet [bròshè] *m.* pike [poisson].

brochette [bròshèt] *f.* skewer; pin (techn.); spitful; row.

brocheur [bròshœr] *m.* book-stitcher. ‖ **brochure** [-ûr] *f.* brochure; booklet; pamphlet.

brodequin [bròdki^n] *m.* sock, buskin [théâtr.]; half-boot; ammunition-boot.

broder [bròdé] *v.* to embroider; to romance. ‖ **broderie** [-rî] *f.* embroidery; embellishment (fig.). ‖ **brodeur, -euse** [-œr, -êz] *m.*, *f.* embroiderer, embroideress.

broiement, *see broyement.*

bromure [bròmûr] *m.* bromide.

broncher [bro^{n}shé] *v.* to stumble; to trip; to move; to falter; *sans broncher*, without flinching.

bronches [bro^{n}sh] *f. pl.* bronchia. ‖ **bronchite** [-ìt] *f.* bronchitis. ‖ **broncho-pneumonie** [bro^{n}kôpnëmònî] *f.* broncho-pneumonia.

bronze [bro^{n}z] *m.* bronze; *cœur de bronze*, heart of iron. ‖ **bronzer** [-é] *v.* to bronze; to tan; to harden [cœur].

brosse [bròs] *f.* brush; © drinking spree; *prendre une brosse*, © to get drunk; *brosse à cheveux*, hairbrush; *brosse à dents*, tooth-brush; *cheveux en brosse*, crew-cut; *pl.* brushwood. ‖ **brosser** [-é] *v.* to brush; to scrub; to paint; (pop.) to thrash.

brou [brû] *m.* husk, shuck; *brou de noix*, walnut stain.

brouette [brûèt] *f.* wheelbarrow. ‖ **brouettée** [-é] *f.* barrow-load. ‖ **brouetter** [-é] *v.* to wheel in a barrow.

brouhaha [brûàà] *m.* noise, uproar; commotion; hubbub.

brouillage [brûyàj] *m.* jamming [radio]; interference [radio].

brouillamini [brûyàmìnì] *m.* (fam.) disorder, confusion.

brouillard [brûyàr] *m.* fog; mist; waste-book. ‖ **brouillasser** [brûyàsé] *v.* to drizzle.

brouille [brûy] *f.* disagreement, difference; *être en brouille avec*, to be on bad terms with. ‖ **brouiller** [-é] *v.* to mix up; to confuse; to shuffle [cartes]; to jam [radio]; to interfere [radio]; to scramble [œufs]; *brouiller les cartes,* to spread confusion; *se brouiller,* to get dim; to become confused; to fall out [amis]. ‖ *brouillon* [-oⁿ] *m.* rough copy; *Br.* wastebook, *Am.* scratch-pad; *adj.* * untidy; blundering.

broussailles [brûsây] *f. pl.* bush, brushwood; briars; *en broussaille,* unkempt, shaggy. ‖ **broussailleux** [-ë] *adj.* * bushy. ‖ **brousse** [brûs] *f.* bush.

brouter [brûté] *v.* to browse, to graze; to jump [outil]; to chatter [moteur]. ‖ **broutilles** [-tíy] *f. pl.* twigs; brushwood; mere trifles.

broyement [brwàmoⁿ] *m.* pounding, crushing. ‖ **broyer** [-àyé] *v.* to pound, to pulverize; to crush; to grind. ‖ **broyeur** [-àyœr] *m.* pounder, breaker; grinder; crusher.

bru [brü] *f.* daughter-in-law.

bruine [brüîn] *f.* drizzle, Scotch mist. ‖ **bruiner** [-iné] *v.* to drizzle.

bruire [brüîr] *v.* to rustle; to murmur; to whisper. ‖ **bruissement** [brüismoⁿ] *m.* murmuring; rustling; soughing; humming; whispering.

bruit [brüï] *m.* noise; clatter; din; clang [métal]; report; rumo(u)r; turmoil; stir; sensation; *bruit sourd,* thud; *le bruit court que,* it is rumo(u)red that. ‖ **bruitage** [brüitàj] *m.* sound effects.

brûlage [brülàj] *m.* burning; singeing [cheveux]. ‖ **brûlant** [-aⁿ] *adj.* burning, on fire; scorching; ardent. ‖ **brûler** [-é] *v.* to burn; to singe; to scorch; to scald [avec des liquides]; to be hot; to yearn; to hurry; *se brûler la cervelle,* to blow one's brains out; *brûler le pavé,* to tear along the street; *brûler une étape,* to pass through without stopping; *à brûle-pourpoint,* point-blank. ‖ **brûlerie** [-rî] *f.* brandy-distillery. ‖ **brûleur** [-œr] *m.* gas-burner; brandy distiller, incendiary. ‖ **brûloir** [-wàr] *m.* coffee roaster. ‖ **brûlot** [-lô] *m.* flare (aviat.), firebrand (fig.); © gnat. ‖ **brûlure** [-ür] *f.* burn; scald; blight (agr.).

brume [brüm] *f.* mist; fog. ‖ **brumeux** [-ë] *adj.* * foggy; hazy; misty.

brun [bruⁿ] *m.* brown; *adj.* brown; dark; dusk; *une brune,* a brunette. ‖ **brunante** [brünaⁿt] *f.* © nightfall, dusk. ‖ **brunâtre** [brünâtr] *adj.* brownish. ‖ **brunir** [-îr] *v.* to tan, to become brown; to burnish. ‖ **brunissage** [-ìsàj] *m.* burnishing. ‖ **brunisseur** [-ìsœr] *m.* burnisher. ‖ **brunissoir** [-ìswàr] *m.* burnisher [outil].

brusque [brüsk] *adj.* blunt, brusque, abrupt, rough; sudden; sharp. ‖ **brusquer** [-é] *v.* to be blunt with; to hustle

[gens]; to hurry [choses]. ‖ **brusquerie** [-erî] *f.* brusqueness, abruptness.

brut [brüt] *adj.* raw, unworked; in the rough; gross (comm.); crude [huile], unrefined [sucre]; rough [diamant], *revenu brut,* gross returns. ‖ **brutal** [-àl] *adj.* * brutal; unfeeling; savage, rough; crude; fierce; plain [vérité]. ‖ **brutaliser** [-àlìzé] *v.* to bully; to ill-treat. ‖ **brutalité** [-àlìté] *f.* brutality; cruelty; roughness. ‖ **brute** [brüt] *f.* brute; ruffian.

Bruxelles [brüsèl] *f.* Brussels.

bruyant [brüyaⁿ] *adj.* noisy, loud; boisterous, clamorous, riotous; rollicking [rire]; resounding (fig.).

bruyère [brüyèr] *f.* heath; heather; briar; *coq de bruyère,* grouse.

bu [bü] *p. p. of* boire.

buanderie [büaⁿdrî] *f.* wash-house, laundry-room.

buccal [bükàl] *adj.* * of the mouth.

bûche [büsh] *f.* log; block; billet [bois], (fam.) blockhead; *bûche de Noël,* yule-log; *ramasser une bûche,* to have a spill. ‖ **bûcher** [-é] *m.* wood-shed; wood-stack; stake (hist.); pyre; *v.* to rough-hew; © to cut down, to fell trees; (fam.) to grind, *Br.* to swot. ‖ **bûcheron** [-roⁿ] *m.* wood-cutter, lumberjack. ‖ **bûcheur** [-œr] *m.* (fam.) hard worker, plodder, *Br.* swotter, *Am.* grind, digger; grub.

bucolique [bükòlìk] *adj., f.* bucolic, pastoral.

budget [büdjè] *m.* budget; estimates; *boucler le budget,* to make both ends meet. ‖ **budgétaire** [-étèr] *adj.* budgetary; financial.

buée [büé] *f.* steam, vapo(u)r.

buffet [büfè] *m.* sideboard; cupboard, dresser; buffet; refreshment room; *Am.* sandwich-counter; organcase.

buffle [büfl] *m.* buffalo; buff [cuir]; strop [pour rasoir].

buis [büï] *m.* boxwood; palm [bénit].

buisson [büïsoⁿ] *m.* bush; hedge; thicket. ‖ **buissonneux** [-ònè] *adj.* * bushy. ‖ **buissonnier** [-ònyé] *adj.* * living in the bush; *faire l'école buissonnière,* to play truant, *Am.* to play hookey.

bulbe [bülb] *m.* bulb [plante].

bulle [bül] *f.* bubble; blister; seal; Papal bull; *papier bulle,* Manila paper.

bulletin [bültiⁿ] *m.* bulletin; report; form; receipt; list; ticket; check; *bulletin de vote,* ballot-paper, voting-paper; *bulletin météorologique,* weather report; *bulletin de bagages,* Br. luggage-ticket, Am. baggage-check.

buraliste [bürà̀lìst] *m.* clerk [poste]; receiver [régie]; tobacconist.

bure [bür] *f.* frieze, homespun [tissu]; frock [robe]; sackcloth (fig.).

bureau [bürô] *m.** bureau, writing-desk; office; shop; staff; board [directeurs]; *bureau de tabac,* tobacco shop; *bureau de poste,* post-office; *le Deuxième Bureau,* the Intelligence Department (mil.); *chef de bureau,* head of a department. ‖ **bureaucrate** [-kràt] *m.* bureaucrat. ‖ **bureaucratie** [-kràsî] *f.* bureaucracy; (fam.) red tape. ‖ **bureaucratique** [-kràtîk] *adj.* bureaucratic.

burette [bürèt] *f.* cruet; oil-can; oiler.

burin [bürìⁿ] *m.* burin; graver; etching needle. ‖ **buriner** [-ìné] *v.* to engrave; to mark; to swot (fam.).

burlesque [bürlèsk] *adj.* burlesque; comical, ludicrous.

burnous [bürnû] *m.* burnous, Am. burnoose.

buse [büz] *f.* buzzard; (fam.) dunce, dolt, nitwit.

buse [büz] *f.* nozzle (techn.); mill-race; air-shaft [mine]; choke.

busqué [büské] *adj.* hooked.

buste [büst] *m.* bust; *en buste,* half-length.

but [bü(t)] *m.* mark; aim; target; home; goal; objective; purpose; *de but en blanc,* bluntly; *droit au but,* to the point.

butane [bütàn] *m.* butane.

butée [büté] *f.* abutment; thrust; arrester (techn.). ‖ **buter** [-é] *v.* to abut; to butt; to knock against; to trip; to prop.; (pop.) to bump off; *c'est un esprit buté,* he's an obstinate creature; *se buter,* to be determined; to bump into.

butin [bütìⁿ] *m.* booty, plunder, spoils. ‖ **butiner** [-ìné] *v.* to loot, to pillage; to gather honey [abeilles].

butoir [bütwàr] *m.* buffer (trains).

butte [büt] *f.* mound; hillock; bank; butts (mil.); *être en butte à,* to be exposed to. ‖ **butter** [-é] *v.* to bank up, to earth up. ‖ **buttoir** [-wàr] *m.* Br. ridging-plough, Am. ridging-plow.

buvable [büvàbl] *adj.* drinkable; (pop.) acceptable. ‖ **buvard** [-àr] *m.* blotting-paper. ‖ **buvette** [-èt] *f.* refreshment bar; pump-room [villes d'eau]. ‖ **buveur** [-œr] *m.* drinker; toper; *buveur d'eau,* teetotaler. ‖ **buvoter** [-òté] *v.* to sip.

byzantin [bìzaⁿtìⁿ] *m., adj.* Byzantine.

C

c', *see* ce.

ça [sà] *see* cela.

çà [sà] *adv.* here; hither; *çà et là,* here and there.

cabale [kàbàl] *f.* cabala; cabal, faction; intrigue; © canvassing. ‖ **cabaler** [-é] *v.* © to canvass. ‖ **cabaleur** [-œr] *m.* © canvasser. ‖ **cabalistique** [-ìstîk] *adj.* cabalistic.

caban [kàbaⁿ] *m.* greatcoat.

cabane [kàbàn] *f.* hut, shed; cabin; hutch [lapins]; *cabane à sucre,* © saphouse. ‖ **cabanon** [-oⁿ] *m.* small cabin; bungalow; padded cell.

cabaret [kàbàrè] *m.* tavern, pot-house; restaurant. ‖ **cabaretier** [-tyé] *m.* inn-keeper; publican.

cabas [kàbà] *m.* basket; market-bag.

cabèche [kàbèsh] *f.* noddle (fam.).

cabestan [kàbestaⁿ] *m.* capstan.

cabillaud [kàbìyô] *m.* fresh cod.

cabillot [kàbìyô] *m.* toggle pin.

cabine [kàbìn] *f.* cabin; berth (naut.); car [ascenseur]; cab [grue, locomo-tive]; Br. telephone kiosk, call-box, Am. telephone booth. ‖ **cabinet** [-è] *m.* closet; office; ministry, government; consulting-room; collection; cabinet; case; toilet; *cabinet noir,* dark-room; *cabinet de toilette,* dressing-room; lavatory; *cabinet de travail,* study.

câble [kâbl] *m.* cable; *câble de remorque,* tow-line, hawser. ‖ **câbler** [-é] *v.* to cable [télégramme]; to wire up (electr.). ‖ **câblogramme** [-ògràm] *m.* cable, cablegram.

caboche [kàbòsh] *f.* nail; hobnail; (pop.) head, pate, noddle. ‖ **cabochon** [-oⁿ] *m.* cabochon [pierre]; brass nail [clou]; noddle (fam.).

cabosse [kàbòs] *f.* bump. ‖ **cabosser** [-é] *v.* to bump; to batter; to bash in.

cabot [kàbô] *m.* ham actor; corporal [soldat]; tyke [chien].

cabotage [kàbòtàj] *m.* coasting-trade. ‖ **caboter** [-é] *v.* to coast. ‖ **caboteur** [-œr] *m.* coaster, coasting-vessel.

cabotin [kàbòtìⁿ] *m.* ham-actor; strolling player. ‖ **cabotinage** [-ìnàj] *m.* barn-storming [d'acteur]; histrionism; self-advertisement.

caboulot [kàbûlô] *m.* low pub, dive.

cabrer (se) [s°kàbré] *v.* to rear, to shy, to buck; to revolt, to kick, to jib; to nose up (aviat.).

cabri [kàbrì] *m.* kid.

cabriole [kàbrìòl] *f.* caper, leap. ‖ *cabrioler* [-é] *v.* to caper about, to cut capers. ‖ **cabriolet** [-è] *m.* cabriolet, cab.

caca [kàkà] *m.* (pop.) cack.

cacahuète [kàkàwèt] *f.* peanut.

cacao [kàkàò] *m.* (bot.) cacao; (culin.) cocoa. ‖ *cacaoté* [-té] *adj.* cocoa-flavoured.

cacatoès [kàkàtòès] *m.* cockatoo, parakeet.

cachalot [kàshàlò] *m.* cachalot, sperm whale.

cache [kàsh] *f.* hiding-place; screen, mask (phot.); *cache-cache*, hide-and-seek; *cache-col*, scarf; *cache-nez*, muffler; *cache-poussière*, dust-coat; *cache-sexe*, slip, Bikini. ‖ **cacher** [kàshé] *v.* to hide, to conceal; to make a secret of; *se cacher*, to hide; to avoid.

cachet [kàshè] *m.* seal; stamp; ticket; mark; trade-mark; cachet (med.); fee; *avoir du cachet*, to have distinction; to look authentic; *lettre de cachet*, warrant of arrest. ‖ *cachetage* [kàshtàj] *m.* sealing. ‖ *cacheter* [kàshté] *v.* to seal (up). ‖ *cachette* [-èt] *f* hiding-place; *en cachette*, secretly, by stealth. ‖ *cachot* [-ô] *m.* dungeon; jail. ‖ *cachotterie* [-òtrî] *f.* mysterious ways; *faire des cachotteries*, to have secrets. ‖ *cachottier* [-òtyé] *m.* secretive fellow; *adj.** mysterious, reticent.

cachou [kàshû] *m.* cachou.

cacophonie [kàkòfònî] *f.* cacophony. ‖ *cacophonique* [-ìk] *adj.* cacophonous, discordant.

cactus [kàktüs] *m.* cactus.

cadastre [kàdàstr] *m.* land registry; Ordnance Survey.

cadavérique [kàdàvérìk] *adj.* cadaverous; *rigidité cadavérique*, rigor mortis. ‖ *cadavre* [kàdàvr] *m.* dead body, cadaver, corpse; carcass.

cadeau [kàdô] *m.** gift, present.

cadenas [kàdnà] *m.* padlock; clasp. ‖ *cadenasser* [-sé] *v.* to padlock; to fasten [bracelet].

cadence [kàdaⁿs] *f.* cadence, rhythm, fall (lit.); cadenza (mus.); *en cadence*, rhythmically. ‖ *cadencer* [-é] *v.* to set the rhythm.

cadet [kàdè] *m.* younger son; cadet (mil.); caddie (golf); young man; *adj.** younger, junior, youngest; *mon cadet de deux ans,* my junior by two years; *le cadet de mes soucis,* the least of my worries.

cadran [kàdraⁿ] *m.* face, dial; *cadran solaire,* sun-dial. ‖ *cadrat* [-à] *m.* quadrat. ‖ *cadratin* [-àtiⁿ] *m.* emquad. ‖ *cadre* [kàdr] *m.* frame; framework; outline, limits; setting [scène]; sphere; cadre, staff (mil.); cot (naut.); *les cadres,* staff; high-grade, employees; *cadre de réception,* frame aerial. ‖ *cadrer* [-é] *v.* to tally, to agree; to fit in; to center.

caduc, -uque [kàdük] *adj.* decrepit, decaying; frail, feeble [voix]; deciduous (bot.); null, lapsed (jur.); *mal caduc,* epilepsy.

caducée [kàdüsé] *m.* caduceus, Mercury's wand.

cafard [kàfàr] *m.* cockroach; sneak; humbug; *adj.* sneaking; sanctimonious; *avoir le cafard,* to be in the dumps, to have the blues.

cafarder [kàfàrdé] *v.* to carry tales.

cafardeux [kàfàrdè] *adj.** browned off.

café [kàfé] *m.* coffee; café; *café nature,* black coffee; *café en poudre,* soluble coffee, pub. ‖ *caféine* [-éìn] *f.* caffeine. ‖ *cafétéria* [-téryà] *f.* © cafeteria. ‖ *cafetier* [-tyé] *m.* café-owner; publican. ‖ *cafetière* [-tyèr] *f.* coffee-pot.

cage [kâj] *f.* cage; hen-coop; frame (constr.); shaft; well; cover, casing; (pop.) prison, clink; *cage à billes,* ball-race (mech.). ‖ *cageot* [-jô] *m.* hamper.

cagneux [kàñê] *adj.** knock-kneed.

cagnotte [kàñòt] *f.* pool, kitty.

cagot [kàgô] *m.* bigot; *adj.* sanctimonious.

cagoule [kàgûl] *f.* cowl, hood.

cahier [kàyé] *m.* note-book; exercise-book; official reports.

cahot [kàò] *m.* jolt. ‖ *cahotement* [-tmaⁿ] *m.* jolting. ‖ *cahoter* [-té] *v.* to jolt; to jog, to jerk. ‖ *cahoteux* [-të] *adj.** rough, bumpy [route].

cahute [kàüt] *f.* hut; hovel; cabin.

caille [kày] *f.* quail [oiseau].

caillebotis [kàybòtî] *m.* grating; duckboards (mil.).

caillebotte [kàybòt] *f.* curds. ‖ *caillebotter* [-é] *v.* to curdle; to clot.

cailler [kàyé] *v.* to curdle; to clot [sang]; *lait caillé,* clotted milk, curds; *caille-lait,* rennet.

caillot [kàyò] *m.* clot.

caillou [kàyû] *m.** pebble, small stone; cobble. ‖ *caillouteux* [-tê] *adj.** pebbly, stony, flinty. ‖ *cailloutis* [-tì] *m.* rubble, heap of broken stones; rough surface.

caisse [kès] *f.* case, box; till; cash-box; cash; pay-desk; fund; drum; body [véhicule]; *caisse d'épargne,* savings-bank; *grosse caisse.* big drum; *argent en caisse,* cash in hand; *faire la caisse,* to balance the cash; *caisse à eau,* water-tank. ‖ **caissette** [-èt] *f.* small box. ‖ **caissier** [-yé] *m.* cashier; teller; treasurer. ‖ **caisson** [-oⁿ] *m.* caisson; locker (naut.); boot [auto]; *se faire sauter le caisson,* to blow one's brains out.

cajoler [kàjòlé] *v.* to cajole, to coax, to wheedle.

cal [kàl] *m.* callosity.

calage [kàlàj] *m.* propping; wedging.

calamité [kàlàmìté] *f.* calamity, disaster. ‖ **calamiteux** [-ë] *adj.°* calamitous.

calcaire [kàlkèr] *m.* limestone; *adj.* calcareous, chalky.

calciner [kàlsìné] *v.* to calcine, to burn, to char.

calcium [kàlsyòm] *m.* calcium.

calcul [kàlkül] *m.* reckoning; calculation; computation; estimation, estimate; calculus; *faux calcul,* miscalculation. ‖ **calculateur, -trice** [-àtœr, -trìs] *m., f.* calculator, reckoner; *adj.* scheming, calculating. ‖ **calculer** [-é] *v.* to calculate; to compute; to reckon; to deliberate; to forecast. ‖ **calculeux** [-ë] *adj.°* calculous.

cale [kàl] *f.* hold [bateau]; *cale de construction,* stocks; *cale sèche,* dry dock; *eau de cale,* bilge water.

cale [kàl] *f.* wedge, chock; prop; packing.

calé [kàlé] *adj.* well versed, well up; *p. p. of caler.*

calebasse [kàlbàs] *f.* calabash; gourd.

calèche [kàlèsh] *f.* calash, calèche.

caleçon [kàlsoⁿ] *m.* drawers, *Br.* pants, *Am.* shorts.

calembour [kàlaⁿbûr] *m.* pun. ‖ **calembredaine** [-r°dèn] *f.* nonsense, foolishness; quibble.

calendes [kàlaⁿd] *f. pl.* calends. ‖ **calendrier** [kàlaⁿdryé] *m.* calendar; almanac.

calepin [kàlpìⁿ] *m.* note-book.

caler [kàlé] *v.* to draw water, to have draught (naut.).

caler [kàlé] *v.* to wedge, to chock; to prop (up); to jam; to stall [moteur]; to key [poulie]; to lower; to adjust; (pop.) to flinch.

calfat [kàlfà] *m.* ca(u)lker. ‖ **calfatage** [-tàj] *m.* ca(u)lking. ‖ **calfater** [-té] *v.* to ca(u)lk.

calfeutrer [kàlfêtré] *v.* to stop up the chinks of; *se calfeutrer,* to shut oneself up.

calibrage [kàlìbràj] *m.* calibrating; gauging; trimming (phot.). ‖ **calibre** [kàlìbr] *m.* bore, calibre [canon]; size; gauge (techn.); former; template; *compas de calibre,* callipers. ‖ **calibrer** [-é] *v.* to calibrate; to gauge; to trim.

calice [kàlìs] *m.* chalice (eccles.).

calice [kàlìs] *m.* calyx (bot.).

calicot [kàlìkò] *m.* calico, *Am.* unbleached muslin; counter-jumper.

calife [kàlìf] *m.* caliph.

Californie [kàlìfòrnî] *f.* California.

califourchon (à) [àkàlìfûrshoⁿ] *adv.* astride.

câlin [kàlⁿ] *m.* wheedler; *adj.* wheedling, cajoling; coaxing. ‖ **câliner** [-lné] *v.* to wheedle; to fondle, to caress. ‖ **câlinerie** [-ìnrî] *f.* cajolery; coaxing; caressing.

calleux [kàlè] *adj.°* horny, callous; hard. ‖ **callosité** [-òzìté] *f.* callosity; *avec callosité,* callously.

calligraphie [kàllìgràfî] *f.* calligraphy, penmanship. ‖ **calligraphier** [-fyé] *v.* to calligraph.

calmant [kàlmaⁿ] *m.* sedative, anodyne (med.); *adj.* calming, soothing. ‖ **calme** [kàlm] *m.* calm, calmness, stillness; composure; *adj.* calm, still, quiet. ‖ **calmer** [-é] *v.* to calm, to quieten; to soothe; to pacify; *se calmer,* to abate, to calm down.

calomniateur, -trice [kàlòmnyàtœr, -trìs] *m., f.* slanderer; *adj.* slanderous; libel(l)ous. ‖ **calomnie** [-î] *f.* calumny, slander, libel. ‖ **calomnier** [-yé] *v.* to slander; to libel. ‖ **calomnieux** [-yè] *adj.°* slanderous; libel(l)ous.

calorie [kàlòrî] *f.* *Br.* calory, *Am.* calorie. ‖ **calorifère** [-ìfèr] *m.* heating-apparatus, stove. ‖ **calorifique** [-ìfìk] *adj.* calorific. ‖ **calorifuge** [-ìfüj] *adj.* heat-insulating. ‖ **calorifuger** [-ìfüjé] *v.* to insulate.

calot [kàlò] *m.* cap; forage-cap (mil.). ‖ **calotin** [-tìⁿ] *m.* (pop.) churchy person. ‖ **calotte** [-t] *f.* skull-cap; slap in the face, cuff; the cloth, priesthood. ‖ **calotter** [-té] *v.* (fam.) to box someone's ears.

calque [kàlk] *m.* fair copy; tracing. ‖ **calquer** [-é] *v.* to copy; to trace; to transfer [tricot]; *papier à calquer,* tracing-paper.

calumet [kàlümè] *m.* calumet; pipe.

calvaire [kàlvèr] *m.* calvary, wayside cross; cross.

calviniste [kàlvìnìst] *m., f.* calvinist; *adj.* calvinistic.

calvitie [kàlvìsî] *f.* baldness.

camail [kàmày] *m.* cape (eccles.); cloak.

camarade [kàmáràd] *m.*, *f.* comrade, fellow, mate. ‖ *camaraderie* [-rî] *f.* comradeship, friendship; clique.

camard [kàmàr] *adj.* snubnosed. ‖ *Camarde* [-d] *f.* (pop.) the Death.

cambouis [kàⁿbûî] *m.* cart-grease; dirty oil.

cambré [kàⁿbré] *adj.* bent, cambered, arched, bowed [jambes]. ‖ *cambrer* [-é] *v.* to bend, to camber, to arch [pieds]; *se cambrer*, to brace oneself up; to warp.

cambriolage [kàⁿbrìòlàj] *m.* housebreaking, burglary. ‖ *cambrioler* [-é] *v.* to burgle; to break into [maison]. ‖ *cambrioleur* [-œr] *m.* housebreaker, burglar; yegg.

cambrure [kàⁿbrür] *f.* camber; bend; arch; curve; instep.

cambuse [kàⁿbûz] *f.* store-room (naut.). ‖ *cambusier* [-yé] *m.* storekeeper; steward's mate.

came [kàm] *f.* cam; lifter (mech.); *arbre à cames*, camshaft.

caméléon [kàméléoⁿ] *m.* chameleon; turncoat, trimmer.

camélia [kàmélyà] *m.* camellia (bot.).

camelot [kàmlô] *m.* street hawker. ‖ *camelote* [ôt] *f.* cheap articles, junk, trash, rubbish.

camera [kàmèrà] *f.* cine-camera.

camériste [kàmérìst] *f.* maid of honour; chamber-maid.

camion [kàmyoⁿ] *m.* wag(g)on; *Br.* lorry, *Am.* truck. ‖ *camionnage* [-yònàj] *m.* cartage; trucking; hauling. ‖ *camionnette* [-yònèt] *f. Br.* small lorry, *Am.* light truck; delivery-van. ‖ *camionneur* [-yònœr] *m. Br.* lorry-driver, *Am.* truck driver.

camisole [kàmìzòl] *f.* camisole; *camisole de force*, strait-jacket.

camomille [kàmòmîy] *f.* camomile.

camouflage [kàmûflàj] *m.* camouflage, black-out. ‖ *camoufler* [-é] *v.* to camouflage (mil.); to disguise; to conceal; to black-out.

camouflet [kàmûflè] *m.* camouflet; snub.

camp [kàⁿ] *m.* camp; side; faction, party, *camp volant*, temporary shelter.

campagnard [kàⁿpàñàr] *m.* rustic; countryman, *adj.* rustic; country.

campagne [kàⁿpàñ] *f.* open country; countryside, campaign (mil.); field (mil.); cruise (naut.); *à la campagne*, in the country; *en pleine campagne*,

out in the open; *battre la campagne*, to rave.

camper [kàⁿpé] *v.* to camp; to fix; *se camper*, to pitch one's camp; to plant oneself. ‖ *campeur* [-pĕr] *m.* camper.

camphre [kàⁿfr] *m.* camphor. ‖ *camphré* [-é] *adj.* camphorated.

camping [kàⁿpìng] *m.* camping; *faire du camping*, to go camping, to camp out.

campos [kàⁿpò] *m.* (fam.) day off; holiday.

camus [kàmü] *adj.* snub-nosed; pugnosed [chien].

Canada [kànàdà] *m.* Canada; *au Canada*, in Canada. ‖ *canadien* [yiⁿ] *m.*, *adj.** Canadian. ‖ *canadienne* [-yèn] *f.* sheepskin jacket.

canaille [kànày] *f.* (pop.) rabble; riffraff; scum; blackguard, scoundrel, spiv, heel, *adj.* low, coarse. ‖ *canaillerie* [-rî] *f.* dirty trick, roguery.

canal [kànàl] *m.** canal; channel; conduit; pipe (mech.); passage (bot.); duct; flue; feeder, ditch. ‖ *canalisation* [-lzàsyoⁿ] *f.* canalisation [rivière]; draining; mains (mech.); pipe-line. ‖ *canaliser* [-ìzé] *v.* to canalize; to lay pipes; to make navigable [rivière].

canapé [kànàpé] *m.* couch, sofa.

canard [kànàr] *m.* duck; drake; hoax; false news, sensationalist newspaper, *Br.* rag (pop.); wrong note (mus.); lump of sugar dipped in brandy or coffee. ‖ *canardeau* [-dô] *m.** duckling. ‖ *canarder* [-dé] *v.* to fire at, to pepper (fam.); to pitch [navire].

canari [kànàrì] *m.* canary.

canasson [kànàsoⁿ] *m.* (fam.) jade, hack, nag.

cancan [kàⁿkàⁿ] *m.* cancan; gossip.

cancer [kàⁿsèr] *m.* cancer; *le Cancer*, the Crab, Cancer (astr.). ‖ *cancéreux* [-éré] *m.* cancer sufferer; *adj.** cancerous. ‖ *cancérigène* [érijèn] *adj.* carcinogenic.

cancre [kàⁿkr] *m.* crab; cray-fish; dunce, duffer.

cancrelat [kàⁿkrºlà] *m.* cockroach.

candélabre [kàⁿdélàbr] *m.* branched candlestick, candelabrum.

candeur [kàⁿdœr] *f.* ingenuousness, artlessness; guilelessness; cando(u)r.

candi [kàⁿdî] *adj.* candied.

candidat [kàⁿdìdà] *m.* candidate. ‖ *candidature* [-tür] *f.* candidature; *poser sa candidature à*, to put up for.

candide [kàⁿdîd] *adj.* ingenuous, artless, guileless. ‖ *candidement* [-màⁿ] *adv.* ingenuously.

cane [kàn] f. duck.

caner [kàné] v. (pop.) to funk it, to chicken out.

caneton [kàntoⁿ] m. duckling.

canette [kànèt] f. duckling; can [bière]; spool [machine à coudre].

canevas [kànvà] m. canvas; outline, plan, groundwork.

cangue [kaⁿg] f. cangue.

caniche [kànìsh] m. poodle.

caniculaire [kànìkülèr] adj. sultry [temps]; *les jours caniculaires*, the dog-days. || *canicule* [-ül] f. dog-days.

canif [kànìf] m. penknife, pocket-knife.

canin [kànìⁿ] adj. canine, dog [exposition]. || *canine* [-ìn] f. canine [dent].

caniveau [kànìvò] m.* gutter.

canne [kàn] f. cane, stick; rod; walking-stick; *sucre de canne*, cane-sugar; *canne à sucre*, sugar-cane; *canne à pêche*, fishing-rod.

canneler [kànlé] v. to groove, to flute (arch.); to corrugate.

cannelle [kànèl] f. cinnamon.

cannelure [kànlür] f. channel; groove, fluting (arch.); corrugation.

cannette, see canette.

cannibale [kànìbàl] m., f. cannibal. || *cannibalisme* [-ìsm] m. cannibalism.

canoë [kànòé] m. canoe.

canon [kànoⁿ] m. cannon; gun; barrel; glass of wine; *poudre à canon*, gun-powder; *à canon rayé*, rifled; *coup de canon*, gunshot.

canon [kànoⁿ] m. canon (eccles.; mus.); *droit canon*, canon law. || *canonique* [-ònìk] adj. canonical. || *canonisation* [-ònìzàsyoⁿ] f. canonization. || *canoniser* [-ònìzé] v. to canonize.

canonnade [kànònàd] f. gun-fire, cannonade. || *canonnerie* [-rî] f. gun-foundry. || *canonnier* [-yé] m. gunner, artilleryman. || *canonnière* [-yèr] f. gunboat [navire]; pop-gun [jouet].

canot [kànò] m. boat; dinghy; pinnace; © canoe; *canot de sauvetage*, life-boat; *canot glisseur*, speed-boat. || *canotage* [-òtàj] m. rowing, boating, canoeing. || *canoter* [-òté] v. to go in for boating. || *canotier* [-òtyé] m. boatman; oarsman; straw-hat, boater.

cantatrice [kaⁿtàtrìs] f. singer.

cantine [kaⁿtìn] f. canteen (mil.); equipment-case; school-canteen; dining-hall; || *cantinier* [-ìnyé] m. canteen-manager.

cantique [kaⁿtìk] m. canticle; sacred song, hymn.

canton [kaⁿtoⁿ] m. canton, district; section. || *cantonade* [kaⁿtònàd] f. wings (theat.); *à la cantonade*, off-stage. || *cantonal* [-ònàl] adj.* district. || *cantonnement* [-ònmaⁿ] m. billeting, quartering; quarters (mil.). || *cantonner* [-òné] v. to billet, to quarter [soldats]; to confine; to divide into districts. || *cantonnier* [-ònyé] m. road-man, roadmender.

canular [kànülàr] m. hoax, leg-pull.

canule [kànül] f. nozzle. || *canuler* [-é] v. (pop.) to bore.

caoutchouc [kàùtshù] m. india-rubber; raincoat, solid tire; *pl.* galoshes, rubbers; *anneau en caoutchouc*, elastic band; *caoutchouc durci*, vulcanite. || *caoutchouter* [-té] v. to rubberize, to treat with rubber.

cap [kàp] m. cape; head (naut.); course; *de pied en cap*, from head to foot; *mettre le cap sur*, to steer for, to head for; *doubler un cap*, to round a cape.

capable [kàpàbl] adj. capable, able, of good abilities.

capacité [kàpàsìté] f. capacity; ability, qualification (jur.).

caparaçonner [kàpàràsoné] v. to caparison.

cape [kàp] f. cape; hood; cloak, gown; *rire sous cape*, to laugh up one's sleeve; *être à la cape* (naut.), to be hove to.

capharnaüm [kàfàrnàom] m. lumber-room.

capillaire [kàpìllèr] adj. capillary. || *capillarité* [-àrìté] f. capillarity (phys.).

capilotade [kàpìlòtàd] f. hash; *mettre en capilotade*, to knock to smithereens; to beat to a pulp.

capitaine [kàpìtèn] m. captain; skipper; master-mariner; lieutenant-commander; commander; chief, leader; *capitaine de port*, harbo(u)r-master.

capital [kàpìtàl] m.* capital, assets; adj.* capital; essential, principal; outstanding [importance]; *peine capitale*, death-penalty. || *capitale* [-àl] f. capital [ville, lettre]. || *capitaliser* [-àlìzé] v. to capitalize; to save. || *capitalisme* [-àlìsm] m. capitalism. || *capitaliste* [-àlìst] m., f. capitalist; adj. capitalistic.

capitation [kàpìtàsyoⁿ] f. poll-tax.

capiteux [kàpìtë] adj.* heady [vin], strong; sexy [femme].

capiton [kàpìtoⁿ] m. silk-flock, stuffing. || *capitonner* [-òné] v. to pad, to upholster.

capitulation [kàpìtülàsyoⁿ] f. capitulation, surrender. || *capituler* [-é] v. to capitulate, to surrender; to yield.

capoc [kàpòk] *m.* kapok.

capon [kàpoⁿ] *m.* coward, sneak; *adj.* afraid, cowardly. ‖ *caponner* [-òné] *v.* to funk; to sneak.

caporal [kàpòràl] *m.*° corporal; shag [tabac]. ‖ *caporaliser* [-ìzé] *v.* to Prussianize. ‖ *caporalisme* [-ìsm] *m.* narrow militarism.

capot [kàpò] *m.* hooded greatcoat; cloak; bonnet, hood [auto]; cowling (aviat.); cover.

capot [kàpò] *m.* *faire capot*, to capsize, to turn turtle; *être capot*, to have lost all the tricks [cartes].

capote [kàpòt] *f.* greatcoat; bonnet; hood.

capoter [kàpòté] *v.* to capsize, to overturn; to turn turtle (naut.); to heel right over; to nose over (aviat.).

câpre [kâpr] *f.* caper (bot.).

caprice [kàprìs] *m.* caprice, whim, fancy. ‖ *capricieux* [-yë] *adj.*° capricious, whimsical; moody, temperamental.

Capricorne [kàprìkòrn] *m.* Capricorn.

capsulage [kàpsülàj] *m.* capsuling, capping. ‖ *capsule* [kàpsül] *f.* capsule; percussion-cap; cap [bouteille]; seal. ‖ *capsuler* [-é] *v.* to seal, to cap [bouteille].

captage [kàptàj] *m.* water-catchment; picking up [courant]. ‖ *captation* [-àsyoⁿ] *f.* captation; inveiglement (jur.). ‖ *capter* [-é] *v.* to collect; to pick up [radio]; to win insidiously; to canalize; to recover (ind.).

captieux [kàpsyë] *adj.*° insidious, cunning; specious, fallacious.

captif [kàptìf] *m.* captive; prisoner; *adj.*° captive. ‖ *captiver* [-ìvé] *v.* to enslave; to win; to captivate, to enthrall; to bewitch. ‖ *captivité* [-ìvìté] *f.* captivity, bondage.

capture [kàptür] *f.* capture; seizure; prize. ‖ *capturer* [-é] *v.* to capture; to seize; to arrest.

capuchon [kàpüshoⁿ] *m.* hood; cowl (eccles.); cap [stylo].

capucin [kàpüsìⁿ] *m.* Capuchin friar. ‖ *capucine* [-ìn] *f.* Capuchin nun; nasturtium (bot.); band [fusil].

caque [kàk] *f.* keg; herring-barrel.

caquet [kàkè] *m.* cackle [poules]; gossip, chatter; gift of the gab; *rabattre le caquet*, to take someone down a peg. ‖ *caquetage* [kàktàj] *m.* gossiping. ‖ *caqueter* [kàkté] *v.* to cackle; to chatter; to gossip, to jaw; to prattle.

car [kàr] *conj.* for; because; as.

car [kàr] *m.* motor-coach; bus.

carabine [kàràbìn] *f.* carbine, rifle. ‖ *carabiné* [-ìné] *adj.* sharp; stiff [histoire]; raging [fièvre]; violent, heavy [rhume]. ‖ *carabinier* [kàràbìnyé] *m.* carabineer; constable.

caracoler [kàràkòlé] *v.* to caracole, to prance.

caractère [kàràktèr] *m.* character; nature; temperament; characteristic; feature; expression; handwriting; letter; ideograph; type (typogr.); notation marks (mus.); *un caractère*, a case; *bon caractère*, good temper; *mauvais caractère*, bad disposition; *avoir caractère pour*, to have authority for. ‖ *caractériel* [-téryèl] *adj.*° temperamental. ‖ *caractériser* [-érìzé] *v.* to caracterize; *se caractériser*, to be distinguished (*par*, by). ‖ *caractéristique* [-érìstìk] *f.* characteristic, salient feature; *adj.* typical, distinctive, specific.

carafe [kàràf] *f.* glass decanter; bottle. ‖ *carafon* [-oⁿ] *m.* small decanter.

carambolage [kàràⁿbòlàj] *m.* cannon [billard]; collision. ‖ *caramboler* [-é] *v.* to cannon, to carom; to collide with, to run into.

caramel [kàràmèl] *m.* caramel; burnt sugar, butter-scotch; taffy. ‖ *caraméliser* [-mélìzé] *v.* to caramelize; to colour with caramel.

carapace [kàràpàs] *f.* carapace, shell.

carat [kàrà] *m.* carat.

caravane [kàràvàn] *f.* caravan; trailer; conducted tour; party of tourists. ‖ *caravansérail* [kàràvaⁿsérày] *m.* caravanserai, caravansary.

carbonate [kàrbònàt] *m.* carbonate. ‖ *carbonaté* [-é] *adj.* carbonized. ‖ *carbone* [kàrbòn] *m.* carbon; *papier carbone*, carbon paper. ‖ *carbonique* [-ìk] *adj.* carbonic. ‖ *carboniser* [-ìzé] *v.* to carbonize, to char; to burn to death.

carburant [kàrbüraⁿ] *m.* motor-fuel.

carburateur [kàrbüràtœr] *m.* carburet(t)or. ‖ *carburation* [-àsyoⁿ] *f.* carburet(t)ing; vaporization.

carbure [kàrbür] *m.* carbide. ‖ *carburer* [-é] *v.* to vaporize; (fam.) to go strong.

carcajou [kàrkàjū] *m.* wolverine, glutton.

carcan [kàrkaⁿ] *m.* iron collar, carcan; (pop.) jade; gawk.

carcasse [kàrkàs] *f.* carcass; framework, skeleton, shell [construction]; casing [pneu].

cardage [kàrdàj] *m.* carding. ‖ *carde* [kàrd] *f.* bur, teasel; carding-brush (text.). ‖ **carder** [-é] v. to card, to comb. ‖ **cardeuse** [-ëz] f. carding-machine.

cardiaque [kàrdyàk] adj. cardiac; crise cardiaque, heart attack.

cardigan [kàrdìgaⁿ] m. cardigan.

cardinal [kàrdìnàl] m.*, adj.* cardinal.

cardiogramme [kàrdìògràm] m. cardiogram. ‖ **cardiologie** [-lòjî] f. cardiology. ‖ **cardiologue** [-lòg] m., f. cardiologist.

carême [kàrèm] m. Lent; figure de carême, gloomy face; comme mars en carême, unfailingly; **carême-prenant**, Shrovetide.

carence [kàràⁿs] f. insolvency (jur.); deficiency (med.).

carène [kàrèn] f. hull; pompe de carène, bilge-pump. ‖ **caréner** [-éné] v. to careen (naut.); to streamline (aviat.).

caressant [kàrèsaⁿ] adj. caressing, tender. ‖ **caresse** [kàrès] f. caress, endearment. ‖ **caresser** [-é] v. to caress, to fondle, to stroke [animal]; to cherish [espoir].

cargaison [kàrgèzoⁿ] f. cargo, freight; shipload.

cargo [kàrgô] m. cargo-boat, tramp-steamer.

caribou [kàrìbú] m. cariboo.

caricatural [kàrìkàtüràl] adj.* caricatural. ‖ **caricature** [kàrìkàtür] f. caricature. ‖ **caricaturer** [-é] v. to caricature. ‖ **caricaturiste** [-ìst] m. caricaturist.

carie [kàrî] f. caries, decay; blight (bot.). ‖ **carier** [kàryé] v. to rot; dent cariée, decayed tooth.

carillon [kàrìyoⁿ] m. carillon, chime, peal. ‖ **carillonner** [-òné] v. to chime; to jingle; to sound; to announce. ‖ **carillonneur** [-ònœr] m. bell-ringer.

carlin [kàrlìⁿ] m. pug-dog.

carlingue [kàrlìⁿg] f. keelson (naut.); cabin, cockpit (aviat.).

carme [kàrm] m., adj. Carmelite [moine]. ‖ **carmélite** [-élìt] f. Carmelite [religieuse].

carmin [kàrmìⁿ] m. carmine, crimson, deep red. ‖ **carminer** [-ìné] v. to dye, to colo(u)r with carmine.

carnage [kàrnàj] m. carnage, slaughter, butchery; raw meat.

carnassier [kàrnàsyé] m. carnivore; adj.* carnivorous. ‖ **carnassière** [-yèr] f. game-bag.

carnation [kàrnàsyoⁿ] f. flesh colo(u)r; complexion.

carnaval [kàrnàvàl] (pl. **carnavals**) m. carnival. ‖ **carnavalesque** [-èsk] adj. carnavalesque.

carne [kàrn] f. nag, jade; tough meat (pop.); brute.

carnet [kàrnè] m. note-book; carnet de chèques, Br. cheque-book, Am. checkbook; carnet de banque, pass-book; carnet de timbres, book of stamps; **carnet-répertoire**, address-book.

carnier [kàrnyé] m. game-bag.

carnivore [kàrnìvòr] adj. carnivorous; flesh-eating.

carotte [kàròt] f. carrot; plug [tabac]; trick, hoax, take-in; tirer une carotte à quelqu'un, to swindle someone. ‖ **carotter** [-é] v. (fam.) to wangle; to humbug.

caroube [kàrúb] f. carob. ‖ **caroubier** [-byé] m. locust-tree, carob-tree.

carpe [kàrp] m. wrist.

carpe [kàrp] f. carp [poisson].

carpette [kàrpèt] f. rug.

carquois [kàrkwà] m. quiver.

carré [kàré] m. square; landing [maison]; messroom (naut.); adj. square; well-set; downright, straight-forward; tête carrée, obstinate fellow.

carreau [kàrô] m.* diamonds [cartes]; window-pane; floor, square brick; tile; pit-head [mine]; à carreaux, checked [étoffe]; (fam.) se tenir à carreau, to be cautious; rester sur le carreau, to lie dead.

carrefour [karfûr] m. crossroads; open square; intersection.

carrelage [kàrlàj] m. tiling. ‖ **carreler** [-é] v. to pave with tiles; to draw squares; to checker.

carrelet [kàrlè] m. sewing awl; packing-needle; sail-needle; square dipping-net.

carrément [kàrémaⁿ] adv. squarely; firmly; bluntly.

carrer [kàré] v. to square; se carrer, to swagger; to recline.

carrier [kàryé] m. quarryman. ‖ **carrière** [-yèr] f. quarry (techn.); career, vocation, course; donner libre carrière à, to give free rein to.

carriole [kàryòl] f. light cart; old crock, Am. jalopy.

carrossable [kàròsàbl] adj. carriageable. ‖ **carrosse** [kàròs] m. state-coach; rouler carrosse, to be well off, to live in style. ‖ **carrosserie** [-rî] f. body [auto]; coach-building. ‖ **carrossier** [-yé] m. coach-builder, body-builder.

carrousel [kàrûzèl] m. tournament; merry-go-round; carrousel.

carrure [kàrür] *f.* breadth of shoulders.

cartable [kàrtàbl] *m.* satchel; drawing portfolio.

carte [kàrt] *f.* card; list; menu; ticket; map; chart (naut.); *carte postale*, postcard; *carte blanche*, full powers; *cartes sur table*, above-board; *carte routière*, road-map; *partie de cartes*, game of cards; **carte-lettre**, letter-card.

cartel [kàrtèl] *m.* cartel, trust (comm.); coalition.

cartel [kàrtèl] *m.* challenge; truce; clock, dial-case.

carter [kàrtèr] *m.* gear-case; sump.

cartilage [kàrtìlàj] *m.* cartilage; gristle. ‖ *cartilagineux* [-ìnë] *adj.* gristly.

cartographe [kàrtògràf] *m.*, *f.* map-maker, chart-maker. ‖ *cartographie* [-ì] *f.* cartography, mapping.

cartomancie [kàrtòmaⁿsî] *f.* cartomancy. ‖ *cartomancienne* [-syèn] *f.* fortune-teller.

carton [kàrtoⁿ] *m.* pasteboard; cardboard; cardboard box; portfolio; cartoon; carton; target; cancel (typogr.); mount (phot.); *carton-pâte*, papier mâché. ‖ *cartonnage* [-ònàj] *m.* boarding. ‖ *cartonner* [-òné] *v.* to bind in boards, to put in stiff covers. ‖ *cartonnerie* [-ònrî] *f.* cardboard manufactory (or) trade. ‖ *cartonneur* [-ònær] *m.* binder. ‖ *cartonnier* [-ònyé] *m.* cardboard-seller; cardboard file; filing cabinet; set of filing cases.

cartouche [kàrtûsh] *m.* cartouche.

cartouche [kàrtûsh] *f.* cartridge, round; refill [stylo]. ‖ *cartouchière* [-yèr] *f.* cartridge-pouch.

cas [kà] *m.* case; instance; circumstance; *en aucun cas*, under no circumstances; *faire cas de*, to think highly of; *faire peu de cas de*, to make light of; *au cas où*, in case; *en tout cas*, at all events, in any case.

casanier [kàzànyé] *adj.** stay-at-home; *m.* homebody.

casaque [kàzàk] *f.* coat, jacket; jumper; blouse; *tourner casaque*, to turn coat. ‖ *casaquin* [-kⁿ] *m.* jumper.

cascade [kàskàd] *f.* cascade; waterfall; peals [de rires]. ‖ *cascader* [-é] *v.* to cascade; to go the pace. ‖ *cascadeur* [-dœr] *m.* stunt man.

case [kâz] *f.* hut, small house; compartment; pigeon-hole; **square** [échecs]; box [poste].

caséine [kàzéìn] *f.* casein.

casemate [kàzmàt] *f.* casemate; underground stronghold.

caser [kâzé] *v.* to put away; to file; to settle; to accommodate; to marry off; *se caser*, to settle down; to find a home, an employment.

caserne [kàzèrn] *f.* barracks. ‖ *caserner* [-é] *v.* to billet, to quarter; to send into barracks.

casier [kâzyé] *m.* rack; pigeon-hole; filing-cabinet; wine-bin, bottle-rack; music-cabinet, canterbury; *casier judiciaire*, police record.

casino [kàzìnò] *m.* casino.

casoar [kàzòàr] *m.* cassowary; plume.

casque [kàsk] *m.* helmet; head-phones (telegr.); *casque blindé*, crash-helmet. ‖ *casquer* [-é] *v.* (fam.) to fork out [argent]. ‖ *casquette* [-èt] *f.* cap.

cassable [kàsàbl] *adj.* breakable. ‖ *cassant* [-aⁿ] *adj.* brittle; crisp; gruff; short.

cassation [kàsàsyoⁿ] *f.* cassation, repeal; *Cour de cassation*, Supreme Court of Appeal.

casse [kâs] *f.* breaking; breakage, damage; *casse-cou*, dangerous place; dare-devil; *casse-croûte*, snack, © snack-bar; *casse-noisette*, nut-cracker; *casse-tête*, club, truncheon; uproar; puzzle.

casse [kâs] *f.* case (typogr.). ‖ *casseau* [kàsô] *m.** half-case; fount-case (typogr.).

cassement [kàsmaⁿ] *m.* worry; breaking. ‖ *casser* [-é] *v.* to break, to smash; to crack; to demote, to reduce to the ranks.

casserole [kàsròl] *f.* saucepan, stewpan; (fam.) old crock, *Am.* jalopy. ‖ *casserolée* [-é] *f.* panful.

cassette [kàsèt] *f.* casket; case; money-box.

casseur [kàsœr] *m.* breaker, smasher; *adj.** clumsy, destructive; *casseur d'assiettes*, blusterer.

cassis [kàsìs] *m.* black-currant; black-currant brandy.

cassis [kàsì] *m.* water-bar, furrow-drain across the road.

cassonade [kàsònàd] *f.* brown sugar.

cassoulet [kàsûlè] *m.* cassoulet, cas-serole-dish.

cassure [kàsür] *f.* break, fracture; breakage; crease [tissu].

castagnettes [kàstàñèt] *f. pl.* casta-nets.

caste [kàst] *f.* caste; *esprit de caste*, class consciousness.

castel [kàstèl] *m.* castle, manor.

castillan [kàstìyaⁿ] *m.*, *adj.** Cas-tilian.

castor [kàstòr] *m.* beaver.

castration [kàstràsyoⁿ] *f.* castration; gelding. ‖ **castrer** [-é] *v.* to geld, to castrate; to emasculate.

casuel [kàzüèl] *m.* fee; *adj.** accidental, fortuitous, casual.

casuiste [kàzüìst] *m.* casuist. ‖ **casuistique** [-ìk] *f.* casuistry.

cataclysme [kàtàklìsm] *m.* cataclysm, disaster; upheaval.

catacombes [kàtàkoⁿb] *f. pl.* catacombs.

catalepsie [kàtàlèpsî] *f.* catalepsy. ‖ **cataleptique** [-tìk] *m.*, *f.*, *adj.* cataleptic.

catalogue [kàtàlòg] *m.; Br.* catalogue; *Am.* catalog; list. ‖ **cataloguer** [-ògé] *v.* to catalog(ue).

catalyse [kàtàlîz] *f.* catalysis.

Cataphote [kàtàfòt] *m.* (trade-mark) reflector; cat's eye.

cataplasme [kàtàplàsm] *m.* poultice.

catapulte [kàtàpült] *f.* catapult. ‖ **catapulter** [-té] *v.* to catapult; to hurl (fam.).

cataracte [kàtàràkt] *f.* waterfall; cataract (med.).

catarrhe [kàtàr] *m.* catarrh.

catastrophe [kàtàstròf] *f.* catastrophe, disaster, calamity. ‖ **catastrophé** [-fé] *adj.* (fam.) wrecked, come to grief. ‖ **catastrophique** [-fìk] *adj.* catastrophic.

catch [kàtsh] *m.* all-in wrestling.

catéchiser [kàtéshìzé] *v.* to catechize; (fam.) to lecture. ‖ **catéchisme** [-ìsm] *m.* catechism. ‖ **catéchiste** [-ìst] *m.*, *f.* catechist. ‖ **catéchumène** [kàtékümèn] *m.*, *f.* catechumen.

catégorie [kàtégòrî] *f.* category, class. ‖ **catégorique** [-ìk] *adj.* categorical; emphatic; clear; flat.

cathédrale [kàtédràl] *f.* cathedral.

cathode [kàtòd] *f.* cathode.

catholicisme [kàtòlìsìsm] *m.* Catholicism. ‖ **catholicité** [-ìté] *f.* Catholicity, orthodoxy; the Catholic world. ‖ **catholique** [kàtòlìk] *m.*, *f.*, *adj.* Catholic.

cauchemar [kôshmàr] *m.* nightmare; bugbear.

causal [kôzàl] *adj.* causal (gramm.).

cause [kôz] *f.* cause, motive; case, trial; reason; *à cause de*, on account of; *et pour cause*, for a good reason; *un ayant cause*, an assign; *avocat sans cause*, briefless barrister. ‖ **causer** [kôzé] *v.* to cause.

causer [kôzé] *v.* to talk, to chat; to blab. ‖ **causerie** [-rî] *f.* chat; informal talk. ‖ **causette** [-èt] *f.* chit-chat. ‖ **causeur** [-œr] *m.* talker; *adj.* chatty. ‖ **causeuse** [-èz] *f.* settee, sofa.

causticité [kôstìsìté] *f.* causticity. ‖ **caustique** [kôstìk] *m.*, *adj.* caustic.

cauteleux [kôtⁱlé] *adj.** cunning, sly, crafty; wary, fawning.

cautère [kôtèr] *m.* cautery. ‖ **cautérisation** [-érìzàsyoⁿ] *f.* cauterization. ‖ **cautériser** [-érìzé] *v.* to cauterize.

caution [kôsyoⁿ] *f.* security, guarantee, bail; caution-money; deposit; *sujet à caution*, unreliable; *se porter caution pour*, to go bail for; to stand surety for. ‖ **cautionnement** [-yònmaⁿ] *m.* surety (comm.). ‖ **cautionner** [-yòné] *v.* to stand surety for.

cavalcade [kàvàlkàd] *f.* cavalcade; procession; pageant.

cavalerie [kàvàlrî] *f.* cavalry. ‖ **cavalier** [-yé] *m.* rider, horseman; partner [danse]; knight [échecs]; escort; *adj.** riding; haughty; off-hand; jaunty; flippant.

cave [kàv] *f.* vault; wine-cellar; cellar; liqueur cabinet; *adj.* hollow. ‖ **caveau** [kàvô] *m.** cellar, vault. ‖ **caverne** [kàvèrn] *f.* cavern, cave; den. ‖ **caverneux** [-ë] *adj.** cavernous, hollow.

caviar [kàvyàr] *m.* caviar(e).

cavité [kàvìté] *f.* hollow, cavity.

ce [sⁱ] (ce becomes *c'* before *être*) *demonstr. pron.* he; she; it; this; that; they; these; those; which; what; *c'est un livre*, it is a book; *c'est une femme*, she is a woman; *ce sont des hommes*, they are men; *c'est ce que je craignais*, it is what I feared; *c'est à vous de*, it is for you to; *il n'est pas chez lui*, *ce qui est dommage*, he is out, which is a pity; *c'est qu'il est parti*, the fact is he has gone; *pour ce qui est de*, as for; *ce disant...*, so saying..., *ç'a été vrai*, it was true; *qu'est-ce que c'est?*, what is it?; *est-ce que vous savez?*, do you know?; *c'est-à-dire*, that is to say; i.e. (*id est*, that is).

ce, cette [sⁱ, sèt] (*pl.* **ces** [sè]) [ce becomes *cet* before a word beginning with a vowel or a mute h] *demonstr. adj.* this, that, *pl.* these, those; *ce chien-ci*, this dog; *cet homme*, this man; *cette femme-là*, that woman.

ceci [sⁱsì] *demonstr. pron.* this.

cécité [sésìté] *f.* blindness.

cédant [sédaⁿ] *m.* assignor, grantor. ‖ **céder** [-é] *v.* to give up; to transfer; to hand over; to yield; to submit; to resign; to give way.

cédille [sédîy] *f.* cedilla (gramm.).

cédrat [sédrà] *m.* citron; citron-tree.

cèdre [sèdr] *m.* cedar, © American thuya.

cédule [sédül] *f.* notification; schedule [taxes]; script; note.

ceindre [sɪ̃ndr] *v.* to gird; to bind; to surround; to wreathe.

ceinture [sɪ̃tür] *f.* belt, girdle; waist; circle; enclosure : *ceinture fléchée* © arrow sash; *se serrer la ceinture,* to tighten one's belt. ‖ *ceinturer* [-é] *v.* to girdle; to encircle, to surround.

cela [slà] (*fam.* ça [sà]) *demonstr. pron.* that; *c'est cela,* that is it; that's right; *comment cela?,* what?, how so?; *comme ci, comme ça,* so so, middling; *comme ça,* thus, like that; *ça y est l,* that's that!

célébration [sélébràsyoⁿ] *f.* celebration. ‖ *célèbre* [sélèbr] *adj.* celebrated, famous. ‖ *célébrer* [sélébré] *v.* to celebrate; to extol. ‖ *célébrité* [sélébrìté] *f.* celebrity.

celer [slé] *v.* to hide, to conceal.

céleri [sélrì] *f.* celery.

célérité [sélérìté] *f.* speed, swiftness, rapidity; alacrity.

céleste [sélèst] *adj.* heavenly, celestial; divine.

célibat [sélìbà] *m.* celibacy. ‖ *célibataire* [-tèr] *m.* bachelor; *f.* spinster; *adj.* unmarried; single.

celle, celles, *see* **celui.**

cellier [sélyé] *m.* cellar; store-room.

cellulaire [sélülèr] *adj.* cellular; *voiture cellulaire,* police-van, Black Maria; *Am.* paddy wagon. ‖ *cellule* [sélül] *f.* cell. ‖ *cellulite* [-ìt] *f.* cellulitis.

Celluloïd [sélülòìd] *m.* (trade-mark) Celluloid.

celtique [sèltìk] *m., adj.* Celtic.

celui, celle [slüi, sèl] (*pl.* ceux, celles [së, sèl]) *demonstr. pron.* he; him; she; the one, that; *pl.* they, those; them; *celui qui parle,* he who speaks; *à celui qui parle,* to him who speaks; *celui de mon père,* my father's; *celui-ci,* the latter; this one; *celui-là,* the former; that one.

cémenter [sémaⁿté] *v.* to case-harden.

cénacle [sénàkl] *m.* Upper Room; coterie, group.

cendre [saⁿdr] *f.* cinders, ash. ‖ *cendré* [-é] *adj.* ash-colo(u)red, ashy. ‖ *cendrée* [-é] *f.* dust-shot; cinder-track. ‖ *cendrier* [-lyé] *m.* ash-tray; ash-pan. ‖ *Cendrillon* [-lyoⁿ] *f.* Cinderella; sit-by-the-fire (fam.).

Cène [sèn] *f.* Last Supper; communion.

cénobite [sénòbìt] *m.* coenobite.

cénotaphe [sénòtàf] *m.* cenotaph.

censé [saⁿsé] *adj.* supposed; reputed. ‖ *censeur* [-œr] *m.* censor; critic; vice-principal [lycée]. ‖ *censure* [-ür] *f.* censure, blame; censorship. ‖ *censurer* [-üré] *v.* to censor; to blame; to criticize; to censure.

cent [sènt, © sèn] *m.* cent [© *m.* et *f.*].

cent [saⁿ] *m., adj.* one hundred, a hundred; *deux cent douze,* two hundred and twelve; *deux cents ans,* two hundred years; *cinq pour cent,* five per cent. ‖ *centaine* [-tèn] *f.* about a hundred; a hundred; *plusieurs centaines d'hommes,* several hundred men.

centaure [saⁿtôr] *m.* centaur.

centenaire [saⁿtnèr] *m.* centenary; centenarian; *adj.* a hundred years old.

centiare [saⁿtyàr] *m.* one square meter.

centième [saⁿtyèm] *m., adj.* hundredth.

centigrade [saⁿtìgràd] *adj.* centigrade. ‖ *centigramme* [-ìgràm] *m.* centigram. ‖ *centilitre* [-ìlìtr] *m.* centilitre. ‖ *centime* [-ìm] *m.* centime. ‖ *centimètre* [-ìmètr] *m.* Br. centimetre, Am. centimeter.

central [saⁿtràl] *m.* telephone exchange; *adj.* central; *centrale,* generating station; jail. ‖ *centralisation* [-ìzàsyoⁿ] *f.* centralization. ‖ *centraliser* [-ìzé] *v.* to centralize. ‖ *centre* [saⁿtr] *m.* Br. centre, Am. center; middle. ‖ *centrer* [-é] *v.* to center; to adjust. ‖ *centrifuge* [saⁿtrìfüj] *adj.* centrifugal. ‖ *centripète* [-pèt] *adj.* centripetal.

centuple [saⁿtüpl] *m., adj.* hundredfold. ‖ *centupler* [-plé] *v.* to centuple, to centuplicate.

cep [sèp] *m.* vine-stock. ‖ *cépage* [sépàj] *m.* vine-plant.

cèpe [sèp] *m.* flap mushroom.

cependant [spaⁿdaⁿ] *adv.* meanwhile; *conj.* yet, however, nevertheless.

céphalalgie [séfàlàljì] *f.* headache. ‖ *céphalée* [-é] *f.* headache. ‖ *céphalique* [-ìk] *adj.* cephalic.

céramique [séràmìk] *f.* ceramics; *adj.* ceramic. ‖ *céramiste* [-ìst] *m., f.* ceramist.

cerceau [sèrsô] *m.* hoop.

cercle [sèrkl] *m.* circle, ring; hoop [tonneau]; company; group; club. ‖ *cercler* [-é] *v.* to encircle; to hoop; to ring; to tire.

cercueil [sèrkœy] *m.* coffin; shell.

céréale [séréàl] *f., adj. f.* cereal; *pl.,* © breakfast food.

cérébral [sérébràl] *adj.* cerebral; *fatigue cérébrale,* brain-fag.

cérébro-spinal [sérébrôspìnàl] adj. cerebro-spinal.

cérémonial [sérémònyàl] m.*, adj.* ceremonial, etiquette ‖ **cérémonie** [-ï] f. ceremony; pomp; fuss; visite de cérémonie, formal visit ‖ **cérémonieux** [-yë] adj.* ceremonious, formal.

cerf [sèr] m. stag, hart; cerf-volant, paper kite; stag-beetle.

cerfeuil [sèrfœy] m. chervil.

cerise [s°rïz] f. cherry; adj. cherry-red. ‖ **cerisier** [-yé] m. cherry-tree; cherry-wood.

cerne [sèrn] m. ring, circle. ‖ **cerné** [-é] adj. encircled; avoir les yeux cernés, to have rings under the eyes. ‖ **cerner** [-é] v. to surround; to encompass; to hem in. ‖ **cernure** [-ür] f. ring; blue ring.

certain [sèrtìⁿ] adj. certain, sure; fixed; positive; chose certaine, a certainty; certaines choses, some things.

certes [sèrt] adv. to be sure, indeed.

certificat [sèrtìfìkà] m. certificate, attestation; testimonial; character testimonial. ‖ **certification** [-syoⁿ] f. certification; witnessing (jur.). ‖ **certifier** [sèrtìfyé] v. to certify, to vouch, to attest; to witness [signature].

certitude [sèrtìtüd] f. certainty.

cérumen [sérümèn] m. cerumen, earwax.

cerveau [sèrvô] m.* brain; mind; rhume de cerveau, cold in the head; cerveau brûlé, hot-head; cerveau creux, dreamer.

cervelas [sèrv°là] m. saveloy, cervelat.

cervelet [sèrv°lè] m. cerebellum.

cervelle [sèrvèl] f. brains (anat.); mind; sans cervelle, brainless; se creuser la cervelle, to rack one's brains.

cessant [sèsaⁿ] adj. ceasing, suspending; toute affaire cessante, strait away. ‖ **cessation** [sèsàsyoⁿ] f. cessation, suspension, stoppage. ‖ **cesse** [sès] f. cease, ceasing. ‖ **cesser** [-é] v. to stop, to cease, to leave off; cessez-le-feu, cease-fire.

cessible [sèsïbl] adj. transferable (jur.). ‖ **cession** [-yoⁿ] f. transfer, assignment (jur.). ‖ **cessionnaire** [-yònèr] m. transferee, assignee (jur.).

cet, cette, see ce.

cétacé [sétàsé] m., adj. cetacean.

ceux, see celui.

chacal [shàkàl] (pl. chacals) m. jackal.

chacun [shàkuⁿ] pron. each; each one; everybody; chacun son goût, every man to his taste.

chafouin [shàfwìⁿ] m., adj. sly-looking, weasel-faced (person).

chagrin [shàgrìⁿ] m. grief, sorrow, trouble; vexation; adj. sorry, sad; gloomy; sullen; fretful. ‖ **chagriner** [-ìné] v. to afflict; to grieve; to annoy; se chagriner, to be distressed.

chahut [shaü] m. (pop.) uproar; rag. ‖ **chahuter** [-té] v. (pop.) to kick up a row; to barrack; to boo.

chai [shè] m. wine-store.

chaîne [shèn] f. chain, link; fetters; necklace; sequence; train [idées]; bondage; warp (text.); boom [port]; series, range [montagnes]; travail à la chaîne, assembly-line work. ‖ **chaînette** [-èt] f. small chain. ‖ **chaînon** [-oⁿ] m. link.

chair [shèr] f. flesh; meat; pulp [fruit]; chair de poule, gooseflesh; chair à canon, bullet bait.

chaire [shèr] f. chair; pulpit; rostrum; tribune; professorship.

chaise [shèz] f. chair, seat; chaise électrique, the chair; chaise longue, reclining-chair, chaise-longue. ‖ **chaisière** [-yèr] f. pew-opener; chair-attendant.

chaland [shàlaⁿ] m. barge, lighter.

chaland [shàlaⁿ] m. customer, purchaser.

châle [shàl] m. shawl.

chalet [shàlè] m. chalet; cottage.

chaleur [shàlœr] f. heat, warmth; glow; ardo(u)r. ‖ **chaleureux** [-ë] adj. warm, ardent; cordial; hearty.

chaloupe [shàlúp] f. ship's boat; launch; sloop. © boat, rowboat.

chalumeau [shàlümô] m.* (drinking-) straw, reed, pipe; blow-pipe.

chalut [shàlü] m. trawl; drag-net. ‖ **chalutier** [-tyé] m. trawler.

chamarrer [shàmàré] v. to bedeck; to trim.

chambranle [shaⁿbraⁿl] m. frame.

chambre [shaⁿbr] f. room; chamber; cabin (naut.); chambre à coucher, bedroom; chambre à air, inner tube [pneu], les deux Chambres, Parliament; chambre noire, dark-room; femme de chambre, housemaid; garder la chambre, to keep to one's room. ‖ **chambrée** [-é] f. roomful; barrack room. ‖ **chambrer** [-é] v. to lock up; to bring to room temperature.

chameau [shàmô] m.* camel; (pop.) dirty dog.

chamois [shàmwà] m. chamois; chamois leather.

champ [shaⁿ] m. field, open country; scope; range; ground, space; champ de courses, race-course; champ visuel, field of vision.

Champagne [shɑⁿpàñ] *f.* Champagne [région]; *m.* champagne; *fine champagne*, liqueur brandy.

champêtre [shɑⁿpètr] *adj.* rural, rustic; pastoral; country.

champignon [shɑⁿpiñoⁿ] *m.* mushroom; peg; (fam.) accelerator pedal [auto]. ‖ *champignonnière* [-ònyèr] *f.* mushroom-bed.

champion [shɑⁿpyoⁿ] *m.* champion. ‖ *championnat* [-yònà] *m.* championship.

chance [shɑⁿs] *f.* chance; luck; fortune; blessing; risk; odds.

chancelant [shɑⁿslɑⁿ] *adj.* tottering, staggering. ‖ *chanceler* [shɑⁿslé] *v.* to reel, to stagger, to totter; to falter. ‖ *chancellement* [shɑⁿsèlmɑⁿ] *m.* unsteadiness.

chancelier [shɑⁿsᵉlyé] *m.* chancellor. ‖ *chancelière* [-lyèr] *f.* foot-muff. ‖ *chancellerie* [shɑⁿsèlrî] *f.* chancellery.

chanceux [shɑⁿsë] *adj.* lucky; hazardous, risky; uncertain.

chancre [shɑⁿkr] *m.* ulcer; canker; *chancreux*, ulcerous; cankered.

chandail [shɑⁿdày] *m.* sweater.

Chandeleur (la) [shɑⁿdᵉlœr] *f.* Candlemas.

chandelier [shɑⁿdᵉlyé] *m.* candlestick; chandler. ‖ *chandelle* [shɑⁿdèl] *f.* candle; icicle; snot (pop.); *en voir trente-six chandelles*, to see stars.

chanfrein [shɑⁿfrⁿ] *m.* forehead; chamfer.

change [shɑⁿj] *m.* change; exchange (comm.); *agent de change*, stockbroker; *lettre de change*, bill of exchange; *bureau de change*, foreign exchange office; *cours du change*, rate of exchange; *donner le change*, to mislead, to side-track. ‖ *changeant* [-ɑⁿ] *adj.* variable; fickle; unsettled [temps]. ‖ *changement* [-mɑⁿ] *m.* change, alteration; *changement de vitesse*, gear-change, *Am.* gearshift. ‖ *changer* [-é] *v.* to change; to exchange; to alter; to shift [vitesses]; *changer d'avis*, to change one's mind; *se changer*, to change; to change one's clothing; *se changer en*, to change into. ‖ *changeur* [-œr] *m.* money-changer.

chanoine [shànwàn] *m.* canon. ‖ *chanoinesse* [-ès] *f.* canoness.

chanson [shɑⁿsoⁿ] *f.* song; nonsense. ‖ *chansonner* [-òné] *v.* to lampoon. ‖ *chansonnier* [-ònyé] *m.* song-writer; song-book.

chant [shɑⁿ] *m.* side, edge; *de chant*, edgewise.

chant [shɑⁿ] *m.* singing; song; canto [poème].

chantage [shɑⁿtàj] *m.* blackmail. ‖ *chantant* [-tɑⁿ] *adj.* harmonious, musical; sing-song. ‖ *chanter* [shɑⁿté] *v.* to sing; to crow [coq]; to celebrate; *si ça vous chante*, if it suits you; *faire chanter*, to blackmail; *chanteur*, singer; crooner.

chantier [shɑⁿtyé] *m.* timber-yard; coal-yard; dockyard; shipyard; building yard; © lumber camp; stocks; *sur le chantier*, in hand.

chantonner [shɑⁿtòné] *v.* to hum. ‖ *chantre* [shɑⁿtr] *m.* chanter; cantor; chorister; songster.

chanvre [shɑⁿvr] *m.* hemp.

chaos [kàô] *m.* chaos, confusion. ‖ *chaotique* [-tîk] *adj.* chaotic.

chaparder [shàpàrdé] *v.* (pop.) to swipe, to scrounge, to filch, to pinch, *Am.* to lift.

chape [shàp] *f.* cope (eccles.); covering; cap; tread [pneu]; strap [moteur]. ‖ *chapeau* [shàpô] *m.* hat; cap [stylo]; cover; *chapeau bas*, hat in hand; *chapeau haut de forme*, top-hat.

chapelain [shàplⁿ] *m.* chaplain.

chapelet [shàplè] *m.* rosary; beads; string [oignons]; series.

chapelier [shàpᵉlyé] *m.* hatter, *Am.* milliner.

chapelle [shàpèl] *f.* chapel; coterie.

chapelure [shàplür] *f.* bread-crump topping.

chaperon [shàproⁿ] *m.* hood; coping [mur]; chaperon. ‖ *chaperonner* [-òné] *v.* to chaperon.

chapiteau [shàpitô] *m.* cornice; head; top; capital.

chapitre [shàpîtr] *m.* chapter; chapter-house (eccles.); subject; item. ‖ *chapitrer* [-tré] *v.* to admonish.

chapon [shàpoⁿ] *m.* capon.

chaque [shàk] *adj.* each, every.

char [shàr] *m.* chariot; truck, wag(g)on; *char d'assaut*, tank (mil.).

charabia [shàràbyà] *m.* (fam.) gibberish, gobbledegook.

charbon [shàrboⁿ] *m.* coal; blight (agr.); anthrax (vet.); carbuncle (med.); *charbon de bois*, charcoal; *sur des charbons ardents*, on tenter-hooks. ‖ *charbonnage* [-ònàj] *m.* coal-mining; colliery. ‖ *charbonner* [-òné] *v.* to char; to sketch in charcoal. ‖ *charbonnier* [-ònyé] *m.* coal-man; coal-hole; collier (naut.); coal-dealer.

charcuterie [shàrkütrî] *f.* pork-butcher's shop (*or* trade, *or* meat); *Am.* delicatessen. ‖ *charcutier* [-yé] *m.* pork-butcher.

chardon [shàrdoⁿ] *m.* thistle.

chardonneret [shàrdònrè] *m.* goldfinch.

charge [shàrⵊ] *f.* burden, load; cost; charge; post; place; responsibility; caricature; *c'est à ma charge,* it's my responsibility; *femme de charge,* housekeeper. ‖ *chargé* [-é] *adj.* laden, loaded; entrusted; burdened; full; overcast (ciel); *m. chargé d'affaires,* envoy. ‖ *chargement* [-•maⁿ] *m.* load; cargo; consignment; loading; charging [accumulateur]; registration [lettre]. ‖ *charger* [-é] *v.* to load; to burden; to charge; to entrust; to indict; to register; *se charger,* to undertake, to take it upon oneself; *je m'en charge,* I'll see to it. ‖ *chargeur* [-jœr] *m.* stoker; cassette; loader; loading clip; charger.

chariot [shàryò] *m.* wagon, trolley; carriage (mech.); cradle (naut.).

charitable [shàrìtàbl] *adj.* charitable. ‖ *charité* [-é] *f.* charity; alms; kindness.

charivari [shàrìvarì] *m.* charivari; din.

charlatan [shàrlàtaⁿ] *m.* charlatan, quack; *charlatanisme,* charlatanism.

charmant [shàrmaⁿ] *adj.* charming, delightful. ‖ *charme* [shàrm] *m.* spell, charm. ‖ *charmer* [-é] *v.* to charm; to please, to delight. ‖ *charmeur* [-œr] *m., adj.*• charmer.

charmille [shàrmíy] *f.* arbour.

charnel [shàrnèl] *adj.*• carnal; sensual. ‖ *charnier* [-nyé] *m.* charnel-house.

charnière [shàrnyèr] *f.* hinge.

charnu [shàrnü] *adj.* fleshy; brawny; pulpy [fruits].

charogne [shàròñ] *f.* carrion.

charpente [shàrpaⁿt] *f.* timber-work; framework; frame. ‖ *charpenter* [-é] *v.* to frame, to construct. ‖ *charpentier* [-yé] *m.* carpenter; shipwright.

charpie [shàrpí] *f.* lint.

charretée [shàrté] *f.* cart-load. ‖ *charretier* [-yé] *m.* carter. ‖ *charrette* [shàrèt] *f.* cart. ‖ *charrier* [-yé] *v.* to cart, to carry; to wash down; to drift ice. ‖ *charroi* [shàrwà] *m.* cartage; transport (mil.).

charron [shàroⁿ] *m.* wheelwright.

charrue [shàrü] *f. Br.* plough, *Am.* plow.

charte [shàrt] *f.* charter; deed.

chartreux [shàrtrě] *m., adj.*• Carthusian.

chas [shà] *m.* eye [aiguille].

chasse [shàs] *f.* hunt; hunting, shooting; play (mech.); pursuit, chase;

chasse d'eau, flush; **chasse-mouches,** fly-swatter; **chasse-neige,** snowplow. ‖ *chasser* [-é] *v.* to hunt; to spin [roue]; to pursue, to chase; to drive away; to dismiss; *chasser sur ses ancres,* to drag anchor. ‖ *chasseur* [-œr] *m.* hunter; sportsman; page-boy, messenger boy, *Am.* bell-hop; fighter (aviat.); mountain infantry (mil.).

châsse [shâs] *f.* reliquary (eccles.).

chassieux [shàsyě] *adj.* gummy; bleary-eyed.

châssis [shâsì] *m.* frame; sash [fenêtre]; chassis [auto]; under-carriage (aviat.); glass-frame (agric.).

chaste [shàst] *adj.* pure, chaste. ‖ *chasteté* [-•té] *f.* chastity.

chat, chatte [shà, shàt] *m., f.,* cat; tag [jeu]; *avoir un chat dans la gorge,* to have a frog in one's throat; *pas un chat,* not a soul.

châtaigne [shàtèñ] *f.* chestnut. ‖ *châtaignier* [-yé] *m.* chestnut-tree (*or* -wood).

châtain [shàtiⁿ] *adj.* brown, chestnut-brown, light-brown.

château [shâtò] *m.*• castle; palace; country seat, manor; *châteaux en Espagne,* castles in the air; *château d'eau,* water-tower; *château de cartes,* house of cards. ‖ *châtelain* [shàtliⁿ] *m.* squire, lord of the manor; landowner.

châtier [shâtyé] *v.* to punish, to chastise; to improve [style]; *châtiment,* chastisement, punishment.

chatoiement [shàtwàmaⁿ] *m.* sparkle; glistening; sheen.

chaton [shàtoⁿ] *m.* kitten; catkin.

chaton [shàtoⁿ] *m.* bezel, setting; stone [pierres].

chatouille [shàtúy] *f.* tickle. ‖ *chatouillement* [shàtúymaⁿ] *m.* tickle, tickling; titillation. ‖ *chatouiller* [shàtúyé] *v.* to tickle; to gratify; to titillate; (fam.) to thrash; *chatouilleux,* ticklish; touchy, sensitive; sore [point]; punctilious [honneur].

chatoyer [shàtwàyé] *v.* to shimmer; to gleam, to glisten, to sparkle.

châtrer [shâtré] *v.* to castrate; to geld [animaux]; to prune.

chatteries [shàtrì] *f. pl.* delicacies.

chatterton [shàtértòn] *m.* insulating tape, Chatterton's compound.

chaud [shô] *m.* heat, warmth; *adj.* hot, warm; ardent, animated; violent; bitter; eager; *adv.* hot; *avoir chaud,* to be hot; *il fait chaud,* it is hot, warm. ‖ *chaudière* [-dyèr] *f.* boiler, furnace; kitchen boiler. ‖ *chaudron* [-droⁿ] *m.* cauldron; *chaudronnerie,* copper wares; boiler-making; **chaudronnier,** brazier. coppersmith.

chauffage [shôfà] *m.* heating, warming; *chauffage central,* central heating.

chauffard [shôfàr] *m.* speedster, hit-and-run driver

chauffe [shôf] *f.* heating, overheating; stoking, firing. **chauffe-eau,** water-heater. ǁ **chauffer** [-é] *v.* to warm, to heat; to overheat, to become hot; to burn; to stoke up, to swot; *chauffer au rouge,* to make red-hot. ǁ **chauffeur** [-œr] *m.* stoker, fireman; chauffeur [auto]. driver.

chauler [shôlé] *v.* to lime; to lime-wash.

chaume [shôm] *m.* thatch; stubble; **chaumière,** thatched cottage.

chaussée [-é] *f.* road; roadway; causeway. bank.

chausser [-é] *v.* to put on [chaussures]; to supply foot-wear; to fit, to suit; *il chausse du 43,* he takes size 43 (in shoes). **chausse-pied,** shoe-horn.

chausses [shôs] *f. pl.* breeches, hose.

chaussette [-èt] *f.* sock. ǁ **chausson** [-on] *m.* slipper, apple turn-over [cuisine]. ǁ **chaussure** [-ür] *f.* footwear, foot-gear, boot. shoe.

chauve [shôv] *m.* bald head; *adj.* bald; bare [mont]; **chauve-souris,** *f.* bat (zool.).

chauvin [shôvin] *m., adj.* chauvinist, jingoist; **chauvinisme,** chauvinism, *Am.* spread-eagleism.

chaux [shô] *f.* lime; *chaux éteinte,* slaked lime; *chaux vive,* quicklime; *pierre à chaux,* lime-stone; *four à chaux,* lime-kiln.

chavirer [shàviré] *v.* to capsize [bateau], to overturn; to upset.

chef [shèf] *m.* head; principal; chef [cuisine]; chief, chieftain; superior; master; leader. foreman, ganger; major [bataillon], conductor [orchestre]; *chef de rayon,* floor-walker; *chef de service,* departmental manager; *chef d'état-major,* chief of staff; *de mon propre chef,* on my own authority; **chef-d'œuvre,** masterpiece; **chef-lieu,** chief town, *Br.* county town; *Am.* county seat. ǁ **cheftaine** [-tèn] *f.* scout-mistress.

cheik [shèk] *m.* sheik.

chelem [shlèm] *m.* slam.

chélidoine [kélidwàn] *f.* celandine.

chemin [shemin] *m.* way; road; path; course; *chemin faisant,* on the way; *chemin battu,* beaten track; *faire son chemin,* to thrive, to get on well; *chemin de fer,* railway, railroad; *il n'y va pas par quatre chemins,* he does not mince matters. ǁ **chemineau** [shemìnô] *m.* tramp, *Am.* hobo.

cheminée [shemìné] *f.* chimney; flue. funnel (naut.); smoke-stack; fireplace mantelpiece.

cheminer [shemìné] *v.* to tramp, to plod on

cheminot [shemìnô] *m.* railwayman.

chemise [shemîz] *f.* shirt [hommes], chemise [femmes]; wrapper. folder; cover jacket (techn.), case. *chemise de nuit* night-dress; **chemiser,** to line; to jacket (techn.); **chemisier,** shirt-maker blouse; shirtwaist.

chenal [shenàl] *m.* channel; fairway; *petits poissons des chenaux,* © smelt, small cod.

chenapan [shnàpan] *m.* scamp, rascal.

chêne [shèn] *m.* oak; *chêne vert,* holm. ilex; *de chêne,* oaken.

chenet [shenè] *m.* fire-dog, andiron.

chenil [shenì] *m.* dog-kennel.

chenille [shenìy] *f.* caterpillar; track, chenille (text.).

chenu [shenü] *adj.* old; hoary; snowy.

cheptel [shèptèl] *m.* cattle, livestock.

chèque [shèk] *m. Br.* cheque; *Am.* check. voucher; coupon.

cher [shèr] *adj.* dear, beloved; costly, expensive; *adv.* dear, dearly; *moins cher,* cheaper; *la vie chère,* the high cost of living; *rendre cher,* to endear; *se vendre cher,* to fetch a high price.

chercher [shèrshé] *v.* to look for, to seek; to search; to try; *aller chercher,* to fetch. to get; *envoyer chercher,* to send for. *chercher à tâtons,* to grope for. ǁ **chercheur** [-œr] *m.* seeker, inquirer. investigator, searcher; *adj.* inquiring. searching.

chère [shèr] *f.* living, fare, cheer; *faire bonne chère,* to live well, to fare well; *adj., see* cher.

chéri [shèrì] *m., adj.* dearest, darling. ǁ **chérir** [-îr] *v.* to cherish, to love dearly

cherté [shèrté] *f.* dearness, expensiveness. costliness; high price.

chérubin [shérübin] *m.* cherub.

chétif [shétìf] *adj.* puny, weak; mean, paltry; wretched, pitiful.

cheval [shevàl] *m.* horse; horse-power [auto]; *cheval de course,* race-horse, *cheval de bât,* pack-horse; *cheval de bataille,* charger; pet subject; *aller à cheval,* to go on horseback, to ride; *être à cheval sur,* to sit astride; to be a stickler for; *monter sur ses grands chevaux,* to ride one's high horse; *chevaux de bois,* merry-go-round.

chevaleresque [shᵉvàlrèsk] adj. chivalrous. ‖ **chevalerie** [-î] f. chivalry.

chevalet [shᵉvàlè] m. support, stand; trestle; sawing-horse; bridge [violon]; easel [art]; prop, buttress.

chevalier [shᵉvàlyé] m. knight; chevalier servant, suitor; chevalier d'industrie, swindler.

chevalière [shᵉvàlyèr] f. signet-ring.

chevalin [shᵉvàlⁿ] adj. equine; boucherie chevaline, horse butcher's shop.

chevaucher [shᵉvôshé] v. to ride; to sit astride; to overlap.

chevelure [shᵉvlür] f. hair; head of hair; scalp; coma, tail.

chevet [shᵉvè] m. head, bedhead [lit]; livre de chevet, bedside book.

cheveu [shᵉvë] m.* (a) hair; pl. hair, hairs; se faire couper les cheveux, to have one's hair cut; couper un cheveu en quatre, to split hairs; tiré par les cheveux, far-fetched.

cheville [shᵉvîy] f. peg, pin; ankle; padding [discours]; stopgap [vers]; cheville ouvrière, king-bolt; mainspring; se fouler la cheville, to sprain one's ankle; ne pas arriver à la cheville de, to be far inferior to. ‖ **cheviller** [-iyé] v. to peg, to bolt, to pin together; to pad out (fig.).

chèvre [shèvr] f. goat, she-goat; sawhorse (mech.); gin (mech.). ‖ **chevreau** [shᵉvrô] m.* kid(-skin). ‖ **chèvrefeuille** [shèvrᵉféy] m. honeysuckle. ‖ **chevrette** [shᵉvrèt] f. kid; shrimp; tripod. ‖ **chevreuil** [-œy] m. roe, roe-deer; venison. ‖ **chevrier** [-iyé] m. goatherd. ‖ **chevron** [-oⁿ] m. rafter; stripe (mil.). ‖ **chevronné** [shᵉvròné] adj. experienced.

chevrotement [chᵉvròtmaⁿ] m. quivering; quavering. ‖ **chevroter** [-é] v. to kid; to bleat; to quiver; to quaver; to tremble.

chevrotine [chᵉvròtìn] f. buckshot.

chez [shé] prep. at; with; to; in; among; at ...'s house; at home; to ...'s house; care of [lettres]; je suis chez mon frère, I am at my brother's; je viens de chez ma tante, I am coming from my aunt's; je suis chez moi, I am at home; je suis chez vous, I am at your house; faites comme chez vous, make yourself at home; chez les Français, among the French; in the French character; chez Racine, in (the works of) Racine.

chic [shìk] m. chic, high style; adj. chic, stylish, smart; chic type, decent fellow, good sort.

chicane [shìkàn] f. cavil, pettyfogging, quibble; chercher chicane à, to pick a quarrel with. ‖ **chicaner** [-é] v. to quarrel, to cavil, to quibble. ‖ **chicanerie** [-rî] f. quibbling, chicanery. ‖ **chicaneur** [-œr] m. pettifogger, quarrel-picker; adj* argumentative, pettifogging. ‖ **chicanier** [-yé] adj. quibbling; m. pettifogger; quibbler.

chiche [shìsh] adj. miserly, stingy, mean, niggardly; pois chiches, chick peas; interj. Chiche!, I dare you!

chichi [shìshì] m. fuss, frills.

chicorée [shìkòré] f. endive; chicory.

chicot [shìkò] m. stump, stub.

chien [shyⁿ] m. dog; cock [arme à feu]; chien courant, beagle; chien d'arrêt, pointer; chien de berger, collie, sheep dog; chien de chasse, hound; chien esquimau, husky; chien-loup, wolfhound, police dog; chienne, bitch, she-dog. ‖ **chiendent** [-daⁿ] m. twitch; snag, rub (fam.).

chiffon [shìfoⁿ] m. rag. ‖ **chiffonner** [-òné] v. to crumple, to ruffle; to provoke, to irritate. ‖ **chiffonnier** [-ònyé] m. rag-picker, junkman; chiffonnier, Am. dresser.

chiffre [shìfr] m. figure, digit; code; cipher; mark; amount, total; monogram. ‖ **chiffrer** [-é] v. to calculate, to add up; to encode, to cipher; to reckon; to figure out.

chignole [shìñòl] f. hand-drill (techn.); flivver [voiture].

chignon [shìñoⁿ] m. chignon; bun (fam.).

chimère [shìmèr] f. chimera, idle fancy; chimérique, visionary.

chimie [shìmî] f. chemistry; chimique, chemical; artificial; chimiste, chemist.

chimpanzé [shⁿpaⁿzé] m. chimpanzee.

chiner [shìné] v. to mottle [tissu]; to josh, to chaff.

Chinois [shìnwà] adj., m. Chinese.

chiot [shyò] m. puppy.

chiourme [shyúrm] f. chain-gang.

chiper [shìpé] v. (pop.) to filch, to pilfer, to swipe.

chipie [shìpì] f. (pop.) mean, sour woman.

chipoter [shìpòté] v. to pick at food, to be finicky in eating; to haggle.

chique [shìk] f. quid [tabac]; chigoe.

chiqué [shìké] m. make-believe; fuss; eye-wash.

chiquenaude [shìknôd] f. light blow, tap, fillip; snap of the fingers.

chiquer [shìké] v. to chew tobacco.

chiromancie [kìròmaⁿsî] f. chiromancy, palmistry. ‖ **chiromancien** [-yⁿ] m. palmist.

chiropracteur [kìròpràktœr] m. chiropractor. || chiropraticien [-pràtìsyin] m. © chiropractor. || chiropratique [-tîk] f. © chiropractic. || chiropraxie [-pràksì] f. chiropratic.

chirurgical [shìrürjìkàl] adj.* surgical. || chirurgie [shìrürjì] f. surgery. || chirurgien [-yin] m. surgeon.

chlore [klòr] m. chlorine. || chloroforme [-òfòrm] m. chloroform. || chloroformer [-òfòrmé] v. to chloroform. || chlorure [-ür] m. chloride.

choc [shòk] m. shock; clinck; bump; clash; collision; crash; impact.

chocolat [shòkòlà] m. chocolate; Am. chocolate candy; tablette de chocolat, bar of chocolate; chocolater, to cover with chocolate; chocolaterie, chocolate factory.

chœur [kœr] m. choir; chorus.

choir [shwàr] v.* to fall.

choisir [shwàzîr] v. to choose.

choix [shwà] m. choice, option, election, range, collection, selection; au choix, by choice; de choix, first class, first rate.

chômage [shômàj] m. unemployment; en chômage, unemployed, out of work; indemnité de chômage, dole. || chômer [-é] v. to stop working, to be idle; jour chômé, day off. || chômeur [-œr] m. unemployed worker.

chope [shòp] f. beer mug. || chopine [-ìn] f. (fam.) bottle; © pint. || chopiner [-é] v. (fam.) to crack a bottle.

choquer [shòké] v. to shock, to offend; to clink [verres]; to strike against; se choquer, to take offense.

choral [kòràl] adj. choral. || choriste [-ìst] m. choir singer. || chorus [-üs] m. chorus; faire chorus, to chime in.

chose [shôz] f. thing; matter, affair; petite chose, trifle, titbit; où en sont les choses?, how do matters stand?; Monsieur Chose, Mr. What's-his-name; tout chose, all abashed, uncomfortable; out-of-sorts.

chou [shû] m.* cabbage; cream puff; dear, darling; choux de Bruxelles, Brussels sprouts; chou frisé, kale; faire chou blanc, to draw a blank; chou à la crème, cream puff; chou-fleur, cauliflower. || chouchou [shûshû] m. (fam.) pet; blue-eyed boy. || chouchouter [-té] v. (fam.) to pet.

choucroute [shûkrût] f. sauerkraut.

chouette [shwèt] f. owl; adj. (fam.) splendid, Am. swell.

choyer [shwàyé] v. to fondle, to pet, to cherish.

chrême [krèm] m. chrism.

chrétien [krétyin] m., adj.* Christian. || chrétienté [-té] f. Christendom. || Christ [krìst] m. Christ; crucifix. || christianiser [krìstyànìzé] v. to Christianize. || christianisme [krìstyànìsm] m. Christianity.

chrome [krôm] m. chromium. || chronique [krònìk] f. chronicle, review, news; adj. chronic. || chroniqueur [-œr] m. chronicler. || chronologie [krònòlòjî] f. chronology; chronologique, chronological. || chronomètre [krònòmètr] m. chronometer, stop-watch; chronométrer, to time; chronométreur, time-keeper.

chrysanthème [krìzantèm] m. chrysanthemum.

chuchotement [shüshòtman] m. whispering. || chuchoter [-é] v. to whisper.

chute [shüt] f. fall, drop; downfall; overthrow; ruin; collapse.

ci [sì] demonstr. pron. this; adv. here; cet homme-ci, this man; par-ci par-là, here and there; now and then; ci-après, ci-dessous, below; ci-contre, opposite; ci-dessus, above; ci-devant, previously; formerly; ci-gît, here lies; ci-joint, enclosed.

cible [sìbl] f. target; butt.

ciboire [sìbwar] m. pyx, ciborium.

ciboule [sìbûl] f. Welsh onion, scallion. || ciboulette [-lèt] f. chives.

ciboulot [sìbûlò] m. (fam.) pate.

cicatrice [sìkàtrìs] f. scar. || cicatriser [-ìzé] v. to heal up; to scar; se cicatriser, to cicatrize, to skin over, to scar over.

cidre [sìdr] m. cider.

ciel [syèl] (pl. cieux [syë], sometimes ciels) m. Heaven, Paradise; sky, firmament; top, roof (mech.); pl. heavens; climes, climates; à ciel ouvert, unroofed; out of doors.

cierge [syèrj] m. candle; taper.

cigale [sìgàl] f. cicada.

cigare [sìgàr] m. cigar. || cigarette [-èt] f. cigarette.

cigogne [sìgòñ] f. stork.

ciguë [sìgü] f. hemlock.

cil [sìl] m. eye-lash. || ciller [sìyé] v. to blink, to wink.

cimaise [sìmèz] f. dado, cyma.

cime [sìm] f. top, summit, peak.

ciment [sìman] m. cement; béton de ciment, concrete. || cimenter [-té] v. to cement; to consolidate; to strengthen.

cimetière [sìmtyèr] m. cemetery, graveyard, churchyard.

cinéaste [sìnéàst] m. film-producer.

cinéma [sìnémá] *m.* cinema; *Am.* motion-picture theater, movie-house, movies (fam.); *Br.* pictures (fam.); **cinémathèque,** film-store, film-library; **cinématographier,** to cinematograph, to film.

cinglant [sìnglaⁿ] *adj.* lashing; bitter, biting; scathing.

cinglé [sìnglé] *adj.* (pop.) *il est cinglé,* he's not all there, he's off his head. ‖ **cingler** [-é] *v.* to whip, to lash.

cingler [sìnglé] *v.* to sail, to scud along, to steer (naut.).

cinq [sìⁿk] *m., adj.* five; *cinq hommes,* five men; *le cinq avril,* April the fifth. ‖ **cinquantaine** [-aⁿtèn] *f.* about fifty, fifty or so. ‖ **cinquante** [-aⁿt] *adj.* fifty. ‖ **cinquantième** [-aⁿtyèm] *m., adj.* fiftieth. ‖ **cinquième** [-yèm] *m., adj.* fifth.

cintre [sìⁿtr] *m.* curve, arch, bend; coat-hanger. ‖ **cintrer** [-é] *v.* to arch, to curve.

cirage [sìràj] *m.* waxing, polishing; boot-polish, shoe-polish, blacking.

circoncire [sìrkoⁿsîr] *v.* to circumcise; *circoncision,* circumcision.

circonférence [sìrkoⁿféraⁿs] *f.* circumference; girth; perimeter.

circonflexe [sìrkoⁿflèks] *adj.* circumflex.

circonlocution [sìrkoⁿlòküsyoⁿ] *f.* circumlocution.

circonscription [sìrkoⁿskrìpsyoⁿ] *f.* circumscribing; division, district; constituency, electoral district.

circonscrire [sìrkoⁿskrîr] *v.* to circumscribe; to encircle; to limit.

circonspect [sìrkoⁿspèkt] *adj.* wary, guarded, circumspect, cautious. ‖ **circonspection** [-èksyoⁿ] *f.* circumspection, caution, wariness.

circonstance [sìrkoⁿstaⁿs] *f.* circumstance, event; *circonstances atténuantes,* extenuating circumstances; *de circonstance,* special, fit for the occasion. ‖ **circonstanciel** [-syèl] *adj.* circumstantial; adverbial.

circonvenir [sìrkoⁿvnîr] *v.* to impose upon; to get round.

circonvolution [sìrkoⁿvòlüsyoⁿ] *f.* circumvolution; windings; convolution.

circuit [sìrküï] *m.* circuit, circumference; roundabout way; tour; *coup de circuit,* Ⓒ home run; *ouvrir le circuit,* to switch on.

circulaire [sìrkülèr] *f., adj.* circular.

circulation [sìrkülàsyoⁿ] *f.* circulation; traffic; currency; **circulatoire,** circulatory. ‖ **circuler** [sìrkülé] *v.* to circulate; to flow; to move about; to move on.

cire [sîr] *f.* wax; *cire à cacheter,* sealing-wax. ‖ **cirer** [-é] *v.* to wax, to polish; **cireur,** polisher; bootblack; **cireuse,** waxer, floor-polisher.

ciron [sìroⁿ] *m.* mite.

cirque [sìrk] *m.* circus; cirque.

cisailles [sìzáy] *f. pl.* shears, nippers. ‖ **cisailler** [-é] *v.* to shear, to nip, to clip.

ciseau [sìzô] *m.* * chisel; *pl.* scissors, shears. ‖ **ciseler** [-lé] *v.* to chisel; to carve; to cut; to chase (argent.). ‖ **ciselure** [-lür] *f.* chissel(l)ing; delicate carving.

citadelle [sìtàdèl] *f.* citadel. ‖ **citadin** [sìtàdⁿ] *m.* townsman.

citation [sìtàsyoⁿ] *f.* citation; quotation; summons, subpoena (jur.).

cité [sìté] *f.* city, large town; group of dwellings; housing development; workers' flats; students' hostels; *droit de cité,* rights of a citizen.

citer [sìté] *v.* to quote; to summons (jur.); to cite; to mention; to subpoena (jur.).

citerne [sìtèrn] *f.* cistern, tank.

cithare [sìtàr] *f.* cithara; cither, zither.

citoyen [sìtwàyⁿ] *m.* citizen.

citron [sìtroⁿ] *m.* lemon; lemoncolo(u)r; **citronnade,** lemonade, lemon-squash; **citronnier,** lemon-tree; lemon-wood.

citrouille [sìtrûy] *f.* pumpkin.

civet [sìvè] *m.* stew.

civière [sìvyèr] *f.* hand-barrow; stretcher; litter.

civil [sìvìl] *m.* civilian; layman; private life; *adj.* civic, civil; polite; *en civil,* in plain clothes, in mufti; *droit civil,* common law. ‖ **civilisation** [-ìzàsyoⁿ] *f.* civilization. ‖ **civiliser** [-ìzé] *v.* to civilize; *se civiliser,* to become civilized. ‖ **civilité** [-ìté] *f.* civility, courtesy, *pl.* compliments. ‖ **civique** [sìvìk] *adj.* civic; civil.

claie [klè] *f.* hurdle; screen; tray.

clair [klèr] *m.* light, clearness; *adj.* clear, bright, light; obvious; thin [soupe]; *adv.* clearly; *tirer au clair,* to clarify, to bring to light; *vert clair,* light green; *voir clair,* to see clearly; to see through; *claire-voie,* clerestory (arch.); lattice-work. ‖ **clairet** [-è] *m.* light-red wine; *adj.* light, pale; thin. ‖ **clairière** [-yèr] *f.* glade, clearing.

clairon [klèroⁿ] *m.* bugle; bugler.

clairsemé [klèrsᵉmé] *adj.* scattered; sparse, thinly-sown; thin. ‖ **clairvoyance** [-vwàyaⁿs] *f.* clairvoyance;

shrewdness, perspicacity; *clairvoyant*, clairvoyant; shrewd, clearsighted.

clameur [klàmœr] *f.* clamo(u)r; outcry; shout.

clan [klaⁿ] *m.* clan; clique.

clandestin [klaⁿdèstìⁿ] *adj.* clandestine, secret; underhand; covert; stealthy; illicit; underground. || *clandestinité* [-tìnìté] *f.* clandestineness; underground movement.

clapet [klapè] *m.* valve; sluice, clapper; rectifier (electr.).

clapier [klapyé] *m.* burrow; hutch.

clapotement [klàpòtmaⁿ] *m.* lapping, plashing [eau].

claque [klàk] *f.* slap, smack; hired applauders (theat.), claque; *pl.* © rubbers.

claquer [klàké] *v.* to smack; to clap [mains]; to snap [doigts]; to crack [fouet]; to bang [porte]; (pop.) to kick the bucket; *il claque des dents*, his teeth are chattering. || *claquettes* [-èt] *f. pl.* tap-dancing.

clarine [klàrìn] *f.* cattle-bell. || *clarinette* [-èt] *f.* clarinet; clarinetist.

clarté [klàrté] *f.* light, clearness; brightness, gleam; limpidity.

classe [klàs] *f.* class, rank; kind; *Br.* form, *Am.* grade [lycée]; class-room. || *classement* [-maⁿ] *m.* classification; filing. || *classer* [-é] *v.* to classify; to catalog(ue); to grade; to file. || *classeur* [-œr] *m.* file, filing-cabinet.

classicisme [klàsìsìsm] *m.* classicism.

classification [klàsìfìkàsyoⁿ] *f.* classification. || *classifier* [-ìfyé] *v.* to classify; to sort out.

classique [klàsìk] *adj.* classical; classic; standard; *m.* classic; standard work; classicist.

claudication [klôdìkàsyoⁿ] *f.* lameness; halting.

clause [klôz] *f.* clause; section (jur.).

clavecin [klàvsìⁿ] *m.* harpsichord, clavichord.

clavette [klàvèt] *f.* pin, key, cotter.

clavicule [klàvìkül] *f.* clavicle, collarbone.

clavier [klàvyé] *m.* keyboard; manual [orgue].

clé *or* **clef** [klé] *f.* key; spanner, wrench (mech.); clef (mus.); *clé anglaise*, monkey wrench, adjustable spanner; *sous clé*, under lock and key; *clef de voûte*, keystone; *fausse clé*, skeleton key.

clémence [klémaⁿs] *f.* clemency, mercy; mildness [temps]. || *clément*

[klémaⁿ] *adj.* clement; merciful; mild; lenient.

clémentine [klémaⁿtìn] *f.* tangerine.

clerc [klèr] *m.* clergyman; clerk (jur.); *pas de clerc*, blunder.

clergé [klèrjé] *m.* clergy; the cloth.

clérical [klérìkàl] *adj.** clerical.

cliché [klìshé] *m.* plate, block (typogr.); negative (phot.); cliché, stock phrase; *prendre un cliché*, to make an exposure.

client [klìaⁿ] *m.* client, customer, fare (comm.); patient (med.); guest [hôtel]. || *clientèle* [-tèl] *f.* custom; customers, clients (comm.); practice [avocat]; connection.

cligner [klìñé] *v.* to wink; to blink.

clignotant [klìñòtaⁿ] *adj.* twinkling, flickering; blinking; *m.* winker, blinker; turn indicator. || *clignoter* [klìñòté] *v.* to blink; to flicker; to twinkle [étoile].

climat [klìmà] *m.* climate; region; mood; *climatique*, climatic; *climatiser*, to air-condition.

clin [klìⁿ] *m. clin d'œil*, wink; *en un clin d'œil*, in the twinkling of an eye.

clinique [klìnìk] *f.* clinic; nursing-home; *adj.* clinical.

clinquant [klìⁿkaⁿ] *m.* tinsel; foil; showiness; *adj.* showy, gaudy.

clique [klìk] *f.* drum and bugle band; set, clique; gang.

cliquet [klìkè] *m.* catch; ratchet (mech.); pawl.

cliquetis [klìktì] *m.* clang [métal]; rattling; clatter; chinking [verres]; clash [armes]; jingling; *Br.* pinking [moteur].

cloaque [klòàk] *m.* cesspool; sink.

clochard [klòshàr] *m.* tramp, *Am.* hobo.

cloche [klòsh] *f.* bell; dish-cover; bell-jar; (pop.) idiot, dope. || *clocher* [-é] *v.* to limp, to hobble; *il y a quelque chose qui cloche*, there's something not quite right.

clocher [klòshé] *m.* belfry; steeple; *course au clocher*, steeple-chase.

cloison [klwàzoⁿ] *f.* partition; dividing wall; bulkhead (naut.); *cloison étanche*, water-tight bulkhead. || *cloisonner* [-é] *v.* to partition off.

cloître [klwâtr] *m.* cloister; monastery; convent; *vie de cloître*, cloistered life. || *cloîtrer* [-é] *v.* to cloister; to confine.

clopiner [klòpìné] *v.* to hobble, to limp.

cloque [klòk] *f.* blister; swelling; blight [arbres].

clore [klòr] v.* to close, to enclose; to end. ‖ **clos** [klô] m. enclosure, close; vineyard; adj. closed; shut in; finished. ‖ **clôture** [klôtür] f. enclosure, fence; closing, closure. ‖ **clôturer** [-é] v. to enclose; to close down; to conclude.

clou [klû] m. nail; spike; boil (med.); high scent, climax; pawn-shop, Am. hock shop; (pop.) jail, clink; mettre au clou, to pawn. ‖ **clouer** [-é] v. to nail; to pin down; to rivet; to nonplus; être cloué au lit, to be bed-ridden. ‖ **clouter** [klûté] v. to nail; to stud.

club [klœb] m. club.

coagulation [kòàgülàsyon] f. coagulation, congealing. ‖ **coaguler** [-é] v. to coagulate, to congeal, to clot, to curdle [lait].

coaliser (se) [sekòàlìzé] v. to form a coalition, to unite. ‖ **coalition** [kòàlìsyon] f. coalition, union, league.

coasser [kòàsé] v. to croak [grenouille].

coassocié [kòàsòsyé] m. copartner.

cobaye [kòbày] m. guinea-pig.

cobra [kòbrà] m. cobra.

cocaïne [kòkàïn] f. cocaine.

cocarde [kòkàrd] f. cockade; roundel.

cocasse [kòkàs] adj. droll, funny, odd.

coccinelle [kòksìnèl] f. ladybird.

coche [kòsh] m. coach.

coche [kòsh] f. nick, notch. ‖ **cocher** [-é] v. to nick, to notch.

cocher [kòshé] m. driver, cabman; porte cochère, carriage-entrance, main gate.

cochon [kòshon] m. pig, hog; pork; (pop.) filthy swine; cochon d'Inde, guinea-pig; adj.* (pop.) beastly. ‖ **cochonner** [kòshòné] v. to pig; to bungle [un travail]. ‖ **cochonnerie** [-nrî] f. filth; trash; smut; lousy trick.

coco [kòkò] m. noix de coco, coconut. ‖ **cocotier** [kòkòtyé] m. coconut palm.

cocotte [kòkòt] f. chickabiddy; loose woman, Am. floozy; stew-pan (culin.); paper hen; Cocotte Minute, pressure cooker (trade-mark).

code [kòd] m. code; law; statute-book. ‖ **codifier** [kòdìfyé] v. to codify [lois]; to code [message].

coefficient [kòèfìsyan] m. coefficient; factor.

cœur [kœr] m. heart; courage; feelings; core [centre]; pl. hearts [cartes]; à cœur joie, to one's heart's content; le cœur brisé, broken-hearted; de bon cœur, gladly, heartily; en avoir le

cœur net, to get it off one's chest; to get to the bottom of the matter; par cœur, by heart; si le cœur vous en dit, if you feel inclined; un homme de cœur, a brave man.

coffre [kòfr] m. chest, box; coffer; mooring buoy (naut.); coffre-fort, strong-box; safe. ‖ **coffrer** [-é] v. to lock up; (fam.) to put in jail. ‖ **coffret** [-è] m. casket; locker; tool-box; coffret de sûreté, © safety deposit box.

cognac [kònàk] m. cognac, brandy.

cognée [kòné] f. axe, hatchet. ‖ **cogner** [-é] v. to knock; to hammer; to drive in [clou]; to hit, to bump against; to thump; to pound.

cohérence [kòérans] f. coherence. ‖ **cohérent** [-an] adj. coherent.

cohésion [kòézyon] f. cohesion, cohesiveness.

cohorte [kòòrt] f. cohort.

cohue [kòü] f. crush; throng; press.

coi, coite [kwà, kwàt] adj. quiet, silent.

coiffe [kwàf] f. cap; head-dress; lining. ‖ **coiffé** [-é] adj. covered, wearing a hat; arranged [cheveux]; né coiffé, born with a silver spoon in one's mouth. ‖ **coiffer** [-é] v. to cover [tête]; to suit [chapeau]; to do [cheveux]; se coiffer, to do one's hair; to wear [chapeau]; to be infatuated [de, with]. ‖ **coiffeur, -euse** [-œr, -ëz] m., f. hairdresser. ‖ **coiffure** [-ür] f. head-gear; hair-style; hairdressing.

coin [kwin] m. corner; nook; patch [terre]; stamp, die; wedge, chock; au coin du feu, by the fire-side. ‖ **coincer** [-sé] v. to wedge; se coincer, to stick, to jam.

coïncidence [kòinsìdans] f. coincidence; coïncident, coincident. ‖ **coïncider** [-é] v. to coincide.

coing [kwin] m. quince.

coke [kòk] m. coke.

col [kòl] m. neck [bouteille]; collar; pass (geogr.); faux col, detachable collar; col-bleu, bluejacket.

colère [kòlèr] f. anger, wrath, passion; adj. choleric, passionate; en colère, angry. ‖ **coléreux** [-érè] adj.* irascible, hot-tempered. ‖ **colérique** [-érìk] adj. choleric; bilious.

colifichet [kòlìfìshè] m. gew-gaw; pl. fancy-goods.

colimaçon [kòlìmàson] m. snail; escalier en colimaçon, spiral staircase.

colique [kòlìk] f. colic, stomach-ache.

colis [kòlì] m. parcel, package; bundle; par colis postal, by parcel post; pl. luggage.

collaborateur, -trice [kòllàbòràtœr, -tris] *m., f.* collaborator; colleague, co-worker; contributor. ‖ **collaboration** [-àsyoⁿ] *f.* collaboration. ‖ **collaborer** [-é] *v.* to collaborate; to contribute [publication].

collage [kòlàʒ] *m.* pasting; gluing. ‖ **collant** [-aⁿ] *adj.* adhesive, sticky; tight, close-fitting.

collation [kòlàsyoⁿ] *f.* collation; checking; snack, light meal. ‖ **collationner** [-yòné] *v.* to collate, to compare; to check; to have a snack.

colle [kòl] *f.* glue, gum; paste; poser, difficult question.

collecte [kòlèkt] *f.* collect (eccles.); collection. ‖ **collecteur** [-œr] *m.* collector; tax-collector; *m., adj.* commutator (electr.); *égout collecteur,* main sewer. ‖ **collectif** [-ìf] *adj.** collective, joint. ‖ **collection** [kòlèksyoⁿ] *f.* collection; **collectionner,** to collect; **collectionneur,** collector. ‖ **collectivité** [kòlèktìvìté] *f.* collectivity; community.

collège [kòlèʒ] *m.* college; *Br.* secondary grammar school, high school; *collège électoral;* electoral body, *Am.* electoral college. ‖ **collégien, -enne** [-yiⁿ, -yèn] *m., f.* schoolboy, schoolgirl.

collègue [kòlèg] *m., f.* colleague.

coller [kòlé] *v.* to stick; to paste; to glue; to clarify [vins]; to fit closely; (pop.) to fail, to plough [candidat]; *Am.* to flunk; **se coller,** to cling together.

collet [kòlè] *m.* collar; cape; neck [outil]; flange [tuyau]; snare, trap; *collet monté,* prissy, straight-laced; *prendre au collet,* to collar; to snare.

collier [kòlyé] *m.* necklace; collar; ring; *coup de collier,* big effort.

colline [kòlìn] *f.* hill.

collision [kòllìzyoⁿ] *f.* collision; shock; conflict; clash.

colloque [kòllòk] *m.* parley; conversation; symposium.

collutoire [kòllütwàr] *m.* gargle.

colmater [kòlmàté] *v.* to warp (geol.); to clog; to seal up [brèche], to fill in [trou].

colombe [kòloⁿb] *f.* dove; *colombier,* dovecote; pigeon-hole (typogr.).

colon [kòloⁿ] *m.* colonial; colonist, settler; planter.

côlon [kôloⁿ] *m.* colon (anat.).

colonel [kòlònèl] *m.* colonel.

colonial [kòlònyàl] *m., adj.** colonial. ‖ **colonialisme** [-ìsm] *m.* imperialism. ‖ **colonie** [-ì] *f.* colony, settlement; *colonie de vacances,* holiday camp. ‖ **colonisateur, -trice** [-ìzàtœr, -trìs] *m.,*

f. colonizer; *adj.* colonizing. ‖ **colonisation** [-ìzàsyoⁿ] *f.* colonization, settling. ‖ **coloniser** [-ìzé] *v.* to colonize, to settle.

colonne [kòlòn] *f.* pillar, column; *colonne vertébrale,* spinal column, backbone.

colophane [kòlòfàn] *f.* rosin.

coloquinte [kòlòkìⁿt] *f.* colocynth; noddle (fam.).

colorant [kòlòraⁿ] *m.* dye; *adj.* colo(u)ring. ‖ **coloration** [-àsyoⁿ] *f.* colo(u)ring. ‖ **coloré** [-é] *adj.* highly colo(u)red; florid, ruddy [teint]. ‖ **colorer** [-é] *v.* to colo(u)r, to dye. ‖ **colorier** [-yé] *v.* to colour. ‖ **coloris** [-ì] *m.* colo(u)ring, colo(u)r.

colossal [kòlòsàl] *adj.** colossal, gigantic. ‖ **colosse** [kòlòs] *m.* colossus.

colporter [kòlpòrté] *v.* to hawk, to peddle; to spread [nouvelles]; *colporteur,* hawker, *Br.* pedlar; *Am.* peddler; newsmonger [nouvelles].

coltiner [kòltìné] *v.* to porter; to lug.

coma [kòmà] *m.* coma.

combat [koⁿbà] *m.* combat, battle; fight; struggle; contest; engagement; *mettre hors de combat,* to disable. ‖ **combatif** [-tìf] *adj.** pugnacious. ‖ **combativité** [-tìvìté] *f.* pugnaciousness. ‖ **combattant** [-taⁿ] *m.* fighter; *ancien combattant,* ex-serviceman, *Am.* veteran. ‖ **combattre** [-tr] *v.** to fight, to contend; to oppose; to struggle.

combien [koⁿbyiⁿ] *adv.* (followed by *v.* or *adj.*) how many; how much; *combien de,* how much; how many; how far [distance]; *combien de fois,* how often.

combinaison [koⁿbìnèzoⁿ] *f.* combination, arrangement; plan; flying suit; overalls; combinations; slip [femme]. ‖ **combine** [koⁿbìn] *f.* (pop.) plan, scheme, racket. ‖ **combiné** [-é] *m.* combined set; radiogram. ‖ **combiner** [-ìné] *v.* to combine; to devise; *se combiner,* to combine.

comble [koⁿbl] *m.* heaped measure; height, summit; roof, roofing; *adj.* brimful, full up; *ça, c'est le comble,* that's the last straw; *de fond en comble,* from top to bottom; *salle comble,* packed house. ‖ **combler** [-é] *v.* to fill up; to heap up; to make good [déficit]; to gratify [désir]; to fill [lacune].

combustible [koⁿbüstìbl] *m.* fuel; *adj.* combustible. ‖ **combustion** [-yoⁿ] *f.* combustion, burning.

comédie [kòmédì] *f.* comedy; acting; play; pretence; farce. ‖ **comédien, -enne** [-yiⁿ, -yèn] *m., f.* comedian; actor, player; hypocrite.

comestible [kòmèstìbl] *m.* provisions; *pl.* foodstuffs; victuals; *adj.* eatable, edible.

comète [kòmèt] *f.* comet.

comique [kòmìk] *m.* comedian, humorist; comic art; funny side; humo(u)r; *adj.* comic, comical, funny.

comité [kòmìté] *m.* committee, board; *en petit comité,* a select party, making a small group.

commandant [kòmaⁿdaⁿ] *m.* major (mil.); commanding officer; commodore (naut.); squadron-leader (aviat.); *adj.* commanding. ‖ **commande** [kòmaⁿd] *f.* order; control (techn.); drive (techn.); lever; *sur commande,* to order; *levier de commande,* control lever, stick (aviat.); *bulletin de commande,* order-form. ‖ **commandement** [-maⁿ] *m.* command, order, commandment; authority. ‖ **commander** [-é] *v.* to order, to command; to govern; to overlook, to dominate; to control. ‖ **commanditaire** [-ìtèr] *m. Br.* sleeping partner, *Am.* silent partner; backer, angel (theat.). ‖ **commandite** [-ìt] *f.* limited liability (comm.); *en commandite,* limited joint-stock. ‖ **commanditer** [-té] *v.* to finance, to stake; to angel.

comme [kòm] *adv.* as, like; how; in the way of; *conj.* as; *faites comme moi,* do as I do; *comme il entrait,* as he was entering, on entering; *comme il est bon,* how kind he is; *comme mort,* almost dead.

commémoratif [kòmmèmòràtìf] *adj.*⁰ commemorative. ‖ **commémoration** [-àsyoⁿ] *f.* commemoration. ‖ **commémorer** [-é] *v.* to commemorate.

commençant [kòmaⁿsaⁿ] *m.* beginner. ‖ **commencement** [-maⁿ] *m.* beginning, start, outset. ‖ **commencer** [-sé] *v.* to commence, to begin, to start; to open.

commensal [kòmaⁿsàl] *m.*⁰ commensal; table-companion; guest.

comment [kòmaⁿ] *adv.* how; *interj.* what! why!

commentaire [kòmaⁿtèr] *m.* commentary; comment; note; remark. ‖ **commentateur** [-àtœr] *m.* commentator. ‖ **commenter** [-é] *v.* to comment upon, to criticize.

commérage [kòmérà] *m.* gossip.

commerçant [kòmèrsaⁿ] *m.* tradesman, merchant, trader; *adj.* mercantile; commercial; shopping. ‖ **commerce** [kòmèrs] *m.* trade, commerce; intercourse; *commerce de détail,* retail trade. ‖ **commercer** [-é] *v.* to trade, to deal. ‖ **commercial** [-yàl] *adj.*⁰ commercial, trading, business; *commercialiser,* to commercialize.

commère [kòmèr] *f.* fellow-sponsor at baptism; gossip; crony.

commettre [kòmètr] *v.*⁰ to commit; to entrust; to perpetrate.

commis [kòmì] *p. p., adj., see* **commettre;** *m.* clerk; agent; shop-assistant; *commis voyageur, Br.* commercial travel(l)er, *Am.* drummer, travel(l)ing salesman.

commisération [kòmìzéràsyoⁿ] *f.* commiseration, pity.

commissaire [kòmìsèr] *m.* commissioner; superintendent [police]; purser [bateau]; *commissaire-priseur,* valuer; auctioneer. ‖ **commissariat** [àryà] *m.* commissioner's office; police station.

commission [kòmìsyoⁿ] *f.* commission; committee; message, errand. ‖ **commissionnaire** [-yònèr] *m.* commission-agent (comm.); messenger; errand-boy. ‖ **commissionner** [-yòné] *v.* to commission.

commissure [kòmìsür] *f.* commissure; corner of the lips.

commode [kòmòd] *f.* chest of drawers; *adj.* convenient; handy; good-natured. ‖ **commodité** [-ìté] *f.* convenience, comfort.

commotion [kòmòsyoⁿ] *f.* disturbance, commotion; shock (electr.); concussion (med.). ‖ **commotionner** [-né] *v.* to shock.

commuer [kòmüé] *v.* to commute.

commun [kòmuⁿ] *m.* joint property; generality; common people; *pl.* outbuildings; *adj.* common, usual; vulgar; *faire cause commune avec,* to side with. ‖ **communal** [kòmünàl] *adj.*⁰ common [terre], communal. ‖ **communauté** [-ôté] *f.* community, society; Commonwealth.

commune [kòmün] *f.* parish; *Chambre des Communes, Br.* House of Commons.

communiant [kòmünyaⁿ] *m.* communicant.

communicatif [kòmünìkàtìf] *adj.*⁰ communicative. ‖ **communication** [-àsyoⁿ] *f.* communication; message.

communier [kòmünyé] *v.* to take Holy Communion, to communicate. ‖ **communion** [-nyoⁿ] *f.* communion.

communiqué [kòmünìké] *m.* official news, bulletin. ‖ **communiquer** [-é] *v.* to communicate, to impart, to transmit; to circulate; *se communiquer,* to spread.

communisme [kòmünìsm] *m.* communism. ‖ **communiste** [-ìst] *m., f.* communist.

commutateur [kòmütàtœr] *m.* commutator (electr.); switch.

compact [ko^{n}pàkt] *adj.* compact, close.

compagne [ko^{n}pàñ] *f.* companion; wife; mate, partner. || *compagnie* [-î] *f.* company, society; party; fellowship; *tenir compagnie,* to keep company. || *compagnon* [-o^n] *m.* companion, fellow, comrade; mate, partner.

comparable [ko^{n}pàràbl] *adj.* comparable. || *comparaison* [-èzo^n] *f.* comparison.

comparaître [ko^{n}pàrètr] *v.* to appear in court (jur.).

comparatif [ko^{n}pàràtìf] *m.*, *adj.*° comparative. || *comparer* [ko^{n}pàré] *v.* to compare; to liken.

comparse [ko^{n}pàrs] *m.*, *f.* supernumerary; confederate.

compartiment [ko^{n}pàrtìma^n] *m.* compartment; division; partition. || *compartimenter* [-té] *v.* to compart.

comparution [ko^{n}pàrüsyo^n] *f.* appearance (jur.).

compas [ko^{n}pà] *m.* compasses; compass (naut.). || *compassé* [-sé] *adj.* formal, stiff; regular.

compassion [ko^{n}pàsyo^n] *f.* compassion, pity.

compatibilité [ko^{n}pàtìbìlìté] *f.* compatibility. || *compatible* [ko^{n}pàtìbl] *adj.* compatible; suitable.

compatir [ko^{n}pàtîr] *v.* to sympathize, to bear with; *compatissant,* compassionate, tender; sympathetic.

compatriote [ko^{n}pàtrìòt] *m.* compatriot, fellow-countryman.

compensateur, -trice [ko^{n}pa^{n}sàtœr, -trìs] *m.* compensator; *adj.*° compensating (techn.). || *compensation* [-àsyo^n] *f.* compensation; balancing (techn.). || *compenser* [ko^{n}pa^{n}sé] *v.* to compensate; to make up for; to adjust [compas].

compère [ko^{n}pèr] *m.* fellow-sponsor at baptism; compère; accomplice; comrade, old fellow (fam.), pal; *compère-loriot,* sty (med.).

compétence [ko^{n}péta^{n}s] *f.* competence, authority, powers (jur.); skill, ability; *compétent,* competent; cognizant (jur.).

compétiteur, -trice [ko^{n}pétìtœr, -trìs] *m.*, *f.* competitor, rival. || *compétition* [-Isyo^n] *f.* competition, rivalry.

compilateur, -trice [ko^{n}pìlàtœr, -trìs] *m.*, *f.* compiler. || *compilation* [-syo^n] *f.* compiling; compilation. || *compiler* [-lé] *v.* to compile.

complaire [ko^{n}plèr] *v.* to please; *se complaire à,* to take pleasure in. || *complaisance* [ko^{n}plèza^{n}s] *f.* obligingness; complacency; self-satisfaction; *complaisant,* obliging; complacent, self-satisfied.

complément [ko^{n}pléma^n] *m.* complement; object (gramm.). || *complémentaire* [-tèr] *adj.* complementary.

complet [ko^{n}plè] *m.* suit. || *complet, -plète* [-plè, -plèt] *adj.* complete; entire; whole; full; *au complet,* full up. || *compléter* [-été] *v.* to complete, to fill up.

complexe [ko^{n}plèks] *m.* complex (psych.); *adj.* complex, complicated. || *complexion* [-yo^n] *f.* constitution; temperament. || *complexité* [-lté] *f.* complexity.

complication [ko^{n}plìkàsyo^n] *f.* complication; complexity.

complice [ko^{n}plìs] *m.*, *f.* accomplice; party; accessory; *adj.* abetting; knowing. || *complicité* [lté] *f.* complicity; aiding and abetting (jur.).

compliment [ko^{n}plìma^n] *m.* compliment; congratulation; flattery; *pl.* greetings; kindest regards. || *complimenter* [-té] *v.* to compliment; to congratulate.

compliqué [ko^{n}plìké] *adj.* complicated, elaborate, intricate. || *compliquer* [-é] *v.* to complicate.

complot [ko^{n}plô] *m.* plot, conspiracy; scheme. || *comploter* [-òté] *v.* to plot, to conspire; to be up to.

comportement [ko^{n}pòrtma^n] *m.* behavior. || *comporter* [-té] *v.* to admit of; to comprise; to require; to involve; *se comporter,* to behave.

composant [ko^{n}pòza^n] *m.*, *adj.* component. || *composé* [-é] *m.* compound; *adj.* compound; composed; impassive [visage]; composite. || *composer* [-é] *v.* to compose; to compound; to set (typogr.); to arrange. || *compositeur, -trice* [-ìtœr, -trìs] *m.*, *f.* composer; compositor (typogr.). || *composition* [ko^{n}pòzìsyo^n] *f.* composing, composition; type-setting; agreement; mixture (med.); theme, examination paper.

compote [ko^{n}pòt] *f.* stewed fruit.

compréhensible [ko^{n}préa^{n}sìbl] *adj.* comprehensible, understandable. || *compréhensif* [-ìf] *adj.*° comprehensive; understanding. || *compréhension* [-yo^n] *f.* understanding, grasp.

comprendre [ko^{n}pra^{n}dr] *v.*° to understand, to grasp, to comprehend; to include, to cover; *se comprendre,* to be understood; to understand each other.

compresse [ko^{n}près] *f.* compress (med.). || *compresseur* [-œr] *m.* compressor; supercharger [moteur]; *rouleau compresseur,* road-roller. || *compression* [-yo^n] *f.* compression; repression; restriction.

comprimé [koⁿprĭmé] *adj.* compressed; *m.* tablet (med.). ‖ **comprimer** [-é] *v.* to compress; to check, to restrain.

compris [koⁿprĭ] *p. p., adj.*, see **comprendre**; *non compris*, exclusive of; *y compris*, including.

compromettant [koⁿprŏmètaⁿ] *adj.* dangerous, bad. ‖ **compromettre** [-ètr] *v.* to compromise; to endanger; to jeopardize; to impair.

compromis [koⁿprŏmĭ] *m.* compromise. ‖ **compromission** [-syoⁿ] *f.* compromising with one's conscience.

comptabiliser [koⁿtàbĭlĭzé] *v.* to enter into the books. ‖ **comptabilité** [koⁿtàbĭlĭté] *f.* book-keeping, accountancy; accountancy department. ‖ **comptable** [-àbl] *m.* book-keeper, accountant; *adj.* responsible. ‖ **comptant** [-aⁿ] *m.* cash, ready money; *adj.* ready [argent]; *au comptant*, for cash. ‖ **compte** [koⁿt] *m.* account; count; reckoning; number; *à compte*, on account; *en fin de compte*, after all; *faire entrer en ligne de compte*, to take into account; *mettre sur le compte de*, to impute to; *se rendre compte de*, to realize; *compte courant*, current account; *tenir compte de*, to take into consideration; *compte rendu*, account, report; *régler un compte*, to settle an account. ‖ **compter** [-é] *v.* to reckon, to count; to rely. ‖ **compteur** [-œr] *m.* computer; counter; meter. ‖ **comptoir** [-twàr] *m.* counter; bar; department; agency; branch; bank.

compulser [koⁿpülsé] *v.* to go through.

comté [koⁿté] *m.* county.

comte [koⁿt] *m.* count, *Br.* earl. ‖ **comtesse** [-ès] *f.* countess.

concasser [koⁿkàsé] *v.* to break up, to pound, to crush.

concave [koⁿkàv] *adj.* concave.

concéder [koⁿsédé] *v.* to allow, to grant, to concede.

concentration [koⁿsaⁿtràsyoⁿ] *f.* concentration. ‖ **concentrer** [-é] *v.* to concentrate; to intensify; to focus; *lait concentré*, condensed milk; *concentré de viande*, meat extract.

conception [koⁿsèpsyoⁿ] *f.* conception; idea; point of view.

concernant [koⁿsèrnaⁿ] *prep.* concerning, regarding. ‖ **concerner** [-é] *v.* to concern, to affect.

concert [koⁿsèr] *m.* concert. ‖ **concerter** [-té] *v.* to concert; to plan.

concession [koⁿsèsyoⁿ] *f.* concession, grant; plot. ‖ **concessionnaire** [-yònèr] *m., f.* grantee; licence-holder; patentee; concessionnaire.

concevable [koⁿsèvàbl] *adj.* conceivable. ‖ **concevoir** [koⁿsèvwàr] *v.** to conceive; to imagine; to devise.

concierge [koⁿsyèrj] *m., f.* hall-porter; door-keeper; janitor; caretaker.

conciliabule [koⁿsĭlyàbül] *m.* confabulation; secret meeting.

conciliant [koⁿsĭlyaⁿ] *adj.* conciliatory. ‖ **conciliation** [-yàsyoⁿ] *f.* conciliation. ‖ **concilier** [-yé] *v.* to conciliate, to reconcile; to win over.

concis [koⁿsĭ] *adj.* concise, brief; **concision**, conciseness, brevity.

concitoyen [koⁿsĭtwàyiⁿ] *m.* fellow-citizen.

conclave [koⁿklàv] *m.* conclave.

concluant [koⁿklüaⁿ] *adj.* conclusive. ‖ **conclure** [-ür] *v.** to conclude, to finish; to infer. ‖ **conclusion** [-üzyoⁿ] *f.* conclusion; termination; finding, opinion (jur.).

concombre [koⁿkoⁿbr] *m.* cucumber.

concordance [koⁿkòrdaⁿs] *f.* concordance, agreement; sequence (gramm.). ‖ **concorde** [koⁿkòrd] *f.* agreement, harmony. ‖ **concorder** [koⁿkòrdé] *v.* to agree, to concur.

concourir [koⁿkûrĭr] *v.** to converge; to vie to, to compete [*pour*, for]; to co-operate [*à*, in]. ‖ **concours** [koⁿkûr] *m.* concourse, gathering; co-operation; help; competitive examination; competition; match.

concret, -crète [koⁿkrè, -krèt] *adj.* concrete; actual; solid. ‖ **concrétiser** [-tĭzé] *v.* to concretize.

conçu [koⁿsü] *p. p. of* **concevoir**.

concubinage [koⁿkübĭnàj] *m.* concubinage. ‖ **concubine** [koⁿkübĭn] *f.* concubine.

concurrence [koⁿküraⁿs] *f.* rivalry; competition; *faire concurrence à*, to compete with. ‖ **concurrent** [-aⁿ] *m.* competitor, rival; candidate; *adj.* competitive, rival.

concussion [koⁿküsyoⁿ] *f.* misappropriation of funds, embezzlement; extortion.

condamnable [koⁿdànàbl] *adj.* blame-worthy. ‖ **condamnation** [-àsyoⁿ] *f.* conviction, sentence (jur.); blame, censure, reproof. ‖ **condamné** [-é] *m.* convict; condemned person. ‖ **condamner** [-é] *v.* to condemn; to sentence (jur.); to censure; to reprove.

condensateur [koⁿdaⁿsàtœr] *m.* condenser (electr.); *adj.* condensing. ‖ **condensation** [-àsyoⁿ] *f.* condensation. ‖ **condensé** [-é] *m.* digest. ‖ **condenser** [-é] *v.* to condense; **condenseur**, condenser (mech.).

condescendance [koⁿdèsaⁿdaⁿs] *f.* condescension. ‖ **condescendre** [koⁿdèsaⁿdr] *v.* to comply; to condescend; to deign.

condiment [koⁿdìmaⁿ] *m.* condiment; spice.

condisciple [koⁿdìsìpl] *m.* school-fellow, school-mate; fellow-student.

condition [koⁿdìsyoⁿ] *f.* condition, state, circumstances; rank; *pl.* terms; *à condition*, on condition. ‖ **conditionnel** [-yònèl] *m.*, *adj.** conditional. ‖ **conditionnement** [-yònmaⁿ] *m.* conditioning; wrapping. ‖ **conditionner** [-né] *v.* to condition; to wrap up.

condoléances [koⁿdòléaⁿs] *f. pl.* condolence; *sincères condoléances*, deepest sympathy.

conducteur, -trice [koⁿdüktœr, -trìs] *m., f.* conductor; leader; driver [voiture]; *adj.* conducting.

conduire [koⁿdüìr] *v.** to lead, to conduct, to guide; to direct; to steer [naut.]; to drive [auto]; to convey, to look after, to manage, to run [affaires]; *se conduire*, to behave; to find one's way. ‖ *conduit* [koⁿdüì] *m.* conduit, pipe, passage, duct; *conduit principal*, main. ‖ **conduite** [koⁿdüìt] *f.* conducting, guidance; driving, management, command; channel, pipe; behavio(u)r; *changer de conduite*, to mend one's ways.

cône [kôn] *m.* cone.

confection [koⁿfèksyoⁿ] *f.* making; manufacture; ready-made clothes. ‖ **confectionner** [-yòné] *v.* to make up, to manufacture; **confectionneur**, outfitter, clothier.

confédération [koⁿfédéràsyoⁿ] *f.* confederation. ‖ **confédérer** [-é] *v.* to confederate, to unite.

conférence [koⁿféraⁿs] *f.* conference; lecture; consultation (med.). ‖ **conférencier** [-yé] *m.* lecturer.

conférer [koⁿféré] *v.* to compare [documents]; to award; to confer.

confesser [koⁿfèsé] *v.* to confess; to avow; to own up to; *se confesser*, to confess one's sins; **confesseur**, confessor; **confession**, confession; avowal.

confiance [koⁿfyaⁿs] *f.* confidence, trust; *confiance en soi*, self-confidence. ‖ **confiant** [-yaⁿ] *adj.* trusting, confident; trustful; sanguine.

confidence [koⁿfìdaⁿs] *f.* confidence, secret. ‖ **confident** [-aⁿ] *m.* confidant; sociable. ‖ **confidente** [-aⁿt] *f.* confidante. ‖ **confidentiel** [-yèl] *adj.** confidential, private, secret.

confier [koⁿfyé] *v.* to entrust; to disclose [nouvelles]; *se confier*, to confide; to rely [à, on].

configuration [koⁿfìgüràsyoⁿ] *f.* configuration, outline.

confiner [koⁿfìné] *v.* to border upon; to confine. ‖ **confins** [koⁿfiⁿ] *m. pl.* confines, limits, borders.

confire [koⁿfìr] *v.** to preserve, to pickle.

confirmation [koⁿfìrmàsyoⁿ] *f.* confirmation. ‖ **confirmer** [-é] *v.* to confirm; to corroborate, to bear out; to ratify.

confiscation [koⁿfìskàsyoⁿ] *f.* confiscation, seizure, forfeiture.

confiserie [koⁿfìzrî] *f.* confectionery, confectioner's shop, *Am.* candy shop. ‖ **confiseur** [-œr] *m.* confectioner.

confisquer [koⁿfìské] *v.* to confiscate.

confit [koⁿfì] *p. p., adj., see **confire**; *fruits confits*, preserved fruit. ‖ **confiture** [-tür] *f.* jam, preserve.

conflagration [koⁿflàgràsyoⁿ] *f.* conflagration.

conflit [koⁿflì] *m.* conflict, strife, clash.

confluent [koⁿflüaⁿ] *m.* confluence, meeting [eaux].

confondre [koⁿfoⁿdr] *v.* to confound, to confuse; to intermingle; *se confondre*, to blend; to be lost; to be confused.

conformation [koⁿfòrmàsyoⁿ] *f.* conformation. ‖ **conforme** [koⁿfòrm] *adj.* consistent; identical; **conformément**, in accordance [à with]. ‖ **conformer** [-é] *v.* to shape, to form; *se conformer*, to conform. ‖ **conformisme** [-ìsm] *m.* conventionalism; conformity; orthodoxy. ‖ **conformiste** [-ìst] *m., f.* formalist, conventionalist; conformist. ‖ **conformité** [-ìté] *f.* conformity.

confort [koⁿfòr] *m.* comfort. ‖ **confortable** [-tàbl] *adj.* comfortable.

confraternel [koⁿfràtèrnèl] *adj.** brotherly, fraternal. ‖ **confraternité** [koⁿfràtèrnìté] *f.* brotherhood.

confrère [koⁿfrèr] *m.* colleague. ‖ **confrérie** [-frérî] *f.* confraternity; guild.

confrontation [koⁿfroⁿtasyoⁿ] *f.* collation; confrontation. ‖ **confronter** [koⁿfroⁿté] *v.* to confront; to compare [textes].

confus [koⁿfü] *adj.* confused, mixed; obscure; dim; indistinct; muffled; embarrassed; at a loss. ‖ **confusion** [-zyoⁿ] *f.* confusion, disorder; embarrassment.

congé [koⁿjé] *m.* leave, holiday; discharge (mil.); dismissal; permit; clearance [bateau]; *un jour de congé*, a day off; *prendre congé*, to take leave; *donner congé*, to dismiss; *demander* *son congé,* to give notice. ‖ *congédier* [-dyé] *v.* to dismiss, to discharge, to lay off.

congélation [koⁿjélàsyoⁿ] *f.* coagulation; freezing. ‖ *congeler* [koⁿjlé] *v.* to congeal, to solidify; to freeze.

congénère [koⁿjénèr] *s.* congener; like, fellow.

congénital [koⁿjénitàl] *adj.** congenital, inborn.

congère [koⁿjèr] *f.* snowdrift.

congestion [koⁿjèstyoⁿ] *f.* congestion (med.); *congestion pulmonaire,* pneumonia; *congestionné,* flushed [visage]; *se congestionner,* to become congested; to flush up; to turn purple in the face.

congratuler [koⁿgràtülé] *v.* to congratulate.

congrégation [koⁿgrégàsyoⁿ] *f.* congregation (eccles.); brotherhood.

congrès [koⁿgrè] *m.* congress. ‖ *congressiste* [-sìst] *s.* member of a congress.

congru [koⁿgrü] *adj.* adequate; suitable; *portion congrue,* bare living, *congrûment,* duly, correctly.

conique [konìk] *adj.* conical; tapering.

conjecture [koⁿjèktür] *f.* conjecture, guess, surmise; *conjecturer,* to conjecture, to surmise.

conjoint [koⁿjwiⁿ] *adj.* joint; wedded, married (jur.); *m. pl.* husband and wife.

conjonction [koⁿjoⁿksyoⁿ] *f.* conjunction.

conjoncture [koⁿjoⁿktür] *f.* conjuncture, juncture.

conjugaison [koⁿjügèzoⁿ] *f.* conjugation.

conjugal [koⁿjügàl] *adj.** conjugal.

conjuguer [koⁿjügé] *v.* to conjugate; to couple, to combine.

conjuration [koⁿjüràsyoⁿ] *f.* conspiracy, plot; entreaties. ‖ *conjurer* [-é] *v.* to conspire, to plot; to exorcise; to entreat.

connaissable [kònèsàbl] *adj.* recognizable. ‖ *connaissance* [-aⁿs] *f.* knowledge; learning; acquaintance; consciousness; *prendre connaissance de,* to take note of; *perdre connaissance,* to faint; *en connaissance de cause,* knowingly; *sans connaissance,* unconscious. ‖ *connaisseur* [-œr] *m.* connoisseur, expert; *adj.** expert. ‖ *connaître* [kònêtr] *v.** to know, to be aware of; to understand; to experience; *faire connaître,* to bring to one's knowledge, to communicate; to make known; *se connaître,* to be acquaint-

ed; *ne plus se connaître,* to be beside oneself; *se connaître en,* to be an expert in.

connexion [kònèksyoⁿ] *f.* connection, lead (electr.).

connivence [kònivaⁿs] *f.* connivance, complicity.

connu [kònü] *adj.* known, discovered; *p. p. of* connaître.

conquérant [koⁿkéraⁿ] *m.* victor, conqueror; *adj.* conquering. ‖ *conquérir* [-érîr] *v.** to conquer, to subdue; to win over. ‖ *conquête* [-èt] *f.* conquest; acquisition.

conquis *p. p. of* conquérir.

consacrer [koⁿsàkré] *v.* to consecrate; to dedicate; to devote; *expression consacrée,* stock phrase.

consanguin [koⁿsaⁿgiⁿ] *adj.* consanguineous, consanguineous.

conscience [koⁿsyaⁿs] *f.* conscience; consciousness; conscientiousness; *avoir conscience de,* to be aware of; *cas de conscience,* matter of conscience, scruple; *consciencieux,* conscientious. ‖ *conscient* [koⁿsyaⁿ] *adj.* conscious, aware.

conscrit [koⁿskrì] *m.* recruit, conscript (mil.), *Am.* draftee.

consécration [koⁿsékràsyoⁿ] *f.* consecration.

consécutif [koⁿsékütìf] *adj.** consecutive; following upon.

conseil [koⁿsèy] *m.* advice; resolution; council; meeting of directors; counsel (jur.); adviser; *conseil d'administration,* board of directors; *conseil municipal,* town council; *un bon conseil,* a good piece of advice; *prendre conseil de,* to take counsel of; *conseil de guerre,* council of war; court-martial. ‖ *conseiller* [-é] *v.* to advise, to recommend. ‖ *conseiller* [-é] *m.* council(l)or; adviser.

consentement [koⁿsaⁿtmaⁿ] *m.* consent, assent. ‖ *consentir* [-îr] *v.* to consent, to agree; to authorize, grant.

conséquence [koⁿsékaⁿs] *f.* consequence, issue, result, sequel; importance; *en conséquence,* accordingly; as a result; *sans conséquence,* of no importance. ‖ *conséquent* [-aⁿ] *adj.* consistent; following; *par conséquent,* therefore.

conservateur, -trice [koⁿsèrvàtœr, -trìs] *m., f.* conservative; keeper; guardian; curator; *adj.* conservative; preservative. ‖ *conservation* [-àsyoⁿ] *f.* preservation, conservation. ‖ *conservatoire* [-àtwàr] *m.* school, academy; *adj.* conservative [mesures]. ‖ *conserve* [koⁿsèrv] *f.* preserve; tinned food, *Am.*

canned food; *conserves au vinaigre*, pickles; *de conserve*, together, in convoy. ‖ *conserver* [-é] *v.* to preserve, to keep, to maintain; *se conserver*, to keep [nourriture].

considérable [koⁿsĭdérȧbl] *adj.* considerable; extensive; important; notable. ‖ *considération* [-àsyoⁿ] *f.* consideration; motive; esteem. ‖ *considérer* [-é] *v.* to consider; to contemplate; to gaze on; to regard; to ponder.

consignation [koⁿsĭñȧsyoⁿ] *f.* consignment; deposit. ‖ *consigne* [koⁿsĭñ] *f.* order, instructions; detention [lycée]; *Br.* cloakroom [gare], *Am.* baggage-room, check-room. ‖ *consigner* [-ĭñé] *v.* to deposit; to consign; to check [bagages]; to register; to detain; to confine to barracks (mil.).

consistance [koⁿsĭstaⁿs] *f.* consistency, firmness. ‖ *consistant* [-aⁿ] *adj.* consistent, firm, compact, stiff. ‖ *consister* [-é] *v.* to consist, to be made [en, of].

consistoire [koⁿsĭstwȧr] *m.* consistory.

consœur [koⁿsœr] *f.* sister-member, colleague.

consolateur, -trice [koⁿsòlȧtœr, -trĭs] *m., f.* consoler, comforter; *adj.* consoling. ‖ *consolation* [-àsyoⁿ] *f.* consolation, solace. ‖ *consoler* [-é] *v.* to console, to comfort.

consolidation [koⁿsòlĭdȧsyoⁿ] *f.* consolidation; healing [fracture]; funding. ‖ *consolider* [-é] *v.* to consolidate; to fund [dettes]; to heal up (med.).

consommateur, -trice [koⁿsòmȧtœr, -trĭs] *m., f.* consumer; customer [restaurant]. ‖ *consommation* [-àsyoⁿ] *f.* consumption; consummation; drink. ‖ *consommé* [-é] *m.* broth, soup; *adj.* consummate. ‖ *consommer* [-é] *v.* to consume; to use up; to waste; to complete.

consomption [koⁿsoⁿpsyoⁿ] *f.* wasting, decline.

consonne [koⁿsòn] *f.* consonant.

consort [koⁿsòr] *m.* consort; *pl.* associates, confederates.

conspirateur, -trice [koⁿspĭrȧtœr, -trĭs] *m., f.* conspirator. ‖ *conspiration* [-àsyoⁿ] *f.* conspiracy, plot. ‖ *conspirer* [-é] *v.* to conspire, to plot; to tend.

conspuer [koⁿspüé] *v.* to run down; to boo; to conspue.

constamment [koⁿstȧmaⁿ] *adv.* steadily; continually, constantly. ‖ *constance* [-aⁿs] *f.* steadiness, constancy. ‖ *constant* [-aⁿ] *adj.* steadfast; invariable, constant. ‖ *constante* [aⁿt] *f.* constant (math.).

constatation [koⁿstȧtȧsyoⁿ] *f.* authentic fact; statement; verification; confirmation. ‖ *constater* [-é] *v.* to report; to state; to establish; to confirm; to ascertain, to verify.

constellation [koⁿstèllȧsyoⁿ] *f.* constellation. ‖ *consteller* [-é] *v.* to constellate; to stud [bijoux].

consternation [koⁿstèrnȧsyoⁿ] *f.* consternation, dismay. ‖ *consterner* [-é] *v.* to dismay, to astound.

constipation [koⁿstĭpȧsyoⁿ] *f.* constipation. ‖ *constiper* [-é] *v.* to constipate.

constituant [koⁿstĭtüaⁿ] *adj.* component, constituent. ‖ *constituer* [-üé] *v.* to constitute, to settle; to establish. ‖ *constitutif* [-tĭf] *adj.** constitutive, basic.

constitution [koⁿstĭtüsyoⁿ] *f.* constitution; establishing; formation; settlement; health; *constitutionnel,* constitutional.

constriction [koⁿstrĭksyoⁿ] *f.* constriction.

constructeur [koⁿstrüktœr] *m.* builder, constructor. ‖ *constructif* [-tĭf] *adj.** constructive. ‖ *construction* [-syoⁿ] *f.* construction, building; structure; *en construction*, building; on the stocks [bateau]. ‖ *construire* [koⁿstrüĭr] *v.** to build, to construct.

consubstantiation [koⁿsübstaⁿsyȧsyoⁿ] *f.* consubstantiation.

consul [koⁿsül] *m.* consul. ‖ *consulat* [-à] *m.* consulate; consulship.

consultant [koⁿsültaⁿ] *adj.* consultant, consulting; *avocat consultant*, lawyer, counsel. ‖ *consultatif* [-àtĭf] *adj.** consultative, advisory. ‖ *consultation* [-àsyoⁿ] *f.* consultation; conference. ‖ *consulter* [-é] *v.* to consult, to refer to; *se consulter*, to consider, to deliberate.

consumer [koⁿsümé] *v.* to consume, to use up.

contact [koⁿtȧkt] *m.* contact; relation; connection (electr.).

contagieux [koⁿtȧjyë] *adj.** contagious, infectious, catching. ‖ *contagion* [-yoⁿ] *f.* contagion, infection.

contamination [koⁿtȧmĭnȧsyoⁿ] *f.* contamination; pollution. ‖ *contaminer* [koⁿtȧmĭné] *v.* to contaminate, to infect (med.); to pollute.

conte [koⁿt] *m.* tale, story.

contemplatif [koⁿtaⁿplȧtĭf] *adj.** contemplative. ‖ *contemplation* [koⁿtaⁿplȧsyoⁿ] *f.* contemplation. ‖ *contempler* [koⁿtaⁿplé] *v.* to contemplate; to gaze upon; to reflect upon, to ponder.

contemporain [koⁿtaⁿpòriⁿ] *m., adj.* contemporary

contenance [koⁿtnaⁿs] *f.* capacity; bearing, countenance; *perdre contenance,* to be put out of countenance; to lose face | **contenir** [-îr] *v.* to include, to contain, to hold; to restrain, to control; *se contenir,* to contain oneself; to refrain; to forbear.

content [koⁿtaⁿ] *adj.* contented, glad, pleased happy satisfied. || **contentement** [-tmaⁿ] *n.* contentment, satisfaction. || **contenter** [-té] *v.* to content, to satisfy, to gratify.

contentieux [koⁿtaⁿsyë] *m.* litigable questions, *adj.* contentious; *bureau du contentieux,* disputed claims department.

contenu [koⁿtnü] *adj.* reserved; stifled; restrained; *m.* contents.

conter [koⁿté] *v.* to tell, to relate.

contestable [koⁿtèstàbl] *adj.* questionable, debatable. || **contestation** [-àsyoⁿ] *f* dispute. || **contester** [-é] *v.* to dispute, to question; to contend.

conteur [koⁿtær] *m.* narrator; storyteller.

contexte [koⁿtèkst] *m.* context.

contigu, uë [koⁿtìgü] *adj.* adjoining, adjacent.

continent [koⁿtìnaⁿ] *adj.* continent, modest.

continent [koⁿtìnaⁿ] *m.* continent; mainland. || **continental** [-tàl] *adj.* continental.

contingence [koⁿtìⁿjaⁿs] *f.* contingency. || **contingent** [-aⁿ] *m.* quota; contingent, *adj* contingent. || **contingenter** [-aⁿté] *v.* to fix quotas for.

continu [koⁿtìnü] *adj.* continuous, continual, unbroken; uninterrupted; direct (electr.) | **continuateur, -trice** [-àtær, -trìs] *m., f.* continuator. || **continuation** [-àsyoⁿ] *f.* continuation, continuance, carrying on. || **continuel** [-èl] *adj.* continual, unceasing. || **continuer** [-é] *v.* to continue; to carry on, to keep on; to prolong; *se continuer,* to last, to be continued.

contondant [koⁿtoⁿdaⁿ] *adj.* bruising, contusive.

contorsion [koⁿtòrsyoⁿ] *f.* contortion. || **contorsionner** [-syòné] *v.* to contort.

contour [koⁿtûr] *m.* contour; outline; circuit [ville]. || **contourner** [-né] *v.* to outline; to go round; to distort; to evade.

contracter [koⁿtràkté] *v.* to contract; to catch [rhume]; to acquire [habitude]; to incur; *se contracter,* to contract, to shrink; to shrivel. || **contraction** [-àksyoⁿ] *f.* contraction, narrowing; shrinking.

contradicteur [koⁿtràdìktær] *m.* opposer opponent. || **contradiction** [-ìksyoⁿ *f* contradiction, inconsistency. || **contradictoire** [-ìktwàr] *adj* contradictory, inconsistent, conflicting; *examen contradictoire,* cross-examination.

contraindre [koⁿtrìⁿdr] *v.* to compel, to force; to coerce; to restrain; *se contraindre,* to restrain oneself. || **contrainte** [koⁿtrìⁿt] *f.* constraint, compulsion embarrassment; *par contrainte* under duress.

contraire [koⁿtrèr] *m., adj.* contrary, opposite adverse; *au contraire,* on the contrary

contrariant [koⁿtràryaⁿ] *adj.* trying, vexatious tiresome; provoking; contradictious | **contrarier** [koⁿtràryé] *v.* to thwart, to oppose; to annoy, to vex. | **contrariété** [-té] *f.* difficulty; clash; annoyance, vexation.

contraste [koⁿtràst] *m.* contrast; **contraster,** to contrast.

contrat [koⁿtrà] *m.* contract, deed, agreement, settlement [mariage]; *dresser un contrat,* to draw up a deed; *passer un contrat,* to execute a deed.

contravention [koⁿtràvaⁿsyoⁿ] *f.* infringement, minor offense; *dresser une contravention à,* to summons.

contre [koⁿtr] *prep.* against; *adv.* near; *tout contre,* close by; *cinq contre un,* five to one; **contre-attaque,** counter-attack; *en contrebas,* lower down; *à contrecœur,* reluctantly; **contre-enquête,** counter-inquiry; **contre-expertise,** countervaluation; **contre-indication,** contra-indication (med.), **contre-jour,** back-lighting false light, **contre-projet,** counter-plan, counter-bill [parlement]; **contre-torpilleur,** destroyer; **contre-voie,** wrong side of the train; *à contre-voie,* up the down track.

contrebalancer [koⁿtrebàlaⁿsé] *v.* to counterbalance; to compensate.

contrebande [koⁿtrebaⁿd] *f.* contraband goods; smuggling; *faire la contrebande,* to smuggle. || **contrebandier** [-yé] *m.* smuggler.

contrebasse [koⁿtrebàs] *f.* double-bass, contrabass; double-bass player.

contrecarrer [koⁿtrekàré] *v.* to thwart [projets].

contrecoup [koⁿtrekû] *m.* rebound; jar; after-effect.

contredire [koⁿtredîr] *v.* to contradict, to gainsay; to be inconsistent; **contredit,** contradiction; *sans contredit,* unquestionably.

contrée [koⁿtré] *f.* country, region.

contrefaçon [koⁿtrᵉfàsoⁿ] *f.* counterfeit, forgery; counterfeiting. ‖ *contrefaire* [koⁿtrᵉfèr] *v.* to forge, to counterfeit; to ape, to imitate; to feign. ‖ **contrefait** [-è] *adj.* forged, counterfeit; feigned; deformed.

contrefort [koⁿtrᵉfôr] *m.* buttress; spur (geogr.).

contremaître [koⁿtrᵉmètr] *m.* overseer, foreman; first mate (naut.).

contrepartie [koⁿtrᵉpàrtì] *f.* counterpart; compensation.

contrepoids [koⁿtrᵉpwà] *m.* counterweight, counterbalance.

contrepoison [koⁿtrᵉpwàzoⁿ] *m.* antidote, counter-poison.

contrer [koⁿtré] *v.* to cross, to thwart.

contresens [koⁿtrᵉsaⁿs] *m.* misinterpretation; nonsense; opposite direction.

contresigner [koⁿtrᵉsìñé] *v.* to countersign.

contretemps [koⁿtrᵉtaⁿ] *m.* mishap; inconvenience; disappointment; syncopation (mus.); *à contretemps*, inopportunely; out of time; syncopated (mus.).

contrevent [koⁿtrᵉvaⁿ] *m.* outside shutter.

contrevérité [koⁿtrᵉvérìté] *f.* untruth.

contribuable [koⁿtrìbüàbl] *m., f.* taxpayer; *adj.* taxable. ‖ *contribuer* [-üé] *v.* to contribute. ‖ *contribution* [-üsyoⁿ] *f.* contribution; tax; duty, excise.

contrister [koⁿtrìsté] *v.* to afflict.

contrit [koⁿtrì] *adj.* contrite. ‖ *contrition* [koⁿtrìsyoⁿ] *f.* contrition, repentance.

contrôlable [koⁿtrôlàbl] *adj.* able to be checked. ‖ *contrôle* [koⁿtrôl] *m.* roll (mil.); controller's office; box-office (theat.); hall-mark; checking; inspection; supervision; control. ‖ *contrôler* [-é] *v.* to check, to verify; to examine; to stamp; to control. ‖ *contrôleur* [-œr] *m.* inspector; supervisor; controller; driver [métro]; ticket collector.

contrordre [koⁿtrôrdr] *m.* countermand.

controverse [koⁿtròvèrs] *f.* controversy.

convaincre [koⁿviⁿkr] *v.* to convince; to convict. ‖ *convaincu* [koⁿviⁿkü] *adj.* earnest, convinced; convicted.

convalescence [koⁿvàlèsaⁿs] *f.* convalescence. ‖ *convalescent* [-aⁿ] *m., adj.* convalescent.

convenable [koⁿvnàbl] *adj.* proper, fit; appropriate; expedient; becoming;

suitable; decent. ‖ *convenance* [koⁿvnaⁿs] *f.* fitness, propriety; decency; expediency; convenience. ‖ *convenir* [-nîr] *v.* to suit; to be convenient; to agree, to admit; to arrange; to be agreeable (à, to); *il convient que*, it is fitting that; *c'est convenu*, that's settled.

convention [koⁿvaⁿsyoⁿ] *f.* convention; agreement; *pl.* clauses; **conventionnel**, conventional.

converger [koⁿvèrjé] *v.* to converge.

conversation [koⁿvèrsàsyoⁿ] *f.* conversation, talk. ‖ *converser* [-é] *v.* to converse, to talk together.

conversion [koⁿvèrsyoⁿ] *f.* conversion; change.

converti [koⁿvèrtì] *adj.* converted; *m.* convert. ‖ *convertir* [koⁿvèrtîr] *v.* to convert; to change; to transform; *se convertir*, to be converted. ‖ *convertissable* [-ìsàbl] *adj.* convertible.

convexe [koⁿvèks] *adj.* convex.

conviction [koⁿvìksyoⁿ] *f.* conviction.

convier [koⁿvyé] *v.* to invite; to incite.

convive [koⁿvîv] *m., f.* guest.

convocation [koⁿvòkàsyoⁿ] *f.* convocation; summons; calling-up (mil.).

convoi [koⁿvwà] *m.* convoy; train; funeral procession; supply column; escort.

convoiter [koⁿvwàté] *v.* to covet, to desire. ‖ *convoitise* [-îz] *f.* lust, covetousness; longing.

convoler [koⁿvòlé] *v.* to marry, to remarry.

convoquer [koⁿvòké] *v.* to summon; to call up (mil.); to be called for interview.

convoyer [koⁿvwàyé] *v.* to convoy, to escort.

convulsif [koⁿvülsìf] *adj.* [*] convulsive. ‖ *convulsion* [koⁿvülsyoⁿ] *f.* convulsion; spasm. ‖ *convulsionner* [-syòné] *v.* to convulse.

coopération [kòòpéràsyoⁿ] *f.* co-operation. ‖ *coopérative* [-àtìv] *f.* co-operative. ‖ *coopérer* [-é] *v.* to co-operate, to work together.

coordination [kòòrdìnàsyoⁿ] *f.* co-ordination. ‖ *coordonner* [-òné] *v.* to co-ordinate, to arrange.

copain [kòpiⁿ] *m.* (pop.) pal, chum, *Am.* buddy.

copeau [kòpô] *m.* [*] shaving, chip [bois]; cutting; *pl.* turnings [métal].

copie [kòpî] *f.* copy, imitation; transcript. ‖ *copier* [kòpyé] *v.* to copy, to transcribe; to reproduce; to imitate.

copieux [kòpyë] *adj.* [*] copious, abundant, plentiful.

copiste [kòpìst] *m.* copier, copyist.

copropriétaire [kòpròpryétèr] *m.*, *f.* joint tenant.

coq [kòk] *m.* cock, rooster; *au chant du coq*, at cock-crow; *comme un coq en pâte*, in clover; sitting pretty; *poids coq*, bantam-weight; *coq-à-l'âne*, cock-and-bull story.

coque [kòk] *f.* shell [œuf]; body (mech.); bottom, hull [bateau]; kink [corde]; *œuf à la coque*, boiled egg.

coqueluche [kòklüsh] *f.* whooping-cough; favo(u)rite.

coquet [kòkè] *adj.** coquettish; smart, spruce, stylish; dainty.

coquetier [kòktyé] *m.* egg-merchant; egg-cup.

coquette [kòkèt] *f.* coquette, flirt.

coquetterie [kòkètrî] *f.* coquetry; coyness; smartness; daintiness.

coquillage [kòkìyàj] *m.* shell; shell-fish. ‖ **coquille** [kòkìy] *f.* shell [escargot, huître]; misprint (typogr.).

coquin [kòkìⁿ] *m.* scamp, rascal; hussy (f.); *adj.* roguish, rascally. ‖ **coquinerie** [-rî] *f.* knavish trick; knavishness.

cor [kòr] *m.* horn; corn [pied].

corail [kòràу] *m.** coral.

corbeau [kòrbó] *m.** crow, raven; corbel (arch.); grappling-iron (naut.).

corbeille [kòrbèy] *f.* basket; flower-bed; dress-circle (theat.); wedding-presents.

corbillard [kòrbìyàr] *m.* hearse.

cordage [kòrdàj] *m.* rope, cordage; stringing [raquette]; gear (naut.); rigging. ‖ **corde** [kòrd] *f.* rope, cord, line; string [violon]; chord (geom.); hanging; *à cordes*, stringed (instrument); *usé jusqu'à la corde*, threadbare; *cordeau*, string; chalk-line; *cordée*, roped climbing party; *cordelette*, string; *cordelière*, girdle, fillet (arch.).

cordial [kòrdyàl] *m.** cordial; *adj.** cordial, hearty, warm. ‖ **cordialité** [-ité] *f.* cordiality, heartiness.

cordon [kòrdoⁿ] *m.* strand, twist [câble]; cord; girdle; *cordon sanitaire*, sanitary cordon, *Am.* quarantine line; *cordon-bleu*, first-rate cook.

cordonnerie [kòrdònrî] *f.* shoemaking; shoemaker's shop.

cordonnet [kòrdònè] *m.* braid, cord.

cordonnier [kòrdònyé] *m.* shoemaker, cobbler.

coricide [kòrìsìd] *m.* corn-plaster.

cormoran [kòrmòràⁿ] *m.* cormorant.

cornac [kòrnàk] *m.* mahout.

cornaline [kòrnàlìⁿ] *f.* cornelian.

corne [kòrn] *f.* horn; hoof; shoe-horn; dog's-ear [livre]. ‖ **cornée** [-é] *f.* cornea.

corneille [kòrnèy] *f.* rook, crow; *bayer aux corneilles*, to stand gaping, *Am.* to rubberneck.

cornemuse [kòrnᵉmüz] *f.* bagpipe.

corner [kòrné] *v.* to hoot; to trumpet; to ring [oreilles]. ‖ **cornet** [-è] *m.* cornet; trumpet; hooter [auto]. ‖ **cornette** [-èt] *f.* mob-cap.

cornichon [kòrnìshoⁿ] *m.* gherkin; (pop.) duffer, mug, clot.

cornouiller [kòrnüyé] *m.* cornel-tree; dogwood.

cornu [kòrnü] *adj.* horned. ‖ **cornue** *f.* retort (chem.).

corollaire [kòròllèr] *m.* corollary; deduction; inference.

corolle [kòròl] *f.* corolla.

corporation [kòrpòràsyoⁿ] *f.* corporation; *corporatif*, corporative; *corporatisme*, corporatism.

corporel [kòrpòrèl] *adj.** corporeal; corporal, bodily.

corps [kòr] *m.* body; matter; corps (mil.); group; *à corps perdu*, desperately; *perdu corps et biens*, lost with all hands; *corps à corps*, hand to hand; *corps de bâtiment*, main building; *corps de garde*, guard-room; *corps diplomatique*, diplomatic body; *prendre corps*, to materialize.

corpulence [kòrpülaⁿs] *f.* corpulence, stoutness. ‖ **corpulent** [-aⁿ] *adj.* corpulent, stout.

corpuscule [kòrpüskül] *m.* corpuscle; particle.

correct [kòrèkt] *adj.* correct; accurate. ‖ **correcteur, -trice** [-œr, -trìs] *m.*, *f.* corrector; proof-reader. ‖ **correctif** [-ìf] *adj.**, *m.* corrective. ‖ **correction** [kòrrèksyoⁿ] *f.* correction; punishment; correctness; *maison de correction*, reformatory. ‖ **correctionnel** [-yònèl] *adj.** correctional; *tribunal correctionnel*, court of summary jurisdiction, police court.

corrélation [kòrrélàsyoⁿ] *f.* correlation, connection.

correspondance [kòrèspoⁿdaⁿs] *f.* correspondence; connection [transport], *Am.* transfer-point; dealings. ‖ **correspondant** [-aⁿ] *m.* correspondent; *adj.* corresponding. ‖ **correspondre** [kòrèspoⁿdr] *v.* to correspond; to communicate; to agree.

corridor [kòrìdòr] *m.* corridor.

corrigé [kòrìjé] *m.* key, crib. ‖ **corriger** [-é] *v.* to correct; to read [épreuves]; to reform; to adjust; to punish; *se corriger d'une habitude*, to break oneself of a habit.

corroborer [kòrròbòré] v. to corroborate, to confirm; to support.

corroder [kòrròdé] v. to corrode.

corrompre [kòroⁿpr] v. to corrupt; to taint, to pollute; to deprave; to bribe; *se corrompre*, to spoil, to putrefy; to become corrupt.

corrosif [kòrròzìf] adj.* corrosive.

corrupteur, -trice [kòrüptær, -trìs] m., f. corrupter; briber; adj. corrupting. ‖ **corruption** [kòrüpsyoⁿ] f. corruption, bribing; graft.

corsage [kòrsáj] m. bust; bodice [robe]; blouse.

corsaire [kòrsèr] m. corsair; calf-length jeans [pantalon], Am. clam-diggers, pedal-pushers.

corsé [kòrsé] adj. strong; full-bodied [vin]; spicy [histoire].

corselet [kòrsᵉlè] m. corselet, bodice.

corser [kòrsé] v. to strengthen, to stiffen, *se corser*, to take a turn for the worse.

corset [kòrsè] m. corset. ‖ **corsetier** [-ᵉtyé] m. corset-maker.

cortège [kòrtèj] m. retinue; procession; *cortège funèbre*, funeral.

cortisone [kòrtizòn] f. cortisone.

corvée [kòrvé] f. fatigues (mil.); fatigue party; drudgery, irksome task.

corvette [kòrvèt] f. corvette, sloop.

cosaque [kòzàk] m. cossack.

cosmétique [kòsmétìk] m., adj. cosmetic.

cosmique [kòsmìk] adj. cosmic.

cosmographie [kòsmògràfì] f. cosmography.

cosmonaute [kòsmonót] m. cosmonaut.

cosmopolite [kòsmòpòlìt] m., adj. cosmopolitan.

cosmos [kòsmòs] m. cosmos.

cosse [kòs] f. pod, husk; shell.

cossu [kòsü] adj. well-off, rich.

costaud [kòstó] adj. hefty, Am. husky; m. tough, guy, muscleman.

costume [kòstüm] m. costume, dress; suit; *costumer*, to dress; *se costumer en*, to dress up as; *bal costumé*, fancy-dress ball.

cote [kòt] f. quota, share; quotation (comm.); classification [bateaux]; altitude; favo(u)r.

côte [kôt] f. rib; slope; hill; coast, shore; *côte à côte*, side by side; *côtelé*, ribbed, corduroy (text.).

côté [kôté] m. side; district; aspect; direction; *à côté de*, beside; *de côté*, askew; sideways; *d'un côté*, on the one hand; *du côté de*, in the direction of.

coteau [kòtó] m.* hill, hillock, knoll.

côtelette [kôtlèt] f. cutlet [veau], chop [porc]; pl. (pop.) sideboards.

coter [kòté] v. to quote; to assess; to classify; to rate; to number.

cotillon [kòtìyoⁿ] m. petticoat; cotillon.

cotisation [kòtìzàsyoⁿ] f. subscription; assessment [taxes]; dues; quota. ‖ **cotiser (se)** [sᵉkòtìzé] v. to subscribe.

coton [kòtoⁿ] m. cotton; *coton hydrophile*, cotton-wool (med.); *cotonnade*, cotton fabric; cotton goods; *cotonneux*, cottony, fleecy, downy.

côtoyer [kôtwàyé] v. to skirt; to hug [côte]; to coast; to border on.

cou [kû] m. neck; *cou-de-pied*, instep.

couard [kwàr] m. coward; adj. cowardly. ‖ **couardise** [-dìz] f. cowardice.

couchant [kûshaⁿ] m. west; sunset; wane; adj. setting [soleil]; lying. ‖ **couche** [kûsh] f bed, couch; class [sociale]; stratum, layer. film [glace]; coat [peinture]; confinement, *fausse couche*, miscarriage. ‖ **coucher** [-é] m. night's lodging; sunset, v. to put to bed; to lay down; to spread [peinture]; to sleep; *se coucher*, to lie down; to go to bed; to set [soleil]. ‖ **couchette** [-èt] f. cot; bunk (naut.); berth [train].

coucou [kûkû] m. cuckoo; cuckoo-clock; cowslip (bot.).

coude [kûd] m. elbow; angle, bend; *jouer des coudes*, to elbow one's way. ‖ **coudée** [-é] f. cubit. ‖ **coudoyer** [-wàyé] v. to elbow, to jostle.

coudre [kûdr] v.* to sew, to stitch; *machine à coudre*, sewing-machine.

couenne [kwàn] f. bacon-rind; crackling.

coulage [kûlàj] m. casting [métal]; leakage; scuttling [bateau]. ‖ **coulant** [-aⁿ] adj. running, flowing; fluent, easy. ‖ **coulée** [-é] f. flow; tapping [métal]; running-hand [écriture]. ‖ **couler** [-é] v. to flow, to run; to leak; to trickle; to cast [métal]; to pour; to founder; to sink; *se couler*, to creep; to slide.

couleur [kûlær] f. colo(u)r; paint; dye; complexion; suit [cartes]; pretence; *marchand de couleurs*, chandler.

couleuvre [kûlævr] f. snake.

coulisse [kûlìs] f. groove, slot; slide; backstage; wing (theat.); *à coulisse*, sliding; *dans les coulisses*, behind the scenes. ‖ **coulisser** [-é] v. to provide with slides; to run up; to slide. ‖ **coulissier** [-yé] m. outside broker.

couloir [kûlwàr] m. corridor; passage; strainer.

coup [kû] *m.* blow, knock; stroke (mech.); hit; thrust; stab [couteau]; shot; beat; sound; blast; wound; turn, move; deed; *après coup,* as an afterthought; *tout d'un coup,* all at once; *boire un coup,* to have a drink; *sous le coup de,* under the influence of; *coup de coude,* nudge; *coup de pied,* kick; *coup de soleil,* sunstroke; *coup de feu,* shot; *coup de main,* surprise attack, raid; helping hand; know-how; *coup d'œil,* glance, sight; *coup de tête,* rash impulse; *manquer son coup,* to miss, to fail; *donner un coup de main,* to give a hand; *coup de téléphone,* telephone call.

coupable [kûpàbl] *m., f.* culprit; *adj.* guilty.

coupant [kûpaⁿ] *m.* edge; *adj.* cutting, sharp.

coupe [kûp] *f.* cut; cutting; section; felling [arbres]; *coupe de cheveux,* haircut; *coupe transversale,* cross-section; *sous la coupe de quelqu'un,* under someone's thumb; *coupe-circuit,* cut-out; *coupe-file,* police pass; *coupe-gorge,* cut-throat; *coupe-papier,* paper-knife, letter opener. ‖ *coupelle* [-èl] *f.* cupel. ‖ *couper* [-é] *v.* to cut; to cut off; to intercept; to interrupt; to water down; to ring off [téléphone]; *se couper,* to contradict oneself; to intersect. ‖ *couperet* [-rè] *m.* chopper; knife, blade.

couperosé [kûpròzé] *adj.* blotchy.

couplage [kûplàj] *m.* coupling; connection. ‖ *couple* [kûpl] *m.* couple, pair; brace [faisans]; *f.* couple, two; yoke [bœufs]; *coupler,* to couple.

couplet [kûplè] *m.* couplet; verse [chanson].

coupon [kûpoⁿ] *m.* coupon; ticket; remnant; *coupon-réponse international,* international reply coupon.

coupure [kûpür] *f.* cut; paper money; clipping.

cour [kûr] *f.* court; courtyard; courtship; *faire la cour à,* to court, to woo, to make love to.

courage [kûràj] *m.* courage, gallantry, pluck. ‖ *courageux* [-é] *adj.* brave, courageous, gallant, plucky.

couramment [kûràmaⁿ] *adv.* fluently, readily.

courant [kûraⁿ] *m.* current, stream; draught; course; *adj.* running; current; *fin courant,* at the end of the present month; *courant d'air,* Br. draught, Am. draft; *au courant de,* conversant with.

courbatu [kûrbàtü] *adj.* stiff in the joints. ‖ *courbature* [-r] *f.* aching, stiffness; *courbaturer,* to tire out; to stiffen.

courbe [kûrb] *f.* curve; graph; contour; *adj.* curved. ‖ *courber* [-é] *v.* to bend, to curve; *se courber,* to bend, to stoop. ‖ *courbette* [kûrbèt] *f.* curvet; *faire des courbettes,* to bow and scrape; to kowtow. ‖ *courbure* [-bür] *f.* curvature; curve; camber.

coureur [kûrœr] *m.* runner, racer; philanderer, Am. wolf; rover, gad-about; *coureur de(s) bois,* Ⓒ coureur de(s) bois, bush-ranger. ‖ *coureuse* [-éz] *f.* slut, trollop (fam.).

courge [kûrj] *f.* gourd; pumpkin.

courir [kûrîr] *v.** to run; to be current; to pursue, to run after; to hunt; *courir le monde,* to travel widely, to roam the world over.

couronne [kûròn] *f.* crown, coronet; wreath; rim [roue]; foolscap. ‖ *couronnement* [-maⁿ] *m.* crowning, coronation. ‖ *couronner* [-é] *v.* to crown; to wreath; to reward.

courrier [kûryé] *m.* courier; messenger; mail; letters; *par retour du courrier,* by return mail. ‖ *courriériste* [-rìst] *m.* columnist; par writer.

courroie [kûrwà] *f.* strap; belt (mech.).

courroucer [kûrûsé] *v.* to anger, to incense; to enrage. ‖ *courroux* [kûrû] *m.* (lit.) wrath, ire, anger.

cours [kûr] *m.* course; stream; lapse [temps]; avenue; path; currency; price; lessons; series of lectures; *donner libre cours à,* to give free rein to; *au cours de,* during; *long cours,* foreign travel.

course [kûrs] *f.* run; course; race; trip; cruise (naut.); ride; errand; stroke (mech.); *course de taureaux,* bull-fight; *faire des courses,* to go on errands; to go shopping; *coursier,* courser, steed; errand-boy.

court [kûr] *adj.* short, brief; *adv.* short; *à court de,* short of; *court-circuit,* short-circuit; *court-circuiter,* to short-circuit; *court-métrage,* short; *court-vêtu,* short-skirted.

courtage [kûrtàj] *m.* brokerage, commission.

courtier [kûrtyé] *m.* broker.

courtisan [kûrtìzaⁿ] *m.* courtier. ‖ *courtisane* [-àn] *f.* courtesan. ‖ *courtisanerie* [-ànrî] *f.* toadyism. ‖ *courtiser* [-é] *v.* to court; to toady to, to suck up to (pop.); to make love to.

courtois [kûrtwà] *adj.* courteous, well-bred; *courtoisie,* courtesy.

couru [kûrü] *p. p. of courir.*

cousette [kûzèt] *f.* dressmaker's assistant.

cousin [kûziⁿ] *m.* cousin; *cousin germain,* first cousin.

cousin [kûziⁿ] *m.* gnat, midge.

coussin [kûsiⁿ] *m.* cushion; *coussinet*, pad, small cushion; bearing; chair [rail].

cousu [kûzü] *adj.* sewn; *cousu d'or*, rolling in money; *p. p. of* coudre.

coût [kû] *m.* cost; *pl.* expenses. ‖ *coûtant* [-taⁿ] *adj.* costing; *au prix coûtant*, at cost price.

couteau [kûtô] *m.*[*] knife; *coup de couteau*; stab; *à couteaux tirés*, at daggers drawn; *coutelas*, butcher's knife, cutlass; *coutelier*, cutler; *coutellerie*, cutlery; cutler's shop.

coûter [kûté] *v.* to cost; *coûter cher*, to be expensive; *coûte que coûte*, at all costs; *coûteux*, expensive.

coutume [kûtüm] *f.* custom, habit; *avoir coutume de*, to be accustomed to; *coutumier*, customary.

couture [kûtür] *f.* sewing, needlework; seam; *battre à plate couture*, to beat hollow; *maison de couture*, dressmaker's house; *couturier*, ladies' tailor; *couturière*, dressmaker.

couvée [kûvé] *f.* clutch [œufs]; brood.

couvent [kûvaⁿ] *m.* convent, nunnery; monastery; convent-school.

couver [kûvé] *v.* to sit on [œufs]; to brood; to hatch [complot]; to brew [orage]; to smoulder; *couver des yeux*, to gaze at; to gloat over.

couvercle [kûvèrkl] *m.* lid, cover, cap (mech.).

couvert [kûvèr] *m.* table things; house-charge [restaurant]; cover; shelter; *adj.* covered; hidden; obscure; *mettre le couvert*, to lay the table; *restez couvert*, keep your hat on.

couverture [kûvèrtür] *f.* coverlet, rug, blanket; cover; protection; roofing; margin (fin.).

couveuse [kûvëz] *f.* sitting hen; incubator; brooder, hatcher. ‖ *couvi* [-ɪ] *adj.* addled.

couvreur [kûvrœr] *m.* slater, thatcher, tiler; cover-point.

couvrir [kûvrîr] *v.*[*] to cover; to defray [frais]; to wrap up; to protect; to screen; to roof; *se couvrir*, to put on one's hat; to clothe oneself; to become overcast [ciel]; *couvre-chef*, hat, head-dress; *couvre-feu*, curfew; *couvre-lit*, bedspread; *couvre-pied*, quilt.

crabe [kràb] *m.* crab.

crachat [kràshà] *m.* spit, spittle. ‖ *cracher* [-é] *v.* to spit; to cough up [argent]; *c'est son père tout craché*, he's the living image of his father. ‖ *crachin* [-iⁿ] *m.* mizzle, drizzle. ‖ *crachoir* [-wàr] *m.* spitoon; *tenir le crachoir*, to monopolize the conversation. ‖ *crachoter* [-òté] *v.* to sputter.

craie [krè] *f.* chalk.

craindre [kriⁿdr] *v.*[*] to fear; to be anxious for. ‖ *crainte* [kriⁿt] *f.* fear, dread; *sans crainte*, fearless; *de crainte*, for fear. ‖ *craintif* [kriⁿtif] *adj.*[*] timid; fearful.

cramoisi [kràmwàzì] *m.*, *adj.* crimson; scarlet.

crampe [kraⁿp] *f.* cramp (med.).

crampon [kraⁿpoⁿ] *m.* cramp, brace; stud [bottes]; staple; (pop.) bore. ‖ *cramponner* [-òné] *v.* to clamp; (pop.) to pester; *se cramponner*, to cling to.

cran [kraⁿ] *m.* notch; cog [roue]; catch; *avoir du cran*, to be plucky, to have guts (fam.).

crâne [krân] *m.* skull; *adj.* plucky; jaunty. ‖ *crâner* [-é] *v.* to swagger, to swank; to brazen it out. ‖ *crânerie* [-rî] *f.* pluck, daring.

crapaud [kràpô] *m.* toad; baby-grand [piano]; low arm-chair.

crapet [kràpè] *m.* © *crapet soleil*, sunfish; *crapet calicot*, calico bass; *crapet gris*, rock bass.

crapule [kràpül] *f.* debauchee; blackguard; *crapuleux*, debauched; lewd, filthy, foul.

craqueler [kràklé] *v.* to crackle. ‖ *craquelure* [-lür] *f.* crack, flaw. ‖ *craquement* [-maⁿ] *m.* cracking, creaking. ‖ *craquer* [-é] *v.* to crack, to creak; to strike [allumette]; to split.

crasse [kràs] *f.* filth, dirt; dirty trick; stinginess; *adj.* crass [ignorance]. ‖ *crasseux* [-ë] *adj.*[*] dirty, filthy; stingy.

cratère [kràtèr] *m.* crater.

cravache [kràvàsh] *f.* riding-whip. ‖ *cravacher* [-é] *v.* to horsewhip, to flog; to spur on, to goad on.

cravate [kràvàt] *f.* tie, necktie. ‖ *cravater* [-é] *v.* to collar.

crayeux [crèyë] *adj.*[*] chalky.

crayon [krèyoⁿ] *m.* pencil; *crayon pastel*, crayon; *crayonnage*, pencil sketch; *crayonner*, to sketch.

créance [kréaⁿs] *f.* credence, belief; credit; debt; *créance hypothécaire*, mortgage; *lettres de créance*, credentials; *créancier*, creditor.

créateur, -trice [kréàtœr, -trìs] *m.*, *f.* creator, inventor; *adj.* creative, inventive. ‖ *création* [kréàsyoⁿ] *f.* creation; invention; setting up. ‖ *créature* [kréàtür] *f.* creature.

crécelle [krésèl] *f.* rattle; *voix de crécelle*, grating voice.

crèche [krèsh] *f.* cradle; crib; day-nursery; manger.

crédibilité [krédìbìlìté] *f.* credibility.

crédit [krédì] *m.* credit; trust (comm.); repute; loan; *faire crédit à,* to give credit; *crédit foncier,* loan society; *à crédit,* on credit. ‖ *créditer* [-té] *v.* to credit [*de,* with]. ‖ *créditeur* [-tœr] *m.* creditor.

credo [krédô] *m.* creed.

crédule [krédül] *adj.* credulous. ‖ *crédulité* [-ìté] *f.* credulity.

créer [kréé] *v.* to create; to bring out.

crémaillère [krémàyèr] *f.* pot-hook; rack (mech.); *pendre la crémaillère,* to give a house-warming.

crématoire [krémàtwàr] *adj.* crematory; *four crématoire,* crematorium.

crème [krèm] *f.* cream; *crème glacée,* ice cream; *crémerie,* dairy; buttery [restaurant]; *crémière,* dairymaid; cream-jug.

crémone [krémòn] *f.* casement bolt.

créneau [krénô] *m.** battlement. ‖ *créneler* [krénlé] *v.* to embattle; to tooth [roue]; to notch; to mill [monnaie].

créole [kréòl] *m., f., adj.* creole.

créosote [kréòzòt] *f.* creosote.

crêpe [krèp] *f.* pancake.

crêpe [krèp] *m.* crape. ‖ *crêpelé* [krèplé] *adj.* crimped. ‖ *crêper* [krèpé] *v.* to crimp; *se crêper le chignon,* to tear each other's hair.

crépi [krépì] *adj., m.* rough-cast. ‖ *crépir* [krépìr] *v.* to rough-cast.

crépiter [krépìté] *v.* to crackle; to patter [pluie].

crépu [krépü] *adj.* crisp, fuzzy [cheveux]; crinkled.

crépuscule [krépüskül] *m.* twilight, dusk.

cresson [krèson] *m.* cress, watercress; *cressonnière,* water-cress bed.

crête [krèt] *f.* crest; ridge; summit; comb [coq].

crétin [krétìn] *m.* cretin, idiot; blockhead.

cretons [kreton] *m. pl.* © greaves, potted mince of pork [*Fr. =* rillettes].

creuser [krëzé] *v.* to hollow out; to excavate; to dig; to sink [puits]; *Br.* to plough, *Am.* to plow [sillon]; *se creuser,* to grow hollow; to rise [mer]; to grow gaunt [joues]; *se creuser la tête,* to rack one's brains.

creuset [krëzè] *m.* crucible.

creux [krë] *m.* hollow, cavity; trough [vague]; pit [estomac]; *adj.** hollow, empty; sunken; slack [période].

crevaison [krevèzon] *f.* puncture; bursting. ‖ *crevant* [-an] *adj.* killing; fagging.

crevasse [krevàs] *f.* crevice, split; chink; chap [mains].

crever [krevé] *v.* to split, to burst; to poke out [yeux]; to puncture [pneu]; (pop.) to die; *crever de faim,* to starve.

crevette [krevèt] *f.* shrimp; prawn.

cri [krì] *m.* cry; shout; shriek; *le dernier cri,* the latest fashion. ‖ *criailler* [-âyé] *v.* to bawl; to grouse. ‖ *criant* [-yan] *adj.* glaring, shocking. ‖ *criard* [-yàr] *adj.* crying; shrill [voix]; pressing [dettes]; loud, gaudy [couleurs].

crible [krìbl] *m.* sieve; screen (techn.). ‖ *cribler* [-é] *v.* to sift; to riddle; *criblé de dettes,* head over ears in debt.

cric [krìk] *m.* jack; lever.

cricket [krìkèt] *m.* cricket.

criée [krìé] *f.* auction. ‖ *crier* [-é] *v.* to cry, to shout, to scream; *crieur,* bawler; hawker; *crieur public,* towncrier.

crime [krìm] *m.* crime; felony (jur.); *crime d'incendie,* arson.

criminel [krìmìnèl] *m.* criminal; *adj.* criminal; unlawful.

crin [krìn] *m.* horsehair; coarse hair.

crinière [krìnyèr] *f.* mane.

crique [krìk] *f.* creek, cove.

criquet [krìkè] *m.* locust; cricket (ent.); small pony; (pop.) little shrimp.

crise [krìz] *f.* crisis; fit; attack (med.); *crise nerveuse,* nervous breakdown; *crise du papier,* paper shortage.

crispation [krìspàsyon] *f.* contraction; twitching. ‖ *crisper* [krìspé] *v.* to contract; to shrivel; *cela me crispe,* that gets on my nerves; *se crisper,* to wince; to move convulsively.

crisser [krìsé] *v.* to grate; to squeak [freins]; to rasp.

cristal [krìstàl] *m.* crystal; cut glass. ‖ *cristallin* [-ìn] *m.* lens [œil]; *adj.* crystalline, crystal-clear. ‖ *cristalliser* [-ìzé] *v.* to crystallize.

critère [krìtèr], **critérium** [krìtéryòm] *m.* criterium; test.

critiquable [krìtìkàbl] *adj.* criticizable. ‖ *critique* [krìtìk] *m.* critic; *f.* criticism, review; *adj.* critical; decisive; crucial. ‖ *critiquer* [-é] *v.* to criticize; to find fault with; to nag; to censure.

croassement [kròàsman] *m.* caw [corbeau]; croak. ‖ *croasser* [kròàsé] *v.* to caw; to croak.

croc [krô] *m.* hook; tooth, fang [loup]; tusk [sanglier]; *croc-en-jambe,* trip up. ‖ *croche* [kròsh] *f.* quaver (mus.); *double croche,* semiquaver; *triple croche,* demi-semiquaver; *adj.* © bent, twisted, curved,

crooked [prop. et fig.]. ‖ **crocher** [-é]
v. to hook. ‖ **crochet** [-è] m. hook;
crochet-hook; skeleton key; square
bracket (typogr.); *dentelle au crochet*,
crochet-work; *faire un crochet*, to
swerve. ‖ **crocheter** [-té] v. to crochet;
to pick [serrure]. ‖ **crochu** [-ü] adj.
hooked; crooked.

crocodile [kròkòdîl] m. crocodile.

croire [krwàr] v.* to believe; to
think; *croire à*, to believe in; *s'en
croire*, to be conceited.

croisade [krwàzàd] f. crusade.

croisé [krwàzé] m. crusader, twill
(text.); adj. crossed; folded [bras];
twilled (text.); *mots croisés*, crossword puzzle. ‖ **croisée** [-é] f. crossing;
transept [église]; casement-window. ‖
croisement [-mɑⁿ] m. crossing; intersection; cross-breed. ‖ **croiser** [-é] v.
to cross; to meet; to cruise (naut.). ‖
croiseur [-œr] m. cruiser. ‖ **croisière**
[-yèr] f. cruise. ‖ **croisillon** [-lyoⁿ] m.
cross-bar; lattice.

croissance [krwàsɑⁿs] f. growth;
increase. ‖ **croissant** [-ɑⁿ] m. crescent
roll; crescent; bill-hook; adj. growing;
increasing.

croître [krwâtr] v.* to grow; to increase; to lengthen.

croix [krwà] f. cross; *en croix*, crosswise; *Croix-Rouge*, Red Cross.

croquer [kròké] v. to crunch; to
sketch; *croquer le marmot*, to cool
one's heels; **croque-mort,** undertaker's assistant.

croquet [kròkè] m. croquet.

croquis [kròkì] m. sketch, rough
draft; outline.

crosne [krôn] m. Chinese artichoke.

crosse [kròs] f. crook; crozier; butt
[fusil]; stick, club [golf]; lacrosse
[sport].

crotte [kròt] f. dirt; mud; dung
[animal]; interj. bother ! ‖ **crotter** [-é]
v. to dirty. ‖ **crottin** [-iⁿ] m. horse-
dung, droppings.

crouler [krûlé] v. to collapse; to
totter; to crumble; *faire crouler*, to
bring down.

croup [krûp] m. croup (med.).

croupe [krûp] f. croup, rump [ani-
mal]; brow [colline]; *monter en
croupe*, to ride behind.

croupetons (à) [àkrûpetoⁿ] adv.
squatting.

croupi [krûpì] adj. stagnant, foul.

croupier [krûpyé] m. croupier.

croupière [krûpyèr] f. crupper;
tailler des croupières à, to make rough
work for.

croupion [krûpyoⁿ] m. rump; parson's nose. ‖ *Am.* pope's nose.

croupir [krûpîr] v. to stagnate; to
wallow [personnes].

croustillant [krûstìyɑⁿ] adj. crisp;
spicy [histoire].

croûte [krût] f. crust, rind [fro-
mage]; scab; (pop.) daub [tableau];
old fossil; *casser la croûte*, to have
a snack; *croûter*, to grub (pop.);
croûton, bit of crust; (pop.) duffer.

croyable [krwàyàbl] adj. believable. ‖
croyance [krwàyɑⁿs] f. belief; creed;
faith. ‖ **croyant** [krwàyɑⁿ] m. believer;
adj. believing; *les croyants*, the faithful.

cru [krü] p. p. of **croire**.

cru [krü] adj. raw, crude, uncooked;
rude, coarse; *monter à cru*, to ride
bareback; *lumière crue*, hard light,
glaring light.

cru [krü] m. wine region; vineyard;
grands crus, high-class wines; *vin du
cru*, local wine; *de votre cru*, of your
own making.

crû [krü] p. p. of **croître**.

cruauté [krüôté] f. cruelty.

cruche [krüsh] f. pitcher, jar, jug;
blockhead; *cruchon*, small jug; mug
of beer; stoneware hot-water bottle;
pig; dolt; duffer (fam.).

crucial [krüsyàl] adj.* crucial.

crucifier [krüsîfyé] v. to crucify. ‖
crucifix [krüsîfî] m. crucifix. ‖ *crucifixion* [-ksyoⁿ] f. crucifixion.

crudité [krüdìté] f. crudity, coarseness; rawness; raw vegetables.

crue [krü] f. rise, swelling; *en crue*,
in flood.

cruel [krüèl] adj.* cruel, harsh, pitiless; painful.

crustacé [krüstàsé] m. crustacean,
shellfish.

crypte [krìpt] f. crypt.

cryptogame [krìptògàm] m. crypto-
gam.

cryptogramme [krìptògràm] m.
cryptogram.

cubage [kübàj] m. cubage; cubic
content. ‖ **cube** [küb] m. cube; adj.
cubic; *cuber*, to cube; **cubique,** cubic;
cubisme, cubism.

cueillette [kœyèt] f. picking; harvest-
time. ‖ *cueillir* [kœyîr] v.* to pick, to
pluck; to gather; (fam.) to nab.

cuiller or **cuillère** [külyèr] f. spoon;
cuiller à soupe, table-spoon; *cuiller à
entremets*, dessert-spoon. ‖ *cuillerée*
[külyré] f. spoonful; *cuillerée à café*,
tea-spoonful.

cuir [küīr] m. leather; skin, hide;
(fam.) bloomer [prononciation]; *cuir à
rasoir*, razor-strop; *cuir chevelu*, scalp.

cuirasse [kür̀às] *f.* armo(u)r; *plaque de cuirasse*, armo(u)r-plate. ‖ *cuirassé* [-é] *m.* battleship; *adj.* armo(u)red. ‖ *cuirasser* [-é] *v.* to armo(u)r; to protect; to harden. ‖ *cuirassier* [-yé] *m.* cuirassier.

cuire [kür̀] *v.* to cook; to bake [four]; to boil [eau]; to burn [soleil]; to smart; *faire cuire*, to cook; *il lui en cuira*, he'll be sorry for it; *cuisant*, smarting; bitter.

cuisine [küìzìn] *f.* kitchen; cookery; cooking; galley (naut.); *faire la cuisine*, to do the cooking. ‖ **cuisiner** [-ìné] *v.* to cook; to pump; to grill (pop.). ‖ **cuisinier** [-ìnyé] *m.* cook, chef. ‖ **cuisinière** [-ìnyèr] *f.* cook; kitchen range, cooker, kitchen stove.

cuisse [küìs] *f.* thigh; leg [poulet]. ‖ **cuisseau** [-ô] *m.* leg.

cuisson [küìsoⁿ] *f.* cooking, baking; smarting pain.

cuissot [küìsò] *m.* haunch.

cuistre [küìstr] *m.* pedant.

cuit [küì] *adj.* cooked, baked, done; *trop cuit*, overdone; *cuit à point*, done to a turn. ‖ **cuite** [küìt] *f.* baking; *prendre une cuite*, to get drunk, to have one too many.

cuivre [küìvr] *m.* copper; *cuivre jaune*, brass; *les cuivres*, the brass (mus.); **cuivré**, copper-colo(u)red; bronzed. ‖ **cuivrer** [küìvré] *v.* to copper; to bronze.

cul [kü] *m.* (pop.) backside; bottom; *cul-de-jatte*, legless cripple; *cul-de-lampe*, pendant; tail-piece (typogr.); *cul-de-sac*, blind alley; dead end.

culasse [külàs] *f.* breech [arme à feu]; combustion head.

culbute [külbüt] *f.* somersault; tumble; cropper (fig.). ‖ **culbuter** [-é] *v.* to throw over; to topple over; to upset; to take a tumble. ‖ **culbuteur** [-œr] *m.* tipping device; valve rocker; tumbler.

culinaire [külìnèr] *adj.* culinary.

culminant [külmìnaⁿ] *adj.* culminating, highest. ‖ **culminer** [-é] *v.* to culminate.

culot [külò] *m.* base, bottom; residue; lastborn; (pop.) nerve, *Br.* cheek; *avoir du culot*, *Br.* to be cheeky, *Am.* to have a lot of nerve.

culotte [külòt] *f.* breeches; trousers, *Am.* pants; rump [bœuf]; *culottes courtes*, shorts. ‖ **culotter** [-é] *v.* to season [pipe]; **se culotter**, to put one's trousers on; to season, to color [pipe].

culpabilité [külpàbìlìté] *f.* guilt.

culte [kült] *m.* worship; form of worship; cult; sect.

cultivable [kültìvàbl] *adj.* arable. ‖ **cultivateur, -trice** [-àtœr, -trìs] *m.*, *f.* farmer, cultivator. ‖ **cultivé** [-é] *adj.* cultivated; cultured [personne]. ‖ **cultiver** [-é] *v.* to cultivate, to till; to raise [blé].

culture [kültür] *f.* culture; cultivation; tillage. ‖ **culturel** [-èl] *adj.* cultural.

cumul [kümül] *m.* lumping; cumulation; pluralism; accumulation. ‖ **cumuler** [kümülé] *v.* to hold a plurality (of offices); to cumulate; to pluralize.

cupide [küpìd] *adj.* greedy, grasping, covetous. ‖ **cupidité** [-ìté] *f.* greed, cupidity; graspingness.

curable [küràbl] *adj.* curable. ‖ **curatif** [küràtìf] *adj.*° curative.

cure [kür] *f.* rectory; living (eccles.).

cure [kür] *f.* care; cure; treatment; *cure-dents*, tooth-pick.

curé [küré] *m.* parson, parish priest, rector, vicar.

curée [küré] *f.* quarry; rush, scramble.

curer [küré] *v.* to clean out; to pick [dents]; to dredge [rivière]; **curetage**, cleansing; **curette**, scraper (med.).

curieux [küryé] *adj.*° interested; inquisitive; odd, curious; *m.* sightseer. ‖ **curiosité** [-yòzìté] *f.* curiosity; *pl.* sights.

curseur [kürsœr] *m.* slide, runner.

cutané [kütàné] *adj.* cutaneous, of the skin.

cuticule [kütìkül] *f.* cuticle.

cuti-réaction [kütìréàksyoⁿ] *f.* skin-test.

cuve [küv] *f.* vat; tank; cistern; **cuvée**, vatful. ‖ **cuver** [küvé] *v.* to ferment, to work. ‖ **cuvette** [-èt] *f.* basin; wash-bowl; dish; pan [cabinet]. ‖ **cuvier** [-yé] *m.* wash-tub.

cyanure [syànür] *m.* cyanide.

cycle [sìkl] *m.* cycle; **cyclique**, cyclic. ‖ **cyclisme** [-ìsm] *m.* cycling. ‖ **cycliste** [-ìst] *m.*, *f.* cyclist. ‖ **cyclomoteur** [sìklòmòtœr] *m.* auto-cycle.

cyclone [sìklòn] *f.* cyclone.

cygne [sìñ] *m.* swan; *jeune cygne*, cygnet.

cylindrage [sìlⁿdràj] *m.* road-rolling; mangling. ‖ **cylindre** [sìlⁿdr] *m.* cylinder; roller; **cylindrique**, cylindrical.

cymaise v. **cimaise.**

cynique [sìnìk] *m.* cynic; *adj.* cynical; impudent; unblushing, barefaced [mensonge]; **cynisme**, cynicism; shamelessness.

cyprès [sìprè] *m.* cypress.

cystite [sìstìt] *f.* cystitis.

D

d', *see* de.

dactylographe [dàktĭlôgràf] *m.*, *f.* typist; *m.* © typewriter. ‖ *dactylographie* [-ĭ] *f.* typing, typewriting. ‖ *dactylographier* [-yé] *v.* to type.

dada [dàdà] *m.* gee-gee; hobby; fad.

dague [dàg] *f.* dagger, dirk.

daigner [dèñé] *v.* to deign, to condescend.

daim [dĭⁿ] *m.* deer; buckskin, suède [peau]. ‖ *daine* [dèn] *f.* doe.

dais [dè] *m.* canopy; dais.

dallage [dàlàj] *m.* paving; tiled floor. ‖ *dalle* [dàl] *f.* paving-stone, flagstone; floor tile. ‖ *daller* [-é] *v.* to pave.

daltonisme [dàltònĭsm] *m.* colo(u)r-blindness.

dam [dàⁿ] *m.* damnation; displeasure.

damassé [dàmàsé] *adj.* damask.

dame [dàm] *f.* (married) lady; queen [cartes, échecs]; king [dames]; rowlock [rame]; *jouer aux dames*, *Br.* to play draughts, *Am.* to play checkers.

dame-jeanne [dàmjàn] *f.* demijohn.

damer [dàmé] *v.* to crown [dames]; to ram [terre]; *damer le pion à*, to outwit. ‖ *damier* [-yé] *m.* check [étoffe]; *Br.* draught-board, *Am.* checker-board.

damnation [dànàsyoⁿ] *f.* damnation. ‖ *damner* [dàné] *v.* to damn.

dandiner (se) [sᵉdàⁿdĭné] *v.* to waddle; to strut.

danger [dàⁿjé] *m.* danger, peril; risk; jeopardy; *dangereux*, dangerous.

dans [dàⁿ] *prep.* in; within; during; into; from; *boire dans une tasse*, to drink out of a cup; *dans les 200 francs*, about 200 francs; *dans le temps*, formerly.

danse [dàⁿs] *f.* dance, dancing; *danse de Saint-Guy*, St. Vitus's dance. ‖ *danser* [-é] *v.* to dance; *il m'a fait danser*, he led me a dance; *danseur*, dancer; ballet-dancer; partner [danse].

dard [dàr] *m.* dart; sting; burning ray [soleil]; *darder*, to hurl; to spear.

dartre [dàrtr] *f.* herpes, scurf.

date [dàt] *f.* date; *en date de*, under date of. ‖ *dater* [-é] *v.* to date; *à dater de ce jour*, from to-day. ‖ *dateur* [-œr] *m.* date-marker.

datte [dàt] *f.* date; *dattier*, date-palm.

dauphin [dôfĭⁿ] *m.* dolphin; dauphin (hist.).

daurade [dôràd] *f.* gilt-head.

davantage [dàvàⁿtàj] *adv.* more [quantité]; longer [espace, temps].

davier [dàvyé] *m.* dental forceps; davit (naut.).

de [dᵉ] *prep.* (de becomes d' before a vowel and a mute *h*, du replaces *de le*, *des* replaces *de les* [of the, from the]) of; from; by; on; with; any; some; than; from; at; *de Paris à Rome*, from Paris to Rome; *il tira un couteau de sa poche*, he pulled a knife out of his pocket; *estimé de ses amis*, esteemed by his friends; *de nom*, by name; *il tombe de fatigue*, he is ready to drop with fatigue; *je bois du thé*, I drink tea; *il a du pain*, he has some bread; *d'un côté*, on one side; *plus de cinq*, more than five; *il se moque de moi*, he laughs at me; *de vingt à trente personnes*, between twenty and thirty people.

dé [dé] *m.* dice; domino; tee [golf].

dé [dé] *m.* thimble.

déambuler [déàⁿbülé] *v.* to stroll about, to saunter.

débâcle [débâkl] *f.* breaking up; disaster; downfall; collapse; rout.

déballage [débàlàj] *m.* unpacking. ‖ *déballer* [-é] *v.* to unpack.

débandade [débàⁿdàd] *f.* confusion; rout, stampede, flight. ‖ *débander* [-é] *v.* to disband (mil.); *se débander*, to disband; to disperse.

débander [débàⁿdé] *v.* to relax; to loosen; to unbandage.

débarbouiller [débàrbüyé] *v.* to wash [visage]; *se débarbouiller*, to wash one's face; to clean up (fam.); *débarbouillette*, *f.* © facecloth.

débarcadère [débàrkàdèr] *m.* wharf, landing stage (naut.); arrival platform.

débardeur [débàrdœr] *m.* stevedore.

débarquement [débàrkᵉmàⁿ] *m.* disembarkment, landing; unloading; detraining (mil.); arrival. ‖ *débarquer* [-é] *v.* to disembark, to land; to unload; to detrain (mil.).

débarras [débàrà] *m.* riddance; lumber-room; storeroom. ‖ *débarrasser* [-sé] *v.* to rid; to clear; *se débarrasser de*, to get rid of; to extricate oneself from.

débat [débà] *m.* dispute; discussion; debate; contest; *pl.* court hearing; proceedings.

débattre [débàtr] *v.* to discuss; *se débattre*, to struggle.

débauche [débôsh] *f.* debauch; fling (fam.). ‖ *débauché* [-é] *m.* debauchee; rake; *adj.* debauched, dissolute. ‖ *débaucher* [-é] *v.* to debauch; to lead astray; to discharge, to lay off; *se débaucher,* to go astray, to become dissolute.

débet [débè] *m.* debit balance, balance due.

débile [débil] *adj.* feeble, weak, frail, puny. ‖ *débilité* [-ìté] *f.* weakness, debility; deficiency. ‖ *débiliter* [-ìté] *v.* to weaken; to debilitate (med.).

débiner [débìné] *v.* (fam.) to run down, to crab; *se débiner* (fam.) to run each other down; to hop it, *Am.* to scram.

débit [débì] *m.* sale; retail shop; output; delivery; *débit de boissons,* public-house, *Am.* tavern, café; *débit de tabac,* tobacconist's shop.

débit [débì] *m.* debit; *portez à mon débit,* debit me with.

débitant [débìtaⁿ] *m.* dealer, retailer; *débitant de boissons,* publican, *Am.* bartender; *débitant de tabac,* tobacconist. ‖ *débiter* [-é] *v.* to retail, to sell (com.); to debit (fin.); to cut up [bois]; to give out, to discharge; to recite; to utter. ‖ *débiteur* [-œr] *m.* debtor; *compte débiteur,* debit account.

déblaiement [déblèmaⁿ] *m.* clearing; digging out, excavating. ‖ *déblayer* [-èyé] *v.* to remove, to clear away.

déblatérer [déblàtéré] *v.* to utter; to bluster out; to rail (*contre,* against).

débloquer [déblòké] *v.* to free, to release; to relieve; to unlock; to take off; to go astray (fam.).

déboire [débwàr] *m.* disappointment; let-down; nasty taste.

déboiser [débwàzé] *v.* to deforest; to clear of trees.

déboîter [débwàté] *v.* to dislocate, to put out of joint; to disconnect.

débonnaire [débònèr] *adj.* debonair; good natured, easy-going.

débordant [débòrdaⁿ] *adj.* protruding; outflanking (mil.); overflowing; exuberant; bursting (*de,* with). ‖ *débordé* [débòrdé] *adj.* overflowing [rivière]; overwhelmed [travail]. ‖ *débordement* [-°maⁿ] *m.* overflowing, flood; dissipation; invasion; outflanking (mil.). ‖ *déborder* [-é] *v.* to overflow; to run over; to jut out; to sheer off (naut.); to outflank (mil.); to trim (techn.).

débouché [débûshé] *m.* outlet; way out; opening; market (comm.); expedient. ‖ *déboucher* [-é] *v.* to uncork; to clear; to lead (*dans,* into); to emerge; to debouch (mil.).

déboulonner [débûlòné] *v.* to un-rivet, to unbolt; to debunk (pop.).

débourrer [débûré] *v.* to remove the stuffing from; to extract the wad from [fusil]; to clean out [pipe].

débours [débûr] *m.* outlay, expenses. ‖ *débourser* [-sé] *v.* to lay out, to disburse, to spend.

debout [d°bû] *adv.* upright; standing (up); on its hind legs [animal]; out of bed; *interj.* up you get!, *se tenir debout,* to stand.

débouter [débûté] *v.* to nonsuit; to dismiss (jur.); to reject.

déboutonner [débûtòné] *v.* to un-button.

débraillé [débràyé] *adj.* untidy; scarcely decent; loose.

débrancher [débraⁿshé] *v.* to disconnect [électr.].

débrayage [débrèyàj] *m.* disengaging, declutching; uncoupling; clutch pedal. ‖ *débrayer* [-èyé] *v.* to disengage, to declutch, to let out the clutch.

débrider [débrìdé] *v.* to unbridle [cheval]; to stop.

débris [débrì] *m.* debris, remains, wreckage; *pl.* waste products; rubbish; rubble.

débrouillard [débrûyàr] *m.* (fam.) resourceful person, *Am.* go-getter; *adj.* (fam.) resourceful, all there. ‖ *débrouiller* [-ûyé] *v.* to disentangle; to clear up; to sort out; *se débrouiller,* to manage; to see it through.

début [débü] *m.* beginning, start, outset; first move [jeux]; *faire ses débuts,* to make one's first appearance; *débutant(e),* beginner; novice; debutante. ‖ *débuter* [-té] *v.* to begin; to have first move [jeux]; to make one's first appearance.

deçà [d°sà] *adv.* on this side; *en deçà de,* on this side of.

décacheter [dékàshté] *v.* to unseal, to open.

décade [dékàd] *f.* decade; period of ten days.

décadence [dékàdaⁿs] *f.* decadence, decline, decay. ‖ *décadent* [-aⁿ] *adj.* decadent, declining.

décaféiné [dékàféìné] *adj.* decaffeinated, caffeine-free.

décalcifier [dékàlsìfyé] *v.* to decalcify; *se décalcifier,* to become decalcified.

décaler [dékàlé] *v.* to unwedge; to shift, to alter; to readjust.

décalitre [dékàlìtr] *m.* decalitre.

décalquer [dékàlké] *v.* to transfer; to trace off; *papier à décalquer,* tracing-paper.

décamper [dékaⁿpé] v. to decamp; to move off; to clear out; to make off, to bolt.

décapant [dékàpaⁿ] m. pickle; paint (or) varnish (or) polish remover; scouring solution. || **décaper** [dékàpé] v. to scour; to scrape; to cleanse.

décapiter [dékàpìté] v. to decapitate, to behead.

décapsuler [dékàpsülé] v. to remove the crown cork of.

décatir [dékàtìr] v. to sponge; to take the gloss off (text.); se **décatir**, to become worn.

décédé [désédé] m., adj. deceased, departed, defunct. || **décéder** [-é] v. to die, to decease (jur.).

déceler [déslé] v. to disclose; to betray; to reveal.

décembre [désaⁿbr] m. December.

décemment [désàmaⁿ] adv. decently. || **décence** [désaⁿs] f. decency, decorum; **décent**, decent, becoming, proper; peu **décent**, unseemly.

décentraliser [désaⁿtràlìzé] v. to decentralize.

déception [désèpsyoⁿ] f. deception; disappointment.

décerner [désèrné] v. to award; to confer; to bestow; to issue [mandat d'arrêt].

décès [désè] m. decease (jur.).

décevant [désvaⁿ] adj. deceptive; misleading; disappointing. || **décevoir** [-wàr] v.* to deceive; to disappoint.

déchaînement [déshènmaⁿ] m. unbridling, letting loose; outburst; fury. || **déchaîner** [-é] v. to let loose; se **déchaîner**, to rage; to break loose; to break [orage].

déchanter [déshaⁿté] v. to alter one's tone; to sing small, to come down a peg (pop.).

décharge [déshàrj] f. unloading; discharge; release, acquittal (jur.); outlet; relief; volley (mil.); lumber-room. || **décharger** [-é] v. to unload, to unlade; to discharge; to relieve; to vent; to acquit; to dismiss; se **décharger**, to discharge, to go off, to fire [fusil]; to give vent to; **déchargeur**, docker; stevedore; coal-heaver; lightning conductor.

décharné [déshàrné] adj. lean, emaciated, skinny, fleshless; gaunt.

déchaussé [déshôsé] adj. barefooted; bare; gumless [dents]; se **déchausser**, to take off one's shoes.

dèche [dèsh] f. (pop.). straits.

déchéance [déshéaⁿs] f. downfall; decay [morale]; forfeiture; deprivation of civil rights; expiration.

déchet [déshè] m. loss; decrease; waste, scrap; refuse; offal [viande].

déchiffrer [déshìfré] v. to decipher; to decode [messages]; to read at sight (theat.), to sight-read (mus.).

déchiqueter [déshìkté] v. to hack, to slash, to tear up, to tear to shreds, to mangle.

déchirant [déshìraⁿ] adj. heart-rending. || **déchirement** [-maⁿ] m. tearing, rending; laceration; pang. || **déchirer** [-é] v. to rend, to tear (up); to defame. || **déchirure** [-ür] f. tear, rent; laceration.

déchoir [déshwàr] v.* to fall off, to decay, to decline. || **déchu** [-ü] adj. fallen; expired [police]; disqualified.

décidé [désìdé] adj. decided, determined; resolute. || **décider** [-é] v. to decide, to settle; to rule (jur.); to persuade; se **décider**, to make up one's mind, to resolve.

décigramme [désìgràm] m. decigram.

décilitre [désìlìtr] m. decilitre.

décimal [désìmàl] adj.* decimal.

décimer [désìmé] v. to decimate; to deplete.

décimètre [désìmètr] m. decimeter.

décisif [désìzìf] adj.* decisive; conclusive. || **décision** [-yoⁿ] f. decision; ruling (jur.); resolution.

déclamation [déklàmàsyoⁿ] f. declamation; ranting. || **déclamatoire** [-àtwàr] adj. declamatory; ranting. || **déclamer** [-é] v. to declaim; to rant.

déclaration [déklàràsyoⁿ] f. declaration; announcement, proclamation. || **déclarer** [-é] v. to declare; to proclaim, to make known; to certify; to notify; se **déclarer**, to declare oneself; to break out [feu].

déclassé [déklàsé] m. social outcast; adj. obsolete; come down in the world. || **déclasser** [-é] v. to bring down in the world; to declare obsolete.

déclencher [déklaⁿshé] v. to unlatch; to disengage (mech.); to set in motion; to launch [attaque].

déclic [déklìk] m. catch; pawl; trigger; pl. nippers.

déclin [déklìⁿ] m. decline, decay, wane [lune]; ebb [marée]. || **déclinaison** [-ìnèzoⁿ] f. declination, variation [boussole]; declension (gramm.). || **décliner** [-ìné] v. to decline; to refuse; to state [nom]; to wane; to deviate [boussole].

déclouer [déklûé] v. to unnail.

décocher [dékòshé] v. to shoot, to let fly; to discharge.

décoiffer [dékwàfé] v. to remove someone's hat; to take someone's hair down; to disarrange.

décollage [dékòlàj] *m.* unsticking; ungluing; taking-off (aviat.). ‖ *décoller* [-é] *v.* to unstick; to disengage; to loosen; to take off (aviat.); *se décoller*, to come off.

décolleté [dékòlté] *adj.* wearing a low dress; low-necked [robe].

décoloration [dékòlòràsyon] *f.* discolo(u)ration, bleaching, fading. ‖ *décolorer* [-é] *v.* to discolo(u)r; to fade; to bleach; *se décolorer*, to fade; to lose one's colo(u)r.

décombres [dékonbr] *m. pl.* rubbish; debris, rubble.

décommander [dékòmandé] *v.* to cancel; to countermand.

décomposer [dékonpòzé] *v.* to decompose; to decay; to distort [traits]; *se décomposer*, to decompose, to rot; to become distorted. ‖ *décomposition* [-ìsyon] *f.* decomposition; rotting, decay; distortion [traits].

décompte [dékont] *m.* deduction; balance due. ‖ *décompter* [-é] *v.* to deduct; to be disappointed.

déconcerter [dékonsèrté] *v.* to disconcert; to upset; to put out of countenance.

déconfit [dékonfì] *adj.* discomfited; crest-fallen. ‖ *déconfiture* [-tür] *f.* ruin; insolvency.

déconnecter [dékònèkté] *v.* to disconnect; to switch off.

déconseiller [dékonsèyé] *v.* to advise against, to dissuade.

déconsidérer [dékonsìdéré] *v.* to discredit; *se déconsidérer*, to belittle oneself.

décontenancer [dékontnansé] *v.* to put out of countenance, to abash, to mortify; *se décontenancer*, to lose countenance.

décontracter [dékontràkté] *v.* to relax.

déconvenue [dékonvnü] *f.* disappointment; trying mishap; discomfiture; failure.

décor [dékòr] *m.* decoration; set (theat.); *pl.* scenery. ‖ *décorateur* [-àtœr] *m.* decorator; stage-designer. ‖ *décoratif* [-àtìf] *adj.** decorative, ornamental. ‖ *décoration* [-àsyon] *f.* decoration; insignia; medal. ‖ *décorer* [-é] *v.* to decorate; to ornament.

décortiquer [dékòrtìké] *v.* to husk [riz]; to shell [noix].

décorum [dékòròm] *m.* decorum, propriety.

découcher [dékûshé] *v.* to sleep out; to stay out all night.

découler [dékûlé] *v.* to trickle; to flow; to be derived, to follow (*de*, from).

découper [dékûpé] *v.* to carve; to cut out; to cut up; to stamp out [métal]; *se découper*, to stand out (*sur*, against).

découplé [dékûplé] *adj.* strapping, well built. ‖ *découpler* [-é] *v.* to uncouple; to unleash.

découragement [dékûràjman] *m.* discouragement, despondency. ‖ *décourager* [-é] *v.* to discourage, to dishearten; *se décourager*, to lose heart.

décousu [dékûzü] *adj.* unstitched; unconnected, disjointed; loose; desultory [tir].

découvert [dékûvèr] *m.* overdraft; uncovered balance; open ground (mil.); *adj.* uncovered; open; exposed, bare; overdrawn [compte]; *à découvert*, in the open. ‖ *découverte* [-èrt] *f.* discovery; detection; *aller à la découverte*, to explore, to reconnoitre (mil.). ‖ *découvrir* [-rîr] *v.* to uncover; to expose, to lay bare; to find out, to detect; to discover.

décrasser [dékràsé] *v.* to clean, to scour; to scrape; to decarbonize [moteur].

décrépit [dékrépì] *adj.* decrepit, worn out; broken-down; delapidated. ‖ *décrépitude* [-tüd] *f.* decrepitude.

décret [dékrè] *m.* decree, order; *décret-loi, Br.* order in council, *Am.* executive order. ‖ *décréter* [dékrété] *v.* to decree, to enact; to issue a writ against (jur.).

décrier [dékrìé] *v.* to decry, to disparage; to discredit; to run down.

décrire [dékrîr] *v.** to describe; to depict.

décrocher [dékròshé] *v.* to unhook; to unsling; to take down; to take off; to disconnect; to disengage (mil.); *décrochez-moi-ça*, reach-me-down, ready-made suit; old clothes shop.

décroître [dékrwàtr] *v.** to decrease, to diminish; to shorten; to subside; to wane [lune].

décrotter [dékròté] *v.* to clean, to brush up; to scrape; *décrotteur*, shoe-black; *décrottoir*, door-scraper.

décrue [dékrü] *f.* fall, subsidence; decrease.

déçu [désü] *p. p. of* decevoir.

déculotter [dékülòté] *v.* to unbreech; *se déculotter*, to take off one's breeches.

décupler [déküplé] *v.* to decuple; *se décupler*, to increase tenfold.

dédaigner [dédèñé] *v.* to scorn; to disregard, to slight; to disdain. ‖ *dédaigneux* [-ë] *adj.** scornful, disdainful, contemptuous. ‖ *dédain* [dédin] *m.* scorn, disdain, contempt.

dédale [dédàl] *m.* maze, labyrinth; intricacy (fig.).

dedans [dᵉdaⁿ] *m.* inside, interior; *adv.* in, inside, within; *au-dedans de*, within; *en dedans*, inside; *mettre quelqu'un dedans*, to take someone in.

dédicace [dédikàs] *f.* dedication. ‖ *dédicacer* [-é] *v.* to dedicate.

dédier [dédyé] *v.* to dedicate; to inscribe [livre]; to devote.

dédire [dédìr] *v.* to disown; to retract; to refute; *se dédire*, to retract, to take back. ‖ *dédit* [dédì] *m.* renunciation; retractation; withdrawal; breaking [promesse]; forfeit; penalty.

dédommagement [dédòmàjmaⁿ] *m.* indemnity; compensation, damages. ‖ *dédommager* [-é] *v.* to indemnify, to compensate.

dédouaner [dédwàné] *v.* to clear through the Customs.

dédoublement [dédùblᵉmaⁿ] *m.* dividing into two; duplication; *dédoublement de la personnalité*, dual personality. ‖ *dédoubler* [dédùblé] *v.* to divide into two; to unline [habit]; to undouble [étoffe]; to form single file (mil.).

déduction [dédüksyoⁿ] *f.* deduction; inference. ‖ *déduire* [dédüïr] *v.** to deduce; to infer; to deduct.

défaillance [défàyaⁿs] *f.* fainting, swoon; shortcoming; lapse; failure. ‖ *défaillir* [-àÿīr] *v.** to faint; to fail; to become feeble; to default (jur.).

défaire [défèr] *v.** to undo; to defeat; to pull down; to unpack; *se défaire*, to come undone, to come apart; to get rid; to take one's coat off. ‖ *défait* [défè] *adj.* undone; defeated; drawn [visage]; wan; wasted [traits]. ‖ *défaite* [défèt] *f.* defeat; evasion, shift, poor excuse; disposal (comm.).

défalquer [défàlké] *v.* to deduct; to write off [dette].

défaut [défó] *m.* defect; blemish; default; lack; absence; shortcoming; flaw (techn.); *sans défaut*, faultless; *à défaut de*, for want of; in place of; *mettre en défaut*, to baffle; *vous nous avez pris en défaut*, we have missed you; *prendre en défaut*, to catch napping.

défavorable [défàvòràbl] *adj.* unfavo(u)rable; disadvantageous. ‖ *défavoriser* [défàvòrìzé] *v.* to disadvantage.

défectif [défèktìf] *adj.** defective, faulty. ‖ *défection* [-èksyoⁿ] *f.* defection; *faire défection*, to desert. ‖ *défectueux* [-èktüé] *adj.** faulty, defective. ‖ *défectuosité* [-èktüòzìté] *f.* defect, flaw.

défendable [défaⁿdàbl] *adj.* defensible; tenable. ‖ *défendeur, -eresse* [-œr, -ᵉrès] *m.*, *f.* defendant. ‖ *défendre* [défaⁿdr] *v.* to defend, to

protect; to uphold; to forbid, to prohibit; *à son corps défendant*, reluctantly; in self-defense; *il ne put se défendre de rire*, he couldn't help laughing.

défense [défaⁿs] *f. Br.* defence, *Am.* defense; protection; justification; prohibition; plea (jur.); counsel; tusk [éléphant]; fender (naut.); *défense de fumer*, no smoking; *faire défense*, to forbid; *légitime défense*, self-defense; *défense passive*, air-raid precautions. ‖ *défenseur* [-œr] *m.* defender; supporter; counsel for defense. ‖*défensif* [-ìf] *adj.** defensive.

déférence [déféraⁿs] *f.* deference, regard, respect, esteem. ‖ *déférer* [-é] *v.* to award; to submit (jur.); to impeach; to comply (à, with); to refer (jur.).

déferler [défèrlé] *v.* to unfurl; to break [vagues].

défi [défì] *m.* challenge; *lancer un défi à*, to challenge. ‖ *défiance* [-yaⁿs] *f.* mistrust, suspicion; diffidence. ‖ *défiant* [-yaⁿ] *adj.* distrustful, wary, cautious.

déficience [défìsyaⁿs] *f.* deficiency. ‖ *déficient* [-yaⁿ] *adj.*, *m.* deficient.

déficit [défìsìt] *m.* deficit, shortage; deficiency.

défier [défyé] *v.* to challenge; to dare; to brave; to defy; *se défier*, to beware; to distrust.

défigurer [défìgüré] *v.* to disfigure; to distort [vérité]; to deface; to mar.

défilé [défìlé] *m.* defile, pass; gorge; march past, parade. ‖ *défiler* [-é] *v.* to file off; to march past.

défini [défìnì] *adj.* definite; defined; fixed; *passé défini*, past historic, preterite (gramm.). ‖ *définir* [-ìr] *v.* to define; *se définir*, to become clear. ‖ *définissable* [-ìsàbl] *adj.* definable. ‖ *définitif* [-ìtìf] *adj.** definitive; final; standard [œuvre]; *à titre définitif*, permanently. ‖ *définition* [-ìsyoⁿ] *f.* definition.

déflagration [déflàgràsyoⁿ] *f.* deflagration.

déflation [déflàsyoⁿ] *f.* deflation; devaluation.

déflorer [déflòré] *v.* to deflower; to stale, to spoil.

défoncer [défoⁿsé] *v.* to stave in; to break up [terre, routes]; *se défoncer*, to break up; to give way.

déformation [défòrmàsyoⁿ] *f.* deformation; distorsion. ‖ *déformer* [-é] *v.* to deform, to put out of shape; to distort [faits]; to buckle; *se déformer*, to get out of shape; to warp [bois].

défraîchi [défrèshì] *adj. Br.* shop-soiled, *Am.* shop-worn.

défrayer [défrèyé] *v.* to defray; to entertain.

défricher [défrìshé] *v.* to clear, to reclaim [terrain]; to break up.

défroque [défròk] *f.* cast-off clothing. ‖ **défroqué** [-é] *adj.* unfrocked.

défunt [défuⁿ] *adj.* defunct, late, deceased.

dégagé [dégàjé] *adj.* unconstrained; free and easy; off-hand [manière]. ‖ **dégagement** [-maⁿ] *m.* release; escape; relief; disengagement; redemption [prêt sur gages]. ‖ **dégager** [-é] *v.* to redeem [prêt sur gages]; to disengage; to rescue; to release; to make out [signification]; to emit; se **dégager**, to get out of, to escape, to be emitted; to be revealed [vérité].

dégarnir [dégàrnîr] *v.* to strip; to dismantle; to unrig [voilier]; to unfurnish; se **dégarnir**, to part with; to be stripped.

dégât [dégâ] *m.* damage; devastation, havoc.

dégel [déjèl] *m.* thaw. ‖ **dégeler** [déjlé] *v.* to thaw.

dégénérer [déjénéré] *v.* to degenerate, to decline; **dégénérescence**, degeneration (med.).

dégingandé [déjⁱⁿgaⁿdé] *adj.* ungainly, gawky, loosely built.

déglinguer [déglⁱⁿgé] *v.* (fam.) to dislocate.

déglutition [déglütⁱsyoⁿ] *f.* swallowing, deglutition.

dégoiser [dégwàzé] *v.* (fam.) to rattle off (or) on.

dégonfler [dégoⁿflé] *v.* to deflate; to debunk; *Br.* to climb down (fam.); se **dégonfler**, to subside, to collapse; to funk it (fam.).

dégorger [dégòrjé] *v.* to disgorge; to unstop; to flow out; to overflow.

dégoter [dégòté] *v.* (pop.) to pick up, to ferret out.

dégourdir [dégûrdîr] *v.* to take the chill off [eau]; to revive; to stretch [jambes]; to smarten up; se **dégourdir**, to feel warmer; to stretch; to become more alert; **dégourdi**, lively, sharp, smart.

dégoût [dégû] *m.* disgust, aversion; dislike. ‖ **dégoûtant** [-aⁿ] *adj.* disgusting, loathsome, nauseating, revolting. ‖ **dégoûté** [-té] *adj.* disgusted; fastidious, squeamish. ‖ **dégoûter** [-té] *v.* to disgust, to repel, to nauseate, to sicken; se **dégoûter**, to take a dislike (de, to).

dégoutter [dégûté] *v.* to drip, to trickle.

dégradation [dégràdàsyoⁿ] *f.* degradation, reduction to the ranks (mil.);

gradation, shading off [couleurs]; damage. ‖ **dégrader** [-é] *v.* to degrade; to demote, to reduce to the ranks (mil.); to damage, to deface; to shade off; to tone down [couleurs]; se **dégrader**, to debase oneself.

dégrafer [dégràfé] *v.* to unhook; to unfasten.

dégraissage [dégrèsàj] *m.* cleaning; skimming. ‖ **dégraisser** [-é] *v.* to clean; to scour; to skim; to impoverish [terre].

degré [dⁱgré] *m.* degree; stage; step; à ce degré de, to this pitch of.

dégrever [dégrⁱvé] *v.* to reduce, to relieve [impôts]; to free.

dégriser [dégrìzé] *v.* to sober down, to cool down.

dégrossir [dégrôsîr] *v.* to rough out; to lick into shape (fam.).

déguenillé [dégⁱnⁱyé] *adj.* tattered, ragged, in rags.

déguerpir [dégèrpîr] *v.* (pop.) to clear out; *Am.* to beat it.

déguisement [déglzmaⁿ] *m.* disguise; sans déguisement, openly. ‖ **déguiser** [dégìzé] *v.* to disguise; to conceal.

déguster [dégüsté] *v.* to taste; to sample; to sip; to relish.

dehors [dⁱòr] *m.* outside; exterior; appearances; *adv.* outside; abroad; in the offing, spread [voiles]; en dehors du sujet, beside the point; mettre dehors, to turn out; to oust; to sack, to lay off.

déjà [déjà] *adv.* already, before.

déjection [déjèksyoⁿ] *f.* evacuation; dejection (med.).

déjeter [déjté] *v.* to warp [bois]; to buckle [métal]; se **déjeter**, to warp, to buckle.

déjeuner [déjœné] *m.* breakfast; lunch; *v.* to breakfast; to lunch; petit déjeuner, breakfast.

déjouer [déjûé] *v.* to baffle; to foil, to outwit, to thwart, to upset.

delà [dⁱlà] *adv., prep.,* beyond; au-delà de, beyond, above; par-delà les mers, beyond the seas; l'au-delà, the next world.

délabré [délàbré] *adj.* ruined; dilapidated; ramshackle, tumbledown; shattered [santé].

délacer [délàsé] *v.* to unlace; to undo [souliers]; se **délacer**, to come undone.

délai [délè] *m.* delay; respite; reprieve (jur.); à court délai, at short notice; dernier délai, deadline.

délaisser [délèsé] *v.* to forsake, to desert, to abandon; to relinquish (jur.).

délassant [délàsaⁿ] *adj.* relaxing; recreating. ‖ **délassement** [délâsmaⁿ] *m.* relaxation. ‖ **délasser** [-é] *v.* to relax, to rest; *se délasser,* to relax; to take a rest.

délation [délàsyon] *f.* informing, denunciation, squealing (pop.).

délavé [délàvé] *adj.* washed out; wishy-washy.

délayer [délèyé] *v.* to dilute; to spin out [discours].

délectable [délèktàbl] *adj.* delectable, delicious, delightful. ‖ **délectation** [-àsyon] *f.* delight, enjoyment. ‖ **délecter** [-é] *v.* to delight; *se délecter,* to take delight (*à,* in), to relish; to revel.

délégation [délégàsyon] *f.* delegation; assignment; allotment. ‖ **délégué** [-égé] *m., adj.* delegate; deputy. ‖ **déléguer** [-égé] *v.* to delegate; to assign.

délester [délèsté] *v.* to unballast [bateau]; to unload; to relieve (fig.).

délibération [délibéràsyon] *f.* deliberation; discussion; decision. ‖ **délibéré** [-é] *adj.* deliberate; resolute; *m.* consultation (jur.). ‖ **délibérer** [-é] *v.* to deliberate; to resolve.

délicat [délìkà] *adj.* delicate; dainty; nice, tricky [question]; fastidious [mangeur]; fragile; embarrassing; sensitive; awkward [situation]; *procédés peu délicats,* unscrupulous behavio(u)r; *faire le délicat,* to be finicky. ‖ **délicatesse** [-tès] *f.* delicacy; fragility; fastidiousness; *pl.* niceties.

délice [délìs] *m.* (*f.* in *pl.*) delight, pleasure; *faire les délices de,* to be the delight of. ‖ **délicieux** [-yë] *adj.* delicious, delightful; charming; lovely.

délictueux [délìktüë] *adj.* unlawful, punishable; *acte délictueux, Br.* offense, *Am.* offense, misdemeano(u)r.

délié [délìé] *adj.* slim, thin; glib [langue]; nimble [esprit]. ‖ **délier** [délié] *v.* to untie, to undo; to release; *sans bourse délier,* without spending a penny.

délimitation [délìmìtàsyon] *f.* delimitation; demarcation. ‖ **délimiter** [-é] *v.* to fix the boundaries of; to define [pouvoirs].

délinquant [délinkan] *m.* delinquent, offender.

délirant [déliran] *adj.* frantic, frenzied; rapturous; delirious. ‖ **délire** [délîr] *m.* delirium; frenzy; ecstasy; *avoir le délire,* to be delirious, to rave, to wander. ‖ **délirer** [-lré] *v.* to be delirious; to rave.

délit [déli] *m.* misdemeano(u)r; offence; *en flagrant délit,* in the very act, red-handed.

délivrance [délìvrans] *f.* delivery; rescue; childbirth; issue [billets]. ‖ **délivrer** [-é] *v.* to deliver; to rescue; to issue [billets].

déloger [délòjé] *v.* to dislodge; to remove; to go away; to drive away, to turn out; to oust.

déloyal [délwàyàl] *adj.* disloyal; false; dishonest; treacherous; unfair; foul [jeu]. ‖ **déloyauté** [délwàyôté] *f.* disloyalty, treachery.

déluge [délüj] *m.* deluge, flood.

déluré [délüré] *adj.* smart, wide-awake, knowing, sharp, no fool.

démagogue [démàgòg] *m.* demagogue.

démailler [démâyé] *v.* to unpick; *se démailler,* to run, *Br.* to ladder [bas].

demain [demin] *m., adv.* to-morrow; *demain matin,* to-morrow morning; *demain en huit,* to-morrow week; *à demain,* good-bye till to-morrow; *après-demain,* the day after to-morrow.

démancher [démanshé] *v.* to unhaft [outil]; to put out of joint; to shift [violon].

demande [demand] *f.* request; question; inquiry; demand (comm.); claim; *sur demande,* on application. ‖ **demander** [-é] *v.* to ask; to ask for; to beg, to request; to wish, to want; to apply for; to order; *demander à quelqu'un,* to ask someone; *demander quelqu'un,* to ask for someone; *on est venu vous demander,* someone called for you; *se demander,* to wonder. ‖ **demandeur, -eresse** [-ær, -°rès] *m., f.* plaintiff (jur.).

démangeaison [démanjèzon] *f.* itching. ‖ **démanger** [-é] *v.* to itch.

démanteler [démantlé] *v.* to dismantle.

démaquillage [démàkìyàj] *m.* cleansing. ‖ **se démaquiller** [s°démàkìyé] *v.* to take off one's make-up.

démarcation [démàrkàsyon] *f.* demarcation, boundary.

démarche [démàrsh] *f.* step; walk; gait; conduct; *faire des démarches pour,* to take steps to. ‖ **démarcheur** [-ær] *m.* canvasser, *Am.* solicitor.

démarquer [démàrké] *v.* to mark down [prix]; to remove the marks from.

démarrer [démàré] *v.* to cast off [bateau]; to start [voiture]; to slip moorings. ‖ **démarreur** [-ær] *m.* self-starter; crank.

démasquer [démàské] *v.* to unmask, to expose; to divulge.

démêlé [démélé] *m.* dispute; contest. ‖ **démêler** [-é] *v.* to unravel; to make out; to extricate; to contend.

démembrer [démanbré] *v.* to dismember.

déménagement [démǎnǎ]manⁿ] *m.* removal, moving; *voiture de déménagement* furniture van. | **déménager** [-é] *v.* to remove to move out, (fam.) to be out of one's mind. | **déménageur** [-œr] *m* furniture remover.

démence [démãⁿs] *f.* insanity, lunacy, folly, madness

dément |démãⁿ] *m., adj.* insane.

démenti |démãⁿti] *m.* denial, contradiction. | **démentir** [-îr] *v.* to give the lie to, to contradict, to refute; to belie; *se démentir*, to contradict oneself; to fail

démériter [démérìté] *v.* to be blameworthy to forfeit the esteem (*de,* of).

démesure [dém*zür] *f* excessiveness; disproportion **démesuré** [dém*züré] *adj.* inordinate huge, beyond measure; out of all proportion, excessive.

démettre [démètr] *v.* to dislocate, to put out of joint. to dismiss; *se démettre,* to resign, to give up.

demeure [d*mœr] *f.* dwelling, residence, delay, a halt, fixed, *mettre en demeure de,* to order to. | **demeuré** [-é] *adj.. m.* mentally deficient. | **demeurer** [-é] *v* to live, to reside; to dwell; to stay, to remain; *au demeurant,* after all, on the whole.

demi [d*mì] *m.. adj.* half; *à demi,* by halves, *une demi-heure,* half an hour; *une heure et demie,* one hour and a half, *il est une heure et demie,* it is half past one, *demi-cercle,* semicircle; *demi-teinte,* half-tint. halftone, mezzotint **demi-ton,** semitone; *demi-tour,* half-turn, about turn (mil.).

démission [démìsyoⁿ] *f.* resignation. | **démissionner** [-yòné] *v.* to resign.

démobilisation [démòbìlìzàsyoⁿ] *f.* demobilization. | **démobiliser** [-é] *v.* to demobilize.

démocrate [démòkràt] *m., f.* democrat. | **démocratie** [-àsî] *f.* democracy.

démodé [démòdé] *adj.* old-fashioned; out of date, antiquated.

demoiselle [d*mwàzèl] *f.* young lady; spinster; rowlock (naut.); dragon-fly (ent.); *demoiselle d'honneur,* bridesmaid.

démolir [démòlîr] *v.* to demolish, to pull down; to overthrow; to ruin; to wreck. | **démolition** [-ìsyoⁿ] *f.* demolition, pulling down; *pl.* rubbish.

démon [démoⁿ] *m.* demon, devil; fiend; imp.

démonétiser [démònétìzé] *v.* to demonetize; to withdraw.

démonstrateur [démoⁿstràtœr] *m.* demonstrator. | **démonstratif** [-àtìf] *adj.** demonstrative. | **démonstration** [-àsyoⁿ] *f.* demonstration; show of force (mil.); proof (math.).

démontable [démoⁿtàbl] *adj.* detachable; collapsible. | **démonter** [-é] *v.* to unseat to dismantle, to take to pieces, to upset (fig.), *se démonter,* to get out of order, to run down [montre]. to be disconcerted; **démonte-pneu,** *Br* tyre-lever. *Am.* tire-iron.

démontrer [démoⁿtré] *v.* to demonstrate to show.

démoraliser [démòràlìzé] *v.* to demoralize to dishearten.

démordre [démòrdr] *v.* to let go; to give in to desist.

démunir (se) [s*démünîr] *v.* to part with, to deprive oneself of.

dénaturé [dénàtüré] *adj.* unnatural, cruel perverted, depraved; *alcool dénaturé* methylated spirit. | **dénaturer** [-é] *v* to distort; to misrepresent; to pervert

dénégation [dénégàsyoⁿ] *f.* denial.

déni |dénì] *m* denial; refusal.

déniaiser |dényèzé] *v.* to wise up.

dénicher [dénìshé] *v.* to take from the nest to find, to unearth.

denier [d*nyé] *m.* small coin, penny; cent, money; *les deniers publics,* public funds.

dénigrer [dénìgré] *v.* to disparage, to run down.

dénivellation [dénìvèllàsyoⁿ] *f.* unevenness gradients; subsidence.

dénombrer [dénoⁿbré] *v.* to take a census of to count, to enumerate.

dénomination [dénòmìnàsyoⁿ] *f.* name, denomination. | **dénommer** [dénòmé] *v* to name, to denominate.

dénoncer [dénoⁿsé] *v.* to denounce; to betray; to expose. | **dénonciateur, -trice** [dénoⁿsyàtœr, -trìs] *m., f.* informer, *Am* stool-pigeon (pop.). | **dénonciation** [-yàsyoⁿ] *f.* denunciation; notice of termination [traité].

dénoter [dénòté] *v.* to denote, to show to mark.

dénouement [dénûmaⁿ] *m.* untying; result, solution, dénouement (theat.). | **dénouer** [dénûé] *v.* to untie, to unravel *se dénouer,* to come undone; to be solved; to end.

dénoyauter [dénwàyòté] *v.* to stone, *Am.* to pit.

denrée [daⁿré] *f.* commodity; produce, *denrées alimentaires,* foodstuffs.

dense [daⁿs] *adj.* dense; thick. | **densité** [-ìté] *f.* denseness, density; compactness; fullness, substance.

dent [daⁿ] *f.* tooth; prong [fourchette], cog [roue]; *mal aux dents,* toothache; *sans dents,* toothless; *serrer les dents,* to set one's teeth; *avoir une dent contre,* to have a grudge against; *sur les dents*, fagged, worn out. ‖ *dentaire* [-tèr], *dental* [-tàl] *adj.* dental. ‖ *denté* [-é] *adj.* toothed; *roue dentée*, cogwheel.

denteler [dɑⁿtlé] *v.* to indent; to notch; to cog [roue]; to serrate.

dentelle [dɑⁿtèl] *f.* lace; lace-work. ‖ *dentelure* [dɑⁿtlür] *f.* perforation [timbre], **indentation**; dogtooth (techn.).

dentier [dɑⁿtyé] *m.* denture, set of false teeth, plate. ‖ *dentifrice* [-ìfrìs] *m.* dentifrice, tooth-paste; *adj.* dental. *dentiste* [-ìst] *m.,f.* dentist. ‖ *dentition* [-ìsyoⁿ] *f.* teething; set of teeth. ‖ *denture* [-ür] *f.* set of teeth; teeth (mech.).

dénuder [dénüdé] *v.* to lay bare; to strip.

dénuement [dénümɑⁿ] *m.* destitution, poverty. ‖ *dénuer* [-üé] *v.* to strip; to deprive.

dépannage [dépànàj] *m.* repairs [auto]; breakdown service. ‖ *dépanner* [-é] *v.* to repair; to help (fig.).

dépareillé [déparèyé] *adj.* odd; incomplete; unmatched.

départ [dépàr] *m.* departure, start, sailing [bateau]; setting out; *sur le départ*, on the point of leaving; *départ lancé*, flying start; *point de départ*, starting point.

département [dépàrtᵉmɑⁿ] *m.* department; *Br.* Ministry; section; province; *départemental*, departmental.

départir [dépàrtîr] *v.** to distribute, to allot, to dispense; *se départir de*, to give up; to depart from.

dépasser [dépàsé] *v.* to pass, to go beyond, to exceed; to overtake; to project beyond; *dépasser à la course*, to outrun.

dépayser [dépèìzé] *v.* to take out of one's element; to remove from home; *être dépaysé*, to be uprooted, to be at a loss; *se dépayser*, to leave home; to go abroad.

dépecer [dépᵉsé] *v.* to cut up; to dismember.

dépêche [dépèsh] *f.* dispatch; message; telegram, wire (fam.). ‖ *dépêcher* [-é] *v.* to hasten; to expedite; to dispatch; *se dépêcher*, to hurry up, to make haste.

dépeindre [dépɛ̃ⁿdr] *v.** to depict; to describe.

dépeinturer [dépɛ̃ⁿtüré] *v.* © to remove paint [from wall, etc.].

dépenaillé [dépnàyé] *adj.* (fam.) in rags, in tatters.

dépendance [dépɑⁿdɑⁿs] *f.* dependency [pays]; dependence; subordination; *pl.* offices; outbuildings; annexes. ‖ *dépendre* [dépɑⁿdr] *v.* to depend (*de*, on).

dépendre [dépɑⁿdr] *v.* to take down, to unhang.

dépens [dépɑⁿ] *m. pl.* cost, expense, charges, costs (jur.). ‖ *dépense* [dépɑⁿs] *f.* expenditure, outlay; consumption [gaz]; pantry; *dépenses de bouche*, living expenses; *dépense de temps*, waste of time. ‖ *dépenser* [-é] *v.* to spend; to expend; *se dépenser*, to be spent; to spare no effort; to waste one's energy. ‖ *dépensier* [-yé] *adj.** extravagant, spendthrift.

déperdition [dépèrdìsyoⁿ] *f.* waste; loss; leakage.

dépérir [dépérîr] *v.* to decline, to pine away, to dwindle.

dépeupler [dépœplé] *v.* to depopulate; to thin [forêt].

dépilatoire [dépìlàtwàr] *adj., m.* depilatory.

dépister [dépìsté] *v.* to hunt out, to track down, to ferret out; to throw off the scent; to outwit.

dépit [dépì] *m.* spite, resentment, grudge; *en dépit de*, in spite of; *par dépit*, out of spite. ‖ *dépiter* [-té] *v.* to vex, to spite; *se dépiter*, to be annoyed; to be hurt.

déplacé [déplàsé] *adj.* unbecoming, improper. ‖ *déplacement* [-mɑⁿ] *m.* displacement; removal; travel(l)ing; movement [bateau]; *frais de déplacement*, travel(l)ing expenses. ‖ *déplacer* [-é] *v.* to displace; to dislodge, to move; to have a displacement of [bateau]; to replace; *se déplacer*, to move; to travel.

déplaire [déplèr] *v.** to offend, to displease; *il me déplaît*, I don't like him; *ne vous en déplaise*, with all due deference to you; *se déplaire*, to dislike. ‖ *déplaisant* [déplèzɑⁿ] *adj.* disagreeable, unpleasant. ‖ *déplaisir* [-îr] *m.* displeasure, vexation; grief.

dépliant [déplìyɑⁿ] *m.* folder. ‖ *déplier* [-lyé] *v.* to unfold. ‖ *déploiement* [déplwàmɑⁿ] *m.* deployment (mil.); show, display; unfolding.

déplorable [déplòràbl] *adj.* deplorable, lamentable; wretched. ‖ *déplorer* [-é] *v.* to deplore; to lament, to mourn.

déployer [déplwàyé] *v.* to unfold; to unfurl [voile]; to spread out; to display; to deploy (mil.).

déplu [déplü] *p. p.* of *déplaire*.

déplumer [déplümé] *v.* to pluck; *se déplumer*, to moult; (pop.) to grow bald.

dépoli [dépòlì] *adj.* ground; frosted.

déportation [dépòrtàsyoⁿ] *f.* deportation. ‖ *déporté* [dépòrté] *adj.* deported, displaced; transported; *m.* deportee. ‖ *déportements* [-ᵉmɑⁿ] *m. pl.* misconduct, misbehavio(u)r.

déporter [-é] v. to deport; *se déporter,* to desist.

déposant [dépòzaⁿ] m. depositor; deponent, witness (jur.). ‖ **déposer** [-é] v. to deposit [argent]; to put down; to leave; to depose; to give evidence; to introduce [projet de loi]. ‖ **dépositaire** [-itèr] m., f. trustee; agent. ‖ **déposition** [-ìsyoⁿ] f. deposition; statement (jur.).

déposséder [dépòsédé] v. to dispossess; to deprive. ‖ **dépossession** [déposésyoⁿ] f. dispossession; eviction.

dépôt [dépô] m. deposit; handing in [télégramme]; store, depot; warehouse; police station; bond [douane]; sediment; dump; *en dépôt,* on sale; in stock.

dépoter [dépòté] v. to unpot; to decant.

dépotoir [dépòtwàr] m. dump.

dépouille [dépúy] f. skin [animal]; slough [serpent]; pl. spoils, booty; *dépouille mortelle,* mortal remains. ‖ **dépouillement** [-maⁿ] m. despoiling; scrutiny; count [scrutin]. ‖ **dépouiller** [-é] v. to skin; to strip; to plunder; to rob; to cast off; to inspect; to count [scrutin]; to go through [courrier]; to study [documents].

dépourvu [dépúrvü] adj. destitute, devoid; *au dépourvu,* unawares.

dépoussiérer [dépûsyéré] v. to dust.

dépravation [dépràvàsyoⁿ] f. depravity, corruption. ‖ **dépraver** [-é] v. to deprave, to pervert, to corrupt.

dépréciation [déprésyàsyoⁿ] f. depreciation; wear and tear. ‖ **déprécier** [-yé] v. to depreciate; to belittle; to disparage; to devalue.

déprédation [déprédasyoⁿ] f. depredation.

dépression [déprèsyoⁿ] f. depression; hollow; fall in pressure. ‖ **déprimer** [déprìmé] v. to depress; *se déprimer,* to get depressed; to get dejected.

depuis [dᵉpüï] adv., prep. since; from; for; after; *depuis combien?,* since when?; *je suis ici depuis trois semaines,* I have been here for three weeks.

dépuratif [dépüràtìf] adj.*, m. depurative; blood-cleansing.

députation [dépütàsyoⁿ] f. deputation; *se présenter à la députation,* to put up for Parliament. ‖ **député** [-é] m. deputy; member of Parliament, Br. M. P., Am. Congressman. ‖ **députer** [-é] v. to depute; to delegate.

déraciner [déràsìné] v. to uproot, to eradicate.

déraillement [déràymaⁿ] m. derailment, railway accident. ‖ **dérailler** [-é] v. to go off the rails; *faire dérailler,*

to derail. ‖ **dérailleur** [-œr] m., gearshift, three-speed gear [bicyclette].

déraison [dèrèzoⁿ] f. unreasonableness, want of sense. ‖ **déraisonnable** [-ònàbl] adj. unreasonable; unwise; senseless, absurd, foolish. ‖ **déraisonner** [-òné] v. to talk nonsense, to rave.

dérangement [déràⁿjmaⁿ] m. disturbance, disorder; trouble; fault (mech.). ‖ **déranger** [-é] v. to derange; to bother, to disturb; to upset [projets]; *se déranger,* to get out of order [machine]; to trouble; to live a wild life.

dérapage [déràpàj] m. skidding; dragging (naut.). ‖ **déraper** [-é] v. to skid [auto]; to drag its anchor [bateau]; to weigh anchor.

dératisation [déràtìzasyoⁿ] f. deratisation. ‖ **dératiser** [-é] v. to exterminate rats.

déréglement [dérèglᵉmaⁿ] m. disorder; irregularity [pouls]; dissoluteness. ‖ **dérégler** [dérégié] v. to upset; to unsettle; *se dérégler,* to get out of order [montre]; to lead an abandoned life, to run wild (fig.).

dérider (se) [sᵉdérìdé] v. to brighten up, to begin to smile.

dérision [dérìzyoⁿ] f. derision, mockery; *tourner quelqu'un en dérision,* to make a laughing-stock of someone. ‖ **dérisoire** [-wàr] adj. ridiculous, absurd, ludicrous.

dérivatif [dérìvàtìf] adj.* derivative. ‖ **dérivation** [-àsyoⁿ] f. derivation; diversion; shunting, shunt (electr.); drift (mil.); loop [ch. de fer].

dérive [dérìv] f. leeway (naut.); *à la dérive,* adrift.

dériver [dérìvé] v. to drift (naut.).

dériver [dérìvé] v. to derive (*de,* from); to spring (*de,* from); to divert; to shunt (electr.).

dermatologie [dèrmàtòlòjí] f. dermatology.

dernier [dèrnyé] m., adj.* last, latest; final; closing [prix]; utmost [importance]; *mettre la dernière main à,* to give the finishing touch to. ‖ **dernièrement** [-yèrmaⁿ] adv. recently, lately.

dérobade [déròbàd] f. escape; evading, evasion. ‖ **dérober** [déròbé] v. to steal; to hide; *se dérober,* to steal away; to hide; to swerve [cheval]; to elude, to evade; to shirk; *à la dérobée,* stealthily, on the sly.

dérogation [dérògàsyoⁿ] f. derogation. ‖ **déroger** [déròjé] v. to derogate (*à,* from); to lower oneself, to stoop.

déroulement [dérúlmaⁿ] m. passing; unfolding. ‖ **dérouler** [dérúlé] v. to unroll; to unreel; to unfold; *se dérouler,* to unfold; to take place; to develop.

déroute [dérût] *f.* rout; *mettre en déroute* to rout; *en pleine déroute,* in full flight. ‖ **dérouter** [-é] *v.* to put off the track, to bewilder, to baffle; to lead astray

derrière [dèryèr] *adv.* behind; astern (naut.) *prep* behind, after, astern of (naut.) *m.* back, rear; bottom, backside (fam.) stern (naut.). *par-derrière* from the rear, from behind; *pattes de derrière* hind legs.

des [dé, dè], *see de.*

dès [dè] *prep* from, since; upon; as early as, *dès lors,* from then on; *dès aujourd'hui,* from today; *dès que,* as soon as

désabuser [dézàbüzé] *v.* to undeceive; to disillusion; *se désabuser,* to have one's eyes opened.

désaccord [dézàkòr] *m.* discord; dissension, disagreement; *en désaccord,* at variance ‖ **désaccorder** [-dé] *v.* to set at variance; to untune (mus.); *se désaccorder,* to get out of tune.

désaffecter [dézàfèkté] *v.* to deconsecrate (eccles.); to release (jur.).

désaffection [dézàfèksyon] *f.* disaffection; *se désaffectionner,* to lose one's affection (*de,* for).

désagréable [dézàgréàbl] *adj.* disagreeable, unpleasant, nasty.

désagréger [dézàgrèjé] *v.* to disintegrate; *se désagréger,* to break up; to disaggregate

désagrément [dézàgrémaⁿ] *m.* unpleasantness, source of annoyance; inconvenience; discomfort.

désaltérer [dézàltéré] *v.* to refresh, to quench (someone's) thirst.

désamorcer [dézàmòrsé] *v.* to uncap.

désappointement [dézàpwiⁿtmaⁿ] *m.* disappointment. ‖ **désappointer** [-é] *v.* to disappoint

désapprobateur, -trice [dézàpròbàtœr, -trìs] *adj.* disapproving. ‖ **désapprobation** [-àsyoⁿ] *f.* disapprobation, disapproval. ‖ **désapprouver** [dézàprüvé] *v.* to disapprove of, to object to; to disagree with.

désarçonner [dézàrsòné] *v.* to unseat; to dumbfound, to flabbergast (pop.).

désarmement [dézàrmmaⁿ] *m.* disarmament; laying up (naut.). ‖ **désarmer** [-é] *v.* to disarm; to lay up, to decommission [navire]; to unload [canon]; to uncock [fusil].

désarroi [dézàrwà] *m.* confusion, disorder, disarray.

désastre [dézàstr] *m.* disaster; *désastreux,* desastrous.

désavantage [dézàvaⁿtàj] *m.* disadvantage; drawback. ‖ **désavantager**

[-é] *v.* to put at a disadvantage, to handicap. ‖ **désavantageux** [-ë] *adj.* disadvantageous, unfavourable; prejudicial detrimental

désaveu [dézàvë] *m.* disavowal, denial, repudiation, disowning. ‖ **désavouer** [dézàvüé] • to disown, to deny; to repudiate, to disclaim

descendance [dèsaⁿdaⁿs] *f* descent; descendant. ‖ **descendant** [-aⁿ] *m.* descendant, offspring *adj* descending, going down downward **descendre** [désaⁿdr] • to descend to come down, to go down, to take down; to let down. *descendre de cheval,* to dismount *descendre de l'autobus,* to get off the bus. *descendre à l'hôtel,* to stop at the hotel *tout le monde descend,* all change. ‖ **descente** [-aⁿt] *f.* descent, slope, declivity, raid, rupture, dismounting [cheval], downstroke [piston]. *descente de bain,* bathmat; *descente de justice* search (jur.).

descriptif [dèskrìptìf] *adj.* descriptive. **description** [-ìpsyoⁿ] *f.* description

désemparer [dézaⁿpàré] *v.* to disable; to leave; *sans désemparer,* without stopping. *être désemparé,* to be in distress (or at a loss (or) helpless.

désenchantement [dézaⁿshaⁿtmaⁿ] *m.* disenchantment; disillusion. ‖ **désenchanter** [-é] *v.* to disenchant; to disillusion

désensibiliser [dézaⁿsìbìlìzé] *v.* to desensitize

déséquilibre [dézékìlìbr] *m.* lack of balance **déséquilibrer** [-é] *v.* to unbalance, to throw out of balance.

désert [dézèr] *m.* desert, wilderness; *adj.* deserted, desert; lonely; wild.

déserter [dézèrté] *v.* to desert; to forsake, to abandon. ‖ **déserteur** [-tœr] *m* deserter. ‖ **désertion** [-syoⁿ] *f.* desertion.

désertique [dézèrtìk] *adj.* desert, barren

désespérant [dézèspéraⁿ] *adj.* hopeless; heart-breaking ‖ **désespéré** [-éré] *adj.* desperate, hopeless; disheartened; *en désespéré,* like mad. ‖ **désespérer** [-éré] *v.* to despair, to be disheartened, to drive to despair. ‖ **désespoir** [-wàr] *m.* despair, desperation, *en désespoir de cause,* as a last resource, as a desperate shift.

déshabillé [dézàbìyé] *m.* wrap; *en déshabillé,* in dishabille; in undress. ‖ **déshabiller** [-é] *v.* to undress, to strip, to disrobe.

déshabituer [dézàbìtüé] *v.* to disaccustom, *se déshabituer,* to rid oneself of the habit (*de,* of).

désherber [dézèrbé] *v.* to weed.

déshériter [dézérìté] *v.* to disinherit.

déshonneur [dézònœr] *m.* dishono(u)r, disgrace. || **déshonorant** [-òraⁿ] *adj.* dishono(u)ring, disgraceful. || **déshonorer** [-òré] *v.* to dishono(u)r, to disgrace; to defile.

déshydrater [dézìdràté] *v.* to dehydrate.

désignation [dézìñàsyoⁿ] *f.* designation; appointment, nomination. || **désigner** [-é] *v.* to designate; to appoint; to indicate; *désigner du doigt*, to point out.

désillusion [dézìllüzyoⁿ] *f.* disillusion. || **désillusionner** [-yòné] *v.* to disillusion.

désinence [dézìnaⁿs] *f.* ending.

désinfectant [déziⁿfèktaⁿ] *m.*, *adj.* disinfectant. || **désinfecter** [-é] *v.* to disinfect; to fumigate; to decontaminate. || **désinfection** [dézìⁿfèksyoⁿ] *f.* disinfection.

désintégration [dézìⁿtégràsyoⁿ] *f.* disintegration; splitting, fission. || **désintégrer** [-é] *v.* to disintegrate; to split; *se désintégrer*, to disintegrate.

désintéressé [dézìⁿtérésé] *adj.* unselfish, disinterested. || **désintéressement** [-maⁿ] *m.* unselfishness; impartiality. || **désintéresser** [-é] *v.* to indemnify; to buy out; *se désintéresser*, to give up; to take no further interest.

désintoxication [dézìⁿtòksìkàsyoⁿ] *f.* detoxication. || **désintoxiquer** [-é] *v.* to detoxicate.

désinvolte [dézìⁿvòlt] *adj.* free, easy; off-hand, airy; detached. ||*désinvolture* [-ür] *f.* off-handedness; ease, freedom; cheek, nerve (fam.).

désir [dézìr] *m.* desire, wish. || **désirable** [-ìràbl] *adj.* desirable; *peu désirable*, undesirable. || **désirer** [-ìré] *v.* to desire, to wish; to want; *cela laisse à désirer*, it's not altogether satisfactory. || **désireux** [-ìrë] *adj.** desirous, eager.

désistement [dézìstemaⁿ] *m.* standing down, withdrawal.

désister (se) [sedézìsté] *v.* to withdraw; to desist (*de*, from); to waive; to renounce.

désobéir [dézòbéìr] *v.* to disobey; *désobéir à quelqu'un*, to disobey someone. || **désobéissance** [-ìsaⁿs] *f.* disobedience. || **désobéissant** [-ìsaⁿ] *adj.* disobedient.

désobligeant [dézòblìjaⁿ] *adj.* disobliging; uncivil; unpleasant. || **désobliger** [-é] *v.* to disoblige; to displease.

désœuvré [dézœvré] *adj.* idle, at a loose end; unoccupied; unemployed.

désolant [dézòlaⁿ] *adj.* distressing; sad; most annoying. || **désolation** [-àsyoⁿ] *f.* desolation; devastation; distress. || **désoler** [-é] *v.* to grieve; to annoy; to lay waste.

désolidariser (se) [sedésòlìdàrìzé] *v.* to dissociate oneself (*de*, from).

désopilant [dézòpìlaⁿ] *adj.* (fam.) side-splitting.

désordonné [dézòrdòné] *adj.* disorderly; untidy; unruly. || **désordre** [dézòrdr] *m.* disorder, confusion; chaos; untidiness; *pl.* riots, disturbances.

désorganisation [dézòrgànìzàsyoⁿ] *f.* disorganization. || **désorganiser** [-é] *v.* to disorganize; to upset; to confuse.

désorienter [dézòryaⁿté] *v.* to mislead; to bewilder; *tout désorienté*, all at sea.

désormais [dézòrmè] *adv.* henceforth, hereafter, from now on; for the future.

désossé [dézòsé] *adj.* boneless; boned.

despote [dèspòt] *m.* despot; *despotique*, despotic; *despotisme*, despotism.

desquels, desquelles, *see lequel.*

dessaisir [dèsèzìr] *v.* to dispossess; *se dessaisir de*, to part with, to give up, to relinquish.

dessaler [dèsàlé] *v.* to unsalt; to soak [viande]; to sharpen (someone's) wits; *se dessaler*, to learn a thing or two.

dessécher [déséshé] *v.* to dry up, to wither; to steel, to harden.

dessein [dèsiⁿ] *m.* design, scheme, project, plan; intention; *à dessein*, on purpose; *sans dessein*, unintentionally, © stupid, foolish; *avoir le dessein de*, to intend to.

desserrer [dèséré] *v.* to loosen; to unclamp; to unscrew [écrou]; to release [frein].

dessert [dèsèr] *m.* dessert.

desservir [dèsèrvìr] *v.** to clear [table]; to clear away; to do an ill turn to; to disserve.

desservir [dèsèrvìr] *v.* to serve [transport]; to ply between; to officiate at (eccles.).

dessin [dèsiⁿ] *m.* drawing; sketch; plan; pattern; *dessin à main levée*, free-hand drawing; *dessin animé*, animated cartoon. || **dessinateur, -trice** [dèsìnàtœr, -trìs] *m.*, *f.* drawer; pattern-designer; draughtsman. || **dessiner** [-ìné] *v.* to draw, to sketch; to design; to lay out [jardin]; to show; *se dessiner*, to stand out; to loom up; to appear; to take form.

dessouler [désülé] *v.* to sober up.

dessous [desû] *m.* lower part, under side; *adv.* under, underneath, beneath, below; *prep.* under; *vêtements de dessous*, underclothes; *les dessous*, the seamy side.

dessus [dᵊsü] *m.* top, upper side; lid; treble (mus.); advantage; *adv.* on; over, above; *prep.* on, upon; above, over; *prendre le dessus,* to get the upper hand.

destin [dèstiⁿ] *m.* fate, destiny. ‖ *destinataire* [dèstìnàtèr] *m., f.* addressee; payee. ‖ *destination* [-àsyoⁿ] *f.* destination; *à destination de,* addressed to [colis], bound for [bateau]. ‖ *destinée* [-é] *f.* fate, destiny. ‖ *destiner* [-é] *v.* to destine; to intend; *se destiner,* to intend to enter [profession].

destituer [dèstìtüé] *v.* to dismiss, to discharge. ‖ *destitution* [-üsyoⁿ] *f.* dismissal; removal.

destrier [dèstryé] *m.* steed.

destructeur,-trice [dèstrüktœr, -trìs] *m., f.* destructor, destroyer; *adj.* destructive. ‖ *destructif* [-tìf] *adj.** destructive. ‖ *destruction* [dèstrüksyoⁿ] *f.* destruction, destroying; demolition.

désuet [désüè] *adj.** obsolete.

désunion [dézünyoⁿ] *f.* separation; disunion.

désunir [dézünîr] *v.* to separate, to divide, to disunite; *se désunir,* to come apart; to fall out.

détachement [détàshmaⁿ] *m.* detaching; detachment (mil.); indifference, unconcern. ‖ *détacher* [-é] *v.* to detach; to unfasten, to undo; to separate; to detail (mil.); *se détacher,* to come loose; to separate, to part; to stand out.

détacher [détàshé] *v.* to clean.

détail [détày] *m.* detail; particular; trifle; retail (comm.); detailed account; *marchand au détail,* retail dealer. ‖ *détaillant* [-aⁿ] *m.* retailer. ‖ *détailler* [-é] *v.* to detail; to relate in detail; to retail; to divide up.

détaler [détàlé] *v.* to scamper away.

détecter [détèkté] *v.* to detect. ‖ *détection* [-syoⁿ] *f.* detection. ‖ *détective* [détèktîv] *m.* detective.

déteindre [détiⁿdr] *v.** to take the colo(u)r out of; to lose colo(u)r, to fade.

dételer [détlé] *v.* to unyoke, to unharness; to ease off; to say good-bye to romance (fam.).

détendre [détaⁿdr] *v.* to slacken, to loosen; *se détendre,* to relax, to ease.

détenir [détnîr] *v.** to detain; to hold; to keep back.

détente [détaⁿt] *f.* relaxation; slackening; easing; expansion; trigger [fusil]; power stroke [moteur]; *dur à la détente,* close-fisted (fig.).

détention [détaⁿsyoⁿ] *f.* detention; imprisonment; detainment; holding. ‖ *détenu* [détnü] *m.* prisoner; *adj.* detained, imprisoned.

détergent [détèrjaⁿ] *adj., m.* detergent.

détérioration [détéryòràsyoⁿ] *f.* damage; deterioration, wear and tear. ‖ *détériorer* [-é] *v.* to damage; to impair; to make worse.

déterminant [détèrmìnaⁿ] *m.* determinant; *adj.* determinating. ‖ *détermination* [-àsyoⁿ] *f.* resolution; determination. ‖ *déterminer* [-é] *v.* to determine, to settle; to ascertain; to induce; to cause; *se déterminer,* to make up one's mind, to resolve. ‖ *déterminisme* [-ìsm] *m.* determinism.

déterrer [détèré] *v.* to disinter; to unearth.

détersif [détèrsìf] *adj.*, m.* detergent.

détestable [détèstàbl] *adj.* detestable, hateful. ‖ *détester* [-é] *v.* to detest, to hate.

détonateur [détònàtœr] *m.* detonator; fog-signal [chemin de fer]. ‖ *détonation* [-àsyoⁿ] *f.* detonation, report [arme à feu]. ‖ *détoner* [-é] *v.* to detonate, to explode.

détour [détûr] *m.* detour, round-about way; bend; winding; ruse; *sans détour,* straightforward. ‖ *détourné* [-né] *adj.* out of the way; circuitous, roundabout; indirect. ‖ *détournement* [-nᵊmaⁿ] *m.* diversion; embezzlement [fonds]; abduction. ‖ *détourner* [-né] *v.* to divert [rivière]; to avert; to parry [coup]; to turn away; to misappropriate; to embezzle; *se détourner,* to give up; to turn away.

détracteur, -trice [détràktœr, -trìs] *m., f.* detractor; slanderer; maligner; defamer.

détraqué [détràké] *adj.* out of order; deficient; crazy, cracked; unsettled. ‖ *détraquer* [détràké] *v.* to put out of order; to upset; to derange; *se détraquer,* to break down.

détremper [détraⁿpé] *v.* to moisten, to soak.

détresse [détrès] *f.* distress; danger; grief; *signal de détresse,* distress signal, S.O.S.

détriment [détrìmaⁿ] *m.* detriment; cost, loss; prejudice.

détritus [détrìtüs] *m.* detritus; refuse; rubbish.

détroit [détrwà] *m.* strait, channel.

détromper [détroⁿpé] *v.* to undeceive; *détrompez-vous!,* don't you believe it!

détrôner [détrôné] *v.* to dethrone; to debunk.

détrousser [détrûsé] *v.* to rob.

détruire [détrüîr] *v.** to destroy, to demolish, to pull down, to ruin; to overthrow.

dette [dèt] *f.* debt; obligation; *dettes actives*, assets; *dettes passives*, liabilities; *faire des dettes*, to run into debt.

deuil [dœy] *m.* mourning; bereavement.

deux [dë] *m.* two; second; *adj.* two; *tous les deux*, both; *Henri II*, Henry the Second; *le deux mai*, the second of May; *tous les deux jours*, every other day; *deux fois*, twice. || **deuxième** [-zyèm] *m.*, *f.*, *adj.* second.

dévaler [dévàlé] *v.* to run down.

dévaliser [dévàlìzé] *v.* to rob, to rifle.

dévalorisation [dévàlòrìzàsyoⁿ] *f.* devaluation, fall in value, depreciation. || **dévaloriser** [-é] *v.* to devalorize.

dévaluation [dévàlüàsyoⁿ] *f.* devaluation. || **dévaluer** [-é] *v.* to devaluate.

devancer [deváⁿsé] *v.* to precede; to outstrip; to forestall. || **devancier** [-yé] *m.* predecessor.

devant [deváⁿ] *m.* front, forepart; *adv.* in front, before, ahead; *prep.* in front of, before, ahead of; *pattes de devant*, forelegs; *prendre les devants*, to go on ahead; *devant la loi*, in the eyes of the law. || **devanture** [-tür] *f.* front; shop-front.

dévaster [dévàsté] *v.* to devastate, to ravage, to lay waste, to wreck.

déveine [dévèn] *f.* ill-luck, bad luck.

développement [dévlòpmaⁿ] *m.* development; spreading out; gear ratio [auto]. || **développer** [-é] *v.* to develop; to expand; to spread out, to unfold; to expound upon [texte]; *se développer*, to develop; to expand; to improve; to spread out.

devenir [devnîr] *v.** to become; to grow; to turn; *qu'est-il devenu?*, what has become of him?

déverser [dévèrsé] *v.* to incline; to lean; to slant; to warp [bois]; to pour off; to tip; *se déverser*, to flow out.

déviation [dévyàsyoⁿ] *f.* deviation, variation, swerving. || **déviationnisme** [-ìsm] *m.* deviationism. || **déviationniste** [-ìst] *m.*, *f.* deviationist.

dévider [dévìdé] *v.* to unwind, to reel off. || **dévidoir** [-wàr] *m.* winder; cable-drum (electr.).

dévier [dévyé] *v.* to deviate, to swerve; to diverge; to deflect; *se dévier*, to warp [bois]; to grow crooked; to curve (med.).

devin, devineresse [deviⁿ, -ìnrès] *m.*, *f.* soothsayer; fortune-teller. || **deviner** [-ìné] *v.* to guess; to find out. || **devinette** [-ìnèt] *f.* riddle; puzzle.

devis [devì] *m.* estimate.

dévisager [dévìzàjé] *v.* to stare at.

devise [devîz] *f.* motto; currency. || **deviser** [-ìzé] *v.* to chat, to have a chat, to talk.

dévisser [dévìsé] *v.* to unscrew.

dévitaliser [dévìtàlìzé] *v.* to devitalize.

dévoiler [dévwàlé] *v.* to unveil, to reveal, to disclose; to unmask; to discover.

devoir [devwàr] *m.* duty; exercise; home-work [écolier]; *pl.* respects; *v.** to owe; to have to; must; should, ought; *vous devriez le faire*, you ought to do it; *vous auriez dû le faire*, you should have done it; *je vous dois dix francs*, I owe you ten francs; *il doit partir demain*, he is to leave tomorrow.

dévolu [dévòlü] *m.* claim; choice; *adj.* devolved; fallen.

dévorer [dévòré] *v.* to devour; to consume; to squander [fortune]; to swallow [insulte]; *dévorer des yeux*, to gloat over; to gaze upon.

dévot [dévò] *m.* devotee, devout person; *adj.* devout, pious; sanctimonious. || **dévotion** [-òsyoⁿ] *f.* devotion; devoutness, piety.

dévouement [dévùmaⁿ] *m.* self-sacrifice; devotion; devotedness. || **dévouer** [-òé] *v.* to devote; to dedicate.

dévoyé, -ée [dévwàyé] *m.*, *f.* pervert; *adj.* depraved, perverted.

dévoyer [dévwàyé] *v.* to lead astray; *se dévoyer*, to stray.

dextérité [dèkstérìté] *f.* dexterity, ability, skill, cleverness.

diabète [dyàbèt] *m.* diabetes; *diabétique*, diabetic.

diable [dyàbl] *m.* devil; jack-in-the-box [jouet]; trolley; porter's barrow, *Am.* porter's dolly; *un pauvre diable*, a poor wretch; *tirer le diable par la queue*, to be hard up. || **diablerie** [-erî] *f.* devilry, fun. || **diablotin** [-òtìⁿ] *m.* imp; little devil; cracker. || **diabolique** [-òlìk] *adj.* diabolical, fiendish; devilish.

diaconesse [dyàkònès] *f.* deaconess.

diacre [dyàkr] *m.* deacon.

diadème [dyàdèm] *m.* diadem.

diagnostic [dyàgnòstìk] *m.* diagnosis. || **diagnostiquer** [-é] *v.* to diagnose.

diagonale [dyàgònàl] *f.* diagonal.

diagramme [dyàgràm] *m.* diagram.

dialecte [dyàlèkt] *m.* dialect. || **dialectique** [dyàlèktìk] *f.* dialectics; *adj.* dialectic.

dialogue [dyàlòg] *m.* dialogue. || **dialoguer** [-ògé] *v.* to converse, to talk; to put in the form of a dialogue.

diamant [dyàmaⁿ] *m.* diamond.

diamètre [dyàmètr] *m.* diameter.

diapason [dyàpàzoⁿ] *m.* tuning-fork; diapason; pitch.

diaphane [dyàfàn] *adj.* diaphanous, transparent.

diaphragme [dyàfràgm] *m.* diaphragm; sound-box; midriff.

diapositive [dyàpòzitìv] *f.* transparency.

diapré [dyàpré] *adj.* mottled, variegated.

diarrhée [dyàré] *f.* diarrhea.

diatribe [dyàtrìb] *f.* diatribe; harangue.

dichotomie [dìkòtòmì] *f.* dichotomy; fee-splitting.

dictateur [dìktàtœr] *m.* dictator. ‖ *dictature* [-ür] *f.* dictatorship.

dictée [dìkté] *f.* dictation. ‖ *dicter* [-é] *v.* to dictate.

diction [dìksyoⁿ] *f.* diction; delivery; style.

dictionnaire [dìksyònèr] *m.* dictionary; lexicon; *dictionnaire géographique*, gazetteer.

dicton [dìktoⁿ] *m.* saying, proverb; saw.

didactique [dìdàktìk] *adj.* didactic.

dièse [dyèz] *m.* sharp (mus.).

diète [dyèt] *f.* diet; regimen; *à la diète*, on a low diet. ‖ *diététicien* [dyététìsyiⁿ] *m.* dietetician, *Am.* dietician. ‖ *diététique* [-tìk] *f.* dietetics.

dieu [dyë] (*pl. dieux*) *m.* god; God; *à Dieu ne plaise*, God forbid; *mon Dieu!*, dear me! good gracious!

diffamation [dìfàmàsyoⁿ] *f.* defamation. ‖ *diffamatoire* [-twàr] *adj.* defamatory, libellous. ‖ *diffamer* [dìfàmé] *v.* to defame, to libel, to slander.

différence [dìféraⁿs] *f.* difference, disparity, discrepancy. ‖ *différencier* [-aⁿsyé] *v.* to differentiate, to distinguish. ‖ *différend* [-aⁿ] *m.* difference, dispute, quarrel. ‖ *différent* [-aⁿ] *adj.* different, unlike. ‖ *différentiel* [-aⁿsyèl] *m., adj.** differential. ‖ *différer* [-é] *v.* to differ; to defer, to put off, to postpone.

difficile [dìfìsìl] *adj.* difficult, hard; awkward, hard to please; fastidious; finicky; squeamish. ‖ *difficulté* [dìfìkülté] *f.* difficulty; disagreement; obstacle; trouble; *faire des difficultés*, to raise objections.

difforme [dìfòrm] *adj.* misshapen, deformed. ‖ *difformité* [-ìté] *f.* deformity, malformation.

diffus [dìfü] *adj.* diffused; diffuse [style]. ‖ *diffuser* [-é] *v.* to diffuse; to publish; to broadcast. ‖ *diffusion* [-zyoⁿ] *f.* diffusion; propagation; broadcasting; wordiness, verbosity.

digérer [dìjéré] *v.* to digest; to assimilate; to swallow [insulte]. ‖ *digeste* [-èst] *m.* digest; selection. ‖ *digestible* [-èstìbl] *adj.* digestible. ‖ *digestif* [-èstìf] *m., adj.** digestive. ‖ *digestion* [-èstyoⁿ] *f.* digestion.

digital [dìjìtàl] *adj.** digital; *empreintes digitales*, fingerprints.

digne [dìñ] *adj.* dignified; worthy, deserving; *digne d'éloges*, praiseworthy. ‖ *dignitaire* [-ltèr] *m.* dignitary. ‖ *dignité* [-lté] *f.* dignity.

digression [dìgrèsyoⁿ] *f.* digression.

digue [dìg] *f.* dike; dam; sea-wall; jetty; breakwater; embankment; barrier; obstacle (fig.).

dilapidation [dìlàpìdàsyoⁿ] *f.* squandering, peculation, wasting. ‖ *dilapider* [dìlàpìdé] *v.* to squander; to waste; to misappropriate.

dilatation [dìlàtàsyoⁿ] *f.* dilatation. ‖ *dilater* [dìlàté] *v.* to dilate, to expand; to distend (med.).

dilemme [dìlèm] *m.* dilemma, quandary.

diligence [dìlìjaⁿs] *f.* diligence, industry; haste, speed; stage-coach. ‖ *diligent* [-aⁿ] *adj.* diligent, industrious, hard-working.

diluer [dìlüé] *v.* to dilute, to water down.

diluvien [dìlüvyiⁿ] *adj.** diluvial.

dimanche [dìmaⁿsh] *m.* Sunday; *dimanche des Rameaux*, Palm Sunday.

dimension [dìmaⁿsyoⁿ] *f.* size, dimension.

diminuer [dìmìnüé] *v.* to diminish; to lessen; to reduce; to lower; to shorten [voile]; to abate; to decrease; to fall off. ‖ *diminutif* [-ütìf] *m., adj.** diminutive. ‖ *diminution* [-üsyoⁿ] *f.* diminution; reduction; decrease; abatement; impairment; shortening [robe]; lessening.

dinde [dìⁿd] *f.* turkey(-hen); goose (fig.), foolish woman. ‖ *dindon* [dìⁿdoⁿ] *m.* turkey-cock; dupe.

dîner [dìné] *v.* to dine, to have dinner; *m.* dinner; dinner-party. ‖ *dinette* [dìnèt] *f.* dolls' dinner-party; snack meal. ‖ *dîneur* [-œr] *m.* diner.

diocèse [dyòsèz] *m.* diocese.

diphtérie [dìftérì] *f.* diphtheria.

diplomate [dìplòmàt] *m.* diplomat. ‖ *diplomatie* [-àsì] *f.* diplomacy; tact; ‖ *diplomatique* [-àtìk] *adj.* diplomatic.

diplôme [dìplôm] *m.* diploma, certificate. ‖ *diplômé* [dìplômé] *adj., m.* certificated, graduated.

dire [dìr] *m.* speech, words; allegation; statement, account; *v.** to say; to tell; to recite [poème]; to bid; to order ; *d'après ses dires,* from what he says ; *on dit,* it is said, people say ; *qu'en dites-vous ?,* what do you think of it? ; *vous l'avez dit,* exactly, Am. you said it ; *on m'a dit de le faire,* I was told to do it ; *cela ne me dit rien,* that conveys nothing to me ; that does not appeal to me.

direct [dìrèkt] *adj.* direct ; straight ; through ; express [train]. ‖ *directeur, -trice* [-tœr, -trìs] *m.* director, *f.* directress ; manager, *f.* manageress ; head ; principal ; governor ; leader ; editor ; *adj.* directing, controlling, head. ‖ *direction* [-syon] *f.* direction ; management ; manager's office ; steering gear (mech.) ; *mauvaise direction,* mismanagement ; wrong way. ‖ *directive* [-tìv] *f.* directive, instruction.

dirigeable [dìrìjàbl] *m.* airship ; *adj.* dirigible. ‖ *dirigeant* [-an] *m.* ruler, leader ; *adj.* ruling, leading. ‖ *diriger* [-é] *v.* to direct, to manage ; to steer (naut.) ; to conduct (mus.) ; to lead ; to aim [fusil] ; to plan ; *se diriger,* to make one's way ; to behave.

discernement [dìsèrn°man] *m.* discernment ; discrimination. ‖ *discerner* [-é] *v.* to discern, to perceive ; to discriminate.

disciple [dìsìpl] *m.* disciple, follower.

discipline [dìsìplìn] *f.* discipline, order. ‖ *discipliner* [-ìné] *v.* to discipline.

discontinuer [dìskontìnüé] *v.* to discontinue.

discordant [dìskòrdan] *adj.* dissonant, discordant ; conflicting ; clashing, jarring. ‖ *discorde* [dìskòrd] *f.* discord, dissension.

discothèque [dìskòtèk] *f.* record library.

discourir [dìskûrîr] *v.* to discourse. ‖ *discours* [dìskûr] *m.* speech ; discourse ; talk ; language ; treatise.

discourtois [dìskûrtwà] *adj.* discourteous ; unmannerly ; rude.

discrédit [dìskrédì] *m.* discredit, disrepute. ‖ *discréditer* [-té] *v.* to bring into discredit ; to disparage.

discret [dìskrè] *adj.** discreet ; cautious ; quiet ; modest ; discrete (math.). ‖ *discrétion* [-ésyon] *f.* discretion ; prudence ; reserve ; mercy ; *à discrétion,* unlimited ; as much as you want.

disculper [dìskülpé] *v.* to exonerate, to exculpate, to clear, to vindicate.

discussion [dìsküsyon] *f.* discussion ; debate ; argument.

discuter [dìsküté] *v.* to discuss, to debate ; to question ; to argue.

disert [dìzèr] *adj.* eloquent ; fluent.

disette [dìzèt] *f.* scarcity, dearth, want, lack, shortage.

diseur [dìzœr] *m.* speaker ; reciter ; *diseur de bonne aventure,* fortuneteller.

disgrâce [dìsgràs] *f.* disgrace, disfavo(u)r ; misfortune ; adversity. ‖ *disgracier* [-àsyé] *v.* to disgrace, to dismiss from favo(u)r. ‖ *disgracieux* [-yé] *adj.** ungracious ; awkward ; uncouth ; ugly ; unpleasant.

disjoindre [dìzjwindr] *v.* to separate, to disunite ; *se disjoindre,* to come apart.

disjoncteur [dìsjonktœr] *m.* switch ; circuit-breaker.

dislocation [dìslòkàsyon] *f.* dislocation ; dispersal ; dismemberment. ‖ *disloqué* [-é] *m.* contortionist. ‖ *disloquer* [dìslòké] *v.* to dislocate ; to put out of action ; to disband ; to disperse ; to break up.

disparaître [dìspàrètr] *v.** to disappear ; to vanish ; *faire disparaître,* to remove, to do away with ; *soldat disparu,* missing soldier.

disparate [dìspàràt] *f.* disparity ; *adj.* ill-assorted, ill-matched.

disparition [dìspàrìsyon] *f.* disappearance ; disappearing.

disparu [dìspàrü] *p. p. of disparaître.*

dispendieux [dìspandyé] *adj.** expensive.

dispensaire [dìspansèr] *m.* dispensary, surgery ; welfare center.

dispense [dìspans] *f.* exemption ; certificate of exemption. ‖ *dispenser* [-é] *v.* to dispense ; to excuse, to exempt ; to distribute.

disperser [dìspèrsé] *v.* to disperse ; to split up ; to scatter. ‖ *dispersion* [-yon] *f.* dispersion ; scattering ; rout (mil.) ; breaking up ; leakage (electr.).

disponibilité [dìspònìbìlìté] *f.* availability ; disposal ; *pl.* available funds ; *en disponibilité,* unattached (mil.). ‖ *disponible* [-ìbl] *adj.* available ; spare ; vacant.

dispos [dìspô] *adj.* alert ; fit ; cheerful ; all right.

disposer [dìspôzé] *v.* to dispose ; to arrange ; to prepare ; to provide (jur.) ; *l'argent dont je dispose,* the money at my disposal, the money I have available. ‖ *dispositif* [-ìtìf] *m.* apparatus, device, contrivance, gadget. ‖ *disposition* [-ìsyon] *f.* disposition, arrangement ; bent ; disposal ; clause (jur.) ; tendency ; state [esprit] ; humo(u)r ; *à votre entière disposition,* fully at your disposal.

disproportion [dìspròpòrsyon] *f.* disproportion. ‖ *disproportionné* [-syòné] *adj.* disproportionate.

dispute [dìspüt] *f.* dispute, quarrel ; *chercher dispute à,* to pick a quarrel with. ‖ *disputer* [-é] *v.* to dispute, to wrangle; to contest; to contend for; to play [match]; *se disputer,* to quarrel; to argue.

disquaire [dìskèr] *s.* record-dealer.

disqualification [dìskàlìfìkàsyoⁿ] *f.* disqualification. ‖ *disqualifier* [-yé] *v.* to disqualify.

disque [dìsk] *m.* disc; signal [chemin de fer]; plate [embrayage]; record; *disque longue durée,* long-playing record.

dissection [dìssèksyoⁿ] *f.* dissection.

dissemblable [dìssaⁿblàbl] *adj.* dissimilar, unlike. ‖ *dissemblance* [-aⁿs] *f.* unlikeness; dissimilarity.

disséminer [dìsémìné] *v.* to disseminate; *se disséminer,* to spread.

dissension [dìsaⁿsyoⁿ] *f.* discord, dissension. ‖ *dissentiment* [-aⁿtìmaⁿ] *m.* disagreement, dissent.

disséquer [dìsséké] *v.* to dissect.

dissertation [dìsèrtàsyoⁿ] *f.* dissertation; treatise; essay, composition. ‖ *disserter* [-é] *v.* to discourse, to hold forth.

dissidence [dìssìdaⁿs] *f.* dissent; dissidence. ‖ *dissident* [-aⁿ] *adj.* dissident; *m.* dissident; dissenter.

dissimulateur, -trice [dìsìmülàtœr, -trìs] *m., f.* dissembler. ‖ *dissimulation* [-àsyoⁿ] *f.* deceit; dissimulation; concealment. ‖ *dissimulé* [-é] *adj.* secretive, deceptive. ‖ *dissimuler* [-é] *v.* to dissemble, to conceal; to hide; to cover up; to affect indifference to; *se dissimuler,* to hide.

dissipateur, -trice [dìsìpàtœr, -trìs] *m., f.* spendthrift; *adj.* wasteful, extravagant. ‖ *dissipation* [-àsyoⁿ] *f.* dissipation; waste; inattention; foolish conduct [lycée]. ‖ *dissiper* [-é] *v.* to dissipate; to waste; to disperse, to dispel; to divert; *se dissiper,* to pass away; to amuse oneself; to become dissipated.

dissocier [dìssòsyé] *v.* to dissociate.

dissolu [dìssòlü] *adj.* dissolute. ‖ *dissolution* [-syoⁿ] *f.* dissoluteness; dissolution; solution [liquide].

dissolvant [dìssòlvaⁿ] *m., adj.* solvent.

dissonance [dìssònaⁿs] *f.* dissonance; discord (mus.). ‖ *dissonant* [-aⁿ] *adj.* discordant; jarring.

dissoudre [dìssùdr] *v.* to dissolve; to disintegrate; to dispel.

dissuader [dìssüàdé] *v.* to dissuade (*de,* from). ‖ *dissuasion* [-zìoⁿ] *f.* dissuasion.

distance [dìstaⁿs] *f.* distance; interval; *commande à distance,* remote control. ‖ *distancer* [-é] *v.* to outrun, to outstrip. ‖ *distant* [dìstaⁿ] *adj.* distant; aloof.

distendre [dìstaⁿdr] *v.* to distend; to pull [muscle].

distillation [dìstìllàsyoⁿ] *f.* distillation. ‖ *distiller* [-é] *v.* to distil; to exude. ‖ *distillerie* [-rî] *f.* distillery.

distinct [dìstiⁿ] *adj.* distinct; different; separate; audible [voix]. ‖ *distinctif* [-ktìf] *adj.* distinctive, characteristic. ‖ *distinction* [-ksyoⁿ] *f.* distinction; difference; good breeding; discrimination; polished manners; *sans distinction,* indiscriminately.

distingué [dìstiⁿgé] *adj.* distinguished; refined; eminent. ‖ *distinguer* [-gé] *v.* to distinguish; to discern; to make out, to perceive; to single out; to hono(u)r; *se distinguer,* to gain distinction; to be conspicuous.

distorsion [dìstòrsyoⁿ] *f.* distortion.

distraction [dìstràksyoⁿ] *f.* absence of mind; amusement; recreation; inattention.

distraire [dìstrèr] *v.* to separate; to divert; to amuse, to entertain; to distract. ‖ *distrait* [dìstrè] *adj.* inattentive; absent-minded.

distribuer [dìstrìbüé] *v.* to distribute; to deal out; to issue. ‖ *distributeur, -trice* [-ütœr, -trìs] *m., f.* distributor; *Br.* petrol pump, *Am.* gasoline pump; ticket-clerk. ‖ *distribution* [-üsyoⁿ] *f.* distribution; delivery [courrier]; issue; cast (theat.); arrangement; valve-gear (mech.).

dit [dì] *m.* saying, maxim; *adj., p. p., see dire.*

diurne [dìürn] *adj.* diurnal, day.

divagation [dìvàgàsyoⁿ] *f.* divagation, wandering, incoherence; desultoriness. ‖ *divaguer* [dìvàgé] *v.* to divagate; to wander; to ramble.

divan [dìvaⁿ] *m.* divan.

divergence [dìvèrɟaⁿs] *f.* divergence; difference. ‖ *divergent* [-aⁿ] *adj.* divergent; diverging. ‖ *diverger* [-é] *v.* to branch off, to diverge.

divers [dìvèr] *adj.* diverse, miscellaneous; varying; several; various; sundry. ‖ *diversifier* [-sìfyé] *v.* to diversify, to vary. ‖ *diversion* [-syoⁿ] *f.* diversion; change. ‖ *diversité* [-sìté] *f.* diversity; variety.

divertir [dìvèrtìr] *v.* to divert, to amuse, to entertain; to distract. ‖ *divertissement* [-ìsmaⁿ] *m.* entertainment; amusement; pastime; game; divertissement (theatr.).

dividende [dìvìdaⁿd] *m.* dividend.

divin [dìviⁿ] *adj.* holy; divine; sublime; heavenly.

divination [dìvìnàsyoⁿ] *f.* divination, fortune-telling; sooth-saying.

diviniser [dìvìnìzé] *v.* to divinize; to exalt. ‖ *divinité* [dìvìnìté] *f.* divinity, deity; Godhead.

diviser [dìvìzé] *v.* to divide; to share; to separate. ‖ *diviseur* [-œr] *m.* divider; divisor (math.); factor (math.). ‖ *divisible* [-ìbl] *adj.* divisible. ‖ *division* [-yoⁿ] *f.* division; branch; portion; dissension; double bar (mus.).

divorce [dìvòrs] *m.* divorce; *demander le divorce,* to sue for divorce. ‖ *divorcer* [-é] *v.* to divorce.

divulgation [dìvülgàsyoⁿ] *f.* divulgement, disclosure. ‖ *divulguer* [-gé] *v.* to divulge; to reveal.

dix [dìs] ([dìz] before a vowel or a mute *h*, [dì] before a consonant) *m., adj.* ten; tenth [date]; the tenth [roi]; *dix-sept,* seventeen; *dix-huit,* eighteen; *dix-neuf,* nineteen; *dix-septième,* seventeenth; *dix-huitième,* eighteenth; *dix-neuvième,* nineteenth. ‖ *dixième* [dìzyèm] *m., f., adj.* tenth.

dizaine [dìzèn] *f.* half a score; about ten.

docile [dòsìl] *adj.* docile; meek; obedient; submissive. ‖ *docilité* [-ìté] *f.* docility; obedience; meekness.

dock [dòk] *m.* dock (naut.); warehouse.

docte [dòkt] *adj.* learned.

docteur [dòktœr] *m.* doctor; physician. ‖ *doctoral* [-òràl] *adj.*⊙ doctor's; pedantic; pompous. ‖ *doctorat* [-òrà] *m.* doctorate, Doctor's degree. ‖ *doctoresse* [-òrès] *f.* lady-doctor.

doctrine [dòktrìn] *f.* doctrine; tenet.

document [dòkümaⁿ] *m.* document; proof. ‖ *documentaire* [-tèr] *adj.* documentary. ‖ *documentaliste* [-lìst] *s.* research assistant. ‖ *documentariste* [-rìst] *s.* documentary director. ‖ *documentation* [-syoⁿ] *f.* documentation, documents. ‖ *documenter* [-té] *v.* to document; *bien documenté sur,* having a detailed knowledge of.

dodeliner [dòdlìné] *v.* to dandle [enfant]; to wag, to nod [tête].

dodu [dòdü] *adj.* plump, chubby.

dogmatique [dògmàtìk] *adj.* dogmatic; *dogmatisme,* dogmatism.

dogue [dòg] *m.* mastiff.

doigt [dwà] *m.* finger; toe; digit; *à deux doigts de,* within an ace of; *montrer du doigt,* to point at. ‖ *doigté* [-té] *m.* fingering (mus.); adroitness; tact.

doléance [dòléaⁿs] *f.* complaint; grievance.

dolent [dòlaⁿ] *adj.* painful; doleful; mournful.

dollar [dòlàr] *m.* dollar.

domaine [dòmèn] *m.* domain; realm; estate; property; land; sphere (fig.); *domaine public,* public property.

dôme [dôm] *m.* dome; cupola; vault [ciel].

domesticité [dòmèstìsìté] *f.* domesticity; household; domesticated state. ‖ *domestique* [dòmèstìk] *m., f.* servant; *adj.* domestic; menial. ‖ *domestiquer* [-é] *v.* to domesticate, to tame.

domicile [dòmìsìl] *m.* domicile; residence; abode; dwelling; address; *franco à domicile,* Br. carriage paid, Am. free delivery. ‖ *domicilié* [-yé] *adj.* domiciled.

dominante [dòmìnaⁿt] *f.* leading characteristic; dominant (mus.). ‖ *dominateur, -trice* [dòmìnàtœr, -trìs] *adj.* domineering; ruling. ‖ *domination* [-àsyoⁿ] *f.* domination, rule. ‖ *dominer* [-é] *v.* to dominate; to rule; to prevail; to overlook.

dominical [dòmìnìkàl] *adj.*⊙ dominical; *oraison dominicale,* Lord's prayer.

dommage [dòmàj] *m.* damage, harm, injury; loss; *quel dommage!,* what a pity!; *dommages-intérêts,* damages. ‖ *dommageable* [-àbl] *adj.* prejudicial.

dompter [doⁿté] *v.* to tame; to break in [cheval]; to subdue; to master. ‖ *dompteur* [-œr] *m.* tamer; trainer; subduer (fig.).

don [doⁿ] *m.* gift, present; donation; talent; knack. ‖ *donataire* [dònàtèr] *m.* beneficiary. ‖ *donateur, -trice* [-àtœr, trìs] *m., f.* donor, giver. ‖ *donation* [-àsyoⁿ] *f.* donation; contribution; gift.

donc [doⁿk] *conj.* then; therefore; now; so; hence; whence; well, so, now; *allons donc,* come on; nonsense; you don't mean it.

donjon [doⁿjoⁿ] *m.* keep; turret; donjon.

donne [dòn] *f.* deal [cartes]. ‖ *donnée* [-é] *f.* datum (*pl.* data); fundamental idea; theme. ‖ *donner* [-é] *v.* to give, to bestow; to present; to attribute; to supply, to yield [récoltes]; to deal [cartes]; to strike; to look; to overlook [ouvrir sur]; *donner dans le piège,* to fall into the trap. ‖ *donneur* [-œr] *m.* giver; dealer [cartes]; donor [sang]; informer [dénonciateur].

dont [doⁿ] *pron.* whose, of whom; of which; by whom; by which; from whom; from which; among whom; among which; about whom; about which; *voici dix crayons, dont deux rouges,* here are ten pencils, including two red ones.

doper [dòpé] *v.* to dope; to buck up.

dorade [dòràd] *f.* gilt-head (v. DAURADE); sea-bream.

doré [dòré] *adj.* gilt, gilded; golden; *m.* ⊙ wall-eyed pike, yellow pike.

dorénavant [dòrénàvaⁿ] *adv.* henceforth.

dorer [dòré] v. to gild; to brown [viande]; to egg [gâteau].

dorloter [dòrlòté] v. to coddle; to pamper.

dormant [dòrmaⁿ] m. sash; adj. sleeping; dormant; stagnant [eau]. ‖ **dormeur** [-œr] m. sleeper; sluggard. ‖ **dormir** [-îr] v.° to sleep; to lie still; to be latent; to stagnate; une histoire à dormir debout, a tall story; a boring tale; dormir comme une souche, to sleep like a log. ‖ **dormitif** [-ìtìf] m. sleeping-draught; adj.° soporific. ‖ **dortoir** [dòrtwàr] m. dormitory; sleeping-quarters.

dorure [dòrür] f. gilt; browning.

doryphore [dòrìfòr] m. potato bug, Colorado beetle.

dos [dô] m. back; ridge (geogr.); faire le gros dos, to set up one's back [chat]; en dos d'âne, ridged; saddleback; hump [pont].

dosage [dòzàj] m. dosing; measuring out. ‖ **dose** [dôz] f. dose; amount. ‖ **doser** [-é] v. to dose; to measure out.

dossier [dòsyé] m. back [chaise]; record; file; brief [avocat]; documents, papers.

dot [dòt] f. dowry; coureur de dots, fortune-hunter. ‖ **dotation** [-àsyoⁿ] f. endowment; foundation. ‖ **doter** [-é] v. to endow; to give a dowry to.

douane [dwàn] f. customs; custom-house; duty. ‖ **douanier** [-yé] m. customs officer; adj.° customs.

doublage [dûblàj] m. lining [pardessus]; plating. ‖ **double** [dûbl] m. double; duplicate; adj. double, twofold; deceitful; dual [commande]; double-feature (cinem.); **double-croche**, semi-quaver, Am. sixteenth note. ‖ **doublé** [-é] m. gold-plated metal. ‖ **doubler** [-é] v. to double; to fold in two; to line [pardessus]; to plate [métal]; to pass; to overtake [auto]; to understudy (theat.); to dub [film]. ‖ **doublure** [-ür] f. lining; understudy.

douce [dûs], see doux; douce-amère, f. woody nightshade, bitter-sweet. ‖ **douceureux** [-rë] adj.° sweetish, sickly, cloying; smooth-tongued. ‖ **douceur** [-œr] f. sweetness; softness; gentleness; mildness; pl. sweets, sweet things.

douche [dûsh] f. douche; shower-bath. ‖ **doucher** [-é] v. to give (somebody) a shower-bath; to douche; to douse; to cool off (fig.); se doucher, to shower.

douer [dwé] v. to endow; doué [-é] adj. gifted.

douille [dûy] f. socket; casing; cartridge case; boss [roue].

douillet [dûyè] adj.° soft; sensitive; delicate; effeminate; cosy, snug.

douleur [dûlœr] f. pain; suffering; ache; sorrow, grief; pang. ‖ **douloureux** [dûlûrë] adj.° painful; aching; sorrowful, sad.

doute [dût] m. doubt; misgiving; suspicion; sans doute, doubtless; no doubt. ‖ **douter** [-é] v. to doubt; to question; to mistrust; se douter, to suspect; je m'en doutais, I thought as much. ‖ **douteux** [-ë] adj.° doubtful, dubious; questionable; uncertain.

douve [dûv] f. moat; stave [tonneau].

doux, douce [dû, dûs] adj. soft; sweet; mild; gentle; smooth; fresh [eau]; filer doux, to submit; to sing small; tout doux, gently; en douce, on the quiet.

douzaine [dûzèn] f. dozen; une demi-douzaine, half a dozen. ‖ **douze** [dûz] m., adj. twelve; le douze juin, the twelfth of June. ‖ **douzième** [-yèm] m., f., adj. twelfth.

doyen [dwàyⁿ] m. dean; doyen; senior; adj.° senior; eldest.

dragée [dràjé] f. sugar-plum; sugared almond; pill (med.).

dragon [dràgoⁿ] m. dragon; dragoon (mil.). ‖ **dragonne** [-òn] f. tassel.

drague [dràg] f. dredger; drag-net; drag. ‖ **draguer** [dràgé] v. to dredge; to drag. ‖ **dragueur** [-œr] m. dredger; dragueur de mines, minesweeper.

drain [driⁿ] m. drain; drain-pipe. ‖ **drainer** [drèné] v. to drain.

dramatique [dràmàtìk] adj. dramatic. ‖ **dramatiser** [-ìzé] v. to dramatize. ‖ **dramaturge** [-ürj] m. dramatist, playwright. ‖ **drame** [dràm] m. drama; play; tragedy (fig.).

drap [drà] m. cloth; sheet [lit]; pall. ‖ **drapeau** [-pô] m.° flag; standard; colo(u)rs (mil.); sous les drapeaux, in the services. ‖ **draper** [-pé] v. to drape; to hang with cloth. ‖ **draperie** [-prî] f. drapery; cloth-trade. ‖ **drapier** [-pyé] m. draper, clothier.

drave [dràv] f. © drive, log-running [Fr. = flottage]. ‖ **draver** [-é] v. © to float, to drive. ‖ **draveur** [-œr] m. © driver, wood-floater, raftsman, logger.

dressage [drèsàj] m. training; fitting up; breaking [cheval]. ‖ **dresser** [-é] v. to erect, to raise; to lay; to set out; to draw up [liste]; to pitch [tente]; to train; to drill; to prick up [oreilles]; se dresser, to rise. ‖ **dresseur** [-œr] m. trainer; adjuster. ‖ **dressoir** [-wàr] m. dresser; sideboard.

drogue [dròg] f. drug; chemical; rubbish. ‖ **droguer** [drògé] v. to drug; to physic. ‖ **droguerie** [rì] f. drysalter's shop, drugstore. ‖ **droguiste** [-ìst] m. Br. drysalter.

droit, -e [drwà, àt] m. law; right; fee; f. the right hand; the right [pol.].

adj. straight; right [angle]; upright; vertical; virtuous; *adv.* straight; honestly; *faire son droit*, to study law; *droits de douane*, customs duty; *avoir droit à*, to have a right to; *donner droit à*, to entitle to; *tenir la droite*, to keep to the right; *tout droit*, straight on. ‖ **droiture** [-tür] *f.* uprightness; straightforwardness; integrity.

drôle [drôl] *m.* rascal, scamp; *adj.* droll, funny; odd, queer. ‖ **drôlerie** [-rî] *f.* drollery; jest, *Am.* gag.

dromadaire [dròmàdèr] *m.* dromedary.

dru [drü] *adj.* vigorous, sturdy; dense; thick; close-set; *adv.* thick; fast; vigorously; hard.

druide [drüìd] *m.* druid.

du [dü], *see* de.

dû, due [dü] *p. p. of* devoir; *m.* what is due; *adj.* due; owing.

dualité [düàlité] *f.* duality.

dubitatif [dübitàtìf] *adj.** dubitative.

duc [dük] *m.* duke; horned owl. ‖ **duché** [-é] *m.* dukedom; duchy. ‖ **duchesse** [-shès] *f.* duchess; duchess pear (bot.); duchess satin.

duègne [düèñ] *f.* duenna.

duel [düèl] *m.* duel; *se battre en duel*, to fight a duel.

dûment [dümaⁿ] *adv.* duly; in due form; properly.

dune [dün] *f.* dune, sand-hill; *pl.* downs.

duo [düô] *m.* duet.

dupe [düp] *f.* dupe. ‖ **duper** [-é] *v.* to dupe, to fool, to take in. ‖ **duperie** [-rî] *f.* dupery, trickery. ‖ **dupeur** [-œr] *m.* trickster, cheat, *Am.* sharper.

duplicata [düplìkàtà] *m.* duplicate, copy. ‖ **duplicateur** [-œr] *m.* duplicator.

duplicité [düplìsìté] *f.* duplicity, double-dealing.

duquel [dükèl], *see* lequel.

dur [dür] *adj.* hard; tough; difficult; hard-boiled; harsh; hardened; unfeeling; *adv.* hard; *dur d'oreille*, hard of hearing.

durable [düràbl] *adj.* durable; lasting; solid. ‖ **durant** [-aⁿ] *prep.* during; *sa vie durant*, his whole life long.

durcir [dürsîr] *v.* to harden. ‖ **durcissement** [-ìsmaⁿ] *m.* hardening, toughening, stiffening.

durée [düré] *f.* duration; wear; time. ‖ **durer** [-é] *v.* to endure, to last; to hold out; to wear well [étoffe]; to continue; *le temps me dure*, I find life dull.

dureté [dürté] *f.* hardness; harshness; difficulty; unkindness; hard-heartedness.

durillon [dürìyoⁿ] *m.* corn [pied]; callosity.

duvet [düvè] *m.* down; fluff. ‖ **duveté** [düvté], **duveteux** [düvtë] *adj.** downy, fluffy.

dynamique [dìnàmìk] *f.* dynamics; *adj.* dynamic. ‖ **dynamisme** [-ìsm] *m.* dynamism.

dynamite [dìnàmît] *f.* dynamite. ‖ **dynamiter** [-é] *v.* to dynamite; to blow up.

dynamo [dìnàmô] *f.* dynamo.

dynastie [dìnàstî] *f.* dynasty.

dysenterie [dìsaⁿtrî] *f.* dysentery.

dyspepsie [dìspèpsî] *f.* dyspepsia. ‖ **dyspeptique** [tìk] *adj.* dyspeptic.

E

eau [ô] *f.* water; rain; juice [fruit]; wet; perspiration; *eau douce*, fresh water; *ville d'eaux*, watering-place; *faire eau*, to spring a leak (naut.); *être en eau*, to be dripping with perspiration; *eau de Javel*, chlorinated water; *eau-de-vie*, brandy; spirits; *eau-forte*, etching; nitric acid.

ébahir [ébàîr] *v.* to astound, to dumbfound, to stupefy, to flabbergast. ‖ **ébahissement** [-ìsmaⁿ] *m.* amazement, astonishment.

ébats [ébà] *m. pl.* frolics, sports, gambols. ‖ **ébattre (s')** [ébàtr] *v.* to frolic, to gambol, to frisk about.

ébauche [ébôsh] *f.* sketch; outline; rough draft. ‖ **ébaucher** [-é] *v.* to rough out, to sketch; to rough-hew. ‖ **ébauchoir** [-wàr] *m.* roughing-chisel.

ébène [ébèn] *f.* ebony. ‖ **ébéniste** [-ìst] *m.* cabinet-maker. ‖ **ébénisterie** [-ìstèrî] *f.* cabinet work; cabinet-making.

éberlué [ébèrlüé] *adj.* flabbergasted.

éblouir [éblüîr] *v.* to dazzle; to fascinate. ‖ **éblouissement** [-ìsmaⁿ] *m.* dazzle; glare; dizziness.

ébonite [ébònìt] *f.* ebonite, vulcanite.

éborgner [ébòrñé] *v.* to blind in one eye, to put (someone's) eye out; to disbud (hort.).

éboueur [ébûœr] *m.* scavenger.

ébouillanter [ébûyaⁿté] *v.* to scald.

éboulement [ébûlmaⁿ] *m.* caving in; giving way; fall of earth; landslide. ‖ **ébouler** [-é] *v.* to cave in; to crumble; to slip [terre], to fall. ‖

éboulis [-ì] *m.* debris; fallen earth; scree.

ébouriffer [ébûrìfé] *v.* to ruffle; to dishevel; to startle, to amaze.

ébranlement [ébraⁿlmaⁿ] *m.* shaking; shock; commotion; disturbance. ‖ **ébranler** [-é] *v.* to shake; to loosen [dent]; to set in motion; to disturb; **s'ébranler,** to shake; to totter; to start, to move off.

ébrécher [ébréshé] *v.* to notch; to chip; to jag; to blunt [couteau]; to make inroads upon [fortune]. ‖ **ébréchure** [-ür] *f.* chip; notch.

ébriété [ébrìété] *f.* intoxication, drunkenness, inebriety.

ébrouer (s') [sébrûé] *v.* to snort.

ébruiter [ébrüìté] *v.* to spread, to make known; **s'ébruiter,** to spread, to become known.

ébullition [ébüllsyoⁿ] *f.* ebullition, boiling; commotion, turmoil (fig.).

écaille [ékày] *f.* scale; shell [huître, tortue]; flake; chip. ‖ **écailler** [-é] *v.* to scale; to shell; to open [huître]; **s'écailler,** to peel off; to flake off.

écale [ékàl] *f.* pod [pois]; husk. ‖ **écaler** [-é] *v.* to shell, to husk, to shuck.

écarlate [ékàrlàt] *f.*, *adj.* scarlet.

écarquiller [ékàrkìyé] *v.* to open wide [yeux]; to goggle.

écart [ékàr] *m.* discard; discarding [cartes].

écart [ékàr] *m.* deviation; variation; difference; divergence; error; digression; swerve; *à l'écart,* apart; *faire un écart,* to swerve, to shy; *se tenir à l'écart,* to stand aside; to stand aloof. ‖ **écarté** [-té] *adj.* far apart; lonely; secluded, remote, isolated, out-of-the-way. ‖ **écarteler** [-t°lé] *v.* to quarter. ‖ **écartement** [-t°maⁿ] *m.* separation; setting aside; gap, space; gauge [rails]. ‖ **écarter** [-té] *v.* to separate; to avert; to ward off, to turn aside; to dispel; to turn down [réclamation]; **s'écarter,** to deviate; to stray; to diverge; to make way for.

ecclésiastique [èklézyàstìk] *m.* clergyman, ecclesiastic; *adj.* clerical, ecclesiastical.

écervelé [èsèrv°lé] *m.* madcap, harum-scarum; *adj.* scatter-brained, wild, thoughtless, flighty.

échafaud [éshàfô] *m.* scaffolding; stand; platform; gallows. ‖ **échafaudage** [-dàj] *m.* scaffolding. ‖ **échafauder** [-é] *v.* to erect scaffolding; to build up.

échalas [éshàlà] *m.* prop; hop-pole; (fam.) lanky person.

échalote [éshàlòt] *f.* shallot.

échancrer [éshaⁿkré] *v.* to indent; to notch; to slope [couture]. ‖ **échancrure** [-ür] *f.* indentation, hollowing out; cut; opening [robe].

échange [éshaⁿj] *m.* exchange; barter. ‖ **échanger** [-é] *v.* to exchange; to barter, to trade; to swap (fam.); to reciprocate.

échanson [éshaⁿsoⁿ] *m.* butler.

échantillon [éshaⁿtìyoⁿ] *m.* sample; pattern; specimen; extract. ‖ **échantillonner** [-ìyòné] *v.* to sample; to check.

échappatoire [éshàpàtwàr] *f.* evasion; way out; loop-hole. ‖ **échappé** [-é] *m., adj.* fugitive, runaway. ‖ **échappée** [-é] *f.* escape; spurt [sport]; short spell; vista; glimpse. ‖ **échappement** [-maⁿ] *m.* escape; outlet; exhaust; *tuyau d'échappement,* exhaust-pipe. ‖ **échapper** [-é] *v.* to escape, to avoid; *laisser échapper,* to overlook; to set free; *son nom m'échappe,* his name has slipped my mind; *l'échapper belle,* to have a narrow escape; **s'échapper,** to escape (de, from); to slip out; to vanish.

écharde [éshàrd] *f.* splinter; sliver; prickle.

écharpe [éshàrp] *f.* scarf; sash; sling (med.); *en écharpe,* in a sling; across; diagonally.

écharper [éshàrpé] *v.* to slash; to hack (up), to cut to pieces.

échasse [éshàs] *f.* stilt; scaffold-pole. ‖ **échassier** [-syé] *m.* wader; spindle-shanks.

échauder [éshôdé] *v.* to scald.

échauffer [éshôfé] *v.* to heat; to overheat; to warm; to inflame, to incense; **s'échauffer,** to grow warm; to get overheated; to become aroused.

échauffourée [éshôfûré] *f.* rash undertaking; scuffle; clash; skirmish; affray.

échéance [éshéaⁿs] *f.* falling due; maturity; term; expiration [bail]; *venir à échéance,* to fall due; *à courte échéance,* short-dated. ‖ **échéant** [-aⁿ] *adj.* falling due; *le cas échéant,* if such be the case; should the occasion arise; if necessary.

échec [éshèk] *m.* check; defeat; failure; reverse, blow; *pl.* chess; *échec et mat,* checkmate; *tenir en échec,* to hold at bay.

échelle [éshèl] *f.* ladder; scale; port (naut.); run [bas]; *échelle double,* pair of steps; *faire la courte échelle,* to give a helping hand; *sur une grande échelle,* on a big scale; *échelle mobile,* sliding scale. ‖ **échelon** [-°loⁿ] *m.* rung [échelle]; step; degree, echelon (mil.). ‖ **échelonner** [éshlòné] *v.* to grade; to space out; to stagger [congés]; to draw up in echelon (mil.).

écheniller [éshᵉnìyé] v. to clear of caterpillars.

écheveau [éshvô] m.* skein, hank.

échevelé [éshᵉvlé] adj. dishevelled; tangled; tousled, rumpled; wild.

échine [éshìn] f. backbone, spine; chine. ‖ **s'échiner** [séshìné] v. to tire oneself out.

écho [ékô] m. echo; faire écho, to echo.

échoir [éshwàr] v.* to fall due; to expire [bail]; to befall.

échoppe [éshòp] f. stall, booth.

échotier [ékòtyé] m. newsmonger; gossip-writer; columnist.

échouer [éshûé] v. to run aground; to beach; to strand; to fail; to fall through [projet]; faire échouer, to wreck; s'échouer, to run aground.

échu [éshü] p. p. of échoir.

éclabousser [éklàbûsé] v. to splash, to bespatter. ‖ **éclaboussure** [-ür] f. splash.

éclair [éklèr] m. flash of lightning; flash; éclair [pâtisserie]; pl. lightning. ‖ **éclairage** [-àj] m. light; lighting; illumination; scouting (mil.). ‖ **éclaircie** [-sî] f. clearing [forêt]; gap, break [nuages]; bright interval [temps]. ‖ **éclaircir** [-sîr] v. to clear (up) to brighten; to solve; to explain; to elucidate; to thin; s'éclaircir, to clear up; to get thin; to be enlightened. ‖ **éclaircissement** [-sìsmaⁿ] m. clearing up; explanation; enlightenment; elucidation.

éclairer [éklèré] v. to light; to enlighten; to reconnoitre (mil.). ‖ **éclaireur** [-œr] m. scout.

éclat [éklà] m. burst; explosion; peal [tonnerre]; flash; brightness; luster; brilliance; renown; splendo(u)r; outburst; piece; splinter; rire aux éclats, to laugh heartily; faire un éclat, to create a stir; faux éclat, tawdriness. ‖ **éclatant** [-taⁿ] adj. brilliant; loud; sparkling, glittering; magnificent; obvious. ‖ **éclatement** [-tmaⁿ] m. bursting; explosion. ‖ **éclater** [-té] v. to burst; to explode; to blow up; to break out [feu, rires]; to shatter; to clap [tonnerre]; to flash; faire éclater, to blow up; to burst; to break; laisser éclater, to give vent to [émotions].

éclipse [éklìps] f. eclipse. ‖ **éclipser** [-é] v. to eclipse; to outshine; to overshadow; s'éclipser, to become eclipsed: to vanish, to disappear.

éclisse [éklìs] f. splinter; splint (med.); fish-plate [rail].

éclope [ᵉklòpé] m. cripple; adj. crippled, lame

éclore [éklòr] v.* to hatch [œufs]; to open; to burst, to blossom; faire

éclore, to hatch; to realize [projet]. ‖ **éclosion** [-ôzyoⁿ] f. hatching; opening; blossoming; breaking forth; dawning; dawn, birth (fig.).

écluse [éklüz] f. lock; sluice; floodgate. ‖ **éclusier** [-zyé] m. lock-keeper.

écœurement [ékœrmaⁿ] m. disgust, nausea. ‖ **écœurer** [-é] v. to sicken, to disgust, to nauseate; to dishearten.

école [ékòl] f. school; school-house; doctrine; instruction; faire école, to set a fashion; école maternelle, nursery school. ‖ **écolier** [-yé] m. schoolboy, pupil, learner; novice, beginner. ‖ **écolière** [-yèr] f. schoolgirl.

éconduire [ékoⁿdüîr] v. to show out; être éconduit, to be met with a polite refusal.

économat [ékònòmà] m. treasurership; steward's office, treasurer's office. ‖ **économe** [ékònòm] m., f. treasurer, steward, bursar [collège]; housekeeper; adj. economical, frugal, thrifty; sparing. ‖ **économie** [-î] f. economy; thrift; saving; pl. savings; faire des économies, to save up. ‖ **économique** [-îk] adj. economic [science]; economical, cheap, inexpensive. ‖ **économiser** [-ìzé] v. to economize; to save, to put by. ‖ **économiste** [-ìst] m. economist.

écope [ékòp] f. scoop; ladle. ‖ **écoper** [-é] v. to bail out; to be hit; to suffer.

écorce [ékòrs] f. bark [arbre]; peel, rind; outside. ‖ **écorcer** [-sé] v. to bark; to peel.

écorcher [ékòrshé] v. to skin, to flay; to scratch; to graze; to fleece [clients]; to grate on [oreille]; to murder [langue]. ‖ **écorchure** [-ür] f. abrasion; graze; scratch.

écorner [ékòrné] v. to break the horns of; to dog-ear [livre]; to curtail, to reduce.

écornifler [ékòrnìflé] v. to cadge, to scrounge.

écossais [ékòsè] m. Scot; Scots [dialecte]; adj. Scottish. ‖ **Écosse** [-ékòs] f. Scotland.

écosser [ékòsé] v. to shell, to husk.

écot [ékô] m. share, quota; reckoning; shot.

écoulement [ékûlmaⁿ] m. flow; discharge; outlet; sale, disposal. ‖ **écouler** [-é] v. to flow out; to pass [temps]; to sell, to dispose of; s'écouler, to flow away; to elapse [temps]; to sell.

écourter [ékûrté] v. to shorten; to curtail; to crop.

écoute [ékût] f. listening-post (mil.); listening in, reception [radio]; aux écoutes, eavesdropping. ‖ **écouter** [-é] v. to listen (to); to listen in; to heed, to pay attention; **s'écouter**, to coddle oneself; to indulge oneself. || **écouteur** [-œr] *m.* receiver [téléphone]; headphone; listener; eavesdropper. || **écoutille** [-îy] *f.* hatchway.

écran [ékraⁿ] *m.* screen; filter (phot.).

écrasement [ékrâzmaⁿ] *m.* crushing; defeat; disaster; crash. || **écraser** [-é] *v.* to crush; to run over; to squash; to ruin; to overwhelm; **s'écraser**, to crash (aviat.).

écrémer [ékrémé] *v.* to take the cream off, to skim. || **écrémeuse** [-ëz] *f.* separator.

écrevisse [ékr^evîs] *f.* crayfish.

écrier (s') [sékrié] *v.* to cry out; to exclaim.

écrin [ékriⁿ] *m.* casket, case.

écrire [ékrîr] *v.** to write; to write down; to compose; *machine à écrire*, typewriter; *comment ce mot s'écrit-il?*, how do you spell that word? || **écrit** [ékrî] *m.* writing; pamphlet; written examination; *adj.* written; *par écrit*, in writing. || **écriteau** [-tô] *m.** bill, poster, placard, notice, board. || **écriture** [-tür] *f.* writing; documents, records; entry [comptabilité]; *l'Ecriture sainte*, Holy Writ; *tenir les écritures*, to keep the accounts. || **écrivailleur** [-vàyœr] *m.* scribbler. || **écrivain** [-viⁿ] *m.* writer, author; authoress [femme].

écrou [ékrû] *m.* nut (mech.).

écrouer [ékrûé] *v.* to imprison, to send to prison.

écroulement [ékrûlmaⁿ] *m.* collapse; crumbling; falling in; downfall; ruin. || **écrouler (s')** [sékrûlé] *v.* to collapse; to fall in; to give way; to crumble; to break up; to come to nothing.

écru [ékrü] *adj.* unbleached; raw [soie]; ecru [couleur].

écu [ékü] *m.* shield; crown [monnaie].

écueil [ékœy] *m.* rock; reef; sandbank; danger; temptation.

écuelle [éküèl] *f.* porringer; bowlful.

éculer [ékülé] *v.* to tread down at the heel [chaussures]; **éculé**, down-at-heel.

écume [éküm] *f.* foam [animal, vagues]; froth; lather; scum; *écume de mer*, meerschaum. || **écumer** [-é] *v.* to foam, to froth; to skim; to scour [mer]. || **écumoire** [-wàr] *f.* skimmer.

écureuil [ékürœy] *m.* squirrel.

écurie [ékürî] *f.* stable; stud; boxing school.

écusson [éküsoⁿ] *m.* escutcheon; scutcheon; badge; tab.

écuyer [éküyé] *m.* squire; horseman; riding-master; equestrian. ||

écuyère [-yèr] *f.* horsewoman; equestrienne.

édenté [édaⁿté] *adj.* broken-toothed; toothless.

édicter [édikté] *v.* to enact, to decree.

édification [édifikàsyoⁿ] *f.* edification; building, erection. || **édifice** [-îs] *m.* edifice, structure, building. || **édifier** [-yé] *v.* to enlighten; to edify; to build, to erect.

édit [édî] *m.* edict, decree.

éditer [édité] *v.* to edit; to publish. || **éditeur, -trice** [-œr, -trîs] *m.* editor, *f.* editress; publisher. || **édition** [-syoⁿ] *f.* edition; issue; publication. || **éditorial** [éditòryàl] *m.** leading article; *adj.** editorial. || **éditorialiste** [-îst] *s.* leader writer, *Am.* editorial writer.

édredon [édr^edoⁿ] *m.* eiderdown; eiderdown quilt.

éducateur, -trice [édükàtœr, -trîs] *m., f.* educator; breeder. || **éducatif** [-àtîf] *adj.** educative, educational. || **éducation** [-àsyoⁿ] *f.* education; training; upbringing; breeding; *sans éducation*, ill-bred. || **éduquer** [édüké] *v.* to bring up; to educate; to train [animaux].

effacé [èfàsé] *adj.* retired; unobtrusive. || **effacer** [èfàsé] *v.* to efface; to delete; to blot out; to erase; to outshine; to retract (aviat.); **s'effacer**, to become obliterated; to wear away; to give way, to stand aside.

effarer [èfàré] *v.* to scare, to bewilder, to fluster, to flurry.

effaroucher [èfàrûshé] *v.* to startle; to scare away; to alarm.

effectif [èfèktîf] *m.* total strength; numbers; complement (naut.); *adj.** effective; positive; actual. || **effectivement** [-îvmaⁿ] *adv.* effectively; just so; in actual fact. || **effectuer** [-üé] *v.* to effect; to carry out, to execute, to achieve, to accomplish; **s'effectuer**, to be carried out; to be realized; to be performed.

efféminé [èféminé] *adj.* effeminate.

effervescence [èfèrvèsaⁿs] *f.* effervescence, excitement. || **effervescent** [-aⁿ] *adj.* effervescent; over-excited.

effet [èfè] *m.* effect, result; purpose; action; impression; bill (comm.); *pl.* property, belongings; kit, outfit (mil.); *sans effet*, ineffective, ineffectual; *en effet*, indeed; *faire l'effet de*, to look like.

effeuiller [èfèyé] *v.* to pluck off the petals of; to thin out the leaves of.

efficace [èfikàs] *f.* efficacity (theol.); *adj.* efficacious; effectual, effective. || **efficacité** [-îté] *f.* efficacy, effectiveness; efficiency.

efficient [èfisyaⁿ] *adj.* efficient.

effigie [èfiʒi] *f.* effigy.

effiler [èfilé] *v.* to unravel, to fray; to taper ‖ **effilocher** [-òshé] *v.* to ravel out, to fray.

efflanqué [èflaⁿké] *adj.* lanky.

effleurer [èflœré] *v.* to graze; to brush; to skim; to touch lightly on; to cross to come into the mind of.

effluve [èflüv] *m.* effluvium.

effondrer [èfoⁿdré] *v.* to break up [terre], to stave in; to overwhelm; **s'effondrer**, to cave in; to collapse; to slump [prix].

efforcer (s') [sèforsé] *v.* to strive, to do one's best, to endeavour; to strain oneself. ‖ **effort** [èfòr] *m.* effort, exertion; strain

effraction [èfráksyoⁿ] *f.* house-breaking; *vol avec effraction*, burglary.

effrayant [èfrèyaⁿ] *adj.* dreadful, awful, appalling. ‖ **effrayer** [-èyé] *v.* to frighten; to terrify, to scare; **s'effrayer**, to be frightened, to take fright.

effréné [èfréné] *adj.* unbridled, unrestrained

effriter [èfrité] *v.* to exhaust; **s'effriter**, to crumble; to weather [roche].

effroi [èfrwà] *m.* fear, terror, fright.

effronté [èfroⁿté] *adj.* shameless; impudent, brazen; saucy [enfant]. ‖ **effronterie** [-rî] *f.* effrontery, impudence, impertinence.

effroyable [èfrwàyàbl] *adj.* frightful; horrible; awful; shocking.

effusion [èfüzyoⁿ] *f.* effusion; outpouring, pouring out, gushing; effusiveness

égal [égàl] *m.* equal; *adj.* equal, alike; regular; even; level, smooth; steady [allure]; *sans égal*, matchless; *ça m'est égal*, it's all the same to me, I don't mind. ‖ **également** [-maⁿ] *adv.* equally, likewise; as well, too. ‖ **égaler** [-é] *v.* to equal; to match; to compare; to put on a par (with). ‖ **égaliser** [-izé] *v.* to equalize; to level; to make even. ‖ **égalité** [-lté] *f.* equality; uniformity regularity; evenness; *à égalité* equal, deuce [tennis].

égard [égàr] *m.* regard, consideration, respect; *à l'égard de*, with regard to; *par égard pour*, out of respect for; *eu égard à*, considering; *à cet égard*, in this respect.

égarement [égàrmaⁿ] *m.* straying; mislaying, aberration [esprit]; wildness; frenzy, disordered life. ‖ **égarer** [-é] *v.* to lead astray; to mislead; to mislay, **s'égarer**, to lose one's way; to wander [esprit].

égayer [égèyé] *v.* to cheer up; to enliven; to brighten up.

égide [éʒid] *f.* protection.

églantier [églaⁿtyé] *m.* eglantine, sweet briar, wild rose. ‖ **églantine** [-în] *f* wild rose dog-rose.

église [égliz] *f.* church, *l'Église anglicane* the Church of England.

égoïsme [égòism] *m* egoism, selfishness. ‖ **égoïste** [égòist] *m.*, *f.* egoist; *adj.* selfish

égorger [égòrʒé] *v.* to slaughter; to kill; to slit (someone's) throat.

égosiller (s') [ségòziyé] *v.* to sing loudly [oiseau]; to shout like mad [personne]

égout [égû] *m.* drain; sewer; drainage; spout. ‖ **égoutter** [-té] *v.* to drip; to drain (off). ‖ **égouttoir** [-twàr] *m.* plate-rack drainer

égratigner [égràtiñé] *v.* to scratch. ‖ **égratignure** [-ür] *f.* scratch.

égrener [égrⁿné] *v.* to pick off [raisins]; to shell; to gin [coton]; **s'égrener**, to fall; to scatter.

éhonté [éoⁿté] *adj.* brazen, shameless, unblushing.

éjectable [éjèktàbl] *adj.* ejector [siège]. ‖ **éjection** [-syoⁿ] *f.* ejection.

élaborer [élàbòré] *v.* to elaborate, to work out

élaguer [élàgé] *v.* to prune.

élan [élaⁿ] *m.* elk, eland (zool.).

élan [élaⁿ] *m.* spring, dash, bound; impetus; impulse; outburst. ‖ **élancé** [-sé] *adj* slim; slender. ‖ **élancement** [-smaⁿ] *m* spring; transport, twinge [douleur]. ‖ **élancer** [-sé] *v.* to dart, to shoot; **s'élancer**, to shoot up; to spring, to dart forth.

élargir [élàrʒîr] *v.* to enlarge; to widen; to broaden [idées]; to release; **s'élargir**, to get wider; to extend; to stretch [chaussures].

élastique [élàstik] *m.* elastic; rubber; elastic band; *adj.* elastic; springy.

électeur, -trice [élèktœr. -tris] *m.*, *f.* voter, elector. ‖ **élection** [élèksyoⁿ] *f.* election polling; preference. choice; *élection partielle* by-election. ‖ **électoral** [élèktòràl] *adj.* electoral.

électricien [élèktrisyⁿ] *m.* electrician. ‖ **électricité** [élèktrisité] *f.* electricity. ‖ **électrique** [-ik] *adj* electric, electrical. ‖ **électriser** [-izé] *v* to electrify. ‖ **électro-aimant** [-dèmaⁿ] *m.* electromagnet. ‖ **électrocuter** [-òküté] *v.* to electrocute. ‖ **électronique** [-ônik] *adj.* electronic, electron; *f.* electronics.

élégamment [élégàmaⁿ] *adv.* elegantly. ‖ **élégance** [-aⁿs] *f.* elegance, stylishness; beauty. ‖ **élégant** [-aⁿ] *adj.* elegant, stylish; tasteful; *m.* person of fashion.

élément [éléma^n] *m.* element; cell (electr.); ingredient; *pl.* rudiments, basic principles. ‖ **élémentaire** [-tèr] *adj.* elementary; rudimentary; fundamental, basic.

éléphant [éléfa^n] *m.* elephant.

élevage [élvàj] *m.* breeding, rearing; ranch. ‖ **élévation** [élévàsyo^n] *f.* elevation; raising; lifting; rise; increase; loftiness. ‖ **élève** [élèv] *m., f.* pupil, schoolboy (*f.* schoolgirl); student; disciple; *f.* breeding, seedling. ‖ **élevé** [élvé] *adj.* high; lofty; *mal élevé,* ill-bred. ‖ **élever** [-é] *v.* to raise; to lift; to erect; to set up; to bring up [enfant]; to breed; *s'élever,* to rise (up); to get up; to protest; to amount to; to increase. ‖ **éleveur** [-œr] *m.* breeder [animaux].

éligible [élìjìbl] *adj.* eligible; fit.

éliminer [élìmìné] *v.* to eliminate, to get rid of; to cancel out.

élire [élîr] *v.** to elect; to choose; to return [candidat].

élite [élìt] *f.* elite, best, pick, choice; *d'élite,* crack [régiment]; picked [troupes].

élixir [élìksìr] *m.* elixir.

elle, elles [èl] *pron.* she, her; it; *pl.* they, them; *elle-même,* herself; itself.

élocution [élòkùsyo^n] *f.* elocution, delivery.

éloge [élòj] *m.* praise; eulogy; panegyric. ‖ **élogieux** [-yé] *adj.** laudatory; eulogistic.

éloigné [élwàñé] *adj.* far, remote, distant; absent. ‖ **éloignement** [-ma^n] *m.* distance; absence; remoteness; removal; dislike; antipathy. ‖ **éloigner** [-é] *v.* to remove; to put away; to avert [soupçons]; to postpone; to alienate; *s'éloigner,* to retire; to go away; to differ; to digress.

éloquence [élòkà^{n}s] *f.* eloquence. ‖ **éloquent** [-a^n] *adj.* eloquent.

élu [élü] *p. p.* of **élire.**

élucider [élüsìdé] *v.* to elucidate, to clear up.

éluder [élüdé] *v.* to elude, to dodge, to evade; to shirk.

Élysée [élìzé] *m.* Elysium; Paris residence of the President of the French Republic; *adj.* Elysian.

émacié [émàsyé] *adj.* emaciated.

émail [émày] *m.** enamel; glaze. ‖ **émailler** [-yé] *v.* to enamel; to dot.

émanation [émànàsyo^n] *f.* emanation.

émanciper [émà^{n}sìpé] *v.* to emancipate; to liberate.

émaner [émàné] *v.* to emanate, to issue; to originate.

émarger [émàrjé] *v.* to sign, to write in the margin; to initial; to draw a salary.

emballage [a^{n}bàlàj] *m.* packing; spurt [sport]. ‖ **emballer** [-é] *v.* to pack up; to wrap up; to spurt [sport]; to excite, to fill with enthusiasm; *s'emballer,* to bolt, to run off [cheval]; to race [moteur]; to get excited.

embarcadère [a^{n}bàrkàdèr] *m.* landing-stage; wharf, quay; departure platform [gare]. ‖ **embarcation** [-àsyo^n] *f.* craft; ship's boat.

embardée [a^{n}bàrdé] *f.* lurch, yaw (naut.); swerve [auto].

embarquement [a^{n}bàrk°ma^n] *m.* embarcation; shipment. ‖ **embarquer** [-é] *v.* to embark; to ship; to take on board; (pop.) to arrest; *s'embarquer,* to go aboard; to embark upon; to sail out.

embarras [a^{n}bàrà] *m.* obstruction; impediment; difficulty, trouble; embarrassment; trafic jam; *faire des embarras,* to be fussy. ‖ **embarrasser** [-sé] *v.* to embarrass; to hinder; to encumber; to trouble; to puzzle, to perplex; *s'embarrasser,* to be burdened (*de,* with); to get entangled; to be at a loss.

embauche [a^{n}bôsh] *f.* engaging; job. ‖ **embaucher** [a^{n}bôshé] *v.* to hire, to engage; to take on.

embaumé [a^{n}bômé] *adj.* balmy. ‖ **embaumer** [-é] *v.* to embalm; to perfume; to smell sweetly of.

embellir [a^{n}bèlìr] *v.* to embellish; to doll up; to improve in looks. ‖ **embellissement** [a^{n}bèlìsma^n] *m.* embellishment; adornment.

embêtant [a^{n}bèta^n] *adj.* (fam.) tiresome, annoying. ‖ **embêtement** [-ma^n] *m.* (fam.) bother; nuisance; worry. ‖ **embêter** [-é] *v.* (fam.) to annoy; to bore; to get on one's nerves.

emblée (d') [da^{n}blé] *loc. adv.* there and then; at once; right away; at the outset.

emblème [a^{n}blèm] *m.* emblem; symbol; badge.

emboîter [a^{n}bwâté] *v.* to encase; to fit in; to set [os]; to can; to box; to clamp; to interlock; to joint; *emboîter le pas à,* to dog s.o.'s footsteps; *s'emboîter,* to fit (*dans,* into).

embolie [a^{n}bòlî] *f.* embolism.

embonpoint [a^{n}bo^{n}pwì^n] *m.* stoutness; plumpness.

emboucher [a^{n}bûshé] *v.* to put to one's mouth; to blow; to bit [cheval]; *mal embouché,* foul-mouthed, coarse. ‖ **embouchure** [-ür] *f.* mouth [rivière]; mouthpiece (mus.); opening.

embourber [aⁿbûrbé] *v.* to bog; **s'embourber,** to get bogged; to stick in the mud.

embouteillage [aⁿbûtèyàj] *m.* congestion; bottle-neck; traffic jam; bottling. || **embouteiller** [-èyé] *v.* to bottle; to bottle up, to block up; to jam [route]; to bottleneck [comm.].

emboutir [aⁿbûtîr] *v.* to stamp; to beat out; to emboss; **s'emboutir,** to crash; to collide.

embranchement [aⁿbraⁿshmaⁿ] *m.* branching off; branch-road; road junction; branch-line. || **embrancher** [-é] *v.* to connect; to join up.

embraser [aⁿbràzé] *v.* to set on fire; to fire; **s'embraser,** to catch fire, to take fire.

embrassade [aⁿbràsàd] *f.* kissing. || **embrasse** [aⁿbràs] *f.* loop; curtain-band; arm-rest. || **embrassement** [-maⁿ] *m.* embrace; hug. || **embrasser** [-é] *v.* to embrace; to hug; to kiss; to espouse [cause]; to adopt; to include, to take in.

embrasure [aⁿbràzûr] *f.* embrasure.

embrayage [aⁿbrèyàj] *m.* coupling, connecting; clutch; putting into gear; *arbre d'embrayage,* clutch-shaft. || **embrayer** [-èyé] *v.* to couple, to connect; to throw into gear; to let in the clutch [auto].

embrigader [aⁿbrìgàdé] *v.* to brigade; to enrol.

embrouiller [aⁿbrûyé] *v.* to tangle up, to embroil; to mix up; to muddle; to confuse.

embrumer [aⁿbrümé] *v.* to haze; to muddle.

embrun [aⁿbruⁿ] *m.* spray; fog.

embûche [aⁿbüsh] *f.* ambush; trap.

embuer [aⁿbüé] *v.* to mist.

embuscade [aⁿbüskàd] *f.* ambush. || **embusquer** [-é] *v.* to post under cover; **s'embusquer,** to lie in wait; to lie hidden; (fam.) to shirk; *un embusqué,* a shirker.

émeraude [émrôd] *f., adj.* emerald.

émerger [émèrjé] *v.* to emerge; to appear, to come into view.

émeri [émrì] *m.* emery; *papier à l'émeri.* emery-paper.

émérite [émérìt] *adj.* emeritus; eminent.

émerveillement [émèrvèymaⁿ] *m.* amazement, wonder, astonishment. || **émerveiller** [-èyé] *v.* to amaze, to fill with wonder, to astonish; **s'émerveiller,** to wonder, to marvel, to be amazed.

émetteur, -trice [émètœr, -trìs] *m.* issuer; transmitter; *adj.* issuing;

broadcasting; transmitting. || **émettre** [émètr] *v.* to emit [son]; to issue [finances]; to send out; to express [opinion]; to broadcast, to transmit [radio].

émeute [émët] *f.* riot. || **émeutier** [-yé] *m.* rioter.

émietter [émyèté] *v.* to crumble; to waste; **s'émietter,** to crumble away.

émigrant [émìgraⁿ] *m.* emigrant; *adj.* emigrating; migratory [oiseau]. || **émigration** [-àsyoⁿ] *f.* emigration; migration. || **émigré** [-é] *m.* emigrant; émigré; refugee. || **émigrer** [-é] *v.* to emigrate.

émincé [émìⁿsé] *m.* hash; mince-meat; **émincer,** to mince.

éminemment [émìnàmaⁿ] *adv.* eminently; to a high degree. || **éminence** [-aⁿs] *f.* eminence; prominence. || **éminent** [-aⁿ] *adj.* eminent; distinguished; elevated, high.

émissaire [émìssèr] *m.* emissary; messenger. || **émission** [-yoⁿ] *f.* emission; issue; broadcasting; transmission; radiation [chaleur].

emmagasiner [aⁿmàgàzìné] *v.* to store, to warehouse; to store up.

emmailloter [aⁿmàyòté] *v.* to swaddle; to swathe.

emmancher [aⁿmaⁿshé] *v.* to haft, to fix a handle to; to fit together; to start, to set about. || **emmanchure** [-ür] *f.* sleeve-hole, arm-hole.

emmêler [aⁿmèlé] *v.* to tangle; to mix up; to muddle; to mat.

emménager [aⁿménàjé] *v.* to move in, *Br.* to move house; to install.

emmener [aⁿmⁿé] *v.* to take away; to lead away; to take.

emmitoufler [aⁿmìtûflé] *v.* to muffle up.

émoi [émwà] *m.* emotion; commotion; excitement; agitation; anxiety. || **émotif** [émòtìf] *adj.** emotional; emotive. || **émotion** [émòsyoⁿ] *f.* emotion; excitement; agitation; anxiety; feeling. || **émotionnant** [-ònaⁿ] *adj.* moving; thrilling. || **émotionner** [-òné] *v.* to move; to thrill. || **émotivité** [-tìvìté] *f.* emotivity, emotiveness.

émousser [émûsé] *v.* to blunt; to take the edge off; to dull [sens]; **s'émousser,** to become blunt (or) blunted; to lose its edge [appétit].

émouvant [émûvaⁿ] *adj.* moving, affecting, touching; thrilling. || **émouvoir** [-wàr]* *v.* to move; to touch, to affect; to rouse, to stir.

empaqueter [aⁿpàkté] *v.* to pack up; to wrap up, to do up.

emparer (s') [saⁿpàré] *v.* to take possession of, to lay hands on, to secure, to seize.

empâter [aⁿpâté] v. to make sticky; to paste to fatten. to cram.

empêchement [aⁿpèshmaⁿ] m. obstacle, hindrance impediment. ‖ *empêcher* [-é] v. to prevent (de. from); to hinder, to impede. to obstruct; to put a stop to. *s'empêcher,* to refrain (de, from).

empereur [aⁿprœr] m. emperor.

empeser [aⁿpezé] v. to starch, to stiffen.

empester [aⁿpèsté] v. to infect; to poison; to make (something) stink; to reek of.

emphase [aⁿfâz] f. bombast; pomposity; grandiloquence; over-emphasis. ‖ *emphatique* [-àtìk] adj. bombastic, pompous

emphysème [aⁿfizèm] m. emphysema.

empiècement [aⁿpyèsmaⁿ] m. yoke.

empierrer [aⁿpyèré] v. to pave; to metal, to macadamize [route]; to ballast [voie].

empiéter [aⁿpyété] v. to encroach (sur, upon), to infringe; to usurp.

empiler [aⁿpìlé] v. to pile up, to stack; (pop.) to cheat; to rob.

empire [aⁿpîr] m empire; control; sway; rule authority; mastery.

empirer [aⁿpìré] v to grow worse; to worsen, to make worse; to aggravate; to deteriorate.

empirique [aⁿpìrìk] adj. empirical. ‖ *empirisme* [-ìsm] m. empiricism; *empiriste,* empiric. empiricist.

emplacement [aⁿplàsmaⁿ] m. site, place, location emplacement (mil.).

emplâtre [aⁿplâtr] m plaster; (pop.) Br. muff. Am milk toast.

emplette [aⁿplèt] f. purchase; *aller faire des emplettes* to go shopping.

emplir [aⁿplîr] v. to fill, to fill up.

emploi [aⁿplwà] m. employment; use; post, job; function. *mode d'emploi,* directions for use. ‖ *employé* [-yé] m. clerk, assistant [magasin], employee; adj. employed. ‖ *employer* [-yé] v. to employ; to use; to lay out [argent]; to exert; *s'employer,* to busy oneself, to occupy oneself. ‖ *employeur* [-yœr] m. employer.

empocher [aⁿpòshé] v. to pocket.

empoigner [aⁿpwàñé] v. to grip; to grasp; to lay hold of; to arrest, to catch; to thrill; *s'empoigner,* to grapple.

empois [aⁿpwà] m. starch; dressing (text.).

empoisonnement [aⁿpwàzònmaⁿ] m. poisoning. ‖ *empoisonner* [-é] v. to poison; to corrupt; to infect; to reek of. ‖ *empoisonneur* [-œr] m. poisoner.

emporté [aⁿpòrté] adj. hot-headed; hasty; quick-tempered. ‖ *emportement* [-ᵉmaⁿ] m. fit of passion, outburst, transport *emporter* [-é] v. to carry away, to take away to remove; to capture *l'emporter sur,* to prevail over, to get the better of; *s'emporter,* to flare up, to lose one's temper; to bolt [cheval].

empourprer [aⁿpûrpré] v. to purple; to flush *s'empourprer,* to glow red; to purple to blush

empreindre [aⁿprîⁿdr] v. to impress; *empreint* de stamped with. ‖ *empreinte* [-îⁿt] f. imprint; impress; stamp. mark.

empressé [aⁿprèsé] adj. eager; earnest fervent; fussy. ‖ *empressement* [-maⁿ] m. eagerness, readiness, promptness hurry. ‖ *empresser (s')* [-é] v. to hasten; to be eager; to hurry.

emprise [aⁿprîz] f. hold; mastery.

emprisonnement [aⁿprìzònmaⁿ] m. imprisonment custody. ‖ *emprisonner* [-é] v to imprison, to confine.

emprunt [aⁿpruⁿ] m. loan; borrowing; *d'emprunt.* assumed. ‖ *emprunter* [-té] v to borrow; to assume [nom]. to take [route]. ‖ *emprunteur, -teuse* [-tœr, -tèz] m., f. borrower; adj. borrowing.

ému [émü] p. p. of *émouvoir.*

émulation [émülàsyoⁿ] f. emulation; rivalry *émule* [émül] m., f. emulator; rival, competitor.

en [aⁿ] prep. in; into; to; in the; in a; at; of; by; like; whilst; while; with; within; from; *aller en Amérique.* to go to America; *il entra en courant,* he came running in; *en un an,* within a year; *tout en regrettant,* while regretting; *en bois,* wooden; *en bas,* below, downstairs; *en été,* in summer. *en avant,* forward; *agir en homme* to act like a man; *en-tête,* heading headline.

en [aⁿ] pron. of him, of her; of it; of them, for it; for them; from there; some; any; *il en parle,* he is speaking of it. *il en est désolé.* he is sorry about it; *j'en ai,* I have some; *combien en voulez-vous?,* how many do you want?; *prenez-en,* take some; *il en est aimé* he is loved by her; *je ne l'en admire pas moins,* I admire him none the less for it.

enamouré [aⁿamûré] adj. amorous; enamoured.

encadrement [aⁿkàdremaⁿ] m. framing; frame, framework; setting. ‖ *encadrer* [-é] v. to frame; to surround, to officer (mil.).

encaisse [aⁿkès] f. cash in hand, cash balance. ‖ *encaissé* [-é] adj.

encased; boxed-in; sunk [route]. ‖ *encaisser* [-é] v. to pack in cases; to box; to collect [argent]; (pop.) to take punishment. ‖ *encaisseur* [-œr] m. cash-collector; cashier.

encan [aⁿkaⁿ] m. public auction.

encarter [aⁿkàrté] v. to inset; to insert; to card; to card-index; to register.

encastrer [aⁿkàstré] v. to fit in; to embed.

encaustique [aⁿkôstĭk] f. encaustic; wax polish, furniture polish. ‖ *encaustiquer* [-ké] v. to polish; to wax.

enceinte [aⁿsĭⁿt] f. enclosure; walls; precincts; adj. f. pregnant, with child.

encens [aⁿsaⁿ] m. incense. ‖ *encenser* [-sé] v. to incense; to flatter. ‖ *encensoir* [-swàr] m. censer; flattery.

encercler [aⁿsèrklé] v. to encircle, to surround, to hem in; to shut in.

enchaînement [aⁿshènmaⁿ] m. chain; chaining; series; sequence. ‖ *enchaîner* [-é] v. to chain up; to fetter; to connect, to link; to curb, to paralyse (fig.); *s'enchaîner*, to be linked (or) connected.

enchanté [aⁿshaⁿté] adj. enchanted; delighted; pleased to meet you [présentation]. ‖ *enchanter* [-é] v. to enchant, to bewitch; to enrapture; to delight. ‖ *enchanteur, -eresse* [-œr, -rès] m., f. charmer; enchanter; adj. charming; enchanting; entrancing.

enchâsser [aⁿshâsé] v. to enshrine; to insert, to mount; to set [diamant].

enchère [aⁿshèr] f. bidding, bid; *vente aux enchères*, auction sale. ‖ *enchérir* [-érĭr] v. to bid; to outbid; to raise the price of; to grow dearer; *enchérir sur*, to outdo, to go one better than.

enchevêtrement [aⁿshevètremaⁿ] m. tangle; confusion. ‖ *enchevêtrer* [-é] v. to entangle; to confuse; to halter [cheval]; to join.

enchifrené [aⁿshĭfrené] adj. stuffed up; sniffling.

enclin [aⁿklĭⁿ] adj. inclined; disposed; prone; apt.

enclos [aⁿklô] m. enclosure; paddock; wall. ‖ *enclore* [-klòr] v. to enclose, to close in.

enclume [aⁿklüm] f. anvil.

encoche [aⁿkòsh] f. notch; slot; pl. thumb-index [livres].

encoignure [aⁿkòñür] f. corner; corner-cupboard.

encolure [aⁿkòlür] f. neck; size in collars; neck-opening [robe].

encombrement [aⁿkoⁿbremaⁿ] m. obstruction; litter; congestion; traffic jam; glut (comm.); overcrowding. ‖

encombrer [-é] v. to obstruct; to block up; to congest; to crowd; to encumber; to litter; *s'encombrer*, to cumber (or) burden oneself (de, with).

encore [aⁿkòr] adv. again; yet; besides; too; *pas encore*, not yet; *encore un peu*, just a little more; a little longer; *quoi encore?*, what else?; *encore que*, although.

encouragement [aⁿkûràjmaⁿ] m. encouragement; inducement. ‖ *encourager* [-é] v. to encourage; to cheer.

encourir [aⁿkûrĭr] v.* to incur.

encrasser [aⁿkràsé] v. to dirty, to soil; to grease; to smear; to stop up, to clog; to soot up [bougie]; to oil up; *s'encrasser*, to become dirty; to soot up; to clog; to fur; to get choked.

encre [aⁿkr] f. ink; *encre de Chine*, Indian ink, indelible ink; *encre sympathique*, invisible ink. ‖ *encrer* [-é] v. to ink. ‖ *encrier* [-lyé] m. inkstand, inkwell.

encroûter [aⁿkrûté] v. to cover with a crust; to crust; to cake; to roughcast; *s'encroûter*, to crust; to fossilize, to get rusty.

encyclopédie [aⁿsìklòpédĭ] f. encyclopedia.

endetter [aⁿdèté] v. to involve in debt; *s'endetter*, to run into debt.

endeuiller [aⁿdœyé] v. to plunge into mourning; to sadden.

endiablé [aⁿdyàblé] adj. wild; reckless; possessed; furious; mischievous; frantic.

endiguer [aⁿdĭgé] v. to dam up; to dyke; to localize; to check.

endive [aⁿdĭv] f. endive.

endoctriner [aⁿdòktrĭné] v. to indoctrinate; to brainwash.

endolori [aⁿdòlòrĭ] adj. sore, aching.

endommager [aⁿdòmàjé] v. to damage; to injure.

endormant [aⁿdòrmaⁿ] adj. soporific; boring; humdrum; tedious, wearisome. ‖ *endormi* [-ĭ] adj. asleep; drowsy, sleepy; dormant; numb [membre]. ‖ *endormir* [-ĭr] v.* to put to sleep; to lull; to bore; to benumb; to humbug; to deaden [douleur]; *s'endormir*, to go to sleep, to fall asleep; to slack off (fig.).

endos, endossement [aⁿdô, -òsmaⁿ] m. endorsement. ‖ *endosser* [-òsé] v. to put on [habits]; to take on; to endorse; to back.

endroit [aⁿdrwà] m. place, spot, site; passage; right side [étoffe]; *à l'endroit*, right side out.

enduire [aⁿdüĭr] v.* to coat; to plaster. ‖ *enduit* [-üĭ] m. coat, coating, plastering; glazing; dressing.

endurance [aⁿdüraⁿs] *f.* endurance; patience; resistance. ‖ *endurant* [-aⁿ] *adj.* enduring; patient; long-suffering.

endurcir [aⁿdürsîr] *v.* to harden; to inure; *s'endurcir,* to harden; to toughen; to become callous.

endurer [aⁿdüré] *v.* to bear, to endure, to put up with, to tolerate.

énergétique [énèrjétìk] *adj.* energizing; *f.* energetics. ‖ *énergie* [énèrjî] *f.* energy; vigo(u)r. ‖ *énergique* [-jìk] *adj.* energetic; vigo(u)rous; strenuous; strong; drastic; emphatic. ‖ *énergumène* [-gümèn] *m.,* *f.* person possessed; wild fanatic; madman; ranter.

énervation [énèrvᵉmaⁿ] *m.* enervation; nervous irritation. ‖ *énerver* [-é] *v.* to enervate; to irritate, to annoy; to get on (someone's) nerves; *s'énerver,* to become excited (or) irritable (or) nervy (or) nervous.

enfance [aⁿfaⁿs] *f.* childhood; infancy; dotage, second childhood. ‖ *enfant* [aⁿfaⁿ] *m.,* *f.* child (*pl.* children); boy; girl, youngster; son; daughter; *enfant terrible,* little terror; *enfant de chœur,* chorister; *enfant trouvé,* foundling. ‖ *enfantement* [-tmaⁿ] *m.* childbirth; production; beginning. ‖ *enfanter* [-té] *v.* to bear, to give birth to, to beget. ‖ *enfantillage* [-tìyàj] *m.* childishness; trifle. ‖ *enfantin* [-tiⁿ] *adj.* childish; infantile.

enfariner [aⁿfàrìné] *v.* to flour; to sprinkle with flour.

enfer [aⁿfèr] *m.* hell; *pl.* the underworld, Hades.

enfermer [aⁿfèrmé] *v.* to shut in; to close up; to enclose; to lock in.

enfiévrer [aⁿfyévré] *v.* to make (someone) feverish; to excite, to stir up, to fever.

enfiler [aⁿfìlé] *v.* to thread [aiguille]; to string [perles]; to run through; to slip on [habits]; to turn down [rue]; to rake (mil.).

enfin [aⁿfiⁿ] *adv.* at last; finally; in short; that's to say; *interj.* at last! well!

enflammer [aⁿflàmé] *v.* to inflame; to set on fire; to enflame; *s'enflammer,* to catch fire; to become inflamed; to flare up (fig.).

enflé [aⁿflé] *adj.* swollen; bloated; turgid. ‖ *enfler* [-é] *v.* to swell; to puff out; to bloat; to elate; *s'enfler,* to swell; to rise [rivière]; to grow turgid. ‖ *enflure* [-ür] *f.* swelling; turgidity.

enfoncer [aⁿfoⁿsé] *v.* to break in; to break open; to drive in; to stave in; to sink; to cram [chapeau]; to get the better of; to do for (pop.); *s'enfoncer,* to sink; to subside, to go down; to plunge; to embed itself [balle].

enfouir [aⁿfûîr] *v.* to bury; to enclose; to conceal.

enfourcher [aⁿfûrshé] *v.* to sit astride; to mount.

enfreindre [aⁿfriⁿdr] *v.** to infringe, to break, to transgress [loi].

enfuir (s') [saⁿfüîr] *v.** to flee, to run away; to elope; to escape; to leak.

enfumer [aⁿfümé] *v.* to blacken (or) to fill with smoke; to smoke out.

engageant [aⁿgàjaⁿ] *adj.* engaging, winning; attractive; pleasing; inviting. ‖ *engagement* [-maⁿ] *m.* engagement; bond; promise; pawning; enlistment (mil.); appointment; action (mil.); entry [sport]; *pl.* liabilities. ‖ *engager* [-é] *v.* to engage; to pledge; to urge; to institute [poursuites]; to involve; to put in gear; to invest; to pawn; to sign on (naut.); to foul; to jam; to begin; to join [bataille]; *s'engager,* to promise; to undertake; to pledge oneself; to engage oneself; to enlist; to get stuck; to foul [ancre]; to enter; to begin.

engeance [aⁿjaⁿs] *f.* brood.

engelure [aⁿjlür] *f.* chilblain.

engendrer [aⁿjaⁿdré] *v.* to engender; to beget; to breed; to produce.

engin [aⁿjiⁿ] *m.* machine, engine; tool; device; trap.

englober [aⁿglòbé] *v.* to unite, to put together; to comprise, to include.

engloutir [aⁿglûtîr] *v.* to swallow up; to engulf; to swallow, to bolt.

engluer [aⁿglüé] *v.* to lime; to catch.

engoncé [aⁿgoⁿsé] *adj.* bundled up.

engorger [aⁿgòrjé] *v.* to block, to choke up, to obstruct, to congest.

engouement [aⁿgûmaⁿ] *m.* obstruction (med.); infatuation.

engourdir [aⁿgûrdîr] *v.* to numb, to benumb; to dull; *s'engourdir,* to grow numb; to become sluggish. ‖ *engourdissement* [-ismaⁿ] *m.* numbness; dullness, sluggishness.

engrais [aⁿgrè] *m.* manure; fattening; grass; pasture; *engrais chimique,* fertilizer. ‖ *engraisser* [-sé] *v.* to fatten; to manure; to fertilize [sol]; to thrive; to grow stout.

engrenage [aⁿgrᵉnàj] *m.* gear; gearing; cogwheels; network (fig.); sequence.

engueulade [aⁿgᵉlàd] *f.* (pop.) bawling out. ‖ *engueuler* [-lé] *v.* (pop.) to blow out, to tell off; *s'engueuler* (pop.), to have a row (*avec,* with).

enguirlander [aⁿgìrlaⁿdé] *v.* to garland; (fam.) to smack down.

énigmatique [énìgmàtìk] *adj.* enigmatic; puzzling. ‖ *énigme* [énìgm] *f.* enigma, riddle.

enivrer [aⁿnivré] v. to intoxicate, to make (someone) drunk; to carry away (fig.); s'enivrer, to get drunk; to be intoxicated.

enjambée [aⁿjaⁿbé] f. stride. ‖ enjamber [-é] v. to straddle; to stride over; to stride along; to encroach.

enjeu [aⁿjë] m.* stake.

enjoindre [aⁿjwⁿdr] v. to enjoin, to direct, to order; to call upon.

enjôler [aⁿjôlé] v. to wheedle, to coax; to humbug. ‖ enjôleur, -euse [œr, -ëz] m., f. wheedler, cajoler; adj. wheedling, coaxing.

enjoliver [aⁿjòlivé] v. to beautify; to embellish; to adorn. ‖ enjoliveur [-œr] m. wheel-disc, hub-cap.

enjoué [aⁿjwé] adj. playful; sprightly, jaunty; lively, bright.

enlacer [aⁿlàsé] v. to entwine; to interlace; to embrace, to clasp; to hem in.

enlaidir [aⁿlèdîr] v. to disfigure; to make ugly (qqn); to grow ugly.

enlèvement [aⁿlèvmaⁿ] m. removal, carrying off; kidnapping; abduction; storming (mil.). ‖ enlever [aⁿlvé] v. to remove; to carry off; to lift up; to take off; to kidnap; to abduct; to storm (mil.); to win [prix]; to urge.

enliser [aⁿlizé] v. to suck in; s'enliser, to sink (dans, in).

enluminer [aⁿlüminé] v. to illuminate; to colo(u)r; to redden, to flush; enluminé, flushed, rubicund; enluminure, illumination; ruddiness.

ennemi [ènmî] m. enemy, foe; adversary; adj. hostile; opposing, prejudicial.

ennoblir [aⁿnòblîr] v. to ennoble.

ennui [aⁿnüï] m. worry; weariness; tediousness; trouble; nuisance, annoyance; bore. ‖ ennuyer [-yé] v. to worry; to annoy, to vex; to bother, to bore; s'ennuyer, to be bored; to feel dull; to be fed up (fam.). ‖ ennuyeux [-yë] adj.* tedious; annoying; worrying.

énoncé [énⁿsé] m. statement; wording. ‖ énoncer [-é] v. to enunciate; to express; to state.

enorgueillir [aⁿnòrgœyîr] v. to make proud; s'enorgueillir, to be proud; to pride oneself (de, on).

énorme [énôrm] adj. enormous, huge, tremendous; monstrous; outrageous; shocking. ‖ énormité [-ité] f. enormity; hugeness; shocking thing; outrageousness.

enquérir (s') [saⁿkérîr] v. to inquire, to ask (de, after, about). ‖ enquête [aⁿkèt] f. inquiry, investigation. ‖ enquêter [aⁿkèté] v. to hold an inquiry, to investigate.

enraciner [aⁿràsⁿé] v. to root; to dig in; to implant; s'enraciner, to take root; to become rooted.

enragé [aⁿràjé] m. madman; adj. mad; enraged; keen, out-and-out; enthusiastic. ‖ enrager [-é] v. to enrage; to madden; to be mad (fam.); faire enrager, to tease; to drive wild.

enrayer [aⁿrèyé] v. to brake; to check; to lock [roue]; to jam; to stop; to spoke.

enregistrement [aⁿrjⁿistrⁿmaⁿ] m. registration; entry; recording; registry. ‖ enregistrer [-é] v. to register; to record; to score. ‖ enregistreur [-œr] m. registrar; recorder; recording apparatus; adj.* recording; self-registering [baromètre].

enrhumer (s') [saⁿrümé] v. to catch a cold; être enrhumé, to have a cold.

enrichi [aⁿrìshì] m., adj. upstart, newly rich. ‖ enrichir [-îr] v. to enrich; to adorn; s'enrichir, to grow rich; to thrive. ‖ enrichissement [-ìsmaⁿ] m. enrichment.

enrober [aⁿròbé] v. to coad (de, with).

enrôlement [aⁿrôlmaⁿ] m. enrolment; enlistment (mil.). ‖ enrôler [-é] v. to enrol; to recruit, to enlist (mil.); s'enrôler, to enlist.

enroué [aⁿrûé] adj. hoarse. ‖ enrouement [-rûmaⁿ] m. hoarseness. ‖ s'enrouer [saⁿrûé] v. to grow hoarse.

enrouler [aⁿrûlé] v. to coil up, to roll up, to wind; s'enrouler, to wrap (or) to fold oneself.

ensanglanté [aⁿsaⁿglaⁿté] adj. gory, bloody, blood-stained. ‖ ensanglanter v. to bloody; to steep in blood.

enseigne [aⁿsèñ] f. sign, sign-board; standard [drapeau]. ‖ m. ensign; sub-lieutenant.

enseignement [aⁿsèñmaⁿ] m. teaching; education; instruction. ‖ enseigner [-é] v. to teach; to instruct; to inform; enseigner l'anglais à quelqu'un, to teach someone English.

ensemble [aⁿsaⁿbl] m. ensemble; whole; mass; adv. together; at the same time; dans l'ensemble, on the whole; vue d'ensemble, general view.

ensemencer [aⁿsmaⁿsé] v. to sow.

enserrer [aⁿsèré] v. to enclose, to encompass; to shut in; to hem in; to lock up.

ensevelir [aⁿsⁿevlîr] v. to bury; to shroud; ensevelissement, shrouding.

ensoleillé [aⁿsòlèyé] adj. sunny; sun-lit. ‖ ensoleiller v. to sun; to light up, to brighten.

ensommeillé [aⁿsòmèyé] adj. sleepy, drowsy.

ensorceler [aⁿsòrselé] v. to bewitch; to captivate; *ensorceleuse*, witch.

ensuite [aⁿsüìt] *adv.* after, afterwards, then; next.

ensuivre (s') [saⁿsüìvr] v.* to follow, to result, to ensue.

entacher [aⁿtàshé] v. to taint; to sully.

entaille [aⁿtày] f. notch; groove; cut; gash. ‖ *entailler* [-é] v. to notch; to groove; to gash.

entamer [aⁿtàmé] v. to make the first cut in; to cut; to open [cartes]; to begin; to broach; to penetrate (mil.).

entasser [aⁿtàsé] v. to pile up; to heap up; to accumulate; to crowd together; to hoard [argent].

entendement [aⁿtandmaⁿ] m. understanding. ‖ *entendre* [-aⁿdr] v. to hear; to understand; to expect; to intend; to mean; *entendre dire que*, to hear that; *entendre parler de*, to hear of; *laisser entendre*, to hint; *s'entendre*, to agree; to be understood; to be heard; *il s'y entend*, he's an expert at it. ‖ *entendu* [-aⁿdü] adj. heard; understood; *Am.* O. K.; capable; *faire l'entendu*, to put on a knowing air; *c'est entendu*, that's settled; *bien entendu*, of course; clearly understood.

entente [aⁿtaⁿt] f. skill; understanding; agreement; sense; meaning.

entériner [aⁿtérìné] v. to confirm, to ratify.

entérite [aⁿtérìt] f. enteritis.

enterrement [aⁿtèrmaⁿ] m. interment, burial; funeral. ‖ *enterrer* [-é] v. to inter, to bury; to shelve [question]; to outlive; *s'enterrer*, to bury oneself; to dig in (mil.); to live in seclusion; to vegetate.

en-tête [aⁿtèt] f. heading; headline; printed address; bill-head.

entêté [aⁿtètè] adj. headstrong, pigheaded; stubborn; infatuated, taken. ‖ *entêtement* [-maⁿ] m. obstinacy, stubbornness. ‖ *entêter* [-é] v. to give a headache to; to infatuate; to go to one's head; *s'entêter*, to be obstinate; to persist (à, in); to be bent (à, on).

enthousiasme [aⁿtûzyàsm] m. enthusiasm. ‖ *enthousiasmer* [-é] v. to fill with enthusiasm; to thrill; to carry (someone) away; *s'enthousiasmer*, to enthuse; to become enthusiastic; to be thrilled. ‖ *enthousiaste* [-yàst] m., f. enthusiast; adj. enthusiastic.

entiché [aⁿtìshé] adj. infatuated (de, with).

entier [aⁿtyé] m. entirety; adj.* whole; entire; complete; total; full; headstrong; outspoken; bluff; *nombre*

entier, integer; *en entier*, in full; *entiéreté*, entirety.

entonner [aⁿtòné] v. to intone; to strike up; to celebrate [louange].

entonnoir [aⁿtònwàr] m. funnel; hollow; crater (mil.).

entorse [aⁿtòrs] f. sprain; twist; *se donner une entorse*, to sprain one's ankle.

entortiller [aⁿtòrtìyé] v. to twist, to wind; to entangle; to wrap up; to get round; *s'entortiller*, to twine; to get entangled.

entourage [aⁿtûràj] m. setting; frame; surroundings; circle; environment; attendants. ‖ *entourer* [-é] v. to surround; to encircle; to hem in; to gather round.

entournure [aⁿtûrnür] f. arm-hole.

entracte [aⁿtràkt] m. entracte, interlude; interval.

entrailles [aⁿtrày] f. pl. guts; bowels; womb; pity, mercy.

entrain [aⁿtrⁿ] m. liveliness; spirit, go, zest, life. ‖ *entraînement* [-ènma ⁿ] m. attraction; drive (mech.). allurement; carrying away; training. ‖ *entraîner* [-èné] v. to carry away; to draw along; to involve; to win over; to bring about; to train. ‖ *entraîneur* [-ènœr] m. trainer; coach; pace-maker. ‖ *entraîneuse* [-èz] f. dance-hostess, *Am.* B-girl, shill.

entrave [aⁿtràv] f. fetter, shackle; impediment; obstacle. ‖ *entraver* [-é] v. to fetter, to shackle; to impede, to hinder; to clog.

entre [aⁿtr] prep. between; among; amid; into; together; *entre nous*, between ourselves; *il tomba entre leurs mains*, he fell into their hands; *plusieurs d'entre nous*, several of us; [N. B. *s'entre-* or *s'entr'* prefixed to a verb usually means *each other*, *one another*; *s'entre-tuer*, to kill one another]; *entre-deux*, space between; insertion [couture]; partition; *entre-temps*, interval; meanwhile; *in the meantime*.

entrebâiller [aⁿtrebâyé] v. to half-open; *entrebâillé* [-é] adj. ajar.

entrecôte [aⁿtrekôt] f. ribsteak.

entrecouper [aⁿtrekûpé] v. to intersect; to interrupt; to break; *entre-coupé*, broken; jerky.

entrecroiser [aⁿtrekrwàzé] v. to interlace; to cross; to intersect.

entrée [aⁿtré] f. entry; entrance; admission; access; price of entry; import duty; entrée, first course; beginning; inlet.

entrefaites [aⁿtrefèt] f. pl.; *sur ces entrefaites*, meanwhile, meantime.

entrefilet [ɑⁿtrᵉfilè] *m.* short news-paper paragraph.

entregent [ɑⁿtrᵉjaⁿ] *m.* resourceful-ness; gumption (fam.).

entrelacer [ɑⁿtrᵉlàsé] *v.* to interlace; to intertwine.

entremêler [ɑⁿtrᵉmèlé] *v.* to inter-mingle; to intersperse; to mix.

entremets [ɑⁿtrᵉmè] *m.* sweet dish, *Am.* dessert.

entremetteur [ɑⁿtrᵉmètœr] *m.* go-between; middleman (comm.); pimp. ‖ *entremetteuse* [-tēz] *f.* procuress. ‖ *s'entremettre* [sɑⁿtrᵉmètr] *v.* to inter-vene; to steep in. ‖ *entremise* [ɑⁿtrᵉmîz] *f.* mediation, intervention, *par l'entremise de*, through.

entrepont [ɑⁿtrᵉpoⁿ] *m.* between-decks.

entreposer [ɑⁿtrᵉpôzé] *v.* to store, to warehouse; to bond [douane]. ‖ *entrepôt* [-ô] *m.* store, warehouse; bonded warehouse.

entreprenant [ɑⁿtrᵉprᵉnaⁿ] *adj.* en-terprising. ‖ *entreprendre* [-aⁿdr] *v.* to undertake; to take in hand; to contract for; to attempt. ‖ *entrepre-neur* [-nœr] *m.* contractor. ‖ *entre-prise* [-îz] *f.* enterprise; undertaking; concern; contract; attempt.

entrer [ɑⁿtré] *v.* to enter, to go in, to come in; to take part, to be con-cerned; to be included; *entrer en cou-rant*, to run in; *défense d'entrer*, no admittance; *faire entrer*, to show in; *entrer en jeu*, to come into play.

entresol [ɑⁿtrᵉsòl] *m.* mezzanine; entresol.

entretenir [ɑⁿtrᵉtnîr] *v.* to main-tain; to keep up; to support, to provide for; to keep in repair; to talk to; *s'entretenir*, to support one-self; to converse; to keep fit. ‖ *entre-tien* [-yîⁿ] *m.* maintenance; upkeep; keeping up; topic; conversation.

entrevoir [ɑⁿtrᵉvwàr] *v.* to catch a glimpse of; to be just able to make out; to foresee; *entrevue*, interview.

entrouvert [ɑⁿtrûvèr] *adj.* half-open; partly open; ajar [porte]; gaping [abîme].

énumération [énüméràsyoⁿ] *f.* enu-meration. ‖ *énumérer* [énüméré] *v.* to enumerate; to number.

envahir [ɑⁿvàîr] *v.* to invade; to encroach upon; to overrun; to steal over [sensation]. ‖ *envahisseur* [-lsœr] *m.* invader; *adj.* invading.

enveloppe [ɑⁿvlòp] *f.* envelope; wrapping; wrapper; cover; casing; jacket (mech.); outer cover [auto]; exterior. ‖ *envelopper* [-é] *v.* to envelop; to wrap up; to cover; to involve; to hem in; to surround.

envenimer [ɑⁿvnimé] *v.* to inflame (med.); to envenom (fig.).

envergure [ɑⁿvèrgür] *f.* span; spread; breadth; expanse; extent; scope.

envers [ɑⁿvèr] *m.* reverse, back; wrong side; seamy side (fig.); *prep.* to; towards; *à l'envers*, inside out; wrong way up.

enviable [ɑⁿvyàbl] *adj.* enviable. ‖ *envie* [ɑⁿvî] *f.* envy; longing, desire, fancy, wish; birthmark; hangnail; *avoir envie*, to want; to feel like, to fancy; *cela me fait envie*, that makes me envious. ‖ *envier* [-yé] *v.* to envy; to be envious of; to covet; to long for. ‖ *envieux* [-yë] *adj.* envious.

environ [ɑⁿviroⁿ] *adv.* about, nearly, approximately; *m. pl.* vicinity, neigh-bo(u)rhood, surroundings. ‖ *environ-ner* [-òné] *v.* to surround.

envisager [ɑⁿvizàjé] *v.* to envisage; to consider; to look in the face.

envoi [ɑⁿvwà] *m.* sending, dispatch; consignment; goods; parcel, package; shipment; remittance [argent].

envol [ɑⁿvòl] *m.* flight (aviat.) taking off, take-off; (fig.) soaring. ‖ *envolée* [-é] *f.* flight. ‖ *s'envoler* [sɑⁿvòlé] *v.* to fly away; to take off (aviat.).

envoûter [ɑⁿvûté] *v.* to bewitch.

envoyé [ɑⁿvwàyé] *m.* envoy; mes-senger. ‖ *envoyer* [-é] *v.* to send, to dispatch; to forward; to delegate; *envoyer chercher*, to send for. ‖ *envoyeur* [-œr] *m.* sender.

épagneul [épàñœl] *m.* spaniel.

épais [épè] *adj.* thick; dense; stout; dull [esprit]. ‖ *épaisseur* [-sœr] *f.* thickness; depth; density; dullness. ‖ *épaissir* [-sîr] *v.* to thicken; to become dense; to grow stout.

épanchement [épɑⁿshmaⁿ] *m.* effu-sion; pouring out; effusiveness. ‖ *épancher* [-é] *v.* to pour out; to shed; to open; to vent; *s'épancher*, to over-flow; to unbosom oneself.

épanoui [épànwî] *adj.* in full bloom [fleur]; beaming; cheerful. ‖ *épanouir* [-îr] *v.* to open; to expand; to cheer, to brighten; to spread; *s'épanouir*, to open out; to blossom, to bloom; to light up. ‖ *épanouissement* [-îsmaⁿ] *m.* opening; blooming; full bloom; brightening up; lighting up.

épargnant [épàrñaⁿ] *m.* investor. ‖ *épargne* [épàrñ] *f.* economy; thrift; saving. ‖ *épargner* [-é] *v.* to save, to economize; to spare.

éparpiller [épàrplyé] *v.* to scatter, to disperse; *s'éparpiller*, to scatter; to be frittered away.

épars [épàr] *adj.* scattered; sparse; dispersed.

épatant [épàtaⁿ] *adj.* (fam.) wonderful, fine, terrific, first-rate, capital, *Am.* swell, great. ‖ **épaté** [-é] *adj.* amazed; flat [nez]. ‖ **épater** [-é] *v.* to flatten, to flabbergast.

épaule [épól] *f.* shoulder; *coup d'épaule*, lift; shove; help. ‖ **épauler** [-é] *v.* to splay [cheval]; to bring to the shoulder; to back, to support. ‖ **épaulette** [-èt] *f.* epaulette (mil.); shoulder-strap.

épave [épàv] *f.* wreck; wreckage; waif, stray; *épaves flottantes*, flotsam, derelict.

épée [épé] *f.* sword; rapier.

épeler [éplé] *v.* to spell.

éperdu [épèrdü] *adj.* distracted, bewildered; desperate.

éperon [éproⁿ] *m.* spur; ridge; buttress [pont]; cutwater; ram [vaisseau de guerre]. ‖ **éperonner** [-òné] *v.* to spur; to spur on; to ram.

épervier [épèrvyé] *m.* sparrow-hawk; sweep-net.

éphémère [éfémèr] *adj.* ephemeral; fleeting, transient; *m.* may-fly.

épi [épì] *m.* ear [blé]; cob; cluster [diamants]; spike (bot.); groyne; salient (typogr.).

épice [épìs] *f.* spice; *pain d'épice*, gingerbread. ‖ **épicé** [-é] *adj.* spiced, seasoned; spicy (fig.). ‖ **épicer** [-é] *v.* to spice, to make spicy. ‖ **épicerie** [-rî] *f.* groceries; grocer's shop. ‖ **épicier** [-yé] *m.* grocer.

épidémie [épìdémî] *f.* epidemic. ‖ **épidémique** [-îk] *adj.* epidemic.

épiderme [épìdèrm] *m.* epidermis; cuticle; *il a l'épiderme sensible*, he is thin-skinned.

épier [épyé] *v.* to spy upon; to watch out for; to watch.

épieu [épyë] *m.[e]* pike.

épigraphe [épìgràf] *f.* epigraph; chapter-heading.

épilation [épìlàsyoⁿ] *f.* depilation; removal of hair; plucking [sourcils]. ‖ **épiler** [épìlé] *v.* to depilate; to remove hairs; to pluck [sourcils].

épilepsie [épìlèpsî] *f.* epilepsy. ‖ **épileptique** [-ìk] *adj.*, *m.*, *f.* epileptic.

épinard [épìnàr] *m.* spinach.

épine [épìn] *f.* thorn; prickle; *épine dorsale*, backbone. ‖ **épineux** [-ìnë] *adj.[*]* thorny; prickly; ticklish, knotty [question].

épinette [épìnèt] *f.* hen-coop; thornhook; spinet (mus.); © spruce [*Fr.* = épicéa].

épingle [épìⁿgl] *f.* pin; peg; *pl.* pin-money; *épingle de nourrice*, safety-pin; *coup d'épingle*, pin-prick; *tirer son épingle du jeu*, to get out of a scrape; *tiré à quatre épingles*, spruce, spick and span. ‖ **épingler** [-é] *v.* to pin; to pin up.

épique [épìk] *adj.* epic; eventful.

épiscopal [épìskòpàl] *adj.* episcopal. ‖ **épiscopat** [-pà] *m.* bishopric, episcopacy.

épisode [épìzòd] *m.* episode; incident; *épisodique*, episodic; adventitious; transitory.

épistolaire [épìstòlèr] *adj.* epistolary. ‖ **épître** [épîtr] *f.* epistle.

éploré [éplòré] *adj.* in tears; tearful; distressed; mournful.

éplucher [éplüshé] *v.* to pick; to peel; to clean; to sift; to examine closely; to pick holes in (fig.). ‖ **épluchette** [-èt] *f.* © corn-husking bee. ‖ **épluchures** [-ür] *f. pl.* peelings; refuse, waste.

épointé [épwiⁿté] *adj.* blunt; broken.

éponge [époⁿj] *f.* sponge. ‖ **éponger** [-é] *v.* to sponge up; to sponge down; to mop; to dab.

épopée [épòpé] *f.* epic.

époque [épòk] *f.* epoch, age; time; period.

épouse [épûz] *f.* wife, spouse. ‖ **épouser** [-é] *v.* to marry, to wed; to take up [cause]; to fit.

épousseter [épûsté] *v.* to dust; to brush down.

épouvantable [épûvaⁿtàbl] *adj.* dreadful, frightful, appalling. ‖ **épouvantail** [-ày] *m.* scarecrow; bogy. ‖ **épouvante** [épûvaⁿt] *f.* dread, terror; fright. ‖ **épouvanter** [-é] *v.* to terrify; to appal; to scare, to frighten.

époux [épû] *m.* husband; *pl.* husband and wife.

éprendre (s') [sépraⁿdr] *v.* to fall in love [de, with].

épreuve [éprèv] *f.* proof; trial, test; print (phot.); ordeal; examination; *à l'épreuve du feu*, fire-proof; *mettre à l'épreuve*, to put to the test.

épris [éprì] *adj.* smitten, fond; in love; infatuated [de, with].

éprouver [éprûvé] *v.* to try; to test; to put to the test; to feel, to experience. ‖ **éprouvette** [-èt] *f.* test-tube.

épuisé [épüìzé] *adj.* exhausted; spent; out of print [livre]. ‖ **épuisement** [-maⁿ] *m.* exhaustion; draining; using up; emptying. ‖ **épuiser** [-é] *v.* to exhaust; to consume, to use up; to drain; to wear out, to tire out; *s'épuiser*, to be exhausted; to be sold out; to give out; to run out. ‖ **épuisette** [-èt] *f.* landing-net; scoop.

épuration [épüràsyon] *f.* purifying;
refining; filtering; purge. ‖ *épure*
[épür] *f.* diagram; plan; working-
drawing. ‖ *épurer* [-é] *v.* to cleanse;
to purify; to refine; to filter; to clear;
to purge.

équarrir [ékàrîr] *v.* to square; to cut
up, to quarter.

équateur [ékwàtœr] *m.* equator;
Ecuador.

équation [ékwàsyon] *f.* equation.

équerre [ékèr] *f.* square; angle-iron;
set square [dessin]; *d'équerre*, square.

équilibre [ékìlîbr] *m.* equilibrium,
poise, stability (aviat.), balance. ‖
équilibrer [-é] *v.* to poise, to balance.
‖ *équilibriste* [-ìst] *m.*, *f.* tight-rope
walker; equilibrist.

équinoxe [ékìnoks] *m.* equinox.

équipage [ékìpàj] *m.* suite, retinue;
crew (naut.); equipment; carriage;
plight; hunt; turn-out; set; *train des
équipages*, Army Service Corps. ‖
équipe [ékìp] *f.* train of barges;
squad; team, gang; working party
(mil.); *chef d'équipe*, foreman. ‖ *équipée* [-é] *f.* prank; crazy enterprise.
‖ *équipement* [-man] *m.* equipment;
kit; outfit. ‖ *équiper* [-é] *v.* to equip,
to fit out; to man. ‖ *équipier* [-yé] *m.*
member of a team.

équitable [ékìtàbl] *adj.* equitable,
fair, just.

équitation [ékìtàsyon] *f.* equitation,
horse-riding; horsemanship.

équité [ékìté] *f.* fairness, equity.

équivalent [ékìvàlan] *adj.* equivalent.
‖ *équivaloir* [-wàr] *v.* to be equivalent,
to be tantamount.

équivoque [ékìvòk] *f.* ambiguity;
misunderstanding; *adj.* equivocal, ambiguous; dubious; uncertain.

érable [éràbl] *m.* maple-tree; *érable
à sucre*, sugar maple; *eau d'érable*,
maple sap; *sirop d'érable*, maple
syrup; *sucre d'érable*, maple sugar. ‖
érablière [-lèr] *f.* maple grove.

érafler [éràflé] *v.* to graze, to scratch.
‖ *éraflure* [-ür] *f.* graze, abrasion;
scratch.

éraillé [éràyé] *adj.* frayed; blood-
shot [yeux]; rough; scratched; harsh
[voix].

ère [èr] *f.* era.

érection [érèksyon] *f.* erection; setting up.

éreintement [érintman] *m.* (fam.)
exhaustion; slating, harsh criticism. ‖
éreinter [-é] *v.* to break the back of;
(fam.) to ruin; to tire out, to fag; to
slate, to pull to pieces, to run down.

ergot [èrgô] *m.* spur [coq]; dew-
claw; catch (mech.); ergot. ‖ *ergoter*
[-té] *v.* to quibble, to cavil.

ériger [érìjé] *v.* to erect; to set up;
to institute; to raise.

ermite [èrmìt] *m.* hermit.

érosion [érozyon] *f.* erosion.

érotique [éròtìk] *adj.* erotic. ‖ *érotisme* [-ìsm] *m.* eroticism.

errer [èré] *v.* to err; to be wrong;
to stray, to wander; to stroll. ‖ *erreur*
[èrœr] *f.* error, mistake, slip; fallacy.
‖ *erroné* [èròné] *adj.* erroneous, mistaken, wrong.

érudit [érüdì] *m.* scholar; *adj.* erudite, learned, scholarly. ‖ *érudition*
[-syon] *f.* erudition, learning, scholarship.

éruption [érüpsyon] *f.* eruption; rash
(med.).

esbroufe [èsbrûf] *f.* (fam.) swagger.

escabeau [èskàbô] *m.** stool; stepladder.

escadre [èskàdr] *f.* squadron. ‖ *escadrille* [-îy] *f.* flotilla; squadron (aviat.).
‖ *escadron* [-on] *m.* squadron (mil.);
chef d'escadron, major.

escalade [èskàlàd] *f.* climbing; scal-
ing; housebreaking (jur.). ‖ *escalader*
[-é] *v.* to climb, to scale. ‖ *escale*
[èskàl] *f.* port of call; call; *faire
escale à*, to call at, to put in at. ‖
escalier [-yé] *m.* stairs; staircase;
escalier roulant, escalator.

escalope [èskàlòp] *f.* cutlet.

escamoter [èskàmòté] *v.* to make
(something) vanish; to conjure away;
to retract (aviat.); to avoid; to pilfer,
to pinch. ‖ *escamoteur* [-œr] *m.* conjurer; sharper (fam.).

escapade [èskàpàd] *f.* escapade;
prank.

escargot [èskàrgô] *m.* snail.

escarmouche [èskàrmúsh] *f.* skirmish, brush.

escarpé [èskàrpé] *adj.* steep, precipitous; sheer.

escarpin [èskàrpin] *m.* pump; danc-
ing-shoe.

escarre [èskàr] *f.* scab, bed-sore.

escient [èssyan] *m.* knowledge; *à bon
escient*, wittingly.

esclaffer (s') [sèsklàfé] *v.* to guffaw,
to burst out laughing.

esclandre [èsklandr] *m.* scandal;
scene.

esclavage [èsklàvàj] *m.* slavery,
bondage. ‖ *esclave* [èsklàv] *m.*, *f.*
slave.

escompte [èskont] *m.* discount, rebate. ‖ *escompter* [-é] *v.* to discount;
to reckon on, to anticipate.

escorte [èskòrt] *f.* escort; convoy
(naut.). ‖ *escorter* [-é] *v.* to escort;
to convoy (naut.).

escouade [èskwàd] *f.* squad; gang.

escrime [èskrìm] *f.* fencing. ‖ *s'escrimer* [sèskrìmé] *v.* to fence; to fight; to struggle; to strive. ‖ *escrimeur* [èskrìmœr] *m.* fencer, swordsman.

escroc [èskrô] *m.* crook; fraud; swindler. ‖ *escroquer* [-òké] *v.* to swindle; to cheat out of. ‖ *escroquerie* [-òkrî] *f.* swindling; fraud.

espace [èspàs] *m.* space; interval; gap; room; lapse of time; *f.* space (typogr.). ‖ *espacer* [-àsé] *v.* to space; to space out; to separate; to leave room between.

espadon [èspàdoⁿ] *m.* sword-fish.

espadrille [èspàdrîy] *f.* fibre sandal; beach sandal.

Espagne [èspàñ] *f.* Spain. ‖ *espagnol* [-òl] *m.* Spanish [langue]; Spaniard; *adj.* Spanish.

espagnolette [èspàñòlèt] *f.* window-fastening.

espèce [èspès] *f.* species; sort, kind; nature. instance; *pl.* cash (fin.)

espérance [èspéraⁿs] *f.* hope; expectation. *espérer* [-é] *v.* to hope, to trust; to hope for; to expect.

espiègle [èspyègl] *m., f.* rogue, mischief; *adj.* roguish, mischievous. ‖ *espièglerie* [-rî] *f.* mischievousness; trick.

espion [èspyoⁿ] *m.* spy. ‖ *espionnage* [-yònàj] *m.* espionage, spying. ‖ *espionner* [-yòné] *v.* to spy; to spy on.

esplanade [èsplànàd] *f.* esplanade, promenade.

espoir [èspwàr] *m.* hope; expectation.

esprit [èsprì] *m.* spirit; mind; sense; wit; intelligence; talent; soul; meaning; *plein d'esprit*, very witty; full of fun; *faire de l'esprit*, to play the wit; *un bel esprit*, a wit; *esprit fort*, free thinker; *reprendre ses esprits*, to come to oneself; *présence d'esprit*, presence of mind; *esprit de corps*, fellow-spirit; team spirit; *état d'esprit*, disposition; *esprit de suite*, consistency; *esprit-devin*, spirit of wine; *Saint-Esprit*, Holy Ghost.

esquif [èskìf] *m.* small boat, skiff.

esquimau [èskìmò] *m.*° Eskimo; choc-ice.

esquinter [èskiⁿté] *v.* (fam.) to tire out; to slash; to ruin, *Am.* to mess up.

esquisse [èskìs] *f.* sketch; outline; rough plan. ‖ *esquisser* [-é] *v.* to sketch; to outline.

esquiver [èskìvé] *v.* to avoid; to dodge; *s'esquiver*, to steal away, to slip away, to slink off.

essai [èsè] *m.* trial, essay; test; try; attempt; *à l'essai*, on trial; *coup*

d'essai, first attempt; *faire l'essai de*, to test.

essaim [èsiⁿ] *m.* swarm. ‖ *essaimer* [-é] *v.* to swarm; to emigrate.

essayage [èsèyàj] *m.* testing; trying on; fitting. ‖ *essayer* [-èyé] *v.* to attempt; to taste; to try on [habits]; to assay [métal]; *s'essayer*, to try one's hand (à, at). ‖ *essayeur* [-èyœr] *m.* assayer; fitter.

essence [èsaⁿs] *f.* essence; species [arbre]; *Br.* petrol, *Am.* gasoline; extract; attar [roses]; *poste d'essence*, filling-station, *Am.* service station.

essentiel [èsaⁿsyèl] *m.* gist; main point; *adj.*° essential.

essieu [èsyé] *m.*° axle; axle-tree.

essor [èsòr] *m.* flight, soaring; scope; *prendre son essor*, to take wing; to leap into action.

essorer [èsòré] *v.* to dry; to wring.

essoufflement [èsûflemaⁿ] *m.* panting; puffing; breathlessness. ‖ *essouffler* [-é] *v.* to wind, to puff (fam.); *s'essouffler*, to get out of breath, to be winded.

essuyer [èsüyé] *v.* to wipe; to mop up; to dry; to endure, to suffer; to meet with [refus]; *essuie-glace*, windscreen wiper, *Am.* windshield wiper; *essuie-main*, towel.

est [èst] *m.* east; *adj.* east, easterly.

estafette [èstàfèt] *f.* courier; messenger; dispatch-rider (mil.).

estafilade [èstàfilàd] *f.* slash.

estampe [èstaⁿp] *f.* print, engraving; stamp, punch. ‖ *estamper* [-é] *v.* to stamp; to emboss; (pop.) to rook, to fleece. ‖ *estampille* [-îy] *f.* stamp; trade-mark.

esthéticien [èstétisyⁿ] *m.* aesthetician. ‖ *esthéticienne* [-syèn] *f.* beauty specialist, *Am.* beautician. ‖ *esthétique* [èstétîk] *f.* aesthetics; *adj.* aesthetic; plastic [chirurgie].

estimable [èstìmàbl] *adj.* estimable; worthy; quite good. ‖ *estimation* [-àsyoⁿ] *f.* estimation; valuation; estimate. ‖ *estime* [èstîm] *f.* esteem; estimation; guesswork; reckoning. ‖ *estimer* [-ìmé] *v.* to esteem; to deem; to estimate; to value; to think, to consider; to calculate; to reckon.

estival [èstìvàl] *adj.*° summer. ‖ *estivant* [-aⁿ] *m.* summer visitor.

estomac [èstòmà] *m.* stomach; *mal d'estomac*, stomach-ache. ‖ *estomaquer* [-ké] *v.* to stagger; to take (someone's) breath away.

estompe [èstoⁿp] *f.* stump. ‖ *estomper* [-é] *v.* to stump; to shade off; to soften; to blur.

estrade [èstràd] *f.* platform; stand.

estragon [èstràgonⁿ] *m.* tarragon.

estropié [èstròpyé] *m.* cripple; *adj.* crippled; disabled; lame. ‖ **estropier** [-yé] *v.* to cripple; to maim, to disable; to murder, to distort, to mispronounce.

estuaire [èstüèr] *m.* estuary.

esturgeon [èstürjonⁿ] *m.* sturgeon.

et [-é] *conj.* and; et... et, both... and.

étable [étàbl] *f.* cattle-shed; pigsty.

établi [étàbli] *m.* bench; work-bench; *adj.* established, settled. ‖ **établir** [-îr] *v.* to establish; to set up; to settle; to ascertain; to construct; to prove; to lay down; to draw up [projet]; to found; to make out [compte]; *s'établir,* to become established; to establish oneself; to settle. ‖ **établissement** [-îsmanⁿ] *m.* establishment; institution; settlement; concern (comm.), business, firm.

étage [étàj] *m.* story, floor; degree, rank; stage (mech.); stratum, layer (geol.); *deuxième étage, Br.* second floor, *Am.* third floor. ‖ **étager** [-é] *v.* to range in tiers; to stagger [heures]. ‖ **étagère** [-èr] *f.* shelf; shelves; whatnot.

étai [étè] *m.* prop, stay, strut, shore.

étain [étîⁿ] *m.* tin; pewter; *feuille d'étain,* tinfoil.

étalage [étàlàj] *m.* show, display; display of goods; shop-window; frontage; showing off; *faire étalage,* to show off. ‖ **étalagiste** [-ìst] *m., f.* window-dresser; stall-holder. ‖ **étale** [étàl] *m.* slack; *adj.* slack [marée]; steady [brise]. ‖ **étaler** [-é] *v.* to display; to expose for sale; to spread out [cartes]; to stagger [vacances]; to show off; *s'étaler,* to stretch oneself out; to sprawl; to show off; to fall.

étalon [étàlonⁿ] *m.* stallion.

étalon [étàlonⁿ] *m.* standard; *étalon-or,* gold standard.

étamer [étàmé] *v.* to tin; to tin-plate; to silver; to galvanize. ‖ **étameur** [-œr] *m.* tinsmith; tinker; silverer.

étamine [étàmîn] *f.* stamen; butter-muslin.

étanche [étanⁿsh] *adj.* watertight; airtight. ‖ **étancher** [-é] *v.* to stanch, to stem [sang]; to stop; to quench, to slake; to make watertight; to make airtight.

étang [étanⁿ] *m.* pond, pool.

étape [étàp] *f.* stage; halting place.

état [étà] *m.* state; occupation; profession; trade; government; establishment; estate, plight, predicament; estimate; statement of account; list; roster; inventory; condition; *en état de,* fit for; in a position to; *à l'état de neuf,* as good as new; *hors d'état,* useless; *dans tous ses états,* highly upset; *homme d'Etat,* statesman; *remettre en état,* to put in order; *état civil,* civil status; legal status; *état-major,* general staff; headquarters; *état tampon,* buffer state; *Etats-Unis,* United States. ‖ **étatisme** [-tìsm] *m.* state control.

étau [étô] *m.* vice, *Am.* vise.

étayer [étèyé] *v.* to prop, to shore up; to support.

été [été] *m.* summer; *été de la Saint-Martin* [© *été des sauvages, été des Indiens*], Indian summer.

été *p. p.* of **être.**

éteignoir [étéⁿwàr] *m.* extinguisher; snuffer; wet blanket (fam.). ‖ **éteindre** [étîⁿdr] *v.** to extinguish, to put out; to switch off; to quench; to slake; to exterminate, to destroy; to pay off [dette]; to cancel; to dim; to soften; *s'éteindre,* to become extinct; to die out; to subside; to grow dim; to fade.

étendard [étanⁿdàr] *m.* standard, banner, flag, colo(u)rs.

étendre [étanⁿdr] *v.* to extend; to expand; to stretch; to spread out; to dilute; to throw to the ground; *s'étendre,* to lie down; to stretch oneself out; to extend; to enlarge, to dwell (sur, upon); to run [couleurs]. ‖ **étendu** [étanⁿdü] *adj.* extensive; widespread; outstretched. ‖ **étendue** [-ü] *f.* extent; expanse; range; stretch; scope.

éternel [étèrnèl] *adj.** eternal; everlasting; endless, perpetual. ‖ **éterniser** [-ìzé] *v.* to immortalize; to perpetuate; *s'éterniser,* to last for ever; to drag on. ‖ **éternité** [-ìté] *f.* eternity; ages (fam.).

éternuement [étèrnümanⁿ] *m.* sneeze; sneezing. ‖ **éternuer** [-é] *v.* to sneeze.

éther [étèr] *m.* ether. ‖ **éthéré** [-é] *adj.* ethereal; skyey.

éthique [étìk] *f.* ethics.

ethnique [ètnìk] *adj.* ethnic.

étiage [étyàj] *m.* low water; low water mark; level (fig.).

étinceler [étîⁿslé] *v.* to sparkle, to flash; to glitter, to gleam; to twinkle. ‖ **étincelle** [-èl] *f.* spark, flash.

étioler (s') [sétyòlé] *v.* to become sick, emaciated; to blanch.

étiqueter [étìkté] *v.* to label. ‖ **étiquette** [-èt] *f.* label; tag; ticket; etiquette; ceremony.

étirer [étìré] *v.* to pull out, to draw out; to stretch.

étoffe [étòf] *f.* stuff, material, cloth, fabric; condition; worth. ‖ **étoffer** [-é] *v.* to make substantial; to stuff; to stiffen.

étoile [étwàl] *f.* star; decoration; asterisk (typogr.); *à la belle étoile*, in the open; *étoile de mer*, starfish. ‖ **étoilé** [-é] *adj.* starry; starshaped; *la Bannière étoilée*, the Star-Spangled Banner, the Stars and Stripes.

étonnant [étònàⁿ] *adj.* astonishing, surprising, amazing. ‖ **étonnement** [-màⁿ] *m.* surprise, astonishment, amazement, wonder. ‖ **étonner** [-é] *v.* to astonish, to amaze; to shake; *s'étonner*, to be astonished; to wonder; to be surprised.

étouffant [étúfàⁿ] *adj.* suffocating; sultry [temps]; stifling. ‖ **étouffée** [-é] *f.* stew; *à l'étouffée*, braised. ‖ **étouffement** [-màⁿ] *m.* suffocation; stifling; choking. ‖ **étouffer** [-é] *v.* to suffocate, to stifle; to choke; to smother; to damp [bruit]; to stamp out; to hush up [affaire].

étoupe [étúp] *f.* tow; oakum; packing (mech.).

étourderie [étúrd°rî] *f.* thoughtlessness; blunder; careless mistake. ‖ **étourdi** [-î] *m.* scatter-brain; *adj.* thoughtless; giddy, scatter-brained. ‖ **étourdir** [-îr] *v.* to stun, to daze; to make dizzy; to deaden, to benumb [engourdir]; to calm, to allay; *s'étourdir*, to forget one's troubles; to be lost (*de*, in). ‖ **étourdissant** [-ìsaⁿ] *adj.* stunning; deafening; astounding. ‖ **étourdissement** [-ìsmàⁿ] *m.* dizziness, giddiness; dazing; blow (fig.).

étrange [étràⁿj] *adj.* strange; curious, odd, queer, peculiar. ‖ **étranger** [-é] *m.* foreigner; stranger [inconnu]; *adj.* foreign; strange, unknown; irrelevant; *à l'étranger*, abroad; *affaires étrangères*, foreign affairs. ‖ **étrangeté** [-té] *f.* strangeness, oddness.

étranglement [étràⁿgl°màⁿ] *m.* strangulation; narrow passage; constriction; choking. ‖ **étrangler** [-é] *v.* to strangle, to choke, to throttle, to stifle; to constrict.

étrave [étràv] *f.* stem (naut.).

être [étr] *m.* being; creature; existence; *v.** to be; to exist; to have [verbe auxiliaire]; to go; to belong; to be able; to be dressed; *il est venu*, he has come; *elle s'était flattée*, she had flattered herself; *c'est à vous*, it is yours; *c'est à vous de jouer*, it is your turn; *il est à souhaiter*, it is to be hoped; *j'ai été voir*, I went to see; *il était une fois*, once upon a time, there was once; *où en êtes-vous de vos études?*, how far have you got in your studies?; *il n'en est rien*, nothing of the sort; *vous avez fini, n'est-ce pas?*, you've finished, haven't you?; *il*

fait beau, n'est-ce pas?, it is fine, isn't it?; *nous sommes le cinq*, it is the fifth to-day; *n'était mon travail*, if it were not for my work; *j'en suis pour mon argent*, I've lost my money; *c'en est assez*, enough; *toujours est-il que*, the fact remains that; *y être, see* **y.**

étreindre [étrìⁿdr] *v.** to clasp; to grasp; to embrace, to hug; to bind. ‖ **étreinte** [-ìⁿt] *f.* grasp; grip; embrace, hug.

étrenne [étrèn] *f.* New Year's gift; gift; first use of; *Jour des Étrennes*, Boxing Day. ‖ **étrenner** [-é] *v.* to handsel, to christen (fam.); to wear [vêtement] for the first time; to be the first customer of.

étrier [étrìé] *m.* stirrup; holder (mech.).

étriller [étrìyé] *v.* to curry, to comb; (fam.) to tan, to thrash.

étriqué [étrìké] *adj.* skimpy.

étroit [étrwà] *adj.* narrow; tight; confined; close; scanty; limited; strict [sens]; *à l'étroit*, cramped for room. ‖ **étroitesse** [-tès] *f.* narrowness; tightness; closeness; narrow-mindedness [esprit].

étude [étüd] *f.* study; research; office; article; essay; school-room; practice [avocat]; *à l'étude*, under consideration; under rehearsal (theat.). ‖ **étudiant** [-yaⁿ] *m.* student; undergraduate; *étudiant en droit*, law student. ‖ **étudier** [-yé] *v.* to study; to read [droit]; to investigate; to prepare; to watch, to observe; *s'étudier*, to try hard; to be very careful; to introspect; to be affected.

étui [étüi] *m.* case; cover; sheath; holster [revolver].

étuve [étüv] *f.* sweating-room; drying-stove; airing-cupboard, hot press; oven (fam.). ‖ **étuver** [-é] *v.* to stew; to steam [légumes]; to dry; to stove; to sterilize.

eucharistie [ëkàrìstî] *f.* eucharist. ‖ **eucharistique** [-tìk] *adj.* eucharistic(al).

eunuque [ënük] *m.* eunuch.

euphorie [ëfòrî] *f.* bliss, euphory.

Europe [ëròp] *f.* Europe. ‖ **européen** [-éⁿ] *adj.*, s.* European.

eux [ë] *pron.* they, them; *eux-mêmes*, themselves.

évacuer [évàküé] *v.* to evacuate; to drain; to vacate; to abandon [bateau].

évadé [évàdé] *m.* fugitive. ‖ **évader (s')** [sévàdé] *v.* to escape, to run away; to break loose.

évaluation [évàlüàsyòⁿ] *f.* valuation; estimate; assessment. ‖ **évaluer** [-üé] *v.* to value; to estimate; to assess.

évangélique [évaⁿjélĭk] *adj.* Evangelic(al). ‖ *évangéliser* [-jélĭzé] *v.* to evangelize. ‖ *évangile* [-jĭl] *m.* gospel.

évanouir (s') [sévànwĭr] *v.* to faint, to swoon; to vanish; to faint away. ‖ *évanouissement* [évànwĭsmaⁿ] *m.* fainting, swoon; vanishing; disappearance; fading [radio].

évaporation [évàpòràsyoⁿ] *f.* evaporation; heedlessness. ‖ *évaporer (s')* [sévàpòré] *v.* to evaporate; to grow flighty.

évasé [évàzé] *adj.* bell-mouthed; splayed; cupped; flared [jupe].

évasif [évàzĭf] *adj.* evasive. ‖ *évasion* [-yoⁿ] *f.* evasion; escape, flight; escapism (lit.).

évêché [évêshé] *m.* bishopric, diocese, see; bishop's palace.

éveil [évèy] *m.* awakening; alertness; alarm; warning; en *éveil*, on the watch. ‖ *éveillé* [-é] *adj.* awake; wide-awake; keen; alert; lively. ‖ *éveiller* [-é] *v.* to awaken; to rouse; s'*éveiller*, to wake up, to awake.

événement [événmaⁿ] *m.* event; happening; occurrence; incident; result; emergency.

éventail [évaⁿtày] *m.* fan; range [des salaires].

éventaire [évaⁿtèr] *m.* stall, stand; flower-basket. ‖ *éventé* [-é] *adj.* flat; musty; stale; divulged. ‖ *éventer* [-é] *v.* to fan; to expose to the air; to find out; to let out [secret]; to scent; to get wind of; s'*éventer*, to go flat [vin]; to get stale; to fan oneself; to leak out [secret].

éventrer [évaⁿtré] *v.* to rip open; to gut [poisson]; to disembowel.

éventualité [évaⁿtüàlĭté] *f.* eventuality, possibility, contingency, occurrence. ‖ *éventuel* [-üèl] *adj.* eventual; contingent, possible; emergency.

évêque [évêk] *m.* bishop.

évertuer (s') [sévèrtüé] *v.* to strive, to do one's utmost.

éviction [évĭksyoⁿ] *f.* eviction.

évidemment [évĭdàmaⁿ] *adv.* evidently, obviously; of course. ‖ *évidence* [-aⁿs] *f.* evidence, obviousness; conspicuousness. ‖ *évident* [-aⁿ] *adj.* evident, plain; conspicuous, obvious.

évider [évĭdé] *v.* to hollow out; to groove; to cut away.

évier [évĭé] *m.* sink.

évincer [évĭⁿsé] *v.* to evict, to turn out; to oust; to supplant.

évitable [évĭtàbl] *adj.* avoidable. ‖ *éviter* [-é] *v.* to avoid; to shun; to dodge; to swing (naut.).

évocation [évòkàsyoⁿ] *f.* evocation; recalling; raising [esprits]; conjuring up.

évoluer [évòlüé] *v.* to develop, to evolve; to revolve; to go through evolutions. ‖ *évolution* [-üsyoⁿ] *f.* evolution; development. ‖ *évolutionnisme* [-ĭsm] *m.* evolutionism.

évoquer [évòké] *v.* to evoke, to bring to mind, to conjure up; to raise [esprit].

exacerber [égzàsèrbé] *v.* to exacerbate.

exact [ègzàkt] *adj.* exact, correct, accurate; precise; punctual; strict; true.

exaction [ègzàksyoⁿ] *f.* exaction; extortion.

exactitude [ègzàktĭtüd] *f.* exactitude, exactness, accuracy, precision; correctness; punctuality.

exagération [ègzàjéràsyoⁿ] *f.* exaggeration, overstatement. ‖ *exagérer* [-é] *v.* to exaggerate; to over-estimate; to overrate; to magnify; to go too far (fig.).

exaltation [ègzàltàsyoⁿ] *f.* exaltation, glorifying; excitement. ‖ *exalté* [-é] *m.* fanatic; *adj.* heated; excited; hot-headed; exalted. ‖ *exalter* [-é] *v.* to exalt; to extol; to rouse, to excite.

examen [ègzàmĭⁿ] *m.* examination; investigation; test; survey. ‖ *examinateur, -trice* [-ĭnàtœr, -trĭs] *m., f.* tester; examiner. ‖ *examiner* [-ĭné] *v.* to examine; to overhaul; to survey; to look into; to investigate; to scrutinize.

exaspération [ègzàspéràsyoⁿ] *f.* exasperation, irritation. ‖ *exaspérer* [-é] *v.* to exasperate, to irritate, to provoke; to aggravate.

exaucer [ègzôsé] *v.* to grant [prière], to fulfil(l) [désir].

excavation [èkskàvàsyoⁿ] *f.* excavation; excavating.

excédant [èksédaⁿ] *adj.* excessive. ‖ *excédent* [-aⁿ] *m.* surplus, excess. ‖ *excéder* [-é] *v.* to exceed; to weary, to tire out; to aggravate.

excellence [èksèlaⁿs] *f.* excellence; Excellency [titre]. ‖ *excellent* [-aⁿ] *adj.* excellent; delicious; capital, first-rate (fam.). ‖ *exceller* [-é] *v.* to excel; to surpass.

excentricité [èksaⁿtrĭsĭté] *f.* eccentricity; remoteness. ‖ *excentrique* [èksaⁿtrĭk] *m.* eccentric (mech.); *adj.* outlying [quartiers]; odd, peculiar, queer.

excepté [èksèpté] *prep.* except; excepting; save, all but. ‖ *excepter* [-é] *v.* to except, to bar. ‖ *exception* [èksèpsyoⁿ] *f.* exception. ‖ *exceptionnel* [-yònèl] *adj.* exceptional; out of the ordinary; unusual.

excès [èksè] *m.* excess; abuse; *pl.* outrages. ‖ **excessif** [-sìf] *adj.* excessive; unreasonable; undue; extreme; exorbitant.

excitable [èksìtàbl] *adj.* excitable. ‖ **excitant** [-aⁿ] *m.* stimulant (med.); *adj.* exciting, stimulating. ‖ **excitation** [-àsyoⁿ] *f.* excitation; incitement. ‖ **exciter** [-é] *v.* to excite; to stir up; to incite; to stimulate, to rouse; **s'exciter,** to get worked up, to get excited.

exclamation [èksklàmàsyoⁿ] *f.* exclamation. ‖ **exclamer** (s') [sèksklàmé] *v.* to cry out; to exclaim.

exclure [èksklür] *v.** to exclude, to debar; to leave out; to shut out. ‖ **exclusif** [-üzìf] *adj.** exclusive; special (comm.); sole [droit]. ‖ **exclusion** [-üzyoⁿ] *f.* exclusion, debarring; *à l'exclusion de,* excluding. ‖ **exclusivité** [-üzìvìté] *f.* exclusiveness; exclusive right; stage-rights.

excommunier [èkskòmünyé] *v.* to excommunicate.

excrément [èkskrémaⁿ] *m.* excrement.

excroissance [èkskrwàsaⁿs] *f.* excrescence.

excursion [èkskürsyoⁿ] *f.* excursion; tour; ramble; outing; trip; hike.

excusable [èksküzàbl] *adj.* excusable. ‖ **excuse** [èksküz] *f.* excuse; *pl.* apologies. ‖ **excuser** [-é] *v.* to excuse, to pardon; to apologize for; **s'excuser,** to apologize, to excuse oneself; to decline.

exécrable [ègzékràbl] *adj.* execrable; disgraceful; horrible; abominable. ‖ **exécrer** [-é] *v.* to execrate, to loathe, to detest.

exécutant [ègzékütaⁿ] *m.* performer, executant. ‖ **exécuter** [-é] *v.* to execute; to perform; to carry out [projet]; to fulfil(l); to put to death; to distrain on [débiteur]; **s'exécuter,** to be performed; to comply; to yield; to pay up (comm.); to sell off. ‖ **exécuteur, -trice** [-œr, -trìs] *m.*, *f.* performer; executor; executioner; *f.* executrix (jur.). ‖ **exécutif** [-ìf] *m.*, *adj.** executive. ‖ **exécution** [ègzékü-syoⁿ] *f.* execution; performance; fulfil(l)ment; production; enforcement (jur.); *mettre à exécution,* to carry out.

exemplaire [ègzaⁿplèr] *m.* copy [livre]; sample, specimen; model; pattern; *adj.* exemplary. ‖ **exemple** [ègzaⁿpl] *m.* example; copy; instance; precedent; warning, lesson; *par exemple,* for instance; *interj.* well I never!

exempt [ègzaⁿ] *adj.* exempt; free; immune. ‖ **exempter** [-té] *v.* to

exempt, to free, to dispense. ‖ **exemption** [-psyoⁿ] *f.* exemption; freedom; immunity.

exercer [ègzèrsé] *v.* to exercise; to practise; to train; to carry on; to try [patience]; to drill; to exert; **s'exercer,** to practice; to train oneself. ‖ **exercice** [-ìs] *m.* exercise; training; practice; drill (mil.); duties; inspection [douane]; financial year; balance-sheet.

exergue [ègzèrg] *m.* exergue.

exhalaison [ègzàlèzoⁿ] *f.* exhalation; smell; fumes; bouquet. ‖ **exhaler** [ègzàlé] *v.* to exhale; to breathe; to breathe out; to emit, to send forth.

exhausser [ègzòsé] *v.* to raise, to heighten.

exhiber [ègzìbé] *v.* to exhibit; to display; to show off. ‖ **exhibition** [ègzìbìsyoⁿ] *f.* exhibition; production, showing; showing off.

exhorter [ègzòrté] *v.* to exhort, to urge, to encourage.

exhumer [ègzümé] *v.* to exhume, to disinter; to unearth, to bring to light, to dig out (fam.).

exigeant [ègzìjaⁿ] *adj.* exacting, particular, hard to please. ‖ **exigence** [-aⁿs] *f.* excessive demands; unreasonableness; exigency; requirements. ‖ **exiger** [-é] *v.* to demand, to require; to exact, to insist on. ‖ **exigible** [-ìbl] *adj.* due; demandable.

exigu, -uë [ègzìgü] *adj.* scanty; tiny; small. ‖ **exiguité** [-ìté] *f.* exiguity; exiguousness.

exil [ègzìl] *m.* exile, banishment. ‖ **exilé** [-é] *m.* exile; *adj.* exiled, banished. ‖ **exiler** [-é] *v.* to exile, to banish; **s'exiler,** to go into exile; to expatriate oneself.

existant [ègzìstaⁿ] *adj.* existing, living; extant. ‖ **existence** [-s] *f.* existence; being; life; *pl.* stock (comm.); *moyens d'existence,* means of livelihood. ‖ **existentialisme** [-syàlìsm] *m.* existentialism. ‖ **exister** [ègzìsté] *v.* to exist, to be; to live; to be extant.

exode [ègzòd] *m.* exodus.

exonérer [ègzònéré] *v.* to exonerate; to exempt; to free; to discharge.

exorbitant [ègzòrbìtaⁿ] *adj.* exorbitant, excessive. ‖ **exorbité** [-é] *adj.* starting out of one's head.

exotique [ègzòtìk] *adj.* exotic. ‖ **exotisme** [-tìsm] *m.* exoticism.

expansif [èkspaⁿsìf] *adj.** expansive; effusive; exuberant; **expansion,** expansion; expansiveness; enlargement.

expatrier [èkspàtrìé] *v.* to expatriate, to exile; **s'expatrier,** to expatriate oneself.

expectative [èkspèktàtîv] *f.* expectancy; prospect.

expédient [èkspédyaⁿ] *m.* expedient; dodge (fam.); makeshift; emergency device; *adj.* expedient. ‖ *expédier* [-yé] *v.* to dispatch; to send off; to forward; to expedite; to ship; to hurry through; to clear [navire]; to draw up [acte]. ‖ *expéditeur, -trice* [-îtœr, -trîs] *m., f.* sender, shipper; agent; *adj.* forwarding. ‖ *expéditif* [-îtîf] *adj.*⁺ prompt; expeditious. ‖ *expédition* [-îsyoⁿ] *f.* expedition; sending, dispatch; shipment; consignment; copy [acte]. ‖ *expéditionnaire* [-îsyònèr] *m.* sender; forwarding agent; shipper; consigner; copying clerk; *adj.* expeditionary.

expérience [èkspéryaⁿs] *f.* experience; experiment, test; *sans expérience,* inexperienced. ‖ *expérimental* [-îmaⁿtàl] *adj.*⁺ experimental. ‖ *expérimenter* [-îmaⁿté] *v.* to experiment; to test.

expert [èkspèr] *m.* expert; specialist; connoisseur; valuer (comm.); *adj.* expert, skilled. ‖ *expertise* [-tîz] *f.* valuation; survey; assessment; expert opinion; expert's report. ‖ *expertiser* [-tîzé] *v.* to value, to appraise; to survey.

expiration [èkspîràsyoⁿ] *f.* expiration; breathing out; termination. ‖ *expirer* [-é] *v.* to expire; to die; to breathe out; to terminate.

explicable [èksplîkàbl] *adj.* explainable, explicable. ‖ *explicatif* [-àtîf] *adj.*⁺ explanatory. ‖ *explication* [-àsyoⁿ] *f.* explanation. ‖ *explicite* [èksplîsît] *adj.* explicit, express, clear, plain. ‖ *expliquer* [-îké] *v.* to explain; to expound; to account for; *s'expliquer,* to be explained; to explain oneself.

exploit [èksplwà] *m.* exploit, feat; deed; achievement; writ, summons (jur.); *signifier un exploit à,* to serve a writ on. ‖ *exploitation* [-tàsyoⁿ] *f.* exploitation; working [mine]; cultivation; felling [arbres]; mine. ‖ *exploiter* [-té] *v.* to exploit; to work [mine]; to cultivate; to turn to account; to take advantage of; to oppress. ‖ *exploiteur* [-tœr] *m.* exploiter.

explorateur, -trice [èksplòràtœr, -trîs] *m., f.* explorer; *adj.* exploratory. ‖ *exploration* [-àsyoⁿ] *f.* exploration; scanning [télévision]. ‖ *explorer* [-é] *v.* to explore; to search; to scan [télévision].

exploser [èksplôzé] *v.* to explode; to blow up. ‖ *explosif* [-îf] *m., adj.*⁺ explosive. ‖ *explosion* [-yoⁿ] *f.* explosion; blowing up; bursting.

exportateur, -trice [èkspòrtàtœr, -trîs] *m., f.* exporter; *adj.* exporting.

exportation [-àsyoⁿ] *f.* exportation; export. ‖ *exporter* [-é] *v.* to export.

exposant [èkspôzaⁿ] *m.* exhibitor; exponent (math.); petitioner (jur.). ‖ *exposé* [-é] *m.* report; outline; account, statement. ‖ *exposer* [-é] *v.* to expose; to lay bare; to exhibit; to state; to set forth; to endanger. ‖ *exposition* [-îsyoⁿ] *f.* exhibition; exposure; statement; account; aspect [maison]; lying in state [corps].

exprès [èksprè] *m.* express; *adv.* on purpose; intentionally; *exprès, -esse* [-è, -ès] *adj.* express, positive, definite; explicit ‖ *express* [-s] *m., adj.* express [train]. ‖ *expressif* [-îf] *adj.*⁺ expressive. ‖ *expression* [-syoⁿ] *f.* expression; utterance; squeezing; phrase; *la plus simple expression,* the simplest terms.

exprimable [èksprîmàbl] *adj.* expressible. ‖ *exprimer* [-é] *v.* to express; to voice; to manifest; to squeeze out [jus].

exproprier [èkspròprîyé] *v.* to expropriate.

expulser [èkspülsé] *v.* to expel; to turn out; to evict; to oust; to eject; to banish ‖ *expulsion* [-yoⁿ] *f.* expulsion; ejection; ousting; eviction.

expurger [èkspürjé] *v.* to expurgate, to bowdlerize.

exquis [èkskî] *adj.* exquisite; delicious, delightful; choice.

exsangue [èksaⁿg] *adj.* bloodless; exsanguine.

extase [èkstâz] *f.* ecstasy; rapture; trance (med.). ‖ *extasier* [-àzyé] *v.* to transport; to enrapture; *s'extasier,* to go into ecstasies. ‖ *extatique* [-àtîk] *adj.* ecstatic.

extensible [èkstaⁿsîbl] *adj.* extending; expanding. ‖ *extension* [-yoⁿ] *f.* extent; extension; spreading; stretching.

exténuer [èksténüé] *v.* to extenuate; to tire out; to wear out; to exhaust.

extérieur [èkstéryœr] *m.* outside; appearance, foreign countries; exterior [cinéma]; *adj.* exterior, outer, outside, external; foreign; unreserved. ‖ *extérioriser* [-ryòrîzé] *v.* to exteriorize; to manifest; *s'extérioriser,* to unbosom oneself; to be expressed.

extermination [èkstèrmînàsyoⁿ] *f.* extermination, wiping out. ‖ *exterminer* [-é] *v.* to exterminate; to annihilate; to wipe out.

externe [èkstèrn] *m.* day-pupil; non-resident medical student; *adj.* exterior, outer, external.

extincteur [èkstiⁿktœr] *m.* fire-extinguisher. ‖ *extinction* [-syoⁿ] *f.* extinction; loss [voix].

extirper [èkstìrpé] *v.* to extirpate; to cut out; to eradicate; to uproot.

extorquer [èkstòrké] *v.* to extort. **extorsion** [-syon] *f.* extortion.

extra [èkstrà] *m.*, *adv.* extra; *adj.* extra-special; *extra-fin*, superfine.

extraction [èkstràksyon] *f.* extraction; working [mines]; origin, birth, parentage.

extrader [èkstràdé] *v.* to extradite.

extraire [èkstrèr] *v.** to extract; to pull [dent]; to quarry [pierres]; to extricate. || *extrait* [èkstrè] *m.* extract; excerpt; certificate; statement [compte].

extraordinaire [èkstràòrdìnèr] *adj.* extraordinary; uncommon; special; unusual; wonderful.

extravagance [èkstràvàgans] *f.* extravagance; absurdity; folly. ||

extravagant [-an] *adj.* extravagant; exorbitant; absurd, foolish, wild.

extrême [èkstrèm] *m.* utmost limit; *adj.* extreme; utmost; severe; intense; *extrême-onction*, extreme unction; *Extrême-Orient*, Far East. || **extrémiste** [-émist] *s.* extremist. || **extrémité** [-émìté] *f.* extremity; very end; tip; extreme; border; urgency; *à l'extrémité*, to extremes.

exubérance [ègzübérans] *f.* exuberance. || **exubérant** [ègzübéran] *adj.* exuberant; very rich; superabundant; lush; luxuriant.

exultation [ègzültàsyon] *f.* exultation, rejoicing. || **exulter** [-é] *v.* to exult, to rejoice.

exutoire [ègzütwàr] *m.* exutory; outlet.

F

fable [fàbl] *f.* fable; story, tale; fiction; myth; untruth.

fabricant [fàbrìkan] *m.* maker, manufacturer. || **fabrication** [-àsyon] *f.* making, manufacture; production; forging; fabrication. || **fabrique** [fàbrìk] *f.* factory, works, manufactory; mill [papier]; make. || **fabriquer** [-é] *v.* to make, to make up; to manufacture; to forge; to do, to be up to (fam.).

fabuleux [fàbülë] *adj.** fabulous; incredible; prodigious. || **fabuliste** [-ìst] *m.* fabulist.

façade [fàsàd] *f.* façade, front, frontage; appearances (fig.).

face [fàs] *f.* face; countenance; aspect; front; surface; side [disque]; *faire face à*, to confront; to face; *en face de*, facing, in front of.

facétie [fàsésì] *f.* joke; prank.

facette [fàsèt] *f.* facet.

fâché [fàshé] *adj.* sorry; angry; annoyed, cross, vexed; offended; displeased. || **fâcher** [-é] *v.* to incense, to anger; to grieve; to offend; *se fâcher*, to get angry, to lose one's temper; to quarrel. || **fâcheux** [-è] *m.* bore; *adj.** tiresome, annoying; vexing; awkward; unfortunate; grievous.

facial [fàsyàl] *adj.** facial.

facile [fàsìl] *adj.* easy; simple; facile; ready; pliable; accommodating; fluent [parole]. || **facilité** [-ìté] *f.* ease; easiness; readiness; fluency [parole]; facility; gift; aptitude; pliancy; *pl.* easy terms [paiement]. || **faciliter** [-ìté] *v.* to facilitate, to make easier, to simplify.

façon [fàson] *f.* make; fashioning; work; workmanship; manner, way, mode; sort; *pl.* ceremony; affectation; fuss; *de façon à*, so as to; *de toute façon*, in any case; *en aucune façon*, by no means; *de façon que*, so that; *faire des façons*, to stand on ceremony. || **façonner** [-òné] *v.* to shape; to form, to fashion; to make [robe]; to train; to accustom; to mould.

facteur [fàktœr] *m.* postman; transport agent; carman; porter [gare]; maker; factor (math.). || **factice** [-tìs] *adj.* artificial, imitation, factitious. || **factieux** [-syë] *adj.** factious; *m.* factionist. || **faction** [-syon] *f.* faction; watch, guard, sentry-duty. || **factionnaire** [-syònèr] *m.* sentry.

facture [fàktür] *f.* make; invoice (comm.); bill; account; *suivant facture*, as per invoice. || **facturer** [-türé] *v.* to invoice. || **facturier** [-ryé] *m.* sales-book; invoice-clerk.

facultatif [fàkültàtìf] *adj.** optional, facultative; *arrêt facultatif*, request stop. || **faculté** [-é] *f.* faculty; option; power; privilege; branch of studies; *pl.* means, resources.

fadaise [fàdèz] *f.* nonsense, twaddle; *Am.* baloney (pop.).

fade [fàd] *adj.* tasteless, insipid; flat. || **fadeur** [-œr] *f.* insipidity; sickliness [odeur]; pointlessness; tameness.

fagot [fàgò] *m.* faggot, bundle of sticks. || **fagoté** [-é] *adj.* dowdy, frumpish (fam.).

faible [fèbl] *m.* weakness, foible; weakling; *adj.* weak, feeble; faint [voix]; light, slight; gentle [pente]; poor; slender [ressources]. || **faiblesse** [-ès] *f.* weakness, feebleness; frailty;

weak point; fainting fit; smallness; poorness; slenderness; deficiency. ‖ **faiblir** [-îr] v. to weaken, to grow weak; to flag, to yield.

faïence [fàyaⁿs] f. earthenware; crockery.

faille [fày] f. fault (geol.). ‖ **failli** [-ì] m. bankrupt. ‖ **faillir** [-îr] v.* to fail; to err; to come near; to just miss; to go bankrupt (comm.); *il a failli mourir*, he nearly died. ‖ **faillite** [-lìt] f. failure, bankruptcy; *faire faillite*, to go bankrupt.

faim [fîⁿ] f. hunger; *avoir faim*, to be hungry; *mourir de faim*, to be starving.

fainéant [fènéaⁿ] m. idler, sluggard, slacker (fam.); adj. idle, lazy, sluggish; slothful.

faire [fèr] m. doing; technique; style; workmanship; v.* to make [fabriquer]; to cause; to get; to bring forth; to do; to perform; to suit; to fit; to deal [cartes]; to manage; to be [temps]; to play [musique]; to paint [tableau]; to produce; to go [distance]; to say; to pay [frais]; to persuade; to wage [guerre]; *cela fait mon affaire*, that suits me fine; *faites attention*, be careful; *je lui ferai écrire une lettre*, I shall have him write a letter; *faites-moi le plaisir de*, do me the favo(u)r of; *faire savoir*, to inform; *faire voile*, to set sail; *se faire*, to be done; to happen; to get used to; to become; *cela ne se fait pas*, that is not done; *il peut se faire que*, it may happen that; *comment se fait-il que*, how is it that; *se faire comprendre*, to make oneself understood; *ne vous en faites pas*, don't worry; **faire-part**, announcement, card, notification [mariage, décès]. ‖ **faisable** [f°zàbl] adj. feasible, practicable.

faisan, -ane [f°zaⁿ, -àn] m., f. pheasant, m.; hen-pheasant, f. ‖ **faisander** [-dé] v. to hang [viande].

faisceau [fèsô] m.* bundle; cluster; pile, stack [armes]; pencil [lumière]; pl. fasces.

faiseur [f°zœr] m. maker, doer; quack, humbug.

fait [fè] m. fact; deed; act; feat, achievement; case; matter; point; adj. made; done; settled; used; ripe; grown; *au fait, de fait*, indeed; *être au fait de*, to be informed of; *fait d'armes*, feat of arms; *faits divers*, item of news; *prendre sur le fait*, to catch in the act; *en venir au fait*, to come to the point; *c'en est fait de*, it's all up with; *c'est bien fait pour vous*, it serves you right; **fait-tout**, stew-pan.

faîte [fèt] m. ridge [toit]; summit, top; peak, height (fig.).

faix [fè] m. burden, load.

falaise [fàlèz] f. cliff; bluff.

fallacieux [fàlàsyë] adj.* fallacious.

falloir [fàlwàr] v.* to be necessary; *il lui faut un crayon*, he needs a pencil; *il faut qu'elle vienne*, she must come; *il fallait appeler*, you should have called; *comme il faut*, proper; correct; respectable; gentlemanly, lady-like; *il s'en faut de beaucoup*, far from it; *peu s'en fallut qu'il ne mourût*, he very nearly died.

falot [fàlô] m. lantern.

falot [fàlô] adj. queer, quaint, droll, odd, amusing; wan, dull [lumière].

falsification [fàlsìfìkàsyoⁿ] f. falsification; adulteration; forgery; debasement; tampering with. ‖ **falsifier** [fàlsìfyé] v. to falsify; to counterfeit; to adulterate [nourriture]; to sophisticate; to forge; to debase; to tamper with.

famélique [fàmélìk] m. starveling; adj. starving, famished.

fameux [fàmë] adj.* famous, renowned, celebrated; Br. capital, Am. marvelous, swell (fam.).

familial [fàmìlyàl] adj.* family, domestic. ‖ **familiale** [-yàl] f. seven-seater saloon, Am. seven-passenger sedan. ‖ **familiariser** [fàmìlyàrìzé] v. to familiarize. ‖ **familiarité** [-ìté] f. familiarity, intimacy; pl. liberties. ‖ **familier** [fàmìlyé] adj.* family, domestic; familiar; well-known; intimate; colloquial. ‖ **famille** [fàmîy] f. family; household.

famine [fàmîn] f. famine, starvation.

fanal [fànàl] m.* lantern; beacon; signal-light; navigation light.

fanatique [fànàtìk] m., f. fanatic; adj. fanatical. ‖ **fanatisme** [-ìsm] m. fanaticism.

fane [fàn] f. top; haulm.

faner [fàné] v. to cause to fade; to make hay; to toss; *se faner*, to fade; to droop. ‖ **faneur** [-œr] m. haymaker.

fanfare [faⁿfàr] f. brass band; fanfare; flourish (mus.). ‖ **fanfaron** [-oⁿ] m. boaster, braggart, swaggerer; adj.* boastful, bragging. ‖ **fanfaronnade** [-ònàd] f. brag, boasting, bluster. ‖ **fanfaronner** [-òné] v. to brag, to bluster, to boast.

fanfreluche [faⁿfrelüch] f. fal-lal.

fange [faⁿj] f. mud, mire; filth, dirt; ooze. ‖ **fangeux** [-ë] adj.* muddy; dirty, filthy.

fanion [fànyoⁿ] m. flag pennon (mil.). ‖ **fanon** [fànoⁿ] m. pendant (eccles.); dewlap [bœuf]; fetlock [cheval]; whalebone.

fantaisie [faⁿtèzì] f. fancy, whim, caprice; imagination; fantasia (mus.); *articles de fantaisie*, fancy goods. ‖

fantaisiste [-ìst] *adj.* whimsical; fanciful; *m.* fanciful person.

fantasque [fɑⁿtàsk] *adj.* fantastic; changeable, flighty.

fantassin [fɑⁿtàsiⁿ] *m.* infantryman, foot-soldier.

fantastique [fɑⁿtàstìk] *adj.* fantastic, fanciful; incredible; outrageous.

fantôme [fɑⁿtôm] *m.* phantom, ghost, spectre; shadow.

faon [fɑⁿ] *m.* fawn.

farce [fàrs] *f.* stuffing, force-meat [cuisine]; farce, low comedy; trick, practical joke. ‖ *farceur* [-œr] *m.* wag, humorist; practical joker. ‖ *farcir* [-îr] *v.* to stuff.

fard [fàr] *m.* paint; make-up; rouge; artifice; disguise (fig.).

fardeau [fàrdô] *m.*⁰ burden, load.

farder [fàrdé] *v.* to paint; to make up; to disguise; se *farder,* to make up, to paint.

farfelu [fàrfᵉlü] *adj.* hare-brained; *m.* whipper-snapper.

farine [fàrìn] *f.* meal, flour; oatmeal [avoine]; *farine lactée,* malted milk. ‖ *farineux* [-ë] *adj.*⁰ mealy, floury, farinaceous.

farouche [fàrûsh] *adj.* wild, fierce, savage; cruel; shy, timid [peureux]; sullen.

fascicule [fàsìkül] *m.* fascic(u)le; small bundle; part, section [publication].

fascination [fàsìnàsyoⁿ] *f.* fascination, charm. ‖ *fasciner* [-é] *v.* to fascinate; to entrance, to charm.

faste [fàst] *m.* pomp, display, ostentation; *adj.* lucky; auspicious.

fastidieux [fàstìdyë] *adj.*⁰ tedious, dull; irksome; tiresome.

fastueux [fàstüë] *adj.*⁰ ostentatious, showy; splendid, sumptuous.

fat [fàt] *m.* fop; conceited idiot; *adj.* foppish; conceited, vain.

fatal [fàtàl] *adj.* fatal, inevitable; *c'est fatal,* it's bound to happen. ‖ *fatalisme* [-ìsm] *m.* fatalism. ‖ *fatalité* [-ìté] *f.* fatality; fate; calamity; misfortune.

fatigant [fàtìgɑⁿ] *adj.* tiring, wearisome, fatiguing; tiresome. ‖ *fatigue* [fàtìg] *f.* fatigue, tiredness, weariness; hard work. ‖ *fatigué* [fàtìgé] *adj.* tired, weary, jaded [cheval]; threadbare [vêtement]; well-thumbed [livre]. ‖ *fatiguer* [-é] *v.* to fatigue, to tire, to weary; to overwork, to strain; se *fatiguer,* to get tired; to tire oneself out; to grow sick [de, of].

fatuité [fàtüìté] *f.* conceit, self-satisfaction; foppishness.

faubourg [fôbûr] *m.* suburb; outskirts. ‖ *faubourien* [-ryìⁿ] *adj.*⁰ suburban; *Am.* downtown; common, vulgar.

faucher [fôshé] *v.* to mow, to reap; to mow down (fig.); to sweep by fire (mil.); to pinch (pop.). ‖ *faucheur* [-œr] *m* mower reaper. ‖ *faucheuse* [-ëz] *f.* mowing-machine, reaper. ‖ *faucheux* [-ë] *m.* field spider, daddy-longlegs.

faucille [fôsîy] *f.* sickle, reaping-hook.

faucon [fôkoⁿ] *m.* falcon, hawk.

faufiler [fôfìlé] *v.* to tack; to slip in; to insert; se *faufiler,* to creep in; to slip in; to insinuate oneself.

faune [fôn] *f.* fauna; set (fig.).

faussaire [fôsèr] *m.,* *f.* forger. ‖ *fausser* [-é] *v.* to falsify, to pervert; to bend. to warp; to force [serrure]; to break [parole]; to throw out of tune (mus.), *fausser compagnie à,* to give the slip to. ‖ *fausseté* [-té] *f.* falseness; falsehood; treachery.

faute [fôt] *f.* fault; error; mistake; want, lack; *faute de,* for want of; *sans faute.* without fail.

fauteuil [fôtœy] *m.* armchair; chair [president]; wheel chair [roulant]; seat; stall (theat.).

fautif [fôtìf] *adj.*⁰ wrong, faulty, incorrect; guilty.

fauve [fôv] *m.* wild beast; *adj.* tawny; musky [odeur]. ‖ *fauvette* [-èt] *f.* warbler.

faux [fô] *f.* scythe.

faux, fausse [fô, fôs] *m.* falsehood; forgery; *adj.* false, untrue, wrong, erroneous; inaccurate; imitation, sham; forged; fraudulent; out of tune (mus.), *adv.* falsely; out of tune (mus.); *faux pas,* slip; *faire fausse route.* to be on the wrong track; *faux col,* shirt-collar, detachable collar; *faux-fuyant,* evasion, subterfuge; *faux frais,* incidentals; *faux-monnayeur,* counterfeiter; *faux-semblant,* false pretence.

faveur [fàvœr] *f.* favo(u)r; kindness; boon; privilege; fashion, vogue; ribbon [ruban]; *conditions de faveur,* preferential terms; *billet de faveur,* complimentary ticket. ‖ *favorable* [fàvòràbl] *adj.* favo(u)rable, propitious; advantageous. ‖ *favori, -ite* [-ì, -ìt] *m.,* *f.,* *adj.* favo(u)rite; *m. pl.* side-whiskers. ‖ *favoriser* [-ìzé] *v.* to favo(u)r; to encourage; to patronize; to facilitate; to assist. ‖ *favoritisme* [-ìtìsm] *m.* favo(u)ritism.

fébrile [fébrìl] *adj.* febrile; feverish.

fécond [fékoⁿ] *adj.* fruitful, fertile; productive; prolific. ‖ *féconder* [-dé]

v. to fecundate, to fertilize; to impregnate. ‖ **fécondité** [-lté] _f._ fertility; fecundity; fruitfulness.

fécule [fékül] _f._ starch; fecula. ‖ **féculent** [-aⁿ] _m._ starchy food; _adj._ starchy, faeculent.

fédéral [fédérÀl] _adj._* federal; _m._ © the Federal Government. ‖ **fédération** [-àsyoⁿ] _f._ federation. ‖ **fédéré** [-é] _adj._ federate.

fée [fé] _f._ fairy; _conte de fées_, fairy-tale. ‖ **féerie** [-rî] _f._ fairy scene; enchantment; pantomime; fairy-play; magic spectacle. ‖ **féerique** [-rìk] _adj._ fairy; magic; enchanting.

feignant [fènyaⁿ] _adj._, _m._ (pop.) _see fainéant._

feindre [fìⁿdr] _v._* to feign, to sham, to pretend; to limp [cheval]. ‖ **feinte** [fìⁿt] _f._ sham, pretence; bluff; make-believe; feint [boxe].

fêler [fèlé] _v._ to crack.

félicitation [félìsìtàsyoⁿ] _f._ congratulation. ‖ **féliciter** [-é] _v._ to congratulate, to compliment.

félin [félìⁿ] _adj._, _m._ cat-like; feline.

fêlure [fèlür] _f._ crack; fracture.

femelle [fᵉmèl] _f._ female.

féminin [félmìnìⁿ] _adj._ feminine; female; womanly; womanish.

femme [fàm] _f._ woman [_pl._ women]; wife.

fenaison [fᵉnèzoⁿ] _f._ haymaking.

fendre [faⁿdr] _v._ to split, to cleave; to rend [air]; to slit; to break through [foule]; to crack; _se fendre_, to split, to crack; to cough up (fam.).

fenêtre [fᵉnètr] _f._ window; sash.

féodal [féòdÀl] _adj._* feudal.

fer [fèr] _m._ iron; sword; shoe [cheval]; curling-tongs; flat-iron; _pl._ fetters, chains; captivity; forceps (med.); _fil de fer_, wire; _fer forgé_, wrought iron; _fer-blanc_, tin. ‖ **ferblanterie** [fèrblaⁿtrî] _f._ tin ware, tin goods; tin-shop (ind.). ‖ **ferblantier** [-yé] _m._ tinsmith.

férié [féryé] _adj._ _jour férié_, public holiday, Bank Holiday.

ferlouche [fèrlúsh] _f._ © ferlouche (pie-filling).

fermage [fèrmàj] _m._ rent; tenant farming.

ferme [fèrm] _f._ farm; farming; farming lease [bail]; truss (techn.); _adj._ firm, rigid, steady, fast, fixed; stiff; resolute; definite; _adv._ firmly, fast.

fermé [fèrmé] _adj._ shut, closed; exclusive; impenetrable; impervious.

ferment [fèrmaⁿ] _m._ ferment. ‖ **fermentation** [-tàsyoⁿ] _f._ fermentation; excitement; unrest. ‖ **fermenter** [-té] _v._ to ferment.

fermer [fèrmé] _v._ to close, to shut; to close down; to fasten; to switch off [lumière]; to turn out [gaz]; to clench [poing]; to lock [à clé]; to bolt [au verrou].

fermeté [fèrmᵉté] _f._ firmness; steadiness; steadfastness; constancy.

fermeture [fèrmᵉtür] _f._ shutting, closing; fastening; _fermeture à glissière_, zipper, zip fastener.

fermier [fèrmyé] _m._ farmer; farm tenant. ‖ **fermière** [-yèr] _f._ farmer's wife.

fermoir [fèrmwàr] _m._ clasp, catch, fastener.

féroce [féròs] _adj._ ferocious, fierce, savage, wild. ‖ **férocité** [-lté] _f._ fierceness, ferocity.

ferraille [fèrày] _f._ scrap-iron, old iron; junk. ‖ **ferré** [-é] _adj._ fitted with iron; shod; well up in (fam.); hobnailed [soulier]. ‖ **ferrer** [-é] _v._ to fit with iron; to shoe [cheval]; to strike [poisson]; to metal [route]. ‖ **ferrure** [-ür] iron fitting; iron-work.

fertile [fèrtíl] _adj._ fertile; rich. ‖ **fertiliser** [-lzé] _v._ to fertilize. ‖ **fertilisation** [-ìzàsyoⁿ] _f._ fertilization. ‖ **fertilité** [-lté] _f._ fertility; abundance; fruitfulness.

féru [férü] _adj._ smitten; struck.

férule [férül] _f._ cane; sway.

fervent [fèrvaⁿ] _m._ enthusiast; fan (fam.); _adj._ fervent, earnest. ‖ **ferveur** [-œr] _f._ fervo(u)r, earnestness.

fesse [fès] _f._ buttock; _pl._ bottom, backside; _fesse-mathieu_, skinflint. ‖ **fessée** [-é] _f._ spanking. ‖ **fesser** [-é] _v._ to spank.

festin [fèstìⁿ] _m._ feast, banquet.

feston [fèstoⁿ] _m._ festoon. ‖ **festonner** [-òné] _v._ to festoon; to scallop [ourlet].

festoyer [fèstwàyé] _v._ to feast; to regale.

fête [fèt] _f._ feast; festival; holiday; birthday; patron saint's day; _faire fête à_, to fête; _fête-Dieu_, Corpus Christi. ‖ **fêter** [-é] _v._ to keep [fête]; to fête; to entertain; to celebrate.

fétiche [fétìsh] _m._ fetish; mascot. ‖ **fétichisme** [-ìsm] _m._ fetishism.

fétide [fétìd] _adj._ fetid, stinking, rank; _fétidité_, fetidness.

fétu [fétü] _m._ straw.

feu [fë] _m._* fire; conflagration; flame; heat; firing [armes]; fire-place [foyer]; light; ardour spirit; _arme à feu_, fire-arm; _faire feu sur_, to fire at; _feu de_ *joie*, bonfire; *feu d'artifice*, fireworks; *mettre le feu à*, to set fire to; *à petit feu*, over a slow fire; *donnez-moi du feu*, give me a light; *faire long feu*, to hang fire, to misfire.

feu [-ë] *adj.* late; deceased.

feuillage [fœyàj] *m.* foliage, leaves. ‖ **feuille** [fœy] *f.* leaf; sheet [papier]. ‖ **feuillet** [-è] *m.* leaf; form; sheet. ‖ **feuilleté** [-té] *m.* puff paste. ‖ **feuilleter** [-té] *v.* to turn over the leaves of; to thumb through; to skim through [livre]; to make flaky [pâte]. ‖ **feuilleton** [-t°n] *m.* serial story. ‖ **feuillu** [-ü] *adj.* leafy.

feutre [fëtr] *m.* felt; felt hat. ‖ **feutré** [-é] *adj.* felty; stealthy, soft [pas].

fève [fèv] *f.* bean; broad bean.

février [févrìyé] *m.* February.

fiançailles [fyaⁿsày] *f. pl.* engagement, betrothal. ‖ **fiancé, -ée** [-sé] *m.* fiancé; *f.* fiancée. ‖ **se fiancer** [s°fyaⁿsé] *v.* to become engaged.

fibre [fîbr] *f.* Br. fibre, Am. fiber; grain [bois]; feeling. ‖ **fibreux** [-ë] *adj.** fibrous, stringy.

fibrome [fibrôm] *m.* fibrous tumo(u)r.

ficeler [fìslé] *v.* to tie up, to do up. ‖ **ficelle** [fìsèl] *f.* string, pack-thread, twine; (pop.) trick, dodge.

fiche [fìsh] *f.* peg; pin; counter [cartes]; slip [papier]; form; index-card; label; chit; plug (electr.). ‖ **ficher** [-é] *v.* to stick in; to drive in; (pop.) to do; to put; to give; to throw; *se ficher*, to laugh (*de*, at); *je m'en fiche*, I don't care a hang. ‖ **fichier** [-yé] *m.* card-index; card-index cabinet. ‖ **fichu** [-ü] *m.* neckerchief; *adj.* (pop.) lost, done for; *mal fichu*, wretched, out of sorts.

fictif [fìktîf] *adj.** fictitious. ‖ **fiction** [fìksyoⁿ] *f.* fiction; fabrication; figment; invention.

fidèle [fìdèl] *adj.* faithful; loyal; accurate; exact [copie]; *m. pl. les fidèles*, the faithful; the congregation (eccles.). ‖ **fidélité** [-lté] *f.* faithfulness, fidelity; loyalty; accuracy.

fieffé [fìéfé] *adj.* arrant, consummate.

fiel [fyèl] *m.* bile, gall [animaux]; spleen; malice, venom.

fier (se) [s°fyé] *v.* to rely (*à*, on); to trust [*à*, to].

fier [fyèr] *adj.** proud; haughty; (fam.) fine, precious. ‖ **fierté** [-té] *f.* pride; dignity; haughtiness.

fièvre [fyèvr] *f.* fever; ague; heat, excitement (fig.); *fièvre aphteuse*, foot-and-mouth disease. ‖ **fiévreux** [-ë] *adj.** feverish; fever-ridden; excited.

fifrelin [fìfrœlⁿ] *m.* farthing, Am. red cent.

figaro [fìgàrô] *m.* barber.

figer [fìjé] *v.* to coagulate, to congeal; *se figer*, to congeal, to clot; to set [visage]; to freeze [sourire]; to stiffen [personne].

fignoler [fìñôlé] *v.* to finick over.

figue [fîg] *f.* fig. ‖ **figuier** [fìgyé] *m.* fig-tree.

figurant [fìgüraⁿ] *m.* supernumerary, super (theat.). ‖ **figuration** [-àsyoⁿ] *f.* figuration, representation; extras (theat.). ‖ **figure** [fìgür] *f.* figure; face; type; appearance; court-card [cartes]. ‖ **figuré** [-é] *adj.* figurative; *au figuré*, figuratively. ‖ **figurer** [-é] *v.* to represent; to act; to figure; to appear; *se figurer*, to imagine, to fancy.

fil [fìl] *m.* thread; wire; edge [lame]; string; linen; grain [bois]; clue; course; *fil à plomb*, plumb-line. ‖ **filament** [-àmⁿ] *m.* filament. ‖ **filant** [-aⁿ] *adj.* flowing; ropy [vin]; shooting [étoile]. ‖ **filasse** [-às] *f.* tow; oakum. ‖ **filateur** [-àtœr] *m.* spinning-mill owner; spinner; informer. ‖ **filature** [-àtür] *f.* spinning-mill, cotton-mill; spinning; tracking, shadowing. ‖ **file** [fìl] *f.* file; rank; queue. ‖ **filer** [-ìlé] *v.* to spin; to draw out; to pay out [câble]; to spin out (fig.); to shadow; to flow; to smoke [lampe]; to run off; to sneak away; *filer à l'anglaise*, to take French leave. ‖ **filet** [-è] *m.* thread; fillet [bœuf]; trickle; dash [citron]; thread [vis]; snare; net [pêche]; luggage rack; *coup de filet*, catch, haul.

filial [fìlyàl] *adj.** filial. ‖ **filiale** [fìlyàl] *f.* subsidiary company; sub-branch.

filière [fìlyèr] *f.* draw-plate; usual channels (fig.).

filin [fìlⁿ] *m.* rope.

fille [fìy] *f.* girl; maid; daughter; sister [religieuse]; (fam.) whore; *jeune fille*, girl. ‖ **fillette** [-èt] *f.* little girl.

filleul [fìyœl] *m.* godson. ‖ **filleule** [fìyœl] *f.* god-daughter.

film [fìlm] *m.* film, motion picture, Am. movie. ‖ **filmer** [-é] *v.* to film.

filon [fìloⁿ] *m.* vein, lode; (fam.) cushy job; bonanza.

filou [fìlû] *m.* crook; sharper; swindler; crook.

fils [fîs] *m.* son; boy, lad (fam.).

filtre [fìltr] *m.* filter; strainer; percolator [cafetière]; drip-coffee [café]. ‖ **filtrer** [-é] *v.* to filter; to strain; to percolate; to leak out.

fin [fⁿ] *f.* end; termination, conclusion; close; *fin de semaine* © weekend; object, aim, purpose; extremity; *à la fin*, in the long run; at last; *mettre fin à*, to put an end to.

fin [fĭⁿ] *adj.* fine; refined; pure; choice; slender; sly, artful; subtle; delicate; small; keen, quick [oreille]; *adv.* fine, finely; absolutely.

final [fĭnàl] *adj.*● final, last; ultimate.

finance [fĭnàⁿs] *f.* finance; ready money; *pl.* resources; *le ministère des Finances, Br.* the Exchequer, *Am.* the Treasury. ‖ *financer* [-é] *v.* to finance, to supply with money. ‖ *financier* [-yé] *m.* financier; *adj.*● financial; stock [marché].

finasser [fĭnàsé] *v.* to finesse. ‖ *finasserie* [-rĭ] *f.* trickery, foxiness; *pl.* wiles.

fine [fĭn] *f.* liqueur brandy.

finesse [fĭnès] *f.* finesse; fineness; nicety; thinness; delicacy; shrewdness; acuteness.

fini [fĭnĭ] *m.* finish; finishing touch; *adj.* ended, finished; settled; over; accomplished; finite. ‖ *finir* [-ĭr] *v.* to finish, to end; to cease, to leave off; to be over; to die. ‖ *finissant* [-ĭsàⁿ] *m.* Ⓒ senior, graduating student.

fioriture [fyòrĭtür] *f.* flourish.

firmament [fĭrmàmàⁿ] *m.* firmament, heavens.

firme [fĭrm] *f.* firm.

fisc [fĭsk] *m.* treasury; taxes, *Br.* Inland Revenue; *Am.* Internal Revenue. ‖ *fiscal* [-àl] *adj.*● fiscal.

fissure [fĭsür] *f.* fissure, crack, split, cleft, crevice.

fixe [fĭks] *m.* fixed salary; *adj.* fixed; steady; fast; firm; regular; settled. ‖ *fixer* [-é] *v.* to fix; to fasten; to settle; to stare at; to decide; to determine; to hold; to attract [attention]; *se fixer,* to settle down; to get fixed.

flacon [flàkoⁿ] *m.* small bottle; flask; vial, phial.

flagellation [flàjèllàsyoⁿ] *f.* flagellation, scourging. ‖ *flageller* [flàjèllé] *v.* to scourge.

flageoler [flàjòlé] *v.* to shake, to tremble.

flageolet [flàjòlè] *m.* flageolet.

flagorner [flàgòrné] *v.* to flatter; to fawn upon.

flagrant [flàgraⁿ] *adj.* flagrant, obvious; glaring, rank.

flair [flèr] *m.* scent; sense of smell; flair. ‖ *flairer* [-é] *v.* to smell; to scent; to detect.

flamant [flàmaⁿ] *m.* flamingo.

flambant [flàⁿbaⁿ] *adj.* blazing; *flambant neuf,* brand-new. ‖ *flambeau* [-ô] *m.*● torch; candlestick. ‖ *flambée* [-bé] *f.* blaze; rocketing [prix]. ‖ *flamber* [-é] *v.* to flame; to blaze; to singe; to sterilize. ‖ *flambolement* [-wàmaⁿ] *m.* blaze. ‖ *flamboyant* [-wàyaⁿ] *adj.*

flamboyant (arch.); blazing; flaming. ‖ *flamboyer* [-wàyé] *v.* to blaze, to flame; to flash; to gleam.

flamme [flàm] *f.* flame; passion; love; pennant (mil.); *en flammes,* ablaze. ‖ *flammèche* [flàmèsh] *f.* flake (or) burning particle of fire.

flan [flaⁿ] *m.* custard tart; flong (typogr.); *à la flan,* botched; all flummery.

flanc [flaⁿ] *m.* side, flank; *sur le flanc,* laid up; done up.

flancher [flaⁿshé] *v.* to flinch; to give in; to break down [auto].

flanelle [flànèl] *f.* flannel.

flâner [flàné] *v.* to stroll; to lounge about; to saunter; to loaf. ‖ *flânerie* [-rĭ] *f.* lounging; idling. ‖ *flâneur* [-œr] *m.* stroller; loafer, lounger.

flanquer [flaⁿké] *v.* to flank.

flanquer [flaⁿké] *v.* to throw, to chuck (fam.); to land, to deal [coups].

flaque [flàk] *f.* puddle, pool.

flasque [flàsk] *adj.* flabby, limp.

flatter [flàté] *v.* to flatter; to caress, to stroke; to please; *se flatter de,* to pretend, to claim; to boast of. ‖ *flatterie* [-rĭ] *f.* flattery. ‖ *flatteur* [-œr] *m.* flatterer; sycophant; *adj.*● flattering; gratifying; pleasing.

fléau [fléô] *m.*● flail; beam [balance]; scourge; pest, plague (fig.).

flèche [flèsh] *f.* arrow; spire [église]; pole; jib [grue]; sag; *monter en flèche,* to shoot up. ‖ *fléchette* [fléshèt] *f.* dart.

fléchir [fléshĭr] *v.* to bend; to give way; to weaken; to move to pity.

flegmatique [flègmàtĭk] *adj.* phlegmatic; stolid; calm, cool. ‖ *flegme* [flègm] *m.* phlegm; coolness.

flétrir [flétrĭr] *v.* to fade; to wither; to wilt; to blight. ‖ *flétrissure* [-ĭsür] *f.* withering, fading.

flétrir [flétrĭr] *v.* to brand; to stain (fig.). ‖ *flétrissure* [-ĭsür] *f.* brand; blot.

fleur [flœr] *f.* flower; blossom; prime; bloom; *à fleur de,* level with. ‖ *fleuret* [-è] *m.* foil [escrime]; drill [mine]. ‖ *fleurette* [-èt] *f.* floweret; *conter fleurette,* to flirt. ‖ *fleurir* [-ĭr] *v.*● to flower, to bloom; to thrive; to decorate with flowers. ‖ *fleuriste* [-ĭst] *m., f.* florist.

fleuve [flœv] *m.* river.

flexibilité [flèksĭbĭlĭté] *f.* flexibility; suppleness. ‖ *flexible* [-ĭbl] *adj.* pliant; flexible; *m.* flex (electr.). ‖ *flexion* [-yoⁿ] *f.* bending, sagging, flexion.

flic [flĭk] *m.* (fam.) cop, *Br.* bobby; slop, flattie; *Am.* flat-foot.

flirt [flœrt] *m.* flirt; flirting. ‖ **flirter** [-é] *v.* to flirt.

flocon [flòkò^n] *m.* flake [neige]; flock [laine]. ‖ **floconneux** [-ònë] *adj.* flaky; fluffy.

floraison [flòrèzò^n] *f.* blossoming; blossom-time.

florissant [flòrìsa^n] *adj.* flourishing, thriving.

flot [flô] *m.* wave; tide; crowd; flood (fig.); *à flot,* afloat; *à flots,* in torrents; *se mettre à flot,* to get up to date. ‖ **flottage** [flòtàj] *m.* floating, drive. ‖ **flottaison** [-èzò^n] *f.* floating; water-line (naut.). ‖ **flotte** [flòt] *f.* fleet; navy; (fam.) rain, water. ‖ **flottement** [-ma^n] *m.* swaying; wavering, hesitation. ‖ **flotter** [-é] *v.* to float; to waver, to hesitate, to drive. ‖ **flotteur** [-œr] *m.* raftsman; float (techn.); buoy [bouée]. ‖ **flottille** [-ỹy] *f.* flotilla.

flou [flû] *m.* softness; haziness; *adj.* soft; blurred; hazy; fuzzy, foggy [photo]; fluffy [cheveux].

fluctuer [flüktüé] *v.* to fluctuate.

fluide [flüïd] *m., adj.* fluid.

flûte [flüt] *f.* flute; tall champagne glass; long thin roll of bread; *interj.* bother !, *Br.* blow it !

flux [flü] *m.* flux; flow; *le flux et le reflux,* the ebb and flow. ‖ **fluxion** [-ksyo^n] *f.* inflammation; congestion.

foi [fwà] *f.* faith, belief; trust, confidence; evidence [preuve]; *de bonne foi,* in good faith; *digne de foi,* reliable, trustworthy; *qui fait foi,* authentic, conclusive.

foie [fwà] *m.* liver.

foin [fwi^n] *m.* hay.

foire [fwàr] *f.* fair; spree.

foirer [fwàré] *v.* to hang fire [fusée]; to strip [vis]; to flop (fam.).

fois [fwà] *f.* time, occasion; *une fois,* once; *deux fois,* twice; *combien de fois,* how often; *à la fois,* at the same time; *encore une fois,* once more; *une fois que,* when, once; *une seule fois,* only once.

foison [fwàzo^n] *f.* plenty, abundance. ‖ **foisonner** [-òné] *v.* to be plentiful, to abound; to swarm; to swell; to buckle.

fol, *see* **fou.** ‖ **folâtre** [fòlàtr] *adj.* playful, frisky. ‖ **folâtrer** [-é] *v.* to frolic, to frisk; to gambol. ‖ **folie** [fòlí] *f.* madness; folly; mania; *aimer à la folie,* to love to distraction; *faire des folies,* to act extravagantly, to be overgenerous. ‖ **folle,** *see* **fou.**

fomenter [fòma^{n}té] *v.* to foment; to stir up.

foncé [fo^{n}sé] *adj.* dark, deep. ‖ **foncer** [-é] *v.* to drive in, to bore [puits];

to deepen; to darken; to rush, to charge; *se foncer,* to darken, to deepen.

foncier [fo^{n}syé] *adj.* landed; real; fundamental; thorough; *propriétaire foncier,* landowner.

fonction [fo^{n}ksyo^n] *f.* function; office; duty; working; *faire fonction de,* to act as. ‖ **fonctionnaire** [-yònèr] *m., f.* official; civil servant. ‖ **fonctionnement** [-n^{e}ma^n] *m.* working; functioning. ‖ **fonctionner** [-yòné] *v.* to function; to work; to act.

fond [fo^n] *m.* bottom; bed [mer]; foundation; gist; essence; basis; background [tableau]; back; *à fond,* thoroughly; *au fond,* in reality; after all.

fondamental [fo^{n}dàma^{n}tàl] *adj.* fundamental; radical; essential; basic.

fondateur, -trice [fo^{n}dàtœr, -trìs] *m., f.* founder. ‖ **fondation** [-àsyo^n] *f.* founding; foundation; basis; endowment [legs]. ‖ **fondé** [-é] *adj.* founded; authorized; *m.* fondé de pouvoir, proxy (jur.); manager (comm.). ‖ **fondement** [-ma^n] *m.* base; foundation; *sans fondement,* groundless. ‖ **fonder** [-é] *v.* to found; to ground, to base, to justify.

fonderie [fo^{n}drî] *f.* casting; smelting; foundry; smelting works. ‖ **fondeur** [fo^{n}dœr] *m.* founder; smelter. ‖ **fondre** [fo^{n}dr] *v.* to melt; to thaw; to smelt [fer]; to cast [statue]; to dissolve; to soften (fig.); to blend [couleurs]; to swoop; to pounce; *fondre en larmes,* to burst into tears.

fondrière [fo^{n}drìèr] *f.* bog, quagmire; hollow; pot-hole.

fonds [fo^n] *m.* land, estate; stock-in-trade; fund; business; *pl.* cash; capital; *fonds de commerce,* business concern; *bon fonds,* good nature.

fontaine [fo^{n}tèn] *f.* fountain; spring; source.

fonte [fo^{n}t] *f.* melting; smelting; casting; thawing [neige]; cast iron; fount (typogr.).

forage [fòràj] *m.* boring, drilling; bore-hole.

forain [fòri^n] *adj.* alien, foreign; travel(l)ing, itinerant; *marchand forain,* hawker; *fête foraine,* fair.

forban [fòrba^n] *m.* pirate; bandit.

forçat [fòrsà] *m.* convict.

force [fòrs] *f.* force; strength, might; vigo(u)r; power; authority; violence; *pl.* forces, troops; *à force de,* by dint of; *force majeure,* absolute necessity, overpowering circumstances. ‖ **forcément** [-éma^n] *adv.* necessarily; inevitably.

forcené [fòrs^{e}né] *m.* madman; *adj.* frantic, mad, frenzied.

forceps [fòrsèps] *m.* forceps.

forcer [fòrsé] *v.* to force; to compel, to oblige; to take by storm (mil.); to run [blocus]; to break open; to break through [traverser]; to strain; to increase [augmenter]; to pick [serrure] to exaggerate; to win (admiration).

forer [fòré] *v.* to drill, to bore.

forestier [fòrèstyé] *m.* forester; *adj.* forest.

foret [fòrè] *m.* drill; bit; gimlet.

forêt [fòrè] *f.* forest.

forfait [fòrfè] *m.* crime. ‖ **forfaiture** [-tür] *f.* forfeiture; prevarication.

forfait [fòrfè] *m.* contract; *travail à forfait,* job work; work by contract.

forfait [fòrfè] *m.* forfeit; *déclarer forfait,* to give it up.

forfanterie [fòrfaⁿtrî] *f.* bragging, boasting.

forge [fòrj] *f.* forge, smithy; iron-works. ‖ **forger** [-é] *v.* to forge; to hammer; to invent; to coin [mot]; to make up; *se forger,* to fancy. ‖ **forgeron** [-ᵉroⁿ] *m.* blacksmith.

formaliser (se) [sᵉfòrmàlìzé] *v.* to take offense. ∴ **formalisme** [fòrmàlìsm] *m.* formalism; conventionalism. ‖ **formalité** [fòrmàlìté] *f.* form, formality; ceremoniousness.

format [fòrmà] *m.* size; format [livre]. ‖ **formation** [-syoⁿ] *f.* formation; making, development. ∴ **forme** [fòrm] *f.* form; shape; former (techn.); pattern; mould; last [chaussures]; procedure; *pl.* shoe-trees; etiquette; *en forme,* fit, in fine fettle. ‖ **formel** [-èl] *adj.* formal; categorical; express; strict. ‖ **former** [-é] *v.* to form; to fashion, to shape; to mould; to constitute; *se former,* to take shape; to form; to be formed; to be trained.

formidable [fòrmìdàbl] *adj.* formidable, dreadful; (fam.) terrific, tremendous. *Am.* swell.

formulaire [fòrmülèr] *m.* formulary. ‖ **formule** [fòrmül] *f* formula; form; prescription, phrase. ∴ **formuler** [-é] *v.* to draw up; to formulate; to lay down; to express; to lodge [plainte].

fort [fòr] *m.* strong man; strong point; center; fortress. *adj.* strong; robust; clever; good; skilful; thick; large; ample; stout, heavy [mer]; high [vent]; big, steep [pente]; severe; difficult; *se faire fort de,* to undertake to; *adv.* very; loud; strongly; *au plus fort du combat,* in the thick of the fight. **forteresse** [-tᵉrès] *f.* fortress, stronghold. **fortifiant** [-tìfyaⁿ] *m.* tonic. *adj.* fortifying, invigorating, bracing. ‖ **fortification** ᶦ tìfìkàsyoⁿ] *f.* fortification. ‖ **fortifier** [-tìfyé] *v.* to fortify; to invigorate; to strengthen. ‖ **fortin** [-tìⁿ] *m.* fortlet.

fortuit [fòrtüì] *adj.* fortuitous, chance, accidental; casual.

fortune [fòrtün] *f.* fortune; chance; luck; wealth; *mauvaise fortune,* misfortune. ‖ **fortuné** [-é] *adj.* fortunate; happy, rich, well-off.

fosse [fòs] *f.* pit; hole; trench; grave. den [lions]. ‖ **fossé** [fòsé] *m.* ditch trench; moat [douve]. ‖ **fossette** [-èt] *f.* dimple. ‖ **fossile** [-ìl] *m.*, *adj.* fossil. ‖ **fossoyeur** [-wàyœr] *m.* grave-digger.

fou, folle [fû, fòl] *adj.* [fol, *m.*, before a vowel or a mute *h*] mad, insane; crazy; wild; frantic; silly, stupid; enormous, tremendous passionately fond; *m., f.* madman. *m.;* madwoman, *f.;* lunatic; maniac; jester; gannet [oiseau]; bishop [échecs]; *devenir fou,* to go mad; *rendre fou,* to drive mad; *maison de fous,* lunatic asylum, madhouse; *un monde fou,* a fearful crowd.

foudre [fûdr] *f.* thunder; lightning; thunderbolt; *coup de foudre,* bolt from the blue; love at first sight. ‖ **foudroyant** [-wàyaⁿ] *adj.* terrifying; terrific; crushing; overwhelming. ‖ **foudroyer** [-wàyé] *v.* to strike down; to blast; to dumbfound; to confound; to strike dead.

fouet [fwè] *m.* whip, lash; birch; whipcord; egg-whisk [cuisine]. ‖ **fouetter** [-té] *v.* to whip, to lash; to flog, to birch; to stimulate, to rouse; to beat [œufs].

fougère [fûjèr] *f.* fern; bracken.

fougue [fûg] *f.* fire, mettle, dash, spirit. ‖ **fougueux** [fûgë] *adj.* fiery; impetuous; spirited [cheval].

fouille [fûy] *f.* excavation; search. ‖ **fouiller** [-é] *v.* to excavate; to dig; to search [personne]; to pry; to rummage. **fouillis** [-ì] *m.* jumble, mess.

fouine [fûìn] *f.* stone-marten. ‖ **fouiner** ᶦ-e] *v.* to nose about.

foulard [fûlàr] *m.* foulard [étoffe]; silk handkerchief; silk neckerchief; kerchief. scarf.

foule [fûl] *f.* crowd; multitude; throng. mob; fulling [drap]; crushing; *venir en foule,* to flock. **fouler** [-é] *v.* to tread; to trample down; to tread upon; to press; to crush; to full [drap], to wrench, to twist [cheville]. ‖ **foulon** [-oⁿ] *m.* fuller. ‖ **foulure** [-ür] *f.* wrench, sprain.

four [fûr] *m.* oven; bakehouse; kiln [chaux]; furnace; (pop.) failure.

fourbe [fûrb] *m., f.* cheat, rascal; *adj.* rascally, deceitful. ‖ **fourberie** [-ᵉrî] *f.* cheating; deceit; trickery; swindle.

fourbi [fûrbì] *m.* (fam.) whole caboodle.

fourbir [fûrbîr] *v.* to furbish, to polish up.

fourbu [fûrbü] *adj.* broken-down; exhausted, tired out.

fourche [fûrsh] *f.* fork; pitchfork; *en fourche,* forked. ‖ **fourcher** [-é] *v.* to fork, to branch off; to slip [langue]. ‖ **fourchette** [-èt] *f.* fork, table fork; wishbone. ‖ **fourchu** [-ü] *adj.* forked; cloven [pied]; branching.

fourgon [fûrgon] *m.* wagon; van; *Br.* luggage van, *Am.* freight car, baggage car. ‖ **fourgonnette** [-ònèt] *f.* delivery van (or) truck.

fourmi [fûrmì] *f.* ant; *avoir des fourmis,* to have pins and needles. ‖ **fourmilière** [-lyèr] *f.* ant-hill; ants' nest. ‖ **fourmiller** [-yé] *v.* to swarm; to tingle.

fournaise [fûrnèz] *f.* furnace. ‖ **fourneau** [-ô] *m.** furnace; stove; cooker; kitchen-range; bowl [pipe]; chamber [mine]; *haut fourneau,* blast furnace.

fourni [fûrnì] *adj.* supplied; abundant; thick; bushy.

fournil [fûrnìl] *m.* bakehouse.

fourniment [fûrnìman] *m.* kit, equipment. ‖ **fournir** [-îr] *v.* to furnish, to supply, to provide with; to stock; to draw (comm.). ‖ **fournisseur** [-ìsœr] *m.* supplier, caterer; tradesman; shipchandler. ‖ **fourniture** [-ìtür] *f.* supplying; *pl.* supplies; equipment.

fourrage [fûrà] *m.* forage, fodder; foraging (mil.). ‖ **fourrager** [-é] *v.* to forage; to rummage, to search; to ravage.

fourré [fûré] *m.* thicket; *adj.* thick; wooded; furry; lined with fur; filled.

fourreau [fûrô] *m.** sheath; scabbard; sleeve; case, cover.

fourrer [fûré] *v.* to line with fur; to stuff; to poke. ‖ **fourreur** [-œr] *m.* furrier. ‖ **fourrure** [-ür] *f.* fur; skin; lining.

fourvoyer [fûrvwàyé] *v.* to lead astray; *se fourvoyer,* to go astray.

foutaise [fûtèz] *f.* (pop.) twaddle, bunkum.

foyer [fwàyé] *m.* hearth; fire-place; fire-box [machine]; furnace; home; focus (geom.); seat (med.); foyer (theat.); home, hostel.

fracas [fràkà] *m.* crash; din, shindy. ‖ **fracasser** [-àsé] *v.* to shatter; to smash to pieces.

fraction [fràksyon] *f.* fraction; portion; group [politique]. ‖ **fractionnement** [-syònman] *m.* fractionation; splitting up. ‖ **fractionner** [-syòné] *v.* to divide into fractions; to split up. ‖ **fracture** [-tür] *f.* fracture (med.); breaking open. ‖ **fracturer** [-türé] *v.* to fracture (med.); to force, to break open; to break (gramm.).

fragile [fràjìl] *adj.* fragile; brittle; frail. ‖ **fragilité** [-lté] *f.* fragility; brittleness; frailty.

fragment [fràgman] *m.* fragment; bit; extract. ‖ **fragmentaire** [-tèr] *adj.* fragmentary. ‖ **fragmenter** [-té] *v.* to break up.

fraîche, see **frais.** ‖ **fraîcheur** [frèshœr] *f.* freshness; coolness; bloom [fleur]. ‖ **fraîchir** [-îr] *v.* to freshen, to grow colder; to cool down.

frais, fraîche [frè, frèsh] *adj.* fresh; cool; recent; new-laid [œufs]; new [pain]; wet [peinture]; *m.* cool; coolness; fresh breeze; *au frais,* in a cool place; *adv.* freshly; newly.

frais [frè] *m. pl.* cost, expenses, charge; outlay; fees; costs (jur.); *à peu de frais,* at little cost; *se mettre en frais,* to go to expense; *faire les frais de,* to bear the cost of; *aux frais de,* at the charge of.

fraise [frèz] *f.* ruff [col]; wattle; countersink (techn.); drill [dentiste].

fraise [frèz] *f.* strawberry. ‖ **fraisier** [-yé] *m.* strawberry-plant.

framboise [franbwàz] *f.* raspberry. ‖ **framboisier** [-yé] *m.* raspberry-bush.

franc [fran] *m.* franc.

franc, -che [fran, -sh] *adj.* frank; free; candid, open; downright, straightforward; natural [fruits]; fair [jeu]; *franc de port,* carriage paid; postpaid [lettre]; *parlez franc,* speak your mind; *franc-maçon,* freemason.

français [fransè] *m.* French [langue]; Frenchman; *adj.* French; *les Français,* the French. ‖ **française** [-sèz] *f.* Frenchwoman. ‖ **France** [frans] *f.* France.

franchement [franshman] *adv.* frankly, candidly; really. ‖ **franchir** [-îr] *v.* to jump over; to pass over; to clear; to cross; to weather [cap]; to overcome. ‖ **franchise** [-îz] *f.* frankness, openness; exemption; freedom; immunity; *en franchise,* duty-free; *franchise de port,* post-free.

franco [frankô] *adv.* free of charge.

frange [franj] *f.* fringe.

frappant [frapan] *adj.* conspicuous; striking. ‖ **frappe** [fràp] *f.* minting; striking; impression, stamp. ‖ **frapper** [-é] *v.* to strike, to hit; ⓒ to bat; to knock [porte]; to mint [monnaie]; to punch; to type; to ice [boisson]; *frapper du pied,* to stamp; *se frapper,* to get alarmed (fam.). ‖ **frappeur** [-œr] *m.* ⓒ batter.

frasque [fràsk] *f.* prank.

fraternel [fràtèrnèl] *adj.** brotherly, fraternal. ‖ **fraterniser** [-ìzé] *v.* to fraternize. ‖ **fraternité** [-lté] *f.* brotherhood, fraternity.

fraude [frôd] *f.* fraud, deception ; *faire entrer en fraude*. to smuggle in. ‖ **frauder** [-é] *v.* to defraud ; to cheat ; to smuggle. ‖ **fraudeur** [-ær] *m.* defrauder, cheat ; smuggler. ‖ **frauduleux** [-ülé] *adj.** fraudulent ; bogus, *Am.* phony.

frayer [frèyé] *v.* to clear, to open up [chemin] ; to rub ; to spawn [poissons] ; to associate, to mix ; to wear thin ; *se frayer un passage à travers*, to break through.

frayeur [frèyœr] *f.* fright ; terror ; dread ; fear.

fredaine [frᵉdèn] *f.* prank.

fredonner [frᵉdoné] *v.* to hum ; to trill.

frégate [frégàt] *f.* frigate ; frigatebird.

frein [frĩⁿ] *m.* brake [voiture] ; bit [cheval] ; curb, restraint ; *mettre un frein à*, to curb. ‖ **freiner** [-é] *v.* to brake, to put on the brakes ; to restrain.

frelater [frᵉlàté] *v.* to adulterate.

frêle [frèl] *adj.* frail ; weak.

frelon [frᵉlõⁿ] *m.* hornet.

frémir [frémîr] *v.* to quiver ; to shake, to tremble ; to shudder ; to rustle [feuillage] ; to sigh [vent]. ‖ **frémissement** [-ìsmãⁿ] *m.* quivering ; tremor ; shuddering ; rustling ; sighing [vent].

frêne [frèn] *m.* ash. ash-tree.

frénésie [frénézí] *f.* frenzy. ‖ **frénétique** [-étìk] *adj.* frantic, frenzied.

fréquemment [frékàmãⁿ] *adv.* frequently. ‖ **fréquence** [-ãⁿs] *f.* frequency. ‖ **fréquent** [-ãⁿ] *adj.* frequent ; rapid. ‖ **fréquentation** [-ãⁿtàsyõⁿ] *f.* frequenting ; frequentation. ‖ **fréquenter** [-ãⁿté] *v.* to frequent ; to visit ; to associate with.

frère [frèr] *m.* brother ; monk, friar.

fresque [frèsk] *f.* fresco.

fret [frè] *m.* freight ; load, cargo ; chartering. ‖ **fréter** [frété] *v.* to charter ; to freight. ‖ **fréteur** [-tœr] *m.* charterer.

frétiller [frétìyé] *v.* to wriggle ; to frisk about ; to wag.

fretin [frᵉtĩⁿ] *m.* fry.

friable [frìyàbl] *adj.* friable, crumbly.

friand [frìãⁿ] *adj.* dainty ; *friand de*, fond of, partial to. ‖ **friandise** [-dîz] *f.* tit-bit, delicacy ; liking for good food.

friche [frîsh] *f.* fallow land ; *être en friche*, to lie fallow.

friction [frìksyõⁿ] *f.* friction (mech.) ; rubbing ; massage. ‖ **frictionner** [-yõné] *v.* to rub ; to massage ; to shampoo [tête].

frigorifier [frìgòrìfyé] *v.* to refrigerate ; *viande frigorifiée*, frozen meat. ‖ **frigorifique** [-ìk] *adj.* refrigerating, chilling.

frileux [frìlé] *adj.** chilly.

frimas [frìmá] *m.* rime ; hoar-frost.

fringant [frĩⁿgãⁿ] *adj.* brisk, dapper, smart ; frisky [cheval].

friper [frìpé] *v.* to crush, to crumple. ‖ **fripier** [-yé] *m.* old clothes dealer ; ragman ; *Am.* junkman.

fripon [frìpõⁿ] *m.* rascal, scamp ; *adj.** roguish. ‖ **friponnerie** [-ònrî] *f.* roguery ; roguish trick.

frire [frîr] *v.** to fry.

frise [frîz] *f.* frieze.

frisé [frìzé] *adj.* curly, crisp. ‖ **friser** [-é] *v.* to curl. to wave ; to verge upon ; to go near to.

frisson [frìsõⁿ] *m.* shudder ; shiver ; thrill. ‖ **frissonner** [-òné] *v.* to shudder ; to shiver ; to quiver.

frites [frìt] *f. pl.* fried potatoes, chips, French fries. ‖ **friture** [-ür] *f.* frying ; frying fat ; fried fish ; crackling ; sizzling.

frivole [frìvòl] *adj.* frivolous, trifling. ‖ **frivolité** [-lté] *f.* frivolity ; trifle ; tatting.

froid [frwà] *m.* cold ; coldness ; *adj.* cold ; chilly ; frigid ; *en froid*, on chilly terms ; *avoir froid*, to be cold ; *il fait froid*, it is cold. ‖ **froideur** [-dœr] *f.* coldness ; chilliness ; indifference.

froisser [frwàsé] *v.* to crumple ; to bruise ; to ruffle ; to offend, to hurt ; *se froisser*, to get ruffled ; to take offense.

frôler [frôlé] *v.* to graze ; to brush past ; to rustle.

fromage [fròmàj] *m.* cheese ; (fam.) *Br.* cushy job, *Am.* snap. ‖ **fromagerie** [-rî] *f.* cheesemonger's, *Am.* cheese store ; cheese-dairy.

froment [fròmãⁿ] *m.* wheat.

froncer [frõⁿs] *f.* gather ; crease. ‖ **froncement** [-mãⁿ] *m.* puckering ; frown [sourcils]. ‖ **froncer** [-é] *v.* to pucker, to wrinkle ; to gather ; *froncer les sourcils*, to frown ; to scowl.

frondaison [frõⁿdèzõⁿ] *f.* foliage ; foliation.

front [frõⁿ] *m.* front ; forehead, brow ; face, impudence ; *de front*, abreast ; *faire front à*, to face. ‖ **frontalier** [-tàlyé] *adj.** frontier ; *m.* borderer, frontiersman. ‖ **frontière** [-tyèr] *f.* border ; frontier ; boundary.

frottement [fròtmãⁿ] *m.* rubbing ; chafing ; friction. ‖ **frotter** [-é] *v.* to rub ; to scrub ; to polish ; to strike [allumette].

frousse [frûs] *f.* fear ; *Br.* funk.

fructifier [früktîfyé] *v.* to bear fruit. ‖ **fructueux** [-üë] *adj.** fruitful, profitable ; lucrative.

frugal [frügàl] *adj.** frugal.

fruit [früì] *m.* fruit ; advantage, profit ; result. ‖ **fruitier** [-tyé] *m.* greengrocer ; *adj.* fruit-bearing ; *arbre fruitier,* fruit-tree.

fruste [früst] *adj.* defaced ; rough, unpolished.

frustrer [früstré] *v.* to frustrate ; to baulk ; to defraud.

fugace [fügàs] *adj.* transient, fleeting. ‖ **fugitif** [fügìtîf] *m.* runaway, fugitive ; *adj.** fugitive ; fleeting ; passing, transient. ‖ **fugue** [füg] *f.* escapade , fugue (mus.).

fuir [füîr] *v.** to fly, to flee, to run away ; to leak [tonneau] ; to recede ; to shun, to avoid. ‖ **fuite** [füìt] *f.* flight ; escape ; leak, leakage [liquide].

fulgurant [fülgüraⁿ] *adj.* flashing.

fulminer [fülmìné] *v.* to fulminate ; to thunder forth.

fumée [fümé] *f.* smoke ; fumes ; steam. ‖ **fumer** [-é] *v.* to smoke ; to steam ; to fume ; *fume-cigarette,* cigarette-holder.

fumer [fümé] *v.* to dung, to manure [terre].

fumet [fümè] *m.* flavo(u)r ; scent. ‖ **fumeur** [-œr] *m.* smoker. ‖ **fumeux** [-ë] *adj.** smoky ; hazy, nebulous.

fumier [fümyé] *m.* dung ; manure [engrais] , dung-hill.

fumiste [fümìst] *m.* stove-setter ; (pop.) joker, crackpot, wag. ‖ **fumisterie** [-°rî] *f.* hoax, bunkum, hovey. ‖ **fumoir** [-wàr] *m.* smoke house, smoking-room.

funèbre [fünèbr] *adj.* funeral ; dismal, gloomy, funereal. ‖ **funérailles** [-éràÿ] *f. pl.* funeral.

funeste [fünèst] *adj.* fatal, deadly.

funiculaire [fünìkülèr] *m.* cable-railway ; *adj.* funicular.

furet [fürè] *m.* ferret. ‖ **fureter** [-té] *v.* to ferret ; to pry, to nose about ; to rummage.

fureur [fürœr] *f.* fury, rage ; passion ; *faire fureur,* to be all the rage. ‖ **furie** [-î] *f.* fury, rage. ‖ **furieux** [-yë] *adj.** mad, furious, raging.

furoncle [füroⁿkl] *m.* boil ; furuncle (med.).

furtif [fürtîf] *adj.** furtive, stealthy.

fusain [füzìⁿ] *m.* charcoal ; charcoal sketch.

fuseau [füzô] *m.** spindle ; tapering (or) peg-top trousers. ‖ **fusée** [-é] *f.* fuse ; flare ; rocket. ‖ **fuselage** [-làj] *m.* fuselage. ‖ **fuselé** [-lé] *adj.* spindle-shaped ; tapering, slender [doigts].

fuser [füzé] *v.* to spread ; to fuse, to melt ; to burn slowly. **fusible** [-îbl] *m.* fuse ; fuse-wire ; *adj.* fusible.

fusil [füzì] *m.* rifle ; gun , steel ; whetstone ; *à portée de fusil,* within shot ; *coup de fusil,* shot ; (pop.) fleecing. ‖ **fusillade** [-yàd] *f.* shooting. ‖ **fusiller** [-yé] *v.* to shoot.

fusion [füzyoⁿ] *f.* fusion ; melting ; merger (comm.). ‖ **fusionner** [-yòné] *v.* to amalgamate, to merge ; to blend.

fût [fû] *m.* stock [fusil] ; handle ; shaft [colonne] ; barrel, cask, tun.

futaie [fütè] *f.* forest.

futé [füté] *adj.* sharp, cunning.

futile [fütîl] *adj.* futile, idle, trifling ; useless. ‖ **futilité** [-ìté] *f.* trifle, futility.

futur [fütür] *m.* future (gramm.) ; intended husband ; *adj.* future. ‖ **future** *f* intended wife.

fuyant [füìyaⁿ] *adj.* flying, fleeing ; fleeting, transient ; receding [front] ; shifty, evasive, foxy [regard]. ‖ **fuyard** [füìyàr] *m.* runaway, fugitive ; coward.

G

gabardine [gàbàrdîn] *f.* gabardine ; twill raincoat.

gabarit [gàbàrì] *m.* mould [moule] ; model [navires] ; template ; gauge.

gâche [gàsh] *f.* staple ; wall-hook.

gâcher [gàshé] *v.* to mix ; to waste ; to bungle , to spoil.

gâchette [gàshèt] *f.* trigger [fusil] ; catch ; pawl (mech.).

gâchis [gàshì] *m.* wet mortar ; mess, hash (fig.).

gaffe [gaf] *f.* boat-hook ; gaff ; (fam.) blunder, bloomer. ‖ **gaffer** [-é] *v.* to hook ; (fam.) to blunder. ‖ **gaffeur** [-œr] *m.* (fam.) blunderer.

gage [gàj] *m.* pledge ; pawn ; stake [enjeu] ; token [preuve] ; forfeit ; *pl.* wages ; hire ; *mettre en gage,* to pawn ; *prêteur sur gages,* pawnbroker.

gageure [gàjür] *f.* wager ; stake ; risky shot.

gagner [gàñé] *v.* to gain ; to win ; to earn [salaire] ; to reach ; to overtake ; to win over ; to spread ; *se gagner,* to be contagious ; *gagne-pain,* breadwinner ; livelihood.

gai [gè] *adj.* gay; merry; jolly, cheer-ful; lively, bright. ‖ *gaieté* [gèté] *f.* mirth, merriment; cheerfulness.

gaillard [gàyàr] *m.* fellow, chap; good fellow; *adj.* merry, jolly, cheery; strong; bold; free, broad [libre].

gain [gin] *m.* gain, profit, earning.

gaine [gèn] *f.* case, casing; sheath; girdle [corset].

galamment [gàlàmaⁿ] *adv.* gallantly, courteously. ‖ *galant* [-aⁿ] *m.* lover; ladies' man; *adj.* elegant; gallant; gay; courteous. ‖ *galanterie* [-aⁿtrî] *f.* politeness; gallantry; love-affair.

galantine [gàlaⁿtîn] *f.* galantine.

galbe [gàlb] *m.* lines; curves; out-line; contours, shapeliness

gale [gàl] *f.* mange; scabies (med.).

galère [gàlèr] *f.* galley.

galerie [gàlrî] *f.* gallery; © perron; balcony (theat.); spectators; arcade.

galet [gàlè] *m.* pebble; roller (mech.); *pl.* shingle.

galette [gàlèt] *f.* tart; *Br.* girdle-cake; ship's biscuit; (pop.) brass, oof, dough.

galimatias [gàlìmàtyà] *m.* gibberish.

gallon [gàloⁿ] *m.* *gallon impérial*, im-perial gallon; *gallon américain*, US gallon.

galoche [gàlòsh] *f.* ølog; galosh, *Am.* rubber.

galon [gàloⁿ] *m.* braid; lace; stripe (mil.); © measuring tape. ‖ *galonner* [-òné] *v.* to braid; to trim with lace.

galop [gàlô] *m.* gallop; *au grand galop*, at full gallop. ‖ *galoper* [-òpé] *v.* to gallop. ‖ *galopin* [-òpiⁿ] *m.* urchin; scamp.

galurin [gàlüriⁿ] *m.* topper, tile, lid (fam.).

galvaniser [gàlvànìzé] *v.* to galva-nize; to zinc.

gambade [gaⁿbàd] *f.* gambol; caper. ‖ *gambader* [-é] *v.* to frisk about, to gambol.

gamelle [gàmèl] *f.* bowl; porringer; mess-tin (mil.).

gamin [gàmiⁿ] *m.* urchin, street-arab; little imp; *adj.* roguish. ‖ *gamine* [-în] *f.* girl; street-girl.

gamme [gàm] *f.* scale, gamut (mus.); range; tone, tune (fig.).

ganglion [gaⁿglioⁿ] *m.* ganglion.

gangrène [gaⁿgrèn] *f.* gangrene, mor-tification; corruption. ‖ *gangrener* [gaⁿgrené] *v.* to gangrene, to mortify; to corrupt.

ganse [gaⁿs] *f.* braid, piping; loop.

gant [gaⁿ] *m.* glove. ‖ *ganter* [-té] *v.* to glove; *se ganter*, to put on gloves.

garage [gàràj] *m.* garage [auto]; park-ing [autos]; docking (naut.); shunting; *voie de garage*, siding. ‖ *garagiste* [-ìst] *m.* garage owner, garage man.

garant [gàraⁿ] *m.* surety; bail; secu-rity, guarantee. ‖ *garantie* [-tî] *f.* safe-guard; guarantee; warranting; pledge; security. ‖ *garantir* [-tîr] *v.* to warr-ant; to guarantee; to vouch for; to insure; to protect.

garçon [gàrsoⁿ] *m.* boy; © son; lad; young man; bachelor; waiter [café]; *garçon d'honneur*, best man. ‖ *garçon-nier* [-sònyé] *adj.** boyish. ‖ *garçon-nière* [-sònyèr] *f.* bachelor's quarters.

garde [gàrd] *m.* guard; watchman; keeper; warder; guardsman (mil.); *f.* guard; care; watch; protection; keeping; custody; nurse; guards (mil.); end-paper [livre]; fly-leaf [page]; *en garde*, on guard; *sur ses gardes*, on one's guard; *prendre garde*, to beware; *garde à vous!*, attention!; *garde-barrière*, gate-keeper; *garde-boue*, *Br.* mudguard, *Am.* fender; *garde champêtre*, rural policeman; *garde-chasse*, gamekeeper; *garde-côte*, coastguard; coastguard vessel; *garde-fou*, parapet; railing; *garde-malade*, *m.* male nurse; *f.* nurse; *garde-manger*, larder, pantry; *garde-robe*, wardrobe; closet, privy. ‖ *gar-der* [-é] *v.* to keep; to preserve; to retain; to guard; to protect, to defend; to keep watch on; *se garder*, to pro-tect oneself; to keep [fruits]; to be-ware; to abstain. ‖ *gardien* [-yiⁿ] *m.* guardian; keeper; attendant; warder; *gardien de la paix*, policeman.

gare [gàr] *f.* station; *interj.* beware!, look out!; *chef de gare*, station-master; *gare maritime*, harbo(u)r-sta-tion; *gare aérienne*, air-port.

garenne [gàrèn] *f.* warren; preserve; *lapin de garenne*, wild rabbit.

garer [gàré] *v.* to shunt [train]; to park; to garage [auto]; to dock [ba-teau]; *se garer*, to shunt; to move out of the way.

gargariser [gàrgàrìzé] *v.* to gargle. ‖ *gargarisme* [-ìsm] *m.* gargle; gargl-ing.

gargote [gàrgòt] *f.* cook-shop, *Am.* hash-house.

gargouille [gàrgúy] *f.* gargoyle (arch.); water-spout. ‖ *gargouiller* [-é] *v.* to gurgle; to rumble.

garnement [gàrnmaⁿ] *m.* scamp.

garni [gàrnì] *m.* furnished room; *adj.* furnished; trimmed. ‖ *garnir* [-îr] *v.* to adorn; to furnish; to trim; to line [doubler]; to fill; to stock [magasin]; to garrison. ‖ *garnison* [-zoⁿ] *f.* gar-rison. ‖ *garniture* [-tür] *f.* fittings; trimmings; set; packing, lining.

garrot [gàrô] *m.* garrot; withers. ‖ **garrotter** [gàròté] *v.* to bind down; to strangle.

gaspillage [gàspìyàj] *m.* waste; squandering. ‖ **gaspiller** [-ìyé] *v.* to waste; to squander; to spoil.

gastrite [gàstrìt] *f.* gastritis. ‖ **gastronome** [-ònòm] *m.*, *f.* gastronome. ‖ **gastronomie** [-ònomî] *f.* gastronomy.

gâteau [gâtô] *m.* cake; tart; *gâteau de miel,* honeycomb.

gâter [gâté] *v.* to spoil; to pamper [enfant]; to damage; to taint [viande]; *se gâter,* to deteriorate. ‖ **gâterie** [-rî] *f.* treat; spoiling. ‖ **gâteux** [-ë] *m.* old dotard; *adj.* doddering. ‖ **gâtisme** [-ìsm] *m.* dotage.

gauche [gôsh] *f.* left hand; left-hand side; left-wing party; *adj.* left; crooked; awkward, clumsy; *à gauche,* on the left; *tourner à gauche,* to turn left; *tenir sa gauche,* to keep to the left. ‖ **gaucher** [-é] *adj.* left-handed. ‖ **gaucherie** [-rî] *f.* awkwardness; clumsiness. ‖ **gauchir** [-îr] *v.* to warp; to buckle. ‖ **gauchissement** [-ìsmaⁿ] *m.* warping; buckling.

gaufre [gôfr] *f.* waffle; wafer; honeycomb. ‖ **gaufrer** [-é] *v.* to emboss; to goffer, to crimp. ‖ **gaufrette** [-èt] *f.* wafer biscuit. ‖ **gaufrier** [-ìyé] *m.* waffle-iron.

gaule [gôl] *f.* pole; fishing-rod.

gaver [gàvé] *v.* to cram; to stuff; *se gaver,* to gorge.

gaz [gàz] *m.* gas.

gaze [gàz] *f.* gauze.

gazelle [gàzèl] *f.* gazelle.

gazette [gàzèt] *f.* gazette; newspaper; gossip (fam.).

gazeux [gàzë] *adj.* gaseous; aerated.

gazon [gàzoⁿ] *m.* grass; turf; lawn [pelouse].

gazouillement [gàzûymaⁿ] *m.* warbling, twittering [oiseaux]; babbling. ‖ **gazouiller** [-ûyé] *v.* to warble, to twitter [oiseaux]; to prattle [enfant]; to babble. ‖ **gazouillis,** see *gazouillement.*

geai [jè] *m.* jay.

géant [jéaⁿ] *m.* giant, *f.* giantess; *adj.* gigantic.

geindre [jiⁿdr] *v.* to moan; to whimper; to whine.

gel [jèl] *m.* frost, freezing.

gélatine [jélàtîn] *f.* gelatin. ‖ **gélatineux** [-në] *adj.* gelatinous.

gelée [jºlé] *f.* frost; jelly. ‖ **geler** [-é] *v.* to freeze.

gémir [jémîr] *v.* to moan; to groan; to lament, to bewail. ‖ **gémissement** [-ìsmaⁿ] *m.* groan; moan; groaning.

gemme [jèm] *f.* gem; *adj.* sel *gemme,* rock-salt.

gênant [jènaⁿ] *adj.* annoying; bothersome; embarrassing.

gencive [jaⁿsîv] *f.* gum (anat.).

gendarme [jaⁿdàrm] *m.* gendarme; constable; (pop.) virago; red herring. ‖ **gendarmerie** [-ᵉrî] *f.* constabulary; *Gendarmerie royale,* © Royal Canadian Mounted Police.

gendre [jaⁿdr] *m.* son-in-law.

gêne [jèn] *f.* rack [torture]; uneasiness; discomfort; difficulty, trouble; want; financial need, straits; *sans gêne,* free and easy; familiar. ‖ **gêné** [-é] *adj.* uneasy; embarrassed; awkward; short of money, hard up. ‖ **gêner** [-é] *v.* to cramp, to constrict; to pinch [soulier]; to embarrass; to inconvenience; to hamper; to hinder; to trouble; *se gêner,* to constrain oneself; to go to trouble, to put oneself out.

généalogie [jénéàlòjî] *f.* genealogy; lineage; pedigree.

général [jénéràl] *m.* * *adj.* * general; *en général,* generally. ‖ **générale** [-àl] *f.* general's wife; alarm call; dressrehearsal. ‖ **généralisation** [-ìzàsyoⁿ] *f.* generalisation. ‖ **généraliser** [-zé] *v.* to generalize. ‖ **généralissime** [-ìsm] *m.* commander-in-chief. ‖ **généralité** [-ìté] *f.* generality.

générateur, -trice [jénéràtœr, -trìs] *m.*, *f.* generator; *m.* dynamo; *adj.* generating; productive. ‖ **génération** [-àsyoⁿ] *f.* generation.

généreux [jénérë] *adj.* * generous, liberal; abundant.

générique [jénérîk] *adj.* generic; *m.* production credits and cast.

générosité [jénéròzìté] *f.* generosity; liberality.

genêt [jºnè] *m.* broom; *genêt épineux,* gorse, furze.

gêneur [jènœr] *m.* intruder; nuisance; spoil-sport.

génial [jényàl] *adj.* * full of genius, inspired. ‖ **génie** [-î] *m.* genius; character; spirit; engineers; *soldat du génie,* engineer, sapper.

genièvre [jºnyèvr] *m.* juniper-tree; juniper-berry; gin.

génisse [jénìs] *f.* heifer.

genou [jºnû] *m.* * knee; ball-and-socket (mech.); *se mettre à genoux,* to kneel down.

genre [jaⁿr] *m.* genus, kind, family; way; gender (gramm.); style; fashion; manners; *le genre humain,* mankind.

gens [jaⁿ] *m. pl.* [preceded by an *adj.,* this word is *f.*]; people, folk; peoples.

gentiane [jaⁿsyàn] *f.* gentian.

gentil [jaⁿtì] *adj.** nice; kind; pleasing. ‖ **gentilhomme** [-yòm] *m.* nobleman; gentleman. ‖ **gentillesse** [-yès] *f.* graciousness; politeness.

géographe [jéògràf] *s.* geographer. ‖ **géographie** [jéògràfì] *f.* geography. ‖ **géographique** [-ìk] *adj.* geographical.

geôle [jòl] *f.* gaol; jail; prison. ‖ **geôlier** [-yé] *m.* gaoler, jailer.

géologie [jéòlògì] *f.* geology.

géométrie [jéòmétrì] *f.* geometry. ‖ **géométrique** [-ìk] *adj.* geometrical.

gérance [jéraⁿs] *f.* management; board of directors.

géranium [jérànỳòm] *m.* geranium.

gérant [jéraⁿ] *m.* director, manager.

gerbe [jèrb] *f.* sheaf; spout [eau]; shower [étincelles]; spray [fleurs].

gercer [jèrsé] *v.* to crack; to chap. ‖ **gerçure** [-ür] *f.* crack, fissure; chap.

gérer [jéré] *v.* to manage; to administer; *mal gérer,* to mismanage.

germain [jèrmìⁿ] *adj. cousin germain,* first cousin; *issu de germain,* second cousin.

germe [jèrm] *m.* germ; shoot; seed; origin. ‖ **germer** [-é] *v.* to germinate; to shoot, to sprout.

gésir [jézìr] *v.** to lie.

gestation [jèstàsyoⁿ] *f.* gestation.

geste [jèst] *m.* gesture; motion; sign. ‖ **gesticuler** [-ìkülé] *v.* to gesticulate.

gestion [jèstyoⁿ] *f.* administration; management.

gibecière [jìbsyèr] *f.* game-bag.

gibet [jìbè] *m.* gibbet, gallows.

gibier [jìbyé] *m.* game.

giboulée [jìbûlé] *f.* sudden shower; April shower.

gicler [jìklé] *v.* to squirt, to spurt. ‖ **gicleur** [-œr] *m.* jet; nozzle.

gifle [jìfl] *f.* slap; box on the ear. ‖ **gifler** [-é] *v.* to slap (someone's) face; to box (someone's) ears.

gigantesque [jìgaⁿtèsk] *adj.* gigantic, giant. ‖ **gigantisme** [-tìsm] *m.* giantism, gigantism.

gigot [jìgò] *m.* leg of mutton; *pl.* hind legs [cheval]. ‖ **gigoter** [-té] *v.* to kick; to jig; to fidget.

gilet [jìlè] *m.* waistcoat; vest; cardigan [tricot].

gingembre [jìnjaⁿbr] *m.* ginger.

girafe [jìràf] *f.* giraffe.

girofle [jìròfl] *m.* clove; *clou de girofle,* clove. ‖ **giroflée** [-é] *f.* stock; wall-flower; smack.

girouette [jìrûèt] *f.* weathercock, vane.

gisement [jìzmaⁿ] *m.* bed, layer; vein [minerai]; bearing (naut.).

gitan, -ane [jìtaⁿ, -àn] *m., f.* gipsy.

gîte [jît] *m.* shelter, refuge; lodging; lair [animal]; seam, vein, bed [mine]; *f.* list, heeling (naut.).

givre [jìvr] *m.* rime, hoar-frost; *givré* [-é] *adj.* frosted, rimy, rimed.

glabre [glàbr] *adj.* hairless, smooth; clean-shaven, beardless [visage].

glace [glàs] *f.* ice; ice-cream; icing [cuisine]; glass, mirror; chill (fig.); ‖ *glacé* [-é] *adj.* freezing, icy cold; frigid; iced; frozen; glazed; glossy [étoffe]; candied. ‖ **glacer** [-é] *v.* to chill; to freeze; to ice; to glaze. ‖ *glacial* [-yàl] *adj.** glacial, icy; frosty; biting [vent]. ‖ **glacier** [-yé] *m.* glacier; ice-cream seller. ‖ **glacière** [-yèr] *f.* ice-house; refrigerator. ‖ **glaçon** [-oⁿ] *m.* floe; cake of ice; icicle.

glaïeul [glàyœl] *m.* gladiolus.

glaire [glèr] *f.* glair.

glaise [glèz] *f.* clay; potter's clay; loam.

glaive [glèv] *m.* glaive, sword.

gland [glaⁿ] *m.* acorn; tassel [rideau]. ‖ **glande** [glaⁿd] *f.* gland.

glaner [glàné] *v.* to glean.

glapir [glàpìr] *v.* to yelp; to yap; to squeak.

glas [glâ] *m.* knell; tolling.

glauque [glôk] *adj.* glaucous, sea-green.

glissade [glìsàd] *f.* slip; sliding; slide; glide. ‖ *glissant* [-aⁿ] *adj.* sliding; slippery. ‖ **glissement** [-maⁿ] *m.* slipping; sliding; slip. ‖ **glisser** [-é] *v.* to slip; to skid [roue]; to glide (aviat.); *se glisser,* to slip, to creep. ‖ **glissière** [-yèr] *f.* slide. ‖ **glissoire** [-wàr] *f.* slide; © toboggan slide.

global [glòbàl] *adj.** total, inclusive; gross. ‖ **globe** [glòb] *m.* globe, sphere; orb; eyeball [œil]. ‖ **globule** [-ül] *m.* globule.

gloire [glwàr] *f.* glory; fame; pride; halo; *se faire gloire de,* to glory in. ‖ **glorieux** [glòryë] *m.* braggart; *adj.** glorious; vainglorious, conceited. ‖ **glorification** [-ìfìkàsyoⁿ] *f.* glorification. ‖ **glorifier** [-ìfyé] *v.* to glorify; *se glorifier,* to boast; to glory (*de,* in). ‖ **gloriole** [-yòl] *f.* vainglory; swank (fam.).

glose [glôz] *f.* comment, criticism; commentary. ‖ **gloser** [-zé] *v.* to gloss; to carp at.

glossaire [glòsèr] *m.* glossary.

glotte [glòt] *f.* glottis.

glousser [glûsé] *v.* to cluck [poule]; to gobble [dinde]; to chuckle.

glouton [glûtoⁿ] *m.* glutton; *adj.*[e] greedy, gluttonous. ‖ *gloutonnerie* [-ònrî] *f.* gluttony.

glu [glü] *f.* glue; bird-lime. ‖ *gluant* [-aⁿ] *adj.* sticky, gluey, gummy.

glucose [glükôz] *m.* glucose.

glycérine [glìsérîn] *f.* glycerine.

gobelet [gòblè] *m.* cup; goblet; mug. ‖ *gober* [gòbé] *v.* to swallow, to gulp down; to take in (fig.); to have a great admiration for. ‖ *gobeur* [-œr] *m.* (pop.) guzzler; gull; sucker; simpleton; *adj.* credulous.

goder [gòdé] *v.* to pucker, to crease; to bag [pantalon].

godet [gòdè] *m.* mug; cup; bowl; bucket; flare [couture]; *à godets*, flared.

goéland [gòélaⁿ] *m.* sea-gull. ‖ *goélette* [-èt] *f.* schooner. ‖ *goémon* [gòémoⁿ] *m.* seaweed; wrack.

goguenard, -arde [gògnàr, ard] *adj.* jeering; scoffing.

goinfre [gwiⁿfr] *m.* (pop.) glutton, guzzler. ‖ *goinfrerie* [-erî] *f.* gluttony.

goître [gwàtr] *m.* goiter; wen (fam.).

golf [gòlf] *m.* golf; *terrain de golf*, golf links.

golfe [gòlf] *m.* gulf; bay.

gomme [gòm] *f.* gum; india-rubber. ‖ *gommer* [gòmé] *v.* to gum; to erase.

gond [goⁿ] *m.* hinge; *sortir de ses gonds*, to fly into a rage.

gondole [goⁿdòl] *f.* gondola. ‖ *gondoler* [goⁿdòlé] *v.* to warp; to blister; to cockle.

gonflement [goⁿflemaⁿ] *m.* inflating, inflation; swelling; distension [estomac]; blowing up; bulging. ‖ *gonfler* [-é] *v.* to inflate [pneus]; to blow up; to swell; to distend [estomac]; to puff up. ‖ *gonfleur* [-œr] *m.* air-pump.

gong [goⁿg] *m.* gong.

goret [gòrè] *m.* young pig, piglet; dirty pig (fig.).

gorge [gòrj] *f.* throat, neck; breast, bosom; gorge; gullet; pass; defile; groove (techn.); *à pleine gorge*, at the top of one's voice; *mal à la gorge*, sore throat. ‖ *gorgée* [-é] *f.* draught; gulp; *petite gorgée*, sip. ‖ *gorger* [-é] *v.* to gorge; to cram; *se gorger*, to stuff oneself.

gorille [gòrîy] *m.* gorilla.

gosier [gòzyé] *m.* throat; gullet.

gosse [gòs] *m.*, *f.* kid, youngster; brat; tot.

gothique [gòtìk] *m.*, *adj.* Gothic.

gouailleur [gûàyœr] *adj.* waggish; jeering.

goudron [gûdroⁿ] *m.* tar; pitch; coaltar [de houille]. ‖ *goudronner* [-òné] *v.* to tar; *toile goudronnée*, tarpaulin.

gouffre [gûfr] *m.* gulf, abyss; chasm.

goujat [gûjà] *m.* hodman; farmhand; cad, blackguard. ‖ *goujaterie* [-rî] *f.* caddishness.

goujon [gûjoⁿ] *m.* gudgeon [poisson].

goulot [gûlô] *m.* neck [bouteille].

goulu [gûlü] *adj.* greedy, gluttonous.

goupille [gûpîy] *f.* pin; bolt; gudgeon.

gourd [gûr] *adj.* benumbed; stiff; numb. ‖ *gourde* [gûrd] *f.* gourd (bot.); flask; water-bottle; (fam.) fathead, *Am.* dumbbell.

gourdin [gûrdiⁿ] *m.* cudgel, club.

gourmand [gûrmaⁿ] *m.* glutton; gourmand, gormandizer; *adj.* greedy; gluttonous. ‖ *gourmander* [-dé] *v.* to guzzle; to chide; to rebuke. ‖ *gourmandise* [-dîz] *f.* greediness, gluttony; *pl.* sweetmeats.

gourme [gûrm] *f.* impetigo; rash; strangles [cheval]; *jeter sa gourme*, to sow one's wild oats. ‖ *gourmé* [-é] *adj.* stiff, formal.

gourmet [gûrmè] *m.* gourmet, epicure.

gourmette [gûrmèt] *f.* curb; bracelet; chain.

gousse [gûs] *f.* pod, shell; clove [ail]. ‖ *gousset* [-è] *m.* arm-pit; gusset; fob pocket.

goût [gû] *m.* taste; flavo(u)r; smell; liking, fancy, preference; manner, style. ‖ *goûter* [-té] *m.* snack, lunch; *v.* to taste; to enjoy, to relish, to appreciate; to eat a little, to have a snack.

goutte [gût] *f.* drop; drip; spot, little bit; gout (med.). ‖ *gouttière* [-yèr] *f.* gutter; spout; cradle (med.); *pl.* eaves.

gouvernail [gûvernày] *m.* rudder; helm. ‖ *gouvernante* [-aⁿt] *f.* governess; housekeeper. ‖ *gouvernement* [-emaⁿ] *m.* government; management; care. ‖ *gouverner* [-é] *v.* to govern, to rule, to control; to manage; to take care of; to steer (naut.). ‖ *gouverneur* [-œr] *m.* governor; tutor.

grabat [gràbà] *m.* pallet; humble bed.

grabuge [gràbüj] *m.* (fam.) row, rumpus.

grâce [grâs] *f.* grace; gracefulness; charm; favo(u)r; mercy; pardon (jur.); *pl.* thanks; *coup de grâce*, finishing stroke; *grâce à*, thanks to, owing to; *action de grâces*, thanksgiving. ‖ *gracier* [-yé] *v.* to pardon, to reprieve. ‖ *gracieux* [-yë] *adj.*[e] graceful, pleasing; gracious; courteous; *à titre gracieux*, free of charge.

gracile [gràsìl] *adj.* slender, slim. ‖ **gracilité** [-ìté] *f.* gracility, slimness.

grade [grad] *n.* rank, grade degree (univ.) ‖ **gradé** [-é] *m.* non-commissioned officer. *gradin* [-ìⁿ] *r.* step bench, *en gradins* in tiers ‖ **graduation** [-üàsyoⁿ] *f.* scale, graduation ‖ **graduel** [-üèl] *adj.*° gradual **graduer** [-üé] *v.* to grade; to graduate.

grain [grìⁿ] *m.* grain, seed, bean [café]; bead speck, particle; texture, squall [vent] *grain de beauté* mole; beauty spot, *à gros grains* coarse-grained. ‖ *graine* [grèn] *f.* seed, berry, *mauvaise graine* bad lot ‖ *grainetier* [-tyé] *m.* seed-merchant.

graissage [grèsà] *m.* greasing; lubrication; oiling ‖ *graisse* [grès] *f.* grease; fat ‖ *graisser* [-é] *v.* to grease; to lubricate, to oil. (pop.) to bribe. ‖ *graisseux* [-èl] *adj.*° greasy; fatty; oily; ropy [vin]

grammaire [gràmmèr] *f.* grammar. ‖ *grammairien* [-ryìⁿ] *m.* grammarian. ‖ *grammatical* [-màtìkàl] *adj.*° grammatical.

gramme [gràm] *m.* gram.

gramophone [gràmòfòn] *m.* record-player, gramophone, *Am.* phonograph.

grand [graⁿ] *m.* great man. adult, grown-up; *adj* great; big; large, tall, high; wide, extensive, grown-up; noble, majestic, fashionable high-class [vin], *un homme grand* a tall man; *un grand homme*, a great man. *grand-mère*, grandmother. *grand-messe*, high mass; *grand-oncle*, great-uncle, *grand-père*, grandfather, *grands-parents*, grandparents *grand-tante*, great-aunt *grandeur* [-dœr] *f* size; height greatness, nobleness, grandeur; scale importance; extent; magnitude; *grandeur naturelle* life size. ‖ *grandiose* [-dyòz] *adj.* grand, impressive, splendid. ‖ *grandir* [-dîr] *v.* to grow tall, to grow up; to increase; to enlarge.

grange [graⁿj] *f.* grange; barn.

granit [grànìt] *m.* granite.

granule [grànül] *m.* granule. ‖ *granulé* [-é] *adj* granulated, granular. ‖ *granuleux* [-èl] *adj.*° granulous.

graphique [gràfìk] *m.* graph, diagram; *adj* graphic.

grappe [gràp] *f.* bunch; cluster. ‖ *grappin* [gràpìⁿ] *m.* grapnel; grappling-iron, hook, grab.

gras, grasse [grà, grâs] *m.* fat; *adj.* fat; fatty; greasy; oily; plump, stout, obese; thick, heavy; broad, smutty [indécent]; *jour gras*, meat day. ‖ *grassouillet* [-sûyè] *adj.* plump, chubby, podgy.

gratification [gràtìfìkàsyoⁿ] *f.* bonus; gratuity, tip. ‖ *gratifier* [-yé] *v.* to reward; to favo(u)r; to bestow on, to confer.

gratin [gràtìⁿ] *m.* gratin; smart set (fig.)

gratitude [gràtìtüd] *f.* gratitude, gratefulness thankfulness.

gratter [gràté] *v.* to scrape; to scratch to cross out [mot]; to outdistance, to pass; to graft; *gratte-ciel*, skyscraper. ‖ *grattoir* [-wàr] *m.* scraper eraser.

gratuit [gràtüì] *adj.* free; gratuitous; wanton ‖ *gratuité* [-té] *f.* gratuitousness.

grave [gràv] *adj.* grave; solemn; sober [visage]; important; serious; low, deep (mus.).

graver [gràvé] *v.* to engrave; to etch [eau-forte]; to imprint (fig.). ‖ *graveur* [-œr] *m.* engraver; etcher.

gravier [gràvyé] *m.* gravel; grit.

gravir [gràvîr] *v.* to climb; to ascend; to clamber up.

gravité [gràvìté] *f.* gravity; seriousness, deepness (mus.).

gravure [gràvür] *f.* engraving; etching [eau-forte]. print; line-engraving [au trait]. copper-plate engraving [taille-douce], woodcut [bois].

gré [gré] *m.* will, wish, pleasure; liking, taste agreement; consent; *bon gré mal gré* willy nilly; *contre son gré*, unwillingly; *savoir gré*, to be grateful (*de*, for).

gredin [grədìⁿ] *m.* scoundrel, rogue.

gréement [grémaⁿ] *m.* rigging; gear. ‖ *gréer* [gréé] *v.* to rig; to rig up.

greffe [grèf] *m.* registry; clerk's office.

greffe [grèf] *f.* graft; grafting. ‖ *greffer* [-é] *v.* to graft.

greffier [grèfyé] *m.* registrar; clerk of the court.

greffon [grèfoⁿ] *m.* graft, scion.

grêle [grèl] *adj.* slender; thin; shrill [voix], small [intestin].

grêle [grèl] *f.* hail; shower (fig.). ‖ *grêler* [-é] *v.* to hail; to damage by hail; to pock-mark. ‖ *grêlon* [-oⁿ] *m.* hail-stone.

grelot [grəló] *m.* small bell; sheep-bell. ‖ *grelotter* [-òté] *v.* to shiver; to shake, to tinkle [cloche].

grenade [grənàd] *f.* pomegranate; grenade. ‖ *grenadier* [-yé] *m.* pomegranate-tree; grenadier (mil.).

grenaille [grənày] *f.* small grain; lead shot [de plomb]; granulated metal.

grenier [grənyé] *m.* granary; hayloft [foin]; corn-loft [grain]; garret, attic; lumber-room.

grenouille [gr•núy] *f.* frog.

grenu [gr•nü] *adj.* grained; granular; grainy.

grès [grè] *m.* sandstone; stoneware.

grésil [grézil] *m.* sleet; hail. ‖ *grésiller* [-lyé] *v.* to sleet; to patter [bruit].

grève [grèv] *f.* shore; bank; beach; strike; *en grève,* on strike; *grève perlée,* Br. go-slow strike, Am. slow-down strike; *grève sur le tas,* sit-down strike.

grever [gr•vé] *v.* to burden; to mortgage; to encumber; to saddle.

gréviste [grévist] *m.*, *f.* striker.

gribouillage [gribûyàj] *m.* scribble, scrawl; daub [peinture]. ‖ *gribouiller* [-ûyé] *v.* to scribble; to scrawl; to daub.

grief [grièf] *m.* grievance; complaint; cause for complaint.

grièvement [grièvma•] *adv.* grievously, gravely, sorely; deeply.

griffe [grif] *f.* claw; talon; catch (techn.); signature; signature stamp; *coup de griffe,* scratch. ‖ *griffer* [-é] *v.* to scratch; to claw; to stamp. ‖ *griffonnage* [-ònàj] *m.* scrawl, scribble. ‖ *griffonner* [-òné] *v.* to scrawl, to scribble.

grignoter [grinôté] *v.* to nibble; to pick at; to munch.

gril [gri] *m.* gridiron, grill. ‖ *grillade* [griyàd] *f.* piece of toast; grilled meat, grill; grilling; roasting; broiling; toasting; wire-netting; grating. ‖ *grillage* [-àj] *m.* lattice; grating; grid. ‖ *grille* [griy] *f.* grate; grating; iron gate; railing; grid [radio]. ‖ *griller* [-lyé] *v.* to grill; to roast; to broil; to toast [pain]; to calcine; to scorch; to burn; to rail in.

grillon [griyo•] *m.* cricket.

grimace [grimàs] *f.* grimace, grin, wry face; humbug; sham; *faire des grimaces,* to make faces. ‖ *grimacer* [-é] *v.* to grimace; to grin; (fam.) to simper; to pucker.

grimer [grimé] *v.* to make up.

grimper [gri•pé] *v.* to climb; to creep up; to clamber up.

grincement [gri•sma•] *m.* creaking [porte]; grating; gnashing [dents]. ‖ *grincer* [-é] *v.* to creak [porte]; to grate; to gnash [dents]. ‖ *grincheux* [gri•shë] *m.* (pop.) grouser; *adj.•* grumpy, testy; surly; touchy; sulky; crabbed.

grippe [grip] *f.* grippe; influenza, flu (fam.); *prendre en grippe,* to take a dislike to. ‖ *grippé* [-é] *adj.* down with the flu. ‖ *gripper* [-é] *v.* to seize up; to jam; (fam.) to snatch.

gris [gri] *adj.* grey; dull [temps]; (fam.) tipsy. ‖ *grisâtre* [-zâtr] *adj.*

greyish. ‖ *griser* [-zé] *v.* to intoxicate. ‖ *griserie* [-zri] *f.* intoxication; exhilaration. ‖ *grisonner* [-zòné] *v.* to turn grey, to go grey.

grive [griv] *f.* thrush.

grivois [grivwà] *adj.* broad, licentious, spicy [histoire].

grog [gròg] *m.* grog.

grognement [gròñma•] *m.* grunt; growl; snarl; grumbling. ‖ *grogner* [-é] *v.* to grunt; to growl; to snarl; to grouse, to grumble. ‖ *grognon* [-o•] *m.* grumbler; *adj.* grumbling, peevish.

groin [grwi•] *m.* snout.

grommeler [gròmlé] *v.* to mutter; to growl; to grumble.

grondement [gro•dma•] *m.* rumble; rumbling; roaring; boom [mer]. ‖ *gronder* [-é] *v.* to roar; to growl; to rumble [tonnerre]; to scold, to chide. ‖ *gronderie* [-rî] *f.* scolding.

gros, grosse [grò, grôs] *adj.* big; large; stout; thick; fat; coarse [grossier]; foul [temps]; heavy [mer]; pregnant; swollen; teeming; *en gros,* on the whole; roughly; wholesale [marchand]; *gros mots,* abuse.

gros [grò] *m.* bulk, main part; wholesale trade (comm.); *en gros,* approximately (fig.).

groseille [gròzèy] *f.* currant; gooseberry [à maquereau].

grosse [grôs] *adj.,* see **gros;** *f.* gross, twelve dozen; large-hand [écriture]; engrossed copy. ‖ *grossesse* [-ès] *f.* pregnancy. ‖ *grosseur* [-œr] *f.* size; bulk; swelling. ‖ *grossier* [-yé] *adj.•* coarse; gross; rude [impoli]; vulgar; rough; boorish. ‖ *grossièreté* [-yèrté] *f.* coarseness; roughness; rudeness; grossness; coarse language; *pl.* abuse. ‖ *grossir* [-îr] *v.* to increase; to enlarge; to magnify; to swell [enfler]; to grow bigger. ‖ *grossiste* [-ìst] *m.* wholesaler.

grotesque [gròtèsk] *adj.* grotesque; absurd, fantastic; odd.

grotte [gròt] *f.* grotto; cave.

grouillement [grûyma•] *m.* crawling; swarming; rumbling. ‖ *grouiller* [grûyé] *v.* to swarm, to crawl, to teem, to be alive (de, with), to hustle (fam.).

groupe [grûp] *m.* group; cluster [étoiles]; clump [arbres]; division; unit (mil.). ‖ *groupement* [-ma•] *m.* group; grouping; trust, pool. ‖ *grouper* [-é] *v.* to group; to concentrate [efforts]; se *grouper,* to gather.

grue [grü] *f.* crane; (pop.) prostitute, whore, streetwalker.

grumeau [grümò] *m.•* clot; lump.

gruyère [grüyèr] *m.* gruyere cheese.

gué [gé] *m.* ford; *passer une rivière à gué,* to ford a river.

guenille [gᵉnĭy] *f.* rag, *pl.* tatters.

guenon [gᵉnoⁿ] *f.* she-monkey; fright.

guêpe [gèp] *f.* wasp. ‖ **guêpier** [gépyé] *m.* wasps' nest; bee-eater [oiseau]; tricky situation.

guère [gèr] *adv.* hardly; little; scarcely; *il ne tardera guère à arriver*, it won't be long before he comes; *je n'en ai guère*, I've hardly any.

guéret [gérè] *m.* fallow ground; ploughed land.

guéridon [gérĭdoⁿ] *m.* pedestal table.

guérilla [gérĭyà] *f.* guerilla warfare; band of guerillas. ‖ **guérillero** [-èrò] *m.* guerilla.

guérir [gérîr] *v.* to cure; to heal; to recover; to get back to health. ‖ **guérison** [-ĭzoⁿ] *f.* cure; healing; recovering, recovery. ‖ **guérissable** [-ĭsàbl] *adj.* curable; medicable. ‖ **guérisseur** [-ĭsœr] *adj.* healing; *m.* healer.

guérite [gérĭt] *f.* sentry-box (mil.); signal-box [chemin de fer]; look-out; shelter.

guerre [gèr] *f.* war, warfare; feud, quarrel; *faire la guerre à*, to wage war against; *le ministère de la Guerre*, *Br.* the War Office; *Am.* Department of Defense, the Pentagon; *d'avant-guerre*, pre-war. ‖ **guerrier** [-yé] *m.* warrior; *adj.** warlike. ‖ **guerroyer** [-wàyé] *v.* to wage war.

guet [gè] *m.* watch; look-out; patrol; *faire le guet*, to be on the look-out; **guet-apens**, ambush; snare, trap; foul play; treacherous scheme.

guêtres [gètr] *f. pl.* gaiters; spats; leggings.

guetter [gété] *v.* to watch [occasion]; to watch for, to lie in wait for. ‖ **guetteur** [-œr] *m.* watchman; look-out man; signalman.

gueule [gœl] *f.* mouth [animaux]; opening; muzzle [canon]; (pop.) mug, jaw. ‖ **gueuler** [-é] *v.* to bawl. ‖ **gueuleton** [-toⁿ] *m.* (pop.) slap-up meal.

gueuse [gëz] *f.* pig-iron [fonte]; sow [moule].

gueux, gueuse [gë, gëz] *m., f.* tramp; vagabond; beggar; scoundrel; *adj.* poor, poverty-stricken.

gui [gĭ] *m.* mistletoe.

guichet [gĭshè] *m.* wicket-gate; entrance; turnstile; barrier; booking-office window; pay-desk; cash-desk; counter.

guide [gĭd] *m.* guide; guide-book; *f.* rein. ‖ **guider** [gĭdé] *v.* to guide; to lead; to drive [cheval]; to steer [bateau]. ‖ **guidon** [-oⁿ] *m.* foresight [fusil]; handle-bar [bicyclette]; pennant (naut.).

guigne [gĭñ] *f.* black cherry; (pop.) bad luck; ill luck; *Am.* jinx.

guigner [gĭñé] *v.* to peer; to peep at; to ogle; to covet.

guignol [gĭñòl] *m.* Punch and Judy show; puppet show; puppet.

guignolée [gĭñòlé] *f.* © house-to-house collection for the poor.

guillemets [gĭymè] *m. pl.* inverted commas, quotation marks.

guilleret [gĭyrè] *adj.** sprightly, lively, gay; smart; over-free.

guillotine [gĭyòtĭn] *f.* guillotine; *fenêtre à guillotine*, sash-window. ‖ **guillotiner** [-ĭné] *v.* to guillotine.

guimauve [gĭmòv] *f.* marshmallow.

guimbarde [gĭnbàrd] *f.* wagon; jew's-harp (mus.); (pop.) bone-shaker, rattletrap. *Am.* jalopy.

guindé [gĭndé] *adj.* stiff; stilted.

guirlande [gĭrlaⁿd] *f.* garland, wreath; festoon.

guise [gĭz] *f.* way, manner; fancy; *à votre guise*, as you like, as you will; *en guise de*, by way of.

guitare [gĭtàr] *f.* guitar. ‖ **guitariste** [-rĭst] *s.* guitarist.

gymnase [jĭmnàz] *m.* gymnasium. ‖ **gymnastique** [jĭmnàstĭk] *f.* gymnastics; *adj.* gymnastic.

H

The French h is never aspirated as in English; no liaison should be made when the phonetic transcription is preceded by ', while in other cases initial h is mute.

habile [àbĭl] *adj.* skilful, clever; artful, cunning, sharp; expert; qualified (jur.). ‖ **habileté** [-té] *f.* skill, ability; cleverness; cunning, artfulness [ruse].

habiliter [àbĭlĭté] *v.* to capacitate; to empower, to entitle.

habillement [àbĭymaⁿ] *m.* clothing; clothes; dress; apparel; suit [complet]. ‖ **habiller** [-ĭyé] *v.* to dress; to clothe; to prepare; to trim; to fit; *habillé*, clad; *s'habiller*, to dress, to get dressed; to dress up.

habit [àbĭ] *m.* dress; habit (eccles.); coat; dress-coat [de soirée]; *pl.* clothes.

habitant [àbĭtaⁿ] *m.* inhabitant; dweller; inmate; resident; © farmer

[*Fr.* = paysan]. ‖ *habitat* [-*à*] *m.* habitat. ‖ *habitation* [-àsyoⁿ] *f.* habitation; home; dwelling, abode, residence. ‖ *habiter* [-é] *v.* to live in, to inhabit, to dwell at; to live, to reside; to occupy [maison].

habitude [àbïtüd] *f.* habit; custom, practice; use; *avoir l'habitude de,* to be used to; *d'habitude,* usually. ‖ *habitué* [-üé] *m.* frequenter, regular attendant. ‖ *habituel* [-üèl] *adj.*° usual, customary, regular, habitual. ‖ *habituer* [-üé] *v.* to habituate, to accustom; to inure [endurcir], *s'habituer,* to grow accustomed, to get used.

hache [ʼàsh] *f.* axe; hatchet. ‖ *hacher* [-é] *v.* to chop; to hew; to hack up; to hash [viande]; to mince ‖ *hachereau* [-rô] *m.*° hatchet. ‖ *hachis* [-ì] *m.* hash, mince; minced meat. ‖ *hachoir* [-wàr] *m.* chopper; chopping-board. ‖ *hachuré* [-üré] *adj.* streaked.

hagard [àgàr] *adj.* haggard; drawn; wild-looking; staring.

haie [ʼè] *f.* hedge, hedgerow; line, row; hurdle; *faire la haie,* to line the streets.

haillon [ʼàyoⁿ] *m.* rag; *pl.* tatters.

haine [ʼèn] *f.* hate, hatred; detestation. ‖ *haineux* [-ë] *adj.*° hateful; full of hatred.

haïr [ʼàìr] *v.*° to hate, to detest, to loathe. ‖ *haïssable* [-àìsàbl] *adj.* hateful, odious, detestable.

halage [ʼàlàj] *m.* hauling; towing.

hâle [ʼàl] *m.* tanning, browning; sunburn; tan; tanned complexion. ‖ *hâlé* [-é] *adj.* tanned, sunburnt; weather-beaten.

haleine [àlèn] *f.* breath; wind.

haler [ʼàlé] *v.* to haul; to haul in; to tow; to heave.

hâler [ʼàlé] *v.* to tan, to brown; to burn; to sunburn.

haleter [ʼàlté] *v.* to puff, to pant, to blow; to gasp.

halle [ʼàl] *f.* covered market, market hall.

hallucinant [àlüsìnaⁿ] *adj.* hallucinating, haunting.

halte [ʼàlt] *f.* halt, stop; stopping-place; wayside station; *interj.* hold on! halt!

hamac [ʼàmàk] *m.* hammock.

hameau [ʼàmô] *m.*° hamlet.

hameçon [àmsoⁿ] *m.* hook; fish-hook; bait (fig.).

hampe [ʼaⁿp] *f.* shaft [lance]; staff, pole; stem.

hanche [ʼaⁿsh] *f.* hip; haunch [cheval]; *les poings sur les hanches,* arms akimbo.

handicap [ʼaⁿdìkàp] *m.* handicap. ‖ *handicaper* [-é] *v.* to handicap.

hangar [ʼaⁿgàr] *m.* hangar (aviat.); shed; penthouse.

hanneton [ʼàntoⁿ] *m.* may-bug, cockchafer; scatterbrain (fig.).

hanter [ʼaⁿté] *v.* to haunt; to frequent; to keep company with. ‖ *hantise* [-ìz] *f* obsession.

happer [ʼàpé] *v.* to snap up, to snatch, to catch; to waylay.

harangue [ʼàraⁿg] *f.* harangue; address, speech. ‖ *haranguer* [ʼàraⁿgé] *v.* to harangue; to address.

harasser [ʼàràsé] *v.* to exhaust, to wear out.

harceler [ʼàrselé] *v.* to harass; to harry; to worry; to pester, to nag.

hardi [ʼàrdì] *adj.* audacious, bold; daring; rash; impudent, saucy. ‖ *hardiesse* [-yès] *f.* boldness; temerity; effrontery, impudence; audacity, cheek; pluck, daring, rashness. ‖ *hardiment* [-ìmaⁿ] *adv.* boldly, audaciously.

hareng [ʼàraⁿ] *m.* herring; *hareng fumé,* kipper. ‖ *harengère* [-jèr] *f.* fish-wife.

hargneux [ʼàrñë] *adj.*° surly; peevish; bad-tempered; nagging [femme]; harsh, cross [ton].

haricot [ʼàrìkô] *m.* haricot, bean, kidney-bean; *haricots verts, Br.* French beans, *Am.* string beans.

harmonie [àrmònì] *f.* harmony; concord, accord, agreement. ‖ *harmonieux* [-yë] *adj.*° harmonious; tuneful, melodious. ‖ *harmonique* [-ìk] *m.,* adj. harmonic. ‖ *harmoniser* [-ìzé] *v.* to harmonize; to match.

harnacher [ʼàrnàshé] *v.* to harness; to rig out [personnes]. ‖ *harnais* [-è] *m.* harness; gearing (mech.); saddlery; trappings.

harpe [ʼàrp] *f.* harp.

harpie [ʼàrpì] *f.* harpy; shrew.

harpiste [ʼàrpìst] *s.* harp-player.

harpon [ʼàrpoⁿ] *m.* harpoon; wall-staple. ‖ *harponner* [-òné] *v.* to harpoon; to waylay.

hasard [ʼàzàr] *m.* chance, luck; risk; danger, hazard; *au hasard,* at random; *par hasard,* by chance. ‖ *hasardé* [-dé] *adj.* hazardous, risky, rash, bold, foolhardy. ‖ *hasarder* [-dé] *v.* to hazard, to venture; to risk. ‖ *hasardeux* [-dë] *adj.*° perilous, risky, venturous; bold, daring.

hâte [ʼàt] *f.* haste, hurry; eagerness; *à la hâte,* hastily, in a hurry; *avoir hâte,* to be eager; to be in a hurry; to long (de, to). ‖ *hâter* [-é] *v.* to hasten; to speed up; to expedite; to force [fruits]; **se hâter,** to hurry up, to make haste. ‖ **hâtif** [-ìf] *adj.** hasty; premature; early; ill-considered.

hausse ['ôs] *f.* rise, *Am.* raise; backsight [fusil]; range (mil.); *à la hausse,* on the rise. ‖ **haussement** [-maⁿ] *m.* raising; *haussement d'épaules,* shrug. ‖ **hausser** [-é] *v.* to lift; to raise; to increase; to shrug [épaules]; to rise, to go up. ‖ **haussière** [-yèr] *f.* hawser. ‖ **haut** ['ô] *m.* height; top; summit; *adj.* high; tall; lofty; elevated; important, eminent, great; loud [voix]; erect [tête]; haughty; *adv.* high; high up; haughtily; aloud; *en haut,* upstairs; up above; at the top; *vingt pieds de haut, haut de vingt pieds,* twenty feet high; **haut-fond,** shoal, shallows; **haut-le-cœur,** retching; nausea; **haut-le-corps,** start, jump; **haut-parleur,** loudspeaker. ‖ **hautain** ['ôtìⁿ] *adj.* haughty; lofty. ‖ **hauteur** ['ôtœr] *f.* height; altitude; eminence, hill; pitch (mus.); arrogance, haughtiness; position (naut.); *être à la hauteur de,* to be equal to; to be a match for; to be up to.

hâve ['âv] *adj.* wan; emaciated; gaunt, drawn, haggard.

havre ['àvr] *m.* harbour, haven.

hebdomadaire [èbdômàdèr] *adj.* weekly; *m.* weekly publication, weekly (fam.).

héberger [èbèrjé] *v.* to lodge; to harbo(u)r.

hébéter [ébété] *v.* to stupefy; to daze; to stun. ‖ **hébétude** [-tüd] *f.* daze; hebetude.

hécatombe [ékàtonb] *f.* hecatomb.

hélas ! [élâs] *interj.* alas !

héler [élé] *v.* to hail; to call.

hélice [élìs] *f.* screw; propellor; *en hélice,* spiral.

hélicoptère [élìkòptèr] *m.* helicopter.

hémisphère [émìsfèr] *m.* hemisphere.

hémorragie [émòràjì] *f.* hemorrhage, bleeding.

hennir ['ènìr] *v.* to neigh; to whinny.

herbe [èrb] *f.* grass; herb, plant; weed [mauvaise]; *herbe à puces,* Ⓒ poison-ivy; seaweed [marine]; *fines herbes,* herbs for seasoning; *en herbe,* unripe; budding (fig.). ‖ **herbeux** [-ë] *adj.** grassy. ‖ **herboriste** [-òrìst] *m., f.* herbalist.

héréditaire [érédìtèr] *adj.* hereditary. ‖ **hérédité** [-é] *f.* heredity; heirship.

hérisser ['érìsé] *v.* to bristle up; to ruffle [plumes]; to cover with spikes; **se hérisser,** to bristle; to stand on end; to get ruffled [personne]. ‖ **hérisson** [-oⁿ] *m.* hedgehog; sea-urchin [de mer]; row of spikes; sprocket-wheel; flue-brush.

héritage [érìtàj] *m.* heritage, inheritance; heirloom. ‖ **hériter** [-é] *v.* to inherit, to come into. ‖ **héritier, -ière** [-yé, yèr] *m.* heir; *f.* heiress.

hermétique [èrmétìk] *adj.* hermetic; airtight; abstruse.

hermine [èrmìn] *f.* ermine, stoat. ‖ **herminette** [-ìnèt] *f.* adze.

hernie [èrnì] *f.* hernia, rupture.

héroïne [éròìn] *f.* heroine [personnage]; heroin [stupéfiant]. ‖ **héroïque** [éròìk] *adj.* heroic, heroical. ‖ **héroïsme** [éròìsm] *m.* heroism.

héron [éroⁿ] *m.* heron, hern.

héros ['éró] *m.* hero.

herse [èrs] *f.* harrow; portcullis. ‖ **herser** [-é] *v.* to harrow, to drag [champ].

hésitation [ézìtàsyoⁿ] *f.* hesitation; hesitancy, wavering; faltering [pas]; misgiving. ‖ **hésiter** [-é] *v.* to hesitate, to waver; to falter.

hétéroclite [étéròklìt] *adj.* unusual, strange; eccentric; incongruous.

hêtre [ètr] *m.* beech, beech-tree.

heure [œr] *f.* hour; o'clock; time; moment; period; *quelle heure est-il ?,* what time is it?; *six heures dix,* ten (minutes) past six, six ten; *six heures moins dix,* ten (minutes) to six; *six heures et demie,* half past six; *c'est l'heure,* time is up; *heure légale,* standard time; *heure d'été,* summer time, daylight-saving time; *dernière heure,* last-minute news; *être à l'heure,* to be on time, to be punctual; *heures supplémentaires,* overtime; *de bonne heure,* early; *tout à l'heure,* just now, a few minutes ago; presently, in a few minutes; *à tout à l'heure,* so long !, see you presently, see you later.

heureusement [œrëzmaⁿ] *adv.* happily; fortunately; successfully.

heureux [œrë] *adj.** happy; glad, pleased, delighted; lucky, fortunate, favo(u)red, blessed; successful, prosperous; auspicious, favo(u)rable; pleasing, apt, felicitous [phrase].

heurt ['œr] *m.* shock; blow. ‖ **heurter** ['œrté] *v.* to knock, to hit, to strike; to jostle, to bump; to run into, to crash with, to collide with; to shock, to offend; to wound [sensibilité]; to clash, to jar [couleurs]; to ram, to barge into (naut.); to stub [pied]; **se heurter,** to collide; to clash (fig.).

hibou ['ìbû] *m.** owl; *jeune hibou,* owlet.

hideux ['ìdë] *adj.** hideous; horrible, frightful, appalling, shocking.

hier [yèr] *adv.* yesterday; *hier soir,* last night, last evening.

hiérarchie ['yéràrshĩ] *f.* hierarchy. ǁ **hiérarchique** [-chĩk] *adj.* hierarchical.

hilarant [ìlàraⁿ] *adj.* mirth-provoking, exhilarating; *gaz hilarant,* laughing-gas.

hippique [ìpĩk] *adj.* hippic, equine; *concours ˜ hippique,* horse-show; *Br.* race-meeting, *Am.* race-meet. ǁ **hippodrome** [-òdròm] *m.* hippodrome, circus; race-track, race-course.

hippopotame [ìpòpòtàm] *m.* hippopotamus.

hirondelle [ìrondèl] *f.* swallow; small river steamer.

hirsute [ìrsüt] *adj.* hirsute, hairy, shaggy; unkempt; rough, boorish.

hisser ['ìssé] *v.* to hoist, to heave, to lift, to raise, to pull up, *Am.* to heft.

histoire [ìstwàr] *f.* history; story, tale, narration, narrative; yarn (fam.); invention, fib; thing, affair, matter; *faire des histoires,* to make a fuss, to make a to-do. ǁ **historien** [ìstòryiⁿ] *m.* historian, chronicler, recorder; narrator. ǁ **historique** [-ìk] *adj.* historic; historical; *m.* historical account, recital, chronicle.

histrion [ìstrìyoⁿ] *m.* histrion; mountebank.

hiver [ìvèr] *m.* winter. ǁ **hiverner** [-né] *v.* to winter, to spend the winter; to hibernate.

hocher ['òshé] *v.* to shake, to toss, to nod, to wag. ǁ **hochet** [-è] *m.* rattle [de bébé]; toy, bauble.

hollandais ['òlăⁿdè] *adj.* Dutch; *m.* Dutchman. ǁ **Hollande** ['òlăⁿd] *f.* Holland; Netherlands.

homard ['òmàr] *m.* lobster.

homélie [òmélĩ] *f.* homily.

homéopathie [òméòpàtĩ] *f.* homœopathy. ǁ **homéopathique** [-tìk] *adj.* homœopathic.

homicide [òmìsĩd] *adj.* murderous, homicidal; *m.* murder [volontaire]; manslaughter [involontaire].

hommage [òmàj] *m.* homage, respect, veneration, tribute, esteem; service; acknowledgment, token, gift, testimony; *pl.* respects, compliments; *rendre hommage,* to do homage, to pay tribute.

homme [òm] *m.* man; *pl.* men; mankind; *homme d'affaires,* business-man; *homme de peine,* laborer.

homologuer [òmòlògé] *v.* to homologate; to ratify; to recognize.

honnête [ònèt] *adj.* honest, hono(u)rable, upright, decent; respectable; genteel, courteous, well-bred; seemly, becoming, decorous [conduite]; advantageous, reasonable, moderate [prix]; virtuous [femme]; *honnêtes gens,* de-

cent people; *procédés honnêtes,* square dealings. ǁ **honnêteté** [-té] *f.* honesty, integrity, uprightness, civility, politeness; decency, respectability, seemliness; reasonableness, fairness.

honneur [ònœr] *m.* hono(u)r, rectitude, probity, integrity; repute, credit; respect; chastity; virtue; distinction; court-card [cartes]; *pl.* regalia, hono(u)rs, preferments.

honorable [ònòràbl] *adj.* hono(u)rable; respectable, reputable, creditable. ǁ **honoraire** [-èr] *adj.* honorary; *m. pl.* fee, fees, honorarium; stipend; retainer [avocat]. ǁ **honorer** [-é] *v.* to hono(u)r, to respect; to do hono(u)r to; to be an hono(u)r to; to meet [obligation]; *s'honorer,* to pride oneself (*de,* on). ǁ **honorifique** [-ìfìk] *adj.* honorary, titular [mot].

honte ['oⁿt] *f.* shame, disgrace, discredit; reproach; confusion, bashfulness; *avoir honte,* to be ashamed; *sans honte,* shameless; *faire honte à,* to make ashamed, to put to shame. ǁ **honteux** [-ö] *adj.*° ashamed; shameful, disgraceful, scandalous; bashful, shy.

hôpital [òpìtàl] *m.*° hospital, infirmary; alms-house, poor-house, asylum [hospice].

hoquet ['òkè] *m.* hiccough, hiccup; hic; gasp. ǁ **hoqueter** [-té] *v.* to hiccup; to hiccough.

horaire [òrèr] *m.* time-table, schedule; *adj.* horary, hourly; per hour.

horizon [òrìzoⁿ] *m.* horizon, skyline; sea-line; outlook; scope (fig.). ǁ **horizontal** [-tàl] *adj.*° horizontal.

horloge [òrlòj] *f.* clock; time-piece, time-keeper, chronometer. ǁ **horloger** [-é] *m.* watch-maker, clock-maker. ǁ **horlogerie** [-rĩ] *f.* watch-making, clock-making; watch and clock-trade; clock-maker's shop; *mouvement d'horlogerie,* clockwork.

hormis ['òrmĩ] *prep.* except, but, save, excepting.

horreur [òrœr] *f.* horror, dread; abhorrence, loathing, repulsion, repugnance, disgust; atrocity, heinousness; *avoir en horreur,* to abhor, to detest, to abominate; *faire horreur à,* to horrify, to disgust. ǁ **horrible** [-ìbl] *adj.* horrible, awful, dreadful, fearful, frightful, horrid; appalling, ghastly, gruesome. ǁ **horrifiant** [-ìfyaⁿ] *adj.* horrifying. ǁ **horrifier** [-ìfyé] *v.* to horrify, to appal.

hors ['òr] *prep.* out of, outside of; without; but, except, save; beyond, past; *hors de combat,* disabled, out of action; *hors de saison,* unseasonable; *hors de doute,* unquestionable; *hors-d'œuvre,* hors-d'œuvre, appetizer; digression, irrelevancy; outwork, outbuilding (arch.); **hors-la-loi,** outlaw; **hors-texte,** bookplate.

hortensia [òrtaⁿsyá] *m.* hydrangea.

hospice [òspîs] *m.* hospice; asylum, refuge; alms-house; home, institution. ∥ **hospitalier** [-ìtàlyé] *adj.*° hospitable; welcoming. ∥ **hospitaliser** [-ìtàlìsé] *v. Br.* to send to hospital, *Am.* to hospitalize; to admit to a home. ∥ **hospitalité** [-ìtàlìté] *f.* hospitality; hospitableness; harbo(u)rage.

hostile [òstìl] *adj.* hostile, unfriendly, opposed, adverse, contrary, inimical. ∥ **hostilité** [-ìté] *f.* hostility, enmity, opposition.

hôte, hôtesse [ôt, ôtès] *m., f.* host, *m.;* hostess, *f.;* innkeeper; landlord, *m.;* landlady, *f.;* guest, visitor; lodger; occupier, inmate; *table d'hôte,* table d'hôte, regular or ordinary meal. ∥ **hôtel** [òtèl] *m.* hotel, hostelry, inn; mansion, town-house, private residence; public building; *hôtel meublé,* lodging-house. ∥ **hôtelier** [-ᵉlyé] *m.* hotel-keeper, innkeeper; landlord; host; hosteller [monastère]. ∥ **hôtellerie** [-èlrî] *f.* hostelry, inn, hotel; hotel trade; guest-house.

hotte [òt] *f.* basket; pannier, dosser; hod [maçon]; hood, canopy [cheminée].

houblon ['úblòⁿ] *m.* hop.

houe ['û] *f.* hoe.

houille ['úy] *f.* coal; *houille blanche,* water power; *houille brune,* lignite. ∥ **houiller** [-é] *adj.*° coal; coal-bearing. ∥ **houillère** [-èr] *f.* coal-mine, coal-pit; colliery.

houle ['úl] *f.* swell, surge, billows. ∥ **houleux** [-lé] *adj.*° swelling; stormy; tumultuous.

houppe ['úp] *f.* tuft, bunch; pompon; tassel, bob; crest, topknot [cheveux]; powder-puff [poudre]. ∥ **houppette** [-èt] *f.* powder-puff.

hourra ['úrá] *m., interj.* hurrah.

housse ['ûs] *f.* covering; dust-sheet; *Am.* slip-cover; garment-bag; sparetire cover [auto]; propeller-cover (aviat.); saddle-cloth.

houx ['ú] *f.* holly, holly-tree.

hoyau ['wàyò] *m.*° mattock, grubbing-hoe; pickaxe.

huard [üàr] *m.* © loon.

hublot [üblò] *m.* scuttle, port-hole.

huche ['üsh] *f.* bin.

hue! ['ü] *interj.* gee!

huer ['üé] *v.* to boo, to hoot, to jeer; to shout, to whoop; to halloo [chasse].

huile [üìl] *f.* oil; *huile de table,* salad oil; *huile de coude,* elbow-grease. ∥

huiler [-é] *v.* to oil; to lubricate; to grease; to exude oil. ∥ **huileux** [-ë] *adj.*° oily, greasy. ∥ **huilier** [-yé] *m.* oil-can; cruet-stand; oil-maker; oil-merchant.

huissier [üìsyé] *m.* process-server; usher, monitor; beadle.

huit [üìt] *m., adj.* eight; eighth [date, titre]; *huit jours,* a week; *d'aujourd'hui en huit,* to-day week, a week from to-day. ∥ **huitaine** [-èn] *f.* about eight; week. ∥ **huitième** [-yèm] *m., f., adj.* eighth.

huître [üîtr] *f.* oyster.

humain [ümⁱⁿ] *adj.* human; humane [bon], *m.* human being; *pl.* humanity, mankind, men. ∥ **humaniser** [ümànìzé] *v.* to humanize, to civilize; to soften, to mollify. ∥ **humanitaire** [-ìtèr] *adj., s.* humanitarian. ∥ **humanité** [-ìté] *f.* humanity; human nature; mankind; humaneness, kindness; *pl.* humanities, classical studies.

humble [uⁿbl] *adj.* humble, lowly, modest; mean.

humecter [ümèkté] *v.* to dampen, to moisten, to wet.

humer [ümé] *v.* to inhale; to suck up; to sip.

humeur [ümœr] *f.* humo(u)r; disposition, temperament; mood, spirits; fancy; caprice; ill-humo(u)r; temper, anger; *avec humeur,* peevishly; crossly.

humide [ümìd] *adj.* damp, moist, humid, wet, dank; muggy [temps]. ∥ **humidifier** [-ìfyé] *v.* to humidify. ∥ **humidité** [ümìdìté] *f.* humidity, moisture, dampness, wetness, dankness; mugginess [temps].

humilier [ümìlyé] *v.* to humiliate, to mortify, to humble, to abase. ∥ **humilité** [-ìté] *f.* humility, humbleness.

humoriste [ümòrìst] *adj.* humorous, humoristic; *m., f.* humorist. ∥ **humour** [-ûr] *m.* humo(u)r; comic sense.

hune ['ün] *f.* top (naut.); *hune de vigie,* crow's-nest.

huppe ['üp] *f.* tuft, crest; hoopoe [oiseau]. ∥ **huppé** [-é] *adj.* tufted; smart, swell (fam.).

hurlement ['ürlᵉmaⁿ] *m.* howl, howling, yelling, roaring, roar; bellow, bellowing. ∥ **hurler** [-é] *v.* to howl, to yell, to roar; to bellow; to bawl.

hurluberlu [ürlübèrlü] *adj.* scatterbrained; *m.* harum-scarum.

hutte ['üt] *f.* hut, cabin, shanty, shed.

hyacinthe [yàsⁱⁿt] *m.* hyacinth.

hydraulique [ìdrôlìk] *adj.* hydraulic; *f.* hydraulics; *force hydraulique,* water-power.

hydravion [ìdràvyoⁿ] *m.* hydroplane, sea-plane.

hydrogène [ìdròjèn] *m.* hydrogen.

hygiène [ìjyèn] *f.* hygiene; sanitation. ‖ *hygiénique* [-yéni̇̀k] *adj.* hygienic, healthful; sanitary.

hymne [ìmn] *m.* hymn; song; anthem [national].

hypnose [ìpnôz] *f.* hypnosis. ‖ *hypnotiser* [ìpnòti̇̀zé] *v.* to hypnotize.

hypocrisie [ìpòkri̇̀zi̇̀] *f.* hypocrisy; cant. ‖ *hypocrite* [-ìt] *adj.* hypocritical; *m., f.* hypocrite.

hypothécaire [ìpòtékèr] *adj.* on mortgage. ‖ *hypothèque* [ìpòtèk] *f.* mortgage. ‖ *hypothéquer* [-éké] *v.* to hypothecate, to mortgage.

hypothèse [ìpòtèz] *f.* hypothesis; assumption, supposition, theory.

hystérie [ìstéri̇̀] *f.* hysteria. ‖ *hystérique* [-ìk] *adj.* hysteric, hysterical.

I

ici [ìsi̇̀] *adv.* here; now, at this point; *ici-bas*, on earth.

idéal [ìdéàl] *adj.** ideal; imaginary, visionary; *m.** ideal. ‖ *idéalisme* [-ìsm] *m.* idealism. ‖ *idéaliste* [-ìst] *adj.* idealistic; *m., f.* idealist.

idée [ìdé] *f.* idea; notion, conception; mind; intention, purpose; whim, fancy; hint, suggestion.

identification [ìdaⁿti̇̀fi̇̀kàsyoⁿ] *f.* identification, identifying. ‖ *identifier* [-ìfyé] *v.* to identify. ‖ *identique* [-ìk] *adj.* identical; equal, equivalent. ‖ *identité* [-ìté] *f.* identity; *carte d'identité*, identification card, identity card.

idiot [ìdyó] *adj.* idiotic, absurd, senseless, stupid; *m.* idiot; fool, silly ass, *Am.* nut (pop.). ‖ *idiotie* [-si̇̀] *f.* idiocy; stupidity; piece of nonsense.

idiotisme [ìdyòtìsm] *m.* idiomatic expression; idiom.

idole [ìdòl] *f.* idol; god.

idylle [ìdi̇̀l] *f.* idyl(l); romance.

igloo [ìglú] *m.* igloo.

ignifuge [ìgni̇̀füj] *adj.* non-inflammable, fireproof.

ignoble [ìñòbl] *adj.* ignoble; low-born; vile, base; beastly, filthy; disgraceful, contemptible. ‖ *ignominie* [ìñòmìni̇̀] *f.* ignominy, disgrace.

ignorance [ìñòraⁿs] *f.* ignorance. ‖ *ignorant* [-aⁿ] *adj.* ignorant; uninformed; illiterate; unlearned; unaware; *m.* ignoramus, dunce. ‖ *ignorer* [-é] *v.* to be unaware of, to be ignorant of, not to know, to ignore [passer sous silence].

il, ils [ìl] *pron.* he; it; she [bateau]; *pl.* they.

île [ìl] *f.* island, isle.

illégal [ìllégàl] *adj.** illegal, unlawful, illicit. ‖ *illégitime* [ìlléji̇̀tìm] *adj.* illegitimate [enfant]; unlawful [mariage]; unwarranted [réclamation]; spurious [titre]. ‖ *illégitimité* [-ìté] *f.* illegitimacy.

illettré [ìllètré] *adj.* uneducated; illiterate.

illicite [ìlli̇̀si̇̀t] *adj.* illicit; foul [coup]; unallowed.

illimité [ìllìmìté] *adj.* boundless, unlimited, unbounded; indefinite.

illisible [ìlli̇̀zìbl] *adj.* illegible; unreadable.

illogique [ìllòji̇̀k] *adj.* illogical. ‖ *illogisme* [-ìsm] *m.* illogicality.

illumination [ìllümi̇̀nàsyoⁿ] *f.* illumination; lighting; flood-lighting [projecteur]; *pl.* lights; inspiration (fig.); enlightenment. ‖ *illuminer* [-né] *v.* to illuminate; to light up; to enlighten; to brighten.

illusion [ìllüzyoⁿ] *f.* illusion, delusion, fallacy; self-deception; chimera. ‖ *illusionner* [-yòné] *v.* to delude, to deceive. ‖ *illusoire* [-wàr] *adj.* illusory, illusive; deceptive.

illustration [ìllüstràsyoⁿ] *f.* illustration; picture; illustrating; illustriousness, renown; explanation, elucidation, expounding; *pl.* notes. ‖ *illustrer* [-é] *v.* to render illustrious; to illustrate [livre]; to elucidate, to annotate; *s'illustrer*, to become famous.

îlot [ìló] *m.* islet; block [maisons].

image [ìmàj] *f.* image; picture; likeness, resemblance; effigy; idea, impression; simile; metaphor; *pl.* imagery. ‖ *imaginable* [-ìnàbl] *adj.* imaginable. ‖ *imaginaire* [-ìnèr] *adj.* imaginary, fancied, fictitious. ‖ *imaginatif* [-ìnàtìf] *adj.** imaginative. ‖ *imagination* [-ìnàsyoⁿ] *f.* imagination; conception; fancy, invention, conceit. ‖ *imaginer* [-ìné] *v.* to imagine; to conceive; to fancy, to suppose; *s'imaginer*, to imagine oneself; to conjecture; to delude oneself.

imbécile [ìⁿbési̇̀l] *adj.* imbecile, idiotic; half-witted; silly, foolish; *m.* imbecile; fool, simpleton, ninny, fathead, *Am.* nut (pop.). ‖ *imbécillité* [-ìté] *f.* imbecility, feeble-mindedness, silliness; nonsense.

imberbe [ìⁿbèrb] *adj.* beardless, smooth-chinned.

imbiber [ɪⁿbìbé] v. to soak, to steep; to imbue, to impregnate; to imbibe; *imbibé d'eau*, wet.

imbu [ɪⁿbü] adj. imbued.

imbuvable [ɪⁿbüvàbl] adj. undrinkable; insufferable (fam.).

imitable [ìmìtàbl] adj. imitable. || *Imitateur* [-tœr] m. imitator. || *imitatif* [-tìf] adj.* imitative. || *Imitation* [ìmìtàsyoⁿ] f. imitation; imitating, copying; forgery; mimicking. || *imiter* [-é] v. to imitate, to copy; to forge; to mimic, to ape.

immaculé [ìmmàkülé] adj. immaculate, stainless, undefiled.

immangeable [ɪⁿmaⁿjàbl] adj. inedible, uneatable.

immanquable [ɪⁿmaⁿkàbl] adj. impossible to miss; inevitable.

immatriculer [ìmmàtrìkülé] v. to matriculate; to register.

immédiat [ìmmédyà] adj. immediate; near, close; direct; urgent.

immense [ìmmaⁿs] adj. immense, huge, vast. || *Immensité* [-ìté] f. immensity; vastness; boundlessness; hugeness.

immerger [ìmmèrjé] v. to immerse, to plunge, to dip. || *immersion* [-syoⁿ] f. immersion, plunging, dipping; submergence, submersion (naut.).

immeuble [ìmmœbl] m. real estate, realty, landed property; building, edifice; premises.

immigrant [ìmmìgraⁿ] m. immigrant. || *immigration* [-àsyoⁿ] f. immigration. || *immigrer* [-é] v. to immigrate.

imminent [ìmmìnaⁿ] adj. imminent, impending.

immiscer [ìmmìsé] v. to mix up; to involve; *s'immiscer*, to interfere, to intrude. || *immixtion* [-ksyoⁿ] f. interference, meddling.

immobile [ìmmòbìl] adj. motionless, immobile, unmoving; unshaken, steady. || *immobiliser* [-ìzé] v. to immobilize (mil.); to fix; to lock up [argent]; to convert, to realize (comm.); *s'immobiliser*, to stop. || *immobilité* [-ìté] f. immobility, motionlessness.

immodéré [ìmmòdéré] adj. immoderate, inordinate, intemperate.

immonde [ìmmoⁿd] adj. unclean, foul, filthy.

immoral [ìmmòràl] adj.* immoral. || *Immoralité* [-ìté] f. immorality, licentiousness.

immortalité [ìmmòrtàlìté] f. immortality. || *Immortel* [-èl] adj.* immortal, everlasting, undying; imperishable; m. immortal.

immunité [ìmmünìté] f. immunity; privilege; exemption [impôts].

impair [ɪⁿpèr] adj. odd, uneven; m. blunder, bloomer (fam.).

impardonnable [ɪⁿpàrdònàbl] adj. unforgivable; unpardonable.

imparfait [ɪⁿpàrfè] adj. imperfect, defective; unfinished; m. imperfect.

impartial [ɪⁿpàrsyàl] adj.* impartial, unbiassed, unprejudiced. || *Impartialité* [-ìté] f. impartiality, fair-mindedness.

impartir [ɪⁿpàrtìr] v. to grant; to invest; to allow, to bestow.

impassibilité [ɪⁿpàsìbìlìté] f. impassibility, impassiveness. || *Impassible* [ɪⁿpàsìbl] adj. impassive, impassible, unfeeling; unmoved; unimpressionable; unperturbed.

impatience [ɪⁿpàsyaⁿs] f. impatience, intolerance; eagerness, longing; fidgeting. || *Impatient* [-yaⁿ] adj. impatient, intolerant; eager; all agog; restless. || *Impatienter* [-yaⁿté] v. to provoke, to get (someone) out of patience, to irritate; *s'impatienter*, to lose patience, to become impatient.

impayable [ɪⁿpèyàbl] adj. inestimable, invaluable, priceless; (fam.) screaming, killing, *Br.* capital, ripping.

impeccable [ɪⁿpèkàbl] adj. impeccable, faultless; flawless.

impénétrable [ɪⁿpénétràbl] adj. impenetrable; impervious [impermféable]; inscrutable [visage]; unfathomable [mystère]; close [secret].

impératif [ɪⁿpéràtìf] adj.* imperative; imperious; m. imperative (gramm.).

impératrice [ɪⁿpéràtrìs] f. empress.

imperceptible [ɪⁿpèrsèptìbl] adj. imperceptible, undiscernible.

imperfection [ɪⁿpèrfèksyoⁿ] f. imperfection; incompleteness; defect, fault; flaw, blemish.

impérial [ɪⁿpéryàl] adj.* imperial. || *Impériale* [-yàl] f. roof, top, upperdeck [autobus]; imperial, tuft [barbe].

impérieux [ɪⁿpéryë] adj.* imperious; domineering; peremptory; urgent.

impérissable [ɪⁿpérìsàbl] adj. imperishable; unperishing.

imperméable [ɪⁿpèrméàbl] adj. impermeable, waterproof, watertight; impervious; m. waterproof, raincoat.

impersonnel [ɪⁿpèrsònèl] adj.* impersonal.

impertinence [ɪⁿpèrtìnaⁿs] f. impertinence; pertness, nerve, cheek; irrelevance (jur.). || *Impertinent* [-aⁿ] adj. impertinent, saucy, pert, nervy, cheeky; flippant; irrelevant (jur.).

imperturbable [ɪⁿpèrtürbàbl] adj. imperturbable, unmoved, phlegmatic.

impétueux [iⁿpétüë] *adj.* impetuous, hasty, precipitate, headlong; passionate. ‖ *impétuosité* [-üòzìté] *f.* impetuosity.

impie [iⁿpǐ] *adj.* impious, ungodly; irreligious; blasphemous; *m.* unbeliever. ‖ *impiété* [-pyété] *f.* impiety; impious deed.

impitoyable [iⁿpìtwàyàbl] *adj.* pitiless; unmerciful; ruthless; unrelenting.

implacable [iⁿplàkàbl] *adj.* implacable, unpardoning.

implication [iⁿplìkàsyoⁿ] *f.* implication.

implicite [iⁿplìsìt] *adj.* implicit, implied; tacit. ‖ *impliquer* [-ìké] *v.* to imply; to implicate.

implorer [iⁿplòré] *v.* to implore, to beseech, to entreat.

impoli [iⁿpòlì] *adj.* impolite, rude. ‖ *impolitesse* [-tès] *f.* rude act; impoliteness; discourtesy.

importance [iⁿpòrtaⁿs] *f.* importance; largeness, considerableness; consequence; social position; authority, credit; self-conceit. ‖ *important* [-aⁿ] *adj.* important, considerable; weighty; self-important, bumptious (fam.); *m.* essential point, main thing.

importateur, -trice [iⁿpòrtàtœr, -trìs] *m.*, *f.* importer [marchandises]; *adj.* importing. ‖ *importation* [-àsyoⁿ] *f.* importation; import. ‖ *importer* [-é] *v.* to import.

importer [iⁿpòrté] *v.* to matter; to import, to be of consequence; *n'importe comment*, no matter how, anyhow, anyway; *n'importe quoi*, no matter what, anything; *qu'importe?*, what's the difference?

importun [iⁿpòrtuⁿ] *adj.* importunate, obtrusive, bothersome, troublesome; unseasonable; *m.* pestering person, bore. ‖ *importuner* [-üné] *v.* to importune, to bother, to pester, to bore, to trouble, to inconvenience; to badger (fam.); to dun [débiteur]. ‖ *importunité* [-ünìté] *f.* importunity.

imposable [iⁿpòzàbl] *adj.* taxable. ‖ *imposant* [-aⁿ] *adj.* imposing, impressive; commanding, stately. ‖ *imposer* [-é] *v.* to impose, to prescribe, to assign, to inflict [tâche]; to enforce, to lay down [règlement]; to tax, to charge; to thrust, to force (à, upon); to lay on [mains]; *s'imposer,* to assert oneself, to command attention; to obtrude oneself; to be called for. ‖ *imposition* [-ìsyoⁿ] *f.* imposition; laying on [mains]; prescribing [tâche]; tax, duty.

impossibilité [iⁿpòsìbìlìté] *f.* impossibility. ‖ *impossible* [-ìbl] *adj.* impossible; impracticable.

imposteur [iⁿpòstœr] *m.* impostor, deceiver, fake, *Am.* phony (pop.).

impôt [iⁿpô] *m.* tax, duty; taxation.

impotent [iⁿpòtaⁿ] *adj.* impotent; crippled; *m..* *f.* cripple, invalid.

impraticable [iⁿpràtìkàbl] *adj.* impracticable, unfeasible; unworkable; impassable.

imprécis [iⁿprésì] *adj.* unprecise. ‖ *imprécision* [-zyoⁿ] *f.* vagueness; haziness; looseness.

imprégner [iⁿpréñé] *v.* to impregnate.

impression [iⁿprèsyoⁿ] *f.* pressing, impressing; impression, impress; mark, stamp; printing; print; issue, edition; feeling; sensation. ‖ *impressionnant* [-yònaⁿ] *adj.* impressive; moving, stirring. ‖ *impressionner* [-yòné] *v.* to impress, to affect, to move; to make an impression on.

imprévisible [iⁿprévìzìbl] *adj.* unforeseeable; unpredictable.

imprévoyant [iⁿprévwàyaⁿ] *adj.* improvident. ‖ *imprévu* [-ü] *adj.* unforeseen, unexpected, unlooked-for; sudden.

imprimé [iⁿprìmé] *adj.* printed; *m.* printed form, paper, book; *pl.* printed matter. ‖ *imprimer* [-é] *v.* to print; to communicate [mouvement]; to impress, to stamp; to prime [toile]. ‖ *imprimerie* [-rî] *f.* printing; printing-office; printing works. ‖ *imprimeur* [-œr] *m.* printer.

improbabilité [iⁿpròbàbìlìté] *f.* unlikelihood; improbable event. ‖ *improbable* [iⁿpròbàbl] *adj.* improbable, unlikely.

improductif [iⁿpròdüktìf] *adj.** unproductive; idle [argent].

impropre [iⁿpròpr] *adj.* unfit, unsuitable; improper. ‖ *impropriété* [-lété] *f.* impropriety, incorrectness.

improviser [iⁿpròvìzé] *v.* to improvise; to do (something) extempore; to ad-lib (fam.).

imprudence [iⁿprüdaⁿs] *f.* imprudence, rashness; unwariness, heedlessness. ‖ *imprudent* [-aⁿ] *adj.* imprudent; heedless, unwary; fool-hardy; incautious.

impudence [iⁿpüdaⁿs] *f.* impudence; immodesty, shamelessness; cheek. ‖ *impudent* [-aⁿ] *adj.* impudent; immodest, shameless; cheeky, saucy, *Am.* nervy. ‖ *impudeur* [-œr] *f.* shamelessness; lewdness.

impuissant [iⁿpüìsaⁿ] *adj.* powerless, helpless, incapable, impotent; ineffective, vain; unavailing.

impulsif [iⁿpülsìf] *adj.** impulsive; impetuous. ‖ *impulsion* [-yoⁿ] *f.* impulse, urge; impetus; stimulus, prompting.

impuni [iⁿpüni] *adj.* unpunished. ‖ **impunité** [-té] *f.* impunity.

impur [iⁿpür] *adj.* impure, unclean; tainted; unchaste, lewd. ‖ **impureté** [-té] *f.* impurity, uncleanliness, unchastity, lewdness.

imputer [iⁿpüté] *v.* to impute, to ascribe, to attribute; to charge, to debit, to deduct [compte].

inabordable [inàbòrdàbl] *adj.* unapproachable; prohibitive [prix].

inaccessible [inàksèsìbl] *adj.* inaccessible, unattainable.

inaccoutumé [inàkûtümé] *adj.* unaccustomed; unusual; inhabitual; unwonted.

inachevé [inàshvé] *adj.* unfinished.

inaction [inàksyoⁿ] *f.* inaction; dullness [affaires].

inadapté [inàdàpté] *adj.* misfit.

inadvertance [inàdvèrtàⁿs] *f.* inadvertence, unwariness; oversight.

inamovible [inàmòvìbl] *adj.* permanent, irremovable.

inappréciable [inàprésyàbl] *adj.* inappreciable; invaluable.

inattendu [inàtaⁿdü] *adj.* unexpected; unlooked-for.

inattention [inàtaⁿsyoⁿ] *f.* heedlessness; absent-mindedness; inattention.

inaugurer [inôgüré] *v.* to inaugurate, to open; to institute; to unveil [monument]; to usher in [époque].

incapable [iⁿkàpàbl] *adj.* incapable, unfit; unable; incompetent; unqualified. ‖ **incapacité** [-àsìté] *f.* incapacity; inability; incompetency; disability (jur.).

incartade [iⁿkàrtàd] *f.* freak; prank, folly; indiscretion; outburst.

incassable [iⁿkàsàbl] *adj.* unbreakable.

incendie [iⁿsaⁿdî] *m.* fire, conflagration; arson. ‖ **incendier** [-yé] *v.* to set fire to.

incertain [iⁿsèrtiⁿ] *adj.* uncertain, doubtful; questionable; unreliable; unsettled [temps]. ‖ **incertitude** [-ìtüd] *f.* uncertainty, incertitude; perplexity; suspense; instability; dubiousness; unsettled state [temps].

incessant [iⁿsèsaⁿ] *adj.* unceasing, ceaseless; uninterrupted.

incidence [iⁿsidaⁿs] *f.* incidence.

incident [iⁿsidaⁿ] *m.* incident, occurrence, happening; difficulty; hitch, mishap; *adj.* incidental; incident.

incision [iⁿsizyoⁿ] *f.* notch; incision; cutting; lancing (med.); tapping [arbre].

inciter [iⁿsìté] *v.* to incite, to urge on, to egg on; to induce.

inclinaison [iⁿklinèzoⁿ] *f.* inclination, slope, slant, declivity; list [bateau]; nod [tête]. ‖ **inclination** [-àsyoⁿ] *f.* inclination, bent, cant, propensity; bowing [corps]; nod [tête]; attachment. ‖ **incliner** [-é] *v.* to incline, to cant, to bend; to slope, to tilt, to lean; to list [bateau]; to dip [aiguille]; *s'incliner*, to bow; to bank (aviat.); to heel (naut.); to slant; to slope; to yield, to give in (fig.).

inclure [iⁿklür] *v.** to enclose, to include; to insert (jur.). ‖ **inclusif** [-üzìf] *adj.** inclusive.

incohérence [iⁿkòéraⁿs] *f.* incoherence. ‖ **incohérent** [-raⁿ] *adj.* incoherent.

incolore [iⁿkòlôr] *adj.* colourless.

incomber [iⁿkoⁿbé] *v.* to be incumbent; to devolve (à, upon).

incommode [iⁿkòmòd] *adj.* inconvenient; uncomfortable; unhandy [outil]; troublesome. ‖ **incommoder** [-é] *v.* to inconvenience, to hinder; to disturb, to trouble; to disagree with [nourriture].

incomparable [iⁿkoⁿpàràbl] *adj.* incomparable, unrivalled, peerless.

incompatible [iⁿkoⁿpàtìbl] *adj.* incompatible.

incompétent [iⁿkoⁿpétaⁿ] *adj.* incompetent; unqualified (jur.).

incomplet [iⁿkoⁿplè] *adj.** incomplete, unfinished.

incompréhensible [iⁿkoⁿpréaⁿsìbl] *adj.* incomprehensible, unintelligible. ‖ **incompréhension** [-syoⁿ] *f.* incomprehension.

inconduite [iⁿkoⁿdüit] *f.* misbehavio(u)r, misconduct (jur.).

inconnu [iⁿkònü] *adj.* unknown, unheard-of; *m.* stranger.

inconscience [iⁿkoⁿsyaⁿs] *f.* unconsciousness. ‖ **inconscient** [-yaⁿ] *m.*, *adj.* unconscious.

inconséquent [iⁿkoⁿsékaⁿ] *adj.* inconsistent, inconsequent.

inconsidéré [iⁿkoⁿsìdéré] *adj.* inconsiderate, thoughtless; unconsidered.

inconsistance [iⁿkoⁿsìstaⁿs] *f.* inconsistency; flabbiness.

inconstant [iⁿkoⁿstaⁿ] *adj.* inconstant, fickle; changeable.

incontestable [iⁿkoⁿtèstàbl] *adj.* incontestable, unquestionable, indisputable; incontrovertible.

inconvenance [iⁿkoⁿvnaⁿs] *f.* unsuitableness; impropriety; indecency. ‖ **inconvenant** [-aⁿ] *adj.* improper, indecorous, unbecoming; indecent.

inconvénient [iⁿkoⁿvényaⁿ] *m.* disadvantage, drawback; inconvenience.

incorporer [iⁿkòrpòré] *v.* to incorporate, to embody; to mix.

incorrect [iⁿkòrèkt] *adj.* incorrect; inaccurate; unbusinesslike. ‖ *incorrigible* [-ljìbl] *adj.* incorrigible; unamendable.

incrédule [iⁿkrédül] *adj.* incredulous; unbelieving; *m.* unbeliever. ‖ *incroyable* [iⁿkrwàyàbl] *adj.* unbelievable. ‖ *incroyant* [-yaⁿ] *adj.* unbelieving; *m.* unbeliever.

inculpation [iⁿkülpàsyoⁿ] *f.* charge, indictment. ‖ *inculpé* [-é] *m.* accused, defendant. ‖ *inculper* [-é] *v.* to charge, to indict.

inculquer [iⁿkülké] *v.* to inculcate.

inculte [iⁿkült] *adj.* uncultivated, waste; rough.

incursion [iⁿkürsyoⁿ] *f.* inroad, foray, raid, incursion.

indécis [iⁿdésì] *adj.* undecided; vague; blurred; irresolute, wavering. ‖ *indécision* [-zyoⁿ] *f.* irresolution; uncertainty.

indéfini [iⁿdéfinì] *adj.* indefinite; undefined; *passé indéfini*, present perfect (gramm.). ‖ *indéfinissable* [-sàbl] *adj.* undefinable; hard to describe; nondescript.

indéfrisable [iⁿdéfrìzàbl] *f.* permanent wave.

indélicat [iⁿdélìkà] *adj.* indelicate, coarse; tactless; dishonest, unscrupulous.

indémaillable [iⁿdémàyàbl] *adj.* ladder-proof, *Am.* non-run, runproof.

indemne [iⁿdèmn] *adj.* undamaged, uninjured, unscathed. ‖ *indemniser* [-ìzé] *v.* to indemnify, to make good. ‖ *indemnité* [-ìté] *f.* indemnity, allowance, grant; *indemnité de chômage*, unemployment benefit.

indéniable [iⁿdényàbl] *adj.* undeniable.

indépendance [iⁿdépaⁿdaⁿs] *f.* independence.

indéréglable [iⁿdéréglàbl] *adj.* foolproof; never-failing.

indescriptible [iⁿdèskrìptìbl] *adj.* indescribable.

index [iⁿdèks] *m.* forefinger; index [livre]; pointer; black-list; Index. ‖ *indexer* [-é] *v.* to index; to peg.

indicateur, -trice [iⁿdìkàtœr, -trìs] *adj.* indicatory, indicating; *m.* indicator, gauge, guide; directory; timetable; pointer; informer, police spy. ‖ *indicatif* [-àtìf] *adj.*[a] indicative; indicatory; *m.* call sign [radio]. ‖ *indication* [-àsyoⁿ] *f.* indication; sign, token; mark; declaration (jur.); stage-direc-

tions (theat.). ‖ *indice* [iⁿdìs] *m.* indication, sign; clue; landmark (naut.); index; trace (comm.).

indicible [iⁿdìsìbl] *adj.* unspeakable, inexpressible; unutterable.

indifférence [iⁿdìféraⁿs] *f.* indifference, apathy. ‖ *indifférent* [-aⁿ] *adj.* indifferent; unaffected (à, by); unconcerned; emotionless; unimportant, trifling; inert.

indigence [iⁿdìjaⁿs] *f.* indigence; lack, want.

indigène [iⁿdìjèn] *adj.* indigenous; *m., f.* native.

indigent [iⁿdìjaⁿ] *adj.* indigent, needy; *m.* pauper; *pl.* the poor, the needy, the destitute.

indigeste [iⁿdìjèst] *adj.* indigestible; stodgy. ‖ *indigestion* [-tyoⁿ] *f.* indigestion; surfeit.

indignation [iⁿdìñàsyoⁿ] *f.* indignation. ‖ *indigne* [iⁿdìñ] *adj.* unworthy; undeserving; scandalous, worthless; disqualified, debarred (jur.). ‖ *indigné* [-é] *adj.* indignant. ‖ *indigner* [-é] *v.* to shock; to anger; *s'indigner*, to be indignant. ‖ *indignité* [-ìté] *f.* unworthiness; indignity; vileness; disqualification (jur.).

indiquer [iⁿdìké] *v.* to indicate; to point out; to denote; to appoint; to prescribe; to outline, to sketch; to betoken; to recommend; to denounce.

indirect [iⁿdìrèkt] *adj.* indirect; devious; oblique; circumstantial.

indiscipliné [iⁿdìsìplìné] *adj.* undisciplined, unruly.

indiscret [iⁿdìskrè] *adj.*[a] indiscreet; inquisitive; prying, nosy (fam.); telltale, blabbing (fam.). ‖ *indiscrétion* [-ésyoⁿ] *f.* indiscretion, indiscreetness.

indiscutable [iⁿdìskütàbl] *adj.* indisputable, unquestionable. ‖ *indiscuté* [-té] *adj.* unquestioned; beyond question.

indispensable [iⁿdìspaⁿsàbl] *adj.* indispensable; requisite; vital; staple [nourriture].

indisponible [iⁿdìspònìbl] *adj.* unavailable; entailed (jur.).

indisposer [iⁿdìspòzé] *v.* to indispose, to upset, to disagree with [nourriture]; to antagonize; to disaffect. ‖ *indisposition* [-ìsyoⁿ] *f.* indisposition, upset; illness; disinclination.

indistinct [iⁿdìstiⁿ] *adj.* indistinct; hazy, vague; blurred; dim [lumière].

individu [iⁿdìvìdü] *m.* individual; person; fellow, chap, guy, character, customer (fam.); self. ‖ *individuel* [-üèl] *adj.*[a] individual, personal; private; respective.

indivisible [iⁿdìvìzìbl] *adj.* indivisible.

indolent [ⁱⁿdòlaⁿ] *adj.* indolent, sloth-ful, sluggish.

indolore [ⁱⁿdòlòr] *adj.* painless.

indomptable [ⁱⁿdoⁿtábl] *adj.* indom-itable; untamable; unruly, wayward; unconquerable. ‖ *indompté* [-té] *adj.* untamed; uncontrolled, ungoverned.

indubitable [ⁱⁿdübitábl] *adj.* unques-tionable, undeniable.

induction [ⁱⁿdüksyoⁿ] *f.* induction. ‖ *induire* [-üir] *v.* to induce; to infer; to imply.

indulgence [ⁱⁿdüljaⁿs] *f.* indulgence, leniency; forbearance. ‖ *indulgent* [-aⁿ] *adj.* indulgent, lenient, condon-ing, long-suffering.

indûment [ⁱⁿdümaⁿ] *adv.* unduly; improperly.

industrie [ⁱⁿdüstrî] *f.* industry; activ-ity; trade, manufacture; skill, dexter-ity. ‖ *industriel* [-ièl] *adj.* * industrial; manufacturing; *m.* industrialist; ma-nufacturer; mill-owner. ‖ *industrieux* [-iè] *adj.* * industrious, busy; skilful, ingenious.

inébranlable [ìnébraⁿlábl] *adj.* un-shakeable, steady, steadfast; unyield-ing; unflinching.

inédit [ìnédî] *adj.* unpublished; un-edited; *m.* unpublished material; ori-ginal matter.

ineffaçable [ìnéfàsàbl] *adj.* inef-faceable; ineradicable; indelible.

inefficace [ìnéfikàs] *adj.* ineffective, inefficacious, unavailing. ‖ *inefficacité* [-ité] *f.* inefficacy; inefficiency.

inégal [ìnégál] *adj.* * unequal; uneven; irregular [pouls]; shifting, changeable [vent]; unequable [tempé-rament]; disproportioned (fig.). ‖ *iné-galité* [-ité] *f.* inequality; disparity; unevenness; ruggedness.

inélégant [ìnélégaⁿ] *adj.* inelegant.

inéligible [ìnélìjìbl] *adj.* ineligible.

inéluctable [ìnélüktàbl] *adj.* ineluc-table.

inepte [ìnèpt] *adj.* inept, stupid, idio-tic, fatuous. ‖ *ineptie* [ìnèpsî] *f.* inept-ness, ineptitude, absurdity.

inépuisable [ìnépüìzàbl] *adj.* inex-haustible; never-failing.

inerte [ìnèrt] *adj.* inert; inactive; pas-sive. ‖ *inertie* [ìnèrsî] *f.* inertia; list-lessness.

inespéré [ìnèspéré] *adj.* unhoped-for, unexpected.

inestimable [ìnèstìmàbl] *adj.* ines-timable, invaluable.

inévitable [ìnévìtàbl] *adj.* inevitable, unavoidable.

inexact [ìnègzàkt] *adj.* inexact, inac-curate; unpunctual. ‖ *inexactitude*

[-ìtüd] *f.* inaccuracy, inexactitude; unpunctuality; unreliability.

inexpérience [ìnèkspéryaⁿs] *f.* in-experience. ‖ *inexpérimenté* [-ìmaⁿté] *adj.* inexperienced, unpractised; un-tried, untested. ‖ *inexpert* [ìnèkspèr] *adj.* inexpert.

inexplicable [ìnèksplìkábl] *adj.* in-explicable, unexplainable, unaccount-able. ‖ *inexpliqué* [-ké] *adj.* unex-plained, unaccounted for.

inexprimable [ìnèksprìmàbl] *adj.* in-expressible; unspeakable.

infaillible [ìⁿfàyìbl] *adj.* infallible.

infaisable [ìⁿfezábl] *adj.* unfeasible.

infâme [ìⁿfâm] *adj.* infamous; vile, squalid. ‖ *infamie* [-àmî] *f.* infamy; ignominy; infamous deed (or) expres-sion.

infanterie [ìⁿfaⁿtrî] *f.* infantry.

infatigable [ìⁿfàtìgàbl] *adj.* indefa-tigable, tireless.

infect [ìⁿfèkt] *adj.* stinking; noisome; filthy. ‖ *infecter* [-é] *v.* to infect, to contaminate; to pollute; to stink.

inférieur [ìⁿféryœr] *adj.* inferior; lower, nether; subordinate; *m.* in-ferior, underling, subaltern, subordi-nate. ‖ *infériorité* [-yòrìté] *f.* inferior-ity.

infernal [ìⁿfèrnal] *adj.* * infernal; hellish; diabolical, devilish.

infester [ìⁿfèsté] *v.* to infest.

infidèle [ìⁿfìdèl] *adj.* unfaithful; faithless, misleading; infidel, heathen; unbelieving; *m.* infidel, unbeliever. ‖ *infidélité* [-élìté] *f.* infidelity; faithless-ness, unfaithfulness; inaccuracy; unbe-lief; unfaithful act.

infini [ìⁿfìnî] *adj.* infinite; endless; *m.* infinity; infinite. ‖ *infinité* [-té] *f.* infinity; great number.

infirme [ìⁿfìrm] *adj.* infirm; disabled; crippled; *m.*, *f.* invalid, cripple. ‖ *infirmerie* [-rî] *f.* infirmary; sick-ward, sick-room; sick-bay (naut.). ‖ *infirmier* [-yé] *m.* attendant; male nurse; ambulance man; orderly (mil.). ‖ *infirmière* [-yèr] *f.* nurse; attendant. ‖ *infirmité* [-ìté] *f.* infirmity, disabil-ity; frailty (fig.).

inflammation [ìⁿflàmàsyoⁿ] *f.* inflam-mation.

inflation [ìⁿflàsyoⁿ] *f.* inflation.

inflexible [ìⁿflèksìbl] *adj.* inflexible, unbending; unyielding.

inflexion [ìⁿflèksyoⁿ] *f.* inflexion; modulation [voix].

infliger [ìⁿflìjé] *v.* to inflict.

influence [ìⁿflüaⁿs] *f.* influence; ascendancy. ‖ *influent* [-üaⁿ] *adj.* in-fluential; powerful.

influenza [inflüaⁿzá] *f.* influenza, flu (fam.).

influer [inflüé] *v.* to influence; to affect; to exert influence.

informateur, -trice [informàtœr, -trìs] *s.* informant, informer. ‖ *information* [informàsyoⁿ] *f.* information; inquiry; investigation; *pl.* news items, *Am.* new coverage [presse]; *Br.* news, *Am.* newcast [radio].

informe [inform] *adj.* unformed; shapeless; unshapely; informal; irregular (jur.).

informer [informé] *v.* to inform; to notify; to investigate, to inquire (jur.); *s'informer,* to inquire; to ask about.

infortune [infortün] *f.* misfortune. ‖ *infortuné* [-é] *adj.* unfortunate, unlucky, luckless, hapless.

infroissable [infrwàsàbl] *adj.* uncreasable, wrinkle-proof.

infructueux [infrüktüë] *adj.** unfruitful, unfructuous; unsuccessful; unavailing; fruitless.

infuser [infüzé] *v.* to infuse; to instil; to steep [thé]. ‖ *infusion,* infusion, steeping.

ingénieur [injényœr] *m.* engineer; *ingénieur du son, Br.* monitor man, *Am.* sound man. ‖ *ingénieux* [-yë] *adj.** ingenious. ‖ *ingéniosité* [-yòzìté] *f.* ingenuity.

ingénu [injénü] *adj.* ingenuous, artless, unsophisticated. ‖ *ingénue* [-ü] *f.* artless girl; ingénue (theat.). ‖ *ingénuité* [-ìté] *f.* ingenuousness.

ingrat [ingrà] *adj.* ungrateful, thankless; unproductive; unpleasing; repellent [travail]; plain [visage]. ‖ *ingratitude* [-tìtüd] *f.* ingratitude, thanklessness.

ingrédient [ingrédyaⁿ] *m.* ingredient; constituent.

inguérissable [ingérisabl] *adj.* incurable; inconsolable.

ingurgiter [ingürjìté] *v.* to ingurgitate; to swallow; to wolf.

inhabile [inàbìl] *adj.* unskilful, inexpert; incompetent (jur.).

inhabitable [inàbìtàbl] *adj.* uninhabitable; untenantable.

inhabitué [inàbìtüé] *adj.* unaccustomed, unhabituated. ‖ *inhabituel* [-èl] *adj.** unusual.

inhérent [inéraⁿ] *adj.* inherent, intrinsic.

inhumain [inümiⁿ] *adj.* inhuman.

inhumer [inümé] *v.* to bury, to inter, to inhume.

inimitié [inìmìtyé] *f.* enmity, hostility; unfriendliness.

iniquité [inìkìté] *f.* iniquity.

initial [inìsyàl] *adj.** initial; starting [prix]. ‖ *initiale* [-yàl] *f.* initial [lettre].

initiative [inìsyàtìv] *f.* initiative. ‖ *initier* [-yé] *v.* to initiate.

injecter [injèkté] *v.* to inject; *injecté de sang,* bloodshot, congested. ‖ *injection* [-èksyoⁿ] *f.* injection; enema, douche (med.).

injonction [injoⁿksyoⁿ] *f.* injunction, order.

injure [injür] *f.* insult, offense; injury; *pl.* abuse. ‖ *injurier* [-yé] *v.* to insult, to abuse; to call (someone) names; to revile. ‖ *injurieux* [-yè] *adj.** insulting, abusive, injurious, offensive.

injuste [injüst] *adj.* unjust, unfair. ‖ *injustice* [-tìs] *f.* injustice; unfair action. ‖ *injustifiable* [-tìfyàbl] *adj.* unjustifiable. ‖ *injustifié* [-tìfyé] *adj.* unjustified.

inlassable [inlàsàbl] *adj.* untiring; tireless, indefatigable.

inné [inné] *adj.* innate, inborn.

innocence [inòsaⁿs] *f.* innocence; guiltlessness; harmlessness; artlessness, guilelessness. ‖ *innocenter* [-aⁿté] *v.* to absolve; to justify.

innombrable [innoⁿbràbl] *adj.* innumerable, numberless.

innovation [innòvàsyoⁿ] *f.* innovation; novelty.

inoffensif [inòfaⁿsìf] *adj.** inoffensive; innocuous.

inondation [inoⁿdàsyoⁿ] *f.* inundation. ‖ *inonder* [-é] *v.* to flood; to overwhelm; to overflow; to glut [marché].

inopiné [inòpìné] *adj.* unexpected, unlooked for.

inopportun [inòpòrtuⁿ] *adj.* inopportune; untimely.

inoubliable [inüblìàbl] *adj.* unforgettable.

inouï [inwì] *adj.* unheard-of.

inoxydable [inòksìdàbl] *adj.* rustproof; stainless [métal].

inquiet [inkyè] *adj.** anxious, uneasy, apprehensive; disturbed; upset; agitated. ‖ *inquiéter* [-yété] *v.* to disturb, to trouble, to alarm; to make anxious or uneasy; *s'inquiéter,* to be anxious, to worry; to be concerned (*de,* about). ‖ *inquiétude* [-yétüd] *f.* anxiety, concern, apprehension, uneasiness.

inquisition [inkìzìsyoⁿ] *f.* inquisition; inquiry.

insaisissable [insèzìsàbl] *adj.* unseizable, imperceptible; not attachable (jur.); elusive, slippery.

insalubre [insàlübr] unhealthy; insanitary.

insatiable [insàsyàbl] *adj.* insatiable.

inscription [iⁿskrìpsyoⁿ] *f.* inscription; registration, entry, matriculation; enrolment; conscription (naut.). ‖ *inscrire* [-îr] *v.* to inscribe, to write down; to enter, to enroll; *s'inscrire,* to register.

insecte [iⁿsèkt] *m.* insect; bug (fam.). ‖ *insecticide* [-ìsìd] *m., adj.* insecticide.

insensé [iⁿsaⁿsé] *adj.* mad, insane; senseless, extravagant; *m.* madman.

insensibilisation [iⁿsaⁿsìbìlìzàsyoⁿ] *f.* anaesthetization. ‖ *insensibiliser* [-zé] *v.* to anaesthetize. ‖ *insensibilité* [-té] *f.* insensibility; insensitiveness. ‖ *insensible* [iⁿsaⁿsìbl] *adj.* insensible; insensitive; unfeeling; indifferent; unconscious; imperceptible; unaffected (à, by).

inséparable [iⁿsépàràbl] *adj.* inseparable.

insérer [iⁿséré] *v.* to insert; to wedge in, to sandwich in.

insigne [iⁿsìñ] *adj.* signal; notorious, arrant; *m.* badge, emblem; *pl.* insignia.

insignifiant [iⁿsìñìfyaⁿ] *adj.* insignificant; trifling, nominal [somme]; vacuous [visage].

insinuer [iⁿsìnüé] *v.* to insinuate, to hint, to suggest, to imply; to insert (med.); *s'insinuer,* to insinuate oneself; to worm one's way.

insipide [iⁿsìpìd] *adj.* insipid, tasteless; flat; uninteresting.

insistance [iⁿsìstaⁿs] *f.* insistence. ‖ *insister* [-é] *v.* to insist; to persist; to stress; *n'insistez pas,* don't keep on.

insolation [iⁿsòlàsyoⁿ] *f.* sunstroke.

insolence [iⁿsòlaⁿs] *f.* insolence, pertness, incivility; insolent remark. ‖ *insolent* [-aⁿ] *adj.* insolent, pert; saucy, cheeky; *Am.* nervy; *m.* insolent person.

insolvable [iⁿsòlvàbl] *adj.* insolvent.

insomnie [iⁿsòmnî] *f.* sleeplessness, insomnia.

insonorisation [iⁿsònòrìzàsyoⁿ] *f.* sound-proofing.

insouciance [iⁿsûsyaⁿs] *f.* unconcern, jauntiness; carelessness; heedlessness. ‖ *insouciant* [-yaⁿ] *adj.* carefree, jaunty; careless, thoughtless.

insoumis [iⁿsûmì] *adj.* unsubdued; refractory, unruly; insubordinate; *m.* absentee, *Am.* draft-dodger.

insoutenable [iⁿsûtnàbl] *adj.* untenable; indefensible; unbearable.

inspecter [iⁿspèkté] *v.* to inspect; to survey. ‖ *inspecteur, -trice* [-œr, -trìs] *m., f.* inspector, *m.;* inspectress, *f.;* surveyor; overseer; *Br.* shop-walker, *Am.* floor-walker. ‖ *inspection* [-syoⁿ] *f.* inspection; inspectorship.

inspiration [iⁿspìràsyoⁿ] *f.* inspiration; prompting.

instable [iⁿstàbl] *adj.* unstable; unsteady, rickety.

installer [iⁿstálé] *v.* to install; to fit up; to settle; to induct [officier]; to stow (naut.); *s'installer,* to take up one's abode; to set up.

instamment [iⁿstàmaⁿ] *adv.* insistently, urgently.

instance [iⁿstaⁿs] *f.* instancy, entreaty; immediacy; suit (jur.). ‖ *instant* [-aⁿ] *m.* instant; jiffy (fam.). ‖ *instantané* [-aⁿtàné] *adj.* instantaneous; *m.* snapshot [photo]. ‖ *instantanéité* [-nêìté] *f.* instantaneousness. ‖ *instantanément* [-némaⁿ] *adv.* immediately, at once.

instigation [iⁿstìgàsyoⁿ] *f.* instigation; inducement.

instinct [iⁿstiⁿ] *m.* instinct. ‖ *instinctif* [-ktìf] *adj.*° instinctive.

instituer [iⁿstìtüé] *v.* to institute; to found; to appoint; to initiate (jur.). ‖ *instituteur, -trice* [-ûtœr, -trìs] *m.,* schoolteacher, *m., f.;* schoolmistress, *f.;* tutor, *m.;* governess, *f.*

instruction [iⁿstrüksyoⁿ] *f.* instruction, tuition, schooling, education; knowledge; training (mil.); direction; investigation (jur.). ‖ *instruire* [iⁿstrüîr] *v.*° to instruct, to teach; to inform; to train, to drill (milit.); to investigate, to examine (jur.); *s'instruire,* to learn, to educate oneself, to improve one's mind.

instrument [iⁿstrümaⁿ] *m.* instrument; implement, tool; agent; document; *instrumentiste,* instrumentalist.

insu [iⁿsü] *m.* unawareness; à l'insu de, without the knowledge of; à mon insu, unknown to me.

insuffisant [iⁿsüfìzaⁿ] *adj.* insufficient, deficient, inefficient.

insulaire [iⁿsülèr] *adj.* insular; *s.* islander.

insulte [iⁿsült] *f.* insult; taunt, jibe; abuse. ‖ *insulter* [-é] *v.* to insult; to revile, to abuse; to jeer at, to jibe at.

insupportable [iⁿsüpòrtàbl] *adj.* unbearable, unendurable; insufferable; provoking.

insurgé [iⁿsürjé] *m., adj.* insurgent. ‖ *insurger* (s') [siⁿsürjé] *v.* to revolt, to rebel, to rise.

insurmontable [iⁿsürmoⁿtàbl] *adj.* insuperable; unconquerable; unsurmountable.

insurrection [iⁿsürèksyoⁿ] *f.* insurrection, rising; uprising. ‖ *insurrectionnel* [-ònèl] *adj.*° insurrectional, insurrectionary.

intact [iⁿtàkt] *adj.* intact; untouched, undamaged, unscathed; unblemished [réputation].

intarissable [ɪ̃tàrìsàbl] *adj.* inexhaustible; perennial [source]; long-winded (fam.).

intégral [ɪ̃tégràl] *adj.** integral, whole; unexpurgated [texte].

intègre [ɪ̃tègr] *adj.* upright, honest; incorruptible. ‖ **intégrité** [-égrìté] *f.* integrity; entirety.

intellectuel [ɪ̃tèllèktüèl] *m.*, *adj.** intellectual.

intelligence [ɪ̃tèllìʒaⁿs] *f.* understanding, intelligence, intellect; agreement, terms; *d'intelligence avec*, in collusion with, *Am.* in cahoots with. ‖ **intelligent** [-aⁿ] *adj.* intelligent; clever, shrewd, brainy (fam.). ‖ **intelligibilité** [-ìbìlìté] *f.* intelligibility. ‖ **intelligible** [-ìbl] *adj.* intelligible; understandable; audible.

intempérance [ɪ̃taⁿpéraⁿs] *f.* intemperance; insobriety.

intempéries [ɪ̃taⁿpérî] *f. pl.* bad weather.

intempestif [ɪ̃taⁿpèstìf] *adj.** untimely, ill-timed, unseasonable.

intendance [ɪ̃taⁿdaⁿs] *f.* intendance, stewardship; managership; commissariat (milit.); office [lycée]. ‖ **intendant** [-aⁿ] *m.* intendant; steward; paymaster (naut.); commissariat officer (milit.).

intense [ɪ̃taⁿs] *adj.* intense; loud [bruit]; heavy [canonnade]; intensive [propagande]; deep [couleur]; high [fièvre]; strong [courant]; bitter [froid]; strenuous [vie]. ‖ **intensifier** [-ìfyé] *v.* to intensify. ‖ **intensité** [-ìté] *f.* intensity, intenseness; force [vent]; brilliancy [lumière]; depth [couleur]; bitterness [froid].

intenter [ɪ̃taⁿté] *v.* to bring, to initiate (jur.). ‖ **intention** [ɪ̃taⁿsyoⁿ] *f.* intention, intent, purpose; meaning, drift; wish; *avoir l'intention de*, to intend, to mean. ‖ **intentionné** [-yòné] *adj.* disposed. ‖ **intentionnel** [-yònèl] *adj.** intentional, deliberate.

intercéder [ɪ̃tèrsédé] *v.* to intercede, to mediate.

intercepter [ɪ̃tèrsèpté] *v.* to intercept; to shut out; to tap.

intercession [ɪ̃tèrsèsyoⁿ] *f.* intercession, mediation.

interdiction [ɪ̃tèrdìksyoⁿ] *f.* interdiction; prohibition, forbidding; suspension; banishment. ‖ **interdire** [-îr] *v.** to interdict, to veto, to prohibit, to forbid; to bewilder, to dumbfound. ‖ **interdit** [-ì] *adj.* forbidden, prohibited; out of bounds, *Am.* off limits (mil.); non-plussed, abashed, dumbfounded; *m.* interdict (jur.; eccles.); *sens interdit*, no thoroughfare.

intéressant [ɪ̃térèsaⁿ] *adj.* interesting; advantageous, attractive [prix]. ‖ **intéressé** [-é] *adj.* interested; concerned; self-seeking, stingy; *m.* interested party. ‖ **intéresser** [-é] *v.* to interest; to concern; to attract, to be interesting to; *s'intéresser*, to become interested, to take an interest (à, in). ‖ **intérêt** [-è] *m.* interest; share, stake; benefit; concern; self-interest; par *intérêt*, out of selfishness; *sans intérêt*, uninteresting.

intérieur [ɪ̃téryœr] *m.* interior, inside; home; inner nature; *adj.* interior, inner; inward; domestic; inland (naut.).

interlocuteur [ɪ̃tèrlòkütœr] *m.* interlocutor. ‖ **interlocutrice** [-trìs] *f.* interlocutress.

intermède [ɪ̃tèrmèd] *m.* interlude.

intermédiaire [ɪ̃tèrmédyèr] *adj.* intermediate; *m.* intermediary, go-between, neutral; middleman (comm.); medium.

interminable [ɪ̃tèrmìnàbl] *adj.* interminable, endless, never-ending.

intermittent [ɪ̃tèrmìtaⁿ] *adj.* intermittent; irregular; alternating.

internat [ɪ̃tèrnà] *m.* living-in; boarding-in [école]; boarding-school; internship (med.); boarders.

international [ɪ̃tèrnàsyòⁿàl] *adj.** international.

interne [ɪ̃tèrn] *adj.* internal; inner; resident; *m.* boarder; resident; intern (med.). ‖ **interner** [-é] *v.* to intern; to confine; *interné*, internee.

interpeller [ɪ̃tèrpèlé] *v.* to interpellate; to question; to summon to answer (jur.).

interposer [ɪ̃tèrpòzé] *v.* to interpose.

interprétation [ɪ̃tèrprétasyoⁿ] *f.* interpretation, interpreting; rendering; reading. ‖ **interprète** [-èt] *m.*, *f.* interpreter; translator; expositor. ‖ **interpréter** [-été] *v.* to interpret; to translate; to render; to expound.

interrogateur, -trice [ɪ̃tèrògàtœr, -trìs] *adj.* interrogative; questioning; *m.*, *f.* questioner, interrogator; examiner. ‖ **interrogatif** [-tìf] *adj.** interrogative. ‖ **interrogation** [-syoⁿ] *f.* interrogation, questioning. ‖ **interrogatoire** [-wàr] *m.* interrogation, examination (jur.); questioning (milit.). ‖ **interroger** [ɪ̃tèròʒé] *v.* to interrogate, to question, to examine.

interrompre [ɪ̃tèroⁿpr] *v.* to interrupt; to stop, to suspend; to break [voyage]; to cut in, to break [conversation]. ‖ **interrupteur, -trice** [-üptœr, -trìs] *adj.* interrupting; *m.* interrupter; switch, contact-breaker, circuit-breaker (electr.); cut-out (electr.). ‖ **interruption** [-üpsyoⁿ] *f.*

interruption; stopping; severance [communication]; breaking in [conversation]; breaking off (electr.); stoppage [travail].

intersection [iⁿtèrsèksyoⁿ] f. intersection; crossing.

interurbain [iⁿtèrürbiⁿ] adj. interurban; m. interurbain; Am. long distance, Br. trunk line [téléph.].

intervalle [iⁿtèrvàl] m. interval; distance; period [temps]; par intervalles, off and on; dans l'intervalle, in the meantime.

intervenir [iⁿtèrveⁿîr] v.* to intervene; to interfere; to occur.

intervertir [iⁿtèrvèrtîr] v. to invert, to reverse, to transpose.

intestin [iⁿtèstîⁿ] m. intestine; bowel; gut; adj. internal; domestic; civil; intestine.

intime [iⁿtîm] adj. intimate, close; inward; private; secret; m. familiar, close friend, intimate.

intimer [iⁿtîmé] v. to intimate; to notify; to summons (jur.).

intimider [iⁿtîmîdé] v. to intimidate, to cow; to browbeat, to bully.

intimité [iⁿtîmîté] f. intimacy, closeness; familiarity; dans l'intimité, in private.

intituler [iⁿtîtülé] v. to entitle; s'intituler, to style oneself.

intolérable [iⁿtòléràbl] adj. intolerable, unbearable. || intolérance [-aⁿs] f. intolerance; illiberality.

intonation [iⁿtònàsyoⁿ] f. intonation; pitch, ring [voix].

intoxication [iⁿtòksìkàsyoⁿ] f. poisoning. || intoxiquer [-é] v. to poison.

intransigeant [iⁿtraⁿzìjaⁿ] adj. intransigent, uncompromising, unbending; peremptory.

intrépide [iⁿtrépîd] adj. intrepid, fearless.

intrigue [iⁿtrîg] f. intrigue; plot; love-affair; lobbyism; underhand manœuvres. || intriguer [-ģé] v. to puzzle; to intrigue; to scheme, to plot; to elaborate.

introduction [iⁿtròdüksyoⁿ] f. introduction, introducing; presentation; admission (mech.); foreword. || introduire [-üîr] v. to introduce; to usher; to lead in; to show in; to admit (mech.); s'introduire, to get in.

introuvable [iⁿtrûvàbl] adj. undiscoverable; unobtainable.

intrus [iⁿtrü] adj. intruding; m. intruder.

intuition [iⁿtüìsyoⁿ] f. intuition.

inusable [ìnüzàbl] adj. indestructible; everlasting; long-wearing.

inusité [ìnüzìté] adj. unusual; obsolete; little used.

inutile [ìnütîl] adj. useless, unavailing, fruitless, unprofitable; needless. || inutilisable [-ìzàbl] adj. unusable. || inutilisé [-ìzé] adj. unused; untapped [ressources]. || inutilité [-ìté] f. uselessness, inutility; unprofitableness; fruitlessness.

invalide [iⁿvàlîd] adj. invalid, infirm; disabled, rickety [meuble]; null and void (jur.); m. invalid; disabled soldier; pensioner. || invalider [-é] v. to invalidate; to nullify; to quash [élection]. || invalidité [-ìté] f. invalidism; disability; nullity (jur.).

invariable [iⁿvàryàbl] adj. invariable, unvarying, unchanging.

invasion [iⁿvàzyoⁿ] f. invasion.

invective [iⁿvèktîv] f. invective; abuse. || invectiver [iⁿvèktìvé] v. to rail; to abuse.

invendable [iⁿvaⁿdàbl] adj. unsaleable. || invendu [-ü] adj. unsold; m. left over.

inventaire [iⁿvaⁿtèr] m. inventory, stock-taking; list, schedule; faire l'inventaire, to take stock.

inventer [iⁿvaⁿté] v. to invent; to discover; to contrive; to make up [histoire]; to coin [phrase]. || inventeur, -trice [-œr, -trìs] m., f. inventor, discoverer; contriver; finder (jur.); adj. inventive. || inventif [-îf] adj.* inventive. || invention [iⁿvaⁿsyoⁿ] f. invention, contriving, devising; inventiveness, discovery; coining; fib.

inventorier [iⁿvaⁿtòryé] v. to enter on an inventory; to take stock of.

inverse [iⁿvèrs] adj. inverted, inverse, contrary; reverse. || inverser [-sé] v. to invert; to reverse.

investigateur, -trice [iⁿvèstìgàtœr, -trìs] m., f. investigator, inquirer; adj. investigating, searching [regard].

investir [iⁿvèstîr] v. to invest; to entrust; to blockade (mil.).

invétéré [iⁿvétéré] adj. inveterate.

invisible [iⁿvìzîbl] adj. invisible.

invitation [iⁿvìtàsyoⁿ] f. invitation; request. || invité [-é] adj. invited, bidden; m. guest. || inviter [-é] v. to invite; to request; to incite.

involontaire [iⁿvòloⁿtèr] adj. involuntary; unintentional.

invoquer [iⁿvòké] v. to invoke; to call forth [upon]; to refer to (jur.).

invraisemblable [iⁿvrèsaⁿblàbl] adj. unlikely, implausible, tall.

iode [yòd] m. iodine.

ion [yoⁿ] m. ion.

irai [ìré] future of aller.

iris [ìrìs] *m.* iris; flag (bot.).

irlandais [ìrlɑⁿdè] *adj.* Irish; *m.* Irishman. ‖ *Irlande* [-ɑⁿd] *f.* Ireland, Eire.

ironie [ìrònì] *f.* irony. ‖ *ironique* [-ìk] *adj.* ironical.

irréalisable [ìrréàlìzàbl] *adj.* unrealizable; impossible.

irrecevable [ìrrᵉsᵉvàbl] *adj.* inadmissible; inacceptable.

irrécupérable [ìrréküpéràbl] *adj.* irretrievable.

irrécusable [ìrréküzàbl] *adj.* unimpeachable; unchallengeable (jur.).

irréel [ìrréèl] *adj.** unreal.

irréfléchi [ìrréfléshì] *adj.* unconsidered, thoughtless; inconsiderate. ‖ *irréflexion* [-flèksyoⁿ] *f.* thoughtlessness.

irrégularité [ìrrégülàrìté] *f.* irregularity. ‖ *irrégulier* [-lyé] *adj.** irregular; anomalous; erratic [pouls]; broken [sommeil].

irrémédiable [ìrrémédyàbl] *adj.* irremediable; incurable.

irréparable [ìrrépàràbl] *adj.* irreparable; irretrievable.

irréprochable [ìrrépròshàbl] *adj.* irreproachable; blameless; unimpeachable [témoin].

irrésolu [ìrrézòlü] *adj.* irresolute; unsolved [problème].

irrespectueux [ìrrèspèktüë] *adj.** disrespectful, uncivil.

irrespirable [ìrrèspìràbl] *adj.* unbreathable, irrespirable.

irresponsabilité [ìrrèspoⁿsàbìlìté] *f.* irresponsibility. ‖ *irresponsable* [-àbl] *adj.* irresponsible.

irrigation [ìrrìgàsyoⁿ] *f.* irrigation; flooding.

irritable [ìrrìtàbl] *adj.* irritable; sensitive [peau]; peevish. ‖ *irritation* [-àsyoⁿ] *f.* irritation; inflammation (med.). ‖ *irriter* [-é] *v.* to irritate; to provoke; to vex; to inflame (med.).

irruption [ìrrüpsyoⁿ] *f.* irruption; raid; inrush.

islandais [ìslɑⁿdè] *adj.* Icelandic; *s.* Icelander. ‖ *Islande* [-lɑⁿd] *f.* Iceland.

isolant [ìzòlɑⁿ], **isolateur, -trice** [-àtœr, -trìs] *adj.* insulating; *m.* insulator. ‖ *isolement* [-mɑⁿ] *m.* isolation, loneliness; insulation (electr.). ‖ *isoler* [-é] *v.* to insulate; to segregate; to insulate (electr.). ‖ *isoloir* [-wàr] *m.* insulator; polling-booth.

Israël [ìsraèl] *m.* Israel. ‖ *israélien* [-élyⁿ] *adj.*, *s.* Israeli. ‖ *israélite* [-élìt] *adj.*, *s.* Israelite.

issu [ìsü] *adj.* born; sprung (*de*, from). ‖ *issue* [-ü] *f.* issue, end; upshot, result; outlet, egress; *pl.* offal.

isthme [ìsm] *m.* isthmus.

italique [ìtàlìk] *m.*, *adj.* italic.

itinéraire [ìtìnérèr] *m.* itinerary, route; guide-book.

ivoire [ìvwàr] *f.* ivory.

ivre [ìvr] *adj.* drunk, intoxicated, inebriated; tipsy (fam.). ‖ *ivresse* [ìvrès] *f.* intoxication; drunkenness, inebriation; rapture, ecstasy (fig.). ‖ *ivrogne, -esse* [-òñ, -ès] *m.*, *f.* drunkard, tippler, toper; boozer, sot (pop.). ‖ *ivrognerie* [-òñrì] *f.* wine-bibbing.

J

jabot [jàbô] *m.* crop [oiseau]; frill, jabot [chemise].

jacasser [jàkàsé] *v.* to chatter; *Am.* to yak.

jachère [jàshèr] *f.* fallow.

jacinthe [jàsⁱⁿt] *f.* hyacinth; bluebell.

jade [jàd] *m.* jade.

jadis [jàdìs] *adv.* formerly, of old.

jaguar [jàgwàr] *m.* jaguar.

jaillir [jàyîr] *v.* to gush, to spurt out; to shoot forth; to fly [étincelles]; to flash [lumière]. ‖ *jaillissement* [-yìsmɑⁿ] *m.* gushing, spouting; jet; springing forth; flash.

jais [jè] *m.* jet.

jalon [jàloⁿ] *m.* surveying-staff; range-pole; landmark; aiming-post, alignment picket (milit.). ‖ *jalonner* [-òné] *v.* to stake out, to mark out.

jalouser [jàlûzé] *v.* to envy. ‖ *jalousie* [jàlûzî] *f.* jealousy; venetian-blind, sun-blind. ‖ *jaloux* [-û] *adj.**, *s.* jealous; envious; unsafe.

jamais [jàmè] *adv.* ever; never; *ne... jamais*, never, not ever; *à jamais*, forever.

jambage [jɑⁿbàj] *m.* jamb [porte]; post [fenêtre]; cheek [cheminée]; down-stroke, pot-hook [écriture].

jambe [jɑⁿb] *f.* leg; shank; stone pier [maçonnerie]; stay-rod [auto]. ‖ *jambière* [-yèr] *f.* legging; leg-guard; greave (arch.). ‖ *jambon* [-oⁿ] *m.* ham. ‖ *jambonneau* [-ònô] *m.** ham knuckle, small ham.

jante [jɑⁿt] *f.* felloe, felly [roue]; rim (auto).

Janvier [jaⁿvyé] *m.* January.

japper [jàpé] *v.* to yelp, to yap.

jaquette [jàkèt] *f.* morning coat, tail-coat [homme]; jacket [dame].

jardin [jàrdⁿ] *m.* garden; park; *pl.* grounds. ‖ *jardinage* [-ìnàʒ] *m.* gardening; garden-produce. ‖ *jardinier* [-ìnyé] *m.* gardener. ‖ *jardinière* [-ìnyèr] *f.* gardener; flower stand; spring cart; mixed vegetables.

jargon [jàrgoⁿ] *m.* jargon, lingo; gibberish.

jarre [jàr] *f.* earthenware jar.

jarret [jàrè] *m.* hock, ham, hamstring, hough; shin [bœuf]. ‖ *jarretelle* [-tèl] *f.* stocking suspender, garter. ‖ *jarretière* [-tyèr] *f.* garter; sling [fusil].

jars [jàr] *m.* gander.

jaser [jàzé] *v.* to chatter, to gossip, to prattle, to babble; to blab (fam.); to chat. ‖ *jaseur* [-œr] *adj.* talkative.

jasmin [jàsmⁿ] *m.* jasmine.

jaspe [jàsp] *m.* jasper.

jatte [jàt] *f.* flat bowl.

jauge [jôʒ] *f.* gauge; gauging-rod; tonnage, burden (naut.); *Br.* petrol-gauge, *Am.* gasoline-gauge [auto]; trench [horticulture]. ‖ *jauger* [-é] *v.* to gauge, to measure; to size up.

jaunâtre [jônâtr] *adj.* yellowish; sallow.

jaune [jôn] *adj.* yellow; *m.* yellow; yolk [œuf]; strikebreaker, scab, *Br.* blackleg [grève]; *rire jaune*, to give a sickly smile. ‖ *jaunir* [-îr] *v.* to yellow; to turn yellow. ‖ *jaunisse* [-ìs] *f.* jaundice.

javelle [jàvèl] *f.* swath.

javelliser [jàvèlìzé] *v.* to chlorinate.

je [jᵉ] *pron.* I.

jeannette [jànèt] *f.* sleeve-board [repassage].

jet [jè] *m.* throw, cast; jet, gush, spurt [liquide]; flash [lumière]; casting [métal]; jetsam (naut.; jur.); shoot, sprout (bot.); *armes de jet*, projectile weapons; *jet d'eau*, fountain, spray; *du premier jet*, at the first try. ‖ *jetée* [jᵉté] *f.* jetty, pier; mole, breakwater. ‖ *jeter* [-é] *v.* to throw, to fling, to cast, to toss; to hurl; to throw away, to cast down; to let go; to drop [ancre]; to utter [cri]; to lay [fondements]; to jettison (naut.); to discharge (med.); *se jeter*, to throw oneself, to jump, to plunge; to pounce (*sur*, on); to rush; to flow, to empty [rivière]. ‖ *jeton* [-oⁿ] *m.* token, tally, mark; counter; *jeton de téléphone*, telephone token, *Am.* slug (fam.).

jeu [jë] *m.** play; sport; game, pastime; fun, frolic; acting [acteur]; execution, playing [musicien]; gambling,

gaming; set [échecs]; pack, *Am.* deck [cartes]; stop [orgue]; action, activity (fig.); working (mech.); *jeu de mots*, pun; *franc jeu*, fair play.

jeudi [jëdì] *m.* Thursday; *jeudi saint*, Maundy Thursday.

jeun (à) [àjœⁿ] *adv. phr.* fasting; on an empty stomach.

jeune [jœn] *adj.* young; youthful; juvenile; younger, junior; recent; new; early, unripe, green; immature; *m., f.* young person; *jeune fille*, girl, young lady; *jeune homme*, youngster, youth, stripling; lad; *jeunes gens*, young people; young men; youth.

jeûne [jën] *m.* fast, fasting, abstinence. ‖ *jeûner* [-é] *v.* to fast, to abstain.

jeunesse [jœnès] *f.* youth, young days; boyhood, girlhood; young people; youthfulness, freshness, prime; newness [vin]. ‖ *jeunet* [jœnè] *adj.** youngish, rather young.

joaillerie [jòàyᵉrî] *f.* jewellery, *Am.* jewelry. ‖ *joaillier* [-yé] *m.* jeweller, *Am.* jeweler.

joie [jwà] *f.* joy, delight, gladness, elation; gaiety, mirth, merriment, glee; exhilaration.

joindre [jwⁿdr] *v.** to join; to link; to unite, to combine; to bring together; to adjoin; to enclose [enveloppe]; to clasp [mains]; *se joindre*, to join, to unite; to adjoin. ‖ *joint* [jwⁿ] *adj.*, *p. p.*, see *joindre*; *m.* joint, join, junction, coupling; seam (metall.); packing (mech.); *pièces jointes*, enclosures. ‖ *jointure* [-tür] *f.* joint; articulation; knuckle [doigt].

joli [jòlì] *adj.* pretty; good-looking; nice; attractive; piquant, nice, fine [ironique]. ‖ *joliesse* [-lyès] *f.* prettiness.

jonc [joⁿ] *m.* rush; cane, rattan; guard ring [bijou]; ⊙ wedding ring.

joncher [joⁿshé] *v.* to strew, to litter.

jonction [joⁿksyoⁿ] *f.* junction, joining; meeting; connector (electr.).

jongler [joⁿglé] *v.* to juggle. ‖ *jongleur* [-œr] *m.* juggler; trickster.

jonque [joⁿk] *f.* junk [bateau].

jonquille [joⁿkìy] *f.* jonquil.

joue [jû] *f.* cheek; *coucher en joue*, to aim at.

jouer [jwé] *v.* to play; to toy, to trifle; to speculate, to gamble; to stake; to act, to perform, to show (theat.); to feign; to warp, to shrink, to swell [boiserie]; to function (mech.); to fit loosely (mech.); *jouer au tennis*, to play tennis; *jouer du piano*, to play the piano; *jouer des coudes*, to elbow one's way; *se jouer*, to play, to sport, to frolic; to be played; *se jouer de*, to make game of, to make light of. ‖

jouet [jwè] *m.* plaything, toy. ‖
joueur [jwœr] *m.* player; performer;
actor; gambler, gamester; speculator
[Bourse].

jouffu [jûfü] *adj.* chubby, chubby-
cheeked.

joug [jûg] *m.* yoke; bondage; slavery (fig.).

jouir [jûr] *v.* to enjoy; to revel (*de*,
in); to possess (faculté). ‖ *jouissance*
[-ìsaⁿs] *f.* enjoyment, delight; use,
possession, tenure; fruition. ‖ *jouis-
seur* [-ìsœr] *m.* pleasure seeker.

joujou [jûjâ] *m.** plaything, toy.

jour [jûr] *m.* day; daylight, light,
lighting; dawn, day-break; day-time;
aperture, opening, gap, chink; openwork [couture]; *demi-jour*, half-light,
twilight; *grand jour*, broad daylight;
jour de fête, holiday; *de nos jours*,
in our time, nowadays; *donner le jour
à*, to bring to light; to give birth to;
au jour le jour, from hand to mouth.

journal [jûrnàl] *m.** journal, diary,
record; newspaper; gazette; day-book
(comm.); log-book (naut.); *les journaux*, the press; *style de journal*, jour-
nalese. ‖ *journalier* [-yé] *adj.** daily;
everyday; variable; *m.* day-labo(u)rer,
journey-man. ‖ *journalisme* [-ìsm] *m.*
journalism. ‖ *journaliste* [-ìst] *m.* journalist, reporter, pressman, newspaper-
man; columnist; journalizer (comm.).
‖ *journalistique* [-ìstìk] *adj.* journal-
istic.

journée [jûrné] *f.* day; daytime;
day's work; day's journey; *toute la
journée*, all day long; *femme de journée*, charwoman; *à la journée*, by the
day. ‖ *journellement* [-èlmaⁿ] *adv.*
daily, every day.

joute [jût] *f.* © game, match.

joyau [jwàyò] *m.** jewel, gem.

joyeux [jwàyë] *adj.** joyous, joyful,
merry, elated, blithe.

jubilé [jübìlé] *m.* jubilee; fiftieth
anniversary; golden wedding. ‖ *jubiler*
v. to exult, to gloat.

jucher [jüshé] *v.* to roost; to perch.

judiciaire [jüdìsyèr] *adj.* judicial, fo-
rensic. ‖ *judicieux* [-yë] *adj.** judicious, sensible, well-advised.

judo [jüdò] *m.* judo.

juge [jüj] *m.* judge; magistrate, justice; arbiter; *pl.* bench; *juge d'instruction*, examining magistrate; *juge de
paix*, justice of the peace. ‖ *jugement*
[-maⁿ] *m.* judgment; verdict, decision;
decree; opinion; trial; sentence; discrimination, sense. ‖ *juger* [-é] *v.* to
judge; to try [accusé]; to adjudicate;
to decide; to pass sentence on; to
consider, to think; to believe, to deem.

jugulaire [jügülèr] *f.* chin-strap. ‖
juguler [-lé] *v.* to jugulate; to choke.

juif, juive [jüìf, -ìv] *adj.* Jewish;
m. Jew, *f.* Jewess.

juillet [jüìyè] *m.* July.

juin [jüìⁿ] *m.* June.

julienne [jülyèn] *f.* vegetable soup.

jumeau, -melle [jümò, -mèl] *m.**, *f.*,
adj.* twin; double. ‖ *jumeler* [-mⁿlé]
v. to couple; to reinforce. ‖ *jumelles*
[-èl] *f. pl.* binoculars; field-glasses;
opera-glasses.

jument [jümaⁿ] *f.* mare.

jungle [juⁿgl] *f.* jungle.

jupe [jüp] *f.* skirt. ‖ *jupon* [-oⁿ] *m.*
petticoat, underskirt, *Am.* half-slip.

juré [jüré] *adj.* sworn; *m.* juror, juryman. ‖ *jurement* [-maⁿ] *m.* swearing,
oath. ‖ *jurer* [-é] *v.* to swear; to vow,
to take oath; to blaspheme; to clash,
to jar [couleurs].

juridiction [jürìdìksyoⁿ] *f.* jurisdiction; domain, venue (jur.); department
(fig.). ‖ *juridique* [-dìk] *adj.* juridical,
legal. ‖ *jurisprudence* [jürìsprüdaⁿs] *f.*
jurisprudence. ‖ *juriste* [-rìst] *s.* jurist.

juron [jüroⁿ] *m.* oath, blasphemy,
curse, swear-word.

jury [jürì] *m.* jury; selection committee. examining board [concours].

jus [jü] *m.* juice; gravy [viande];
(pop.) coffee; (pop.) electric current.

jusant [jüzaⁿ] *m.* ebb-tide, ebb.

jusque [jüsk] *prep.* until, till; as far
as, up to; even to, down to; *jusqu'ici*,
so far, up to now; *jusqu'où*, how far;
jusqu'à quand, how long.

juste [jüst] *adj.* just, equitable;
righteous; fair, lawful; proper, fit, apt;
exact [mot]; accurate, correct; sound;
tight; *adv.* just, exactly; precisely;
true (mus.); barely, scarcely; *m.*
virtuous person, upright man. ‖ *justesse* [-ès] *f.* exactness, correctness,
accuracy; appropriateness; *de justesse*, just in time.

justice [jüstìs] *f.* justice, righteousness, equity; jurisdiction; courts of
justice. judges; legal proceedings; *Palais de Justice*, law-courts; *traduire en
justice*, to prosecute. ‖ *justicier* [-syé]
m. justiciary.

justificateur [jüstìfìkàtœr] *adj.* justificatory. ‖ *justificatif* [-tìf] *adj.* justificative; *pièce justificative*, voucher,
supporting document. ‖ *justification*
[-àsyoⁿ] *f.* justification, vindication;
line adjustment (typogr.). ‖ *justifier*
[jüstìfyé] *v.* to justify, to vindicate; to
give proof of; to adjust (typogr.).

jute [jüt] *m.* jute.

juteux [jütë] *adj.** juicy.

juvénile [jüvénìl] *adj.* youthful;
juvenile.

juxtaposer [jükstàpòzé] *v.* to juxta-
pose.

K

kakatoès [kàkàtòès] *m.* cockatoo.

kaki [kàkì] *adj., m.* khaki.

kangourou [kaⁿgûrû] *m.* kangaroo.

képi [képì] *m.* kepi.

kermesse [kèrmès] *f.* charity fête; village fair.

kilogramme [kìlògràm] *m.* kilogram. || **kilomètre** [-òmètr] *m.* kilometer. || **kilométrage** [-òmètràj] *m.* mileage.

kimono [kìmònò] *m.* kimono.

kiosque [kyòsk] *m.* kiosk, stand;

news-stand; flower-stall; conning-tower [sous-marin]; band-stand (mus.).

Klaxon [klàksoⁿ] *m.* (trade-mark) horn, klaxon, hooter. || **klaxonner** [-né] *v.* to hoot, to honk.

kleptomane [klèptòmàn] *s.* klepto-maniac.

krach [kràk] *m.* financial crash, smash, collapse.

kyrielle [kìryèl] *f.* long rigmarole; string [*de*, of].

kyste [kìst] *m.* cyst.

L

l' *art., pron., see* le.

la [là] *art., pron., see* le.

là [là] *adv.* there; *cet homme-là,* that man; *là-dessus,* thereupon; *là-haut,* up there; *là-bas,* down there, over yonder.

labeur [làbœr] *m.* labo(u)r, toil.

laboratoire [làbòràtwàr] *m.* labora-tory.

laborieux [làbòryë] *adj.** laborious, hard-working; toilsome; painstaking.

labour [làbûr] *m.* ploughing, tillage. || **labourable** [-àbl] *adj.* arable, tillable. || **labourer** [-é] *v. Br.* to plough, *Am.* to plow; to till; to furrow. || **laboureur** [-œr] *m.* farm-hand; *Br.* ploughman, *Am.* plowman.

labyrinthe [làbìrìⁿt] *m.* labyrinth, maze.

lac [làk] *m.* lake.

lacer [làsé] *v.* to lace.

lacérer [làséré] *v.* to tear; to lace-rate; to slash; to maul.

lacet [làsè] *m.* lace, shoestring, boot-lace; noose, snare [chasse]; turning, winding, hairpin bend [route].

lâche [lâsh] *adj.* loose, slack; lax, slipshod; cowardly; dastardly; *m.* coward, dastard. || **lâcher** [-é] *v.* to release; to slacken, to loosen; to drop; to set free, to let go. || **lâcheté** [-té] *f.* cowardice.

lacis [làsì] *m.* network (mil.).

lacrymogène [làkrìmòjèn] *adj.* tear-producing, tear-exciting; *gaz lacrymo-gène,* tear-gas.

lacs [là] *m.* noose, snare; toils.

lacté [làkté] *adj.* milky.

lacune [làkün] *f.* gap, blank; hiatus.

lacustre [làküstr] *adj.* lacustral, lake.

lad [làd] *m.* stable-boy.

ladre [lâdr] *adj.* leprous; stingy; *m.* leper; miser; skinflint. || **ladrerie** [làdr^erì] *f.* leprosy; meanness, stingi-ness; measles [porc].

lagune [làgün] *f.* lagoon.

laïc, laïque [làìk] *adj.* laic; lay, secular; *m.* layman; *pl.* the laity. || **laïciser** [làìsìzé] *v.* to secularize. || **laï-cité** [-té] *f.* secularity, undenomina-tionalism.

laid [lè] *adj.* ugly; unsightly; plain, *Am.* homely. || **laideron** [-droⁿ] *m.* ugly person; fright (fam.). || **laideur** *f.* ugliness; plainness, *Am.* homeliness.

laie [lè] *f.* wild sow.

lainage [lènàj] *m.* wool(l)en goods. || **laine** [lèn] *f.* wool; worsted. || **laineux** [-ë] *adj.** woolly, fleecy.

laisse [lès] *f.* leash. || **laisser** [-é] *v.* to leave; to let, to allow, to permit; to quit, to abandon; *laisser-aller, m.* unconstraint; carelessness; *laissez-passer m.* permit, pass.

lait [lè] *m.* milk; *lait de chaux,* whitewash. || **laitage** [-tàj] *m.* dairy products. || **laitance** [-aⁿs] *f.* milt; soft roe. || **laiterie** [-trî] *f.* dairy; dairy-farming. || **laitière** [-tyèr] *f.* dairy-maid; *adj.* milch [vache].

laiton [lètoⁿ] *m.* brass.

laitue [lètü] *f.* lettuce.

laïus [làüs] *m.* (fam.) speech.

lambeau [laⁿbò] *m.** strip, scrap, shred, bit; rag.

lambiner [laⁿbìné] *v.* (fam.) to dawdle, to loiter.

lambris [laⁿbrì] *m.* wainscoting; wall-lining; panelling.

lame [làm] *f.* lamina, thin plate [mé-tal]; blade; foil; wave.

lamé [làmé] *adj.* spangled; *m.* lamé.

lamentation [làmaⁿtàsyoⁿ] *f.* lament-ation, wailing; complaint. || **lamenter**

[làmᵃⁿté] v. to lament; *se lamenter,* to lament, to bewail, to deplore, to bemoan.

laminer [làmìné] v. to laminate, to roll. ‖ *laminoir* [-wàr] m. rolling-mill, flatting-mill.

lampadaire [lɑⁿpàdèr] m. standard lamp; candelabrum. ‖ *lampe* [lɑⁿp] f. lamp; radio tube; *lampe à alcool,* spirit-lamp; *lampe de poche,* Br. torch, Am. flashlight. ‖ *lampion* [-yoⁿ] m. illumination-lamp; Chinese lantern. ‖ *lampiste* [-ìst] m. lamp-maker; lamp-lighter; *Am.* fall guy (pop.).

lance [lɑⁿs] f. spear; lance; nozzle; *lance-flammes,* flame-thrower; *lance-torpille,* torpedo-tube. ‖ *lancement* [-mɑⁿ] m. throwing, flinging; launching [bateau]; swinging [hélice]. ‖ *lancer* [-é] v. to throw, to fling, to cast; to launch (naut.); to fire [torpille]; © to pitch [base-ball], to shoot [hockey]; *se lancer,* to rush, to dash, to dart; *se lancer dans,* to embark on; © to shoot [hockey]. ‖ *lancette* [-èt] f. lancet. ‖ *lanceur* [-œr] m. © pitcher [base-ball]. ‖ *lanciner* [-ìné] v. to twinge, to lancinate.

landau [lɑⁿdò] m.* landau.

lande [lɑⁿd] f. moor, wasteland, heath.

langage [lɑⁿgàj] m. language, speech; *langage chiffré,* coded text.

lange [lɑⁿj] f. swaddling-cloth.

langoureux [lɑⁿgûrë] adj.* languid, languishing.

langouste [lɑⁿgûst] f. lobster; cray-fish. ‖ *langoustine* [-tìn] f. Norway lobster, Dublin prawn, scamp, *Am.* prawn.

langue [lɑⁿg] f. tongue; language; strip of land; gore [terre]; *mauvaise langue,* backbiter, mischief-maker, scandalmonger; *langues vivantes,* modern languages; *donner sa langue au chat,* to give up.

langueur [lɑⁿgœr] f. languor, languidness; dullness (comm.). ‖ *languir* [lɑⁿgîr] v. to languish, to pine; to mope; to decline; to drag, to be dull (comm.); *languissant,* languid, listless.

lanière [lànyèr] f. thong, lash.

lanterne [làⁿtèrn] f. lantern; street-lamp. ‖ *lanterner* [-é] v. (fam.) to dilly-dally, to lag.

lapider [làpìdé] v. to stone.

lapin [làpìⁿ] m. rabbit; *peau de lapin,* cony; *poser un lapin à qqn,* to let s.o. down, *Am.* to stand s.o. up.

lapsus [làpsüs] m. slip.

laquais [làkè] m. lackey; flunkey.

laque [làk] f. lac; m. lacquer. ‖ *laquer* [-é] v. to lacquer.

larcin [làrsìⁿ] m. larceny, pilfering.

lard [làr] m. bacon; back-fat; *lard salé,* © salt pork; *fèves au lard,* © pork and beans. ‖ *larder* [-dé] v. to lard, to interlard; to inflict [coups]. ‖ *lardon* [-doⁿ] m. lardoon; gibe; kid (pop.).

largable [làrgàbl] adj. releasable. ‖ *largage* [-gàj] m. letting go; unfurling.

large [làrj] adj. broad, wide; generous; big, ample; lax; m. room, space; breadth, width; offing; open-sea. ‖ *largesse* [-ès] f. liberality; bounty, largesse. ‖ *largeur* [-œr] f. breadth, width.

larguer [làrgé] v. to loosen, to slacken; to unfurl.

larme [làrm] f. tear; drop. ‖ *larmoyer* [-wàyé] v. to water [yeux]; to weep, to snivel.

larron [làroⁿ] m. robber.

larve [làrv] f. larva; grub.

larynx [làrìⁿks] m. larynx.

las, lasse [là, lâs] adj. tired, weary.

lascar [làskàr] m. (fam.) tough guy.

lascif [làsìf] adj.* lewd.

lasser [làsé] v. to weary, to tire. ‖ *lassitude* [-ìtüd] f. lassitude, fatigue; tiredness; weariness.

latent [làtɑⁿ] adj. latent; hidden.

latéral [làtéràl] adj.* lateral; *rue latérale,* side-street, cross-street.

latin [làtìⁿ] m. Latin; adj. Latin; lateen (naut.).

latitude [làtìtüd] f. latitude; freedom; scope, range.

latte [làt] f. lath.

lauréat [lòréà] m., adj. laureate. ‖ *laurier* [lòryé] m. laurel, bay tree; hono(u)r.

lavable [làvàbl] adj. washable. ‖ *lavabo* [-àbô] m. wash-stand; lavatory. ‖ *lavage* [-àj] m. washing; scrubbing; dilution; (pop.) popping, *Am.* hocking.

lavande [làvɑⁿd] f. lavender.

lavasse [làvàs] f. slops.

lave [làv] f. lava.

lavement [làvmɑⁿ] m. washing; enema. ‖ *laver* [-é] v. to wash; to bathe; to cleanse. ‖ *lavette* [-èt] f. dish-mop; dish-cloth. ‖ *laveuse* [-ëz] f. washerwoman, scrubwoman; washing-machine. ‖ *lavoir* [-wàr] m. wash-house, washing-place; scullery.

laxatif [làksàtìf] m., adj.* laxative.

layette [lèyèt] f. baby-linen, layette.

le [lᵉ] def. art. m. (l' before a vowel or a mute h) [f. la, pl. les] the; pron. m. him; it (f. her; it; pl. them).

lé [lé] m. width, breadth [tissu].

leader [lîdœr] m. leader.

lèchefrite [lèshfrìt] *f.* dripping-pan. || *lécher* [léshé] *v.* to lick; to elaborate, to over-polish.

leçon [l●so●] *f.* reading; lecture; lesson; advice.

lecteur, -trice [lèktœr, -trìs] *m., f.* reader; foreign assistant (univ.). || *lecture* [-ûr] *f.* reading; perusal.

légal [légál] *adj.** legal; statutory; lawful, licit; forensic [médecine]. || *légaliser* [-ìzé] *v.* to legalize; to certify, to authenticate. || *légalité* [-ìté] *f.* legality, lawfulness, law.

légataire [légàtèr] *m., f.* legatee; *légataire universel,* residuary legatee, general legatee.

légation [légàsyo●] *f.* legation.

légendaire [léja●dèr] *adj.* legendary. || *légende* [-a●d] *f.* legend; caption; inscription; motto; key.

léger [léjé] *adj.** light; slight; thoughtless, frivolous; gentle; fickle; wanton. || *légèreté* [-èrté] *f.* lightness; nimbleness, agility; slightness; weakness; levity; flightiness; fickleness; frivolity.

légiférer [léjìféré] *v.* to legislate.

légion [léjyo●] *f.* legion.

législateur, -trice [léjìslàtœr, -trìs] *m., f.* legislator, lawgiver; *adj.* legislative. || *législation* [-àsyo●] *f.* legislation, law-giving. || *législature* [-àtür] *f.* legislature; session. || *légiste* [léjìst] *m.* legist; *médecin légiste,* medical expert.

légitime [léjìtìm] *adj.* legitimate, lawful; rightful. || *légitimer* [-ìmé] *v.* to legitimate; to justify; to recognize [titre]. || *légitimité* [-ìmìté] *f.* lawfulness; justness, legitimacy.

legs [lèg *or* lè] *m.* legacy, bequest. || *léguer* [légé] *v.* to bequeath, to leave, to will.

légume [légüm] *m.* vegetable; *grosse légume,* bigwig, *Br.* big bug, *Am.* big shot, wheel (pop.). || *légumier* [-yé] *m.* vegetable dish.

lendemain [la●dmi●] *m.* next day, morrow, the day after.

lent [la●] *adj.* slow, sluggish. || *lenteur* [-tœr] *f.* slowness; sluggishness; backwardness; dilatoriness.

lentille [la●tìy] *f.* lentil; lens; freckle.

léopard [léòpàr] *m.* leopard.

lèpre [lèpr] *f.* leprosy. || *lépreux* [-prë] *adj.** leprous; *m.* leper. || *léproserie* [-pròzrì] *f.* lazar-house, leprosery.

lequel [l●kèl] (*f. laquelle, pl. m. lesquels, pl. f. lesquelles*) *pron. m.* who [sujet]; whom [complément]; which, that [choses]; *interrog. pron.* which, which one? *duquel,* of whom; whose; from which; of which (one)? *desquels,*

of whom; whose; from which; of which (ones)? *auquel,* to which; to whom; to which(one)? *auxquels,* to which; to whom; to which (ones)?

les [lè] *pl. of le.*

léser [lézé] *v.* to wrong; to injure; to endanger; *lèse-majesté,* high treason.

lésiner [lézìné] *v.* to be stingy, to stint; *Am.* to dicker; to haggle.

lessive [lèsìv] *f.* wash, washing; lye-wash; washing-powder. || *lessiveuse* [-ìvëz] *f.* washing-machine.

lest [lèst] *m.* ballast; sinkers.

leste [lèst] *adj.* brisk, nimble; quick; agile; unscrupulous, sharp; spicy.

lester [lèsté] *v.* to ballast; to weight.

lettre [lètr] *f.* letter; *pl.* literature, letters; *lettre recommandée,* registered letter; *en toutes lettres,* in full; *à la lettre,* literally, word for word. || *lettré* [-é] *adj.* lettered; *m.* scholar; well-read man.

leur [lœr] *pron.* them, to them; *poss. adj.* their; *le leur, la leur, les leurs,* theirs.

leurre [lœr] *m.* lure; decoy; bait; allurement, catch (fig.). || *leurrer* [-é] *v.* to lure; to decoy; to bait; to entice; *se leurrer,* to delude oneself.

levain [l●vi●] *m.* yeast.

levant [l●va●] *m.* east; Levant.

levée [l●vé] *f.* raising, lifting; closing, adjourning [séance]; uprising; levying (mil.); embankment, causeway; collection [poste]; gathering [récolte]; breaking-up, striking [camp]; swell [mer]; weighing [ancre]; trick [cartes]. || *lever* [-é] *v.* to lift, to raise; to adjourn [séance]; to weigh [ancre]; to collect [poste]; to draw [plan]; to shrug [épaules]; to remit [condamnation]; *m.* raising, rise; levee (mil.); sunrise [soleil]; *se lever,* to rise, to arise; to get up, to stand up; to clear up [ciel]. || *levier* [-yé] *m.* lever.

lèvre [lèvr] *f.* lip.

levrette [l●vrèt] *f.* greyhound bitch. || *lévrier* [lévrìyé] *m.* greyhound.

levure [l●vür] *f.* yeast; baking-powder; barm [bière].

lexique [lèksìk] *m.* lexicon.

lézard [lézàr] *m.* lizard; idler, lounger (fam.). || *lézarde* [-àrd] *f.* split, crevice, chink. || *lézarder* [-dé] *v.* to crack, to split; to bask in the sun; to idle, to loaf, to lounge.

liaison [lyèzo●] *f.* joining; connection; linking; acquaintance, intimacy; communications, liaison (mil.); slur (mus.); love-affair, liaison; *faire la liaison,* to link two words together (gramm.).

liasse [lyàs] *f.* bundle, packet; wad.

libelle [lìbèl] *m.* lampoon; libel (jur.). || *libeller* [-lé] *v.* to draw up, to word [documents]; to fill out [chèque].

libellule [lìbèllül] *f.* dragonfly, *Am.* darning-needle.

libéral [lìbéràl] *adj.** liberal, generous; broad, wide. || *libéralité* [-ìté] *f.* liberality. || *libérateur, -trice* [-àtœr, -trìs] *m., f.* liberator, deliverer; rescuer; *adj.* liberating. || *libération* [-àsyon] *f.* liberation, freeing, releasing; exemption (mil.); discharge [prisonnier]. || *libérer* [-é] *v.* to liberate, to release; to set free; to discharge.

liberté [lìbèrté] *f.* liberty, freedom.

libertin [lìbèrtìn] *adj.* licentious, wayward; *m.* libertine. || *libertinage* [-ìnàj] *m.* profligacy.

libraire [lìbrèr] *m., f.* bookseller, bookdealer. || *librairie* [-ì] *f.* bookshop; book-trade.

libre [lìbr] *adj.* free; open, unoccupied, vacant; *libre-échange,* free-trade; *libre-service,* self-service; self-service store.

lice [lìs] *f.* lists; bitch.

licence [lìsàns] *f.* licence, leave, permission; licentiate's degree; licentiousness. || *licencié* [-yé] *m.* licentiate; licence-holder; *licencié ès lettres,* master of arts. || *licencier* [-yé] *v.* to dismiss, to discharge; to disband (mil.). || *licencieux* [-yë] *adj.** licencious, loose.

licite [lìsìt] *adj.* licit.

licol, licou [lìkòl, lìkû] *m.* halter.

lie [lì] *f.* lees, dregs; scum.

liège [lyèj] *m.* cork; float [pêche].

lien [lyìn] *m.* tie, bond, link; connection. || *lier* [lyé] *v.* to bind, to fasten; to link, to connect; *lier connaissance,* to strike up an acquaintance.

lierre [lyèr] *m.* ivy.

liesse [lyès] *f.* gaiety.

lieu [lyë] *m.** place; locality, spot; grounds, reason, cause; *au lieu de,* instead of; *avoir lieu,* to take place, places; *en premier lieu,* firstly; *lieudit,* place, locality.

lieue [lyë] *f.* league.

lieutenant [lyëtnàn] *m.* lieutenant.

lièvre [lyèvr] *m.* hare.

lignage [lìñàj] *m.* lineage. || *ligne* [lìñ] *f.* line; cord; row, range; *ligne aérienne,* airline; *à la ligne,* indent. || *lignée* [-é] *f.* issue; offspring, progeny; stock.

ligoter [lìgòté] *v.* to bind, to tie up; *Am.* to hog-tie.

ligue [lìg] *f.* league. || *liguer* [lìgé], *se liguer v.* to league.

lilas [lìlà] *m.* lilac.

limace [lìmàs] *f.* slug. || *limaçon* [-on] *m.* snail.

limaille [lìmày] *f.* filings.

limande [lìmànd] *f.* dab; slap (pop.).

limbes [lìnb] *m. pl.* limbo.

lime [lìm] *f.* file. || *limer* [-é] *v.* to file; to polish.

limitation [lìmìtàsyon] *f.* limitation, restriction; marking off. || *limite* [lìmìt] *f.* limit; boundary; maximum [vitesse]. || *limiter* [-ìté] *v.* to limit; to restrict. || *limitrophe* [-ìtròf] *adj.* bordering, adjacent, abutting.

limoger [lìmòjé] *v.* to supersede (milit.); to bowler-hat, to sack, *Am.* to shelve.

limon [lìmon] *m.* mud, clay, loam; lime (bot.).

limonade [lìmònàd] *f.* lemonade.

limpide [lìnpìd] *adj.* limpid; pellucid. || *limpidité* [-ìté] *f.* limpidity, limpidiness, clarity.

lin [lìn] *m.* flax; linen.

linceul [lìnsœl] *m.* shroud.

linéaire [lìnéèr] *adj.* linear.

linge [lìnj] *m.* linen; calico. || *lingerie* [-rì] *f.* linen-drapery; linen-room; linen-trade; underwear; undergarment.

lingot [lìngò] *m.* ingot.

linguiste [lìngüìst] *m.* linguist. || *linguistique* [-ìk] *adj.* linguistic; *f.* linguistics.

linoléum [lìnòléòm] *m.* linoleum.

linon [lìnon] *m.* lawn.

linotte [lìnòt] *f.* linnet; *tête de linotte,* feather-brained.

linteau [lìntò] *m.** lintel.

lion [lyon] *m.* lion. || *lionceau* [-sò] *m.** lion cub. || *lionne* [lyòn] *f.* lioness.

lippe [lìp] *f.* thick lower lip; blubber lip; *faire la lippe,* to pout.

liquéfier [lìkéfyé] *v.* to liquefy.

liqueur [lìkœr] *f.* liquor; liqueur; solution (chem.).

liquidation [lìkìdàsyon] *f.* liquidation; settlement; clearance sale; winding up (comm.). || *liquide* [lìkìd] *m., adj.* liquid, fluid; *argent liquide,* ready money. || *liquider* [-é] *v.* to liquidate; to settle; to wind up (comm.).

liquoreux [lìkòrë] *adj.** sweet, luscious, juicy.

lire [lìr] *v.** to read; to peruse.

lis [lìs] *m.* lily; *fleur de lis,* fleur de lis.

liséré [lìzéré] *adj.* edged, bordered, piped; *m.* border, edging.

liseron [lìzroⁿ] *m.* bindweed.

liseuse [lìzëz] *f.* bed jacket; book-wrapper; reading lamp. ‖ *lisible* [lì-zìbl] *adj.* legible, readable.

lisière [lìzyèr] *f.* selvedge, list; edge, border, skirt [forêt]; leading-strings (fig.).

lisse [lìs] *adj.* smooth, sleek, slick. ‖ *lisser* [-é] *v.* to sleek; to preen; to smooth, to polish, to gloss; to glaze.

liste [lìst] *f.* list, roll; roster (mil.); panel [jurés].

lit [lì] *m.* bed; bedstead; layer, stratum; bottom [rivière]. ‖ *literie* [lìtrī] *f.* bedding, bedclothes. ‖ *litière* [lì-tyèr] *f.* litter.

litige [lìtìj] *m.* litigation; lawsuit.

litre [lìtr] *m.* Br. litre, Am. liter.

littéraire [lìtérèr] *adj.* literary. ‖ *littéral* [lìtérǎl] *adj.* literal. ‖ *littérature* [-àtür] *f.* literature.

littoral [lìtòrǎl] *adj.* littoral; *m.* coast-line, littoral.

liturgie [lìtürjī] *f.* liturgy.

livide [lìvìd] *adj.* livid, ghastly.

livraison [lìvrèzoⁿ] *f.* delivery; part, instalment [livre]; copy, issue [revue].

livre [lìvr] *m.* book; register; journal; *livre de bord*, ship's register; *grand livre*, ledger.

livre [lìvr] *f.* pound [poids; monnaie].

livrée [lìvré] *f.* livery. ‖ *livrer* [-é] *v.* to deliver; to surrender; to wage [bataille]; *se livrer*, to devote oneself, to give oneself over (à, to); to indulge (à, in).

livret [lìvrè] *m.* booklet; libretto; *livret militaire*, service record; *livret de l'étudiant*, student's handbook; scholastic record book.

livreur [lìvrœr] *m.* delivery-man.

local [lòkǎl] *adj.* local; *m.* premises. ‖ *localiser* [-àlìzé] *v.* to localize; to locate. ‖ *localité* [-àlìté] *f.* locality. ‖ *locataire* [-àtèr] *m.* tenant; lodger; hirer, renter, lessee (jur.). ‖ *location* [-àsyoⁿ] *f.* hiring; letting, renting; tenancy; booking; reservation; *bureau de location*, booking-office, box-office; *prix de location*, rent; *location-vente*, hire-purchase system.

locomotive [lòkòmòtìv] *f.* locomotive, engine. ‖ *locomotrice* [-trìs] *f.* electric engine.

locution [lòküsyoⁿ] *f.* idiom, phrase.

loge [lòj] *f.* hut, cabin; lodge [concierge]; kennel [chien]; box (theat.); dressing-room [artiste]. ‖ *logement* [-maⁿ] *m.* lodging, housing; dwelling, accommodation, *Br.* diggings, digs; quarters, billet (mil.); container (comm.); *indemnité de logement*, housing allotment. ‖ *loger* [-é] *v.* to

lodge; to put up; to quarter, to billet (mil.); to house, to live. ‖ *logeuse* [-ëz] *f.* landlady.

logique [lòjīk] *adj.* logical; *f.* logic.

logis [lòjī] *m.* house, home, dwelling.

loi [lwà] *f.* law; rule; *hors la loi*, outlaw; *projet de loi*, bill.

loin [lwiⁿ] *adv.* far, distant; *de loin*, at a distance; *de loin en loin*, at long intervals. ‖ *lointain* [-tìⁿ] *adj.* remote, far off; *m.* distance.

loir [lwàr] *m.* dormouse, loir.

loisible [lwàzìbl] *adj.* permissible; optional.

loisir [lwàzīr] *m.* leisure, spare time, time off.

long, longue [loⁿ, loⁿg] *adj.* long; slow; *m.* length; *le long de*, along; *à la longue*, in the long run; *dix mètres de long*, ten meters long. ‖ *longe* [loⁿj] *f.* tether; thong [fouet]; lunge, lunging rein.

longe [loⁿj] *f.* loin [veau].

longer [loⁿjé] *v.* to pass along, to go along; to extend along. ‖ *longévité* [-vìté] *f.* longevity. ‖ *longitude* [-ìtüd] *f.* longitude. ‖ *longtemps* [loⁿtaⁿ] *adj.* long; a long time. ‖ *longueur* [loⁿgœr] *f.* length; slowness. ‖ *longue-vue* [-vü] *f.* telescope, field-glass, spy-glass.

looping [lüpìñ] *m.* loop.

lopin [lòpìⁿ] *m.* patch, plot, allotment.

loquace [lòkwàs or -kas] *adj.* loquacious, talkative; garrulous. ‖ *loquacité* [-ìté] *f.* loquacity, talkativeness.

loque [lòk] *f.* rag; *en loques*, falling to pieces, in tatters.

loquet [lòkè] *m.* latch, clasp.

loqueteux [lòktë] *adj.* ragged.

lorgner [lòrñé] *v.* to ogle, to leer at. ‖ *lorgnette* [-èt] *f.* opera-glasses. ‖ *lorgnon* [-oⁿ] *m.* pince-nez, eye-glasses.

lors [lòr] *adv.* then; *lors de*, at the time of; *lors même que*, even when. ‖ *lorsque* [lòrske] *conj.* when.

losange [lòzaⁿj] *m.* lozenge, diamond.

lot [lò] *m.* portion, share, lot; prize; *gros lot*, *Am.* jackpot. ‖ *loterie* [lòtrī] *f.* lottery. ‖ *loti* [-tì] *adj.* provided for; *mal loti*, badly off.

lotion [lòsyoⁿ] *f.* lotion.

lotir [lòtìr] *v.* to allot; to parcel out. ‖ *lotissement* [-ìsmaⁿ] *m.* allotment; development [terrain].

louable [lüàbl] *adj.* laudable, praiseworthy. ‖ *louange* [lüaⁿj] *f.* praise.

louche [lüsh] *f.* soup-ladle; basting-spoon; reamer (mech.).

louche [lüsh] *adj.* cross-eyed; squinting; ambiguous; suspicious; fishy,

Am. phony (pop.). ‖ **loucher** [-é] *v.* to squint; (fam.) to cast longing eyes (*vers*, at).

louer [lûé] *v.* to rent, to hire; to book, to reserve.

louer [lûé] *v.* to praise, to laud, to commend; *se louer*, to be pleased, to be well satisfied (*de*, with).

loufoque [lûfòk] *adj.* (fam.) daft, nutty.

loup [lû] *m.* wolf; mask; crow-bar; error; *loup de mer*, sea-dog, old salt; *à pas de loup*, stealthily; *loup-cervier*, lynx; *loup-garou*, werewolf.

loupe [lûp] *f.* wen (med.); excrescence; burr [arbre]; lens, magnifying glass [optique].

louper [lûpé] *v.* to miss; to botch, to bungle.

lourd [lûr] *adj.* heavy, *Am.* hefty; clumsy; dull-witted; sultry, close [temps]. ‖ **lourdeur** [-dœr] *f.* heaviness; ponderousness; clumsiness; dullness; mugginess, sultriness [temps].

loustic [lûstîk] *m.* (fam.) wag.

loutre [lûtr] *f.* otter; *peau de loutre*, sealskin.

louve [lûv] *f.* she-wolf. ‖ **louveteau** [-tô] *m.** wolf-cub.

louvoyer [lûvwàyé] *v.* to tack (naut.); to manœuvre; to be evasive.

loyal [lwàyàl] *adj.** fair, straightforward; on the level (fam.); loyal, faithful. ‖ **loyauté** [lwàyôté] *f.* honesty; fairness; loyalty.

loyer [lwàyé] *m.* rent, rental.

lu [lü] *p. p. of* lire.

lubie [lübî] *f.* whim, crotchet, fad.

lubrifiant [lübrìfyaⁿ] *m.* lubricant; *adj.* lubricating.

lucarne [lükàrn] *f.* dormer, attic-window, gable-window; skylight.

lucide [lüsîd] *adj.* lucid, clear-headed. ‖ **lucidité** [-té] *f.* lucidity.

luciole [lüsyòl] *f.* firefly.

lucratif [lükràtîf] *adj.** lucrative.

luette [lüèt] *f.* uvula.

lueur [lüœr] *f.* gleam, glimmer, glow, flash, glare; ray.

luge [lüj] *f.* luge, toboggan.

lugubre [lügübr] *adj.* dismal, gloomy; lugubrious.

lui [lüi] *pron.* him, to him; her, to her; *c'est lui*, it is he; *à lui*, his.

luire [lüîr] *v.** to shine, to gleam.

lumière [lümyèr] *f.* light; lamp; enlightenment. ‖ **luminaire** [-nèr] *m.* luminary. ‖ **lumineux** [-nè] *adj.** luminous. ‖ **luminosité** [-inôzìté] *f.* luminosity, sheen.

lunaire [lünèr] *adj.* lunar. ‖ **lunatique** [lünàtîk] *adj.* moonstruck; whimsical.

lunch [luⁿsh] *m.* luncheon, lunch; buffet-lunch.

lundi [luⁿdî] *m.* Monday.

lune [lün] *f.* moon; *lune de miel*, honeymoon; *clair de lune*, moonlight. ‖ **lunette** [-èt] *f.* spyglass; *pl.* spectacles, eye-glasses.

luron [lüroⁿ] *m.* jolly chap.

lustre [lüstr] *m.* luster, gloss; chandelier. ‖ **lustrer** [-é] *v.* to glaze, to gloss, to polish up.

luth [lüt] *m.* lute.

lutin [lütîⁿ] *m.* imp, elf, goblin.

lutrin [lütrîⁿ] *m.* lectern.

lutte [lüt] *f.* wrestling; fight, struggle, tussle; strife. ‖ **lutter** [-é] *v.* to wrestle; to struggle, to contend, to fight. ‖ **lutteur** [-œr] *m.* wrestler; fighter.

luxation [lüksàsyoⁿ] *f.* luxation.

luxe [lüks] *m.* luxury; profusion.

luxueux [lüksüé] *adj.** luxurious.

luxure [lüksür] *f.* lewdness. ‖ **luxurieux** [-yé] *adj.** lewd.

luzerne [lüzèrn] *f.* lucern; *Am.* alfalfa.

lycée [lîsé] *m.* lycée, secondary school [France].

lymphatique [lîⁿfàtîk] *adj.* lymphatic; *lymphe*, lymph.

lyncher [lîⁿshé] *v.* to lynch.

lynx [lîⁿks] *m.* lynx.

lyre [lîr] *f.* lyre. ‖ **lyrique** [-îk] *adj.* lyrical, lyric. ‖ **lyrisme** [-îsm] *m.* lyricism.

M

ma [mà] *poss. adj. f.* my; *see* mon.

maboul [màbûl] *adj.* (fam.) crazy.

macabre [màkàbr] *adj.* gruesome.

macaron [màkàroⁿ] *m.* macaroon. ‖ *macaroni* [-ònî] *m.* macaroni.

macédoine [màsédwàn] *f.* diced vegetables; cut-up fruit, fruit salad; hotch-potch (fig.).

macérer [màséré] *v.* to macerate.

mâche [mâsh] *f.* corn-salad. ‖ *mâche-fer* [-fèr] *m.* clinker; dross. ‖ *mâcher* [-é] *v.* to chew, to munch, to masticate.

machin [màshîⁿ] *m.* thing, gadget, *Am.* gimmick; what's-his-name, so-and-so. ‖ *machinal* [-înàl] *adj.** mechanical, unconscious, involuntary. ‖ *machination* [-ìnàsyoⁿ] *f.* plot, scheming. ‖ *machine* [-în] *f.* machine;

engine; dynamo (electr.); *pl.* machinery. ‖ *machiner* [-ìné] *v.* to plot, to scheme; to supply (mech.). ‖ *machiniste* [-ìnìst] *m.* engineer; bus driver; stage-hand, scene-shifter (theat.).

mâchoire [mâshwàr] *f.* jaw, jaw-bone; clamp. ‖ *mâchonner* [-shòné] *v.* to chew; to mutter.

maçon [màsoⁿ] *m.* mason, bricklayer. ‖ *maçonnerie* [-ònrî] *f.* masonry; stonework.

maculer [màkülé] *v.* to stain.

madame [màdàm] *f.* (*pl. mesdames*) Mrs.; madam.

madeleine [màdlèn] *f.* sponge-cake.

mademoiselle [màdmwàzèl] *f.* (*pl. mesdemoiselles*) Miss; young lady.

madré [màdré] *adj.* sly, *Am.* cagey.

magasin [màgàzìⁿ] *m.* shop, *Am.* store; warehouse. ‖ *magasinage* [-zìnàj] *m.* storing; Ⓒ shopping. ‖ *magasiner* [-é] *v.* Ⓒ to go shopping. ‖ *magasinier* [-nyé] *m.* warehouse man, storeman.

magicien [màjìsyìⁿ] *m.* magician, wizard. ‖ *magie* [-jî] *f.* magic. ‖ *magique* [màjìk] *adj.* magic(al).

magistrat [màjìstrà] *m.* magistrate, judge. ‖ *magistrature* [-tür] *f.* magistrature; magistracy.

magnanime [màñànìm] *adj.* magnanimous; *magnanimité*, *f.* magnanimity.

magnétique [màñétìk] *adj.* magnetic.

magnétophone [màñétòfòn] *m.* tape recorder.

magnifique [màñìfìk] *adj.* magnificent, splendid, glorious; generous.

mai [mè] *m.* May; May-pole.

maigre [mègr] *adj.* thin, lean, skinny; scrawny, gaunt; meagre, scanty; lean meat. ‖ *maigreur* [-œr] *f.* thinness; scantiness; emaciation. ‖ *maigrir* [-îr] *v.* to grow thin.

maille [mây] *f.* stitch; link; mesh, mail. ‖ *maillon* [-oⁿ] *m.* mail.

maillot [màyô] *m.* swaddling clothes; bathing-suit; tights; jersey, singlet.

main [mìⁿ] *f.* hand; handwriting; quire (papier); *main-d'œuvre*, manual labo(u)r; manpower.

maint [mìⁿ] *adj.* many a; *maintes fois*, many times.

maintenant [mìⁿtnaⁿ] *adv.* now. ‖ *maintenir* [-îr] *v.* to maintain; to keep; to support; to uphold; *se maintenir*, to remain; to continue. ‖ *maintien* [mìⁿtyìⁿ] *m.* maintenance, upholding, keeping; bearing.

maire [mèr] *m.* mayor. ‖ *mairie* [-î] *f.* town hall.

mais [mè] *conj.* but.

maïs [màìs] *m.* maize, Indian corn; *Am.* corn.

maison [mèzoⁿ] *f.* house; firm; home; household; family; *maison de rapport*, apartment house. ‖ *maisonnette* [-ònèt] *f.* cottage. bungalow.

maître [mètr] *m.* master; ruler; owner; teacher (école); petty officer (naut.); *adj.* chief, main; *maître d'hôtel*, steward, head-waiter; *maître chanteur*, blackmailer. ‖ *maîtresse* [-ès] *f.* mistress; teacher (école); *adj.* chief. ‖ *maîtrise* [-ìz] *f.* mastery. ‖ *maîtriser* [-ìzé] *v.* to master, to overcome; to control; to deal with; *se maîtriser*, to control oneself.

majesté [màjèsté] *f.* majesty. ‖ *majestueux* [-üë] *adj.** majestic; stately.

majeur [màjœr] *adj.* major, greater; of age; *m.* major; middle finger. ‖ *major* [-òr] *m.* regimental adjutant (mil.); *état-major*, staff. ‖ *majorité* [-òrìté] *f.* majority; coming of age; legal age.

majuscule [màjüskül] *adj.* capital; *f.* capital letter.

mal [màl] *m.** evil; hurt, harm; pain; wrong; disease; *adv.* badly, ill; uncomfortable; *mal au cœur*, nausea; *mal à la tête*, headache; *pas mal*, presentable; good-looking; not bad; *pas mal de*, a large number, a good many.

malade [màlàd] *adj.* ill, sick; diseased; *m.*, *f.* patient. ‖ *maladie* [-î] *f.* illness, sickness, malady, disease, ailment. ‖ *maladif* [-îf] *adj.** sickly, unhealthy, ailing.

maladresse [màlàdrès] *f.* clumsiness; blunder. ‖ *maladroit* [-wà] *adj.* clumsy, awkward; blundering; *m.* duffer.

malaise [màlèz] *m.* discomfort, uneasiness. ‖ *malaisé* [-é] *adj.* difficult.

malappris [màlàprî] *adj.* ill-bred; *m.* boor, *Am.* slob.

malaxer [màlàksé] *v.* to mix; to knead; to work.

malchance [màlshaⁿs] *f.* bad luck; mishap. ‖ *malchanceux* [-ë] *adj.** unlucky, luckless.

mâle [mâl] *m.*, *adj.* male.

malédiction [màlédìksyoⁿ] *f.* curse.

maléfique [màléfìk] *adj.* maleficient, baleful.

malencontreux [màlaⁿkoⁿtrë] *adj.** untoward; unhappy; ill met.

malentendu [màlaⁿtaⁿdü] *m.* misunderstanding, misapprehension.

malfaisant [màlfⁿzaⁿ] *adj.* harmful; mischievous. ‖ *malfaiteur* [-tœr] *m.* evil-doer, scoundrel.

malfamé [màlfàmé] *adj.* ill-famed.

malgré [màlgré] *prep.* despite.

malheur [màlœr] *m.* misfortune; unhappiness. ‖ **malheureux** [-ë] *adj.** unhappy; unfortunate; wretched, trivial; *s.* unfortunate person; *pl.* the destitute.

malhonnête [màlònèt] *adj.* dishonest, impolite, indecent. ‖ **malhonnêteté** [-té] *f.* dishonesty, improbity; dishonest act, sharp practice.

malice [màlìs] *f.* malice, trick. ‖ **malicieux** [-syë] *adj.** mischievous, impish, arch.

malin, -igne [màlìn, -lñ] *adj.* malignant; wicked; cunning, sharp, sly; *m.* devil Evil One.

malle [màl] *f.* trunk; mail-bag. ‖ **mallette** [-èt] *f.* suitcase.

malsain [màlsìn] *adj.* unhealthy.

maltraiter [màltrèté] *v.* to maltreat, to ill-use; to manhandle.

malveillance [màlvèyàns] *f.* malevolence, ill-will; evil intent; foul play; criminal machination.

malversation [màlvèrsàsyon] *f.* embezzlement.

maman [màman] *f.* mama; mother; mummy (fam.).

mamelle [màmèl] *f.* breast; udder. ‖ **mamelon** [màmlon] *m.* nipple; dug; hillock; boss, swell (mech.).

manche [mansh] *m.* handle; haft; stick [balai]; joy-stick (aviat.).

manche [mansh] *f.* sleeve; hose [eau]; shaft [air]; rubber, game [cartes], set [tennis]; *la Manche*, the English Channel. ‖ **manchette** [-èt] *f.* cuff, wristband; headline [journal]; *pl.* handcuffs (pop.). ‖ **manchon** [-on] *m.* muff; casing, socket (techn.); flange (mech.). ‖ **manchot** [-ô] *adj.* one-armed; *m.* one-armed person.

mandarin [mandàrìn] *m.* mandarin. ‖ **mandarine** [-ìn] *f.* tangerine, mandarine.

mandat [mandà] *m.* mandate; commission; warrant (jur.); money-order, draft (fin.); *mandat-poste*, postal money-order. ‖ **mandataire** [-tèr] *m.* mandatory; agent; trustee; attorney.

manège [mànèj] *m.* horsemanship, riding; wile, stratagem; treadmill; merry-go-round [foire].

manette [mànèt] *f.* hand-lever.

mangeoire [manjwàr] *f.* manger; feeding-trough. ‖ **manger** [-é] *v.* to eat; to squander [argent]; to corrode [métal]; to fret [corde].

maniable [mànyàbl] *adj.* manageable; tractable.

maniaque [mànyàk] *m.*, *f.*, *adj.* maniac. ‖ **manie** [-ì] *f.* mania; craze.

manier [mànyé] *v.* to handle; to feel; to ply.

manière [mànyèr] *f.* manner, way; affectation; deportment; *de manière que*, so that; *de manière à*, so as to. ‖ **maniéré** [-yéré] *adj.* affected.

manifestant [mànìfèstan] *m.* demonstrator. ‖ **manifestation** [-àsyon] *f.* manifestation; demonstration (pol.). ‖ **manifeste** [-fèst] *adj.* manifest, evident, obvious; *m.* manifesto. ‖ **manifester** [-é] *v.* to manifest, to reveal; to show; to demonstrate.

manipuler [mànìpülé] *v.* to manipulate; to handle; to wield; to key [télégraphe].

manitou [mànìtû] *m.* Manitou.

manivelle [mànìvèl] *f.* crank; winch.

mannequin [mànkìn] *m.* manikin; dummy, fashion model.

manœuvre [mànœvr] *f.* working, managing; handling [bateau]; drill (mil.); rigging (naut.); control (aviat.); intrigue, *m.* unskilled workman. ‖ **manœuvrer** [-é] *v.* to work; to ply; to shunt, to scheme; *Br.* to manœuvre, *Am.* to maneuver.

manomètre [mànòmètr] *m.* manometer pressure-gauge.

manque [mank] *m.* lack, want, need; deficiency, shortage; breach [parole]. ‖ **manqué** [-é] *adj.* missed; unsuccessful, abortive. ‖ **manquer** [-é] *v.* to lack, to want; to fail; to miss; *manquer de tomber*, to nearly fall.

mansarde [mansàrd] *f.* attic, garret; dormer-window; *mansardé*, mansard-roofed.

manteau [mantô] *m.** coat, cloak, mantle, mantelpiece [cheminée].

manucure [mànükür] *f.* manicure.

manuel [mànüèl] *m.* hand-book; *adj.** manual.

manufacture [mànüfàktür] *f.* factory, mill; works; plant. ‖ **manufacturer** [-é] *v.* to manufacture.

manuscrit [mànüskrì] *m.* manuscript; *adj.* hand-written.

manutention [mànütansyon] *f.* handling; manipulation; commissary, *Am.* post-exchange; bakery; store-house (mil.).

maquereau [màkrô] *m.** mackerel [poisson]; pimp [personne].

maquette [màkèt] *f.* model, figure; mock-up, dummy [livre].

maquillage [màklyàj] *m.* make-up, grease-paint (theat.); working-up (phot.). ‖ **maquiller** [-yé] *v.* to make up; to fake; *se maquiller*, to make up, to paint.

maquis [màkì] *m.* scrub; underground resistance forces, maquis [guerre]; (fig.) maze.

marais [màrè] *m.* marsh, swamp.

marasme [màràsm] *m.* despondency; stagnation; dumps.

marâtre [màràtr] *f.* step-mother; unkind mother.

marauder [màrôdé] *v.* to maraud; to filch; to crawl, to cruise [taxi].

marbre [màrbr] *m.* marble; slab; *sur le marbre*, at press, *Am.* on the press. ‖ *marbrer* [-é] *v.* to marble; to mottle.

marc [màr] *m.* marc [raisin]; grounds [café]; dregs.

marchand [màrshaⁿ] *m.* merchant, dealer, tradesman, shopkeeper; *adj.* marketable; commercial [ville]. ‖ *marchander* [-dé] *v.* to haggle, to bargain. ‖ *marchandise* [-dîz] *f.* merchandise, goods, wares.

marche [màrsh] *f.* step, stair [escalier]; tread; walk; march (mil.); running [machine]; *marche arrière*, backing; reverse.

marché [màrshé] *m.* deal, bargain, contract; market; transaction; *marché aux puces*, flea market, thieves' market; *bon marché*, cheap; *faire marché avec*, to contract.

marchepied [màrsh⁰pyé] *m.* step; footstool; foot-board, folding-steps [voiture]; running-board [auto]; stepladder [escabeau]. ‖ *marcher* [màrshé] *v.* to tread; to walk; to march; to work, to run [machine]; *faire marcher* (fam.), to spoof, *Am.* to kid.

mardi [màrdî] *m.* Tuesday; *mardi gras*, Shrove Tuesday.

mare [màr] *f.* pool, pond. ‖ *marécage* [-ékà] *m.* fen, marshland; bog, swamp; quagmire. ‖ *marécageux* [-ékàjë] *adj.* marshy, boggy.

maréchal [màréshàl] *m.** marshal; farrier [ferrant].

marée [màré] *f.* tide, flow; sea fish; *marée basse*, low-tide; *marée haute*, high-tide.

marelle [màrèl] *f.* hopscotch [jeu].

marge [màrj] *f.* border, edge; fringe; margin [page]; scope, lee-way. ‖ *margelle* [-èl] *f.* curb.

marguerite [màrg⁰rît] *f.* (bot.) daisy, marguerite; *Marguerite*, Margret, Maggie, Peggy.

mari [màrî] *m.* husband. ‖ *mariage* [-yà] *m.* marriage; wedlock, matrimony; wedding; nuptials. ‖ *marié* [-yé] *adj.* married; *m.* bridegroom. ‖ *mariée* [-yé] *f.* bride. ‖ *marier* [-yé] *v.* to marry; to unite; to blend [couleurs]; *se marier*, to get married, to marry, to wed.

marin [màrⁱⁿ] *m.* sailor; mariner, seaman; *adj.* marine, nautical; sea-going. ‖ *marinades* [-inàd] *f. pl.* ⓒ pickles. ‖ *marine* [-îⁿ] *f.* navy; sea-front; sea-scape [tableau]. ‖ *mariner* [-îné] *v.* to pickle; to marinade. ‖ *marinier* [-ⁱnyé] *m.* bargee, waterman.

maringouin [màrⁱⁿgwⁱⁿ] *m.* ⓒ gnat, mosquito.

marionnette [màryònèt] *f.* puppet.

maritime [màrìtîm] *adj.* maritime.

marmelade [màrm⁰làd] *f.* marmalade; compote.

marmite [màrmìt] *f.* kettle, pot; heavy shell (mil.). ‖ *marmiton* [-ⁿ] *m.* scullion; kitchen-hand, cook's helper.

marmonner [màrmòné] *v.* to mutter; to mumble.

marmot [màrmô] *m.* brat. ‖ *marmotte* [-òt] *f.* marmot, *Am.* woodchuck. ‖ *marmotter* [-òté] *v.* to mutter, to mumble.

Maroc [màròk] *m.* Morocco. ‖ *marocain* [-ⁱⁿ] *m.,* *adj.* Moroccan.

maronner [màròné] *v.* (fam.) to grumble, to growl.

maroquin [màròkⁱⁿ] *m.* Morocco leather. ‖ *maroquinerie* [-ìnrî] *f.* leather goods (or) trade.

marotte [màròt] *f.* fad.

marquant [màrkaⁿ] *adj.* conspicuous; striking; prominent. ‖ *marque* [màrk] *f.* mark; trade-mark, brand; distinction; *vin de marque*, choice wine. ‖ *marquer* [-é] *v.* to mark, to stamp, to brand; to indicate, to denote; to testify. ‖ *marqueterie* [-etrî] *f.* inlaid-work.

marquis [màrkî] *m.* marquis, marquess. ‖ *marquise* [-îz] *f.* marchioness; marquee; glass-roof; glass-porch; awning.

marraine [màrèn] *f.* godmother; sponsor.

marron [màrⁿ] *m.* chestnut; blow [coup]; *adj.* maroon, chestnut-colo(u)red. ‖ *marronnier* [-ònyé] *m.* chestnut-tree.

mars [màrs] *m.* March [mois]; Mars [planète].

marsouin [màrswⁱⁿ] *m.* porpoise; sea-hog.

marteau [màrtô] *m.** hammer; knocker [porte]; striker [horloge]; hammerhead [poisson]; *marteau-pilon*, powerhammer; forging-press. ‖ *marteler* [-⁰lé] *v.* to hammer; to batter out.

martial [màrsyàl] *adj.** martial.

martinet [màrtⁱnè] *m.* tilt-hammer (metall.); cat-o'-nine-tails [fouet]; clothes-beater; martlet [oiseau].

martingale [màrtⁱngàl] *f.* martingale; half-belt.

martin-pêcheur [màrtⁱⁿpèchœr] *m.* kingfisher.

martre [màrtr] *f.* marten.

martyr [màrtîr] *m.* martyr. ‖ *martyre* [-îr] *m.* martyrdom. ‖ *martyriser* [-ìrìzé] *v.* to torment; to martyr.

mascarade [màskàràd] *f.* masquerade.

masculin [màskülìⁿ] *adj.* masculine; male; mannish.

masque [màsk] *m.* mask. ‖ *masquer* [-é] *v.* to mask; to conceal.

massacre [màsàkr] *m.* massacre, slaughter.

massage [màsàj] *m.* massage.

masse [màs] *f.* mass; bulk; heap; crowd [gens]; mace [arme]; sledge-hammer.

masser [màsé] *v.* to mass; to massage. ‖ *massif* [-ìf] *m.* clump; cluster; *adj.* massive, bulky; solid [or]; heavy.

massue [màsü] *f.* club.

mastic [màstìk] *m.* putty. ‖ *mastiquer* [-é] *v.* to masticate, to chew; to putty.

masure [màzür] *f.* shanty, hovel, shack.

mat [màt] *m.* mate [échecs].

mat [màt] *adj.* mat, dull, flat.

mât [mâ] *m.* mast; pole.

matamore [màtàmòr] *m.* swashbuckler, braggart.

matelas [màtlà] *m.* mattress; pad. ‖ *matelasser* [-sé] *v.* to pad; to stuff.

matelot [màtlô] *m.* sailor, seaman.

mater [màté] *v.* to checkmate [échecs]; to subdue.

matérialiser [màtéryàlìzé] *v.* to materialize. ‖ *matérialisme* [-lìsm] *m.* materialism. ‖ *matériel* [-yèl] *m.* working-stock; apparatus; *adj.** material; corporeal, real; *matériel sanitaire,* medical supplies.

maternel [màtèrnèl] *adj.** maternal.

mathématicien [màtémàtìsyìⁿ] *m.* mathematician. ‖ *mathématique* [-ìk] *adj.* mathematical. ‖ *mathématiques* [-ìk] *f. pl.* mathematics.

matière [màtyèr] *f.* material; matter, substance; subject.

matin [màtìⁿ] *m.* morning.

mâtin [mâtìⁿ] *m.* mastiff.

matinal [màtìnàl] *adj.** early rising; morning, matutinal. ‖ *matinée* [-é] *f.* morning, forenoon; afternoon performance (theat.).

matois [màtwà] *adj.* sly, foxy.

matou [màtû] *m.* tom-cat.

matraque [màtràk] *f.* bludgeon.

matrice [màtrìs] *f.* uterus; matrix; die; original; master record.

matricule [màtrìkül] *f.* roll, register; registration; *m.* serial-number.

maturation [màtüràsyoⁿ] *f.* maturation. ‖ *maturité* [màtürìté] *f.* maturity; ripeness; full growth.

maudire [môdîr] *v.** to curse, to imprecate. ‖ *maudit* [-ì] *adj.* cursed, accursed; execrable, damnable.

maugréer [môgréé] *v.* to curse.

maure [môr] *m.* Moor; *adj.* Moorish.

maussade [môsàd] *adj.* surly, sullen, sulky; glum; grumpy, crusty; dull, cloudy [temps].

mauvais [môvè] *adj.* evil, ill, wicked, bad; unpleasant, nasty; wrong; harmful; sharp [langue]; *il fait mauvais,* it's bad weather.

mauve [môv] *adj.* mauve, purple; *f.* mallow.

maux [mô] *pl. of mal.*

maxillaire [màksìlèr] *m.* jaw-bone.

maxime [màksìm] *f.* maxim.

mazout [màzût] *m.* oil fuel; crude oil; *Am.* mazut.

me [mᵉ] *pron.* me, to me; myself.

méandre [méaⁿdr] *m.* meander, winding.

mécanicien [mékànìsyìⁿ] *m.* mechanic, artificer; mechanician; machinist; engine-driver, *Am.* engineer (railw.). ‖ *mécanique* [-ìk] *adj.* mechanical; *f.* mechanics; mechanism, machinery. ‖ *mécanisme* [-ìsm] *m.* mechanism; works, machinery.

méchanceté [méshaⁿsté] *f.* wickedness, naughtiness, mischievousness; unkindness, ill-nature. ‖ *méchant* [méshaⁿ] *adj.* wicked, evil; naughty; miserable; sorry.

mèche [mèsh] *f.* wick [chandelle]; tinder [briquet]; fuse [mine]; cracker, *Am.* snapper [fouet]; lock, wisp [cheveux]; bit, drill (mech.); *de mèche avec,* in collusion with.

mécompte [mékoⁿt] *m.* miscalculation, miscount; disappointment.

méconnaître [mékònètr] *v.** to fail to recognize; to misappreciate; to belittle; to disown.

mécontent [mékoⁿtaⁿ] *adj.* discontented, dissatisfied; *m.* malcontent. ‖ *mécontentement* [-tmaⁿ] *m.* discontent, dissatisfaction; displeasure.

mécréant [mékréaⁿ] *m.* unbeliever.

médaille [médày] *f.* medal.

médecin [médsìⁿ] *m.* doctor, physician. ‖ *médecine* [-ìn] *f.* medicine; physic; dose, drug.

médiane [médyàn] *f.* median.

médiateur [médyàtær] *m.* mediator. ‖ *médiation* [-syoⁿ] *f.* mediation. ‖ *médiatrice* [-trìs] *f.* mediatrix.

médical [médìkàl] *adj.* * medical. ‖ **médicament** [-àmaⁿ] *m.* medicine; medicament; **médication**, medication; **médicinal**, medicinal.

médiéval [médyévàl] *adj.** medi-(a)eval.

médiocre [médyòkr] *adj.* mediocre, middling, indifferent; *m.* mediocrity; ordinary. ‖ **médiocrité** [-ìté] *f.* mediocrity; poorness; slenderness.

médire [médîr] *v.** to slander, to vilify. ‖ **médisance** [ìzaⁿs] *f.* slander, scandal-mongering.

méditation [médìtàsyoⁿ] *f.* meditation. ‖ **méditer** [médìté] *v.* to meditate; to think over (ou) of; to plan, to contemplate.

médius [médyüs] *m.* middle finger.

méduse [médüz] *f.* jelly-fish.

méfait [méfè] *m.* misdeed.

méfiance [méfyaⁿs] *f.* distrust. ‖ **méfier (se)** [s^eméfyé] *v.* to mistrust; to be on one's guard.

mégarde [mégàrd] *f.* inadvertence; *par mégarde,* inadvertently.

mégère [méjèr] *f.* shrew, termagant, scold.

mégot [mégô] *m.* butt [cigarette]; stump [cigare].

meilleur [mèyœr] *adj.* better; *meilleur marché,* cheaper; *le meilleur,* the best.

mélancolie [mélaⁿkòlî] *f.* melancholy, mournfulness, gloom. ‖ **mélancolique** [-lîk] *adj.* melancholy, glum, downcast, mopish.

mélange [mélaⁿj] *m.* mixture, blend. ‖ **mélanger** [-é] *v.* to mix, to blend, to mingle; *se mélanger,* to mix, to get mixed, to mingle.

mélasse [mélàs] *f.* molasses, treacle.

mêlée [mèlé] *f.* conflict, fray, melee, scramble, scuffle. ‖ **mêler** [-é] *v.* to mix, to mingle, to blend; to jumble, to tangle; to shuffle [cartes]; *se mêler,* to mingle; to interfere, to meddle (*de,* with); to take a hand (*de,* in).

mélèze [mélèz] *m.* larch.

mélodie [mélòdî] *f.* melody. ‖ **mélodieux** [-dyè] *adj.** melodious.

melon [meloⁿ] *m.* melon; bowler [chapeau].

membrane [maⁿbràn] *f.* membrane; web [palmipède].

membre [maⁿbr] *m.* member; limb [corps].

même [mèm] *adj.* same; self; very; *adv.* even; *de même,* likewise; *être à même de,* to be able to.

mémoire [mémwàr] *f.* memory, recollection, remembrance; *de mémoire,* by heart; *m.* memorandum;

memorial; report (jur.); memoir, dissertation. ‖ **mémorable** [-mòràbl] *adj.* memorable, noteworthy; eventful.

menace [mɘnàs] *f.* threat, menace. ‖ **menacer** [-é] *v.* to threaten; to menace (*de,* with).

ménage [ménàj] *m.* housekeeping, housework; household goods; couple; *femme de ménage,* charwoman. ‖ **ménager** [-é] *v.* to save, to spare; to adjust; *adj.* domestic; thrifty, sparing. ‖ **ménagère** [-èr] *f.* housewife.

mendiant [maⁿdyaⁿ] *m.* beggar; mixed nuts. ‖ **mendicité** [-ìsìté] *f.* begging; beggardom; beggary. ‖ **mendier** [-yé] *v.* to beg.

menée [mɘné] *f.* track [chasse]; scheming, intrigue. ‖ **mener** [-é] *v.* to lead; to conduct, to guide; to drive; to steer; to manage [entreprise].

ménestrel [ménèstrèl] *m.* minstrel, gleeman.

méningite [méniⁿjìt] *f.* meningitis.

menotte [mɘnòt] *f.* small hand; *pl.* handcuffs, manacles.

mensonge [maⁿsoⁿj] *m.* lie, untruth, fib, falsehood.

mensualité [maⁿsüàlìté] *f.* monthly payment. ‖ **mensuel** [-èl] *adj.** monthly.

mensurable [maⁿsüràbl] *adj.* measurable; **mensuration**, mensuration.

mental [maⁿtàl] *adj.** mental. ‖ **mentalité** [-ìté] *f.* mentality; turn of mind.

menteur, -teuse [maⁿtœr, -tèz] *adj.* lying, fibbing, mendacious; *m.* liar.

menthe [maⁿt] *f.* mint.

mention [maⁿsyoⁿ] *f.* mention. ‖ **mentionner** [-òné] *v.* to mention; to specify.

mentir [maⁿtîr] *v.** to lie, to fib.

menton [maⁿtoⁿ] *m.* chin.

menu [mɘnü] *adj.* small, tiny; slender, slim; petty, trifling; *m.* menu, bill of fare; detail.

menuet [mɘnüè] *m.* minuet.

menuiserie [mɘnüìzrî] *f.* joinery, woodwork, carpentry. ‖ **menuisier** [-yé] *m.* joiner, carpenter.

méprendre (se) [s^emépraⁿdr] *v.** to mistake, to misjudge; to be mistaken.

mépris [méprì] *m.* contempt, scorn. ‖ **méprisable** [-zàbl] *adj.* contemptible, despicable. ‖ **méprisant** [-zaⁿ] *adj.* contemptuous, scornful.

méprise [méprîz] *f.* mistake.

mépriser [méprìzé] *v.* to despise, to scorn; to slight.

mer [mèr] *f.* sea.

mercantile [mèrkaⁿtìl] *adj.* mercantile; money-grubbing. ‖ **mercantilisme** [-ìsm] *m.* mercenary spirit.

mercenaire [mèrs°nèr] *m., adj.* mercenary.

mercerie [mèrs°rî] *f.* haberdashery; *Am.* notions shop, notions.

merci [mèrsì] *f.* mercy, discretion; *m.* thanks, thank you.

mercier [mèrsyé] *m.* haberdasher.

mercredi [mèrkr°dì] *m.* Wednesday; *mercredi des Cendres,* Ash Wednesday.

mercure [mèrkür] *m.* mercury, quicksilver.

mercuriale [mèrküryàl] *f.* remonstrance; market price-list.

merde [mèrd] *f.* excrement; dung, shit [not in decent use]; *interj.* oh hell!

mère [mèr] *f.* mother; dam [animaux]; source, reason (fig.); *adj.* mother, parent; *maison mère,* head office.

méridien [méridyin] *m., adj.* meridian. ‖ *méridional* [-yònàl] *m.** southerner; *adj.** southern.

merise [merîz] *f.* wild cherry, gean. ‖ *merisier* [m°rìzyé] *m.* wild cherry tree.

mérite [mérìt] *m.* merit, worth. ‖ *mériter* [-é] *v.* to merit, to deserve. ‖ *méritoire* [-wàr] *adj.* deserving, praiseworthy, commendable.

merlan [mèrlan] *m.* whiting [poisson].

merle [mèrl] *m.* blackbird.

merveille [mèrvèy] *f.* marvel, wonder; *à merveille,* wonderfully. ‖ *merveilleux* [-ë] *adj.** marvelous, wonderful; *m.* supernatural element, marvellous.

mes [mè] *poss. adj. pl.* my; *see mon.*

mésalliance [mézàlyans] *f.* misalliance. ‖ *mésallier* [-lyé] *v.* to misally; *se mésallier,* to marry beneath one's station.

mésange [mézanj] *f.* titmouse, tomtit.

mésaventure [mézàvantür] *f.* misadventure, mishap, mischance.

mésentente [mézantant] *f.* misunderstanding, disagreement.

mésestimer [mézèstìmé] *v.* to underestimate, to underrate, to undervalue.

mésintelligence [mézintèllìjans] *f.* disagreement; misunderstanding.

mesquin [mèskin] *adj.* mean, shabby; paltry, petty [caractère]; stingy [personne]. ‖ *mesquinerie* [-ìnrî] *f.* meanness; stinginess; mean action.

mess [mès] *m.* officers' mess.

message [mèsàj] *m.* message. ‖ *messager* [-é] *m.* messenger; carrier. ‖ *messagerie* [-rî] *f.* carrying trade; parcel delivery [service]; shipping line

[maritime]; stage-coach office [bureau].

messe [mès] *f.* mass (eccles.).

messieurs [mèsyë] *m. pl.* gentlemen, sirs; Messrs.; *see monsieur.*

mesurable [m°züràbl] *adj.* measurable. ‖ *mesure* [-ür] *f.* measure; extent; gauge, standard; moderation, decorum (fig.); bar (mus.); *à mesure que,* in proportion as, as; *en mesure de,* in a position to; *sur mesure,* made to order [vêtement]. ‖ *mesurer* [-üré] *v.* to measure; to calculate; *se mesurer avec,* to cope with.

mésuser [mézüzé] *v.* to misuse.

métairie [métèrî] *f.* small farm.

métal [métàl] *m.** metal; bullion [barres]. ‖ *métallique* [-lìk] *adj.* metallic. ‖ *métallurgie* [-lürjî] *f.* metallurgy; smelting. ‖ *métallurgique* [-ìk] *adj.* metallurgic. ‖ *métallurgiste* [-jìst] *m.* metallurgist.

métamorphose [métàmòrfôz] *f.* metamorphosis. ‖ *métamorphoser* [-zé] *v.* to metamorphose.

métaphore [métàfòr] *f.* metaphor.

métayer [métèyé] *m.* tenant-farmer, *Am.* share-cropper.

météorologie [météòròlòjî] *f.* meteorology; *la Météo,* the weather bureau.

méthode [métòd] *f.* method, system; way. ‖ *méthodique* [-ìk] *adj.* methodical, systematic.

méticuleux [métìkülë] *adj.** meticulous, punctilious; overscrupulous.

métier [métyé] *m.* trade, profession, craft; loom [à tisser]; handicraft [manuel].

métis, -sse [métìs] *adj.* cross-bred, half-caste [personne]; hybrid [plante]; *m.* half-breed; mongrel; cross-bred; mestizo, metif, metis.

métrage [métràj] *m.* measurement; metric length; footage, length [film]. ‖ *mètre* [mètr] *m.* meter; yardstick (fam.); tape-measure [ruban]; metre [vers]. ‖ *métrique* [-ìk] *adj.* metric.

métro [métrô] *m.* underground railway, *Br.* tube, *Am.* subway.

métropole [métròpòl] *f.* metropolis; capital. ‖ *métropolitain* [-lìtin] *adj.* metropolitan; *m. see métro.*

mets [mè] *m.* food, viand, dish.

mettable [mètàbl] *adj.* wearable. ‖ *metteur* [-tœr] *m.* setter, layer; *metteur en scène,* director; producer (theat.). ‖ *mettre* [mètr] *v.** to put, to lay, to place, to set; to put on [vêtement]; to devote [soins]; *mettre bas,* to bring forth, to drop [animaux]; *mettre en colère,* to anger, *Am.* to madden; *mettre en état,* to enable; *mettre au point,* to adjust; to focus [lentille].

to perfect [invention]; **to tune** [moteur]; **to clarify** [affaire]; *se mettre,* **to place oneself; to stand; to go, to get;** *se mettre à,* **to begin, to start;** *s'y mettre,* **to set about it.**

meuble [mœbl] *m.* **furniture;** *pl.* **furnishings;** *adj.* **movable, loose.** ‖ **meubler** [-é] *v.* **to furnish; to stock; to store** (fig.).

meuglement [mēgleman] *m.* **lowing, mooing.** ‖ **meugler** [-é] *v.* **to low; to moo** [vache].

meule [mœl] *f.* **millstone; grindstone; stack, cock, rick** [foin]; **round** [fromage].

meunier [mēnyé] *m.* **miller.**

meurtre [mœrtr] *m.* **murder.** ‖ **meurtrier** [-îyé] *m.* **murderer;** *adj.** **murderous, deadly.** ‖ **meurtrière** [-îyèr] *f.* **murderess; loop-hole** [château fort]. ‖ **meurtrir** [-îr] *v.* **to bruise.** ‖ **meurtrissure** [-îsûr] *f.* **bruise.**

meute [mēt] *f.* **pack** [chiens].

mévente [mévant] *f.* **slump, stagnation** (comm.).

mi [mî] *adv.* **half, mid, semi-;** *Mi-Carême,* **mid-Lent;** *à mi-chemin,* **halfway;** *à mi-hauteur,* **half-way up.**

miaulement [myôlman] *m.* **mewing, caterwauling.** ‖ **miauler** [myôlé] *v.* **to mew, to miaow.**

mica [mîkà] *m.* **mica.**

miche [mîsh] *f.* **round loaf** [pain].

micheline [mîshlîn] *f.* **electric railcar.**

micro [mîkrò] *m.* (fam.) **mike.**

microbe [mîkròb] *m.* **microbe, germ.**

microfilm [mîkròfîlm] *m.* **microfilm.**

microphone [mîkròfòn] *m.* **microphone, mike** (fam.).

microscope [mîkròskòp] *m.* **microscope;** *microscopique,* **microscopic.**

microsillon [mîkròsîyon] *m.* **long-playing record; minigroove.**

midi [mîdì] *m.* **midday, noon, twelve o'clock; south** (geogr.).

mie [mî] *f.* **crumb, soft part** [pain].

miel [myèl] *m.* **honey.** ‖ **mielleux** [-ë] *adj.** **honeyed, sugary** [paroles]; **bland** [sourire].

mien, mienne [myîn, myèn] *poss. pron. m., f.* **mine.**

miette [myèt] *f.* **crumb** [pain]; **bit.**

mieux [myë] *m., adv.* **better;** *le mieux,* **the best;** *à qui mieux mieux,* **in keen competition;** *aimer mieux,* **to prefer.**

mièvre [myèvr] *adj.* **finical, affected.**

mignard [mîñàr] *adj.* **dainty; mincing, simpering.** ‖ **mignon** [-on] *adj.** **dainty, tiny, darling,** *Am.* **cute;** *m.* **darling, pet.**

migraine [mîgrèn] *f.* **migraine, sick headache.**

mijoter [mîjòté] *v.* **to stew, to simmer;** (fam.) **to plot, to concoct.**

mil [mîl], *see* **mille.**

milan [mîlan] *m.* **kite** [oiseau].

milieu [mîlyë] *m.** **middle, midst; medium; sphere** [social]; **surroundings; middle course; underworld, gangsterdom;** *le juste milieu,* **the golden mean.**

militaire [mîlîtèr] *adj.* **military;** *m.* **soldier, military man.** ‖ **militariser** [-àrîzé] *v.* **to militarize.** ‖ **militarisme** [-àrîsm] *m.* **militarism.**

millage [mîlàj] *m.* © **mileage.**

mille [mîl] *m., adj.* **thousand, a thousand, one thousand;** *Mille et Une Nuits,* **Arabian Nights;** *mille-pattes,* **centipede.**

mille [mîl] *m.* **mile.** ‖ **milliaire** [-lyèr] *adj.* **milliary;** *borne milliaire,* **milestone.**

milliard [mîlyàr] *m.* **milliard, billion.** ‖ **milliardaire** [-lyàrdèr] *m., adj.* **multi-millionaire.** ‖ **millième** [-lyèm] *m., adj.* **thousandth.** ‖ **millier** [-lyé] *m.* **thousand, about a thousand.** ‖ **million** [-lyon] *m.* **million.** ‖ **millionième** [-lyònyèm] *adj.* **millionth.** ‖ **millionnaire** [-lyònèr] *m., f., adj.* **millionaire.**

mime [mîm] *m.* **mime; mimic.** ‖ **mimer** [mîmé] *v.* **to mime; to mimic, to ape.** ‖ **mimétisme** [-tîsm] *m.* **mimicry.** ‖ **mimique** [mîmîk] *f.* **mimicry; dumb show,** *Am.* **pantomime.**

mimosa [mîmòzà] *m.* **mimosa.**

minable [mînàbl] *adj.* **shabby.**

minauder [mînòdé] *v.* **to simper, to smirk.**

mince [mîns] *adj.* **thin; slender, slight, slim; scanty** [revenu]; **flimsy** [prétexte]. ‖ **minceur** [-œr] *f.* **thinness; slenderness; slimness; scantiness.**

mine [mîn] *f.* **appearance, look, mien, aspect;** *avoir bonne mine,* **to look well;** *pl.* **airs, simperings.**

mine [mîn] *f.* **mine; ore** [fer]; **lead** [crayon]; **fund** (fig.). ‖ **miner** [mîné] *v.* **to mine; to undermine; to consume.** ‖ **minerai** [-rè] *m.* **ore.** ‖ **minéral** [-érâl] *adj.** **mineral; inorganic** [chimie].

minet [mînè] *m.* **pussy, tabby, puss.**

mineur [mînœr] *adj.* **minor; under age;** *m.* **minor.**

mineur [mînœr] *m.* **miner, collier; sapper** (mil.).

miniature [mînyàtûr] *f.* **miniature.**

minime [mînîm] *adj.* **tiny.** ‖ **minimum** [-îmòm] *m., adj.* **minimum.**

ministère [mìnìstèr] *m.* agency; ministry; office; cabinet; department; *Ministère public*, public prosecutor (jur.); *ministère des Affaires étrangères*, Br. Foreign Office, Am. Department of State. ‖ **ministériel** [-éryèl] *adj.** ministerial. ‖ **ministre** [mìnìstr] *m.* minister; secretary; clergyman; *ministre des Finances*, Br. Chancellor of the Exchequer, Am. Secretary of the Treasury.

minorité [mìnòrìté] *f.* minority; non-age (jur.).

minotier [mìnòtyé] *m.* flour-miller.

minuit [mìnüì] *m.* midnight.

minuscule [mìnüskül] *adj.* tiny, wee; *f.* small letter, lower-case letter.

minute [mìnüt] *f.* minute; draft. ‖ **minuter** [-té] *v.* to time. ‖ **minuterie** [-rî] *f.* time-switch. ‖ **minutie** [mìnüsî] *f.* minuteness; detail, trifle; minutiae. ‖ **minutieux** [-yë] *adj.** minute, detailed, thorough, painstaking.

mioche [myòsh] *m., f.* urchin, kiddie, tot; brat.

mirabelle [mìràbèl] *f.* mirabelle plum.

miracle [mìràkl] *m.* miracle. ‖ **miraculeux** [-àkülë] *adj.** miraculous.

mirage [mìràj] *m.* mirage.

mire [mìr] *f.* sighting, aiming [fusil]; surveyor's rod. ‖ **mirer** [mìré] *v.* to aim at [viser]; to hold against the light.

miroir [mìrwàr] *m.* mirror, looking-glass. ‖ **miroiter** [mìrwàté] *v.* to flash; to glisten; to shimmer [eau]; to sparkle [joyau].

mis [mì] *adj.* dressed; *see* **mettre.**

misaine [mìzèn] *f.* foresail.

mise [mìz] *f.* placing, putting; bid [enchères]; stake [jeu]; dress, attire; *mise à exécution*, carrying-out; *mise au point*, rectification; tuning-up (techn.); *mise en scène*, staging [theat.]; *être de mise*, to be suitable (ou) appropriate. ‖ **miser** [mìzé] *v.* to bid; to stake; to count (*sur*, on) [fig.].

misérable [mìzéràbl] *m., f.* wretch, miserable person; outcast; *adj.* miserable; destitute; worthless. ‖ **misère** [mìzèr] *f.* misery; trifle. ‖ **miséricorde** [mìzérìkòrd] *f.* mercy. ‖ **miséricordieux** [-yë] *adj.** merciful, compassionate.

mission [mìsyòⁿ] *f.* mission. ‖ **missionnaire** [-yònèr] *m.* missionary.

mitaine [mìtèn] *f.* mitten.

mite [mìt] *f.* moth; tick. ‖ **mité** [-é] *adj.* moth-eaten, mity. ‖ **miteux** [-tœ] *adj.** shabby.

mitiger [mìtìjé] *v.* to mitigate.

mitoyen [mìtwàyⁿ] *adj.** mean, middle; intermediate; party [mur].

mitraille [mìtrây] *f.* grape-shot. ‖ **mitrailler** [-àyé] *v.* to machine-gun, to strafe. ‖ **mitraillette** [-àyèt] *f.* sub-machine-gun. ‖ **mitrailleuse** [-àyëz] *f.* machine-gun.

mitre [mìtr] *f.* miter.

mixeur [mìksœr] *m.* mixer, Am. muddler, swizzlestick [cocktail].

mixte [mìkst] *adj.* mixed; joint. ‖ **mixture** [-ür] *f.* mixture.

mobile [mòbìl] *adj.* mobile, movable; unstable, changeable; detachable (mech.); *m.* moving body; driving power; mover; motive. ‖ **mobilier** [-yé] *m.* furniture; *adj.* movable; transferable (jur.). ‖ **mobilisation** [-ìzàsyoⁿ] *f.* mobilization; liquidation (fin.). ‖ **mobiliser** [-ìzé] *v.* to mobilize; to liquidate. ‖ **mobilité** [-ìté] *f.* mobility, movableness; changeableness; instability; fickleness.

moche [mòsh] *adj.* (pop.) rotten, lousy [conduite]; shoddy [travail]; ugly; dowdy [personne].

modalité [mòdàlìté] *f.* modality, method, scheme.

mode [mòd] *f.* fashion, mode; manner; vogue; *à la mode*, fashionable; *m.* method, mode; mood (gramm.); *mode d'emploi*, directions for use.

modèle [mòdèl] *m.* model, pattern; *adj.* exemplary. ‖ **modeler** [mòdlé] *v.* to model; to mould; to shape; to pattern.

modérateur, -trice [mòdéràtœr, -trìs] *adj.* moderating, restraining. ‖ **modération** [-àsyoⁿ] *f.* moderation. ‖ **modérer** [-é] *v.* to moderate, to restrain; to regulate (mech.).

moderne [mòdèrn] *m., adj.* modern. ‖ **moderniser** [-ìzé] *v.* to modernize, to bring up to date.

modeste [mòdèst] *adj.* modest; unassuming [person]; quiet, simple. ‖ **modestie** [-î] *f.* modesty.

modification [mòdìfìkàsyoⁿ] *f.* modification. ‖ **modifier** [-yé] *v.* to modify, to change, to alter.

modique [mòdìk] *adj.* moderate, reasonable [prix]; slender [ressources].

modiste [mòdìst] *f.* milliner, modiste.

moduler [mòdülé] *v.* to modulate.

moelle [mwàl] *f.* marrow; medulla (anat.); pith, core, marrow (fig.); *moelle épinière*, spinal cord. ‖ **moelleux** [-lœ] *adj.** soft; downy; juicy.

moellon [mwàlòⁿ] *m.* quarry-stone.

mœurs [mœr, mœrs] *f. pl.* morals; manners, customs, ways; habits [animaux].

moi [mwà] *pron.* me, to me [complément]; I [sujet]; *m.* self, ego; *c'est à moi*, it is mine; *c'est moi*, it is I; *moi-même*, myself.

moignon [mwàñoⁿ] m. stump.

moindre [mwⁱⁿdr] adj. less, lesser, smaller; lower [prix]; *le moindre*, the least; the slightest.

moine [mwàn] m. monk, friar; bedwarmer; long light (naut.). || *moineau* [-ô] m.* sparrow.

moins [mwⁱⁿ] adv. less; fewer; prep. minus, less; m. dash (typogr.); *à moins que*, unless; *le moins*, the least; *au moins, du moins*, at least.

mois [mwà] m. month; month's pay; *par mois*, monthly.

moisir [mwàzîr] v. to mildew, to mould. || *moisissure* [-zìsür] f. mould, mildew.

moisson [mwàsoⁿ] f. harvest; harvest time. || *moissonner* [-òné] v. to harvest, to reap; to gather. || *moissonneur* [-sòñœr] m. harvester, reaper. || *moissonneuse* [-òñëz] f. harvester, reaper; *moissonneuse-batteuse*, combine harvester.

moite [mwàt] adj. moist, damp; clammy. || *moiteur* [-œr] f. moistness; perspiration.

moitié [mwàtyé] f. half; moiety; (pop.) wife, better half.

mol [mòl] adj., *see mou.*

molaire [mòlèr] f. molar [dent].

môle [môl] m. mole, pier; breakwater.

molécule [mòlékül] f. molecule.

molester [mòlèsté] v. to molest.

molle [mòl] adj., *see mou.*

mollesse [mòlès] f. softness; flabbiness; slackness; indolence. || *mollet* [-è] adj. softish; coddled [œufs]; m. calf [jambe]. || *molletière* [mòltyèr] f. legging; puttee [bande]. || *molleton* [-oⁿ] m. swanskin; flannel; duffel; bunting; quilting. || *mollir* [mòlîr] v. to soften; to slacken; to subside [vent].

mollusque [mòlüsk] m. mollusc; (fig.) molly-coddle.

moment [mòmaⁿ] m. moment; *pour le moment*, for the time being; *par moments*, at times. || *momentané* [-tàné] adj. momentary; temporary. || *momentanément* [-tànémaⁿ] adv. momentarily; temporarily.

momie [mòmî] f. mummy; old fogey; sleepy-head; fossil (fam.).

mon [mòⁿ] poss. adj. m. (f. ma, pl. mes) my.

monacal [mònàkàl] adj.* monastic.

monarchie [mònàrshî] f. monarchy. || *monarque* [-àrk] m. monarch.

monastère [mònàstèr] m. monastery; convent [nonnes]; *monastique*, monastic.

monceau [mⁿsô] m.* heap, pile.

mondain [mⁿdⁱⁿ] adj. mundane, worldly, earthly; m. worldly-minded person, man-about-town. || *mondanité* [-ànité] f. worldliness; society news [journal]; pl. fashionable gatherings. || *monde* [mòⁿd] m. world; people; family; society; crowd; *tout le monde*, everybody; *recevoir du monde*, to entertain. || *mondial* [-yàl] adj.* worldwide; world [guerre].

monétaire [mònétèr] adj. monetary.

moniteur, -trice [mònìtœr, -trìs] m., f. monitor, monitress; coach [sports].

monnaie [mònè] f. money, coin; currency; change; *monnaie légale*, legal tender; mint [hôtel]. || *monnayer* [-yé] v. to coin, to mint; to cash in on (fig.). || *monnayeur* [-yœr] m. coiner, minter; *faux-monnayeur*, counterfeiter.

monologue [mònòlòg] m. monologue; soliloquy; *monologuer*, to soliloquize.

monopole [mònòpòl] m. monopoly. || *monopoliser* [-ìzé] v. to monopolize.

Monoprix [mònòprî] m. one-price shop.

monosyllabe [mònòsìllàb] m. monosyllable; adj. monosyllabic.

monotone [mònòtòn] adj. monotonous; dull, stale, humdrum. || *monotonie* [-î] f. monotony; sameness.

monseigneur [mⁿsèñœr] m. my lord; your grace [duc]; your royal highness [prince]; *pince-monseigneur*, crowbar, jemmy [cambrioleur]. || *monsieur* [m•syë] (pl. *messieurs* [mésyë]) m. Mr.; sir; man, gentleman.

monstre [mⁿstr] m. monster; freak; adj. huge, colossal, enormous, prodigious. || *monstrueux* [-üë] adj.* monstruous; unnatural; huge, colossal; dreadful. || *monstruosité* [-üòzìté] f. monstrosity.

mont [mòⁿ] m. mount, mountain; hill; *par monts et par vaux*, up hill and down dale; *mont-de-piété*, pawn-shop. || *montage* [-tàj] m. carrying up, hoisting; setting, mounting [joyau]; assembling [appareil]; equipping [magasin]; wiring (electr.); editing [film].

montagnard [mⁿtàñàr] m. mountaineer, highlander. || *montagne* [-àñ] f. mountain. || *montagneux* [-àñë] adj.* mountainous, hilly.

montant [mⁿtaⁿ] adj. rising, ascending, uphill; high-necked [robe]; m. upright; leg; pillar; pole [tente]; riser [escalier]; stile [porte]; stanchion (naut.). || *monte* [mⁿt] f. mounting; covering; *monte-charge*, hoist, freight elevator. || *montée* [-é] f. rising; rise; ascent, gradient, up grade. || *monter* [-é] v. to climb, to ascend, to mount, to go up; to ride [cheval]; to stock [magasin]; to get on, *Am.* to board [train]; to set [joyau]; to carry up, to bring up; to rise [prix]; to connect up (electr.); *se monter*, to amount; to equip oneself; to get excited.

montre [moⁿtr] *f.* show, display; shop-window; watch; clock [auto]; *montre-bracelet*, wrist-watch. ‖ *montrer* [-é] *v.* to show; to display, to exhibit; to indicate; to denote; *se montrer*, to show oneself; to appear.

monture [moⁿtür] *f.* mount [cheval]; mounting, assembling [machine]; setting [joyau]; frame [lunettes]; equipment; cargo.

monument [mònümaⁿ] *m.* monument, memorial; historic building; *pl.* sights. ‖ *monumental* [-tàl] *adj.*° monumental; (fam.) colossal.

moquer [mòké] *v.* to mock, to ridicule, to scoff at; to deride; *se moquer de*, to make fun of, to laugh at; *s'en moquer*, not to care. ‖ *moquerie* [mòkrî] *f.* scoffing, ridicule, derision.

moquette [mòkèt] *f.* moquette, carpeting.

moqueur [mòkœr] *adj.*° mocking, scoffing; *m.* mocker, scoffer.

moral [mòràl] *adj.*° moral; ethical; mental, intellectual; *m.* morale. ‖ *morale* [-àl] *f.* morals; ethics; moral [fable]. ‖ *moraliser* [-àlîzé] *v.* to moralize. ‖ *moralité* [-àlîté] *f.* morality; morality play.

morbide [mòrbîd] *adj.* morbid, sickly, unhealthy.

morceau [mòrsô] *m.*° piece, morsel; bit, scrap, fragment; lump [sucre]; piece of music. ‖ *morceler* [mòrsᵉlé] *v.* to cut up, to parcel out; to divide.

mordant [mòrdaⁿ] *adj.* corrosive; biting, caustic; mordacious; *m.* corrosiveness; mordancy, causticity. ‖ *mordiller* [-îyé] *v.* to nibble; to bite playfully.

mordoré [mòrdòré] *adj.* reddish brown, bronze-coloured.

mordre [mòrdr] *v.* to bite; to gnaw; to corrode; to catch [roue]; to criticize; to sting.

morfondre [mòrfoⁿdr] *v.* to freeze; *se morfondre*, to mope; to be bored; to kick one's heels.

morgue [mòrg] *f.* haughtiness, arrogance; mortuary, morgue.

moribond [mòrîboⁿ] *adj.* moribund, dying; *m.* dying person.

morigéner [mòrìjéné] *v.* to chide, to scold, to rate.

morille [mòrîy] *f.* morel.

morne [mòrn] *adj.* dejected, gloomy, cheerless; dismal, dreary, bleak [paysage]; glum, dejected [personne].

morose [mòrôz] *adj.* morose; gloomy.

mors [mòr] *m.* bit [harnais]; jaw [étau].

morse [mòrs] *m.* walrus.

morsure [mòrsür] *f.* bite; sting.

mort [mòr] *adj.* dead; lifeless; stagnant [eau]; out [feu]; *m.* dead person, deceased; corpse; dummy [cartes]; *f.* death; *jour des morts*, All Souls' Day; *mort-né*, still-born; *morte-saison*, slack season, off-season. ‖ *mortalité* [-tàlîté] *f.* mortality, death-rate. ‖ *mortel* [-tèl] *adj.*° mortal; fatal [accident]; deadly [péché]; deadly dull [soirée]; *m.* mortal.

mortier [mòrtyé] *m.* mortar.

mortifier [mòrtîfyé] *v.* to mortify; to humiliate; to hang [gibier].

mortuaire [mòrtüèr] *adj.* mortuary; *drap mortuaire*, pall; *salon mortuaire*, © funeral home.

morue [mòrü] *f.* cod.

morve [mòrv] *f.* glanders (vet.); mucus, snot. ‖ *morveux* [-vœ] *adj.*° snotty; *m.* whipper-snapper.

mosaïque [mòzàîk] *f.* mosaic.

mosquée [mòské] *f.* mosque.

mot [mô] *m.* word; note, letter; *mot d'ordre*, countersign; key-note; *bon mot*, joke, witticism.

moteur, -trice [mòtœr, -trìs] *adj.* motive. propulsive; motory (anat.); *m.* mover; motor; *f.* motor-carriage.

motif [mòtîf] *adj.* motive; *m.* motive, incentive; grounds (jur.).

motion [mòsyoⁿ] *f.* motion; proposal.

motiver [mòtîvé] *v.* to motivate.

motocyclette [mòtòsìklèt] *f.* motorcycle; *motocycliste*, motor-cyclist. ‖ *motoriser* [-rîzé] *v.* to motorize.

motrice, *see* moteur.

motte [mòt] *f.* mound; clod, lump; turf [gazon].

mou, molle [mû, mòl] (*mol, m.*, before a vowel or a mute *h*) *adj.* soft; weak; flabby, flaccid [chair]; lax; spineless (fig.).

mou [mû] *m.* lights, lungs.

mouchard [mûshàr] *m.* sneak, informer, police-spy, *Am.* stool-pigeon. ‖ *moucharder* [-dé] *v.* to spy; to blab.

mouche [mûsh] *f.* fly; beauty-patch; button [fleuret]; bull's eye [cible]; *prendre la mouche*, to take offence.

moucher [mûshé] *v.* to wipe (someone's) nose; to snuff [chandelle]; to trim [cordage]; *moucher qqn*, to put s. o. in his place; *se moucher*, to blow one's nose.

moucheron [mûshroⁿ] *m.* gnat, midge.

moucheté [mûshté] *adj.* spotty, speckled, flecked.

mouchoir [mûshwàr] *m.* handkerchief.

moudre [mûdr] *v.** to grind, to mill; to thrash.

moue [mû] *f.* pout; *faire la moue,* to pout.

mouette [mûèt] *f.* gull, seamew.

mouffette [mûfèt] *f.* skunk.

moufle [mûfl] *f.* mitt; muffle; pulleyblock (mech.).

mouflon [mûflo{n}] *m.* moufflon.

mouillage [mûyàj] *m.* moistening, dampening; watering [vin]; anchoring (naut.); laying [mine]; *être au mouillage,* to ride at anchor. ‖ *mouiller* [mûyé] *v.* to wet, to moisten, to dampen; to cast, to drop [ancre]; to lay [mine]; to moor (naut.); to palatalize [consonne]; *se mouiller,* to water [yeux]; to get wet [personne].

mouise [mwìz] *f.* (pop.) poverty.

moulage [mûlàj] *m.* casting, moulding; founding [metall.]; plaster cast. ‖ *moule* [mûl] *m.* mould; matrix.

moule [mûl] *f.* mussel [coquillage]; simpleton [naïf]; molly-coddle [mou].

moulé [mûlé] *adj.* moulded; cast; block [lettres]. ‖ *mouler* [-é] *v.* to cast; to mould; to found [fer]; to fit tightly [robe].

moulin [mûlì{n}] *m.* mill; *moulin à vent,* windmill; *moulin à café,* coffeemill. ‖ *moulinet* [-ìnè] *m.* winch; reel [canne à pêche]; turnstile; paddlewheel; twirl [escrime].

moulure [mûlür] *f.* mo(u)lding.

mourant [mûra{n}] *adj.* dying, expiring; fading, faint; *m.* dying person. ‖ *mourir* [-îr] *v.** to die, to expire; to perish; to go out [feu]; to be out [jeu].

mousquet [mûskè] *m.* musket. ‖ *mousquetaire* [-ètèr] *m.* musketeer. ‖ *mousqueton* [-èto{n}] *m.* cavalry magazine rifle; snap-hook.

mousse [mûs] *m.* ship's boy, cabinboy, deck-boy.

mousse [mûs] *f.* moss; froth, foam; head [bière]; suds, lather [savon]; whipped cream.

mousseline [mûslìn] *f.* muslin.

mousser [mûsé] *v.* to froth, to foam; to lather [savon]; to effervesce, to fizz [eau gazeuse]; *se faire mousser,* to advertize oneself. ‖ *mousseux* [-ë] *adj.** mossy; frothy, foaming; lathery, *Am.* sudsy; sparkling [vin].

mousson [mûso{n}] *f.* monsoon.

moussu [mûsü] *adj.* mossy; mossgrown.

moustache [mûstàsh] *f.* mustache; whiskers [chat].

moustiquaire [mûstìkèr] *f.* mosquito-net. ‖ *moustique* [-ìk] *m.* mosquito; gnat; sand-fly.

moût [mû] *m.* must [vin]; wort [bière].

moutard [mûtàr] *m.* (pop.) kid.

moutarde [mûtàrd] *f.* mustard.

mouton [mûto{n}] *m.* sheep; mutton [viande]; ram, monkey (mech.); decoy, prison spy (pop.); *pl.* white-caps, white horses [mer]. ‖ *moutonneux* [-ònë] *adj.** fleecy [ciel]; frothy, foamy [mer]. ‖ *moutonnier* [-nyé] *adj.** sheeplike.

mouture [mûtür] *f.* grinding, milling; grist.

mouvant [mûva{n}] *adj.* actuating [force]; moving, mobile; shifting; *sables mouvants,* quicksand. ‖ *mouvement* [-ma{n}] *m.* movement; motion; change; traffic [circulation]; works, action (mech.); impulse. ‖ *mouvementé* [-ma{n}té] *adj.* animated, lively; eventful [vie]; undulating [terrain]. ‖ *mouvoir* [-wàr] *v.** to drive, to propel; to actuate; *se mouvoir,* to move, to stir.

moyen [mwàyì{n}] *adj.** middle; average, mean; medium; *m.* means; way, manner; medium; *pl.* resources; *Moyen Age,* Middle Ages; *au moyen de,* by means of; *moyenâgeux,* medieval. ‖ *moyennant* [mwàyèna{n}] *prep.* by means of. ‖ *moyenne* [mwàyèn] *f.* average; mean; pass-mark [école].

moyeu [mwàyë] *m.** hub, nave, boss [roue].

mû [mü], *see* mouvoir.

mucosité [mükòzìté] *f.* mucus, mucosity.

mue [mü] *f.* moulting [oiseaux]; shedding [animaux]; sloughing [reptiles]; breaking [voix]; mew [faucon]; coop [volaille]. ‖ *muer* [-é] *v.* to change; to moult; to shed; to slough; to break [voix]; *se muer,* to change (*en,* into).

muet [müè] *adj.** dumb, mute; speechless; silent; *m.* mute, dumb person.

mufle [müfl] *m.* snout, muzzle [animal]; cad, rotter, skunk [personne]. ‖ *muflerie* [-rî] *f.* caddishness; rotten trick.

mugir [müjìr] *v.* to bellow [taureau]; to low [vache]; to roar, to boom [mer]; to moan, to howl [vent]. ‖ *mugissement* [-ìsma{n}] *m.* bellowing; lowing; roaring, booming, moaning; howling.

muguet [mügè] *m.* lily of the valley; thrush (med.).

mulâtre, -tresse [mülâtr, -très] *m.* mulatto; *f.* mulatress.

mule [mül] *f.* she-mule [bête].
mule [mül] *f.* mule, slipper.
mulet [mülè] *m.* mule. || *muletier* [mültyé] *m.* muleteer.
mulot [mülð] *m.* field-mouse.
multicolore [mültìkòlòr] *adj.* multi-coloured, *Am.* parti-colored.
multiforme [mültìfðrm] *adj.* multiform.
multiple [mültìpl] *adj.* multiple, mani-fold; multifarious; *m.* multiple. || *multiplication* [-ìkàsyoⁿ] *f.* multiplica-tion; gear-ratio, step-up (mech.). || *multiplier* [-ìyé] *v.* to multiply; to step up (mech.).
multitude [mültìtüd] *f.* multitude; crowd, throng; heap, lots.
municipal [münìsìpàl] *adj.* muni-cipal. || *municipalité* [-ìté] *f.* muni-cipality, township, corporation.
munificence [münìfìsàⁿs] *f.* muni-ficence; *avec munificence,* munifi-cently.
munir [münîr] *v.* to furnish, to supply, to fit, to equip, to provide (*de,* with); to arm, to fortify (mil.). || *mu-nition* [-ìsyoⁿ] *f.* munitioning; pro-visioning; stores, supplies; ammuni-tion (mil.).
muqueuse [mükœz] *f.* mucous mem-brane. || *muqueux* [mükë] *adj.* mu-cous.
mur [mür] *m.* wall; *mur mitoyen,* party-wall; *franchir le mur du son,* to break through the sound-barrier.
mûr [mür] *adj.* ripe; mellow; mature.
muraille [müràу] *f.* high defensive wall; side (naut.). || *mural* [-àl] *adj.* mural; wall.
mûre [mür] *f.* mulberry; bramble-berry, blackberry.
mûrement [mürmaⁿ] *adv.* maturely.
murer [müré] *v.* to wall in, to block up.
mûrir [mürîr] *v.* to ripen, to mature.
murmure [mürmür] *m.* murmur; hum [voix]; whisper [chuchotement]; muttering, grumbling. || *murmurer* [-é] *v.* to murmur; to whisper; to grumble, to complain.
musaraigne [müzàrèñ] *f.* shrew-mouse.
musarder [müzàrdé] *v.* to dawdle; to idle; to dilly-dally; to fribble away one's time.
musc [müsk] *m.* musk; musk-deer.
muscade [müskàd] *f.* nutmeg.
muscle [müskl] *m.* muscle, brawn, sinew. || *musclé* [-é] *adj.* brawny, athletic. || *musculaire* [-ülèr] *adj.* muscular. || *musculeux* [-ülë] *adj.* muscular, brawny; beefy [personne].
museau [müzô] *m.* muzzle, snout; nose.

musée [müzé] *m.* museum.
museler [müzlé] *v.* to muzzle; to gag, to silence. || *muselière* [-ᵉlyèr] *f.* muzzle.
muser [müzé] *v.* to idle, to dawdle.
musette [müzèt] *f.* bagpipe (mus.); bag, satchel, pouch; nose-bag [che-val].
muséum [müzéðm] *m.* museum.
musical [müzìkàl] *adj.* musical. || *musicalité* [-ìté] *f.* musicality; music-alness. || *musicien* [-ìsyiⁿ] *m.* musi-cian; bandsman. || *musique* [müzìk] *f.* music; band. || *musiquette* [-kèt] *f.* cheap music.
musquer [müské] *v.* to musk; *poire musquée,* musk-pear; *rat musqué,* muskrat.
musulman [müzülmaⁿ] *m.* Moham-medan, Moslem.
mutation [mütàsyoⁿ] *f.* change, mutation, alteration; transfer. || *mu-ter* [-é] *v.* to transfer.
mutilation [mütìlàsyoⁿ] *f.* mutila-tion, maiming; defacement; garbling [texte]. || *mutiler* [-é] *v.* to mutilate, to maim; to deface; to garble.
mutin [mütiⁿ] *adj.* unruly; muti-nous; insubordinate [soldat]; *m.* muti-neer, rioter. || *mutiner* [-ìné] *v.* to incite to rebellion; *se mutiner,* to revolt; to mutiny. || *mutinerie* [-ìnrî] *f.* rebellion; mutiny; roguishness.
mutisme [mütìsm] *m.* dumbness, muteness; silence.
mutualiste [mütüàlìst] *s.* mutualist. || *mutualité* [-ìté] *f.* mutuality; reci-procity; mutual insurance. || *mutuel* [mütüèl] *adj.* mutual, reciprocal; *secours mutuels,* mutual benefit [so-ciété]; *mutuellement,* mutually, reci-procally.
myope [myòp] *adj.* myopic, *Br.* short-sighted, *Am.* nearsighted. || *myopie* [-î] *f.* myopia.
myosotis [myòzòtìs] *m.* forget-me-not, myosotis.
myriade [mìryàd] *f.* myriad.
myrrhe [mîr] *f.* myrrh.
myrte [mîrt] *m.* myrtle. || *myrtille* [mîrtîy] *f.* whortleberry, blueberry.
mystère [mìstèr] *m.* mystery; se-crecy; mystery play. || *mystérieux* [-éryé] *adj.* mysterious; enigmatic; uncanny. || *mysticisme* [-ìsìsm] *m.* mysticism. || *mystification* [-ìfìkàsyoⁿ] *f.* mystification; hoax. || *mystifier* [-ìfyé] *v.* to mystify; to hoax, to fool, to spoof. || *mystique* [-ìk] *m., f.* mystic [personne]; *f.* mystical theo-logy; *adj.* mystic, mystical.
mythe [mìt] *m.* myth; legend, fable. || *mythique* [-ìk] *adj.* mythical. || *mythologie* [-òlòjî] *f.* mythology.

N

nabot [nàbô] *m.* dwarf, midget.

nacelle [nàsèl] *f.* skiff, wherry, dinghy (naut.); pontoon-boat (mil.); gondola [dirigeable]; nacelle, cockpit (aviat.).

nacre [nàkr] *f.* mother of pearl. ‖ *nacré* [-é] *adj.* nacreous, pearly.

nage [nàj] *f.* swimming; rowing; pulling (naut.); stroke [natation]; rowlock; *en nage*, bathed in perspiration. ‖ *nageoire* [-wàr] *f.* fin. ‖ *nager* [-é] *v.* to row, to pull; to scull; to swim; to wallow in [opulence]; to be all at sea (fam.).

naguère [nàgèr] *adv.* lately; erstwhile.

naïf, -ïve [nàïf, -ïv] *adj.* naïve, artless, ingenuous, unaffected; credulous, guileless, unsophisticated; (fam.) green.

nain [nⁿ] *m.* dwarf, midget, pygmy; (fam.) runt; *adj.* dwarfish, stunted.

naissance [nèsaⁿs] *f.* birth; extraction; beginning; rise [rivière]. ‖ *naître* [nètr] *v.* to be born; to originate; to begin; to dawn.

naïveté [nàïvté] *f.* artlessness, simplicity, ingenuousness, naïveté, guilelessness (fam.) greenness.

nantir [naⁿtìr] *v.* to provide. ‖ *nantissement* [naⁿtîsmaⁿ] *m.* security; lien, hypothecation.

napalm [nàpàlm] *m.* napalm.

naphtaline [nàftàlîn] *f.* moth-balls.

nappe [nàp] *f.* tablecloth, cloth, cover; sheet [eau]; layer [brouillard]. ‖ *napperon* [-roⁿ] *m.* napkin; doily; place-mat; tea-cloth.

narcisse [nàrsìs] *m.* narcissus.

narcotique [nàrkòtîk] *m., adj.* narcotic.

narguer [nàrgé] *v.* to flout; to jeer at; to set at defiance.

narine [nàrîn] *f.* nostril.

narquois [nàrkwà] *adj.* bantering.

narrateur, -trice [nàràtœr, -trìs] *m., f.* narrator, relater, teller. ‖ *narration* [-syoⁿ] *f.* narration, narrative. ‖ *narrer* [-é] *v.* to narrate, to relate, to tell.

nasal [nàzàl] *adj.* nasal. ‖ *nasale* [-àl] *f.* nasal. ‖ *naseau* [-ô] *m.* nostril. ‖ *nasillard* [-iyàr] *adj.* nasal; snuffling; twanging. ‖ *nasiller* [-ìyé] *v.* to twang.

nasse [nàs] *f.* wicker-trap.

natal [nàtàl] *(pl.* natals) *adj.* native, natal. ‖ *natalité* [-ìté] *f.* birth-rate.

natation [nàtàsyoⁿ] *f.* swimming.

natif [nàtìf] *adj.* native; natural, inborn.

nation [nàsyoⁿ] *f.* nation. ‖ *national* [-syònàl] *adj.* national. ‖ *nationaliser* [-nàlìzé] *v.* to nationalize. ‖ *nationalité* [-yònàlìté] *f.* nationality; citizenship.

nativité [nàtìvìté] *f.* nativity.

natte [nàt] *f.* mat, matting [paille]; plait, braid; (fam.) pigtail [cheveux]. ‖ *natter* [-é] *v.* to plait, to braid; to mat.

naturalisation [nàtüràlìzàsyoⁿ] *f.* naturalization; stuffing [taxidermie]. ‖ *naturaliser* [-é] *v.* to naturalize; to stuff.

nature [nàtür] *f.* nature; kind, constitution, character; temperament, disposition; *adj.* plain; *nature morte*, still-life. ‖ *naturel* [-èl] *adj.* natural; unaffected; native; innate; illegitimate [enfant]; *m.* naturalness; character. ‖ *naturellement* [-èlmaⁿ] *adv.* naturally; of course.

naufrage [nôfràj] *m.* shipwreck. ‖ *naufragé* [-é] *adj.* shipwrecked; *m.* shipwrecked person, castaway.

nauséabond [nôzéàboⁿ] *adj.* nauseous; evil-smelling. ‖ *nausée* [-é] *f.* nausea; seasickness; loathing, disgust. ‖ *nauséeux* [-éœ] *adj.* nauseous, nauseating; loathsome.

nautique [nôtìk] *adj.* nautical; aquatic [sports].

naval [nàvàl] *(pl.* navals) *adj.* naval, nautical.

navet [nàvè] *m.* turnip; daub, dud; unsuccessful play, *Am.* turkey (pop.).

navette [nàvèt] *f.* shuttle; incensebox; *faire la navette*, to ply between, to go to and fro.

navigable [nàvìgàbl] *adj.* navigable [rivière]; seaworthy [bateau]; airworthy (aviat.). ‖ *navigation* [-àsyoⁿ] *f.* navigation. ‖ *naviguer* [nàvìgé] *v.* to navigate, to sail.

navire [nàvîr] *m.* ship, vessel; *navire marchand*, merchantman.

navrant [nàvraⁿ] *adj.* heart-rending; harrowing; agonizing. ‖ *navré* [-é] *adj.* heart-broken; grieved; sorry.

nazi [nàzì] *m., adj.* Nazi.

ne [nᵉ] *adv.* no; not.

né [né] *adj.* born; *il est né*, he was born.

néanmoins [néaⁿmwìⁿ] *adv.* nevertheless, however; yet, still.

néant [néaⁿ] *m.* nothingness, naught, nullity.

nébuleux [nébülé] *adj.* nebulous, cloudy, misty; turbid [liquide]; gloomy [visage]; obscure [théorie].

nécessaire [nésèsèr] *adj.* necessary, needed; *m.* necessities of life; indispensable; outfit, kit. ‖ **nécessité** [-ìté] *f.* necessity, need, want. ‖ **nécessiter** [-ìté] *v.* to necessitate, to require, to entail. ‖ **nécessiteux** [-ìté] *adj.** necessitous, needy, destitute.

nécrologe [nékròlòj] *m.* obituary list. ‖ **nécrologie** [-jî] *f.* necrology, obituary. ‖ **nécrologique** [-jìk] *adj.* obituary.

néerlandais [nèèrlⁿdè] *adj., m.* Dutch.

nef [nèf] *f.* nave [église]; ship, vessel [poétique].

néfaste [néfàst] *adj.* ill-omened, baneful; ill-fated; pernicious.

nèfle [nèfl] *f.* medlar.

négatif [négàtìf] *m., adj.** negative. ‖ **négation** [-àsyon] *f.* negation, denial; negative (gramm.).

négligé [néglìjé] *adj.* neglected, careless, slovenly, sloppy, slipshod; *m.* undress; dishabille; informal dress. ‖ **négligeable** [-àbl] *adj.* negligible; trifling. ‖ **négligence** [-aⁿs] *f.* negligence, neglect. ‖ **négligent** [-aⁿ] *adj.* negligent, neglectful; slack, remiss. ‖ **négliger** [-é] *v.* to neglect; to slight; to disregard, to overlook, to omit.

négoce [négòs] *m.* trade, business; trafficking. ‖ **négociant** [-yaⁿ] *m.* merchant; trader; wholesaler. ‖ **négociateur, -trice** [-yàtœr, -trìs] *m., f.* negotiator, transactor. ‖ **négociation** [-yàsyoⁿ] *f.* negotiation; transaction (comm.). ‖ **négocier** [-yé] *v.* to trade, to traffic; to negotiate [traité]; to deal (avec, with).

nègre [nègr] *m.* negro; ghost writer, *Am.* stooge [écrivain]. ‖ **négresse** [négrès] *f.* negress. ‖ **négrier** [négrìyé] *m.* slave-trader; slave-ship. ‖ **négrillon** [-yoⁿ] *m.* nigger-boy.

neige [nèj] *f.* snow. ‖ **neiger** [-é] *v.* to snow. ‖ **neigeux** [-é] *adj.** snowy; snow-covered.

nénuphar [nénüfàr] *m.* water-lily.

néon [néoⁿ] *m.* neon.

nerf [nèr] *m.* nerve; sinew; vein [feuille]; cord [reliure]; rib, fillet (arch.). ‖ **nerveux** [-vë] *adj.** nervous, sinewy, wiry; vigorous, terse [style]; excitable, fidgety; responsive [voiture]. ‖ **nervosité** [-vòzìté] *f.* nervousness, irritability, fidgets, edginess. ‖ **nervure** [-vür] *f.* nervure, rib; vein; fillet, moulding (arch.); piping [couture].

net, nette [nèt] *adj.* clean, spotless; net [prix]; clear; plain; distinct (phot.); *adv.* flatly. ‖ **netteté** [-té] *f.* cleanness, cleanliness; distinctness [image]; clarity, sharpness (phot.); vividness; flatness [refus]. ‖ **nettoiement, nettoyage** [-wàmaⁿ, -wàyàj] *m.* cleaning, clearing; scouring; mopping-up (mil.); dry-cleaning. ‖ **nettoyer** [-wàyé] *v.* to clean, to clear; to scour; to plunder; to mop up (mil.).

neuf [nœf] *m., adj.* nine; ninth [titre, date].

neuf, neuve [nœf, nœv] *adj.* new; brand-new; *remettre à neuf,* to renovate.

neurasthénie [nœràsténî] *f.* neurasthenia.

neutraliser [nœtràlìzé] *v.* to neutralize. ‖ **neutralité** [-té] *f.* neutrality. ‖ **neutre** [nœtr] *adj.* neuter; neutral.

neuvaine [nœvèn] *f.* novena. ‖ **neuvième** [nœvyèm] *m., adj.* ninth.

neveu [nⁿvë] *m.** nephew.

névralgie [névràljî] *f.* neuralgia. ‖ **névralgique** [-jìk] *adj.* neuralgic; *point névralgique,* nerve-centre. ‖ **névrose** [névròz] *f.* neurosis. ‖ **névrosé** [-zé] *adj.* neurotic.

nez [nè] *m.* nose; snout [animaux]; nose [bateau, avion]; *nez à nez,* face to face; *piquer du nez,* to nose-dive.

ni [nì] *conj.* nor, or; neither... nor; *ni moi non plus,* nor I either.

niais [nìè] *adj.* simple, foolish, silly; *Am.* dumb; *m.* fool, simpleton, booby, *Am.* dumbbell. ‖ **niaiserie** [-zrî] *f.* silliness; twaddle.

niche [nìsh] *f.* kennel [chien]; niche, nook (archit.).

niche [nìsh] *f.* trick, prank.

nichée [nìshé] *f.* nestful; brood. ‖ **nicher** [-é] *v.* to nest; (fam.) to hang out; *se nicher,* to nest; to nestle.

nickel [nìkèl] *m.* nickel.

nid [nì] *m.* nest; *nid d'abeilles,* waffle weave [tissu].

nièce [nyès] *f.* nièce.

nielle [nyèl] *f.* smut, blight [blé].

nier [nyé] *v.* to deny; to repudiate [dette].

nigaud [nìgô] *adj.* simple, silly; *m.* booby, simpleton.

nitouche [nìtúsh] *f.* demure girl; *faire la sainte nitouche,* to look as if butter would not melt in one's mouth.

nitrate [nìtràt] *m.* nitrate.

niveau [nìvô] *m.** level; standard; *au niveau de,* even with. ‖ **niveler** [-lé] *v.* to level, to even up; to true up (mech.). ‖ **nivellement** [-èlmaⁿ] *m.* levelling; surveying, contouring [terre].

noble [nòbl] *adj.* noble; stately; high-minded; *m.* noble(man). ‖ **noblesse** [-ès] *f.* nobility; nobleness.

noce [nòs] *f.* wedding; spree, *Am.* binge; *pl.* marriage, nuptials. ‖ **noceur** [-œr] *m.* reveller, roisterer; fast liver.

nocif [nòsìf] *adj.* noxious.

noctambule [nòktɑⁿbül] *s.* noctambulist; night-prowler.

nocturne [nòktürn] *adj.* nocturnal; *m.* nocturne.

Noël [nòèl] *m.* Christmas, Noel; yuletide; Christmas carol.

nœud [në] *m.* knot; bow [carré]; hitch, bend (naut.); gnarl [bois]; node, joint [tige]; knuckle [doigt]; *nœud coulant*, slip-knot, noose; *nœud papillon*, bow-tie.

noir [nwàr] *adj.* black; dark; gloomy [idées]; wicked; (fam.) drunk; *m.* black, Negro; bruise (med.). ‖ *noirâtre* [-âtr] *adj.* blackish, darkish. ‖ *noirceur* [-sœr] *f.* blackness; darkness; gloominess; smudge; atrocity [crime]. ‖ *noircir* [-sîr] *v.* to blacken; to darken; to sully; to besmirch; to scribble on [papier].

noise [nwàz] *f.* quarrel; *chercher noise à quelqu'un*, to try to pick a quarrel with someone.

noisetier [nwàztyé] *m.* hazel-tree. ‖ *noisette* [-èt] *f.* hazel-nut. ‖ *noix* [nwà] *f.* walnut; nut; cushion [veau].

nom [noⁿ] *m.* name; noun (gramm.); *nom de plume*, pen-name; *nom de famille*, family name, last name; *petit nom*, first name; given name; *nom et prénoms*, full name.

nomade [nòmàd] *adj.* nomadic; *m.*, *f.* nomad.

nombre [noⁿbr] *m.* number; *bon nombre de*, a good many; *nombre entier*, integer. ‖ *nombreux* [-ë] *adj.*[*] numerous; multifarious, manifold.

nombril [noⁿbrì] *m.* navel.

nomenclature [nòmɑⁿklàtür] *f.* nomenclature, list.

nominal [nòmìnàl] *adj.*[*] nominal; *appel nominal*, roll-call. ‖ *nominatif* [-àtìf] *m.* nominative; subject (gramm.); *adj.*[*] registered [titres].

nommer [nòmé] *v.* to name; to mention; to appoint; *se nommer*, to be named; to give one's name.

non [noⁿ] *adv.* no; not.

nonce [noⁿs] *m.* nuncio.

nonchalance [noⁿshàlɑⁿs] *f.* languidness; nonchalance. ‖ *nonchalant* [-ɑⁿ] *adj.* nonchalant; languid; supine.

non-lieu [noⁿlyë] *m.* no true bill; *obtenir un non-lieu*, to be discharged.

nonne [nòn] *f.* nun.

nonobstant [nònòbstɑⁿ] *prep.* notwithstanding.

non-sens [noⁿsɑⁿs] *m.* meaningless act; nonsense.

nord [nòr] *m.* north; *perdre le nord*, to lose one's bearings.

normal [nòrmàl] *adj.*[*] normal; usual; natural; standard. ‖ *normaliser* [-ìzé] *v.* to normalize, to standardize.

normand [nòrmɑⁿ] *adj.*, *m.*, *f.* Norman. ‖ *Normandie* [-dî] *f.* Normandy.

norme [nòrm] *f.* norm.

nos [nô] *poss. adj. pl.* our; *see notre*.

nostalgie [nòstàljî] *f.* nostalgia, home-sickness. ‖ *nostalgique* [-ìk] *adj.* nostalgic; home-sick.

notable [nòtàbl] *adj.* notable, noteworthy; distinguished; *m.* person of distinction.

notaire [nòtèr] *m.* notary.

notamment [nòtàmɑⁿ] *adv.* especially, particularly.

note [nòt] *f.* note, memo(randum); minute; annotation; notice; mark, *Am.* grade [école]; bill, account [hôtel]; repute; note (mus.). ‖ *noter* [-é] *v.* to note; to notice; to mark; to jot down. ‖ *notice* [-ìs] *f.* notice, account; review. ‖ *notification* [nòtìfìkàsyoⁿ] *f.* notification, advice. ‖ *notifier* [-é] *v.* to notify; to intimate; to signify.

notion [nòsyoⁿ] *f.* notion, idea; smattering.

notoire [nòtwàr] *adj.* well-known; manifest; notorious [brigand]. ‖ *notoriété* [-òrìété] *f.* notoriety, notoriousness; repute, reputation.

notre [nòtr] *poss. adj.* (*pl.* **nos**) our.

nôtre [nôtr] *poss. pron.* ours; our own.

nouer [nûé] *v.* to tie, to knot; to establish [relations]; *se nouer*, to kink, to twist; to cling; to knit; to be anchylosed; *noueux* [-ë] *adj.*[*] knotty; gnarled [mains]; arthritic [rhumatisme].

nouilles [nûy] *f.* noodle; (fam.) nincompoop.

nourrice [nûrìs] *f.* nurse, wet-nurse; service-tank (tech.); feed-pipe (aviat.). ‖ *nourricier* [-yé] *m.* foster-father; *adj.*[*] nutritious, nutritive. ‖ *nourrir* [nûrîr] *v.* to feed, to nourish; to nurse, to suckle [enfant]; to foster [haine]; to harbo(u)r [pensée]; to cherish [espoir]; to maintain, to sustain [feu] (mil.). ‖ *nourrissant* [-soⁿ] *adj.* nourishing, nutritive, nutritious; rich [aliment]. ‖ *nourrisson* [-soⁿ] *m.* nursling, suckling; foster-child. ‖ *nourriture* [-ltür] *f.* feeding; food, nourishment.

nous [nû] *pron.* we [sujet]; us, to us [complément]; ourselves; each other; *chez nous*, at our house.

nouveau, -elle [nûvô, -èl] *adj.*[*] *nouvel*, *m.*, before a vowel or a mute *h*) new; new-style; recent, fresh; novel; another, additional, further; *nouvel an*, new year; *de nouveau*, again; *à nouveau*, anew, afresh; *nouveau-né*, new-born child. || **nouveauté** [-té] *f.* newness, novelty; change, innovation; fancy article, latest model. || **nouvelle** [nûvèl] *f.* news, tidings; short story.

novateur, -trice [nòvàtœr, -trìs] *m., f.* innovator; *adj.* innovating.

novembre [nòvaⁿbr] *m.* November.

novice [nòvìs] *m.* novice; probationer; tyro; apprentice; *adj.* inexperienced, green; new (*en,* into).

noyade [nwàyàd] *f.* drowning.

noyau [nwàyô] *m.** stone, kernel, *Am.* pit [fruit]; nucleus [atome]; group, knot; cell (fig.)

noyer [nwàyé] *v.* to drown; to flood, to inundate; *se noyer,* to be drowned [accident]; to drown oneself [suicide]; to flounder (fig.).

noyer [nwàyé] *m.* walnut-tree.

nu [nü] *adj.* naked, bare; plain, unadorned; *m.* nude; nudity; *nu-pieds,* bare-footed; *nu-tête,* bareheaded.

nuage [nüàj] *m.* cloud; *nuage artificiel,* smoke screen. || **nuageux** [-ë] *adj.** cloudy; overcast; nebulous.

nuance [nüaⁿs] *f.* shade, hue; nuance, gradation. || **nuancé** [nüaⁿsé] *adj.* delicately shaded; delicately expressive. || **nuancer** [-sé] *v.* to shade; to blend.

nucléaire [nükléèr] *adj.* nuclear.

nudité [nüdìté] *f.* nudity, nakedness.

nue [nü] *f.* high cloud; *pl.* skies. || **nuée** [-é] *f.* cloud; swarm, host.

nuire [nüïr] *v.** to harm, to hurt; to be injurious. || **nuisible** [nüìzìbl] *adj.* hurtful, harmful, noxious, detrimental, prejudicial.

nuit [nüì] *f.* night.

nul, nulle [nül] *adj.* no, not one; nul, void; *pron.* no one, nobody, not one. || **nullement** [-maⁿ] *adv.* not at all; in no way, by no means. || **nullité** [-ìté] *f.* nullity, invalidity; nothingness; nonexistence; nonentity [personne].

numéraire [nümérèr] *adj.* legal [monnaie]; numerary [valeur]; *m.* metallic currency, specie; cash. || **numéral** [-àl] *adj.** numeral. || **numérique** [-ìk] *adj.* numerical. || **numéro** [-ô] *m.* number; issue [périodique]; turn [music-hall]. || **numéroter** [-òté] *v.* to number; to page [livre].

nuptial [nüpsyàl] *adj.** wedding; marriage; bridal.

nuque [nük] *f.* nape, scruff of the neck.

nutritif [nütrìtìf] *adj.** nutritive. || **nutrition** [-ìsyoⁿ] *f.* nutrition.

O

obéir [òbéïr] *v.* to obey; to comply; to respond (aviat.). || **obéissance** [-ìsaⁿs] *f.* obedience; compliance, submission; pliancy. || **obéissant** [-ìsaⁿ] *adj.* obedient, compliant, dutiful; submissive; responsive.

obélisque [òbélìsk] *m.* obelisk.

obèse [òbèz] *adj.* obese, fat. || **obésité** [òbézìté] *f.* obesity, corpulence, stoutness, portliness.

objecter [òbjèkté] *v.* to raise an objection; to object. || **objectif** [-tìf] *adj.** objective; *m.* objective; aim, end; lens (phot.); target; aim. || **objection** [-syoⁿ] *f.* objection. || **objet** [òbjè] *m.* object, thing; article; complement (gramm.); subject.

obligation [òblìgàsyoⁿ] *f.* obligation, duty; bond [Bourse]; debenture (comm.); favo(u)r; liability (mil.). || **obligatoire** [-àtwàr] *adj.* obligatory; compulsory.

obligeance [òblìjaⁿs] *f.* obligingness. || **obligeant** [-aⁿ] *adj.* obliging; kind, civil. || **obliger** [-é] *v.* to oblige, to constrain, to bind.

oblique [òblìk] *adj.* oblique; slanting; devious, crooked [moyens]. || **obliquer** [-é] *v.* to slant; to incline; to swerve.

oblitérer [òblìtéré] *v.* to obliterate; to cancel, to deface [timbre-poste].

obole [òbòl] *f.* obol; farthing, mite.

obscène [òbsèn] *adj.* obscene; lewd; smutty. || **obscénité** [-énìté] *f.* obscenity; lewdness.

obscur [òbskür] *adj.* dark; gloomy; somber; obscure; abstruse [sujet]; indistinct, dim; lowly, humble [naissance]; unknown [écrivain]. || **obscurcir** [-sîr] *v.* to obscure; to darken; to dim; to fog; *s'obscurcir,* to grow dark, to darken; to cloud over [ciel]. || **obscurcissement** [-sìsmaⁿ] *m.* darkening; dimness. || **obscurité** [-ìté] *f.* obscurity; darkness; obscureness; vagueness; gloom.

obsédant [òbsédaⁿ] *adj.* haunting; obsessive. || **obséder** [-é] *v.* to obsess; to beset; to importune.

obsèques [òbsèk] *f. pl.* obsequies; funeral.

obséquieux [òbsékyë] *adj.** obsequious; servile. || **obséquiosité** [-kyòzìté] *f.* obsequiousness; oily pleading.

observance [òbsèrvaⁿs] *f.* observance, keeping. || **observateur, -trice** [-àtœr, -trìs] *m., f.* observer; spotter (mil.); *adj.* observant. || **observation**

[-àsyoⁿ] *f.* observation. ‖ **observatoire** [-àtwàr] *m.* observatory. ‖ **observer** [-é] *v.* to observe, to notice; to remark; to keep [règlements]; *s'observer,* to be careful, to be cautious; to be on one's guard.

obsession [òbsèsyoⁿ] *f.* obsession.

obstacle [òbstàkl] *m.* obstacle, hindrance, impediment; jump, fence [course].

obstination [òbstìnàsyoⁿ] *f.* obstinacy, stubbornness. ‖ **obstiner** [-é] *v.* to make (someone) obstinate; *s'obstiner,* to persist; to grow obstinate.

obstruction [òbstrüksyoⁿ] *f.* obstruction; blocking; *Am.* filibustering [politique]; choking, clogging (techn.). ‖ **obstruer** [òbstrüé] *v.* to obstruct; to block; to choke; to throttle; to jam.

obtempérer [òbtaⁿpéré] *v.* to comply, to accede.

obtenir [òbt'nîr] *v.* to obtain, to get, to procure.

obturateur [òbtüràtœr] *m.* stopper; obturator; shutter; stop-valve. ‖ **obturation** [-syoⁿ] *f.* obturation; filling [dent]. ‖ **obturer** [òbtüré] *v.* to stop, to seal, to obturate; to fill [dent].

obtus [òbtü] *adj.* blunt; obtuse, dull [personne].

obus [òbü] *m.* shell. ‖ **obusier** [-zyé] *m.* howitzer.

obvier [òbvyé] *v.* to obviate.

occasion [òkàzyoⁿ] *f.* opportunity, chance, occasion; bargain; motive; *d'occasion,* second-hand. ‖ **occasionner** [-yòné] *v.* to occasion, to cause, to provoke, to give rise to.

occident [òksìdaⁿ] *m.* Occident, West. ‖ **occidental** [-tàl] *adj.* Occidental, Western.

occulte [òkült] *adj.* occult; secret. ‖ **occultisme** [-tìsm] *m.* occultism.

occupant [òküpaⁿ] *adj.* occupying; engrossing; *m.* occupant. ‖ **occupation** [-àsyoⁿ] *f.* occupation; occupancy; business, employment, work. ‖ **occupé** [-é] *adj.* occupied; engaged; busy [personne, téléphone]. ‖ **occuper** [-é] *v.* to occupy; to inhabit, to reside in; to hold (mil.); to employ; to fill [temps]; *s'occuper,* to keep busy; to be interested (*de,* in), to look after.

occurrence [òküraⁿs] *f.* occurrence; emergency, juncture, occasion; *en l'occurrence* under the circumstances.

océan [òséaⁿ] *m.* ocean, sea.

ocre [òkr] *f.* ochre.

octobre [òktòbr] *m.* October.

octroi [òktrwà] *m.* concession, granting; dues, toll; toll-house. ‖ **octroyer** [-é] *v.* to grant, to concede, to allow; to bestow (on).

oculaire [òkülèr] *adj.* ocular; *m.* eyepiece, ocular; *témoin oculaire,* eyewitness. ‖ **oculiste** [-ìst] *m.* oculist.

ode [òd] *f.* ode.

odeur [òdœr] *f.* odo(u)r, scent, smell.

odieux [òdyë] *adj.* odious; hateful [personne]; heinous [crime]; *m.* odiousness, hatefulness.

odorant [òdòraⁿ] *adj.* odorous, fragrant, odoriferous. ‖ **odorat** [-à] *m.* olfactory sense; smell. ‖ **odoriférant** [-rìféraⁿ] *adj.* fragrant.

œdème [édèm] *m.* oedema, *Am.* edema.

œil [œy] *m.* (*pl.* yeux [yë]) eye; opening; hole; *coup d'œil,* glance; *faire de l'œil,* to ogle; *œil-de-bœuf,* bull's-eye [fenêtre]; *œil-de-perdrix,* soft corn [callosité]. ‖ **œillade** [-àd] *f.* glance, ogle, leer. ‖ **œillère** [-èr] *f.* blinker, *Am.* blinder [cheval]; eyecup (med.). ‖ **œillet** [-è] *m.* eyelet; pink, carnation (bot.).

œuf [œf, *pl.* ë] *m.* egg; ovum (biol.); spawn, roe [poisson]; *œufs sur le plat,* fried eggs; *œufs à la coque,* soft-boiled eggs; *œuf dur,* hard-boiled egg; *œufs brouillés,* scrambled eggs.

œuvre [œvr] *f.* work; production; society, institution [bienfaisance]; *m.* wall, foundation; complete works; opus. ‖ **œuvrer** [-é] *v.* to work.

offense [òfaⁿs] *f.* offense; transgression; contempt (jur.). ‖ **offenser** [-é] *v.* to offend; to injure, to shock; *s'offenser,* to take offense (*de,* at). ‖ **offenseur** [-œr] *m.* offender. ‖ **offensif** [-ìf] *adj.* offensive [armes]. ‖ **offensive** [-ìv] *f.* offensive (mil.).

office [òfìs] *m.* office, functions, duty; employment; *f.* butler's pantry; servants' hall. ‖ **officiel** [-yèl] *adj.* official; formal [visite]. ‖ **officier** [-yé] *m.* officer; *v.* to officiate. ‖ **officieux** [-yë] *adj.* officious; unofficial; *m.* busybody.

offrande [òfraⁿd] *f.* offering; offertory (eccles.). ‖ **offre** [òfr] *f.* offer; bid [enchères]; tender [contrat]; proposal. ‖ **offrir** [-îr] *v.* to offer; to proffer, to give, to present; to bid [enchères]; to tender [contrat]; *s'offrir,* to offer oneself; to volunteer [personne]; to turn up [chance].

offusquer [òfüské] *v.* to obscure; to obfuscate, to befog, to cloud; to dazzle [yeux], to offend, to shock (someone); *s'offusquer,* to become clouded; to take offense, to be huffy.

ogive [òjìv] *f.* rib; gothic arch; ogive.

ogre, ogresse [ògr, ògrès] *m.* ogre, *f.* ogress.

oie [wà] *f.* goose.

oignon [òñoⁿ] *m.* onion; bulb [tulipe]; bunion [callosité]; (pop.) watch, turnip.

oindre [wɪⁿdr] v.° to oil; to anoint.

oiseau [wàzô] m.° bird; (fam.) *Am.* guy; *jeune oiseau*, fledgling; *oiseau-mouche*, humming-bird.

oiseux [wàzë] adj.° idle; useless. ‖ **oisif** [-ɪf] adj.° lazy; unemployed; uninvested [capital]. ‖ **oisiveté** [-ɪvté] f. idleness, sloth.

oison [wàzoⁿ] m. gosling.

oléagineux [òléàjɪnë] adj.° oleaginous; m. oil-seed.

olive [òlɪv] f. olive. ‖ **olivier** [-yé] m. olive-tree.

ombilical [oⁿbɪlɪkàl] adj.° umbilical.

ombrage [oⁿbràj] m. shade [arbre]; umbrage, offense. ‖ **ombrager** [-é] v. to shade; to screen. ‖ **ombrageux** [-ë] adj.° shy, skittish [cheval]; touchy, suspicious [personne]. ‖ **ombre** [oⁿbr] f. shadow; shade; gloom; ghost [revenant]. ‖ **ombrelle** [-èl] f. parasol, sunshade. ‖ **ombrer** [-é] v. to shade; to darken. ‖ **ombreux** [-ë] adj.° shady.

omelette [òmlèt] f. omelet.

omettre [òmètr] v.° to omit, to leave out, to skip, to overlook; to fail, to neglect. ‖ **omission** [-ɪsyoⁿ] f. omission; oversight.

omnibus [òmnìbüs] m. omnibus, bus.

omnipotent [òmnìpòtaⁿ] adj. omnipotent. ‖ **omniscient** [-sjaⁿ] adj. all-knowing.

omoplate [òmòplàt] f. shoulder-blade, scapula, omoplate.

on [oⁿ] indef pron. one, people, they, we, you, men, somebody; *on dit*, it is said; *on-dit*, rumo(u)r.

once [oⁿs] f. ounce; bit.

oncle [oⁿkl] m. uncle.

onction [oⁿksyoⁿ] f. oiling; unction; anointing; unctuousness. ‖ **onctueux** [-tüë] adj.° unctuous, oily; suave, bland, mellow.

onde [oⁿd] f. wave; undulation; billow, corrugation [tôle]; *grandes ondes*, long waves [radio]; *onde sonore*, sound-wave. ‖ **ondée** [-é] f. shower. ‖ **ondoyant** [-wàyaⁿ] adj. undulating, waving, billowy; swaying; changeable, fluctuating. ‖ **ondoyer** [-wàyé] v. to undulate, to wave, to ripple; to waver. ‖ **ondulant** [-ülaⁿ] adj. undulating; waving; flowing. ‖ **ondulation** [oⁿdülàsyoⁿ] f. waving, flowing, undulation, wave. ‖ **ondulé** [-ülé] adj. undulating, rolling. wavy [cheveux]; corrugated [tôle]; curly-grained [bois]. ‖ **onduler** [-ülé] v. to undulate, to ripple, to wave [cheveux]; to corrugate [tôle]. ‖ **onduleux** [-ülë] adj.° undulous, wavy, sinuous.

onéreux [ònérë] adj.° onerous; burdensome; heavy; costly.

ongle [oⁿgl] m. nail [doigt]; claw [animal]; talon [faucon]; *coup d'ongle*, scratch.

onguent [oⁿgaⁿ] m. ointment, unguent, salve, liniment.

onze [oⁿz] m., adj. eleven; eleventh [titre, date]. ‖ **onzième** [-yèm] m., adj. eleventh.

opale [òpàl] f. opal.

opaque [òpàk] adj. opaque.

opéra [òpérà] m. opera.

opérateur, -trice [òpéràtœr, -trɪs] m., f. operator. ‖ **opération** [-àsyoⁿ] f. operation; transaction. ‖ **opératoire** [-àtwàr] adj. operative. ‖ **opérer** [-é] v. to operate; to effect, to bring about; to perform.

opérette [òpérèt] f. operetta.

opiner [òpɪné] v. to opine; to nod in approval. ‖ **opiniâtre** [-yâtr] adj. stubborn, opinionated, obstinate; unyielding. ‖ **opiniâtreté** [-yâtrᵉté] f. obstinacy, stubbornness. ‖ **opinion** [-yoⁿ] f. opinion.

opium [òpyòm] m. opium.

opportun [òpòrtüⁿ] adj. opportune, timely, convenient. ‖ **opportunité** [-ünɪté] f. opportuneness, seasonableness, timeliness; expediency.

opposant [òpòzaⁿ] adj. opposing, adverse; m. opponent, adversary. ‖ **opposé** [-é] adj. opposite; opposed; facing. ‖ **opposer** [-é] v. to oppose; to compare, to contrast, *s'opposer à*, to be opposed to. ‖ **opposition** [-ɪsyoⁿ] f. opposition; contrast.

oppresser [òprésé] v. to oppress; to lie heavy on; to squeeze, to crush, to cramp. ‖ **oppresseur** [-sœr] adj.° oppressive, m. oppressor. ‖ **oppressif** [-ɪf] adj.° oppressive. ‖ **oppression** [-yoⁿ] f oppression.

opprimer [òprɪmé] v. to oppress, to crush, to underfoot.

opprobre [òpròbr] m. opprobrium, shame, disgrace.

opter [òpté] v. to choose.

opticien [òptɪsyⁿ] m. optician.

optimisme [òptɪmɪsm] m. optimism. ‖ **optimiste** [-ɪst] m., f. optimist; adj. optimistic.

option [òpsyoⁿ] f. option, choice.

optique [òptɪk] f. optics; perspective; adj. optical.

opulence [òpülaⁿs] f. opulence. ‖ **opulent** [-aⁿ] adj. opulent, wealthy, rich, buxom [poitrine].

opuscule [òpüskül] m. pamphlet, tract, booklet.

or [òr] m., adj. gold.

or [òr] conj. now; but.

oracle [òràkl] m. oracle.

orage [òrà] *m.* storm; disturbance, turmoil (fig.). ‖ *orageux* [-ë] *adj.* stormy; threatening [temps]; lowering [ciel].

oraison [òrèzon] *f.* orison; oration.

oral [òràl] *adj.*, *m.* oral.

orange [òran] *f.* orange. ‖ *orangé* [òranjé] *adj.* orange-coloured, orangy; *m.* orange. ‖ *orangeade* [-làd] *f.* orangeade. ‖ *oranger* [-é] *m.* orange-tree.

orateur [òràtœr] *m.* orator. ‖ *oratoire* [-wàr] *adj.* oratorical; *m.* oratory; chapel.

orbe [òrb] *m.* orb; globe; sphere. ‖ *orbite* [-ìt] *f.* orbit; socket (anat.).

orchestre [òrkèstr] *m.* orchestra; *chef d'orchestre*, conductor; bandmaster. ‖ *orchestrer* [-é] *v.* to score, to orchestrate.

orchidée [òrkìdé] *f.* orchid.

ordinaire [òrdìnèr] *adj.* ordinary, usual, customary, common; *m.* custom; daily fare; mess (mil.); *d'ordinaire*, usually, ordinarily; *peu ordinaire*, unusual.

ordinal [òrdìnàl] *adj.* ordinal.

ordinateur [òrdìnàtœr] *m.* computer.

ordonnance [òrdònans] *f.* order, arrangement; disposition; ordinance; prescription (med.); judgment (jur.); orderly (mil.). ‖ *ordonnancement* [-man] *m.* order to pay. ‖ *ordonnateur, -trice* [òrdònàtœr, -trìs] *m.*, *f.* arranger; master of ceremonies; *adj.* directing, managing. ‖ *ordonné* [-é] *adj.* orderly, regulated; tidy; ordained (eccles.). ‖ *ordonner* [-é] *v.* to order, to command, to direct; to arrange; to tidy; to prescribe (med.).

ordre [òrdr] *m.* order, command; arrangement; sequence; orderliness; tidiness; discipline; class, category; array [bataille]; *pl.* holy orders; *numéro d'ordre*, serial number; *de premier ordre*, first-class.

ordure [òrdür] *f.* dirt, filth, muck; garbage, refuse, rubbish; dung; lewdness. ‖ *ordurier* [-yé] *adj.* filthy, lewd; scurrilous.

orée [òré] *f.* verge, skirt, edge, border.

oreille [òrèy] *f.* ear; hearing; handle [anse]; *prêter l'oreille*, to listen attentively; ‖ *oreiller* [-é] *m.* pillow. ‖ *oreillette* [-èt] *f.* auricle. ‖ *oreillons* [-on] *m. pl.* mumps (med.).

orfèvre [òrfèvr] *m.* goldsmith. ‖ *orfèvrerie* [-rî] *f.* goldsmith's trade; gold plate.

organe [òrgàn] *m.* organ (anat.); voice; agent, means, medium, instrument; part (mech.). ‖ *organique* [-ìk] *adj.* organic. ‖ *organisateur, -trice* [-ìzàtœr, -trìs] *m.*, *f.* organizer; *adj.* organizing. ‖ *organisation* [-ìzàsyon] *f.* organization; structure; organizing. ‖ *organiser* [-ìzé] *v.* to organize; to form; to arrange; *s'organiser*, to get into working order; to settle down. ‖ *organisme* [-ìsm] *m.* organism; system (med.); organization, body.

organiste [òrgànìst] *m.* organist.

orge [òrj] *f.* barley.

orgelet [òrjelè] *m.* stye (med.).

orgie [òrjî] *f.* orgy; profusion, riot [couleurs].

orgue [òrg] *m.* (*f.* in *pl.*) organ (mus.).

orgueil [òrgœy] *m.* pride, conceit. ‖ *orgueilleux* [-ë] *adj.* proud, conceited, bumptious.

orient [òryan] *m.* Orient, East; water [perle]. ‖ *orientable* [-tàbl] *adj.* swivelling; revolving. ‖ *oriental* [-tàl] *adj.* Oriental, Eastern. ‖ *orientation* [-tàsyon] *f.* orientation; direction; bearings. ‖ *orienter* [-té] *v.* to orient; to take bearings; to direct; *s'orienter*, to find one's bearings, to get one's position. ‖ *orienteur* [-tœr] *m.* orientator; *orienteur professionnel*, vocational guide.

orifice [òrìfìs] *m.* orifice, hole, opening, aperture.

originaire [òrìjìnèr] *adj.* originating; native; *m.*, *f.* native; original member. ‖ *original* [-àl] *adj.*, *m.* original [texte]; inventive; *s.* eccentric [personne]. ‖ *origine* [òrìjìn] *f.* origin; beginning; source. ‖ *originel* [-ìnèl] *adj.* primordial, original, primitive.

orignal [òrìñàl] *m.* © moose.

oripeau [òrìpô] *m.* tinsel; *pl.* rags.

orme [òrm] *m.* elm-tree.

ornement [òrneman] *m.* ornament, adornment, embellishment, trimming. ‖ *ornemental* [-tàl] *adj.* ornamental, decorative. ‖ *ornementation* [-tàsyon] *f.* ornamentation. ‖ *ornementer* [-té] *v.* to ornament. ‖ *orner* [òrné] *v.* to ornament, to adorn, to decorate, to trim; to enrich (fig.).

ornière [òrnyèr] *f.* rut; groove.

orphelin [òrfelìn] *m.* orphan; *adj.* orphaned. ‖ *orphelinat* [-ìnà] *m.* orphanage. ‖ *orpheline* [-ìn] *f.* orphan-girl.

orteil [òrtèy] *m.* toe.

orthodoxe [òrtòdòks] *adj.* orthodox. ‖ *orthodoxie* [-ksî] *f.* orthodoxy.

orthographe [òrtògràf] *f.* spelling, orthography; *faute d'orthographe*, misspelling. ‖ *orthographier* [-yé] *v.* to spell.

ortie [òrtî] *f.* nettle.

orvet [òrvè] *m.* blind-worm.

os [òs, *pl.* ò] *m.* bone.

oscillation [òsìllàsyoⁿ] *f.* oscillation; swing; vibration (mech.); fluctuation [marché]. || *osciller* [-é] *v.* to oscillate; to sway; to swing; to rock; to waver [personne]; to fluctuate [marché].

osé [òzé] *adj.* bold, daring.

oseille [òzèy] *f.* sorrel.

oser [òzé] *v.* to dare, to venture.

osier [òzyé] *m.* osier, willow (bot.); wicker.

ossature [òsàtür] *f.* frame, skeleton [corps]; ossature [bâtiment]; carcass (aviat.). || *ossements* [-maⁿ] *m. pl.* bones, remains [morts]. || *osseux* [-é] *adj.* bony; osseous [tissu]. || *ossifier* [-ìfyé] *v.* to ossify. || *ossuaire* [-òsüèr] *m.* ossuary.

ostensible [òstaⁿsìbl] *adj.* ostensible, patent. || *ostensoir* [-wàr] *m.* monstrance (eccles.). || *ostentateur, -trice* [òstaⁿtàtœr, -trìs] *adj.* ostentatious, showy. || *ostentation* [-àsyoⁿ] *f.* ostentation, show, display.

otage [òtàj] *m.* hostage; guarantee, surety; security.

otarie [òtàrî] *f.* otary, sea-lion.

ôter [òté] *v.* to remove, to take off; to doff; to subtract, to deduct; *s'ôter,* to get out of the way.

ou [û] *conj.* or; either...or; else.

où [û] *adv.* where; when [temps]; at which, in which.

ouananiche [wànànîsh] *f.* © landlocked salmon, wananish.

ouaouaron [wàwàroⁿ] *m.* © bullfrog.

ouate [ûàt] *f.* wadding; cotton-wool. || *ouater* [-é] *v.* to wad; to pad; to quilt; to soften; to blur.

oubli [ûblì] *m.* forgetting, neglect; forgetfulness; oblivion; omission, oversight. || *oubliable* [-àbl] *adj.* forgettable. || *oublier* [ûblyé] *v.* to forget; to neglect; to overlook; *s'oublier,* to forget oneself, to be careless. || *oubliettes* [-lyèt] *f. pl.* secret dungeon. || *oublieux* [-lyé] *adj.* forgetful; oblivious; unmindful.

ouest [wèst] *m.* west; *adj.* west, western.

oui [wì] *adv.* yes.

ouï-dire [wìdîr] *m.* hearsay. || *ouïe* [wî] *f.* hearing; ear (mech.); *pl.* gills.

ouistiti [wìstìtì] *m.* wistiti.

ouragan [ûràgaⁿ] *m.* hurricane, storm, gale, tempest.

ourdir [ûrdîr] *v.* to warp [tissu]; to hatch, to weave [complot, intrigue].

ourler [ûrlé] *v.* to hem; *ourler à jour,* to hemstitch. || *ourlet* [-è] *m.* hem; rim [oreille].

ours [ûrs] *m.* bear. || *ourse* f. shebear; *la Grande Ourse,* Ursa Major, Great Bear. || *oursin* [-iⁿ] *m.* sea-urchin. || *ourson* [-oⁿ] *m.* bear-cub.

outarde [ûtàrd] *f.* bustard; © Canada goose.

outil [ûtì] *m.* tool, implement. || *outillage* [-yà] *m.* tool set, tool kit; gear, equipment, machinery [usine]. || *outiller* [-yé] *v.* to equip with tools.

outrage [ûtràj] *m.* outrage. || *outrager* [-é] *v.* to outrage, to insult; to desecrate. || *outrageux* [-é] *adj.* insulting, scurrilous.

outre [ûtr] *f.* goatskin, leather-bottle.

outre [ûtr] *prep.* beyond; in addition to; *adv.* further; *en outre,* besides, moreover; *passer outre,* to go on; to ignore, to overrule (jur.). || *outré* [-é] *adj.* excessive, undue; infuriated, indignant.

outrecuidance [ûtre^küìdaⁿs] *f.* self-conceit; cocksureness; cheek; *outrecuidant,* overweening, presumptuous; cocksure (fam.); *outre-mer,* overseas; *outrepasser,* to exceed; to exaggerate.

outrer [ûtré] *v.* to exaggerate; to overdo; to infuriate.

ouvert [ûvèr] *adj.* open, opened. || *ouverture* [-tür] *f.* opening; aperture; overture (mus.); mouth [baie]; broadmindedness; *heures d'ouverture,* business hours.

ouvrable [ûvràbl] *adj.* workable; *jour ouvrable,* working-day. || *ouvrage* [-àj] *m.* work; product. || *ouvragé* [-àjé] *adj.* wrought; figured. || *ouvré* [-é] *adj.* worked [bois]; wrought [fer].

ouvre-boîtes [ûvre^bwàt] *m.* tin-opener, *Am.* can-opener. || *ouvre-huîtres* [-üìtr] *m.* oyster-knife.

ouvreur [ûvrœr] *m.* opener; usher (theat.). || *ouvreuse* [-éz] *f.* usherette (theat.).

ouvrier [ûvrìyé] *m.* worker; workman; craftsman; labo(u)rer; *adj.* working, operative; *classe ouvrière,* working class. || *ouvrière* [-yèr] *f.* workwoman; worker bee [abeille].

ouvrir [ûvrîr] *v.* to open; to unfasten, to unlock [porte]; to turn on [lumière]; to cut through [canal]; to begin, to start [débat]; *s'ouvrir,* to open; to unburden oneself.

ovaire [òvèr] *m.* ovary.

ovale [òvàl] *adj.* oval; egg-shaped.

ovation [òvàsyoⁿ] *f.* ovation. || *ovationner* [-syòné] *v.* to acclaim.

oxygène [òksìjèn] *m.* oxygen. || *oxygéné* [-éné] *adj.* oxygenated; peroxide [eau].

P

pacage [pàkàʒ] m. pasture-land; pasturage.

pacificateur, -trice [pàsìfìkàtœr, -trìs] m., f. pacifier; adj. pacifying. || **pacification** [-fìkàsyoⁿ] f. pacification. || **pacifier** [pàsìfyé] v. to pacify, to appease. || **pacifique** [-ìk] adj. pacific, peaceful. || **pacifisme** [-fìsm] m. pacifism.

pacotille [pàkòtìy] f. shoddy goods, trash.

pacte [pàkt] m. pact, agreement. || **pactiser** [-ìzé] v. to come to terms, to make a pact.

pagaie [pàgè] f. paddle.

pagaïe, pagaille [pàgày] f. disorder, clutter, mess, muddle.

paganisme [pàgànìsm] m. paganism.

page [pàʒ] f. page; à la page, up to date.

page [pàʒ] m. page-boy, Am. bellhop.

paie [pè] f. wages [ouvrier]; jour de paie, pay-day. || **paiement** [-maⁿ] m. payment; disbursement.

païen [pàyⁱⁿ] m., adj.* pagan, heathen.

paillasse [pàyàs] f. straw mattress, pallet; draining-board, Am. drainboard, deserter; m. clown. || **paillasson** [-oⁿ] m. mat, matting; door-mat. || **paille** [pày] f. straw; chaff [balle]; flaw [joyau]; paille de fer, iron shavings, steel wool; tirer à la courte paille, to draw straws.

pailleter [pàyté] v. to spangle. || **paillette** [-èt] f. spangle; flake; flaw [joyau].

pain [pⁱⁿ] m. bread; loaf; cake, bar [savon]; lump [sucre]; pain grillé, toast; petit pain, roll; pain bis, brown bread; pain complet, whole-wheat bread; pain d'épice, gingerbread; pain de mie, sandwich loaf.

pair [pèr] m. peer; equal; par; adj. equal; even [numéro]; au pair, for board and lodging. || **paire** [pèr] f. pair; couple; brace [perdrix]; yoke [bœufs].

paisible [pèzìbl] adj. peaceful.

paître [pètr] v.* to graze, to crop, to feed, to put to grass; to browse, to graze on.

paix [pè] f. peace; quiet; reconciliation.

pal [pàl] m. pale.

palais [pàlè] m. palace; law-courts; palate (med.).

palan [pàlaⁿ] m. pulley-block, tackle.

pâle [pàl] adj. pale, pallid; wan; ashen.

palefrenier [pàlfrⁿnyé] m. stableman, groom, ostler.

paletot [pàltô] m. overcoat, greatcoat.

palette [pàlèt] f. blade [aviron]; paddle [roue]; palette [artiste]; bat, Am. paddle [jeu].

pâleur [pàlœr] f. paleness, pallor, pallidness, wanness.

palier [pàlyé] m. landing; stage; plummer-block (mech.); level (aviat.); gradation.

pâlir [pàlìr] v. to grow pale, to blanch; to fade; to be on the wane (fig.).

palissade [pàlìsàd] f. paling, fence, palisade; stockade.

palissandre [pàlìsaⁿdr] m. rosewood.

pallier [pàlyé] v. to palliate, to mitigate, to alleviate.

palme [pàlm] f. palm-branch. || **palmé** [-é] adj. palmate (bot.); webfooted. || **palmier** [-yé] m. palm-tree. || **palmipède** [-ìpèd] m., adj. palmiped; web-footed.

palpable [pàlpàbl] adj. palpable, tangible; obvious. || **palper** [-é] v. to feel, to touch; to palpate (med.).

palpitation [pàlpìtàsyoⁿ] f. palpitation; throb; fluttering [pouls]. || **palpiter** [-é] v. to palpitate; to throb, to beat [cœur]; to flicker.

pamphlet [paⁿflè] m. lampoon, satire.

pamplemousse [paⁿplⁿmûs] m. grapefruit.

pan [paⁿ] m. nap; section; face [prisme]; piece; side, section, panel [mur]; patch, stretch [ciel].

panacée [pànàsé] f. cure-all.

panache [pànàsh] m. plume, tuft; trail [fumée]; stripe [couleurs]; swagger, flourish. || **panaché** [-é] adj. plumed; feathered; variegated; mixed, assorted; m. shandy.

panais [pànè] m. parsnip.

panaris [pànàrì] m. whitlow, felon.

pancarte [paⁿkàrt] f. placard, bill; label; show card.

pancréas [paⁿkréàs] m. pancreas. || **pancréatique** [-ìk] adj. pancreatic.

panier [pànyé] m. basket; hamper; pannier, hoop-skirt; (fam.) panier à salade, prison van, Black Maria, Am. paddy-wagon.

panique [pànìk] f., adj. panic.

panne [pàn] f. hog's fat.

panne [pàn] f. breakdown, mishap; en panne, out of order, Am. on the blink (fam.); hove to (naut.); *panne de moteur,* engine trouble.

panneau [pànô] *m.** snare, net [chasse]; panel [bois]; bulletin-board [affiches]; hatch (naut.).

panorama [pànòràmà] *m.* panorama; view-point; panoramic view.

panse [paⁿs] *f.* belly (fam.), paunch.

pansement [paⁿsmaⁿ] *m.* dressing. ‖ *panser* [-é] *v.* to dress; to groom [cheval].

pantalon [paⁿtàloⁿ] *m.* long pants, trousers, pair of pants; drawers, knickers.

panteler [paⁿtlé] *v.* to pant.

panthère [paⁿtèr] *f.* panther.

pantin [paⁿtiⁿ] *m.* jumping-jack; puppet [personne].

pantoufle [paⁿtûfl] *f.* slipper.

paon [paⁿ] *m.* peacock.

papa [pàpà] *m.* papa, daddy, dad.

papal [pàpàl] *adj.** papal. ‖ *papauté* [-ôté] *f.* papacy. ‖ *pape* [pàp] *m.* pope.

paperasse [pàpràs] *f.* useless paper. ‖ *paperasserie* [-rî] *f.* red tape.

papeterie [pàptrî] *f.* paper-shop; stationery; paper-manufacturing. ‖ *papetier* [-tyé] *m.* stationer; paper-manufacturer. ‖ *papier* [-yé] *m.* paper; document; *papier buvard,* blotting paper; *papier collant,* sticking-tape; *papier écolier,* foolscap; *papier d'emballage,* wrapping paper; *papier à lettres,* writing paper; *papier peint,* wall-paper; *papier pelure,* tissue paper, onion-skin paper; *papier de soie,* silk paper; *papier de verre,* sand-paper.

papillon [pàpìyoⁿ] *m.* butterfly; leaflet; fly-bill [affiche]; rider [document]; throttle [auto]; bow-tie [nœud]; giddy-head [personne]. ‖ *papillonner* [-yòné] *v.* to flutter; to flit about; to hover.

papillote [pàpìyòt] *f.* curl-paper. ‖ *papilloter* [pàpìyòté] *v.* to blink [yeux]; to twinkle, to flicker [lumière]; to dazzle, to glitter; to curl [cheveux].

papoter [pàpòté] *v.* to tittle-tattle.

pâque [pàk] *f.* Passover.

paquebot [pàkbô] *m.* passenger-liner, packet-boat, steamer.

pâquerette [pâkrèt] *f.* daisy.

Pâques [pâk] *f. pl.* Easter.

paquet [pàkè] *m.* package, parcel; bundle; mail.

par [pàr] *prep.* by; per; through; from; *par exemple,* for example, for instance; *par la fenêtre,* out of the window; *par ici,* this way; *par trop,*

far too much; *par-dessous,* underneath, below; *par-dessus,* over, above; *par-dessus le marché,* into the bargain.

parachever [pàràshevé] *v.* to perfect, to complete.

parachute [pàràshüt] *m.* parachute. ‖ *parachuter* [-té] *v.* to parachute. ‖ *parachutiste* [-ìst] *m.* parachutist; paratrooper.

parade [pàràd] *f.* parade, show, ostentation; checking [cheval]; parry [escrime]. ‖ *parader* [-é] *v.* to parade; to strut; to show off.

paradis [pàràdì] *m.* paradise; top gallery, cheap seats, *Br.* the gods, *Am.* peanut gallery (theat.).

paradoxe [pàràdòks] *m.* paradox.

parages [pàràj] *m. pl.* localities [océan]; latitudes, regions (naut.); parts, quarters, vicinity.

paragraphe [pàràgràf] *m.* paragraph.

paraître [pàrètr] *v.** to appear; to seem, to look; to be published; to come out [livre]; *vient de paraître,* just out.

parallèle [pàràllèl] *f., adj.* parallel; *m.* parallel, comparison.

paralyser [pàràlìzé] *v.* to paralyse; to incapacitate. ‖ *paralysie* [-ì] *f.* paralysis; palsy.

parapet [pàràpè] *m.* parapet; breastwork [château fort].

paraphe [pàràf] *m.* paraph; initials.

parapluie [pàràplüì] *m.* umbrella.

parasite [pàràzìt] *m.* parasite; sponger, hanger-on [personne]; interference, *Am.* (pop.) bugs [radio]; *adj.* parasitic.

parasol [pàràsòl] *m.* parasol, sunshade; visor (auto).

paratonnerre [pàràtònèr] *m.* lightning-rod, lightning-conductor.

paravent [pàràvaⁿ] *m.* folding screen.

parc [pàrk] *m.* park; enclosure; paddock [chevaux]; pen [bestiaux]; fold [moutons]; bed [huîtres].

parcelle [pàrsèl] *f.* fragment, particle; lot, plot; bit, grain.

parce que [pàrske] *conj.* because.

parchemin [pàrshemiⁿ] *m.* parchment; sheepskin.

parcimonie [pàrsìmònî] *f.* parsimony. ‖ *parcimonieux* [-nyœ] *adj.** parsimonious, sparing.

parcourir [pàrkûrîr] *v.** to travel through, to go over, to traverse; to examine, to peruse; to look over [texte]; to cover [distance]. ‖ *parcours* [pàrkûr] *m.* distance covered; course, way, road, route.

pardessus [pàrd•sü] *m.* overcoat, greatcoat, top-coat.

pardon [pàrdoⁿ] *m.* pardon; forgiveness; excuse me; pilgrimage [Bretagne]. ‖ *pardonner* [-òné] *v.* to pardon, to forgive, to excuse.

pare-brise [pàrbrìz] *m.* wind-screen, *Am.* windshield. ‖ *pare-chocs* [shòk] *m.* bumper-bar.

pareil [pàrèy] *adj.•* like, alike, similar; equal same identical; such, like that; *m* equal, match.

parement [pàrmaⁿ] *m.* adorning; ornament; cuff [manche]; facing [col]; dressing [pierre]; *Br.* kerb, *Am.* curbstone.

parent [pàraⁿ] *m.* relative, kinsman; *pl.* parents, relatives; *plus proche parent*, next-of-kin. ‖ *parenté* [-té] *f.* kinship, relationship; consanguinity; kindred, relations; affinity (fig.).

parenthèse [pàraⁿtèz] *f.* parenthesis; bracket, digression.

parer [pàré] *v.* to adorn, to deck out; to trim; to array.

parer [pàré] *v.* to avoid, to ward off; to guard against, to avert, to obviate; to parry [boxe, escrime]; to reduce sail (naut.).

paresse [pàrès] *f.* laziness, idleness, sloth. ‖ *paresseux* [-ē] *adj.•* lazy, idle, slothful; *m.* idler, loafer; sloth.

parfait [pàrfè] *adj.* perfect, faultless, flawless; *m.* perfect (gramm.); ice-cream; *adv.* fine.

parfois [pàrfwà] *adv.* sometimes, at times, occasionally, now and then.

parfum [pàrfuⁿ] *m.* perfume; scent, fragrance; flavo(u)r [glace]; bouquet [vin]. ‖ *parfumer* [-ümé] *v.* to perfume, to scent. ‖ *parfumeur* [-mœr] *m.* perfumer.

pari [pàrì] *m.* bet, wager; betting; *pari mutuel*, mutual stake; totalizator system. ‖ *parier* [pàryé] *v.* to bet.

Paris [pàrì] *m.* Paris. ‖ *parisien* [-zyiⁿ] *adj.•* Parisian.

parjure [pàrjür] *m.* perjury; perjurer; *adj.* perjured, forsworn. ‖ *parjurer (se)* [-é] *v.* to perjure oneself, to forswear oneself.

parlant [pàrlaⁿ] *adj.* speaking, talking; life-like [portrait]; eloquent [geste]. ‖ *Parlement* [-•maⁿ] *m.* legislative assembly; *Br.* Parliament, *Am.* Congress. ‖ *parlementaire* [-•maⁿtèr] *adj.* parliamentary; *Am.* Congressional; *m. Br.* Member of Parliament, *Am.* Congressman. ‖ *parlementer* [-•maⁿté] *v.* to parley. ‖ *parler* [pàrlé] *v.* to speak, to talk; to converse; *m.* speech; accent; dialect. ‖ *parleur* [-œr] *m.* talker, speaker; announcer. ‖ *parloir* [-wàr] *m.* parlo(u)r. ‖ *parlote* [-òt] *f.* empty chatter.

parmi [pàrmì] *prep.* among, amid.

parodie [pàròdì] *f.* parody. ‖ *parodier* [-yé] *v.* to parody, to travesty, to burlesque.

paroi [pàrwà] *f.* partition-wall; inner side.

paroisse [pàrwàs] *f.* parish. ‖ *paroissial* [-yàl] *adj.* parochial. ‖ *paroissien* [-yiⁿ] *m* parishioner; prayer book.

parole [pàròl] *f.* word; utterance; promise, parole (mil.); speech, speaking, delivery, eloquence; *avoir la parole*, to have the floor.

paroxysme [pàròksìsm] *m.* paroxysm; culminating point.

parquer [pàrké] *v.* to pen [bestiaux]; to fold [moutons]; to put in paddock [cheval]; to park [auto]; to enclose. ‖ *parquet* [-è] *m.* floor, flooring; public prosecutor's department; ring [Bourse]. ‖ *parqueter* [-té] *v.* to floor.

parrain [pàriⁿ] *m.* godfather; sponsor. ‖ *parrainer* [-né] *v.* to sponsor.

parricide [pàrìsìd] *s.* parricide; *adj.* parricidal.

parsemer [pàrs•mé] *v.* to strew, to sprinkle; to stud, to spangle.

part [pàr] *f.* share, part, portion; participation, place where; *à part*, apart, separately, aside; except for; *autre part*, elsewhere; *d'une part... d'autre part*, on one hand... on the other hand; *d'autre part*, besides; *de part et d'autre*, on all sides; *de part en part*, through and through; *de la part de*, from, by courtesy of; *nulle part*, no-where [sic]. ‖ *partage* [-tàj] *m.* division; sharing, allotment, apportionment; partition, share, portion, lot. ‖ *partager* [-tàjé] *v.* to share; to divide; to apportion, to split; to halve [en deux]; *se partager*, to come in two, to divide; to differ; to fork.

partenaire [pàrt•nèr] *s.* partner; sparring partner [boxe].

parterre [pàrtèr] *m.* flower-bed; pit (theat.).

parti [pàrtì] *m.* party [politique]; side; choice, course; decision; advantage, profit; match [mariage]; detachment (mil.); *parti pris*, foregone conclusion; *prendre son parti de*, to resign oneself to; *tirer parti de*, to turn to account.

partial [pàrsyàl] *adj.•* partial; biased, one-sided. ‖ *partialité* [-ìté] *f.* partiality, bias, one-sidedness.

participation [pàrtìsìpàsyoⁿ] *f.* participation, *participation aux bénéfices*, profit-sharing. ‖ *participe* [pàrtìsìp] *m.* participle. ‖ *participer* [-é] *v.* to participate; to take part (à, in); to share; to partake.

particularité [pàrtìkülàrìté] *f.* particularity; detail; peculiarity.

particule [pàrtìkül] *f.* particle.

particulier [pàrtìkülyé] *adj.* particular, special; peculiar; characteristic; uncommon; private [chambre, leçon] *m.* individual.

partie [pàrtî] *f.* part; party, game; match, contest; lot; line of business (comm.); *partie civile*, plaintiff; *partie double*, double entry (comm.); *partie nulle*, tied score. ‖ **partiel** [pàrsyèl] *adj.* partial.

partir [pàrtîr] *v.* to depart, to leave, to go, to be off; to set out, to start; to go off [fusil]; to emanate, to spring from; *à partir de*, from, starting with.

partisan [pàrtìzan] *m.* partisan, follower; upholder, supporter; backer [politique].

partitif [pàrtìtîf] *adj.* partitive.

partition [pàrtìsyon] *f.* score (mus.).

partout [pàrtû] *adv.* everywhere, all over, on all sides, in every direction; all [tennis].

parure [pàrür] *f.* adornment, ornament; finery.

parution [pàrüsyon] *f.* publication.

parvenir [pàrvenîr] *v.* to arrive; to reach; to succeed (à, in). ‖ *parvenu* [-ü] *m.* upstart, parvenu.

pas [pâ] *m.* step, pace, stride, gait, walk; footprint; threshold [seuil]; pass, passage; straits (geogr.); thread [vis]; *adv.* no; not; *faux pas*, slip; misstep.

pas [pâ] *adv.* not, no, none.

pascal [pàskàl] *adj.* paschal; Easter.

passable [pàsàbl] *adj.* passable, acceptable. ‖ *passablement* [-•man] *adv.* rather, fairly, tolerably.

passage [pàsàj] *m.* passage; lane; extract [livre]; transition; arcade [voûté]; *passage clouté*, pedestrian crossing, *Am.* pedestrian lane; *passage à niveau*, railway crossing, *Am.* grade crossing. ‖ *passager* [-é] *adj.* fleeting; transitory; momentary, migratory; *s.* passer-by; passenger. ‖ *passant* [pàsan] *adj.* busy, frequented, *s.* passerby, wayfarer; *en passant*, by the way. ‖ *passe* [pâs] *f.* passing, passage; permit, pass; thrust, pasado [escrime]; situation, predicament; navigable channel (naut.); overplus (typogr.); *adv.* all right; let it be so; *mauvaise passe*, bad fix; *mot de passe*, password; *passe-droit*, unjust favo(u)r; *passe-lacet*, bodkin; *passe-partout*, master-key; *passe-passe*, sleight-of-hand; *passe-temps*, pastime; *passe-thé*, tea-strainer. ‖ *passé* [-é] *adj.* past; gone; vanished; faded; *m.*

past; past tense (gramm.). ‖ *passer* [pàsé] *v.* to pass; to go; to cross; to die; to pass away; to vanish, to fade; to spend [temps]; to sift [farine]; to strain [liquide]; to put on [vêtement]; to take, to undergo [examen]; to excuse [erreur]; *se passer*, to happen, to take place; to cease; to elapse [temps]; *se passer de*, to do without, to dispense with; to refrain from.

passeport [pàspòr] *m.* passport.

passereau [pàsrô] *m.* sparrow.

passerelle [pàsrèl] *f.* foot-bridge; gangway; bridge (naut.).

passeur [pàscœr] *m.* ferryman.

passible [pàsìbl] *adj.* passible; liable, subject.

passif [pàsìf] *adj.* passive; *m.* passive; liabilities, debt (comm.).

passion [pàsyon] *f* passion; craze. ‖ *passionnant* [-yònan] *adj.* entrancing, thrilling, fascinating. ‖ *passionné* [-yòné] *adj.* passionate, impassioned, ardent, warm, eager; *m.* enthusiast, (fam.) fan. ‖ *passionner* [-yòné] *v.* to impassion; to excite; to fascinate; *se passionner*, to be impassioned.

passoire [pàswàr] *f.* strainer; colander [légumes].

pastel [pàstèl] *m.* pastel; crayon; *adj.* pastel.

pastèque [pàstèk] *f.* water-melon.

pasteur [pàstœr] *m.* minister, pastor; shepherd.

pasteuriser [pàstœrìzé] *v.* to pasteurize.

pastiche [pàstìsh] *m.* pastiche.

pastille [pàstîy] *f.* pastille, lozenge.

pastoral [pàstòràl] *adj.* pastoral. ‖ *pastorale* [-ràl] *f.* pastoral play, pastoral poem.

patate [pàtàt] *f.* sweet potato; (fam.) spud.

pataud [pàtô] *m.* clumsy-footed puppy; lout. ‖ *patauger* [-òjé] *v.* to flounder; to wallow; to paddle, to wade.

pâte [pât] *f.* paste; dough, batter [cuisine]; kind, mould. ‖ *pâté* [-é] *m.* pie; patty, pasty, paste [foie]; block [maisons]; clump [arbres]; blot [encre]. ‖ *pâtée* [-é] *f.* coarse food; dog food; mash [volaille].

patelin [pàtlin] *adj.* fawning; *m.* wheedler.

patelin *m.* (fam.) small town; native village.

patent [pàtan] *adj.* patent; obvious. ‖ *patente* [-ant] *f.* licence; tax (comm.); bill of health (naut.).

patère [pàtèr] *f.* hat-peg, coat-peg; curtain-hook.

paternel [pàtèrnèl] *adj.* paternal, fatherly. ‖ **paternité** [-ìté] *f.* paternity, fatherhood.

pâteux [pâtë] *adj.* pasty, clammy; thick, dull [voix].

pathétique [pàtétìk] *adj.* pathetic, moving; *m.* pathos.

pathos [pàtòs] *m.* bathos; affected pathos, bombast.

patience [pàsyaⁿs] *f.* patience, endurance, forbearance; perseverance; solitaire [cartes]. ‖ **patient** [-yaⁿ] *adj.* patient, enduring, forbearing; *m.* sufferer; patient. ‖ **patienter** [-yaⁿté] *v.* to exercise patience; to wait patiently.

patin [pàtiⁿ] *m.* skate; runner [traîneau]; skid (aviat.); shoe (mech.); base, flange (railw.); trolley [transbordeur]; patten (arch.). *patin à roulettes*, roller-skate. ‖ **patinage** [-nàj] *m.* skating; skidding. ‖ **patiner** [-ìné] *v.* to skate; to skid, to slip. ‖ **patineur** [-lnœr] *m.* skater. ‖ **patinoire** [-nwàr] *f.* skating-rink.

pâtir [pàtìr] *v.* to suffer.

pâtisserie [pâtìsrì] *f.* pastry; pastry shop; pastry-making; *pl.* cakes. ‖ **pâtissier** [-yé] *m.* pastry-cook.

patois [pàtwà] *m.* dialect, patois; jargon, lingo.

pâtre [pâtr] *m.* herdsman; shepherd.

patriarche [pàtrlàrsh] *m.* patriarch.

patrie [pàtrì] *f.* fatherland, native land; mother country; home.

patrimoine [pàtrìmwàn] *m.* patrimony, inheritance.

patriote [pàtryòt] *m., f.* patriot. ‖ *patriotique* [-ìk] *adj.* patriotic. ‖ *patriotisme* [-ìsm] *m.* patriotism.

patron [pàtroⁿ] *m.* patron; protector; master; proprietor, boss; skipper (naut.); pattern, model. ‖ **patronner** [-òné] *v.* to patronize, to protect; to pattern; to stencil. ‖ **patronyme** [-ònìm] *m.* surname.

patrouille [pàtrúy] *f.* patrol; section (aviat.).

patte [pàt] *f.* paw [animal]; foot [oiseau]; leg [insecte]; flap [poche, enveloppe]; tab, strap [vêtement]; hasp, fastening; *à quatre pattes*, on all fours; *graisser la patte*, to bribe; *patte-d'oie*, crow's-foot [ride].

pâturage [pâtûràj] *m.* grazing; pasture; pasture-land. ‖ **pâturer** [-é] *v.* to graze, to pasture; to feed.

paume [pôm] *f.* palm [main]; tennis [jeu]. ‖ **paumer** [-é] *v.* (fam.) to lose.

paupière [pôpyèr] *f.* eyelid.

paupiette [pôpyèt] *f.* olive, *Am.* bird.

pause [pôz] *f.* pause, stop; rest. ‖ *pauser* [-é] *v.* to pause; to wait.

pauvre [pôvr] *adj.* poor; needy, penurious, indigent; scanty; unfortunate, wretched; *m., f.* pauper, beggar; *pauvre d'esprit*, dull-witted. ‖ **pauvreté** [-té] *f.* poverty, indigence; wretchedness; poorness, banality.

pavé [pàvé] *m.* paving-stone; paving-block; street; *sur le pavé*, out of work. ‖ *paver* [-é] *v.* to pave.

pavillon [pàvìyoⁿ] *m.* pavilion; tent; canopy; detached building; cottage; horn [phonographe]; flag, colo(u)rs (naut.).

pavoiser [pàvwàzé] *v.* to deck out; to dress (naut.).

pavot [pàvó] *m.* poppy.

paye, *see* **paie**. ‖ **payement**, *see* **paiement**. ‖ **payer** [pèyé] *v.* to pay; to pay for; to defray [frais]; to remunerate, to requite; to expiate, to atone for; *payer d'audace*, to brazen it out; *payer de sa personne*, to risk one's skin; *se payer*, to be paid; to treat oneself to; *se payer la tête de*, to make fun of (someone); *s'en payer*, to have a good time. ‖ **payeur** [pèyœr] *m.* payer; disburser; pay-master (mil.).

pays [pèi] *m.* country, land; region; fatherland, home, birthplace; *mal du pays*, homesickness. ‖ **paysage** [-zàj] *m.* landscape; scenery. ‖ **paysan** [-zaⁿ] *m., adj.* peasant, rustic; countryman.

peau [pô] *f.* skin; hide, pelt; leather [animal]; rind, peel, husk [fruit, légume]; coating, film [lait].

pêche [pèsh] *f.* peach [fruit].

pêche [pèsh] *f.* fishing; catch; angling [ligne].

péché [péshé] *m.* sin; trespass; transgression; *péché mignon*, besetting sin. ‖ **pécher** [-é] *v.* to sin; to trespass; to offend.

pêcher [pèshé] *m.* peach-tree.

pêcher [pèshé] *v.* to fish; to angle; to drag up. ‖ **pêcherie** [-rì] *f.* fishery; fishing-ground. ‖ **pêcheur** [-œr] *m.* fisher, fisherman; angler.

pécheur, -eresse [péshœr, rès] *m., f.* sinner, offender; trespasser, transgressor; *adj.* sinning; sinful.

pécore [pékòr] *f.* (fam.) goose.

pécuniaire [pékünyèr] *adj.* pecuniary.

pédagogie [pédàgòjì] *f.* pedagogy. ‖ *pédagogique* [-ìk] *adj.* pedagogical. ‖ *pédagogue* [pédàgòg] *m., f.* pedagogue.

pédale [pédàl] *f.* pedal; treadle; *pédale d'embrayage*, clutch [auto]. ‖ *pédaler* [-é] *v.* to pedal, to bicycle. ‖ *pédalier* [-yé] *m.* crank-gear; pedal-board [orgue]; pedalier. ‖ *pédalo* [pédàlò] *m.* pedal-craft, pedal-boat.

pédant [pédan] adj. pedantic, priggish; m. pedant, prig. ‖ **pédantisme** [-ìsm] m. pedantry.

pédestre [pédèstr] adj. pedestrian.

pédicure [pédìkür] m., f. chiropodist.

pègre [pègr] f. underworld, Am. gangsterdom.

peigne [pèñ] m. comb; clam. ‖ **peigner** [-é] v. to comb; to card [laine]. ‖ **peignoir** [-wàr] m. dressing-gown, negligee, bath-robe; wrapper.

peinard [pénàr] adj. (pop.) quiet, sly; m. slacker

peindre [pìndr] v.* to paint; to portray; to depict.

peine [pèn] f. punishment; penalty; pain, affliction; grief, sorrow; trouble, difficulty, labo(u)r, toil; à peine, hardly, scarcely; faire de la peine à, to hurt, to grieve; être en peine de, to be at a loss to; valoir la peine, to be worthwhile; se donner la peine de, to take the trouble to; sous peine de, under penalty of, under pain of. ‖ **peiner** [-é] v. to pain, to grieve; to toil, to labo(u)r; se peiner, to grieve, to fret.

peintre [pìntr] m. painter. ‖ **peinture** [-ür] f. paint; painting, picture; attention à la peinture, fresh paint, wet paint. ‖ **peinturer** [-é] v. © to paint. ‖ **peinturlurer** [-ürlüré] v. to daub.

péjoratif [péjòràtìf] adj.* pejorative, depreciatory, disparaging.

pelage [pelàj] m. pelt, coat; wool, fur; skinning; peeling.

pêle-mêle [pèlmèl] m. disorder, jumble, mess; confusion; adv. pell-mell, confusedly, helter-skelter, promiscuously.

peler [pelé] v. to peel, to skin, to pare, to strip.

pèlerin [pèlrìn] m. pilgrim. ‖ **pèlerinage** [-ìnàj] m. pilgrimage. ‖ **pèlerine** [-ìn] f. cape, tippet.

pelle [pèl] f. shovel, scoop, spade; dustpan; (fam.) cropper.

pellicule [pèlìkül] f. film; dandruff, scurf [cuir chevelu].

pelote [pelòt] f. ball; pin-cushion; pelota [jeu]. ‖ **peloton** [-òn] m. ball; group, platoon, squad [exécution]. ‖ **pelotonner** [-tòné] v. to wind into a ball; se pelotonner, to coil oneself up, to snuggle.

pelouse [pelüz] f. lawn, grass plot.

peluche [pelüsh] f. plush. ‖ **pelucheux** [-ë] adj.* fluffy, plushy.

pelure [pelür] f. peel, rind, paring; onionskin [papier].

pénal [pénàl] adj.* penal. ‖ **pénaliser** [-ìzé] v. to penalize. ‖ **pénalité** [-ìté] f. penalty.

penaud [penô] adj. abashed, crestfallen, sheepish.

penchant [panshan] m. slope, declivity; leaning, tilt, inclination; propensity, bent, tendency; adj. sloping, inclined, leaning. ‖ **pencher** [-é] v. to tilt, to slope, to incline, to bend; to lean; se pencher, to stoop over, to bend, to slope, to be inclined.

pendable [pandàbl] adj. meriting the gallows, abominable; scurvy [tour]. ‖ **pendaison** [-èzon] f. hanging. ‖ **pendant** [-an] m. pendant; counterpart; adj. pendent, hanging, depending, prep during, pendant que, while. ‖ **pendeloque** [-lòk] f. ear-drop, earring ‖ **pendentif** [-antìf] m. pendentive (arch.); pendant. ‖ **penderie** [-rí] f. closet, wardrobe. ‖ **pendiller** [pandìyé] v. to dangle. ‖ **pendre** [pandr] v. to hang; to suspend; to be hanging. ‖ **pendu** [pandü] m. person hanged, adj. hung, hanging; hanged [personne]. ‖ **pendule** [pandül] m. pendulum; f. clock, time-piece.

pêne [pèn] m. bolt; latch.

pénétrant [pénétran] adj. penetrating; keen, searching; impressive; acute, piercing [froid]. ‖ **pénétration** [-àsyon] f. penetration; acuteness, insight ‖ **pénétrer** [-é] v. to penetrate, to go through; to enter; to affect; to pierce; to see through (someone); to go deep into [pays].

pénible [pénìbl] adj. painful, laborious, wearisome, distressing.

péniche [pénìsh] f. canal-boat; barge; landing-craft (mil.); cutter (douane).

pénicilline [pénìsìlìn] f. penicillin.

péninsule [pénìnsül] f. peninsula.

pénitence [pénìtans] f. penitence, repentance, penance, punishment; penalty [jeux]. ‖ **pénitent** [-an] m. penitent. ‖ **pénitentiaire** [-ansyèr] adj. penitentiary

pénombre [pénonbr] f. penumbra; gloom, dusk, shadowy light.

pensée [pansé] f. pansy [fleur].

pensée [pansé] f. thought; sentiment, opinion, notion, idea; conviction; arrière-pensée, ulterior motive. ‖ **penser** [-é] v. to think; to reflect; to consider, pensez-vous!, just imagine! don't believe it! ‖ **penseur** [-ær] m. thinker ‖ **pensif** [-ìf] adj.* pensive, thoughtful, wistful.

pension [pansyon] f. boarding-house; boarding-school; payment for board; pension, annuity. ‖ **pensionnaire** [-yònèr] m., f. boarder, in-pupil; pensioner ‖ **pensionnat** [-yònà] m. boarding-school. ‖ **pensionner** [-yòné] v. to pension off.

pensum [pinsòm] m. imposition, Am. extra work.

pentagone [pɪⁿtàgòn] *m.* pentagon.

pente [paⁿt] *f.* slope, declivity; incline, gradient; tilt, pitch [toit]; propensity, bent; *aller en pente,* to slope.

Pentecôte [paⁿtkôt] *f.* Whitsuntide.

pénurie [pénürî] *f.* scarcity, dearth, want; shortage; penury.

pépie [pépî] *f.* pip, roup.

pépin [pépⁿ] *m.* kernel, pip, stone, pit; gamp [parapluie]; hitch, snag [ennui]. ‖ **pépinière** [-ìnyèr] *f.* nursery garden; seedbed; professional preparatory school.

pépite [pépìt] *f.* nugget.

perçant [pèrsaⁿ] *adj.* piercing; sharp; shrill; penetrating, keen [œil]. ‖ **percée** [-sé] *f.* clearing; break-through (mil.); run-through [rugby]. ‖ **percement** [-maⁿ] *m.* piercing; boring; perforation; tunneling.

percepteur [pèrsèptœr] *m.* tax-collector. ‖ **perceptible** [-tìbl] *adj.* perceptible; audible; collectable. ‖ **perception** [-syoⁿ] *f.* perception; gathering; collector's office.

percer [pèrsé] *v.* to pierce; to bore, to drill; to perforate; to broach; to penetrate; to open; to become known; to break through (mil.); to cut through [rue]. ‖ **perceuse** [-èz] *f.* borer.

percevoir [pèrseÂ·wàr] *v.⁰* to perceive; to collect.

perchaude [pèrshôd] *f.* © American perch.

perche [pèrsh] *f.* perch [poisson].

perche [pèrsh] *f.* perch, pole, rod. ‖ **percher** [-é] *v.* to perch, to roost. ‖ **perchoir** [-wàr] *m.* roost.

perclus [pèrklü] *adj.* impotent; anchylosed; stiff.

percolateur [pèrkòlàtœr] *m.* percolator; coffee-percolator.

percussion [pèrküsyoⁿ] *f.* percussion. ‖ **percuter** [-üté] *v.* to strike.

perdant [pèrdaⁿ] *adj.* losing; *m.* loser. ‖ **perdition** [-ìsyoⁿ] *f.* loss; wreck; perdition (eccles.); distress (naut.). ‖ **perdre** [pèrdr] *v.* to lose; to waste; to ruin; to forfeit; *perdre de vue,* to lose sight of; *se perdre,* to be lost; to lose one's way; to spoil [aliment]; to fall into disuse.

perdreau [pèrdrô] *m.⁰* young partridge.

perdrix [pèrdrì] *f.* partridge.

perdu [pèrdü] *adj.* lost; ruined; wrecked; spoilt; spent [balle].

père [pèr] *m.* father; sire; *pl.* forefathers.

péremptoire [péraⁿptwàr] *adj.* peremptory.

pérennité [pérènìté] *f.* perennity.

péréquation [pérékwàsyoⁿ] *f.* equalizing.

perfection [pèrfèksyoⁿ] *f.* perfection. ‖ **perfectionnement** [-yònmaⁿ] *m.* perfecting, improvement; *école de perfectionnement,* finishing school. ‖ **perfectionner** [-yòné] *v.* to perfect, to improve; *se perfectionner,* to improve one's knowledge; to make oneself more skilful.

perfide [pèrfìd] *adj.* perfidious, false, faithless. ‖ **perfidie** [-ì] *f.* perfidy, treachery; false-heartedness. ‖ **perforatrice** [pèrfòràtrìs] *f.* boring-machine, drill. ‖ **perforer** [-é] *v.* to perforate, to bore; *cartes perforées,* punched cards.

péril [pérìl] *m.* peril, danger; jeopardy; risk. ‖ **périlleux** [pérìyë] *adj.⁰* perilous, dangerous, hazardous.

périmé [pérìmé] *adj.* lapsed, expired, overdue, forfeit; out of date.

périmètre [pérìmètr] *m.* perimeter.

période [péryòd] *f.* period; age, era, epoch; phase (med.). ‖ **périodique** [-ìk] *m.* periodical; *adj.* periodic.

péripétie [pérìpésî] *f.* sudden change; catastrophe; vicissitude; mishap.

périphrase [pérìfràz] *f.* circumlocution; periphrasis.

périr [pérìr] *v.* to perish; to die. ‖ **périssable** [-ìsàbl] *adj.* perishable.

perle [pèrl] *f.* pearl; bead. ‖ **perlé** [-é] *adj.* pearly. ‖ **perler** [-é] *v.* to bead.

permanence [pèrmànaⁿs] *f.* permanence; offices; *en permanence,* without interruption. ‖ **permanent** [-aⁿ] *adj.* permanent, lasting. ‖ **permanente** [-aⁿt] *f.* permanent wave, perm.

perméable [pèrméàbl] *adj.* permeable; pervious.

permettre [pèrmètr] *v.⁰* to permit, to allow, to let; *vous permettez?,* allow me?; *se permettre,* to take the liberty (of). ‖ **permis** [-ì] *m.* permit; permission; pass; licence. ‖ **permission** [-ìsyoⁿ] *f.* permission; leave, furlough (mil.); *permissionnaire,* soldier on furlough.

permuter [pèrmüté] *v.* to permute.

pernicieux [pèrnìsyë] *adj.⁰* pernicious, noxious, baneful, malignant.

péroné [pérôné] *m.* fibula.

péronnelle [pérònèl] *f.* pert woman.

pérorer [péròré] *v.* to perorate.

perpétrer [pèrpétré] *v.* to perpetrate; to commit.

perpétuel [pèrpétüèl] *adj.⁰* perpetual; endless, everlasting. ‖ **perpétuer** [-üé] *v.* to perpetuate. ‖ **perpétuité** [pèrpétüìté] *f.* perpetuity; *à perpétuité,* for life, for ever.

perplexe [pèrplèks] *adj.* perplexed; puzzled. ‖ **perplexité** [-ìté] *f.* perplexity, puzzlement.

perquisition [pèrkìzìsyoⁿ] *f.* perquisition, search. ‖ **perquisitionner** [-yòné] *v.* to search.

perron [pèroⁿ] *m.* front steps, perron, *Am.* stoop.

perroquet [pèròkè] *m.* parrot; topgallant sail (naut.).

perruche [pèrüsh] *f.* parakeet.

perruque [pèrük] *f.* wig; periwig.

persécuter [pèrséküté] *v.* to persecute; to importune; to harass, to pester. ‖ **persécution** [-üsyoⁿ] *f.* persecution; importunity.

persévérance [pèrsévéraⁿs] *f.* perseverance. ‖ **persévérer** [-é] *v.* to persevere; to persist.

persienne [pèrsyèn] *f.* shutter; blind, persienne.

persiflage [pèrsìflàj] *m.* persiflage; banter, chaff. ‖ **persifler** [-flé] *v.* to banter.

persil [pèrsì] *m.* parsley.

persistance [pèrsìstaⁿs] *f.* persistence. ‖ **persistant** [-aⁿ] *adj.* persistent; perennial (bot.). ‖ **persister** [-é] *v.* to persist.

personnage [pèrsònàj] *m.* personage, person; character (theat.). ‖ **personnalité** [-àlìté] *f.* personality; person. ‖ **personne** [pèrsòn] *f.* person; body; *indéf. pron. m.* no one, nobody, not anyone. ‖ **personnel** [-èl] *adj.** personal; individual; *m.* personnel, staff of employees. ‖ **personnifier** [-ìfyé] *v.* to personify, to impersonate; to embody.

perspective [pèrspèktìv] *f.* perspective; prospect; *en perspective,* in view, in prospect.

perspicace [pèrspìkàs] *adj.* perspicacious, shrewd. ‖ **perspicacité** [-ìté] *f.* perspicacity, shrewdness, insight; acumen; clearsightedness.

persuader [pèrsüàdé] *v.* to persuade, to induce; to convince. ‖ **persuasif** [-üàzìf] *adj.** persuasive; convincing. ‖ **persuasion** [-üàzyoⁿ] *f.* persuasion.

perte [pèrt] *f.* loss; waste; leakage; defeat (mil.); casualty (mil.); discharge (med.); *à perte de vue,* as far as the eye can see.

pertinent [pèrtìnaⁿ] *adj.* pertinent, relevant.

perturbateur, -trice [pèrtürbàtœr, -trìs] *m., f.* disturber, upsetter; *adj.* disturbing; upsetting. ‖ **perturbation** [-syoⁿ] *f.* perturbation; disorder; upheaval; *perturbations atmosphériques,* atmospherics. ‖ **perturber** [-bé] *v.* to perturb.

pervenche [pèrvaⁿsh] *f.* periwinkle.

pervers [pèrvèr] *adj.* depraved [goût]; warped [esprit]; wicked; *m.* evil-doer, pervert [sexuel]. ‖ **perversité** [-sìté] *f.* perversity, perverseness. ‖ **pervertir** [-tìr] *v.* to pervert; to corrupt.

pesage [pezàj] *m.* weighing; paddock. ‖ **pesant** [-aⁿ] *adj.* heavy, ponderous, *Am* hefty; dull [esprit]. ‖ **pesanteur** [-aⁿtœr] *f.* weigh; gravity; heaviness, *Am.* heftiness; dullness [esprit]. ‖ **peser** [-é] *v.* to weight; to be heavy; to bear on, to press; to consider. to think over.

pessimisme [pèsìmìsm] *m.* pessimism ‖ **pessimiste** [-ìst] *m., f.* pessimist; *adj.* pessimistic.

peste [pèst] *f.* plague, pestilence; pest (fam.). ‖ **pester** [-é] *v.* to swear, to rave (*contre,* at). ‖ **pestiféré** [-féré] *adj.* plague-stricken. ‖ **pestilence** [-ìlaⁿs] *f.* pestilence.

pet [pè] *m.* fart; *pet-de-nonne,* fritter, doughnut.

pétale [pétàl] *f.* petal.

pétarade [pétàràd] *f.* farting; crackling [feu d'artifice]; backfire [moteur]. ‖ **pétarader** [-é] *v.* to pop; to pop back; to backfire; to crackle. ‖ **pétard** [-àr] *m.* petard; firecracker; row, din; bomb; six-shooter, *Am* heater ‖ **pétillant** [-lyaⁿ] *adj.* crackling; sparkling [vin, yeux]. ‖ **pétillement** [-lyamaⁿ] *m.* crackling; sparkling [vin, yeux]; fizzing [eau]. ‖ **pétiller** [-yé] *v.* to crackle; to sparkle; to fizz.

petit [petì] *adj.* small, little; short; petty, slight; *m.* little one, little boy; cub, pup, whelp [animaux]; *petit enfant.* tot; *tout petit,* tiny, wee; *petit à petit,* by degrees, little by little. **petite-fille,** grand daughter; **petit-fils,** grandson; **petit-lait,** whey, buttermilk. ‖ **petitesse** [-tès] *f.* smallness; shortness; meanness; pettiness; narrow-mindedness; mean action.

pétition [pétìsyoⁿ] *f.* petition.

pétrifier [pétrìfyé] *v.* to petrify; to dumbfound.

pétrin [pétrìⁿ] *m.* kneading-trough; mess (fam.). ‖ **pétrir** [-ìr] *v.* to knead; to mould.

pétrole [pétròl] *m.* petroleum; mineral oil; kerosene. ‖ **pétrolier** [-yé] *m.* tanker, oiler [bateau]; *adj.** relating to oil; *industrie pétrolière,* oil industry.

pétulance [pétülaⁿs] *f.* sprightliness; friskiness.

peu [pè] *m.* little; few; a little bit; *adv.* little; few; not very; *peu de chose,* mere trifle.

peuplade [pœplàd] *f.* tribe; people. ‖ **peuple** [pœpl] *m.* people; *adj.* plebeian. ‖ **peupler** [-é] *v.* to people; *se peupler,* to become peopled, to be populous.

peuplier [pœplĭyé] *m.* poplar.

peur [pœr] *f.* fear, dread, fright; *avoir peur,* to be afraid; *faire peur,* to frighten; *de peur que,* lest; *de peur de,* for fear of. ‖ **peureux** [-ë] *adj.*° fearful.

peut-être [pœtètr] *adv.* perhaps, maybe; possibly.

phalange [fàlɑ⁽ⁿ⁾] *f.* phalanx; host.

phalène [fàlèn] *f.* moth.

phare [fàr] *m.* lighthouse; beacon; headlight [auto].

pharmacie [fàrmàsĭ] *f.* pharmacy; *Br.* chemist's, *Am.* drugstore; medicine-chest. ‖ **pharmacien** [-yĭⁿ] *m.* apothecary; *Br.* chemist; *Am.* druggist; **pharmaceutique,** pharmaceutical.

phase [fàz] *f.* phase; stage, period.

phénomène [fénòmèn] *m.* phenomenon; prodigy; character (fam.).

philosophe [fĭlòzòf] *m.* philosopher; *adj.* philosophical. ‖ **philosophie** [-ĭ] *f.* philosophy.

phonographe [fònògràf] *m.* phonograph, record-player, gramophone.

phoque [fòk] *m.* seal.

phosphate [fòsfàt] *m.* phosphate. ‖ **phosphore** [-òr] *m.* phosphorus.

photographe [fòtògràf] *m.* photographer, cameraman. ‖ **photographie** [-ĭ] *f.* photography; photograph. ‖ **photographier** [-yé] *v.* to photograph; **photocopie,** photostat, photoprint, photocopy.

phrase [fràz] *f.* phrase; sentence.

physicien [fĭzĭsyĭⁿ] *m.* physicist.

physionomie [fĭzĭònòmĭ] *f.* countenance, aspect, look; physiognomy.

physique [fĭzĭk] *f.* physics; natural philosophy; *m.* physique, natural constitution; outward appearance; *adj.* physical, material; bodily.

piaffer [pyàfé] *v.* to paw the ground, to prance; to fume; to fidget; to swagger.

piailler [pyàyé] *v.* to chirp, to cheep; to squall.

pianiste [pyànìst] *m.*, *f.* pianist. ‖ *piano* [-ô] *m.* piano; *piano droit,* upright piano; *piano à queue,* grand piano; *piano demi-queue,* baby-grand piano.

piastre [pyàstr] *f.* © dollar.

pic [pìk] *m.* pick, pickaxe; peak [montagne]; *à pic,* steep, sheer,

vertical; apeak (naut.); in the nick of time, just in time.

pic [pìk] *m.* woodpecker [oiseau].

pichenette [pìchnèt] *f.* (fam.) fillip, flick, flip.

pichet [pìshë] *m.* pitcher.

pick-up [pìkœp] *m.* record-player, gramophone; pick-up, reproducer.

picorer [pìkòré] *v.* to peck, to pick up; to pilfer (fig.).

picotement [pìkòtmaⁿ] *m.* tingling, prickling. ‖ **picoter** [pìkòté] *v.* to prick, to peck; to tingle.

picotin [pìkòtĭⁿ] *m.* peck.

pie [pì] *f.* magpie; *adj.* piebald; **pie-grièche,** shrike.

pièce [pyès] *f.* piece; bit, fragment; document; head [bétail]; barrel, cask; apartment, room; play; coin; medal; *pièce d'eau,* artificial pond; *pièce à conviction,* material or circumstantial evidence; *mettre en pièces,* to tear to pieces.

pied [pyé] *m.* foot; leg [meuble]; base; stalk [plante]; head [céleri]; *avoir pied,* to have a footing; *pieds nus,* barefoot; *au pied de la lettre,* literally; *coup de pied,* kick; *fouler aux pieds,* to tread on, to trample; *lâcher pied,* to turn tail; *mettre sur pied,* to set up, to establish; *doigt de pied,* toe; **cou-de-pied,** instep; **pied-à-terre,** temporary lodging; **pied-bot,** club-footed person; **pied-de-biche,** presser-foot; **pied-de-roi,** © folding rule; claw. ‖ **piédestal** [pyédèstàl] *m.* pedestal.

piège [pyèj] *m.* trap, snare; pitfall. ‖ **piéger** [pyéjé] *v.* to snare, to trap.

pierre [pyèr] *f.* stone; *pierre à aiguiser,* grind stone; *pierre d'achoppement,* stumbling-block; *pierre à fusil,* flint; *pierre de taille,* free-stone. ‖ **pierreries** [-rĭ] *f. pl.* precious gems. ‖ **pierreux** [-ë] *adj.*° stony, gritty; calculous (med.).

piété [pyété] *f.* piety.

piétiner [pyétìné] *v.* to stamp; to paw the ground; to trample.

piéton [pyétoⁿ] *m.* pedestrian.

piètre [pyètr] *adj.* shabby, paltry; poor; lame; wretched.

pieu [pyë] *m.*° stake, pile, post.

pieuvre [pyèvr] *f.* octopus, poulpe, devil-fish.

pieux [pyë] *adj.*° pious, devout.

pigeon [pĭjoⁿ] *m.* pigeon; *pigeon voyageur,* carrier-pigeon. ‖ **pigeonnier** [-ònyé] *m.* pigeon-house, dove-cot.

piger [pĭjé] *v.* (fam.) to get it; to twig.

pigment [pìgmaⁿ] *m.* pigment. ‖ **pigmenté** [-té] *adj.* pigmented.

pignon [pìñoⁿ] *m.* gable; chain-wheel; pinion [roue].

pile [pìl] *f.* pile, heap; pier [pont]; cell, battery (electr.).

pile [pìl] *f.* reverse, tail [pièce de monnaie]; *pile ou face,* heads or tails.

piler [pìlé] *v.* to pound, to crush, to pulverise, to grind.

pilier [pìlyé] *m.* pillar, column, post; prop; supporter.

pillage [pìyàj] *m.* pillage, plunder; looting, pilfering, waste. ‖ *pillard* [pìyàr] *m.* plunderer; *adj.* pillaging, predatory, plundering. ‖ *piller* [pìyé] *v.* to pillage, to loot, to pilfer, to plunder; to ransack; to filch, to pirate.

pilon [pìloⁿ] *m.* pestle; beetle, rammer, stamper; *mettre au pilon,* to pulp. ‖ *pilonner* [-òné] *v.* to pound, to ram, to mill, to stamp.

pilotage [pìlòtàj] *m.* piloting. ‖ *pilote* [pìlòt] *m.* pilot; guide; *pilote d'essai,* test pilot. ‖ *piloter* [-é] *v.* to pilot; to guide.

pilotis [pìlòtì] *m.* pile-work, pile-foundation, piling; *sur pilotis,* on piles.

pilule [pìlül] *f.* pill.

pimbêche [pìⁿbèch] *f.* (fam.) old cat.

piment [pìmaⁿ] *m.* pimento; all-spice. ‖ *pimenter* [-té] *v.* to spice; to render piquant.

pimpant [pìⁿpaⁿ] *adj.* natty, spruce, smart, trim, natty.

pin [pìⁿ] *m.* pine-tree, fir-tree.

pince [pìⁿs] *f.* pinch; pincers, nippers, pliers, tweezers; crowbar; claw [langouste]; toe [cheval]; grip [main]; tongs [sucre]; *pince-monseigneur,* burglar's jemmy; *pince-nez,* pince-nez, bowless eye-glasses. ‖ *pincé* [-é] *adj.* pinched; affected; stiff.

pinceau [pìⁿsô] *m.** paint-brush; pencil.

pincée [pìⁿsé] *f.* pinch. ‖ *pincer* [-é] *v.* to pinch; to nip; to bite; to compress; to grip; to pluck (guitare); to purse [lèvres]; (pop.) to nab, to arrest. ‖ *pincette* [-èt] *f.* nip; tweezers, nippers; tongs. ‖ *pinçon* [-oⁿ] *m.* pinch-mark.

pinède [pìnèd] *f.* pine-wood.

pingouin [pìⁿgwìⁿ] *m.* razorbill; auk.

pingre [pìⁿgr] *adj.* (fam.) stingy; *m.* skinflint.

pinson [pìⁿsoⁿ] *m.* finch; chaffinch.

pintade [pìⁿtàd] *f.* guinea-fowl, guinea-hen.

pinte [pìⁿt] *f.* pint, © quart.

pioche [pyòsh] *f.* pickaxe, pick, mattock. ‖ *piocher* [-é] *v.* to pick; to grind (fam.).

piolet [pyòlè] *m.* ice-axe.

pion [pyoⁿ] *m.* pawn [échecs]; man [dames]; study master, *Am.* proctor [école]. ‖ *pionnier* [-ònyé] *m.* pioneer; trail-blazer.

pipe [pìp] *f.* pipe; tube. ‖ *pipeau* [-ô] *m.** shepherd's pipe, reed-pipe; bird-call; bird-snare; pipe (mus.) ‖ *piper* [-é] *v.* to peep; to lure [oiseaux]; to load [dés].

piquant [pìkaⁿ] *adj.* prickling, stinging; pointed, sharp; biting; pungent; piquant; witty; *m.* prickle; sting; thorn [épine]; quill [porc-épic]; spike; piquancy, pith; pungency; zest.

pique [pìk] *f.* pike; *m.* spade [cartes]; pique, tiff [querelle]. ‖ *pique-bois* [pìkbwà] *m.* © woodpecker.

piqué [pìké] *adj.* quilted; pinked [tissu]; sour [vin]; *m.* nose-dive (aviat.). ‖ *piquer* [-é] *v.* to prick, to sting; to bite; to puncture; to stitch; to quilt; to stab; to insert; to nettle, to pique; to poke; to nose-dive (aviat.); *se piquer,* to prick oneself; to pride oneself; to take offence; to sour [vin]; *pique-assiette,* sponger, parasite; *pique-nique,* picnic. ‖ *piquet* [-è] *m.* peg, stake, post; picket (mil.); piquet [cartes]. ‖ *piqueter* [-té] *v.* to stake out; to picket; to dot, to spot. ‖ *piquette* [-èt] *f.* thin wine. ‖ *piqueur* [-œr] *m.* huntsman; outrider; stitcher, sewer. ‖ *piqûre* [-ür] *f.* sting, prick; bite; puncture; injection, vaccination, *Am.* shot (med.); stitching, sewing; quilting.

pirate [pìràt] *m.* pirate. ‖ *piraterie* [-rî] *f.* piracy.

pire [pîr] *adj.* worse; *le pire,* the worst.

pirouette [pìrûèt] *f.* pirouette, whirling. ‖ *pirouetter* [-é] *v.* to pirouette, to twirl.

pis [pì] *m.* udder, dug.

pis [pì] *adv.* worse; *le pis,* the worst; *pis-aller,* last resource; makeshift.

piscine [pìsîn] *f.* swimming-pool.

pissenlit [pìsaⁿlì] *m.* dandelion.

pistache [pìstàch] *f.* pistachio-nut; *adj.* pistachio-green.

piste [pìst] *f.* track; race-course; trail, clue, scent; landing strip, runway (aviat.); ring [cirque]. ‖ *pister* [-té] *v.* to track; to shadow.

pistolet [pìstòlè] *m.* pistol.

piston [pìstoⁿ] *m.* piston; sucker [pompe]; valve [cornet]; (fam.) influence, backing, pull. ‖ *pistonner* [-òné] *v.* to recommend, to back, to push, to help to get on.

piteux [pìtë] *adj.** piteous, woeful; pitiable, sorry. ‖ *pitié* [-yé] *f.* pity, mercy, compassion.

piton [pìtòⁿ] *m.* screw-ring, ringbolt; peak [montagne].

pitoyable [pìtwàyàbl] *adj.* pitiable, pitiful, piteous; compassionate, sympathetic; wretched, despicable.

pitre [pìtr] *m.* clown; buffoon.

pittoresque [pìtòrésk] *adj.* picturesque; colourful; *m.* picturesqueness, vividness.

pivert [pìvèr] *m.* green woodpecker.

pivoine [pìvwàn] *f.* paeony.

pivot [pìvò] *m.* pivot, pin, axis, spindle, stud, swivel; fulcrum [levier]; tap-root [racine]. ‖ **pivoter** [-òté] *v.* to pivot, to revolve, to hinge, to swivel.

placage [plàkàj] *m.* veneering.

placard [plàkar] *m.* cupboard, wall-press, closet; bill, poster, placard, notice; panel [porte]. ‖ **placarder** [-dé] *v.* to post, to stick, to placard.

place [plàs] *f.* place; position; stead; space, room; seat, reservation (theat.); job, employment, post; locality; spot; square [publique]; town, fortress; *sur place*, on the spot; *à la place de*, instead of. ‖ **placement** [-màⁿ] *m.* placing; sale, disposal (comm.); investing [argent]; hiring, engaging; *bureau de placement*, Br. labour exchange, Am. employment agency. ‖ **placer** [-é] *v.* to place; to put, to set; to seat [spectateurs]; to get employment for; to sell, to dispose of (comm.); to invest [argent].

placide [plàsìd] *adj.* placid, calm, tranquil, quiet.

placier [plàsyé] *m.* canvasser; salesman; agent.

plafond [plàfòⁿ] *m.* ceiling. ‖ **plafonnier** [-ònyé] *m.* ceiling-light.

plage [plàj] *f.* beach, shore.

plagiat [plàjyà] *m.* plagiarism, plagiary. ‖ **plagier** [-jyé] *v.* to plagiarize.

plaider [plèdé] *v.* to plead; to litigate; to allege; to intercede. ‖ **plaideur** [-œr] *m.* litigant, petitioner; suitor. ‖ **plaidoirie** [-wàrî] *f.* pleading; barrister's speech. ‖ **plaidoyer** [-wàyé] *m.* plea; argument.

plaie [plè] *f.* wound; sore; plague, scourge, affliction.

plaignant [plèñàⁿ] *m.* plaintiff, prosecutor; *adj.* complaining.

plain [plìⁿ] *adj.* level; *de plain-pied avec*, flush with, on a par with.

plaindre [plìⁿdr] *v.* to pity; to be sorry for; to sympathize with; to grudge; *se plaindre*, to complain; to grumble; to moan.

plaine [plèn] *f.* plain.

plainte [plìⁿt] *f.* complaint; lamentation; reproach; *déposer une plainte*, to file a complaint. ‖ **plaintif** [-ìf] *adj.* plaintive, complaining, doleful, querulous.

plaire [plèr] *v.* to please; to be pleasing; *s'il vous plaît*, if you please; *plaît-il?*. I beg your pardon?. what did you say?; *la pièce m'a plu*, I enjoyed the play; *se plaire*, to delight (à, in); to please one another; to be content.

plaisant [plèzàⁿ] *m.* jester, joker; *adj.* pleasant; humorous, amusing, funny. ‖ **plaisanter** [-té] *v.* to jest, to joke; to trifle. ‖ **plaisanterie** [-trî] *f.* jest, joke; witticism; wisecrack (fam.); humo(u)r. ‖ **plaisantin** [-tìⁿ] *m.* jester, practical joker.

plaisir [plèzîr] *m.* pleasure, delight; will, consent; diversion; *avec plaisir*, willingly; *à plaisir*, gratuitously; designedly ; *faire plaisir à*, to please.

plan [plàⁿ] *m.* plan, scheme, project; plane surface; map; wing (aviat.); distance, ground [tableau]; *adj.* even, level, flat; *plan du métro*, subway map; *premier plan*, foreground; *arrière-plan*, background.

planche [plàⁿsh] *f.* plank, board; shelf; plate [métal]; bed [légumes]; *pl.* stage (theat.); **planchette**, small plank. ‖ **plancher** [-é] *m.* floor, floorboard [auto].

planer [plàné] *v.* to hover, to soar; to plane, to make smooth; *vol plané*, glide.

planétaire [plànétèr] *adj.* planetary. ‖ **planète** [plànèt] *f.* planet.

planeur [plànœr] *m.* sail-plane, glider.

planification [plànìfìkàsyoⁿ] *f.* planning. ‖ **planifier** [-fyé] *v.* to plan, to blueprint.

plant [plàⁿ] *m.* young plant, slip; sapling, plantation. ‖ **plantation** [-tàsyoⁿ] *f.* planting, plantation. ‖ **plante** [plàⁿt] *f.* plant; sole [pied]; seaweed [mer]. ‖ **planter** [-é] *v.* to plant; to set up; to leave flat, to give the slip to, to jilt. ‖ **planteur** [-œr] *m.* planter ; **plantoir** [-wàr] *m.* dibble, planting-tool. ‖ **planton** [-oⁿ] *m.* orderly (mil.); *de planton*, on duty.

plantureux [plàⁿtürë] *adj.* plentiful, copious, abundant; fertile, prolific.

plaque [plàk] *f.* plate [métal], plaque, badge, tag; slab [marbre]; *plaque tournante*, turn-table (railw.). ‖ **plaquer** [-é] *v.* to plate [métal]; to veneer [bois]; to strike [accord]; (fam.) to jilt, to leave flat. ‖ **plaquette** [-èt] *f.* small plate, thin slab; small book, pamphlet, booklet, brochure.

plastique [plàstìk] *f.* plastic art; *m.* plastic goods; *adj.* plastic.

plastron [plàstroⁿ] *m.* breast-plate; plastron; shirt-front, dicky. ‖ *plastronner* [-òné] *v.* to pose, to strut.

plat [plà] *adj.* flat; level, even; dull [style]; straight [cheveux]; calm [mer]; *m.* dish; *plate-bande*, flower bed; moulding (arch.); *plate-forme*, platform.

platane [plàtàn] *m.* plane-tree.

plateau [plàtò] *m.*⁕ tray; table-land, plateau; scale [balance]; platform, stage (theat.).

platée [plàté] *f.* dishful.

platine [plàtĭn] *f.* plate [serrure]; screw-plate [fusil]; platen [presse].

platine [plàtĭn] *m.* platinum.

platitude [plàtĭtüd] *f.* platitude, banal remark, flatness, dullness, obsequiousness, cringing attitude.

platonique [plàtònĭk] *adj.* platonic; useless.

plâtre [plâtr] *m.* plaster. ‖ *plâtrer* [-é] *v.* to plaster. ‖ *plâtrier* [-tryé] *m.* plasterer.

plausible [plôzĭbl] *adj.* plausible.

plèbe [plèb] *f.* common people; plebs.

plébiscite [plébĭssĭt] *m.* plebiscite.

plein [plĭⁿ] *adj.* full; filled; replete; complete, entire, whole; solid [pneu]; pregnant, full [animaux]; (fam.) drunk; *m.* full; full part; full tide; middle; *plein jour*, broad daylight; *plein hiver*, dead of winter; *pleine mer*, high seas; *faire le plein*, to fill the tank [auto]. ‖ *plénipotentiaire* [plénĭpòtaⁿsyèr] *m.*, *adj.* plenipotentiary. ‖ *plénitude* [-ĭtüd] *f.* plenitude, fullness, completeness, abundance.

pléthore [plétòr] *f.* superabundance. ‖ *pléthorique* [-rĭk] *adj.* overabundant; overcrowded.

pleur [plœr] *m.* tear. ‖ *pleurer* [-é] *v.* to weep, to cry; to mourn; to run, to water [yeux]. ‖ *pleurnicher* [-nĭshé] *v.* to whimper, to whine, to snivel. ‖ *pleurnicheur* [-nĭshœr] *adj.*⁕ whimpering, snivelling; *m.* whimperer, sniveller, cry-baby.

pleutre [plëtr] *m.* coward.

pleuvoir [plœvwàr] *v.*⁕ to rain; *il pleut à verse*, it's pouring.

plèvre [plèvr] *f.* pleura.

pli [plĭ] *m* fold, pleat; wrinkle, pucker, crease, habit; envelope, cover; letter, note; curl [lèvre]; undulation [terrain]; *sous ce pli*, enclosed, herewith; *mise en plis* wave, hair-set [cheveux]. ‖ *pliable* [-yàbl] *adj.* pliable, foldable, flexible. ‖ *pliage* [-yà] *m.* folding, creasing. ‖ *pliant* [-yaⁿ] *adj.* pliant, flexible; docile [caractère]; collapsible [chaise]; *m.* folding-stool; camp-stool.

plier [-yé] *v.* to fold; to bend; to yield. ‖ *plieuse* [-yëz] *f.* folding-machine.

plinthe [plĭⁿt] *f.* plinth; skirting-board.

plissement [plĭsmaⁿ] *m.* wrinkling [front]; pursing [lèvres]; plication (geol.). ‖ *plisser* [plĭsé] *v.* to pleat, to fold; to crease; to crumple, to crinkle; to pucker.

plomb [ploⁿ] *m.* lead; fuse (electr.); shot, bullet; weight, sinker; plummet [sonde], lead seal [sceau]; *à plomb*, upright, perpendicular; *fil à plomb*, plumb-line; *faire sauter un plomb*, to blow out a fuse. ‖ *plombage* [-bà] *m.* leading, plumbing; sealing [douane]; filling, Br stopping [dents]. ‖ *plomber* [-bé] *v.* to lead; to plumb; to seal; to fill, Br. to stop [dents]. ‖ *plomberie* [-brĭ] *f.* plumbery, lead industry; lead-works ‖ *plombier* [-byé] *m.* plumber; leadworker, *adj.* related to lead.

plongée [ploⁿjé] *f.* plunge, dive; submersion; submergence [sous-marin]; dip, slope [terrain]; declivity (arch.). ‖ *plongeon* [-oⁿ] *m.* plunge, dive [natation], diver [oiseau]. ‖ *plonger* [-é] *v.* to plunge, to dive; to submerge [sous-marin]; to immerse, to dip; to pitch [bateau]; to thrust. ‖ *plongeur* [-œr] *m.* diver; dish-washer, scullery-boy; plunger (mech.).

ployer [plwàyé] *v.* to bend; to bow; to give way, to yield; to ploy (mil.).

pluie [plüĭ] *f.* rain; shower; *pluie battante*, pelting rain, downpour.

plumage [plümà] *m.* plumage, feathers. ‖ *plume* [plüm] *f.* feather, plume; quill, pen. ‖ *plumeau* [-ò] *m.*⁕ feather-duster ‖ *plumer* [-é] *v.* to pluck, to plume, (fam.) to fleece. ‖ *plumier* [-yé] *m.* pen-box; pencil-case. ‖ *plumitif* [-ĭtĭf] *m.* (fam.) scribbler, pen-pusher.

plupart [plüpàr] *f.* the most, the majority, the greater part, the bulk; *la plupart des gens*, most people; *pour la plupart*, mostly.

pluraliser [plürälĭzé] *v.* to pluralize. ‖ *pluralité* [-té] *f.* plurality.

pluriel [plüryèl] *m.*, *adj.* plural.

plus [plü] *adv* more; *m.* more; most; plus (math.), *plus âgé*, older; *ne... plus*, no longer; *au plus*, at most; *de plus*, furthermore; *non plus*, neither, either *de plus en plus*, more and more, *plus-que-parfait*, pluperfect (gramm.); *plus-value*, increment value.

plusieurs [plüzyœr] *adj.*, *pron.* several.

plutôt [plütô] *adv.* rather, sooner; on the whole; instead.

pluvieux [plüvyë] *adj.*⁕ rainy, wet.

pneu [pnĕ] *m.* Br. tyre, Am. tire. ‖ **pneumatique** [-màtìk] *adj.* pneumatic; Br. tyre, Am. tire; *m.* express letter [Paris].

pneumonie [pnĕmònî] *f.* pneumonia (med.).

pochade [pòshàd] *f.* rapid sketch, rough sketch. ‖ **pochard** [-àr] *m.* drunkard, sot. ‖ **poche** [pòsh] *f.* pocket; pouch; sack, bag. ‖ **poché** [-é] *adj.* poached (œuf); black (œil). ‖ **pochette** [-èt] *f.* small pocket; pocket book [allumettes]; fancy handkerchief [mouchoir]. ‖ **pochoir** [-wàr] *m.* stencil plate; *peinture au pochoir*, stencilling.

poêle [pwàl] *m.* stove, cooker.

poêle [pwàl] *m.* pall [pompes funèbres].

poêle [pwàl] *f.* frying-pan. ‖ **poêlon** [-loⁿ] *m.* pan, pipkin.

poème [pòèm] *m.* poem. ‖ **poésie** [pòézî] *f.* poetry, poem. ‖ **poète** [pòèt] *m.* poet. ‖ **poétesse** [pòétès] *f.* poetess. ‖ **poétique** [-ìk] *adj.* poetic; poetical; *f.* poetics.

poids [pwà] *m.* weight; heaviness; importance; load, burden; *poids lourd*, heavy, Br. lorry, Am. truck.

poignant [pwàñàⁿ] *adj.* agonizing; heart-rending, sharp.

poignard [pwàñàr] *m.* dagger, poniard; dirk. ‖ **poignarder** [-dé] *v.* to stab, to pierce. ‖ **poigne** [pwàñ] *f.* grasp, grip. ‖ **poignée** [-é] *f.* handful; handle [porte]; hilt [épée]; grip [revolver], haft [outil]; handshake [main]. ‖ **poignet** [-è] *m.* wrist; wristband, cuff.

poil [pwàl] *m.* hair; fur; nap, pile [velours]; bristle [brosse]; down, pubescence [plante]. ‖ **poilu** [-ü] *adj.* hairy, shaggy, nappy [tissu]; *m.* French soldier.

poinçon [pwìⁿsoⁿ] *m.* punch; stamp, die; awl; chisel; piercer, pricker [broderie]; puncheon; *poinçon de contrôle*, hall-mark. ‖ **poinçonner** [-òné] *v.* to punch; to prick; to stamp; to cancel; to hall-mark. ‖ **poinçonneur** [-ònær] *m.* puncher.

poindre [pwìⁿdr] *v.* to break, to dawn [aube]; to sprout [plante].

poing [pwìⁿ] *m.* fist; hand.

point [pwìⁿ] *m.* point; speck, dot; stitch, pain (med.); instant; degree; Br. full stop. Am. period; *adv.* not, no, none, *point d'interrogation*, question mark. *deux-points*, colon; *points de suspension*, suspension dots; *point-virgule*, semi-colon. *arriver à point*, to come in the nick of time; *cuit à point*, cooked medium-well; *sur le point de*, about to; *sur ce point*, on that score, in that respect; *point mort*, Br. neutral, Am. dead center [auto].

pointage [pwìⁿtà] *m.* levelling, pointing; checking; time-keeping [ouvrier]. ‖ **pointe** [pwìⁿt] *f.* point, nail; fichu; cape, foreland; tip, peak; sting, pungency; witticism; touch; dawn [jour]; *pointe de vitesse*, spurt; *pointe sèche*, dry-point engraving; *pointe des pieds*, tiptoe. ‖ **pointer** [-é] *v.* to point; to pierce; to mark; to check; to aim, to lay [fusil]. ‖ **pointeur** [-œr] *m.* pointer, marker; checker; gunlayer. ‖ **pointillé** [-ìyé] *adj.* dotted [ligne]; stippled; *m.* dotted line. ‖ **pointiller** [-ìyé] *v.* to dot; to stipple; to perforate; to bicker. ‖ **pointilleux** [-ìyë] *adj.* particular, punctilious; fastidious. ‖ **pointu** [-ü] *adj.* pointed, sharp. ‖ **pointure** [-ür] *f.* size.

poire [pwàr] *f.* pear; powder-flask bulb (electr.); (fam.) dupe, (pop.) sucker.

poireau [pwàrô] *m.* leek. ‖ **poireauter** [-té] *v.* (pop.) to dance attendance.

poirier [pwàryé] *m.* pear-tree.

pois [pwà] *m.* pea; polka dot [dessin]; *petits pois*, green peas; *pois cassés*, split peas.

poison [pwàzoⁿ] *m.* poison.

poissarde [pwàsàrd] *f.* fish-wife.

poisse [pwàs] *f.* (pop.) tough luck; jinx.

poisseux [pwàsë] *adj.* pitchy, gluey, sticky.

poisson [pwàsoⁿ] *m.* fish; *poisson d'avril*. April Fool joke; *poisson rouge*. goldfish. ‖ **poissonnerie** [-ònrî] *f.* fishmarket. ‖ **poissonnière** [-ònyèr] *f.* fish-kettle; fish-wife.

poitrail [pwàtràγ] *m.* breast.

poitrinaire [pwàtrìnèr] *m.*, *f.*, *adj.* consumptive. ‖ **poitrine** [pwàtrìn] *f.* breast, chest, bosom; bust.

poivre [pwàvr] *m.* pepper. ‖ **poivrer** [-é] *v.* to pepper; to spice. ‖ **poivrier** [-ìyé] *m.* pepper-shrub; pepper-shaker. ‖ **poivron** [-ròⁿ] *m.* pimento, Jamaica pepper. ‖ **poivrot** [-ô] *m.* drunkard, tippler.

poix [pwà] *m.* pitch; *poix sèche*, resin.

polaire [pòlèr] *adj.* polar. ‖ **polarisation** [pòlàrìzàsyoⁿ] *f.* polarization. ‖ **polariser** [-rìzé] *v.* to polarize. ‖ **polarité** [-rìté] *f.* polarity. ‖ **pôle** [pôl] *m.* pole.

polémique [pòlémìk] *f.* controversy, polemics; *adj.* polemical. ‖ **polémiquer** [-mìké] *v.* to polemize. ‖ **polémiste** [-mìst] *s.* polemist.

poli [pòlì] *m.* polish, gloss; *adj.* buffed, polished, glossy; (fig.) polite, civil, courteous.

police [pòlìs] *f.* policy [assurance].

police [pòlìs] *f.* police; policing; *agent de police*, policeman; *Br.* bobby, *Am.* cop (fam.); *salle de police*, guardroom; *faire la police*, to keep order. ‖ *policer* [-é] *v.* to civilize, to establish law and order.

polichinelle [pòlìshìnèl] *m.* Punch; buffoon (fig.).

policier [pòlìsyé] *m.* police constable; policeman; detective; *adj.* police.

polir [pòlìr] *v.* to polish, to buff. ‖ *polissoir* [-ìswàr] *m.* polishing tool; buffer.

polisson [pòlìsoⁿ] *m.* scamp, rascal; mischievous child; *adj.* naughty; licentious, indecent, depraved.

politesse [pòlìtès] *f.* politeness; civility; urbanity; compliment.

politicien [pòlìtìsyèⁿ] *m.* politician. ‖ *politique* [-ìk] *f.* politics; policy; *adj.* political; politic, prudent.

pollen [pòllèn] *m.* pollen.

polluer [pòllüé] *v.* to pollute, to defile; to profane.

poltron [pòltroⁿ] *m.* coward; *adj.* cowardly, craven, pusillanimous. ‖ *poltronnerie* [-ònrì] *f.* cowardice, poltroonery.

polycopier [pòlìkòpyé] *v.* to manifold, to mimeograph.

pommade [pòmàd] *f.* pomade, ointment, salve, unguent.

pomme [pòm] *f.* apple; knob, ball; head [chou, laitue]; cone [pin]; *pomme de terre*, potato.

pommeau [pòmó] *m.*° pommel; knob. ‖ *pommelé* [-lé] *adj.* dappled, mottled; cloudy.

pommette [pòmèt] *f.* cheek-bone; knob; ball ornament. ‖ *pommier* [-yé] *m.* apple tree.

pompe [poⁿp] *f.* pomp, ceremony; display, parade; state; *entrepreneur de pompes funèbres*, undertaker, funeral director, *Am.* mortician.

pompe [poⁿp] *f.* pump. ‖ *pomper* [-é] *v.* to pump; to suck in.

pompeux [poⁿpë] *adj.*° pompous.

pompier [poⁿpyé] *m.* fireman.

pompiste [poⁿpìst] *s.* pump assistant, filling-station mechanic.

pompon [poⁿpoⁿ] *m.* pompon, tuft, tassel.

pomponner (se) [s•poⁿpòné] *v.* to titivate, to smarten oneself up.

ponce [poⁿs] *f.* pumice. ‖ *poncer* [-é] *v.* to pumice; to pounce.

ponction [poⁿksyoⁿ] *f.* puncture; tapping [poumon]; pricking.

ponctualité [poⁿktüàlìté] *f.* punctuality, promptness.

ponctuation [poⁿktüàsyoⁿ] *f.* punctuation.

ponctuel [poⁿktüèl] *adj.*° punctual, prompt, exact.

pondération [poⁿdéràsyoⁿ] *f.* ponderation, balance, equilibrium. ‖ *pondéré* [-é] *adj.* poised; weighed; moderate, sensible; considered.

pondeuse [poⁿdëz] *f.* egg-layer. ‖ *pondre* [poⁿdr] *v.* to lay eggs.

pont [poⁿ] *m.* bridge; deck [bateau]; *pont aérien*, air-lift; *pont-levis*, drawbridge; *faire le pont*, to bridge the gap; *pont arrière*, differential, rear-axle (mech.).

pontife [poⁿtìf] *m.* pontiff.

ponton [poⁿtoⁿ] *m.* bridge of boats; pontoon; convict ship.

popote [pòpòt] *adj.* (fam.) stay-at-home; *f.* mess; cooking.

populace [pòpülàs] *f.* populace; mob, rabble. ‖ *populaire* [-èr] *adj.* popular; vulgar, common. ‖ *popularité* [-àrìté] *f.* popularity. ‖ *population* [-àsyoⁿ] *f.* population. ‖ *populeux* [-ë] *adj.*° populous. ‖ *populo* [-o] *m.* (fam.) riff-raff, rabble.

porc [pòr] *m.* pork; pig, hog, swine; dirty person (fig.).

porcelaine [pòrs•lèn] *f.* china, chinaware.

porc-épic [pòrképìk] *m.* porcupine, *Am.* hedge-hog.

porche [pòrsh] *m.* porch, portal.

porcher [pòrshé] *m.* swine-herd. ‖ *porcherie* [-rì] *f.* pig-sty.

pore [pòr] *m.* pore. ‖ *poreux* [-ë] *adj.*° porous; permeable; unglazed.

port [pòr] *m.* port, harbo(u)r; sea-port town; wharf, quay; haven; *arriver à bon port*, to arrive safely, to reach safe harbo(u)r.

port [pòr] *m.* carrying; transport; carriage; carrying charges; postage; bearing, gait; tonnage, burden (naut.).

portage [pòrtàj] *m.* portage. ‖ *portager* [-é] *v.* © to portage.

portail [pòrtày] *m.* portal, gate.

portant [pòrtaⁿ] *adj.* bearing, carrying (mech.); *m.* bearer, upright; stay, strut; tread [roue]; *bien portant*, in good health; *à bout portant*, point-blank. ‖ *portatif* [-àtìf] *adj.*° portable.

porte [pòrt] *f.* gate, door; gateway, doorway, entrance; eye [agrafe]; *adj.* portal (anat.); *porte cochère*, carriage entrance; *porte à tambour*, revolving door; *mettre à la porte*, to evict, to expel, to oust; to sack; to fire; *porte-fenêtre*, *Br.* French window, *Am.* French door; *porte-à-porte*, door-to-door transport, house-to-house canvassing.

porté [pòrté] *adj.* inclined, disposed, prone; carried, worn; *porté manquant,* reported missing. ‖ *portée* [-é] *f.* bearing; span; litter, brood [animaux]; projection; reach; scope; compass [voix]; import; comprehension; stave (mus.); *à portée de la main,* within reach, to hand. ‖ *porter* [-é] *v.* to carry; to bear, to support; to wear [vêtements]; to take; to bring; to strike, to deal, to aim [coup]; to inscribe, to enter (comm.); to induce, to incline, to prompt; to produce [animaux]; to pass [jugement]; to shoulder [armes]; *se porter,* to proceed, to go; to be [santé]; to offer oneself [candidat]; to be worn [vêtement]; *porte-avions,* aircraft carrier, *Am.* flat-top; *porte-bagages,* carrier, luggage-rack; *porte-bonheur,* talisman, good-luck piece; *porte-bouteilles,* bottle-stand; coaster; *porte-cartes,* card-case; *porte-cigarette,* cigarette-holder; *porte-couteau,* knife-rest; *porte-crayon,* pencil-case; *porte-drapeau,* colo(u)r-bearer; *porte-étendard,* standard-bearer; *portefaix,* street-porter; dock hand, stevedore; *portefeuille,* portfolio; bill-fold, pocket-book; *portemanteau,* portmanteau; coat-stand; coat-hanger; davit (naut.); *porte-mine,* pencil-case; eversharp pencil; *porte-monnaie,* purse; *porte-musique,* music - stand, music - case; *porte-parapluies,* umbrella stand; *porte-parole,* spokesman, mouthpiece; *porte-plume,* penholder; *porte-savon,* soap-dish; *porte-serviettes,* towel-rod; napkin-ring; *porte-voix,* megaphone, speaking tube. ‖ *porteur* [-œr] *m.* porter; bearer, carrier.

portier [pòrtyé] *m.* door-keeper; janitor. ‖ *portière* [-yèr] *f.* door [voiture]; door-curtain. ‖ *portillon* [-lyoⁿ] *m.* wicket-gate; side-gate (railw.).

portion [pòrsyoⁿ] *f.* portion, part, share; allowance; helping; *portion congrue,* bare subsistance.

portique [pòrtìk] *m.* portico; cross-beam [sports]; awning [chemin de fer].

porto [pòrtô] *m.* port wine.

portrait [pòrtrè] *m.* portrait, likeness, picture. ‖ *portraitiste* [-tìst] *s.* portrait-painter.

pose [pôz] *f.* putting, laying, posting; stationing (mil.); pose, attitude, posture; posing, affectation; time-exposure (phot.). ‖ *posé* [pòzé] *adj.* staid, grave, sedate; poised. ‖ *poser* [-é] *v.* to put, to set, to lay; to rest, to lie; to pose; to ask [question]; to post, to station (mil.); to put down (math.); to pitch (mus.); *se poser,* to alight, to perch [oiseau]; to land [avion]; to come up [question].

positif [pòzìtîf] *adj.** positive, certain, definite; matter-of-fact, practical [esprit]; actual, real; *m.* positive print (phot.); solid reality (fig.).

position [pòzìsyoⁿ] *f.* position; situation; condition; standing.

posologie [pòzòlòjî] *f.* dosage.

possédé [pòsédé] *adj.* possessed; *m.* madman. ‖ *posséder* [-é] *v.* to possess, to own; to have, to hold; to be master of [science]; to dominate (someone). ‖ *possesseur* [pòsèsœr] *m.* possessor, owner. ‖ *possessif* [-sìf] *adj.** possessive. ‖ *possession* [-yoⁿ] *f.* possession, ownership; property, belonging; perfect knowledge.

possibilité [pòsìbìlìté] *f.* possibility. ‖ *possible* [pòsìbl] *adj.* possible; *faire tout son possible,* to do one's best, to do all one can.

postal [pòstàl] *adj.** postal.

poste [pòst] *f.* post-office; mail; post [relais]; *poste restante,* general delivery, *Br.* to be called for; *mettre à la poste,* to mail, to post.

poste [pòst] *m.* post, station; guard-house; guards (mil.); employment, position, post, job; entry, item, heading (comm.); signal-box (railw.); berth, quarters (naut.); *poste de T.S.F.,* *Br.* wireless, *Am.* radio set; *poste de secours,* medical aid station, first-aid station; *poste de télévision,* television set; *poste d'essence,* petrol-pump, *Am.* filling station; *poste d'incendie,* fire-house, fire-station.

poster [pòsté] *v.* to post, to mail.

postérieur [pòstéryœr] *adj.* posterior, subsequent, later; behind, back; *m.* behind, backside, rear.

postérité [pòstérìté] *f.* posterity.

posthume [pòstüm] *adj.* posthumous.

postiche [pòstìsh] *adj.* superadded; bogus, mock, dummy, false, sham; *m.* postiche: hair-pad, *Am.* rat.

postier [pòstyé] *m.* post-office employee, postal clerk.

postulant [pòstülaⁿ] *m.* applicant; candidate; postulant. ‖ *postulat* [-à] *m.* postulate. ‖ *postuler* [-é] *v.* to apply for, to solicit.

posture [pòstür] *f.* posture.

pot [pô] *m.* pot; jar, jug, can; *pot pourri,* hodge-podge; *pot aux roses,* secret plot; *pot-au-feu,* soup-pot; (fig.) stay-at-home; *pot-de-vin,* tip; bribe, graft, hush-money, rake-off (pop.); *pot-pourri,* medley.

potable [pòtàbl] *adj.* potable, drinkable; acceptable (fam.).

potache [pòtàsh] *m.* schoolboy.

potage [pòtàj] *m.* soup; pottage. ‖ *potager* [-é] *m.* kitchen garden; *adj.* vegetable.

potasse [pòtàs] *f.* potash. ‖ *potassium* [-yòm] *m.* potassium.

pote [pòt] *m.* (pop.) chum, pal, *Am.* buddy.

poteau [pòtô] *m.** post, stake; pole; *poteau indicateur*, signpost.

potelé [pòtlé] *adj.* plump, chubby, pudgy; dimpled.

potence [pòtaⁿs] *f.* gallows, gibbet.

potentiel [pòtaⁿsyèl] *adj.** potential; *m.* potentiality.

poterie [pòtrî] *f.* pottery; earthenware; *poterie de grès*, stoneware.

potiche [pòtìsh] *f.* porcelain vase.

potier [pòtyé] *m.* potter; pewterer.

potin [pòtîⁿ] *m.* (fam.) row, din; scandal, piece of gossip. ‖ *potiner* [pòtìné] *v.* to gossip.

potion [pòsyoⁿ] *f.* potion, draft.

potiron [pòtìroⁿ] *m.* pumpkin.

pou [pû] *m.** louse (*pl.* lice).

poubelle [pûbèl] *f.* metal garbage-can; dust-bin.

pouce [pûs] *m.* thumb; big toe; inch; ⓒ hitch-hiking; *faire du pouce*, ⓒ to hitch-hike.

poudre [pûdr] *f.* powder; dust; gunpowder; *café en poudre*, soluble coffee, powdered coffee; *sucre en poudre*, granulated sugar; *poudre de riz*, rice powder, face powder. ‖ *poudrer* [-é] *v.* to powder. ‖ *poudrerie* [-erî] *f.* gunpowder factory; ⓒ blizzard, drifting snow. ‖ *poudreux* [-ë] *adj.** dusty, powdery; *(neige) poudreuse*, powdered snow. ‖ *poudrier* [-lyé] *m.* woman's powder box, compact. ‖ *poudrière* [-lyèr] *f.* powder-magazine.

pouffer [pûfé] *v.* to burst out laughing.

pouilleux [pûyë] *adj.** lice-infested, lousy.

poulailler [pûlàyé] *m.* hen-house, chicken-roost; poultry-cart; gallery; cheap seats, *Br.* gods, *Am.* peanut gallery (theat.).

poulain [pûlⁿ] *m.* colt, foal; pony-skin [fourrure]; trainee; promising youngster.

poularde [pûlàrd] *f.* fat pullet. ‖ *poule* [pûl] *f.* hen; fowl; pool [jeu]; mistress; tart [femme]; *chair de poule*, gooseflesh; *poule mouillée*, milksop, timid soul. ‖ *poulet* [-è] *m.* chicken; love-letter.

pouliche [pûlìsh] *f.* filly.

poulie [pûlî] *f.* pulley.

poulpe [pûlp] *m.* octopus, devil-fish.

pouls [pû] *m.* pulse.

poumon [pûmoⁿ] *m.* lung.

poupe [pûp] *f.* stern, poop (naut.).

poupée [pûpé] *f.* doll; puppet; bandaged finger. ‖ *poupin* [-pîⁿ] *'adj.* chubby. ‖ *poupon* [-oⁿ] *m.* baby. ‖ *pouponner* [-pòné] *v.* to mother; to nurse. ‖ *pouponnière* [-ònyèr] *f.* public nursery, creche, *Am.* day nursery.

pour [pûr] *prep.* for; on account of; for the sake of; as for; in order to; *pour ainsi dire*, as it were, so to speak; *pour que*, so that, in order that.

pourboire [pûrbwàr] *m.* tip, gratuity.

pourceau [pûrsô] *m.** pig, hog, swine.

pour-cent [pûrsaⁿ] *m.* percent. ‖ *pourcentage* [-tàj] *m.* percentage.

pourchasser [pûrshàsé] *v.* to pursue; to chase; to hound.

pourfendre [pûrfaⁿdr] *v.* to cleave asunder; to lunge at.

pourlécher [pûrléshé] *v.* to lick all over; *se pourlécher les babines*, to lick one's lips.

pourparlers [pûrpàrlé] *m. pl.* parley, conference, negotiations.

pourpoint [pûrpwîⁿ] *m.* doublet.

pourpre [pûrpr] *m.* purple colo(u)r; crimson; *adj.* purple; crimson.

pourquoi [pûrkwà] *adv.* why.

pourrir [pûrîr] *v.* to rot, to spoil; to corrupt; to decay, to putrefy. ‖ *pourriture* [-ìtür] *f.* rot, rottenness, putrefaction; corruption.

poursuite [pûrsüìt] *f.* pursuit; prosecution; lawsuit, legal action. ‖ *poursuivant* [-üìvaⁿ] *m.* candidate, applicant; plaintiff, prosecutor. ‖ *poursuivre* [pûrsüìvr] *v.** to pursue; to seek; to annoy, to beset; to proceed with; to go through with; to prosecute; to carry on [procès]; to continue.

pourtant [pûrtaⁿ] *adv.* yet, still, however, nevertheless.

pourtour [pûrtûr] *m.* circumference, periphery.

pourvoi [pûrvwà] *m.* appeal (jur.); petition. ‖ *pourvoir* [-wàr] *v.** to attend to, to see to; to furnish, to supply; to provide for, to make provision for; *se pourvoir*, to provide oneself; to petition; *se pourvoir en cassation*, to appeal for a reversal of judgment. ‖ *pourvu* [-ü] *adj.* provided; *pourvu que*, provided (that), so long as.

pousse [pûs] *f.* shoot, sprout. ‖ *poussée* [-é] *f.* push, shove, pressure. ‖ *pousser* [-é] *v.* to push, to shove; to impel, to incite; to urge on; to thrust; to utter [cri]; to heave [soupir]; to grow, to sprout.

poussette [pûsèt] *f.* go-cart; push-chair, *Am.* stroller.

poussier [pûsyé] *m.* coal-dust. ‖ *poussière* [-yèr] *f.* dust; powder; pollen; spray [eau]; remains [des

morts]. ‖ **poussiéreux** [-yérë] *adj.**
dusty; dust-colo(u)red.

poussif [pûsìf] *adj.** broken-winded,
short-winded, pursy, wheezy.

poussin [pûsìⁿ] *m.* chick, chicken.

poutre [pûtr] *f.* beam; girder; truss.
‖ **poutrelle** [-èl] *f.* small beam.

pouvoir [pûvwàr] *m.* power; might;
authority; command, government; *v.**
to be able; to have power; to be
possible; *je peux,* I can; *il se peut,* it
is possible, it may be.

prairie [prèrì] *f.* meadow, prairie.

praline [pràlìn] *f.* praline.

praticable [pràtìkàbl] *adj.* practicable, feasible; passable [chemin]; *m.*
practicable, movable stage prop. ‖
praticant [-ìkaⁿ] *adj.* church-going;
m. church-goer. ‖ **praticien** [-ìsyìⁿ] *m.*
practitioner. ‖ **pratique** [-ìk] *f.* practice; method, usage, habit; customers,
clientele, clients, *adj.* practical, busi-
ness-like; matter-of-fact; convenient;
expedient, advantageous, profitable. ‖
pratiquer [-ìké] *v* to practise; to
exercise [profession]; to frequent, to
associate with; to open, to contrive,
to build; to cut [chemin]; to pierce
[trou]; to be a church-goer (eccles.).

pré [pré] *m.* meadow.

préalable [préàlàbl] *adj.* previous;
preliminary; prior; anterior; *m.* preliminary.

préambule [préaⁿbül] *m.* preamble.

préau [préô] *m.** covered playground.

préavis [préàvì] *m.* forewarning;
advance notice.

précaire [prékèr] *adj.* precarious;
risky, insecure; delicate [santé].

précaution [prékôsyoⁿ] *f.* precaution;
caution, circumspection, care, prudence. ‖ **précautionner** [-yôné] *v.* to
caution, to warn; to admonish; *se
précautionner,* to be cautious, to take
precautions. ‖ **précautionneux** [-në]
*adj.** cautious, wary, prudent.

précédent [prédédaⁿ] *adj.* preceding,
previous, prior, precedent; former;
m. precedent. ‖ **précéder** [-é] *v.* to
precede, to antecede; to antedate; to
take precedence (over).

précepte [présèpt] *m.* precept, rule;
principle, maxim; law, injunction. ‖
précepteur, -trice [-œr, -trìs] *m., f.*
tutor, teacher. ‖ **préceptorat** [-tôrà]
m. tutorship.

prêche [prèsh] *m.* sermon. ‖ **prêcher**
[-é] *v.* to preach; to sermonize; to
exhort; to advocate.

précieux [présyë] *adj.** precious,
costly; valuable, affected, finical, overnice. ‖ **préciosité** [-yòzìté] *f.* affectation, preciosity.

précipice [présìpìs] *m.* precipice,
cliff; abyss, chasm, void, gulf.

précipitation [présìpìtàsyoⁿ] *f.* pre-
cipitancy, hurry, haste; precipitation
(chem.). ‖ **précipiter** [-é] *v.* to precipitate, to hurl, to dash down; to
hustle, to hurry, to hasten, to accelerate; *se précipiter,* to precipitate oneself, to hurl oneself; to rush forward,
to dash, to spring forth, to dart; to
hurry, to hasten, to swoop down.

précis [présì] *m.* summary, résumé,
précis, *adj.* precise, accurate, exact;
fixed, formal; terse; concise. ‖ **préciser** [-zé] *v.* to state precisely, to
define, to specify, to stipulate. ‖ **précision** [-zyoⁿ] *f.* precision, preciseness;
accuracy, correctness; definiteness,
conciseness.

précité [présìté] *adj.* above-mentioned, afore-said.

précoce [prékòs] *adj.* precocious,
early, premature, forward. ‖ **précocité**
[-ìté] *f.* precocity.

préconçu [prékoⁿsü] *adj.* precon-
ceived, foregone [opinion].

préconiser [prékònìzé] *v.* to advocate, to recommend, to extol.

précurseur [prékürsœr] *m.* forerunner, precursor; harbinger; *adj.*
premonitory.

prédécesseur [prédésèsœr] *m.* predecessor.

prédestination [prédèstìnàsyoⁿ] *f.*
predestination. ‖ **prédestiner** [prédès-
tìné] *v* to predestinate; to foredoom.

prédicateur [prédìkàtœr] *m.* preacher ‖ **prédication** [-àsyoⁿ] *f.* preaching.

prédiction [prédìksyoⁿ] *f.* prediction,
forecast, prophecy, augury.

prédilection [prédìlèksyoⁿ] *f.* predilection, bias; taste; preference; *de
prédilection,* favo(u)rite.

prédire [prédìr] *v.** to predict, to
foretell.

prédisposer [prédìspòzé] *v.* to predispose.

prédominance [prédômìnaⁿs] *f.* predominance, ascendancy, prevalence. ‖
prédominer [-é] *v.* to predominate, to
prevail.

prééminent [préémìnaⁿ] *adj.* pre-
eminent; prominent; superior.

préexister [préégzìsté] *v.* to pre-
exist.

préfabriquer [préfàbrìké] *v.* to prefabricate.

préface [préfàs] *f.* preface, foreword,
introduction. ‖ **préfacer** [-sé] *v.* to
preface.

préfecture [préfèktür] *f.* prefecture;
préfecture de police, police headquarters; police department.

préférable [préféràbl] *adj.* preferable. ‖ **préféré** [-é] *adj.* preferred, favo(u)rite. ‖ **préférence** [-aⁿs] *f.* preference. ‖ **préférer** [-é] *v.* to prefer. ‖ **préférentiel** [-aⁿsjèl] *adj.* preferential.

préfet [préfè] *m.* prefect; administrator of a department (France); *préfet de police*, chief commissioner of police; *préfet maritime*, port-admiral.

préjudice [préjüdìs] *m.* injury, hurt, detriment, damage, prejudice. ‖ **préjudiciable** [-yàbl] *adj.* prejudicial, detrimental, injurious, hurtful, damaging. ‖ **préjudiciel** [-yèl] *adj.** interlocutory.

préjugé [préjüjé] *m.* prejudice, bias, prejudgment; presumption, assumption. ‖ **préjuger** [-é] *v.* to prejudge.

prélasser (se) [sᵉprélàsé] *v.* to lounge, to relax.

prélat [prélà] *m.* prelate.

prélèvement [prélèvmaⁿ] *m.* previous deduction; advance withholding; appropriation; drawing; sample (med.). ‖ **prélever** [prélvé] *v.* to deduct beforehand, to withhold beforehand; to set aside, to levy; to take (med.).

préliminaire [prélìmìnèr] *m.*, *adj.* preliminary.

prélude [prélüd] *m.* prelude. ‖ **préluder** [-é] *v.* to prelude.

prématuré [prémàtüré] *adj.* premature; untimely.

préméditation [prémédìtàsyoⁿ] *f.* premeditation. ‖ **préméditer** [-é] *v.* to premeditate.

prémices [prémìs] *f. pl.* first-fruits; firstlings; beginnings (fig.).

premier [prᵉmyé] *adj.** first, foremost, principal, chief; best; primeval, ancient; former [de deux]; prime [nombre]; *m.* chief, head, leader; *Br.* first floor, *Am.* second floor; leading man (theat.). ‖ *Premier ministre*, Prime Minister, Premier; *matières premières*, raw materials. ‖ **première** [-yèr] *f.* first performance, opening night (theat.); forewoman. ‖ **premièrement** [-yèrmaⁿ] *adv.* first, firstly.

prémisse [prémìs] *f.* premise.

prémonition [prémònìsyoⁿ] *f.* premonition, foreboding. ‖ **prémunir** [-ünír] *v.* to forewarn, to caution; se **prémunir**, to guard; to protect oneself; to take precautions.

prenable [prᵉnàbl] *adj.* seizable; corruptible. ‖ **prenant** [-aⁿ] *adj.* prehensile; engaging, captivating; *partie prenante*, payee. ‖ **prendre** [praⁿdr] *v.** to take; to get; to seize; to buy [billet]; to grasp; to capture; to eat, to have [repas]; to coagulate, to eat, to congeal [liquide]; to catch [froid, feu]; to make [décision]; *prendre le*

large, to stand out to sea (naut.); *à tout prendre*, on the whole; se **prendre**, to catch, to be caught; to cling, to grasp; *s'en prendre à*, to blame, to attack (someone); *s'y prendre*, to go about it. ‖ **preneur** [prᵉnœr] *m.* taker; captor; lessee.

prénom [prénoⁿ] *m.* name, first name, given name, Christian name. ‖ se **prénommer** [sᵉprénómé] *v.* to be called.

préoccupation [préòküpàsyoⁿ] *f.* preoccupation; anxiety, worry. ‖ **préoccuper** [-é] *v.* to preoccupy; to disturb, to worry, to trouble; to prejudice; se **préoccuper**, to busy oneself (*de*, with); to attend (*de*, to); to bother; to care.

préparateur, -trice [prépàràtœr, -trìs] *m.*, *f.* preparer, maker, assistant; demonstrator; coach, tutor; (fam.) crammer [école]. ‖ **préparatifs** [-àtìf] *m. pl.* preparation. ‖ **préparation** [-àsyoⁿ] *f.* preparation, preparing. ‖ **préparatoire** [-àtwàr] *adj.* preparatory; preliminary. ‖ **préparer** [-é] *v.* to prepare, to make ready; to arrange; se **préparer**, to prepare oneself; to be in the wind [événement]; to loom [malheur]; to brew [orage].

prépondérant [prépoⁿdéraⁿ] *adj.* preponderant; deciding [voix].

préposé [prépòzé] *m.* official in charge, superintendent, overseer; employee; keeper. ‖ **préposer** [-é] *v.* to appoint, to designate, to put in charge. ‖ **préposition** [prépòzìsyoⁿ] *f.* preposition.

prérogative [prérògàtìf] *f.* prerogative, privilege.

près [prè] *adv.* near; close (*de*, to); *à peu près*, almost, pretty near.

présage [prézàj] *m.* presage, portent, foreboding; omen. ‖ **présager** [-é] *v.* to presage, to bode, to portend; to predict, to augur.

presbyte [prèzbìt] *adj.* presbyopic, long-sighted, *Am.* far-sighted.

presbytère [prèzbìtèr] *m.* parsonage, vicarage; rectory; manse.

prescience [prèsyaⁿs] *f.* prescience, foreknowledge, foresight.

prescription [prèskrìpsyoⁿ] *f.* prescription; specification, limitation (jur.). ‖ **prescrire** [-ír] *v.** to prescribe; to enjoin; to specify, to stipulate.

présence [prézaⁿs] *f.* presence; attendance; bearing; appearance. ‖ **présent** [-aⁿ] *m.* present; present tense; gift; *adj.* present; attentive to. ‖ **présentable** [prézaⁿtàbl] *adj.* presentable. ‖ **présentateur** [-tàtœr] *m.* presenter. ‖ **présentation** [-àsyoⁿ] *f.* presentation; exhibition; introduction. ‖ **présenter** [-é] *v.* to present, to offer; to show, to exhibit; to introduce; *se présenter*, to appear; to occur; to arise [problème]. to introduce oneself [personne]; to sit [à un examen].

préservatif [prézèrvàtíf] *m., adj.** preservative contraceptive (med.). ‖ *préservation* [-àsyon] *f.* preservation, protection. ‖ *préserver* [-é] *v.* to preserve; to protect

présidence [prézĭdàns] *f.* presidency, chairmanship ‖ *président* [-an] *m.* president chairman. presiding judge; speaker (of the *Br.* House of Commons, *Am* House of Representatives). ‖ *présidentiel* [-ansyèl] *adj.** presidential. ‖ *présider* [-é] *v.* to preside over

présomptif [prézonptíf] *adj.** presumptive, presumed; *héritier présomptif*, heir-apparent ‖ *présomption* [-syon] *f* presumption, self-conceit. ‖ *présomptueux* [-tüë] *adj.** presumptuous, presuming self-conceited.

presque [prèsk] *adv* almost, nearly, all but; *presqu'île*, peninsula.

pressant [prèsan] *adj.* pressing, urgent; earnest. importunate. ‖ *presse* [près] *f.* press printing press; crowd; haste, hurry pressure; impressment (mil.); *presse-papiers*, paper-weight; *presse-purée*, potato-masher. ‖ *pressé* [-é] *adj.* pressed, crowded; close; serried; in a hurry, pressing; eager.

pressentiment [prèsantíman] *m.* presentiment misgiving, apprehension, *Am.* hunch. ‖ *pressentir* [-îr] *v.* to have a presentiment; to sound (someone) out.

presser [prèsé] *v.* to press, to squeeze; to crowd; to hasten, to hurry; to urge, to entreat; to pull [détente], *se presser*, to press; to crowd; to hurry ‖ *pression* [-yon] *f.* pressure, tension, stress, strain; snap [bouton]; *bière à la pression*, draught beer, *Am* steam beer. ‖ *pressoir* [-wàr] *m.* press ‧squeezer; push button. ‖ *pressurer* [-üré] *v.* to press; to squeeze, to grind down; to oppress; to bleed white

prestance [prèstans] *f.* commanding appearance good presence.

prestation [prèstàsyon] *f.* tax-money; required service, *prestation de serment*, taking of an oath.

preste [prèst] *adj* nimble, agile, deft; quick, brisk quick-witted.

prestidigitateur [prèstĭdĭjĭtàtœr] *m.* conjuror juggle sleight of hand artist. ‖ *prestidigitation* [-àsyon] *f.* conjuring, juggling legerdemain, sleight-of-hand. prestidigitation.

prestige [prèstíj] *m.* prestige. ‖ *prestigieux* [-jyœ] *adj.** dazzling, marvellous.

présumer [prézümé] *v.* to presume, to suppose to assume.

présure [prézür] *f.* rennet.

prêt [prè] *adj.* ready, prepared; *prêt-à-porter*, ready-to-wear, ready-made.

prêt [prè] *m* loan, lending; *prêt-bail*, lend-lease

prétendant [prétandan] *m.* candidate, pretender [au trône]; suitor [amoureux] *prétendre* [prétandr] *v.* to pretend to claim. to assert, to affirm. to maintain; to intend, to mean, to aspire ‖ *prétendu* [-ü] *adj.* alleged pretended, supposed, so-called. would-be.

prétentieux [prétansyë] *adj.** pretentious. assuming. conceited, vain; affected. showy ‖ *prétention* [-yon] *f.* pretention. claim, allegation; pretense. demand. conceit.

prêter [prèté] *v* to lend; to ascribe, to attribute, to impart; to bestow; to stretch [tissu]; *prêter serment*, to take oath. to swear; *se prêter*, to lend oneself to yield, to favo(u)r. ‖ *prêteur* [-œr] *m.* lender; bailor; *prêteur sur gages*, pawnbroker.

prétexte [prétèkst] *m.* pretext, pretense, excuse, blind. ‖ *prétexter* [-é] *v.* to pretend, to allege.

prêtre [prètr] *m.* priest; minister.

preuve [prëv] *f.* proof; evidence, testimony. test; *faire preuve de*, to show, to display.

prévaloir [prévàlwàr] *v.** to prevail; *se prévaloir*, to take advantage, to presume upon, to avail oneself; to pride oneself (*de*. on).

prévaricateur, -trice [prévàrĭkàtœr, -tris] *adj.* dishonest; *m., f.* dishonest official. ‖ *prévarication* [-àsyon] *f.* abuse of trust; breach, default.

prévenance [prévnans] *f.* considerateness obligingness; attention. ‖ *prévenant* [prévnan] *adj.* obliging, kind, attentive, considerate; prepossessing. engaging. ‖ *prévenir* [-îr] *v.* to precede to forestall; to warn, to caution to prejudice; to prevent; to anticipate [besoins].

préventif [prévantíf] *adj.** preventive. ‖ *prévention* [-ansyon] *f.* prejudice, bias. accusation; confinement pending trial.

prévenu [prévnü] *adj.* prejudiced, biased, warned; forestalled; accused, indicted. *m* prisoner, accused person.

prévision [prévĭzyon] *f.* prevision, forecast anticipation; estimate. ‖ *prévoir* [-wàr] *v.** to foresee, to forecast, to gauge; to anticipate. ‖ *prévoyance* [-wàyans] *f.* foresight; caution. ‖ *prévoyant* [-wàyan] *adj.* provident; careful, prudent, cautious. ‖

prévu [-ü] *adj.* foreseen, anticipated, provided, allowed.

prie-Dieu [prìdyë] *m.* kneeling-chair, prayer-stool.

prier [prìé] *v.* to pray; to entreat, to beseech, to request, to beg; to invite; *je vous en prie,* I beg of you; you are welcome; don't mention it. ‖ **prière** [prìyèr] *f.* prayer; request, entreaty.

primaire [prìmèr] *adj.* primary, elementary.

primauté [prìmòté] *f.* primacy.

prime [prìm] *f.* premium; prize; bonus; bounty, subsidy; encouragement; *faire prime,* to be highly appreciated.

prime [prìm] *adj.* first; prime (math.); *de prime abord,* at first. ‖ **primer** [-é] *v.* to surpass, to excel; to award prizes to. ‖ **primesautier** [-sòtyé] *adj.* impulsive, spontaneous. ‖ **primeur** [-œr] *f.* early product; newness; freshness.

primevère [prìm°vèr] *f.* primrose.

primitif [prìmìtìf] *adj.* first, early, primitive, aboriginal; pristine; *m.* primitive.

primo [prìmò] *adv.* firstly, in the first place.

primordial [prìmòrdyàl] *adj.* primordial, primeval.

prince [prìⁿs] *m.* prince. ‖ **princesse** [-ès] *f.* princess. ‖ **princier** [-yé] *adj.* princely.

principal [prìⁿsìpàl] *adj.* principal, chief, main; staple [nourriture]; *m.* principal; main thing: headmaster. ‖ **principauté** [-òté] *f.* principality, princedom. ‖ **principe** [prìⁿsìp] *m.* principle; rudiment, element; source, basis, motive.

printanier [prìⁿtànyé] *adj.* vernal, spring-like. ‖ **printemps** [prìⁿtàⁿ] *m.* spring, springtime.

prioritaire [prìòrìtèr] *adj.* priority, priority-holder; *m.* priority-holder. ‖ **priorité** [prìòrìté] *f.* priority; precedence; right of way [route].

pris [prì] *p. p.* of *prendre; adj.* taken, caught, captured, seized; congealed, set [liquide].' ‖ **prise** [prìz] *f.* capture, taking, seizure; prize; hold, handle; quarrel; plug (electr.); dose (med.); pinch [tabac]; coupling [auto]; *prise de fighting, close quarters; *donner prise,* to give a hold; *lâcher prise,* to let go one's hold; *être aux prises avec,* to grapple with; *prise d'armes,* parade under arms; *prise de bec,* squabble, wrangle; *prise de courant,* wall socket, outlet plug (electr.); *prise d'eau,* hydrant; *prise de vues,* shooting of the film, taking of pictures [cinéma].

priser [prìzé] *v.* to estimate; to value; to esteem.

priser [prìzé] *v.* to inhale snuff; to snuff up.

priseur [prìzœr] *m.* appraiser.

prisme [prìsm] *m.* prism.

prison [prìzòⁿ] *f.* prison, penitentiary; *Br.* gaol, *Am.* jail. ‖ **prisonnier** [-ònyé] *m.* prisoner, captive; *adj.* emprisoned; captive.

privation [prìvàsyòⁿ] *f.* privation, deprivation, loss; want, need. ‖ **privauté** [-òté] *f.* familiarity, liberty. ‖ **priver** [-é] *v.* to deprive, to bereave; *se priver,* to deprive oneself; to do without; to stint oneself; to abstain (*de,* from).

privilège [prìvìlèj] *m.* privilege; license; prerogative. ‖ **privilégier** [-éjyé] *v.* to privilege, to license.

prix [prì] *m.* price, cost; rate, return; prize, reward, stakes; *prix de revient,* prime cost; *prix de fabrique,* cost price; *prix de gros,* wholesale price; *prix courant,* market price; *prix homologué,* established price; *prix unique,* one-price.

probabilité [pròbàbìlìté] *f.* probability, likelihood. ‖ **probable** [-àbl] *adj.* probable, likely.

probant [pròbàⁿ] *adj.* convincing, cogent; probative (jur.).

probe [pròb] *adj.* honest, upright, straightforward. ‖ **probité** [-ìté] *f.* integrity, probity.

problématique [pròblémàtìk] *adj.* problematic(al); questionable. ‖ **problème** [-èm] *m.* problem, question, difficulty.

procédé [pròsédé] *m.* proceeding; behavio(u)r, conduct; process. ‖ **procéder** [-é] *v.* to come from, to originate in; to institute proceedings (jur.). ‖ **procédure** [-ür] *f.* practice, procedure; proceedings.

procès [pròsè] *m.* (law)suit, action; trial; case; *intenter un procès,* to institute proceedings.

procession [pròsèsyòⁿ] *f.* procession, parade.

processus [pròsèsüs] *m.* process, method; progress, march; evolution.

procès-verbal [pròsèvèrbàl] *m.* official report; proceedings.

prochain [pròshìⁿ] *adj.* next; nearest; proximate; immediate; *m.* neighbo(u)r; fellow being. ‖ **prochainement** [-ènmàⁿ] *adv.* shortly, soon. ‖ **proche** [pròsh] *adj.* near; *m. pl.* near relations, relatives, next of kin.

proclamation [pròklàmàsyòⁿ] *f.* proclamation, announcement. ‖ **proclamer** [-é] *v.* to proclaim.

procréateur, -trice [pròkréàtœr, -trìs] *adj.* procreative; *m., f.* procreator, parent. ‖ **procréer** [pròkréé] *v.* to procreate.

procuration [pròkürāsyoⁿ] *f.* procuration, power of attorney, proxy. ‖ *procurer* [-é] *v.* to procure, to get, to obtain. ‖ *procureur* [-œr] *m.* procurator; proxy.

prodigalité [pròdìgàlité] *f.* prodigality, extravagance, lavishness.

prodige [pròdìj] *m.* prodigy, marvel. ‖ *prodigieux* [-yê] *adj.*° prodigious, stupendous.

prodigue [pròdìg] *adj.* prodigal, lavish; wasteful, thriftless; *m.* prodigal, spendthrift, squanderer; *l'Enfant prodigue,* the Prodigal Son. ‖ *prodiguer* [-ìgé] *v.* to be prodigal of, to lavish, to waste, to squander.

producteur, -trice [pròdüktœr, -trìs] *m., f.* grower; producer; *adj.* productive, producing. ‖ *productif* [-tif] *adj.*° productive, fruitful, bearing, yielding. ‖ *production* [-syoⁿ] *f.* production; output. ‖ *produire* [pròdüïr] *v.*° to produce, to yield; to show *se produire,* to occur, to happen *produit* [-üì] *m.* produce, production; preparation; proceeds, profit; product (math.); *produit pharmaceutique,* patent medicine, *Br.* chemist's preparation, *Am.* drug; *produits de beauté,* cosmetics; *produits chimiques,* chemicals.

proéminence [pròémìnaⁿs] *f.* protuberance, projection; prominence, prominency (fig.). ‖ *proéminent* [pròémìnaⁿ] *adj.* prominent; protuberant; projecting; salient.

profanateur, -trice [pròfànàtœr, -trìs] *m., f.* profaner, desecrator. ‖ *profanation* [-àsyoⁿ] *f.* profanation, desecration, sacrilege. ‖ *profane* [pròfàn] *adj.* profane; secular, temporal; *m., f.* outsider; layman. ‖ *profaner* [-é] *v.* to profane, to desecrate; to defile.

proférer [pròféré] *v.* to utter.

professer [pròfèsé] *v.* to profess; to teach; to practise. ‖ *professeur* [-œr] *m.* professor, teacher. ‖ *profession* [-yoⁿ] *f.* profession; declaration occupation, trade, calling, business. *professionnel* [-yònèl] *adj.*° professional. ‖ *professoral* [-òràl] *adj.*° professorial. ‖ *professorat* [-òrà] *m.* professorship; teaching profession; teacher's calling.

profil [pròfìl] *m.* profile, side-face; outline, silhouette. ‖ *profiler* [-é] *v.* to shape, to contour; to outline, to streamline.

profit [pròfì] *m.* profit, gain; benefit; expediency; *mettre à profit,* to turn to account. ‖ *profitable* [-tàbl] *adj.* profitable, expedient, advantageous. ‖ *profiter* [-té] *v.* to profit (*de,* by); to benefit; to avail oneself, to take advantage (*de,* of). ‖ *profiteur* [-tœr] *m.* profiteer.

profond [pròfoⁿ] *adj.* profound; deep; low; vast; heavy [soupir]; sound [sommeil]; dark [nuit]. ‖ *profondeur* [-dœr] *f.* depth; profundity; penetration [esprit].

profusion [pròfüzyoⁿ] *f.* profusion, abundance, plenty.

progéniture [pròjénìtür] *f.* offspring, progeny.

prognathe [prògnàt] *adj.* underhung [mâchoire]; prognathous [personne].

programme [prògràm] *m.* program; bill, list; platform [politique]; curriculum, syllabus [études].

progrès [prògrè] *m.* progress; improvement, headway, advancement. ‖ *progresser* [-sé] *v.* to progress. ‖ *progressif* [-sìf] *adj.*° progressive. ‖ *progression* [-syoⁿ] *f.* progression, advancement. ‖ *progressiste* [-sìst] *adj.* progressive; *s.* progressist.

prohiber [pròìbé] *v.* to prohibit, to forbid. ‖ *prohibitif* [-ìtìf] *adj.* prohibitive. ‖ *prohibition* [-ìsyoⁿ] *f.* prohibition, forbidding, *Am.* outlawing of alcoholic beverages.

proie [prwà] *f.* prey, prize, booty, spoil, quarry [chasse].

projecteur [pròjèktœr] *m.* searchlight, floodlight. ‖ *projectile* [-tìl] *m.* projectile, missile. ‖ *projection* [-syoⁿ] *f.* projection; *éclairage par projection,* floodlighting.

projet [pròjè] *m.* project, plan, scheme, design; *projet de loi,* bill. ‖ *projeter* [pròjté] *v.* to project, to throw out; to plan, to intend.

prolétaire [pròlétèr] *m., f., adj.* proletarian. ‖ *prolétariat* [-àryà] *m.* proletariat; proletarianism. ‖ *prolétarien* [-ryⁱⁿ] *adj.* proletarian.

prolifération [pròlìféràsyoⁿ] *f.* proliferation. ‖ *proliférer* [-féré] *v.* to proliferate.

prolixe [pròlìks] *adj.* prolix, diffuse, verbose, long-winded.

prolongation [pròloⁿgàsyoⁿ] *f.* prolongation, lengthening, protraction. ‖ *prolonge* [pròloⁿj] *f.* lashing-rope. ‖ *prolongement* [-maⁿ] *m.* extension, prolonging, continuation. ‖ *prolonger* [-é] *v.* to prolong, to protract, to lengthen, to extend.

promenade [pròmnàd] *f.* walk, walking; stroll; promenade; excursion; drive, ride [en voiture]; row, sail, cruise [en bateau]; *faire une promenade,* to take a walk. ‖ *promener* [-é] *v.* to take out walking; to turn [regard]; *se promener,* to walk, to go for a walk (stroll, ride, drive, row, sail). ‖ *promeneur* [-œr] *m.* walker, stroller; rider. ‖ *promenoir* [-wàr] *m.* promenade, covered walk; strolling gallery.

promesse [prɔmɛs] *f.* promise, pledge, assurance; promissory note. ‖ **prometteur, -euse** [prɔmɛtœr, -ɛz] *adj.* attractive, promising. ‖ **promettre** [-ɛtr] *v.** to promise, to pledge; to be promising; **se promettre**, to resolve; to hope; to promise oneself. ‖ **promis** [-ì] *adj.* promised; intended, pledged; *m.* fiancé, betrothed.

promiscuité [prɔmìsküìté] *f.* promiscuity, promiscuousness.

promontoire [prɔmoⁿtwàr] *m.* promontory, foreland, headland, cape.

promoteur, -trice [prɔmɔtœr, -trìs] *m., f.* promoter. ‖ **promotion** [-ɔsyoⁿ] *f.* promotion, advancement, preferment. ‖ **promouvoir** [-mûvwàr] *v.** to promote

prompt [proⁿ] *adj.* prompt, quick, speedy, swift; hasty. ‖ **promptitude** [-tìtüd] *f.* promptitude, promptness, quickness.

promu [prɔmü] *adj.* promoted.

promulguer [prɔmülgé] *v.* to promulgate; to publish, to issue.

prône [prôn] *m.* prone. ‖ **prôner** [-é] *v.* to preach, to sermonize; to extol, to advocate.

pronom [prɔnoⁿ] *m.* pronoun.

prononcer [prɔnoⁿsé] *v.* to pronounce; to declare; to pass, to return, to bring in [jugement]. ‖ **prononciation** [-yàsoⁿ] *f.* pronunciation.

pronostic [prɔnɔstìk] *m.* prognostic, forecast; pre-indication; prognosis (med.).

propagande [prɔpàgaⁿd] *f.* propaganda; advertising, *Am.* ballyhoo.

propagation [prɔpàgàsyoⁿ] *f.* propagation. ‖ **propager** [-àjé] *v.* to propagate, to spread.

propension [prɔpaⁿsyoⁿ] *f.* propensity; proneness.

prophète [prɔfɛt] *m.* prophet, seer, prophesier ‖ **prophétie** [-ésì] *f.* prophecy. ‖ **prophétiser** [-étìzé] *v.* to prophesy, to foretell.

propice [prɔpìs] *adj.* propitious.

proportion [prɔpɔrsyoⁿ] *f.* proportion, ratio, rate; size, dimension. ‖ **proportionner** [-yôné] *v.* to proportion, to adjust.

propos [prɔpɔ] *m.* discourse, talk, words; remark, utterance; purpose; *à propos* by the way; relevant, pertinent. ‖ **proposer** [-zé] *v.* to propose; to offer, **se proposer**, to plan, to intend. ‖ **proposition** [-zìsyoⁿ] *f.* proposition, proposal; motion, suggestion.

propre [prɔpr] *adj.* clean, neat, tidy; proper, correct, fitting, appropriate; own; peculiar; right [sens]; *m.* characteristic, attribute; property; proper

sense. ‖ **propreté** [-•té] *f.* cleanliness; neatness, tidiness; honesty, decency.

propriétaire [prɔprìétɛr] *m.* owner, proprietor, landlord. ‖ **propriété** [-é] *f.* property; realty; estate; ownership; quality, characteristic; propriety, correctness

propulser [prɔpülsé] *v.* to propel. ‖ **propulseur** [prɔpülsœr] *m.* propeller; *adj.* propelling, propulsive.

prorogation [prɔrɔgàsyoⁿ] *f.* prorogation, prolongation. ‖ **proroger** [-jé] *v.* to extend, to prorogue.

prosaïque [prɔzàìk] *adj.* prosaic; flat, dull, matter-of-fact.

proscrire [prɔskrìr] *v.** to prohibit, to proscribe, to outlaw; to banish. ‖ **proscrit** [-krì] *adj* proscribed, forbidden; *m.* proscript, outlaw.

prose [prôz] *f.* prose.

prospecteur [prɔspɛktœr] *m.* prospector, miner. ‖ **prospection** [-syoⁿ] *f.* prospection; prospecting; canvassing (comm.).

prospectus [prɔspɛktüs] *m.* prospectus, handbill; blurb (fam.).

prospère [prɔspɛr] *adj.* prosperous, thriving. ‖ **prospérer** [-éré] *v.* to flourish, to prosper, to thrive, to succeed. ‖ **prospérité** [-érìté] *f.* prosperity, welfare prosperousness.

prosterner (se) [sⁿprɔstɛrné] *v.* to prostrate oneself, to bow down.

prostituée [prɔstìtüé] *f.* prostitute, harlot, whore, strumpet. ‖ **prostituer** [-üé] *v* to prostitute.

prostration [prɔstràsyoⁿ] *f.* prostration. ‖ **prostré** [-tré] *adj.* prostrate.

protagoniste [prɔtàgɔnìst] *s.* protagonist

protecteur, -trice [prɔtɛktœr, -trìs] *m.* protector; patron; *f.* protectress; patroness; *adj.* protective; patronizing. ‖ **protection** [-syoⁿ] *f.* protection, shelter; cover; defence, support, patronage. ‖ **protectorat** [-tɔrà] *m.* protectorate ‖ **protégé** [prɔtéjé] *m.* favo(u)rite, protégé. ‖ **protéger** [-é] *v.* to protect, to shield, to shelter.

protestant [prɔtɛstaⁿ] *m., adj.* Protestant ‖ **protestation** [-àsyoⁿ] *f.* protest, protestation. ‖ **protester** [-é] *v.* to protest; to vow; to object; to affirm.

protocole [prɔtɔkɔl] *m.* protocol; etiquette.

prototype [prɔtɔtìp] *m.* prototype.

protubérance [prɔtübéraⁿs] *f.* protuberance.

proue [prû] *f.* prow, stem, bow (naut.); nose (aviat.).

prouesse [prûɛs] *f.* prowess.

prouver [prûvé] *v.* to prove.

provenance [pròvnaⁿs] *f.* origin, source, provenance; produce.

provenir [pròvnîr] *v.* to come, to stem, to issue, to proceed, to spring.

proverbe [pròvèrb] *m.* proverb.

providence [pròvìdaⁿs] *f.* providence. ‖ **providentiel** [-yèl] *adj.* providential; opportune.

province [pròvîⁿs] *f.* province. ‖ **provincial** [-yàl] *adj.* provincial; countrified, country-like; *m.* provincial, country-person.

proviseur [pròvìzœr] *m.* headmaster [lycée].

provision [pròvìzyoⁿ] *f.* provision, stock, store, hoard, supply; funds, cover, deposit (comm.); retaining fee.

provisoire [pròvìzwàr] *adj.* provisional, temporary.

provocant [pròvòkaⁿ] *adj.* provoking, provocative; exciting; alluring, enticing. ‖ **provocateur, -trice** [-àtœr, -trîs] *m., f.* provoker; aggressor, instigator; *adj.* provoking, instigating, abetting; *agent provocateur*, hired agitator; instigating agent. ‖ **provocation** [-àsyoⁿ] *f.* provocation. ‖ **provoquer** [-é] *v.* to provoke, to incite, to bring on; to instigate; to challenge [duel].

proxénète [pròksénèt] *m.* procurer; *f.* procuress.

proximité [pròksìmìté] *f.* proximity, nearness, vicinity.

pruche [prüsh] *f.* © hemlock fir.

prude [prüd] *adj.* prudish; *f.* prude. ‖ **prudence** [-aⁿs] *f.* prudence, discretion, caution; carefulness. ‖ **prudent** [-aⁿ] *adj.* prudent, discreet, cautious. ‖ **pruderie** [-rî] *f.* prudery, prudishness.

prune [prün] *f.* plum. ‖ **pruneau** [-ô] *m.* prune; (pop.) bruise; bullet. ‖ **prunelle** [-èl] *f.* sloe; sloe-gin; apple of the eye, pupil [œil]. ‖ **prunier** [-yé] *m.* plum-tree.

prurit [prürî] *m.* itching.

psalmodier [psàlmòdyé] *v.* to psalmodize.

psaume [psôm] *m.* psalm.

pseudonyme [psèdònîm] *m.* pseudonym; fictitious name; pen-name.

psychanalyse [psìkànàlîz] *f.* psychoanalysis. ‖ **psychanalyser** [-lzé] *v.* to psychoanalyse. ‖ **psychanalyste** [-lìst] *m.* psychoanalyst. ‖ **psychiatre** [psìkìàtr] *m., f.* psychiatrist. ‖ **psychiatrie** [-trî] *f.* psychiatry. ‖ **psychique** [psìshîk] *adj.* psychic. ‖ **psychisme** [-shîsm] *m.* psychism.

psychologie [psìkòlòjî] *f.* psychology. ‖ **psychologique** [-îk] *adj.* psychological. ‖ **psychologue** [psìkòlòg] *m., f.* psychologist.

puant [püaⁿ] *adj.* stinking, smelly; fetid, rank, foul; conceited. ‖ **puanteur** [-tœr] *f.* stench, stink, reek.

public [püblìk] *adj.* public; open; *m.* public; audience [assistance]. ‖ **publication** [-ìkàsyoⁿ] *f.* publication; publishing; published work. ‖ **publiciste** [-lsìst] *m., f.* publicist. ‖ **publicitaire** [-lsìtèr] *adj.* advertising. ‖ **publicité** [-lsìté] *f.* publicity; advertising; public relations. ‖ **publier** [-lyé] *v.* to publish, to bring out, to issue.

puce [püs] *f.* flea; *adj.* puce-coloured.

puceron [püsroⁿ] *m.* plant-louse.

pudeur [püdœr] *f.* modesty, decency; bashfulness, shyness, reserve. ‖ **pudibond** [-ìboⁿ] *adj.* prudish. ‖ **pudique** [-ìk] *adj.* bashful; chaste.

puer [püé] *v.* to stink, to smell bad.

puériculture [püérìkültür] *f.* rearing of children; child care.

puéril [püérìl] *adj.* childish.

pugilat [püjìlà] *m.* pugilism; set-to.

puis [püì] *adv.* then, afterwards, next, following.

puisatier [püìzàtyé] *m.* well-digger. ‖ **puiser** [-é] *v.* to draw up; to derive, to borrow, to extract (fig.).

puisque [püìsk] *conj.* since, as; seeing that.

puissamment [püìsàmaⁿ] *adv.* powerfully, potently. ‖ **puissance** [-aⁿs] *f.* power; force; influence; strength; degree (math.); influential person; horse-power [auto]. ‖ **puissant** [-aⁿ] *adj.* powerful, strong, mighty; wealthy; influential; numerous; stout, corpulent; (comm.) leading.

puits [püì] *m.* well, shaft, pit [mine]; cockpit (aviat.).

pulluler [pülülé] *v.* to swarm, to throng; to teem.

pulmonaire [pülmònèr] *adj.* pulmonary.

pulpe [pülp] *f.* pulp; pad.

pulsation [pülsàsyoⁿ] *f.* pulsation, beat, throb.

pulvérisateur [pülvérìzàtœr] *m.* pulveriser; atomizer, spray, vaporizer. ‖ **pulvériser** [-é] *v.* to pulverize; to spray; to smash.

punaise [pünèz] *f.* bug, bedbug; *Br.* drawing-pin, *Am.* thumbtack.

punch [puⁿsh] *m.* punch [boisson, sport].

punir [pünîr] *v.* to punish, to chastise. ‖ **punition** [-ìsyoⁿ] *f.* punishment, chastisement; forfeit [jeux].

pupille [püpîy] *s.* ward, minor.

pupille [püpîy] *f.* pupil of the eye.

pupitre [püpìtr] *m.* desk; lectern, reading-stand.

pur [pür] *adj.* pure; innocent; downright; sheer, stark; *pur sang,* pure-blooded, thoroughbred.

purée [püré] *f.* puree; mash.

pureté [pürté] *f.* purity, innocence, pureness; chastity; clearness.

purgatif [pürgàtìf] *m., adj.* purgative. ‖ *purgatoire* [-wàr] *m.* purgatory. ‖ *purge* [pürj] *f.* purge; cleansing; paying off [hypothèque]. ‖ *purger* [-é] *v.* to purge; to cleanse; to pay off; *purger une peine,* to serve one's sentence; *se purger,* to take medicine.

purifier [pürìfyé] *v.* to purify, to cleanse; to refine.

purin [pürìⁿ] *m.* liquid manure.

puritain [pürìtìⁿ] *adj., m.* puritan.

pus [pü] *m.* pus, matter.

pusillanime [püzìllànìm] *adj.* faint-hearted.

pustule [püstül] *f.* blotch; blister.

putain [pütìⁿ] *f.* whore [not in decent use].

putois [pütwà] *m.* polecat, skunk.

putréfier [pütréfyé] *v.* to putrefy, to rot, to decompose. ‖ *putride* [-ìd] *adj.* putrid; tainted; rotten, decayed, decomposed.

pyjama [pìjàmà] *m. Br.* pyjamas, *Am.* pajamas.

Q

quadrillage [kàdrìyàj] *m.* chequer-work. ‖ *quadrillé* [-ìyé] *adj.* chequered; ruled in squares.

quadrupède [kàdrüpèd] *m.* quadruped.

quadruple [kwàdrüpl] *adj.* quadruple; fourfold.

quai [kè] *m.* quay, wharf; embankment, mole; platform [gare].

qualificatif [kàlìfìkàtìf] *adj.* qualifying; *m.* epithet, name; qualificative (gramm.). ‖ *qualification* [-ìkàsyoⁿ] *f.* qualification. ‖ *qualifier* [-yé] *v.* to qualify; to style; to name.

qualité [kàlìté] *f.* quality; property; excellence; nature; qualification.

quand [kaⁿ] *conj.* when; whenever.

quant [kaⁿ] *adv.* as; *quant à,* as for.

quantitatif [kaⁿtìtàtìf] *adj.* quantitative. ‖ *quantité* [-é] *f.* quantity, amount, supply.

quarantaine [kàraⁿtèn] *f.* about forty, twoscore; quarantine; Lent. ‖ *quarante* [-aⁿt] *m., adj.* forty. ‖ *quarantième* [-tyèm] *adj., m.* fortieth.

quart [kàr] *m.* quarter, fourth part, quart [litre]; watch (naut.); *adj.* fourth; quartan.

quartier [kàrtyé] *m.* quarter, fourth part; piece, part; district, neighbo(u)rhood; quarter's rent, pay; flap [selle]; haunch [chevreuil]; *quartier général,* headquarters; *quartier-maître,* quartermaster.

quatorze [kàtòrz] *m., adj.* fourteen. ‖ *quatorzième* [-yèm] *m., f., adj.* fourteenth.

quatre [kàtr] *m., adj.* four, fourth; *quatre-vingts,* eighty, *quatre-vingt-dix,* ninety. ‖ *quatrième* [kàtryèm] *m., f., adj.* fourth.

quatuor [kwàtüòr] *m.* quartet.

que [k^e] (*qu'* before a vowel) *rel. pron.* whom, that; which; what; *interrog. pron.* what? why?

que (*qu'* before a vowel) *conj.* that; than; as; when; only, but; *ne... que,* only, nothing but, not until.

que [k^e] (*qu'* before a vowel) *adv.* how, how much, how many.

quel [kèl] *adj.* what, which; what a; *quel dommage !* what a pity !

quelconque [kèlkoⁿk] *indef. adj.* whatever; mediocre, commonplace, undistinguished.

quelque [kèlk^e] *adj.* some, any; whatever, whatsoever; *pl.* a few; *adv.* however; some, about; *quelque chose,* something; *quelquefois,* sometimes, at times, now and then; *quelque part,* somewhere, anywhere; *quelqu'un,* someone, anyone, somebody, anybody; *pl.* some, any.

quémander [kémaⁿdé] *v.* to beg (for), to solicit.

qu'en-dira-t-on [kaⁿdìràtòⁿ] *m.* public opinion.

quenouille [k^enûy] *f.* distaff.

querelle [k^erèl] *f.* quarrel. ‖ *se quereller* [s^ekèrèlé] *v.* to quarrel.

question [kèstyoⁿ] *f.* question; query, interrogation; matter, issue. ‖ *questionnaire* [-yònèr] *m.* questionnaire, form, blank. ‖ *questionner* [-yòné] *v.* to question, to interrogate, to quiz; to examine.

quête [kèt] *f.* quest, search; collection; beating about [chasse]. ‖ *quêter* [-é] *v.* to go in quest of; to beg; to make a collection. ‖ *quêteur* [-ær] *m.* alms-collector; sidesman, collection-taker.

queue [kë] *f.* tail; stalk, stem; end; rear; billiard-cue; handle; train

[robe]; queue, file, string; *en queue*, in the rear; *faire queue*, to stand in line, to queue up.

qui [kì] *rel. pron.* who, which, that; whom; *qui que ce soit*, anyone whatever.

qui [kì] *interrog. pron.* who [sujet]; whom [complément direct]; *à qui est-ce?* whose is it?; *quiconque*, whoever, whosoever; whomever, whichever; anybody.

quiétude [kyétüd] *f.* quietude.

quignon [kìñoⁿ] *m.* chunk; hunk.

quille [kìy] *f.* keel (naut.).

quille [kìy] *f.* skittle, ninepin, pin [bowling]; *jeu de quilles*, © bowling alley; *jouer aux quilles*, © to bowl. ‖ *quilleur* [-œr] *m.* © bowler.

quincaillerie [kìⁿkàyrì] *f.* Br. ironmongery, *Am.* hardware.

quinine [kìnìn] *f.* quinine.

quinte [kìⁿt] *f.* fifth (mus.); quinte [escrime]; fit, paroxysm [toux]; freak, whim (fig.).

quinteux [kìⁿtë] *adj.** moody, cantankerous, crotchety, restive.

quintuple [kìⁿtüpl] *m., adj.* quintuple, fivefold.

quinzaine [kìⁿzèn] *f.* about fifteen; fortnight, two weeks. ‖ *quinze* [kìⁿz] *m., adj.* fifteen; fifteenth; *quinze jours*, fortnight. ‖ *quinzième* [-zyèm] *adj., s.* fifteenth.

quiproquo [kìpròkò] *m.* misunderstanding; mistake, misapprehension.

quittance [kìtaⁿs] *f.* receipt, discharge.

quitte [kìt] *adj.* clear, free; rid; discharged, quit [dette]; *quitte à*, liable to; on the chance of; *nous sommes quittes*, we're even. ‖ *quitter* [-é] *v.* to depart (from); to leave; to give up; to resign [poste]; to take off [vêtements]; *ne quittez pas*, hold the line [téléphone]; *se quitter*, to part, to separate.

quoi [kwà] *rel. pron.* what; *quoi que je fasse*, whatever I may do; *quoi qu'il en soit*, be that as it may, however it may be.

quoi? [kwà] *interrog. pron.* what?

quoique [kwàk] *conj.* although.

quolibet [kòlìbè] *m.* quibble, gibe.

quote-part [kòtpàr] *f.* quota, share.

quotidien [kòtìdyìⁿ] *m., adj.* daily; *adj.** everyday; quotidian [fièvre].

quotient [kòsyaⁿ] *m.* quotient.

R

rabâcher [ràbâshé] *v.* to repeat over and over.

rabais [ràbè] *m.* reduction, discount; rebate; abatement; depreciation [monnaie]; fall [des eaux]. ‖ *rabaisser* [-sé] *v.* to lower; to reduce; to depreciate; to disparage; to humble.

rabat [ràbà] *m.* band [col]; *rabat-joie*, spoil-sport, wet blanket. ‖ *rabatteur* [-tœr] *m.* beater; tout (comm.). ‖ *rabattre* [ràbàtr] *v.* to pull down, to put down; to beat down; to reduce, to diminish; to lower, to humble; to beat up [gibier]; to ward off [coup]; *se rabattre*, to turn off, to change; to come down; to fall on (*sur*, back). ‖ *rabattu* [-ü] *adj.* turned-down; felled.

rabiot [ràbyò] *m.* (fam.) extra profit; pickings; extra work, overtime.

râble [ràbl] *m.* back, saddle [lièvre]. ‖ *râblé* [-é] *adj.* thick-backed [lièvre]; strong, husky, sturdy.

rabot [ràbò] *m.* plane. ‖ *raboter* [-òté] *v.* to plane; to polish; to filch, *Am.* to lift (pop.). ‖ *raboteux* [-ë] *adj.** rough, rugged, uneven; knotty; harsh.

rabougri [ràbûgrì] *adj.* stunted, skimpy; scraggy [végétation].

rabrouer [ràbrûé] *v.* to snub.

racaille [ràkày] *f.* rabble, scum, riffraff (fam.).

raccommodage [ràkòmòdàj] *m.* mending; darning; repairing. ‖ *raccommoder* [-é] *v.* to mend, to darn; to repair; to piece, to patch; to set right, to correct; to reconcile; *se raccommoder*, to make it up again.

raccord [ràkòr] *m.* joining, fitting, junction; connection [lampe]; accord; matching. ‖ *raccorder* [-dé] *v.* to join, to connect.

raccourci [ràkûrsì] *adj.* shortened, abridged; oblate, ellipsoid (geom.); squat [taille], bobbed [cheveux]; *m.* short cut [chemin]; abridgment, digest [livre]; foreshortening [tableau]. ‖ *raccourcir* [-îr] *v.* to shorten, to curtail, to abridge; to grow shorter.

raccrocher [ràkròshé] *v.* to hook up again, to hang up again; to recover, to retrieve; to ring off [téléphone]; (fam.) to solicit; *se raccrocher à*, to clutch at, to cling to, to hang on to.

race [ràs] *f.* race; stock, breed, blood; strain, line, ancestry; tribe; *de race*, pedigreed, pure-bred [chien]; thoroughbred [cheval].

rachat [ràshà] *m.* repurchase; redemption; surrender, cashing in. ‖

racheter [ràshté] *v.* to repurchase, to buy back; to redeem, to ransom; to compensate, to make up for; to atone for.

rachitique [ràshìtìk] *adj.* rickety, rachitic.

racine [ràsìn] *f.* root; origin.

racisme [ràsìsm] *m.* racialism, *Am.* racism. ‖ **raciste** [ràsìst] *adj., s.* racialist, *Am.* racist.

raclée [ràklé] *f.* thrashing, hiding, drubbing. ‖ **racler** [-é] *v.* to scrape, to rake; to pilfer, to steal; to pinch, to lift (pop.). ‖ **racloir** [-wàr] *m.* scraper, road-scraper. ‖ **raclure** [-ür] *f.* scrapings.

racoler [ràkòlé] *v.* (fam.) to enlist; to tout for (comm.); to accost.

raconter [ràko⁻té] *v.* to relate, to tell, to narrate, to recount.

rade [ràd] *f.* roads, roadstead.

radeau [ràdô] *m.** raft, float.

radiateur [ràdyàtœr] *m.* radiator. ‖ **radiation** [-yàsyoⁿ] *f.* radiation.

radiation [ràdyàsyoⁿ] *f.* obliteration, striking out; deletion.

radical [ràdìkàl] *adj.** radical; fundamental; *m.** radical; root.

radier [ràdyé] *v.* to strike out, to obliterate, to cancel; to delete.

radieux [ràdyë] *adj.** radiant; beaming [sourire].

radin [ràdiⁿ] *adj.* (pop.) stingy.

radio [ràdìô] *f.* radio, wireless; X-ray (med.); *m.* radiogram, wireless message; wireless operator, telegraphist; *radio-activité,* radio-activity; *radiodiffuser,* to broadcast; *radiodiffusion,* broadcast, broadcasting; *radiologie,* radiology; X-ray treatment; *radiologue,* radiologist; *radioreportage,* news broadcast, running commentary; *radiothérapie,* radiotherapy, X-ray treatment.

radis [ràdì] *m.* radish.

radium [ràdyòm] *m.* radium.

radotage [ràdòtàj] *m.* drivel, nonsense, twaddle; dotage. ‖ **radoter** [-é] *v.* to talk drivel *or* twaddle, to ramble; to be in one's dotage.

radoub [ràdû] *m.* repairing, graving (naut.); dry-dock [bassin]. ‖ **radouber** [-bé] *v.* to repair, to mend.

radoucir [ràdûsìr] *v.* to soften, to make milder; to mitigate, to allay; to appease, to pacify, to mollify.

rafale [ràfàl] *f.* squall, gust [vent]; burst, volley, storm [tir].

raffermir [ràfèrmìr] *v.* to fortify, to strengthen; to secure, to make firm.

raffinage [ràfìnàj] *m.* refining [sucre]; distilling [huile]. ‖ **raffinement**

[-nᵉmaⁿ] *m.* refinement; subtlety. ‖ **raffiner** [-é] *v.* to refine; to be overnice. ‖ **raffinerie** [-rî] *f.* refinery.

raffoler [ràfòlé] *v.* to dote (*de,* on); to be passionately fond (*de,* of); to be mad (*de,* about).

rafle [ràfl] *f.* stalk [raisin]; cob [maïs].

rafle [ràfl] *f.* foray, round-up, police raid; clean sweep [vol]; haul [pêche]. ‖ **rafler** [-é] *v.* to sweep off, to carry off; to round up.

rafraîchir [ràfrèshìr] *v.* to cool; to refresh; to revive; to freshen. ‖ **rafraîchissement** [-ìsmaⁿ] *m.* cooling; *pl.* refreshments.

ragaillardir [ràgàyàrdìr] *v.* to buck up, to cheer.

rage [ràj] *f.* rabies, hydrophobia, frenzy, rage; violent pain; passion; mania. ‖ **rager** [-é] *v.* to rage; to fume. ‖ **rageur** [-œr] *adj.** choleric, violent-tempered; snappish.

ragot [ràgò] *m.* (fam.) gossip, tittle-tattle.

ragoût [ràgû] *m.* stew, ragout; relish, seasoning.

raid [rèd] *m.* raid, foray, incursion; endurance contest [sport].

raide [rèd] *adj.* stiff, rigid; tight, taut; stark; inflexible; steep; swift, rapid; (fam.) tall, exaggerated; *adv.* quickly, suddenly. ‖ **raideur** [-œr] *f.* stiffness, rigidity; firmness, inflexibility; tightness; steepness; swiftness; tenacity; harshness. ‖ **raidillon** [-lyoⁿ] *m.* steep path, up-hill stretch. ‖ **raidir** [-îr] *v.* to stiffen; to be inflexible.

raie [rè] *f.* ray, skate [poisson].

raie [rè] *f.* parting [cheveux]; streak, stripe; line, stroke; furrow.

rail [rày] *m.* rail.

railler [ràyé] *v.* to banter, to scoff at, to gibe, to heckle; to jest; *Am.* to twit. ‖ **raillerie** [ràyrî] *f.* raillery, bantering, jesting; jeer, mock, scoff. ‖ **railleur** [ràyœr] *adj.** bantering, joking, jeering, scoffing; *m.* banterer, joker; scoffer.

rainette [rènèt] *f.* tree-frog; rennet.

rainure [rènür] *f.* groove; slot, notch; rabbet.

raisin [rèziⁿ] *m.* grape; *raisins secs,* raisins; *raisins de Corinthe, de Smyrne,* currants, sultanas.

raison [rèzoⁿ] *f.* reason; sense, sanity; reparation; justice, right; proof, ground; cause, motive; firm (comm.); ratio (math.); claim (jur.); *à raison de,* at the rate of; *avoir raison,* to be right; *donner raison à,* to decide in favo(u)r of; *à plus forte raison,* so much the more; *avoir raison de,* to get the better of; *en raison de*, in consideration of; *raison sociale*, firm name, trade name. ‖ **raisonnable** [-ònàbl] *adj.* reasonable, rational; right, just; sensible; fair, equitable; moderate [prix]. ‖ *r a i s o n n e m e n t* [-ònmaⁿ] *m.* reasoning, reason, argument. ‖ **raisonner** [-òné] *v.* to reason; to argue, to consider, to weigh.

rajeunir [ràjœnîr] *v.* to rejuvenate, to renovate, to renew; to grow young again. ‖ **rajeunissement** [-ismaⁿ] *m.* rejuvenation, renovation; restoration.

rajouter [ràjûté] *v.* to add again, to add more.

rajuster [ràjüsté] *v.* to readjust; to reconcile (fig.).

râle [râl] *m.* rail [oiseau].

râle [râl] *m.* death-rattle; rattling in the throat.

ralenti [ràlaⁿtì] *m.* slow motion [cinéma]; idling [automobile]. ‖ **ralentir** [-tîr] *v.* to slacken, to slow; to lessen; to abate.

râler [râlé] *v.* to have a rattle in one's throat; (pop.) to grumble.

ralliement [ràlîmaⁿ] *m.* rallying, rally. ‖ **rallier** [-yé] *v.* to rally; to rejoin, *se rallier*, to rally, to assemble; to hug the shore (naut.).

rallonge [ràlòⁿj] *f.* extension-piece, extra leaf. ‖ **rallonger** [-é] *v.* to lengthen, to elongate, to eke out; to thin [sauce]; to let out *or* down [jupe]; to put an extra leaf on [table].

rallye [ràlì] *m.* rally; treasure-hunt.

ramage [ràmàj] *m.* floral pattern; warbling, chirping, twittering.

ramassage [ràmàsàj] *m.* collection, gathering up. ‖ **ramasser** [-é] *v.* to gather; to pick up. ‖ **ramassis** [-ì] *m.* heap, collection; gang.

rame [ràm] *f.* oar.

rame [ràm] *f.* stick, prop (hort.); tenter-frame [textile].

rame [ràm] *f.* ream [papier]; convoy, string [bateaux]; lift, line [trains].

rameau [ràmó] *m.°* bough, branch; subdivision; *dimanche des Rameaux*, Palm Sunday.

ramener [ràmné] *v.* to bring back; to take home; to restore; to recall; *se ramener*, to be reduced, to come down (à, to).

ramer [ràmé] *v.* to stick, to prop.

ramer [ràmé] *v.* to row. ‖ **rameur** [-œr] *m.* rower, oarsman.

ramier [ràmyé] *m.* wood-pigeon.

ramification [ràmìfìkàsyoⁿ] *f.* ramification, subdivision; outgrowth. ‖ **ramifier** [-yé] *v.* to ramify.

ramollir [ràmòlîr] *v.* to soften; to

enervate (fig.); *se ramollir*, to grow soft. ‖ **ramollissant** [-ìsaⁿ] *adj.* softening; enervating.

ramonage [ràmònàj] *m.* chimney-sweeping. ‖ **ramoner** [-é] *v.* to sweep [cheminée]. ‖ **ramoneur** [-œr] *m.* chimney-sweep.

rampe [raⁿp] *f.* slope, incline; banister; footlights (theat.); inclined plane (tech.). ‖ **ramper** [-é] *v.* to creep, to crawl; to crouch, to cringe, to grovel; to fawn, to toady.

ramure [ràmür] *f.* boughs; antlers.

rancart [raⁿkàr] *m.* appointment (pop.); *au rancart* (fam.), on the shelf, cast aside.

rance [raⁿs] *adj.* rancid, rank; rusty (fig.); *m.* rancidness. ‖ **rancir** [-îr] *v.* to grow rancid.

rancœur [raⁿkœr] *f.* ranco(u)r.

rançon [raⁿsoⁿ] *f.* ransom.

rancune [raⁿkün] *f.* ranco(u)r, spite, grudge. ‖ **rancunier** [-yé] *adj.°* spiteful, rancorous.

randonnée [raⁿdòné] *f.* circuit, ramble, long walk; round.

rang [raⁿ] *m.* line, row, column, range, rank; order, class; tier; rate [bateaux]; ⊙ rang (group of farms along the same road, or the road itself). ‖ **rangée** [-jé] *f.* row, range, file, line, tier. ‖ **ranger** [-jé] *v.* to put in order, to tidy up; to put away; to arrange, to range; to draw up [voitures]; to rate, to rank; to coast (naut.); to keep back, to subdue; *se ranger*, to make way; to draw up (mil.); to fall in (mil.); to mend one's ways.

ranimer [rànìmé] *v.* to revive, to reanimate; to stir up, to rouse, to enliven.

rapace [ràpàs] *adj.* rapacious; predatory, predaceous; ravenous.

rapatriement [ràpàtrìmaⁿ] *m.* repatriation. ‖ **rapatrier** [-ìyé] *v.* to repatriate.

râpe [ràp] *f.* grater; rasp; stalk [raisin]. **râpé** [-é] *adj.* grated, shredded; shabby, threadbare. ‖ **râper** [-é] *v.* to grate, to rasp; to make threadbare.

rapetisser [ràptìsé] *v.* to shorten, to make smaller; to shrink.

râpeux [ràpë] *adj.°* rough, raspy, harsh.

rapide [ràpìd] *adj.* rapid, fast, swift, fleet, hasty, sudden; steep; *m.* fast train, express train. ‖ **rapidité** [-ìté] *f.* rapidity, speed.

rapiécer [ràpyésé] *v.* to patch up, to piece.

rapine [ràpìn] *f.* rapine; extortion. ‖ **rapiner** [-né] *v.* to plunder; to pillage.

rappel [ràpèl] *m.* recall, recalling; call [à l'ordre]; repeal, revocation; reminder, recollection; drum signal, bugle call (mil.); curtain-call (theat.). ‖ **rappeler** [ràplé] *v.* to call back, to call again; to recall; to restore [santé]; to summon up, to muster [courage]; to retract; to remind of; *se rappeler,* to remember, to recall, to recollect.

rapport [ràpòr] *m.* report, account; proceeds, profit, revenue; productiveness, bearing; conformity, analogy; relation, connection, relevancy; ratio; communication. ‖ **rapporter** [-té] *v.* to bring back, to take back; to bring in, to yield; to refund; to refer; to repeal; to report; to quote; to post (comm.); to trace (topogr.); to pay, to bring profit (comm.); to retrieve, to fetch [chiens]; *se rapporter,* to relate; to tally (à, with); *s'en rapporter à,* to rely on. ‖ **rapporteur** [-tœr] *m.* reporter; stenographer; chairman; rapporteur; informer, tattle-tale, tale-bearer.

rapprochement [ràpròshmaⁿ] *m.* bringing together; reconciliation; comparison. ‖ **rapprocher** [-é] *v.* to bring together; to reconcile; to compare; *se rapprocher,* to come near again, to draw nearer; to become reconciled; to approach, to approximate.

rapt [ràpt] *m.* abduction, kidnapping, *Am.* snatch (fam.); rape.

raquette [ràkèt] *f.* racket; battledore; snow-shoe. ‖ **raquetteur** [-œr] *m.* © snow-shoer.

rare [ràr] *adj.* rare, uncommon, unusual; few, scarce, scanty, sparse; slow [pouls]. ‖ **raréfier** [-éfyé] *v.* to rarefy; *se raréfier,* to rarefy, to become scarce. ‖ **rarement** [-maⁿ] *adv.* infrequently, rarely, seldom. ‖ **rareté** [-té] *f.* rarity; scarcity; unusualness.

ras [râ] *adj.* close-shaven, smooth-shaven, close-cropped, close-napped, shorn; bare, smooth; flat, low; *à ras de,* level with; *rase campagne,* open country; *rase-mottes,* hedge-hopping. ‖ **rasade** [-zàd] *f.* glassful, brimmer; brim-full glass. ‖ **raser** [-zé] *v.* to shave; to raze; to tear down [édifice]; to graze, to skim; to hug, to skirt [côte, terre]; (pop.) to bore. ‖ **raseur** [-zœr] *m.* shaver; (pop.) bore. ‖ **rasoir** [-zwàr] *m.* razor.

rassasier [ràsàzyé] *v.* to sate, to satiate; to cloy, to surfeit; to satisfy, to fill; *se rassasier,* to eat one's fill; to gorge oneself; to feast.

rassembler [ràsaⁿblé] *v.* to reassemble; to gather together; to collect; to muster (mil.).

rasséréner [ràséréné] *v.* to calm, to clear up, to soothe; *se rasséréner,* to recover one's serenity.

rassis [ràsì] *adj.* stale [pain]; settled; calm, staid, sedate; trite, hackneyed (fig.).

rassortir [ràsòrtìr] *v.* to sort, to match again; to restock.

rassurer [ràsüré] *v.* to reassure, to tranquil(l)ize; to strengthen.

rat [rà] *m.* rat; niggard; taper [bougie]; ballet-girl (theat.); miser, niggard, stingy (fam.).

ratatiner [ràtàtìné] *v.* to shrink, to shrivel up; to wrinkle; to wizen.

rate [ràt] *f.* spleen.

raté [ràté] *m.* misfiring [fusil, moteur]; failure, flop; wash-out, flash-in-the-pan (fam.); *adj.* miscarried, ineffectual; bungled.

râteau [ràtô] *m.** rake; raker; scrapper; large comb [peigne]. ‖ **râteler** [-lé] *v.* to rake. ‖ **râtelier** [-•lyé] *m.* rack [écurie]; (pop.) denture.

rater [ràté] *v.* to misfire; to miss [train]; to fail in, to bungle, to muff, to fluff (pop.); to fail, to miscarry.

ratier [ràtyé] *m.* rat-catcher. ‖ **ratière** [-yèr] *f.* rat-trap.

ratifier [ràtifyé] *v.* to ratify; to confirm; to sanction.

ration [ràsyoⁿ] *f.* ration, allowance, share. ‖ **rationnel** [-yònèl] *adj.** rational; reasonable. ‖ **rationnement** [-yòn-maⁿ] *m.* rationing. ‖ **rationner** [-yòné] *v.* to ration.

ratisser [ràtìsé] *v.* to rake, to scrape; to fleece (fam.).

rattacher [ràtàshé] *v.* to refasten, to attach again, to connect.

rattraper [ràtràpé] *v.* to catch again, to retake; to catch up with, to overtake; to recover; *se rattraper,* to catch hold; to make up for [perte]; to be recovered [occasion].

rature [ràtür] *f.* erasure, crossing out, cancellation. ‖ **raturer** [-é] *v.* to erase, to cross out, to cancel, to strike out.

rauque [ròk] *adj.* hoarse.

ravage [ràvàj] *m.* ravage, havoc. ‖ **ravager** [-é] *v.* to ravage, to ruin, to devastate, to lay waste.

ravalement [ràvàlmaⁿ] *m.* resurfacing, refinishing; rough-casting, plastering; hollowing out; disparagement (fig.). ‖ **ravaler** [-é] *v.* to resurface; to rough-cast.

ravauder [ràvôdé] *v.* to mend, to darn, to patch.

rave [ràv] *f.* rape.

ravi [ràvì] *adj.* entranced; delighted.

ravier [ràvyé] *m.* radish-dish.

ravigoter [ràvìgòté] *v.* to refresh, to perk up.

ravin [ràviⁿ] *m.* ravine; hollow road. ‖ *ravine* [-în] *f.* gully. ‖ *raviner* [-îné] *v.* to plough up.

ravir [ràvîr] *v.* to ravish, to abduct, to kidnap; to rob of; to charm, to delight, to enrapture (fig.).

raviser (se) [s•ràvîzé] *v.* to change one's mind, to think better.

ravissant [ràvìsaⁿ] *adj.* ravishing, delightful; predatory; ravenous. ‖ *ravissement* [-maⁿ] *m.* rapture, ravishment; kidnapping; rape. ‖ *ravisseur* [-œr] *m* ravisher, kidnapper.

ravitaillement [ràvìtàymaⁿ] *m.* supplying; replenishment; provisioning; revictual(l)ing, refue(l)ling [carburant]. ‖ *ravitailler* [-é] *v.* to supply; to replenish; to provision, to revictual; to refuel [carburant].

raviver [ràvîvé] *v.* to revive; to reanimate; to enliven, to rouse.

rayer [rèyé] *v.* to stripe, to streak; to cancel, to scratch, to erase; to expunge, to strike out; to suppress (fig.); to rifle, to groove [fusil].

rayon [rèyoⁿ] *m.* ray, beam [lumière, soleil]; spoke [roue]; radius.

rayon [rèyoⁿ] *m.* shelf; rack; department [magasin]; specialty, *Am.* field [profession]; zone, circuit, sphere, honeycomb; *chef de rayon, Br.* shopwalker, *Am* floorwalker.

rayonnant [rèyònaⁿ] *adj.* radiant, beaming; lambent.

rayonne [rèyòn] *f.* rayon [tissu].

rayonnement [rèyònmaⁿ] *m.* radiance, radiation, effulgence. ‖ *rayonner* [-é] *v.* to radiate; to beam, to shine; to spread abroad.

rayure [rèyür] *f.* stripe; streak, scratch; strike-out, erasure, cancellation; groove rifling [fusil].

raz [râ] *m.* strong current; *raz de marée,* tidal wave, tide-race.

réacteur [réàktœr] *m.* reactor; jet engine; jet plane. ‖ *réactif* [-tìf] *m.* reagent (chem.); *adj.* reactive. ‖ *réaction* [-syoⁿ] *f* reaction; conservatism; *avion à réaction,* jet plane. ‖ *réagir* [réàjîr] *v* to react.

réalisable [réàlìzàbl] *adj.* realizable; feasible, practicable. ‖ *réalisation* [-àsyoⁿ] *f* realization; fulfil(l)ment; conversion into money. ‖ *réaliser* [-é] *v.* to realize, to convert into money; *se réaliser,* to come true. ‖ *réalisme* [réàlîsm] *m* realism. ‖ *réaliste* [-ìst] *m., f.* realist, *adj.* realistic. ‖ *réalité* [-ité] *f.* reality; *en réalité,* really, actually.

réanimation [réànìmàsyoⁿ] *f.* resuscitation.

rébarbatif [rébàrbàtìf] *adj.* surly; forbidding.

rebelle [r•bèl] *m.* rebel; *adj.* rebellious; insurgent, insubordinate; unyielding, obstinate; wayward; refractory. ‖ *rebeller (se)* [s•r•bèllé] *v.* to revolt, to rebel; to resist. ‖ *rébellion* [rébèlyoⁿ] *f* rebellion, revolt; insurrection; insubordination.

rebondissement [r•boⁿdìsmaⁿ] *m.* rebound, rebounding; repercussion.

rebord [r•bòr] *m.* edge, brim, border.

rebours [r•bûr] *m.* wrong way; opposite; *à rebours,* the wrong way; contrary to.

rebrousser [r•brûsé] *v.* to turn up, to brush up [cheveux]; to turn back; to retrace [chemin].

rebuffade [r•büfàd] *f.* rebuff, repulse, snub.

rebut [r•bü] *m.* repulse, rebuff, rejection, refusal, refuse, rubbish, garbage; outcast; *lettre au rebut,* dead-letter. ‖ *rebuter* [-té] *v.* to rebuff, to repel; to reject, to discard; to refuse, to disallow (jur.); to disgust, to shock; to dishearten.

récalcitrant [rékàlsìtraⁿ] *adj.* recalcitrant, refractory.

recaler [r•kàlé] *v.* (fam.) to fail, to plough.

récapitulation [rékàpìtülàsyoⁿ] *f.* recapitulation, summing up; repetition. ‖ *récapituler* [-é] *v.* to recapitulate, to sum up, to summarize.

recel [r•sèl] *m.* receiving, fencing; harbouring. ‖ *receler* [-s•lé] *v.* to receive; to harbour; to contain. ‖ *receleur* [-s•lœr] *m.* receiver of stolen goods, fence.

recensement [r•saⁿsmaⁿ] *m.* census, inventory; verification, checking. ‖ *recenser* [-sé] *v.* to count; to register; to inventory; to record; to take a census of.

récent [résaⁿ] *adj.* recent, late, new, fresh.

récépissé [résépìsé] *m.* receipt; acknowledgment.

réceptacle [résèptàkl] *m.* receptacle, container, resort, haunt, nest [criminels]. ‖ *récepteur, -trice* [-tœr, -trìs] *adj.* receiving; *m.* receiver; reservoir; collector [machine]. ‖ *réception* [-syoⁿ] *f* reception; receiving, receipt; welcome, reception desk. ‖ *réceptionner* [-syòné] *v.* to take delivery. ‖ *réceptionniste* [-ìst] *m., f.* receptionist, desk clerk.

récession [résèsyoⁿ] *f.* recession.

recette [r•sèt] *f.* receipts, returns [argent]; receivership [bureau]; recipe [cuisine].

recevable [rᵊsᵊvàbl] *adj.* receivable; admissible. ‖ **receveur** [-œr] *m.* receiver; addressee, collector [impôts]; conductor [tram]; ticket-taker (theat.); ℂ catcher [base-ball]. ‖ **recevoir** [-wàr] *v.** to receive; to get; to incur; to accept, to admit; to welcome; to entertain, to be at home; ℂ to catch [base-ball].

rechange [rᵊshaⁿj] *m.* replacement, change; *pièce de rechange,* spare part; refill.

réchapper [réchàpé] *v.* to escape; to get off; to be saved (*de,* from).

réchaud [réshô] *m.* hot-plate, burner; *réchaud à alcool,* spirit stove. ‖ **réchauffer** [-fé] *v.* to warm over, to heat up; to rekindle.

rêche [rèsh] *adj.* rough [toucher]; sour [goût]; crabbed [moral].

recherche [rᵊshèrsh] *f.* search, quest, pursuit, research, inquiry, investigation; prospecting; affectation. ‖ **recherché** [-é] *adj.* sought after, in great demand; studied, affected; refined. ‖ **rechercher** [-é] *v.* to seek again, to search after; to investigate; to aspire to; to court.

rechute [rᵊshüt] *f.* relapse (med.); back-sliding (fig.).

récidive [résidîv] *f.* recidivism, second offense; recurrence. ‖ **récidiver** [-ivé] *v.* to relapse into crime, to repeat an offense. ‖ **récidiviste** [-ivìst] *m.* recidivist, old offender.

récif [résîf] *m.* reef.

récipient [résìpyaⁿ] *m.* container; recipient; reservoir.

réciprocité [résìprôsìté] *f.* reciprocity, reciprocation; interchange. ‖ **réciproque** [-ôk] *adj.* reciprocal, mutual; converse (math.); *f.* the same, the like; converse, reciprocal (math.).

récit [résî] *m.* story, narrative, account, yarn (fam.); report. ‖ **récital** [-tàl] *m.* recital. ‖ **récitation** [-tàsyoⁿ] *f.* recitation, reciting. ‖ **réciter** [-té] *v.* to recite, to rehearse; to repeat; to tell, to narrate.

réclamation [réklàmàsyoⁿ] *f.* claim, demand; complaint, protest, objection; *bureau des réclamations, Br.* claims department. *Am.* adjustment bureau. ‖ **réclame** [réklàm] *f.* advertisement, advertising; sign; blurb, *Am.* ballyhoo (pop.); *faire de la réclame,* to advertise; *réclame du jour,* the day's special; *article de réclame,* feature article. ‖ **réclamer** [-é] *v.* to claim, to demand; to reclaim, to claim back; to complain, to object, to protest.

reclus [rᵊklü] *m.* recluse; *adj.* cloistered. ‖ **réclusion** [réklüzyoⁿ] *f.* seclusion, reclusion; solitary confinement.

recoin [rᵊkwⁱⁿ] *m.* nook, recess, cranny.

récolte [rékòlt] *f.* crop, harvest, vintage; collecting, gathering; profits (fig.). ‖ **récolter** [-é] *v.* to harvest, to reap; to gather in.

recommandable [rᵊkòmaⁿdàbl] *adj.* commendable; estimable; recommendable, advisable. ‖ **recommandation** [-àsyoⁿ] *f.* recommendation; reference, introduction; detainer (jur.); registration [postes]. ‖ **recommander** [-é] *v.* to recommend; to charge, to request; to lodge a detainer (jur.); to register, to insure [postes].

recommencer [rᵊkòmaⁿsé] *v.* to recommence, to begin anew, to start over (again).

récompense [rékoⁿpaⁿs] *f.* reward; requital; award, compensation. ‖ **récompenser** [-é] *v.* to reward, to requite, to recompense, to repay.

réconciliation [rékoⁿsìlyàsyoⁿ] *f.* reconciliation, reconcilement. ‖ **réconcilier** [-yé] *v.* to reconcile; *se réconcilier,* to become friends again, to make it up (*avec,* with).

reconduire [rᵊkoⁿdüîr] *v.** to reconduct, to escort, to lead back; to see home.

réconfort [rékoⁿfôr] *m.* comfort, relief. ‖ **réconforter** [-té] *v.* to comfort, to cheer up.

reconnaissance [rᵊkònèsaⁿs] *f.* recognition; gratitude, thankfulness; acknowledgment, avowal; recognizance; pawn-ticket; reconnaissance, reconnoitring, exploration. ‖ **reconnaissant** [-aⁿ] *adj.* grateful, thankful. ‖ **reconnaître** [-êtr] *v.** to recognize, to identify; to discover; to acknowledge, to admit (to); to concede; to reconnoitre, to explore.

reconstituant [rᵊkoⁿstìtüaⁿ] *m.* tonic; reconstituant, restorative, *Am.* bracer (fam.). ‖ **reconstituer** [-üé] *v.* to reconstitute, to reorganize.

reconstruction [rᵊkoⁿstrüksyoⁿ] *f.* reconstruction, rebuilding. ‖ **reconstruire** [-üîr] *v.** to reconstruct, to rebuild.

reconversion [rᵊcoⁿvèrsyoⁿ] *f.* reconversion.

recopier [rᵊcòpyé] *v.* to recopy.

record [rᵊkòr] *m.* record [sports]; *recordman,* record-holder.

recoupement [rᵊkûpmaⁿ] *m.* cross-checking, verification.

recourber [rᵊkûrbé] *v.* to bend again, to bend down (ou) back.

recourir [rᵊkûrîr] *v.** to have recourse, to resort (to); to appeal (jur.). ‖ **recours** [rᵊkûr] *m.* recourse; refuge, resort, resource; petition, appeal (jur.); *avoir recours à,* to resort to.

recouvrement [rᵉkûvrᵉmaⁿ] *m.* recovery; regaining, debts due.

recouvrer [rᵉkûvré] *v.* to recover, to retrieve, to get again; to recuperate, to recoup.

récréatif [rékréàtìf] *adj.** recreative, recreational; relaxing. ‖ *récréation* [-syoⁿ] *f.* recreation; play-time, recess, break.

récrier (se) [sᵉrékrìyé] *v.* to exclaim, to cry out; to expostulate, to protest; to be amazed.

récriminer [rékrìmìné] *v.* to recriminate; to countercharge.

recroqueviller (se) [sᵉrᵉkròkvìyé] *v.* to shrivel up [personne]; to cockle [parchemin].

recrue [rᵉkrü] *f.* recruit, draftee, inductee. ‖ *recrutement* [-tmaⁿ] *m.* recruitment, engaging, drafting, enlistment, mustering.

rectangle [rèktaⁿgl] *m.* rectangle. ‖ *rectangulaire* [-ülèr] *adj.* rectangular, right-angled.

rectifier [rèktìfyé] *v.* to rectify, to set right, to correct, to amend, to adjust; to straighten. ‖ *rectitude* [-ìtüd] *m.* rectitude, uprightness, correctness, straightness.

reçu [rᵉsü] *adj.* received; admitted, recognized, customary, usual; *m.* receipt; *au reçu de*, upon receipt of; *être reçu*, to pass [examen].

recueil [rᵉkœy] *m.* collection, selection, assortment, miscellany, anthology, compendium. ‖ *recueillement* [-maⁿ] *m.* gathering; collectedness; mental repose. ‖ *recueillir* [-îr] *v.** to gather, to get together, to assemble, to collect; to receive, to acquire; to take in, to reap; to shelter, to harbo(u)r; to inherit [succession]; *se recueillir*, to collect one's thoughts, to wrap oneself in meditation.

recul [rᵉkül] *m.* recoil; falling-back, retreat; kick [fusil]. ‖ *reculer* [-é] *v.* to draw back; to put back; to defer, to postpone; to extend [limites]; to retreat, to fall back, to recede; to recoil, to flinch; to go backwards; to rein back [cheval]; *à reculons*, backwards.

récupérable [rékupéràbl] *adj.* recoverable. ‖ *récupération* [-ràsyoⁿ] *f.* recuperation; recovery; salvage. ‖ *récupérer* [-ré] *v.* to recover; to recuperate [pertes]; to salvage.

récurer [rékûré] *v.* to scour, to cleanse.

récuser [rékûzé] *v.* to challenge, to take exception to (jur.); to impugn, to reject [témoignage]; *se récuser*, to disclaim competence (jur.).

rédacteur, -trice [rédàktœr, -trìs] *m., f.* writer, drafter [documents]; clerk; *rédacteur en chef*, chief editor. ‖ *rédaction* [rédàksyoⁿ] *f.* editing; editorial staff; drawing up; wording; newsroom; essay, composition [école].

reddition [rèdìsyoⁿ] *f.* surrender; rendering [comptes].

rédempteur [rédaⁿptœr] *m.* redeemer; *adj.** redeeming.

redevable [rᵉdᵉvàbl] *adj.* indebted, owing; beholden; *m.* debtor. ‖ *redevance* [-vaⁿs] *f.* dues; rent; fees.

rédhibitoire [rédìbìtwàr] *adj.* redhibitory; latent [vice].

rédiger [rédìjé] *v.* to draw up; to edit; to draft, to word, to indite.

redingote [rᵉdiⁿgòt] *f.* frock-coat.

redire [rᵉdîr] *v.** to repeat, to tell again; to reiterate; to criticize. ‖ *redite* [-ìt] *f.* repetition, redundancy; tautology.

redoubler [rᵉdûblé] *v.* to redouble; to increase; to re-line [vêtement].

redoutable [rᵉdûtàbl] *adj.* redoubtable, fearsome, awful. ‖ *redouter* [-é] *v.* to dread, to fear.

redresser [rᵉdrèsé] *v.* to re-erect; to straighten up; to put right, to redress, to reform; to right (aviat.); to hold up [tête]; to rebuke, to reprimand; *se redresser*, to straighten up again; to stand erect again; to right oneself, to be righted.

réduction [réduksyoⁿ] *f.* reduction; abatement; laying-off; letting-out [personnel]; subjugation; reducing (mil.); mitigation (jur.).

réduire [rédüîr] *v.** to reduce, to lessen, to abate, to diminish, to curtail; to boil down; to subjugate; to compel; *se réduire*, to be reduced, to diminish, to dwindle away; to amount (à, to). ‖ *réduit* [-üì] *m.* recess, nook; hovel; *adj.* reduced; brought to, obliged to.

réel [réèl] *adj.** real, actual; genuine; sterling; material; *m.* reality.

réfection [réfèksyoⁿ] *f.* repairing, rebuilding; recovery.

référence [référaⁿs] *f.* reference; allusion; *pl.* references. ‖ *référer* [-é] *v.* to refer; to allude; to impute, to ascribe; *se référer*, to refer, to relate; to leave it (à, to); *s'en référer*, to confide, to trust (à, to).

référendum [référìⁿdòm] *m.* referendum.

réfléchi [réfléshì] *adj.* reflected; deliberate, reflective, thoughtful; circumspect; wary; reflexive (gramm.). ‖ *réfléchir* [-îr] *v.* to reflect; to mirror;

to reverberate; to think over, to cogitate, to ponder. ‖ **réflecteur** [réflèktœr] *m.* reflector; *adj.* reflective. ‖ **reflet** [r°flè] *m.* reflection; gleam. ‖ **refléter** [r°flété] *v.* to reflect, to mirror [lumière].

réflexe [réflèks] *m., adj.* reflex. ‖ **réflexion** [-yoⁿ] *f.* reflection; thought, consideration; reproach, imputation; *toute réflexion faite,* all things considered.

refluer [r°flüé] *v.* to reflow, to ebb, to surge back.

reflux [r°flü] *m.* ebb.

refondre [r°foⁿdr] *v.* to remelt; to refit; to recast. ‖ **refonte** [r°foⁿt] *f.* recasting, refounding; recoining; remodel(l)ing; correction, repair.

réforme [réfòrm] *f.* reform, reformation; amendment; discharge (mil.); retirement, pension (mil.). ‖ **réformer** [-é] *v.* to reform, to rectify, to amend, to improve; to pension, to discharge (mil.).

refoulement [r°fûlmaⁿ] *m.* repression. ‖ **refouler** [r°fûlé] *v.* to drive back, to repel; to repress; to choke back.

réfractaire [réfràktèr] *adj.* refractory; stubborn, intractable, contumacious; *m.* defaulting conscript, *Am.* draft-dodger (mil.).

refrain [r°friⁿ] *m.* refrain, chorus, burden.

refréner [r°fréné] *v.* to bridle, to curb, to restrain.

réfrigérateur [réfrìjéràtœr] *m.* refrigerator; ice-box. ‖ **réfrigérer** [réfrìjéré] *v.* to refrigerate.

refroidir [r°frwàdîr] *v.* to chill, to cool; to check, to temper, to dispirit (fig.). ‖ **refroidissement** [-ìsmaⁿ] *m.* cooling, refrigeration; coldness, chill, cold (med.).

refuge [r°füj] *m.* refuge, shelter, asylum; protection; pretext, (fam.) dodge. ‖ **réfugié** [réfüjyé] *m.* refugee; displaced person. ‖ **réfugier (se)** [s°réfüjyé] *v.* to take refuge, to take shelter; to have recourse.

refus [r°fü] *m.* refusal, denial; rejection. ‖ **refuser** [-zé] *v.* to refuse, to reject, to deny; to decline; to withhold, to grudge; to demur; to haul ahead (naut.); to fail, to plough, *Am.* to flunk [candidat].

réfutation [réfütàsyoⁿ] *f.* refutation. ‖ **réfuter** [réfüté] *v.* to refute, to confute, to disprove.

regagner [r°gàñé] *v.* to regain, to recover, to reach [maison].

regain [r°giⁿ] *m.* aftergrowth; revival, rejuvenation (fig.).

régal [régàl] *m.* treat; delight. ‖ **régaler** [-é] *v.* to treat to, to regale, to feast, to entertain; *se régaler,* to enjoy oneself, to have a good time.

regard [r°gàr] *m.* look; glance, gaze, stare; frown, scowl; notice, attention; man-hole; *en regard,* opposite, facing. ‖ **regarder** [-dé] *v.* to look at, to glance at, to gaze at, to stare at; to look into, to consider; to face, to be opposite; to regard, to concern; to pay heed; *ça me regarde,* that is my own business.

régate [régàt] *f.* regatta.

régénérer [réjénéré] *v.* to regenerate.

régent [réjaⁿ] *m., adj.* regent. ‖ **régenter** [-té] *v.* to direct; to govern; to domineer.

régie [réjî] *f.* administration; excise office; collection of taxes.

regimber [r°jiⁿbé] *v.* to kick; to balk; to jib.

régime [réjîm] *m.* diet; regimen; government; rules, regulations; regime, system; object, objective case (gramm.); cluster, bunch [bananes]; rate of flow [rivière].

régiment [réjìmaⁿ] *m.* regiment.

région [réjyoⁿ] *f.* region, area, sector, zone, district, territory, locality; *Am.* belt. ‖ **régional** [-yònàl] *adj.* local, regional. ‖ **régionalisme** [-yònàlìsm] *m.* regionalism.

régir [réjîr] *v.* to rule, to govern, to administer. ‖ **régisseur** [-ìsœr] *m.* bailiff; stage manager (theat.); assistant director [cinéma].

registre [r°jìstr] *m.* register, record; account-book (comm.); compass [voix].

réglage [réglàj] *m.* adjustment, adjusting; regulating; tuning. ‖ **règle** [règl] *f.* rule; ruler; order; regularity; example; principle, law; *pl.* menses; *en règle,* in order, correct, regular; *règle à calcul,* slide-rule. ‖ **réglé** [réglé] *adj.* ruled, lined [papier]; regular, steady, methodical; exact, fixed. ‖ **règlement** [règl°maⁿ] *m.* settlement, adjustment [comptes]; regulation, statute; ordinance, by-law, rule. ‖ **réglementaire** [régl°maⁿtèr] *adj.* regular, statutory, prescribed; reglementary. ‖ **réglementer** [-é] *v.* to regulate. ‖ **régler** [réglé] *v.* to rule, to line [papier]; to regulate, to order; to settle [comptes]; to set, to adjust, to time [horloge].

réglisse [réglìs] *f.* liquorice.

règne [rèñ] *m.* reign; prevalence, duration; influence; *règne animal,* animal kingdom. ‖ **régner** [réñé] *v.* to reign; to rule; to hold sway, to prevail; to reach, to extend.

regorger [r°gòrjé] *v.* to overflow; to abound (*de,* in); to be glutted.

régresser [régrésé] v. to regress; to throw back.

regret [regrè] m. regret; repining, yearning; à regret, with reluctance, grudgingly. ‖ **regrettable** [-tàbl] adj. deplorable, regrettable. ‖ **regretter** [-té] v. to regret; to repent, to be sorry for; to lament, to grieve; to miss.

régulariser [régülàrìzé] v. to regularize. ‖ **régularité** [-lté] f. regularity; punctuality; steadiness; equability; evenness. ‖ **régulier** [régülyé] adj.* regular; punctual, exact; systematic; steady; right, correct, in order; valid; normal; equable; orderly.

réhabiliter [réàbìlìté] v. to rehabilitate; to reinstate; to vindicate; to whitewash (fig.).

rehausser [reôsé] v. to raise, to heighten; to enhance; to set off.

rein [riⁿ] m. kidney; pl. loins; mal aux reins, backache, lumbago.

réincarnation [réiⁿkàrnàsyoⁿ] f. reincarnation. ‖ **réincarner** [-né] v. to reincarnate.

reine [rèn] f. queen; **reine-claude**, greengage plum; **reine-marguerite**, China aster. ‖ **reinette** [-nèt] f. rennet, pippin.

réitérer [réìtéré] v. to reiterate.

rejaillir [rejàyîr] v. to rebound; to splash, to gush, to spurt, to spout; to spring, to leap out; to reflect, to recoil (sur, on).

rejet [rejè] m. rejection; throwing out; refusal; transfer [finance]; sprout, shoot [plante]. ‖ **rejeter** [rejté] v. to reject, to throw back, to refuse; to discard, to shake off; to deny, to disallow (jur.); to spurn; to send forth [plantes]; to transfer (comm.). ‖ **rejeton** [-oⁿ] m. shoot, sucker; offspring, scion.

rejoindre [rejwiⁿdr] v.* to rejoin; to reunite, to overtake [rattraper]; se rejoindre, to meet, to join up.

réjoui [réjwì] adj. jolly, jovial, merry. ‖ **réjouir** [-îr] v. to gladden, to cheer, to make merry; to divert, to delight, to entertain; se réjouir, to rejoice, to be glad, to make merry, to enjoy oneself, to be delighted. ‖ **réjouissance** [-isaⁿs] f. rejoicing, merry-making.

relâche [relâsh] m. intermission, interruption, respite; closing (theat.); f. putting-in, calling at port (naut.). ‖ **relâché** [-é] adj. lax, relaxed, loose, slack, remiss. ‖ **relâchement** [-maⁿ] m. slackening, loosening, relaxing; laxity, remissness; intermission; abatement. ‖ **relâcher** [-é] v. to slacken, to loosen, to relax; to sag; to release, to liberate, to unbend [esprit], to abate; to touch port.

relais [relè] m. relay; Am. hook-up [radio]; shift; relay-station; filling-station [auto].

relater [relàté] v. to relate, to recount, to tell. ‖ **relatif** [-àtìf] adj.* relative, relating, relevant, concerning; m. relative (gramm.). ‖ **relation** [-àsyoⁿ] f. relation, account, report, statement, reference; relevance; connection; communication; pl. connections; être en relation avec, to be connected with, to have dealings with. ‖ **relativité** [-àtìvìté] f. relativity.

relaxation [relàksàsyoⁿ] f. relaxation. ‖ **relaxer** [relàksé] v. to release, to liberate; to relax.

relayer [relèyé] v. to relay, to relieve; to take the place of; to change horses; se relayer, to take it in turns.

reléguer [relégé] v. to relegate, to banish, to exile; to consign.

relent [relaⁿ] m. musty taste; stale smell.

relève [relèv] f. relief, shift; relieving party. ‖ **relevé** [relvé] adj. raised, erect; elevated, lofty; pungent, spicy, hot; noble, refined [ton]; m. statement. ‖ **relever** [-é] v. to raise again, to lift again; to rebuild [maison]; to pick up, to take up; to heighten, to enhance; to criticize; to remark; to spice, to season; to survey (topogr.); to depend, to be dependent (de, on); to stem (de, from); to take bearings (naut.); to relieve [garde]; relever de maladie, to recover.

relief [relyèf] m. relief, embossment; enhancement; pl. left-overs [repas]; bas-relief, bas-relief, low relief.

relier [relyé] v. to connect; to link; to join; to bind [livres]; to hoop [tonneau]. ‖ **relieur** [-yœr] m. bookbinder.

religieux [relìjyë] adj.* religious; scrupulous; m. monk, friar. ‖ **religieuse** [-ëz] f. nun, sister; double cream-puff [pâtisserie]. ‖ **religion** [-jyoⁿ] f. religion.

reliquaire [relìkèr] m. reliquary.

reliquat [relìkà] m. balance, remainder; after-effect (med.).

relique [relìk] f. relic, vestige.

reliure [relyür] f. binding [livres].

reluire [relüîr] v.* to shine, to glisten, to glitter, to gleam.

remanier [remànyé] v. to manipulate, to handle again, to modify, to alter, to revise, to recast.

remarier (se) [seremàryé] v. to remarry.

remarquable [remàrkàbl] adj. remarkable, noteworthy, conspicuous, outstanding, signal. ‖ **remarque** [remàrk] f. remark, observation, notice, note; comment. ‖ **remarquer** [-é] *v.* to remark, to note, to observe, to notice; to distinguish.

remblayer [raⁿblèyé] *v.* to bank up.

rembourrer [raⁿbûré] *v.* to pad, to stuff, to upholster; to pack, to cram, to wad. ‖ **rembourreur** [-œr] *m.* © upholsterer.

remboursable [raⁿbûrsàbl] *adj.* repayable; redeemable. ‖ **remboursement** [-maⁿ] *m.* reimbursement, refund, repayment; *contre remboursement*, cash on delivery, C. O. D. ‖ **rembourser** [-é] *v.* to reimburse, to refund, to repay.

remède [rₑmèd] *m.* remedy, medicine, cure. ‖ **remédier** [rₑmédyé] *v.* to remedy, to cure, to relieve.

remémorer [rₑmémòré] *v.* to remind; *se remémorer*, to remember, to recall.

remerciement [rₑmèrsìmaⁿ] *m.* thanking; gratitude; *pl.* thanks. ‖ **remercier** [-yé] *v.* to thank; to decline politely, to discharge, to dismiss; to sack, to fire, to oust.

remettre [rₑmètr] *v.** to put back; to put again, to replace, to restore, to reinstate; to put off, to delay, to postpone, to defer, to deliver, to hand over, to remit; to confide, to trust; to cure; to forgive; to recognize; *se remettre*, to recover one's health; to compose oneself; to recommence; to call to mind, to recollect; *s'en remettre à*, to rely on.

réminiscence [rémìnìsaⁿs] *f.* reminiscence, recollection.

remise [rₑmîz] *f.* delivery; remittance; discount, reduction, rebate, commission (comm.); delay, deferment, postponement, remission (jur.); coach-house; shelter (naut.). ‖ **remiser** [-ìzé] *v.* to house; to put away [véhicule]; (fam.) to put in one's place.

rémission [rémìsyoⁿ] *f.* remission; abatement (med.); subsiding.

remmailler [raⁿmàyé] *v.* to graft a patch into.

remonter [rₑmoⁿté] *v.* to remount, to get up again, to climb again; to re-equip, to restock; to rise; to increase [valeur]; to date back, to have origin; to wind [horloge]; to brace up [santé]; to cheer up [quelqu'un]. ‖ **remontoir** [-twàr] *m.* watch-key; key.

remontrance [rₑmoⁿtraⁿs] *f.* expostulation, remonstrance, reproof. ‖ **remontrer** [-é] *v.* to show again; to demonstrate; to expostulate.

remords [rₑmòr] *m.* remorse.

remorque [rₑmòrk] *f.* towing; towline; trailer. ‖ **remorquer** [-é] *v.* to tow, to haul, to drag. ‖ **remorqueur** [-œr] *m.* tug(-boat).

rémouleur [rémûlœr] *m.* knife-grinder; tool-sharpener.

remous [rₑmû] *m.* eddy, backwater; whirlpool; swirl; movement [foule]; public unrest.

rempailleur [raⁿpàyœr] *m.* chair-mender.

rempart [raⁿpàr] *m.* rampart; bulwark (fig.).

remplaçant [raⁿplàsaⁿ] *m.* substitute. ‖ **remplacement** [-maⁿ] *m.* replacing, replacement; substitution. ‖ **remplacer** [-é] *v.* to take the place of, to supplant; to substitute for; to replace, to supersede.

remplir [raⁿplîr] *v.* to fill; to fill again, to replenish; to cram, to stuff; to hold, to perform, to keep [fonction]; to fulfil(l) [devoir]; to occupy [temps]; to supply, to stock. ‖ **remplissage** [-lsà] *m.* filling up; padding (fig.).

remporter [raⁿpòrté] *v.* to carry back, to take back; to carry off, to take away; to get, to obtain; to win [prix, victoire].

remuer [rₑmüé] *v.* to stir; to move; to rouse; to turn up; to shake [tête]; to wag [queue]; to fidget; *remue-ménage*, rummaging, bustle, hubbub; *se remuer*, to move; to bustle about.

rémunérateur, -trice [rémünéràtœr, -trìs] *adj.* remunerative, rewarding; profitable. ‖ **rémunération** [-àsyoⁿ] *f.* remuneration, payment. ‖ **rémunérer** [-é] *v.* to remunerate; to pay for [services].

renâcler [rₑnâklé] *v.* to snort, to sniff; to shirk [besogne]; to demur, to balk, to hang back (pop.).

renaissance [rₑnèsaⁿs] *f.* Renaissance, Renascence; rebirth.

renard [rₑnàr] *m.* fox. ‖ **renarde** [-àrd] *f.* vixen.

renchérir [raⁿshérîr] *v.* to increase in price; to improve on.

rencontre [raⁿkoⁿtr] *f.* meeting, encounter; engagement (mil.); discovery; coincidence. ‖ **rencontrer** [-é] *v.* to meet, to encounter; to experience; to chance upon; *se rencontrer*, to meet each other; to be met with, to be found, to tally, to agree.

rendement [raⁿdmaⁿ] *m.* output, yield, production; efficiency.

rendez-vous [raⁿdévû] *m.* appointment, rendez-vous, date, engagement; place of resort, haunt; meeting-place.

rendre [raⁿdr] *v.* to render, to return, to restore, to give back; to repay, to refund; to bring in, to yield; to produce; to make, to cause to be; to vomit; to void; to exhale; to emit; to express, to convey; to translate;

to give [verdict]; to bear [témoignage]; to do [hommage]; to pay [visite, honneur]; to dispense [justice]; to issue [arrêt], *rendre l'âme*, to die, to give up the ghost; *rendre service*, to be of service; *rendre compte*, to render an account, *se rendre*, to go oneself; to surrender, to yield, to capitulate; *se rendre compte de*, to realize, to be aware of.

rêne [rèn] *f.* rein.

renfermé [raⁿfèrmé] *adj.* self-contained, shut up, closed in; *m.* mustiness. ‖ *renfermer* [-é] *v.* to shut up, to lock up; to confine; to enclose, to contain; to include; to conceal.

renfler [raⁿflé] *v.* to swell, to bulge.

renflouer [raⁿflûé] *v.* to refloat, to raise; to pull off the rocks [affaire].

renfoncement [raⁿfoⁿsmaⁿ] *m.* denting in, knocking in; recess, dint, dent.

renforcer [raⁿfòrsé] *v.* to reinforce, to strengthen; to augment, to increase; to intensify (phot.). ‖ *renfort* [-òr] *m.* reinforcement; strengthening piece; help, aid.

renfrogner (se) [seraⁿfròñé] *v.* to frown, to scowl.

rengaine [raⁿgèn] *f.* catch-phrase; *la même rengaine*, the same old story.

rengorger (se) [seraⁿgòrjé] *v.* to puff up one's chest, to give oneself airs.

reniement [reⁿìmaⁿ] *m.* denying; disavowal, denial; disavowing. ‖ *renier* [reⁿyé] *v.* to deny; to disown, to disavow; to abjure, to forswear.

reniflement [reⁿìflemaⁿ] *m.* sniff; snuffling. ‖ *renifler* [reⁿìflé] *v.* to sniff, to snuffle, to snivel; to spurn (fig.).

renne [rèn] *m.* reindeer.

renom [reⁿoⁿ] *m.* renown, fame, celebrity. ‖ *renommé* [-òmé] *adj.* renowned, noted, famed. ‖ *renommée* [-òmé] *f.* renown, fame, reputation, celebrity.

renoncement [reⁿoⁿsmaⁿ] *m.* renouncement, renunciation; abnegation; repudiation. *renoncer* [-é] *v.* to renounce, to relinquish, to swear off, to abjure; to repudiate, to recant, to retract; to disavow, to waive, to disown, to disclaim; to give up [succession], to abdicate [trône]. ‖ *renonciation* [-yasyoⁿ] *f.* renunciation.

renoncule [reⁿoⁿkül] *f.* ranunculus.

renouer [reⁿûé] *v.* to take up again; to renew to resume.

renouveau [reⁿûvò] *m.* ° springtime; renewal. ‖ *renouveler* [-lé] *v.* to renew, to renovate, to revive, to regenerate; to recommence, to repeat. ‖ *renouvellement* [-èlmaⁿ] *m.* renewal, renovation; increase, redoubling.

rénover [rénòvé] *v.* to renew, to renovate. to revive.

renseignement [raⁿsèñmaⁿ] *m.* information, knowledge, intelligence, account. *bureau de renseignements*, *Am.* information booth, *Br.* inquiry office. *renseigner* [-é] *v.* to inform, to give information; to teach again; to direct. *se renseigner*, to inquire, to obtain information.

rente [raⁿt] *f.* yearly income, revenue; stock, funds, annuity; rent; profit; *rente viagère*, life endowment, annuity. ‖ *rentier* [-yé] *m.* stockholder, investor, annuitant.

rentrée [raⁿtré] *f.* re-entrance, reentering reopening; reappearance; gathering in [récolte]; warehousing [marchandise]; collection [impôts]; reappearance. return [acteur]. ‖ *rentrer* [-é] *v.* to re-enter, to come in again; to collect [impôts]. to gather in [récolte], to take in, to be contained, to be comprehended. to stifle, to suppress [rire]; to indent [typogr.].

renversement [raⁿvèrsemaⁿ] *m.* reversing, overturning, overthrow; upsetting. confusion, disorder; upheaval. ‖ *renverser* [-é] *v* to throw down, to turn upside down, to upset, to overthrow, to overturn; to spill [liquide]; to throw into disorder, to confuse, to amaze, to stupefy; to transpose; to reverse [vapeur]; to drive back, to rout; to invert (math.; mus.); to defeat, to turn out [ministère]; to stagger (fam.). *se renverser*, to overturn, to capsize, to upset, to turn over.

renvoi [raⁿvwà] *m.* returning, sending back sending away, dismissal, discharge, sacking, firing; referring [question], adjournment [parlement]; remand (jur.). belch; reflection [lumière]. echo reverberation [bruit]; repeat (mus.). ‖ *renvoyer* [-yé] *v.*° to send back, to return; to dismiss, to discharge. to fire. to refer [affaire]; to dismiss [ministre]; to reject, to refuse; to refer [question]; to remand (jur.); to adjourn to postpone, to defer; to reflect [lumière]. to echo, to reverberate [bruit].

repaire [repèr] *m.* den; haunt; nest; hide-out

repaître (se) [serepètr] *v.*° to feed (*de*, on)

répandre [répaⁿdr] *v.* to pour, to shed; to spill; to spread, to diffuse, to distribute to scatter, to screw; to propagate. *se répandre*, to go out, to go about; to spread over; to be profuse. to spread; to gain ground.

réparable [réparàbl] *adj.* reparable, mendable, remediable; *Am.* fixable. ‖ *réparateur, -trice* [-àtœr, -trìs] *adj.* reparative; restorative, refreshing;

m., f. repairer; restorer; *Am.* fixer. ‖
réparation [-àsyoⁿ] f. reparation;
repair, mending, *Am.* fixing; amends,
atonement, satisfaction [honneur]. ‖
réparer [-é] v. to repair, to mend, *Am.*
to fix; to make amends for; to retrieve
[pertes]; to redress [torts]; to recruit,
to restore [forces].

repartie [rᵉpàrtí] f. repartee, retort,
rejoinder, reply.

répartir [répàrtír] v. to divide, to
distribute, to portion out; to assess. ‖
répartition [-ìsyoⁿ] f. distribution, division; allotment; assessment.

repas [rᵉpá] m. meal, repast.

repassage [rᵉpàsà] m. repassing;
ironing, pressing [vêtements]; grinding, sharpening [coutellerie]. *repasser* [-é] v. to repass; to call again; to
iron, to press; to grind, to sharpen, to
whet; to hone [pierre]; to strop [cuir];
to review; to revise; to ponder.

repentir [rᵉpaⁿtír] m. repentance, remorse; regret, contrition, compunc-
tion; *se repentir,* v.* to repent, to be
sorry, to regret.

répercussion [répèrküsyoⁿ] f. repercussion, reverberation; consequence,
after-effect. ‖ *répercuter* [-üté] v. to
reverberate, to echo, to resound.

repère [rᵉpèr] m. reference; mark;
landmark; *point de repère,* guide
mark, landmark; blaze [arbre]. ‖ *repérer* [-éré] v. to mark; to locate, to
discover; to blaze.

répertoire [répèrtwàr] m. index,
card-file, catalog(ue); repertory, repository; directory; stock (theat.).

répéter [répété] v. to repeat; to
retell; to rehearse (theat.); to reproduce (jur.). ‖ *répétiteur,* -*trice* [-ïtœr,
-trìs] m., f. tutor, coach, private
teacher; assistant teacher; repeater
(telegr.). ‖ *répétition* [-ìsyoⁿ] f. reit-
eration, repetition; rehearsal; recurrence, reproduction; private lesson;
répétition générale, dress rehearsal.

repeupler [rᵉpœplé] v. to repeople,
repopulate; to restock; to replant.

répit [répí] m. respite, delay, pause;
breather; reprieve (jur.).

replet [rᵉplè] adj. fat, bulky.

repli [rᵉplí] m. fold, crease; winding,
coil (fig.). ‖ *replier* [-yé] v. to fold
again, to fold back; to double back;
to bend back; to coil [corde]; to force
back (mil.); *se replier,* to twist oneself, to fold oneself; to wind, to
coil; to writhe; to fall back, to retreat
(mil.).

réplique [réplìk] f. reply, answer,
response, retort, rejoinder, *Am.* come-
back (fam.); repeat (mus.); cue
(theat.); replica [art]; *donner la
réplique,* to give the cue, *Am.* to play

the stooge (theat.). ‖ *répliquer* [-é] v.
to reply, to respond, to retort.

répondant [répoⁿdaⁿ] m. respond-
ent; defendant (jur.). security, guarantee. ‖ **répondre** [répoⁿdr] v. to
answer, to respond, to reply; to
satisfy, to come up to; to correspond;
répondre de, to warrant, to be answerable for, to vouch for, to be responsible for, to go bail for. ‖ *réponse*
[-oⁿs] f. answer, reply, response;
rejoinder (jur.).

report [rᵉpòr] m. carrying forward,
bringing forward (comm.); carry over
[montant]; continuation [Bourse]. ‖
reportage [-tà] m. reporting; commentary. ‖ *reporter* [-tèr] m. reporter.
‖ *reporter* [-té] v. to carry forward
(comm.); to carry over [Bourse]; to
carry back, to take back; *se reporter,*
to refer, to go back, to be carried back
[par la mémoire].

repos [rᵉpó] m. rest, repose; quiet,
peace, tranquillity; sleep; pause
(mus.); half-cock [fusil]; *valeur de
tout repos,* gilt-edged security. ‖
reposé [-pòzé] adj. rested, reposed,
refreshed; quiet, calm; *à tête reposée,*
at leisure. ‖ *reposer* [-zé] v. to place
again, to set back; to rest, to repose;
to refresh; to be based, to be established; to be inactive, to be out of
use; to lie fallow [terre]; *se reposer,*
to rest; to rely; to alight, to light [oi-
seaux]; *se reposer sur,* to put one's
trust in. ‖ *reposoir* [-zwàr] m. temporary altar.

repoussant [rᵉpûsaⁿ] adj. repulsive,
disgusting, repugnant, offensive,
repellent, loathsome; forbidding. ‖ *re-
poussé* [-é] adj. embossed. ‖ *repousser*
[-é] v. to push again; to drive back,
to beat back, to repel; to thrust away,
to push aside; to reject, to spurn; to
repulse, to rebuff; to grow again, to
sprout; to recoil, to kick [fusil]; to
deny [accusation]; to decline [offre];
to put off, to postpone [rendez-vous]. ‖
repoussoir [-wàr] m. driving-bolt,
starting-bolt; dentist's punch; set-off,
contrast [tableau]; foil [personne].

répréhensible [répréaⁿsìbl] adj.
reprehensible; censurable.

reprendre [rᵉpraⁿdr] v.* to retake,
to recapture, to get back, to recover;
to resume, to begin again; to revive;
to reprove, to criticize; to repair; to
reply; to take root again; to freeze
again.

représailles [rᵉprézày] f. pl. reprisal,
retaliation; *user de représailles,* to
retaliate.

représentant [rᵉprézaⁿtaⁿ] m. representative, deputy, delegate; agent
(comm.), salesman. ‖ *représentatif*
[-àtìf] adj.* representative. ‖ *représentation* [-àsyoⁿ] f. representation;

exhibition, display; performance, show (theat.); remonstrance; agency, branch (comm.). ‖ **représenter** [-é] v. to represent; to exhibit, to produce; to perform [pièce]; to depict, to portray, to describe; to typify, to symbolize.

répression [réprèsyoⁿ] f. repression.

réprimande [réprìmaⁿd] f. reprimand, reproach. ‖ **réprimander** [-é] v. to reprimand, to reprove, to rebuke, to reproach, to chide, to upbraid; to blow up (fam.).

réprimer [réprìmé] v. to repress, to restrain, to curb, to stifle.

repris [rⁱprì] adj. retaken, taken up again; reset [os]; repris de justice, old offender, Br. old lag (pop.), Am. repeater. ‖ **reprise** [-ìz] f. resumption; retaking, recapture; revival, renewal; return [maladie]; repair, darn, mending [couture]; chorus, refrain (mus.); underpinning [construction]; game [cartes]; bout; round; resumption of play [sport]; pick-up [autom.]. ‖ **repriser** [-ìzé] v. to darn, to mend.

réprobateur, -trice [répròbàtœr, -tris] adj. reprobative, reproachful, reproving. ‖ **réprobation** [-àsyoⁿ] f. reprobation, reproval, censure.

reproche [rⁱpròsh] m. reproach, rebuke, reproof; taunt; sans reproche, blameless, unexceptionable. ‖ **reprocher** [-é] v. to reproach with; to blame for; to upbraid; to challenge (jur.); reprocher à quelqu'un d'avoir fait quelque chose, to reproach someone with having done something.

reproduction [rⁱpròdüksyoⁿ] f. reproduction; replica, copy. ‖ **reproduire** [-üìr] v.* to reproduce; to reprint; se reproduire, to be reproduced; to reproduce; to multiply; to breed; to recur, to happen again, to occur again.

réprouver [réprûvé] v. to reprobate; to disapprove of; to damn, to cast off (theol.).

reptation [rèptàsyoⁿ] f. reptation. ‖ reptile [rèptìl] m. reptile.

repu [rⁱpü] adj. satiated, glutted, sated, full.

républicain [répüblìkⁱⁿ] m., adj. republican. ‖ **république** [-ìk] f. republic.

répudier [répüdyé] v. to repudiate.

répugnance [répüfìaⁿs] f. repugnance, loathing, repulsion; reluctance, unwillingness; avoir de la répugnance à, to be loath to. ‖ répugnant [-aⁿ] adj. repulsive, repugnant, repellent, distasteful, loathsome. ‖ répugner [-é] v. to be repugnant; to inspire repugnance; to feel repugnance, to feel loath; to be contrary to.

répulsion [répülsyoⁿ] f. repulsion, beating back; disgust, loathing.

réputation [répütàsyoⁿ] f. reputation, character, good repute, fame; avoir la réputation de, to pass for. ‖ réputer [-é] v. to esteem, to repute, to account, to deem.

requérir [rⁱkérìr] v.* to request; to require, to exact, to demand; to claim, to summon. ‖ **requête** [-èt] f. request, petition, demand, application; address, suit (jur.).

requin [rⁱkⁱⁿ] m. shark.

requis [rⁱkì] adj. required, requisite; proper, necessary. ‖ **réquisition** [rékìzìsyoⁿ] f. requisition; summons, levy, demand; seizure. ‖ **réquisitionner** [-ìsyòné] v. to requisition, to commandeer; to seize. ‖ **réquisitoire** [-ìtwàr] m. indictment, list of charges; requisitory; stream of reproaches (fam.).

rescapé [rèskàpé] adj. rescued; m. survivor.

rescousse [rèskûs] f. rescue; help.

réseau [rézò] m.* net; network; web, complication (fig.); system [radio, rail]; tracery (arch.); réseau de barbelés, barbed wire entanglements; réseau de résistance, resistance group.

réserve [rézèrv] f. reserve, reservation, caution, wariness, prudence; modesty, shyness; stock, store, supply; storehouse; preserve [gibier]. ‖ réserver [-é] v. to reserve; to keep, to intend; to lay by; to book [places]; se réserver, to hedge. ‖ réserviste [-ìst] m. reservist. ‖ réservoir [-wàr] m. reservoir; tank, cistern, well.

résidence [rézìdaⁿs] f. residence, residency; dwelling; house, place of abode; residentship. ‖ résident [-aⁿ] m. resident; representative [diplomate]. ‖ résider [-é] v. to reside, to dwell; to lie, to consist.

résidu [rézìdü] m. residue; remnant; remainder, balance (math.); amount owing (comm.). ‖ résiduel [-èl] adj.* residual; supplemental.

résignation [rézìfiàsyoⁿ] f. resignation; relinquishment, renunciation. ‖ résigner [-é] v. to resign, to relinquish, to renounce, to give up, to abdicate; se résigner, to resign oneself, to be resigned; to submit, to put up (à, with).

résiliation [rézìlyàsyoⁿ] f. cancelling, abrogation, annulment, invalidation; deletion; rescission. ‖ résilier [-yé] v. to cancel, to annul; to delete.

résille [rézìy] f. hair-net; lattice work.

résine [rézìn] f. resin. ‖ résineux [-ë] adj.* resinous.

résistance [rézìstaⁿs] *f.* resistance; opposition; underground forces [guerre]. ‖ **résistant** [-aⁿ] *adj.* resistant, unyielding, lasting, sturdy, tough. ‖ **résister** [-é] *v.* to resist, to oppose, to withstand; to endure, to bear; to hold out.

résolu [rézòlü] *p. p. of* **résoudre**; *adj.* resolved, determined, decided; resolute; solved. ‖ **résolution** [-syoⁿ] *f.* resolution; decision; determination; resolve; solution; reduction, conversion; annulment (jur.). ‖ **résolutoire** [-twàr] *adj.* resolutory.

résonance [rézònaⁿs] *f.* resonance; repercussion ‖ **résonateur** [rézònàtœr] *m.* resonator ‖ **résonnement** [-maⁿ] *m.* resounding, re-echoing; vibration. ‖ **résonner** [-é] *v.* to resound; to reverberate, to re-echo; to vibrate; to twang; to ring; to rattle.

résorber [rézòrbé] *v.* to reabsorb; to absorb, to imbibe.

résoudre [rézûdr] *v.* to resolve; to solve, to settle [question]; to decide upon, to determine upon; to dissolve, to melt, to break down; to annul (jur.); *se résoudre,* to make up one's mind (à, to).

respect [rèspè] *m.* respect, regard, deference, awe; reverence. ‖ **respectable** [rèspèktàbl] *adj.* respectable, estimable, hono(u)rable, reputable. ‖ **respecter** [-é] *v.* to respect, to revere, to hono(u)r, to venerate.

respectif [rèspèktìf] *adj.* respective.

respectueux [rèspèktüè] *adj.* respectful, deferential, dutiful [enfant].

respiration [rèspìràsyoⁿ] *f.* respiration, breathing. ‖ **respirer** [-é] *v.* to respire, to breathe; to inhale.

resplendir [rèsplaⁿdîr] *v.* to shine brightly; to be resplendent; to gleam. ‖ **resplendissant** [-lsaⁿ] *adj.* resplendent, bright, glittering.

responsabilité [rèspoⁿsàbìlìté] *f.* responsibility, accountability, liability (comm.). ‖ **responsable** [-àbl] *adj.* responsible, accountable, answerable; liable (comm.).

resquille [rèskîy] *f.* wangling. ‖ **resquilleur** [rèsklyœr] *m.* gatecrasher; wangler; wide boy.

ressac [r•sàk] *m.* surf.

ressaisir [r•sèzîr] *v.* to seize again, to catch again; to recover possession of.

ressasser [r•sàsé] *v.* to harp on.

ressemblance [r•saⁿblaⁿs] *f.* likeness, resemblance, similarity. ‖ **ressemblant** [-aⁿ] *adj.* like, similar to; resembling. ‖ **ressembler** [-é] *v.* to resemble, to look like, to be similar, to take after;

se ressembler, to look alike, to resemble each other; to be similar.

ressemelage [r•s•mlàj] *m.* resoling. ‖ **ressemeler** [-é] *v.* to resole.

ressentiment [r•saⁿtlmaⁿ] *m.* resentment. ‖ **ressentir** [-îr] *v.** to feel, to experience, to resent, *se ressentir,* to feel the effects to resent; to be felt.

resserrer [r•sèré] *v* to draw closer, to bind tighter, to coop up, to pen in; to restrain, to confine; to condense; to compress to contract.

ressort [r•sòr] *m.* spring; elasticity, rebound, resiliency; incentive; spur; energy.

ressort [r•sòr] *m.* jurisdiction; department province (fig.).

ressortir [r•sòrtîr] *v.** to go out again, to re-exit; to stand out (fig.); to arise, to proceed, to result [de, from]; *faire ressortir,* to throw into relief, to point up.

ressortir à [r•sòrtîr] *v.* to be under the jurisdiction of, to be dependent on.

ressource [r•sûrs] *f.* resource, expedient, shift resort, contrivance; *pl.* funds, means.

ressusciter [r•süsìté] *v.* to resuscitate, to revive, to resurrect.

restant [rèstaⁿ] *adj.* remaining, surviving, left; *m.* remainder, rest, residue.

restaurant [ròstòraⁿ] *m.* restaurant, eating-place. ‖ **restaurateur** [-àtœr] *m.* restaurant-keeper, restorer [arts]. ‖ **restaurer** [-é] *v.* to restore, to refresh; to repair, to re-establish; *se restaurer,* to refresh oneself, to take refreshment, to refresh the inner man.

reste [rèst] *m.* rest, remainder, residue; trace, vestige; *pl.* remnants, leavings, remains, scraps; relics; leftovers [nourriture], mortal remains, dead body; *du reste, au reste,* besides, furthermore, moreover; *de reste,* spare, remaining, over and above. ‖ **rester** [-é] *v* to remain, to stay; to be left; to dwell, to continue.

restituer [rèstìtüé] *v.* to return, to refund, to repay; to restore [textes]. ‖ **restitution** [-üsyoⁿ] *f.* restoration, restitution, repayment, returning, handing back.

restreindre [rèstrⁿdr] *v.** to restrain, to confine to circumscribe; to limit, to restrict, to stint, to curb, to inhibit. ‖ **restriction** [-ìksyoⁿ] *f.* restriction, restraint; reserve; limitation, curb, check; austerity, *restriction mentale,* mental reservation.

résultat [rézültà] *m.* result, outcome, sequel, upshot; returns [élection]. ‖ **résulter** [-é] *v.* to result, to follow, to ensue.

résumé [rézümé] *m.* summary, summing-up; recapitulation; précis; outline; *en résumé,* on the whole, after all. ‖ *résumer* [-é] *v.* to sum up, to give a summary of; to recapitulate; to outline.

résurrection [rézürèksyoⁿ] *f.* resurrection; restoral, revival; resuscitation.

retable [rᵉtàbl] *m.* retable, reredos, altar-piece.

rétablir [rétàblîr] *v.* to re-establish, to set up again; to restore; to repair; to recover [santé]; to reinstate; to retrieve; *se rétablir,* to recover, to get back on one's feet; to be re-established, to be restored; to be repaired. ‖ *rétablissement* [-ìsmaⁿ] *m.* re-establishment, restoration; repair; recovery, reinstatement; return to health; revival (comm.).

rétamer [rétàmé] *v.* to tin over again, to re-plate; to re-silver. ‖ *rétameur* [-œr] *m.* tinker.

retard [rᵉtàr] *m.* delay, lateness; slowness [horloge]; retardation (mus.); *être en retard,* to be late. ‖ *retardataire* [-dàtèr] *m.,* *f.* laggard, lagger, loiterer; defaulter; late-comer. ‖ *retardement* [-dᵉmaⁿ] *m.* retardment; delay; putting-off; *à retardement,* delayed-action [bombe]. ‖ *retarder* [-dé] *v.* to delay, to retard, to defer; to put back, to set back [horloge]; to be slow; to lose time [horloge]; to be behindhand [personne].

retenir [rᵉtᵉnîr] *v.** to hold back; to retain; to withhold; to reserve, to book [places]; to moderate, to restrain, to curb; to hinder, to prevent, to hold up; to carry (math.); to engage, to hire; *se retenir,* to control oneself; to refrain, to forbear; to catch hold [à, of], to cling [à, to].

retentir [rᵉtaⁿtîr] *v.* to resound, to ring; to have repercussions; to rattle. ‖ *retentissant* [-ìsaⁿ] *adj.* resounding, echoing; sonorous. ‖ *retentissement* [-ìsmaⁿ] *m.* resounding; repercussion.

retenu [rᵉtⁿü] *adj.* reserved, discreet; detained, help up; booked [place]. ‖ *retenue* [-ü] *f.* reserve; discretion; self-control; detention, keeping in; stoppage [paie]; deduction; carry-over (math.).

réticence [rétìsaⁿs] *f.* reticence, reserve, concealment. ‖ *réticent* [-saⁿ] *adj.* reticent; hesitant.

rétif [rétìf] *adj.** restive, unmanageable; stubborn; balky [cheval].

retiré [rᵉtìré] *adj.* secluded, sequestered; retired; withdrawn. ‖ *retirer* [-é] *v.* to draw again; to pull back, to withdraw; to take out, to draw out; to take away; to remove, to take off [vêtement]; to derive, to reap, to get [bénéfice]; to redeem [dégager]; *se* *retirer,* to withdraw, to retire, to retreat; to subside, to recede; to shrink, to contract.

retombée [rᵉtoⁿbé] *f.* fall; fall-out; springing. ‖ *retomber* [-é] *v.* to fall again; to fall back.

rétorquer [rétòrké] *v.* to retort, to return [argument]; to cast back, to hurl back [accusation].

retors [rᵉtòr] *adj.* twisted; artful, crafty, wily, sly.

retouche [rᵉtûsh] *f.* retouch, retouching. ‖ *retoucher* [-é] *v.* to retouch; to touch up, to improve.

retour [rᵉtûr] *m.* return; repetition, recurrence; change, vicissitude; reverse; angle, elbow (arch.); reversion (jur.); *être de retour,* to be back; *retour du courrier,* return mail; *sans retour,* forever, irretrievably; *retour de flamme,* backfire [moteur]; *sur le retour,* on the decline. ‖ *retournement* [-nᵉmaⁿ] *m.* turning over. ‖ *retourner* [-né] *v.* to return, to go back; to turn over; to turn up [cartes]; to think about; *se retourner,* to turn around; to veer round.

retracer [rᵉtràsé] *v.* to retrace; to relate; to recall.

rétracter [rétràkté] *v.* to retract, to disavow, to revoke; *se rétracter,* to recant; to retract.

retrait [rᵉtrè] *m.* withdrawal.

retraite [rᵉtrèt] *f.* retreat; retirement; pension; seclusion, privacy; shrinking, contraction; *battre en retraite,* to beat a retreat; *prendre sa retraite,* to retire. ‖ *retraité* [-é] *adj.* pensioned off, superannuated; *m.* pensioner.

retranchement [rᵉtraⁿshmaⁿ] *m.* retrenchment, abridgment; entrenchment (mil.). ‖ *retrancher* [-é] *v.* to retrench, to curtail, to cut short; to cut off; to diminish; to subtract, to deduct (math.); to entrench (mil.); *se retrancher,* to retrench; to entrench oneself, to dig in (mil.); to hedge, to take refuge.

rétréci [rétrésì] *adj.* shrunk, contracted; restricted; narrow, cramped. ‖ *rétrécir* [-îr] *v.* to narrow; to shrink, to contract; to take in, to straiten; *se rétrécir,* to shrink, to contract; to grow narrower. ‖ *rétrécissement* [-ìsmaⁿ] *m.* shrinking; narrowing; cramping; stricture (med.).

rétribuer [rétrìbüé] *v.* to remunerate, to pay. ‖ *rétribution* [-üsyoⁿ] *f.* salary, pay; recompense.

rétroactif [rétròàktìf] *adj.** retro-active.

rétrocéder [rétròsédé] *v.* to retrocede, to cede back; to recede, to go back. ‖ *rétrocession* [-èsyoⁿ] *f.* retrocession; recession.

rétrograde [rétrògràd] *adj.* retrograde, backward; *s.* back number. ‖ **rétrograder** [-dé] *v.* to retrograde; to reduce to a lower rank.

rétrospectif [rétròspèktìf] *adj.** retrospective. ‖ **rétrospective** [-tìv] *f.* retrospect.

retroussé [rEtrûsé] *adj.* turned up; tucked up; snub [nez]. ‖ **retrousser** [-é] *v.* to turn up; to tuck up; to curl up; to roll up.

retrouver [rEtrûvé] *v.* to find again, to regain, to recover; **se retrouver**, to meet again.

rétroviseur [rétròvìzær] *m.* reflector; rear-vision mirror, driving-mirror [auto].

rets [rè] *m.* net; snare; *pl.* toils (fig.).

réuni [réünì] *adj.* reunited; assembled; gathered; joined. ‖ **réunion** [-yoⁿ] *f.* reunion; meeting, assembly, party, gathering; junction; collection; reconciliation. ‖ **réunir** [-îr] *v.* to reunite; to bring together again; to gather, to assemble, to muster; to join; to collect; to reconcile; **se réunir**, to reunite, to assemble again; to meet, to gather.

réussi [réüsì] *adj.* successful, well-executed. ‖ **réussir** [-îr] *v.* to succeed, to be successful (à, in); to prosper, to thrive; to carry out well, to accomplish successfully. ‖ **réussite** [-ìt] *f.* success; solitaire, patience [cartes].

revanche [rEvaⁿsh] *f.* revenge; retaliation, requital; return; return-match; **en revanche**, in return.

rêvasser [rèvàsé] *v.* to day-dream; to be wool-gathering. ‖ **rêve** [rèv] *m.* dream; illusion; idle fancy; **c'est le rêve**, it's ideal.

revêche [rEvèsh] *adj.* harsh, rough; cross, crabby, peevish.

réveil [rével] *m.* waking, awaking, awakening; alarm-clock; disillusionment (fig.); reveille (mil.). ‖ **réveiller** [-èyé] *v.* to awaken, to awake, to wake, to arouse; to rouse up, to stir up, to quicken; to revive, to recall; **se réveiller**, to awake, to awaken, to wake up; to be roused. ‖ **réveillon** [-èyoⁿ] *m.* midnight supper. ‖ **réveillonner** [-òné] *v.* to go to a reveillon; to see the New Year in.

révélateur, -trice [révélàtœr, -trìs] *m.*, *f.* developer (phot.), *m.*; revealer, informer; *adj.* revealing; significant. ‖ **révélation** [-àsyoⁿ] *f.* revelation, discovery, disclosure; avowal; information (jur.). ‖ **révéler** [-é] *v.* to reveal, to discover, to disclose; to develop (phot.).

revenant [rEvnaⁿ] *m.* ghost, spirit, specter, phantom.

revendeur [rEvaⁿdœr] *m.* retail dealer, peddler.

revendicateur, -trice [rEvaⁿdìkàtœr, -trìs] *m.*, *f.* claimant. ‖ **revendication** [-àsyoⁿ] *f.* claim, demand; claiming, reclaiming. ‖ **revendiquer** [-é] *v.* to claim, to claim back; to insist on; to assume [responsabilité].

revenir [rEvnîr] *v.** to come again, to come back, to return; to recur; to reappear, to haunt [fantôme]; to begin again; to recover, to revive, to come to; to cost, to amount to; to accrue [bénéfices]; to recant, to withdraw, to retract; **revenir à soi**, to recover, to regain consciousness; **faire revenir**, to half-cook [cuisine]; **je n'en reviens pas**, I can't believe it, I can't get over it. ‖ **revenu** [-ü] *m.* income, revenue.

rêver [rêvé] *v.* to dream; to muse; to rave, to be light-headed; to ponder; to long, to yearn (de, for).

réverbération [révèrbéràsyoⁿ] *f.* reverberation, reflecting. ‖ **réverbère** [-èr] *m.* street lamp; reverberator.

révérence [révéraⁿs] *f.* reverence, veneration, awe; curtsy, bow.

rêverie [rèvrî] *f.* reverie, dreaming, musing; raving.

revers [rEvèr] *m.* back, reverse, wrong side, other side; counterpart; lapel, revers [vêtement]; turn-up [pantalon]; cuff [manche]; top [botte]; back-hand stroke [tennis]; misfortune, setback (fig.).

réversible [révèrsìbl] *adj.* revertible [bien]; reversible [tissu].

revêtement [rEvètmaⁿ] *m.* revetment, lining, facing, casing [maçonnerie]; retaining wall; veneering. ‖ **revêtir** [rEvètîr] *v.** to clothe again; to put on, to don; to dress, to array; to invest with, to endow with; to assume [personnage]; to cloak (fig.).

rêveur [rèvœr] *adj.** dreaming, dreamy, pensive; *m.* dreamer, muser.

revient [rEvyìⁿ] *m.* cost.

revirement [rEvîrmaⁿ] *m.* tacking, tack; sudden turn; transfer (comm.).

réviser [révìzé] *v.* to revise, to review, to examine; to review (jur.); to overhaul [autom.]. ‖ **révision** [-yoⁿ] *f.* revisal, revision, review, re-examination; rehearing (jur.); proof-reading; **conseil de révision**, Br. recruiting board, Am. draft board.

revivifier [rEvìvìfyé] *v.* to revivify, to revive.

revivre [rEvìvr] *v.* to live again; to revive.

révocable [révòkàbl] *adj.* revocable, rescindable. ‖ **révocation** [-àsyoⁿ] *f.* revocation; annulment, repeal, cancellation, countermanding; dismissal, removal [fonctionnaire].

revoir [rEvwàr] *v.** to see again; to meet again; to review, to revise, to re-examine; *au revoir*, good-bye; *se revoir*, to meet each other again.

révoltant [révòltãⁿ] *adj.* revolting, shocking, offensive. ‖ *révolte* [révòlt] *f.* revolt, rebellion, mutiny. ‖ *révolté* [-é] *m.* rebel, mutineer, insurgent. ‖ *révolter* [-é] *v.* to cause to revolt; to rouse, to excite; to shock, to disgust, to horrify; *se révolter*, to revolt, to rebel, to mutiny.

révolu [révòlü] *adj.* revolved; accomplished, completed; elapsed, ended. ‖ *révolution* [-syoⁿ] *f.* revolution; revolving; rotation. ‖ *révolutionnaire* [-syònèr] *adj.* revolutionary; *m.*, *f.* revolutionist. ‖ *révolutionner* [-syòné] *v.* to revolutionize; to upset.

revolver [révòlvèr] *m.* revolver, pistol; *poche à revolver*, hip-pocket. ‖ *révolvériser* [-rizé] *v.* (pop.) to shoot up.

révoquer [révòké] *v.* to revoke; to rescind, to countermand; to repeal, to annul; to dismiss, to recall [fonctionnaire].

revue [rᵉvü] *f.* review; survey, examination, revision; magazine, periodical publication; critical article; topical revue, *Am.* musical comedy (theat.); *passer en revue*, to review.

révulser [révülsé] *v.* to distort; to twist; to turn upwards [yeux]. ‖ *révulsif* [-sif] *adj.*, *m.* revulsive. ‖ *révulsion* [-syoⁿ] *f.* revulsion.

rez-de-chaussée [rédshôsé] *m.* ground-level; ground-floor, *Am.* first floor.

rhinocéros [rìnòséròs] *m.* rhinoceros.

rhubarbe [rübàrb] *f.* rhubarb.

rhum [ròm] *m.* rum.

rhumatisme [rümàtìsm] *m.* rheumatism.

rhume [rüm] *m.* cold.

riant [rìaⁿ] *adj.* laughing, smiling, cheerful, pleasant, pleasing.

ricanement [rìkànᵉmoⁿ] *m.* sneering. ‖ *ricaner* [rìkàné] *v.* to sneer; to snigger; to grin; to giggle.

riche [rìsh] *adj.* rich, wealthy, opulent; abundant, copious; precious, costly, valuable; *m.* rich person; *pl.* the rich. ‖ *richesse* [-ès] *f.* riches, wealth, opulence; copiousness; richness, costliness.

ricin [rìsⁿ] *m.* castor-oil plant; *huile de ricin*, castor-oil.

ricocher [rìkòshé] *v.* to rebound; to ricochet. ‖ *ricochet* [-è] *m.* ducks and drakes [jeu]; ricochet (mil.); series, chain, succession; *par ricochet*, indirectly.

ride [rìd] *f.* wrinkle, line; pucker; ripple; corrugation; lanyard (naut.). ‖ *ridé* [rìdé] *adj.* wrinkled, lined; puckered; rippled; shrivelled [pomme].

rideau [rìdô] *m.** curtain, drapery; screen; *rideau de fer*, iron curtain; *rideau de fumée*, smoke-screen; *lever le rideau*, curtain-raiser (theat.).

rider [rìdé] *v.* to wrinkle; to pucker; to ripple, to ruffle; to shrivel.

ridicule [rìdìkül] *adj.* ridiculous, laughable, ludicrous; absurd; *m.* ridicule, ridiculousness; quirk, whim. ‖ *ridiculiser* [-Izé] *v.* to ridicule, to deride, to poke fun at.

rien [ryⁿ] *m.* nothing, nought, not anything; anything; trifle, mere nothing; love [tennis]; *cela ne fait rien*, it doesn't matter; *de rien*, don't mention it.

rieur [ryœr] *adj.** laughing, joking; mocking; *m.* laugher.

rigide [rìjìd] *adj.* rigid, stiff; firm, erect; taut, tense; strict, severe; unbending, unyielding. ‖ *rigidité* [-ìdìté] *f.* rigidity, stiffness; sternness; harshness; strictness, severity.

rigolade [rìgòlàd] *f.* (pop.) laughter; tomfoolery.

rigole [rìgòl] *f.* channel, trench, small ditch; drain; gutter; furrow. ‖ *rigoler* [-é] *v.* to furrow; to channel; (fam.) to laugh, to have fun, to be merry; *rigolo* (pop.), funny, jolly.

rigoureux [rìgūrë] *adj.** rigorous, strict; severe, stern, harsh; inclement [temps]. ‖ *rigueur* [rìgœr] *f.* rigo(u)r, strictness; precision; severity, harshness; sternness, sharpness; inclemency; *à la rigueur*, strictly speaking, if necessary; *de rigueur*, required, enforced.

rillettes [rìyèt] *f. pl.* rillettes, potted minced pork.

rime [rìm] *f.* rhyme; verse. ‖ *rimer* [-é] *v.* to rhyme. ‖ *rimeur* [-œr] *m.* rhymer; rhymester.

rinçage [rⁿsàj] *m.* rinsing; washing, cleansing. ‖ *rincer* [-é] *v.* to rinse; to wash; to cleanse; *rince-doigts*, finger-bowl. ‖ *rinçure* [-ür] *f.* rincings; slops.

ripaille [rìpày] *f.* feasting; *faire ripaille*, to feast.

riposte [rìpòst] *f.* repartee, retort; riposte, return [escrime]. ‖ *riposter* [-é] *v.* to retort; to return fire (mil.); to parry and thrust [escrime].

rire [rìr] *v.** to laugh (*de*, at); to be favo(u)rable, to be propitious; to jest, to joke; to mock, to scoff; *m.* laugh, laughter, laughing; *fou rire*, uncontrollable laughter; *gros rire*, guffaw.

ris [rì] *m.* reef [voiles].

ris [rì] *m.* sweetbread.

risée [rìzé] *f.* laugh; laughter, mockery, derision; laughing-stock, butt; gust, squall (naut.). ‖ *risette* [-èt] *f.* smile. ‖ *risible* [-ìbl] *adj.* laughable; ridiculous.

risque [rìsk] *m.* risk, hazard, peril, danger; *risque-tout,* dare-devil. ‖ *risqué* [rìské] *adj.* risky, hazardous; daring; risque. ‖ *risquer* [-é] *v.* to risk; to hazard, to venture; to chance, to run the risk of; to be exposed to.

rissoler [rìsòlé] *v.* to brown.

ristourne [rìstûrn] *f.* cancelling, annulment [police d'assurance]; rebate; return, refund.

rite [rìt] *m.* rite, ceremony, ritual. ‖ *rituel* [rìtüèl] *adj.*,* *m.* ritual.

rivage [rìvàj] *m.* shore, strand, beach; bank.

rival [rìvàl] *adj.** rival, competitive; *m.** rival, competitor. ‖ *rivaliser* [-ìzé] *v.* to rival, to compete, to vie; to emulate. ‖ *rivalité* [-lté] *f.* rivalry, competition, emulation.

rive [rìv] *f.* bank, shore, strand.

river [rìvé] *v.* to rivet; to clench.

riverain [rìvrìⁿ] *adj.* riparian; bordering; *m.* riverside resident; wayside dweller.

rivet [rìvè] *m.* rivet; pin, bolt. ‖ *riveter* [-té] *v.* to rivet.

rivière [rìvyèr] *f.* river, stream; necklace [collier].

rixe [rìks] *f.* fight, brawl, scuffle.

riz [rì] *m.* rice; *poudre de riz,* rice-powder, face powder. ‖ *riziculture* [-zìkültür] *f.* rice-growing. ‖ *rizière* [-zyèr] *f.* rice-field, rice-paddy.

robe [ròb] *f.* robe; dress, frock, gown; wrapper; coat [animal]; skin, husk, peel [fruit]; *gens de robe,* lawyers.

robinet [ròbìnè] *m. Br.* tap, *Am.* faucet, cock, spigot.

robuste [ròbüst] *adj.* robust, sturdy; firm, strong. ‖ *robustesse* [-tès] *f.* sturdiness, robustness, strength.

roc [ròk] *m.* rock.

rocaille [ròkày] *f.* rock-work; *jardin de rocaille,* © rock garden. ‖ *rocailleux* [ròkàyë] *adj.** rocky, flinty, stony; rough, harsh.

rocambolesque [ròkaⁿbòlèsk] *adj.* fantastic, incredible.

roche [ròsh] *f.* rock; boulder; stone, stony mass. ‖ *rocher* [-é] *m.* prominent rock, high rock. ‖ *rocheux* [-ë] *adj.** rocky, stony.

rodage [ròdàj] *m.* running-in, *Am.* breaking-in [moteur]. ‖ *roder* [-é] *v.* to run in [moteur].

rôder [rôdé] *v.* to prowl; to roam, to rove, to ramble; to lurk. ‖ *rôdeur* [-œr] *m.* prowler, roamer, rover, stroller; vagrant; lurker; loafer; beach-comber.

rodomontade [ròdòmoⁿtàd] *f.* bluster, braggadocio.

rogner [ròñé] *v.* to pare, to crop, to trim, to clip, to prune, to lop; to curtail, to retrench [dépenses].

rognon [ròñoⁿ] *m.* kidney.

rognure [ròñür] *f.* paring, clipping; *pl.* shavings, scraps, shreds.

rogue [ròg] *adj.* haughty, arrogant; overbearing, gruff.

roi [rwà] *m.* king; *fête des Rois,* Twelfth Night. ‖ *roitelet* [-tlè] *m.* petty king; wren [oiseau].

rôle [rôl] *m.* roll; roster, catalog(ue); part, character, rôle (theat.); *à tour de rôle,* in turn.

romaine [ròmèn] *f.* romaine lettuce; scale; steelyard [balance].

roman [ròmaⁿ] *adj.* Romance; Romanesque, *Br.* Norman [style].

roman [ròmaⁿ] *m.* novel; romance; *roman-feuilleton,* serial novel; *roman policier,* detective novel.

romance [ròmaⁿs] *f.* love-song, melody; sentimental ballad.

romancer [ròmaⁿsé] *v.* to write in novel form. ‖ *romancier* [-yé] *m.* novelist.

romanesque [ròmànèsk] *adj.* romantic; imaginary, fabulous; *m.* the romantic.

romanichel [ròmànìshèl] *m.* gipsy, romany.

romantique [ròmaⁿtìk] *adj.* romantic; *m.* Romanticist; Romantic genre. ‖ *romantisme* [ròmaⁿtìsm] *m.* romanticism.

rompre [roⁿpr] *v.** to break; to break off, to snap; to break asunder; to break up, to disrupt, to dissolve; to break in, to train, to inure; to interrupt; to refract; to rupture (med.); to upset [équilibre]; to call off [marché]; *rompre avec,* to fall out with; *rompre les rangs,* to fall out (mil.); *tout rompre,* furiously, enthusiastically; *se rompre,* to break, to break off, to snap; to get used (to). ‖ *rompu* [-ü] *adj.* broken; dead tired, worn-out; *à bâtons rompus,* by fits and starts.

romsteck [ròmstèk] *m.* rump-steak.

ronce [roⁿs] *f.* bramble; thorn.

ronchonner [roⁿshòné] *v.* to grouse; to bellyache.

rond [roⁿ] *adj.* round, circular; rotund, plump; frank, open, plain-dealing; even [somme]; (fam.) tipsy, *Am.* high; *m.* round, ring, circle, disk, orb; (pop.) nickel, cent; *rond-de-cuir,* air-cushion, (pop.) clerk, bureaucrat, *rond-point,* circular intersection, *Br.* circus, *Am.* traffic circle; *rond de serviette,* napkin-ring. ‖ *ronde* [roⁿd] *f.* round; patrol; roundelay; round-hand [écriture]; semi-breve (mus.). ‖ *rondelet* [-lè] *adj.** roundish, plumpish, stoutish; nice, tidy [somme]. ‖ *rondelle* [-èl] *f.* small round, disc; © puck [hockey]; ring; rundle; washer [robinet]. || *rondement* [-ᵉmaⁿ] *adv.* roundly; straightforwardly. || *rondeur* [-œr] *f.* roundness, rotundity; fullness; openness, frankness; straightforwardness.

ronflant [roⁿflaⁿ] *adj.* snoring; sonorous; high-sounding, high-flown, pretentious, bombastic [langage]. || *ronflement* [-ᵉmaⁿ] *m.* snore; roaring; whir; humming. || *ronfler* [-é] *v.* to snore; to snort; to roar [feu]; to hum [toupie]; to rumble.

ronger [roⁿjé] *v.* to gnaw, to nibble, to pick; to corrode, to consume, to eat away; to fret, to torment, to prey upon [esprit]; to bite [ongles]; to chafe at [frein]. || *rongeur* [-œr] *adj.°* gnawing; corroding; *m.* rodent.

ronronner [roⁿroné] *v.* to purr.

rosace [rozàs] *f.* rose-window.

rosbif [ròsbîf] *m.* roast beef.

rose [rôz] *f.* rose; rose-colo(u)r; *adj.* pink, rosy, rose-colo(u)red. || *rosé* [rozé] *adj.* rosy, roseate.

roseau [ròzô] *m.°* reed.

rosée [ròzé] *f.* dew.

rosier [rôzyé] *m.* rose-bush.

rosse [ròs] *f.* jade; sarcastic person; *adj.* malicious, vicious. || *rosser* [-é] *v.* to thrash, to flog, to drub, to cudgel.

rossignol [ròsìñôl] *m.* nightingale; (pop.) false key, skeleton key, picklock; (pop.) white elephant, unsaleable article.

rot [rò] *m.* belch, eructation.

rotation [ròtàsyoⁿ] *f.* rotation.

rôti [rôtî] *m.* roast, roast meat. || *rôtie* [rôtî] *f.* toast. || *rôtir* [rôtîr] *v.* to roast; to broil, to grill, to toast; to scorch, to parch (fig.). || *rôtisserie* [-îsrî] *f.* cook-shop, roast-meat shop; grill-room. || *rôtissoire* [-îswàr] *f.* roaster, Dutch oven.

rotule [ròtül] *f.* patella, knee-cap.

roturier [ròtüryé] *adj.°* plebeian, vulgar, common; *m.* plebeian, commoner, roturier.

rouage [rûàj] *m.* wheelwork, wheels; machinery, gearing; movement [horlogerie].

roucoulement [rûkûlmaⁿ] *m.* cooing. || *roucouler* [-lé] *v.* to coo.

roue [rû] *f.* wheel; paddle-wheel; torture-wheel; *faire la roue*, to strut, to show off; *roue libre*, free-wheeling [auto]; *roue de secours*, spare wheel.

roué [rûé] *adj.* crafty, artful, cunning, sly, sharp; thrashed [coups]; *m.* roué, rake, profligate; trickster.

rouelle [rûèl] *f.* fillet [veau].

rouer [rûé] *v.* to break upon the wheel; to thrash; to coil [câble]. || *rouerie* [rûrî] *f.* craft, cunning; trickery, duplicity; dodge, trick; fast one.

rouet [rûè] *m.* spinning-wheel.

rouge [rûj] *adj.* red; *m.* red colo(u)r, redness; blush; rouge; *rouge-gorge*, robin. || *rougeâtre* [-âtr] *adj.* reddish. || *rougeaud* [-ô] *adj.* red-faced. || *rougeole* [-òl] *f.* measles. || *rougeoyer* [-wàyé] *v.* to redden; to glow. || *rouget* [-è] *m.* red gurnet [poisson]; harvest bug [insecte]. || *rougeur* [-œr] *f.* redness; flush, blush, glow, colo(u)r; *pl.* red blotches [peau]. || *rougir* [-îr] *v.* to redden, to blush, to flush.

rouille [rûy] *f.* rust, rustiness; blight, blast, mildew. || *rouillé* [-é] *adj.* rusty; blighted; out of practice. || *rouiller* [-é] *v.* to rust; to blight; to impair.

roulade [rûlàd] *f.* trill; roulade, run (mus.). || *roulant* [-aⁿ] *adj.* rolling; easy [chemin]; running [feu]; (pop.) killing; *fauteuil roulant*, wheel-chair. || *rouleau* [-ô] *m.°* roll; rolling-pin; coil; scroll; *au bout de son rouleau*, at one's wit's end. || *roulement* [-maⁿ] *m.* rolling; roll; rumbling; rattle; rotation. || *rouler* [-é] *v.* to roll; to roll up; to wind up; (pop.) to revolve; to fleece, to cheat, to do; to roll along, to drive, to ride; to ramble, to wander, to stroll [errer]. || *roulette* [-èt] *f.* small wheel; roller, castor, truckle, trundle; bathchair; roulette [jeu]; dentist's drill. || *roulis* [-î] *m.* rolling, roll, swell [lames]; lurch [bateau]. || *roulotte* [-òt] *f.* gipsy-van, caravan.

rouspéter [rûspété] *v.* (fam.) to protest; to complain; to gripe. || *rouspéteur* [-tœr] *m.* (fam.) grouser, *Am.* griper, grouch.

rousse [rûs], *see* roux.

rousseur [rûsœr] *f.* redness; *tache de rousseur*, freckle. || *roussi* [-î] *m.* burnt smell. || *roussir* [-îr] *v.* to singe, to scorch; *faire roussir*, to brown [viande].

route [rût] *f.* road, way; route, direction, path, course; *grand-route*, highway; *en route*, on the way; *faire route vers*, to make for; *faire fausse route*, to take a wrong course, to alter the course (naut.); *compagnon de route*, fellow-travel(l)er; *carte routière*, road map.

routine [rûtîn] *f.* routine, habit, practice. || *routinier* [-yé] *adj.°* routine(-like); habitual; routine-minded.

rouvrir [rûvrîr] *v.* to open again, to reopen.

roux, rousse [rû, rûs] *adj.* red-haired; reddish(-brown), russet; *m.* reddish colo(u)r; red-head [personne]; brown sauce.

royal [rwàyàl] *adj.°* royal; regal, kingly. || *royalisme* [-îsm] *m.* royalism. || *royaliste* [-îst] *m.*, *f.*, *adj.* royalist. || *royaume* [rwàyôm] *m.* kingdom; realm. || *royauté* [rwàyôté] *f.* royalty.

ruade [rüàd] *f.* kick [cheval].

ruban [rübaⁿ] *m.* ribbon; tape; service ribbon; stretch, road [route].

rubéole [rübéòl] *f.* rubella.

rubicond [rübìkoⁿ] *adj.* rubicund, florid.

rubis [rübî] *m.* ruby.

rubrique [rübrìk] *f.* red chalk; rubric; heading, head, title.

ruche [rüsh] *f.* hive [abeilles]; frill, ruche, ruching. ‖ *rucher* [-é] *m.* apiary, set of hives; *v.* to frill.

rude [rüd] *adj.* rough, harsh; rugged, uneven; grating; stern, strict; rude, uncouth, churlish [personne]; violent [choc]; hard, difficult, troublesome [besogne]. ‖ *rudement* [-maⁿ] *adv.* roughly, harshly; severely; awfully. ‖ *rudesse* [-ès] *f.* roughness; ruggedness, harshness; rudeness.

rudiment [rüdìmaⁿ] *m.* rudiment. ‖ *rudimentaire* [-tèr] *adj.* rudimentary; elementary.

rudoyer [rüdwàyé] *v.* to treat roughly, to ill-treat; to bully.

rue [rü] *f.* street; thoroughfare.

ruée [rüé] *f.* rush, surge, flinging, hurling; stampede [chevaux].

ruelle [rüèl] *f.* lane, alley; passage.

ruer [rüé] *v.* to fling, to hurl; to kick [chevaux]; to deal [coups]; *se ruer,* to throw oneself, to rush.

rugir [rüjîr] *v.* to roar, to bellow. ‖ *rugissement* [-ìsmaⁿ] *m.* roar, roaring; (fig.) howling.

rugosité [rügòzìté] *f.* rugosity, roughness, unevenness. ‖ *rugueux* [rügë] *adj.** rough, uneven, rugose; gnarled [arbre].

ruine [rüîn] *f.* ruin; shambles; decay, decline; overthrow, destruction, downfall. ‖ *ruiner* [-îné] *v.* to ruin, to wreck, to lay waste; to spoil; to overthrow, to destroy. ‖ *ruineux* [-ë] *adj.** ruinous; disastrous.

ruisseau [rüìsô] *m.** brook, stream, rivulet, creek; gutter [rue]; flood

[larmes]; river [sang]. ‖ *ruisselant* [-laⁿ] *adj.* streaming, running, flowing, dripping; trickling. ‖ *ruisseler* [-lé] *v.* to stream, to run down, to flow, to drip, to trickle. ‖ *ruisselet* [-lè] *m.* brooklet, rivulet. ‖ *ruissellement* [-èlmaⁿ] *m.* streaming, running, flowing, dripping, trickling; flood, stream [lumière], shimmer [pierreries].

rumeur [rümœr] *f.* confused noise, muffled din; hum; roar, uproar, clamo(u)r; report, rumo(u)r.

ruminant [rümìnaⁿ] *adj.* ruminant, ruminating; pondering (fig.); *m.* ruminant. ‖ *ruminer* [-é] *v.* to ruminate, to chew the cud; to ponder, to brood on, to turn over in one's mind (fig.).

rumsteck [ròmstèk] *m.* rump-steak.

rupture [rüptür] *f.* breaking, rupture; discontinuance; parting, separation; falling out; annulment; breach; abrogation; hernia (med.); fracture [os]; loss [équilibre]; breaking off [relations].

rural [rüràl] *adj.** rural.

ruse [rüz] *f.* cunning, craft, guile; artifice, trick, ruse, dodge, wile; stratagem [guerre]. ‖ *rusé* [-é] *adj.* cunning, crafty, sly, artful, wily, guileful; slick (fam.). ‖ *ruser* [-é] *v.* to dodge; to practise deceit; to double [chasse].

russe [rüs] *m.*, *adj.* Russian. ‖ *Russie* [-î] *f.* Russia.

rustaud [rüstô] *adj.* boorish, loutish; *m.* rustic, clodhopper.

rustique [rüstìk] *adj.* rustic, rural, *Br.* homely, *Am.* homey.

rustre [rüstr] *m.* churl, boor, lout.

rutabaga [rütàbàgà] *m.* Swedish turnip, *Am* rutabaga.

rutilant [rütìlaⁿ] *adj.* shining, brilliant, glowing, radiant, shimmering; bright red.

rythme [rìtm] *m.* rhythm. ‖ *rythmer* [-é] *v.* to give rhythm to. ‖ *rythmique* [-ìk] *adj.* rhythmic.

S

sa [sà] *poss. adj.* his, her, its, one's.

sabbat [sàbà] *m.* sabbath; row. ‖ *sabbatique* [-tìk] *adj.* sabbatical.

sable [sàbl] *m.* sand, gravel; *sable mouvant,* quicksand. ‖ *sablé* [-é] *adj.* sanded; sandy; *m.* small dry cake. ‖ *sabler* [-é] *v.* to sand, to gravel; to swig, to toss off [vin]. ‖ *sablier* [-lyé] *m.* hour-glass; sand-box; sandman. ‖ *sablière* [-lyèr] *f.* sand-pit. ‖ *sablonneux* [-ònë] *adj.** sandy, gritty.

sabord [sàbòr] *m.* port-hole. ‖ *saborder* [-dé] *v.* to scuttle [bateau].

sabot [sàbô] *m.* sabot, wooden shoe [chaussure]; hoof [pied]; shoe, skid, drag [frein]; socket [socle]; top [jouet]. ‖ *sabotage* [-òtàj] *m.* sabotage; scamping, botching, bungling [travail]; sabot-making [chaussures]. ‖ *saboter* [-té] *v.* to sabotage; to botch, to scamp. ‖ *saboteur* [-tœr] *m.* botcher, bungler. ‖ *sabotier* [-òtyé] *m.* sabot-maker.

sabre [sàbr] *m.* sabre, sword, broadsword; sword-fish [poisson].

sac [sàk] *m.* sack, bag; purse; kitbag, knapsack, haversack (mil.); valise;

satchel; wallet [besace]; sac (anat.); pouch [animal]; sackcloth; sacking, pillage; *sac à main*, purse, hand-bag; *sac de couchage*, sleeping-bag; *sac de voyage*, travel(l)ing-case, overnight bag; *vider son sac*, to get it off one's chest.

saccade [sàkàd] *f.* jerk, jolt, start, fit; saccade [bride]. || *saccadé* [-é] *adj.* jerky, abrupt, broken, jolting, irregular, uneven.

saccager [sàkàjé] *v.* to sack, to pillage, to plunder, to ravage, to ransack, to despoil; to play havoc with.

sacerdoce [sàsèrdòs] *m.* priesthood. || *sacerdotal* [-dòtàl] *adj.* sacerdotal, priestly.

sachet [sàshè] *m.* satchel; sachet.

sacoche [sàkòsh] *f.* saddle-bag; courrier's bag; leather money bag; tool-bag [bicyclette].

sacre [sàkr] *m.* consecration; anointing; coronation; © oath, swear word. || *sacré* [-é] *adj.* sacred; holy, consecrated; (pop.) damned, cursed, accursed, confounded, blasted. || *sacrement* [-emaⁿ] *m.* sacrament; covenant. || *sacrer* [-é] *v.* to consecrate; to anoint; to crown; (pop.) to curse, to swear.

sacrifice [sàkrìfìs] *m.* sacrifice; privation; renunciation; oblation. || *sacrifier* [-yé] *v.* to sacrifice; to immolate; to renounce, to give up; to devote.

sacrilège [sàkrìlèj] *adj.* sacrilegious; *m.* sacrilege, sacrilegious person.

sacristain [sàkrìstⁿ] *m.* sexton, sacristan. || *sacristie* [-ï] *f.* sacristy, vestry.

sadique [sàdìk] *adj.* sadistic; *s.* sadist.

safran [sàfraⁿ] *m.*, *adj.* saffron.

sagace [sàgàs] *adj.* sagacious; perspicacious. || *sagacité* [-ìté] *f.* sagacity, shrewdness; discernment.

sage [sàj] *adj.* wise; sensible, sage, sapient; discreet, good, well-behaved; virtuous; modest, quiet, gentle [animal]; *m.* wise man, sage; *sage-femme*, midwife. || *sagesse* [-ès] *f.* wisdom; goodness, good behavio(u)r; discretion; steadiness, sobriety; gentleness [animal]; modesty, chastity [femme].

saignant [sèñaⁿ] *adj.* bleeding, bloody; underdone, *Am.* rare [viande]. || *saignée* [-é] *f.* bleeding, blood-letting; trench [écoulement]; drain [ressources]. || *saignement* [-maⁿ] *m.* bleeding. || *saigner* [-é] *v.* to bleed; to drain [ressources]; *se saigner aux quatre veines*, to bleed oneself white.

saillant [sàyaⁿ] *adj.* projecting, protruding, salient; outstanding; *m.* salient (arch.). || *saillie* [sàyï] *f.* start, spurt, gush, sally, witticism; projection, protuberance; rabbet; servicing [animaux].

saillir [sàyîr] *v.** to gush, to spurt, to spout; to project, to protrude.

saillir [sàyîr] *v.* to cover, to service (zool.).

sain [sⁿ] *adj.* healthy, sound, hale; healthful, wholesome; sane; clear (naut.); *sain et sauf*, safe and sound, unscathed

saindoux [sⁿdû] *m.* lard.

saint [sⁿ] *adj.* holy, sacred; saintly; sainted, sanctified; *m.* saint; *Saint-Esprit*, Holy Ghost; *sainte nitouche*, smooth hypocrite; *la Saint-Jean*, Midsummer Day. || *sainteté* [sⁿtté] *f.* holiness, saintliness; sanctity.

saisie [sèzï] *f.* seizure; execution (jur.); requisitioning (mil.). || *saisir* [-îr] *v* to seize, to grasp; to comprehend, to understand; to strike, to startle, to impress; to instruct (jur.); to vest (jur.); to lash (naut.); *se saisir de*, to seize, to take hold; to take possession. || *saisissable* [-ìsàbl] *adj.* seizable, perceptible. || *saisissant* [-ìsaⁿ] *adj.* keen, sharp, piercing; impressive, striking startling, thrilling, chilly [temps]. || *saisissement* [-ìsmaⁿ] *m.* seizure, shock; thrill, access; pang; sudden chill.

saison [sèzoⁿ] *f.* season; cure (med.); *de saison*, seasonable; *marchand des quatre-saisons*, street vendor. || *saisonnier* [-ònyé] *adj.** seasonal.

salade [sàlàd] *f.* salad; mess (fig.). || *saladier* [-yé] *m* salad-bowl.

salaire [sàlèr] *m.* wages, pay; reward, retribution (fig.).

salaison [sàlèzoⁿ] *f.* salting; salt meat.

salamandre [sàlàmaⁿdr] *f.* salamander; *Salamandre*, stove [poêle].

salarié [sàlàryé] *adj.* salaried, paid; *m.* wage-earner.

salaud [sàlô] *m.* (pop.) dirty person; sloven, slut; rotter, skunk, dirty dog (pop.). || *sale* [sàl] *adj.* dirty, nasty, filthy, foul; coarse, indecent; dingy, squalid; dull [couleurs]; scurvy [tour].

salé [sàlé] *adj.* salted, salt; briny; pungent; broad, loose, coarse (fig.); overcharged [prix]; *m.* salt pork. || *saler* [-é] *v.* to salt; to overcharge; (pop.) to fleece.

saleté [sàlté] *f.* dirtiness; filth; foulness; obscenity, smuttiness.

salière [sàlyèr] *f.* salt-cellar, salt-shaker eye-socket [cheval].

saligaud [sàlìgô] *s.* (pop.) filthy beast; rotter, swine.

salin [sàlⁿ] *adj.* saline, salt, briny. || *saline* [-în] *f.* salt works; salt marsh.

salir [sàlîr] *v.* to dirty, to soil; to stain, to taint, to sully, to tarnish. || *salissant* [-ìsaⁿ] *adj.* dirtying; soiling; dirty; easily soiled.

salive [sàlĭv] *f.* spittle, saliva. ‖ **saliver** [-lvé] *v.* to salivate.

salle [sàl] *f.* hall; large room; ward [hôpital]; house (theat.); *salle à manger*, dining-room; *salle des pas perdus*, antechamber [palais de justice]; waiting-room [gare].

salmigondis [sàlmĭgoⁿdĭ] *m.* salmagundi; hotchpotch.

saloir [sàlwàr] *m.* salting-tub; salt-box; salt-sprinkler.

salon [sàloⁿ] *m.* drawing-room, living-room; exhibition, show.

salopette [sàlòpèt] *f.* coverall, overalls, dungarees, *Am.* jeans.

salpêtre [sàlpètr] *m.* saltpetre, nitre.

salsifis [sàlsĭfĭ] *m.* salsify, oyster-plant.

saltimbanque [sàltĭⁿbaⁿk] *m.* showman, tumbler; charlatan.

salubre [sàlübr] *adj.* salubrious, health-giving. ‖ **salubrité** [-lté] *f.* salubrity, wholesomeness, healthfulness.

saluer [sàlüé] *v.* to salute, to bow to; to greet; to hail. ‖ **salut** [-ü] *m.* safety; salvation; welfare, preservation, escape; salute, salutation; bow, greeting; hail, cheers; *léger salut*, nod; *Armée du Salut*, Salvation Army. ‖ *salutaire* [-ütèr] *adj.* salutary; advantageous, beneficial; healthful. ‖ *salutation* [-ütàsyoⁿ] *f.* greeting; salutation, salute; bow; *pl.* compliments [lettre].

salve [sàlv] *f.* salvo, volley; salute (artill.); burst of applause.

samedi [sàmdĭ] *m.* Saturday.

sanctifier [saⁿktĭfyé] *v.* to sanctify, to hallow, to consecrate.

sanction [saⁿksyoⁿ] *f.* sanction, penalty; approbation, approval. ‖ *sanctionner* [-syòné] *v.* to sanction; to ratify.

sanctuaire [saⁿktüèr] *m.* sanctuary.

sandale [saⁿdàl] *f.* sandal.

sang [saⁿ] *m.* blood; race, parentage, ancestry; *sang-froid*, coolness, self-control, composure; *de sang-froid*, in cold blood. ‖ *sanglant* [-glaⁿ] *adj.* bleeding; bloody; sanguinary; blood-shot; cutting, keen, bitter.

sangle [saⁿgl] *f.* strap, band; belt; saddle-girth. ‖ *sangler* [-é] *v.* to strap; to lace tightly.

sanglier [saⁿglié] *m.* wild boar.

sanglot [saⁿglò] *m.* sob. ‖ *sangloter* [-òté] *v.* to sob.

sangsue [saⁿsü] *f.* leech; blood-sucker; extortioner.

sanguin [saⁿgĭⁿ] *adj.* full-blooded, sanguine; blood-colo(u)red, blooded;

vaisseau sanguin, blood-vessel. ‖ *sanguinaire* [-nèr] *adj.* sanguinary, blood-thirsty; *f.* bloodwort; bloodstone. ‖ *sanguinolent* [-ìnòlaⁿ] *adj.* blood-stained, sanguinolent.

sanitaire [sànĭtèr] *adj.* sanitary; hygienic; medical.

sans [saⁿ] *prep.* without; free from; *sans-cœur*, heartless person; *sans-gêne*, off-handedness; off-handed.

sansonnet [saⁿsònè] *m.* starling.

santé [saⁿté] *f.* health; *maison de santé*, private hospital; mental home.

saoul, saouler, *see* soûl, soûler.

saper [sàpé] *v.* to sap, to undermine. ‖ *sapeur* [-œr] *m.* sapper; *sapeur-pompier*, fireman.

saphir [sàfĭr] *m.* sapphire.

sapin [sàpĭⁿ] *m.* fir(-tree); spruce.

sarcasme [sàrkàsm] *m.* sarcasm.

sarcelle [sàrsèl] *f.* teal.

sarclage [sàrklàj] *m.* weeding. ‖ *sarcler* [sàrklé] *v.* to weed. ‖ *sarcloir* [-klwàr] *m.* hoe.

sardine [sàrdĭn] *f.* sardine.

sardonique [sàrdònĭk] *adj.* sardonic.

sarment [sàrmaⁿ] *m.* vine-shoot, vine-branch, sarmentum.

sarrasin [sàràzĭⁿ] *m.* Saracen; buck-wheat.

sas [sà] *m.* sieve.

satané [sàtàné] *adj.* (fam.) devilish. ‖ *satanique* [-nĭk] *adj.* fiendish.

satellite [sàtèllĭt] *m.* satellite; henchman; stooge (fam.).

satiété [sàsyété] *f.* satiety.

satin [sàtĭⁿ] *m.* satin. ‖ *satiné* [-ĭné] *adj.* satiny; smooth; glazed. ‖ *satinette* [-ĭnèt] *f.* sateen.

satire [sàtĭr] *f.* satire; lampoon. ‖ *satirique* [-ĭrĭk] *adj.* satirical.

satisfaction [sàtĭsfàksyoⁿ] *f.* satisfaction; contentment; atonement. ‖ *satisfaire* [-èr] *v.* to satisfy; to please; to give satisfaction; to make atonement; to appease [faim]. ‖ *satisfaisant* [-zaⁿ] *adj.* satisfying, satisfactory. ‖ *satisfait* [-è] *adj.* satisfied, contented, pleased.

saturer [sàtüré] *v.* to saturate.

sauce [sôs] *f.* sauce; gravy. ‖ *saucer* [-é] *v.* to dip in sauce; to drench, to soak. ‖ *saucière* [-yèr] *f.* sauce-dish, gravy-boat.

saucisse [sôsĭs] *f.* sausage; kite-balloon (mil.). ‖ *saucisson* [-oⁿ] *m.* (large) sausage; fascine (mil.).

sauf [sôf] *adj.** safe; unhurt, unscathed; *prep.* save, except, barring; reserving, under; *sauf-conduit*, safe-conduct.

saugrenu [sògrenü] *adj.* nonsensical.

saule [sôl] *m.* willow; *saule pleureur*, weeping-willow.

saumâtre [sômâtr] *adj.* briny; nasty.

saumon [sômoⁿ] *m.* salmon [poisson]; pig, block (techn.).

saumure [sômür] *f.* brine, pickle.

saupoudrer [sôpûdré] *v.* to powder, to sprinkle, to dust; to intersperse.

saur [sôr] *adj.* dried; *hareng saur*, red herring, bloater.

saut [sô] *m.* leap, jump, spring, bound; vault; omission; *saut périlleux*, acrobatic somersault; *saut de haie*, hurdling. ‖ *sauter* [-té] *v.* to jump, to leap, to bound; to blow up or explode; to omit; to leave out; to tumble (theat.); to veer, to shift (naut.); to fry quickly [cuisine]; *sauter aux yeux*, to be self-evident, to be obvious; *saute-mouton*, leap-frog. ‖ *sauterelle* [-trèl] *f.* grasshopper, locust. ‖ *sauterie* [-trî] *f.* dancing party, hop, *Am.* shindig (fam.). ‖ *sautillement* [-tîymaⁿ] *m.* hopping, skipping. ‖ *sautiller* [-tîyé] *v.* to hop, to skip.

sauvage [sôvàj] *adj.* savage, wild; untamed, uncivilized; rude, barbarous; shy, timid, unsociable; *m.*, *f.* savage; unsociable person. ‖ *sauvagerie* [-rî] *f.* savagery; ferocity; wildness; shyness; unsociability.

sauvegarde [sôvgàrd] *f.* safeguard; guarantee; shield, protection; manrope (naut.). ‖ *sauvegarder* [-é] *v.* to safeguard; to save.

sauver [sôvé] *v.* to save; to rescue; to salvage; to deliver; to preserve [apparences]; to spare; *se sauver*, to escape; to run away, *Am.* to beat it (fam.). ‖ *sauvetage* [-tàj] *m.* rescue, saving; salvage; *ceinture de sauvetage*, life-belt; *bateau de sauvetage*, lifeboat. ‖ *sauveteur* [-tœr] *m.* rescuer, deliverer; life-saver; *adj.* saving, preserving. ‖ *sauveur* [-œr] *m.* saver, deliverer; Saviour.

savamment [sàvàmaⁿ] *adv.* learnedly, cleverly.

savane [sàvàn] *f.* savanna.

savant [sàvaⁿ] *adj.* learned, erudite; clever; expert; *m.* scholar; scientist; *femme savante*, bluestocking.

savate [sàvàt] *f.* old shoe, easy slipper; sole-plate (mech.); foot boxing [jeu]; bungler, clumsy workman.

saveur [sàvœr] *f.* savo(u)r, taste, flavo(u)r; zest, tang.

savoir [savwàr] *v.** to know, to be aware of; to know how, to be able; to understand; to find out, to learn, to be informed of; to be acquainted with [faits]; *m.* knowledge, learning, scholarship, erudition; *autant que je sache*, as far as I know; *savoir gré*, to be grateful; *à savoir*, namely, viz

(= videlicet); *savoir-faire*, knowingness, knowledgeability; *savoir-vivre*, good manners, social grace, etiquette.

savon [sàvoⁿ] *m.* soap; (pop.) rebuke; *savon à barbe*, shaving-soap. ‖ *savonnage* [sàvònàj] *m.* soaping, washing. ‖ *savonner* [-òné] *v.* to soap; to lather; to rebuke. ‖ *savonnette* [-ònèt] *f.* bar of soap. ‖ *savonneux, -euse* [-òné, -èz] *adj.* soapy.

savourer [sàvûré] *v.* to relish, to savo(u)r; to enjoy. ‖ *savoureux* [-ë] *adj.** savo(u)ry, tangy, tasty.

scabreux [skàbrë] *adj.** scabrous; salacious, risqué; dangerous.

scalpel [skàlpèl] *m.* scalpel. ‖ *scalper* [-é] *v.* to scalp.

scandale [skaⁿdàl] *m.* scandal. ‖ *scandaleux* [-ë] *adj.** scandalous, shocking. ‖ *scandaliser* [-lzé] *v.* to scandalize, to shock, to horrify.

scander [skaⁿdé] *v.* to scan; to emphasize.

scaphandre [skàfaⁿdr] *m.* diving-suit. ‖ *scaphandrier* [-lyé] *m.* deep-sea diver.

scarabée [skàràbé] *m.* beetle.

scarlatine [skàrlàtîn] *f.* scarlet fever, scarlatina.

sceau [sô] *m.** seal; mark; confirmation (fig.).

scélérat [sélérà] *m.* scoundrel. ‖ *scélératesse* [-tès] *f.* villainy.

scellé [sèlé] *m.* seal. ‖ *sceller* [-é] *v.* to seal (up); to fasten, to fix [construction]; to confirm (fig.).

scénario [sénàryð] *m.* scenario; script. ‖ *scénariste* [-rìst] *s.* scriptwriter, scenario-writer.

scène [sèn] *f.* scene; stage; scenery.

scepticisme [sèptìsìsm] *m.* scepticism, *Am.* skepticism. ‖ *sceptique* [-ìk] *adj.* sceptic, *Am.* skeptic.

sceptre [sèptr] *m.* sceptre.

schéma [shémà] *m.* diagram, scheme. ‖ *schématique* [-màtìk] *adj.* schematic. ‖ *schématiser* [-màtìzé] *v.* to schematize

schisme [chìsm] *m.* schism.

sciatique [syàtìk] *adj.* sciatic; *f.* sciatica.

scie [sî] *f.* saw; saw-fish; (pop.) bore, trouble, nuisance.

sciemment [syàmaⁿ] *adv.* wittingly, knowingly, consciously; purposely. ‖ *science* [syaⁿs] *f.* science, learning; knowledge; skill, expertness. ‖ *scientifique* [syaⁿtìfìk] *adj.* scientific; *s.* scientist.

scier [syé] *v.* to saw (off). ‖ *scierie* [sîrî] *f.* saw-mill; lumber-mill.

scinder [sìⁿdé] *v.* to divide, to sever.

scintillement [slⁿtlymaⁿ] *m.* glitter, twinkling, sparkle; flickering. || *scintiller* [-lyé] *v.* to glitter, to twinkle, to sparkle; to flicker.

scission [slsyoⁿ] *f.* scission; secession; *faire scission*, to secede.

sciure [syür] *f.* sawdust.

scolaire [skòlèr] *adj.* academic; *année scolaire*, school year. || *scolarité* [-làrlté] *f.* school-attendance.

scrupule [skrüpül] *m.* scruple, qualm, misgiving; scrupulousness. || *scrupuleux* [-ë] *adj.*° scrupulous; punctilious; conscientious.

scruter [skrüté] *v.* to scrutinize; to investigate, to explore.

scrutin [skrütiⁿ] *m.* ballot, poll, vote.

sculpter [skülté] *v.* to sculpture, to carve. || *sculpteur* [-œr] *m.* sculptor, carver. || *sculpture* [-ür] *f.* sculpture, carving.

se [sĕ] *refl. pron. m.* himself, itself, oneself; *f.* herself, itself; *pl.* themselves, each other, one another.

séance [séaⁿs] *f.* sitting; seat; meeting, session; seance; *séance tenante*, immediately, on the spot. || *séant* [séaⁿ] *adj.* fitting; *m.* bottom.

seau [sô] *m.*° pail, bucket; scuttle; bucketful [contenu].

sec, sèche [sèk, sèsh] *adj.* dry, arid; plain; cold, unfeeling; *adv.* dryly, sharply; *m.* dryness; dry weather; *être à sec*, to be broke, to be hard up; *perte sèche*, dead loss; *coup sec*, sharp stroke, rap; *fruit sec*, failure, washout, flop; *en cinq sec*, in a jiffy.

sécateur [sékàtœr] *m.* pruning-scissors, pruning-shears.

sécession [sésèsyoⁿ] *f.* secession.

sécher [séshé] *v.* to dry; to dry up; to cure, to season; (pop.) to shun, to avoid; to wither; *sécher une classe*, to cut class; *sécher à un examen*, to fail an examination, *Am.* to flunk. || *sécheresse* [-rès] *f.* dryness; aridity; drought; bareness; curtness. || *séchoir* [-wàr] *m.* dryer; drying-room.

second [sĕgoⁿ] *adj.* second; another, new; inferior; *m.* second; assistant; mate, second officer; *Br.* second floor, *Am.* third floor. || *secondaire* [-dèr] *adj.* secondary; subordinate. || *seconde* [-oⁿd] *f.* second; second class; seconde [escrime]. || *seconder* [-dé] *v.* to second; to assist.

secouer [sĕkué] *v.* to shake, to jog, to jar, to jerk, to jolt; to rouse; *se secouer*, to shake oneself; to bestir oneself, to exert oneself.

secourable [sĕkûràbl] *adj.* helpful, helping; relievable. || *secourir* [-îr] *v.*° to help, to succo(u)r; to rescue. || *secouriste* [-ìst] *s.* member of a first-aid association. || *secours* [sĕkûr] *m.*

help, assistance, aid, succo(u)r; relief; rescue; *au secours!*, help!; *premiers secours*, first-aid; *roue de secours*, spare-wheel.

secousse [sĕkûs] *f.* shake, jar, jerk.

secret [sĕkrè] *adj.* secret; reserved, reticent; stealthy, secretive; furtive; *m.* secret; secrecy, privacy, mystery; secret drawer; solitary confinement. || *secrétaire* [-étèr] *m.* secretary; writing-desk. || *secrétariat* [-étàryà] *m.* secretariat, secretary's office; secretaryship.

sécréter [sékrété] *v.* to secrete. || *sécrétion* [-syoⁿ] *f.* secretion.

sectaire [sèktèr] *m., adj.* sectarian. || *secte* [sèkt] *f.* sect; cult, denomination; party (fig.).

secteur [sèktœr] *m.* sector; circuit (electr.).

section [sèksyoⁿ] *f.* section; division; portion; platoon (mil.). || *sectionner* [-yòné] *v.* to divide; to sever; to cut up; to section off.

séculaire [sékülèr] *adj.* secular; centenarian; age-old, century-old. || *séculier* [-yé] *adj.*° secular, worldly; temporal, lay.

secundo [sékoⁿdò] *adv.* secondly.

sécurité [sékürlté] *f.* security, safety; confidence; guarantee.

sédatif [sédàtìf] *adj.*° sedative, quieting; *m.* sedative.

sédentaire [sédaⁿtèr] *adj.* sedentary, fixed, settled.

sédiment [sédìmaⁿ] *m.* sediment.

séditieux [sédìsyë] *adj.*° seditious. || *sédition* [-yoⁿ] *f.* sedition.

séducteur [sédüktœr] *adj.*° seductive; bewitching; tempting; alluring; *m.* seducer. || *séduction* [-syoⁿ] *f.* seduction; enticement; allurement. || *séduire* [sédüìr] *v.*° to seduce; to beguile, to bewitch; to charm, to win over; to captivate; to bribe. || *séduisant* [-üìzaⁿ] *adj.* seductive; alluring, fascinating, beguiling.

ségrégation [ségrégasyoⁿ] *f.* segregation; apartheid.

seiche [sèsh] *f.* cuttle-fish, sepia.

seigle [sègl] *m.* rye.

seigneur [sèñœr] *m.* lord; squire; nobleman; Lord (eccles.). || *seigneurie* [- î] *f.* lordship.

sein [slⁿ] *m.* breast; bosom; womb; heart, midst, middle (fig.).

séisme [séìsm] *m.* seism, earthquake.

seize [sèz] *m., adj.* sixteen; sixteenth [date, titre]. || *seizième* [-yèm] *m., adj.* sixteenth.

séjour [séjûr] *m.* sojourn, stay; residence. || *séjourner* [-né] *v.* to stay, to sojourn, to reside.

sel [sèl] *m.* salt; wit; pungency (fig.); *pl.* smelling-salts.

sélection [sélèksyoⁿ] *f.* selection; choice. ‖ *sélectionner* [-yòné] *v.* to select; to choose, to pick out.

selle [sèl] *f.* saddle; stool; faeces (med.). ‖ *seller* [-é] *v.* to saddle. ‖ *sellerie* [-rî] *f.* saddlery, saddle-room. ‖ *sellette* [-èt] *f.* culprits' seat; *mettre sur la sellette,* to cross-question.

selon [s°loⁿ] *prep.* according to; *selon que,* according as.

semailles [s°mày] *f. pl.* sowing; seed.

semaine [s°mèn] *f.* week; week's work; week's wages.

semblable [saⁿblàbl] *adj.* similar, like, such; resembling; *m.* like; match, equal; fellow-creature. ‖ *semblant* [-aⁿ] *m.* appearance, look; pretence, show, feigning, bluff; *faire semblant,* to pretend; *faux semblant,* pretence. ‖ *sembler* [-é] *v.* to seem, to appear.

semelle [s°mèl] *f.* sole [chaussure]; foot [bas]; shoe [traîneau]; sleeper, bed-plate [techn.].

semence [s°maⁿs] *f.* seed; semen; tack [clous]. ‖ *semer* [-é] *v.* to sow; to seed; to scatter, to sprinkle; to disseminate; to spread about; to distance; to shed (fam.).

semestre [s°mèstr] *m.* half-year, six months; semester, *Am.* term [école]. ‖ *semestriel* [-lyèl] *adj.** half-yearly, semi-annual.

semeur [s°mœr] *m.* sower; disseminator.

sémillant [sémlyaⁿ] *adj.* lively, sprightly.

séminaire [sémìnèr] *m.* seminary. ‖ *séminariste* [-àrìst] *m.* seminarist.

semis [s°mì] *m.* sowing; seed-bed, seedling. ‖ *semoir* [-wàr] *m.* seed-bag; sowing-machine, drill.

semonce [s°moⁿs] *f.* admonishment, talking-to.

semoule [s°múl] *f.* semolina.

sénat [sénà] *m.* senate. ‖ *sénateur* [-tœr] *m.* senator.

sénevé [sénvé] *m.* black mustard.

sénile [sénìl] *adj.* senile, elderly. ‖ *sénilité* [-é] *f.* senility.

sens [saⁿs] *m.* sense, senses, feelings; judgment, wits, intelligence; meaning, import; interpretation; opinion, sentiment; way, direction; *bon sens,* common sense; *sens interdit,* no entry; *sens unique,* one-way; *sens dessus dessous,* upside-down.

sensation [saⁿsàsyoⁿ] *f.* sensation, feeling. ‖ *sensationnel* [-yònèl] *adj.** sensational; dramatic.

sensé [saⁿsé] *adj.* sensible, wise, level-headed.

sensibiliser [saⁿsìbìlìzé] *v.* to sensitize. ‖ *sensibilité* [-ìté] *f.* sensibility, feeling. ‖ *sensible* [saⁿsìbl] *adj.* sensitive; susceptible, perceptible; evident, obvious; lively, acute; tender, sore [chair]; *être sensible à,* to feel. ‖ *sensiblement* [-°maⁿ] *adv.* obviously; feelingly, keenly deeply; noticeably, appreciably. ‖ *sensiblerie* [-°rî] *f.* sentimentality, sob-stuff (fam.).

sensitif [saⁿsìtìf] *adj.** sensitive, sensory. ‖ *sensoriel* [-sòryèl] *adj.** sensorial, sensory.

sensualité [saⁿsüàlìté] *f.* sensuality; voluptuousness ‖ *sensuel* [saⁿsüèl] *adj.** sensual; voluptuous.

sentence [saⁿtaⁿs] *f.* sentence; verdict; aphorism. ‖ *sentencieux* [-yë] *adj.** sententious, oracular, dogmatic.

senteur [saⁿtœr] *f.* scent, fragrance; *pois de senteur,* sweet pea.

sentier [saⁿtyé] *m.* path, lane.

sentiment [saⁿtìmaⁿ] *m.* sentiment; feeling; affection perception; sensibility; opinion. ‖ *sentimental* [-tàl] *adj.** sentimental. ‖ *sentimentalité* [-tàlìté] *f.* sentimentality.

sentinelle [saⁿtìnèl] *f.* sentry, sentinel.

sentir [saⁿtìr] *v.** to feel; to guess; to perceive; to smell, to scent; to taste of; to seem; *se sentir,* to feel (oneself); to be conscious; to be felt.

séparable [sépàràbl] *adj.* separable; distinguishable. ‖ *séparation* [-àsyoⁿ] *f.* separation, severing; partition [mur]. ‖ *séparer* [-é] *v.* to separate, to divide; to sever; to part [cheveux]; *se séparer,* to separate, to part; to divide; to break up [assemblée]; to disperse, to scatter.

sept [sèt] *m., adj.* seven; seventh [titre, date].

septembre [sèptaⁿbr] *m.* September.

septième [sètyèm] *m., adj.* seventh.

septique [sèptìk] *adj.* septic.

septuagénaire [sèptüàjénèr] *m., f., adj.* septuagenarian.

sépulcral [sépülkràl] *adj.** sepulchral; cavernous [voix]. ‖ *sépulcre* [sépülkr] *m.* sepulchre. ‖ *sépulture* [-tür] *f.* sepulture; burial-place, resting-place, tomb.

séquelle [sékèl] *f.* series [choses]; crew, gang [personnes].

séquence [sékaⁿs] *f.* sequence; run.

séquestration [sékèstràsyoⁿ] *f.* sequestration, seclusion. ‖ *séquestre* [sékèstr] *m.* sequester; embargo [bateau]. ‖ *séquestrer* [-é] *v.* to sequester; to confine. to keep in confinement.

sérail [séràly] *m.* seraglio.

séraphin [séràfiⁿ] *m.* seraph [*pl.* seraphim] ; © miser, stingy fellow.

serein [sᵉriⁿ] *adj.* serene, placid. ‖ **sérénité** [sérénité] *f.* serenity.

sergent [sèrjaⁿ] *m.* sergeant ; cramp [outil] ; iron hook (naut.) ; *sergent de ville*, policeman.

série [séri] *f.* series ; break [billard] ; succession ; sequence ; *en série*, standardized, mass produced ; *sérier*, to seriate.

sérieux [séryë] *adj.** serious, grave ; earnest ; true, solid, substantial ; *m.* seriousness, gravity.

serin [sᵉriⁿ] *m.* canary ; (pop.) sap, booby ; *seriner*, to cram.

seringue [sᵉriⁿg] *f.* syringe.

serment [sèrmaⁿ] *m.* oath, promise ; *pl.* swearing ; *prêter serment*, to be sworn in.

sermon [sèrmoⁿ] *m.* sermon ; lecture. ‖ **sermonner** [-òné] *v.* to lecture, to preach, to sermonize.

serpe [sèrp] *f.* bill-hook, hedge-bill.

serpent [sèrpaⁿ] *m.* serpent, snake ; *serpent à sonnettes*, rattlesnake. ‖ **serpenter** [-té] *v.* to wind, to meander, to twine, to twist.

serpillière [sèrpìyèr] *f.* packing-cloth, sacking.

serpolet [sèrpòlè] *m.* wild thyme.

serre [sèr] *f.* squeeze, pressure ; talon, claw [oiseau] ; greenhouse, conservatory ; *serre chaude*, hot-house. ‖ **serré** [-é] *adj.* close, serried, compact ; tight ; clenched ; concise, terse. ‖ **serrement** [-maⁿ] *m.* pressing, squeezing ; pang [cœur] ; handshake [main]. ‖ **serrer** [-é] *v.* to press, to tighten, to squeeze ; to serry ; to grip ; to condense ; to oppress [cœur] ; to close [rangs] ; to clench [dents, poings] ; to skirt, to hug [côte] ; to take in [voiles] ; to apply, to put on [freins] ; *serrer la main à*, to shake hands with ; *serre-frein*, brakesman ; *se serrer*, to contract ; to crowd ; to grow tighter ; to sink [cœur].

serrure [sèrür] *f.* lock ; *trou de serrure*, keyhole. ‖ **serrurier** [-yé] *m.* locksmith.

sertir [sèrtîr] *v.* to set, to mount.

sérum [séròm] *m.* serum.

servage [sèrvàj] *m.* servitude.

servant [sèrvaⁿ] *m.* servant ; gunner ; *adj.* serving, in-waiting. ‖ **servante** [-aⁿt] *f.* maidservant ; dumb-waiter. ‖ **serveur** [-œr] *m.* waiter ; dealer [cartes] ; server [tennis]. ‖ **serveuse** [-ëz] *f.* waitress. ‖ **serviable** [-yàbl] *adj.* serviceable, willing, obliging.

service [sèrvìs] *m.* service ; attendance ; duty ; office, function ; set [argenterie, vaisselle] ; course [plats] ; tradesmen's entrance ; *service compris*, tip included ; *chef de service*, head of department.

serviette [sèrvyèt] *f.* serviette, napkin ; towel ; briefcase, portfolio ; *serviette éponge*, Turkish towel.

servile [sèrvìl] *adj.* servile, menial ; mean, base ; slavish.

servir [sèrvîr] *v.** to serve, to wait on ; to help to ; to be of service, to assist ; to supply ; to work, to operate ; to be useful ; to be in the service (mil.) ; *servir de*, to serve as, to be used as ; *se servir*, to serve oneself, to help oneself ; to avail oneself, to make use of ; *se servir de*, to use, to avail oneself of.

serviteur [sèrvìtœr] *m.* servant. ‖ **servitude** [-üd] *f.* servitude.

ses [sè] *poss. adj. pl.* his ; her ; its.

session [sèsyoⁿ] *f.* session, sitting.

seuil [sœy] *m.* sill, threshold.

seul [sœl] *adj.* alone, by oneself ; sole, only, single ; mere, bare. ‖ **seulement** [-maⁿ] *adv.* only ; but ; solely, merely.

sève [sèv] *f.* sap ; juice ; pith.

sévère [sévèr] *adj.* severe, stern, austere ; strict ; correct. ‖ **sévérité** [-érìté] *f.* severity ; sternness, strictness ; correctness ; austerity.

sévices [sévìs] *m. pl.* ill-treatment, cruelty. ‖ **sévir** [-îr] *v.* to chastise ; to rage [guerre].

sevrage [sᵉvràj] *m.* weaning. ‖ **sevrer** [sᵉvré] *v.* to wean.

sexe [sèks] *m.* sex.

sexualité [sèksüalité] *f.* sexuality. ‖ **sexuel** [sèksüèl] *adj.** sexual.

seyant [sèyaⁿ] *adj.* becoming, suitable.

shampooing [shaⁿpûiⁿ] *m.* shampoo.

short [shòrt] *m.* shorts.

si [sì] *conj.* if ; whether ; what if.

si [sî] *adv.* yes [après question négative] ; so, so much, however much ; *si fait*, yes, indeed ; *si bien que*, so that.

sidéré [sìdéré] *adj.* thunderstruck ; (fam.) flabbergasted. ‖ **sidérer** [sìdéré] *v.* to stupefy.

siècle [syèkl] *m.* century ; age, period ; world.

siège [syèj] *m.* seat ; chair ; coachman's box ; bench (jur.) ; siege ; see (eccles.) ; *le Saint-Siège*, the Holy See ; *siège social*, head office.

siéger [syéjé] *v.* to sit [assemblée] ; to have its head office (comm.) ; to be localized (fig.).

sien, sienne [syiⁿ, syèn] *poss. pron.* his, hers, its, one's ; *les siens*, one's own people.

sieste [syèst] *f.* siesta, nap.

sifflement [sìflᵉmaⁿ] *m.* whistle, whistling; wheezing; whizzing [flèche]; hiss, hissing. ‖ **siffler** [-é] *v.* to whistle; to hiss; to pipe [oiseau]; to whizz; to wheeze; to hiss, to boo (theat.). ‖ **sifflet** [-è] *m.* whistle; hissing, catcall, boo. ‖ **siffloter** [-òté] *v.* to whistle lightly; to whistle under one's breath

signal [sìñàl] *m.*° signal, sign; watchword; *Am.* wig-wag (railw.; mil.). ‖ **signalement** [-maⁿ] *m.* description [personne]. ‖ **signaler** [-é] *v.* to signal; to point out, to indicate; to give the description of; *Am* to wig-wag (railw.; mil.). ‖ **signalisation** [-ìzàsyoⁿ] *f.* signalling; signal-system; road signs.

signature [sìñàtür] *f.* signature.

signe [sìñ] *m.* sign, signal; mark, token, emblem, symbol, indication, badge; clue; omen. ‖ **signer** [-é] *v.* to sign; to subscribe; to put one's name to; *se signer,* to cross oneself.

signet [sìñè] *m.* bookmark.

significatif [sìñìfìkàtìf] *adj.*° significant, significative; meaningful; expressive; momentous. ‖ **signification** [-àsyoⁿ] *f.* significance, signification, import, meaning, notification. ‖ **signifier** [sìñìfyé] *v.* to signify, to mean; to notify; to intimate; to imply, to denote.

silence [sìlaⁿs] *m.* silence, stillness; quiet; secrecy; pause; reticence; rest (mus.); *passer sous silence,* to pass over in silence. ‖ **silencieux** [-yé] *adj.*° silent, quiet, still; taciturn; noiseless (techn.); *m.* silencer, *Am.* muffler [auto].

silex [sìlèks] *m.* silex; flint.

silhouette [sìlwèt] *f.* silhouette.

sillage [sìyàj] *m.* wake; speed, headway.

sillon [sìyoⁿ] *m.* furrow, groove; track, trail, wake. ‖ **sillonner** [sìyòné] *v. Br.* to plough, *Am.* to plow, to furrow; to streak; to groove.

simagrées [sìmàgré] *f. pl.* affected airs; pretence.

similaire [sìmìlèr] *adj.* similar; analogous. ‖ **similitude** [-ìtüd] *f.* similitude, similarity.

simple [sìⁿpl] *adj.* simple; natural; plain; only, bare, mere; easy; simple-minded; natural; single [chambre]; *m.* simpleton, single [sport]; *m pl.* simples [plantes]; *simple soldat* private; *simple matelot,* ordinary seaman. ‖ **simplicité** [-ìsìté] *f* plainness; simplicity, simple-mindedness. ‖ **simplification** [-fìkàsyoⁿ] *f* simplification. ‖ **simplifier** [-ìfyé] *v.* to simplify. ‖ **simpliste** [-ìst] *adj.* over-simple.

simulacre [sìmülàkr] *m.* image; semblance, appearance, feint, sham.

simulateur, -trice [sìmülàtœr, -trìs] *m., f.* shammer, pretender; malingerer (mil.). ‖ **simulation** [-àsyoⁿ] *f.* simulation, feigning ‖ **simuler** [-é] *v.* to simulate, to pretend to feign, to sham; to malinger (mil.)

simultané [sìmültàné] *adj.* simultaneous; coincident synchronous.

sinapisme [sìnàpìsm] *m.* mustard plaster sinapism

sincère [sìⁿsèr] *adj.* sincere; frank, candid open-hearted, genuine. ‖ **sincérité** [-érìté] *f* sincerity, frankness; honesty genuineness.

singe [sìⁿj] *m* monkey, ape; imitator, mimic hoist, windlass, winch, crab (techn.). (pop. boss; bully beef (mil.). ‖ **singer** [-é] *v.* to ape, to imitate, to mimic. ‖ **singerie** [-rì] *f.* monkey trick; grimace mimicry apery

singulariser [sìⁿgülàrìzé] *v* to singularize, *se singulariser,* to make oneself noticed. ‖ **singularité** [-rìté] *f.* singularity, peculiarity ‖ **singulier** [-yé] *adj.*° singular peculiar odd, bizarre, strange queer conspicuous.

sinistre [sìnìstr] *adj* sinister, ominous, threatening menacing, baleful, lurid; grim forbidding dismal; *m.* disaster; fire, loss ‖ **sinistré** [-é] *m.* victim. *adj.* bomb-damaged, bombed-out; rendered homeless.

sinon [sìnoⁿ] *conj.* else, or else; otherwise; if not except, unless.

sinueux [sìnüè] *adj.*° sinuous, winding, wavy meandering, twining. ‖ **sinuosité** [-òzìté] *f.* sinuosity, winding; meandering

sinus [sìnüs] *m.* sinus, antrum (med.); sine (math.). ‖ **sinusite** [-zìt] *f.* sinusitis.

sioniste [syònìst] *s., adj.* Zionist.

siphon [sìfoⁿ] *m.* siphon; trap [évier]. ‖ **siphonner** [-né] *v.* to siphon.

sire [sìr] *m* sire, lord.

sirène [sìrèn] *f.* siren, mermaid; foghorn, hooter.

sirop [sìrò] *m.* syrup.

sismique [sìsmìk] *adj.* seismic.

site [sìt] *m* site, location.

sitôt [sìtò] *adv* so soon, as soon.

situation [sìtüàsyoⁿ] *f* situation, site, location, position place, job, predicament plight report, bearing (naut.). ‖ **situer** [sìtüé] *v* to situate, to locate.

six [sìs] *m adj.* six, sixth [titre, date]. ‖ **sixième** [sìzyèm] *m., f., adj.* sixth.

ski [skì] *m.* ski. ‖ **skieur** [skyœr] *m.* skier.

slip [slìp] *m.* slips; panties; briefs.

smoking [smòkìñ] *m.* dinner-jacket; *Am.* tuxedo.

snob [snòb] *m.* snob. ‖ **snobisme** [-ìsm] *m.* snobbishness, snobbery.

sobre [sòbr] *adj.* sober, moderate, well-balanced; temperate, abstemious, frugal; restrained, sedate. **sobriété** [-łyété] *f.* sobriety; abstemiousness, sedateness; restraint; quietness [vêtements].

sobriquet [sòbrìkè] *m.* nickname.

soc [sòk] *m.* ploughshare.

sociable [sòsyàbl] *adj.* sociable, companionable, affable, convivial.

social [sòsyàl] *adj.* social. ‖ **socialisme** [-ìsm] *m.* socialism. ‖ **socialiste** [-ìst] *m.*, *f.*, *adj.* socialist.

sociétaire [sòsyétèr] *m.* member, associate; partner; stockholder. ‖ **société** [-é] *f.* society; company, firm, association; partnership, fellowship; community; gathering.

socle [sòkl] *m.* socle.

Socquette [sòkèt] *f.* (trade-mark) ankle sock, anklet, bobby-sock.

soda [sòdà] *m.* soda; sparkling-water. ‖ **sodium** [-yòm] *m.* sodium.

sœur [sœr] *f.* sister; nun.

sofa [sòfà] *m.* sofa, divan.

soi [swà] *pers. pron.* oneself; himself, herself, itself, self; *cela va de soi*, that goes without saying; *soi-disant*, self-styled, so-called, alleged; *soi-même*, oneself.

soie [swà] *f.* silk; silken hair; bristle [porc]. ‖ **soierie** [-rí] *f.* silk goods; silk-trade; silk-factory.

soif [swàf] *f.* thirst; *avoir soif*, to be thirsty.

soigner [swàñé] *v.* to take care of, to nurse, to attend to, to take pains with; *se soigner*, to take care of oneself; to nurse oneself; to coddle oneself. ‖ **soigneux** [-ë] *adj.* careful, mindful; attentive; painstaking; solicitous. ‖ **soin** [swìn] *m.* care, attention; *pl.* attentions, solicitude, pains, trouble; *aux bons soins de*, in care of, courtesy of; *soins de beauté*, beauty treatment; *soins médicaux*, medical care; *premiers soins*, first aid.

soir [swàr] *m.* evening; night; afternoon; *ce soir*, tonight. ‖ **soirée** [-é] *f.* evening; evening party.

soit [swà] *see être; adv.* be it so, well and good, all right, agreed; suppose, grant it; *conj.* either, or; whether; *tant soit peu*, ever so little.

soixantaine [swàsantèn] *f.* three score; about sixty. ‖ **soixante** [-ant] *adj.*, *m.* sixty; *soixante-dix*, seventy; *soixante-quinze*, seventy-five. ‖ **soixantième** [-antyèm] *m.*, *f.*, *adj.* sixtieth.

sol [sòl] *m.* ground; soil.

solaire [sòlèr] *adj.* solar [plexus]; sun [rayons]; *cadran solaire*, sun-dial.

soldat [sòldà] *m.* soldier; *Soldat inconnu*, Unknown Warrior.

solde [sòld] *f.* pay.

solde [sòld] *m.* balance owing; selling off, clearance sale; marked-down item; surplus stock; clearance lines, *Am.* broken lots.

solder [sòldé] *v.* to settle, to discharge [compte]; to sell off, to clear out [marchandises].

sole [sòl] *f.* sole [sabot d'un animal].

sole [sòl] *f.* sole [poisson].

soleil [sòlèy] *m.* sun; sunshine; star (fig.); *coup de soleil*, sunstroke.

solennel [sòlànèl] *adj.* solemn; formal, pompous, dignified. ‖ **solenniser** [-ìzé] *v.* to solemnize. ‖ **solennité** [-ìté] *f.* solemnity; ceremony; dignity, gravity.

solidaire [sòlìdèr] *adj.* mutually responsible; interdependent. ‖ **solidariser** [-àrìzé] *v.* to render jointly liable; *se solidariser*, to join in liability; to make common cause. **solidarité** [-àrìté] *f.* joint responsibility; solidarity; fellowship. ‖ **solide** [sòlìd] *adj.* solid; strong; tough, stout, stalwart; firm, stable; substantial; reliable; solvent; fast [couleur]; *m.* solid. ‖ **solidifier** [-ìfyé] *v.* to solidify. ‖ **solidité** [-ìté] *f.* solidity; firmness.

soliste [sòlìst] *s.* soloist; *adj.* solo.

solitaire [sòlìtèr] *adj.* solitary, single; lonely, desolate; *m.* hermit, recluse; solitaire [diamant]; old boar [sanglier]. ‖ **solitude** [-üd] *f.* solitude, loneliness, seclusion; wilderness, desert.

solive [sòlìv] *f.* joist; *Am.* stud, scantling. ‖ **soliveau** [-ìvò] *m.* small joist; (fam.) block-head; King Log.

sollicitation [sòlìsìtàsyon] *f.* solicitation, entreaty application (jur.) ‖ **solliciter** [-é] *v.* to solicit, to entreat; to incite, to urge, to impel. ‖ **solliciteur** [-œr] *m.* solicitor; petitioner. ‖ **sollicitude** [-üd] *f.* solicitude, care.

solo [sòlò] *adj.* solo.

soluble [sòlübl] *adj.* soluble, dissolvable. ‖ **solution** [-üsyon] *f.* solution; solving; answer (math.).

solvabilité [sòlvàbìlìté] *f.* solvency. ‖ **solvable** [-àbl] *adj.* solvent.

sombre [sonbr] *adj.* dark; sombre, gloomy, murky; dull, dim; overcast, murky, cloudy [ciel]; melancholy, dismal, glum [personne].

sombrer [sonbré] *v.* to founder (naut.); to sink, to collapse.

sommaire [sòmèr] *adj.* summary, brief; cursory, desultory; concise, abridged; *m.* summary.

sommation [sòmàsyoⁿ] *f.* summons, appeal; invitation.

somme [sòm] *f.* burden; *bête de somme*, beast of burden.

somme [sòm] *f.* sum, total; amount; summary; *en somme*, in short; *somme toute*, on the whole.

somme [sòm] *m.* nap, sleep. || **sommeil** [-èy] *m.* sleep; sleepiness, slumber, drowsiness; *avoir sommeil*, to be sleepy. || **sommeiller** [-èyé] *v.* to doze, to drowse, to snooze, to slumber; to lie dormant.

sommelier [sòmᵉlyé] *m.* butler; cellarman, wine-waiter.

sommer [sòmé] *v.* to summon, to call upon.

sommet [sòmè] *m.* top, summit, peak, crest; apex, acme; crown [tête]; extremity (zool.).

sommier [sòmyé] *m.* pack-horse, sumpter-mule; bed-mattress, spring-mattress; wind-chest [orgue]; timber support (mech.).

sommité [sòmìté] *f.* summit, top; head, principal; prominent person.

somnambule [sòmnaⁿbül] *m.*, *f.* sleep-walker, somnambulist. || **somnambulisme** [-lìsm] *m.* sleep-walking, somnambulism.

somnifère [sòmnìfèr] *m.* opiate; narcotic. || **somnolence** [-òlaⁿs] *f.* sleepiness, drowsiness. || **somnolent** [-òlaⁿ] *adj.* somnolent, sleepy, drowsy, slumberous. || **somnoler** [-lé] *v.* to doze, to drowse.

somptuaire [soⁿptüèr] *adj.* sumptuary.

somptueux [soⁿptüё] *adj.** sumptuous; magnificent; lavish, luxurious. || **somptuosité** [-üòzìté] *f.* sumptuousness; magnificence, splendo(u)r; lavishness, luxury.

son [soⁿ] *poss. adj. m.* (*f. sa, pl. ses*) his, her, its, one's.

son [soⁿ] *m.* sound, noise.

son [soⁿ] *m.* bran.

sonate [sònàt] *f.* sonata.

sondage [soⁿdàj] *m.* sounding; boring (min.); fathoming; probing. || **sonde** [soⁿd] *f.* sounding-line, depth-line, lead (naut.); probe (med.); bore (min.). || **sonder** [-é] *v.* to sound, to fathom; to probe; to bore [mine]; to search, to explore; to plumb (naut.).

songe [soⁿj] *m.* dream; dreaming. || **songer** [-é] *v.* to dream; to muse, to ponder; to think; to imagine. || **songerie** [-rî] *f.* dreaming; musing; reverie; meditating. || **songeur** [-œr] *adj.** dreamy, thoughtful, musing.

sonnaille [sònày] *f.* bell [bétail]. || **sonner** [-é] *v.* to sound; to ring, to

toll; to strike [horloge]. || **sonnerie** [-rî] *f.* tolling, ringing, ring; buzzer; buzzing; bells, chimes; striking; striking part [horloge].

sonnet [sònè] *m.* sonnet.

sonnette [sònèt] *f.* bell; small bell; house bell, hand-bell, door-bell; buzzer, push-button. || **sonneur** [-œr] *m.* bell-ringer; trumpeter.

sonore [sònòr] *adj.* sonorous; resonant; deep-toned. || **sonoriser** [-nòrìzé] *v.* to add the sound-track to [film]; to voice (gramm.). || **sonorité** [-lté] *f.* sonorousness; resonance.

sophisme [sòfìsm] *m.* sophism. || **sophiste** [-ìst] *s.* sophist; *adj.* sophistical.

sophistiquer [sòfistìké] *v.* to adulterate; *sophistiqué*, sophisticated.

soporifique [sòpòrìfìk] *adj.*, *m.* soporific.

sorbet [sòrbè] *m.* sorbet; sherbet.

sorcellerie [sòrsèlrî] *f.* sorcery, witchcraft. || **sorcier** [-yé] *m.* wizard, sorcerer. || **sorcière** [-yèr] *f.* witch, sorceress; hag (fam.).

sordide [sòrdìd] *adj.* sordid, filthy, dirty, grubby; squalid; vile, base; mean, avaricious.

sorgho [sòrgò] *m.* sorghum.

sort [sòr] *m.* fate, destiny; lot, condition; hazard, chance; spell, charm.

sorte [sòrt] *f.* sort, kind, species, type; manner, way; cast (typogr.); *de sorte que*, so that; *en quelque sorte*, in a way, as it were.

sortie [sòrtî] *f.* going out, coming out; exit, way out, outlet, escape; excursion, outing; sally, sortie (mil.); outburst, outbreak.

sortilège [sòrtìlèj] *m.* sortilege, witchcraft; spell.

sortir [sòrtîr] *v.** to go out, to come out, to exit; to bring out, to take out; to pull out; to leave, to depart; to deviate; to protrude, to project; to result, to ensue; to recover [santé].

sosie [sòzî] *m.* double.

sot, sotte [sò, sòt] *adj.* stupid, silly, foolish; ridiculous, absurd; *m.*, *f.* fool. || **sottise** [sòtîz] *f.* foolishness, silliness, nonsense.

sou [sû] *m.* sou [monnaie]; penny, copper; *cent sous*, five francs.

soubassement [sûbàsmaⁿ] *m.* basement; substructure.

soubresaut [sûbᵉsò] *m.* jerk, start; jolt; plunge [cheval].

souche [sûsh] *f.* stump, stock; stem; source, origin, root; head, founder [famille]; chimney-stack; counter-foil, stub [chèque, ticket]; tally.

souci [sûsì] *m.* anxiety, care, bother, worry; sollicitude, concern; marigold (bot.). || **soucier** [-yé] *v.* to trouble, to upset, to bother, to worry, **se soucier**, to care, to mind, to be concerned, to be anxious. || **soucieux** [-yë] *adj.* anxious, solicitous, concerned worried.

soucoupe [sûkûp] *f.* saucer; salver.

soudain [sûdìⁿ] *adj.* sudden, abrupt; *adv.* suddenly abruptly. || **soudaineté** [-ènté] *f* suddenness, unexpectedness, abruptness

soude [sûd] *f.* soda.

souder [sûdé] *v.* to solder, to weld, to braze, to cement.

soudoyer [sûdwàyé] *v.* to bribe.

soudure [sûdür] *f.* solder.

souffle [sûfl] *m.* breath, breathing; expiration, puff [vent]; inspiration (fig.). || **soufflé** [-è] *m.* soufflé; *adj.* puffed [pâte], amazed (fam.). || **souffler** [-é] *v.* to breathe, to blow; to puff, to pant; to whisper; to prompt (theat.); to blow out [bougie]; to huff [pion]; to diddle (fam.). || **soufflerie** [-°rî] *f.* bellows [orgue]; blowing-apparatus || **soufflet** [-è] *m.* bellows; slap, box on the ear; affront. || **souffleter** [-°té] *v.* to slap, to box the ears; to outrage. || **souffleur** [-œr] *m.* blower; prompter. || **souffleuse** [-ëz] *f.* ☺ snow-blower.

souffrance [sûfraⁿs] *f.* suffering, pain; distress; *en souffrance*, suspended, in abeyance. || **souffrant** [-aⁿ] *adj.* suffering, in pain, ill, sick, unwell, poorly, ailing; injured, forbearing. || **souffreteux** [-°të] *adj.* sickly, weak; needy; feeble, languid || **souffrir** [-frî] *v.* to suffer; to bear, to endure, to undergo; to tolerate; to allow; to be suffering, to be in pain, in trouble; **souffre-douleur**, butt, laughing-stock, whipping-boy, scapegoat.

soufre [sûfr] *m.* sulphur; brimstone. || **soufrer** [-é] *v.* to sulphur.

souhait [sûè] *m.* wish, desire. || **souhaitable** [-tàbl] *adj.* desirable. || **souhaiter** [-té] *v.* to desire; to wish (something) to (someone).

souiller [sûyé] *v.* to soil, to stain, to dirty, to sully, to blemish; to defile. || **souillon** [sûyoⁿ] *m.* slut, sloven; slattern; *f.* scullery-wench. || **souillure** [sûyür] *f.* dirt, spot, stain; blot, blemish.

soûl [sû] *adj.* surfeited, glutted; (pop.) drunk, intoxicated, tipsy, *Am.* high (fam.), satiated, cloyed.

soulagement [sûlàjmaⁿ] *m.* relief, alleviation, solace. || **soulager** [-jé] *v.* to relieve, to alleviate, to assuage, to allay; to succo(u)r.

soûlard [sûlàr], **soûlaud** [sûlô] *m.* (fam.) drunkard, boozer. || **soûler**

[sûlé] *v.* to fill, to glut; to intoxicate, to inebriate; *se soûler*, to get drunk.

soulèvement [sûlèvmaⁿ] *m.* heaving; upheaval, swelling [vagues]; rising [estomac], insurrection. || **soulever** [sûlvé] *v.* to raise, to lift, to heave, to excite, to stir up, to provoke; to sicken; **se soulever**, to raise oneself, to rise; to heave; to revolt, to rebel

soulier [sûlyé] *m.* shoe; slipper.

souligner [sûlìñé] *v.* to underline, to underscore to emphasize.

soumettre [sûmètr] *v.* to submit, to defer, to subject, to subdue; to subordinate *se soumettre*, to submit, to yield; to comply, to assent. || **soumis** [-ì] *adj* submissive, tractable, compliant, docile; subdued. || **soumission** [-ìsyoⁿ] *f* submission, compliance; submissiveness; subjection; offer, tender [contrat]. || **soumissionner** [-ìsyòné] *v.* to tender, to present.

soupape [sûpàp] *f.* valve; plug; *soupape de sûreté*, safety-valve.

soupçon [sûpsoⁿ] *m.* suspicion, mistrust, distrust, misgiving; idea, inkling, *Am.* hunch (pop.); surmise, conjecture; dash, touch, hint, dab, bit (fig.). || **soupçonner** [-òné] *v.* to suspect, *Am.* to have a hunch (pop.); to surmise, to conjecture; to question. || **soupçonneux** [-òné] *adj.* suspicious, doubtful.

soupe [sûp] *f.* soup; food, grub (pop.), *Am.* chow (mil.).

soupente [sûpaⁿt] *f.* loft, garret.

souper [sûpé] *m.* supper; *v.* to have supper, to sup.

soupeser [sûp°zé] *v.* to weigh in one's hand, *Am.* to heft.

soupière [sûpyèr] *f.* soup-tureen.

soupir [sûpîr] *m.* sigh; gasp; breath; crotchet-rest (mus.). || **soupirail** [sûpì-ràÿ] *m.* air-hole, vent. || **soupirant** [-ìraⁿ] *m.* suitor, wooer, lover. || **soupirer** [-ìré] *v.* to sigh; to gasp; *soupirer après*, to long for.

souple [sûpl] *adj.* supple, pliant, flexible compliant. || **souplesse** [-ès] *f.* pliancy suppleness, flexibility; compliance versatility.

source [sûrs] *f.* spring; source. || **sourcier** [sûrsyé] *m.* water-diviner, dowser

sourcil [sûrsì] *m.* eyebrow, brow. || **sourciller** [-yé] *v.* to frown; to flinch. || **sourcilleux** [-yë] *adj.* supercilious.

sourd [sûr] *adj.* deaf; dull; insensible, dead; hollow, muffled [bruit]; secret, underhanded; *m.* deaf person; **sourd-muet**, deaf-mute. || **sourdine** [-dîn] *f.* mute; *en sourdine*, on the sly.

souriant [sûryaⁿ] *adj.* smiling.

souricière [sûrìsyèr] *f.* mouse-trap.

sourire [sûrîr] *v.** to smile; to be favo(u)rable; *m.* smile.

souris [sûrî] *f.* mouse; *pl.* mice.

sournois [sûrnwà] *adj.* sly; sneaking, underhanded. ‖ **sournoiserie** [-zrî] *f.* slyness; cunning.

sous [sû] *prep.* under, beneath, below; on, upon; with, by; in; *sous peu*, before long, in a short while; *sous-bois*, undergrowth; *sous-chef*, deputy head; *sous-cutané*, subcutaneous; *sous-entendu*, understood; implied, hinted; implication, hint; *sous-lieutenant*, second-lieutenant; *sous-louer*, to sub-let, to sub-lease; *sous-main*, writing-pad; *sous-marin*, submarine; *sous-officier*, non-commissioned officer; N. C. O.; *sous-préfet*, sub-prefect; *sous-produit*, by-product; *je soussigné*, I, the undersigned; *sous-sol*, subsoil, substratum; basement, cellar; *sous-titre*, subtitle.

souscripteur [sûskrìptœr] *m.* subscriber. ‖ **souscription** [sûskrìpsyoⁿ] *f.* subscription; signature; underwriting. ‖ **souscrire** [-îr] *v.** to subscribe; to underwrite, to endorse.

soussigné [sûsìñé] *adj.* undersigned.

soustraction [sûstràksyoⁿ] *f.* subtraction; taking away, abstraction. ‖ **soustraire** [-èr] *v.** to subtract; to remove, to lift; *se soustraire*, to withdraw; to shirk [devoir].

soutache [sûtàsh] *f.* braid.

soutane [sûtàn] *f.* cassock, soutane.

soute [sût] *f.* bunker [charbon]; magazine [poudre]; store-room.

soutenir [sûtnîr] *v.** to support, to sustain, to hold up; to maintain, to contend, to uphold; to affirm; to bear, to endure, to stand; to defend [thèse]. ‖ **soutenu** [-ü] *adj.* sustained; constant, unceasing, unremitting.

souterrain [sûtèrìⁿ] *adj.* underground, subterranean; *m.* underground gallery; subway [métro].

soutien [sûtyiⁿ] *m.* support, prop, stay; supporter, upholder, vindicator; *soutien-gorge*, brassière.

soutirer [sûtîré] *v.* to draw off, to rack, to extract [liqueur]; to tap [vin]; to filch [argent].

souvenance [sûvnaⁿs] *f.* remembrance. ‖ **souvenir** [-îr] *m.* remembrance, recollection, memory; reminder, memento, souvenir, keepsake; *v.** *se souvenir de*, to remember, to recall, to recollect.

souvent [sûvaⁿ] *adv.* often, frequently.

souverain [sûvrìⁿ] *m.* sovereign; *adj.* sovereign, supreme; highest, extreme; without appeal (jur.). ‖

souveraineté [-ènté] *f.* sovereignty; dominion.

soviet [sòvyèt] *m.* soviet. ‖ **soviétique** [sòvyétìk] *adj.* soviet.

soya [sòyà] *m.* soya-bean, *Am.* soy-bean.

soyeux [swàyë] *adj.** silky, silken.

spacieux [spàsyë] *adj.** spacious, roomy, wide, expansive.

sparadrap [spàràdrà] *m.* adhesive-tape, court-plaster, sticking-plaster.

spasme [spàsm] *m.* spasm. ‖ **spasmodique** [-òdìk] *adj.* spasmodic; spastic.

spatial [spàsìàl] *adj.** interplanetary; space.

spatule [spàtül] *f.* spatula; butterpat; ski-tip.

speaker [spîkœr] *m.* speaker; announcer, broadcaster [radio].

spécial [spésyàl] *adj.** special, specific, particular; professional, specialistic. ‖ **spécialiser** [-ìzé] *v.* to specialize; to specify; to particularize; *se spécialiser*, to specialize; *Am.* to major [étude]. ‖ **spécialiste** [-ìst] *m., f.* specialist. ‖ **spécialité** [-ìté] *f.* specialty; speciality; knack (fam.).

spécieux [spésyë] *adj.** specious.

spécifier [spésìfyé] *v.* to specify; to stipulate. ‖ **spécifique** [-ìk] *adj.* specific.

spécimen [spésìmèn] *m.* specimen, sample.

spectacle [spèktàkl] *m.* spectacle, sight; play, show. ‖ **spectateur, -trice** [-àtœr, -àtrìs] *m., f.* spectator, onlooker; bystander; *m. pl.* audience.

spectre [spèktr] *m.* spectre, ghost; spectrum [solaire].

spéculateur, -trice [spékülàtœr, trìs] *m., f.* theorizer, speculator. ‖ **spéculatif** [-àtìf] *adj.** speculative. ‖ **spéculation** [-àsyoⁿ] *f.* speculation. ‖ **spéculer** [-é] *v.* to speculate; to ponder; to theorize.

spéléologie [spéléòlòjî] *f.* speleology. ‖ **spéléologue** [-lòg] *s.* speleologist; pot-holer (fam.).

sphère [sfèr] *f.* sphere. ‖ **sphérique** [sférìk] *adj.* spherical.

spirale [spìràl] *f.* spiral.

spiritisme [spìrìtìsm] *m.* spiritualism. ‖ **spiritualité** [-tüàlìté] *f.* spirituality. ‖ **spirituel** [-üèl] *adj.** spiritual; religious; mental, intellectual; humorous, witty; sprightly. ‖ **spiritueux** [-üë] *adj.* spirituous; *m. pl.* spirits.

splendeur [splaⁿdœr] *f.* splendo(u)r, radiance, glory; pomp, magnificence. ‖ **splendide** [-ìd] *adj.* splendid, sumptuous, magnificent.

spoliation [spòlyàsyoⁿ] *f.* spoliation. ‖ **spolier** [-yé] *v.* to despoil, to plunder ; to defraud.

spongieux [spoⁿjyë] *adj.** spongy.

spontané [spoⁿtàné] *adj.* spontaneous. ‖ **spontanéité** [-éìté] *f.* spontaneity, spontaneousness.

sporadique [spòràdìk] *adj.* sporadic.

sport [spòr] *m.* sport. ‖ **sportif** [-tìf] *adj.** sporting ; *m.* sports lover. ‖ **sportivité** [-tìvìté] *f.* sportmanship.

square [skwàr] *m.* park, square.

squelette [skelèt] *m.* skeleton. ‖ **squelettique** [-tìk] *adj.* skeletal ; thin, emaciate.

stabilisateur, -trice [stàbìlìzàtœr, -trìs] *adj.* stabilizing ; *m.,* *f.* stabilizer. ‖ **stabilisation** [-àsyoⁿ] *f.* stabilization, balancing. ‖ **stabiliser** [-é] *v.* to stabilize. ‖ **stabilité** [stàbìlìté] *f.* stability, steadfastness. ‖ **stable** [stàbl] *adj.* steady, stable ; lasting ; steadfast.

stade [stàd] *m.* stadium ; stage.

stage [stàj] *m.* stage, period.

stalle [stàl] *f.* stall ; seat.

stance [staⁿs] *f.* stanza.

station [stàsyoⁿ] *f.* station ; stop ; resort. ‖ **stationnaire** [-yònèr] *adj.* stationary. ‖ **stationner** [-yòné] *v.* to station ; to stop, to stand, to park.

statistique [stàtìstìk] *f.* statistics ; *adj.* statistical.

statue [stàtü] *f.* statue.

statuer [stàtüé] *v.* to decree, to ordain, to enact ; to make laws.

stature [stàtür] *f.* stature.

statut [stàtü] *m.* statute ; ordinance.

sténodactylo(graphe) [sténòdàktìlògràf] *m., f.* shorthand-typist. ‖ **sténo(graphe)** [-gràf] *m., f.* stenographer. ‖ **sténo(graphie)** [-ì] *f.* stenography, shorthand. ‖ **sténographier** [-yé] *v.* to take down in shorthand.

stérile [stérìl] *adj.* sterile, barren ; fruitless. ‖ **stériliser** [-ìzé] *v.* to sterilize ; to castrate, to geld. ‖ **stérilité** [-lté] *f.* sterility.

stigmate [stìgmàt] *m.* stigma. ‖ **stigmatisé** [-ìzé] *adj.* stigmatized ; *m.* stigmatist.

stimuler [stìmülé] *v.* to stimulate, to excite, to stir ; to whet [appétit].

stipuler [stìpülé] *v.* to stipulate, to specify ; to contract, to covenant.

stock [stòk] *m.* stock, supply, hoard.

stop ! [stòp] *interj.* stop !

stoppage [stòpàj] *m.* invisible mending, reweaving. ‖ **stopper** [-é] *v.* to reweave ; to stop, to halt.

store [stòr] *m.* blind, shade ; awning.

strapontin [stràpoⁿtiⁿ] *m.* foldingseat, *Am.* jumpseat.

stratagème [stràtàjèm] *m.* stratagem, dodge. ‖ **stratégie** [-éjì] *f.* strategy.

stratosphérique [stràtòsférìk] *adj.* strato(spheric).

strict [strìkt] *adj.* strict, severe.

strident [strìdaⁿ] *adj.* strident, shrill, rasping, jarring.

strophe [stròf] *f.* strophe.

structure [strüktür] *f.* structure.

stuc [stük] *m.* stucco.

studieux [stüdyë] *adj.** studious.

stupéfaction [stüpéfàksyoⁿ] *f.* stupefaction, amazement ; bewilderment. ‖ **stupéfait** [-è] *adj.* astounded, stunned, stupefied, speechless. ‖ **stupéfiant** [-yaⁿ] *adj.* stupefying, astounding ; *m.* narcotic, stupefacient. ‖ **stupéfier** [-yé] *v.* to stupefy, to amaze, to astound, to dumbfound.

stupeur [stüpœr] *f.* stupor, daze. ‖ **stupide** [-ìd] *adj.* foolish, senseless, stupid, *Am.* dumb. ‖ **stupidité** [-ìdìté] *f.* stupidity. *Am.* dumbness.

style [stìl] *m.* style ; stylus. ‖ **stylo** [-ô] *m.* fountain-pen ; *stylo à bille,* ball-point pen.

suaire [süèr] *m.* shroud.

suave [süàv] *adj.* sweet, agreeable ; soft ; suave, bland, unctuous. ‖ **suavité** [-ìté] *f.* sweetness ; suavity.

subalterne [sübàltèrn] *adj.* subaltern ; *m.* underling, subaltern.

subdivision [sübdìvìzyoⁿ] *f.* subdivision ; lot, tract [terre].

subir [sübìr] *v.* to undergo, to submit to ; to take [examen].

subit [sübì] *adj.* sudden, brusque. ‖ **subitement** [-tmaⁿ] *adv.* suddenly, all at once, all of a sudden.

subjectif [sübjèktìf] *adj.** subjective.

subjonctif [sübjoⁿktìf] *m.* subjunctive.

subjuguer [sübjügé] *v.* to subjugate, to subdue ; to master.

sublime [süblìm] *adj.* sublime, lofty ; **sublimer** [-mé] *v.* to sublimate.

submerger [sübmèrjé] *v.* to submerge, to inundate, to sink. ‖ **submersion** [-syoⁿ] *f.* submersion ; submergence.

subordonné [sübòrdòné] *adj.* subordinate ; inferior, subaltern ; subservient, dependent. ‖ **subordonner** [-é] *v.* to subordinate.

suborner [sübòrné] *v.* to bribe ; to tamper with [témoin]. ‖ **suborneur** [-œr] *m.* suborner, briber.

subséquent [sübsékaⁿ] *adj.* subsequent, ensuing.

subside [sübsìd] *m.* subsidy.

subsistance [sübzìstaⁿs] *f.* subsistence, sustenance, maintenance; *pl.* provisions, supplies. ‖ **subsister** [-é] *v.* to subsist, to stand; to be extant; to exist, to live.

substance [sübstaⁿs] *f.* substance; matter; gist. ‖ **substantiel** [-yèl] *adj.* substantial; solid, stout.

substantif [sübstaⁿtìf] *m.* substantive, noun.

substituer [sübstìtüé] *v.* to substitute. ‖ **substitut** [-ü] *m.* substitute. ‖ **substitution** [-üsyoⁿ] *f.* substitution.

subterfuge [sübtèrfüj] *m.* evasion, shift, dodge.

subtil [sübtìl] *adj.* subtle, shrewd; subtile; cunning. ‖ **subtiliser** [-ìzé] *v.* to subtilize; to filch. ‖ **subtilité** [-ìté] *f.* subtlety, shrewdness; subtility.

subvenir [sübvᵉnìr] *v.** to supply, to provide. ‖ **subvention** [-aⁿsyoⁿ] *f.* subsidy. ‖ **subventionner** [-aⁿsyòné] *v.* to subsidize.

subversif [sübvèrsìf] *adj.** subversive. ‖ **subversion** [-syoⁿ] *f.* subversion.

suc [sük] *m.* juice, sap; pith.

succédané [süksédàné] *m., adj.* substitute.

succéder [süksédé] *v.* to succeed, to follow; to replace; to inherit.

succès [süksè] *m.* success; *succès fou,* wild success, smash hit.

successeur [süksèsœr] *m.* successor; heir. ‖ **successif** [-ìf] *adj.** successive, consecutive. ‖ **succession** [-yoⁿ] *f.* succession; sequence, series; inheritance.

succinct [süksiⁿ] *adj.* succinct, concise, terse.

succomber [sükoⁿbé] *v.* to succumb, to die, to perish; to yield.

succulent [sükülaⁿ] *adj.* succulent, juicy, luscious; tasty, toothsome.

succursale [sükürsàl] *f.* branch agency, sub-office, regional office.

sucer [süsé] *v.* to suck, to absorb; to draw, to drain. ‖ **sucette** [-èt] *f.* sucker, lollipop [bonbon]. ‖ **suceur** [-œr] *adj.* sucking; *m.* sucker; nozzle.

sucre [sükr] *m.* sugar; *pain de sucre,* sugar-lump; *sucre en morceaux,* lump-sugar; *sucre semoule,* granulated sugar; *sucre cristallisé,* coarse sugar; *sucre candi,* crystallized sugar; *sucre d'érable,* © maple sugar; *partie de sucre,* © sugaring party. ‖ **sucres,** *m. pl.* © maple sugar time; *aller aux sucres,* to go to a sugaring party. ‖ **sucrer** [-é] *v.* to sugar. ‖ **sucrerie** [-ᵉrĭ] *f.* sugar-works; *Br.* sweet, *Am.* candy; © maple bush, sugar bush. ‖ **sucrier** [-ĭyé] *m.* sugar-bowl.

sud [süd] *m.* south; *du sud,* southern; *sud-est,* south-east; *sud-ouest,* southwest.

suer [süé] *v.* to sweat, to perspire; to ooze [mur]. ‖ **sueur** [süœr] *f.* sweat, perspiration.

suffire [süfìr] *v.** to suffice, to be enough; to be adequate; *se suffire,* to be self-sufficient. ‖ **suffisamment** [-ìzàmaⁿ] *adv.* sufficiently, enough; adequately. ‖ **suffisance** [-ìzaⁿs] *f.* sufficiency; adequacy; self-sufficiency, conceit. ‖ **suffisant** [-ìzaⁿ] *adj.* sufficient, plenty, enough; conceited, self-sufficient.

suffocant [süfòkaⁿ] *adj.* suffocating; startling, stunning. ‖ **suffocation** [-fòkàsyoⁿ] *f.* suffocation, stifling. ‖ **suffoquer** [-é] *v.* to suffocate, to stifle; to choke; to take (s.o. 's) breath away.

suffrage [süfràj] *m.* suffrage, vote.

suggérer [sügjéré] *v.* to suggest; to hint; to prompt, to inspire. ‖ **suggestif** [-èstìf] *adj.** suggestive; evocative. ‖ **suggestion** [-èstyoⁿ] *f.* instigation, incitement, hint; proposal. ‖ **suggestionner** [-èstyòné] *v.* to suggest; to prompt; to influence by means of suggestion.

suicide [süìsìd] *m.* suicide. ‖ **suicider** (se) [sᵉsüìsìdé] *v.* to commit suicide, to kill oneself. ‖ **suicidé** [süìsìdé] *m.* self-murderer, suicide.

suie [süĭ] *f.* soot.

suif [süìf] *m.* tallow.

suinter [süiⁿté] *v.* to ooze, to seep, to sweat, to drip, to trickle, to leak, to exude.

Suisse [süìs] *f.* Switzerland; *m.* Swiss; beadle; © chipmunk.

suite [süìt] *f.* following, pursuit; continuation; suite, retinue; attendants; order, series, sequence; consequence, result; *tout de suite,* at once, right away; *donner suite à,* to follow up, to carry out; *et ainsi de suite,* and so on, and so forth. ‖ **suivant** [-süìvaⁿ] *adj.* next, following; *prep.* in the direction of; according to; *m.* attendant. ‖ **suivante** [-aⁿt] *f.* lady's maid. ‖ **suivre** [süìvr] *v.** to follow, to pursue; to succeed; to attend [cours, concert]; *à suivre,* to be continued.

sujet, -ette [süjè, -èt] *adj.* subject, liable, prone, exposed, apt (à, to); *m.* subject; topic, matter; cause, reason, ground; fellow, person; *au sujet de,* concerning, about. ‖ **sujétion** [-ésyoⁿ] *f.* subjection.

sulfate [sülfàt] *m.* sulphate. ‖ **sulfater** [-té] *v.* to sulphate.

sulfureux [sülfürë] *adj.** sulphurous. ‖ **sulfurique** [-ìk] *adj.* sulphuric. ‖ **sulfurisé** [-ìzé] *adj.* butter, imitation parchment [papier].

sultan [sültaⁿ] *m.* sultan.

sumac [sümᴀk] *m.* sumac; *sumac vénéneux*, poison-ivy.

superbe [süpᴇrb] *adj.* superb.

supercherie [süpᴇrshᴇrî] *f.* deceit, fraud, swindle; trickery.

superficie [süpᴇrfîsî] *f.* area, surface. ǁ *superficiel* [-yᴇl] *adj.* superficial; shallow [esprit].

superflu [süpᴇrflü] *adj.* superfluous; redundant; useless; *m.* superfluity.

supérieur [süpéryœr] *adj.* superior; upper, higher; *m.* superior; principal. ǁ *supériorité* [-yòrîté] *f.* superiority; predominance; advantage; seniority [âge].

superlatif [süpᴇrlàtîf] *adj.*,* m.* superlative.

supersonique [süpᴇrsònîk] *adj.* supersonic.

superstitieux [süpᴇrstìsyë] *adj.** superstitious. ǁ *superstition* [-yoⁿ] *f.* superstition.

supplanter [süplᴀⁿté] *v.* to supplant, to supersede, to oust.

suppléance [süpléᴀⁿs] *f.* substitution, deputyship, temporary term. ǁ *suppléant* [-éᴀⁿ] *adj.* substitute, deputy, acting, temporary. ǁ *suppléer* [-éé] *v.* to replace, to substitute for; to supplement; to supply; to compensate; to deputize for.

supplément [süplémᴀⁿ] *m.* supplement; extra payment, extra fare. ǁ *supplémentaire* [-tᴇr] *adj.* supplementary, additional, extra; *heures supplémentaires*, overtime.

supplication [süplîkàsyoⁿ] *f.* supplication, entreaty, beseeching.

supplice [süplìs] *m.* torture; torment, agony. ǁ *supplicier* [-syé] *v.* to torture; to execute.

supplier [süplìyé] *v.* to supplicate, to implore, to entreat, to beseech.

support [süpòr] *f.* support, prop. ǁ *supportable* [-tàbl] *adj.* bearable, tolerable. ǁ *supporter* [-té] *v.* to support, to uphold; to prop, to sustain; to endure, to bear, to suffer; to tolerate. ǁ *supporter* [-tᴇr] *m.* supporter; fan.

supposé [süpòzé] *adj.* supposed, alleged; assumed; fictitious. ǁ *supposer* [-é] *v.* to suppose, to assume; to imply. ǁ *supposition* [-ìsyoⁿ] *f.* supposition, assumption, surmise.

suppositoire [süpòzìtwàr] *m.* suppository.

suppôt [süpò] *m.* henchman, tool.

suppression [süprèsyoⁿ] *f.* suppression; stoppage; removing; abatement [bruit]. ǁ *supprimer* [süprìmé] *v.* to

suppress, to abolish; to quell; to eliminate; to cancel; to do away with [personne].

suppuration [süpürᴀsyoⁿ] *f.* suppuration. ǁ *suppurer* [-ré] *v.* to suppurate.

supputer [süpüté] *v.* to reckon.

suprématie [süprémᴀsî] *f.* supremacy. ǁ *suprême* [-èm] *adj.* supreme, highest, crowning.

sur [sür] *prep.* on, upon; onto; above; over; towards, about [heure]; *sur-le-champ*, right away, immediately; *sur l'heure*, without delay, at once.

sur [sür] *adj.* sour, tart.

sûr [sür] *adj.* sure, certain; safe, secure; assured; reliable, trustworthy; infallible [remède].

surabondance [sürᴀboⁿdᴀⁿs] *f.* superabundance, profusion. ǁ *surabondant* [-ᴀⁿ] *adj.* superabundant, profuse. ǁ *surabonder* [-é] *v.* to superabound, to overflow with.

suraigu [sürègü] *adj.** high-pitched, shrill, acute (med.).

suralimentation [sürᴀlìmᴀⁿtàsyoⁿ] *f.* overfeeding. ǁ *suralimenter* [-é] *v.* to overfeed.

surcharge [sürshᴀrj] *f.* overloading, overworking; overtax, overcharge; surcharge [timbre].

surcroît [sürkrwà] *m.* increase; surplus; *par surcroît*, in addition.

surdité [sürdìté] *f.* deafness.

sûrement [sürmᴀⁿ] *adv.* safely, surely, securely; certainly, assuredly. ǁ *sûreté* [sürté] *f.* safety, security; guarantee; sureness; reliability; *la Sûreté*, Criminal Investigation Department, *Am.* Federal Bureau of Investigation.

surette [sürèt] *f.* ⓒ sorrel (*Fr.* oseille).

surexciter [sürèksìté] *v.* to overexcite.

surface [sürfàs] *f.* surface; area.

surfaire [sürfᴇr] *v.** to overcharge; to overrate; to overdo.

surgir [sürjîr] *v.* to rise, to surge, to loom up; to spring up, to bob up.

surhomme [süròm] *m.* superman. ǁ *surhumain* [-ümiⁿ] *adj.* superhuman.

surintendant [sürìⁿtᴀⁿdᴀⁿ] *m.* superintendent, overseer.

surjet [sürjè] *m.* overcasting, whipping [couture].

surlendemain [sürlᴀⁿdmìⁿ] *m.* two days after, the second day after.

surmenage [sürmᴇnàj] *m.* overworking, overexertion, overdoing. ǁ *surmener* [-é] *v.* to overwork, to overexert, to overstrain.

surmonter [sürmoⁿté] *v.* to surmount, to top; to master.

surnaturel [sürnàtürèl] *adj.* *°* super-natural, uncanny, weird, eerie.

surnom [sürnoⁿ] *m.* surname, family name. nickname.

surnombre [sürnoⁿbr] *m.* surplus.

surnommer [sürnômé] *v.* to name, to style; to nickname.

surnuméraire [sürnümérèr] *m., adj.* supernumerary.

suroît [sürwà] *m.* south-west; sou'-wester.

surpasser [sürpàsé] *v.* to surpass, to outdo, to excel, to exceed.

surplis [sürplì] *m.* surplice.

surplomber [sürploⁿbé] *v.* to over-hang, to jut out over.

surplus [sürplü] *m.* surplus, over-plus; *au surplus*, besides, moreover.

surprenant [sürprⁿnaⁿ] *adj.* surprising, amazing, astonishing. ‖ *sur-prendre* [sürprⁿdr] *v.* *°* to surprise, to astonish; to intercept; to overhear. ‖ *surprise* [-ìz] *f.* surprise.

surproduction [sürpròdüksyoⁿ] *f.* overproduction.

surréalisme [sürréàlìsm] *m.* surreal-ism.

sursaut [sürsô] *m.* start, jump. ‖ *sursauter* [-té] *v.* to start; *faire sur-sauter*, to startle.

surseoir [sürswàr] *v.* *°* to postpone, to suspend, to defer, to delay; to stay [jugement]. ‖ *sursis* [-ì] *m.* delay, respite; reprieve.

surtaxe [sürtàks] *f.* surtax; extra postage, postage due [timbres]. ‖ *sur-taxer* [-ksé] *v.* to supertax, to overtax.

surtout [sürtù] *adv.* especially, above all, chiefly, principally.

surveillance [sürvèyaⁿs] *f.* super-vision, watching, superintendence, sur-veillance; observation, lookout (mil.). ‖ *surveillant* [-èyaⁿ] *m.* overseer, in-spector, supervisor. ‖ *surveiller* [-èyé] *v.* to superintend, to supervise, to oversee, to watch over; to tend, to look after [machine].

survenir [sürvⁿnîr] *v.* *°* to occur, to happen, to supervene; to drop in.

survie [sürvì] *f.* survival.

survivance [sürvìvaⁿs] *f.* survival; outliving. ‖ *survivant* [-ìvaⁿ] *m.* sur-vivor. ‖ *survivre* [-ìvr] *v.* *°* to survive, to outlive.

survol [sürvòl] *m.* flight over (aviat.); panning [cinéma]. ‖ *survoler* [-é] *v.* to fly over.

sus [süs] *prep.* on, upon; against; *en sus*, over and above, in addition, furthermore.

susceptibilité [süsèptìbìlìté] *f.* sus-ceptibility; sensitiveness, touchiness. ‖

susceptible [-ìbl] *adj.* susceptible, sen-sitive, touchy; capable (*de*, of), liable (*de*, to).

susciter [süsìté] *v.* to raise up; to instigate; to kindle, to arouse, to stir up; to create.

susdit [süsdì] *adj.* above-mentioned, aforesaid.

suspect [süspè] *adj.* suspicious; ques-tionable; *m.* suspect. ‖ *suspecter* [-kté] *v* to suspect; to question.

suspendre [süspaⁿdr] *v.* to hang up, to suspend; to hold in abeyance; to defer, to stay [jugement]; to stop [paiement]. ‖ *suspens* [-aⁿ] *m.* sus-pense, *adj.* suspended, *en suspens*, in abeyance; outstanding. ‖ *suspension* [-aⁿsyoⁿ] *f.* suspension, hanging up, swinging, stoppage, springs [auto].

suspicion [süspìsyoⁿ] *f.* suspicion.

sustenter [süstⁿté] *v.* to sustain, to nourish, to support.

susurrer [süsüré] *v.* to whisper; to buzz, to rustle, to susurrate.

suture [sütür] *f.* seam; suture, stitch-ing (med.). ‖ *suturer* [-ré] *v.* to suture.

suzerain [süzrⁿ] *m., adj.* suzerain.

svelte [svèlt] *adj.* svelte, slender. ‖ *sveltesse* [-ès] *f.* slenderness.

syllabe [sìllàb] *f.* syllable. ‖ *sylla-bique* [-ìk] *adj.* syllabic.

symbole [sìⁿbòl] *m.* symbol, emblem. ‖ *symbolique* [-ìk] *adj.* symbolic, emblematic; token [paiement]. ‖ *sym-boliser* [-ìzé] *v.* to symbolize. ‖ *sym-bolisme* [-ìsm] *m.* symbolism.

symétrie [sìmétrî] *f.* symmetry. ‖ *symétrique* [-ìk] *adj.* symmetrical.

sympathie [sìⁿpàtî] *f.* sympathy; liking, attraction, congeniality. ‖ *sym-pathique* [-ìk] *adj.* sympathetic; attractive, pleasing, appealing. ‖ *sym-pathiser* [-zé] *v.* to sympathize; to harmonize, to correspond.

symphonie [sìⁿfònî] *f.* symphony.

symptôme [sìⁿptôm] *m.* symptom.

synagogue [sìnàgòg] *f.* synagogue.

syncope [sìⁿkòp] *f.* syncope; faint; *tomber en syncope*, to faint.

syndical [sìⁿdìkàl] *adj.* *°* syndical; *chambre syndicale*, trade-union com-mittee. ‖ *syndicalisme* [-àlìsm] *m.* trade-unionism. ‖ *syndicat* [-à] *m.* trade-union, syndicate, *syndicat d'ini-tiative* tourists' information bureau. ‖ *syndiqué* [-é] *adj* -yndicated; *m.* trade-unionist. ‖ *syndiquer* [-é] *v.* to syndicate; to form into a trade-union.

synthèse [sìⁿtèz] *f.* synthesis.

systématique [sìstémàtìk] *adj.* sys-tematic, methodical. ‖ *système* [sìs-tèm] *m.* system, method; plan.

T

ta [tà] *poss. adj. f.* thy, your.

tabac [tàbá] *m.* tobacco. ‖ *tabatière* [-tyèr] *f.* snuff-box.

table [tàbl] *f* table; meal; switchboard (teleph.); plate [métal]; *table des matières.* table of contents.

tableau [tàblô] *m.* ° picture, painting; scene, sight. list, catalog(ue), table; panel [jurés]. board, blackboard, bulletin-board, *Br* notice board; telegraph-board, switchboard (electr.); indicator-board, *tableau de bord,* dashboard [auto]. ‖ *tabler* [tàblé] *v.* to count [*sur.* on]. *tablette* [-èt] *f.* tablet; note-book; writing-pad; shelf; bar, slab [chocolat], lozenge, troche (pharm.). *tablier* [-lyé] *m.* apron; hood [cheminée].

tabou [tàbú] *adj.* taboo, tabooed; forbidden; *m.* taboo.

tabouret [tàbûrè] *m.* stool.

tache [tàsh] *f.* stain, spot, blot, blob, blur, speck; taint, blemish, flaw.

tâche [tàsh] *f.* task, job.

tacher [tàshé] *v* to stain, to spot; to taint, to blemish, to mar.

tâcher [tàshé] *v* to try, to attempt.

tacheter [tàshté] *v.* to fleck, to speckle, to mottle.

tacite [tàsìt] *adj.* tacit, implied. ‖ *taciturne* [-úrn] *adj.* taciturn.

tacot [tàkò] *m.* (fam.) bone-shaker, *Am.* jalopy [autom.]; puffer (railw.).

tact [tàkt] *m.* feeling, touch; tact, diplomacy. ‖ *tacticien* [-ìsyìⁿ] *m.* tactician. ‖ *tactique* [-ìk] *adj.* tactical; *f.* tactics.

taffetas [tàftà] *m.* taffeta; *taffetas gommé,* adhesive-tape.

taie [tè] *f.* pillow-case.

taillader [tàyàdé] *v.* to slash.

taille [tày] *f.* cutting; pruning, trimming, clipping. cut, shape; edge [couteau]; tally. waist, figure; stature, height, size. measure. *taille-crayon,* pencil-sharpener. *taille-douce,* copperplate engraving. *tailler* [-é] *v.* to cut; to prune, to trim, to clip; to tally; to carve. to sharpen [crayon]; to cut out, to tailor [couture]. ‖ *tailleur* [-œr] *m* tailor, cutter; tailored suit. ‖ *taillis* [-ì] *m.* copse.

tain [tìⁿ] *m.* silvering; foil.

taire [tèr] *v.* ° to keep secret, to hush up, to suppress, to keep dark; *se taire,* to be quiet, to fall silent.

talc [tàlk] *m.* French chalk; talcum.

talent [tàlòⁿ] *m.* talent, capacity.

taloche [tàlòsh] *f.* (fam.) cuff.

talon [tàlòⁿ] *m.* heel; sole [gouvernail]; stock, reserve; pile [cartes]; shoulder [épée]; stub, counterfoil (comm.). beading, bead [pneu]. ‖ *talonner* [-òné] *v.* to follow, to tail, to dog, to dun; to spur [cheval]; to urge on, to pester.

talus [tàlü] *m.* slope, bank.

tambour [tàⁿbûr] *m.* drum; drummer; barrel [horloge]; spool [bobine]; roller [treuil], tambour, tympanum (anat.). *tambour-major,* drum-major. ‖ *tambouriner* [-ìné] *v.* to thrum.

tamis [tàmì] *m.* sieve, sifter. ‖ *tamiser* [-zé] *v.* to sift, to strain, to screen; to filter through; to bolt; to soften.

tampon [tàⁿpòⁿ] *m.* stopper; plug; rubber stamp, buffer (railw.); pad [ouate]. ‖ *tamponnement* [-ònmàⁿ] *m.* plugging, collision, shock; thumping. ‖ *tamponner* [-òné] *v.* to plug; to rub with a pad, to dab; to collide with, to bump into.

tan [tàⁿ] *m.* tan; tan-bark.

tancer [tàⁿsé] *v.* to rate.

tanche [tàⁿsh] *f.* tench.

tandem [tàⁿdèm] *m.* tandem.

tandis [tàⁿdì] *adv.* meanwhile; *tandis que* while, whereas.

tangage [tàⁿgàj] *m.* pitching, rocking.

tangent [tàⁿjàⁿ] *adj.* tangent(ial). ‖ *tangente* [-àⁿt] *f* tangent.

tangible [tàⁿjìbl] *adj.* tangible.

tanguer [tàⁿgé] *v.* to pitch, to rock.

tanière [tànyèr] *f.* den, lair.

tanin [tànìⁿ] *m.* tannin.

tannage [tànàj] *m.* tanning, dressing. ‖ *tanner* [-é] *v.* to tan, to dress, to cure [peaux]; (pop.) to bore. ‖ *tannerie* [-rì] *f.* tannery. ‖ *tanneur* [-œr] *m.* tanner.

tant [tàⁿ] *adv.* so much, so many; as much, as many; so; so far; so long, as long. while; *tant pis,* so much the worse; too bad (fam.); *tant s'en faut,* far from it.

tante [tàⁿt] *f.* aunt; pansy (pop.).

tantinet [tàⁿtìnè] *adv.* (fam.) bit; somewhat.

tantôt [tàⁿtô] *adv.* presently, by and by, anon. a little while ago, just now; sometimes. now... now.

taon [tòⁿ] *m.* gadfly, horsefly.

tapage [tàpàj] *m.* noise, uproar, racket, din, rumpus. ‖ *tapageur* [-œr] *adj.** noisy, rowdy; gaudy, showy [couleur]; blustering [manière].

tape [tàp] *f.* rap, slap, tap, thump, pat. ‖ **taper** [-é] *v.* to hit, to slap; to smack, to tap; to stamp; to plug; to rap, to bang; to borrow from; to dab [peinture]; to type(write) [à la machine]. ‖ **tapette** [-èt] *f.* bat, carpet-beater; pansy (pop.). ‖ **tapeur** [-œr] *m.* (fam.) cadger.

tapioca [tàpyòkà] *m.* tapioca.

tapir (se) [sətàpìr] *v.* to crouch; to squat; to skulk, to cower; to nestle.

tapis [tàpì] *m.* carpet, rug; cover, cloth; *tapis roulant*, endless belt, assembly line; *tapis-brosse*, door-mat. ‖ **tapisser** [-sé] *v.* to hang with tapestry; to carpet; to paper. ‖ **tapisserie** [-srî] *f.* tapestry; hangings; wallpaper; upholstery; *faire tapisserie*, to be a wallflower. ‖ **tapissier** [-yé] *m.* upholsterer.

tapoter [tàpòté] *v.* to rap, to tap; to drum, to thrum; to strum [piano].

taquet [tàkè] *m.* wedge, angle-block; peg; flange; belaying-cleat (naut.).

taquin [tàkìⁿ] *m.* tease; *adj.* teasing. ‖ **taquiner** [-ìné] *v.* to tease, to tantalize, to plague, *Am.* to kid (pop.). ‖ **taquinerie** [-ìnrî] *f.* teasing, *Am.* kidding (pop.).

tarabiscoté [tàràbìskòté] *adj.* (fam.) over-elaborate, overloaded.

tarabuster [tàràbüsté] *v.* (fam.) to harass; to bully.

tard [tàr] *adv.* late; *tôt ou tard*, sooner or later. ‖ **tarder** [-dé] *v.* to delay, to be long (à, in); to tarry, to loiter, to dally; *il me tarde de*, I long to. ‖ **tardif** [-dìf] *adj.** late, tardy; backward; belated.

tare [tàr] *f.* tare [poids]; defect, blemish; taint [héréditaire]. ‖ **taré** [-é] *adj.* degenerate; corrupt.

targette [tàrjèt] *f.* slide-bolt.

targuer (se) [sətàrgé] *v.* to boast, to brag, to pride oneself (*de*, on).

tarif [tàrìf] *m.* tariff, rate; price-list, schedule of charges; *tarifer*, to tariff.

tarir [tàrîr] *v.* to dry up; to drain; to exhaust; to leave off (fig.). ‖ **tarissable** [-ìsàbl] *adj.* exhaustible. ‖ **tarissement** [-ìsmaⁿ] *m.* draining, exhausting, drying up.

tarte [tàrt] *f.* tart; flan; *Am.* pie; slap; *adj.* stupid. ‖ **tartelette** [-ᵉlèt] *f.* tartlet; *Am.* tart. ‖ **tartine** [-în] *f.* slice of bread; (pop.) tirade.

tartre [tàrtr] *m.* tartar; fur.

tas [tà] *m.* heap, pile; lot, set, batch; *mettre en tas*, to heap up, to pile up.

tasse [tàs] *f.* cup; *tasse à café*, coffee-cup; *tasse de café*, cup of coffee.

tasseau [tàsô] *m.** bracket, clamp.

tasser [tàsé] *v.* to heap, to pile up; to compress; to squeeze; to grow thick; *se tasser*, to sink, to subside, to settle; to set [mur]; to shrink with age; to crowd together, to squeeze together.

tâter [tâté] *v.* to feel, to touch; to try, to taste; to prod; to grope; to test; to feel [pouls]; *se tâter*, to think it over (fam.). ‖ **tâtonner** [tâtòné] *v.* to grope, to feel one's way, to fumble; *à tâtons*, fumblingly, gropingly; *chercher à tâtons*, to grope for.

tatouage [tàtûàj] *m.* tattoo. ‖ **tatouer** [-ûé] *v.* to tattoo.

taudis [tòdì] *m.* hovel; *pl.* slums.

taule [tôl] *f.* (pop.) clink.

taupe [tôp] *f.* mole; moleskin. ‖ **taupinière** [-ìnyèr] *f.* mole-hill.

taureau [tòrô] *m.** bull. ‖ **tauromachie** [-màshì] *f.* bull-fighting.

taux [tô] *m.* rate; fixed price.

taxe [tàks] *f.* tax, duty, rate, charge, dues; toll; impost; taxation, fixing of prices; established price; *taxe supplémentaire*, surcharge; late fee. ‖ **taxer** [-é] *v.* to tax; to rate; to fix the price of; to assess; to charge, to accuse (*de*, with, of).

taxi [tàksì] *m.* taxi(cab).

te [tᵉ] *pers. pron.* you, to you; thee, to thee; yourself; thyself.

technicien [tèknìsyìⁿ] *m.* technician. ‖ **technicité** [-ìsìté] *f.* technicality. ‖ **technique** [-ìk] *adj.* technical; *f.* technique, technics.

teigne [tèñ] *f.* tinea; ringworm; scurf (bot.).

teindre [tìⁿdr] *v.** to dye, to tint; to tinge; to tincture. ‖ **teint** [-tìⁿ] *m.* colo(u)r, tint; dye; hue, shade; complexion; *adj.* dyed; *bon teint*, fast colo(u)r. ‖ **teinte** [tìⁿt] *f.* tint, colo(u)r, shade, hue; smack, touch; *demi-teinte*, mezzotint. ‖ **teinter** [-é] *v.* to tint; to tinge. ‖ **teinture** [-ür] *f.* dye, dyeing; tinting; tincture [d'iode]. ‖ **teinturerie** [-ürrî] *f.* dyeing; dye-works, dry-cleaner's. ‖ **teinturier** [-üryé] *m.* dyer.

tel, telle [tèl] *adj.* such; like, similar; *pron.* such a one; *tel que*, such as, like; *tel quel*, such as it is, just as it is; *de telle sorte que*, in such a way that; *monsieur Untel* (*un tel*), Mr. So-and-so.

télécommander [télékòmaⁿdé] *v.* to operate by remote control.

télégramme [télégràm] *m.* telegram, wire.

télégraphe [télégràf] *m.* telegraph. ‖ **télégraphie** [-î] *f.* telegraphy; *télégraphie sans fil*, wireless telegraphy, radio. ‖ **télégraphier** [-yé] v. to telegraph. ‖ **télégraphiste** [-ìst] m., f. telegraphist. telegraph operator.

téléguidé [télégìdé] adj. guided. ‖ **téléguider** [-é] v. to radio-control.

téléobjectif [téléòbjèktìf] m. telephoto lens.

téléphone [téléfòn] m. (tele)phone. ‖ **téléphoner** [-é] v. to (tele)phone, to call, to ring. ‖ **téléphonique** [-ìk] adj. telephonic, telephone. ‖ **téléphoniste** [-ìst] m., f. telephonist; telephone operator.

télescope [télèskòp] m. telescope. ‖ **télescoper** [-é] v. to telescope, to crumple up.

téléscripteur [téléskrìptœr] m. teleprinter.

téléspectateur [téléspèktàtœr] m. televiewer.

téléviser [télévìzé] v. to televise. ‖ **téléviseur** [-zœr] m. television set, televisor. ‖ **télévision** [-zyòn] f. television.

tellement [tèlman] adv. so, in such a manner, so much, so far; to such a degree; *tellement que*, so that.

téméraire [témérèr] adj. bold, daring, foolhardy, headstrong. ‖ **témérité** [-ìté] f. audacity, temerity; recklessness, rashness.

témoignage [témwàñàj] m. testimony, evidence, witness; testimonial, certificate; token, proof. ‖ **témoigner** [-é] v. to testify, to bear witness to; to show, to prove, to evince, to be a sign of. ‖ **témoin** [témwìn] m. witness; spectator; evidence, proof, mark; second [duel]; *prendre à témoin*, to call to witness; *témoin à charge, à décharge*, witness for the prosecution, for the defense.

tempe [tanp] f. temple (anat.).

tempérament [tanpéràman] m. constitution, temperament; character, temper, disposition; middle-course; *avoir du tempérament*, to be highly sexed; *par tempérament*, constitutionally; *vente à tempérament*, sale on the instalment plan.

tempérance [tanpéràns] f. temperance, moderation.

température [tanpéràtür] f. temperature. ‖ **tempérer** [-é] v. to temper, to moderate, to assuage; to anneal (metall.); *se tempérer*, to become mild [temps].

tempête [tanpèt] f. tempest, storm, blizzard. ‖ **tempéter** [-é] v. to fume; to storm.

temple [tanpl] m. temple. ‖ **templier** [-plyé] m. Knight Templar.

temporaire [tanpòrèr] adj. temporary; provisional.

temporel [tanpòrèl] adj.* temporal, worldly, secular.

temporiser [tanpòrìzé] v. to temporize, to procrastinate, to stall off.

temps [tan] m. time, duration, period, term; age, epoch; hour, moment; weather, season; phase (mech.); tense (gramm.); measure (mus.); *à temps*, in time; *de temps en temps*, from time to time; *en même temps*, at the same time; *quel temps fait-il?*, what's the weather like?

tenace [tenàs] adj. tenacious; adhesive; clinging; stubborn, obstinate, dogged, persistent; tough, cohesive; retentive [mémoire]; stiff, resistant. ‖ **ténacité** [-ìté] f. tenacity; adhesiveness, stubbornness; toughness; retentiveness; steadfastness [caractère].

tenaille [tenày] f. pincers, nippers, pliers. **tenailler** [-é] v. to gnaw [faim]; to rack [remords].

tenancier [tenansyé] m. tenant; lessee holder, keeper; tenant-farmer.

tendance [tandans] f. tendency; bent, leaning, trend, propensity. ‖ **tendancieux** [-syë] adj.* suggestive; tendentious, tendential; one-sided.

tendeur [tandœr] m. spreader [piège]; coupling-iron; shoe-tree [chaussures].

tendon [tandon] m. tendon, sinew.

tendre [tandr] v. to stretch, to strain; to spread, to lay, to set; to pitch [tente]; to hang; to hold out, to offer, to proffer, to tender; to tend, to lead, to conduce.

tendre [tandr] adj. tender, soft; fond, affectionate; early, young, new.

tendresse [tandrès] f. tenderness, fondness; pl. endearments, caresses.

tendu [tandü], p. p. of **tendre**.

ténèbres [ténèbr] f. pl. darkness, night, gloom, obscurity; uncertainty (fig.). **ténébreux** [-ébrë] adj.* dark, gloomy, overcast, obscure; melancholy, lowering [ciel]; shady, sinister.

teneur [tenœr] f. tenor, terms; purport; percentage; grade (metall.).

tenir [tenìr] v.* to hold, to have, to possess; to seize, to grasp; to occupy, to take up, to keep; to keep in, to manage, to retain; to deem to regard, to look upon; to maintain; to side with; to hold fast, to adhere, to stick, to hold together, to depend, to result; to be held [marché]; to remain, to persist; to withstand; to be desirous, to be anxious (à, to); to sail close to the wind (naut.); *tenir compte de*, to take into consideration; *tenir tête à*, to resist; *tenir de la place*, to take up room; *il m'a tenu lieu de père*, he has been like a father to me; *je n'y tiens pas*, I don't care for it; *il ne tient qu'à vous de*, it only depends on

you to; *tiens!*, well!, say!, you don't
say!; *se tenir,* to hold fast, to stand;
to adhere, to stick; to consider oneself; to refrain; to be held, to take
place; *s'en tenir à,* to abide by, to
be content with; to stop at; *à quoi
s'en tenir,* what to believe.

tennis [tènìs] *m.* tennis; tennis court.

ténor [ténòr] *m.* tenor.

tension [taⁿsyoⁿ] *f.* tension, strain;
intensity; voltage (electr.); blood
pressure.

tentacule [taⁿtàkül] *m.* tentacle,
feeler.

tentateur [taⁿtàtœr] *adj.** tempting;
m. tempter. ‖ **tentation** [taⁿtàsyoⁿ] *f.*
temptation.

tentative [taⁿtàtìv] *f.* attempt, trial.

tente [taⁿt] *f.* tent; *dresser une tente,*
to pitch a tent.

tenter [taⁿté] *v.* to attempt, to try,
to endeavo(u)r, to strive; to tempt, to
entice, to tantalize.

tenture [taⁿtür] *f.* hangings, tapestry; wall paper; paper-hanging.

tenu [tᵉnü] *p. p. of* **tenir**; *adj.* kept;
obliged, bound.

ténu [ténü] *adj.* tenuous; thin, fine.

tenue [tᵉnü] *f.* holding [assemblée];
session; attitude; behavio(u)r, deportment, bearing; dress (mil.); appearance; seat [cavalier]; steadiness (mil.);
keeping [livres]; holding-note (mus.);
anchor-hold (naut.); *grande tenue,* full
dress (mil.); *petite tenue,* undress
(mil.); *tenue de corvée,* fatigues (mil.);
tenue de ville, street dress; *tenue des
livres,* bookkeeping.

térébenthine [térébaⁿtîn] *f.* turpentine.

tergiversation [tèrjìvèrsàsyoⁿ] *f.* tergiversation; shilly-shallying. ‖ **tergiverser** [tèrjìvèrsé] *v.* to tergiversate,
to practise evasion, to be shifty, to
beat around the bush.

terme [tèrm] *m.* term; relationship;
termination, end; bound, limit; due
date; appointed time; three months;
quarter's rent; word, expression; *pl.*
state, terms, condition; *à long terme,*
long-dated.

terminaison [tèrmìnèzoⁿ] *f.* termination, ending, conclusion. ‖ **terminer**
[-é] *v.* to terminate, to end, to conclude, to finish; to bound.

terminus [tèrmìnüs] *m.* terminus;
terminal point; last stop.

terne [tèrn] *adj.* dull, dim; wan;
lustreless; colo(u)rless, drab; tar-
nished; tame, flat. ‖ **ternir** [-îr] *v.* to
tarnish, to dull, to dim, to deaden;
to sully, to besmirch [réputation]. ‖
ternissure [-nìsür] *f.* dullness; tar-
nished appearance.

terrain [tèrⁿ] *m.* ground; ground-
plot, site, position; soil, earth; field;
terrain (mil.); formation (geol.); *terrain d'aviation,* airfield.

terrasse [tèràs] *f.* terrace; bank,
earthwork; flat roof, balcony. ‖ **ter-
rasser** [-é] *v.* to embank, to bank up;
to down, to throw, to floor; to overwhelm, to confound. ‖ **terrassier** [-yé]
m. Br. navvy, *Am.* ditch-digger.

terre [tèr] *f.* earth, ground; land,
shore; soil, loam, clay; world; estate,
grounds, property; territory; *terre
cuite,* terra-cotta; *terre à terre,* matter-
of-fact, commonplace; *ventre à terre,*
at full speed; *mettre pied à terre,* to
alight; *terre-plein,* platform, terrace;
road-bed. ‖ **terreau** [-ô] *m.* vegetable
mo(u)ld, compost. ‖ **terrer** [-é] *v.* to
earth up; to clay [sucre]; *se terrer,*
to burrow; to dig in, to entrench oneself. ‖ **terrestre** [-èstr] *adj.* terrestrial,
earthly, worldly; ground.

terreur [tèrœr] *f.* terror; fright, fear,
dread; awe.

terreux [tèrë] *adj.** earthy, clayey;
dull.

terrible [tèrìbl] *adj.* terrible, terrific,
dreadful, awful; unmanageable; *enfant
terrible,* little terror.

terrier [tèryé] *m.* burrow, hole; terrier dog.

terrifier [tèrìfyé] *v.* to terrify.

terrine [tèrìn] *f.* terrine.

territoire [tèrìtwàr] *m.* territory; district; extent of jurisdiction. ‖ **territorial** [-tòryàl] *adj.** territorial.

terroir [tèrwàr] *m.* soil.

terroriser [tèròrìzé] *v.* to terrorize;
to coerce. ‖ **terrorisme** [-rìsm] *m.*
terrorism. ‖ **terroriste** [-rìst] *s.* terror-
ist.

tertiaire [tèrsyèr] *adj.* tertiary.

tertre [tèrtr] *m.* hillock, mound,
knoll, hump.

tes [tè] *poss. adj. pl.* thy; your.

tesson [tèsoⁿ] *m.* potsherd, shard.

test [tèst] *m.* test, trial.

testament [tèstàmaⁿ] *m.* will, testament.

têtard [tètàr] *m.* tadpole, *Am.* pol-
liwog; pollard, chub.

tête [tèt] *f.* head; head-piece, cra-
nium; leader, head of an establishment; head of hair; front; beginning;
summit, crown, top; vanguard; brains,
sense, judgment; presence of mind,
self-possession; *faire la tête à quelqu'un,* to frown at someone, to be
sulky with someone; *faire une tête,* to
look glum; *faire à sa tête,* to have
one's own way; *une femme de tête,* a

capable woman; *tenir tête à*, to stand up to; *tête de ligne*, rail-head; starting-point; *voiture de tête*, front train; *tête de pont*, bridge-head (mil.); *se monter la tête*, to get worked up; *forte tête*, unmanageable person, strong-minded person; *coup de tête*, rash action; *la tête la première*, headlong; *tête-à-tête*, private interview; sofa, settee, *Am.* love-seat.

tétée [tété] *f.* suck, suckling. ‖ **téter** [-é] *v.* to nurse, to suck, to suckle. ‖ **tétine** [-în] *f.* udder, dug; teat, nipple.

têtu [tètü] *adj.* stubborn, headstrong, wilful, obstinate; mulish, pig-headed.

teuf-teuf [tœftœf] *m.* (fam.) puff-puff.

texte [tèkst] *m.* text; textbook, manual; subject; passage.

textile [tèkstìl] *m.*, *adj.* textile.

textuel [tèkstüèl] *adj.* * textual; verbatim.

texture [tèkstür] *f.* texture; disposition, arrangement.

thaumaturge [tômàtürj] *m.* thaumaturge; miracle-worker.

thé [té] *m.* tea; tea party; *boîte à thé*, tea-caddy; *thé des bois*, © wintergreen.

théâtral [téâtràl] *adj.* * theatrical; stagy; spectacular. ‖ **théâtre** [-âtr] *m.* theater, playhouse; stage, scene, the boards; dramatic art; plays; setting, place of action.

théière [téyèr] *f.* teapot.

thème [tèm] *m.* theme, subject, topic; exercise.

théologie [téòlòjî] *f.* theology. ‖ **théologien** [-jyin] *m.* theologian.

théorème [téòrèm] *m.* theorem.

théorie [téòrî] *f.* theory; doctrine; training-manual (mil.). ‖ **théorique** [-îk] *adj.* theoretic(al).

thérapeutique [téràpëtìk] *adj.* therapeutic; *f.* therapeutics.

thermal [tèrmàl] *adj.* * thermal; *eaux thermales*, hot springs. ‖ **thermes** [tèrm] *m. pl.* thermal baths. ‖ **thermie** [-î] *f.* therm. ‖ **thermique** [-îk] *adj.* thermic.

thermomètre [tèrmòmètr] *m.* thermometer.

thermostat [tèrmòstà] *m.* thermostat.

thésauriser [tézòrìzé] *v.* to hoard up, to pile up.

thèse [tèz] *f.* thesis.

thon [ton] *m.* tunny-fish, *Am.* tuna.

thym [tin] *m.* thyme.

tibia [tìbyà] *m.* tibia, shin-bone, shin.

tic [tìk] *m.* tic, twitch.

ticket [tìkè] *m.* ticket, check.

tiède [tyèd] *adj.* lukewarm, tepid; mild, soft; warm [wind]; indifferent (fig.). ‖ **tiédeur** [tyédœr] *f.* tepidness, tepidity, lukewarmness, indifference, coolness (fig.). ‖ **tiédir** [-îr] *v.* to cool, to tepefy, to grow lukewarm.

tien, tienne [tyin, -èn] *poss. pron.* yours, thine.

tiers, tierce [tyèr, tyèrs] *adj.* third; *m.*, *f.* third; third person; third party. ‖ **tiercé** [tyèrsé] *m.* State run bet on three horses in one race.

tige [tîj] *f.* stem, stalk, tige; trunk [arbre]; shaft [colonne]; shank [ancre]; leg [botte]; stock [famille]; rod (mech.).

tigre, tigresse [tìgr, tìgrès] *m.* tiger, *f.* tigress.

tillac [tìyàk] *m.* deck (naut.).

tilleul [tìyœl] *m.* lime-tree; linden-tree.

timbale [tinbàl] *f.* kettledrum [musique]; metal cup; pie-dish. ‖ **timbalier** [-yé] *m.* kettledrummer.

timbre [tinbr] *m.* stamp; bell; tone, timbre; snare, cord [tambour]; *droit de timbre*, stamp fee; *timbre-poste*, postage-stamp. ‖ **timbré** [-é] *adj.* stamped [papier]; sonorous; (pop.) cracked, crazy, nuts. ‖ **timbrer** [-é] *v.* to stamp.

timide [tìmîd] *adj.* timid, shy; timorous, apprehensive. ‖ **timidité** [-ìté] *f.* timidity, shyness, diffidence.

timon [tìmon] *m.* pole, shaft; beam [charrue]; tiller (naut.). ‖ **timonier** [-ònyé] *m.* helmsman.

timoré [tìmòré] *adj.* timorous.

tintamarre [tintàmàr] *m.* (fam.) uproar; din, row; ballyhoo (fig.).

tinter [tinté] *v.* to ring, to toll; to tinkle; to jingle, to chink; to clink; to buzz, to tingle [oreilles].

tintouin [tintwin] *m.* (fam.) worry, trouble.

tique [tìk] *f.* tick, cattle-tick.

tir [tîr] *m.* shooting; firing; gunnery (artill.); shooting-match; *tir à la cible*, target-firing.

tirade [tìràd] *f.* tirade; passage.

tirage [tìràj] *m.* drawing, pulling, hauling, traction, towing; towing-path; print (phot.); striking off (typogr.); circulation, number printed [périodiques]; draught [cheminée]; difficulty, obstacle; quarrying, extraction [pierre]; blasting [poudre]; *tirage au sort*, drawing lots, balloting; *tirage à part*, off-print. ‖ **tirailler** [-àyé] *v.* to pull about; to twitch; to tease; to shoot wildly, to fire away; to skirmish, to snipe. ‖ **tirailleur** [-àyœr] *m.* sharpshooter. ‖ **tire** [tîr] *f.* pull, pulling, tug; © molasses candy, taffy, maple taffy; *voleur à la tire*, pickpocket; **tire-au-flanc**, shirker, malingerer; **tire-botte**, bootjack, boothook; **tire-bouchon**, corkscrew; ringlet; **tire-bouton**, buttonhook; **tire-d'aile (à)**, at full speed; **tire-ligne**, drawing-pen; scribing-tool; **tirelire**, money-box. ‖ **tirer** [-é] *v.* to draw, to pull, to drag, to haul, to tug; to stretch; to pull out; to pull off; to draw [ligne]; to wiredraw [métal]; to shoot, to fire; to infer, to deduce; to print, to work off (typogr.); to get, to derive; *tirer vanité de*, to take pride in; *tirer à sa fin*, to draw to a close; *se tirer*, to extricate oneself; to get out; to recover [santé]; to beat it (pop.); *se tirer d'affaire*, to get along, to manage, to pull through; to get out of trouble; *s'en tirer*, to get along, to make ends meet; to pull through, to scrape through.

tiret [tìrè] *m.* dash; hyphen.

tirette [tìrèt] *f.* curtain cord; slide.

tireur, -euse [tìrœr, -èz] *m., f.* marksman, rifleman; *tireuse de cartes*, fortune-teller.

tiroir [tìrwàr] *m.* drawer [table]; slide, slide-valve (mech.); episode.

tisane [tìzàn] *f.* infusion, decoction; herb tea.

tison [tìzon] *m.* fire-brand, ember, live-coal. ‖ **tisonner** [-òné] *v.* to poke, to stir, to fan a fire. ‖ **tisonnier** [-ònyé] *m.* poker, fire-iron.

tissage [tìsàj] *m.* weaving; cloth-mill. ‖ **tissé** [-é] *adj.* woven. ‖ **tisser** [-é] *v.* to weave, to loom; to plait; to spin; to contrive (fig.). ‖ **tisserand** [-ran] *m.* weaver. ‖ **tissu** [-ü] *m.* texture; textile, goods, fabric; tissue, web; *tissu de mensonges*, pack of lies; **tissu-éponge**, towelling, sponge-cloth, *Am.* terry cloth.

titre [tìtr] *m.* title, style, denomination; headline; title-page; head, heading, right, claim; standard [monnaie]; voucher; title-deed; bond, stock, share (fin.); diploma, certificate; *pl.* securities; *à juste titre*, deservedly, justly; *à titre de*, by right of, in virtue of; *en titre*, titular, acknowledged; *titre de créance*, proof of debt. ‖ **titrer** [-é] *v.* to confer a title upon; to titrate (chem.).

tituber [tìtübé] *v.* to stagger, to totter, *Am.* to weave (fam.).

titulaire [tìtülèr] *adj.* titular; regular; *m., f.* holder, titular. ‖ **titulariser** [-àrìzé] *v.* to appoint as titular.

toast [tôst] *m.* toast.

toboggan [tòbògan] *m.* toboggan.

toc [tòk] *m.* (fam.) sham goods.

tocsin [tòksin] *m.* alarm-bell.

toge [tòj] *f.* toga; gown.

tohu-bohu [tòùbòü] *m.* (fam.). hubbub; *invar.* confusion.

toi [twà] *pron.* thou, you.

toile [twàl] *f.* linen; cloth; canvas; sail-cloth; painting, picture; curtain (theat.); *pl.* toils; *toile écrue*, unbleached linen; *toile d'avion*, airplane fabric; *toile à matelas*, ticking; *toile de coton*, calico; *toile cirée*, oilcloth; *toile vernie*, oilskin; *toile d'araignée*, spider web, cobweb.

toilette [twàlèt] *f.* toilet, washing, dressing, dressing table; dress, costume; lavatory; *faire sa toilette*, to groom oneself, to dress; *grande toilette*, full dress.

toise [twàz] *f.* fathom; measuring apparatus. ‖ **toiser** [twàzé] *v.* to measure; to size up; to look (someone) up and down.

toison [twàzon] *f.* fleece; mop, shock [cheveux].

toit [twà] *m.* roof; *sous les toits*, in a garret. ‖ **toiture** [-tür] *f.* roofing.

tôle [tôl] *f.* sheet-iron; boiler-plate; *tôle ondulée*, corrugated iron; *tôle de blindage*, armo(u)r plate.

tolérable [tòléràbl] *adj.* tolerable, bearable. ‖ **tolérance** [-ans] *f.* tolerance; forbearance; allowance (comm.); *par tolérance*, on sufferance; *maison de tolérance*, licensed brothel. ‖ **tolérer** [-é] *v.* to tolerate, to allow; to suffer, to endure, to bear, to put up with; to wink at.

tollé [tòllé] *m.* outcry.

tomate [tòmàt] *f.* tomato.

tombal [tonbàl] *adj.*; *pierre tombale*, tombstone ‖ **tombe** [tonb] *f.* tomb, grave; tombstone. ‖ **tombeau** [-ô] *m.** see **tombe**.

tomber [tonbé] *v.* to fall, to drop down, to tumble down; to sink; to decay; to crash (aviat.); to droop, to dwindle, to fail; to sag; to flag; *tomber sur*, to meet, to run across; to light; *tomber bien*, to happen opportunely, to come at the right time; *tomber mal*, to come at an inopportune moment, to be unlucky; *tomber amoureux de*, to fall in love with; *tomber en poussière*, to crumble into dust; *laisser tomber*, to drop, to throw down. ‖ **tombereau** [-brô] *m.** tipcart; dumpcart; cart-load.

tombola [tonbòlà] *f.* tombola, lottery.

tome [tòm] *m.* tome.

ton [ton] *poss. adj. m.* (*f.* **ta**, *pl.* **tes**) your; thy.

ton [ton] *m.* tone; intonation; manner, style; pitch (mus.); tint, colo(u)r, shade. ‖ **tonalité** [tònàlìté] *f.* tonality.

tondeuse [tonděz] *f.* shearing-machine; clippers; lawn-mower [gazon]. || **tondre** [tondr] *v.* to shear; to mow; to clip; to fleece. || **tondu** [-ü] *adj.* shorn; fleeced.

tonique [tonĭk] *m., adj.* tonic; *f.* stressed syllable; keynote (mus.).

tonitruant [tonĭtrüan] *adj.* thundering, thunderous. || **tonitruer** [-é] *v.* to thunder.

tonnage [tonáj] *m.* tonnage.

tonne [ton] *f.* tun; ton [poids]. || **tonneau** [-ô] *m.** cask, tun, barrel; horizontal spin, roll (aviat.); tonneau [auto]; *petit tonneau*, keg. || **tonnelier** [-°lyé] *m.* cooper. || **tonnelle** [-èl] *f.* arbo(u)r, bower.

tonner [toné] *v.* to thunder; to boom. || **tonnerre** [-èr] *m.* thunder; thunderclap; thunderbolt; *coup de tonnerre*, clap, peal of thunder.

tonsure [tonsür] *f.* tonsure. || **tonsurer** [-é] *v.* to tonsure. || **tonte** [tont] *f.* shearing; mowing; clip.

topaze [topàz] *f.* topaz.

topinambour [topìnanbûr] *m.* Jerusalem artichoke.

topographie [topògràfî] *f.* topography; surveying.

toponymie [topònĭmî] *f.* toponymy.

toquade [tokàd] *f.* (fam.) fancy, craze, infatuation.

toque [tok] *f.* toque; cap.

toqué [toké] *adj.* crazy, cracked, *Am.* goofy, nuts (pop.).

torche [torsh] *f.* torch, link; twist [paille]. || **torchis** [-ĭ] *m.* loam; cob. || **torchon** [-on] *m.* towel, dish-towel; dish-cloth; dust-cloth; twist [paille].

tordant [tordan] *adj.* (pop.) screamingly funny, killing; *c'est tordant*, it's a scream, *Am.* it's a howl. || **tordre** [tordr] *v.* to twist, to wring, to wring out; to contort, to disfigure; to wrest; to beat (fam.); *se tordre*, to twist, to writhe; *se tordre de rire*, to be convulsed with laughter.

toréador [toréàdòr] *m.* toreador, bullfighter.

tornade [tornàd] *f.* tornado.

torpeur [torpœr] *f.* torpor.

torpille [torpîy] *f.* torpedo; numbfish. || **torpiller** [-lyé] *v.* to torpedo; to mine. || **torpilleur** [-lyœr] *m.* torpedo-boat; **contre-torpilleur**, destroyer.

torréfier [tòrréfyé] *v.* to torrefy, to roast, to grill; to scorch.

torrent [tòran] *m.* torrent; flow. || **torrentiel** [-syèl] *adj.** torrential; pelting, impetuous

torride [tòrîd] *adj.* torrid, scorching, broiling, parching.

torsade [tòrsàd] *f.* twisted fringe, twisted cord; coil [cheveux].

torse [tòrs] *m.* torso, trunk; chest.

torsion [tòrsyon] *f.* twist, twisting.

tort [tòr] *m.* wrong; mistake, fault; injury, harm, hurt; prejudice; *avoir tort*, to be wrong; *à tort*, wrongly; *donner tort à*, to decide against; *faire tort à*, to wrong; *à tort et à travers*, at random, haphazardly.

torticolis [tòrtĭkòlî] *m.* stiff neck; wryneck.

tortiller [tòrtĭyé] *v.* to twist; to wriggle, to shuffle; to waddle; to twirl; to kink; *se tortiller*, to wriggle, to writhe, to twist, to squirm, to fidget.

tortionnaire [tòrsyònèr] *m.* torturer.

tortue [tòrtü] *f.* tortoise; turtle.

tortueux [tòrtüë] *adj.** tortuous, winding; wily, underhanded (fig.).

torture [tòrtür] *f.* torture. || **torturer** [-é] *v.* to torture, to torment; to put to the rack; to tantalize; to strain, to twist (fig.).

tôt [tô] *adv.* soon, quickly, speedily; early; *le plus tôt possible*, as soon as possible, at your earliest convenience; *tôt ou tard*, sooner or later.

total [totàl] *adj.** total, whole, entire, complete; utter, universal; *m.** whole, total, sum-total. || **totalisateur** [-lzàtœr] *adj.* adding; *m.* adding-machine; totalizator, tote. || **totaliser** [-lzé] *v.* to totalize, to tot up, to add up. || **totalitaire** [-ltèr] *adj.* totalitarian. || **totalitarisme** [-ltàrìsm] *m.* totalitarianism. || **totalité** [-lté] *f.* totality, entirety, whole; *en totalité*, as a whole.

toubib [tûbĭb] *m.* (fam.) doc, medico.

touchant [tûshan] *adj.* touching, moving, stirring; *prep.* concerning, regarding, touching. || **touche** [tûsh] *f.* touch, touching; assay, trial; stroke, style [peinture]; key [clavier]; fret [guitare]; hit [escrime]; drove [bétail]; (fam.) look, mien; **touche-à-tout**, meddler, busybody. || **toucher** [-é] *v.* to touch; to handle, to finger, to feel; to move, to affect; to try [métal]; to receive [argent]; to cash [chèque]; to hit [escrime]; to drive [bétail]; to play [guitare]; to call, to put in (naut.); *m.* touch, feeling; *toucher à*, to touch on, to allude to; to concern, to regard; to meddle in, with; to draw near, to approach; to be like; *se toucher*, to touch, to adjoin; to be contiguous; to touch each other.

touffe [tûf] *f.* tuft, wisp; clump, cluster, bunch. || **touffu** [-ü] *adj.* bushy, tufted; thick, dense, close; branchy, leafy; full, luxuriant; plethoric, turgid, bombastic [style].

toujours [tûjûr] *adv.* always, ever, forever; *toujours est-il que*, the fact remains that.

toupet [tûpè] *m.* tuft [cheveux]; forelock [cheval]; (fam.) cheek, nerve, brass; *avoir du toupet*, to be cheeky.

toupie [tûpî] *f.* top; (pop.) head.

tour [tûr] *m.* turn, round, twining, winding; rotation, revolution; circuit, compass; twist, strain; tour, trip, excursion; trick, dodge, wile; manner, style; place, order; lathe [techn.]; turning-box; wheel [potier]; *tour à tour*, by turns.

tour [tûr] *f.* tower; rook, castle [échecs].

tourbe [tûrb] *f.* peat, turf; mob. ‖ **tourbière** [-yèr] *f.* peat-bog.

tourbillon [tûrbìyon] *m.* whirlwind; whirlpool, eddy; whirl, bustle; vortex. ‖ **tourbillonner** [-ìyoné] *v.* to whirl; to eddy, to swirl.

tourelle [tûrèl] *f.* turret.

tourillon [tûrìyon] *m.* axle; arbor; swivel, spindle; trunnion; hinge.

tourisme [tûrìsm] *m.* touring, sight-seeing; tourism. ‖ **touriste** [-ìst] *m.*, *f.* tourist, sight-seer. ‖ **touristique** [-ìstìk] *adj.* touristic.

tourment [tûrman] *m.* torment; anguish, worry; agony, pain, pang. ‖ **tourmente** [-t] *f.* storm; gale; blizzard; turmoil (fig.). ‖ **tourmenter** [-té] *v.* to torment; to distress; to worry; to bother; to molest; to plague, to tantalize; to tease; *se tourmenter*, to be uneasy, to worry, to fret; to toss.

tournage [tûrnàj] *m.* shooting [cinéma]; turning (techn.).

tournant [tûrnan] *m.* turning, turn, bend; turning-space; expedient; whirlpool, eddy; *au tournant de la rue*, around the corner. ‖ **tourne-broche** [-ebròsh] *m.* turnspit; roasting-jack. ‖ **tourne-disque** [-dìsk] *m.* record-player. ‖ **tournedos** [-edô] *m.* fillet steak. ‖ **tournée** [-é] *f.* round, turn, visit, journey, trip, tour; circuit. ‖ **tourner** [-é] *v.* to turn; to shape, to fashion; to turn round, to revolve, to whirl, to twirl, to spin; to wind; to express; to get round, to circumvent; to outflank (mil.); to evade, to dodge; to change, to convert; to construe; to interpret; to turn out, to result; to tend; to sour [vin]; to curdle [lait]; to shoot [film]; *la tête me tourne*, I feel giddy; *se tourner*, to turn round, to turn about; to turn, to change. ‖ **tournesol** [-esòl] *m.* sunflower. ‖ **tournevis** [-vìs] *m.* screwdriver, turnscrew. ‖ **tourniquet** [-ìkè] *m.* turnstile, turnpike; revolving stand; swivel; tourniquet. ‖ **tournoi**

tournure [-ûr] *f.* turn, direction, course, turning [tour]; shape, form, figure; cast [esprit, style]; construction [phrase].

tourte [tûrt] *f.* pie; duffer (fam.).

tourtereau [tûrterô] *m.** young turtledove, lover. ‖ **tourterelle** [tûrtrèl] *f.* turtle-dove.

tourtière [tûrtyèr] *f.* © meat-pie.

Toussaint [tûsin] *f.* All Saints' day; *la veille de la Toussaint*, Hallowe' en.

tousser [tûsé] *v.* to cough; to hem.

tout, toute [tû, tût] (*pl.* **tous, toutes**) [*tous* as a pronoun is pronounced *tûs*] *adj.* all; whole, the whole of; every; each; any; *pron* all, everything; *m.* whole, lot, main thing; total (math.); *adv.* quite, entirely, thoroughly, very, wholly; however; *tous les deux* both of them, *tous les trois jours*, every third day, *tout droit*, straight ahead; *toutes les fois que*, whenever, each time that; *toute la journée*, all day long; *du tout*, not at all; *du tout au tout*, utterly, entirely; *tout nouveau*, quite new; *tout neuf*, brand new; *tout nu*, stark naked; *tout fait*, readymade; *tout haut*, aloud; *tout à fait*, entirely, completely, wholly, quite, altogether; *tout à l'heure*, just now; presently; *a tout à l'heure!*, see you later!; *tout de même*, just the same, all the same; *tout de suite*, at once, immediately; right away; *tout au plus*, at the very most; *tout en parlant*, while speaking, *tout-à-l'égout*, sewage system. ‖ **toutefois** [tûtfwà] *adv.* however, yet, nevertheless.

toutou [tûtû] *m.* (fam.) doggie.

toux [tû] *f.* cough, coughing.

toxine [tòksîn] *f.* toxin. ‖ **toxique** [-ìk] *adj* toxic; *m.* poison.

trac [tràk] *m.* funk; stage-fright.

tracas [tràkà] *m.* bother, worry, annoyance; turmoil, bustle; hoist-hole, Am. hoist-way. ‖ **tracasser** [-sé] *v.* to worry; to fuss, to fidget.

trace [tràs] *f.* trace, track, mark; footprint, spoor, trail, scent; clue; vestige. ‖ **tracé** [-e] *m.* tracing; sketching; marking out, laying out; outline, sketch, diagram, drawing; graph, plotting [courbe]. ‖ **tracer** [-é] *v.* to trace, to draw, to sketch, to outline; to lay out.

trachée [tràshé] *f.* trachea; **trachée-artère**, windpipe.

tract [tràkt] *m.* tract, Am. drop.

tractation [tràktàsyon] *f.* bargaining; negociation; dealing; deal.

tracteur [tràktœr] *m.* tractor, traction-engine. ‖ **traction** [-syoⁿ] *f.* traction; pulling; *Br.* draught, *Am.* draft; motor traction.

tradition [tràdìsyoⁿ] *f.* tradition; custom. ‖ **traditionnel** [-yònèl] *adj.** traditional.

traducteur, -trice [tràdüktœr, -trìs] *m., f.* translator. ‖ **traduction** [-syoⁿ] *f.* translation; interpreting; crib, *Am.* pony [texte]. ‖ **traduire** [tràdüïr] *v.** to translate; to interpret; to prosecute (jur.); to decode (radio).

trafic [tràfìk] *m.* traffic; trade; trading; dealings. ‖ **trafiquant** [-aⁿ] *m.* trafficker, racketeer. ‖ **trafiquer** [-é] *v.* to trade, to traffic, to deal.

tragédie [tràjédï] *f.* tragedy. ‖ **tragédien** [-dyiⁿ] *m.* tragedian. ‖ **tragédienne** [-dyèn] *f.* tragedienne. ‖ **tragique** [tràjìk] *adj.* tragic, tragical; *m.* tragicness; tragic art.

trahir [tràïr] *v.* to betray; to deceive, to be false to; to disclose, to give away [secret]; to go back on, to fail, to play false. ‖ **trahison** [-ìzoⁿ] *f.* betrayal, treachery, perfidy, foul play; treason (jur.).

train [triⁿ] *m.* train; suite, attendants; pace, rate; way, course; noise, clatter; raft, float; railway-train; *train de marchandises, Br.* goods train. *Am.* freight train; *train de voyageurs,* passenger train; *train omnibus,* slow train, local train, *Am.* accommodation train; *train direct,* through-train, non-stop train; *train rapide,* fast express; *train de luxe,* Pullman-car express; *train d'atterrissage,* undercarriage; landing-gear (aviat.); *être en train de parler,* to be talking, to be busy talking; *mettre en train,* to start.

traînard [trènàr] *m.* loiterer, straggler, dawdler, laggard, *Am.* slowpoke (fam.). ‖ **traîne** [trèn] *f.* dragging; drag [corde]; train [robe]; drag-net; rope's end (naut.); *à la traîne,* in tow, astern; *traîne sauvage,* ⓒ Indian toboggan. ‖ **traîneau** [-ô] *m.** sled, sledge, sleigh. ‖ **traînée** [-é] *f.* trail, track; train [poudre]; air lag [bombe]; street-walker. ‖ **traîner** [-é] *v.* to drag, to draw, to pull, to trail, to haul; to tow; to drag on, to drag out [existence]; to drawl [voix]; to protract, to spin out [discussion]; to trail, to draggle; to lag behind, to straggle; to linger, to loiter, to dawdle; to lie about, to litter; to flag, to droop, to languish; *traîner en longueur,* to drag on; *se traîner,* to crawl along, to creep; to lag; to hang heavy [temps].

traire [trèr] *v.** to milk [vache]; to draw [lait].

trait [trè] *m.* pulling; arrow, dart; stroke; streak, bar; trace [harnais]; leash [laisse]; draught, *Am.* draft,

gulp [liquide]; dash [tiret]; flash, beam [lumière]; idea, burst [éloquence]; cut [scie]; trait [caractère]; feature [visage]; characteristic touch; act, deed (fig.); relation, connection [rapport]; *tout d'un trait,* at one stretch; *d'un seul trait,* at one gulp; *trait d'esprit,* witticism, sally; *trait d'union,* hyphen.

traite [trèt] *f.* stage, stretch [voyage]; draft, bill (comm.); milking [lait]; *la traite des blanches,* white-slave traffic; *tout d'une traite,* at a stretch; straight off; at a sitting.

traité [trèté] *m.* treaty, compact, agreement; treatise. ‖ **traitement** [-maⁿ] *m.* treatment; reception; salary, pay, stipend; *mauvais traitements,* ill-usage. ‖ **traiter** [-é] *v.* to treat, to use, to behave towards, to deal by; to discuss, to handle, to discourse upon; to entertain, to receive; to qualify, to call, to style, to dub; to negotiate, to transact; to execute, to do. ‖ **traiteur** [-œr] *m.* restaurant keeper.

traître, -esse [trètr, -ès] *m.* traitor; villain (theat.); *f.* traitress; *m., f.* treacherous person; *adj.* treacherous, false; vicious [animal]; dangerous. ‖ **traîtrise** [-ìz] *f.* treachery; traitorous deed; treacherousness.

trajectoire [tràjèktwàr] *f.* trajectory.

trajet [tràjè] *m.* distance, way; passage, journey, voyage; course.

trame [tràm] *f.* web, weft, woof; plot, conspiracy. ‖ **tramer** [-é] *v.* to weave; to plot, to contrive.

tramway [tràmwè] *m. Br.* tramway, tram; *Am.* streetcar, trolley car.

tranchant [traⁿshaⁿ] *adj.* cutting, sharp; decisive, sweeping; peremptory; salient; glaring [couleurs]; *m.* (cutting) edge. ‖ **tranche** [traⁿsh] *f.* slice, chop; round [bœuf]; rasher [bacon]; edge [page]; block, portion [valeurs]; cross-section [vie]; period, series (math.); *doré sur tranche,* giltedged. ‖ **tranchée** [-é] *f.* trench; entrenchment; *pl.* gripes, colic. ‖ **trancher** [-é] *v.* to slice; to cut off, to sever, to chop off; to cut short, to break off; to settle, to solve [difficulté]; to contrast, to stand out [couleurs].

tranquille [traⁿkìl] *adj.* quiet, calm, still, serene; easy, undisturbed. ‖ **tranquillisant** [-ìzaⁿ] *adj.* tranquillizing; *m.* tranquillizer. ‖ **tranquilliser** [-ìzé] *v.* to tranquillize, to reassure, to soothe, to calm, to make easy. ‖ **tranquillité** [-ìté] *f.* tranquillity.

transaction [traⁿzàksyoⁿ] *f.* transaction; compromise; *pl.* dealings.

transatlantique [traⁿzàtlaⁿtìk] *adj.* transatlantic; *m.* liner; deck-chair, steamer-chair.

transborder [tra^{n}sbòrdé] v. to transship; to transfer; to ferry. ‖ **transbordeur** [-œr] m. travel(l)ing-platform; transporter-bridge; aerial ferry [pont]; train-ferry [bac].

transcription [tra^{n}skrìpsyo^n] f. transcription; transcript. ‖ **transcrire** [tra^{n}skrīr] v.* to transcribe.

transe [tra^{n}s] f. trance; apprehension; mortal anxiety.

transférer [tra^{n}sféré] v. to transfer; to convey, to remove; to shift, to move, to postpone; to translate [évêque]; to assign (jur.). ‖ **transfert** [-fèr] m. transfer; removal (comm.).

transfigurer [tra^{n}sfìgùré] v. to transfigure.

transformateur, -trice [tra^{n}sfòrmàtœr, -trìs] adj. transforming; m. transformer. ‖ **transformation** [-àsyo^n] f. transformation; conversion, wig, toupee. ‖ **transformer** [-é] v. to transform, to change, to alter, to convert.

transfusion [tra^{n}sfūzyo^n] f. transfusion.

transgresser [tra^{n}sgrèsé] v. to transgress, to trespass against, to break, to infringe against, to contravene. ‖ **transgresseur** [-œr] m. transgressor, trespasser.

transhumer [tra^{n}zümé] v. to transhume.

transiger [tra^{n}zìjé] v. to compound, to compromise, to come to terms.

transir [tra^{n}sīr] v. to chill, to benumb [froid]; to paralyze.

transistor [tra^{n}zìstòr] m. transistor.

transit [tra^{n}zìt] m. transit. ‖ **transitaire** [tra^{n}zìtèr] m. forwarding agent, transport agent.

transitif [tra^{n}zìtìf] adj.* transitive.

transition [tra^{n}zìsyo^n] f. transition; modulation (mus.). ‖ **transitoire** [-ìtwàr] adj. transitory.

translucide [tra^{n}slüsìd] adj. translucent.

transmettre [tra^{n}smètr] v.* to transmit; to convey, to impart; to forward, to send on, to pass on, to relay; to hand down [héritage]; to transfer, to assign (jur.).

transmission [tra^{n}smìsyo^n] f. transmission; transference, assignment (jur.); handing down.

transparaître [tra^{n}spàrètr] v.* to show through. ‖ **transparence** [tra^{n}spàra^{n}s] f. transparency. ‖ **transparent** [-a^n] adj. transparent; pellucid.

transpercer [tra^{n}spèrsé] v. to transpierce, to transfix; to stab.

transpiration [tra^{n}spìràsyo^n] f. perspiration; transpiring. ‖ **transpirer** [-é] v. to perspire.

transplanter [tra^{n}spla^{n}té] v. to transplant.

transport [tra^{n}spòr] m. transport, removal; haulage, freight; carriage, conveyance; transfer; balance brought forward (comm.); troop-transport; rapture, ecstasy. ‖ **transporter** [-té] v. to transport, to convey, to remove, to carry; to transfer, to make over (jur.); to carry over (comm.); to enrapture, to ravish (fig.).

transposer [tra^{n}spòzé] v. to transpose; to transmute.

transvaser [tra^{n}svàzé] v. to decant.

transversal [tra^{n}svèrsàl] adj.* transversal, transverse; rue transversale, cross-street.

trapèze [tràpèz] m. trapeze; trapezium (geom.).

trappe [tràp] f. trap, pitfall [piège]. ‖ **trapper** [-é] v. © to trap, to hunt by trapping. ‖ **trappeur** [-œr] m. trapper.

trapu [tràpü] adj. thick-set, squat.

traquenard [tràknàr] m. trap; pitfall.

traquer [tràké] v. to beat up [gibier]; to track down [criminel].

traumatisme [trômàtìsm] m. traumatism.

travail [tràvày] m. (pl. travaux) work, labo(u)r, toil; industry; trouble; piece of work, task, job; workmanship; employment, occupation, working, operation; study; travail, childbirth; pl. works, constructions, transactions; proceedings; travaux forcés, hard labo(u)r; travail en série, mass production. ‖ **travailler** [-é] v. to work, to labo(u)r, to toil; to be industrious, to be at work; to fashion, to shape; to strive, to endeavo(u)r; to study, to take pains with; to cultivate, to till [terre]; to overwork, to fatigue; to torment, to obsess; to ferment [vin]; to knead [pâte]; to be strained [bateau]; to warp [bois]; to crack [mur]; to prey on [esprit]. ‖ **travailleur** [-œr] adj.* hard-working, diligent, industrious; painstaking; m. worker, workman, labo(u)rer, toiler. ‖ **travailliste** [-ìst] s. Labour member [député]; member of the Labour Party.

travée [tràvé] f. bay; span [pont].

travers [tràvèr] m. breadth; defect; oddity, eccentricity; bad habit; broadside (naut.); en travers, across, athwart, crosswise; au travers de, à travers, through; de travers, askew, awry, amiss, askance. ‖ **traversée** [-sé] f. passage, crossing, voyage. ‖ **traverser** [-sé] v. to cross, to traverse; to go through, to pass through, to travel through; to run through [percer]; to lie across, to span; to intersect; to penetrate, to drench. ‖ *traversier* [-syé] *m.* cross-bar; © ferry-boat. ‖ *traversin* [-siⁿ] *m.* bolster-pillow; transom; cross-tree (naut.).

travestir [tràvèstîr] *v.* to disguise.

trébucher [trébûshé] *v.* to stumble, to trip, to stagger, to totter, to slip; to blunder; to weigh down [monnaie].

trèfle [trèfl] *m.* clover, shamrock; tre- foil; clubs [cartes].

tréfonds [tréfoⁿ] *m.* depth.

treille [trèy] *f.* vine-trellis.

treillis [trèyì] *m.* trellis, lattice-work; coarse canvas, sackcloth.

treize [trèz] *m., adj.* thirteen; thir- teenth [date, titre]. ‖ *treizième* [-yèm] *m., adj.* thirteenth.

tréma [trémà] *m.* dieresis.

tremble [traⁿbl] *m.* aspen. ‖ *tremble- ment* [-^emaⁿ] *m* trembling, shaking, shivering, shuddering, quivering quak- ing; quavering; tremor; flickering [lu- mière]; quaver, tremolo (mus.) *trem- blement de terre*, earthquake. **trem- bler** [-é] *v.* to tremble, to shake, to quake, to shiver. ‖ *trembloter* [-òté] *v.* to tremble slightly, to quiver; to quaver [voix]; to flicker [lumière]; to flutter [ailes].

trémolo [trémòlò] *m.* tremolo; qua- ver.

trémousser [trémûsé] *v.* to hustle; to flutter, to flap [ailes]; *se trémousser,* to frisk about.

trempe [traⁿp] *f.* temper [acier]; steeping, dipping, soaking; damping, wetting; character, stamp. ‖ *trempé* [-é] *adj.* wet, soaked, drenched, sopp- ing. ‖ *tremper* [-é] *v.* to steep, to soak, to drench, to sop; to wet, to dampen; to temper [acier]; to water, to dilute [vin]; to imbrue; to dip, *Am.* to dunk. ‖ *trempette* [-èt] *f.* sippet [pain]; dip [bain].

tremplin [traⁿpliⁿ] *m.* springboard; diving-board; ski-jump.

trentaine [traⁿtèn] *f.* about thirty. ‖ *trente* [traⁿt] *m., adj.* thirty; thirtieth [date, titre]. ‖ *trentième* [-yèm] *m., f., adj.* thirtieth.

trépan [trépaⁿ] *m.* trepan, trephine. ‖ *trépaner* [-àné] *v.* to trepan.

trépas [trépâ] *m.* death, decease. ‖ *trépasser* [trépàsé] *v.* to die.

trépidation [trépìdàsyoⁿ] *f.* vibra- tion, trepidation, jarring; quaking; tremor [terre]; flurry.

trépigner [trépìñé] *v.* to stamp, to trample; to prance, to dance.

très [trè] *adv.* very; most; very much; quite; greatly, highly.

trésor [trézòr] *m.* treasure; treasury; riches; hoard; relics and ornaments [église]. ‖ *trésorerie* [-rî] *f.* treasury; *Br.* Exchequer. ‖ *trésorier* [-yé] *m.* treasurer; paymaster (mil.).

tressage [trèsàj] *m.* tressing, plaiting.

tressaillement [trèsàymaⁿ] *m.* start; shudder quiver flutter disturbance; thrill; wince. ‖ *tressaillir* [-àyîr] *v.*° to start, to give a start, to jump; to shudder, to quiver; to bound, to throb; to thrill; to wince.

tressauter [trèsôté] *v.* to start.

tresse [très] *f.* braid, tress; tape. ‖ *tresser* [-é] *v.* to weave, to braid, to plait; to wreathe.

tréteau [trétô] *m.*° trestle; stage.

treuil [trœy] *m.* winch, windlass.

trêve [trèv] *f.* truce.

tri [trì] *m.* sorting; choosing.

triangle [trìaⁿgl] *m.* triangle.

tribord [trìbòr] *m.* starboard.

tribu [trìbü] *f* tribe.

tribulation [trìbülàsyoⁿ] *f.* tribula- tion, trial, distress.

tribunal [trìbünàl] *m.*° tribunal; court of justice, law-court; magistrates. ‖ *tribune* [-üⁿ] *f.* tribune; rostrum, platform, gallery.

tribut [trìbü] *m.* tribute; contribu- tion; tax, debt. ‖ *tributaire* [-tèr] *m., adj.* tributary.

tricher [trìshé] *v.* to cheat, to trick. ‖ *tricheur* [-œr] *m.* cheat, trickster, *Am.* four-flusher (fam.).

tricolore [trìkòlòr] *adj.* tricolour, tri- coloured.

tricorne [trìkòrn] *m.* tricorn, three- cornered hat.

tricot [trìkô] *m.* knitting; knitted fabric, sweater, pullover, *Br.* jersey. ‖ *tricoter* [-òté] *v.* to knit.

trident [trìdaⁿ] *m.* trident; three- pronged pitchfork.

trier [trìyé] *v.* to sort (out), to screen; to classify, to arrange; to pick, to choose, to select. ‖ *trieuse* [trìyèz] *f.* sorting-machine; gin.

trifouiller [trìfûyé] *v.* (fam.) to fumble about; to meddle with.

trille [trìy] *m.* trill.

trimbaler [trìⁿbàlé] *v.* (fam.) to drag.

trimer [trìmé] *v.* to toil, to drudge.

trimestre [trìmèstr] *m.* quarter; three months, trimester; term, *Am.* session [école], quarter's salary; quarter's rent. ‖ *trimestriel* [-lyèl] *adj.*° quart- erly, trimestrial.

tringle [trìⁿgl] *f.* rod; curtain-rod.

trinquer [trĩⁿké] v. to clink glasses, to touch glasses; to hobnob with.

trio [trìô] m. trio.

triomphal [trìyoⁿfàl] adj.* triumphal. ‖ **triomphateur, -trice** [-àtœr, -trìs] adj. triumphing; m., f. triumpher. ‖ **triomphe** [trìyoⁿf] m. triumph. ‖ **triompher** [-é] v. to triumph; to overcome, to master; to excel; to exult, to glory; to boast.

tripe [trìp] f. tripe; guts, entrails. ‖ **triperie** [-rî] f. tripery. ‖ **tripier** [-yé] m. tripe-dealer.

triple [trìpl] adj. triple, treble, three-fold. ‖ **triplé** [-é] adj. triplicate; m. triplet. ‖ **tripler** [-é] v. to triple, to treble.

tripot [trìpô] m. gambling-den, gaming-house; bawdy-house. ‖ **tripotée** [-té] f. (fam.) thrashing [coups]; lots [tas]. ‖ **tripoter** [-ôté] v. to putter, to mess around, to fiddle about; to handle, to toy with, to finger, to manipulate, to paw; to meddle with; to tamper with; to gamble, to speculate in; to deal shadily. ‖ **tripoteur** [-ôtœr] m. intriguer; mischief-maker; shady speculator.

trique [trìk] f. cudgel.

triste [trìst] adj. sad, sorrowful, mournful, downcast, dejected, doleful; glum, blue, moping; woeful; woebegone [visage]; cheerless, gloomy; unfortunate, painful; mean, wretched, paltry. ‖ **tristesse** [-ès] f. sadness, sorrow, gloom, melancholy; dullness.

trivial [trìvyàl] adj.* vulgar, low, coarse; trivial, trite, hackneyed. ‖ **trivialité** [-ìté] f. vulgarity.

troc [tròk] m. exchange; barter; swop.

trogne [tròñ] f. bloated face.

trognon [tròñoⁿ] m. core; stump; stalk [chou]; (fam.) darling, pet.

trois [trwà] m., adj. three; third [titre, date]. ‖ **troisième** [-zyèm] m., f., adj. third.

trombe [troⁿb] f. waterspout; whirlwind [vent].

trombone [troⁿbòn] m. trombone; paper-clip.

trompe [troⁿp] f. horn, trump; proboscis; probe [insecte]; trunk [éléphant]; blast-pump [forge].

tromper [troⁿpé] v. to deceive, to delude, to mislead; to cheat; to betray, to be unfaithful to [époux]; to elude [surveillance]; **se tromper,** to be mistaken, to be wrong, to make a mistake; to deceive one another; **se tromper de chemin,** to take the wrong road. ‖ **tromperie** [-rî] f. deceit, deception, cheating; delusion.

trompeter [troⁿpeté] v. to trumpet abroad; to sound the trumpet; to divulge; to scream [aigle]. ‖ **trompette** [troⁿpèt] f. trumpet; m. trumpeter; nez en trompette, turned-up nose.

trompeur [troⁿpœr] adj.* deceitful, delusive, misleading, deceptive.

tronc [troⁿ] m. trunk; bole, body, stem [arbre]; parent-stock [famille]; alms-box, poor box; frustum (geom.). ‖ **tronçon** [-soⁿ] m. stub, stump, butt, fragment, broken piece; frustum [colonne].

trône [trôn] m. throne. ‖ **trôner** [-é] v. to sit enthroned; to lord it.

tronquer [troⁿké] v. to truncate; to curtail; to mangle; to garble.

trop [trô] adv. too much, too many; too, over, overly, overmuch, unduly; too far, too long, too often; m. excess, superfluity; de trop, superfluous; unwelcome, unwanted; **trop-plein,** overflow, surplus.

trophée [tròfé] m. trophy.

tropical [tròpìkàl] adj.* tropical. ‖ **tropique** [tròpìk] m. tropic.

troquer [tròké] v. to exchange, to barter, to truck, Br. to swop, Am. to swap.

trot [trô] m. trot; au petit trot, at a jog-trot. ‖ **trotte** [tròt] f. (fam.) stretch, run, distance. ‖ **trotter** [tròté] v. to trot; to run about, to toddle [enfant]; to scamper [souris]. ‖ **trotteur** [-tœr] m. trotter [cheval]. ‖ **trottiner** [-ìné] v. to trot short; to jog along; to trot about; to toddle [enfant]. ‖ **trottinette** [-ìnèt] f. scooter. ‖ **trottoir** [-wàr] m. footway, footpath; pavement, Am. sidewalk; bordure du trottoir, Br. kerb, Am. curb.

trou [trû] m. hole; gap; cave, pothole; orifice, mouth; foramen (anat.); eye [aiguille]; trou d'homme, manhole; trou d'air, air-pocket; boire comme un trou, to drink like a fish, Am. to have a hollow leg.

trouble [trûbl] adj. turbid, roiled; muddy; murky; cloudy, overcast; dim, dull; confused; m. confusion, disorder, disturbance, turmoil, perturbation, uneasiness; turbidity, muddiness; dispute; pl. broils, dissensions, disorders, riots; **trouble-fête,** kill-joy, spoil-sport, wet-blanket. ‖ **troubler** [-é] v. to disturb, to stir up, to make muddy, to cloud; to muddle; to disorder, to confuse, to agitate; to perplex, to upset, to disconcert; to mar; to ruffle, to annoy.

trouée [trûé] f. gap, breach; breakthrough. ‖ **trouer** [-é] v. to bore, to pierce, to drill, to breach.

trouille [trûy] f. (pop.) funk, Am. scare.

troupe [trûp] *f.* troop, band; crew, gang, set; company, herd, flock, drove, throng; *pl.* troops, forces. ‖ *troupeau* [-ô] *m.** herd, drove, flock; pack.

trousse [trûs] *f.* bundle; truss; package; saddle-roll; case, kit, pouch. ‖ *trousseau* [-ô] *m.** bunch; kit; outfit [vêtements]; bride's trousseau. ‖ *trousser* [-é] *v.* to bundle up; to tuck up; to truss.

trouvaille [trûvày] *f.* discovery; lucky find. ‖ *trouver* [-é] *v.* to find, to discover, to meet with, to hit upon; to find out; to invent; to think, to deem, to judge, to consider; *objets trouvés,* lost-and-found; *enfant trouvé,* foundling; *se trouver,* to be, to be found; to be located, situated; to feel; to happen, to turn out, to prove; to be met with, to exist; *se trouver mal,* to feel ill, to swoon.

truc [trük] *m.* thing, gadget, whatnot, jigger, *Am.* gimmick (pop.); knack, hang, skill; dodge, trick; machinery (theat.); thingamajig.

trucage [trükàj] *m.* faking, counterfeit; camouflage, dummy work; trick picture [cinéma]; gerrymandering [élection].

truelle [trüèl] *f.* trowel.

truffe [trüf] *f.* truffle (bot.); muzzle [chien].

truie [trüï] *f.* sow.

truite [trüït] *f.* trout.

truquer [trüké] *v.* to fake; to cook; to gerrymander; to cheat.

trust [trœst] *m.* trust. ‖ *truster* [-té] *v.* to monopolize; to trust.

tu, toi, te [tü, twà, tᵉ] *pers. pron.* you; thou; thee (obj.); *c'est à toi,* it is yours, it is thine.

tu *p. p. of* taire.

tub [tœb] *m.* tub; (sponge-)bath.

tubage [tübàj] *m.* tubing. ‖ *tube* [tüb] *m.* tube, pipe.

tubercule [tübèrkül] *m.* tuber (bot.); tubercle (med.). ‖ *tuberculeux* [tübèrkülë] *adj.** tubercular (med.); tuberculous (med.); *m.* consumptive. ‖ *tuberculose* [-ôz] *f.* tuberculosis, consumption.

tuer [tüé] *v.* to kill, to slay; to slaughter, to butcher; to bore to death; to while away [temps]; *se tuer,* to kill oneself, to commit suicide; to be killed, to get killed; to wear oneself out. ‖ *tuerie* [türî] *f.* slaughter, massacre.

tuile [tüïl] *f.* tile; bad luck, *Am.* tough luck (pop.).

tulipe [tülîp] *f.* tulip; tulip-shaped lamp-shade.

tulle [tül] *m.* tulle.

tuméfier [tüméfyé] *v.* to tumefy. ‖ *tumeur* [-œr] *f.* tumo(u)r.

tumulte [tümült] *m.* tumult, hubbub, turmoil, uproar; riot. ‖ *tumultueux* [-üë] *adj.** tumultuous, noisy; riotous; boisterous.

tunique [tünìk] *f.* tunic; membrane.

tunnel [tünèl] *m.* tunnel.

tuque [tük] *f.* © tuque, stocking cap.

turban [türbaⁿ] *m.* turban.

turbine [türbîn] *f.* turbine. ‖ *turbiner* [-ìné] *v.* (pop.) to swoot; to slog, to grind.

turbulent [türbülaⁿ] *adj.* turbulent; wild [enfants]; stormy [vie].

turc, turque [türk] *adj.* Turkish; *m.* Turkish language; *m., f.* Turk; *assis à la turque,* sitting cross-legged.

turf [türf] *m.* turf, racecourse. ‖ *turfiste* [-ìst] *m.* race-goer.

turlupiner [türlüpìné] *v.* (fam.) to bother; to worry.

turne [türn] *f.* (pop.) hovel; digs; den; hole.

turpitude [türpìtüd] *f.* turpitude.

turque, *see* turc.

turquoise [türkwàz] *f.* turquoise.

tutelle [tütèl] *f.* tutelage, guardianship; protection. ‖ *tuteur, -trice* [tütœr, -trìs] *m., f.* guardian; *m.* prop [plante].

tutoyer [tütwàyé] *v.* to address as « *tu* » and « *toi* ».

tuyau [tüiyô] *m.** pipe, tube; hose; shaft, funnel; chimney-flue; stem [pipe]; tip, pointer, hint (fam.); *avoir des tuyaux,* to be in the know (fam.); *tuyau d'échappement,* exhaust pipe [auto]. ‖ *tuyauter* [-té] *v.* to flute, to frill, to goffer; to give a tip-off; to *tuyauter quelqu'un sur,* to put someone up to. ‖ *tuyauterie* [-trî] *f.* pipe system, pipage.

tympan [tiⁿpaⁿ] *m.* ear-drum.

type [tîp] *m.* type; standard model; symbol; (fam.) fellow, chap, *Br.* bloke, *Am.* guy (pop.).

typhoïde [tìfoìd] *f.* typhoid.

typhon [tìfoⁿ] *m.* typhoon.

typhus [tìfüs] *m.* typhus.

typique [tìpìk] *adj.* typical.

typographie [tìpògràfî] *f.* typography.

tyran [tìraⁿ] *m.* tyrant. ‖ *tyrannie* [-ànî] *f.* tyranny. ‖ *tyrannique* [-ànìk] *adj.* tyrannical, despotic; high-handed. ‖ *tyranniser* [-ànìzé] *v.* to tyrannize over, to oppress; to bully.

U

ulcère [ülsèr] *m.* ulcer; sore. ‖ *ulcérer* [-éré] *v.* to ulcerate; to fester; to wound, to embitter, to gall.

ultérieur [ültéryœr] *adj.* ulterior, later; further.

ultimatum [ültìmàtòm] *m.* ultimatum. ‖ *ultime* [ültîm] *adj.* ultimate.

ultrason [ültràsoⁿ] *m.* ultra-sound; supersonic wave. ‖ *ultraviolet* [-vyòlè] *adj.** ultra-violet.

ululer [ülülé] *v.* to hoot, to tu-whoo; to ululate.

un, une [uⁿ, ün] *indef. art.* one; a, an (before a vowel); *adj., pron.* one; first; *un à un,* one by one; *les uns les autres,* one another; *les uns... les autres,* some... others; *l'un l'autre,* each other; *l'un et l'autre,* both; *l'un ou l'autre,* either.

unanime [ünànîm] *adj.* unanimous. ‖ *unanimité* [-ìmìté] *f.* unanimity; *à l'unanimité,* unanimously.

uni [ünì] *adj.* united; harmonious (family); uniform; smooth, level, even; plain, all-over [couleur, dessin]. ‖ *unification* [-fìkàsyoⁿ] *f.* unification; merger (ind.). ‖ *unifier* [-fyé] *v.* to unify; to unite.

uniforme [ünìfòrm] *adj.* uniform; flat [tarif]; *m.* uniform; regimentals. ‖ *uniformiser* [-ìzé] *v.* to standardize, to make uniform. ‖ *uniformité* [-ìté] *f.* uniformity.

unilatéral [ünìlàtéràl] *adj.** unilateral; one-sided.

union [ünyoⁿ] *f.* union; junction, coalition, combination; blending [couleurs]; marriage; society, association; unity, concord, agreement; union-joint, coupling.

unique [ünìk] *adj.* only, sole, single; unique, unrivalled; *fils unique,* only son; *sens unique,* one-way; *prix unique,* one-price [magasin], *Am.* five-and-ten, dime store.

unir [ünîr] *v.* to unite, to join, to combine, to connect; to make one; to smooth; *s'unir,* to unite; to join forces (à, with); to marry.

unisson [ünìsoⁿ] *m.* unison, harmony; keeping (fig.).

unitaire [ünìtèr] *adj.* unitarian; unitary. ‖ *unité* [ünìté] *f.* unity.

univers [ünìvèr] *m.* universe. ‖ *universaliser* [-sàlìzé] *v.* to universalize. ‖ *universalité* [-sàlìté] *f.* universality. ‖ *universel* [-sèl] *adj.** universal.

universitaire [ünìvèrsìtèr] *adj.* university, academic; *m., f.* professor, Academic person. ‖ *université* [-é] *f.* university; *Am.* college.

uranium [üràny òm] *m.* uranium.

urbain [ürbiⁿ] *adj.* urban; town. ‖ *urbanisation* [ürbànìzàsyoⁿ] *f.* town-development. ‖ *urbaniser* [-ìzé] *v.* to urbanize; to polish up (fam.). ‖ *urbanisme* [-ìsm] *m.* town-planning, city-planning. ‖ *urbaniste* [-ìst] *s.* town-planner. ‖ *urbanité* [ürbànìté] *f.* urbanity.

urée [üré] *f.* urea. ‖ *urémie* [-émî] *f.* uraemia.

urgence [ürjaⁿs] *f.* urgency; emergency; pressure; *d'urgence,* immediately. ‖ *urgent* [-aⁿ] *adj.* urgent, pressing; instant; *cas urgent,* emergency.

urinaire [ürìnèr] *adj.* urinary. ‖ *urine* [ürîn] *f.* urine. ‖ *uriner* [-ìné] *v.* to urinate.

urne [ürn] *f.* urn, vessel; ballot-box.

urticaire [ürtìkèr] *f.* hives; nettle-rash.

usage [üzàj] *m.* use, using, employment; usage, habit, practice, wont; experience; service, every-day use; wear, wearing-out [vêtements]; *usage externe,* external application; *faire de l'usage,* to wear well. ‖ *usagé* [-é] *adj.* worn. ‖ *usager* [-é] *m.* user; commoner; *usagers du métro,* tube-travellers, *Am.* subway-riders.

usé [üzé] *adj.* worn out; shabby, threadbare [vêtement]; frayed [corde]; commonplace. ‖ *user* [-é] *v.* to use up, to consume; to abrade; to wear out, to wear down; *user de,* to use, to make use of, to avail oneself of; to resort to; *s'user,* to wear away, to wear down; to wear oneself out; to be used; to decay, to be spent.

usinage [üzìnàj] *m.* machining, manufacturing. ‖ *usine* [üzîn] *f.* (manu)factory, works, plant; mills [textiles, papier]. ‖ *usiner* [-é] *v.* to machine, to tool. ‖ *usinier* [-yé] *m.* manufacturer; mill-owner.

usité [üzìté] *adj.* used, usual.

ustensile [üstaⁿsìl] *m.* utensil.

usuel [üzüèl] *adj.** usual, common.

usure [üzür] *f.* usury; wearing out; wear and tear; wearing away, erosion (geol.); *guerre d'usure,* war of attrition. ‖ *usurier* [-yé] *m.* usurer; money-lender.

usurpateur, -trice [üzürpàtœr, -trìs] *m.* usurper, *f.* usurpress; *adj.* usurping; arrogating; encroaching. ‖ *usurpation* [-àsyoⁿ] *f.* usurpation; arrogation; encroaching, encroachment. ‖ *usurper* [-é] *v.* to usurp; to arrogate; to encroach.

utérin [ütériⁿ] *adj.* uterine. ‖ **utérus** [-rǖs] *m.* uterus.

utile [ütíl] *adj.* useful, serviceable, of use, convenient; expedient, beneficial; *m.* what is useful; *en temps utile,* in due time. ‖ **utilisable** [-ìzàbl] *adj.* utilizable. ‖ **utilisation** [-ìzàsyoⁿ] *f.* utilization, use; utilizing. ‖ **utiliser** [-ìzé]

v. to utilize, to use; to make use of. ‖ **utilitaire** [-ìtèr] *adj.* utilitarian; commercial; utility. ‖ **utilitarisme** [-ìtàrìsm] *m.* utilitarianism. ‖ **utilité** [-ìté] *f.* utility, usefulness; useful purpose; service, avail; utility-man (theat.).

utopie [ütòpî] *f.* utopia. ‖ **utopiste** [-ìst] *s.* utopian.

V

va, *see* aller.

vacance [vàkàⁿs] *f.* vacancy; *Br.* abeyance, *Am.* opening [poste]; *pl.* vacation, holidays; recess [parlement]; *grandes vacances,* summer vacation. ‖ **vacant** [-àⁿ] *adj.* vacant, unoccupied; tenantless.

vacarme [vàkàrm] *m.* uproar, din.

vaccin [vàksìⁿ] *m.* vaccine. ‖ **vaccination** [-ìnàsyoⁿ] *f.* vaccination; *Am.* shot. ‖ **vacciner** [-ìné] *v.* to vaccinate.

vache [vàsh] *f.* cow; cow-hide. ‖ **vacher** [-é] *m.* cowherd.

vacillant [vàsìyàⁿ] *adj.* unsteady, shaky; wobbly, staggering [pas]; flickering [lumière]; vacillating [esprit]. ‖ **vaciller** [-ìyé] *v.* to be unsteady, to shake; to wobble; to sway; to stagger, to totter, to reel, to lurch [tituber]; to flicker; to twinkle [étoile]; to vacillate; to hesitate; to be shaky; to waver.

vadrouiller [vàdrûyé] *v.* (fam.) to gad about; to pub-crawl; to wander about.

vagabond [vàgàboⁿ] *m.* vagabond, wanderer; vagrant; tramp, *Am.* hobo, bum; *adj.* roving; flighty, wayward. ‖ **vagabondage** [-dàj] *m.* vagabondage, vagrancy. ‖ **vagabonder** [-dé] *v.* to roam, to rove; to wander.

vagin [vàjìⁿ] *m.* vagina. ‖ **vaginite** [-ìt] *f.* vaginitis.

vagir [vàjîr] *v.* to wail. ‖ **vagissement** [vàjìsmàⁿ] *m.* wailing; squeaking [lièvre].

vague [vàg] *adj.* vague, indefinite; hazy; indeterminate, indecisive; rambling; vacant, uncultivated [terrain]; *m.* vagueness.

vague [vàg] *f.* wave, billow.

vaguemestre [vàgmèstr] *m.* baggage-master (mil.); army postman; navy postman.

vaillance [vàyàⁿs] *f.* valo(u)r. ‖ **vaillant** [vàyàⁿ] *adj.* valiant.

vain [vìⁿ] *adj.* vain, fruitless, sham; shadowy; idle, frivolous; vainglorious; *en vain,* vainly, in vain.

vaincre [vìⁿkr] *v.** to conquer, to vanquish, to beat, to win; to defeat,

to overcome, to worst, to outdo; to master, to surmount [difficulté]. ‖ **vaincu** [vìⁿkü] *adj.* conquered, beaten. ‖ **vainqueur** [-œr] *adj. inv.* triumphant; victorious; *m.* vanquisher, conqueror, winner.

vairon [vèroⁿ] *m.* minnow [poisson].

vaisseau [vèsô] *m.** vessel; ship; nave [église]; *brûler ses vaisseaux,* to burn one's boats.

vaisselle [vèsèl] *f.* table service; tableware; flatware plates and dishes, china; earthenware, crockery [faïence]; *faire la vaisselle,* to wash up, *Am.* to wash the dishes.

val [vàl] *m.* vale, dale.

valable [vàlàbl] *adj.* valid, good; worthwhile, cogent [raison]; available, valid [billet].

valet [vàlè] *m.* valet, (man-)servant, footman; varlet; groom [écurie]; farmhand [ferme]; hireling; knave, jack [cartes]; claw (techn.).

valétudinaire [vàlétüdìnèr] *adj.* valetudinary; *s.* valetudinarian.

valeur [vàlœr] *f.* value, worth; weight; import, meaning; length of note (mus.); valo(u)r, bravery; asset; *pl.* bills, paper, stocks, shares, securities; *mettre en valeur,* to emphasize; to enhance; to reclaim [terre]. ‖ **valeureux** [-ë] *adj.** valiant, valorous.

valide [vàlîd] *adj.* valid; good; sound, cogent; able-bodied, fit for service (mil.). ‖ **valider** [-é] *v.* to validate; to ratify; to authenticate. ‖ **validité** [-ìté] *f.* validity, availability (jur.); cogency.

valise [vàlîz] *f.* valise, portmanteau; suitcase; grip; *valise diplomatique,* embassy dispatch-bag.

vallée [vàlé] *f.* valley. ‖ **vallon** [-oⁿ] *m.* dale, dell, vale; *Br.* glen. ‖ **vallonné** [vàlòné] *adj.* undulating.

valoir [vàlwàr] *v.** to be worth; to cost; to be equal to, to be as good as; to deserve; to procure, to furnish; *à valoir,* on account; *cela vaut la peine,* that is worthwhile; *valoir mieux,* to be better; *faire valoir,* to make the most of, to turn to account.

valse [vàls] *f.* waltz. ‖ *valser* [-é] *v.* to waltz.

valve [vàlv] *f.* valve.

vamp [vaᵖp] *f.* vamp.

vampire [vaᵖpîr] *m.* vampire; bloodsucker (fam.). ‖ *vampirisme* [-ìrìsm] *m.* vampirism; blood-sucking.

van [vaⁿ] *m.* winnowing-basket.

vandale [vaⁿdàl] *m.* vandal. ‖ *vandalisme* [-ìsm] *m.* vandalism.

vanille [vanîy] *f.* vanilla.

vanité [vànìté] *f.* vanity, conceit, self-sufficiency; futility, emptiness; *tirer vanité de*, to be vain of. ‖ *vaniteux* [-ë] *adj.** vain, conceited, stuck-up.

vanne [vàn] *f.* water-gate.

vanneau [vànô] *m.** lapwing.

vanner [vàné] *v.* to winnow, to fan, to sift [grain]; to van [mineral].

vannerie [vànrî] *f.* basket-making.

vantard [vaⁿtàr] *m.* bragger, braggart, boaster, vaunter, swaggerer, *Am.* blow-hard (pop.); *adj.* boasting, boastful. ‖ *vantardise* [-dîz] *f.* boasting, bragging, swaggering; braggadocio. ‖ *vanter* [-é] *v.* to vaunt, to extol; to advocate, to cry up, to boost, to puff, to push; *se vanter*, to boast, to brag.

vapeur [vàpœr] *f.* vapo(u)r; steam; haze, fume, *m.* steamer, steamship; *machine à vapeur*, steam-engine. ‖ *vaporeux* [vàpòrë] *adj.** vaporous, misty; steamy; hazy; nebulous. ‖ *vaporisateur* [-ìzàtœr] *m.* vaporizer; atomizer; sprayer, evaporator. ‖ *vaporiser* [-ìzé] *v.* to vaporize; to spray.

vaquer [vàké] *v.* to be vacant [situation]; to be on vacation [école]; to be recessed [parlement]; *vaquer à*, to attend to; to go about [affaires].

varech [vàrèk] *m.* seaweed, wrack.

vareuse [vàrëz] *f.* pea-jacket, pilot-jacket; jersey; jumper [marin]; *Am.* blouse (mil.).

variable [vàryàbl] *adj.* variable; changeable; unsteady; fickle, inconstant; unequal [pouls]; *f.* variable (math.). ‖ *variante* [-yaⁿt] *f.* variant [texte]; pickles (comm.). ‖ *variation* [-yàsyoⁿ] *f.* variation.

varice [vàrìs] *f.* varix. ‖ *varicelle* [-èl] *f.* chicken-pox.

varié [vàryé] *adj.* varied; various, sundry, variegated; miscellaneous. ‖ *varier* [-yé] *v.* to vary; to variegate; to diversify; to fluctuate (fin.); to disagree, to differ [opinions]. ‖ *variété* [-yété] *f.* variety; diversity; variedness; choice.

variole [vàryòl] *f.* smallpox.

variqueux [vàrìkë] *adj.** varicose.

varlope [vàrlòp] *f.* trying-plane.

vasculaire [vàskülèr] *adj.* vascular.

vase [vâz] *m.* vase.

vase [vâz] *f.* silt, slime, mire, ooze.

vaseline [vàzlîn] *f.* vaseline, *Am.* petroleum jelly, petrolatum.

vasistas [vàzìstàs] *m.* fanlight, *Am.* transom, casement window.

vasque [vàsk] *f.* bassin; bowl.

vassal [vàsàl] *m.** vassal.

vaste [vàst] *adj.* vast, wide.

vaticiner [vàtìsìné] *v.* to vaticinate.

vaudeville [vôdvìl] *m.* vaudeville.

vaurien [vôryⁿ] *m.* good-for-nothing, ne'er-do-well.

vautour [vôtûr] *m.* vulture.

vautrer (se) [sᵉvôtré] *v.* to wallow, to welter; to sprawl; to revel (fig.).

veau [vô] *m.** calf [animal]; veal [viande]; calfskin [cuir].

vécu [vékü] *adj.* [*see* vivre] lived; authentic; realistic; real.

vedette [vᵉdèt] *f.* vedette; patrol boat, scout [bateau]; star, leading-man, leading lady (theat.).

végétal [véjétàl] *adj.** vegetable; *m.** plant. ‖ *végétarien* [-tàryⁿ] *adj.**, *m.* vegetarian. ‖ *végétation* [-àsyoⁿ] *f.* vegetation; *pl.* adenoids (med.). ‖ *végéter* [-é] *v.* to vegetate.

véhémence [véémaⁿs] *f.* vehemence. ‖ *véhément* [-aⁿ] *adj.* vehement.

véhicule [vékül] *m.* vehicle; medium (pharm.). ‖ *véhiculer* [-é] *v.* to convey

veille [vèy] *f.* watching, vigil; waking; sleeplessness; sitting up, staying up [nuit]; night watch (mil.); look-out (naut.), eve. ‖ *veillée* [-é] *f.* evening night attendance [malade], watching *Am.* wake [mort]; sitting up. ‖ *veiller* [-é] *v.* to sit up, to stay up, to keep awake; to watch, to be on the lookout (mil.; naut.); to watch over, to look after, to tend, to attend to [malade]; to watch, to wake [mort], *veiller à*, to see to, to look after. ‖ *veilleur* [-œr] *m.* watcher; *veilleur de nuit*, night-watchman. ‖ *veilleuse* [-ëz] *f.* night-light; dimmer-bulb [auto] *mettre en veilleuse*, to dim [auto].

veinard [vènàr] *adj.* lucky; *m.* lucky person. *veine* [vèn] *f.* vein; seam lode [mine]; humo(u)r, luck. ‖ *veine* [-é] *v.* to vein; to grain. ‖ *veineux* [-ë] *adj.** veiny; venous. ‖ *veinule* [-ül] *f.* veinlet, veinule. ‖ *veinure* [-ür] *f.* veining.

vélaire [vélèr] *adj.* velar; back; *f.* back consonant, back vowel.

vêler [vèlé] *v.* to calve.

vélin [vélⁿ] *m.* vellum.

velléité [vèlléité] *f.* inclination, whim, slight impulse.

vélo [vélò] *m.* (fam.) bike, cycle. ‖ **vélocité** [vélòsìté] *f.* velocity. ‖ **vélodrome** [-òdròm] *m.* velodrome. ‖ **vélomoteur** [-mòtœr] *m.* motor-assisted bicycle; moped (fam.).

velours [v^elûr] *m.* velvet; *velours côtelé*, corduroy; *velours de coton*, velveteen; *velours de laine*, velours. ‖ **velouté** [-ûté] *adj.* velvety; downy [joue, pêche]; mellow [vin].

velu [v^elü] *adj.* hairy, shaggy.

venaison [v^enèzoⁿ] *f.* venison.

vénal [vénàl] *adj.** venal.

vendange [vaⁿdaⁿj] *f.* vintage, grape-gathering, vine-harvest; *pl.* grapes. ‖ **vendanger** [-é] *v.* to harvest grapes. ‖ **vendangeur** [-œr] *m.* vintager; wine-harvester.

vendeur [vaⁿdœr] *m.* seller, vendor; salesman, dealer, salesclerk, *Br.* shopman, *Am.* storeclerk. ‖ **vendeuse** [-ëz] *f.* salesgirl, saleswoman. ‖ **vendre** [vaⁿdr] *v.* to sell; to barter; to betray, to give away (fig.); *à vendre*, for sale; *se vendre*, to sell, to be sold.

vendredi [vaⁿdr^edì] *m.* Friday; *vendredi saint*, Good Friday.

vénéneux [vénéné] *adj.** poisonous.

vénérable [vénéràbl] *adj.* venerable. ‖ **vénération** [-àsyoⁿ] *f.* veneration. ‖ **vénérer** [-é] *v.* to venerate.

vénerie [vénrî] *f.* venery; hunting.

vénérien [vénéryìⁿ] *adj.** venereal.

veneur [v^enœr] *m.* huntsman.

vengeance [vaⁿjoⁿs] *f.* revenge; vengeance. ‖ **venger** [-é] *v.* to avenge; *se venger*, to revenge oneself; *se venger de*, to get revenge on. ‖ **vengeur**, **-eresse** [-œr, -rès] *m.*, *f.* avenger, revenger; *adj.* avenging; vindictive.

véniel [vényèl] *adj.** venial.

venimeux [v^enìmë] *adj.** venomous; poisonous; malignant. ‖ **venin** [-ìⁿ] *m.* venom; poison; malice.

venir [v^enîr] *v.** to come, to be coming; to arrive; to reach; to occur, to happen; to grow; to issue, to proceed; to be descended; *je viens de voir*, I have just seen; *venir chercher*, to call for; to come and get; *faire venir*, to send for.

vent [vaⁿ] *m.* wind; scent [vénerie]; windage (artill.); emptiness (fig.); *sous le vent*, to leeward; *avoir vent de*, to get wind of.

vente [vaⁿt] *f.* sale; selling; *vente aux enchères*, auction.

ventilateur [vaⁿtìlàtœr] *m.* ventilator, fan, blower. ‖ **ventilation** [-àsyoⁿ] *f.* ventilation, airing; separate valuation (jur.); apportionment (comm.).

ventouse [vaⁿtûz] *f.* cupping(-glass); air-hole; nozzle [aspirateur]; sucker [sangsue]; air-scuttle (naut.); *appliquer des ventouses*, to cup.

ventre [vaⁿtr] *m.* abdomen, belly; stomach, paunch, tummy (fam.); womb; bowels, insides; *à plat ventre*, prone. ‖ **ventricule** [-ìkül] *m.* ventricle. ‖ **ventriloque** [-ìlòk] *adj.* ventriloquous; *s.* ventriloquist. ‖ **ventru** [-ü] *adj.* paunchy, big-bellied.

venu [v^enü] *adj.* come; *bienvenu*, welcome; *mal venu*, unwelcome, ill-received; *le premier venu*, the first comer, anybody; *nouveau venu*, new-comer. ‖ **venue** [-ü] *f.* coming, arrival, advent; growth; *allées et venues*, goings and comings.

vêpres [vèpr] *f. pl.* vespers; even-song.

ver [vèr] *m.* worm; maggot, mite; grub, larva; moth; *ver luisant*, glow-worm; *ver solitaire*, tape-worm; *ver à soie*, silk-worm.

véracité [véràsìté] *f.* truthfulness; veracity; accuracy.

véranda [véraⁿdà] *f.* verandah.

verbal [vèrbàl] *adj.** verbal; oral. ‖ **verbaliser** [-ìzé] *v.* to minute; to draw up an official report. ‖ **verbe** [vèrb] *m.* verb; *avoir le verbe haut*, to be loud-mouthed, dictatorial. ‖ **verbeux** [-ë] *adj.** wordy, verbose, long-winded, prolix. ‖ **verbiage** [-yàj] *m.* wordiness, verbosity. ‖ **verbosité** [-òzìté] *f.* verbosity, long-windedness.

verdâtre [vèrdàtr] *adj.* greenish. ‖ **verdeur** [-œr] *f.* greenness; viridity, sap [bois]; vitality, tartness, acidity; acrimony; freedom, licentiousness.

verdict [vèrdìkt] *m.* verdict.

verdir [vèrdîr] *v.* to grow green; to colo(u)r green; to become covered with verdigris [cuivre]. ‖ **verdoyant** [-wàyoⁿ] *adj.* verdant; greenish. ‖ **verdure** [-ür] *f.* verdancy, verdure, greenery, foliage; greens; pot-herbs.

véreux [vérë] *adj.** wormy, maggoty, worm-eaten; rotten; suspicious; shaky; bogus, *Am.* phony.

verge [vèrj] *f.* rod, wand, switch; staff; penis; sway; ⓒ yard, yardstick.

verger [vèrjé] *m.* orchard.

vergeté [vèrj^eté] *adj.* streaky.

verglacé [vèrglàsé] *adj.* slippery, icy. ‖ **verglas** [-glà] *m.* glazed frost.

vergogne [vèrgòñ] *f.* shame.

vergue [vèrg] *f.* yard (naut.).

véridique [vérìdìk] *adj.* veracious.

vérificateur [vérìfìkàtœr] *m.* verifier, inspector, checker, tester, comptroller; auditor; gauge, calipers. ‖ **vérification** [-ìkàsyoⁿ] *f.* verification;

inspection, checking, testing; auditing; surveying; probate (jur.). || **vérifier** [-yé] *v.* to verify; to inspect, to check, to test; to overhaul (mech.); to audit; to scrutinize [suffrages].

véritable [vérìtàbl] *adj.* veritable, true, real, actual, genuine, authentic; veracious, staunch, thorough, downright. || **vérité** [-é] *f.* truth, verity; fact; truthfulness, sincerity; *en vérité,* truly, really.

verjus [vèrjü] *m.* verjuice.

vermeil [vèrmèy] *adj.* ruby; rosy; *m.* silver-gilt.

vermicelle [vèrmìsèl] *m.* vermicelli.

vermine [vèrmîn] *f.* vermin; rabble.

vermisseau [vèrmìsô] *m.** small worm, grub.

vermoulu [vèrmûlü] *adj.* worm-eaten.

vermouth [vèrmût] *m.* vermouth.

verni [vèrnì] *adj.* varnished; glazed; patent [cuir], *toile vernie,* oilskin. || **vernir** [vèrnîr] *v.* to varnish; to polish; to japan; to glaze [céramique]. || **vernis** [-ì] *m.* varnish, polish, gloss; glaze, glazing || **vernissage** [-ìsàj] *m.* varnishing; glazing; varnishing-day. || **vernisser** [-ìsé] *v.* to glaze. || **vernisseur** [-ìsœr] *m.* varnisher, polisher.

vérole [véròl] *f.* smallpox.

verrat [vèrà] *m.* boar.

verre [vèr] *m.* glass; lens [lentille]; crystal [montre]; *verre de vin,* glass of wine; *verre à vin,* wine-glass; *verre à pied,* stemmed glass; *verre à liqueur,* liqueur glass, pony (pop.); *verre à vitre,* sheet-glass; *verre de sûreté,* safety-glass; *verre pilé,* ground glass. || **verrerie** [-ɛrʒ] *f.* glassmaking; glass-works, glass-ware || **verrière** [-yèr] *f.* glass casing stained glass window. || **verroterie** [-òtrʒ] *f.* glass trinkets; glass beads, bugle beads.

verrou [vèrû] *m.* bolt, bar; lock. || **verrouiller** [-yé] *v.* to bolt, to lock.

verrue [vèrü] *f.* wart.

vers [vèr] *m.* verse, line.

vers [vèr] *prep.* toward(s), to; about.

versant [vèrsaⁿ] *m.* slope, versant.

versatile [vèrsàtìl] *adj.* changeable, fickle; variable; versatile (bot.). || **versatilité** [-lté] *f.* fickleness, inconstancy, changeableness.

versé [vèrsé] *adj.* (well) versed, conversant, practised, experienced; poured; paid. || **versement** [-ᵊmaⁿ] *m.* payment, deposit; instalment; pouring; spilling, shedding; issue (mil.). || **verser** [-é] *v.* to pour [liquide]; to discharge; to spill, to shed [sang, larmes]; to pay in, to deposit [argent]; to upset [voiture]; to issue (mil.).

verset [vèrsè] *m.* verse.

version [vèrsyoⁿ] *f.* version.

vert [vèr] *adj.* green; verdant, grassy; sharp, harsh; tart; fresh, raw; unripe, sour; smutty, off-colo(u)r [histoire]; vigorous, robust, hale; sharp [réplique]; *m.* green, green colo(u)r, grass; food; tartness; putting-green [golf].

vertébral [vèrtébràl] *adj.** vertebral; *colonne vertébrale,* spinal column. || **vertèbre** [vèrtèbr] *f.* vertebra.

vertical [vèrtìkàl] *adj.** vertical.

vertige [vèrtìj] *m.* dizziness, vertigo, giddiness, bewilderment; intoxication (fig.); *avoir le vertige,* to feel dizzy. || **vertigineux** [-ìnë] *adj.** vertiginous; dizzy, giddy.

vertu [vèrtü] *f.* virtue; chastity; faculty; efficacy; *en vertu de,* by virtue of. || **vertueux** [-ë] *adj.** virtuous.

verve [vèrv] *f.* verve, zest, spirits.

verveine [vèrvèn] *f.* verbena.

vésicule [vézìkül] *f.* vesicle; *vésicule biliaire,* gall-bladder.

vespasienne [vèspàzyèn] *f.* street urinal.

vespéral [vèspéràl] *adj.** vespertine.

vessie [vèsì] *f.* bladder.

veste [vèst] *f.* jacket. || **vestiaire** [-yèr] *m.* cloakroom, *Am.* checkroom (theatr.); wardrobe-room, *Am.* coat-room [école]; hat-and-coat rack [meuble]; hat and coat, things [objets].

vestibule [vèstìbül] *m.* vestibule.

vestige [vèstìj] *m.* trace; remains.

vestimentaire [vèstìmaⁿtèr] *adj.* vestimentary.

veston [vèstoⁿ] *m.* man's jacket; lounge-coat; *veston d'intérieur,* smoking-jacket; *complet veston,* lounge suit, *Am.* business suit.

vêtement [vètmaⁿ] *m.* garment; vestment (eccles.); vesture, raiment [poésie]; cloak, disguise (fig.); *pl.* clothes, clothing, dress, apparel, attire, garb; weeds [deuil].

vétéran [vétéraⁿ] *m.* veteran; old hand; older boy.

vétérinaire [vétérìnèr] *adj.* veterinary; *m.* veterinarian.

vêtir [vètìr] *v.** to clothe, to dress; to put on, to don; *se vêtir,* to get dressed, to dress (oneself); to put on. || **vêtu** [-ü] *p. p.* of *vêtir.*

vétuste [vétüst] *adj.* decrepit, decayed; worn-out.

veuf, veuve [vœf, vœv] *m.* widower; *f.* widow; *adj.* widowed; bereft.

veuillez, *see* vouloir.

veule [vœl] *adj.* flabby; cowardly; toneless [voix]; flat [existence].

veuvage [vœvàj] *m.* widowhood, widowerhood, widowed state. ‖ **veuve,** *see* **veuf.**

vexant [vèksaⁿ] *adj.* vexing, provoking. ‖ **vexation** [vèksàsyoⁿ] *f.* vexation; annoyance, irritation; harassment, plaguing; molestation. ‖ **vexatoire** [-àtwàr] *adj.* vexatious. ‖ **vexer** [-é] *v.* to vex; to annoy, to provoke, to irritate, to molest; to harass, to plague; **se vexer,** to get vexed, to be chagrined.

viable [vyàbl] *adj.* viable; durable; feasible.

viaduc [vyàdük] *m.* viaduct.

viager [vyàjé] *adj.* * for life; *m.* life interest; *rente viagère,* life annuity; *en viager,* at life interest.

viande [vyaⁿd] *f.* meat; flesh.

viatique [vyàtìk] *m.* viaticum; provisions (fam.).

vibrant [vìbraⁿ] *adj.* vibrating, vibrant; resonant; ringing, quivering [voix]; rousing, stirring [discours]. ‖ **vibration** [-àsyoⁿ] *f.* vibration; fluttering (aviat.). ‖ **vibratoire** [-àtwàr] *adj.* vibratory; oscillatory. ‖ **vibrer** [-é] *v.* to vibrate; to tingle.

vicaire [vìkèr] *m.* curate.

vice [vìs] *m.* vice; sin, blemish.

vice-président [vìsprézìdaⁿ] *m.* vice-chairman; vice-president.

vicier [vìsyé] *v.* to vitiate, to pollute; to invalidate [contrat]. ‖ **vicieux** [-yë] *adj.* * vicious; defective, faulty; tricky, restive [cheval]; *usage vicieux,* wrong use; *m.* vicious person.

vicinal [vìsìnàl] *adj.* * parochial; local.

vicissitude [vìsìsìtüd] *f.* vicissitude; *pl.* ups and downs.

vicomte [vìkoⁿt] *m.* viscount. ‖ **vicomtesse** [-tès] *f.* viscountess.

victime [vìktìm] *f.* victim; casualty.

victoire [vìktwàr] *f.* victory. ‖ **victorieux** [-òryë] *adj.* * victorious.

victuailles [vìktüày] *f. pl.* victuals.

vidange [vìdaⁿj] *f.* cleaning out; ullage; draining. ‖ **vidanger** [-é] *v.* to clean out; to drain. ‖ **vidangeur** [-œr] *m.* nightman.

vide [vìd] *adj.* empty; void, vacant, unoccupied; devoid, destitute; *m.* void, vacuum; blank, empty space; gap, cavity, chasm, hole; emptiness, vanity; *à vide,* empty; *vide-poches,* tray, tidy; work-basket. ‖ **vider** [-é] *v.* to empty; to void; to drain, to draw off; to clear out; to bore, to hollow out; to vacate; to eviscerate; to draw [volaille]; to clean, to gut [poisson]; to core [pomme]; to stone [fruit]; to

bail [eau]; to adjust, to settle [querelle, comptes]; to decide, to end [querelle]; to exhaust [esprit].

vie [vì] *f.* life; lifetime; existence, days; vitality; livelihood, living; food, subsistence; profession, way of life; spirit, animation, noise; biography, memoir; *en vie,* alive; *gagner sa vie,* to earn one's living.

vieil, *see* **vieux.** ‖ **vieillard** [vyèyàr] *m.* old man, oldster, old fellow, greybeard; *pl.* the aged, old people. ‖ **vieillerie** [vyèyrì] *f.* old stuff; old rubbish; outworn ideas. ‖ **vieillesse** [vyèyès] *f.* oldness; old age. ‖ **vieillir** [vyèyìr] *v.* to age, to grow old; to become obsolete *or* antiquated. ‖ **vieillot** [-ô] *adj.* oldish; wizened [visage]; old-fashioned [idée].

vierge [vyèrj] *f.* virgin, maiden, maid; *adj.* virgin(al), pure; untrodden, unwrought; blank [page]; unexposed (phot.); untarnished [réputation].

vieux, vieille [vyë, vyèy] (**vieil,** *m.,* before a vowel or a mute *h*), *adj.* old, aged, advanced in years, elderly; ancient, venerable; old-fashioned, old-style [mode]; obsolete, veteran; *m.* old man, oldster, old fellow; *f.* old woman, old lady; *vieille fille,* old maid, spinster.

vif, vive [vìf, vìv] *adj.* alive, live, living; fast, quick; lively, brisk, sprightly; ardent, eager, hasty; hot [feu]; bracing [air]; sharp, smart, alert [esprit]; sparkling [œil]; keen [plaisir]; violent [douleur]; bright, intense, vivid [couleurs]; mettlesome [cheval]; biting, piercing [froid]; *m.* quick; living person; *de vive voix,* by word of mouth, orally; *vif-argent,* quick-silver, mercury.

vigie [vìjì] *f.* lookout man; watchtower; observation-box (railw.); vigia (naut.); danger-buoy.

vigilance [vìjìlaⁿs] *f.* vigilance, watchfulness, wakefulness; caution. ‖ **vigilant** [-aⁿ] *adj.* vigilant, watchful, wakeful; cautious. ‖ **vigile** [vìjìl] *f.* vigil, eve.

vigne [vìñ] *f.* vine; vineyard; *vigne vierge,* Virginia creeper. ‖ **vigneron** [-ⁿroⁿ] *m.* wine-grower.

vignette [vìñèt] *f.* vignette.

vignoble [vìñôbl] *m.* vineyard.

vigoureux [vìgûrë] *adj.* * vigorous, strong, sturdy; forceful, energetic; stout, stalwart, sound. ‖ **vigueur** [vìgœr] *f.* vigo(u)r, strength; force, power, energy; stamina, endurance, sturdiness, stalwartness; effectiveness; *entrer en vigueur,* to come into effect; *mise en vigueur,* enforcing, enforcement (jur.).

vil [vil] adj. vile, base; lowly, mean; paltry; à vil prix, dirt cheap.

vilain [vilɛⁿ] adj. ugly, unsightly; vile, villainous; nasty; undesirable; mean, scurvy, dirty [tour]; shabby; sordid, wretched: m. villein, bondman, serf; cad, blackguard, rascal; naughty child.

vilebrequin [vilbrɛkⁱⁿ] m. wimble.

vilenie [vilnⁱ] f. foul deed.

vilipender [vilipaⁿdé] v. to vilipend; to run down.

villa [villà] f. villa. ‖ **village** [vilàj] m. village. ‖ **villageois** [-wà] m. villager; countryman; country bumpkin; adj. rustic, country.

ville [vil] f. town, city; hôtel de ville, town hall, city hall; costume de ville, plain clothes; morning dress; dîner en ville, to dine out.

villégiature [villéjàtür] f. sojourn in the country; out-of-town holiday; en villégiature, on holiday.

vin [vⁱⁿ] m. wine; vin ordinaire, table wine; vin de marque, vintage wine; vin mousseux, sparkling wine; vin chaud, mulled wine.

vinaigre [vinɛgr] m. vinegar. ‖ **vinaigrer** [-é] v. to season with vinegar. ‖ **vinaigrette** [-ɛt] f. vinegar dressing.

vindicatif [vⁱⁿdikàtif] adj.* vindictive, revengeful. ‖ **vindicte** [vⁱⁿdikt] f. contumely; prosecution.

vingt [vⁱⁿ] m., adj. twenty; a score; twentieth [date, titre]. ‖ **vingtaine** [-tɛn] f. about twenty; a score. ‖ **vingtième** [-tyɛm] m., f., adj. twentieth.

vinicole [vinikòl] adj. wine-growing; wine. ‖ **vinification** [-fikàsyoⁿ] f. vinification.

viol [vyòl] m. rape; violation. ‖ **violateur, -trice** [-àtœr, -tris] m., f. violator; infringer, transgressor, breaker; ravisher. ‖ **violation** [-àsyoⁿ] f. violation, infringement.

viole [vyòl] f. viol.

violence [vyòlaⁿs] f. violence; duress (jur.). ‖ **violent** [-aⁿ] adj. violent; fierce; high, buffeting [vent]. ‖ **violenter** [-aⁿté] v. to do violence to; to force; to rape, to ravish. ‖ **violer** [-é] v. to violate; to transgress [loi]; to break [promesse]; to rape, to ravish, to outrage [femme].

violet [vyòlɛ] adj.* violet, purple. ‖ **violette** [-ɛt] f. violet. ‖ **violine** [vyòlin] adj. purple.

violon [vyòloⁿ] m. violin, fiddle (fam.); violin player; (pop.) Br. quod, Am. clink, cooler (pop.). ‖ **violoncelle** [-sɛl] m. violoncello. ‖ **violoncelliste** m., f. violoncellist. ‖ **violoneux** [-ë] m. fiddler. ‖ **violoniste** m., f. violinist.

viorne [vyòrn] f. viburnum.

vipère [vipɛr] f. viper. ‖ **vipérin** [-ⁱⁿ] adj. viperine; venomous, viperous.

virage [viràj] m. turning; veering; swinging round, slewing round; tacking, going about (naut.); bank [piste]; toning (phot.); turn, corner, bend [auto]; virage sans visibilité, blind corner. ‖ **virement** [virmaⁿ] m. turning; veering; clearing, transfer (comm.). ‖ **virer** [-é] v. to turn; to veer; to transfer (comm.); to clear [chèque]; to bank (aviat.); to tack about (naut.); to tone (phot.).

virginal [virjinàl] adj.* maidenly; virginal. ‖ **virginité** [virjinité] f. virginity; maidenhood.

virgule [virgül] f. comma.

viril [viril] adj. virile; male; manly. ‖ **virilité** [-ité] f. virility.

virtuel [virtüɛl] adj.* virtual.

virtuose [virtüòz] s. virtuoso. ‖ **virtuosité** [-ité] f. virtuosity.

virulence [virülaⁿs] f. virulence; malignity. ‖ **virulent** [-aⁿ] adj. virulent; malignant; noxious. ‖ **virus** [virüs] m. virus.

vis [vis] f. screw.

visa [vizà] m. visa, visé [passeport].

visage [vizàj] m. face, countenance, visage; aspect, look, air.

vis-à-vis [vizàvi] m. person opposite; vis-à-vis; adv. opposite; face to face; towards, with respect to.

viscère [visɛr] m. internal organ.

visée [vizé] f. aiming; sighting (mil.); pl. aims, designs, ambitions. ‖ **viser** [-é] v. to aim at; to sight, to take a sight on (topogr.); to have in view; to concern; to allude to, to refer to. ‖ **viseur** [-œr] m. aimer; view-finder (phot.); sighting-tube, eyepiece.

visibilité [vizibilité] f. visibility. ‖ **visible** [-ibl] adj. visible, perceptible; obvious, evident; accessible; at home, ready to receive.

visière [vizyɛr] f. visor, vizor; peak [casquette]; eye-shade.

vision [vizyoⁿ] f. vision; (eye)sight; seeing, view, fantasy; phantom. ‖ **visionnaire** [-yòner] m., f. visionary; seer; adj. visionary. ‖ **visionner** [-yòné] v. to pre-view. ‖ **visionneuse** [-yònëz] f. viewer.

visite [vizit] f. visit; call; inspection; examination [douane]; search (jur.); attendance [médecin]; faire des visites, to pay calls; carte de visite, visiting-card, Am. calling-card. ‖ **visiter** [-é] v. to visit, to attend; to examine, to inspect; to tour; to search (jur.). ‖ **visiteur** [-œr] m. visitor, caller.

276

vison [vìzoⁿ] *m.* mink.

visqueux [vìskë] *adj.* * viscous, gluey.

visser [vìsé] *v.* to screw.

visuel [vìzüël] *adj.* * visual; *champ visuel*, field of vision.

vital [vìtàl] *adj.* * vital; *minimum vital*, basic minimum. ‖ *vitaliser* [-ìzé] *v.* to vitalize. ‖ *vitalité* [-ìté] *f.* vitality; vigo(u)r. ‖ *vitamine* [vìtàmîn] *f.* vitamin.

vite [vìt] *adj.* fast, swift, rapid, speedy, quick; *adv.* fast, swiftly, rapidly, speedily, quickly. ‖ *vitesse* [-ès] *f.* speed, swiftness, rapidity, quickness, fleetness, celerity; velocity [son, lumière]; *gagner de vitesse,* to outrun.

viticole [vìtìkòl] *adj.* viticultural; wine [industrie]. ‖ *viticulteur* [-kültœr] *m.* viticulturalist; wine-grower. ‖ *viticulture* [-ültür] *f.* viticulture.

vitrail [vìtrày] *m.* (*pl. vitraux* [vìtrô]) stained *or* leaded glass window. ‖ *vitre* [vìtr] *f.* (window-)pane. ‖ *vitré* [-é] *adj.* glazed; vitreous, glassy; *porte vitrée,* glass door. ‖ *vitrer* [-é] *v.* to equip with glass panes, to glaze. ‖ *vitreux* [-ë] *adj.* * vitreous. ‖ *vitrier* [-ìyé] *m.* glazier. ‖ *vitrifier* [-ìfyé] *v.* to vitrify. ‖ *vitrine* [-în] *f.* shop-window, store-window; show-case.

vitriol [vìtrìyòl] *m.* vitriol. ‖ *vitrioler* [-é] *v.* to vitriolize.

vitupération [vìtüpérâsyoⁿ] *f.* vituperation, abuse. ‖ *vitupérer* [-péré] *v.* to vituperate.

vivable [vìvàbl] *adj.* livable-with. ‖ *vivace* [vìvàs] *adj.* long-lived; perennial (bot.); everlasting, enduring, deep-rooted. ‖ *vivacité* [-ìté] *f.* promptness, alertness; hastiness, petulance; acuteness, intensity [discussion]; vividness, brilliancy [couleur]; vivaciousness, sprightliness; mettle [cheval]; readiness [esprit].

vivant [vìvaⁿ] *adj.* alive, living; lively, animated; vivid [image]; modern [langues]; lifelike [portrait]; *m.* living person; lifetime. ‖ *vive* [vìv] *see vif and vivre.* ‖ *viveur* [-œr] *m.* free liver, fast man, gay dog. ‖ *vivier* [-yé] *m.* fish-pond, fish-preserve. ‖ *vivifier* [-ìfyé] *v.* to vivify, to quicken; to enliven, to revive, to exhilarate. ‖ *vivisection* [-ìsèksyoⁿ] *f.* vivisection. ‖ *vivoir* [vìwàr] *m.* © living-room. ‖ *vivoter* [-òté] *v.* to live from hand to mouth, to scrape along. ‖ *vivre* [vìvr] *v.* * to live, to be alive; to subsist; to board; to last; to behave; *m.* living; board, food; *pl.* provisions, supplies, victuals; rations (mil.); *vive la reine !* long live the Queen ! *vive(nt) les vacances !* hurrah for the holidays !

vizir [vìzìr] *m.* vizier.

vocabulaire [vòkàbülèr] *m.* vocabulary; word-list.

vocal [vòkàl] *adj.* * vocal. ‖ *vocalise* [-îz] *f.* vocalizing. ‖ *vocaliser* [-ìzé] *v.* to vocalize.

vocation [vòkàsyoⁿ] *f.* vocation; calling, bent, inclination; call.

vociférer [vòsìféré] *v.* to vociferate, to shout, to yell, to scream, to bawl.

vœu [vë] *m.* * vow; wish, desire; *meilleurs vœux,* best wishes.

vogue [vòg] *f.* vogue, fashion, style, craze, fad, rage. ‖ *voguer* [vògé] *v.* to sail; to row; to float, to go, to scud along; to forge ahead (fig.).

voici [vwàsì] *adv.* here is, here are; see here, behold; this is, these are; *le voici qui vient,* here he comes; *voici deux ans qu'il est ici,* he has been here for two years.

voie [vwà] *f.* way; highway; path; means, channel, course (fig.); duct, canal (anat.); leak (naut.); process (chem.); *voie ferrée,* railway (track), Am. railroad; *voie de départ,* runway (aviat.); *voies de fait,* assault and battery (jur.); *voie d'eau,* leak.

voilà [vwàlà] *adv.* there is, there are; see there, behold; that is, those are; *voilà tout,* that's all; *le voilà qui vient,* there he comes.

voile [vwàl] *f.* sail; canvas.

voile [vwàl] *m.* veil; voile; pretence, cover; fog (phot.); *voile du palais,* soft palate. ‖ *voilé* [-é] *adj.* veiled; hazy [ciel]; muffled [tambour]; fogged (phot.); buckled, bent (mech.). ‖ *voiler* [-é] *v.* to veil; to conceal; to dim, to obscure, to blur, to cloud; to muffle [bruit]; to shade [lumière]; to buckle, to bend, to warp (mech.). ‖ *voilette* [-èt] *f.* hat-veil.

voilier [vwàlyé] *m.* sailing-boat. ‖ *voilure* [-ür] *f.* sails; wings, flying surface (aviat.).

voir [vwàr] *v.* * to see; to behold, to perceive; to sight; to watch; to witness; to observe, to look at, to view; to inspect; to visit; to attend [malades]; to have to do with; to understand; *faire voir,* to show.

voire [vwàr] *adv.* indeed, even; nay; in truth.

voirie [vwàrî] *f.* Roads Department, Am. Highway Division.

voisin [vwàzìⁿ] *m.* neighbo(u)r; *adj.* neighbo(u)ring, adjacent, adjoining, next; *maison voisine,* next door. ‖ *voisinage* [-ìnàj] *m.* neighbo(u)rhood; proximity, vicinity, nearness; *bon voisinage,* neighbo(u)rliness. ‖ *voisiner* [-ìné] *v.* to be neighbo(u)rly, to border, to be adjacent; to be next, to be close [avec, to].

voiture [vwàtür] *f.* carriage, conveyance, vehicle; transportation; *Br.* car, *Am.* automobile; machine; van, cart, wagon; coach (railw.); freight, load; *voiture d'enfant*, perambulator, baby-carriage, pram (fam.); *petites voitures*, costers' barrows; *lettre de voiture*, way-bill, bill of lading; *en voiture!* take your seats!, *Am.* all aboard! ‖ **voiturée** [-é] *f.* cartload; car-load. ‖ **voiturer** [-é] *v.* to convey, to carry, to transport, to cart. ‖ **voiturier** [-yé] *m.* carrier, carter.

voix [vwà] *f.* voice; tone; vote, suffrage; part (mus.); opinion; judgment; speech; *mettre aux voix*, to put to the vote; *de vive voix*, by word of mouth.

vol [vòl] *m.* theft, robbery, thieving, stealing; *vol à la tire*, pickpocketing; *vol à l'étalage*, shop-lifting.

vol [vòl] *m.* flying, soaring; flight; flock, covey [oiseaux]; spread [ailes]; *au vol*, on the wing; *vue à vol d'oiseau*, bird's-eye view.

volage [vòlàj] *adj.* fickle, inconstant.

volaille [vòlày] *f.* poultry; fowl; *marchand de volaille*, poulterer.

volant [vòlaⁿ] *adj.* flying; loose, floating; movable, portable; *m.* shuttlecock [jeu]; sail [moulin]; flywheel, hand-wheel (techn.); steering-wheel [auto]; flounce, panel [couture]; *feuille volante*, loose-leaf.

volatil [vòlàtìl] *adj.* volatile. ‖ **volatiliser** [vòlàtìlìzé] *v.* to volatilize; *se volatiliser*, to volatilize, to go into thin air; to burn up [fusée].

volatile [vòlàtìl] *m.* winged creature.

volcan [vòlkaⁿ] *m.* volcano.

volée [vòlé] *f.* flight [oiseau]; volley [cloche, tennis]; shower [coups]; thrashing.

voler [vòlé] *v.* to steal; to rob; to usurp [titre]; to swipe (fam.).

voler [vòlé] *v.* to fly; to soar; to travel fast; *voler à voile*, to glide. ‖ **volet** [-è] *m.* shutter; flap (aviat.). ‖ **voleter** [-té] *v.* to flutter; to skip (fig.).

voleur [vòlœr] *m.* thief, robber, burglar; shoplifter; stealer, pilferer; plunderer; extortioner; *adj.** thievish; fleecing; pilfering.

volière [vòlyèr] *f.* aviary; bird-cage.

volontaire [vòlоⁿtèr] *adj.* voluntary, spontaneous; intentional, deliberate; self-willed, wilful, wayward, headstrong, obstinate, stubborn; *m.* volunteer. ‖ **volonté** [-é] *f.* will; willingness; *pl.* whims, caprices; *payable à volonté*, payable on demand, promissory [billet]; *dernières volontés*, last will and testament; *mauvaise volonté*, unwillingness. ‖ **volontiers** [-yé] *adv.* willingly, gladly, readily.

volt [vòlt] *m.* volt. ‖ **voltage** [-àj] *m.* voltage.

volte [vòlt] *f.* volt [escrime]; vaulting [gymnastique]; *volte-face*, about-face; right-about turn; *faire volte-face*, to face about; to reverse one's opinions.

voltige [vòltìj] *f.* trick-riding; acrobatic exercises. ‖ **voltiger** [vòltìjé] *v.* to flutter; to fly about, to flit, to hover; to flap [rideau]; to perform on a tight-rope, on a trapeze; to tumble.

volubile [vòlübìl] *adj.* voluble; glib; volubile, twining (bot.). ‖ **volubilité** [-ìlìté] *f.* glibness, garrulousness.

volume [vòlüm] *m.* volume, tome; bulk, mass; capacity; compass [voix]. ‖ **volumineux** [-ìnë] *adj.** voluminous; large, bulky, massive; capacious.

volupté [vòlüpté] *f.* delight. ‖ **voluptueux** [-üë] *adj.** voluptuous.

volute [vòlüt] *f.* volute; spiral, curl.

vomir [vòmìr] *v.* to vomit; to bring up, to throw up, to spew up; to puke (fam.); to belch forth (fig.). ‖ **vomissement** [-ìsmaⁿ] *m.* vomiting; vomit. ‖ **vomitif** [-ìtìf] *m.*, *adj.** emetic, vomitory.

vorace [vòràs] *adj.* voracious, greedy, ravenous, gluttonous. ‖ **voracité** [-ìté] *f.* voracity, greediness, gluttony; *avec voracité*, greedily, ravenously.

vos [vô] *poss. adj. pl.* your.

votant [vòtaⁿ] *adj.* voting, enfranchised; *m.* voter, poller; *pl.* constituents. ‖ **vote** [vòt] *m.* vote; voting, balloting, poll; returns, decision, result. ‖ **voter** [-é] *v.* to vote; to ballot, to pass, to carry [projet de loi]. ‖ **votif** [vòtìf] *adj.** votive.

votre [vòtr] *poss. adj.* your.

vôtre [vôtr] *poss. pron.* yours.

vouer [vûé] *v.* to vow, to dedicate, to consecrate; to swear; to pledge.

vouloir [vûlwàr] *v.** to want, to wish; to intend; to require; to need; to resolve, to determine; to try, to seek, to attempt; to endeavo(u)r; to admit, to grant; *m.* will; *vouloir dire*, to mean, to signify; *en vouloir à*, to bear (someone) a grudge; *je ne veux pas*, I won't, I refuse; *vouloir bien*, to be willing; *j'ai voulu le voir*, I tried to see him; *sans le vouloir*, unintentionally; *que voulez-vous?*, what do you want?; *je voudrais*, I should like; *je veux que vous sachiez*, I want you to know; *veuillez agréer*, please accept; *de son bon vouloir*, of one's own accord; *mauvais vouloir*, ill will. ‖ **voulu** [-ü] *adj.* required, requisite; deliberate, intentional; wished, desired; due, received; *en temps voulu*, in due time.

vous [vû] *pron.* you; to you; yourself.

voûte [vût] *f.* vault, arch; archway; roof (med.). || *voûté* [-é] *adj.* vaulted, arched, curved, bowed, bent; stooping, stoop-shouldered, round-shouldered.

voyage [vwàyàʒ] *m.* travel, travel(l)ing; journey, excursion, trip, tour, run; visit, sojourn, stay; *faire un voyage*, to take a trip. || *voyager* [-é] *v.* to travel; to migrate [oiseaux]; to be on the road (comm.); to be transported [marchandises]. || *voyageur* [-œr] *m.* travel(l)er; tourist; passenger; fare [taxi]; commercial travel(l)er (comm.); *adj.** travel(l)ing.

voyance [vwàyã⁵s] *f.* clairvoyance. || *voyant* [vwàyaⁿ] *adj.* showy, gaudy, garish, loud, vivid, conspicuous; *m.* seer, clairvoyant, prophet; sighting-slit (techn.); direction roller [auto]; signal.

voyelle [vwàyèl] *f.* vowel.

voyer [vwàyé] *m.* road-surveyor.

voyeur [vwàyœr] *m.* voyeur; Peeping Tom (fam.).

voyou [vwàyû] *m.* hooligan, loafer, street-arab; *Am.* hoodlum.

vrac [vràk] *m. en vrac*, in bulk; wholesale.

vrai [vrè] *adj.* true, truthful, correct; proper, right, accurate, veracious; real, genuine, authentic; downright, arrant, regular, very; legitimate [théâtre]; *adv.* truly, really, indeed; *m.* truth; *à vrai dire*, to tell the truth, actually; *être dans le vrai*, to be right. || *vraiment* [-maⁿ] *adv.* truly, really, in truth; indeed; actually; is that so?, indeed? || *vraisemblable* [vrèsaⁿblàbl] *adj.* likely, probable; plausible. ||

vraisemblablement [-ᵉmaⁿ] *adv.* probably, to all appearances, very likely. || *vraisemblance* [vrèsaⁿblaⁿs] *f.* probability, likelihood; verisimilitude.

vrille [vrîy] *f.* gimlet, borer, piercer; tendril (bot.); tail spin (aviat.). || *vriller* [-é] *v.* to bore; to spiral up.

vrombir [vroⁿbîr] *v.* to hum, to buzz [mouche, toupie]; to throb, to purr, to whirr [moteur]. || *vrombissement* [-ìsmaⁿ] *m.* buzzing, hum, humming; throbbing, purring, whirring.

vu [vü] *p. p. of voir; adj.* seen, observed; considered; *prep.* regarding; considering; *mal vu*, ill thought of. || **vue** [vü] *f.* sight; view; eyesight; aspect; survey; prospect, outlook; appearance; light; intention, purpose, design; insight, penetration; *à première vue*, at first sight; *en vue de*, with a view to; *à vue d'œil*, visibly; *connaître de vue*, to know by sight; *hors de vue*, out of sight; *prise de vues*, shooting [film]; *en vue*, conspicuous, prominent; *perdre qqn de vue*, to lose touch with s.o.; *à vue de nez*, at a rough guess.

vulcaniser [vülkànìzé] *v.* to vulcanize.

vulgaire [vülgèr] *adj.* vulgar, common; ordinary, everyday; unrefined, coarse; *m.* the common people, the vulgar herd; *langue vulgaire*, vernacular. || *vulgarisateur* [vülgàrìzàtœr] *m.* popularizer; *adj.** popularizing. || *vulgarisation* [vülgàrìzàsyoⁿ] *f.* vulgarization. || *vulgariser* [-ìzé] *v.* to vulgarize, to popularize; to coarsen. || *vulgarité* [-ìté] *f.* vulgarity; *vulgarité criarde*, blatancy.

vulnérable [vülnéràbl] *adj.* vulnerable.

W

wagon [vàgoⁿ] *m.* (railway) carriage; coach, car; wagon, truck; *wagon de marchandises*, *Br.* goods-van, *Am.* freight-car; *wagon frigorifique*, refrigerator car; *wagon-citerne*, tank-car; *wagon-lit*, sleeping-car, sleeper, *Am.* pullman; *wagon-poste*, *Br.* mail-van, *Am.* mail-car; *wagon-réservoir*, tank-car; *wagon-restaurant*, dining-car, diner; *wagon-salon*, saloon-car, *Am.*

observation car, parlo(u)r car. || *wagonnet* [-ònè] *m.* tilt-truck, tip-wagon, *Am.* dump-truck.

warrant [wàraⁿ] *m.* warrant. || *warranter* [-té] *v.* to warrant, to guarantee.

watt [wàt] *m.* watt.

whisky [wìskì] *m.* whisky, whiskey.

X

xénophobe [ksénôfòb] *s.* xenophobe; *xénophobie*, xenophobia.

xérès [ksérès] *m.* sherry; Jerez. **xylophone** [ksìlôfòn] *m.* xylophone.

Y

y [ï] *adv.* there; here, thither; within; *pron.* to it; by it; at it; in it; *il y a,* there is, there are; *il y a dix ans,* ten years ago; *pendant que j'y pense,* while l think of it; *ça y est!* it's done!, that's it!; *vous y êtes?,* do you follow it?, are you with me?, do you get it?; *je n'y suis pour rien,* I had nothing to do with it, I had no part in it; *vous y gagnerez,* you will profit from it.

yacht [yòt, yàk] *m.* yacht.

yaourt [yàûrt] *m.* yogurt, yoghourt.

yeuse [yëz] *f.* holm-oak, holly-oak, ilex.

yeux [yë] *m. pl.* eyes; *see œil.*

yoga [yògà] *m.* yoga. ‖ **yogi** [-gì] *m.* yogi.

yole [yòl] *f.* yawl.

yougoslave [yûgòslàv] *adj., m., f.* Jugoslav Jugoslav. ‖ **Yougoslavie** [-vì] *f.* Jugoslavia. Yugoslavia.

youyou [yûyû] *m.* dinghy.

ypérite [ìpérìt] *f.* mustard-gas; yperite.

Z

zazou [zàzû] *m.* teddy boy, *Am.* zoot suiter; cool cat.

zèbre [zèbr] *m.* zebra. ‖ **zébrer** [-é] *v.* to stripe, to streak. ‖ **zébrure** [-brür] *f* stripe, streak; *pl.* striped markings

zélandais [zélàⁿdè] *m.* Zealander; *adj.* pertaining to Zealand. ‖ **Zélande** [-làⁿd] *f* Zealand; *Nouvelle-Zélande,* New Zealand

zèle [zèl] *m.* zeal. ‖ **zélé** [zélé] *adj.* zealous, ardent.

zénith [zénìt] *m.* zenith.

zéphir [zéfîr] *m.* zephyr.

zéro [zérô] *m.* zero, naught, cipher; freezing point; starting point; love [tennis], nonentity, nobody (fam.).

zeste [zèst] *m.* peel, twist [citron].

zézaiement [zézèmaⁿ] *m.* lisp, lisping. ‖ **zézayer** [-èyé] *v.* to lisp.

zibeline [zìblîⁿ] *f.* sable.

zigzag [zìgzàg] *m.* zigzag; *éclair en zigzag* forked lightning; *disposé en zigzag* staggered ‖ **zigzaguer** [-àgé] *v.* to zigzag, to flit about.

zinc [zìⁿg] *m.* zinc; spelter [plaques]; (pop.) bar, counter; airplane.

zizanie [zìzànî] *f.* zizania; discord.

zodiaque [zòdyàk] *m.* zodiac.

zona [zònà] *m.* zona, shingles.

zone [zôn] *f.* zone, area, region, sector; belt [climat]; circuit, girdle.

zoo [zòò] *m.* zoo. ‖ **zoologie** [zòòlòjì] *f.* zoology. ‖ **zoologique** [jìk] *adj.* zoological; *jardin zoologique,* zoo (fam.).

zozoter [zòzòté] *v.* to lisp.

zut! [züt] *interj.* hang it!, darn it!; *Br.* dash it!

DEUXIÈME PARTIE

ANGLAIS-FRANÇAIS

L'ESSENTIEL DE LA GRAMMAIRE ANGLAISE

L'ARTICLE

L'article défini.

L'article défini THE est invariable. Ex. : *le garçon*, THE BOY ; *la fille*, THE GIRL ; *les rois*, THE KINGS. — Il se prononce [zhî] devant une voyelle ou un *h* muet, et quand il est seul ou fortement accentué. Dans tous les autres cas, on le prononce [zhe].

L'article défini ne s'emploie pas quand le sens est général, devant : 1° les noms pluriels ; 2° les noms abstraits ; 3° les noms de couleur ; 4° les noms de matière (pain, vin, bois, etc.) ; 5° les noms de langage ; 6° MAN et WOMAN. Ex. : *les chats*, CATS ; *la colère*, ANGER ; *le rouge*, RED ; *le pain*, BREAD ; *l'anglais*, ENGLISH.

Mais il faut toujours l'employer, comme en français, quand le sens n'est pas général. Ex. : *l'homme que je vois*, THE MAN THAT I SEE.

L'article indéfini.

L'article indéfini a deux formes :

1° Devant les consonnes (y compris *w*, *h* et *y* initial, et toute voyelle ou tout groupe de voyelles ayant le son *ye* ou *you*), on emploie la forme **a**. Ex. : *un homme*, A MAN ; *une dame*, A LADY ; *une maison*, A HOUSE ; *un usage*, A USE [e yous] ;

2° Devant une voyelle ou un *h* muet, on emploie **an**.

L'article indéfini n'a pas de pluriel. (V. L'ADJECTIF, *Quelque*.)

L'article indéfini s'emploie devant tout nom concret non précédé d'un autre article, d'un possessif ou d'un démonstratif. Ex. : *mon père, officier de marine, était veuf*, MY FATHER, A NAVAL OFFICER, WAS A WIDOWER ; *sans foyer*, WITHOUT A HOME.

L'article partitif. — V. L'ADJECTIF, *Adjectifs indéfinis*.

LE NOM

Pluriel.

On le forme en ajoutant **s** au singulier (cet *s* se prononce).

Exceptions.

Les noms terminés en **o, s, x, z, sh** ajoutent **es**. Ex. : BOX, BOXES ; POTATO, POTATOES. Cependant, les noms en IES restent *invariables*.

- Les noms terminés par **ch** ajoutent **es**, sauf lorsque le *ch* se prononce *k*. Ex. : CHURCH, CHURCHES ; MONARCH, MONARCHS.
- Les noms terminés en **y** forment leur pluriel : 1° en **ys** quand l'*y* est précédé par une *voyelle* ; 2° en **ies** quand l'*y* est précédé par une *consonne*. Ex. : BOY, BOYS ; FLY, FLIES ; LADY, LADIES.
- Les noms terminés par **fe** et dix noms terminés par **f** (CALF, ELF, HALF, LEAF, LOAF, SELF, SHEAF, SHELF, THIEF, WOLF) forment leur pluriel en **ves**. Ex. : KNIFE, ELF, SELF : pl. KNIVES, ELVES, SELVES.

● MAN, WOMAN, CHILD, OX font MEN, WOMEN, CHILDREN, OXEN. FOOT, TOOTH, GOOSE font FEET, TEETH, GEESE. MOUSE et LOUSE font MICE et LICE. DEER, SALMON, SHEEP, TROUT, SWINE et GROUSE sont invariables.

Genre des noms.

La plupart des noms anglais sont du masculin quand ils désignent un homme ou un être mâle, du féminin quand ils désignent une femme ou un être femelle, du neutre dans tous les autres cas. PARENT désigne le père ou la mère, COUSIN un cousin ou une cousine ; les mots en **er** comme READER sont du masculin *(lecteur)*, du féminin *(lectrice)* ou du neutre *(livre de lecture)*.

Les principales exceptions sont : CHILD et BABY, généralement neutres, SHIP, ENGINE, généralement féminins.

Formation du féminin.

Comme en français, le féminin se forme de trois façons :

1° par un mot différent. Ex. : FATHER, BROTHER, SON, BOY ont pour féminin MOTHER, SISTER, DAUGHTER, GIRL ;

2° par un mot composé. Ex. : MILKMAN a pour féminin MILKMAID ;

3° par une désinence. Ex. : LION, ACTOR, PRINCE font au féminin LIONESS, ACTRESS, PRINCESS. WIDOW *(veuve)* fait au masculin WIDOWER *(veuf)*.

Le cas possessif.

Le cas possessif ne peut s'employer que lorsque le possesseur est une personne ou un nom de mesure. On le forme en plaçant le nom possesseur, suivi d'une apostrophe et d'un **s**, devant le nom de l'objet possédé (dont l'article est supprimé). Ex. : *le livre de Bob,* BOB'S BOOK ; *une promenade d'une heure,* AN HOUR'S WALK.

Les noms pluriels terminés par **s** prennent seulement l'apostrophe. Ex. : *les livres des élèves,* THE PUPILS' BOOKS.

L'ADJECTIF

L'adjectif est invariable et se place *avant* le nom qu'il qualifie. Ex. : *un bon garçon,* A GOOD BOY ; *une bonne fille,* A GOOD GIRL ; *des dames aimables,* KIND LADIES.

Comparatif et superlatif.

Le comparatif et le superlatif des adjectifs de plus de deux syllabes se forment avec les adverbes MORE *(plus)* et THE MOST *(le plus)*. Ex. : *plus actif,* MORE DILIGENT ; *la plus élégante,* THE MOST ELEGANT.

Les adjectifs d'une syllabe forment leur comparatif en prenant la désinence **er** et leur superlatif en prenant la désinence **est.** Ex. : *petit,* SMALL ; *plus petit,* SMALLER ; *le plus petit,* THE SMALLEST. (V. LE VERBE, *Règle du redoublement de la consonne finale.*)

La plupart des adjectifs de deux syllabes, et notamment tous ceux terminés par **y,** forment leur comparatif et leur superlatif comme ceux d'une syllabe. Ex. : NARROW, NARROWER, NARROWEST. (Ceux en **y** prennent **ier** et **iest** : LAZY, LAZIER, LAZIEST.)

Comparatifs et superlatifs irréguliers.

- GOOD (*bon*), BETTER (*meilleur*), THE BEST (*le meilleur*).
- BAD (*mauvais*), WORSE (*pire*), THE WORST (*le pire*).
- LITTLE (*petit*), LESS, LESSER (*moindre*), THE LEAST (*le moindre*).
- FAR (*éloigné*), FARTHER, THE FARTHEST.
- OLD (*vieux*) fait OLDER et THE OLDEST dans le sens général, mais ELDER et THE ELDEST dans le sens de *aîné*.
- FORE (*antérieur*) donne FORMER (*premier de deux*, opposé à LATTER, *dernier*) et THE FIRST (*le premier de tous*, opposé à LAST, *dernier*).

L'adjectif numéral cardinal.

- ONE, TWO, THREE, FOUR, FIVE, SIX, SEVEN, EIGHT, NINE, TEN, ELEVEN, TWELVE, THIRTEEN, FOURTEEN, FIFTEEN, SIXTEEN, SEVENTEEN, EIGHTEEN, NINETEEN, TWENTY, TWENTY-ONE...; THIRTY; FORTY; FIFTY; SIXTY; SEVENTY; EIGHTY; NINETY; ONE HUNDRED, ONE HUNDRED AND ONE...; TWO HUNDRED...; ONE THOUSAND...; TWO THOUSAND...; ONE MILLION...
- DOZEN, SCORE (*vingtaine*), HUNDRED, THOUSAND et MILLION prennent un *s* au pluriel quand on les emploie comme substantifs.

L'adjectif numéral ordinal.

- FIRST, SECOND, THIRD, FOURTH, FIFTH, SIXTH, SEVENTH, EIGHTH, NINTH, TENTH, ELEVENTH, TWELFTH, THIRTEENTH, FOURTEENTH, FIFTEENTH, SIXTEENTH, SEVENTEENTH, EIGHTEENTH, NINETEENTH, TWENTIETH, TWENTY-FIRST...; THIRTIETH; FORTIETH; FIFTIETH; SIXTIETH; SEVENTIETH; EIGHT-IETH; NINETIETH; HUNDREDTH...; THOUSANDTH...; MILLIONTH.

Adjectifs démonstratifs et possessifs. — V. LE PRONOM.

Adjectifs indéfinis.

- **Quelque** se traduit par SOME ou ANY. SOME s'emploie surtout dans les phrases affirmatives. Ex. : *J'ai quelques livres*, I HAVE SOME BOOKS.

Le véritable sens de ANY étant « n'importe quel », on s'en sert surtout dans les phrases interrogatives, négatives et dubitatives. Ex. : *Je lis n'importe quel livre*, I READ ANY BOOK; *il ne lit aucun livre*, HE DOES NOT READ ANY BOOK (« he does not read some books » voudrait dire : *il y a des livres qu'il ne lit pas*).

L'article partitif se traduit souvent, lui aussi, par SOME ou ANY. Ex. : *Voulez-vous du pain ?* WILL YOU HAVE SOME BREAD ?

- **Quelqu'un** : SOMEBODY; **quelques-uns** : SOME.
- **Personne** : NOBODY, NOT... ANYBODY.
- **Quelque chose** : SOMETHING (**rien** : NOTHING, OU NOT... ANYTHING).
- **Beaucoup de** : MUCH (sing.), MANY (pl.).
- **Peu de** : LITTLE (sing.), FEW (pl.).
- **Un peu de** : A LITTLE (sing.), A FEW (pl.).
- **Chaque** : EACH (sing.), EVERY (collectif).
- **L'un ou l'autre** : EITHER.
- **Ni l'un ni l'autre** : NEITHER.
- **Assez de** : ENOUGH (placé devant ou après le nom).

LE PRONOM

Pronoms personnels sujets.

I, YOU, HE (m.), SHE (f.), IT (neutre); WE, YOU, THEY. Le pronom THOU (*tu*) n'est guère employé que dans les prières pour s'adresser à Dieu; même dans l'intimité, les Anglais et les Américains se disent YOU.

Dans certains cas où le pronom personnel est sujet, on emploie cependant la forme du pronom personnel complément (v. ci-dessous).

Pronoms personnels compléments.

ME, YOU, HIM (m.), HER (f.), IT (n.); US, YOU, THEM (THEE, *toi*, ne se dit qu'à Dieu).

Le pronom personnel complément est utilisé dans les comparaisons (*Il est plus grand que moi*, HE IS TALLER THAN ME) et dans les expressions THAT'S ME (*c'est moi*), THAT'S US (*c'est nous*), etc.

Adjectifs possessifs.

MY (*mon, ma, mes*), YOUR, HIS (m.), HER (f.), ITS (n.); OUR, YOUR, THEIR (tutoiement : THY).

A la troisième personne, l'adjectif possessif, comme le pronom, s'accorde avec le possesseur. Ex. : *son chapeau (de Jean)*, HIS HAT; *(de Jeanne)*, HER HAT; *son toit (de la maison.* neutre), ITS ROOF; *ses livres (de Jean)*, HIS BOOKS; *(de Jeanne)*, HER BOOKS.

Pronoms possessifs.

MINE (*le mien, la mienne, les miens, les miennes*), YOURS, HIS, HERS, ITS (OWN); OURS, YOURS, THEIRS (tutoiement : THINE).

On emploie le pronom possessif pour traduire l'expression « à moi, à toi, etc. ». Ex. : *Ce chat est à toi*, THIS CAT IS YOURS.

Pronoms réfléchis.

MYSELF (*moi-même*), YOURSELF, HIMSELF (m.), HERSELF (f.), ITSELF (n.); OURSELVES, YOURSELVES, THEMSELVES. Toutes les fois que le pronom complément exprime la même personne que le sujet, on le traduit par le pronom réfléchi. Ex. : *Il se flatte*, HE FLATTERS HIMSELF; *Parle pour toi*, SPEAK FOR YOURSELF.

Pronoms indéfinis.

● **On** se traduit le plus souvent par le passif. Ex. : *On m'a puni*, I WAS PUNISHED; *On dit que vous êtes riche*, YOU ARE SAID TO BE RICH.

Autres façons de traduire **on** : *On frappe à la porte*, SOMEBODY IS KNOCKING AT THE DOOR; *on pourrait dire*, ONE MIGHT SAY.

Un Français dira à un Anglais : *En France on boit du vin, en Angleterre on boit de la bière, en Chine on boit du thé*, IN FRANCE WE DRINK WINE, IN ENGLAND YOU DRINK BEER, IN CHINA THEY DRINK TEA.

● **En, y** se traduisent de différentes façons selon qu'ils sont pronoms ou adverbes. Ex. : *J'en parlais*, I WAS SPEAKING OF IT; *j'en viens*, I COME FROM THERE; *donnez-m'en*, GIVE ME SOME; *j'en ai assez*, I HAVE ENOUGH (OF IT); *j'y songe*, I THINK OF IT; *vas-y*, GO THERE.

Adjectifs et pronoms démonstratifs.

THIS (pl. THESE) correspond à « ce...-ci » et indique un objet très proche. Ex. : THIS DAY, *ce jour-ci (aujourd'hui)*; THESE BOOKS, *ces livres (-ci)*;

THIS pronom veut dire « ceci ». THAT (pl. THOSE) correspond à « ce...-là », et comme pronom à « cela ». Ex. : THOSE PEOPLE, *ces gens-là;* ON THAT DAY, ce jour-là.

● **Celui de, ceux de...** se traduisent par THAT OF, THOSE OF...

● **Celui qui, ce que** : V. *Pronoms relatifs.*

● Ce employé avec le verbe *être* se traduit généralement par IT ou THAT. Ex. : *C'est encore l'hiver,* IT IS STILL WINTER ; *C'est tout ce que je peux vous dire,* THAT IS ALL I CAN TELL YOU. Dans certains cas, on ne le traduit pas. Ex. : *Essayer c'est réussir,* TO TRY IS TO SUCCEED.

Pronoms relatifs.

● Le pronom relatif THAT est invariable. Ex. : *l'homme (la femme) qui parle,* THE MAN (THE WOMAN) THAT SPEAKS ; *le livre (les livres) que je vois,* THE BOOK (THE BOOKS) THAT I SEE.
Le pronom THAT ne peut s'employer que lorsqu'il introduit une subordonnée déterminative, indispensable au sens de la phrase.

● L'autre pronom relatif, WHO, qu'on peut employer dans presque tous les cas, a quatre formes : WHO (sujet m., f., sing. et pl.), WHOM (compl. m., f., sing. et pl.), WHOSE (cas possessif ; v. *dont*) et WHICH (neutre sing. et pl.). Ex. : *l'homme (la femme) qui vient* ou *que je vois,* THE MAN (THE WOMAN) WHO COMES or WHOM I SEE ; *les livres qui sont là (que je vois),* THE BOOKS WHICH ARE HERE (WHICH I SEE).

● **Ce qui, ce que** se traduisent par WHAT quand « ce » appartient grammaticalement à la proposition principale et « qui » ou « que » à la subordonnée, par WHICH quand tout le groupe « ce que, ce qui » appartient à la subordonnée. Ex. : *Je sais ce que je dis,* I KNOW WHAT I SAY ; *Ce qu'il dit est très intéressant,* WHAT HE SAYS IS VERY INTERESTING ; *Je sais ma leçon, ce qui vous surprend,* I KNOW MY LESSON, WHICH SURPRISES YOU.

● **Quoi** se traduit comme *ce qui, ce que.*

● **Celui qui, celle qui,** etc., se traduisent pour les personnes par HE (m.) ou SHE (f.), HIM (m. compl.) ou HER (f. compl.), THEY (pl.), THEM (pl. compl.) suivis de WHO (sujet) ou WHOM (compl.) ; pour les choses, par THE ONE WHICH (pl. THE ONES WHICH). Ex. : *Celui que vous voyez,* HE WHOM YOU SEE ; *je vois celle qui parle,* I SEE HER WHO SPEAKS ; *prenez celui (le livre, neutre) que vous voudrez,* TAKE THE ONE (WHICH) YOU LIKE.

● **Dont** (ainsi que **de qui, duquel, de laquelle, desquels, desquelles**) se traduit par WHOSE toutes les fois qu'il exprime un rapport de possession et que le possesseur est une personne. Dans les autres cas, il faut décomposer *dont* en « de qui » et traduire séparément les deux mots. Ex. : *L'homme dont je lis le livre,* THE MAN WHOSE BOOK I READ ; *l'homme dont je parle,* THE MAN OF WHOM I SPEAK.

● **Où** se traduit par WHERE, même quand il est pronom relatif. Ex. : *Le quartier où s'est déclaré l'incendie,* THE DISTRICT WHERE THE FIRE OCCURRED.

L'ADVERBE

L'adverbe anglais se forme en ajoutant *ly* à l'adjectif. Ex. : POOR, *pauvre;* POORLY, *pauvrement.* Les adjectifs terminés par *y* (sauf ceux en *ly*) forment leur adverbe en *ily*. Ex. : HAPPY, *heureux;* HAPPILY, *heureusement.* Les adjectifs terminés en *ly* sont aussi employés comme adverbes.

LE VERBE

Désinences.

- Les verbes anglais n'ont que trois désinences : **s** pour la troisième personne du singulier de l'indicatif, **ed** pour le passé simple et le participe passe (toujours invariable), **ing** pour le participe présent. Ex. : *Je travaille*, I WORK; *il travaille*, HE WORKS; *il travailla*, HE WORKED; *travaillé*, WORKED; *travaillant*, WORKING.

- **Règle du redoublement de la consonne finale.** Devant une désinence commençant par une voyelle (**ed, ing** des verbes; **er, est** du comparatif et superlatif; **er** suffixe correspondant au français « eur, euse »; **y, ish** suffixes pour adjectifs; **en** suffixe verbal, etc.), la consonne finale d'un mot d'**une syllabe** doit être doublée si elle est précédée par une seule voyelle. Ex. : TO STOP, STOPPING, STOPPED, STOPPER; RED, REDDER, THE REDDEST, TO REDDEN, REDDISH.

La consonne finale d'un mot de deux ou plusieurs syllabes suit la règle précédente si l'accent porte sur la dernière syllabe. Ex. : TO PREFER, PREFERRED; TO OFFER, OFFERED.

- **Verbes terminés en « y ».** Lorsque *y* est précédé par une **consonne**, ces verbes forment leur troisième personne du singulier de l'indicatif présent en **ies** et leur passé en **ied**. Ex. : TO STUDY *(étudier)* : *il étudie*, HE STUDIES; *étudié*, STUDIED.

- **Verbes terminés par une chuintante ou par une sifflante.** Les verbes qui se terminent en **ch, sh,** ou en **s, x, z** forment leur troisième personne du singulier de l'indicatif présent en **es.** Ex. : TO COACH, HE COACHES; TO PUSH, HE PUSHES; TO GUESS, HE GUESSES; TO RELAX, HE RELAXES; TO WHIZZ, IT WHIZZES.

- **To do, to go.** Ces verbes prennent un **e** devant l'*s* à la troisième personne du singulier de l'indicatif présent : HE DOES, HE GOES.

- **Verbes terminés par un « e muet ».** Le *e* tombe devant la désinence **ing** du participe. Ex. : TO COME, COMING; TO LIKE, LIKING. Toutefois, la terminaison **ie** se change en **y** devant **ing.** Ex. : TO DIE, DYING.

Temps.

- **L'imparfait français** se traduit parfois par le passé simple (ou prétérit), mais le plus souvent par la forme **progressive** (v. plus loin) quand il indique la continuation ou par la forme **fréquentative** (v. plus loin) quand il indique l'habitude.

- **Le passé simple** (ou prétérit) se forme en ajoutant **ed** à l'infinitif; il a la même forme à toutes les personnes : I WORKED, YOU WORKED, etc. Il s'emploie pour traduire le passé simple français dans tous les cas, et le passé composé lorsque celui-ci exprime une action complètement passée dans un temps qui exclut le présent. Ex. : *Ma montre s'arrêta* (ou *s'est arrêtée*) *hier*, MY WATCH STOPPED YESTERDAY.

- **Le passé composé** se forme comme en français avec l'auxiliaire *avoir* et le participe passé, mais il ne s'emploie que pour indiquer une action qui se continue dans le présent ou qui embrasse une période comprenant le présent. Ex. : *J'ai reçu beaucoup de lettres cette année*, I HAVE RECEIVED MANY LETTERS THIS YEAR.

- **Le présent français** suivi de « depuis » ou précédé de « il y a... que » se traduit par un passé composé en anglais. Ex. : *J'habite Londres depuis six mois* (ou *il y a six mois que j'habite Londres*), I HAVE BEEN LIVING IN LONDON FOR SIX MONTHS.

● **Le futur** anglais se forme au moyen de deux auxiliaires (WILL et SHALL) et de l'infinitif. D'ordinaire, on emploie SHALL pour la 1re personne et WILL pour la 2e et la 3e. Ex. : *Je viendrai*, I SHALL COME ; *tu iras*, YOU WILL GO ; *elle vous verra*, SHE WILL SEE YOU.

A la première personne, WILL indiquerait la volonté ; aux autres personnes, SHALL indiquerait le commandement, l'obligation, la promesse ou la menace (v. *Verbes défectifs*).

Dans les propositions subordonnées où le français emploie le futur, l'anglais utilise généralement le présent. Ex. : *Nous mangerons dès qu'il sera là*, WE WILL HAVE LUNCH WHEN HE COMES.

Modes et voix.

● **L'impératif** anglais se forme au moyen de l'auxiliaire LET *(laisser)*, du pronom personnel complément et de l'infinitif, sauf à la 2e personne, où l'on emploie seulement l'infinitif. Ex. : *Qu'il parle*, LET HIM SPEAK ; *parlons*, LET US SPEAK ; *parle, parlez*, SPEAK.

● **Le conditionnel** se forme au moyen de deux auxiliaires, SHOULD pour la première personne, WOULD pour la 2e et la 3e. Ex. : *Il viendrait*, HE WOULD COME ; *j'irais*, I SHOULD GO.

● **Le subjonctif** est très rarement employé en anglais. Il ne diffère de l'indicatif qu'au présent et seulement à la 3e personne du singulier (qui ne prend pas d'*s*). On traduit le subjonctif français tantôt par l'**indicatif** (notamment après « quoique », « avant que » et « jusqu'à ce que »), tantôt par SHOULD et l'**infinitif** (après « de peur que »), ou par MAY (passé MIGHT) et l'**infinitif** (après « afin que »), parfois par l'**infinitif**. Ex. : *Je veux qu'il travaille*, I WANT HIM TO WORK.

● **L'infinitif** anglais est généralement précédé de TO. Principales exceptions : on n'emploie pas TO après les verbes défectifs (sauf I AM, I HAVE et I OUGHT) et après les verbes de perception (*voir, entendre*, etc.).

● **L'infinitif français** se traduit généralement par l'infinitif. On le traduit par le **participe présent :** 1° après toutes les prépositions ; 2° après les verbes de commencement, de continuation ou de fin ; 3° quand l'infinitif joue le rôle d'un nom. Ex. : *Avant de parler*, BEFORE SPEAKING ; *il cessa de chanter*, HE STOPPED SINGING ; *nager est très sain*, SWIMMING IS VERY HEALTHY.

● **Le passif** se conjugue comme en français avec le verbe TO BE et le **participe passé**. Alors qu'en français seuls les verbes transitifs directs peuvent se mettre au passif, en anglais cette possibilité existe aussi pour les verbes transitifs indirects, qui sont alors suivis de leur préposition habituelle. Ex. : *On m'attend chez moi*, I AM WAITED FOR AT HOME.

« Avoir » et « être ».

● **Le verbe « avoir »** se traduit en anglais par TO HAVE, qui garde la même forme (HAVE) à toutes les personnes du présent de l'indicatif, sauf à la troisième du singulier (HAS). Le verbe TO HAVE sert d'auxiliaire du passé à tous les verbes, même neutres et réfléchis. Ex. : *Il est venu*, HE HAS COME ; *elle s'était flattée*, SHE HAD FLATTERED HERSELF.

● **Le verbe « être »**. — Ind. pr. : I AM, YOU ARE, HE IS, WE ARE, YOU ARE, THEY ARE. — Passé simple : I WAS, YOU WERE, HE WAS, WE WERE, YOU WERE, THEY WERE. — Passé comp. : I HAVE BEEN, HE HAS BEEN... — Pl.-q.-p. : I HAD BEEN... — Fut. : I SHALL BE, YOU WILL BE... — Fut. ant. : I SHALL HAVE BEEN, YOU WILL HAVE BEEN. — Cond. pr. : I SHOULD BE, YOU WOULD BE... — Cond. passé : I SHOULD HAVE BEEN, YOU WOULD HAVE BEEN... — Subj. : I BE, YOU BE, HE BE... — Subj. passé : I WERE, YOU WERE, HE WERE... — Inf. : TO BE. — Part. pr. : BEING. — Part. passé : BEEN.

Verbes défectifs.

Ils sont fréquemment employés comme auxiliaires.

- **Pouvoir** se traduit par le défectif CAN lorsqu'il indique la **capacité personnelle**, par MAY quand il indique la **permission** ou la **possibilité**.

- **Devoir** se traduit par OUGHT TO quand il indique l'**obligation de la conscience**, par MUST quand il indique l'**obligation extérieure** ou la **nécessité**.

- Les verbes défectifs n'ont que deux formes au plus : CAN fait au passé COULD ; MAY donne MIGHT ; WOULD (passé de WILL) et SHOULD (passé de SHALL) forment l'auxiliaire du conditionnel ; OUGHT et MUST n'ont qu'une forme.

Aux temps qui leur manquent, les verbes défectifs sont remplacés : CAN par TO BE ABLE TO, MAY par TO BE PERMITTED, MUST par TO BE OBLIGED TO. On supplée souvent au conditionnel passé en faisant suivre le verbe de l'infinitif passé. Ex. : *Elle aurait pu dire*, SHE MIGHT HAVE SAID (*elle pourrait avoir dit*).

Conjugaison négative.

Un verbe négatif doit toujours contenir un auxiliaire (sauf aux cas 3° et 4°).

1° Pour conjuguer négativement un verbe auxiliaire, on place NOT après ce verbe. Ex. : *Je veux*, I WILL ; *je ne veux pas*, I WILL NOT.

2° Pour conjuguer négativement un verbe non auxiliaire, on fait précéder l'infinitif de DO NOT au présent de l'indicatif (DOES NOT à la 3ᵉ personne du singulier) et de DID NOT au passé simple (tous les autres temps se conjuguent avec des auxiliaires). Ex. : *Il parle*, HE SPEAKS ; *il ne parle pas*, HE DOES NOT SPEAK ; *il s'arrêta*, HE STOPPED ; *il ne s'arrêta pas*, HE DID NOT STOP.

3° A l'infinitif ou au participe, on place NOT devant le verbe. Ex. : *Ne pas dire*, NOT TO TELL ; *ne voyant pas*, NOT SEEING.

4° Quand la phrase contient un mot négatif autre que NOT (c.-à-d. NOBODY, NOTHING, NOWHERE, etc.), le verbe reste affirmatif. Ex. : *Il voit quelqu'un*, HE SEES SOMEBODY ; *il ne voit personne*, HE SEES NOBODY.

5° L'infinitif négatif en français est parfois traduit par l'impératif : *ne pas se pencher au-dehors*, DO NOT LEAN OUT.

Conjugaison interrogative.

Un verbe interrogatif doit toujours contenir un auxiliaire (sauf lorsque le pronom interrogatif est sujet : *Qui va là?*, WHO GOES THERE ?).

1° Pour conjuguer interrogativement un verbe auxiliaire ou un verbe à un temps composé, on place le sujet après l'auxiliaire. Ex. : *Allez-vous bien?*, ARE YOU WELL ? ; *Votre père le saura-t-il?*, WILL YOUR FATHER KNOW IT ? ; *Avait-il parlé?*, HAD HE SPOKEN ?

2° Pour conjuguer interrogativement un verbe non auxiliaire, au présent ou au passé simple, on retiendra la formule *D.S.I.* : *D* représentant DO pour le présent (DOES pour la 3ᵉ personne du singulier) ou DID pour le passé, *S* représentant le sujet, *I* représentant l'infinitif du verbe. Ex. : *Savez-vous?* (*D* : DO, *S* : YOU, *I* : KNOW) DO YOU KNOW ? ; *Votre père voit-il cela?* (*D* : does, *S* : your father, *I* : see) DOES YOUR FATHER SEE THIS ?

Verbes réfléchis et réciproques.

- Les verbes réfléchis se forment avec le verbe et le pronom réfléchi. Ex. : *Elle se flatte*, SHE FLATTERS HERSELF. — Beaucoup de verbes réfléchis français se traduisent par des verbes neutres en anglais. Ex. : *Il s'arrêta*, HE STOPPED.

- On forme les verbes réciproques avec les pronoms EACH OTHER (ou ONE ANOTHER). Ex. : *Ils se flattent (mutuellement)*, THEY FLATTER EACH OTHER.

Forme progressive.

Particulière à l'anglais, cette forme consiste à employer le verbe *être* avec
le participe présent (dans le sens de « être en train de »). Ex. : *Fumez-
vous?*, ARE YOU SMOKING? (« Do you smoke » signifie : « fumez-vous d'habitude, êtes-vous fumeur ? ».)

La forme progressive est commode pour traduire l'imparfait (de continua-
tion) [v. *Imparfait*]. On l'emploie aussi dans l'expression « il y a... que ».
Ex. : *Il y a six mois que j'apprends l'anglais*, I HAVE BEEN LEARNING ENGLISH
FOR SIX MONTHS.

Pour exprimer le futur immédiat, on emploie **to go to** à la forme progressive. Cette expression peut être remplacée par **to be about to**. Ex. : *Il va
pleuvoir*, IT IS GOING TO RAIN; *Je vais partir*, I AM ABOUT TO GO.

Forme fréquentative.

Elle consiste à employer WOULD (ou USED TO) devant l'infinitif pour indiquer
l'**habitude** (v. *Imparfait*). Ex. : *Je fumais un cigare de temps en temps*,
I WOULD SMOKE A CIGAR NOW AND THEN (« used to » indiquerait une habitude plus régulière).

VERBES IRRÉGULIERS

NOTA. — Les verbes qui n'ont qu'une forme dans cette liste ont la même
forme au présent, au passé simple et au participe passé.

Les verbes qui ont deux formes sont ceux qui ont une forme identique
au passé simple et au participe passé.

Les formes entre parenthèses sont d'autres formes également employées
aux mêmes temps.

To abide, abode : demeurer.
To arise, arose, arisen : se lever.
To awake, awoke, awoke (awaked) :
  s'éveiller.
To be, was, been : être.
To bear, bore, borne (born = né) :
  porter.
To beat, beat, beaten : battre.
To become, became, become : devenir.
To begin, began, begun : commencer.
To behold, beheld : contempler.
To bend, bent : ployer.
To bereave, bereft (bereaved) : priver.
To beseech, besought : supplier.
To bespeak, bespoke, bespoken :
  commander.
To bid, bade, bid (bidden) : ordonner.
To bind, bound : lier, relier.
To bite, bit, bit (bitten) : mordre.
To bleed, bled : saigner.
To blow, blew, blown : souffler.
To break, broke, broken : briser.
To breed, bred : élever.
To bring, brought : apporter.
To build, built (builded) : bâtir.
To burn, burnt (burned) : brûler.
To burst : éclater.
To buy, bought : acheter.

To cast : jeter.
To catch, caught : attraper.
To chide, chid, chid (chidden) :
  gronder.
To choose, chose, chosen : choisir.
To cleave, cleft, cleft (cloven) : fendre.
To cling, clung : se cramponner.
To clothe, clad, clad (clothed) : vêtir.
To come, came, come : venir.
To cost : coûter.
To creep, crept, crept : ramper.
To crow, crew (crowed), crowed :
  chanter (comme le coq).
To cut : couper.
To dare, durst, dared : oser.
To deal, dealt : trafiquer.
To dig, dug : creuser.
To do, did, done : faire.
To draw, drew, drawn : tirer.
To dream, dreamt (dreamed) : rêver.
To drink, drank, drunk : boire.
To drive, drove, driven : conduire.
To dwell, dwelt : demeurer.
To eat, ate, eaten : manger.
To fall, fell, fallen : tomber.
To feed, fed : nourrir.
To feel, felt : sentir, éprouver.
To fight, fought : combattre.

To find, found : trouver.
To flee, fled : fuir.
To fling, flung : lancer.
To fly, flew, flown : voler.
To forbear, forbore, forborne : s'abstenir.
To forbid, forbade, forbidden : défendre.
To forget, forgot, forgotten : oublier.
To forgive, forgave, forgiven : pardonner.
To forsake, forsook, forsaken : abandonner.
To freeze, froze, frozen : geler.
To get, got : obtenir.
To gild, gilt (gilded) : dorer.
To gird, girt (girded) : ceindre.
To give, gave, given : donner.
To go, went, gone : aller.
To grind, ground : moudre.
To grow, grew, grown : croître.
To hang, hung (hanged = pendu par le bourreau) : pendre.
To have, had : avoir.
To hear, heard : entendre.
To heave, hove (heaved) : se soulever.
To hew, hewed, hewn : tailler.
To hide, hid, hid (hidden) : cacher.
To hit : frapper, atteindre.
To hold, held : tenir.
To hurt : blesser.
To keep, kept : garder.
To kneel, knelt (kneeled) : s'agenouiller.
To knit, knit (knitted) : tricoter.
To know, knew, known : savoir.
To lade, laded, laden : charger.
To lay, laid : étendre.
To lead, led : conduire.
To lean, leant (leaned) : se pencher.
To leap, leapt (leaped) : bondir.
To learn, learnt : apprendre.
To leave, left : laisser.
To lend, lent : prêter.
To let, let : laisser.
To lie, lay, lain : être couché.
To light, lit (lighted) : allumer.
To lose, lost : perdre.
To make, made : faire.
To mean, meant : vouloir dire.
To meet, met : rencontrer.
To mistake, mistook, mistaken : se tromper.
To mow, mowed, mown : faucher.
To pay, paid : payer.
To pen, pent : parquer.
To put : mettre.
To read, read [pron. rèd] : lire.
To rend, rent : déchirer.
To rid : débarrasser.
To ride, rode, ridden : chevaucher.
To ring, rang, rung : sonner.
To rise, rose, risen : se lever.
To run, ran, run : courir.
To saw, sawed, sawn : scier.
To say, said : dire.
To see, saw, seen : voir.
To seek, sought : chercher.
To seethe, sod, sodden : bouillir.

To sell, sold : vendre.
To send, sent : envoyer.
To set : placer.
To sew, sewed, sewn (sewed) : coudre.
To shake, shook, shaken : secouer.
To shape, shaped, shaped (shapen) : façonner.
To shave, shaved, shaved (shaven) : raser.
To shear, shore (sheared), shorn : tondre.
To shed : verser.
To shine, shone : briller.
To shoe, shod : chausser.
To shoot, shot : tirer (un projectile).
To show, showed, shown : montrer.
To shred : lacérer.
To shrink, shrank (shrunk), shrunk : se ratatiner.
To shrive, shrove, shriven : confesser.
To shut : fermer.
To sing, sang, sung : chanter.
To sink, sank, sunk : sombrer.
To sit, sat : être assis.
To slay, slew, slain : tuer.
To sleep, slept : dormir.
To slide, slid, slid (slidden) : glisser.
To sling, slung : lancer.
To slink, slunk : se glisser.
To slit : fendre.
To smell, smelt (smelled) : sentir (une odeur).
To smite, smote, smitten : frapper.
To sow, sowed, sown : semer.
To speak, spoke, spoken : parler.
To speed, sped : se hâter.
To spell, spelt (spelled) : épeler.
To spend, spent : dépenser.
To spill, spilt (spilled) : répandre.
To spin, spun (span), spun : filer.
To spit, spit (spat), spit : cracher.
To split : fendre (en éclats).
To spoil, spoilt (spoiled) : gâter.
To spread : étaler.
To spring, sprang, sprung : jaillir.
To stand, stood : se tenir debout.
To steal, stole, stolen : voler.
To stick, stuck : coller.
To sting, stung : piquer.
To stink, stank, stunk : puer.
To strew, strewed, strewn : joncher.
To stride, strode, stridden : enjamber.
To strike, struck : frapper.
To string, strung : enfiler.
To strive, strove, striven : s'efforcer.
To swear, swore, sworn : jurer.
To sweat : suer.
To sweep, swept : balayer.
To swell, swelled, swollen : enfler.
To swim, swam, swum : nager.
To swing, swung : balancer.
To take, took, taken : prendre.
To teach, taught : enseigner.
To tear, tore, torn : déchirer.
To tell, told : dire.
To think, thought : penser.
To thrive, throve, thriven : prospérer.
To throw, threw, thrown : jeter.
To thrust : lancer.

To tread, trod, trodden : fouler aux pieds.
To understand, understood : comprendre.
To undo, undid, undone : défaire.
To upset : renverser.
To wear, wore, worn : porter, user.
To weave, wove, woven : tisser.
To weep, wept : pleurer.
To win, won : gagner.
To wind, wound : enrouler.
To withdraw, withdrew, withdrawn : retirer.
To withstand, withstood : résister à.
To work, wrought (worked) : travailler.
To wring, wrung : tordre.
To write, wrote, written : écrire.
To writhe, writhed, writhen : se tortiller.

MONNAIES, POIDS ET MESURES ANGLAIS, AMÉRICAINS ET CANADIENS

MONNAIES

En Angleterre (calculées avec la livre à 13 francs).

Farthing (1/4 d.) :		Half-crown (2/6) :	
1/4 de penny	0,013 F	2 shillings et 6 pence ..	1,60 F
Half-penny (1/2 d.) :		Crown (5 s.) : 5 shillings..	3,25 F
1/2 penny	0,027 F	Half-sovereign (10 s.) :	
Penny (1 d.) :	0,05 F	10 shillings	6,50 F
Shilling (1 s.) : 12 pence..	0,65 F	Sovereign (£ 1) :	
Florin (2 s.) : 2 shillings..	1,30 F	20 shillings	13,00 F

- A **five-pound banknote** : un billet de banque de cinq livres ; a **one-pound Treasury note** : une coupure d'une livre.
- La **guinée** (21 shillings) n'est plus en circulation, mais est encore utilisée pour indiquer le prix de certains objets de luxe.
- Dans le système décimal, la livre anglaise doit être divisée en 100 **new pennies** ; la nouvelle monnaie comportera des pièces de 1/2, 2, 5, 10 et 50 new pennies, un **new penny** équivalant à 2,5 old pennies.

Aux États-Unis (calculées avec le dollar à 5,50 francs).
Le **dollar américain** ($) est divisé en 100 **cents** (1 cent = 0,055 F). On utilise aussi les divisions suivantes : **dime** (10 cents = 0,55 F); **quarter dollar** (1/4 de dollar = 1,40 F); **eagle** (10 dollars = 55,00 F).

Au Canada.
Les unités de monnaies sont les mêmes qu'aux Etats-Unis, mais le **dollar canadien** vaut environ 10 p. 100 de moins que le dollar américain.

POIDS

Système *avoirdupois.*

Grain (gr.)	0,064 g	Hundredweight (cwt) :	
Dram : 27 grains	1,772 g	112 lb.	50,8 kg
Ounce (oz.)	28,35 g	Ton (t.) : 20 cwts ..	1 017 kg
Pound (lb.) : 16 oz. .	453,592 g	*Am.* 25 pounds	11,34 kg
Stone (st.) : 14 lb.	6,350 kg	*Am.* 100 pounds	45,36 kg
Quarter (Qr.) : 28 lb. .	12,695 kg	*Am.* A short ton ..	907,18 kg
		Am. Central, Quintal.	45,36 kg

Système *troy* pour les matières précieuses.

Grain (gr.)	0,064 g	Ounce troy : 20 dwts.	31,10 g
Pennyweight (dwt) :		Pound troy : 12 oz. ..	373,23 g
24 grains	1,555 g		

MESURES DE LONGUEUR

Inch (in.) : 12 lines	0,0254 m	Chain : 4 poles	20,116 m
Foot (ft.) : 12 inches ...	0,3048 m	Rood *ou* furlong :	
Yard (yd.) : 3 feet	0,9144 m	40 poles	201,16 m
Fathom (fthm.) : 6 ft. ..	1,8288 m	Mile (m.) : 8 furlongs.	1 609,432 m
Pole, rod, perch : 5,5 yds.	5,0292 m	Knot *ou* nautical mile :	
		2 025 yards	1 853 m

MESURES DE SUPERFICIE

Square inch : 6,451 cm²; square foot : 929 cm²; square yard : 0,8361 m²; rood : 10,11 ares; acre : 40,46 ares.

MESURES DE VOLUME

Cubic inch : 16,387 cm³; cubic foot : 28,315 dm³; cubic yard : 764 dm³.

MESURES DE CAPACITÉ

En Angleterre et au Canada.
Pint : 0,567 litre ; quart (2 pints) : 1,135 l; gallon (4 quarts) : 4,543 l; bushel (8 gallons) : 36,347 l; quarter (8 bushels) : 290,780 l.

Aux États-Unis.
Dry pint : 0,551 litre ; dry quart : 1,11 l; dry gallon : 4,41 l; peck : 8,81 l; bushel : 35,24 l; liquid gill : 0,118 l; liquid pint : 0,473 l; liquid quart : 0,946 l; liquid gallon : 3,785 l; barrel : 119 l; barrel petroleum : 158,97 l.

LES SONS DE LA LANGUE ANGLAISE EXPLIQUÉS AUX FRANÇAIS

SIGNE	MOT TYPE ANGLAIS	SON FRANÇAIS VOISIN	EXPLICATION
i	sick	sic	Son anglais entre *sic* et *sec*.
ì	bin	(bo)bine	Le son anglais est plus bref.
î	eel	île	Le son anglais est plus long.
è	beck	bec	Son anglais entre *è* et *é*.
e	a(gain)	re(gain)	C'est notre *e* muet.
ë	burr	bœufs	Son entre *bœufs* et *beurre*.
œ	puff	paf	Son entre *paf* et *peuf*.
a	bag	bague	Son entre *bague* et *bègue*.
à	can	canne	Le son anglais est plus bref.
â	palm	pâme	
o	boss	bosse	Son entre *bosse* et *basse*.
au	law	lau(re)	Comme le précédent, mais plus long.
ou	pool	poule	Très long, sauf dans *good*, *book*, etc.
é¹	pay	pays	*i* final à peine prononcé.
a¹	tie	taille	
aᵒᵘ	cow	caou(tchouc)	*ou* final à peine prononcé.
oᵒᵘ	low	lôhou	Le son *ou* final à peine perceptible, sauf en Angleterre.
èᵉʳ	air	air	Remplacer le son *r* par un *e* muet.
iᵉʳ	dear	dire	Remplacer le son *r* final par un *e* muet. Cet *r* se prononce quand il est lié à une voyelle suivante.
t, d	Placer la langue plus en arrière que pour le son français, et serrer un peu les dents.		
l	Bloquer les bords de la langue et en creuser le centre.		
r	Placer la langue comme pour rouler un *r* et ébaucher le roulement.		
w	C'est le son *ou* très bref que l'on prononce dans *bois*.		
y	Toujours comme dans *yeux* et dans *yes*.		
g, g	Toujours dur (get = guette).		
h	Aspiration, comme dans *hem!*		
th, zh	Le th est tantôt un *s* blésé (avec la langue entre les dents), tantôt un *z* blésé. On prononcera thick comme *sic* avec un *s* blésé et on prononcera breathe (brîzh) comme *brise* avec un *z* blésé.		
ng	C'est le son *ou* très bref que l'on prononce dans *bois*. à *gn* français dans *signe*, mais la base de la langue reste bloquée, ce qui accentue le son nasal.		
ʳ final	Rarement prononcé par les Anglais (sauf quand il se lie à la voyelle initiale du mot suivant), il est plus nettement prononcé par les Irlandais, les Ecossais et les Américains, qui le roulent avec plus ou moins de force.		
s	Ne se prononce jamais *z*.		

Accent. — Prononcer plus fortement la voyelle ou diphtongue en italique. Les monosyllabes sont toujours accentués.

Remarques importantes. — Les sons français u, an, on, in, un, eux n'existent pas en anglais. *La prononciation indiquée dans le dictionnaire est toujours la prononciation américaine.*

ANGLAIS - FRANÇAIS

A

a [°, é¹] *indef. art.* un, une; *what a ...l*, quel l, quelle!; *such a*, tel, telle.

abandon [°bànd°n] *v.* abandonner, laisser; *s* abandon, m.; désinvolture, f. ∥ **abandoned** [-d] *adj.* abandonné, laissé; immoral, déréglé, perdu. ∥ **abandonment** [-m°nt] *s.* abandon, délaissement, désistement, m.

abase [°bé¹s] *v.* abaisser; humilier.

abashed [°basht] *adj.* confus.

abate [°bé¹t] *v.* abattre, réduire; faiblir, se calmer. ∥ **abatement** [-m°nt] *s.* diminution, décrue, f.; rabais, m.

abbey [abi] *s.* abbaye, f.

abbot [ab°t] *s.* abbé, m.

abbreviate [°brivié¹t] *v.* abréger; réduire (math.). ∥ **abbreviation** [°briviésh°n] *s* abréviation; réduction, f.

abdicate [abdiké¹t] *v.* abdiquer. ∥ **abdication** [-é¹sh°n] *s.* abdication, f.

abdomen [abd°m°n] *s.* abdomen, m. ∥ **abdominal** [-omn'l] *adj.* abdominal.

abduct [abdœkt] *v.* enlever [rapt].

abed [°bèd] *adj.* au lit.

aberration [abéré¹sh°n] *s.* aberration, f.; égarement, m.; déviation, divergence, anomalie, f.

abet [°bèt] *v* inciter.

abhor [°bhau°] *v.* abhorrer, détester. ∥ **abhorrence** [-r°ns] *s.* horreur, aversion, f.

abide [°ba¹d] *v.* attendre; endurer; séjourner, rester; persister; *to abide by*, se conformer, rester fidèle à; *to abide with* habiter chez.

ability [°bl°ti] *s.* capacité, habileté, capacité légale, f.; *pl.* ressources, f.

abject [abdjèkt] *adj.* abject. ∥ **abjectness** [abdjèktnis] *s.* abjection, f.

abjure [abdjou°ʳ] *v.* abjurer.

able [é¹b'l] *adj.* capable; compétent; *able-bodied*, bon pour le service; *to be able to* pouvoir, être capable de; *ably*, habilement.

abnegation [abni'gé¹sh°n] *s.* reniement, désaveu, renoncement, m.; *self-abnegation* abnégation, f.

abnormal [abnaurm'l] *adj.* anormal. ∥ **abnormality** [abnaurmaliti] *s.* anomalie; difformité, f.

aboard [°baurd] *adv.* à bord; *to go aboard*, embarquer.

abode [°bo°ud] *s.* séjour, domicile, m.; *pret., p. p. of* **to abide**.

abolish [°bâlish] *v.* abolir, annuler. ∥ **abolition** [°belish°n] *s.* abolition, abrogation, f.

abominable [°bâmn°b'l] *adj.* abominable, horrible. ∥ **abominate** [°bâminé¹t] *v.* détester. ∥ **abomination** [-é¹sh°n] *s.* abomination, f.

abort [°bauʳt] *v.* avorter. ∥ **abortion** [°bauʳsh°n] *s.* avortement; avorton, m.

abound [°ba°und] *v.* abonder (*with*, en); regorger (*with*, de).

about [°ba°ut] *adv.* autour; à peu près, presque; sur le point de; çà et là; plus ou moins; *prep.* autour de; environ; vers; au sujet de; à, pour; *about eleven*, vers onze heures; *put about*, ennuyé; *to be about*, s'agir de; *to be about to*, être sur le point de.

above [°bœv] *prep.* au-dessus de; (en) plus de, outre; *adv.* en haut, au-dessus, en outre, ci-dessus; *above all*, surtout; *above-mentioned*, susdit; *over and above*, en sus de, en outre.

abreast [°brèst] *adv.* de front.

abridge [°bridj] *v.* abréger.

abroad [°braud] *adv.* au loin; (au-)dehors; à l'étranger.

abrogate [abr°gé¹t] *v.* abroger.

abrupt [°brœpt] *adj.* abrupt; brusque; heurté [style]. ∥ **abruptly** [-li] *adv.* brusquement.

abscess [absès] *s.° abcès, m.

abscond [°bsko'nd] *v.* déguerpir.

absence [abs°ns] *s.* absence, f.; *absence of mind*, distraction; *leave of absence*, permission, congé. ∥ **absent** [abs°nt] *adj.* absent; distrait; *absent-minded* distrait; [absènt] *v. to absent oneself*, s'absenter. ∥ **absentee** [abs°ntî] *s* absentéiste, manquant, m.

absolute [abs°lout] *adj.* absolu; complet; formel; certain. ∥ **absolutely** [-li] *adv* absolument.

absolution [abs°loush°n] *s.* absolution; rémission, f.; acquittement, m.

absolve [°bsâlv] *v.* absoudre; acquitter; délier [obligation].

absorb [°bsauʳb] *v.* absorber. ∥ **absorbent** [-°nt] *adj.* absorbant. ∥ **absorber** [-°ʳ] *s.* amortisseur, m.

absorption [°bsauʳpsh°n] *s.* absorption, f.; amortissement, m.; concentration, f.

abstain [°bsté¹n] *v.* s'abstenir. **abstemious** [-tîmy°s] *adj.* abstème. ∥ **abstinence** [abstin°ns] *s.* abstinence, f.

abstract [abstrakt] *s.* abrégé; extrait, m.; [abstrakt] *adj.* abstrait; *v.* abstraire; soustraire; extraire; résumer. || *abstraction* [abstraksh°n] *s.* abstraction; distraction, f.; détournement, m.

absurd [°bsë°d] *adj.* absurde. || *absurdity* [-°ti] *s.** absurdité, f.

abundance [°bœnd°ns] *s.* abondance, f. || *abundant* [°bœnd°nt] *adj.* abondant, copieux; opulent.

abuse [°byous] *s.* abus, m.; insulte, f.; [°byouz] *v.* abuser de; médire de; insulter; léser, nuire à. || *abusive* [-siv] *adj.* abusif; insultant, injurieux.

abyss [°bís] *s.** abîme, m.

acacia [°ké¹sh°] *s.* acacia, m.; *Am.* gomme arabique, f.

academic [ak°dèmik] *adj.* académique; *Am.* classique. || *academy* [°kad°mi] *s.** académie; école, f.

accede [aksíd] *v.* accéder, parvenir; atteindre; consentir à.

accelerate [aksèl°ré¹t] *v.* accélérer. || *acceleration* [aksèl°ré¹sh°n] *s.* accélération, f. || *accelerator* [aksèl°ré¹t°r] *s.* accélérateur, m.

accent [aksènt] *s.* accent, m.; [aksènt] *v.* accentuer. || *accentuate* [aksènt-youé¹t] *v.* accentuer. || *accentuation* [aksèntyoué¹sh°n] *s.* accentuation, f.

accept [°ksèpt] *v.* accepter; admettre. || *acceptable* [-°b'l] *adj.* acceptable, agréable. || *acceptance* [-°ns] *s.* acceptation; popularité; lettre de change acceptée, f. || *acceptation* [°ksèpté¹-sh°n] *s.* acception, f.

access [aksès] *s.** accès, m.; admission; crise, f. || *accessible* [aksès°b'l] *adj.* accessible. || *accessory* [aksès°ri] *adj.* accessoire, secondaire; *s.** complice m.; *pl.* accessoires, m. pl.

accident [aks°d°nt] *s.* accident, hasard, contretemps, m. || *accidental* [aks°dènt'l] *adj.* accidentel, fortuit; accessoire; occasionnel.

acclaim [°klé¹m] *v.* acclamer. || *acclamation* [aklmé¹sh°n] *s.* acclamation, f.

acclimate [°kla¹mit] *v.* (s') acclimater. || *acclimation* [akl°mé¹sh°n] *s.* acclimatation, f.

acclivity [°klíviti] *s.** montée, côte, rampe, f.

accommodate [°kŏm°dé¹t] *v.* accommoder; adapter; concilier; loger; rendre service; *to accommodate oneself,* s'adapter. || *accommodation* [°kŏmdé¹sh°n] *s.* accommodement; logement; emménagement, m.; adaptation; conciliation; installation, f.; *accommodation-train, Am.* train omnibus. || *accommodation unit,* bloc de logements, m.

accompaniment [°kœmp°nim°nt] *s.* accompagnement; accessoire, m. || *accompanist* [-ist] *s.* accompagnateur, m. || *accompany* [-i] *v.* accompagner, escorter; faire suivre.

accomplice [°kŏmplis] *s.* complice, m.

accomplish [°kŏmplish] *v.* accomplir; réaliser. || *accomplished* [-t] *adj.* accompli, effectué; parfait, consommé. || *accomplishment* [-m°nt] *s.* accomplissement, m.; *pl.* arts d'agrément, m.

accord [°kau°d] *s.* accord; consentement, m.; convenance, f.; *of one's own accord,* spontanément; *v.* s'accorder, s'entendre; concéder; arranger, régler. || *accordance* [-°ns] *s.* accord, m.; concession; conformité, f. || *according as* [-ingaz] *conj.* suivant que, selon que. || *according to* [-ingtou] *prep.* d'accord avec, conformément à, selon. || *accordingly* [-ingli] *adv.* en conséquence, conformément.

accordion [°kau°dy°n] *s.* accordéon, m.

accost [°kaust] *v.* accoster.

account [°ka°unt] *s.* compte; rapport; relevé, m.; estime; importance; cause, f.; *on account of,* à cause de; *of no account,* sans importance; *current account,* compte courant; *on account,* en acompte; *v.* estimer; *to account for,* expliquer. || *accountable* [-°b'l] *adj.* responsable; explicable. || *accountant* [-°nt] *s.* comptable, m.; *chartered accountant,* expert-comptable. || *accounting* [-ing] *s.* comptabilité, f.

accoutre [°kout°r] *v.* accoutrer; équiper.

accredit [°krèdit] *v.* accréditer; mettre sur le compte de.

accrue [°krou] *v.* croître; résulter.

accumulate [°kyoumy°lé¹t] *v.* accumuler; s'entasser. || *accumulation* [°kyoumy°lé¹sh°n] *s.* accumulation, f.; montant [sum], m. || *accumulator* [°kyoumy°lé¹t°r] *s.* accu(mulateur), m.

accuracy [aky°r°si] *s.* exactitude, précision, f. || *accurate* [aky°rit] *adj.* précis, exact, correct.

accursed [°kërst] *adj.* maudit.

accusation [aky°zé¹sh°n] *s.* accusation, f. || *accusative* [°kyouz°tiv] *adj.*, *s.* accusatif, m. || *accusatory* [-târi] *adj.* accusateur. || *accuse* [°kyouz] *v.* accuser. || *accuser* [-°r] *s.* accusateur, dénonciateur, m.

accustom [°kœst°m] *v.* habituer, accoutumer; *to get accustomed to,* s'accoutumer à. || *accustomed* [-d] *p. p.,* *adj.* accoutumé; habituel, coutumier.

ace [é¹s] *s.* as; homme supérieur, m.

ache [é¹k] *s.* douleur, f.; *v.* souffrir; faire mal; *headache,* mal de tête; **toothache,** mal de dents.

achieve [ᵉtshⁱv] *v.* achever; acquérir; obtenir; accomplir, réaliser; remporter [victory]. ‖ *achievable* [-ᵉb'l] *adj.* faisable. ‖ *achievement* [-mᵉnt] *s.* achèvement; succès, exploit, m.; réalisation; prouesse, réussite, f.

aching [éⁱking] *adj.* douloureux.

acid [asid] *adj.,* *s.* acide. ‖ **acidify** [ᵉsidᵉfa¹] *v.* acidifier. ‖ *acidity* [ᵉsidᵉti] *s.* acidité, f. ‖ *acidulate* [ᵉsidyᵉlé¹t] *v.* aciduler, aigrir.

acknowledge [ᵉknálidj] *v.* reconnaître, admettre, avouer. ‖ *acknowledgment* [-mᵉnt] *s.* reconnaissance; réponse, f.; remerciement; accusé de réception, m.

acorn [éⁱkᵉrn] *s.* gland, m. ‖ *acorn-cup,* cupule, f.

acoustics [ᵉkoustiks] *s.* acoustique, f.

acquaint [ᵉkwé¹nt] *v.* informer, renseigner; *to acquaint oneself with,* se mettre au courant de ; *to get acquainted with,* faire la connaissance de. ‖ *acquaintance* [-ᵉns] *s.* connaissance, f.; *pl.* relations, f. pl.

acquest [ᵉkwèst] *s.* acquisition, f.; acquêt, m.

acquiesce [akwiès] *v.* acquiescer, accéder à. ‖ *acquiescence* [-ᵉns] *s.* acquiescement, m. ‖ *acquiescent* [-ᵉnt] *adj.* accommodant; consentant.

acquire [ᵉkwa¹ᵉr] *v.* acquérir, obtenir; apprendre; *acquirement* [-mᵉnt] *s.* acquisition, f.; connaissances, f. pl. ‖ *acquisition* [akwᵉzishᵉn] *s.* acquisition, f.

acquit [ᵉkwit] *v.* acquitter; exonérer; *to acquit oneself of,* s'acquitter de, se libérer de. ‖ *acquittal* [-'l] *s.* acquittement, m.

acre [éⁱkᵉr] *s.* acre, f.; arpent, m.

acrimonious [akrᵉmauny⁼ᵉs] *adj.* acrimonieux. ‖ *acrimony* [akrᵉmoᵒuni] *s.* acrimonie, f.

acrobat [akrᵉbat] *s.* acrobate, m. ‖ *acrobatics* [akrᵉbatiks] *s.* acrobatie, f.

across [ᵉkraus] *prep.* en travers de; à travers; sur, par-dessus; *adv.* en croix; d'un côté à l'autre.

act [akt] *s.* acte, m.; action, f.; *Br.* thèse (univ.), loi (jur.), f.; acte [theater], m.; *v.* agir; exécuter; commettre; faire représenter [play]; jouer [part]; feindre; *to act as,* faire fonction de. ‖ *acting* [-ing] *s.* représentation; action, f.; *adj.* suppléant, intérimaire. ‖ *action* [akshᵉn] *s.* action, f.; geste; fonctionnement [gun]; combat, m.; *pl.* conduite, entreprise, f. ‖ *active* [aktiv] *adj.* actif, alerte. ‖ **activity** [aktivᵉti] *s.* activité, f. ‖ *actor* [aktᵉr] *s.* acteur, m.

‖ *actress* [aktris] *s.* actrice, f. ‖ *actual* [aktshou⁼l] *adj.* réel, véritable. ‖ *actuality* [aktyoualiti] *s.* réalité; existence effective, f. ‖ *actually* [-i] *adv.* réellement, effectivement.

acumen [ᵉkyoumin] *s.* perspicacité, finesse, f.

acute [ᵉkyout] *adj.* aigu, pénétrant. ‖ *acuteness* [-nis] *s.* acuité, perspicacité; finesse; profondeur, f.

adamant [adᵉmant] *adj.* infrangible; inflexible; *s.* diamant, m.

adapt [ᵉdapt] *v.* adapter. ‖ *adaptability* [ᵉdaptᵉbíliti] *s.* adaptabilité, souplesse, faculté d'adaptation, f. ‖ *adaptation* [adᵉpté¹shᵉn] *s.* adaptation, f.

add [ad] *v.* ajouter, additionner.

adder [adᵉr] *s.* vipère, f.

addict [adikt] *s.* toxicomane; fanatique, m. (sport); [dikt] *v.* s'adonner à.

addition [ᵉdishᵉn] *s.* addition; somme, f.; *in addition to,* en plus de. ‖ *additional* [-'l] *adj.* additionnel, supplémentaire.

addle [adl] *adj.* pourri; croupissant; brouillé, confus; *addle-brained,* écervelé, brouillon.

address [ᵉdrès] *s.* adresse, f.; discours, m.; *v.* adresser, interpeller; s'adresser à. ‖ *addressee* [ᵉdrèsí] *s.* destinataire, m. ‖ *addresser* [ᵉdrèsᵉ] *s.* expéditeur.

adduce [ᵉdyous] *v.* fournir, alléguer. ‖ *adduction* [ᵉdᵉkshᵉn] *s.* adduction; allégation, f.

adept [ᵉdèpt] *adj.* expert, initié; [adèpt] *s.* expert; adepte, m.

adequate [adᵉkwit] *adj.* adéquat; proportionné; suffisant.

adhere [ᵉdhiᵉr] *v.* adhérer; maintenir [decision]; tenir [promise]. ‖ *adherence* [-rᵉns] *s.* adhérence, f. ‖ *adherent* [-rᵉnt] *adj.,* *s.* adhérent. ‖ *adhesion* [ᵉdhijᵉn] *s.* adhésion, f. ‖ *adhesive* [ᵉdhisiv] *adj.* adhésif, collant, gommé; *adhesive tape,* sparadrap, taffetas gommé, m.

adjacent [ᵉdjé¹sᵉnt] *adj.* adjacent.

adjective [adjiktiv] *s.* adjectif, m.

adjoin [ᵉdjo¹n] *v.* toucher à, avoisiner, atteindre à. ‖ *adjoining* [-ing] *adj.* contigu, voisin, adjacent.

adjourn [ᵉdjᵉrn] *v.* ajourner; différer, proroger; s'ajourner [meeting]; lever [session]. ‖ *adjournment* [-mᵉnt] *s.* ajournement, m.

adjudge [ᵉdjᵉdj] *v.* juger; adjuger. ‖ *adjudication* [ᵉdjoudiké¹shᵉn] *s.* décision du tribunal, prononcé de jugement, m.

adjunct [adjængkt] *adj.,* *s.* adjoint.

adjure [ᵉdjouᵉr] *v.* adjurer.

adjust [ᵉdjæst] v. ajuster, régler; *to adjust oneself*, se conformer, s'adapter. ‖ **adjustment** [-mᵉnt] s. ajustage, réglage, m.; adaptation, f.; accord harmonieux, m.

administer [ᵉdmᵢnᵉstᵉʳ] v. administrer; gérer; *to administer an oath*, faire prêter serment. ‖ **administration** [ᵉdmᵢnᵢstréⁱshᵉn] s. administration; gestion; curatelle, f. ‖ **administrative** [ᵉdmᵢnᵢstréⁱtiv] adj. administratif. ‖ **administrator** [ᵉdmᵢnᵢstréⁱtᵉʳ] s. administrateur; curateur (jur.), m.

admirable [admᵉrᵉb'l] adj. admirable. ‖ **admirably** [-i] adv. admirablement.

admiral [admᵉrᵉl] s. amiral; vaisseau amiral, m. ‖ **admiralty** [-ti] s. amirauté, f.; ministère de la Marine, m.

admiration [admᵉréⁱshᵉn] s. admiration, f. ‖ **admire** [ᵉdmaⁱᵉʳ] v. admirer; estimer; *Am.* éprouver du plaisir à. ‖ **admirer** [ᵉdmaⁱᵉrᵉʳ] s. admirateur; soupirant, m. ‖ **admiring** [-ring] adj. admiratif.

admissibility [ᵉdmisibíliti] s. admissibilité, recevabilité, f. ‖ **admissible** [-b'l] adj. admissible, acceptable, recevable. ‖ **admission** [ᵉdmᵢshᵉn] s. admission; concession, f.; aveu (jur.); accès; prix d'entrée, m. ‖ **admit** [ᵉdmít] v. admettre, accepter; convenir de; avouer; permettre, rendre possible; donner entrée. ‖ **admittance** [-ᵉns] s. admission; entrée, f.; accès, m.; droit (m.) d'entrée.

admonish [ᵉdmᵃnish] v. avertir; admonester; diriger, guider; informer. ‖ **admonition** [admᵉníshᵉn] s. admonestation, f.; conseil, m.

ado [ᵉdou] s. agitation, activité; affaire, f.; bruit, m.

adolescence [ad'lèsᵉns] s. adolescence, f. ‖ **adolescent** [-t] adj., s. adolescent.

adopt [ᵉdᵃpt] v. adopter; se rallier à. ‖ **adoptee** [ᵉdᵃptí] s. adopté, m. f. ‖ **adoption** [ᵉdᵃpshᵉn] s. adoption, f. ‖ **adoptive** [ᵉdᵃptiv] adj. adoptif.

adoration [adᵉréⁱshᵉn] s. adoration, f. ‖ **adore** [ᵉdauᵉʳ] v. adorer. ‖ **adorer** [-rᵉʳ] s. adorateur; soupirant, m.

adorn [ᵉdauʳn] v. orner, parer. ‖ **adornment** [-mᵉnt] s. ornement, m.

adrift [ᵉdríft] adv. à la dérive; à l'aventure; *Am.* to be adrift, divaguer.

adroit [ᵉdroⁱt] adj. adroit.

adulate [adyouléⁱt] v. aduler, flagorner.

adult [ᵉdᵃlt] adj., s. adulte.

adulterate [ᵉdᵃltᵉréⁱt] v. adultérer, falsifier; frelater; adj. frelaté; adultérin, adultère. ‖ **adulterer** [ᵉdᵃltᵉrᵉʳ] s. amant, adultère, m. ‖ **adultery**

adjust [ᵉdælter] s. adultère, m. ‖ **adulteration** [ᵉdᵃltᵉréⁱshᵉn] s. falsification, f.; produit falsifié, m.

advance [ᵉdvᵃns] v. avancer; hausser [price]; accélérer; anticiper; s. avance; augmentation; promotion, f.; progrès; paiement anticipé; avancement, m.; pl. avances, démarches, f.; *advance corps, Am.* avant-garde. ‖ **advanced** [-t] adj. avancé; en saillie; âgé; avancé, d'avant-garde [opinion]; plus élevé [price]. ‖ **advancement** [-mᵉnt] s. avancement; progrès, m.; promotion; donation (jur.), f.

advantage [ᵉdvᵃntidj] s. avantage, bénéfice, m.; utilité; supériorité, f.; *to derive (to reap) advantage from*, tirer avantage de. ‖ **advantageous** [advᵉntéⁱdjᵉs] adj. avantageux; profitable; seyant.

advent [advent] s. venue, arrivée, f.; *Advent*, Avent, m.

adventure [ᵉdventshᵉr] s. aventure; spéculation hasardeuse, f. ‖ **adventurer** [ᵉdventshᵉrᵉr] s. aventurier; chevalier d'industrie, m. ‖ **adventurous** [ᵉdventshᵉrᵉs] adj. aventureux, entreprenant; *Am.* risqué.

adverb [advᵉʳb] s. adverbe, m.

adversary [advᵉʳsèri] s.* adversaire, m. ‖ **adverse** [ᵉdvᵉʳs] adj. adverse; hostile. ‖ **adversity** [-ᵉti] s.* adversité, infortune, f.

advert [advᵉʳt] v. faire attention; faire allusion à; parler de. ‖ **advertence** [ᵉdvᵉʳtᵉns] s. attention, f. ‖ **advertise** [advᵉʳtaⁱz] v. avertir, aviser, informer; faire de la réclame; demander par voie d'annonce. ‖ **advertisement** [advᵉʳtaⁱzmᵉnt] s. avertissement, m.; préface; annonce, réclame, f. ‖ **advertiser** [advᵉʳtaⁱzᵉr] s. annonceur; journal d'annonces, m. ‖ **advertising** [advᵉʳtaⁱzing] s. réclame, f.; *advertising agency*, agence de publicité.

advice [ᵉdvaⁱs] s. avis, conseil, m.; *to seek legal advice*, consulter un avocat; *as per advice*, suivant avis (comm.). ‖ **advisable** [ᵉdvaⁱzᵉb'l] adj. judicieux, prudent; opportun, indiqué, à propos. ‖ **advise** [ᵉdvaⁱz] v. conseiller; informer, aviser; *to advise with*, prendre conseil de, consulter; *to advise against*, déconseiller. ‖ **advised** [-d] adj. avisé; délibéré, en connaissance de cause. ‖ **adviser, advisor** [-ᵉʳ] s. conseiller, conseilleur, m.

advocacy [advᵉkᵉsi] s.* plaidoyer, m.; défense, f. ‖ **advocate** [advᵉkit] s. avocat, défenseur, m.; [advᵉkéⁱt] v. plaider pour.

aerate [éⁱᵉréⁱt] v. aérer; *aerated water*, eau gazeuse. ‖ **aeration** [èⁱᵉréⁱshᵉn] s. aération, f. ‖ **aerial** [ériᵉl] adj. aérien; s. antenne, f. ‖ **aerialist** [-ìst] s. *Am.* trapéziste, m., f.

aerodrome [ér•droᵒᵘm], *see* **airport**.

aeronautics [è•ro'nautiks] *s.* aéronautique, f. || **aeroplane** [ér•plé¹n], *see* **airplane**. || **aeropulse** [è•raupœls] *s.* avion (m.) à réaction.

aesthetic [èsthètic], *see* **esthetic**.

afar [•fâr] *adv.* loin, au loin.

affability [af•bil•ti] *s.* affabilité, f. || **affable** [af•b'l] *adj.* affable.

affair [•fèᵉr] *s.* affaire, f.; négoce, m.; chose, f.; événement, m.; fonction; *pl.* affaires, f.

affect [•fèkt] *v.* affecter; émouvoir; afficher; feindre; influer sur. || **affectation** [afikté¹sh•n] *s.* affectation, ostentation, f. || **affected** [•fèktid] *adj.* affecté; ému; artificiel; feint; *well affected to*, bien disposé envers; *affected by*, influencé par; atteint de. || **affecting** [-ing] *adj.* émouvant, touchant. || **affection** [•fèksh•n] *s.* affection, inclination; maladie, f. || **affectionate** [•fèksh•nit] *adj.* affectueux.

affidavit [af•dé¹vit] *s.* affidavit, m.; déclaration sous serment, f.

affiliate [•filié¹t] *v.* affilier; s'associer; adopter [child]; [•filit] *s.* compagnie associée, f.

affinity [•fin•ti] *s.°* affinité, f.

affirm [•fë°rm] *v.* affirmer; soutenir; déclarer solennellement.

affirmative [•fë°rm•tiv] *adj.* affirmatif; *s.* affirmative, f.

affix [•fiks] *v.* apposer [signature]; fixer; afficher; [afiks] *s.°* affixe, m.

afflict [•flikt] *v.* affliger; tourmenter. || **affliction** [•fliksh•n] *s.* affliction, f.; chagrin, m.; *pl.* infirmités, f. pl.

affluence [aflou•ns] *s.* opulence; affluence, f. || **affluent** [aflou•nt] *adj.* opulent, abondant; cossu; *s.* affluent, m. || **afflux** [aflœks] *s.* afflux, m.; affluence, f.

afford [•foᵒrd] *v.* donner, fournir; avoir les moyens de.

affray [•frè¹] *s.* échauffourée, rixe, f.

affront [•frœnt] *s.* affront, m.; *v.* faire face à; affronter; insulter.

afield [•fîld] *adv.* en campagne; *far afield*, très loin.

afire [•fa¹er] *adj.* en feu; ardent.

afloat [•floᵒut] *adj., adv.* à flot, sur l'eau; en circulation [rumor].

afoot [•fout] *adv.* à pied; sur pied; en cours; en route.

aforesaid [•foᵒursèd] *adj.* susdit; ci-dessus mentionné; en question. || **aforethought** [-thaut] *adj.* prémédité.

afoul [•fa°ul] *adj.* en collision; *to run afoul of*, emboutir.

afraid [•frè¹d] *adj.* effrayé; hésitant; *to be afraid*, craindre, avoir peur (*of*, de).

afresh [•frèsh] *adv.* de nouveau.

after [aft•r] *prep.* après; d'après; *adv.* après, plus tard; *conj.* après que, quand; *adj.* ultérieur, postérieur; de l'arrière (naut.); *after my own liking*, d'après mon goût; *aftermath*, regain [crop]; répercussions, séquelles; *afterpiece*, baisser de rideau; *aftertaste*, arrière-goût; *afterthought*, réflexion après coup, explication ultérieure.

afternoon [aft•rnoun] *s.* après-midi, m., f.

afterwards [aft•rwerdz] *adv.* après, ensuite.

again [•gèn] *adv.* de nouveau, aussi; *never again*, jamais plus; *now and again*, de temps à autre.

against [•gènst] *prep.* contre; en vue de; *against the grain*, à contre-poil; *against a bad harvest*, en prévision d'une mauvaise récolte; *over against*, en face de.

age [é¹dj] *s.* âge, m.; époque; maturité; génération, f.; *of age*, majeur; *under age*, mineur; *v.* vieillir; *the Middle Ages*, le Moyen Age. || **aged** [-id] *adj.* âgé; vieux; âgé de; vieilli [wine]; *middle-aged*, entre deux âges.

agency [é¹dj•nsi] *s.°* agence; action, activité; intervention, f. || **agent** [é¹dj•nt] *s.* agent; représentant; mandataire; moyen, m.

agenda [•djènd•] *s.* ordre du jour; mémorandum; programme; agenda, m.

aggrandize [agr•nda¹z] *v.* agrandir, accroître, exagérer.

aggravate [agr•vé¹t] *v.* aggraver; exaspérer. || **aggravation** [agr•vé¹sh•n] *s.* aggravation; irritation, f.

aggregate [agrigit] *s.* total; agrégat, m.; [agrigé¹t] *v.* réunir, rassembler; s'agréger. || **aggregation** [agrigé¹sh•n] *s.* agrégation; affiliation, foule, f.; assemblage, m.

aggression [•grèsh•n] *s.* agression, f. || **aggressive** [•grèsiv] *adj.* agressif. || **aggressor** [•grès•r] *s.* agresseur, m.

aggrieve [•grîv] *v.* chagriner; léser.

aghast [•gast] *adj.* épouvanté.

agile [adj•l] *adj.* agile. || **agility** [•djl•ti] *s.* agilité, f.

agitate [adj•té¹t] *v.* agiter, troubler; faire campagne pour; machiner; débattre [question]. || **agitation** [adj•té¹sh•n] *s.* agitation; discussion; campagne, f. || **agitator** [adj•té¹t•r] *s.* agitateur, m.

aglow [•gloᵒu] *adj.* embrasé.

agnate [agné¹t] *adj.* consanguin; apparenté; *s.* agnat, m.

ago [ə*goᵘ*] *adj., adv.* passé, écoulé; *many years ago*, il y a de nombreuses années; *how long ago?*, combien de temps y a-t-il?

agonize [ag*e*na¹z] *v.* torturer; être au supplice; souffrir cruellement. ‖ *agony* [ag*e*nɪ] *s.** angoisse, f.; paroxysme, m.; agonie, f. (med.).

agree [ə*grî*] *v.* s'entendre; être d'accord; consentir; convenir à; concorder; s'accorder (gramm.); *agreed*, d'accord. ‖ *agreeable* [-*e*b'l] *adj.* agréable, conforme; consentant; concordant. ‖ *agreement* [-m*e*nt] *s.* pacte, contrat; accord commercial, m.; convention, f.; *to be in agreement*, être d'accord; *as per agreement*, comme convenu.

agricultural [agrikœltsh*e*r*e*l] *adj.* agricole. ‖ *agriculture* [agrikœltsh*e*r] *s.* agriculture, f. ‖ *agriculturist* [-rist] *s.* agriculteur, m.

agued [é¹gyoud] *adj.* fébrile, frissonnant.

ahead [ə*hèd*] *adv.* en avant; devant; de face; *adj.* avant; en avant; *to go ahead*, aller de l'avant; passer le premier; *to look ahead*, penser à l'avenir.

aheap [ə*hîp*] *adv.* en bloc, en tas.

aid [é¹d] *s.* aide, assistance, f.; *v.* aider, secourir; *pl.* subsides, m. pl.

ail [é¹l] *v.* faire mal; affecter douloureusement; *what ails you?*, qu'avez-vous? ‖ *ailment* [-m*e*nt] *s.* malaise, mal, m.; indisposition, f.

aim [é¹m] *s.* but, m.; cible; trajectoire, f.; *v.* viser; pointer [weapon]; porter [blow]; diriger [effort]; *aimless*, sans but.

air [èer] *s.* air, m.; brise; mine; allure, f.; *adj.* aérien; d'aviation; *v.* aérer; exposer; publier; exhiber; *air-bed*, matelas pneumatique; *airborne*, aéroporté; *air-conditioning*, climatisation; *airfield*, terrain d'aviation; *air force*, aviation militaire; armée de l'air; *air hostess*, hôtesse de l'air; *airline*, ligne aérienne; *air mail*, poste aérienne; *air raid*, attaque aérienne; *airship*, aéronef; *by air mail*, par avion; *air terminal*, aérogare; *to be on the air*, émettre [radio]; *they put on airs*, ils se donnent des airs. ‖ *aircraft* [èrkraft] *s.* avion, appareil, m.; *aircraft carrier*, porte-avions. ‖ *airman* [èrm*e*n] *s.* aviateur, m. ‖ *airplane* [èrplé¹n] *s.* avion, m. ‖ *airport* [èrpoᵘrt] *s.* aéroport, m. ‖ *airscrew* [èrskrou] *s.* hélice, f. ‖ *airship* [-ship] *s.* dirigeable, m. ‖ *airtight* [èrta¹t] *adj.* hermétique, imperméable à l'air, étanche. ‖ *airy* [èri] *adj.* aéré, ventilé; léger, gracieux; vain, en l'air.

aisle [a¹l] *s.* bas-côté, m.; nef latérale, f.; passage central, m.

ajar [ə*djâr*] *adj.* entrouvert.

akimbo [ə*kimbo*ᵘ] *adv. arms akimbo*, les poings sur les hanches.

akin [ə*kin*] *adj.* apparenté [*to*, à]; voisin, proche [*to*, de].

alarm [ə*lârm*] *s.* alarme, alerte; inquiétude, f.; *v.* alarmer, s'alarmer; effrayer; *alarm bell*, tocsin; *alarm box*, avertisseur d'incendie; *alarm clock*, réveille-matin.

alcohol [alk*e*haul] *s.* alcool, m. ‖ *alcoholic* [-ik] *adj.* alcoolique. ‖ *alcoholism* [-iz*e*m] *s.* alcoolisme, m.

alcove [alko*ᵘ*v] *s.* alcôve, f.

alderman [auld*e*rm*e*n] (*pl. aldermen* [m*e*n]) *s.* échevin; conseiller municipal, m.

ale [é¹l] *s.* bière, ale, f.

alert [ə*lèrt*] *adj.* alerte, vif; *s.* alerte, f.; *v.* alerter.

alfalfa [alfaf*e*] *s.* luzerne, f.

algebra [aldj*e*br*e*] *s.* algèbre, f.

alibi ['aliba¹] *s.* alibi, m.; excuse, f.

alien [é¹ly*e*n] *adj., s.* étranger. ‖ *alienate* [-è¹t] *v.* aliéner; détacher, éloigner. ‖ *alienation* [é¹ly*e*né¹sh*e*n] *s.* aliénation, f.

alienist [é¹ly*e*nist] *s.* aliéniste, m.

alight [ə*la¹t*] *v.* descendre; mettre pied à terre; se poser [bird]; atterrir, amerrir (aviat.).

alight [ə*la¹t*] *adj.* allumé; éclairé.

align [ə*la¹n*] *v.* aligner; se mettre en ligne.

alike [ə*la¹k*] *adj.* semblable, pareil; *to be alike to*, être égal à; ressembler à; *adv.* également, de la même façon.

aliment ['alim*e*nt] *s.* aliment, m. ‖ *alimentary* [-èri] *adj.* alimentaire. ‖ *alimentation* [alimènté¹sh*e*n] *s.* alimentation, f.

alimony [alimauni] *s.** pension alimentaire après divorce (jur.), f.

alive [ə*la¹v*] *adj.* vivant; vif; actif.

all [aul] *adᵢ.* tout, toute, tous; *adv.* entièrement; *all at once*, tout à coup; *all in*, fatigué; *all out*, complet; *all right*, bien, bon!; *not at all*, pas du tout; *most of all*, surtout; *all in all*, à tout prendre; *that's all*, voilà tout; *all over*, fini; *all-included*, tout compris; *all-in-wrestling*, catch, m.; *all-of-a-sudden*, primesautier; *all-purpose*, tous usages.

allay [ə*lé¹*] *v.* apaiser, calmer.

allegation [al*e*gé¹sh*e*n] *s.* allégation; conclusions (jur.), f. ‖ *allege* [ə*lèdj*] *v.* alléguer, prétendre.

allegiance [ə*lidj*ens] *s.* fidélité; obéissance, allégeance, f.

allergy [al*e*rdji] *s.** allergie, f.

alleviate [ᵉlīvíⁱt] *v.* alléger; soulager. || **alleviation** [ᵉlīviⁱshᵉn] *s.* allégement, soulagement, m.

alley [ali] *s.* passage, m.; ruelle, f.; *blind alley.* impasse; *to be up one's alley,* être dans ses cordes.

alliance [ᵉlaⁱens] *s.* alliance, entente, f. || **allied** [ᵉlaⁱd] *adj.* allié; parent; connexe

alligator [alᵉgéⁱtᵉr] *s.* alligator, m.; *alligator pear,* poire avocat.

allocate [alokéⁱt] *v.* assigner; allouer; *Am.* localiser.

allocution [alokyoushᵉn] *s.* allocution, f.

allot [ᵉlât] *v.* assigner, répartir.

allow [ᵉlaᵒu] *v.* accorder; approuver; allouer; permettre; admettre; *to allow for,* tenir compte de, faire la part de. || **allowable** [-ᵉb'l] *adj.* admissible; permis. || **allowance** [-ᵉns] *s.* allocation; pension, indemnité; ration; remise; concession, tolérance, f.; rabais, m.; *monthly allowance,* mensualité; *travel(l)ing allowance,* indemnité de déplacement.

alloy [aloⁱ] *s.* alliage; mélange, m.; [ᵉloⁱ] *v.* allier; altérer; s'allier.

allude [ᵉlyoud] *v.* faire allusion.

allure [ᵉlyour] *v.* attirer; séduire, charmer. || **allurement** [-mᵉnt] *s.* séduction, f.; charme, m. || **alluring** [-ing] *adj.* séduisant.

allusion [ᵉlouⁱn] *s.* allusion, f.

ally [ᵉlaⁱ] *v.* allier; unir; *to ally oneself with,* s'allier à; [alaⁱ] *s.* allié, m.

almanac [aulmᵉnak] *s.* almanach, m.

almighty [aulmaⁱti] *adj.* omnipotent, tout-puissant

almond [âmᵉnd] *s.* amande, f.

almost [aulmoᵒust] *adv.* presque; quasi; *I had almost thrown myself...,* j'avais failli me jeter...

alms [âmz] *s.* aumône; charité, f.; *alms box,* tronc des pauvres, *almshouse,* hospice; *almsman,* vieillard assisté.

aloft [ᵉlauft] *adv.* en haut.

alone [ᵉloᵒun] *adj.* seul; isolé; unique; *adv.* seulement; *to let alone,* laisser tranquille; ne pas s'occuper de; renoncer à.

along [ᵉlaung] *prep.* le long de; sur; *adv.* dans le sens de la longueur; *along with,* avec, joint à; ainsi que; *all along,* tout le temps, toujours; *come along!* venez donc! *to go along,* passer, s'en aller, longer. || **alongside** [-saⁱd] *prep., adv.* le long de; à côté de; *to come alongside,* accoster, aborder.

aloof [ᵉlouf] *adj.* à distance; à l'écart; séparé; distant, peu abordable.

|| **aloofness** [-nis] *s.* froideur, réserve, indifférence; attitude distante, f.

aloud [ᵉlaᵒud] *adv.* à haute voix.

alp [alp] *s.* alpe, f.; pâturage de montagne, m.; *the Alps,* les Alpes.

alphabet [alfᵉbèt] *s.* alphabet, m. || **alphabetical** [alfᵉbétik'l] *adj.* alphabétique

alpinist [alpinist] *s.* alpiniste, m., f.

already [aulrèdi] *adv.* déjà.

Alsace [alsas] *s.* Alsace, f. || **Alsatian** [alséⁱshᵉn] *adj.*, *s.* alsacien.

also [aulso] *adv.* de même façon; également, aussi; de plus.

altar [aultᵉr] *s.* autel, m.; *altar-cloth,* nappe d'autel; *altar-piece,* *altar-screen,* retable.

alter [aultᵉr] *v.* modifier; se modifier. || **alteration** [aulteréⁱshᵉn] *s.* remaniement, m.; falsification, f.; changement, m.; modification, f.

altercation [aultᵉrkéⁱshᵉn] *s.* altercation, f.

alternate [aultᵉrnit] *v.* alterner; *adj.* alterné, alternatif, réciproque. || **alternately** [-li] *adv.* alternativement; tour à tour. || **alternating** [-ing] *adj.* alternatif (électr.). || **alternation** [aultᵉrnéⁱshᵉn] *s.* alternance; alternative, f. || **alternative** [aultᵉrnᵉtiv] *s.* alternative, f.; *adj.* alternatif.

although [aulzhoᵒu] *conj.* quoique, bien que; quand bien même.

altitude [altⁱtyoud] *s.* altitude, f.

altogether [aultᵉgèzhᵉr] *adv.* entièrement, absolument; tout compris.

altruism [altrouiz'm] *s.* altruisme, m. || **altruist** [-ist] *s.* altruiste, m., f.

alum [alᵉm] *s.* alun, m.; *v.* aluner.

alumine [ᵉlyoumin] *s.* alumine, f. || **aluminate** [-yéⁱt] *v.* aluminer. || **alumin(i)um** [-ᵉm] *s.* aluminium, m.

alumnus [ᵉlᵉmnᵉs] (*pl.* **alumni** [-aⁱ]) *s.* diplômé, ancien élève, m.

always [aulwiz] *adv.* toujours.

am [am], *see to be.*

amalgamate [ᵉmalgᵉméⁱt] *v.* amalgamer, mélanger; fusionner [shares]. || **amalgamation** [ᵉmalgᵉméⁱshᵉn] *s.* mélange, m.; fusion, f.

amanuensis [ᵉmanyouènsis] (*pl.* **amanuenses**) *s.* secrétaire, m., f.

amass [ᵉmas] *v.* amasser.

amateur [amᵉtshour] *s.* amateur, m.

amatory [amᵉtauri] *adj.* amoureux; d'amour, érotique.

amaze [ᵉméⁱz] *v.* étonner; émerveiller; confondre. || **amazement** [-mᵉnt] *s.* étonnement, émerveillement, m. || **amazing** [-ing] *adj.* étonnant.

ambassador [àmbassᵉdᵉʳ] *s.* ambassadeur, m.

amber [àmbᵉʳ] *s.* ambre, m.; *adj.* ambré; *v.* ambrer.

ambiance [ᵃⁿbyaⁿs] *s.* ambiance, f.

ambiguity [àmbigyouᵉti] *s.** ambiguïté, équivoque, f. ‖ *ambiguous* [àmbígyouᵉs] *adj.* ambigu.

ambition [àmbíshᵉn] *s.* ambition, aspiration, f. ‖ *ambitious* [àmbíshᵉs] *adj.* ambitieux.

amble [àmb'l] *s.* amble, m.; *v.* ambler; se promener.

ambulance [àmbyᵉlᵉns] *s.* ambulance, f.; *Ambulance Corps,* Service sanitaire.

ambush [àmboush] *v.* embusquer; s'embusquer; surprendre dans une embuscade; *s.** embuscade, embûche, f.

ameliorate [ᵉmîlyeʳéⁱt] *v.* améliorer; s'améliorer. ‖ *amelioration* [ᵉmîlyᵉréⁱshen] *s.* amélioration, f.

amenable [ᵉmînᵉb'l] *adj.* soumis, docile; justiciable; responsable.

amend [ᵉméⁱnd] *v.* modifier; corriger; s'amender; s'améliorer; *s. pl.* compensation, f.; dédommagement, m.; *to make amends for,* racheter, dédommager. ‖ *amendment* [ᵉméⁱndmᵉnt] *s.* rectification, f.; amendement, m.; amélioration, f.

American [ᵉmèrᵉkᵉn] *adj., s.* américain. ‖ *americanism* [-iz'm] *s.* américanisme, m.

amethyst [amᵉthist] *s.* améthyste, f.

amiable [éⁱmiᵉb'l] *adj.* aimable; affable; prévenant; amical.

amicable [amikᵉb'l] *adj.* amical; à l'amiable [arrangement].

amid [ᵉmíd], **amidst** [-st] *prep.* au milieu de; parmi; entre.

amiss [ᵉmís] *adv.* mal, de travers; *adj.* inconvenant; fautif; impropre; *to take amiss,* prendre mal.

amity [amᵉti] *s.* amitié, bonnes relations (internationales), f.

ammonia [ᵉmoᵘnyᵉ] *s.* ammoniaque, f. ‖ *ammoniac* [-nyak] *adj.* ammoniac. ‖ *ammoniacal* [àmoᵘnaⁱekᵉl] *adj.* ammoniacal.

ammunition [àmyᵉníshᵉn] *s.* munitions, f.; moyens (m.) de défense.

amnesia [àmnîjⁱe] *s.* amnésie, f. ‖ *amnesic* [-sik] *adj., s.* amnésique, m., f.

amnesty [àmnèsti] *s.** amnistie, f.; *v.* amnistier.

among [ᵉmǽng], **amongst** [-st] *prep.* au milieu de; entre; parmi; chez.

amorous [amᵉrᵉs] *adj.* concupiscent; érotique; porté à l'amour; *amorously,* amoureusement.

amortize [ᵉmauʳtaⁱz] *v.* amortir [debt]. ‖ *amortization* [amauʳtᵉzéⁱshᵉn] *s.* amortissement, m.

amount [ᵉmaᵒᵘnt] *v.* s'élever à; se chiffrer; équivaloir; *s.* total, m.; somme, f.; montant, m.; *in amount,* au total; *to the amount of,* jusqu'à concurrence de.

amour [ᵉmoᵘᵉʳ] *s.* liaison, intrigue, affaire (f.) d'amour.

amphitheater [àmfᵉthiᵉtᵉʳ] *s.* amphithéâtre, m.

ample [àmp'l] *adj.* ample; spacieux; abondant; suffisant. ‖ *amplifier* [àmplᵉfaⁱᵉʳ] *s.* amplificateur, m. ‖ *amplify* [àmplᵉfaⁱ] *v.* amplifier; s'étendre sur [subject].

ampoule [ampoul] *s.* ampoule (med.), f.

amputate [àmpyᵉtéⁱt] *v.* amputer. ‖ *amputation* [àmpyetéⁱshen] *s.* amputation, f.

amuse [ᵉmyouz] *v.* amuser, divertir; tromper; s'amuser. ‖ *amusement* [-mᵉnt] *s.* amusement, m. ‖ *amusing* [-ing] *adj.* amusant; *amusement park,* parc des attractions.

an [ᵉn, àn] *indef. art.* un, une.

anachronic [anᵉkraunik] *adj.* anachronique. ‖ *anachronism* [ᵉnàkrᵉniz'm] *s.* anachronisme, m.

anaesthesia [anisthîzyᵉ] *s.* anesthésie, f. ‖ *anaesthetic* [anisthétik] *adj.* insensibilisateur; *s.* anesthésique, m. ‖ *anaesthetize* [-taⁱz] *v.* anesthésier.

analogical [ànᵉládjikᵉl] *adj.* analogique. ‖ *analogous* [ᵉnalᵉgᵉs] *adj.* analogue. ‖ *analogy* [ᵉnalᵉdji] *s.** analogie, f.

analysis [ᵉnalᵉsis] (pl. *analyses* [-îz]) *s.* analyse, f. ‖ *analyze* [anᵉlaⁱz] *v.* analyser.

anarchic [ànᵃrkik] *adj.* anarchique. ‖ *anarchy* [anᵉrki] *s.* anarchie, f.

anatomy [ᵉnatᵉmi] *s.** anatomie, f.; dissection, f.

ancestor [ànsèstᵉr] *s.* ancêtre, m. ‖ *ancestral* [-trᵉl] *adj.* ancestral. ‖ *ancestry* [-tri] *s.* lignage, m.

anchor [àngkᵉr] *s.* ancre, f.; *v.* ancrer, mouiller; attacher, fixer. ‖ *anchorage* [-ridj] *s.* ancrage; mouillage; (fig.) havre, m.

anchovy [àntshoᵘvi] *s.** anchois, m.

ancient [éⁱnshᵉnt] *adj.* ancien.

and [ᵉnd, ànd] *conj.* et.

andiron [àndaⁱᵉn] *s.* chenet, m.

anecdote [ànikdoᵘt] *s.* anecdote, f.

anemia [ᵉnîmiᵉ] *s.* anémie, f. ‖ *anemic* [ᵉnîmik] *adj.* anémique.

anemone [anémauni] *s.* anémone, f.

anew [ɐˈnyou] *adv.* de nouveau, à nouveau ; à neuf.

angel [éˈndjel] *s.* ange, m. ‖ *angelic* [àndjèlik] *adj.* angélique.

anger [àngger] *s.* colère, f. ; *v.* irriter, courroucer.

angina [àndjaˈne] *s.* angine, f.

angle [àngg'l] *s.* hameçon, m. ; ligne, f. ; *v.* pêcher à la ligne ; essayer d'attraper. ‖ *angler* [-er] *s.* pêcheur à la ligne, m.

angle [àngg'l] *s.* angle ; point de vue ; aspect, m. ; *v. Am.* former en angle ; présenter sous un certain angle.

angry [ànggri] *adj.* irrité, fâché ; en colère.

anguish [ànggwish] *s.** angoisse, f. ; tourment, m. ; *v.* angoisser.

animadversion [ànˈmadvèrjen] *s.* critique ; blâme, m.

animal [anˈm'l] *adj., s.* animal.

animate [anˈmit] *v.* animer ; encourager ; stimuler ; exciter ; *adj.* animé, vivant. ‖ *animation* [aneméˈshen] *s.* animation ; verve, f. ‖ *animator* [animéˈter] *s.* animateur, m. ; animatrice, f.

animosity [anˈmâseti] *s.* animosité, f.

anise [anis] *s.* anis, m.

ankle [àngk'l] *s.* cheville [foot], f. ; *ankle-sock*, socquette.

annals [anˈlz] *s. pl.* annales, f. pl.

annex [anèks] *v.* annexer, joindre ; attacher ; *s.** annexe, f. ‖ *annexation* [anèkséˈshen] *s.* annexion, f.

annihilate [enaˈléˈt] *v.* annihiler.

anniversary [anevèrˈseri] *adj., s.** anniversaire.

annotate [anoˈouˈtéˈt] *v.* annoter. ‖ *annotation* [anoˈoutéˈshen] *s.* annotation, note, f.

announce [enaˈouns] *v.* annoncer ; présager ; prononcer. ‖ *announcement* [-ment] *s.* avertissement, avis, m. ; annonce, f. ‖ *announcer* [-er] *s.* annonceur ; speaker [radio] m. ; *woman announcer,* speakerine.

annoy [enoˈi] *v.* contrarier, importuner. ‖ *annoyance* [-ns] *s.* désagrément, m. ; vexation, f. ‖ *annoying* [-ing] *adj.* ennuyeux, contrariant ; importun, gênant.

annual [anyouˈel] *adj.* annuel ; annuaire ; *s.* plante annuelle, f. ; *annually,* annuellement. ‖ *annuity* [enouˈeti] *s.** annuité, rente, f.

annul [enœl] *v.* annihiler ; annuler ; abroger [law] ; casser [sentence].

annulary [anyouˈeri] *adj., s.* annulaire.

annunciate [enœnshiéˈt] *v.* annoncer. ‖ *annunciation* [enœnsiéˈshen] *s.* annonce ; annonciation, f.

anoint [enoˈint] *v.* oindre ; sacrer ; administrer l'extrême-onction.

anon [enân] *adv.* immédiatement, bientôt, tout à l'heure.

anonymity [anonˈmiti] *s.* anonymat, m. ‖ *anonymous* [enânemes] *adj.* anonyme.

another [enœzher] *adj., pron.* un autre ; un de plus ; encore un ; autrui ; *one another,* l'un l'autre, les uns les autres ; réciproquement.

answer [ànser] *s.* réponse ; réplique ; solution [problem], f. ; *v.* répondre ; réussir ; être conforme à ; *to answer for,* répondre de ; *to answer the purpose,* faire l'affaire ; *to answer the door,* aller ouvrir. ‖ *answerable* [-reb'l] *adj.* admettant une réponse ; réfutable ; solidaire ; responsable, garant ; soluble.

ant [ànt] *s.* fourmi, f. ; *ant-eater,* fourmilier ; *ant-hill,* fourmilière.

antagonism [àntagenizem] *s.* antagonisme, m. ‖ *antagonist* [-nist] *s.* antagoniste, m. ‖ *antagonize* [-naˈz] *v.* s'aliéner ; offusquer.

antecedent [àntesîdˈnt] *s.* antécédent, m. ; *adj.* antérieur ; présumé.

antechamber [antitshéˈmber] *s.* antichambre, f.

antedate [antidéˈt] *s.* antidate, f. ; *v.* antidater ; anticiper sur ; devancer.

antenna [àntène] *pl.* antennæ [-nî] *s.* antenne, f.

anterior [antiˈerier] *adj.* antérieur.

anteroom [àntiroum] *s.* antichambre ; salle d'attente, f.

anthem [ànthem] *s.* antienne, f. ; hymne, chant, m.

anthracite [ànthresaˈt] *s.* anthracite, m.

antibiotic [antibaˈautik] *s.* antibiotique, m.

antibody [-baudi] *s.** anticorps, m.

antic [antik] *s.* singerie ; cabriole, f. ; *v. Am.* faire des singeries (or) des cabrioles.

antidote [antidoˈut] *s.* antidote, m.

anticipate [àntísˈpéˈt] *v.* anticiper ; empiéter ; prévoir ; s'attendre à. ‖ *anticipation* [àntisépéˈshen] *s.* anticipation ; prévision, f.

antipathy [àntipˈthi] *s.* antipathie, f.

antiquary [àntikwèri] *s.** antiquaire, m., f. ‖ *antiquity* [àntikwˈeti] *s.** antiquité, f.

antiseptic [ànteseptik] *adj., s.* antiseptique.

antler [àntlᵉʳ] *s.* andouiller, bois, m.

anvil [ànvil] *s.* enclume, f.

anxiety [àngzaⁱ·ti] *s.* anxiété, inquiétude, f. ‖ **anxious** [àngksh·s] *adj.* inquiet; désireux; inquiétant; pénible; *anxiously,* anxieusement.

any [èni] *adj., pron.* quelque; du, de, des; de la; en; quiconque; aucun; nul; personne; n'importe quel; *adv.* si peu que ce soit; *any way,* n'importe comment; de toute façon; *any time,* à tout moment.

anybody [ènibâdi] *pron.* quelqu'un; personne; n'importe qui.

anyhow [èniaᵒᵘ] *adv.* en tout cas.

anyone [èniwœn] *pron.* = **anybody**.

anything [ènithing] *pron.* quelque chose; n'importe quoi; rien; *adv.* un peu; si peu que ce soit.

anyway [èniwéⁱ] *adv.* en tout cas.

anywhere [ènihwèᵉʳ] *adv.* n'importe où; quelque part; nulle part.

apart [ᵉpârt] *adv.* à part, à l'écart, séparé; *to move apart,* se séparer; s'écarter; *to tell apart,* distinguer; *to set apart,* mettre de côté; différencier.

apartment [ᵉpârtmᵉnt] *s.* appartement, m.; *Br.* grande pièce; salle, f.; *pl.* logement, m.; *apartment-house,* maison meublée.

apathetic [apᵉthétik] *adj.* apathique; indifférent; *apathy,* apathie.

ape [éⁱp] *s.* singe, m.; guenon, f.; *v.* imiter, singer.

aperture [apᵉrtshᵉʳ] *s.* ouverture, f.

apex [éⁱpèks] *s.°* sommet; bout [finger], m.; apogée [glory], m.

apiece [ᵉpîs] *adv.* la pièce; chacun.

apocalypse [ᵉpokᵉlips] *s.* apocalypse, f. [eccles.].

apologetic [ᵉpâlᵉdjétik] *adj.* relatif à des excuses; *apologetically,* en s'excusant. ‖ **apologize** [ᵉpâlᵉdjaⁱz] *v.* s'excuser. ‖ **apology** [ᵉpâlᵉdji] *s.°* apologie; excuse, f.; semblant, substitut, m.; amende honorable, f.

apoplexy [apᵉplèksi] *s.* apoplexie, f. ‖ **apostasy** [ᵉpaustᵉsi] *s.* apostasie, f. ‖ **apostatize** [-tᵉtaⁱz] *v.* apostasier.

apostle [ᵉpâs'l] *s.* apôtre, m. ‖ *apostleship* [-ship] *s.* apostolat, m. ‖ **apostolic(al)** [apᵉstâlik('l)] *adj.* apostolique.

apostrophe [ᵉpaustrᵉfi] *s.* apostrophe, f.; *apostrophize,* apostropher.

appal [ᵉpaul] *v.* terrifier. ‖ **appalling** [-ing] *adj.* terrifiant.

apparatus [apᵉréⁱtᵉs] *s.°* appareil; attirail, m.

apparel [ᵉparᵉl] *s.* habillement, m.; *v.* vêtir; équiper; orner.

apparent [ᵉparᵉnt] *adj.* apparent, évident; *heir apparent,* héritier présomptif. ‖ **apparently** [-li] *adv.* apparemment, visiblement. ‖ **apparition** [apᵉrishᵉn] *s.* apparition, f.; fantôme, spectre, m.

appeal [ᵉpîl] *v.* interjeter appel [law]; implorer; en appeler à; avoir recours à; attirer; *s.* appel; attrait; recours, m.; *does that appeal to you?* est-ce que cela vous dit quelque chose?

appear [ᵉpiᵉʳ] *v.* apparaître, paraître; comparaître; sembler; se manifester; *it appears that,* il appert que (jur.). ‖ **appearance** [ᵉpîrᵉns] *s.* aspect, m.; apparence, publication; représentation; comparution, f.; semblant, m.; *first appearance,* début [artist].

appease [ᵉpîz] *v.* apaiser. ‖ **appeasement** [ᵉpîzmᵉnt] *s.* apaisement, m.; conciliation, f.

appellant [ᵉpèlᵉnt] *adj., s.* appelant (jur.). ‖ **appellation** [apᵉléⁱshᵉn] *s.* appellation, f.; titre, m. ‖ **appellee** [apᵉlî] *s.* intimé (jur.), m.

append [ᵉpènd] *v.* annexer, joindre; apposer. ‖ **appendicitis** [ᵉpendisaⁱtis] *s.* appendicite, f. ‖ **appendix** [ᵉpèndiks] *s.°* appendice, m.

appertain [apᵉrtéⁱn] *v.* appartenir.

appetite [apᵉtaⁱt] *s.* appétit; désir, m. ‖ **appetizer** [apᵉtaⁱzer] *s.* apéritif, m. ‖ **appetizing** [apᵉtaⁱzing] *adj.* appétissant.

applaud [ᵉplaud] *v.* applaudir; approuver. ‖ **applause** [ᵉplauz] *s.* applaudissements, m. pl.

apple [ap'l] *s.* pomme, f.; *apple of the eye,* prunelle de l'œil; *apple-pie,* chausson aux pommes; *in apple-pie order,* en ordre parfait; *apple-polish,* v. *Am.* faire de la lèche à; *apple-polisher, s. Am.* lèche-bottes, m.; *apple-sauce,* compote de pommes; flagornerie; *Am.* boniments; *Am.* blague (slang).

appliance [ᵉplaⁱᵉns] *s.* mise en pratique, f.; engin; appareil, m.

applicable [aplikᵉb'l] *adj.* applicable. ‖ **applicant** [aplⁱkᵉnt] *s.* postulant, candidat; demandeur (jur.), m. ‖ **application** [aplⁱkéⁱshᵉn] *s.* application; demande d'emploi; démarche, f.

apply [ᵉplaⁱ] *v.* appliquer; infliger; diriger vers; *to apply oneself to,* s'appliquer à; *to apply for,* faire une demande, une démarche; solliciter; *to apply to,* s'adresser à.

appoint [ᵉpoⁱnt] *v.* désigner; assigner; nommer; établir, instituer; décider; résoudre; équiper. ‖ **appointment** [ᵉpoⁱntmᵉnt] *s.* nomination; situation, f.; rendez-vous, m.; *pl.* équipement, m.; installation, f.; mobilier, m.

apportion [əpoᵘrshən] v. répartir, distribuer; proportionner. ‖ **apportionment** [-mənt] s. répartition, f.; prorata, m.

appraisal [əpré¹z'l] s. estimation, évaluation, f. ‖ **appraise** [əpré¹z] v. évaluer; estimer. ‖ **appraiser** [-ᵉʳ] s. commissaire-priseur, m.

appreciable [əprîshiᵉb'l] adj. appréciable. ‖ **appreciate** [əprîshié¹t] v. apprécier; augmenter [price]; Am. être reconnaissant de. ‖ **appreciation** [əprîshié¹shən] s. appréciation; hausse [price], f.; Am. reconnaissance, f.

apprehend [aprihènd] v. appréhender; arrêter; comprendre; supposer. ‖ **apprehension** [aprihènshən] s. arrestation; compréhension; crainte, f. ‖ **apprehensive** [-siv] adj. inquiet, anxieux; compréhensif, vif, perceptif.

apprentice [əprèntis] s. apprenti; élève, stagiaire, m., f.; v. mettre en apprentissage. ‖ **apprenticeship** [-ship] s. apprentissage, m.

approach [əproᵘtsh] v. approcher; aborder; s'approcher de; s.* approche, f.; abord, m.; proximité, f.; pl. avances, f.; accès, abords; travaux d'approche, m. ‖ **approachable** [-ᵉb'l] adj. approchable, accessible; abordable.

approbation [aprébé¹shən] s. approbation, f.

appropriate [əproᵘprié¹t] v. s'approprier; affecter à; attribuer; [əproᵘpriit] adj. approprié, indiqué. ‖ **appropriation** [əproᵘprié¹shən] s. somme affectée; destination [sum], f.; crédit, m.; (jur.) détournement, m.

approval [əproᵘv'l] s. approbation, ratification, f. ‖ **approve** [əproᵘv] v. approuver; consentir; *to approve oneself*, se montrer. ‖ **approving** [-ing] adj. approbateur; approbatif.

approximate [əpräks⁰mé¹t] v. approcher, rapprocher; [əpräks⁰mit] adj. proche; approximatif. ‖ **approximately** [-li] adv. presque, environ, approximativement. ‖ **approximation** [əprauksimé¹shən] s. approximation, f.; rapprochement, m. ‖ **approximative** [-mᵗiv] adj. approximatif.

appurtenance [əpᵉrt'nᵉns] s. propriété; dépendances; suite, f.

apricot [é¹prikât] s. abricot, m.

April [é¹prᵉl] s. avril, m.; *April fool joke*, poisson d'avril.

apron [é¹prᵉn] s. tablier, m.

apt [apt] adj. apte à; sujet à; doué pour; enclin à; habile. ‖ **aptitude** [aptᵉtyoud] s. aptitude, capacité, f.

aquarium [əkwèriᵉm] s. aquarium, m.

aquatic [əkwatik] adj. aquatique; s. plante, sport aquatique.

aqueduct [akwidœkt] s. aqueduc, m.

Arab [arᵉb] adj., s. arabe.

Arabia [əré¹byᵉ] s. Arabie, f. ‖ **Arabian** [-n] adj. arabe.

arbiter [ârbitᵉʳ] s. arbitre, m. ‖ **arbitrament** [ârbitrᵉmᵉnt] s. arbitrage, m.; sentence, f. ‖ **arbitrary** [ârbᵉtrèri] adj. arbitraire. ‖ **arbitrate** [ârbᵉtré¹t] v. arbitrer. ‖ **arbitration** [ârbᵉtré¹shᵉn] s. arbitrage, m. ‖ **arbitrator** [ârbᵉtré¹tᵉr] s. arbitre, juge, m.

arbor [ârbᵉr] s. verger; bosquet, m.

arc [ârk] s. arc, m.

arcade [ârké¹d] s. arcade, f.

arch [ârtsh] s.* arche; voûte, f.; arc (geom.), m.; v. jeter un pont, une arche; arquer, courber; adj. maniéré; pref. principal.

archaic [ârké¹ik] adj. archaïque. ‖ **archaism** [â'kiizᵉm] s. archaïsme, m.

archbishop [âtshbbishᵉp] s. archevêque, m. ‖ **archbishopric** [-rik] s. archevêché; archiépiscopat, m.

archipelago [ârkᵉpèlᵉgoᵘ] s. archipel, m.

architect [ârkᵉtèkt] s. architecte, m. ‖ **architecture** [ârkᵉtèktshᵉr] s. architecture, f.

archives [âka¹vz] s. pl. archives, f. pl.

archway [ârtshwé¹] s. voûte, f.

arctic [ârktik] adj. arctique.

ardent [ârd'nt] adj. ardent; passionné; *ardent spirits*, spiritueux. ‖ **ardo(u)r** [ârdᵉr] s. ardeur, ferveur, f.; zèle, m.

arduous [ârdjouᵉs] adj. ardu.

are [âr] pl. indic. of to be; sommes, êtes, sont.

area [èriᵉ] s. aire, superficie; région (mil.); cour, f.; quartier, m.

arena [èrînᵉ] s. arène, f.; sable, gravier (med.), m.

argue [ârgyou] v. argumenter; débattre; soutenir [opinion]; prouver; *to argue down*, réduire au silence; *to argue into*, persuader. ‖ **argument** [ârgyᵉmᵉnt] s. argument, m.; preuve; argumentation; discussion, f.; débat, m.; sommaire; (jur.) plaidoyer, m.; thèse, f.

arid [arid] adj. aride, sec. ‖ **aridity** [ridᵉti] s. sécheresse, aridité, f.

arise [əra¹z] v.* se lever; s'élever; surgir; provenir; se produire; se révolter (*against*, contre). ‖ **arisen** [əriz'n] p. p. of to arise.

aristocracy [arᵉstâkrᵉsi] s.* aristocratie; élite, f. ‖ **aristocrat** [rist¹krat] s. aristocrate, m., f. ‖ **aristocratic** [ᵉristᵉkratik] adj. aristocratique.

arithmetic [ᵉrithmᵉtik] s. arithmétique, f.

ark [ârk] *s.* arche, f.; *Noah's ark*, arche de Noé.

arm [ârm] *s.* arme, f.; *v.* (s')armer.

arm [ârm] *s.* bras, m.; *arm in arm*, bras dessus, bras dessous; *at arm's length*, à bout de bras; *arm-hole*, emmanchure.

armada [ârmâd°] *s.* flotte, escadre, f.

armament [ârm°m°nt] *s.* armement, m.

armature [ârm°tsh°r] *s.* arme, armature (arch.); armure (electr.), f.

armchair [ârmtshèr] *s.* fauteuil, m.

armful [ârmf°l] *s.* brassée, f.

armistice [ârm°stis] *s.* armistice, m.

armo(u)r [ârm°r] *s.* armure; cuirasse, f.; blindage, m.; *v.* cuirasser, blinder. ‖ *armo(u)red* [ârm°rd] *p. p.* blindé, cuirassé. ‖ *armourer* [-r°r] *s.* armurier, m. ‖ *armo(u)ry* [ârm°ri] *s.*° armurerie, f.; arsenal, m.; armes, f. pl.; *Am.* fabrique (f.) d'armes.

armpit [ârmpit] *s.* aisselle, f.

army [ârmi] *s.*° armée; multitude, f.; *adj.* militaire; de l'armée; *army area*, zone de l'armée; *to enter the army*, entrer dans l'armée; *Am. army hostess*, cantinière.

aroma [°ro°um°] *s.* arome, m. ‖ *aromatic* [ar°matik] *adj.* aromatique. ‖ *aromatise* [aro°um°ta¹z] *v.* aromatiser.

arose [°ro°uz] *pret. of* **to arise.**

around [°ra°und] *adv.* autour, alentour; de tous côtés; *prep.* autour de; *Am.* à travers; çà et là; dans.

arouse [°ra°uz] *v.* (r)éveiller; stimuler, provoquer, susciter.

arraign [°ré¹n] *v.* traduire en justice; accuser. ‖ *arraignment* [-m°nt] *s.* mise en accusation, f.

arrange [°ré¹ndj] *v.* arranger; disposer; régler [business]; convenir de; fixer; s'entendre pour. ‖ *arrangement* [°ré¹ndjm°nt] *s.* arrangement; préparatif, m.; transaction; organisation; combinaison, mesure, f.

array [°ré¹] *v.* ranger; disposer; orner; faire l'appel (mil.). *s.* ordre, m.; formation [battle], f.; troupe, f.; vêtements; gala, m.; constitution de jury, f.

arrear [°ri°r] *s.* retard, m.; *pl.* arrérages, m.

arrest [°rèst] *v.* arrêter; fixer; surseoir; retenir [attention]; prévenir [danger]; *s.* arrêt, m.; arrestation, f.; surséance (jur.), f.; arrêts (mil.), m. pl.

arrival [°ra¹v'l] *s.* arrivée, f.; arrivage, m. ‖ *arrive* [°ra¹v] *v.* arriver; aboutir; survenir.

arrogance [ar°g°ns] *s.* arrogance, f. ‖ *arrogant* [ar°g°nt] *adj.* arrogant.

arrogate [ar°gé¹t] *v.* s'arroger; attribuer. ‖ *arrogation* [ar°gé¹sh°n] *s.* usurpation; prétentions injustifiées, f.

arrow [aro°u] *s.* flèche, f.; *arrow-root*, marante.

arsenal [ârs'n°l] *s.* arsenal, m.

arsenic [ârs'nik] *s.* arsenic, m.

arson [ârs'n] *s.* crime d'incendie volontaire, m.

art [ârt] *s.* art; artifice, m.; ruse, f.; *fine arts*, beaux-arts.

arterial [âti°ri°l] *adj.* artériel; national [road]. ‖ *artery* [ârt°ri] *s.*° artère; grande route, f.; fleuve navigable, m.

artful [ârtf°l] *adj.* ingénieux, adroit; rusé; artificiel.

arthritis [âthra¹tis] *s.* arthrite, f. ‖ *arthrosis* [-thro°usis] *s.* arthrose, f.

artichoke [ârtitsho°uk] *s.* artichaut; *Jerusalem artichoke*, topinambour.

article [ârtik'l] *s.* article, m.; contrat d'apprentissage, m.; rôle d'équipage (naut.), m.; *v.* mettre en apprentissage; stipuler; passer un contrat (naut.); accuser (jur.).

articulate [ârtiky°lit] *adj.* articulé; manifeste; intelligible; [ârtiky°lé¹t] *v.* articuler; énoncer. ‖ *articulation* [ârtiky°lé¹sh°n] *s.* articulation, f.

artifice [ârt°fis] *s.* artifice, m.; ruse, f. ‖ *artificial* [ârt°fish°l] *adj.* artificiel; affecté; effacé.

artillery [ârtil°ri] *s.* artillerie, f.; *artillery-man*, artilleur.

artisan [ârt°z'n] *s.* artisan, m.

artist [ârtist] *s.* artiste, m., f. ‖ *artistic* [ârtistik] *adj.* artistique; *artistically*, artistiquement, avec art.

artless [ârtlis] *adj.* peu artistique; gauche; candide; sans artifice; naturel. ‖ *artlessness* [-nis] *s.* ingénuité, f.

as [°z] *adv., conj., prep.* comme; si, aussi; ainsi que; tant que; de même que; puisque; en tant que; *as regards*, *as for*, quant à; *as if*, comme si; *as it were*, pour ainsi dire; *the same as*, le même que.

ascend [°sènd] *v.* monter; s'élever. ‖ *ascendancy* [-°nsi] *s.* ascendant, m. ‖ *ascension* [°sènsh°n] *s.* ascension, f. ‖ *ascent* [°sènt] *s.* ascension, montée; remontée, f.

ascertain [as°rté¹n] *v.* vérifier; confirmer; s'informer; constater.

ascetic [°sétik] *adj.* ascétique; *s.* ascète, m. ‖ *asceticism* [-isiz'm] *s.* ascétisme, m.; ascèse, f.

ascribe [°skra¹b] *v.* attribuer; imputer.

asepsis [°sepsis] *s.* asepsie, f. ‖ *asepticize* [-tisa¹z] *v.* aseptiser.

ash [ash] *s.*° frêne, m.

ash [ash] *s.* cendre, f.; *v.* réduire en cendres; *ash-colo(u)red*, cendré; *ash-tray*, cendrier; *Ash Wednesday*, mercredi des Cendres.

ashamed [•shé¹md] *adj.* honteux.

ashore [•sho°ur] *adv.* à terre; sur terre; échoué; à la côte; *to ashore*, débarquer.

aside [•sa¹d] *adv.* à part; à l'écart; de côté; *Am.* en dehors de, à côté de; *aside from, Am.* outre, en plus de; *s.* aparté [theater].

ask [ask] *v.* demander; solliciter; inviter; poser [question]; *to ask somebody for something*, demander quelque chose à quelqu'un.

askance [•skàns] *adv.* de travers, de côté, du coin de l'œil.

asleep [•slîp] *adj.* endormi; engourdi; *to fall asleep*, s'endormir; *to be asleep*, dormir.

aslope [•slo°up] *adv., adj.* en pente.

asparagus [•spar°g°s] *s.* asperge, f.; *asparagus fern*, asparagus.

aspect [aspèkt] *s.* aspect; air, m.; physionomie; orientation, exposition, f.; *in its true aspect*, sous son vrai jour, sous son angle véritable.

aspen [asp°n] *s.* tremble [tree], m.

asperity [aspériti] *s.* aspérité, f.; rigueur, âpreté, f.

asphalt [asfault] *s.* asphalte, m.

asphyxiate [asfiksié¹t] *v.* asphyxier. ‖ *asphyxia* [-sié] *s.* asphyxie, f.

aspiration [asp•ré¹sh°n] *s.* aspiration, f.; souffle, m. ‖ *aspirator* [asp•ré¹t°r] *s.* aspirateur, m. ‖ *aspire* [•spa¹r] *v.* aspirer; exhaler; ambitionner; se porter [ambition].

ass [as] *s.* âne, imbécile (fam.), m.; *she-ass*, ânesse.

assail [•sé¹l] *v.* assaillir, attaquer. ‖ *assailant* [•sé¹l°nt] *s.* agresseur, assaillant, m.

assassin [•sassin] *s.* assassin, m. ‖ *assassinate* [•sas'né¹t] *v.* assassiner. ‖ *assassination* [•sas'né¹sh°n] *s.* assassinat, m.

assault [•sault] *s.* assaut (mil.), m.; agression (jur.), f.; attaque, f.; *v.* assaillir, attaquer. ‖ *assaulter* [-°r] *s.* assaillant, agresseur, m.

assay [•sé¹] *s.* essai [metal], m.; analyse; vérification [weight, quantity], f.; *v.* faire l'essai; titrer; essayer, tenter.

assemble [•sèmb'l] *v.* assembler; ajuster, monter; se réunir. ‖ *assembly* [•sèmbli] *s.* réunion; assemblée, f.; montage, m.

assent [•sènt] *v.* acquiescer, adhérer; *s.* assentiment, m.

assert [•sërt] *v.* revendiquer; affirmer. ‖ *assertion* [•sër¹sh°n] *s.* revendication; affirmation, f. ‖ *assertive* [-tiv] *adj.* affirmatif; péremptoire, cassant.

assess [•sès] *v.* imposer; évaluer; assigner; taxer. ‖ *assessment* [-m°nt] *s.* taxation; imposition, f.; *reduction of assessment*, dégrèvement d'impôt.

asset [asèt] *s.* qualité, f.; avantage, m.; *pl.* avoirs; actif, capital, m.

assiduity [asºdyou•ti] *s.* assiduité, f. ‖ *assiduous* [•sidjou•s] *adj.* assidu; empressé.

assign [•sa¹n] *v.* attribuer; affecter (mil.); alléguer [reason]; assigner; nommer; transférer [law]. ‖ *assignment* [•sa¹nment] *s.* attribution; cession; affectation (mil.), f.; transfert [property]; *Am.* devoir (educ.), m.

assimilate [•sim'lé¹t] *v.* assimiler; comparer; s'assimiler. ‖ *assimilation* [•simélé¹sh°n] *s.* assimilation, f.

assist [•sist] *v.* assister, aider; faciliter; contribuer à. ‖ *assistance* [•sist°ns] *s.* assistance; aide, f. ‖ *assistant* [•sist°nt] *adj., s.* assistant; adjoint, aide; auxiliaire.

assizes [•sa¹ziz] *s. pl.* assises, f. pl.; tribunal, m.

associate [•so°ushiit] *adj.* associé; *s.* associé; compagnon; confrère, collègue; complice, m.; titre académique [•so°ushié¹t] *v.* associer; s'associer. ‖ *association* [•so°usié¹sh°n] *s.* association; société; *pl.* relations, f.

assort [•saurt] *v.* classer, trier; assortir; être assorti; fréquenter. ‖ *assortment* [•saurtm°nt] *s.* classement; tri; assortiment, m.

assuage [•swé¹dj] *v.* assouvir, satisfaire [hunger]; étancher [thirst]; soulager [pain]; apaiser [anger].

assume [•soum] *v.* assumer; prendre; s'emparer de; s'arroger; feindre; présumer. ‖ *assumed* [-d] *adj., p. p.* feint; d'emprunt [name].

assumption [•soempsh°n] *s.* prétention; hypothèse; action d'assumer; Assomption, f.

assurance [•shour°ns] *s.* affirmation, conviction; promesse; assurance; garantie, f.

assure [•shour] *v.* assurer; certifier. ‖ *assuredly* [-idli] *adv.* assurément; avec assurance.

asterisk [ast°risk] *s.* astérisque, m.

astern [•stërn] *adv.* à l'arrière; en arrière; *adj.* arrière.

asthma [asm°] *s.* asthme, m.

astonish [•stånish] *v.* confondre; étonner. ‖ *astonishing* [-ing] *adj.* étonnant; surprenant. ‖ *astonishment* [-m°nt] *s.* étonnement, m.

astound [ᵉstẚºund] v. stupéfier.

astray [ᵉstré¹] adv. hors du chemin; perdu; de travers; dérangé; erroné; *to go astray*, s'égarer; adj. égaré.

astride [ᵉstra¹d] adv. à cheval; à califourchon; jambes écartées.

astringent [ᵉstrindjᵉnt] adj. astringent; austère; s. astringent, m.

astrologer [astraulaudjᵉʳ] s. astrologue, m. ‖ *astrology* [-lᵉdji] s. astrologie, f.

astronomer [ᵉstrẚnᵉmᵉʳ] s. astronome, m. ‖ *astronomy* [ᵉstrẚnᵉmi] s. astronomie, f.

astute [ᵉstyout] adj. fin, rusé, sagace.

asunder [ᵉsændᵉʳ] adj. séparé; écarté; adv. coupé en deux.

asylum [ᵉsa¹lᵉm] s. asile; hospice, hôpital, m.

at [at] prep. à; au; de; dans; chez; sur; par; *I live at my brother's*, j'habite chez mon frère; *at hand*, à portée de la main; *at sea*, en mer; *at any rate*, en tout cas; *at any sacrifice*, au prix de n'importe quel sacrifice; *at last*, enfin; *at this*, sur ce.

atavism [atᵉviz'm] s. atavisme, m.

ate [é¹t] pret. of *to eat*.

atheist [e¹thiist] s. athée, m.

athlete [athlīt] s. athlète, m. ‖ *athletic* [athlètik] adj. athlétique. ‖ *athletics* [athlètiks] s. gymnastique, f.; athlétisme, m.

atmosphere [atmᵉsfiᵉʳ] s. atmosphère, f. ‖ *atmospheric* [atmᵉsfèrik] adj. atmosphérique.

atoll [atẚl] s. atoll, m.

atom [atᵉm] s. atome, m.; molécule, f.; *atom bomb*, bombe atomique; *atom free*, dénucléarisé. ‖ *atomic* [ᵉtẚmik] adj. atomique. ‖ *atomist* [-ist] s. atomiste, m. ‖ *atomize* [-a¹z] v. atomiser, pulvériser, vaporiser.

atone [ᵉtoºun] v. expier; racheter; compenser; concilier. ‖ *atonement* [-mᵉnt] s. réconciliation; compensation; expiation; rédemption, f.

atrocious [ᵉtroºushᵉs] adj. atroce. ‖ *atrocity* [ᵉtrẚsti] s.* atrocité, f.

atrophy [atᵉfi] s. atrophie, f.; v. atrophier.

attach [ᵉtatsh] v. attacher; imputer; saisir [law]. ‖ *attachment* [-mᵉnt] s. attachement, m.; saisie-arrêt, f. (jur.); embargo, m.

attack [ᵉtak] v. attaquer; entamer, commencer; s. attaque, offensive, f. ‖ *attacker* [-ᵉʳ] s. assaillant, m.

attain [ᵉté¹n] v. atteindre; acquérir; parvenir à. ‖ *attainder* [-dᵉʳ] s. condamnation [treason]; flétrissure, f. ‖ *attainment* [-mᵉnt] s. acquisition;

réalisation; connaissances, f.; savoir, m.; *classical attainments*, culture classique.

attempt [ᵉtèmpt] s. tentative, f.; effort; essai; attentat, m.; v. tenter; tâcher; attenter à.

attend [ᵉtènd] v. faire attention [to, à]; suivre [lessons]; assister à [lectures]; vaquer à [work]. ‖ *attendance* [-ᵉns] s. présence; assistance, f.; soins (med.); service [hotel], m. ‖ *attendant* [-ᵉnt] adj. résultant, découlant de; au service de; s. assistant, aide; serviteur, garçon, m.; ouvreuse; pl. suite, f.

attention [ᵉtènshᵉn] s. attention, f.; égards, m.; garde-à-vous (mil.), m.; *to pay attention to*, faire attention à. ‖ *attentive* [ᵉtèntiv] adj. attentif.

attenuate [ᵉté¹nyoué¹t] v. atténuer; amaigrir. ‖ *attenuation* [ᵉté¹nyoué¹shᵉn] s. atténuation, f.

attest [ᵉtèst] v. attester; s. témoignage, m.; attestation, f. ‖ *attestation* [atèst¹shᵉn] s. attestation, f.

attic [atik] s. mansarde, f.; grenier, m.

attire [ᵉta¹r] s. vêtement, m.; parure, f.; v. orner, parer; vêtir.

attitude [atᵉtyoud] s. attitude, f.

attorney [ᵉtë¹n¹] s. avoué; mandataire, m.; *by attorney*, par procuration; *Attorney-general*, procureur général; *Am*. procureur du gouvernement; *public attorney*, procureur de la République.

attract [ᵉtrakt] v. attirer. ‖ *attraction* [-shᵉn] s. attrait, m.; séduction, f. ‖ *attractive* [-tiv] adj. attrayant, séduisant.

attribute [atrᵉbyout] s. attribut, m.; [ᵉtribyout] v. attribuer, imputer. ‖ *attribution* [atribyoushᵉn] s. attribution; prérogative, f.

attune [ᵉtyoun] v. accorder; harmoniser (to, avec).

auburn [aubë¹n] adj. brun-rouge.

auction [aukshᵉn] s. enchère, f.; v. vendre aux enchères; *Am*. *auction-room*, salle des ventes. ‖ *auctioneer* [aukshᵉni¹ᵉʳ] s. commissaire-priseur; courtier inscrit, m.

audacious [audé¹shᵉs] adj. audacieux. ‖ *audacity* [audasᵉti] s. audace, f.

audible [audᵉb'l] adj. perceptible [ear]. ‖ *audience* [audiᵉns] s. audience [hearing], f.; spectateurs, auditoire [hearers], m.; assistance, f. ‖ *audiovisual* [audioºuvizyouᵉl] adj. audiovisuel. ‖ *audit* [audit] v. apurer; vérifier; s. bilan; apurement, m.; vérification, f.; *audit-office*, cour des comptes. ‖ *audition* [audishᵉn] s. audition; ouïe, f. ‖ *auditor* [auditᵉʳ] *s.* auditeur; vérificateur, m. ‖ *auditorium* [aud°to°u'ri°m] *s.* salle de conférences ou de concerts, f.; parloir, m. ‖ *auditory* [-t°ri] *adj.* auditif; *s.* auditoire; auditorium, m.

auger [aug°ᵉʳ] *s.* tarière; sonde, f.

aught [aut] *pron., s.* quelque chose; rien; *for aught I know,* pour autant que je sache.

augment [augmènt] *s.* accroissement, m.; [augmènt] *v.* augmenter. ‖ *augmentation* [augm°nt°i'sh°n] *s.* augmentation, f.

augur [aug°ᵉʳ] *s.* augure, m.; *v.* augurer.

august [aug°st] *adj.* auguste, *s.* août, m.

auk [auk] *s.* pingouin, m.

aunt [ànt] *s.* tante, f.

auscultate [auskœlté'ᵗt] *v.* ausculter.

auspices [auspisiz] *s.* auspices, m. ‖ *auspicious* [auspish°s] *adj.* propice, favorable; prospère, fortuné.

austere [aust°ᵉʳ] *adj.* austère. ‖ *austerity* [aust°ᵉʳeti] *s.* austérité f.; *austerity plan,* plan de restrictions.

authenticate [authéntiké'ᵗt] *v.* authentifier; certifier; homologuer; valider. ‖ *authenticity* [auth°ntis°ti] *s.* authenticité, f.

author [auth°ᵉʳ] *s.* auteur, m.

authoritative [°thaur°té'tiv] *adj.* autorisé; qui fait autorité; autoritaire. ‖ *authority* [°thaur°ti] *s.* autorité; source, f. ‖ *authorize* [°thaura¹z] *v.* autoriser; justifier.

auto, automobile [auto°u] [aut°m°bîl] *s.* auto, automobile, f.; *autobahn,* autoroute; *autocar,* autocar.

automat [automat] *s.* *Am.* restaurant à service automatique, m. ‖ *automatic* [aut°matik] *adj.* automatique; *s.* revolver, m.; *automatically,* d'office; automatiquement. ‖ *automation* [autom°i'sh°n] *s.* automatisation, automation, f. ‖ *automatism* [autaum'tiz'm] *s.* automatisme, m. ‖ *automaton* [-°n] *(pl. automata) s.* automate, m.

autonomous [autân°m°s] *adj.* autonome. ‖ *autonomy* [autân°mi] *s.* autonomie, f.

autopsy [aut°psi] *s.** autopsie, f.

autostrada [autostrâd°] *s.* autostrade, f.

autumn [aut°m] *s.* automne, m.

auxiliary [augzíly°ri] *adj., s.** auxiliaire.

avail [°vé'l] *s.* utilité, f.; profit, m.; *v.* servir; être utile; se servir de. ‖ *available* [-°b'l] *adj.* disponible, utilisable; valable, valide [ticket]; *available funds,* disponibilités; *I am available,* je suis à votre disposition.

avaricious [°v°rish°s] *adj.* avare.

avenge [°vèndj] *v.* venger. ‖ *avenger* [-°ʳ] *s.* vengeur, m.; vengeresse, f.

avenue [av°nyou] *s.* avenue, f.

average [avridj] *adj.* moyen; ordinaire; *s.* moyenne; avarie [ship], f.; *v.* faire, donner une moyenne de.

averse [°vë°s] *adj.* opposé; adversaire de; non disposé à. ‖ *aversion* [°vë°j°n] *s.* aversion, f. ‖ *avert* [°vë°t] *v.* détourner; éviter; empêcher; prévenir [accident]; conjurer [danger].

aviation [é¹vièsh°n] *s.* aviation, f. ‖ *aviator* [é¹viét°ʳ] *s.* aviateur, m.

avidity [°vid°ti] *s.* avidité, f.

avoid [°vo¹d] *v.* éviter; annuler [law]. ‖ *avoidable* [-°b'l] *adj.* évitable; annulable.

avouch [°va°utsh] *v.* affirmer, déclarer, assurer; reconnaître, avouer.

avow [°va°u] *v.* avouer; reconnaître. ‖ *avowal* [-°l] *s.* aveu, m.

await [°wé¹t] *v.* attendre; guetter.

awake [°wé¹k] *v.** éveiller; inspirer; exciter [interest]; se réveiller, s'éveiller; *adj.* éveillé; vigilant. ‖ *awaken* [-°n] *v.* éveiller, réveiller; ranimer; susciter. ‖ *awakening* [-°ning] *s.* réveil; désappointement, m.

award [°waurd] *s.* décision, f.; dommages-intérêts (jur.), m. pl.; récompense, f.; prix, m.; *v.* décider; décerner; accorder.

aware [°wèr] *adj.* au courant de; averti de; qui a conscience de.

away [°wé¹] *adv.* au loin, loin; *away back,* il y a longtemps, il y a loin; *to keep away,* se tenir à l'écart; *right away,* tout de suite; *going-away,* départ; *ten miles away,* à dix milles de distance; *adj.* absent, éloigné.

awe [au] *s.* crainte; terreur, f.; *v.* inspirer de la crainte. ‖ *awful* [auf°l] *adj.* terrible; formidable. ‖ *awfully* [-i] *adv.* terriblement; extrêmement.

awhile [°hwa¹l] *adv.* quelque temps; un instant; de si tôt.

awkward [aukw°rd] *adj.* gauche, embarrassé; incommode, gênant. ‖ *awkwardness* [-nis] *s.* gêne, gaucherie; incommodité, f.

awl [aul] *s.* alène, f.

awry [°ra¹] *adj., adv.* de travers.

axe [aks] *s.* hache, f.

axis [aksis] *(pl. axes [aksiz]) s.* axe, m.

axle [aks'l] *s.* essieu; tourillon [wheel], m.; *stub axle,* fusée, f.

aye [a¹] *adv.* oui; vote affirmatif.

azure [aj°ʳ] *adj.* azur; *s.* azur, m.

B

baa [bâ] *s.* bêlement, m.; *v.* bêler.

babble [bab'l] *s.* babil; *v.* babiller; **babbling**, babillard.

baby [bé¹bi] *s.* bébé; enfant; petit, m.; *adj.* puéril; d'enfant; *v. Am.* dorloter, câliner, cajoler; **baby-carriage**, voiture d'enfant; **baby-linen**, layette, **baby-grand**, demi-queue [piano]; **baby-sitter**, gardienne d'enfant, garde-bébé; **baby-sitting**, garde d'enfants.

bach [batsh] *v. Am.* vivre en célibataire. ‖ **bachelor** [-°l°r] *s.* célibataire; bachelier (univ.), m.

back [bak] *s* arrière; dos; reins; revers [hand]; verso [sheet], m.; *adj.* d'arrière; *adv.* en arrière; *to be back*, être de retour; *v.* aller en arrière; renforcer [wall]; soutenir; endosser [document]; renverser [steam]; reculer; *to back up*, faire marche arrière; soutenir; appuyer; *to backslide*, récidiver; **backache**, mal de reins; **backbite**, dénigrer médire de; **backbone**, colonne vertébrale épine dorsale, f.; **backfire**, retour de flamme; **background**, arrière-plan, fond; **backhanded**, déloyal équivoque; **backhead**, *Am.* occiput **backing**, appui, soutien protection **back-shop**, arrière-boutique; **backstairs**, escalier de service; **backstitch**, point arrière; **backwash**, remous, m **backward** [-w°rd] *adj.* en retard arriéré ‖ **backwardness** [-w°rdnis] *s* hésitation; lenteur d'intelligence, f.; défaut d'empressement, m. ‖ **backwards** [-w°rdz] *adv.* en arrière; à la renverse, à rebours.

bacon [bé¹k°n] *s.* lard, m.

bacteriology [baktiriál°dji] *s.* bactériologie. f

bad [bad] *adj.* mauvais, méchant; hostile dangereux, insuffisant [price]; **bad-tempered**, acariâtre; *to look bad*, être mauvais signe; *to be on bad terms with*, être en mauvais termes avec. ‖ **badly** [-li] *adv.* méchamment; mal.

bade [bad] *pret. of* **to bid**.

badge [badj] *s.* insigne; brassard, m.; plaque [policeman], f.

badger [badj°r] *s.* blaireau, m.; *v.* harceler tourmenter.

badness [badnis] *s.* méchanceté; mauvaise qualité, f.; mauvais état, m.

baffle [baf'l] *v.* déjouer [curiosity]; dérouter; *s.* défaite; chicane; cloison, f.; **baffle-board**, revêtement insonorisant. ‖ **baffling** [-ing] *adj.* déconcertant; **baffling winds**, brises folles.

bag [bag] *s.* sac, m.; valise, f.; *Am.* balle [cotton], f.; *v.* ensacher; chiper; tuer [hunt]; **money-bag**, porte-monnaie

bagatelle [bag°tél] *s.* bagatelle, f.; divertissement musical; billard, m

baggage [bagidj] *s.* bagages; équipement, m **baggage-car**, fourgon; **baggage-check**, bulletin de bagages; **baggage-tag**, étiquette; **baggage-truck**, chariot à bagages.

bagpipe [bagpa¹p] *s.* cornemuse, f.; **bagpiper**, joueur de cornemuse.

bail [bé¹l] *s.* seau, m.; *v.* vider; écoper (naut.); *to ball out of a plane*, sauter en parachute.

bail [bé¹l] *v.* libérer sous caution; se porter garant de; *s.* caution; liberté sous caution, f.; répondant, m.

bait [bé¹t] *v.* amorcer [fish]; harceler [person]; *s.* appât, m.

baize [bé¹z] *s.* feutrine, f.

bake [bé¹k] *v.* faire cuire au four; *s.* fournée, f.; *half-baked*, prématuré, inexpérimenté, mal fait. ‖ **baker** [-°r] *s.* boulanger; *Am.* petit four, m. ‖ **bakery** [-°ri] *s* boulangerie; fournil, m. **baking** [-ing] *s.* cuisson, cuite, f.; **baking-pan**, tourtière; **baking-powder**, levure anglaise.

balance [bal°ns] *s.* balance, f.; stabilité; indécision, f.; équilibre; compte; bilan solde [account]; reste, m.; *v.* balancer équilibrer; solder [account]; **balance-beam**, fléau de balance; **balance-weight**, contrepoids.

balcony [balk°ni] *s.* balcon, m.

bald [bauld] *adj.* chauve; dénudé; dépouillé; plat [style].

bale [bé¹l] *v.* écoper (naut.); *to bale out*, sauter en parachute.

bale [bé¹l] *s.* ballot [wares, cotton], m.; balle, botte [hay], f.; *v.* emballer.

baleful [bé¹lful] *adj.* nuisible, pernicieux, funeste.

baler [bé¹l°r] *s.* emballeur, m.

balk [bauk] *s.* déception; solive, f.; obstacle contretemps, m.; *v.* faire obstacle à; contrarier; frustrer; se dérober [horse].

ball [baul] *s.* balle, f.; ballon, m.; boule bille, f.; boulet, m.; balle [firearms]; boulette [flesh]; pelote [wool], f.; *abbrev. of* baseball; **goof balls**, barbituriques, m.; *v.* mettre en boule, en pelote; *to ball up*, échouer; embrouiller.

ball [baul] s. bal, m.

ballad [bal°d] s. ballade, f.; romance [music], f.

ballast [bal°st] s. lest; ballast, m.; v. lester, ballaster.

ballet [bale¹] s. ballet, m.; **ballet-girl**, danseuse, ballerine; **ballet-skirt**, tutu.

ballistics [b°lístiks] s. balistique, f.

balloon [b°loun] s. ballon; aérostat, m.; **balloon sleeve**, manche ballon.

ballot [bal°t] s. Am. bulletin de vote, m.; scrutin secret, m.; v. voter; élire; **ballot-box**, urne électorale; **ballot-paper**, bulletin de vote; **second ballot**, ballottage.

balm [bâm] s. baume, m.; v. embaumer. ǁ **balmy** [-i] adj. embaumé; lénifiant; calmant; maboul (pop.).

baloney [b°lo°uni] s. Am. blague, foutaise, f.; boniment, m.

balsam [bauls°m] s. baume, m.; balsamine, f.

bamboo [bàmbou] s. bambou, m. ǁ **bamboozle** [bàmbouz'l] v. duper, tromper, « refaire »

ban [bàn] s. ban; bannissement; embargo, m.; v. proscrire; maudire; **marriage ban(n)s**, publications de mariage, bans.

banana [b°nan°] s. banane, f.; **banana boat**, bananier [ship]; **banana tree**, bananier.

band [bànd] s. lien; bandage; ruban; orchestre; troupeau, m.; bande, bague [bird], f.; v. se liguer; grouper; baguer [bird]. ǁ **bandage** [-idj] s. bandage; bandeau, m.; v. bander. ǁ **band-box** [-bauks] s.* carton à chapeau, m.; boîte (f.) à rubans.

bandit [bàndit] s. bandit, m.

bandy [bàndi] v. renvoyer; échanger; lutter; adj. arqué; **bandy-legged**, bancal.

bane [bé¹n] s. poison; fléau, m. ǁ **baneful** [-foul] adj. empoisonné; pernicieux.

bang [bàng] v. cogner; claquer [door]; couper à la chien [hair]; s. coup; fracas, m.; détonation; frange [hair], f.; interj. pan!

banish [bànish] v. bannir; chasser. ǁ **banishment** [-m°nt] s. exil, m.

banister [banist°r] s. balustrade; rampe, f.

bank [bàngk] s. berge; digue, f.; talus; banc [sand], m.; v. couvrir [fire]; endiguer; faire un talus; virer [snow]; s'amonceler [snow].

bank [bàngk] s. banque, f.; v. mettre en banque; diriger une banque; to bank on, compter sur. ǁ **banker** [-°r] s. banquier, m. ǁ **banking** [-ing] s. opérations bancaires; profession de

banquier, f.; adj. bancaire. ǁ **bank-note** [-no°ut] s. billet de banque, m. ǁ **bankrupt** [-ræpt] s. banqueroutier, m.; adj. en faillite; insolvable ; to go bankrupt, faire faillite. ǁ **bankruptcy** [-ræptsi] s.* banqueroute, faillite, f.

banner [bàn°r] s. bannière, f.; étendard, m.; Am. adj. principal, exceptionnel; banner headline, titre flamboyant; v. Am. titrer en manchettes énormes.

banquet [bàngkwit] s. banquet, m.; v. banqueter.

banter [bànt°r] v. plaisanter; taquiner; s. plaisanterie; taquinerie, f.

banting [banting] s. régime amaigrissant, m.

baptism [baptiz°m] s. baptême, m. ǁ **baptize** [bapta¹z] v. baptiser.

bar [bâr] s. barre; barrière; buvette; mesure [music]; bande [flag], f.; obstacle; bar; lingot; barreau [law], m.; v. barrer; annuler; exclure; to bar oneself in, se barricader chez soi.

barb [bârb] s. barbe [arrow], f.; barbillon, m.; v. barbeler; barder; **barbed wire**, fil de fer barbelé.

barbarian [bârbèri°n] adj., s. barbare. ǁ **barbarous** [bârb°r°s] adj. barbare.

barbecue [bârbikyou] s. Am. boucan, gril; animal rôti, m.; v. préparer le barbecue.

barbed [bàrbd] adj. barbelé [wire]; acéré [word]. ǁ **barber** [-b°r] s. barbier; coiffeur pour hommes, m.

barbiturate [barbityouré¹t] s. barbiturique, m. ǁ **barbituric** [-rík] adj. barbiturique.

bard [bârd] s. barde [poet.], m.; barde [bacon], f.; v. barder.

bare [bèr] adj. nu, dénudé; simple; démuni; manifeste; v. découvrir; dénuder; révéler; **barefaced**, éhonté; **barefoot(ed)**, nu-pieds; **bare-headed**, nu-tête; **bare-legged**, nu-jambes. ǁ **barely** [-li] adv. à peine, tout au plus. ǁ **bareness** [-nis] s. nudité, f.; dénuement, m.

bargain [bârgìn] s. marché, négoce; pacte, m.; emplette; occasion, f.; solde, m.; v. traiter; conclure; marchander; into the bargain, par-dessus le marché; at bargain price, à bas prix; bargain day, jour de solde; **bargain counter**, Am. rayon des soldes. ǁ **bargaining** [-ing] s. marchandage, m.; négociations, f.

barge [bârdj] s. chaland, f.; v. Am. transporter par péniche. ǁ **bargee** [bardjî] s. marinier, m.

bark [bârk] s. écorce, f.; v. écorcer; décortiquer; écorcher [leg].

bark [bârk] s. aboiement, m.; v. aboyer.

barley [bârli] *s.* orge, f.

barm [bârm] *s.* levure de bière, f. ‖ **barmy** [-i] *adj.* écumeux ; loufoque (fam.).

barn [bârn] *s.* grange, f. ; grenier ; hangar, m. ; *v.* engranger ; abriter sous hangar ; *streetcar barn*, dépôt de tramways ; *barnyard*, cour de ferme, basse-cour ; *barn-stormer*, acteur ambulant ; *Am.* orateur électoral.

barnacle [bârⁿk'l] *s.* bernacle ; barnacle, f. ; crampon, m.

barometer [berâmeter] *s.* baromètre, m.

baron [barⁿn] *s.* baron, m. ; *Am.* magnat de la finance ou du commerce, m. ‖ **baroness** [-is] *s.** baronne, f.

barracks [barⁿks] *s.* caserne, f. ; baraquements ; abri agricole, m.

barrage [barâj] *s.* barrage, m.

barrel [barⁿl] *s.* baril, fût ; canon [gun] ; tambour [machine] ; corps [pump], m. ; caque [herring] ; hampe [feather] ; mesure [corn], f. ; *v.* embariller ; bomber [road] ; *double-barrel(l)ed*, à deux coups.

barren [barⁿn] *adj.* aride, stérile. ‖ **barrenness** [-nis] *s.* stérilité, f.

barrette [beréⁱt] *s.* barrette, f.

barricade [barⁿkéⁱd] *s.* barricade, f. ; *v.* barricader.

barrier [barier] *s.* barrière, f. ; obstacle, m. ; limite, f.

barrister [barister] *s.* avocat, m.

barrow [barou] *s.* brouette, f. ; diable [porter], m. ; baladeuse [coster] ; brancard, m. ; civière, f. ; *v.* brouetter.

barrow [barou] *s.* tumulus, m.

bartender [bârtender] *s.* barman, m.

barter [bârter] *v.* troquer ; *s.* troc, m.

base [béⁱs] *adj.* bas ; vil. ‖ **baseness** [-nis] *s.* bassesse, f.

base [béⁱs] *s.* base, f. ; *v.* fonder ; établir. ‖ **basement** [-mⁿnt] *s.* soubassement ; sous-sol [story], m.

baseball [béⁱsbaul] *s.* base-ball, m.

bash [bash] *v.* cogner ; cabosser ; *s.** gnon, m.

bashful [bashfⁿl] *adj.* timide. ‖ **bashfulness** [-nis] *s.* timidité, f.

basic [béⁱsik] *adj.* fondamental.

basin [béⁱs'n] *s.* bassin, m.

basis [béⁱsis] (*pl.* **bases** [béⁱsiz]) *s.* base, f. ; fondement, m.

bask [bask] *v.* se chauffer.

basket [baskit] *s.* panier, m. ; corbeille, f. ; *basket-maker*, vannier ; *basket-work*, vannerie ; *the pick of the basket*, le dessus du panier, l'élite ; *v.* mettre dans un panier ; clisser [bottle]. ‖ **basket-ball** [-baul] *s.* basket(-ball) [game], m.

bass [béⁱs] *s.** basse [music], contrebasse, f. ; *adj.* grave [music] ; *basshorn*, cor de basset.

bass [bas] *s.** bar [fish], m. ; perche [fish], f. ; *black bass*, Fr. Can. achigan, m. ; *calico bass*, Fr. Can. crapet calicot, m. ; *rock bass*, Fr. Can. crapet gris, m.

basset [basit] *s.* basset, m.

bastard [basterd] *adj., s.* bâtard. ‖ **bastardize** [-aⁱz] *v.* (s')abâtardir.

baste [béⁱst] *v.* arroser (culin.).

baste [béⁱst] *v.* bâtir [to sew].

baste [béⁱst] *v.* bâtonner, battre.

bat [bat] *s.* bâton, m. ; crosse, f. ; battoir [cricket], m. ; *v.* frapper.

bat [bat] *s.* chauve-souris, f.

bat [bat] *v.* Am. cligner.

batch [batsh] *s.** fournée, grande quantité, f. ; tas, m. ; *v.* réunir.

bath [bath] *s.* bain, m. ; *bath-house*, cabine de bain ; *bath-robe*, peignoir de bain ; *bathroom*, salle de bains ; *bath-tub*, baignoire. ‖ **bathe** [béⁱð] *v.* se baigner. ‖ **bather** [-er] *s.* baigneur, m. ‖ **bathing** [-ing] *s.* baignade, f.

baton [batⁿn] *s.* bâton, m. ; baguette, f.

battalion [betalyⁿn] *s.* bataillon, m.

batter [bater] *s.* pâte, f.

batter [bater] *s.* batteur [baseball], m. ; Fr. Can. frappeur, m. ; *v.* frapper, heurter ; démolir ; bossuer ; délabrer ; taper sur (mil.) ; *battering gun*, pièce de siège.

battery [bateri] *s.** batterie, f.

battle [bat'l] *s.* bataille, f. ; combat, m. ; *v.* combattre ; se battre ; *battledress*, tenue de campagne ; *battlefield*, champ de bataille. ‖ **battlement** [-mⁿnt] *s.* créneau, m. ; *pl.* remparts, m. pl. ‖ **battleship** [-ship] *s.* cuirassé, m.

bawd [baud] *s.* proxénète, m., f. ‖ **bawdy** [-i] *adj.* obscène, ordurier.

bawl [baul] *s.* cri, m. ; *v.* crier ; proclamer ; *to bawl out*, engueulander (fam.).

bay [béⁱ] *s.* baie, f. ; *bay-tree*, laurier ; *bay-window*, fenêtre, baie.

bay [béⁱ] *s.* abois, m. ; *to stand at bay*, être aux abois.

bay [béⁱ] *adj.* bai [color].

bayonet [béⁱenit] *s.* baïonnette, f. ; *v.* attaquer à la baïonnette.

bazaar [bezâr] *s.* bazar, m. ; vente, f.

be [bî] *v.** être ; se porter ; se trouver ; *I am well*, je vais bien ; *I am hungry*, j'ai faim ; *it is fine*, il fait beau ; *the hall is twenty feet long*, la salle a vingt pieds de long; *to be born*, naître; *how much is that?*, combien coûte cela ?

beach [bîtsh] *s.** plage; rive; grève, f.; *v.* tirer à sec; *beachcomber*, clochard; *beached*, échoué; *beach-head*, tête de pont.

beacon [bîk⋅n] *s.* signal, m.; balise, f.; phare, m.; *v.* baliser; signaliser.

bead [bîd] *s.* grain (rosary), m.; perle [necklace]; mire [gun]; goutte [sweat], f.; *pl.* chapelet, m.; *v.* orner de perles; *to bead with*, émailler de; *Am. to draw a bead on*, coucher en joue.

beadle [bîd'l] *s.* huissier, appariteur, m.; bedeau, m. ‖ *beadledom* [-daum] *s.* bureaucratie, f.

beak [bîk] *s.* bec [bird], m.; proue [ship], f.; *beak-iron*, bigorne.

beam [bîm] *s.* poutre, f.; fléau [balance]; timon; bau [ship]; rayon [light]; éclat; rayonnement, m.; *v.* briller; rayonner; émettre; *radio beam*, signal par radio. ‖ *beaming* [-ing] *adj.* radieux; rayonnant.

bean [bîn] *s.* fève, f.; haricot; grain [coffee], m.; *green beans*, *French beans*, haricots verts.

bear [bèr] *s.* ours; baissier [market price], m.; *bear-pit*, fosse aux ours; *ant-bear*, tamanoir.

bear [bèr] *v.** porter; supporter; rapporter; peser sur; *to bear upon*, avoir du rapport; *to bear out*, confirmer; *to bear up*, résister; *to bear with*, excuser; avoir de la patience; *to bear five per cent*, rapporter cinq pour cent; *to bring to bear*, mettre en jeu. ‖ *bearer* [-er] *s.* porteur; support, m.; *ensign-bearer*, porte-drapeau; *fruit-bearer*, arbre fruitier; *stretcher-bearer*, brancardier; *tale-bearer*, cancanier. ‖ *bearing* [-ing] *s.* endurance; relation; applicabilité, f.; relèvement (naut.), m.; conduite, f.; *pl.* tenants et aboutissants, m.; situation, position, f.; *adj.* porteur; productif; *to take bearings*, faire le point [ship]; *child-bearing*, gestation.

beard [bi⋅rd] *s.* barbe, f.; *v.* tirer par la barbe; défier; braver; narguer; *white-beard*, barbon. ‖ *bearded* [-id] *adj.* barbu; *bearded lady*, femme à barbe. ‖ *beardless* [-lis] *adj.* imberbe.

beast [bîst] *s.* bête, f.; animal, m.

beat [bît] *v.** battre; frapper; *s.* battement, m.; pulsation; batterie [drum]; ronde, tournée, f.; *to beat back*, refouler; *to beat in*, enfoncer; *Am. to beat it*, filer, décamper; *that beats everything !*, ça c'est le comble !; *adj.* épuisé, fourbu; *to beat up*, battre, fouetter [eggs]; *dead beat*, éreinté. ‖ *beaten* [-'n] *p. p. of to beat*; *adj.* battu; rebattu. ‖ *beater* [-er] *s.*

batteur; rabatteur; *Am.* vainqueur, m.; *egg-beater*, fouet (culin.); *drum-beater*, tambour [man]. ‖ *beating* [-ing] *s.* battement, m.; raclée; défaite, f.; louvoyage (naut.), m.; *adj.*, *pr. p.* palpitant.

beatitude [biat⋅tyoud] *s.* béatitude, f.

beau [boᵘ] *s.* galant, amoureux, prétendant, m. ‖ *beauteous* [byouti⋅s] *adj.* beau, belle; accompli. ‖ *beautiful* [byout⋅f⋅l] *adj.* beau, belle; admirable. ‖ *beautify* [byout⋅fa¹] *v.* embellir. ‖ *beauty* [byouti] *s.** beauté, f.; *beauty-spot*, grain de beauté; *that's the beauty of it*, c'est le plus beau de l'affaire.

beaver [bîv⋅r] *adj.*, *s.* castor, m.; *beavertree*, magnolia, m.

became [bikéⁱm] *pret. of to become.*

because [bikauz] *conj.* parce que; car; *adv. because of*, à cause de.

beck [bèk] *s.* signe, appel, m.; *at s.o.'s beck and call*, aux ordres de qqn. ‖ *beckon* [bèk⋅n] *v.* faire signe.

become [bik⋅m] *v.** devenir; convenir [suit]; aller bien à; *to become red*, rougir; *to become warm*, s'échauffer; *what has become of you?*, qu'êtes-vous devenu ? ‖ *becoming* [-ing] *adj.* convenable; seyant.

bed [bèd] *s.* lit, m.; plate-bande, f.; gisement; banc [oyster], m.; couche, f.; *v.* coucher; reposer; *ill in bed*, alité; *to tuck up the bed*, border le lit; *sick-bed*, lit de douleur; *single bed*, lit à une place; *double bed*, lit à deux places; *bedbug*, punaise; *bedclothes*, linge de lit; *bed-quilt*, couvre-pieds piqué; *bedside*, chevet; *bed-spring*, ressort du sommier; *folding-bedstead*, lit pliant; *bedtime*, heure du coucher. ‖ *bedded* [-id] *adj.* couché. ‖ *bedding* [-ing] *s.* literie, f.

bee [bî] *s.* abeille, f.; *Am.* réunion de travail, f.; *bee-bread*, pollen; *bee-culture*, apiculture; *bee-garden*, rucher; *bee-hive*, ruche; *to have a bee in one's bonnet*, avoir une araignée au plafond.

beech [bîtsh] *s.** hêtre, m.; *beech-nut*, faine.

beef [bîf] *s.* viande de bœuf, f.; *v.* *Am.* tuer un bovin; gémir; rouspéter; *beefsteak*, bifteck; *corned-beef*, bœuf salé; *roast beef*, rosbif; *beefy* [-i] *adj.* costaud; rougeaud.

been [bìn, bèn] *p. p. of to be.*

beer [bi⋅r] *s.* bière, f.; *beer-pull*, *beer-pump*, pompe à bière.

beet [bît] *s.* bette; betterave, f.; *sugar-beet*, betterave sucrière; *beet-radish*, betterave rouge.

beetle [bît'l] *s.* demoiselle [paving], f.; pilon, m.; *v.* pilonner.

beetle [bît'l] *s.* escargot, scarabée, m. ; *black-beetle*, cafard.

beetle [bît'l] *v.* surplomber ; *beetle-browed,* aux sourcils proéminents.

befall [bifaul] *v.* arriver à, échoir à ; avoir lieu. ‖ *befallen, p. p.* ; *befell, pret. of* **to befall.**

befit [bifìt] *v.* convenir. ‖ *befitting* [-ing] *adj.* convenable.

before [bifoᵒur] *adv.* avant ; devant ; auparavant ; *conj.* avant que ; *before long,* avant peu, sans tarder. ‖ *before-hand* [-hand] *adv.* d'avance ; au préalable ; à l'avance.

befriend [bifrènd] *v.* traiter en ami ; favoriser ; venir en aide à.

beg [bèg] *v.* prier ; solliciter ; mendier ; *I beg your pardon,* je vous demande pardon ; *to beg the question,* faire une pétition de principe.

began [bigæn] *pret. of* **to begin.**

beget [bigèt] *v.* engendrer ; causer.

beggar [bègᵉr] *s.* mendiant, m. ; *v.* réduire à la mendicité, ruiner. ‖ *begging* [bèging] *s.* mendicité, f.

begin [bigin] *v.** commencer ; débuter ; se mettre à ; *to begin with,* pour commencer, d'abord. ‖ *beginner* [-ᵉr] *s.* commençant, débutant, m. ‖ *beginning* [-ing] *s.* commencement, début, m. ; origine, f. ; fait initial, m.

begot [bigât] *pret., p. p. of* **beget.** ‖ *begotten, p. p. of* **to beget.**

begrudge [bigrædj] *v.* donner à contrecœur ; envier ; lésiner sur.

beguile [bigaᵢl] *v.* tromper, séduire.

begun [bigæn] *p. p. of* **to begin.**

behalf [bihaf] *s.* sujet, intérêt, m. ; cause, f. ; *in his behalf,* en sa faveur ; *on behalf of,* au nom de.

behave [bihéᵢv] *v.* se conduire ; se comporter ; *behave!,* sois sage ! ‖ *behavio(u)r* [-yᵉr] *s.* comportement, m. ; tenue ; manières, f.

behead [bihèd] *v.* décapiter.

beheld [bihèld] *pret., p. p. of* **to behold.**

behemoth [b'hîmauth] *s.* hippopotame, m.

behind [bihaᵢnd] *adv.* arrière ; derrière ; en arrière ; en réserve, de côté ; *prep.* derrière ; *behindhand,* en retard ; *s.* arrière (baseball).

behold [bihoᵒuld] *v.** regarder ; contempler ; *interj.* voyez ! voici ! ‖ *beholden* [-'n] *adj., p. p.* obligé, redevable. ‖ *beholder* [-ᵉr] *s.* spectateur, m. ; spectatrice, f.

behove [bihouv] *v.* incomber, être du devoir de ; être utile (*to,* à).

being [bîing] *s.* être, m. ; existence, f. ; *pr. p.* étant ; *adj.* existant.

belated [biléᵗtid] *adj.* attardé ; en retard ; tardif.

belay [biléᵢ] *v.* amarrer ; *Am.* arrêter, cesser (colloq.).

belch [bèltsh] *v.* roter, vomir ; *Am.* rouspéter, râler (fam.) ; *s.** éructation, f.

beleaguer [bilîgᵉr] *v.* assiéger.

belfry [bèlfri] *s.** beffroi ; clocher, m.

Belgian [bèldjiᵉn] *adj., s.* belge.

Belgium [bèldjiᵉm] *s.* Belgique, f.

belie [bilaᵢ] *v.* démentir.

belief [b'lîf] *s.* croyance ; foi ; conviction ; opinion, f. ‖ *believable* [bᵉlî-vᵉb'l] *adj.* croyable. ‖ *believe* [bᵉlîv] *v.* croire, avoir foi en. ‖ *believer* [-ᵉr] *s.* croyant ; convaincu, m. ‖ *believing* [-ing] *adj.* croyant ; crédule.

belittle [bilit'l] *v.* déprécier ; dévaloriser ; discréditer. ‖ *belittling* [-ing] *s.* discrédit, m. ; dépréciation, f.

bell [bèl] *s.* cloche ; clochette ; sonnette, f. ; *bellboy,* groom d'hôtel ; *bellflower,* campanule ; *bell-tower,* beffroi, clocher ; *call-bell,* timbre ; *jingle-bell,* grelot.

bell [bèl] *v.* bramer.

belle [bèl] *s.* belle, beauté, f.

bellied [bélid] *adj.* *pot-bellied,* ventru.

belligerent [bᵉlidjᵉrᵉnt] *adj., s.* belligérant.

bellow [bèloᵒu] *v.* mugir, beugler ; hurler ; *s.* mugissement, hurlement, m.

bellows [bèloᵒuz] *s.* soufflet, m.

belly [bèli] *s.** ventre ; estomac, m. ; *v.* gonfler ; s'enfler.

belong [bᵉlaung] *v.* appartenir ; incomber à ; être le propre de ; *to belong here,* être à sa place ici, être du pays. ‖ *belongings* [-ingz] *s.* effets, m. ; affaires ; possessions, f.

beloved [bilævid] *adj.* bien-aimé.

below [bᵉloᵒu] *adv.* au-dessous ; en bas ; en aval ; ci-dessous ; *prep.* au-dessous de ; sous ; *here below,* ici-bas.

belt [bèlt] *s.* ceinture, f. ; ceinturon ; bandage (med.), m. ; courroie (mech.) ; zone (geogr.), f. ; *v.* ceindre ; ceinturer ; *belt-line,* ligne de ceinture ; *belt-work,* travail à la chaîne.

bemoan [bimoᵒun] *v.* se lamenter.

bench [bèntsh] *s.** banc, m. ; banquette, f. ; tribunal, m. ; magistrature, f. ; gradin, m.

bend [bènd] *s.* courbure, f. ; tournant [road] ; nœud [rope] ; pli [limb], salut, m. ; inclinaison, f. ; *v.** courber, plier ; bander [bow] ; fléchir [will] ; diriger [steps] ; fixer [eyes] ; appliquer [mind] ; enverguer [sail] ; se courber ; se soumettre à.

beneath [bin*i*th] *prep.* sous; au-dessous de; *adv.* au-dessous : *it is beneath you*, c'est indigne de vous.

benediction [bèn*e*d*i*ksh*e*n] *s.* bénédiction, f.

benefactor [bèn*e*fakt*e*r] *s.* bienfaiteur, m. || **benefactress** [bèn*e*faktris] *s.* bienfaitrice, f.

benefice [bé*i*n*e*fis] *s.* bénéfice, m. || **beneficent** [b*e*nèf*e*s'nt] *adj.* bienfaisant. || **beneficial** [bèn*e*fish*e*l] *adj.* avantageux; salutaire. || **benefit** [bèn*e*fit] *s.* profit; bienfait; avantage, m.; *v.* profiter à, être avantageux pour; profiter, tirer profit; **benefit society**, société de secours mutuel; *for the benefit of*, au profit de.

benevolence [b*e*nèv*e*l*e*ns] *s.* bienveillance, f. || **benevolent** [b*e*nèv*e*l*e*nt] *adj.* bienveillant; charitable [institution].

benign [bina*i*n] *adj.* bénin; doux; affable. || **benignant** [b*e*nign*e*nt] *adj.* doux, bienfaisant.

bent [bènt] *s.* penchant, m.; inclination; tendance, f.; *pret., p. p. of* to bend; *adj.* courbé; *Fr. Can.* penché; tendu [mind]; *to be bent on*, être décidé à.

bequeath [bikw*î*zh] *v.* léguer. || **bequest** [bikwèst] *s.* legs, m.

bereave [birîv] *v.* priver; perdre, être en deuil de.

berry [bèri] *s.** baie [fruit], f.; grain [coffee], m.

berth [bër̈th] *s.* couchette [sleeping-car]; cabine [ship], f.; mouillage (naut.); emplacement (naut.), m.; *v.* placer à quai; *to give a wide berth to*, se tenir à l'écart de.

beseech [bis*î*tsh] *v.* supplier.

beset [bisèt] *v.* assaillir; parsemer; *besetting sin*, péché mignon.

beside [bisa*i*d] *prep.* à côté de; hors de; *beside oneself*, hors de soi; *beside the mark*, hors de propos; à côté du but. || **besides** [-z] *adv.* d'ailleurs; en outre; en plus; de plus; *prep.* outre.

besiege [bis*î*dj] *v.* assiéger. || **besieger** [-*e*r] *s.* assaillant, m.

besmear [bismi*e*r] *v.* souiller, barbouiller.

besot [bisa*u*t] *v.* abrutir, hébéter.

besought [bisa*u*t] *pret., p. p. of* to beseech.

bespeak [bisp*î*k] *v.* commander [meal]; réserver [room]; faire prévoir; prouver; *bespoke tailor*, tailleur à façon.

besprinkle [bispr*i*ngk'l] *v.* asperger; saupoudrer; parsemer.

best [bèst] *adj.* meilleur; le meilleur; le mieux; *to have the best of*, avoir le dessus, l'avantage; *as best I could*, de mon mieux; *in one's best*, sur son trente et un; *to make the best of*, tirer le meilleur parti de; **bestseller**, livre à succès.

bestow [bisto*ou*] *v.* accorder, donner; consacrer à.

bestride [bistra*i*d] *v.* monter; chevaucher; enjamber.

bet [bèt] *v.* parier; *s.* pari, m.

betake [bité*i*k] *v.* se rendre (à); avoir recours à; se mettre à. || **betaken** [bité*i*k'n] *p. p. of* to betake.

betoken [bito*ou*k'n] *v.* annoncer; présager; dénoter; révéler.

betook [bito*u*k] *pret. of* to betake.

betray [bitré*i*] *v.* trahir; tromper. || **betrayal** [-*e*l] *s.* trahison, f. || **betrayer** [-*e*r] *s.* traître, m.

betrothal [bitrauth*e*l] *s.* fiançailles, f. || **betrothed** [bitrautht] *s.* fiancé, m.; fiancée, f.

better [bèt*e*r] *adj.* meilleur; *adv.* mieux; *v.* améliorer; *s.* supériorité, f.; *pl.* supérieurs, m.; *you had better*, vous feriez mieux; *so much the better*, tant mieux; *to know better*, être fixé; *all the better because*, d'autant mieux que; **betterment**, amélioration, f.

betting [béting] *s.* pari, m.

between [b*e*twîn], **betwixt** [b*e*tw*i*kst] *prep.* entre; *adv.* parmi; entre; **between-decks**, entrepont; **between-season**, demi-saison; **betweenwhiles**, dans l'intervalle, de temps en temps.

bevel [bé*i*v'l] *s.* biseau; biveau, m.; *adj.* de biais, oblique; *v.* biseauter.

beverage [bévridj] *s.* boisson, f.

bewail [biwé*i*l] *v.* se lamenter; déplorer.

beware [biwèr] *v.* prendre garde; *interj.* attention!

bewilder [biwild*e*r] *v.* affoler; dérouter, déconcerter. || **bewilderment** [-m*e*nt] *s.* affolement, m.

bewitch [biw*i*tsh] *v.* ensorceler; captiver. || **bewitcher** [-*e*r] *s.* ensorceleur, m. || **bewitchment** [-m*e*nt] *s.* ensorcellement; enchantement, m.

beyond [biy*â*nd] *adv.* au-delà; là-bas; *prep.* au-delà de, outre; en dehors de; *the house beyond*, la maison d'à côté; *it is beyond me*, ça me dépasse.

bias [ba*i*e*s] *s.** biais, m.; tendance, f.; préjugé, m.; *adj.* de biais, oblique; *adv.* obliquement; *v.* influencer, détourner; biaiser.

bib [bib] *s.* bavette, f.; *v.* siroter.

Bible [ba*i*b'l] *s.* Bible, f. || **biblical** [b*i*blik'l] *adj.* biblique.

bibliography [bibli'augrefi] *s.** bibliographie. || *bibliophile* [-fa'l] *s.* bibliophile, m., f.

biceps [ba'seps] *s.* biceps, m.

bicker [biker] *v.* se chamailler; couler vite. || *bickering* [-ring] *s.* dispute, bisbille, prise (f.) de bec.

bicycle [ba'sik'l] *s.* bicyclette, f.; *v.* aller à bicyclette. || *bicyclist* [-ist] *s.* cycliste, m., f.

bid [bid] *v.** inviter; ordonner; offrir [price]; demander; souhaiter; *s.* offre; enchère; invitation; demande [cards], f.; *to bid the ban(n)s,* publier les bans; *to call for bids,* mettre en adjudication; *the last bid,* la dernière mise. || *bidden* [biden] *p. p. of* to bid, to bide. || *bidding* [-ing] *s.* ordre, m.; enchères, f. pl.

bide [ba'd] *v.* attendre; endurer; résider; *to bide one's time,* attendre le moment favorable.

biennial [ba'éniel] *adj.* biennal.

bier [bîr] *s.* civière, f.; cercueil, m.

bifurcate [ba'ferké't] *v.* bifurquer. || *bifurcation* [ba'ferké'shen] *s.* bifurcation, f.

big [big] *adj.* gros; grand; important; *to talk big,* le prendre de haut; faire le fanfaron; *Br. big-end, Am. big-head,* tête de biele [auto]. || *bigness* [-nis] *s.* grosseur, grande taille, f.

bigamist [bigemist] *s.* bigame, m. || *bigamous* [-es] *adj.* bigame.

bigot [biget] *s.* bigot; fanatique, m. || *bigotry* [-tri] *s.* bigoterie, f.

bike [ba'k] *s. Am.* bécane, f.; *v.* aller à bicyclette.

bilberry [bilbèri] *s.** myrtille, f.; *Fr. Can.* bleuet, m.

bile [ba'l] *s.* bile; colère, f.; *bile-cyst,* vésicule biliaire; *bile-stone,* calcul biliaire.

bilge [bildj] *s.* fond de cale, m.

bilingual [ba'lingwel] *adj.* bilingue. || *bilingualism* [-iz'm] *s.* bilinguisme, m.

bilious [bilyes] *adj.* bilieux; colérique; *bilious attack,* embarras gastrique.

bill [bil] *s.* facture; addition [restaurant]; note [hotel]; traite, f.; billet à ordre (comm.), m.; *Am.* billet de banque; projet de loi, m.; affiche [theatre], f.; programme [theatre], m.; état, m.; table, f.; *v.* facturer; faire un compte; établir une liste; annoncer par affiche; *bill of fare,* menu; *bill of exchange,* lettre de change; *to discount a bill,* escompter un effet; *to settle a bill,* régler une note; *billboard,* tableau d'affichage.

billet [billit] *s.* billet, m.; lettre, f.; billet de logement, m.; *v.* donner un billet de logement; loger.

billiards [bilyerdz] *s.* billard, m.

billion [bilyen] *s.* billion, m.; *Am.* milliard, m.

billow [bilo⁰u] *s.* vagues; houle, f.; *v.* ondoyer. || *billowy* [bilewi] *adj.* houleux; ondoyant.

bin [bin] *s.* coffre, m.; caisse; huche, f.; casier, m.; *v.* ranger en caisse.

binary [ba'neri] *adj.* binaire.

bind [ba'nd] *v.** attacher; lier; obliger, forcer; relier [book]. || *binding* [-ing] *s.* reliure, f.; lien, m.; *adj.* obligatoire; *cloth-binding,* reliure en toile.

bindweed [ba'ndwind] *s.* liseron, m.

biographer [ba'âgrefer] *s.* biographe, m., f. || *biography* [-grefi] *s.** biographie, f.

biologist [ba'âledjist] *s.* biologiste, m., f. || *biology* [-ledji] *s.* biologie, f.

biopsy [ba'âpsi] *s.* biopsie, f.

birch [bërtsh] *s.** bouleau, m.; verges, f. pl.; *v.* fouetter.

bird [bërd] *s.* oiseau, m.; *early bird,* personne matinale; *bird-lime,* glu; *bird's eye view,* vue à vol d'oiseau.

birth [bërth] *s.* naissance, f.; enfantement, m.; origine, f.; commencement, m.; extraction, f.; *birth certificate,* acte de naissance; *birth-control,* limitation des naissances; *birthday,* anniversaire; *birthplace,* pays natal; *birthrate,* natalité, f.; *birthright,* droit d'aînesse.

biscuit [biskit] *s.* biscuit, m.

bishop [bishep] *s.* évêque; fou [chess], m. || *bishopric* [-ric] *s.* évêché; épiscopat, m.

bit [bit] *s.* morceau; fragment, m.; mèche [tool], f.; mors [horse], m.; *adv.* un peu; *to champ at the bit,* ronger son frein; *a good bit older,* sensiblement plus âgé; *not a bit,* pas un brin; *pret., p. p. of* to bite.

bistoury [bistouri] *s.** bistouri, m.

bistre [bister] *adj., s.* bistre.

bitch [bitsh] *s.** chienne; femelle; garce, f.

bite [ba't] *v.** mordre; piquer [insect]; *s.* morsure, piqûre; bouchée, f. || *bitten* [biten] *p. p. of* to bite.

bitter [biter] *adj.* amer; âpre; aigre; mordant; cruel; *s. pl.* amers [drink], m. || *bitterly* [-li] *adv.* amèrement; violemment; extrêmement. || *bitterness* [-nis] *s.* amertume; irritation; violence; hostilité; acuité, f. || *bittersweet* [-swit] *s.* douce-amère, f.; *adj.* aigre-doux.

bitumen [bityoumin] *s.* bitume, m.

bivouac [bívouak] *s.* bivouac, m.; *v.* bivouaquer.

bizarre [bizâr] *adj.* bizarre.

black [blak] *adj.* noir; obscur; sombre; poché [eye]; sinistre, mauvais; *s.* nègre. Noir, m.; *v.* noircir, dénigrer; *Black Monday*, lundi de Pâques; *black-out*, camouflage des lumières. ‖ *blackberry* [-bèri] *s.** mûre, f. ‖ *blackbird* [-bë⁰d] *s.* merle, m. ‖ *blackboard* [bo⁰urd] *s.* tableau noir, m. ‖ *blacken* [-ⁿn] *v.* noircir; dénigrer. ‖ *blackjack* [-djak] *s.* Am. assommoir; vingt-et-un [cards], m. ‖ *blackleg* [-lèg] *s.* Br. escroc, tricheur; jaune [strikebreaker], m. ‖ *blackmail* [-méⁱl] *s.* chantage, m.; *v.* faire chanter. ‖ *blackmailer* [-méⁱlⁱeʳ] *s.* maître chanteur, m. ‖ *blackness* [-nis] *s.* noirceur; couleur noire, f. ‖ *black-pudding* [-pouding] *s.* boudin, m. ‖ *blacksmith* [-smith] *s.* forgeron, m. ‖ *blackthorn* [-thaurn] *s.* prunellier, m. ‖ *blacky* [-i] *s.** Noir; moricaud (pop.), m.

bladder [bladⁱeʳ] *s.* vessie; vésicule, f.

blade [bléⁱd] *s.* feuille; lame [knife], f.; brin [grass]; plat [oar], m.; palette [propeller]; aile d'hélice, f.; *shoulder-blade*, omoplate.

blain [bléⁱn] *s.* pustule, f.

blamable [bléⁱmeʰbⁱl] *adj.* blâmable. ‖ *blame* [bléⁱm] *s.* blâme, m.; *v.* blâmer; reprocher. ‖ *blameless* [-lis] *adj.* irréprochable. ‖ *blameworthy* [adj.* blâmable, fautif.

blanch [blàntsh] *v.* blanchir.

bland [blànd] *adj.* doux; aimable.

blandish [blandìsh] *v.* cajoler, aduler.

blank [blàngk] *adj.* blanc; dénudé; vide; vain; en blanc; à blanc; complet, total; blanc, non rimé [verse]; *s.* blanc, m.; lacune, f.; vide, trou, m.; *to look blank*, avoir l'air confondu.

blanket [blàngkit] *s.* couverture, f.; *v.* couvrir; Am. inclure sous une rubrique générale; étouffer [scandal]; *blanket ballot*, bulletin électoral général; *blanket statement*, propos (or) énoncé général.

blare [blèr] *v.* retentir; résonner; proclamer; *s.* bruit, fracas, m.

blarney [blârni] *s.* boniment, m.; flagornerie, f.; *v.* embobeliner, flagorner.

blasé [blâzéⁱ] *adj.* blasé.

blaspheme [blasfîm] *v.* blasphémer. ‖ *blasphemy* [blasfimi] *s.** blasphème, m.

blast [blast] *s.* rafale [wind], f.; éclat [trumpet], m.; explosion [dynamite], f.; souffle [bomb], m.; *v.* exploser; détruire; flétrir [reputation]; *blast furnace*, haut fourneau; *blasting-oil*, nitroglycérine.

blatancy [bléⁱtⁿnsi] *s.* vulgarité, f. ‖ *blatant* [-ⁿnt] *adj.* criard; voyant; flagrant, criant.

blaze [bléⁱz] *s.* flamme, f.; éclat, m.; *v.* flamber, resplendir; marquer [trees]; *in a blaze*, en feu. ‖ *blazer* [-eʳ] *s.* blazer; bobard, m.; Am. casserole, f.

blazon [bléⁱzⁿn] *s.* blason, m.; parade, f.; *v.* blasonner; clectroner.

bleach [blîtsh] *v.* blanchir; pâlir. ‖ *bleacher* [-eʳ] *s.* blanchisseur, m.; *pl.* Am. gradins, m.

bleak [blîk] *adj.* froid, venteux; désolé, lugubre; désert; morne.

blear [blîeʳ] *adj.* chassieux [eyes]; indistinct, indécis [outline]; imprécis [mind].

bleat [blît] *v.* bêler; *s.* bêlement, m.

bled [blèd] *pret., p. p. of* **to bleed**. ‖ *bleed* [blîd] *v.* saigner. ‖ *bleeding* [-ing] *s.* saignement, m.; saignée; hémorragie, f.

blemish [blèmish] *v.* ternir; flétrir; souiller; *s.** défaut, m.; faute, tache, imperfection, f.

blench [blèntsh] *v.* reculer; éviter, fuir; broncher.

blench [blèntsh] *v.* blêmir; pâlir; faire pâlir.

blend [blènd] *s.* mélange, m.; *v.* mélanger, mêler; dégrader [colors]; fondre [sounds], harmoniser; se mélanger. ‖ *blending* [-ing] *s.* mélange, m.

bless [blès] *v.* bénir. ‖ *blessed* [-id] *adj.* béni; saint; bienheureux; [blèst] *pret., p. p. of* **to bless**. ‖ *blessing* [-ing] *s.* bénédiction; grâce, f.; bienfait, m.

blest, *see* **blessed**.

blew [blou] *pret. of* **to blow**.

blight [blaⁱt] *s.* nielle [corn]; rouille; influence perverse, f.; *v.* brouir; gâcher; ruiner [hope].

blind [blaⁱnd] *adj.* aveugle; *s.* persiennes [window]; œillère [horse], f.; abat-jour; prétexte; store; masque, m.; *v.* aveugler; *blind lantern*, lanterne sourde; *stone-blind*, complètement aveugle. ‖ *blinder* [-eʳ] *s.* œillère; Am. persienne, f. ‖ *blindfold* [-fo⁰uld] *v.* aveugler; bander les yeux à; *adj.* qui a les yeux bandés; *s.* ruse, f. ‖ *blindly* [-li] *adv.* à l'aveuglette. ‖ *blindness* [-nis] *s.* cécité, f.; aveuglement, m. ‖ *blindworm* [-wë⁰m] *s.* orvet, m.

blink [blingk] *v.* clignoter; cligner des yeux; fermer les yeux sur; *s.* coup d'œil; clignotement; aperçu, m.; lueur, f. ‖ *blinker* [-eʳ] *s.* œillère, f.; (autom.) clignotant, m. ‖ *blinking* [-ing] *adj.* clignotant; vacillant [flame].

bliss [blĭs] *s.* félicité; béatitude, f. ‖ *blissful* [-fᵉl] *adj.* bienheureux. ‖ *blissfulness* [-fᵉlnĭs] *s.* béatitude, f.; bonheur total, m.

blister [blĭstᵉʳ] *s.* pustule; ampoule; boursouflure, f.; *v.* boursoufler.

blithe [blaɪzh] *adj.* gai; heureux. ‖ *blitheness* [-nĭs] *s.* joie, gaieté, f.

blizzard [blĭzᵉʳd] *s.* tempête de neige; *Fr. Can.* poudrerie, f.; *Am.* attaque violente.

bloat [bloᵘt] *v.* enfler; se gonfler; *adj. Am.* prétentieux, « gonflé »; météorisant [cattle]. ‖ *bloater* [-ᵉʳ] *s.* hareng saur, m.

block [blăk] *s.* bloc; pâté, îlot [houses]; forme [hat], f.; encombrement, m.; *v.* bloquer; encombrer; *block writing,* écriture en lettres d'imprimerie.

blockade [blăkéᶦd] *s.* blocus; *Am.* blocage, m.; obstruction, f.; *v.* bloquer; obstruer. ‖ *blockhead* [blăkèd] *s.* lourdaud; imbécile, m.

blond(e) [blând] *adj., s.* blond(e).

blood [blŭd] *s.* sang, m.; *v.* acharner [hound]; donner le baptême du sang; *blood bank,* banque du sang; *blood count,* numération globulaire; *blood group,* groupe sanguin; *blood pressure,* tension artérielle; *blood-sugar,* glycémie; *blood test,* examen du sang; *blood typing Am.* recherche du groupe sanguin; *blood vessel,* vaisseau sanguin. ‖ *blooded* [-ĭd] *adj.* de race, pur sang. ‖ *bloodshed* [-shèd] *s.* effusion de sang, f. ‖ *bloodshot* [-shât] *adj.* injecté de sang. ‖ *bloodthirsty* [-thë̀ʳstĭ] *adj.* sanguinaire. ‖ *bloodsucker* [-sœkᵉʳ] *s.* sangsue, f. ‖ *bloody* [-ĭ] *adj.* sanglant; ensanglanté.

bloom [bloum] *s.* fleur; floraison, f.; incarnat, m.; *v.* fleurir, s'épanouir. ‖ *bloomer* [-ᵉʳ] *s.* gaffe, bourde, f. ‖ *blooming* [-ĭng] *adj.* en fleur, florissant; s. floraison, f.

blossom [blăsᵉm] *s.* fleur, f.; épanouissement, m.; *Am.* variété de quartz; *v.* fleurir, s'épanouir.

blot [blât] *s.* tache, f.; pâté [ink], m.; rature; faute, erreur, f.; *v.* tacher; maculer; buvarder.

blotch [blâtsh] *s.** pustule; éclaboussure; tache, f.; *v.* tacher.

blotter [blâtᵉʳ] *s.* buvard, m.; brouillard (comm.); *Am.* livre de police, m. ‖ *blotting* [-ĭng] *adj.* qui sèche; *blotting-pad,* sous-main; *blotting paper,* buvard.

blouse [blaᵘs] *s.* blouse, chemisette, f.; chemisier, corsage, m.

blow [bloᵘ] *v.** fleurir, s'ouvrir.

blow [bloᵘ] *v.** souffler; sonner [trumpet]; s'envoler; *Am.* déguerpir;

s. coup; soufflement; coup de vent, m.; *to blow a fuse,* faire sauter un plomb; *to blow one's nose,* se moucher; *to blow out,* éteindre; éclater [tire]. ‖ *blower* [-ᵉʳ] *s.* souffleur, ventilateur, m.; soufflerie, f. ‖ *blown* [-n] *p. p. of* to blow.

blowout [bloᵘaᵒut] *s.* éclatement, m.; crevaison [tire]; ventrée, f.

blowpipe [bloᵘpaᶦp] *s.* chalumeau, m.; sarbacane, f.

blowzy [blaᵒuzĭ] *adj.* rouge; ébouriffée, mal soignée [woman].

blubber [blœbᵉʳ] *v.* pleurnicher; *s.* pleurnicherie, f.

bludgeon [blœdjᵉn] *s.* matraque, f.; *v.* matraquer.

blue [blou] *adj.* bleu; triste; *s.* bleu, ciel, azur, m.; *pl.* mélancolie, f.; *v.* bleuir; passer au bleu; *out of the blue,* soudainement; *to feel blue,* avoir le cafard; *bluecap,* bluet; *blue light,* feu de Bengale; *blue-stone,* sulfate de cuivre. ‖ *bluebell* [-bèl] *s.* jacinthe des prés, f. ‖ *blueberry* [-bèrĭ] *s.** myrtille, f.; *Fr. Can.* bleuet, m.

bluff [blœf] *s.* falaise, f.; escarpement; bluff, m.; *adj.* escarpé; rude; brusque; *v.* bluffer. ‖ *bluffer* [-ᵉʳ] *s.* bluffeur, m. ‖ *bluffly* [-lĭ] *adv.* rudement, brutalement.

bluing [blouĭng] *s.* bleu de blanchisseuse, m. ‖ *bluish* [blouĭsh] *adj.* bleuâtre; *bluish green,* glauque.

blunder [blœndᵉʳ] *s.* bévue, gaffe, sottise, f.; *v.* gaffer, commettre une maladresse. ‖ *blunderer* [-rᵉʳ] *s.* gaffeur, m.; maladroit, m.

blunt [blœnt] *adj.* émoussé; obtus, stupide; brusque, rude; *v.* émousser; amortir [blow].

blur [blë̀ʳ] *s.* tache; bavochure; buée, f.; *v.* brouiller; tacher; ternir; estomper; ennuager.

blurb [blë̀ʳb] *s.* *Am.* réclame; prière d'insérer [book]; publicité, f.

blurt [blë̀ʳt] *v.* parler à l'étourdi; gaffer; *to blurt out,* lancer, lâcher [word].

blush [blœsh] *s.** rougeur, f.; incarnat, m.; *v.* rougir.

bluster [blœstᵉʳ] *s.* tapage, m.; tempête; forfanterie, f.; *v.* faire une bourrasque; faire le fanfaron. ‖ *blustering* [-rĭng] *adj.* fanfaron.

boa [boᵒua] *s.* boa, m.

boar [boᵒuʳ] *s.* verrat; sanglier, m.

board [boᵒuʳd] *s.* planche; table; pension, f.; écriteau; carton; comité; établi; bord [ship], m.; côte (naut.), f.; *pl.* le théâtre, sens.; *v.* planchéier; nourrir; prendre pension; aborder; *board and room,* pension complète;

Board of Trade, ministère du Commerce; *to board out*, mettre en pension. ‖ *boarder* [-ᵉʳ] *s.* pensionnaire, m., f. ‖ *boarding-house* [-inghaᵒᵘs] *s.* pension de famille, f. ‖ *boarding-school* [-ingskoul] *s.* pensionnat, m.

boast [boᵒᵘst] *s.* vantardise, f.; *v.* se vanter, s'enorgueillir. ‖ *boastful* [-fᵉl] *adj.* vantard, vaniteux. ‖ *boasting* [-ing] *s.* vantardise, f.

boat [boᵒᵘt] *s.* bateau, m.; embarcation, f. ‖ *boater* [-ᵉʳ] *s.* canotier, m. ‖ *boathouse* [-haᵒᵘs] *s.* hangar à bateaux, m. ‖ *boating* [-ing] *s.* canotage; transport par bateau, m. ‖ *boatman* [-mᵉn] *s.* batelier, navigateur, marin, m. ‖ *boatswain* [boᵒsn] *s.* maître (m.) d'équipage.

bob [bâb] *s.* pendant [ear]; plomb [line]; gland, m.; lentille [clock]; secousse; monnaie [shilling]; coiffure à la Ninon, f.; *v.* secouer par saccades; ballotter; écourter [tail]; pendiller; *to bob up and down*, tanguer; *bob-sleigh*, traîneau.

bobolink [bob*lingk] *s.* troupiale, m. [bird]; *Fr. Can.* goglu, m.

bode [boᵒᵘd] *pret., p. p.* of **to bide**.

bodice [bâdis] *s.* corsage, m.

bodiless [bâdilis] *adj.* immatériel; sans corps. ‖ *bodily* [bâdili] *adj.* corporel; matériel; sensible; *adv.* corporellement; par corps; d'un bloc; unanimement. ‖ *body* [bâdi] *s.* corps; code, recueil; corsage; fuselage (aviat.), m.; nef [church]; carrosserie [auto]; masse [water], f.; *to come in a body*, venir en masse; *as a body*, dans l'ensemble, collectivement; *the constituent body*, le collège électoral; *body guard*, garde du corps.

bog [bâg] *s.* marais, m.; *v.* embourber; *to bog down*, s'enliser. ‖ *boggy* [-i] *adj.* marécageux.

bog(e)y [boᵒᵘgi] *s.* croquemitaine, m.

bogus [boᵒᵘgᵉs] *adj.* factice; *bogus concern*, attrape-nigaud.

Bohemian [boᵒᵘhimiᵉn] *adj.* bohémien.

boil [boᵓl] *s.* furoncle, m.

boil [boᵓl] *v.* bouillir; faire bouillir; *s.* ébullition, f.; *to boil over*, déborder en bouillant; *to boil away*, s'évaporer en bouillant; *to boil down*, faire réduire à l'ébullition, condenser. ‖ *boiler* [-ᵉʳ] *s.* bouilloire; chaudière, f.; calorifère, m.; *double boiler*, bain-marie.

boisterous [boᵓstᵉrᵉs] *adj.* bruyant; tumultueux; turbulent.

bold [boᵒᵘld] *adj.* hardi; courageux; escarpé [cliff]; gras [typogr.]; *bold-faced*, effronté. ‖ *boldly* [-li] *adv.* hardiment. ‖ *boldness* [-nis] *s.* audace; hardiesse; insolence, f.

bolero [bᵉlᵉᵉroᵒᵘ] *s.* boléro, m. (mus.).

bolero [baulᵉroᵒᵘ] *s.* boléro, m. [costume].

Bolivia [baulƅviᵉ] *s.* Bolivie, f.; *Bolivian*, bolivien.

Bolshevik [boᵒᵘlshᵉvik] *adj.* bolchevique; *Bolshevist* *s.* bolcheviste, m., f.

bolster [boᵒᵘlstᵉr] *s.* traversin, m.; *v. to bolster up*, étayer [doctrine]; soutenir [person].

bolt [boᵒᵘlt] *s.* verrou; boulon; bond; rouleau [paper], m.; cheville [pin]; flèche [arrow]; culasse [rifle]; fibre [thunder]; fuite, f.; *adj.* rapide et droit; *v.* verrouiller; boulonner; avaler; fuir; bluter; tamiser; *Am.* se retirer d'un parti, s'abstenir de voter. ‖ *bolter* [-ᵉʳ] *s.* blutoir; *Am.* dissident d'un parti, m.

bomb [bâm] *s.* bombe, f.; *v.* bombarder; *bomb - crater*, entonnoir; *bomb-release*, lancement de bombes; *bomb-shell*, obus; bombe (fig.); *bomb-thrower*, lance-bombes; *bombed-out*, sinistré. ‖ *bombing plane*, bombardier (aviat.). ‖ *bombard* [bâmbârd] *v.* bombarder. ‖ *bombardier* [bâmᵉdîr] *s.* bombardier, m. ‖ *bombardment* [bâmbârdmᵉnt] *s.* bombardement, m.

bombastic [bâmbastik] *adj.* ampoulé, amphigourique.

bomber [bâmᵉr] *s.* bombardier, m.

bonanza [bo'nanzᵉ] *s.* filon, m.

bond [bând] *s.* lien, m.; obligation, f.; *v.* garantir par obligations; entreposer à la douane. ‖ *bondage* [-idj] *s.* esclavage; servitude, f. ‖ *bondsman* [-zmᵉn] *s.* garant, m.; serf, esclave, m.

bone [boᵒᵘn] *s.* os, m.; arête [fish]; baleine de corset, f.; *v.* désosser; baleiner; *Am.* bûcher, travailler dur; *a bone of contention*, une pomme de discorde; *he is a bag of bones*, il n'a que la peau et les os; *to make no bones about*, n'avoir pas de scrupules à; *I feel it in my bones*, j'en ai le pressentiment. ‖ *boner* [-ᵉʳ] *s.* bourde, gaffe, boulette, énormité, f.

bonfire [bânfaᵓr] *s.* bûcher; feu de joie, m.

bonnet [bânit] *s.* capote, f.; capot [auto]; complice, m.; *v.* coiffer.

bonus [boᵒᵘnᵉs] *s.* prime, f.; boni, m.

bony [boᵒᵘni] *adj.* osseux; plein d'arêtes.

bonze [bânz] *s.* bonze, m.

boo [bou] *v.* huer; *s. pl.* huées, f.

booby [boubi] *s.*, *adj.* nigaud; lourdaud; *booby-trap*, attrape-nigaud; mine-piège (milit.).

boohoo [bouhou] *v.* braire.

book [bouk] *s.* livre; registre, m.; *book of tickets*, carnet de tickets; *on the books*, inscrit dans la comptabilité; *order-book*, carnet de commandes; *to book one's place*, louer sa place. ‖ **bookcase** [-kéis] *s.* bibliothèque, f. ‖ **booking** [-ing] *s.* enregistrement, m. ‖ **bookish** [-ish] *adj.* pédantesque. ‖ **bookkeeper** [-kîpᵉʳ] *s.* comptable, m., f. ‖ **bookkeeping** [-kîping] *s.* comptabilité, f.; *double-entry bookkeeping*, comptabilité en partie double. ‖ **booklet** [-lèt] *s.* livret, opuscule, m. ‖ **bookseller** [-sèlᵉʳ] *s.* libraire. m. ‖ **bookshelf** [-shèlf] (*pl.* **bookshelves** [-shèlvz]) *s.* étagère de bibliothèque, f. ‖ **bookshop** [-shàp], **bookstore** [-stoᵘʳ] *s.* librairie, f. ‖ **bookstall** [-staul], *Am.* **bookstand** [-stand] *s.* étalage (d.) de librairie; bibliothèque de gare, f.

boom [boum] *s.* grondement, m.; boom, emballement des cours, m.; vogue, f., chaîne, f.; *v.* gronder [wind]; voguer rapidement; prospérer; augmenter; *boom and bust*, prospérité et dépression.

boon [boun] *adj.* gai, joyeux.

boon [boun] *s.* bienfait, m.; faveur, f.

boor [bour] *s.* rustre; lourdaud, m. ‖ **boorish** [bourish] *adj.* rustre.

boost [boust] *s. Am.* poussée; augmentation, f.; *v.* pousser, faire l'article; augmenter [price]. ‖ **booster** [-ᵉʳ] *s.* amplificateur; survolteur; prôneur, m.; *booster-rocket*, fusée porteuse; *booster-shot*, piqûre de rappel. ‖ **boosting** [-ing] *s.* battage, m.

boot [bout] *s.* surplus, m.; *to boot*, en plus, par-dessus le marché.

boot [bout] *s.* chaussure, botte, bottine, f.; brodequin [torture]; coffre [vehicle]; coup de pied, m.; *v.* botter; donner un coup de pied. ‖ **bootblack** [-blak] *s.* cireur de bottes, m.

booth [bouzh] *s.* cabine; baraque, f.; isoloir, m.

bootlegger [boutlègᵉʳ] *s. Am.* contrebandier (m.) de spiritueux.

bootlick [boutlik] *v. Am.* lécher les bottes, flagorner.

booty [bouti] *s.* butin, m.

booze [bouz] *s.* noce, ribote; gnôle (fam.), f.; *v.* siroter (fam.); *boozer,* pochard.

border [baurdᵉʳ] *s.* bord, m.; bordure; frontière, f.; *v.* border; être limitrophe de; *border-line*, ligne de démarcation; *border-line case*, cas limite.

bore [boᵘʳ] *pret. of to bear.*

bore [boᵘʳ] *v.* percer; forer; *s.* trou; calibre [gun]; mascaret [tide]; alésage (mech.), m.; sonde [mine], f.

bore [boᵘʳ] *v.* ennuyer, importuner; *s.* ennui; importun; raseur (fam.), m. ‖ **boredom** [-dᵉm] *s.* ennui, m. ‖ **boring** [-ing] *adj.* ennuyeux.

born [baurn] *p. p. of to bear;* *adj.* né; inné. ‖ **borne** [baurn] *p. p. of to bear.*

borough [bèroᵘ] *s.* bourg, m.; cité; circonscription électorale, f.

borrow [bauroᵘ] *v.* emprunter, « taper ». ‖ **borrowed** [-d] *adj.* d'emprunt, faux, usurpé. ‖ **borrower** [-ᵉʳ] *s.* emprunteur, m. ‖ **borrowing** [-ing] *s.* emprunt, m.

bosom [bouzᵉm] *s.* sein; cœur; plastron [shirt], m.; *bosom friend,* ami intime.

boss [baus] *s.*° bosse; butée; protubérance, f.; *v.* bosseler.

boss [baus] *s.*° patron, m.; *Am.* politicien influent; *adj.* de premier ordre; en chef; *v.* diriger, contrôler; *to boss it,* gouverner. ‖ **bossy** [-i] *adj.* autoritaire, impérieux.

botany [bàtni] *s.* botanique, f.

botch [bàtsh] *v.* rafistoler; saboter, bousiller (fam.).

both [boᵘth] *adj., pron., conj.* tous les deux; ensemble; à la fois; *both of us,* nous deux; *on both sides,* des deux côtés.

bother [bàzhᵉʳ] *s.* tracas; ennui; souci, m.; *v.* ennuyer, tourmenter; se tracasser. ‖ **bothersome** [-sᵉm] *adj.* ennuyant; inquiétant.

bottle [bàt'l] *s.* bouteille, f.; flacon, m.; botte [hay], f.; *v.* mettre en bouteille; *to bottle up,* embouteiller, bloquer; *bottle brush,* rince-bouteilles; *bottle cap,* capsule, f.; *bottleneck,* goulot; embouteillage.

bottom [bàtᵉm] *s.* fond; bout; bas [page], m.; carène (naut.), f.; *bottoms up!* à la vôtre!; *to be at the bottom of,* être l'instigateur de; *bottomless,* sans fond, insondable.

bough [baoᵘ] *s.* rameau, m.

bought [baut] *pret., p. p. of to buy.*

boulder [boᵘldᵉʳ] *s.* rocher, m.

boulevard [boulvàʳ] *s.* boulevard, m.

bounce [baoᵘns] *v.* sauter; se jeter sur; rebondir; faire sauter; se vanter, exagérer; *Am.* expulser, congédier; *s.* saut, rebondissement; bruit, m.; explosion; vantardise, f.; *Am.* expulsion, f.; renvoi, m.

bound [baoᵘnd] *adj., p. p.* lié, attaché; *Am.* résolu à; *bound up in,* entièrement pris par; *bound to happen,* inévitable.

bound [baoᵘnd] *s.* limite, f.; bond, m.; *adj.* à destination de; tenu; *v.*

borner; bondir; *out of bounds*, accès
défendu. ‖ **boundary** [ba^ou^nd^e^ri] *s.**
borne; frontière, f. ‖ **boundless** [ba^ou^n-
dlis] *adj.* illimité, sans borne.

bountiful [ba^ou^nt^e^f^e^l] *adj.* libéral, généreux. ‖ **bounty** [ba^ou^nti] *s.** bonté,
f.; largesses, f. pl.; gratification,
prime, f.

bouquet [bouké¹] *s.* bouquet, m.

bout [ba^ou^t] *s.* coup; match, m.; partie; crise (med.), f.

bow [ba^ou^] *s.* salut, m.; inclinaison;
proue (naut.), f.; *v.* s'incliner; courber; saluer; ployer, fléchir; *bow-side*,
tribord.

bow [bo^ou^] *s.* arc; archet; nœud;
arçon [saddle], m.; monture [spec-
tacles], f.; *bow-legged*, bancal.

bowels [ba^ou^e^lz] *s.pl.* intestins, m.pl.;
entrailles, tripes, f. pl.

bower [ba^ou^e^r] *s.* tonnelle, f.; boudoir, m.; maisonnette, f.

bowl [bo^ou^l] *s.* bol; vase rond; fourneau [pipe], m.; boule, f.; *v.* jouer
aux boules, jouer aux quilles; rouler
[carriage]; servir la balle [game]. ‖
bowler [-^e^r] *s.* joueur; *Fr. Can.* quilleur; chapeau melon, m. ‖ *bowling*
[-ing] *s.* bowling, jeu de quilles, m.;
bowling-alley, boulodrome, m.; *bowl-
ing-pin*, quille, f.

bowman [bo^ou^m^e^n] (*pl* bowmen) *s.*
archer, m.

box [bâks] *s.** boîte, malle; loge
(theat.), f.; compartiment; carton;
banc, box, m.; guérite, cabine, f.;
box-office, bureau de location.

box [bâks] *s.* buis [wood], m.

box [bâks] *s.** gifle, claque, f.; *v.*
gifler; boxer. ‖ *boxer* [-^e^r] *s.* boxeur,
m. ‖ *boxing* [-ing] boxe, f.; *Boxing
Day*, jour des étrennes.

boy [bo¹] *s.* garçon, m.

boycott [bo¹kât] *v.* boycotter; *s.*
boycottage, m.

boyhood [bo¹houd] *s.* enfance, f. ‖
boyish [bo¹ish] *adj.* puéril; d'enfant;
garçonnier.

bra [brâ] *s.* soutien-gorge, m.

brace [bré¹s] *s.* paire; attache; agrafe
(mech.); accolade (typogr.); *pl. Br.*
bretelles, f.; *v.* attacher; consolider;
étayer; tonifier; bander, tendre; acco-
lader; *carpenter's brace*, vilebrequin;
to brace up, fortifier; tonifier.

bracelet [bré¹slit] *s.* bracelet, m.

bracken [brak^e^n] *s.* fougère, f.

bracket [brakit] *s.* applique, f.; tasseau; crochet (typogr.), m.; *v.* mettre
entre crochets; réunir.

brag [brag] *s.* fanfaronnade, f.; *v.* se
vanter; *braggart*, fanfaron.

braid [bré¹d] *s.* galon, m.; tresse;
soutache, f.; *v.* tresser.

brain [bré¹n] *s.* cerveau, m.; cervelle,
f.; *v.* casser la tête; faire sauter la
cervelle à; *brainstorm*, idée de génie,
trouvaille. ‖ *brainwash* [-waush] *v.*
faire un lavage de cerveau à; endoctriner. ‖ *brainwashing* [-ing] *s.* lavage
de cerveau, endoctrinement, m.

brake [bré¹k] *s.* frein; bordage
(mech.), m.; *v.* ralentir, freiner; enrayer; *brake(s)man*, serre-frein.

bramble [bràmb'l] *s.* ronce, f.;
bramble-berry, mûre; *bramble-rose*,
églantine.

bran [bràn] *s.* son [wheat], m.

branch [bràntsh] *s.** branche; succursale; agence; bifurcation, f.; embranchement; affluent, m.; *v.* s'em-
brancher; se ramifier.

brand [brànd] *s.* tison; stigmate, m.;
flétrissure; marque de fabrique; sorte,
f.; *v.* stigmatiser, marquer au fer
rouge; marquer les bestiaux; *brand-
new*, flambant neuf.

brandish [bràndish] *v.* brandir; secouer; agiter.

brandy [bràndi] *s.** brandy, m.; eau-
de-vie, f.

brass [bra] *s.* cuivre, laiton, airain,
m.; *adj.* de cuivre; *v.* cuivrer; *brass-
band*, fanfare; *brass tacks*, le fond
de l'affaire, l'essentiel.

brassière [brasiè^r] *s.* soutien-
gorge, m.

brat [brat] *s.* marmot, gosse, m.

brave [bré¹v] *adj.* brave; beau, chic;
v. braver, défier. ‖ *bravery* [-^e^ri] *s.*
bravoure; élégance; parure, f.

bravo [bravo^ou^] *interj.*, *s.* bravo.

brawl [braul] *v.* crier, brailler; *s.*
vacarme, m.; querelle, rixe, f.

brawn [braun] *s.* muscle, m.; fromage (m.) de tête; *brawny*, musclé.

bray [bré¹] *s.* braiment, m.; *v.* braire.

brazen [bré¹z'n] *adj.* de cuivre, d'airain; impudent, effronté.

brazier [bré¹je^r] *s.* chaudronnier;
braséro, m.

breach [brîtsh] *s.** brèche; rupture;
infraction à, violation de, f.; *v.* ouvrir
une brèche dans.

bread [brèd] *s.* pain, m.; *v.* paner;
brown bread, pain bis; *stale bread*,
pain rassis; *bread-crumb*, chapelure;
v. paner; *bread-winner*, gagne-pain.

breadth [brèdth] *s.* largeur; dimension, f.; lé, m.

break [bré¹k] *s.* brèche, trouée; interruption, lacune, rupture; baisse
[price]; aubaine, f.; *v.** casser, briser; violer [law]; ruiner, délabrer

[health]; éclater [storm]; annoncer, faire part de [purpose]; **to break down**, abattre; broyer; **to break out**, éclater [war]; **to break up**, se séparer, (se) disperser, cesser; **to give a break**, donner une chance. ‖ **breakable** [-ᵊb'l] *adj.* cassable. ‖ **breakdown** [bréⁱkdaᵒᵘn] *s.* rupture (f.) de négociations; dépression nerveuse (f.); effondrement; fiasco, m.; panne, f. ‖ **breaker** [-ᵊʳ] *s.* briseur; perturbateur; interrupteur; brisants [waves], m. ‖ **breakfast** [-fᵊst] *s.*, *v.* déjeuner, petit déjeuner; **breakfast food**, Fr. Can. céréales, f. pl.

breast [brèst] *s.* poitrine, f.; sein; poitrail; cœur; sentiment; blanc de volaille, m.; *v.* lutter contre; **to make a clean breast**, faire des aveux complets; **breastbone**, sternum; bréchet; **breastwork**, parapet.

breath [brèth] *s.* souffle, m.; haleine, f.; *v.* respirer, souffler; **out of breath**, à bout de souffle; **to gasp for breath**, haleter.

breathe [brîzh] *v.* respirer; exhaler; souffler; **to breathe one's last**, rendre le dernier soupir; **not to breathe a word**, ne pas souffler mot. ‖ **breather** [-ᵊʳ] *s.* moment de répit, m.; bol d'air, m. ‖ **breathing** [-ing] *s.* respiration, f.; souffle, m.; répit, m.; détente, f.; **breathing-hole**, soupirail. ‖ **breathless** [brèthlis] *adj.* essoufflé; suffocant; étouffant; oppressé; sans vie; en haleine, haletant.

bred [brèd] *pret., p. p. of* to breed; **well-bred**, bien élevé.

breeches [britshiz] *s. pl.* pantalon, m.

breed [brîd] *s.* race; sorte, espèce, f.; *v.*° élever, nourrir; éduquer; engendrer. ‖ **breeder** [-ᵊʳ] *s.* étalon; éleveur; éducateur, m. ‖ **breeding** [-ing] *s.* procréation, f.; éducation, f.; élevage, m.

breeze [brîz] *s.* brise, f. ‖ **breezy** [-i] *adj.* aéré; animé, vif; jovial, désinvolte.

brethren [brèzhrin] *s. pl.* frères; confrères, m. pl.

breve [brîv] *s.* brève (mus.), f. ‖ **breviary** [brívi·ᵊri] *s.* bréviaire, m. ‖ **brevity** [brèv·ti] *s.*° brièveté, f.

brew [brou] *v.* brasser [ale]; tramer, comploter; faire infuser [tea]; *s.* bière, f. ‖ **brewer** [-ᵊʳ] *s.* brasseur, m. ‖ **brewery** [-ᵊri] *s.*° brasserie, f.

briar [braⁱᵊr] *s.* ronce, f.; églantier, m.

bribe [braⁱb] *s.* paiement illicite, pot-de-vin, m.; *v.* corrompre. ‖ **bribery** [-ᵊri] *s.*° concussion, f.

brick [brĭk] *s.* brique, f.; Am. brave type, bon garçon; *v.* briqueter; **bricklayer**, maçon; **brickwork**, briquetage;

brickyard, briqueterie. ‖ **brickbat** [-bat] *s.* briqueton; brocard, m.; insulte, f.

bridal [braⁱd'l] *adj.* nuptial. ‖ **bride** [braⁱd] *s.* mariée, f.; **the bride and groom**, les nouveaux mariés. ‖ **bridegroom** [-groum] *s.* marié, m. ‖ **bridesmaid** [-zméⁱd] *s.* demoiselle d'honneur, f. ‖ **bridesman** [-zmᵊn] (*pl.* **bridesmen**) *s.* garçon d'honneur, m.

bridge [bridj] *s.* pont, m.; passerelle (naut.), f.; chevalet [violin]; dos [nose]; prothèse dentaire, f.; jeu de cartes, m.; *v.* jeter un pont sur; **drawbridge**, pont-levis; **bridge-head**, tête de pont.

bridle [braⁱd'l] *s.* bride, f.; frein, m.; restriction, f.; *v.* brider; maîtriser, subjuguer; se rengorger; **bridlepath**, piste cavalière.

brief [brĭf] *adj.* bref, concis; *s.* dossier (jur.); sommaire, abrégé; bref apostolique, m.; *v.* abréger, résumer; documenter (on, sur). ‖ **briefly** [-li] *adv.* brièvement. ‖ **briefcase** [-kéⁱs] *s.* portefeuille, m.; serviette; chemise, f. ‖ **briefness** [-nis] *s.* brièveté, f. ‖ **briefs** [-s] *s. pl.* cache-sexe, slip, m.

brier, see braiar.

brig [brig] *s.* brick (naut.), m.; *Am.* prison (fam.), f.

brigade [brigéⁱd] *s.* brigade, f.; *v.* embrigader; **brigadier**, général de brigade.

bright [braⁱt] *adj.* brillant; gai; intelligent; vif [color]; *Am.* blond [tobacco]. ‖ **brighten** [-'n] *v.* faire briller; égayer; embellir; polir; s'éclairer. ‖ **brightness** [-nis] *s.* éclat, m.; clarté; splendeur; vivacité; gaieté, f.

brilliance [brílyᵊns] *s.* éclat; lustre; brillant, m.; splendeur, f. ‖ **brilliant** [brílyᵊnt] *adj.* brillant, éclatant; talentueux; *s.* brillant, m. ‖ **brilliantine** [brílyᵊntîn] *s.* brillantine, f.; [brilyᵊntîn] *v.* brillantiner.

brim [brĭm] *s.* bord, m.; *v.* remplir jusqu'au bord; être tout à fait plein; **to brim over**, déborder. ‖ **brimmer** [-ᵊʳ] *s.* rasade, f.; verre arasé, m.

brimstone [brĭmstoᵒᵘn] *s.* soufre, m.

brine [braⁱn] *s.* saumure; eau salée, f.; *v.* plonger dans la saumure; **brinepit**, saline; **briny**, saumâtre, salé; amer.

bring [bring] *v.*° amener, conduire; apporter; coûter, revenir [price]; **to bring along**, apporter, amener; **to bring about**, produire, occasionner; **to bring back**, rapporter, ramener; **to bring down**, faire descendre; humilier, abattre; **to bring forth**, produire; **to bring forward**, avancer, reporter [sum];

to bring in, introduire; *to bring out*, faire sortir; publier; *to bring off*, renflouer; *to bring up*, élever, nourrir; mettre sur le tapis [subject]; *how much does coal bring?*, combien coûte le charbon?

brink [brıngk] *s.* bord, m.

brioche [brıoᵘʃ] *s.* brioche, f.

briquette [brıkèt] *s.* briquette, f.

brisk [brısk] *adj.* vif; actif (comm.); animé, alerte. ‖ *briskly* [-li] *adv.* allégrement, activement.

bristle [brıs'l] *s.* soie [pig], f.; *v.* se hérisser. ‖ *bristly* [-i] *adj.* hérissé.

Britain [brıt'n] *s.* Grande-Bretagne, f. ‖ *British* [brıtıʃ] *adj., s.* britannique, anglais. ‖ *Brittany* [brıt'nı] *s.* Bretagne, Armorique, f.

brittle [brıt'l] *adj.* fragile, cassant; friable. ‖ *brittleness* [-nıs] *s.* fragilité, f.

broach [broᵘtʃ] *s.** broche, f.; *v.* embrocher; mettre en perce [cask]; entamer [subject].

broad [braud] *adj.* large, vaste; hardi; fort [accent]; tolérant [mind]; clair [hint]; *broad-minded*, à l'esprit large. ‖ *broadcast* [-kast] *s.* radiodiffusion; émission; transmission, f.; *v.* radiodiffuser, émettre; semer à la volée. ‖ *broaden* [-ᵊn] *v.* élargir; s'élargir.

brocade [broᵘkéıd] *s.* brocart, m.

broil [broıl] *s.* querelle, échauffourée, f.; tumulte, m.

broil [broıl] *v.* griller, rôtir; faire rôtir. ‖ *broiler* [-ᵉr] *s.* gril, m.; *Am.* journée torride, f.

broke [broᵘk] *pret. of* to break; *adj.* ruiné, fauché. ‖ *broken* [-ᵊn] *p. p. of* to break; *adj.* brisé, rompu; délabré, en ruine; fractionnaire [number]; vague [hint]; entrecoupé [voice]; *broken French*, mauvais français.

broker [broᵘkᵉr] *s.* courtier; brocanteur; prêteur sur gages, m. ‖ *brokerage* [broᵘkᵉrıdʒ] *s.* courtage, m.; *brokerage fee*, commission de courtier.

bromide [broᵘmaıd] *s.* bromure; raseur, m.; platitude, f.

bronchitis [brânkaıtıs] *s.* bronchite, f.

bronze [brânz] *s.* bronze, m.; *adj.* bronzé; *v.* bronzer.

brooch [broutʃ] *s.** broche [clasp], f.

brood [broud] *s.* couvée, nichée, foule, flopée, f. (colloq.); *v.* couver; méditer; ruminer; menacer, planer sur. ‖ *brooder* [-ᵉr] *s.* couveuse, f.

brook [brouk] *s.* ruisseau, m.

brook [brouk] *v.* supporter.

broom [broum] *s.* genêt; balai, m.; *v.* balayer; *broomstick*, manche à balai.

broth [brauth] *s.* bouillon; potage, m.

brother [brᴂzʰᵉr] *s.* frère; collègue, m.; *brother-in-law*, beau-frère. ‖ *brotherhood* [-houd] *s.* fraternité; confraternité; confrérie, f. ‖ *brotherly* [-li] *adj.* fraternel.

brought [braut] *pret., p. p. of* to bring.

brow [braᵘ] *s.* sourcil; front; sommet [hill], m. ‖ *browbeat* [-bìt] *v.* rudoyer, malmener.

brown [braᵘn] *adj.* brun; sombre; bis; marron; châtain; bronzé; *v.* brunir; *browned off*, déprimé.

browning [braᵘnıng] *s.* revolver, m.

browse [braᵘz] *v.* brouter; bouquiner; *s.* pousse verte, f.

bruise [brouz] *s.* contusion, f.; bleu, m.; *v.* contusionner, meurtrir.

brunette [brounèt] *s.* brunette, f.

brunt [brœnt] *s.* choc; assaut, m.

brush [brœsh] *s.** fourré; pinceau, m.; brosse; escarmouche; friche, f.; *v.* brosser; effleurer; *to brush aside*, écarter; *to brush away*, essuyer, balayer; *to brush up a lesson*, repasser une leçon; *brush-off*, coup de balai; *brush-up*, coup de brosse. ‖ *brushwood* [-woud] *s.* fourré, m.; broussailles, f. pl.

brusque [brœsk] *adj.* brusque.

brutal [brout'l] *adj.* brutal. ‖ *brutality* [broutalᵉti] *s.** brutalité, f.

brute [brout] *s.* brute, f.; *adj.* brut; bestial; grossier; brutal. ‖ *brutify* [-ifaı] *v.* abrutir. ‖ *brutish* [-ish] *adj.* brutal, de brute, grossier.

bubble [bœb'l] *s.* bulle, f.; bouillon, bouillonnement, m.; chimère, f.; *v.* bouillonner; faire des bulles. ‖ *bubbly* [-i] *adj.* plein de bulles; mousseux, pétillant; champagnisé.

buck [bœk] *s.* mâle (renne, antilope, lièvre, lapin); *Am.* dollar (fam.), m.

buck [bœk] *s.* ruade, f.; *v.* ruer; désarçonner; *to buck up*, (se) ravigoter.

bucket [bœkit] *s.* seau; baquet; auget [wheel]; piston [pump], m.; *to kick the bucket*, casser sa pipe (fam.).

buckle [bœk'l] *s.* boucle, f.; *v.* boucler; s'atteler à [work]; *to buckle down*, travailler dur.

buckshee [bœkshì] *adj.* aux frais de la princesse.

buckshot [bœkshât] *s.* chevrotine, f.

buckwheat [bœkhwìt] *s.* sarrazin, m.

bud [bœd] *s.* bourgeon; bouton, m.; *v.* bourgeonner. ‖ *buddy* [-i] *s.* Am.* camarade, copain, m.

budge [bœdj] *v.* bouger; faire bouger.

budget [bœdjit] *s.* budget; sac, m.

buff [bœf] *s.* peau de buffle, f.; chamois, m.; *Am.* fanatique, m.

buff [bœf] *s* coup, soufflet, m.; *blind-man's buff*, colin-maillard.

buffalo [bœf'loᵒᵘ] *s.* buffle, bison, m.

buffer [bœf'ᵉr] *s.* tampon; *Am.* pare-chocs, m.; *buffer-state*, Etat-tampon; *buffer-stop*, butoir.

buffet [bœfit] *s.* coup, soufflet, m.; *v.* souffleter; cahoter; se débattre (*with*, contre).

buffet [bœféⁱ] *s.* buffet; [bouféⁱ] *s.* restaurant, m.; *Am. buffet-car*, wagon-restaurant.

bug [bœg] *s.* punaise, f.; microbe, germe, m. ‖ **bugbear** [-bèr] *s.* croquemitaine, épouvantail, m.; bête noire, f.

bugle [byoug'l] *s.* cor de chasse; clairon, m.; *v.* claironner.

build [bīld] *s.* structure; stature; taille, f.; *v.* bâtir, construire; établir; *to build up*, édifier; *to build upon*, compter sur. ‖ **builder** [-ᵉr] *s.* entre-preneur, constructeur, m. ‖ **building** [-ing] *s.* construction, f.; bâtiment, m.; *public building*, édifice public; *adj.* de construction; à bâtir; du bâtiment; *building land*, terrain à bâtir; *building plot*, lotissement. ‖ **built** [bilt] *adj.*, *p. p.* bâti; façonné.

bulb [bœlb] *s.* bulbe, oignon; globe [eye], m.; ampoule (electr.); poire [rubber], f.

bulge [bœldj] *s.* renflement, m.; bosse, f.; *v.* bomber; faire eau (naut.). ‖ **bulgy** [-i] *adj.* tors.

bulk [bœlk] *s.* masse, f.; volume, m.; *Am.* pile de tabac, f.; *in bulk*, en vrac, en gros; *to bulk large*, faire figure importante. ‖ **bulky** [-i] *adj.* volumineux, massif; lourd.

bull [boul] *s.* taureau; haussier [Stock Exchange]; *Am.* agent de police; boniment, m.; *adj.* de hausse; *v.* provoquer la hausse.

bull [boul] *s.* bulle [papal], f.

bulldozer [bouldoᵒᵘzᵉr] *s.* bull-dozer, m.

bullet [boulit] *s.* balle [gun], f.

bulletin [boulᵉt'n] *s.* bulletin, m.; *v. Am.* publier, annoncer; *bulletin board*, panneau d'affichage.

bullfight [boulfaⁱt] *s.* course (f.) de taureaux; corrida, f.; *bullfighter*, torero.

bullfinch [boulfintsh] *s.* *Br.* bouvreuil, m.

bullion [boulyᵉn] *s.* or en barres; lingot, m.; encaisse métallique, f.

bully [bouli] *s.* matamore, m.; *adj.* fanfaron; jovial; épatant; *v.* intimider; malmener; le faire à l'influence.

bulwark [boulwᵉrk] *s.* fortification; défense, f.; rempart, m.; *pl.* bastingage, m. (naut.).

bum [bœm] *s.* vagabond; écornifleur; débauché, m.; *adj. Am.* de mauvaise qualité, inutilisable; *v.* rouler sa bosse; vivre aux crochets de; écornifler.

bumblebee [bœmb'lbî] *s.* bourdon, m.

bump [bœmp] *s.* bosse, f.; coup, m.; *v.* se cogner; heurter; cahoter; *to bump off*, *Am.* démolir. ‖ **bumper** [-ᵉr] *s.* pare-chocs, m.; *adj.* excellent, abondant.

bun [bœn] *s.* brioche (f.) aux raisins; pain au lait, m.; chignon, m.; *Am.* cuite, f.

bunch [bœntsh] *s.* botte [vegetables]; grappe [grapes]; bosse [hump], f.; bouquet; trousseau [keys], m.; *v.* se grouper; réunir; se renfler; faire une bosse.

bundle [bœnd'l] *s.* paquet; fagot, m.; botte; liasse, f.; *v.* botteler; entasser; *to bundle up*, emmitoufler, empaqueter; *to bundle in*, (s')entasser.

bunghole [bœnghoᵒᵘl] *s.* bonde, f.

bungle [bœngg'l] *v.* gâcher, bousiller; *s.* gâchis, m.

bunion [bœnyᵉn] *s.* oignon, m.

bunk [bœngk] *s.* couchette; blague, foutaise, f.; bourrage de crâne, m.; *v.* partager une chambre; se mettre au lit; filer, décaniller (colloq.).

bunny [bœni] *s.* lapin, m.

buoy [boⁱ] *s.* bouée, f.; *v.* maintenir à flot; *to buoy up*, soutenir. ‖ **buoyant** [-ᵉnt] *adj.* qui peut flotter; léger; gai, vif; plein de ressort.

bur [bᵉr] *s.* grasseyement, m.; *v.* grasseyer.

burden [bᵉrdᵉn] *s.* fardeau, m.; charge, f; tonnage (naut.), m.; *v.* charger.

burden [bᵉrdᵉn] *s.* refrain, m.; thème, m. [speech]. ‖ **burdensome** [-sᵉm] *adj.* lourd, pesant.

burdock [bᵉrdâk] *s.* bardane, f.

bureau [byouroᵒᵘ] *s.* bureau; cabinet; secrétaire, m.; *travel bureau*, agence de voyage; *weather bureau*, office de météorologie. ‖ **bureaucracy** [byou'râkrᵉsi] *s.* bureaucratie, f.

burglar [bᵉrglᵉr] *s.* cambrioleur, voleur, m. ‖ **burglarize** [-raⁱz] *v.* cambrioler. ‖ **burglary** [-ri] *s.* cambriolage, m.

burial [bèriᵉl] *s.* enterrement, m.; *burial-ground*, *burial-place*, cimetière, caveau, tombe.

burlap [bë^rlap] *s.* serpillière; toile (f.) à sac.

burly [bë^rli] *adj.* corpulent; bien charpenté.

burn [bë^rn] *s.* brûlure, f.; *v.* brûler; incendier; être enflammé; *to burn to ashes*, réduire en cendres. ‖ *burner* [-^er] *s.* brûleur; bec [lamp]; réchaud, m. ‖ *burning* [-ing] *s.* incendie, feu, m.; *adj.* brûlant, ardent.

burnish [bë^rnish] *v.* brunir; polir; *s.* brunissage, polissage, éclat, m.

burnt [bë^rnt] *pret.*, *p. p. of* to burn.

burrow [bë^ro^{ou}] *s.* terrier, m.; *v.* se terrer; creuser; miner.

bursar [bë^rs^er] *s.* boursier; économe, m.; *bursary*, économat.

burst [bë^rst] *s.* éclat; mouvement brusque; élan, m.; explosion, f.; *v.** éclater; jaillir; crever; faire éclater; *to burst open*, enfoncer, *to burst into tears*, éclater en sanglots; *pret. of* to burst.

bury [bèri] *v.* enterrer; *buried in thought*, perdu dans ses pensées.

bus [bœs] *s.** autobus, bus; omnibus; *Am.* car, m.

bush [boush] *s.** fourré; buisson; arbuste, m.; brousse; *Am.* friche, f.; *bush-fighter*, franc-tireur, m.; *bush-ranger*, *Fr. Can.* coureur de(s) bois, m.; *maple bush*, *Fr. Can.* sucrerie, f.

bushel [boush^el] *s.* boisseau, m.

bushy [boushi] *adj.* touffu, épais.

busily [bizli] *adv.* activement, avec diligence. ‖ *business* [biznis] *s.* affaires; occupations, f. pl.; commerce; négoce, m.; *adj.* concernant les affaires; *to send someone about his business*, envoyer promener quelqu'un; *business house*, maison de commerce; *to make it one's business* se charger de. ‖ *businesslike* [-laⁱk] *adj.* méthodique; efficace; pratique. ‖ *businessman* [-man] (*pl. businessmen*) *s.* homme d'affaires, m.

bust [bœst] *s.* buste, m.

bust [bœst] *s.* four, fiasco, m.; *Am.* banqueroute, f.; *v.* *Am.* dompter [horse]; réduire à la faillite; faire faillite.

bustle [bœst'l] *s.* confusion; agitation, f.; remue-ménage, m.; *v.* se remuer; s'empresser; bousculer.

busy [bizi] *adj.* affairé; occupé; diligent; laborieux. ‖ *busybody* [-bâdi] *s.* officieux; ardélion, indiscret, m.; commère, f.

but [bœt] *conj.*, *prep.*, *adv.* mais; ne... pas; ne... que, seulement; excepté, sauf; *but for him*, sans lui; *it was but a moment*, ce fut l'affaire d'un instant; *nothing but*, rien que; *but yesterday*, pas plus tard qu'hier.

butcher [boutsh^er] *s.* boucher, m.; *v.* massacrer; *butcher's shop*, boucherie. ‖ *butchery* [boutsh^eri] *s.* carnage, m.; *Am.* boucherie, f.

butler [bœtl^er] *s.* sommelier; maître d'hôtel, m.

butt [bœt] *s.* bout; derrière; trognon; culot; mégot, m.; crosse [gun]; cible; victime, f.; *butt and butt*, bout à bout; *the butt of ridicule*, un objet de risée.

butt [bœt] *s.* barrique, f.

butt [bœt] *v.* donner des coups de tête, de cornes; *s.* coup de tête; coup de corne, m.; botte [fencing], f.; *to butt in*, se mêler de ce qui ne vous regarde pas; interrompre.

butter [bœt^er] *s.* beurre, m.; *v.* beurrer; *butter-dish*, beurrier; *butter-fingered*, maladroit; *butter-pat*, coquille de beurre. ‖ *buttermilk* [-milk] *s.* babeurre, m. ‖ *butterscotch* [-skåtsh] *s.* caramel au beurre, m.

buttercup [bœt^erkœp] *s.* bouton d'or, m.

butterfly [bœt^erflaⁱ] *s.** papillon, m.

buttocks [bœt^eks] *s. pl.* derrière, m.; fesses, f. pl.

button [bœt'n] *s.* bouton, m.; *v.* boutonner. *button hook*, tire-bouton. ‖ *buttonhole* [-ho^{ou}l] *s.* boutonnière, f.; *v.* cramponner.

buttress [bœtris] *s.** arc-boutant, pilier, soutien, m.; *v.* soutenir.

buxom [bœks^em] *adj.* dodu, potelé; gracieux.

buy [baⁱ] *v.** acheter; *to buy back*, racheter; *to buy up*, accaparer. ‖ *buyer* [-^er] *s.* acheteur, m.

buzz [bœz] *s.** bourdonnement, m.; *v.* bourdonner; chuchoter.

buzzard [bœz^erd] *s.* buse, f.; *Am.* urubu, m.; (fig.) vautour, m.

buzzer [bœz^er] *s.* vibreur, couineur, m.

by [baⁱ] *prep.* par; de; en; à; près de; envers; sur; *by far*, de beaucoup; *one by one*, un à un; *by twelve*, vers midi; *by day*, de jour; *close by*, tout près; *by and by*, peu après, tout à l'heure; *by the by*, en passant, incidemment; *by the way*, à propos; *by oneself*, tout seul; *two feet by four*, deux pieds sur quatre; *by the pound*, à la livre. ‖ *bygone* [-gaun] *adj.* passé; démodé; d'autrefois; *s.* passé, m. ‖ *bylaw* [-lau] *s.* loi locale, f.; règlement, statut, m. ‖ *bypath* [-path] *s.* chemin détourné, m. ‖ *by-product* [-prâd^ekt] *s.* sous-produit, m. ‖ *bystander* [-stand^er] *s.* spectateur, assistant, m. ‖ *byword* [-wë^rd] *s.* proverbe; objet de risée, m.

C

cab [kab] *s.* fiacre; taxi; *Am.* abri de locomotive, m.; *cab-driver*, **cabman**, cocher, chauffeur; *cab-stand*, station de taxis.

cabbage [kabidj] *s.* chou, m.

cabin [kabin] *s.* cabane; cabine, f.

cabinet [kabinit] *s.* cabinet, m.

cable [ké¹b'l] *s.* câble, m.; *v.* câbler; **cablegram**, câblogramme.

cackle [kak'l] *s* caquet, m.; *v.* caqueter, bavarder.

cactus [kakt•s] (*pl.* **cacti** [kakta¹]) *s.* cactus, m.

cad [kad] *s* voyou; goujat, m.

cadaverous [k•dav•r•s] *adj.* cadavérique; livide.

cadence [ké¹d'ns] *s.* cadence, f.

cadet [k•dět] *s.* cadet, m.

café [k•fé¹] *s* café, restaurant, m. ‖ *cafeteria* [kaf•tiri•] *s. Am.* restaurant de libre-service, m.; *Fr. Can.* cafétéria, f. ‖ *caffeine* [kafîn] *s.* caféine, f., *caffeine-free*, décaféiné.

cage [ké¹dj] *s* cage, f.

cake [ké¹k] *s* gâteau; tourteau; pain [soap], m., tablette [chocolate], f.; *v.* recouvrir d'une croûte; coaguler.

calaboose [kal•bous] *s. Am.* taule, f. (fam.).

calamitous [k•lamit•s] *adj.* catastrophique. ‖ *calamity* [k•lamiti] *s.°* calamité, f

calcify [kalsifa¹] *v.* (se) calcifier.

calcine [kalsa¹n] *v.* (se) calciner.

calcium [kalsi•m] *s.* calcium, m.

calculate [kalky•lé¹t] *v.* calculer; *to calculate on* compter sur. ‖ *calculation* [kalky•lé¹sh•n] *s.* calcul, m.; conjectures, f. ‖ *calculator* [kalky•lé¹t•r] *s* calculateur, m.; machine à calculer, f. ‖ *calculus* [kalky•l•s] (*pl.* **calculi** [-a¹]) *s.* calcul (med.); calcul infinitésimal, m.

caldron [kauldr•n] *s.* chaudron, m.

calendar [kal•nd•r] *s.* calendrier, m.

calf [kaf] (*pl* **calves** [kavz]) *s.* veau; mollet, m. *calfskin*, veau [leather]; *calf love*, amour juvénile; *calf-length trousers*, corsaire, pantalon corsaire.

caliber [kal•b•r] *s.* calibre, m. ‖ *calibrate* [kal•bré¹t] *v.* calibrer.

calico [kal•koᵒᵘ] *s.°* calicot, m.; indienne, f.

calk [kauk] *v.* calfater

call [kaul] *s.* appel, m.; invitation; visite; convocation; vocation, f.; coup de fil, m.; *v.* appeler; visiter; téléphoner; convoquer; toucher (naut.); *to call at a port*, faire escale à un port; *to call for*, demander; *to call forth*, faire naître, évoquer; *to call in*, faire entrer; *to be called*, s'appeler; *to call up on the phone*, appeler par téléphone; *call-box*, cabine téléphonique *call-number*, numéro de téléphone *caller* [-•ʳ] *s.* visiteur, m. ‖ *calling* [-ing] *s.* appel, m.; convocation; vocation, f.

callosity [kal•sìti] *s.°* callosité, f.; endurcissement, m. ‖ *callous* [kal•s] *adj.* calleux; dur. ‖ *callus* [kal•s] (*pl.* **calli** [-a¹]) *s* cal, durillon, m.

calm [kâm] *adj.*, *s.* calme; *v.* calmer, tranquilliser. ‖ *calmness* [-nis] *s.* calme m.; tranquillité, f.

calorie [kal•ri] *s.* calorie, f. ‖ *calorific* [kal•rifik] *adj.* calorifique.

calumniate [k•lœmnié¹t] *v.* calomnier; *calumny*, calomnie.

calyx [ké¹liks] (*pl.* **calyces** [kalisîz]) *s.* calice (bot.), m.

came [ké¹m] *pret. of* **to come**.

camel [kàm•l] *s.* chameau, m.

camera [kam•r•] *s.* appareil photographique, m.

camomile [kamoma¹l] *s.* camomille, f *camomile tea*, camomille.

camouflage [kam•fiâj] *s.* camouflage, m.; *v* camoufler.

camp [kàmp] *s.* camp, m.; *v.* camper; *camp-bed*, lit de camp; *camp-stool*, pliant; *political camp*, parti politique

campaign [kàmpé¹n] *s.* campagne, f.; *v.* faire campagne.

camphor [kàmf•r] *s.* camphre, m.

camping [kamping] *s.* camping; campement, m. ‖ *campus* [kàmp•s] *s.° Am.* terrain de l'université, m.

can [kàn] *s.* pot; bidon, m.; boîte; jarre, f.; *Fr. Can.* canette [of beer, soft drink], f.; *v.* mettre en boîte, en conserve; *can-opener*, ouvre-boîtes, m.

can [kàn] *v.* savoir; pouvoir, être capable *who can tell?*, qui le sait?

Canada [kàn•d•] *s.* Canada, m.; *Canadian*, canadien.

canal [k•nal] *s.* canal, m. ‖ *canalization* [k•nal•zé¹sh•n] *s.* canalisation, f. ‖ *canalize* [k•nala¹z] *v.* canaliser.

canary [k°nè°ri] *s.* canari, serin, m.

cancel [kàns'l] *v.* annuler; biffer; décommander; résilier; *s.* annulation, f.; deleatur, m.; poinçonneuse, f.

cancer [kàns°r] *s.* cancer, m.; **cancerous,** cancéreux; **cancer-producing,** cancérigène **cancroid,** cancériforme; cancroïde.

candid [kàndid] *adj.* franc, loyal; impartial, sans prévention.

candidacy [kànd°d°si] *s.°* candidature, f. ‖ **candidate** [kànd°dé¹t] *s.* candidat, m.

candied [kàndid] *adj.* confit, candi.

candle [kànd'l] *s.* chandelle, bougie, f.; **Candlemas,** Chandeleur, **candlestick,** chandelier bougeoir.

candor [kànd°r] *s.* bonne foi; sincérité; loyauté; spontanéité; impartialité, f.

candy [kàndi] *s.°* bonbon; candi, m.; **candy-shop,** confiserie; *v.* confire; **candied-almonds,** pralines.

cane [ké¹n] *s.* canne, f.; *v.* bâtonner; canner; **sugar-cane,** canne à sucre; **walking-cane,** canne.

canicular [k°níkyoul°r] *adj.* caniculaire.

canine [ké¹na¹n] *adj.* canin; *s.* canine, f.

canker [kank°r] *v.* (s') ulcérer; *s.* chancre, ulcère, m.

canned [kànd] *adj.* en conserve, en boîte; **canned goods,** conserves alimentaires. ‖ **cannery** [kàn°ri] *s.* fabrique de conserves, f.

cannibal [kànib°l] *s.*, *adj.* cannibale; **cannibalism,** cannibalisme, m.; **cannibalize,** démonter et réutiliser [engine].

cannon [kàn°n] *s.* canon; carambolage [billiards], m. ‖ **cannonade** [kan°né¹d] *s.* cannonade, f.; *v.* canonner. ‖ **cannoneer** [kan°nîr] *s.* canonnier, m.

cannot [kànàt] = **can not,** see **can.**

canoe [k°nou] *s.* canot, m.; chaloupe, pirogue, f.; *v.* canoter.

canon [kàn°n] *s.* canon; règlement; chanoine, m. ‖ **canoness** [-is] *s.°* chanoinesse, f. ‖ **canonic** [k°nànik] *adj.* canonique. ‖ **canonization** [kan°na¹zé¹sh°n] *s.* canonisation, f. ‖ **canonize** [kàn°na¹z] *v* canoniser.

canopy [kàn°pi] *s.°* dais; baldaquin; conopée (eccles.), m.; voûte (fig.), f.

cantaloupe [kàntloºup] *s.* melon cantaloup, m.

cantankerous [kàntàngk°r°s] *adj.* désagréable, revêche.

canteen [kàntîn] *s.* cantine, f.; bidon, m.

canter [kànt°r] *s.* petit galop, m.; *v.* aller au petit galop.

canticle [kàntik'l] *s.* cantique, m.

canton [kànt°n] *s.* canton, m.; région, f.; [kàntàn] *v.* diviser en cantons; [kàntàn] cantonner. ‖ **cantonment** [kàntànm°nt] *s.* cantonnement, m.

canvas [kànv°s] *s.* grosse toile, toile de tente f.

canvass [kànv°s] *s.°* enquête; inspection; sollicitation des votes, campagne électorale, Fr Can cabale, f.; *v.* examiner prospecter, visiter, faire le démarcheur enquêter, faire une campagne électorale, Fr Can cabaler; dépouiller le scrutin. ‖ **canvasser** [-°r] *s.* agent électoral, Fr. Can. cabaleur; démarcheur, prospecteur, représentant, m.

canyon [kàny°n] *s.* cañon, m.

cap [kàp] *s.* bonnet, m.; casquette; toque, calotte, barrette; capsule, f.; *v.* coiffer d'un bonnet; surmonter; capsuler.

capability [ké¹p°bíl°ti] *s.°* capacité, aptitude f ‖ **capable** [ké¹p°b'l] *adj.* capable, compétent. ‖ **capacious** [k°pé¹sh°s] *adj.* vaste, ample, spacieux. ‖ **capacity** [k°pas°ti] *s.°* capacité; contenance aptitude; compétence légale, qualité, f.

cape [ké¹p] *s* cap, promontoire, m.

cape [ké¹p] *s.* collet, m.; pèlerine, f.

caper [ké¹p°r] *s.* cabriole, f.; *v.* cabrioler.

caper [ké¹p°r] *s.* câpre; câprier, m.

capillarity [kapilar¹ti] *s.* capillarité, f. ‖ **capillary** [k°píl°ri] *adj.*, *s.* capillaire.

capital [kàp°t'l] *s.* capital; chapiteau, m.; capitale; majuscule, f.; *adj.* capital; excellent, principal. ‖ **capitalism** [-iz°m] *s* capitalisme, m. ‖ **capitalist** [-ist] *s* capitaliste, m. ‖ **capitalize** [-a¹z] *v* capitaliser; accumuler; écrire en majuscules; écrire avec une majuscule initiale.

capitulate [k°pítsh°lé¹t] *v.* capituler. ‖ **capitulation** [k°pitsh°lé¹sh°n] *s.* capitulation f.

capote [k°poºut] *s.* capote, f.

caprice [k°prîs] *s.* caprice, m. ‖ **capricious** [k°prish°s] *adj.* capricieux.

capsize [kapsa¹z] *v.* chavirer, faire chavirer

capstan [kapst°n] *s.* cabestan, m.

capsule [kaps'l] *s.* capsule, f.

captain [kaptin] *s.* capitaine, m.; *v.* commander.

caption [kapsh°n] *s.* Am. sous-titre, m.; légende, f.; chapeau, m.; arrestation, f. (jur.).

captious [kapsh•s] *adj.* pointilleux ; critique ; captieux.

captivate [kapt•vé¹t] *v.* captiver. ‖ *captive* [kaptiv] *adj.*, *s.* captif, prisonnier. ‖ *captivity* [kaptiv•ti] *s.* captivité, f. ‖ *capture* [kaptsh•r] *s.* capture, prise, f. ; *v.* capturer.

car [kâr] *s.* voiture ; auto, f. ; wagon ; ascenseur, m. ; *Am. car-licence*, carte grise ; *car-sickness*, mal des transports ; *dining-car*, wagon-restaurant ; *Am. freight-car*, wagon de marchandises.

caramel [kar•m'l] *s.* caramel, m.

carat [kar•t] *s.* carat, m.

caravan [kar•van] *s.* caravane, f.

carbolic [kârbắlik] *adj.* phénique.

carbon [kârbân] *s.* carbone, m. ; *carbon-copy*, double ; *carbon-paper*, papier-carbone.

carbonate [kârb•nit] *s.* carbonate, m.

carbuncle [kârbœngk'l] *s.* escarboucle, f., anthrax, m.

carburation [kârb•ré¹sh•n] *s.* carburation, f. ‖ *carburetor* [kârb•ré¹t•r] *s.* carburateur, m.

carcasse [kârk•s] *s.* carcasse, f. ; cadavre, m.

card [kârd] *s.* carte ; lettre de fairepart ; fiche (comm.) ; rose des vents (naut.), f. ; diagramme (mech.) m. ; *to play cards*, jouer aux cartes.

card [kârd] *s.* carde, f. ; *v.* carder.

cardboard [kârdboºrd] *s.* carton, m.

cardiac [kâʳdiak] *adj.* du cœur ; cardiaque.

cardinal [kârdin•l] *adj.*, *s.* cardinal.

care [kèr] *s.* soin ; souci, m. ; attention, f. ; *v.* se soucier de ; faire attention à ; *to take care of*, avoir soin de ; prendre garde à ; *with care*, fragile [wares] ; *care of*, aux bons soins de.

careen [k•rîn] *v.* caréner (naut.) ; *s.* carénage, m.

career [k•rîr] *s.* carrière ; profession ; course, f. ; cours, m.

careful [kèrf•l] *adj.* soigneux ; soucieux ; prudent ; attentif ; *be careful !*, prenez garde ! ‖ *carefully* [-li] *adv.* avec soin, attentivement, avec anxiété. ‖ *carefulness* [-nis] *s.* attention, vigilance, f. ; soin ; souci, m. ‖ *careless* [kèrlis] *adj.* négligent, insouciant. ‖ *carelessly* [-li] *adv.* négligemment, avec insouciance, sans soin. ‖ *carelessness* [-nis] *s.* négligence, f.

caress [k•ré¹s] *s.•* caresse, f. ; *v.* caresser.

caretaker [kèrté¹k•r] *s.* gardien, m.

careworn [kèrwoºrn] *adj.* dévoré de souci ; rongé d'angoisse.

cargo [kârgoºu] *s.•* cargaison, f. ; fret, m. ; *cargo boat*, cargo.

cariboo [kàr•bou] *s. Fr. Can.* caribou, m.

caricature [karik•tsh•r] *s.* caricature, f. ; *v.* caricaturer. ‖ *caricaturist* [-rist] *s.* caricaturiste, m.

caries [kè•rîiz] *s.•* carie, f.

carload [kârloºud] *s.* chargement d'un wagon, m. ; voiturée, f. ‖ *carman* [-m•n] (*pl. carmen*) *s.* voiturier ; camionneur ; livreur ; *Am.* conducteur de tramway, m.

carnal [kârn'l] *adj.* charnel.

carnation [kârné¹sh•n] *s.* œillet, m. ; carnat, m.

carnival [kârn•v'l] *s.* carnaval, m.

carnivorous [kârniv•r•s] *adj.* carnivore.

carol [kar•l] *s.* chant, cantique, m. ; *v.* chanter ; *Christmas carol*, noël (mus.).

carom [kar•m] *s.* carambolage, m. ; *v.* caramboler, heurter.

carouse [k•raºuz] *v.* festoyer ; faire la noce.

carousel [kar•zèl] *s.* carrousel, m.

carpenter [kârp•nt•r] *s.* charpentier, menuisier, m. ‖ *carpentry* [-ri] *s.* menuiserie ; charpenterie, f.

carpet [kârpit] *s.* tapis, m. ; moquette, f. ; *v.* couvrir d'un tapis ; mettre sur le tapis [subject] ; *bedside carpet*, descente de lit ; *carpet-sweeper*, balai mécanique.

carriage [karidj] *s.* voiture, f. ; véhicule ; transport ; wagon ; port, m. ; attitude, f. ; *sea-carriage*, transport par mer ; *carriage-paid*, franco ; *carriage way*, route carrossable.

carrier [kari•r] *s.* porteur ; transporteur ; voiturier, m. ; compagnie de transport, f. ; *airplane carrier*, porteavions ; *disease carrier*, porteur de germes ; *mail-carrier*, facteur ; *carrier wave*, onde porteuse.

carrion [kari•n] *s.* charogne, f.

carrot [kar•t] *s.* carotte, f.

carry [kari] *v.* porter ; emporter ; emmener ; faire voter [law] ; reporter [sum] ; *to carry away*, entraîner, enthousiasmer, remporter [victory] ; *to carry on*, continuer ; *to carry out*, mettre à exécution.

cart [kârt] *s.* charrette, f. ; fourgon, m. ; *v.* transporter dans une charrette, charrier.

cartilage [kârtilidj] *s.* cartilage, m.

cartograph [kârt•graf] *s.* cartographe, m., f. ‖ *cartography* [-i] *s.* cartographie, f.

carton [kârt'n] *s.* carton, m.

cartoon [kârtoᵘn] *s.* caricature, f.; dessin animé, m. ‖ *cartoonist* [-ist] *s.* caricaturiste; dessinateur de dessins animés, m.

cartridge [kârtridj] *s.* cartouche, f.; *cartridge-belt*, cartouchière.

carve [kârv] *v.* sculpter; graver; ciseler; découper [meat]; *to carve up*, démembrer. ‖ *carver* [-ᵉʳ] *s.* sculpteur; graveur; découpeur, m.; *fish-carver*, truelle à poisson. ‖ *carving* [-ing] *s.* sculpture; ciselure, f.; découpage, m.; *carving-knife*, couteau à découper.

cascade [kaské¹d] *s.* cascade, f.

case [ké¹s] *s.* caisse; taie; trousse, f.; étui; boîtier; écrin, m.

case [ké¹s] *s.* cas; événement; état, m.; condition; affaire; cause [law], f.; *in case*, au cas où; *in any case*, en tout cas; *case-history*, dossier médical; *case-law*, jurisprudence.

casement [ké¹smᵉnt] *s.* croisée; fenêtre, f.

casern [kᵉzëᵉn] *s.* caserne, f.

cash [kash] *s.* espèces, f. pl.; numéraire; argent comptant, m.; *v.* payer; toucher [check]; *cash box*, caisse; *cash payment*, paiement comptant; *cash on delivery* (c. o. d.), contre remboursement. ‖ *cashier* [-iᵉʳ] *s.* caissier, m.

casino [kᵉsínoᵘ] *s.* casino, m.

cask [kask] *s.* tonneau, fût, m.

casket [kaskit] *s.* cassette, f.; écrin, coffret; *Am.* cercueil, m.

casque [kask] *s.* casque, m.

casserole [kasᵉroᵘ] *s.* daubière, f.; ragoût, m.

cassock [kasᵉk] *s.* soutane, f.

cast [kast] *s.* jet; lancement; coup [dice]; mouvement [eye]; moulage, m.; disposition [mind]; distribution [theat.]; interprétation [theat.], f.; *v.*ᵉ jeter; couler [metal]; clicher [print]; monter; distribuer [theat.]; *to cast a ballot*, voter; *to cast about*, chercher de tous côtés; *to cast aside*, mettre de côté; *to cast away*, rejeter, repousser; *to cast in*, partager; *to cast out*, expulser; *to cast lots*, tirer au sort; *to have a cast in the eye*, loucher; *to cast down*, décourager; baisser [eyes]; *pret., p. p. of* to cast; *cast-iron*, fonte, en fonte; d'acier (fig.).

castanets [kastᵉnèts] *s. pl.* castagnettes, f. pl.

castaway [kastᵉwéi] *s.* naufragé, m.

caste [kast] *s.* caste, f; *to lose caste*, perdre son prestige social.

castigate [kastᵉgéit] *v.* châtier.

castle [kasᵉl] *s.* château, m.; tour [chess], f.

castoff [kastauf] *adj.* de rebut.

castor [kastᵉʳ] *s.* castor, m.; *castor oil*, huile de ricin.

castor [kastᵉʳ] *s.* saupoudroir, m.; salière; poivrière; roulette [armchair], f.

casual [kajouᵉl] *adj.* fortuit; accidentel, *Am.* sans cérémonie; à bâtons rompus; temporaire, intermittent; désinvolte; *s.* travailleur temporaire, m. ‖ *casualty* [-ti] *s.*ᵉ accident; blessé, accidenté, m.; victime, f.; pertes (mil.), f.

cat [kat] *s.* chat, m.; chatte, f.; *cat's eye*, feu arrière [bicycle]; cataphote, m. [reflector].

cataclysm [katᵉkliz'm] *s.* cataclysme, m.

catacomb [katᵉkoᵘm] *s.* catacombe, f.

catalepsy [katᵉlèpsi] *s.* catalepsie, f.

catalog(ue) [katloᵘg] *s.* catalogue, m.; *v.* cataloguer.

cataract [katᵉrakt] *s.* cataracte, f.

catarrh [kᵉtâr] *s.* catarrhe, m.

catastrophe [kᵉtastrᵉfi] *s.* catastrophe, f.; *catastrophic*, catastrophique.

catch [katsh] *s.*ᵉ prise, f.; loquet, crampon; air à reprises (mus.), m.; *v.*ᵉ attraper, saisir, *Fr. Can.*, recevoir [baseball]; surprendre; donner, appliquer; *to catch fire*, prendre feu; *to catch cold*, prendre froid; *to catch on*, comprendre; *catch-as-catch-can*, catch [sport]; *to catch up with*, rattraper. ‖ *catcher* [-ᵉʳ] *s. Fr. Can.* receveur [baseball], m. ‖ *catching* [-ing] *adj.* prenant, séduisant; contagieux; *s.* prise, f. ‖ *catchpenny* [-pèni] *s.* attrape-nigaud, m. ‖ *catchy* [-i] *adj.* entraînant; facile à retenir; insidieux.

catechesis [katᵉkìsis] *s.* catéchèse, f. ‖ *catechism* [katᵉkiz'm] *s.* catéchisme, m. ‖ *catechist* [-kist] *s.* catéchiste, m., f. ‖ *catechize* [-ka¹z] *v.* catéchiser. ‖ *catechumen* [katikyoumᵉn] *s.* catéchumène, m., f.

categorical [katᵉgaurik'l] *adj.* catégorique. ‖ *category* [katᵉgoᵘri] *s.*ᵉ catégorie, f.

cater [kéitᵉʳ] *v.* approvisionner.

caterpillar [katᵉpilᵉʳ] *s.* chenille, f.; profiteur, m. (colloq.); *caterpillar-tractor*, autochenille.

catfish [katfish] *s.*ᵉ poisson-chat, m.; *Fr. Can.* barbote, f.

cathedral [kᵉthídrᵉl] *s.* cathédrale, f.

catholic [kathᵉlik] *adj., s.* catholique. ‖ *catholicism* [kᵉthâlᵉsizᵉm] *s.* catholicisme, m. ‖ *catholicity* [kâthᵉlísiti] *s.* catholicité; universalité, f.

catkin [katkin] *s.* chaton, m. (bot.).

cattle [kat'l] *s.* bétail; bestiaux, m.

caught [kaut] *pret., p. p. of to catch.*

cauliflower [kaul•fla°uer] *s.* chou-fleur, m.

caulk [kauk] *v.* calfeutrer; calfater; *Am.* étanchéifier.

cause [kauz] *s.* cause, f.; *v.* causer; *there is cause to,* il y a lieu de.

causeway [kauzwé¹] *s.* chaussée, f.

caustic [kaustik] *adj., s.* caustique.

cauterize [kaut•ra¹z] *v.* cautériser; endurcir. ‖ **cautery** [-i] *s.** cautère, m.

caution [kaush•n] *s.* avertissement, m.; précaution; caution, f.; *v.* avertir; mettre en garde; *interj.* attention! ‖ **cautious** [kaush•s] *adj.* circonspect, prudent. ‖ **cautiousness** [-nis] *s.* circonspection, prudence, f.

cavalier [kav•li°r] *adj., s.* cavalier. ‖ **cavalry** [kav'lri] *s.** cavalerie, f.

cave [ké¹v] *s.* caverne, f.; repaire, m.; *v.* creuser; *to cave in,* s'effondrer, s'affaisser.

cavern [kavë°n] *s.* caverne, f. ‖ **cavernous** [-•s] *adj.* caverneux; cave.

cavity [kav•ti] *s.** cavité; carie, f.

caw [kau] *s.* croassement, m.; *v.* croasser.

cayman [ké¹m•n] *s.* caïman, m.

cease [sîs] *v.* cesser; arrêter; renoncer à; interrompre; *s.* cessation, cesse, f.; relâche, f.; répit; arrêt, m.; *ceaseless,* incessant.

cecity [sìsiti] *s.* cécité, f.; aveuglement, m.

cedar [sid•r] *s.* cèdre, m.

cede [sîd] *v.* céder.

ceiling [sîling] *s.* plafond, m.; *ceiling price,* prix maximum.

celebrate [sèl•bré¹t] *v.* célébrer. ‖ **celebrated** [-id] *adj.* célèbre. ‖ **celebration** [sèl•bré¹sh•n] *s.* célébration, f. ‖ **celebrity** [s•lèbr•ti] *s.** célébrité, f.

celery [sèl•ri] *s.** céleri, m.

celestial [s•lèstsh•l] *adj.* céleste.

celibacy [sèl•b•si] *s.* célibat, m. ‖ **celibate** [-bit] *s.* célibataire, m., f.

cell [sèl] *s.* cellule, f.; cachot, m.; pile électrique, f.

cellar [sèl•r] *s.* cave, f.; cellier, m.

Celluloid [sèly•lo¹d] *s.* Celluloïd, m.

cement [s•mènt] *s.* ciment, m.; *v.* cimenter; *reinforced cement,* ciment armé.

cemetery [sèm•t•ri] *s.** cimetière, m.

censor [sèns•r] *s.* censeur; critique, m.; *v.* censurer. ‖ **censorship** [-ship] *s.* censure; fonction de censeur, f. ‖ **censure** [sènsh•r] *s.* censure, f.; *v.* censurer, blâmer, critiquer.

census [sèns•s] *s.* recensement, m.

cent [sènt] *s.* cent, m.; *Am.* pièce de monnaie, f.; *per cent,* pour cent. ‖ **centenarian** [séntinè•ri•n] *adj., s.* centenaire, m., f. ‖ **centenary** [sèntin•ri] *adj., s.** centenaire m. ‖ **centennial** [sentèni•l] *adj., s.* centenaire.

center [sènt•r] *s.* centre; cintre (arch.), m.; *v.* centrer; placer au centre; (se) concentrer.

centigrade [sènt•gré¹d] *adj.* centigrade. ‖ **centigram(me)** [-gram] *s.* centigramme, m. ‖ **centilitre** [-lìt•r] *s.* centilitre, m. ‖ **centimetre** [-mìt•r] *s.* centimètre, m.

centipede [sènt•pîd] *s.* mille-pattes, m.; scolopendre, f.

central [sèntr•l] *adj.* central; *s.* central téléphonique, m. ‖ **centralize** [sèntr•la¹z] *v.* centraliser.

century [sèntsh•ri] *s.** siècle, m.

ceramics [si'ramiks] *s. pl.* céramique, f.

cereal [sîri•l] *adj., s.* céréale.

cerebral [séribr•l] *adj.* cérébral.

ceremonial [sèr•mo°uni•l] *adj., s.* cérémonial. ‖ **ceremonious** [-ni•s] *adj.* cérémonieux, solennel. ‖ **ceremony** [sèr•mo°uni] *s.** cérémonie, f.

certain [sër't'n] *adj.* certain, sûr. ‖ **certainly** [-li] *adv.* certainement, assurément. ‖ **certainty** [-ti] *s.* certitude, assurance, f.

certificate [sër•tif•kit] *s.* certificat; diplôme; brevet, m.

certify [sër•tefa¹] *v.* certifier; légaliser; garantir.

certitude [sërt•tyoud] *s.* certitude, assurance, f.

cessation [sèsé¹sh•n] *s.* arrêt, m.; interruption; suspension, f.; *cessation of arms,* armistice.

cession [sèsh•n] *s.* cession, f.

cesspool [sèspoul] *s.* cloaque, m.; fosse d'aisances, f.

chafe [tshé¹f] *v.* chauffer; irriter; frotter; raguer (naut.); s'érailler [rope]; s'échauffer.

chaff [tshaf] *s.* balle [corn]; paille d'avoine; paille hachée, f.; *v.* railler, plaisanter. ‖ **chaffer** [-•r] *s.* taquin, plaisantin, m.

chaffinch [tshafintsh] *s.* pinson, m.

chafing [tshé¹fing] *s.* irritation, f.

chagrin [sh•grin] *s.* contrariété, f.; désappointement, m.; *v.* contrarier, chagriner.

chain [tshé¹n] *s.* chaîne, f.; *v.* enchaîner; captiver; *Am.* **chain store,** succursale commerciale; **chain stitch,** point de chaînette; **chain work,** travail à la chaîne.

chair [tshèr] *s.* siège, m.; chaise; chaire, f.; *armchair, easy-chair,* fauteuil; *rocking-chair,* fauteuil à bascule. ‖ *chairman* [tshèrmᵉn] (*pl. chairmen*) *s.* président [meeting], m.

chaise [shéⁱz] *s.* cabriolet, m.; chaise de poste, f.

chalice [tshalis] *s.* calice, m.

chalk [tshâuk] *s.* craie; « ardoise », somme due [account], f.; *v.* marquer à la craie; blanchir; *French chalk,* talc; *to chalk up,* inscrire une somme au compte de; *chalky,* crayeux, blanc.

challenge [tshalindj] *s.* défi, m.; provocation; interpellation; sommation; récusation (jur.), f.; *interj.* qui vive?; *v.* défier; revendiquer; interpeller; récuser (jur.); arrêter [sentry]; héler (naut.).

chamber [tshéⁱmbᵉr] *s.* chambre; salle; âme [gun], f.; *air chamber,* chambre à air. ‖ *chamberlain* [-ᵉlin] *s.* chambellan; camérier, m. ‖ *chambermaid* [-méⁱd] *s.* femme de chambre, f.

chameleon [kᵉmĭlyᵉn] *s.* caméléon, m.

chamfer [tshâmfᵉr] *s.* chanfrein, m.

champagne [shàmpéⁱn] *s.* champagne [wine], m.

champion [tshâmpiᵉn] *s.* champion, m.; *v.* défendre, protéger. ‖ *championship* [-ship] *s.* championnat, m.

chance [tshàns] *s.* sort, hasard, m.; occasion; probabilité, f.; billet de loterie, m.; *adj.* accidentel, fortuit; *v.* survenir; avoir lieu; avoir l'occasion de; risquer; *by chance,* par hasard; *to run a chance,* courir le risque.

chancellery [tshàns•lᵉri] *s.*° chancellerie, f. ‖ *chancellor* [tshàns•lᵉr] *s.* chancelier; recteur [univ.]; *Am.* juge, m.

chandelier [shànd'lⁱᵉr] *s.* lustre, m.

change [tshéⁱndj] *s.* changement; linge de rechange, m.; monnaie; la Bourse, f.; *v.* changer; modifier; *small change,* petite monnaie; *to get change,* faire de la monnaie. ‖ *changeable* [-ᵉb'l] *adj.* variable, changeant; inconstant. ‖ *changer* [-ᵉr] *s.* changeur, m.

channel [tshàn'l] *s.* canal; chenal; porte-hauban (naut.); lit [river], m.; *the English Channel,* la Manche.

chant [tshànt] *s.* plain-chant, m.; *v.* psalmodier.

chaos [kéⁱâs] *s.* chaos, m.

chap [tshap] *s.* gerçure; crevasse, f.; *v.* se gercer, se crevasser.

chap [tshap] *s.* camarade, copain, garçon, individu, type, m.

chapel [tshap'l] *s.* chapelle, f.

chaperon [shapᵉrooⁿn] *s.* chaperon, m.; duègne, f.; *v.* chaperonner.

chaplain [tshaplin] *s.* chapelain, m.; *army chaplain,* aumônier militaire.

chapter [tshaptᵉr] *s.* chapitre [book]; chapitre des chanoines, m.; *Am.* branche d'une société, f.; *v.* chapitrer.

char [tshâr] *v.* carboniser; *s.* noir animal, m.

char [tshâr] *s.* femme (f) de ménage; *v.* faire des ménages.

character [karik•ᵉr] *s.* marque, qualité dominante; réputation, f.; caractère; genre; personnage; rôle (theat.); certificat, m. ‖ *characteristic* [karikt•ristik] *adj., s.* caractéristique. ‖ *characterization* [karikt•ra¹zé¹sh•n] *s.* caractérisation; personnification, f. ‖ *characterize* [-ra¹z] *v.* caractériser.

charcoal [tshârkooⁿl] *s.* charbon de bois, m.; *charcoal-drawing,* fusain.

charge [tshârdj] *s.* charge; accusation, f.; prix, frais, m.; *v.* charger; percevoir; faire payer; grever; accuser, accabler; recharger (electr.); *at my own charge,* à mes frais; *charge account,* compte dans un magasin; *charge prepaid,* port payé. ‖ *charger* [-ᵉr] *s.* cheval de bataille; chargeur; plateau, m.

chariot [tshari•t] *s.* char, m.; voiture, f.; *v.* voiturer; rouler carrosse.

charitable [tshar•t•b'l] *adj.* charitable. ‖ *charity* [tshar•ti] *s.*° charité, offrande; bonnes œuvres, f.; *charity bazaar,* vente de charité; *charity school,* orphelinat.

charlatan [shârl•t'n] *s.* charlatan, m.

charm [tshârm] *s.* charme; attrait; talisman, m.; *v.* charmer. ‖ *charming* [-ing] *adj.* charmant.

chart [tshârt] *s.* carte marine, f.; diagramme; graphique, m.; *v.* cartographier; hydrographier.

charter [tshârtᵉr] *s.* charte, f.; affrètement, m.; *v.* affréter; louer; accorder une charte.

charwoman [tshârwoum•n] (*pl. charwomen*) *s.* femme de ménage (or) de journée.

chary [tshè•ri] *adj.* économe, chiche; circonspect, avisé; emprunté.

chase [tshéⁱs] *s.* chasse, poursuite, f.; *v.* chasser, courre.

chase [tshéⁱs] *s.* rainure, ciselure, f.

chasm [kaz•m] *s.* abîme, m.; crevasse; lacune, f.

chassis [shasì] *s.* châssis, m.

chaste [tshéⁱst] *adj.* chaste, pudique.

chastise [tshasta¹z] *v.* châtier. ‖ *chastisement* [tshastizm•nt] *s.* châtiment, m.; punition, f.

chastity [tshast⁰ti] *s.* chasteté, f.

chasuble [tshazoub'l] *s.* chasuble, f.

chat [tshat] *s.* causerie, causette, f.; *v.* causer, bavarder.

chattels [tshat'ls] *s. pl.* biens meubles, m. pl.; propriété, f.

chatter [tshat⁰r] *s.* cri de la pie; cri du singe; claquement de dents; bavardage, m.; jacasserie, f.; *v.* jaser; jacasser; claquer [teeth]. ‖ *chatterbox* [-bâks] *s.** moulin (m.) à paroles (fam.).

chauffeur [shoouf⁰r] *s.* chauffeur, m.

chauvinist [shoouvinist] *s.* chauvin, m.

cheap [tshîp] *adj., adv., s.* bon marché; *at a cheap rate*, à bas prix; *to hold cheap*, faire peu de cas de; *to feel cheap*, se sentir honteux. ‖ *cheapen* [-⁰n] *v.* marchander; déprécier. ‖ *cheaply* [-li] *adv.* bon marché. ‖ *cheapness* [-nis] *s.* bas prix, m.; basse qualité, f.

cheat [tshît] *s.* escroquerie, f.; escroc, tricheur, m.; *v.* duper; escroquer; tricher [cards].

check [tshèk] *s.* échec, m.; rebuffade, f.; frein; obstacle, empêchement; poinçon; chèque bancaire, m., contremarque, f.; *Am.* note de restaurant, f.; jeton de vestiaire, m.; *v.* faire échec; réprimer, entraver; enregistrer; contrôler; consigner [luggage]; laisser au vestiaire. ‖ *checkbook* [-bouk] *s.* carnet de chèques; carnet à souches, m. ‖ *checkroom* [-roum] *s.* bureau d'enregistrement des bagages; vestiaire, m.; consigne, f. ‖ *checker* [-⁰r] *s.* pion du jeu de dames; dessin à carreaux; pointeur; contrôleur, m.; *v.* orner de carreaux; diversifier; *checker board*, damier.

cheek [tshîk] *s.* joue; bajoue; impudence, f.; *cheekbone*, pommette, f.; *cheeky* [-i] *adj.* effronté.

cheep [tshîp] *v.* gazouiller; piauler; *s.* gazouillis; piaulement, m.

cheer [tshi⁰r] *s.* joie; bonne humeur; acclamation; chère [fare], f.; *v.* encourager; égayer; acclamer; *to cheer up*, réconforter. ‖ *cheerful* [f⁰l] *adj.* gai, allègre; réconfortant. ‖ *cheerfully* [-f⁰li] *adv.* allègrement, de bon cœur. ‖ *cheerfulness* [-f⁰lnis] *s.* allégresse, gaieté, bonne humeur, f. ‖ *cheerless* [-lis] *adj.* abattu, morne.

cheese [tshîz] *s.* fromage, m.; *cheese cover*, cloche à fromage; *cheese hopper*, asticot; *cottage cheese*, fromage blanc.

chemical [kèmik'l] *adj.* chimique; *s.* produit chimique, m.; *chemical warfare*, guerre des gaz. ‖ **chemist**

[kèmist] *s. Br.* pharmacien, m.; *Am.* chimiste, m. ‖ *chemistry* [-ri] *s.* chimie, f.

cheque [tshék] *s.* chèque, m.

chequer [tshék⁰r] *s.* damier, m.; étoffe (f.) à carreaux; *v.* quadriller; bigarrer, diaprer; *chequered*, à carreaux; varié, mouvementé.

cherish [tshèrish] *v.* chérir; soigner; nourrir [hope].

cherry [tshèri] *s.** cerise, f.; *cherry stone*, noyau de cerise.

chervil [tshèrvil] *s.* cerfeuil, m.

chess [tshès] *s.* échecs, m. pl.; *chess-board*, échiquier.

chest [tshèst] *s.* coffre, m.; caisse, boîte; poitrine, f.; poitrail, m.; *chest of drawers*, commode.

chestnut [tshèsn⁰t] *s.* châtaigne, f.; marron, m.; plaisanterie, f.; *adj.* châtain; *chestnut horse*, alezan; *chestnut-tree*, châtaignier.

chew [tshou] *s.* chique, f.; *v.* chiquer; mâcher; ruminer, ressasser; *chewing-gum*, chewing-gum.

chicane [shiké¹n] *s.* chicane, f.; *v.* chicaner. ‖ *chicanery* [-ri] *s.** chicanerie, argutie, chicane, f.

chick [tshik] *s.* poussin, m.; *chickpea*, pois chiche. ‖ *chicken* [-in] *s.* poulet, m.; *chicken pox*, varicelle; *chicken-hearted*, poule mouillée.

chicory [tshik⁰ri] *s.* chicorée; endive, f.

chide [tsha¹d] *v.** gronder, réprimander; *chiding*, réprimande.

chief [tshîf] *s.* chef, m.; *adj.* principal; *chief justice*, président de la Cour suprême. ‖ *chiefly* [-li] *adv.* surtout, principalement.

chiffon [shif⁰n] *s.* gaze, f.

chilblain [tshilblé¹n] *s.* engelure, f.

child [tsha¹ld] (*pl.* **children** [tshildr⁰n]) *s.* enfant, m., f.; *godchild*, filleul; *with child*, enceinte. ‖ *childbirth* [-bèrth] *s.* accouchement, m. ‖ *childhood* [-houd] *s.* enfance, f. ‖ *childish* [-ish] *adj.* puéril, enfantin. ‖ *childless* [-lis] *adj.* sans enfants. ‖ *childlike* [-la¹k] *adj.* enfantin, candide, innocent.

chili [tshili] *s. Am.* poivre de Cayenne; piment, m.

chill [tshil] *s.* froid, refroidissement, m.; *adj.* glacé; *v.* glacer; se refroidir; congeler, frigorifier. ‖ *chilly* [-i] *adj.* froid; frileux; frisquet; réfrigérant.

chim(a)era [kèmir⁰] *s.* chimère, f.

chime [tsha¹m] *s.* carillon, m.; harmonie, f.; *v.* carillonner; *to chime in*, placer son mot; *to chime with*, être en harmonie avec.

chimney [tshímni] s. cheminée, f.; *lamp chimney*, verre de lampe; *chimney hook*, crémaillère; *chimney piece*, manteau (m.) de cheminée; *chimney pot*, cheminée extérieure; *chimney sweep*, ramoneur.

chin [tshin] s. menton, m.

China [tsha¹n⁰] s. Chine, f.; *China aster*, reine-marguerite.

china [tsha¹n⁰] s. porcelaine, f.; *adj.* de Chine; de porcelaine, porcelainier; *china closet*, vitrine; *chinaware*, porcelaine.

chinch [tshíntsh] s.* Am. punaise, f.

chincough [tshínkâf] s. coqueluche, f.

Chinese [tsha¹níz] adj., s. chinois.

chink [tshingk] s. crevasse, fente, f.; v. fendiller, crevasser.

chink [tshingk] s. tintement, m.; v. faire tinter; tinter.

chip [tship] s. copeau; fragment, m.; Am. incision dans un pin, f.; v. couper, hacher; chapeler; s'effriter; inciser; Am. to chip in, placer son mot; mettre son grain de sel.

chipmunk [tshípmœngk] s. tamia, Fr. Can. suisse, m.

chiropractic [ka¹r⁰praktik] s. chiropraxie; ostéopathie, Fr. Can. chiropratique, f. || *chiropractor* [-t⁰r] s. ostéopathe; Fr. Can. chiropraticien, m.

chirp [tshẽ⁰p] s. gazouillement, m.; v. gazouiller. || *chirping* [-ing] s. pépiement, m.

chisel [tshíz'l] s. ciseau, m.; v. ciseler; filouter (pop.).

chivalrous [shiv'lr⁰s] adj. chevaleresque. || *chivalry* [shiv'lri] s. chevalerie; courtoisie, f.

chlorine [klo⁰urin] s. chlore, m. || *chloroform* [klo⁰uraufaurm] s. chloroforme, m.; v. chloroformer.

chocolate [tshauklit] adj., s. chocolat; *chocolate pot*, chocolatière.

choice [tsho¹s] s. choix; assortiment, m.; alternative, f.; adj. choisi, excellent; *by choice*, par goût, volontairement; *for choice*, de préférence.

choir [kwâ¹⁰r] s. chœur, m.; v. chanter en chœur; *choir-school*, manécanterie, maîtrise.

choke [tsho⁰uk] v. étouffer; obstruer; étrangler; régulariser [motor]; s. suffocation; constriction, f.; obturateur [auto], m.

cholera [kâl⁰r⁰] s. choléra, m.

choose [tshouz] v.* choisir; décider; préférer; opter; *to pick and choose*, faire son choix.

chop [tshâp] v. taillader; hacher; gercer; s. côtelette, f.; coup de hache, de couperet, m. || *chopping* [-ing] s.

coupe, f.; hachage, m.; *chopping-block*, *chopping-knife*, hachoir.

choral [ko⁰ur⁰l] s. chœur, m.; adj. choral.

chord [kaurd] s. corde [music], f.; accord [music], m.

chore [tsho⁰ur] s. Am. besogne, f.

chorus [ko⁰ur⁰s] s. chœur, m.; v. chanter, répéter en chœur.

chose [tsho⁰uz] pret. of to choose. || *chosen* [-'n] p. p. of to choose.

chrism [kríz⁰m] s. chrême, m.

Christ [kra¹st] s. Christ, m. || *christen* [krís'n] v. baptiser. || *christening* [-ing] s. baptême, m. | *christian* [kríst-sh⁰n] adj., s. chrétien; *christian name*, prénom. || *christianity* [kristshian⁰ti] s. christianisme, m.

Christmas [krísm⁰s] s. Noël, m., f.; *Christmas Eve*, nuit de Noël; *Christmas log*, bûche de Noël.

chronic [krânik] adj. chronique.

chronicle [krânik'l] s. chronique, f.; v. relater, narrer. || *chronicler* [-⁰r] s. chroniqueur, m.

chronological [krân⁰lâdjik'l] adj. chronologique.

chronometer [kr⁰nâm⁰t⁰r] s. chronomètre, m.

chrysalid [krís'lid] s. chrysalide, f.

chrysanthemum [krisânth⁰m⁰m] s. chrysanthème, m.

chubby [tshœbi] adj. joufflu, dodu.

chuck [tshœk] s. gloussement, m.; v. glousser.

chuck [tshœk] s. tapotement, m.; v. tapoter.

chuckle [tshœk'l] s. rire étouffé; gloussement, m.; v. glousser.

chum [tshœm] s. camarade, copain, m.; *chummy*, intime.

chump [tshœmp] s. bûche, f.; lourdaud, m.

chunk [tshœngk] s. gros morceau; quignon [bread], m. || *chunky* [-i] adj. Am. trapu, grassouillet.

church [tshẽ⁰tsh] s.* église, f.; temple, m. || *churchman* [-m⁰n] (pl. *churchmen*) s. ecclésiastique, m. || *churchy* [-i] adj. cagot; calotin. || *churchyard* [-yârd] s. cimetière, m.

churl [tshẽ⁰l] s. rustre; grigou; crin, ronchon, m. (fam.); *churlish*, fruste, mal dégrossi; grincheux; regardant.

churn [tshẽ⁰n] s. baratte, f.; v. baratter; fouetter [cream].

chute [shout] s. glissière, f.; rapide, m.; *coal chute*, manche à charbon; *refuse chute*, vide-ordures.

cicada [siké¹d⁰] s. cigale, f.

cider [sa¹dᵉʳ] *s.* cidre, m.

cigar [sigår] *s.* cigare, m.; *cigar-store*, débit de tabac. ‖ *cigarette* [sig⁼rèt] *s.* cigarette, f.; *cigarette holder*, fume-cigarette; *cigarette case*, étui à cigarettes; *cigarette lighter*, briquet.

cinch [sintsh] *s.*° *Am.* sangle, f.; « filon », m.; *v.* sangler.

cinder [sind⁼ʳ] *s.* braise; escarbille, f.; *pl.* cendres, f.

cinema [sin⁼m⁼] *s.* cinéma, m. ‖ *cinematograph* [sinim⁼t⁼gråf] *s.* cinéma, m.; *v.* cinématographier.

cinnamon [sin⁼m⁼n] *s.* cannelle, f.

cipher [sa¹f⁼ʳ] *s.* zéro; chiffre; code secret, m.; *v.* chiffrer; calculer; *cipherer*, officier du chiffre.

circle [sẽr⁼k'l] *s.* cercle; milieu social, m.; *v.* encercler; circuler; tournoyer.

circuit [sẽr⁼kit] *s.* circuit, parcours, tour; pourtour, m.; tournée. rotation, révolution, f.; *circuit breaker*, disjoncteur. ‖ *circuitous* [s⁼rkyou¹t⁼s] *adj.* indirect. détourné.

circular [sẽr⁼ky⁼l⁼ʳ] *adj., s.* circulaire. ‖ *circulate* [sẽr⁼ky⁼lé¹t] *v.* circuler; répandre; *circulating library*, bibliothèque circulante. ‖ *circulation* [sẽr⁼ky⁼lé¹sh⁼n] *s.* circulation, f.

circumference [s⁼r⁼kœmf⁼r⁼ns] *s.* circonférence; périphérie, f. ‖ *circumlocution* [sẽr⁼k⁼mlooᵘky⁼oush⁼n] *s.* circonlocution, f.

circumscribe [sẽr⁼k⁼mskra¹b] *v.* circonscrire.

circumspect [sẽr⁼k⁼mspèkt] *adj.* circonspect. ‖ *circumspection* [sẽr⁼k⁼mspèksh⁼n] *s.* circonspection, f.

circumstance [sẽr⁼k⁼mstans] *s.* circonstance, f.; événement; détail, m.; *pl.* situation de fortune, f.; *in no circumstances*, en aucun cas. ‖ *circumstantial* [s⁼r⁼k⁼m'st⁼nsh⁼l] *adj.* circonstancié; accessoire; indirect (jur.).

circus [sẽr⁼k⁼s] *s.*° cirque; rond-point, m.

cistern [sist⁼ʳn] *s.* citerne, cuve, f.; réservoir, m.; chasse d'eau, f.

citadel [sit⁼d'l] *s.* citadelle, f.

citation [sa¹té¹sh⁼n] *s.* citation; mention, f. ‖ *cite* [sa¹t] *v.* citer; mentionner; appeler en justice.

citizen [sit⁼z'n] *s.* citoyen; civil; citadin; ressortissant, m. ‖ *citizenship* [-ship] *s.* droit de cité, m.; nationalité, f.

citron [sitr⁼n] *s.* cédrat, m.

city [siti] *s.*° cité, ville, f.; *adj.* urbain; municipal; *city council*, municipalité; *city hall*, mairie; *city item*, *Am.* nouvelle locale.

civic [sivik] *adj.* civique. ‖ *civics* [-s] *s. Am.* instruction civique, f.

civil [siv'l] *adj.* civil; *civil duty*, devoir civique. ‖ *civilian* [s⁼vily⁼n] *s.* civil; *civilian clothes*, habit civil. ‖ *civility* [s⁼vil⁼ti] *s.*° urbanité, courtoisie, f. ‖ *civilization* [siv'l⁼zé¹sh⁼n] *s.* civilisation, f. ‖ *civilize* [siv'la¹z] *v.* civiliser. ‖ *civism* [siviz'm] *s.* civisme, m.

clad [klad] *pret., p. p. of clothe.*

claim [klé¹m] *s.* demande; revendication; prétention, f.; droit, titre, m.; *v.* revendiquer; prétendre à; accaparer (attention). ‖ *claimant* [-⁼nt] *s.* réclamant; prétendant [throne]; postulant, requérant, m.

clairvoyant [klèrvo¹⁼nt] *adj.* clairvoyant; voyant.

clam [klàm] *s.* peigne [shellfish], m.; palourde, f.; *clam-diggers*, *Am.* corsaire [trousers].

clamber [klamb⁼ʳ] *v.* grimper.

clammy [klami] *adj.* visqueux, gluant.

clamor [klam⁼ʳ] *s.* clameur, f.; *v.* clamer, vociférer. ‖ *clamorous* [klam⁼r⁼s] *adj.* bruyant; revendicateur.

clamp [klàmp] *s.* crampon, m.; armature; agrafe, f.; *v.* cramponner; assujettir; marcher lourdement.

clan [klàn] *s.* clan, m.; *clannish*, attaché à sa coterie, partisan.

clandestine [klàndèstin] *adj.* clandestin.

clang [klàng] *s.* sonnerie, f.; bruit métallique, m.; *v.* sonner, tinter; résonner, retentir. ‖ *clango(u)r* [-⁼ʳ] *s.* son éclatant, m.; *v.* retentir. ‖ *clangorous* [-g⁼r⁼s] *adj.* retentissant.

clap [klap] *s.* claquement; coup, m.; *v.* claquer; taper; battre [wings]; applaudir; *clap of thunder*, coup de tonnerre.

claret [klar⁼t] *s.* bordeaux [wine], m.

clarify [klar⁼fa¹] *v.* clarifier, élucider; s'éclaircir.

clarinet [klar⁼nèt] *s.* clarinette, f.

clarion [klari⁼n] *s.* clairon, m.

clarity [klar⁼ti] *s.* clarté, lumière, f.

clash [klash] *s.*° collision, f.; choc, fracas, m.; *v.* choquer, heurter; entrer en lutte; résonner; se heurter.

clasp [klasp] *s.* fermoir; clip, m.; agrafe; étreinte, f.; *v.* agrafer; étreindre; joindre [hands].

class [klas] *s.*° classe; leçon; catégorie, f.; cours; ordre; rang, m.; *v.* classer, classifier; *the lower classes*, le prolétariat. ‖ *classic* [-ik] *adj., s.* classique; *classic scholar*, humaniste. ‖ *classical* [-ik'l] *adj.* classique. ‖ *classify* [-ifa¹] *v.* classifier. ‖ *classmate* [-mé¹t] *s.* condisciple, m. ‖ *classroom* [-roum] *s.* salle de classe, f.

clatter [klat°r] *s.* fracas; bruit de roue, m.; *v.* résonner; cliqueter; caqueter.

clause [klauz] *s.* article, m.; clause, proposition (gramm.), f.; membre de phrase, m.; avenant, m. (jur.).

clavicle [klavik'l] *s.* clavicule, f.

claw [klau] *s.* griffe; serre [eagle]; pince [crab], f.; valet [bench], m.; *v.* griffer; agripper; égratigner; érafier; gratter (fam.).

clay [klé¹] *s.* argile; glaise, f.; limon, m.; *clayish*, argileux.

clean [klîn] *adj.* propre; pur; net; *adv.* absolument, totalement; *v.* nettoyer; purifier; vider [fish]; *clean-cut*, bien coupé, élégant, net; *clean-handed*, probe. ‖ *cleaner* [-°r] *s.* nettoyeur; dégraisseur; cireur, m.; *vacuum cleaner*, aspirateur. ‖ *cleaning* [-ing] *s.* nettoyage, dégraissage, m. ‖ *cleanliness* [klènlinis] *s.* propreté, f. ‖ *cleanly* [klénli] *adv.* proprement; *adj.* propre. ‖ *cleanness* [klînnis] *s.* propreté, f. ‖ *cleanse* [klènz] *v.* nettoyer, purifier. ‖ *cleanser* [klèns°r] *s.* produit d'entretien, m. ‖ *cleansing* [-ing] *adj.* détersif; *s.* nettoyage, m.; dépuration; purification, f.

clear [kli°r] *adj.* clair; serein; évident; pur; sans mélange; entier; débarrassé de; *adv.* clairement, entièrement; *v.* clarifier; éclaircir; nettoyer; défricher; débarrasser; disculper; ouvrir [way]; dégager; franchir; liquider; toucher net [sum]; *s.* espace dégagé, m.; *clear loss*, perte sèche; *clear majority*, majorité absolue; *clear profit*, bénéfice net; *to clear the ground*, déblayer le terrain; *to clear the table*, desservir; *the sky clears up*, le ciel s'éclaire; *clear-sighted*, clairvoyant. ‖ *clearance* [-r°ns] *s.* dégagement; déblaiement; dédouanement; congé (naut.), m.; *clearance sale*, liquidation. ‖ *clearing* [-ring] *s.* éclaircissement; déblaiement; dédouanement, m.; justification, f.; terrain défriché, m.; éclaircie [wood]; liquidation [account]; compensation bancaire, f. ‖ *clearness* [-nis] *s.* clarté, f.

cleat [klît] *s.* taquet; tasseau, m.

cleave [klîv] *v.* fendre. ‖ *cleaver* [-°r] *s.* couperet; fendoir, m.

cleave [klîv] *v.* coller, adhérer à; s'attacher à.

clef [klèf] *s.* clef (mus.), f.

cleft [klèft] *s.* fente, fissure, f.; *adj.* fendu, fissuré; *p. p. of* to cleave.

clematis [klèm°tis] *s.* clématite, f.

clemency [klèm°nsi] *s.* clémence; douceur [weather], f. ‖ *clement* [klèm°nt] *adj.* clément, indulgent; doux, clément [weather].

clementina [klèm°ntîn°] *s.* clémentine, f.

clench [klèntsh] *s.* crampon, rivet, m.; *v.* river [nail]; serrer [teeth]; serrer [fist]; empoigner.

clergy [klë°rdji] *s.* clergé, m. ‖ *clergyman* [-m°n] *s.* ecclésiastique, m. ‖ *clerical* [klérik'l] *adj.* ecclésiastique, clérical; de bureau; *clerical work*, travail d'écritures.

clerk [klë°rk] *s.* clerc; commis; employé; secrétaire municipal; *Am.* vendeur, m.; *law-clerk*, greffier.

clever [klèv°r] *adj.* habile; intelligent; adroit. ‖ *cleverly* [-li] *adv.* habilement; sagement; bien. ‖ *cleverness* [-nis] *s.* dextérité; habileté; intelligence, ingéniosité; promptitude (f.) d'esprit.

clew [klou] *s.* *Br.* fil conducteur; indice; écheveau, m.; piste; pelote; trace, f.; *v.* peloter; mettre sur la piste; *to clew up*, carguer.

cliché [klishé¹] *s.* cliché; lieu commun, m.; banalité, f.

click [klik] *s.* cliquetis; clic; clappement [tongue]; bruit métallique, m.; *v.* cliqueter; claquer; *to click the heels*, claquer des talons.

client [kla¹°nt] *s.* client, m., cliente, f. ‖ *clientele* [kla¹°ntèl] *s.* clientèle, f.; habitués, m. pl. (theatr.).

cliff [klif] *s.* falaise, f.; rocher escarpé, m.; varappe, f.

climate [kla¹mit] *s.* climat [weather], m. ‖ *climatize* [-°ta¹z] *v.* acclimater.

climax [kla¹maks] *s.* gradation, f.; comble; faîte, sommet, m.; *v.* culminer; amener au point culminant.

climb [kla¹m] *v.* grimper; gravir; escalader; s'élever; *s.* ascension, escalade, f.; *to climb down*, descendre; en rabattre, baisser pavillon. ‖ *climber* [-°r] *s.* grimpeur; alpiniste, m.; plante grimpante, f.; *Am.* arriviste, m. ‖ *climbing* [-ing] *s.* montée, escalade, f.; arrivisme, m.

clinch [klîntsh] *v.* river; serrer; tenir bon; assujettir; *s.* crampon; corps-à-corps [boxing], m.

cling [kling] *v.* se cramponner; adhérer; coller à; s'en tenir, rester attaché [to, à].

clinic [klinik] *s.* clinique, f. ‖ *clinical* [-°l] *adj.* clinique.

clink [klingk] *v.* cliqueter; *s.* cliquetis; tintement, m. ‖ *clinker* [-°r] *s.* mâchefer, m.; type formidable, m.

clip [klip] *s.* broche; attache, agrafe, f.; *v.* serrer; pincer; agrafer; écourter.

clip [klip] *s.* tonte, f.; coup, m.; *v.* tondre; rogner; couper ras; donner des coups de poing (fam.); *to go a good clip,* marcher à vive allure, « allonger le compas ». ‖ *clipper* [-*ºr*] *s.* tondeuse, f.; *clipper* [ship, plane], m. ‖ *clipping* [-ing] *s* tonte, taille [hair], f.; *Am.* coupure de presse, f.; *clipping bureau,* argus de la presse.

clique [klik] *s.* clique, coterie, f.

cloak [kloºuk] *s.* manteau, pardessus, m.; capote, f.; prétexte; masque, m.; *v.* couvrir d'un manteau; masquer, dissimuler. ‖ *cloakroom* [-roum] *s.* vestiaire (theat.), m.; consigne (railw.), f.; *Am.* antichambre [Capitole, Washington].

clock [klåk] *s.* horloge; pendule; montre, f.; *adj.* régulier, réglé; *v.* minuter [race]; chronométrer; *alarm clock,* réveille-matin; *to set a clock by,* régler une pendule sur; *tha clock is fast,* l'horloge avance; *time-recording clock,* pendule enregistreuse; *clockwise,* dans le sens des aiguilles d'une montre; *clockwork,* rouages.

clod [klåd] *s.* motte de terre, f.; caillot; lourdaud, m.; *v.* s'agglomérer [earth].

clodhopper [klådhåpºr] *s.* paysan; cul-terreux, m.; godasse, f.

clog [klåg] *s.* entrave, f.; obstacle, empêchement, m.; galoche, f.; *v.* obstruer; se boucher; s'étouffer.

cloister [kloı̆stºr] *s.* cloître, m.; *v.* cloîtrer; *cloistral,* claustral.

close [kloºuz] *s.* fin, conclusion; clôture, f.; enclos, m.; *v.* fermer; enfermer; se clore; arrêter [account]; conclure; serrer [ranks]; *to close out,* liquider; *closed session,* huis-clos (jur.).

close [kloºus] *adj.* clos, fermé; enclos; mesquin, avare; lourd [weather]; renfermé [air]; suffocant; compact; serré [questioning]; étroit, rigoureux; intime; ininterrompu [bombardment]; appliqué, attentif; littéral [translation]; *adv.* hermétiquement, tout près, tout de suite; *close-fitting,* ajusté, collant; *close-mouthed,* peu communicaff; *close shaven,* rasé de près. ‖ *closely* [-li] *adv.* de près; étroitement; rigoureusement, secrètement. ‖ *closeness* [-nis] *s.* proximité, étroitesse; ladrerie; solitude, f.; rapprochement; isolement; manque d'air, m.; fidélité [translation]; rigueur; texture serrée, f.; caractère renfermé, m.

closet [klåzit] *s.* cabinet, m.; armoire, penderie, f.; *adj.* secret, intime; *v.* conférer secrètement; prendre à part.

closure [kloºujºr] *s.* clôture; conclusion, f.; *v.* clôturer, clore.

clot [klåt] *s.* grumeau, caillot, m.; (fam.) idiot, m.; *v.* se cailler, se coaguler.

cloth [klauth] *s.* toile; nappe; étoffe; livrée, f.; tapis de table; tissu; uniforme; drap; torchon, m.; *tea cloth,* nappe à thé; *man of the cloth,* ministre du culte; *American cloth,* toile cirée; *cloth-maker,* drapier. ‖ *clothe* [kloºuzh] *v.º* vêtir; habiller. ‖ *clothes* [kloºuz] *s. pl.* habits, vêtements; linge, m.; *underclothes,* sous-vêtements; *suit of clothes.* complet; *clothes pin,* pince à linge, *clothes-rack* (or) *-tree,* porte-habits, portemanteau. ‖ *clothier* [kloºuzhyºr] *s.* drapier; fabricant de vêtements, m. ‖ *clothing* [kloºuzhing] *s.* costume; vêtement; linge, m.; fabrication du drap, f.

cloud [klaºud] *s.* nuage, m.; foule, nuée, f.; *v.* couvrir de nuages; s'assombrir; se voiler; menacer, ternir; s'amonceler. ‖ *cloudburst* [-bēºst] *s.* averse, trombe, f. ‖ *cloudiness* [-inis] *s.* aspect nuageux; aspect trouble; air sombre, m.; obscurité, f. ‖ *cloudless* [-lis] *adj.* serein, clair, sans nuage. ‖ *cloudy* [-i] *adj.* nuageux, couvert; sombre; trouble [liquid]; nébuleux [idea].

clove [kloºuv] *s.* clou de girofle, m.; *clove of garlic,* gousse d'ail.

clover [kloºuvºr] *s.* trèfle, m.; *to be in clover,* être dans l'abondance.

clown [klaºun] *s.* rustre; bouffon, clown; *v.* faire le clown.

cloy [kloı̆] *v.* rassasier, repaître; gorger; lasser, dégoûter, blaser.

club [klœb] *s.* massue; trique, f.; trèfle [cards]; club, m.; *v.* frapper, assommer; se réunir; s'associer; *club-foot,* pied-bot; *clubhouse,* club, cercle.

cluck [klœk] *s.* gloussement, m.; *v.* glousser.

clue, see *clew.*

clump [klœmp] *s.* groupe, bloc, m.; bouquet, massif [trees], m.; *Am.* bloc [houses], m.; bruit sourd, m.; *v.* grouper en bouquet; marcher d'un pas lourd.

clumsy [klœmzi] *adj.* engourdi; gauche, maladroit; disgracieux.

clung *pret., p. p. of* to cling.

cluster [klœstºr] *s.* grappe, f.; bouquet; groupe; essaim [bees], m.; *Am.* entourage [gems], m.; *v.* (se) grouper; se mettre en grappe.

clutch [klœtsh] *s.º* prise, f.; griffe, serre; couvée [eggs], f.; embrayage [auto], m.; *v.* saisir, empoigner; accrocher; *to step on the clutch,* débrayer; *to throw in the clutch,* embrayer; *clutch-disc,* disque d'embrayage; *clutch-fork,* embrayeur; *foot clutch,* pédale d'embrayage.

clutter [klœtºr] *v.* désordre, m.; confusion, f.; *v.* mettre en désordre; rendre confus; se démener, s'affairer.

coach [kŏᵒutsh] *s.** voiture, f.; car; wagon, m.; entraîneur; répétiteur, m.; *v.* préparer, guider, mettre au courant. ‖ **coachman** [-mᵉn] *s.* conducteur; cocher, m.

coagulate [kŏᵒuagyélé¹t] *v.* coaguler; se cailler; se coaguler.

coal [kŏᵒul] *s.* charbon, m.; houille, f.; *v.* approvisionner en charbon; **hard coal**, anthracite; **coal-dust**, poussier; **coal oil**, pétrole.

coalesce [kŏᵒuelès] *v.* s'unir, se combiner, se fondre.

coalition [kŏᵒuelishᵉn] *s.* coalition, f.

coarse [kŏᵒurs] *adj.* grossier; brut; vulgaire. ‖ **coarseness** [-nis] *s.* rudesse; grossièreté, vulgarité, f.

coast [kŏᵒust] *s.* côte; berge; pente [hill], f.; littoral, m.; *v.* côtoyer; caboter (naut.); *Am.* glisser le long de; **coastal**, côtier; **coastline**, littoral.

coat [kŏᵒut] *s.* habit, m.; veste; tunique; peau [snake]; robe [animal]; couche [paint], f.; *v.* revêtir; enduire; peindre; goudronner; glacer (culin.); **coated,** chargé [tongue]; couché [paper]. ‖ **coat-hanger,** portemanteau; **to turn one's coat,** tourner casaque. ‖ **coating** [-ing] *s.* enduit, revêtement, m.

coax [kŏᵒuks] *v.* cajoler; caresser; enjôler, amadouer.

cob [kâb] *s.* épi de maïs; bidet [horse], m.; boule [bread], f.; torchis, m.

cobalt [kŏᵒubault] *s.* cobalt, m.

cobble [kâb'l] *s.* pavé rond, m.; *v.* paver.

cobble [kâb'l] *v.* raccommoder [shoes]. ‖ **cobbler** [-ᵉʳ] *s.* cordonnier; cobbler [drink], m.; *Am.* tourte aux fruits, f.

cobra [kŏᵒubrᵉ] *s.* cobra, m.

cobweb [kâbwèb] *s.* toile d'araignée, f.

cocaine [kŏᵒuké¹n] *s.* cocaïne, f.

cock [kâk] *s.* coq; oiseau mâle; robinet [tap]; chien [gun], m.; meule [hay], f.; *v.* relever [hat]; armer [gun]; **fuel cock,** robinet d'essence; **cock-eyed,** qui louche; **safety cock,** cran d'arrêt; **cock-sure,** absolument sûr; **cock-a-doodle-doo,** cocorico.

cockade [kâké¹d] *s.* cocarde, f.

cockatoo [kâkᵉtŏᵘ] *s.* cacatoès, m.

cockchafer [kâktshè¹fᵉʳ] *s.* hanneton, m.

cockle *s.* clovisse; froissure, f.; faux pli, m.; *v.* (se) froisser; (se) chiffonner.

cockroach* [kâkrŏᵒutsh] *s.* blatte, f.; cafard, m.

cocktail [kâkté¹l] *s.* cocktail, m.

cocky [kâki] *adj.* impertinent, insolent; fat; suffisant; tranchant.

cocoa [kŏᵒukŏᵒu] *s.* cacao, m.

coconut [kŏᵒukᵉnᵉt] *s.* noix de coco, f.

cocoon [kᵉkoun] *s.* cocon, m.

cod [kâd] *s.* morue, f.; **cod-liver oil,** huile de foie de morue.

coddle [kâd'l] *v.* mitonner; choyer; câliner; *Am.* faire mijoter.

code [kŏᵒud] *s.* code, m.; *v.* chiffrer; **code message,** message chiffré.

codger [kâdjᵉʳ] *s.* type; original; gaillard, m.

codicil [kâdᵉs'l] *s.* codicille, m.

codify [kâdᵉfa¹] *v.* codifier.

coefficient [koifishᵉnt] *s.* coefficient, m.

cœnobite [sìnoba¹t] *s.* cénobite, m.

coerce [kŏᵒuᵉrs] *v.* contraindre; réprimer. ‖ **coercion** [kŏᵒuᵉrshᵉn] *s.* coercition, contrainte; coaction (jur.), f. ‖ **coercive** [kŏᵒᵉrsiv] *adj.* coercitif.

coffee [kaufi] *s.* café, m.; **coffee-cup,** tasse à café; **coffee-mill,** moulin à café; **coffee-pot,** cafetière; **coffee-tree,** caféier.

coffer [kaufᵉʳ] *s.* coffre, m.; cassette, f.; *v.* mettre au coffre.

coffin [kaufin] *s.* cercueil, m.; *v.* mettre en bière.

cog [kŏᵒug] *s.* dent [wheel], f.; rouage, m.; **cogwheel,** roue dentée.

cogent [kŏᵒudjᵉnt] *adj.* convaincant; puissant [argument].

cogitate [kâdjité¹t] *v.* méditer; réfléchir à.

cognate [kâgné¹t] *adj.* apparenté; *s.* congénère, parent, m.

coherent [kŏᵒuhirᵉnt] *adj.* cohérent. ‖ **cohesion** [kŏᵒuhijᵉn] *s.* cohésion, f.

coiffeur [kwâfᵉʳ] *s.* coiffeur, m. ‖ **coiffure** [kwâfyouʳ] *s.* coiffure [hairdo], f.

coil [ko¹l] *s.* rouleau; repli, m.; spirale, f.; glène [rope]; bobine (electr.), f.; *v.* s'enrouler; lover.

coin [ko¹n] *s.* pièce de monnaie, f.; coin, m.; *v.* battre [money]; inventer; fabriquer; **to pay one in his own coin,** rendre à quelqu'un la monnaie de sa pièce. ‖ **coinage** [-idj] *s.* monnayage, m.; frappe; invention, f.

coincide [kŏᵒuinsa¹d] *v.* coïncider. ‖ **coincidence** [kŏᵒuinsᵉdᵉns] *s.* coïncidence, f.

coke [kŏᵒuk] *s.* coke, m.

colander [kælᵉndᵉʳ] *s.* tamis, m.

cold [kŏᵒuld] *adj.* froid; *s.* froid; refroidissement; rhume, m.; **cold-cream,** crème de beauté; **to give the**

cold shoulder, battre froid; *head cold*, rhume de cerveau; *chest cold*, rhume de poitrine. ‖ **coldness** [-nis] *s.* froideur; froideur, f.

cole-seed [koᵒulsîd] *s.* graine de colza, f.

collaborate [keláb°ré¹t] *v.* collaborer. ‖ **collaboration** [keláb°ré¹sh°n] *s.* collaboration, f. ‖ **collaborator** [keláb°-ré¹t°r] *s.* collaborateur, m.; collaboratrice, f.

collapse [keláps] *v.* s'écrouler; s'effondrer; être démoralisé; *s.* effondrement; évanouissement, m.; prostration, f.

collar [kál°r] *s.* collier [dog]; col [shirt]; collet, m.; *v.* colleter; prendre au collet; *stiff collar*, faux col; *collarbone*, clavicule; *collar size*, encolure.

collateral [kelát°r°l] *adj.* collatéral; secondaire, accessoire; coïncident; *s.* nantissement; collatéral, m.

colleague [kelîg] *s.* collègue, m., f.

collect [kelèkt] *v.* rassembler; collectionner; percevoir [taxes]; recouvrer [debts]; faire la levée [mail]; s'amasser; *s.* collecte, f.; *to collect oneself*, se ressaisir, se recueillir; *collect on delivery*, en port dû. ‖ **collection** [kelèksh°n] *s.* collection; accumulation; perception; collecte; levée [letters], f.; ramassage; encaissement, m.; *to take up a collection*, faire la quête. ‖ **collective** [kelèktiv] *adj.* collectif. ‖ **collector** [kelèkt°r] *s.* collecteur; percepteur; quêteur; collectionneur, m.

college [kálidj] *s.* collège; corps constitué, m.; faculté [univ.], f.

collide [kelá¹d] *v.* entrer en collision; s'emboutir.

collier [kály°r] *s.* mineur, m.; navire charbonnier, m.

collision [kálij°n] *s.* collision f.; heurt, choc; abordage; conflit, m.

colloquial [kelooᵘkwi°l] *adj.* familier; de la conversation courante. ‖ **colloquy** [-i] *s.°* colloque, entretien, m.

collusion [kályouj°n] *s.* collusion, f.

colon [koᵒul°n] *s.* côlon [anat.], m.

colon [koᵒul°n] *s.* deux-points [ponctuation], m. pl.

colonel [kën'l] *s.* colonel, m.

colonial [kelooᵘni°l] *adj.*, *s.* colonial. ‖ **colonist** [kál°nist] *s.* colon, m. ‖ **colonization** [kál°n°zé¹sh°n] *s.* colonisation, f. ‖ **colonize** [kál°na¹z] *v.* coloniser. ‖ **colonizer** [-°r] *s.* colonisateur, m.; colonisatrice, f. ‖ **colony** [kál°ni] *s.°* colonie, f.

colo(u)r [kœl°r] *s.* couleur, teinte, f.; ton, m.; *pl.* drapeau; *v.* colorer; colorier; teinter; rougir; se colorer

colo(u)rblind, daltonien. ‖ **colo(u)red** [-d] *adj.* coloré; colorié; de couleur. ‖ **colo(u)rful** [-f°l] *adj.* haut en couleurs. ‖ **colo(u)ring** [-ing] *s.* coloration, f.; coloris; prétexte, m. ‖ **colo(u)rless** [-lis] *adj.* incolore, terne.

colossal [kelás'l] *adj.* colossal. ‖ **colossus** [kelás°s] *s.°* colosse, m.

colt [koᵒult] *s.* revolver, colt; poulain, m.

column [kál°m] *s.* colonne, f. ‖ **columnist** [-ist] *s.* journaliste, m.

coma [koᵒum°] *s.* coma, m.; *comatose*, comateux.

comb [koᵒum] *s.* peigne, m.; étrille; carde; crête [cock, wave], f.; rayon [honey], m.; *v.* peigner; étriller; carder; déferler [wave].

combat [kámbát] *s.* combat, m.; *v.* combattre, se battre. ‖ **combatant** [kámb°t°nt] *adj.*, *s.* combattant. ‖ **combative** [-iv] *adj.* combatif.

comber [koᵒumb°r] *s.* cardeur; brisant, m.

combination [kámb°né¹sh°n] *s.* combinaison; coalition; association, f.; syndicat, m.; chemise-culotte, f. ‖ **combine** [k°mbá¹n] *v.* combiner; s'unir, s'associer; se syndiquer; se liguer; *s.* [ká¹mba¹n] corporation, f.; trust, m.; *combine-harvester*, moissonneuse-batteuse.

combustible [k°mbǽst°b'l] *adj.*, *s.* combustible. ‖ **combustion** [k°mbǽstsh°n] *s.* combustion, f.

come [kœm] *v.°* venir; arriver; provenir; advenir; parvenir; *p. p. of* to *come*; *to come across*, traverser; venir à l'esprit; *to come away*, s'en aller; *to come back*, retourner; *to come forth*, paraître, être publié; *to come in*, entrer; *to come out*, sortir; *to come of age*, atteindre sa majorité; *to come near*, approcher; *to come on*, avancer; *to come to pass*, se faire, se réaliser; *to come up*, pousser, monter, surgir; *to make a come-back*, se rétablir; faire une rentrée.

comedian [k°mîdi°n] *s.* comédien; comique, m. ‖ **comedy** [kám°di] *s.* comédie, f.

comely [kæmli] *adj.* gracieux, séduisant, avenant. ‖ **comeliness** [-nis] *s.* beauté, grâce, f.; charme, m.

comestible [k°méstib'l] *adj.*, *s.* comestible, m.

comet [kámit] *s.* comète, f.

comfit [kæmfit] *s.* dragée, f.; *comfitmaker*, confiseur.

comfort [kæmf°rt] *s.* confort, bienêtre; réconfort, m.; aisance; consolation, f.; *v.* réconforter. ‖ **comfortable** [-°b'l] *adj.* confortable; consolant;

aisé [life]. || **comfortably** [-eb'li] *adv.* confortablement. || **comforter** [-er] *s.* consolateur, m.; *Br.* cache-nez; *Am.* couvre-pied, m.; couverture piquée, f. || **comfortless** [-lis] *adj.* triste; incommode; délaissé.

comic [kâmik] *adj.* comique; *s.* comique; dessin humoristique, m. || **comical** [-'l] *adj.* plaisant, drôle.

coming [kœming] *adj.* prochain; *s.* venue, arrivée, f.

comma [kâme] *s.* virgule, f.; *Br.* *inverted commas*, guillemets.

command [kemând] *s.* ordre; pouvoir, m.; autorité, maîtrise; région militaire, f.; *v.* commander; dominer; *to have full command of*, être entièrement maître de. || **commander** [-er] *s.* commandant, chef, m. || **commandment** [-ment] *s.* commandement, m.

commemorate [kemèm*ré*it] *v.* commémorer. || **commemoration** [kemèmâré'shen] *s.* commémoration; commémoraison, f.

commence [kemèns] *v.* commencer. || **commencement** [-ment] *s.* début, commencement, m.; distribution des diplômes, f.

commend [kemènd] *v.* recommander; louer; confier. || **commendable** [-eb'l] *adj.* recommandable, louable. || **commendation** [kâmendé'shen] *s.* recommandation; approbation, f.

commensal [kemènsel] *s.* commensal, m.

comment [kâment] *s.* commentaire, m.; annotation; critique, f.; *v.* commenter; annoter. || **commentary** [-eri] *s.** commentaire, m.; *running commentary*, reportage en direct. || **commentator** [-é*iter*] *s.* commentateur, m.

commerce [kâmers] *s.* commerce international, m.; commerce amoureux, m. || **commercial** [kemërshel] *adj.* commercial. || **commercialize** [kemœrshela'iz] *v.* commercialiser.

commiseration [kemizeré'shen] *s.* compassion; condoléances, f.

commissary [kâmesèri] *s.** délégué; commissaire du gouvernement; intendant militaire; vicaire général, m.; *Am.* coopérative, f.

commission [kemíshen] *s.* commission; autorisation; mission; gratification; remise; réunion, f.; mandat; brevet (mil.), m.; *v.* charger de; mandater; armer (naut.). || **commissioner** [-er] *s.* commissaire; mandataire; gérant, m.

commit [kemít] *v.* commettre; confier; envoyer; *to commit to memory*, apprendre par cœur; *to commit oneself*, se compromettre; *to commit to prison*, faire incarcérer.

committee [kemíti] *s.* comité, m.

commodious [kemoºudíes] *adj.* spacieux. || **commodity** [kemâdeti] *s.** produit, m.; denrée, marchandise, f.

commodore [kâmedoºur] *s.* chef d'escadre, m.

common [kâmen] *adj.* commun; public; général; familier; usuel; vulgaire; *s.* terrains communaux, m.; réfectoire; repas, m.; *pl.* Communes, f.; *v.* manger en commun; *common law*, droit coutumier; *common prayer*, liturgie anglicane; *common road*, sentiers battus; *common sense*, sens commun. || **commonly** [-li] *adv.* communément. || **commonness** [-nis] *s.* fréquence; banalité, f. || **commonplace** [-plé'is] *adj.* banal; *s.* banalité, f. || **commonweal** [-wîl] *s.* bien public, m.; chose publique, f. || **commonwealth** [-wèlth] *s.* république; collectivité; confédération, f.; gouvernement, m.

commotion [kemoºushen] *s.* commotion; agitation, f.; trouble, m.

commune [kemyoun] *v.* converser; *to commune with oneself*, se recueillir; [kâmyoun] *s.* commune, f. || **communicate** [kemyoun*ké*it] *v.* communiquer; communier. || **communication** [kemyoun*ké*ishen] *s.* communication, f.; message, m. || **communicative** [kemyoun*ké*itiv] *adj.* communicatif. || **communion** [kemyounyen] *s.* communion, f. || **communism** [kâmyounizem] *s.* communisme, m. || **communist** [kâmyounist] *adj.*, *s.* communiste. || **community** [kemyounʼti] *s.** communauté, société, f.; *community chest*, fonds commun.

commutation [kâmyouté'ishen] *s.* commutation; substitution, f.; remplacement; échange; paiement anticipé et réduit, m.; *commutation ticket*, *Am.* carte d'abonnement au chemin de fer. || **commutator** [kâmyouté'iter] *s.* commutateur, m. || **commute** [kemyout] *v.* commuer; *Am.* voyager avec un abonnement. || **commuter** [kemyouter] *s.* abonné des chemins de fer, m.

compact [kempâkt] *adj.* compact, dense; *v.* condenser; tasser.

compact [kâmpakt] *s.* pacte, m.; poudrier, m.

companion [kempanyen] *s.* compagnon, m.; compagne, f. || **companionship** [-ship] *s.* camaraderie; compagnie, f.; équipe, f. || **company** [kœmpeni] *s.** compagnie; troupe; société, f.; *limited company*, société à responsabilité limitée; *joint-stock company*, société par actions.

comparable [kâmpereb'l] *adj.* comparable. || **comparative** [kempâretiv] *adj.* comparatif; comparé. || **compare**

[kəmpèr] v. comparer; s. comparaison, f.; beyond compare, incomparable. ‖ comparison [kəmparis'n] s. comparaison, f.; by comparison with, en comparaison de.

compartment [kəmpârtmənt] s. compartiment, m.; section, f.

compass [kœmpəs] s.° enceinte; limites, m.; boussole, f.; enclos; circuit; compas, m.; v. entourer; faire un circuit; atteindre [ends]; compass card, rose des vents.

compassion [kəmpashən] s. compassion, f. ‖ compassionate [-it] adj. compatissant; v. compatir à.

compatibility [kəmpati'bîlîti] s. compatibilité, f. ‖ compatible [-patəb'l] adj. compatible.

compatriot [kəmpéitriət] s. compatriote, m., f.

compel [kəmpèl] v. contraindre.

compendious [kəmpèndiəs] adj. abrégé, compendieux. ‖ compendium [-əm] m. condensé, abrégé, m.

compensate [kàmpənséit] v. compenser; indemniser. ‖ compensation [kàmpənséishən] s. compensation; rémunération, f.; dédommagement, m.

compete [kəmpît] v. concourir, rivaliser; faire concurrence à.

competence [kàmpətəns] s. compétence, f. ‖ competent [kàmpətənt] adj. compétent; admissible; honnête, suffisant.

competition [kàmpətîshən] s. concours, m.; compétition; concurrence, f. ‖ competitive [kəmpètətiv] adj. compétitif; concurrent; competitive examination, concours. ‖ competitor [kəmpètətər] s. rival, concurrent, compétiteur, m.

compilation [kəmpiléishən] s. compilation, f. ‖ compile [-paɪl] v. compiler. ‖ compiler [-ər] s. compilateur, m.; compilatrice, f.

complacent [kəmplèsnt] adj. content de soi; obligeant.

complain [kəmpléin] v. gémir; se plaindre; porter plainte, réclamer. ‖ complaint [-t] s. plainte; réclamation; maladie, f.; grief, m.; doléances, f. pl.; élégie, f.; complaint book, registre des réclamations.

complaisance [kəmpléizəns] s. complaisance, obligeance; courtoisie, f. ‖ complaisant [-ənt] adj. complaisant, obligeant; courtois.

complement [kàmpləmənt] s. complément; effectif, personnel, m.; [kàmplmènt] v. compléter. ‖ complementary [kàmpliméntəri] adj. complémentaire.

complete [kəmplît] adj. complet; achevé; entier; v. achever, compléter.

‖ **completeness** [-nis] s. plénitude, f. ‖ **completion** [kəmplîshən] s. achèvement; accomplissement, m.; conclusion; exécution [contract], f.

complex [kàmplèks] s.° complexe; pl. assemblage, m.; [kəmplèks] adj. complexe. ‖ **complexion** [kəmplèkshən] s. complexion, f.; tempérament; teint [skin], m. ‖ **complexity** [kəmplèksəti] s.° complexité, f.; complication, f.

compliance [kəmplaiəns] s.° acquiescement, m.; complaisance; soumission, f.; in compliance with, conformément à, d'accord avec. ‖ **compliant** [kəmplaiənt] adj. souple, complaisant.

complicate [kàmpləkéit] v. compliquer; embrouiller. ‖ **complication** [kàmpləkéishən] s. complication, f.

complicity [kəmplisiti] s.° complicité, f.

compliment [kàmpləmənt] s. compliment; cadeau, m.; [kàmplmènt] v. complimenter; féliciter; faire un cadeau; complimentary, flatteur; gratis, gracieux, de faveur [ticket].

comply [kəmplai] v. se plier à; se conformer; accéder à; consentir. ‖ **complying** [-ing] adj. accommodant, conciliant, complaisant.

component [kəmpoounənt] adj., s. composant.

compose [kəmpoouz] v. composer; apaiser; to compose oneself, se calmer, se disposer à. ‖ **composer** [-ər] s. compositeur; auteur; conciliateur, m. ‖ **composite** [kəmpàzit] adj. composite, varié; s mélange; composé, m. ‖ **composition** [kàmpəzîshən] s. constitution; composition; transaction, f.; accommodement; compromis, arrangement, m. ‖ **composure** [kəmpoouʒər] s. calme, sang-froid, m.

compound [kàmpaound] s. composé, m.; [kàmpaound] adj. composé; v. composer; mêler, combiner; transiger; to compound interest, calculer les intérêts composés.

comprehend [kàmprihènd] v. comprendre, concevoir; inclure. ‖ **comprehensible** [kàmprihènsəb'l] adj. compréhensible, intelligible. ‖ **comprehension** [-shən] s. compréhension, f. ‖ **comprehensive** [-siv] adj. compréhensif; total, d'ensemble. ‖ **comprehensively** [-sivli] adv. en bloc, en général; avec concision. ‖ **comprehensiveness** [-sivnis] s. concision; étendue; compréhension, f.

compress [kàmprès] s.° compresse, f.; Am. machine à comprimer le coton; [kəmprès] v. comprimer; condenser; tasser. ‖ **compression** [kaumprèshən] s. compression, f. ‖ **compressor** [-sər] s. compresseur, m.

comprise [kəmpraiz] v. comprendre, renfermer, contenir, inclure.

compromise [kâmpr°ma¹z] *s.* compromis, m.; transaction, f.; *v.* transiger; compromettre, risquer.

comptroller [k°ntro°ul°r] *s.* contrôleur; économe; intendant, m.

compulsion [k°mpœlsh°n] *s.* contrainte, f. ‖ *compulsory* [k°mpœls°ri] *adj.* obligatoire, forcé; requis; coercitif, contraignant.

computation [kâmpy°té¹sh°n] *s.* supputation, estimation, f.; calcul, m. ‖ *compute* [k°mpyout] *v.* calculer; supputer; compter. ‖ *computer* [-°r] *s.* ordinateur, m.

comrade [kâmrad] *s.* camarade, m.

concave [kânké¹v] *adj.* concave.

conceal [k°nsîl] *v.* cacher, dissimuler; recéler. ‖ *concealment* [-m°nt] *s.* dissimulation, f.; secret, mystère; recel, m.

concede [k°nsîd] *v.* concéder, accorder; admettre, reconnaître.

conceited [k°nsîtid] *adj.* vaniteux, présomptueux, suffisant.

conceivable [k°nsîv°b'l] *adj.* concevable. ‖ *conceive* [k°nsîv] *v.* concevoir, imaginer; éprouver, ressentir; exprimer; penser, se faire une idée.

concentrate [kâns°ntré¹t] *v.* concentrer; condenser. ‖ *concentration* [kâns°ntré¹sh°n] *s.* concentration, f.

concept [kânsèpt] *s.* concept, m.; idée, opinion, f. ‖ *conception* [k°nsèpsh°n] *s.* conception, f.; projet, m.

concern [k°nsë°rn] *s.* affaire; préoccupation; entreprise commerciale, f.; souci, m.; *v.* concerner; intéresser; préoccuper; *it is no concern of mine*, cela ne me regarde pas; *to be concerned about*, se préoccuper de. ‖ *concerning* [-ing] *prep.* concernant, au sujet de, relatif à.

concert [kânsë°rt] *s.* concert; accord, m.; [k°nsë°t] *v.* concerter; organiser.

concession [k°nsèsh°n] *s.* concession; réduction; *Am.* licence, f. ‖ *concessionaire* [-°r] *s.* concessionnaire, m.

conciliate [k°nsîlié¹t] *v.* concilier; gagner; réconcilier, apaiser. ‖ *conciliation* [k°nsilié¹sh°n] *s.* conciliation, f. ‖ *conciliatory* [k°nsîli°t°ri] *adj.* conciliateur; conciliatoire, de conciliation.

concise [k°nsa¹z] *adj.* concis. ‖ *conciseness* [-nis] *s.* concision, f.

conclave [kânklé¹v] *s.* conclave, m.

conclude [k°nkloud] *v.* conclure; décider, juger; résoudre. ‖ *conclusion* [-j°n] *s.* conclusion; fin; décision, f. ‖ *conclusive* [-siv] *adj.* concluant.

concoct [kânkâkt] *v.* préparer [food]; ourdir, tramer. ‖ *concoction* [kânkâksh°n] *s.* mélange, m.; élaboration, machination, f.

concord [kânkaurd] *s.* concorde, f.; accord, pacte, m.

concordance [k°nkâ°rd°ns] *s.* concordance, f. ‖ *concordant* [-°nt] *adj.* concordant; harmonieux.

concrete [kânkrît] *adj.* concret.

concrete [kânkrît] *s.* béton; ciment, m.; *v.* cimenter.

concrete [kânkrît] *v.* coaguler, solidifier, congeler.

concubinage [k°nkyoubinidj] *s.* concubinage, m.

concur [k°nkë°r] *v.* s'unir; être d'accord, s'accorder. ‖ *concurrence* [k°nkë°°ns] *s.* concours, m.; coïncidence; approbation, f.

condemn [k°ndèm] *v.* condamner. ‖ *condemnation* [kândèmné¹sh°n] *s.* condamnation, f.

condensation [kândènsé¹sh°n] *s.* condensation, f.; résumé, abrégé, m. ‖ *condense* [k°ndèns] *v.* (se) condenser; raccourcir. ‖ *condenser* [-°r] *s.* condensateur, m.

condescend [kândisènd] *v.* condescendre. ‖ *condescension* [kândisènsh°n] *s.* condescendance, f.

condiment [kând°m°nt] *s.* condiment, m.

condition [k°ndîsh°n] *s.* condition; situation; clause, f.; *pl.* état des affaires, m.; situation de fortune, f.; *Am.* travail de « rattrapage » (éduc.), m.; *v.* stipuler; limiter; conditionner; mettre en bon état; *Am.* ajourner sous conditions (educ.). ‖ *conditional* [-'l] *adj.* conditionnel.

condole [k°ndo°ul] *v.* déplorer; faire des condoléances; exprimer sa sympathie; compatir. ‖ *condolence* [-°ns] *s.* condoléances, f. pl.

condone [k°ndo°un] *v.* pardonner; réparer.

conduce [k°ndyous] *v.* conduire, amener, faire aboutir [to, à]. ‖ *conducive* [-iv] *adj.* contributif; efficace; favorable.

conduct [kând°kt] *s.* conduite, f.; comportement, m.; [k°ndœkt] *v.* conduire, diriger. ‖ *conductor* [-°r] *s.* conducteur; guide; chef, directeur, m.; receveur; *Am.* chef de train, m.; *orchestra conductor*, chef d'orchestre; *lightning conductor*, paratonnerre.

conduit [kândit] *s.* conduit, m.; canalisation, f.

cone [ko°un] *s.* cône; *Am.* cornet de glace [cake], m.; *pine cone*, pomme de pin; *cone-shaped*, conique.

confection [k°nfèksh°n] *s.* sucrerie, confiserie, f.; *v.* confectionner; confire; faire. ‖ *confectioner* [-°r] *s.* confiseur,

m. ‖ *confectionery* [-èri] *s.* confiserie, f.; bonbons. m. pl.

confederacy [k•nfêd•r•si] *s.* confédération, f. ‖ *confederate* [k•nfêd•rit] *s.* confédéré, m.; *v.* confédérer.

confer [k•nfê²] *v.* conférer; comparer; tenir une conférence; gratifier de; communiquer. ‖ *conference* [kânf•r•ns] *s.* conférence, f.; entretien; congrès. m.

confess [k•nfès] *v.* (se) confesser; admettre, avouer. ‖ *confession* [k•nfêsh•n] *s.* confession, f. ‖ *confessional* [-'l] *s.* confessionnal, m. ‖ *confessor* [k•nfès•²] *s* confesseur, m.

confidant [kânf•dant] *s.* confident, m. ‖ *confide* [k•nfa¹d] *v* confier; charger; se fier ‖ *confidence* [kânf•d•ns] *s.* confidence assurance confiance, f.; *Am confidence game*, escroquerie *confidence man*, escroc. ‖ *confident* [kânf•d•nt] *adj.* confiant; assuré; présomptueux. ‖ *confidential* [kânf•dènsh•¹l] *adj.* confidentiel, secret; de confiance intime.

configuration [k•nfigyour•¹sh•n] *s.* configuration, f.

confine [kânfa¹n] *s.* confins, m. pl.; limites, f. pl . [k•nfa¹n] *v.* confiner; emprisonner. limiter *to confine oneself to*, *se* borner à ‖ *confinement* [-m•nt] *s.* détention, réclusion, limitation, restriction, f.; couches, f. pl.

confirm [k•nfê²m] *v.* confirmer. ‖ *confirmation* [kânf•rmé¹sh•n] *s.* confirmation, f.

confiscate [kânfiskê¹t] *v.* confisquer. ‖ *confiscation* [kânfiskê¹sh•n] *s.* confiscation, f.

conflagration [kânfl•grê¹sh•n] *s.* incendie, m conflagration, f.

conflict [kânflikt] *s.* conflit; antagonisme, m.; [k•nflïkt] *v.* s'opposer à; entrer en conflit; être en contradiction (*with*, avec).

conform [k•nfau²m] *v.* (se) conformer; se rallier ‖ *conformable* [-•b'l] *adj.* conforme; soumis. ‖ *conformation* [k•nfaurmê¹sh•n] *s.* conformation; adaptation, f. ‖ *conformism* [-mïz'm] *s.* conformisme, m. ‖ *conformist* [-ïst] *s.* conformiste, m. ‖ *conformity* [k•nfaurm•ti] *s.•* conformité, f.

confound [kânfa•ªnd] *v.* confondre; déconcerter *confound it!* le diable l'emporte ! *confounded*, sacré, fieffé, satané fichu

confront [k•nfrœnt] *v.* confronter; affronter; se rencontrer. ‖ *confrontation* [kânfrœntê¹sh•n] *s.* confrontation, f.

confuse [k•nfyouz] *v.* embrouiller; dérouter, confondre; bouleverser. ‖ *confusing* [-ing] *adj.* confus, déconcertant. ‖ *confusion* [k•nfyouj•n] *s.*

confusion, f.; désarroi, désordre; tumulte, m.; honte, f.

confutation [kânfyoutê¹sh•n] *s.* réfutation, f. ‖ *confute* [k•nfyout] *v.* réfuter.

congeal [k•ndjîl] *v.* geler; se congeler; coaguler. ‖ *congealment* [-m•nt], *congelation* [kândjilê¹sh•n] *s.* congélation, f

congenial [k•ndjîny•l] *adj.* en harmonie avec *to be congenial with*, sympathiser avec. ‖ *congeniality* [k•ndjîniâl•ti] *s* affinité, sympathie, f.

congestion [k•ndjèstsh•n] *s.* congestion, f encombrement, m.

conglomerate [k•nglâm•rit] *adj.* congloméré, aggloméré; *s* conglomérat, m.; agglomération, f.; [k•nglâm•ré¹t] *v.* conglomérer aggloméré.

congratulate [k•ngratsh•lé¹t] *v.* féliciter. ‖ *congratulation* [k•ngratsh•lé¹sh•n] *s* félicitations, f. pl.; compliment, m.

congregate [kânggrigé¹t] *v.* assembler; se réunir. ‖ *congregation* [kânggrigé¹sh•n] *s.* réunion; congrégation; assemblée des fidèles, f.

congress [kânggrès] *s.•* congrès, m.; assemblée f *Am.* Parlement national des Etats-Unis, m.; *congressman*, député, membre du Congrès.

congruity [k•ngrou•ti] *s.•* convenance conformité, f.; accord, m.

conical [kânik'l] *adj.* conique.

conifer [ko•ºnif•²] *s.* conifère, m.

conjecture [k•ndjèktsh•²] *s.* conjecture, f.; ᵥ conjecturer.

conjugal [kândjoug•l] *adj.* conjugal. ‖ *conjugate* [-•gé¹t] *v.* unir, accoupler conjuguer (gramm.). ‖ *conjugation* [kândj•gé¹sh•n] *s.* conjugaison. f

conjunction [k•ndjængksh•n] *s.* conjonction rencontre, f.

conjuncture [k•ndjængktsh•²] *s.* conjoncture, f situation critique, f.

conjure [kœndj•²] *v.* conjurer [magic]; [k•ndjour] implorer, supplier. ‖ *conjurer* [kœndj•r•²] *s.* prestidigitateur, m ‖ *conjuring* [-ing] *s.* prestidigitation, f., *conjuring trick*, tour de passe-passe.

connect [k•nèkt] *v.* joindre, unir; associer [mind]; relier [road]; correspondre avec [train]. ‖ *connection* [k•nèksʰ•n] *s* jonction, union; liaison (gramm.) famille, parenté; relations d'amitié ou d'affaires; clientèle; correspondance, communication [train boat], f., groupe, parti, m.; *to miss connections*, manquer la correspondance; *air connection*, liaison aérienne.

conniption [kᵉnɪpshᵉn] *s.* accès de colère, de passion (slang), m.

connivance [kᵉnaⁱvᵉns] *s.* connivence, complicité, f. ‖ **connive** v. être de connivence; fermer les yeux [at, sur]; tremper (at, dans).

connoisseur [kânᵉsëᵉr] *s.* connaisseur, m.

conquer [kângkᵉr] v. conquérir; subjuguer. ‖ **conqueror** [-rᵉr] *s.* conquérant; vainqueur, m. ‖ **conquest** [kânkwëst] *s.* conquête, f.

conscience [kânshᵉns] *s.* conscience, f.; *conscience stricken*, pris de remords. ‖ **conscientious** [kânshiènshᵉs] *adj.* consciencieux ‖ **conscious** [kânshᵉs] *adj.* conscient, intentionnel; au courant de; *conscious of*, sensible à. ‖ **consciousness** [-nis] *s.* conscience, connaissance, f.

conscript [kᵉnskript] v. enrôler; [kânskript] *s.* conscrit, m.

consecrate [kânsikréⁱt] v. consacrer; dédier. ‖ **consecration** [kânsikréⁱshᵉn] *s.* consécration. dédicace, f.

consecutive [kᵉnsèkụtiv] *adj.* consécutif, successif.

consent [kᵉnsènt] v. consentir; approuver; *s.* consentement; accord, m.; acceptation, f.

consequence [kânsᵉkwèns] *s.* conséquence; importance. f. ‖ **consequent** [kânsᵉkwènt] *adj.* résultant, conséquent. ‖ **consequently** [-li] *adv.* en conséquence, par conséquent.

conservation [kânsᵉrvéⁱshᵉn] *s.* servation, préservation, f. ‖ **conservative** [kᵉnsëᵉrvᵉtiv] *adj.* conservatif, conservateur; *s.* conservateur, m. ‖ **conservator** [-tᵉr] *s.* conservateur, m.; *Am.* curateur, m. ‖ **conservatory** [kᵉnsëᵉrvᵉtooʳuʳri] *s.° conservatoire [music], m.; serre [greenhouse], f. ‖ **conserve** [kᵉnsœᵉrv] *s.* confiture (ou) conserve (f.) de fruits; v. mettre en conserve; conserver.

conshie [kânshi] *s.* objecteur (m.) de conscience

consider [kᵉnsidᵉr] v. considérer. ‖ **considerable** [kᵉnsidᵉrᵉbᵉl] *adj.* considérable; important; éminent; beaucoup de (fam.)

considerate [kᵉnsidᵉrit] *adj.* modéré, tolérant, prévenant. ‖ **consideration** [kᵉnsidᵉréⁱshᵉn] *s* considération; réflexion; compensation, cause (jur.), f.; motif, mobile jugement, m. ‖ **considering** [kᵉnsidᵉriŋ] *prep.* attendu que, étant donné que, vu que.

consign [kᵉnsaⁱn] v. consigner (comm.); livrer, confier, remettre; expédier [wares]. ‖ **consignation** [kânsignéⁱshᵉn], **consignment** [kᵉnsaⁱnmᵉnt] *s.* expédition; consignation, f.

consist [kᵉnsist] v. consister [in, en].
consistency [-ᵉnsi] *s.° consistance; stabilité, harmonie; cohésion; solidité, f.; esprit de suite, m. ‖ **consistent** [-ᵉnt] *adj.* consistant; cohérent; solide; compatible (with, avec).

consolation [kânsᵉléⁱshᵉn] *s.* consolation, f. ‖ **consolatory** [kᵉnsâlᵉtᵉri] *adj.* consolateur. ‖ **console** [kᵉnsooᵘl] v. consoler.

consolidate [kᵉnsâlᵉdéⁱt] v. consolider; combiner, s'unir.

consommé [kânsᵉméⁱ] *s.* consommé, bouillon, m.

consonant [kânsᵉnᵉnt] *adj.* en harmonie, compatible; sympathique; *s.* consonne, f.

consort [kânsaurt] *s.* époux; consort [prince]; navire d'escorte, m.; conserve, f. (naut.). [kᵉnsaurt] v. s'associer (with, avec). fréquenter.

conspicuous [kᵉnspìkyouᵉs] *adj.* notoire, manifeste. remarquable.

conspiracy [kᵉnspìrᵉsi] *s.° conspiration, f. ‖ **conspirator** [kᵉnspìrᵉtᵉr] *s.* conspirateur, m. ‖ **conspire** [kᵉnspaⁱr] v. conspirer.

conspue [kᵉnspyou] v. conspuer.

constable [kænstᵉbᵉl] *s.* constable, agent de police, m. ‖ **constabulary** [kᵉnstabyoulᵉri] *s.° police, f.; *adj.* de police.

constancy [kânstᵉnsi] *s.* constance, persévérance; stabilité, f. ‖ **constant** [kânstᵉnt] *adj.* constant; *s.* constante, f.

constellate [kânstᵉléⁱt] v. consteller. ‖ **constellation** [-shᵉn] *s.* constellation, f.

consternation [kânstᵉrnéⁱshᵉn] *s.* atterrement, m. ‖ **consternate** [ˈkânstᵉnéⁱt] v atterrer.

constipate [kânstipéⁱt] v. constiper. ‖ **constipation** [kânstipéⁱshᵉn] *s.* constipation. f

constituent [kᵉnstìtishouᵉnt] *adj.* constituant; constitutif; électoral; *s.* élément constituant; électeur; commettant, m. ‖ **constitute** [kânstᵉtyout] v. constituer, établir, élire, nommer. ‖ **constitution** [kânstᵉtyoushᵉn] *s.* constitution (med.; jur.), f. ‖ **constitutional** [-shnˈl] *adj.* constitutionnel; *Am.* fédéral, *s.* promenade hygiénique, f. ‖ **constitutive** [kânstityoutiv] *adj.* constitutif, fondamental; constituant; essentiel.

constrain [kᵉnstréⁱn] v. contraindre; gêner; réprimer. ‖ **constraint** [kᵉnstréⁱnt] *s.* contrainte, f.

constrict [kᵉnstrikt] v. contracter; comprimer; resserrer. ‖ **constriction** [-shᵉn] *s.* constriction, f.

construct [kᵊnstrækt] *v.* construire, fabriquer. || **construction** [kᵊnstræksh°n] *s.* construction; structure. interprétation, f. || **constructive** [kᵊnstrᵆktiv] *adj.* constructif. || **construe** [kᵊnstrou] *v.* expliquer; traduire; construire (gramm.).

consul [kâns'l] *s.* consul, m. || **consulate** [-it] *s.* consulat, m.

consult [kᵊnsᵆlt] *v.* consulter; conférer; tenir compte de. || **consultation** [kâns'ltéⁱsh°n] *s.* consultation, f.

consume [kᵊnsoum] *v.* consumer; consommer; absorber. || **consumer** [-ᵉr] *s.* consommateur, m.

consummate [kâns°méⁱt] *v.* consommer, achever; [kᵊnsᵆmit] *adj.* consommé, achevé, parfait. || **consummation** [kâns°méⁱsh°n] *s.* consommation, f.; accomplissement, m.

consumption [kᵊnsᵆmpsh°n] *s.* consommation [goods] tuberculose, f. || **consumptive** [kᵊnsᵆmptiv] *adj.* tuberculeux; destructeur, ruineux.

contact [kântakt] *s.* contact, m.; [kᵊntakt] *v.* toucher, être en contact; entrer en relations avec. **contactor**, interrupteur automatique (electr.).

contagion [kᵊntéⁱdj°n] *s.* contagion, f. || **contagious** [kᵊntéⁱdj°s] *adj.* contagieux.

contain [kᵊntéⁱn] *v.* contenir; enclore; inclure; refréner; se contenir. || **container** [-ᵉr] *s.* récipient; réservoir; container, m.

contaminate [kᵊntam°néⁱt] *v.* contaminer; infecter; polluer. || **contamination** [kᵊntam°néⁱsh°n] *s.* contamination, f.

contemn [kᵊntèm] *v.* mépriser.

contemplate [kântᵉmpléⁱt] *v.* contempler; méditer; projeter. || **contemplation** [kântᵉmpléⁱsh°n] *s.* contemplation, f.; projet, m. || **contemplative** [kântᵉmpléⁱtiv] *adj.* méditatif, pensif, songeur; contemplatif.

contemporary [kᵊntèmp°rèri] *adj., s.** contemporain, m.

contempt [kᵊntèmpt] *s.* mépris, dédain, m.; défaut, m.; non-comparution; infraction, f. || **contemptible** [-ᵉb'l] *adj.* méprisable. || **contemptuous** [-shou°s] *adj.* méprisant, dédaigneux.

contend [kᵊntènd] *v.* rivaliser de; concourir; lutter; discuter; soutenir [opinion]; affirmer, prétendre.

content [kᵊntènt] *adj.* content, satisfait; consentant; *v.* satisfaire; *s.* contentement; *Br.* assentiment, vote favorable, m.

content [kântènt] *s.* contenu volume, m.; capacité; contenance, f.; *table of contents*, table des matières.

contention [kᵊntènsh°n] *s.* contestation; controverse; affirmation, assertion, f.; argument, m. || **contentious** [kᵊntènsh°s] *adj.* contentieux; litigieux; querelleur.

contentment [kᵊntèntm°nt] *s.* contentement, m.; satisfaction, f.

contest [kântèst] *s.* lutte; rencontre; controverse, dispute; épreuve, compétition, f.; combat; débat m.; [kᵊntèst] *v.* lutter, combattre; disputer; rivaliser (*with*, avec). || **contestable** [kᵊntèst°b'l] *adj.* contestable. || **contestation** [kântèstéⁱsh°n] *s.* contestation, f.; litige, m.

context [kântèkst] *s.* contexte, m.

contexture [kᵊntèkstsh°r] *s.* texture; contexture, f.

contiguous [kᵊntigyou°s] *adj.* contigu, voisin.

continence [kânt°n°ns] *s.* continence, f.; empire sur soi, m. || **continent** [kânt°n°nt] *adj.* continent, chaste; modéré, retenu, sobre.

continent [kânt°n°nt] *s.* continent, m. || **continental** [kânt°nènt'l] *adj., s.* continental.

contingency [kᵊntindj°nsi] *s.** contingence, éventualité, f. || **contingent** [kᵊntindj°nt] *adj.* contingent; éventuel; aléatoire; conditionnel; *s.* événement contingent; contingent militaire, m.

continual [kᵊntinyou°l] *adj.* continu, ininterrompu. || **continually** [-i] *adv.* continuellement, sans interruption. || **continuance** [kᵊntinyou°ns] *s.* continuation, durée; continuité; prorogation [law], f. || **continuation** [kᵊntinyouéⁱsh°n] *s.* continuation, prolongation, suite, f. || **continue** [kᵊntinyou] *v.* continuer; maintenir; prolonger; demeurer (*with*, chez); persister. || **continuity** [kântᵊnou°ti] *s.* continuité, f.; scénario, m. || **continuous** [kᵊntinyou°s] *adj.* continu; permanent (cinéma).

contorsion [kᵊntaursh°n] *s.* contorsion, f.

contour [kântour] *s.* contour; profil de terrain, m.

contraband [kântr°band] *s.* contrebande, f.

contrabass [kântr°béⁱs] *s.** contrebasse, f.

contraceptive [kântr°séptiv] *adj.* contraceptif; *s.* préservatif, m.

contract [kântrakt] *s.* contrat; pacte; marché; traité, m.; convention; entreprise, f.; [kᵊntrakt] *v.* attraper; contracter [illness]; acquérir; abréger [words]; froncer [eyebrows]; [kântrakt] passer un contrat. || **contraction** [kᵊntraksh°n] *s.* contraction, f. ||

contractor [kƏntraktƏr] *s.* contractant; entrepreneur; adjudicataire; fournisseur (mil.), m.

contradict [kântrƏdıkt] *v.* contredire. ‖ **contradiction** [kântrƏdıkshƏn] *s.* contradiction, f.; *beyond all contradiction*, sans contredit. ‖ **contradictory** [kântrƏdıktƏri] *adj.* contradictoire.

contrariety [kântrƏra¹eti] *s.* opposition, f.; désaccord, m. ‖ **contrariness** [kântrƏrinis] *s.* esprit (m.) de contradiction.

contrary [kântrƏri] *adj.* contraire, opposé; défavorable; hostile; *s.* contraire, m.; *on the contrary*, au contraire.

contrary [kƏntrèri] *adj.* contrariant; obstiné, têtu.

contrast [kântrast] *s.* contraste, m.; [kƏntrast] *v.* contraster.

contravene [kântrƏvīn] *v.* contrarier, aller à l'encontre de; contredire; contrevenir à.

contribute [kƏntrıbyout] *v.* contribuer. ‖ **contribution** [kântrƏbyoushƏn] *s.* apport, m.; contribution; souscription; cotisation, f. ‖ **contributor** [kƏntrıbyƏtƏr] *s.* souscripteur, collaborateur, m.

contrite [kântra¹t] *adj.* contrit; de contrition. ‖ **contrition** [kƏntrishƏn] *s.* contrition, f.

contrivance [kƏntra¹vƏns] *s.* procédé, plans, m.; invention, f.; appareil, expédient, m. ‖ **contrive** [kƏntra¹v] *v.* inventer; agencer; réussir. ‖ **contriver** [-Ər] *s.* inventeur; auteur de complot, m.

control [kƏntrooul] *s.* contrôle, m.; autorité, influence, f.; levier de commande, frein régulateur (mech.), m.; *control lever*, levier de commande; *v.* contrôler; diriger; refréner, régler; *to control oneself*, se maîtriser. ‖ **controller** [-Ər] *s.* contrôleur, appareil de contrôle, m.

controversy [kântrƏvërsi] *s.* controverse, polémique, f. ‖ **controvert** [-vërt] *v.* controverser, débattre; contester.

contumacious [kântyoumé¹shƏs] *adj.* contumace; rebelle.

contumelious [kantyoumıliƏs] *adj.* injurieux; méprisant. ‖ **contumely** [kântyoumıli] *s.* injure, f.; outrage, m.; mépris, dédain, m.

conundrum [kƏnœdrƏm] *s.* énigme, devinette, « colle », f.

convalesce [kânvƏlès] *v.* se rétablir [health]. ‖ **convalescence** [kânvƏlèsns] *s.* convalescence, f. ‖ **convalescent** [-n't] *s.* convalescent, m.

convene [kƏnvīn] *v.* assembler, convoquer; citer (jur.); se réunir.

convenience [kƏnvīnyƏns] *s.* commodité, convenance, f. ‖ **convenient** [kƏnvīnyƏnt] *adj.* commode; convenable; loisible, possible; acceptable; pratique.

convent [kânvènt] *s.* couvent, m.

convention [kƏnvènshƏn] *s.* convention; bienséance; convenances, f. pl.; usages, m. pl.; assemblée, f.; accord, contrat, m. ‖ **conventional** [-'l] *adj.* conventionnel; classique.

converge [kƏnvërdj] *v.* converger.

conversant [kânvërs'nt] *adj.* versé (*with*, dans); familier avec. ‖ **conversation** [kânvërsé¹shƏn] *s.* conversation, f. ‖ **converse** [kƏnvërs] *v.* converser, causer; fréquenter; *adj.* inverse, réciproque; [kânvërs] *s.* contrepartie; réciproque; conversation, f.; rapports, m. pl.

conversion [kƏnvërshƏn] *s.* conversion, f.; détournement [law], m. ‖ **convert** [kânvërt] *s.* converti, m.; [kƏnvërt] *v.* convertir; transformer; changer [*into*, en]. ‖ **converter** [kânvërtƏr] *s.* convertisseur; adaptateur; transformateur, m. ‖ **convertible** [kƏnvërtıb'l] *adj.* convertible; convertissable; décapotable [autom.].

convex [kânvèks] *adj.* convexe, bombé [road].

convey [kƏnvé¹] *v.* transporter; communiquer; exprimer [thanks]; céder [property]; donner [idea]. ‖ **conveyance** [-ns] *s.* transport; transfert; acte de vente, m.; transmission, f.; *public conveyance*, véhicule de transport en commun.

convict [kânvikt] *s.* condamné, forçat, m.; [kƏnvikt] *v.* convaincre de culpabilité; condamner. ‖ **conviction** [kƏnvikshƏn] *s.* conviction; preuve de culpabilité; condamnation, f. ‖ **convince** [kƏnvins] *v.* convaincre. ‖ **convincing** [-ing] *adj.* convaincant.

convocation [kânvƏké¹shƏn] *s.* convocation; assemblée, f. ‖ **convoke** [kƏnvoouk] *v.* convoquer.

convoy [kânvo¹] *s.* convoi, m.; escorte, f.; escorteur, m. (naut.); [kƏnvo¹] *v.* convoyer; escorter, protéger.

convulse [kƏnvœls] *v.* convulser. ‖ **convulsion** [-shƏn] *s.* convulsion, f.

cony [koouni] *s.* lapin [animal, fur], m.; *cony-wool*, poil de lapin.

coo [kou] *s.* roucoulement, m.; *v.* roucouler.

cook [kouk] *s.* cuisinier, m.; cuisinière, f.; coq [naut.], m.; *v.* cuisiner; cuire; préparer; *cook book*, livre de cuisine. ‖ **cooker** [-Ər] *s.* cuisinière, f.; cuiseur, m.; *pressure cooker*, autocuiseur (Cocotte Minute). ‖ **cookery** [-ri] *s.* cuisine, f.; art culinaire, m. ‖

cookie, cooky [-i] s.* petit gâteau; biscuit, m. || **cooking** [-ing] s. cuisson; cuisine, f.; **cooking utensils,** ustensiles de cuisine, m. pl.

cool [koul] adj. frais, fraîche; calme, froid; indifférent; impudent; évalué sans exagération; s. fraîcheur, f.; frais, m.; v. rafraîchir; calmer; (se) refroidir. || **cooler** [-ᵉʳ] s. réfrigérateur; garde-frais; cocktail frais, m.; Am. taule (slang), f. || **coolness** [-nis] s. fraîcheur; froideur, f.

coon [koun] s. Am. raton [animal]; nègre (slang), m.

coop [koup] s. cage [hens]; mue, f.; poulailler, m.; v. enfermer; to coop up, claquemurer. || **cooper** [-ᵉʳ] s. tonnelier, m.

cooperate [koᵒᵘâpᵉré¹t] v. coopérer. || **cooperation** [koᵒᵘâpᵉré¹shᵉn] s. coopération, f. || **cooperative** [koᵒᵘâpᵉré¹tiv] adj. coopératif; s. coopérative, f.

coordinate [koᵒᵘaurdᵢné¹t] v. coordonner; [koᵒᵘaurd'nit] adj. coordonné. || **coordination** [koᵒᵘaurd'né¹shᵉn] s. coordination, f.

coot [kout] s. foulque, f.

cop [kâp] s. Am. flic, m.; v. (fam.) pincer, choper; to cop it, écoper.

cope [koᵒᵘp] v. se mesurer; tenir tête (with, à).

copious [koᵒᵘpiᵉs] adj. copieux.

copper [kâpᵉʳ] s. cuivre; sou [coin]; Am. policier, m.; adj. cuivré; en cuivre; v. cuivrer; **coppersmith,** chaudronnier.

coppice [kâpis], **copse** [kâps] s. taillis, m.

copy [kâpi] s.* copie, f.; double; exemplaire [book]; numéro [newspaper], m.; v. copier, imiter. || **copyright** [-ra¹t] s. propriété littéraire, f.; droits d'auteur, m.; v. prendre le copyright.

coquette [koᵒᵘkèt] s. coquette, f.

coral [kaurᵉl] adj., s. corail.

cord [kaurd] s. corde, f.; cordon; cordage, m.; pl. pantalon de velours à côtes; spinal cord, moelle épinière.

cordial [kaurdjᵉl] adj., s. cordial. || **cordiality** [kârdialiti] s. cordialité, f.

cordon [kaurd'n] s. cordon, m.

corduroy [kaurdᵉro¹] s. velours côtelé, m.; pl. pantalon de velours; adj. en velours côtelé; Am. en rondins, fasciné [road]; v. Am. bâtir en rondins.

core [koᵒᵘr] s. centre, noyau; trognon [apple], m.; v. dénoyauter.

coreligionist [koᵒᵘrilidjᵉnist] s. coreligionnaire, m. f.

cork [kaurk] s. liège; bouchon, m.; v. boucher; to be corked, être éreinté; **cork-tree,** chêne-liège; **corkscrew,** tire-bouchon.

corn [kaurn] s. grain; blé; Am. maïs, Fr. Can. blé d'Inde, m.; **cornhusking bee,** Fr. Can. épluchette de blé d'Inde, f.; v. saler [corned-beef]; **cornflower;** bleuet.

corn [kaurn] s. cor [foot], m.

cornea [kâniᵉ] s. cornée, f.

corned [kârnd] adj. en conserve.

cornel [kâr'n'l] s. cornouiller, m.

corner [kaurnᵉʳ] s. angle, coin, m.; encoignure, f.; v. rencogner; acculer; coincer; accaparer.

cornet [kaurnèt] s. cornet à pistons, m.; cornette, f.

cornfield [kaurnfîld] s. Am. champ de maïs; Br. champ de blé, d'avoine, de seigle, d'orge, m.

cornice [kaurnis] s. corniche, f.

corollary [kᵉrâlᵉri] s.* corollaire, m.

coronation [kaurné¹shᵉn] s. couronnement, m.

coroner [kaurᵉnᵉʳ] s. coroner; officier de police judiciaire, m.

coronet [kaurᵉnit] s. couronne, f.; diadème, m.

corporal [kaurpᵉrᵉl] adj. corporel, matériel; s. corporal, m.

corporal [kaurpᵉrᵉl] s. caporal, m.

corporation [kaurpᵉré¹shᵉn] s. municipalité; corporation, société, f.; Am. organisme, m.; rotondité, bedaine, f. (fam.).

corps [koᵒᵘr] (pl. [-z]) s. corps (mil.), m.; forces (mil.), f. pl.

corpse [kaurps] s. cadavre, m.

corpulence [kaurpyᵉlᵉns] s. corpulence, f.

corpuscle [kaurpᵉs'l] s. corpuscule; globule [blood], m.

corral [kᵉrál] s. Am. enclos, m.; v. enfermer dans un enclos; capturer.

correct [kᵉrèkt] v. corriger; redresser; adj. exact, juste; conforme. || **correction** [kᵉrèkshᵉn] s. correction, f. || **correctly** [-li] adv. correctement, exactement. || **correctness** [kᵉrèktnis] s. exactitude; correction; justesse, f. || **corrector** [kᵉrèktᵉʳ] s. correcteur, m.; correctrice, f.; correctif, m.

correlate [kaurᵉlé¹t] v. mettre en relation; relier. || **correlation** [kârilé¹shᵉn] s. corrélation, f. || **correlative** [kᵉrèl¹tiv] adj., s. corrélatif.

correspond [kᵉrᵉspând] v. correspondre; être assorti; écrire. || **correspondence** [-ᵉns] s. correspondance; harmonie; relations; lettres, f.; accord, m. || **correspondent** [-ᵉnt] adj., s.

correspondant; **special correspondent**, envoyé spécial [newspaper]. ‖ **corresponding** [-ing] *adj.* correspondant.

corridor [kaur⁰d⁰r] *s.* couloir, m.

corroborate [k⁰ráb⁰ré¹t] *v.* corroborer, confirmer.

corrode [k⁰ro⁰ud] *v.* corroder. ‖ **corrosive** [k⁰ro⁰usiv] *adj.* corrosif.

corrugated [kârougé¹tid] *adj.* gaufré (paper); **corrugated iron**, tôle ondulée.

corrupt [k⁰ræpt] *v.* corrompre; pervertir, suborner; *adj.* dépravé, pervers; corrompu. ‖ **corruption** [k⁰ræpsh⁰n] *s.* corruption; dépravation; concussion, f.

corsage [kaursâj] *s.* bouquet (or) garniture de costume; corsage, m.

corsair [kausè⁰r] *s.* corsaire, m.

corset [kaursit] *s.* corset, m.; **corset bone**, baleine de corset.

cortege [kaurté¹j] *s.* cortège, m.

corvette [kaurvèt] *s.* corvette, f.

cosmetic [kâzmètik] *s.* cosmétique, m.; *pl.* produits (m. pl.) de beauté.

cosmic [kâzmik] *adj.* cosmique.

cosmopolitan [kâzm⁰pál⁰t'n] *adj.* cosmopolite.

cosmos [kâzmâz] *s.* cosmos, m.

cost [kaust] *s.* coût, prix; frais, m.; dépens (jur.), m. pl.; *v.*⁰ coûter; **cost price**, prix coûtant; *at any cost*, coûte que coûte; *to bear the cost of*, faire les frais de; *pret., p. p. of* **cost**.

costermonger [kast⁰rmœngg⁰r] *s.* marchand (m.) des quatre-saisons.

costly [kaustli] *adj.* coûteux.

costume [kâstyoum] *s.* costume, m.; [kastyoum] *v.* costumer. ‖ **costumer** [-⁰r] *s.* Am. costumier, m.

cosy [ko⁰uzi] *adj.* confortable; à l'aise; *s.*⁰ causeuse, f.; couvre-théière, f.

cot [kât] *s.* lit d'enfant, lit pliant, lit de camp, m.; couchette, f.

cottage [kâtidj] *s.* maisonnette, f.

cotton [kât'n] *s.* coton, m.; cotonnade, f.; *adj.* en coton; **cotton batting**, rouleau de coton cardé; **cotton mill**, filature de coton; **cotton wool**, ouate; **absorbent cotton**, coton hydrophile; **sewing cotton**, fil à coudre.

couch [ka⁰utsh] *s.*⁰ canapé, divan, m.; couche (techn.), f.; *v.* coucher; étendre une couche; rédiger; se coucher, se tapir.

cough [kauf] *s.* toux, f.; *v.* tousser; **whooping cough**, coqueluche; *to cough up*, expectorer.

could [koud] *pret. of* **to can**.

council [ka⁰uns'l] *s.* assemblée en conseil, f.; concile, m.; **City Council**, conseil municipal; **councilman**, conseiller municipal.

counsel [ka⁰uns'l] *s.* conseil, avis; projet; avocat conseil, m.; délibération, f.; *v.* conseiller; **private counsel**, fondé de pouvoir. ‖ **counselor** [-⁰r] *s.* conseiller; avocat, m.

count [ka⁰unt] *s.* compte; calcul; chef d'accusation (jur.); dépouillement du scrutin, m.; *v.* compter.

count [ka⁰unt] *s.* comte, m.

countenance [ka⁰unt⁰n⁰ns] *s.* physionomie, f.; aspect, air; encouragement, m.; *v.* favoriser, appuyer; encourager.

counter [ka⁰unt⁰r] *s.* comptoir; compteur, m.

counter [ka⁰unt⁰r] *adj.* opposé, contraire, adverse; *adv.* à l'encontre; *s.* contraire; contre [fencing], m.; *v.* riposter; s'opposer. ‖ **counteract** [ka⁰unt⁰rakt] *v.* contrecarrer, neutraliser. ‖ **counterbalance** [-bal⁰ns] *v.* contrebalancer. ‖ **counter-clockwise** [-klákwa¹z] *adv.* au sens inverse des aiguilles d'une montre. ‖ **counterfeit** [ka⁰unt⁰rfit] *s.* contrefaçon, f.; *v.* contrefaire, feindre; *adj.* faux, contrefait. ‖ **countermand** [-mand] *s.* contrordre, m.; [-mand] *v.* décommander, donner contrordre. ‖ **counterpane** [-pé¹n] *s.* couverture, f.; couvre-pieds, m. ‖ **counterpart** [-pârt] *s.* contrepartie; copie, f.; pendant, m. ‖ **counterpoise** [-po¹s] *s.* contrepoids, m.; *v.* contrebalancer.

countess [ka⁰untis] *s.*⁰ comtesse, f.

countinghouse [ka⁰untinghao⁰us] *s.* bureaux; comptoir-caisse, m.

countless [ka⁰untlis] *adj.* innombrable.

country [kœntri] *s.*⁰ pays, territoire, m.; région, contrée; patrie; campagne, province, f.; **country seat**, propriété à la campagne. ‖ **countryman** [-m⁰n] (*pl.* **countrymen**) *s.* paysan; compatriote, m.

county [ka⁰unti] *s.*⁰ comté, m.; division d'un territoire, f.

coup [kou] *s.* coup; coup de main, m.

coupé [koupé¹] *s.* coupé, m.

couple [kœp'l] *s.* couple, m.; paire, f.; *v.* coupler, accoupler; associer. ‖ **coupling** [-ing] *s.* accouplement, m.; attache [railway]; union, f.

coupon [koupân] *s.* coupon [stocks, ticket], m.

courage [kë⁰ridj] *s.* courage, m. ‖ **courageous** [k⁰ré¹dj⁰s] *adj.* courageux, brave.

courier [kouri⁰r] *s.* courrier, m.

course [ko⁰urs] *s.* course; direction, f.; cours, courant; service [meal], m.;

succession, f.; cours des études, m.; v. poursuivre; courir; *race course,* champ de courses; *of course,* naturellement.

court [koᵘrt] *s.* cour [house; king; homage; justice; tribunal], f.; court [tennis], m.; v. courtiser; solliciter; *court day,* jour d'audience; *court house,* palais de justice. ‖ *courteous* [kёrtiᵉs] *adj.* courtois. ‖ *courtesy* [kёrtᵉsi] *s.*ᵃ courtoisie; politesse; attention aimable, f. ‖ *courtier* [koᵘrtiᵉr] *s.* courtisan. ‖ *courtship* [koᵘrtship] *s.* cour, galanterie, assiduités, f. ‖ *courtyard* [koᵘrtyârd] *s.* cour de maison, f.

cousin [kœz'n] *s.* cousin, m.; cousine, f.; *first cousin,* cousin germain.

cove [koᵘv] *s.* anse, criqué, f.

covenant [kœvᵉnᵉnt] *s.* contrat, accord, engagement, m.; convention, alliance, f.; v. s'engager; stipuler par contrat.

cover [kœvᵉr] *s.* couvercle, m.; couverture, housse; protection, f.; abri; déguisement; tapis de table, m.; enveloppe [letter], f.; v. couvrir; recouvrir; protéger; inclure; dissimuler; embrasser; s'étendre sur; féconder; couvrir [stocks]; *Am.* assurer un reportage; *cover-girl,* modèle (phot.). ‖ *covering* [-ing] *s.* couverture; enveloppe, f.; abri; revêtement, m. ‖ *covert* [kâvᵉrt] *adj.* voilé, secret, indirect.

covet [kœvit] *v.* convoiter. ‖ *covetous* [-ᵉs] *adj.* avide, cupide. ‖ *covetousness* [-nis] *s.* convoitise; cupidité; avidité, f.

cow [kaᵒu] *s.* vache; femelle des ruminants, f.

cow [kaᵒu] *v.* intimider; atterrer.

coward [kaᵒuᵉrd] *adj., s.* couard, poltron. ‖ *cowardice* [-is] *s.* poltronnerie, f. ‖ *cowardly* [-li] *adj.* poltron; *adv.* lâchement.

cowboy [kaᵒubᵒiᵘ] *s.* cow-boy, m.

cower [kaᵒuᵉr] *v.* ramper de peur ou de honte; s'accroupir; plier l'échine (*before*, devant).

cowl [kaᵒul] *s.* capuchon, m.; capuce, m.; capot, m. (autom.).

cowlick [kaᵒulik] *s.* épi [hair], m.

cowslip [kaᵒuslip] *s.* coucou, m. (bot.).

coy [kᵒi] *adj.* réservé, modeste; timide; coquette et mijaurée.

cozen [kœz'n] *v.* tromper, duper.

crab [crab] *s.* crabe, m.; *crab apple,* pomme sauvage. ‖ *crabbed* [-id] *adj.* aigre, acariâtre; obscur, indéchiffrable.

crack [krak] *s.* craquement; coup de feu, m.; fissure, lézarde; crevasse; *Am.* pointe, méchanceté; toquade, f.;

mensonge, m.; *adj.* excellent; *v.* craquer; muer [voice]; se fendre; fissurer; gercer; casser [nuts]; faire claquer [whip]. ‖ *cracker* [-ᵉr] *s.* pétard; craquelin [cake], m. ‖ *crackle* [-'l] *v.* crépiter, pétiller; se craqueler; *s.* crépitement, pétillement, m.; craquelure, f. ‖ *crackling* [-ling] *s.* friton, gratton, m.; grésillement, m.

cradle [kré¹d'l] *s.* berceau; cadre, ber (naut.); cerceau, m.; gouttière, f. (med.); *v.* bercer; endormir; coucher dans un berceau.

craft [krâft] *s.* habileté, adresse; ruse, f.; art, métier; appareil, m. (aviat.); unité (naut.), f. ‖ *craftsman* [-smᵉn] *s.* artisan, m. ‖ *crafty* [-i] *adj.* rusé, astucieux.

crag [krag] *s.* rocher escarpé, m.; varappe, f. ‖ *craggy* [-i] *adj.* à pic; rocailleux.

cram [kràm] *v.* s'empiffrer; entasser; bourrer; chauffer [study]; bachoter; se bourrer; *s.* cohue, presse, f.; bourrage, m.; blague, f.

cramp [kràmp] *s.* crampe; colique, f.; crampon; étau, m.; crispation, f.; *v.* cramponner; restreindre; gêner; donner des crampes à.

cranberry [krànbèri] *s.*ᵃ airelle, f.

crane [kré¹n] *s.* grue [bird, machine]; *v.* tendre le cou.

crank [krànk] *s.* manivelle; lubie, manie, f.; maniaque (fam.), m.; *v.* faire partir à la manivelle; tourner la manivelle. ‖ *cranky* [-i] *adj.* détraqué; excentrique; revêche.

cranny [kràni] *s.*ᵃ fente, lézarde, f.

crape [kré¹p] *s.* crêpe [mourning], m.; *v.* crêper [hair].

crash [krash] *s.*ᵃ fracas, m.; collision; catastrophe, f.; atterrissage brutal; écrasement; krach (fin.), m.; grosse toile de fil, f.; *v.* fracasser; faire du fracas; s'écraser; « casser du bois » (aviat.).

crate [kré¹t] *s.* cadre [frame]; cageot, m.

crater [kré¹tᵉr] *s.* cratère; entonnoir, m.

cravat [krᵉvat] *s.* foulard, m.

crave [kré¹v] *v.* implorer; convoiter; être avide de. ‖ *craving* [-ing] *s.* désir (ou) besoin intense, m.; passion, f.; *adj.* intense; dévorant; passionné.

craw [krau] *s.* langouste, f.

crawl [kraul] *s.* marche lente, f.; crawl [swimming], m.; *v.* ramper; s'insinuer; *to crawl with,* grouiller de.

crayfish [kré¹fish] *s.*ᵃ écrevisse; langouste, f.; *v.* marcher à reculons; se dérober.

crayon [kré¹ᵉn] *s.* fusain ; pastel, m. ; *v.* faire du pastel ; esquisser ; ébaucher [plan].

craze [kré¹z] *v.* rendre fou ; *s.* folie ; insanité ; toquade, f. ‖ **crazy** [-i] *adj.* fou, toqué ; *to be crazy about,* raffoler de.

creak [krik] *v.* grincer [door] ; craquer [shoes] ; chanter [insects] ; *s.* grincement, crissement, m.

cream [krim] *s.* crème [milk, cosmetic, cookery] ; élite, f. ; jaune crème, m. ; *v.* écrémer ; battre en crème ; **creamy,** crémeux. ‖ **creamery** [-ᵉri] *s.* ᵉ crémerie, f.

crease [kris] *s.* pli, faux pli, m. ; *v.* plisser ; faire des faux plis ; chiffonner, froisser ; **creaseless,** infroissable ; **creasy,** chiffonné, froissé.

create [krié¹t] *v.* créer. ‖ **creation** [krié¹shᵉn] *s.* création, f. ‖ **creative** [krié¹tiv] *adj.* créateur, créatrice. ‖ **creator** [krié¹tᵉr] *s.* créateur, m. ‖ **creature** [krītshᵉr] *s.* créature, f.

credence [krīd'ns] *s.* créance, foi, f. ; crédit, m. ‖ **credentials** [kridênshᵉlz] *s. pl.* lettres de créance, f. ; certificat, m. ; copie conforme, f. ; *pl.* pièces d'identité, f. ‖ **credible** [krêdᵉb'l] *adj.* digne de foi ; croyable, admissible.

credit [krêdit] *s.* estime ; influence, f. ; crédit ; honneur, mérite ; actif (comm.), m. ; *v.* croire, attribuer à ; créditer ; fournir à crédit. ‖ **creditable** [-ᵉb'l] *adj.* honorable, estimable ; louable. ‖ **creditor** [-ᵉr] *s.* créancier ; crédit, m.

credulity [kridyouliti] *s.* crédulité, f. ‖ **credulous** [krêdyᵉlᵉs] *adj.* crédule.

creed [krid] *s.* credo, m. ; croyance ; profession de foi, f.

creek [krik] *s.* crique, f. ; ruisseau, m.

creep [krip] *v.*ᵉ ramper ; se glisser ; s'insinuer ; se hérisser ; *s. pl.* appréhension, horreur, f. ; chair de poule, f. ‖ **creeper** [-ᵉr] *s.* plante grimpante, f. ; grimpereau [bird], m. ‖ **crept** [krêpt] *pret., p. p. of* to creep.

crescent [krês'nt] *adj., s.* croissant.

cress [krês] *s.* cresson, m.

crest [krêst] *s.* crête, f. ; cimier ; écusson [heraldry], m. ; **crest-fallen,** abattu, penaud.

cretin [krétin] *s.* crétin, m.

crevice [krêvis] *s.* crevasse, f.

crew [krou] *s.* bande, troupe, f. ; équipage (naut.), m. ; équipe, f. ‖ **crewcut** [-kët] *s. Am.* coupe (f.) de cheveux en brosse.

crib [krib] *s.* crèche, mangeoire, f. ; petit lit ; coffre [grain], m. ; traduction juxtalinéaire, f. ; *v.* enfermer, encager ; piller, copier, chiper.

cricket [krîkit] *s.* grillon, m.

cricket [krîkit] *s.* cricket [game], m.

crime [kra¹m] *s.* crime, m. ‖ **criminal** [krimᵉn'l] *adj., s.* criminel.

crimp [krimp] *v.* gaufrer ; onduler [hair] ; crêper ; tuyauter.

crimson [krîmz'n] *adj., s.* cramoisi ; pourpre, m.

cringe [krindj] *v.* s'accroupir ; s'aplatir ; *s.* courbette, f.

cripple [krip'l] *s.* estropié, boiteux, m. ; *v.* estropier ; paralyser (fig.).

crisis [kra¹sis] (*pl.* **crises** [kra¹zìz]) *s.* crise, f. ; point crucial, m.

crisp [krisp] *adj.* crépu, frisé ; croustillant, friable [cake] ; vif [fire, repartee] ; frais [lettuce] ; frisquet [wind] ; *v.* crêper, friser.

criterion [kra¹tìriᵉn] *s.* critérium ; critère, m.

critic [kritik] *s.* critique, m. ‖ **critical** [-'l] *adj.* critique. ‖ **criticism** [krît²sizᵉm] *s.* critique, f. ‖ **criticize** [krît²sa¹z] *v.* critiquer. ‖ **critique** [krîtìk] *s.* critique, f.

croak [krooᵘk] *v.* croasser ; coasser ; grogner ; *Am.* claquer, crever ; descendre, démolir ; *s.* coassement ; croassement, m.

crochet [krooᵘshé¹] *s.* crochet [knitting], m. ; *v.* faire du crochet ; **crochet hook,** crochet [needle].

crock [krǎk] *s.* pot, m. ; cruche, f. ‖ **crockery** [-ᵉri] *s.* poterie, faïence, f.

crocodile [krǎkᵉda¹l] *s.* crocodile, m.

crony [krooᵘni] *s.*ᵉ commère, f. ; compère ; copain, m.

crook [krouk] *s.* manche recourbé, m. ; houlette, crosse, f. ; escroc (fam.), m. ; *v.* courber ; se courber ; s'incurver. ‖ **crooked** [-îd] *adj.* tordu ; crochu, *Fr. Can.* croche ; tortueux ; frauduleux ; voûté, courbé. ‖ **crookedness** [-idnis] *s.* courbure ; voussure ; tortuosité, perversité, f.

croon [kroun] *v.* chantonner ; fredonner ; *s.* fredon, m. ; complainte, f. ‖ **crooner** [-ᵉr] *s.* chanteur de charme, m.

crop [krǎp] *s.* jabot [bird] ; manche de fouet, m. ; récolte, f. ; coupe, f. [of hair] ; *v.* épointer ; bretauder ; récolter ; produire. ‖ **cropper** [-ᵉr] *s.* tondeuse, f. ; agriculteur, m. ; chute, f.

crosier [kroᵘjᵉr] *s.* crosse (eccles.), f.

cross [kraᵘs] *s.*ᵉ croix, f. ; crucifix ; croisement, m. ; *adj.* transversal ; contraire, opposé ; maussade, désagréable ; métis ; *v.* croiser ; traverser ; rencontrer ; contrarier ; barrer [check] ; franchir [door] ; métisser ; **crossword puzzle,** mots croisés. ‖ **crossing** [-ing] *s.* croisement ; passage ; barrement [check]; signe de croix, m.; contrariété; traversée [sea], f.; *river-crossing*, gué; *railroad crossing*, passage à niveau.

crotchety [krǎtshiti] *adj.* fantasque, excentrique; quinteux, acariâtre.

crouch [kra⁰utsh] *v.* se tapir, s'accroupir; s'aplatir (fig.).

croup [kroup] *s.* croupe [horse], f.

croup [kroup] *s.* croup, m.

crouton [kroutǎn] *s.* croûton, m.

crow [kro⁰u] *s.* corneille, f.; *crow's feet*, pattes d'oie, rides.

crow [kro⁰u] *v.* chanter comme le coq; se vanter, triompher.

crowbar [kro⁰ubâr] *s.* pince [lever], f.

crowd [kra⁰ud] *s.* foule, multitude, troupe, bande, f.; rassemblement, m.; *v.* pousser, serrer; entasser; affluer; se presser; bonder, encombrer.

crown [kra⁰un] *s.* couronne; pièce de monnaie, f.; fond [hat]; sommet, m.; *v.* couronner; achever; honorer; récompenser.

crozier, *see* **crosier.**

crucial [kroushᵉl] *adj.* décisif; éprouvant; critique.

crucible [krousᵉb'l] *s.* creuset, m.

crucifix [krousᵉfiks] *s.* crucifix, m. ‖ **crucifixion** [krousᵉfikshᵉn] *s.* crucifixion, f. ‖ **crucify** [krousᵉfa¹] *v.* crucifier.

crude [kroud] *adj.* cru; brut; grossier; fruste.

cruel [krouᵉl] *adj.* cruel. ‖ **cruelty** [-ti] *s.* cruauté, f.

cruet [krouit] *s.* burette, f.; *vinegar cruet*, vinaigrier; *oil cruet*, huilier.

cruise [krouz] *s.* croisière, f.; *v.* croiser; marauder [taxi]. ‖ **cruiser** [-ᵉr] *s.* croiseur (naut.); car de police, m.

cruller [krælᵉr] *s.* beignet, m.

crumb [kræm] *s.* miette; mie, f.; *v.* émietter; *crumb-scoop*, ramasse-miettes.

crumble [kræmb'l] *v.* pulvériser; (s')émietter.

crumple [kræmp'l] *v.* froisser, chiffonner; se friper; *Am.* flancher.

crunch [krœntsh] *v.* croquer; broyer; *s.* bruit de broiement, m.

crupper [kræpᵉr] *s.* croupière, f.

crusade [krousé¹d] *s.* croisade, f.; *v.* entreprendre une croisade; *crusader*, croisé.

crush [krœsh] *s.* écrasement, m.; cohue, f.; béguin, m.; *v.* écraser; opprimer, dominer; *to crush out*, exprimer, extraire [juice]; réprimer [revolt]; *to crush in*, s'écraser pour entrer; *to crush up*, se serrer.

crust [krœst] *s.* croûte, f.; *v.* faire croûte; couvrir d'une croûte; *crusty*, croûteux; revêche.

crustacean [krœsté¹shᵉn] *s.* crustacé, m.

crutch [krœtsh] *s.* béquille, f.

crux [krœks] *s.* difficulté, f.; point crucial, m.

cry [kra¹] *s.* cri; appel, m.; proclamation; crise de larmes, f.; *v.* crier; pleurer; réclamer; proclamer; *to cry out against*, se récrier contre; *to cry down*, décrier; *to cry up*, vanter; *Am. cry-baby*, pleurnicheur.

crystal [krist'l] *s.* cristal, m. ‖ **crystalline** [-in] *adj.* cristallin. ‖ **crystallize** [-a¹z] *v.* cristalliser.

cub [kœb] *s.* petit d'animal; lionceau, louveteau, renardeau, ourson; gosse; débutant, m.

cube [kyoub] *s.* cube, m.; *v.* cuber; *cubic*, cubique; *cubism*, cubisme; *cubist*, cubiste.

cuckoo [kou̇kou] *s.* coucou [bird], m.; *cuckoo clock*, coucou.

cucumber [kyou̇kœmbᵉr] *s.* concombre, m.; *Am. cucumber tree*, magnolia.

cud [kœd] *s.* aliment ruminé, m.; chique, f.

cuddle [kœd'l] *s.* enlacement, m.; *v.* embrasser; s'étreindre; câliner; *to cuddle up*, se pelotonner.

cudgel [kœdjᵉl] *s.* trique, f.; gourdin, m.; *v.* bâtonner, rosser.

cue [kyou] *s.* réplique (theat.); queue [billiards], f.; indication, directive, consigne, f.; mot d'ordre, m.

cuff [kœf] *s.* manchette [sleeve], f.; parement; revers [trousers], m.

cuff [kœf] *s.* soufflet, coup de poing, m.; *v.* gifler; cogner.

cuirass [kwiras] *s.* cuirasse, f.

culinary [kyou̇lᵉnèri] *adj.* culinaire.

cull [kœl] *v.* cueillir; choisir.

culminate [kœlmᵉné¹t] *v.* culminer.

culprit [kœlprit] *s.* inculpé; coupable, m.

cult [kœlt] *s.* culte, m.; secte, f.

cultivate [kœltᵉvé¹t] *v.* cultiver; civiliser; chérir. ‖ **cultivation** [kœltᵉvé¹shᵉn] *s.* culture, f. ‖ **cultivator** [kœltᵉvé¹tᵉr] *s.* cultivateur, m. ‖ **cultural** [kœltshᵉrᵉl] *adj.* cultural; culturel. ‖ **culture** [kœltshᵉr] *s.* culture, f.

culver [kœlvᵉr] *s.* ramier, m.

cumbersome [kœmbᵉrsᵉm] *adj.* encombrant; pesant.

cumulative [kyou̇myᵉlé¹tiv] *adj.* cumulatif; plural; composé.

cunning [kœning] *adj.* rusé, astucieux; ingénieux; *Am.* attrayant, gentil; *s.* ruse, astuce, adresse, f.; talent, m.

cup [kœp] *s.* coupe; tasse, f.; bol; calice, m.; *v.* mettre des ventouses; *egg-cup*, coquetier; *tin cup*, quart (mil.); *wet cup*, ventouse scarifiée. ‖ *cup-board* [kœbᵉᵈ] *s.* buffet; placard, m. ‖ *cupcake* [-kéˈk] *s.* petit four, m.

cur [kë´r] *s.* corniaud; cabot [dog]; être méprisable; chien, m. (fam.).

curate [kyourit] *s.* vicaire, m.

curb [kë´rb] *s.* gourmette [horse], f.; frein, m.; margelle du puits, f.; bord du trottoir; marché libre (fin.), m.; *v.* refréner, brider.

curd [kë´rd] *v.* (se) cailler; *s.* caillé, m. ‖ *curdle* [-'l] *v.* cailler; se figer, se glacer (fig.).

cure [kyour] *s.* soin spirituel, m.; charge d'âme; cure (med.); guérison, f.; remède, m.; *v.* guérir; remédier; saler [meat]; faire sécher [hay, tobacco]; *cure-all*, panacée; *cureless*, incurable.

curfew [kë´rfyou] *s.* couvre-feu, m.

curio [kyouriᵒᵘ] *s.* curiosité; rareté, f. ‖ *curiosity* [kyouriᴬsᵉti] *s.* curiosité, f.; *curiosity shop*, magasin d'antiquités. ‖ *curious* [kyouriᵉs] *adj.* curieux; inhabituel; étrange.

curl [kë´rl] *s.* boucle; spirale, f.; *v.* boucler, friser; s'enrouler; s'élever en volutes; *curly*, bouclé, frisé; *curled cabbage*, chou frisé.

currant [kë´rᵉnt] *s.* raisin de Corinthe, m.; groseille, f.; *black currant*, cassis [fruit]; *currant bush*, groseillier; *currant wine*, cassis [liquor].

currency [kë´rᵉnsi] *s.* circulation [money]; devise; monnaie en circulation, f.; cours, m. (fig.); *paper-currency*, papier-monnaie. ‖ *current* [kë´rᵉnt] *adj.* courant [change]; habituel; *s.* courant, m.; *current price*, prix courant; *current-breaker*, interrupteur (electr.).

curse [kë´rs] *s.* malédiction; calamité, f.; *v.* maudire; jurer; *cursed*, maudit.

cursory [kœ´rsᵉri] *adj.* superficiel, en diagonale [reading].

curt [kë´rt] *adj.* bref, cassant; concis.

curtail [kë´rtéˈl] *v.* rogner, raccourcir; réduire. ‖ *curtailment* [-mᵉnt] *s.* diminution, f.

curtain [kë´rt'n] *s.* rideau, m.; *v.* poser des rideaux; voiler.

curtsy [kœ´rtsi] *s.* révérence, f.

curvature [kë´rvᵗshᵉr] *s.* courbure, f. ‖ *curve* [kë´rv] *s.* courbe, f.; virage, m.; *v.* (se) courber.

cushion [kou´shᵉn] *s.* coussin; coussinet (mech.); amortisseur, m.; bande [billiard table], f.; *v.* garnir de coussins; amortir; *air cushion*, coussin pneumatique. ‖ *cushy* [-i] *adj.* ouaté, douillet; pépère (fam.).

custard [kœstë´rd] *s.* flan, m.; crème renversée, f.

custodian [kœstoᵒᵘdiᵉn] *s.* gardien, m.; conservateur, m. [museum]. ‖ *custody* [kœst°di] *s.*ᵃ garde, protection; détention, f.; *in custody*, en état d'arrestation.

custom [kœstᵉm] *s.* coutume; habitude; *Br.* clientèle, f.; achalandage, m.; *pl.* droits de douane; *adj.* fait sur mesure; *custom garments*, vêtements sur mesure. ‖ *customary* [-ᵉri] *adj.* coutumier, usuel. ‖ *customer* [-ᵉr] *s.* marchand; client, m. ‖ *customhouse* [-haᵒᵘs] *s.* administration, bureaux des douanes; *customhouse official*, douanier.

cut [kœt] *s.* coupure, entaille; blessure; tranchée; tranche; coupe [clothes]; réduction [price]; gravure, planche; parcelle de terre cultivée; coupe de bois, f.; *Am.* tunnel, m.; *v.* couper, tailler, *Fr. Can.* bûcher [trees]; séparer; diminuer [price]; traverser; couper, cingler; prendre un raccourci; creuser [canal, road]; tailler sur un patron [cloth]; manquer [class]; *short cut*, raccourci; *to cut out*, couper (electr.); exclure; *pret., p. p. of* **to cut**.

cute [kyout] *adj.* adroit; attirant.

cuticle [kyoutik'l] *s.* cuticule; envie, f.; épiderme, m.

cutlery [kœtlᵉri] *s.* coutellerie, f.

cutlet [kœtlit] *s.* côtelette, f.

cutter [kœtᵉr] *s.* coupeur [wood, cloth]; cotre, cutter (naut.); *Am.* navire garde-côte (naut.); coutre de moissonneuse ou de faucheuse; petit traîneau, m.

cuttlefish [kœt'lfish] *s.*ᵃ seiche, f.

cyclamen [siklᵉmᵉn] *s.* cyclamen, m.

cycle [saˈk'l] *s.* cycle, m.; bicyclette, f.; *v.* faire de la bicyclette; revenir par cycle. ‖ *cyclist* [-ist] *s.* cycliste, m. f.

cyclone [saˈkloᵒᵘn] *s.* cyclone, m.; *cyclone cellar*, *Am.* abri anti-cyclone.

cylinder [silindᵉr] *s.* cylindre; barillet [revolver]; corps de pompe (mech.), m.

cynic [sinik] *s.* cynique; misanthrope, m. ‖ *cynical* [-'l] *adj.* sceptique; désabusé; sarcastique.

cypress [saˈprᵉs] *s.*ᵃ cyprès, m.

cyst [sist] *s.* kyste, m. ‖ *cystitis* [sistaˈtis] *s.* cystite, f.

D

dab [dab] v. tapoter; s. tapotement, m.; tape; touche; tache; empreinte, f. ‖ **dabble** [-'l] v. barboter; *to dabble in*, s'occuper un peu de.

dad, daddy [dad, dadi] s. papa, m.; *daddy-long-legs*, faucheux.

daffodil [daf•dil] s. jonquille, f.; coucou, m.

daft [daft] adj. idiot; toqué.

dagger [dag•r] s. poignard, m.

dahlia [dály•] s. dahlia, m.

daily [dé¹li] adj. journalier; adv. journellement; s.• quotidien [newspaper], m.

dainty [dé¹nti] adj. gracieux; délicat; exquis; s.• friandise, f.

dairy [dèri] s.• laiterie, f.

daisy [dé¹zi] s.• pâquerette, f.

dale [dé¹l] s. vallon, m.

dally [dali] v. badiner; batifoler; flâner, se retarder.

dam [dàm] s. digue; écluse, f.; barrage, m.; v. endiguer.

damage [dàmidj] s. dommage; dégât; préjudice, m.; pl. dommages-intérêts; v. abîmer; nuire à; s'endommager; *to pay for damages*, dédommager.

dame [dé¹m] s. dame; douairière, f.

damn [dàm] v. damner; jurer. ‖ **damnation** [damné¹sh•n] s. damnation, f.; éreintement, m. ‖ **damned** [-d] adj. damné; sacré.

damp [dàmp] adj. humide; s. humidité, f.; v. humidifier; étouffer [fire]; décourager, abattre. ‖ **dampness** [-nis] s. humidité, f.

dance [dàns] s. danse, f.; bal, m.; v. gambader, danser. ‖ **dancer** [-•r] s. danseur, danseuse. ‖ **dancing** [-ing] s. danse, f.; *dancing-partner*, danseur.

dandelion [dànd'la¹•n] s. pissenlit, m.

dandruff [dàndr•f] s. pellicules, f. pl.

dandy [dàndi] s. dandy, m.; chose élégante, f.; adj. Am. élégant, excellent, chic.

danger [dé¹ndj•r] s. danger, risque, m. ‖ **dangerous** [-r•s] adj. dangereux.

dangle [dàng'l] v. pendre, pendiller.

dapple [dap'l] s. tacheture, f.; adj. tacheté, pommelé; v. tacheter, pommeler; se tacheter.

dare [dè•r] s. défi, m.; audace, f.; v.• oser; défier; affronter; *dare-devil*, casse-cou. ‖ **daring** [-ring] s. audace, f.; adj. audacieux.

dark [dârk] adj. obscur; sombre; noir; ténébreux; foncé; secret; s. obscurité; ignorance, f.; noir, secret, m.; *dark - complexioned*, basané, bronzé. ‖ **darken** [-•n] v. obscurcir; noircir. ‖ **darkness** [-nis] s. obscurité, ténèbres; noirceur, f.

darling [dârling] adj., s. chéri.

darn [dârn] s. reprise, f.; v. repriser; *interj.* maudit soit!; *darning needle*, aiguille à repriser.

darnel [dârn'l] s. ivraie, f.

dart [dârt] s. dard; trait; brusque mouvement, élan, m.; v. lancer; s'élancer.

dash [dash] s.• choc; élan; coup de main, m.; impétuosité; petite quantité, dose; course, f.; tiret, m.; v. heurter, cogner; lancer; éclabousser; ruiner; déprimer; griffonner; se précipiter. ‖ **dasher** [-•r] s. baratton, m.; épateur, m. (colloq.); *Am.* garde-boue, m. ‖ **dashing** [-ing] adj. fougueux; brillant; dynamique; tapageur.

data [dé¹t•] s. pl. données, f. pl.

date [dé¹t] s. datte [fruit], f.

date [dé¹t] s. date; échéance, f.; terme, m. *Am.* rendez-vous, m.; v. dater; être daté; *up to date*, à la page; *at short date*, à courte échéance; *to date from*, remonter à; *under the date of*, en date de.

daub [doub] v. barbouiller; souiller; plâtrer [trees]; s. enduit; barbouillage, m.; croûte, f. [painting].

daughter [daut•r] s. fille, f.; *daughter-in-law*, bru; *daughterly*, filial.

daunt [daunt] v. intimider, effrayer; *dauntless*, intrépide.

davenport [dav•npo°ʳrt] s. secrétaire; *Am.* canapé-lit, m.

dawdle [daud'l] v. flâner, musarder.

dawn [daun] s. aube, f.; commencement, m.; v. poindre; apparaître.

day [dé¹] s. jour, m.; journée; époque, f.; âge, m.; *a week from today* (Br. *this day week*), d'aujourd'hui en huit; *today*, aujourd'hui; *to the day*, au jour fixé; *by day*, de jour; *daybreak*, aurore, aube; *day laborer*, journalier [man]; *daylight*, lumière du jour; *day nursery*, garderie d'enfants; *day school*, externat; *daytime*, journée; *day work*, travail à la journée.

daze [dé¹z] v. hébéter; étourdir; éblouir; s. étourdissement, m.; confusion, f.; ahurissement, m. ‖ **dazzle** [daz'l] v. éblouir; s. éblouissement, m.

deacon [dīken] *s.* diacre, m. ‖ **deaconess** [-is] *s.** diaconesse, f. ‖ **deaconship** [-ship] *s.* diaconat, m.

dead [dèd] *adj.* mort; amorti; inactif; insensible; terne [color]; éteint [fire]; disparu [language]; *s.* mort, m.; période la plus calme, f.; *adv.* extrêmement; droit, directement; net [stop]; *dead center*, point mort (mech.); *dead letter*, lettre au rebut; *dead shot*, excellent tireur; *dead tired*, éreinté; *dead wall*, mur aveugle. ‖ **deaden** [-'n] *v.* amortir; émousser; assourdir. ‖ **deadly** [-li] *adj.* mortel; meurtrier; implacable; *adv.* mortellement; terriblement.

deaf [dèf] *adj.* sourd; *deaf-mute*, sourd-muet. ‖ **deafen** [-'n] *v.* assourdir; étourdir. ‖ **deafening** [-'ning] *adj.* assourdissant. ‖ **deafness** [-nis] *s.* surdité, f.

deal [dīl] *s.* quantité; donne [cards]; opération commerciale; *Am.* transaction; partie liée (pol.), f.; marché, m.; *v.** distribuer; faire le commerce (*in*, de); négocier (*with*, avec); *a great deal of*, beaucoup de; *to give a square deal*, se montrer juste envers. ‖ **dealer** [-er] *s.* marchand, négociant, m. ‖ **dealings** [-ingz] *s. pl.* affaires, négociations, f. *pl.*; commerce, m.

deal [dīl] *s.* bois blanc, sapin, m.; planche, f.; madrier, m.

dealt [dèlt] *pret., p. p. of* to deal.

dean [dīn] *s.* doyen, m. ‖ **deanship** [-ship] *s.* décanat; doyenné, m.

dear [dïer] *adj.* cher, aimé; précieux; coûteux; *s.* être cher, m. ‖ **dearly** [-li] *adv.* avec tendresse; chèrement, à prix élevé.

dearth [dërth] *s.* disette; pénurie, f.

death [dèth] *s.* mort; fin, f.; décès, m.; *death-bell*, glas; *death rate*, mortalité; *deathless*, immortel; *deathlike*, cadavérique, sépulcral, de mort; *deathly*, mortel, mortellement.

debacle [débák'l] *s.* débâcle, f.

debar [dibár] *v.* exclure, éliminer.

debark [dibárk] *v.* débarquer.

debase [dibé's] *v.* avilir; dégrader.

debate [dibé't] *s.* débat, m.; discussion, f.; *v.* discuter, débattre. ‖ **debater** [-er] *s.* controversiste, argumentateur, m.

debauch [dibautsh] *s.** débauche, f.; *v.* débaucher, pervertir. ‖ **debauchee** [débátshī] *s.* débauché, m. f. ‖ **debauchery** [dibautsheri] *s.* débauche, corruption, f.

debilitate [dibil'té't] *v.* débiliter, déprimer. ‖ **debility** [dibil'ti] *s.** débilité, faiblesse, f.

debit [dèbit] *s.* débit; débet; doit, m.; *v.* débiter; passer au débit.

debris [débris] (*pl.* debris) *s.* décombres, m. pl.

debt [dèt] *s.* dette; créance, f.; *to run into debt*, s'endetter; *gambling debt*, dette de jeu; *national debt*, dette publique. ‖ **debtor** [-er] *s.* débiteur, m.; débitrice, f.

debut [dibyou] *s.* début, m.

decade [dèké'd] *s.* décade; décennie, f.

decadence [diké'd'ns] *s.* décadence, f. ‖ **decadent**, décadent.

decaffeinated [dikafiné'tid] *adj.* décaféiné.

decalcify [dikalsifa'] *v.* décalcifier.

decamp [dikàmp] *v.* décamper; lever le camp.

decant [dikànt] *v.* décanter. ‖ **decanter** [-er] *s.* carafe, f.

decapitate [dikap'té't] *v.* décapiter.

decay [diké'] *s.* délabrement; dépérissement, m.; décadence; carie [teeth], f.; *v.* décliner; dépérir; se délabrer; se carier; se pourrir.

decease [disīs] *s.* décès, m.; *v.* décéder. ‖ **deceased** [-t] *adj., s.* défunt, mort.

deceit [disīt] *s.* tromperie, f. ‖ **deceitful** [-f'l] *adj.* trompeur. ‖ **deceive** [disīv] *v.* tromper, abuser.

decelerate [disèl'ré't] *v.* ralentir.

December [disèmber] *s.* décembre, m.

decency [dī's'nsi] *s.** bienséance, f. ‖ **decent** [dī's'nt] *adj.* bienséant, décent; convenable, suffisant.

deception [disèpshen] *s.* tromperie; illusion, f.; mécompte, m.

decide [disa'd] *v.* décider.

decimal [dès'm'l] *adj.* décimal; *s.* décimale, f.

decimate [dès'mé't] *v.* décimer.

decipher [disa'fer] *v.* déchiffrer.

decision [disij'en] *s.* décision, f.; arrêt; jugement, m. ‖ **decisive** [disa'siv] *adj.* décisif.

deck [dèk] *s.* pont, tillac (naut.), m.; *Am.* toit [train]; jeu de cartes, m.; *v.* couvrir, orner; *flight deck*, pont d'envol; *fore-deck*, gaillard d'avant; *quarter deck*, gaillard d'arrière.

declaim [diklé'm] *v.* déclamer. ‖ **declamation** [dèkleme'shen] *s.* déclamation, f. ‖ **declamatory** [diklàmeteri] *adj.* déclamatoire.

declaration [dèklerè'shen] *s.* déclaration, f. ‖ **declare** [diklèr] *v.* déclarer; proclamer; affirmer; annoncer [cards]; se déclarer.

declension [diklènshen] *s.* déclinaison (gramm.); baisse, pente, f. ‖ **decline** [dikla'n] *v.* incliner, pencher;

baisser [price]; refuser; décliner (gramm.). ‖ *s.* déclin, m.; décadence; pente; baisse [price]; consommation (med.), f.

declivity [diklív°ti] *s.** pente, déclivité, descente, f.

decode [diko°ud] *v.* déchiffrer.

decompose [dik°mpo°uz] *v.* (se) décomposer; (se) pourrir. ‖ *decomposition* [dikámp°zíshºn] *s.* décomposition, f.

decorate [dèk°ré¹t] *v.* décorer; enjoliver. ‖ *decoration* [dèk°ré¹shºn] *s.* décoration; médaille, f.; pavoisement; décor, m. ‖ *decorative* [dèk°ré¹tiv] *adj.* décoratif. ‖ *decorum* [diko°ur°m] *s.* décorum, m.; bienséance; étiquette, f.

decoy [diko¹] *s.* leurre; appât; piège, m.; *v.* leurrer, attirer.

decrease [dikrîs] *v.* décroître; diminuer; [díkrîs] *s.* décroissance, diminution; baisse, décrue, f.

decree [dikrî] *s.* décret, arrêt, m.; *v.* décréter, décider.

decrepit [dikrèpit] *adj.* décrépit.

decrial [dikra¹el] *s.* dénigrement, m. ‖ *decry* [dikra¹] *v.* décrier, dénigrer.

decuple [dèkyoup'l] *s.* décuple; *v.* décupler.

dedicate [dèd°ké¹t] *v.* dédier. ‖ *dedication* [dèd°ké¹shºn] *s.* dédicace; consécration, f.

deduce [didyous] *v.* déduire. ‖ *deduct* [didºkt] *v.* décompter, retrancher. ‖ *deduction* [didœkshºn] *s.* déduction; retenue, f.

deed [dîd] *s.* action, f.; haut fait; acte, document (jur.), m.; *v.* transférer par un acte; *deed of gift,* donation; *foul deed,* forfait; *private deed,* acte sous seing privé.

deem [dîm] *v.* juger; estimer.

deep [dîp] *adj.* profond; sage, pénétrant; intense [feeling]; foncé [color]; grave [tone]; grand [mourning]; *deep in thought,* absorbé; *s.* océan; ciel; abîme, m.; profondeur, f.; *adv.* profondément; tout au fond; intensément. ‖ *deepen* [-°n] *v.* approfondir; creuser; assombrir; sombrer [voice]; foncer. ‖ *deepness* [-nis] *s.* profondeur, f.

deer [di°r] *s.* daim, cerf, cervidé, m.; *deerhound,* chien courant; *deerskin,* peau de daim.

deface [difé¹s] *v.* défigurer, mutiler.

defalcation [difalké¹shºn] *s.* détournement de fonds, m.

defamation [dèf°mé¹shºn] *s.* diffamation, f. ‖ *defame* [difé¹m] *v.* diffamer.

default [difault] *s.* défaut (jur.), m.; déficience, f.; *v.* faire défaut (jur.);

faillir à. ‖ *defaulter* [-°r] *s.* concussionnaire; délinquant; contumace; défaillant; insoumis; réfractaire, m.

defeat [difît] *s.* défaite; frustration, f.; *v.* battre, défaire; frustrer; déjouer [plan]; mettre en minorité.

defect [difèkt] *s.* défaut, m.; imperfection; tare, f. ‖ *defection* [difèkshºn] *s.* défection, f. ‖ *defective* [-iv] *adj.* défectueux; déficient; défectif (gramm.).

defence [difèns] *s.* défense, f. ‖ *defend* [difènd] *v.* protéger; défendre (jur.). ‖ *defendant* [-ºnt] *s.* défendeur (jur.), m. ‖ *defender* [-°r] *s.* défenseur (jur.), m. ‖ *defense* [difèns] *s.* défense, f. ‖ *defensive* [-iv] *adj.* défensif; *s.* défensive, f.

defer [difë°r] *v.* différer, remettre, ajourner; mettre en sursis (milit.).

defer [difë°r] *v.* déférer; s'en rapporter. ‖ *deference* [dèf°r°ns] *s.* déférence, f. ‖ *deferential* [dèf°rènsh°l] *adj.* respectueux, déférent.

defiance [difa¹°ns] *s.* défi, m.; résistance, f. ‖ *defiant* [difa¹°nt] *adj.* provocant, agressif; défiant.

deficiency [difísh°nsi] *s.** manque, défaut, m.; carence, déficience, lacune, f.; déficit, m. ‖ *deficient* [difísh°nt] *adj.* insuffisant, défectueux; *s.* débile mental, m. ‖ *deficit* [dèf°sit] *s.* déficit; découvert, m.

defile [difa¹l] *s.* défilé, m.; gorge, f.

defile [difa¹l] *v.* souiller, corrompre. ‖ *defilement* [-m°nt] *s.* souillure, f.

define [difa¹n] *v.* définir. ‖ *definite* [dèf°nit] *adj.* déterminé, précis; défini (gramm.). ‖ *definition* [dèf°níshºn] *s.* définition, f. ‖ *definitive* [difín°tiv] *adj.* définitif, décisif; déterminatif (gramm.).

deflagrate [dèfl°gré¹t] *v.* embraser; prendre feu. ‖ *deflagration* [dèfl°gré¹shºn] *s.* déflagration, f.

deflate [difl醺t] *v.* dégonfler. ‖ *deflation* [difl醺shºn] *s.* déflation, f.

deflect [diflèkt] *v.* détourner, dévier; braquer [wheels].

deform [difaurm] *v.* déformer; défigurer. ‖ *deformed* [-d] *adj.* difforme. ‖ *deformity* [-°ti] *s.** difformité, f.

defraud [difraud] *v.* frustrer; frauder, tromper; léser, faire tort à.

defray [difré¹] *v.* défrayer; payer.

defrost [difrâst] *v.* dégivrer; décongeler; *defroster,* dégivreur.

deft [dèft] *adj.* agile, adroit.

defy [difa¹] *v.* défier, braver.

degenerate [didjèn°rit] *adj., s.* dégénéré; [-ré¹t] *v.* dégénérer.

deglutition [digloutíshºn] *s.* déglutition, f.

degradation [dègr•déⁱsh•n] *s.* dégradation, f.; avilissement, m. ‖ *degrade* [digré¹d] *v.* dégrader; avilir.

degree [digrî] *s.* degré; rang; diplôme (educ.); degré (math., gramm.), m.; puissance (math.), f.; *by degrees*, peu à peu.

degustate [digœsté¹t] *v.* déguster.

dehydrate [diha¹dré¹t] *v.* déshydrater; *dehydrated eggs*, œufs en poudre.

de-ice [di'a¹s] *v.* dégivrer; *de-icer*, dégivreur.

deign [dé¹n] *v.* daigner.

deity [dî²ti] *s.*° divinité; déité, f.

dejected [didjèktid] *adj.* abattu, découragé. ‖ *dejection* [didjèksh•n] *s.* abattement, découragement, m.

delay [dilé¹] *s.* délai; retard, sursis, m.; *v.* différer, retarder; tarder.

delectable [dilèkt•b'l] *adj.* délectable, délicieux.

delegate [dèl•gé¹t] *s.* délégué, représentant; *Am.* député, m.; *v.* déléguer. ‖ *delegation* [dèl•gé¹sh•n] *s.* délégation, f.

delete [dilît] *v.* effacer, biffer.

deliberate [dilib•rit] *adj.* délibéré; prémédité; circonspect; [dilib•ré¹t] *v.* délibérer; peser, examiner. ‖ *deliberation* [dilib•ré¹sh•n] *s.* délibération; réflexion; discussion, f.

delicacy [dèl•k•si] *s.*° friandise; délicatesse; fragilité; sensibilité, f. ‖ *delicate* [dèl•k•t] *adj.* délicat; raffiné; fragile. ‖ *delicatessen* [dèl•k•té¹s'n] *s.* plats cuisinés, m. pl.

delicious [dilîsh•s] *adj.* délicieux.

delight [dila¹t] *s.* délice, joie, f.; *v.* ravir, enchanter; prendre plaisir à. ‖ *delightful* [-f•l] *adj.* délicieux, charmant, ravissant.

delimit [dilîmit] *v.* délimiter.

delineate [dilinié¹t] *v.* tracer, esquisser; délimiter.

delinquent [dilingkw•nt] *adj., s.* délinquant (jur.).

delirious [diliri•s] *adj.* délirant (med.); extravagant; *to be delirious*, délirer. ‖ *delirium* [diliri•m] *s.* délire, m.

deliver [diliv•r] *v.* délivrer, libérer; exprimer, énoncer; remettre; distribuer [letters]; prononcer [speech]; donner [blow]; accoucher de. ‖ *deliverance* [-r•ns] *s.* délivrance; libération, f. ‖ *deliveree* [diliv•rî] *s. Am.* destinataire, m. ‖ *deliverer* [diliv•r•r] *s.* libérateur; livreur, m. ‖ *delivery* [diliv•ri] *s.*° délivrance; livraison [goods]; distribution [letters]; élocution, f.; accouchement; service [baseball], m.; *delivery man*, livreur; *delivery truck*, voiture de livraison.

dell [dèl] *s.* vallon, m.

delouse [dila⁰us] *v.* épouiller.

delude [diloud] *v.* tromper, abuser.

deluge [dèlyoudj] *s.* déluge, m.; *v.* inonder.

delusion [dilouj•n] *s.* tromperie; erreur, f.; *optical delusion*, illusion d'optique. ‖ *delusive* [dilousiv] *adj.* trompeur; illusoire.

delve [dèlv] *v.* bêcher; fouiller (fig.).

demagogic [dèm•g•dgik] *adj.* démagogique. ‖ *demagogism* [dèm•gâgiz'm] *s.* démagogie. ‖ *demagogue* [dèm•gaug] *s.* démagogue, m. ‖ *demagoguery* [dèm•gâgri], *demagogy* [dém•gogij] *s.* démagogie, f.

demand [dimand] *s.* exigence; réclamation; prétention; commandes (econ.); sommation (jur.), f.; débouché (comm.), m.; *v.* exiger; revendiquer; solliciter; s'enquérir. ‖ *demanding* [-ing] *adj.* exigeant; revendicatif.

demean [dimîn] *v.* abaisser, avilir.

demeanor [dimîn•r] *s.* conduite, f.; maintien, comportement, m.

demented [dimèntid] *adj.* dément.

demerit [dimèrit] *s.* faute, f.; mauvais point (educ.); *Am.* blâme, m.

demobilize [dimo⁰b'la¹z] *v.* démobiliser. ‖ *demobilization* [dimo⁰b'l•zé¹sh•n] *s.* démobilisation, f.

democracy [d•mâkr•si] *s.*° démocratie, f. ‖ *democrat* [dèm•krat] *s.* démocrate, m. ‖ *democratic* [dèm•kratik] *adj.* démocratique. ‖ *democratize* [dimâkr•ta¹z] *v.* (se) démocratiser.

demolish [dimâlish] *v.* démolir. ‖ *demolisher* [-•r] *s.* démolisseur, m. ‖ *demolition* [dim•lish•n] *s.* démolition, f.

demoniac [dimo⁰uniak] *adj.* démoniaque; *s.* possédé, m.

demonstrate [dèm•nstré¹t] *v.* démontrer. ‖ *demonstration* [dèm•nstré¹sh•n] *s.* démonstration, f. ‖ *demonstrative* [dimânstré¹tiv] *adj.* démonstratif; expansif; probant.

demoralize [dimaur•la¹z] *v.* démoraliser; dépraver, pervertir.

demur [dimë²r] *v.* objecter; hésiter.

demure [dimyour] *adj.* grave; prude.

demurrage [dimë²ridj] *s.* surestarie (naut.), f.

den [dèn] *s.* antre, repaire; cabinet de travail, m.

denegation [dînige¹sh•n] *s.* dénégation, f.

denial [dina¹el] *s.* démenti; refus, déni, m.; dénégation, f.

denigrate [dînigre¹t] *v.* dénigrer; *denigration*, dénigration; *denigrator*, dénigreur.

denomination [dinâm•né¹sh•n] *s.* dénomination; confession religieuse; valeur d'une coupure [money], f.

denote [dino°u t] *v.* dénoter.

denounce [dina°uns] *v.* dénoncer; stigmatiser; rompre [treaty].

dense [dèns] *adj.* dense, épais, compact; stupide. || **density** [-•ti] *s.* densité; sottise, f.

dent [dènt] *s.* entaille, f.; *v.* entailler. || **dental** [-'l] *adj.* dentaire; *s.* dentale (gramm.), f. **dental office,** cabinet dentaire. || **dentist** [-ist] *s.* dentiste, m. || **dentistry** [-tistrî] *s.* art dentaire, m. || **dentition** [dentîsh•n] *s.* dentition, f. || **denture** [dèntsh•r] *s.* dentier, m.

denunciation [dinœnsié¹sh•n] *s.* dénonciation; accusation publique; rupture [treaty], f.; **denunciator,** dénonciateur.

deny [dina¹] *v.* nier; démentir; refuser; *to deny oneself to callers,* ne pas recevoir, interdire sa porte.

deodorize [dîo°ud•ra¹z] *v.* désodoriser; défruiter [olive oil].

depart [dipárt] *v.* partir; se retirer; mourir. || **departed** [-id] *adj.* absent; défunt. || **department** [-m•nt] *s.* département; ministère; service (comm.); rayon, comptoir, m.; administration, section; discipline (univ.); division (mil.), f. || **departure** [-sh•r] *s.* départ, m.; déviation, f.

depend [dipènd] *v.* dépendre (*on,* de); compter (*on,* sur). || **dependable** [-•b'l] *adj.* digne de confiance, sûr. || **dependence** [-•ns] *s.* dépendance; confiance, f. || **dependency** [-•nsî] *s.* dépendance; colonie, f. || **dependent** [-•nt] *adj.* dépendant; subordonné (gramm.); *s.* protégé, m.

depict [dipíkt] *v.* peindre; décrire.

depilate [dépilé¹t] *v.* épiler. || **depilation** [dépilé¹sh•n] *s.* épilation, f. || **depilatory** [dépîl•t•rî] *s.*, *adj.* dépilatoire, m.

deplete [diplît] *v.* épuiser, vider.

deplorable [diplo°ur•b'l] *adj.* déplorable. || **deplore** [diplo°ur] *v.* déplorer; pleurer.

deploy [diplo¹] *v.* (se) déployer.

depopulate [dipaupy°ule¹t] *v.* dépeupler; **depopulation,** dépopulation, f.

deport [dipo°urt] *v.* déporter; *to deport oneself,* se comporter. || **deportation** [dipo°urté¹sh•n] *s.* déportation, f. || **deportment** [dipo°urtm•nt] *s.* comportement, m.

depose [dipo°uz] *v.* déposer, destituer; témoigner. || **deposit** [dipâzit] *v.* mettre en dépôt; consigner; déposer; verser; *s.* dépôt; versement; caution-nement [money]; gisement (geol.),

m.; consignation, f. || **deposition** [dè-p•zish•n] *s.* déposition; destitution, f.; témoignage dépôt, m. || **depositor** [dipâzit•r] *s.* déposant, m. || **depot** [dîpo°u] *s.* entrepôt, m.; *Am.* gare, f.

depravation [dipr•vé¹sh•n] *s.* dépravation, f. || **deprave** [dipré¹v] *v.* dépraver.

depreciate [diprîshlé¹t] *v.* (se) déprécier; faire baisser le prix. || **depreciative** [-iv] *adj.* péjoratif.

depredation [dèpr•dé¹sh•n] *s.* déprédation, f

depress [diprès] *v.* déprimer; humilier; déprécier; accabler. || **depressed** [-t] *adj.* déprimé, abattu. || **depression** [diprèsh•n] *s.* dépression; crise (comm.), baisse, f.; affaissement; dénivellement; découragement, m.

deprive [dipra¹v] *v.* priver.

depth [dèpth] *s.* profondeur; gravité [sound]; vivacité [colors], f., abîme; fond, m.

depurative [dipyour•tiv] *adj.*, *s.* dépuratif m

deputation [dèpy•té¹sh•n] *s.* députation, délégation, f. || **depute** [dipyou t] *v.* députer, déléguer. || **deputy** [dèpy•tî] *s.°* député, délégué; suppléant, adjoint, m.

derail [diré¹l] *v.* dérailler. || **derailment** [-m•nt] *s.* déraillement, m.

derange [diré¹ndj] *v.* déranger; troubler; affoler; rendre fou.

derelict [dèr•lîkt] *s.* épave, f.; *adj.* abandonné.

deride [dira¹d] *v.* railler; ridiculiser; rire de. || **derision** [dirîj•n] *s.* dérision, f.

derivation [dèrivé¹sh•n] *s.* dérivation, f. || **derivative** [dirîv•tiv] *s.*, *adj.* dérivé, m.; **derive** [dira¹v] *v.* provenir; tirer; recevoir; déduire; dériver (gramm.).

derm [dœrm] *s.* derme, m. || **dermatology** [-•tâl•djî] *s.* dermatologie, f.

derogate [dérogé¹t] *v.* déroger; porter atteinte (*from,* à). || **derogation** [dé-rogé¹sh•n] *s* dérogation; atteinte, f.; amoindrissement, m.

descend [disènd] *v.* descendre; déchoir; être transmis par héritage. || **descendant** [-•nt] *adj.*, *s.* descendant. || **descent** [disènt] *s.* descente; origine, extraction; pente; transmission par héritage. f

describe [diskra¹b] *v.* décrire. || **description** [diskrípsh•n] *s.* signalement, m description; sorte, espèce, f.

descry [diskra¹] *v.* apercevoir, discerner, détecter, découvrir.

desert [dizë̈rt] *s.* mérite, m.; sanction, f.

desert [dèz°rt] *adj., s.* désert.

desert [dizë^rt] *v.* déserter; abandonner. || *deserter* [dizë^rt°^r] *s.* déserteur, m. || *desertion* [dizë^rsh°n] *s.* désertion, f.; abandon, m.

deserve [dizë^rv] *v.* mériter. || *deserving* [-ing] *adj.* méritant; méritoire; digne (*of,* de).

design [diza^1n] *s.* dessein, projet; plan; dessin, m.; *v.* projeter; faire le plan de; destiner (*for,* à); *designing,* intrigant; *designedly,* à dessein.

designate [dèzigné^1t] *v.* désigner; spécifier; nommer. || *designation* [dèzigné^1sh°n] *s.* désignation, f.

designer [diza^1n°^r] *s.* dessinateur; architecte; intrigant, m.

desirability [diza^1r°bil°ti] *s.* utilité, f. || *desirable* [diza^1r°b'l] *adj.* désirable. || *desire* [diza^1r] *s.* désir, m.; *v.* désirer, souhaiter. || *desirous* [dizair°s] *adj.* désireux.

desist [dizist] *v.* cesser.

desk [dèsk] *s.* bureau, pupitre, m.; chaire, f.; *desk clerk,* réceptionniste.

desolate [dès'lit] *adj.* désolé; désert; dévasté; [dès'lé^1t] *v.* désoler; ravager, affliger; délaisser, abandonner. || *desolation* [dès'lé^1sh°n] *s.* désolation, f.

despair [dispèr] *s.* désespoir, m.; *v.* désespérer. || *despairing* [-ing] *adj.* désespéré.

desperate [dèsprit] *adj.* désespéré; forcené; téméraire; très grave (med.); *to do something desperate,* faire un malheur. || *desperation* [dèsp°ré^1sh°n] *s.* désespoir, m.; témérité désespérée, f.

despicable [dèspik°b'l] *adj.* méprisable.

despise [dispa^1z] *v.* mépriser; dédaigner.

despite [dispa^1t] *prep.* en dépit de, malgré.

despoil [dispo^1l] *v.* dépouiller. || *despoliation* [dispo^ou lié^1sh°n] *s.* spoliation, f.

despond [dispând] *v.* se décourager. || *despondency* [-°nsi] *s.* découragement, m.; dépression, f. || *despondent* [-°nt] *adj.* abattu, découragé, déprimé.

despot [dèsp°t] *s.* despote, tyran, m. || *despotic* [dispâtik] *adj.* despotique. || *despotism* [dèsp°tiz°m] *s.* despotisme, m.

dessert [dizë^rt] *s.* dessert, m.

destination [dèst°né^1sh°n] *s.* destination, f. || *destine* [dèstin] *v.* destiner. || *destiny* [dèst°ni] *s.*° destinée, f.; destin, m.; *pl.* Parques, f. pl.

destitute [dèst°tyout] *adj.* dénué, dépourvu; indigent, nécessiteux. || *destitution* [dèst°tyoush°n] *s.* dénuement, m.; pauvreté, indigence; destitution, f.

destroy [distro^1] *v.* détruire; exterminer; *to destroy oneself,* se suicider. || *destroyer* [-°^r] *s.* destructeur; meurtrier; destroyer (naut.), m. || *destruction* [distrœksh°n] *s.* destruction; ruine, f. || *destructive* [distrœktiv] *adj.* destructif, destructeur.

desultory [dés°lt°ri] *adj.* décousu; à bâtons rompus; sans méthode.

detach [ditatsh] *v.* détacher; séparer; retrancher. || *detachment* [-m°nt] *s.* détachement (mil.), m; séparation; indifférence, f.

detail [dîté^1l] *s.* détail; détachement (mil.), m.; [dité^1l] *v.* détailler; attribuer, assigner; détacher (mil.); *to go into details,* entrer dans les détails.

detain [dité^1n] *v.* détenir; retenir. || *detainer* [-°^r] *s.* détenteur, m.

detect [ditèkt] *v.* déceler, détecter. || *detection* [ditèksh°n] *s.* découverte, f.; fait d'être découvert, m. || *detective* [ditèktiv] *s.* détective, m.; *adj.* révélateur; policier.

detention [ditènsh°n] *s.* détention, f.; emprisonnement; retard involontaire, m.; retenue, f.

deter [ditër] *v.* dissuader.

detergent [ditë^rdj°nt] *adj., s.* détergent, détersif.

deteriorate [ditiri°ré^1t] *v.* (se) détériorer. || *deterioration* [ditiri°ré^1sh°n] *s.* détérioration, f.

determination [ditë^rm°né^1sh°n] *s.* décision; résolution; délimitation; détermination, f. || *determine* [ditë^rmin] *v.* déterminer; délimiter; décider; résoudre; produire.

deterrent [ditér°nt] *adj.* décourageant; dissuadant; préventif; *s.* préventif, m.; force de dissuasion, f.

detest [ditèst] *v.* détester. || *detestable* [di'tést°b'l] *adj.* détestable.

dethrone [dithro^ou n] *v.* détrôner.

detonate [dèt°né^1t] *v.* détoner; faire exploser. || *detonation* [détoné^1sh°n] *s.* détonation, f. || *detonator* [détoné^1t°^r] *s.* détonateur; pétard, m.

detour [dîtour] *s.* détour, m.; déviation [way], f.; *v.* prendre un détour, aller par un détour.

detoxicate [dìtâksiké'^1t] *v.* désintoxiquer. || *detoxication* [dìtâksiké^1sh°n] *s.* désintoxication, f.

detract [ditrakt] *v.* enlever; dénigrer; déroger. || *detractor* [-°^r] *s.* détracteur, m.

detriment [dètr°m°nt] *s.* détriment, préjudice, m. || *detrimental* [détriméntᵒl] *adj.* préjudiciable; désavantageux.

devaluation [dìvalyou'é^1sh°n] *s.* dévaluation, f.

devastate [dève'sté¹t] v. dévaster, ravager; *devastation*, dévastation, f.

develop [divèl°p] v. développer; exposer; exploiter; accroître; développer (phot.) se manifester; se développer. ‖ *developer* [-°r] s. révélateur (phot.). m   *development* [-m°nt] s. développement, m

deviate [divié¹t] v dévier; s'écarter. ‖ *deviation* [divié¹sh°n] s. déviation, f.; écart, m

device [diva¹s] s projet; plan, système; stratagème mécanisme; appareil; engin dispositif, procédé, m; invention; devise, f., pl. désir, m.

devil [dèv'l] s démon diable; homme méchant ou cruel apprenti imprimeur, m.; v tourmenter; endiabler; assaisonner fortement (culin.). *devilry*, diablerie *devil-may-care*, étourdi, insouciant. *devilish* [-ish] adj. diabolique, endiablé.

devious [divi°s] adj. détourné; sinueux; dévié

devise [diva¹z] v. imaginer, inventer; ourdir; léguer. s legs, m.

devoid [divo¹d] adj. dénué, privé, dépourvu (of de).

devolve [divôlv] v. échoir, transmettre par héritage; incomber (on, upon, à).

devote [divo°ut] v. consacrer; vouer; *to devote oneself to*, se livrer à. ‖ *devoted* [divo°utid] adj. adonné (to, à); dévoué *devotee* [dèvo°tí] s. dévot, fervent, m. ‖ *devotion* [divo°-sh°n] s dévotion consécration, f.; dévouement m.; pl. dévotions, f. pl.

devour [diva°°r] v. dévorer.

devout [diva°°t] adj. dévot, pieux; fervent zélé

dew [dyou] s rosée, f.; v. couvrir de rosée; humecter; *dewberry*, mûre; *dewdrop* goutte de rosée; *dewlap*, fanon. *dewy* [-î] adj couvert de rosée; pareil à la rosée.

dexterity [dèkstèr°ti] s. dextérité; adresse f *dexterous* [dèkstr°s] adj. adroit; droitier

diabetes [da¹°bîtis] s. diabète, m.

diadem [da¹°dèm] s diadème, m.

diagnose [da¹°gno°°s] v. diagnostiquer.

diagonal [da¹ag'n'l] s. diagonale, f.

diagram [da¹°gram] s diagramme, m.

dial [da°¹] s cadran, m.; v. capter connecte (teleph.) *dial telephone*, téléphone automatique *to dial a number*, composer un numéro (teleph.).

dialect [da¹°lèkt] s dialecte, m.

dialogize [da¹al°dja¹z] v. dialoguer. ‖ *dialog(ue)* [da¹°laug] s. dialogue, m.; v. dialoguer.

diameter [da¹amet°r] s. diamètre, m.

diamond [da¹°m°nd] s. diamant; losange (géom.); carreau [cards]; terrain de base-ball, m.

diapason [da¹°pé¹z'n] s. diapason, m.

diaper [da¹°p°r] s. linge (m.) nid d'abeille couche [infant]; serviette hygiénique f.; v. langer; losanger.

diarrhea [da¹°rí°] s. diarrhée, f.

diary [da¹°rí] s.° journal particulier; agenda m.

dibble [db'l] s. plantoir, m.

dice [da¹s] s. pl. dés, m.; *dice box*, cornet

dickens [díkinz] s. diable, m.

dicker [dîk°r] v Am. marchander.

dictate [dîkté¹t] s ordre, m.; v. dicter; ordonner *dictation* [dîkté¹sh°n] s. dictée domination, f. ‖ *dictator* [dîkté¹t°r] s dictateur, m. ‖ *dictatorship* [-ship] s dictature, f.

diction [dîksh°n] s diction, f.

dictionary [dîksh°nèri], Br. [dîksh°nri] s dictionnaire, m.

did [did] pret of to do.

die [da (pl dice [-s]) s. dé à jouer, m.; (pl. *dies* [-z]) coin [tool], m.; matrice (mech). f.

die [da¹] v mourir, périr.

dieresis [da¹ér°sis] (pl. *diereses*) s. tréma m

diet [da¹°t] s. alimentation; nourriture, f.; régime, m.; v nourrir; donner, suivre un régime *low diet*, diète

dietician [da¹°tîsh°n] s. diététicien, m. diététicienne, f. ‖ *dietetics* [da¹°tetiks] s pl diététique, f.

differ [dîf°r] v différer; n'être pas d'accord (with, avec). ‖ *difference* [dîfr°ns] s différence; divergence; dissension, discussion, f. différend, m. *it makes no difference*, cela ne fait rien. ‖ *different* [dîfr°nt] adj. différent. ‖ *differentiate* [dîf°rènshié¹t] v. différencie se distinguer. ‖ *differently* [dîfr°ntli] adv différemment.

difficult [dîf°kœlt] adj. difficile, ardu. ‖ *difficulty* [dîf°kœlti] s.° difficulté, f.; embarras d'argent, m.

diffidence [dîf°d°ns] s. manque (m.) d'assurance *diffident* [dîf°d°nt] adj. dépourvu d'assurance; embarrassé, timide

diffuse [difyouz] v. diffuser, répandre; [difyous] adj répandu; diffus, prolixe. ‖ *diffusion* [difyouj°n] s. diffusion, f.

dig [dig] v.° creuser; bêcher; déterrer; s coup; sarcasme, m.

digest [da¹djèst] s. compilation, f.; digeste, m.; [d°djèst] v. digérer; assimiler, compiler. ‖ *digestible* [-°b'l] *adj.* digestible. ‖ **digestion** [d**e**djès-tsh**e**n] *s.* digestion, f. ‖ **digestive** [d**e**djèstiv] *adj.*, *s.* digestif.

digger [dig**e**] *s* terrassier; chercheur d'or, m.. *digger-up* (fam.), dénicheur.

dignified [dign**e**fa¹d] *adj.* digne, solennel, sérieux, grave. ‖ **dignify** [dignfa¹] v honorer. ‖ **dignitary** [dign**e**tèri] *s.* dignitaire, m. ‖ **dignity** [dign**e**ti] *s.* dignité; gravité; importance, f.

digress [d**e**grès] *v.* s'écarter du sujet. ‖ **digression** [d**e**grèsh**e**n] *s.* digression, f.

dike [da¹k] *s.* fossé, m.; digue, f.

dilapidate [d**e**lap**e**dé¹t] *v.* dilapider ; délabrer, tomber en ruines. ‖ **dilapidation** [dilapidé¹sh**e**n] *s.* dilapidation, f.; délabremen m.

dilatation [da¹l**e**té¹sh**e**n] *s.* dilatation, f. ‖ **dilate** [da lé¹t] v dilater, distendre; s'étendre (*on*, sur). ‖ **dilatory** [dl**e**too°ri] *adj* lent, dilatoire.

dilemma [d**e**lèm**e**] *s* dilemme, m.

diligence [dil**e**dj**e**ns] *s* diligence; application, f. ‖ **diligent** [dil**e**dj**e**nt] *adj.* diligent, actif, appliqué.

dilute [dilout] v diluer; délayer; baptiser [wine] édulcorer, adoucir (fig.); se délayer s'édulcorer.

dim [dim] *adj.* sombre; indistinct; terne; v assombrir, obscurcir, voiler; s'effacer.

dime [da¹m] *s. Am.* pièce de dix cents, f.; *dime novel*, roman populaire à bon marché; *dime store*, prix unique, monoprix.

dimension [d**e**mènsh**e**n] *s.* dimension, mesure, f

diminish [d**e**minish] *v.* diminuer, réduire. ‖ **diminution** [dim**e**nyoush**e**n] *s.* diminution, f ‖ **diminutive** [d**e**miny**e**tiv] *adj.*, *s* diminutif.

dimmer [dim**e**r] *s.* régulateur d'éclairage; réducteur code, m. (autom.).

dimness [dimnis] *s.* pénombre, matité; faiblesse f. [of light]; imprécision, f. [of memory].

dimple [dimp'l] *s.* fossette, f.; v. creuser des fossettes.

din [din] *s* vacarme, m.; v. assourdir; rabâcher faire du tintamarre.

dine [da¹n] v. dîner; faire dîner; *dining-room*, salle à manger. ‖ *diner* [-**e**r] *s* dîneur, *Am.* voiture-restaurant, m. ‖ **dinette** [dinèt] *s. Am.* coin-repas, m

dinghy [dingi] *s.* yole, f.; canot, m.

dingle [dingg'l] *s.* vallon, m.

dingy [dindji] *adj.* terne, sale, gris.

dinner [din**e**r] *s.* dîner, déjeuner, m.; *dinner jacket*, smoking; *dinner service*, service de table.

dint [dint] *s.* coup, m.; *by dint of*, à force de, grâce à.

diocese [da¹**e**sis] *s.* diocèse, m.

dip [dip] plongeon; bain [sheep], m.; pente f.; v. immerger, plonger; s'incliner, baisser [headlight]; saluer [flag]; *sheep-dip*, produit désinfectant.

diphtheria [difthiri**e**] *s.* diphtérie, f.

diphthong [difthaung] *s.* diphtongue f

diploma [diploou m**e**] *s.* diplôme, m.

diplomacy [diploou m**e**si] *s.* diplomatie, f. ‖ **diplomat** [dipl**e**mat] *s.* diplomate, m. ‖ **diplomatic** [dipl**e**matik] *adj.* diplomatique.

dipper [dip**e**r] *s.* plongeur, m; louche, f.; martin-pêcheur, m.; *dipper-switch*, basculeur de phares.

dire [da¹**e**r] *adj.* horrible; sinistre.

direct [d**e**rèkt] *adj.* direct; franc; immédias, imminent; v. diriger; guider; indiquer; prescrire; adresser [letter] *adv* directement; tout droit. ‖ **direction** [d**e**rèksh**e**n] *s.* direction; instruction adresse, f.; mode d'emploi, m ‖ **directive** [d**e**rèktiv] *adj.* directif; *s* directive, f. ‖ **directness** [d**e**rèktnis] *s* franchise, spontanéité, f. ‖ **director** [d**e**rèkt**e**r] *s.* directeur; membre d'un conseil d'administration; conducteur [locomotive]; officier superviseur m. ‖ **directory** [d**e**rèkt**e**ri] *s.* conseil d'administration; répertoire d'adresses m. *telephone directory*, annuaire téléphonique.

dirigible [dir**e**dj**e**b'l] *adj.*, *s.* dirigeable

dirt [d**e**rt] *s.* ordure, boue; saleté; impuretés (mech.), f.; *dirt floor*, plancher en terre battue. ‖ **dirty** [-i] *adj.* sale, crasseux couvert [weather]; v. salir.

disable [disé¹b'l] *v.* estropier; mettre hors d'usage ou de combat; disqualifier; frapper d'incapacité (jur.); désemparer (naut.).

disabuse [dis**e**byouz] *v.* désabuser.

disadvantage [dis**e**dvàntidj] *s.* désavantage m.; v désavantager; *at a disadvantage*, dans les conditions d'infériorité

disagree [dis**e**grî] v. différer; se disputer (*with*, avec); ne pas convenir. ‖ *disagreeable* [-**e**b'l] *adj.* désagréable; incommodant ‖ *disagreement* [-m**e**nt] *s.* désaccord, m ; discordance, f.

disappear [dis**e**pî**e**r] *v.* disparaître. ‖ *disappearance* [-r**e**ns] *s.* disparition, f.

disappoint [dis**e**po¹nt] v. désappointer; décevoir. ‖ *disappointing* [-ing] *adj.* décevant. ‖ *disappointment* [-m**e**nt] *s.* désappointement, m.; contrariété, f.

disapproval [disᵉprouv'l] *s.* désapprobation, f. ‖ *disapprove* [disᵉprouv] *v.* désapprouver.

disarm [disárm] *v.* désarmer. ‖ *disarmament* [-ᵉmᵉnt] *s.* désarmement, m.

disarrange [disᵉré¹ndj] *v.* déranger.

disarray [disᵉré¹] *s.* désarroi, désordre, m.; confusion, f.; *in disarray,* en négligé.

disaster [dizastᵉr] *s.* désastre, m. ‖ *disastrous* [dizastrᵉs] *adj.* désastreux; catastrophique.

disavow [disᵉva ͦu] *v.* désavouer.

disband [disbᴂnd] *v.* licencier; disperser; *se débander.*

disbelief [disbilíf] *s.* incrédulité, f. ‖ *disbelieve* [-bᵉlív] *v.* ne pas croire (*in,* à); nier.

disburse [disbérs] *v.* débourser. ‖ *disbursement* [-mᵉnt] *s.* débours, m.; dépense, f.; déboursement, m.

discard [dískârd] *s.* écart [cards], m.; [diskârd] *v.* écarter; rejeter; se défausser.

discern [dizē̆rn] *v.* discerner; distinguer. ‖ *discernment* [-mᵉnt] *s.* discernement, m.

discharge [distshârdj] *v.* décharger [load, gun]; libérer [prisoner]; congédier [servant]; acquitter [debt], remplir [duty]; lancer [projectile], suppurer [wound]; *s.* déchargement, acquittement; élargissement; accomplissement; congé [soldier]; débit [river], m.; décharge; quittance (comm.); libération; suppuration, f.

disciple [disa¹p'l] *s.* disciple, m.

disciplinary [dísᵉplinᵉri] *adj.* disciplinaire. ‖ *discipline* [-plin] *s.* discipline, f.; *v.* discipliner; punir.

disclaim [disklé¹m] *v.* désavouer; rejeter; se défendre de.

disclose [disklo ͦuz] *v.* découvrir; divulguer. ‖ *disclosure* [disklo ͦujᵉr] *s.* divulgation, révélation, f.

discolo(u)r [diskᴂlᵉr] *v.* décolorer.

discomfit [diskᴂmfit] *v.* déconfire.

discomfort [diskᴂmfᵉrt] *v.* peiner; incommoder, gêner; *s.* malaise, m.; gêne, incommodité, f.

disconcert [diskᵉnsē̆rt] *v.* déconcerter, embarrasser; déranger, gêner.

disconnect [diskᵉnèkt] *v.* dissocier; séparer; débrancher; couper [telephone line]. ‖ *disconnected* [-id] *adj.* détaché; décousu; isolé; désuni, incohérent.

disconsolate [diskᴂns'lit] *adj.* inconsolable; morose, triste.

discontent [diskᵉntènt] *s.* mécontentement, m.; *v.* mécontenter.

discontinuance [diskᵉntínyou ͤns] *s.* interruption; suspension; solution de continuité, f. ‖ *discontinue* [diskᵉntínyou] *v.* interrompre, suspendre; cesser; discontinuer. ‖ *discontinuity* [diskântᵉnyou ͤti] *s.* discontinuité, f.

discord [dískaurd] *s.* discorde; dissonance, f. ‖ *discordant* [-'nt] *adj.* discordant; dissonant.

discount [diska ͦunt] *s.* rabais; escompte, m.; *v.* rabattre, déduire [sum]; décompter; escompter; faire une remise; réduire à ses justes proportions.

discourage [diskᵉridj] *v.* décourager; dissuader (*from,* de). ‖ *discouragement* [-mᵉnt] *s.* découragement, m.

discourse [dísko ͦurs] *s.* discours; entretien, m.; [disko ͦurs] *v.* discourir; causer; s'entretenir.

discourteous [diskē̆rti ͤs] *adj.* discourtois. ‖ *discourtesy* [diskē̆rᵗsi] *s.* discourtoisie, f.

discover [diskᴂvᵉr] *v.* découvrir; dévoiler; révéler. ‖ *discoverer* [-ᵉr] *s.* découvreur, inventeur, m. ‖ *discovery* [diskᴂvri] *s.* découverte; invention; révélation, f.

discredit [diskrèdit] *s.* discrédit; doute, m.; *v.* discréditer; perdre confiance en; élever des doutes sur.

discreet [diskrít] *adj.* prudent, circonspect, discret.

discrepancy [diskrèpᵉnsi] *s.* différence [account]; discordance, contradiction; variation, f.

discrete [diskrít] *adj.* distinct.

discretion [diskrèshᵉn] *s.* prudence, circonspection; discrétion; libre disposition, f.; discernement, m.

discriminate [diskrímᵉné¹t] *v.* distinguer; discriminer; *discriminating,* plein de discernement, fin.

discursive [diskē̆rsiv] *adj.* discursif; décousu, incohérent.

discus [dískœs] *s.* disque, m.

discuss [diskœs] *v.* discuter. ‖ *discussion* [diskœshᵉn] *s.* discussion, f.; débat, m.

disdain [disdé¹n] *s.* dédain, mépris, m.; *v.* dédaigner; *disdainful,* dédaigneux.

disease [dizíz] *s.* maladie, f. ‖ *diseased* [-d] *adj.* malade; morbide, maladif; malsain.

disembark [disimbârk] *v.* débarquer. ‖ *disembarkation* [dísèmbârké¹shᵉn] *s.* débarquement, m.

disenchant [disintshânt] *v.* désenchanter, désillusionner.

disengage [disingé¹dj] *v.* dégager; se libérer; débrayer (mech.).

disentangle [disintàngg'l] v. démêler, débrouiller ; élucider.

disfigure [disfigy**ᵉ**r] v. défigurer.

disgorge [disgaurdj] v. dégorger.

disgrace [disgré¹s] s. disgrâce ; honte, f. ; déshonneur, m. ; v. disgracier ; déshonorer ; discréditer ; **disgraceful**, honteux ; dégradant.

disgruntled [disgrænt'ld] adj. mécontent, maussade.

disguise [disga¹z] s. déguisement, m. ; dissimulation, f. ; v. déguiser.

disgust [disgæst] s. dégoût, m. ; v. dégoûter ; **disgusting**, répugnant.

dish [dish] s.* plat ; mets, m. ; pl. vaisselle, f. ; v. apprêter, accommoder ; arranger, servir ; **dish-cloth**, torchon ; **dish-drainer**, égouttoir ; **dish-mop**, lavette ; **dish-warmer**, chauffe-plat.

dishearten [dishârt'n] v. décourager, démoraliser.

dishevel [dishèv'l] v. écheveler.

dishonest [disánist] adj. malhonnête ; frauduleux. ‖ **dishonesty** [-i] s.* malhonnêteté, déloyauté, f. ‖ **dishono(u)r** [disán**ᵉ**r] v. déshonorer ; laisser protester (comm.) ; s. déshonneur, m. ; protêt, m. (comm.). ‖ **dishono(u)rable** [-r**ᵉ**b'l] adj. déshonorant.

disillusion [disilouj**ᵉ**n] s. désillusion, f. ; v. désillusionner.

disinfect [disinfèkt] v. désinfecter. ‖ **disinfectant** [-ᵉnt] s. désinfectant, m.

disinherit [disinhèrit] v. déshériter.

disintegrate [disint**ᵉ**gré¹t] v. (se) désintégrer (se) désagréger. ‖ **disintegration** [disintigré¹sh**ᵉ**n] f. désintégration ; désagrégation, f.

disinter [disintær] v. déterrer.

disinterested [disint**ᵉ**r**ᵉ**stid] adj. désintéressé.

disjoin [disdjo¹n] v. disjoindre.

disk [disk] s. disque, m.

dislike [disla¹k] s. antipathie, f. ; v. ne pas aimer ; *to take a dislike to*, prendre en grippe ; *to be disliked by*, être mal vu de.

dislocate [disloouké¹t] v. disloquer.

dislodge [dislâdj] v. déloger.

disloyal [disla**u**i**ᵉ**l] adj. déloyal. ‖ **disloyalty** [-ti] s. déloyauté, f.

dismal [dizm'l] adj. lugubre, sombre.

dismantle [dismànt'l] v. démanteler [fort] ; dépouiller [clothes] ; vider [house] ; désarmer [ship].

dismast [dismast] v. démâter.

dismay [dismé¹] s. consternation ; stupeur, f. ; v. terrifier ; consterner, décourager ; abattre.

dismiss [dismís] v. renvoyer ; congédier ; révoquer ; bannir [thought] ; *Am.*

acquitter (jur.) ; rejeter [appeal] ; lever [meeting]. ‖ **dismissal** [-'l] s. congé, m. ; révocation ; expulsion, f.

dismount [disma**o**unt] v. descendre de cheval ; démonter [gun, jewel] ; désarçonner.

disnature [disné¹tsh**ᵉ**r] v. dénaturer.

disobedience [dis**ᵉ**bî**dî**ᵉns] s. désobéissance, f. ‖ **disobedient** [dis**ᵉ**bî**dî**ᵉnt] adj. désobéissant. ‖ **disobey** [dis**ᵉ**béi] v. désobéir à ; enfreindre.

disoblige [dis**ᵉ**bla¹dj] v. désobliger.

disorder [disaurd**ᵉ**r] s. désordre ; trouble, m. ; anarchie, émeute ; confusion ; maladie, f. ; v. déranger ; dérégler ; bouleverser. ‖ **disorderly** [-li] adj. en désordre ; déréglé ; perturbé ; débauché ; adv. d'une manière désordonnée ou déréglée.

disorganization [disaurg**ᵉ**nzé¹sh**ᵉ**n] s. désorganisation, f. ‖ **disorganize** [disârg**ᵉ**na¹z] v. désorganiser.

disown [diso**o**un] v. désavouer ; nier ; renier.

disparage [dispáridj] v. déprécier ; dénigrer.

disparate [disp**ᵉ**rit] adj. disparate.

dispassionate [dispash**ᵉ**nit] adj. calme ; impartial ; objectif.

dispatch [dispátsh] s.* envoi, m. ; dépêche, hâte ; expédition, f. ; *cipher dispatch*, message chiffré ; v. expédier ; dépêcher ; exécuter.

dispel [dispèl] v. dissiper, chasser.

dispensary [dispèns**ᵉ**ri] s.* dispensaire, m. ; officine, pharmacie, f.

dispensation [dispᵉnsé¹sh**ᵉ**n] s. dispensation ; exemption ; administration ; disposition ; dispense ; loi religieuse, f. ‖ **dispense** [dispèns] v. dispenser ; distribuer ; administrer ; exempter (*from*, de) ; se dispenser (*with*, de) ; *gasoline dispenser*, distributeur d'essence.

disperse [dispë̀rs] v. disperser. ‖ **dispersion** [dispë̀rsh**ᵉ**n] s. dispersion, f.

dispirited [dispíritid] adj. déprimé, découragé.

displace [displé¹s] v. déplacer ; muter ; supplanter.

display [displé¹] v. déployer ; étaler ; exhiber, faire étalage de ; s. déploiement ; étalage, m. ; exhibition, f. ; *display window*, vitrine.

displease [displíz] v. déplaire ; mécontenter. ‖ **displeasure** [displèj**ᵉ**r] s. mécontentement ; déplaisir, m. ; colère, f.

disport [dispoᵒurt] v. s'amuser ; s. divertissement, m.

disposal [dispoᵒuz'l] s. disposition ; répartition ; dispensation ; vente, f. ;

‖ **dispose** [dispo°uz] *v.* disposer; arranger; vendre, céder; incliner à; *to dispose of*, se défaire de; vaincre. ‖ **disposition** [dispᵉzishᵉn] *s.* disposition; aptitude; inclination; humeur; décision, f.; agencement, m.

dispossess [dispᵉzès] *v.* déposséder.

disproportionate [disprᵉpaursh'nit] *adj.* disproportionné.

disprove [dispro°uv] *v.* réfuter.

disputable [dispyout'b'l] *adj.* discutable. ‖ **disputation** [dispyouté¹shᵉn] *s.* débat, m.; contestation, f. ‖ **dispute** [dispyout] *s.* dispute; discussion, f.; *v.* disputer; discuter.

disqualification [diskwᵃlifiké¹shᵉn] *s.* disqualification, f. ‖ **disqualify** [diskwᵃl'efa¹] *v.* disqualifier; mettre dans l'incapacité de.

disquiet [diskwa¹et] *adj.* inquiet; *s.* inquiétude, f.; *v.* inquiéter.

disregard [disrigárd] *v.* négliger; dédaigner; *s.* dédain, m.

disreputable [disrèpyetᵉb'l] *adj.* mal famé, discrédité.

disrespect [disrispèkt] *s.* irrespect; manque d'égards, m.

dissatisfaction [dissatisfaksh'n] *s.* insatisfaction, f.; mécontentement, m. ‖ **dissatisfy** [dissatisfa¹] *v.* mécontenter.

dissect [disèkt] *v.* disséquer.

dissemble [disèmb'l] *v.* dissimuler; simuler, feindre.

disseminate [disèmᵉné¹t] *v.* disséminer.

dissension [disènsh'n] *s.* dissension, f. ‖ **dissent** [disènt] *v.* être en désaccord ou en dissidence; *s.* dissentiment, m.; dissidence (eccles.); divergence, f.

dissertation [disᵉrté¹shᵉn] *s.* dissertation, f.; mémoire, m.; discours, m.

dissever [disèvᵉr] *v.* séparer.

dissimilar [disímᵉlᵉr] *adj.* différent, *s.*

dissimulation [disimyᵉlé¹shᵉn] *s.* dissimulation, f. ‖ **dissimulator** [disimyoulé¹tᵉr] *s.* dissimulateur, m.; -trice, f.

dissipate [dísᵉpé¹t] *v.* dissiper; disperser. ‖ **dissipation** [disᵉpé¹shᵉn] *s.* dissipation; dispersion, f.

dissociate [diso°ushié¹t] *v.* dissocier, séparer.

dissolute [dísᵉlout] *adj.* dissolu. **dissoluteness** [-nis] *s.* débauche, f. ‖ **dissolution** [disᵉlousheᵉn] *s.* dissolution; dispersion, f. ‖ **dissolve** [dizᵃlv] *v.* séparer; disperser; détruire; (se) dissoudre.

dissuade [diswé¹d] *v.* dissuader. ‖ **dissuasion** [diswé¹jᵉn] *s.* dissuasion, f.

distaff [dístaf] *s.* quenouille, f.

distance [distᵉns] *s.* distance, f.; lointain, m.; *v.* distancer, devancer. ‖ **distant** [distᵉnt] *adj.* éloigné; distant, hautain.

distaste [disté¹st] *s.* répulsion, f.; dégoût, m. ‖ **distasteful** [-fᵉl] *adj.* repoussant, répugnant.

distend [distènd] *v.* distendre.

distil [distíl] *v.* distiller. ‖ **distillation** [dis'tlé¹shᵉn] *s.* distillation, f. ‖ **distillery** [distíl'ri] *s.* distillerie, f.

distinct [distíŋkt] *adj.* distinct. ‖ **distinction** [distiŋshᵉn] *s.* distinction, f. ‖ **distinctive** [distíŋktiv] *adj.* distinctif. ‖ **distinctness** [-nis] *s.* netteté; différenciation, f.

distinguish [distiŋwish] *v.* distinguer; discerner; différencier. ‖ **distinguishing** [-iŋ] *adj.* distinctif, caractéristique.

distort [distaurt] *v.* déformer; fausser; distordre; altérer (truth).

distract [distrakt] *v.* distraire; détourner; rendre fou. ‖ **distraction** [distraksheᵉn] *s.* distraction; perturbation, f.; affolement, m.

distrain [distré¹n] *v.* saisir (jur.).

distress [distrès] *s.ᵉ* détresse; saisie (jur.), f.; *v.* affliger; saisir (jur.).

distribute [distríbyout] *v.* distribuer; répartir; classifier. ‖ **distribution** [distrᵉbyoush'n] *s.* distribution, répartition, f. ‖ **distributor** [distríbyᵉtᵉr] *s.* distributeur, m.; concessionnaire, m.

district [dístrikt] *s.* district; arrondissement; quartier, m.; région, f.; circonscription, f.; canton; secteur, m.

distrust [distræst] *s.* défiance, méfiance, f.; *v.* se défier de. ‖ **distrustful** [-fᵉl] *adj.* défiant, soupçonneux.

disturb [distᵉrb] *v.* déranger; inquiéter; incommoder. ‖ **disturbance** [distᵉrbᵉns] *s.* dérangement; tumulte; ennui; désordre, m.; inquiétude, f.; trouble, m.; émeute; perturbation, f. ‖ **disturber** [distᵉrbᵉr] *s.* perturbateur, m.

disunion [disyounyᵉn] *s.* désunion, f. ‖ **disunite** [disyouna¹t] *v.* désunir.

disuse [disyous] *s.* désuétude, f.; [disyouz] *v.* ne plus employer.

ditch [ditsh] *s.ᵉ* fossé, m.; rigole, f.; *v.* creuser un fossé; drainer ou arroser [meadow]; *Am.* plaquer.

ditto [ditto°u] *s.* dito, idem, m.

ditty [díti] *s.ᵉ* chansonnette, f.

diurnal [da¹ᵉrn'l] *adj.* quotidien.

divan [da¹vàn] *s.* divan, m.

dive [da¹v] *s.* plongeon, m.; piqué (aviat.); bistrot, m.; *v.* plonger; piquer (aviat.). ‖ **diver** [-ᵉr] *s.* plongeur; scaphandrier; plongeon [bird], m.; **pearl diver**, pêcheur de perles.

diverge [devë’dj] v. diverger; différer. ‖ **divergence** [-’ens] s. divergence, f. ‖ **divergent** [-ent] adj. divergent.

divers [dalverz] adj. divers. ‖ **diverse** [devë’s] adj. différent. ‖ **diversify** [dalvë’sifal] v. diversifier. ‖ **diversion** [devë’jen] s. diversion; distraction, f. **diversity** [devë’seti] s.* diversité, f. ‖ **divert** [devë’t] v. dévier; divertir.

divest [dalvèst] v. dévêtir; déposséder, dépouiller.

divide [deval’d] v. diviser; séparer; partager; désunir. ‖ **dividend** [divdènd] s. dividende (math.; comm.), f. ‖ **dividers** [devalderz] s. pl. compas, m.

divination [divnél’shen] s. divination, f. ‖ **divine** [dval’n] adj. divin; s. théologien, prêtre, m.; v. deviner. ‖ **divinity** [devinti] s.* divinité; théologie, f.

divisible [devizeb’l] adj. divisible. ‖ **division** [devijen] s. division, f. ‖ **divisor** [devalzer] s. diviseur, m.

divorce [devoours] s. divorce, m.; v. divorcer d’avec; prononcer le divorce de. ‖ **divorcee** [divau’rsí] s. divorcé, m. f. ‖ **divorcement** [divausm’nt] s. divorce, m.

divulgation [dalvœlgél’shen] s. divulgation, f. ‖ **divulge** [devœldj] v. divulguer.

dizziness [diz’nis] s. vertige, m. ‖ **dizzy** [dizi] adj. étourdi; to feel dizzy, avoir le vertige.

do [dou] v.* faire; accomplir; réussir; exécuter; préparer; arranger; se porter; prospérer; travailler; suffire; he tried to do me, il a essayé de me refaire; we cannot do without him, nous ne pouvons nous passer de lui; do not lie, ne mentez pas; how do you do?, comment allez-vous?; he sees us, does he not?, il nous voit, n’est-ce pas?; you hate me. I do not, vous me détestez. Pas du tout; I must do without, il faut que je m’en passe; do stay for dinner with us, restez donc dîner avec nous; he is done in, il est fourbu; that will do, cela suffit; well-to-do, aisé, cossu; well done, bravo, à la bonne heure.

docile [doousal’l] adj. docile. ‖ **docility** [doousfl’ti] s. docilité, f.

dock [dâk] s. dock; bassin; quai, m.; dry dock, cale sèche; v. faire entrer dans le dock; diminuer [wages]; rogner (off, sur); **docker**, docker.

doctor [dâkter] s. docteur; médecin, m.; v. soigner; exercer la médecine; eye-doctor, oculiste. ‖ **doctorate** [-rit] s. doctorat, m.

doctrine [dâktrin] s. doctrine, f.

document [dâkyem’nt] s. document, m.; [dâky’mènt] v. documenter; **document-case**, porte-documents. ‖ **documentary** [dâkyoumént’ri] adj. documentaire. ‖ **documentation** [dâkyouménté’shen] s. documentation, f.

dodder [dauder] v. dodeliner du chef; chanceler; traîner la patte (fam.).

dodge [dâdj] s. ruse, f.; détour; stratagème, m.; v. esquiver; louvoyer; ruser; faire marcher; lanterner.

doe [doou] s. femelle du daim, du lapin, du lièvre, f.

doff [dâf] v. enlever, ôter.

dog [daug] s. chien; chenêt; crampon (mech.), m.; suivre à la piste, chasser; **dogberry tree**, cornouiller; **dog days**, canicule; **dog-rose**, églantine; **doggedly**, avec acharnement; **dog-house**, niche; **dog’s ear**, corne à un livre; **dog show**, exposition canine; **dog-tired**, éreinté; **doggish**, hargneux, grincheux; Am. plastronneur.

dogma [daugme] s. dogme, m.; **dogmatic**, dogmatique, catégorique.

doings [douingz] s. pl. agissements, m. pl.; conduite, f.; actions, f. pl.

doldrums [dâldremz] s. pl. cafard; marasme, m.; calmes équatoriaux, m. pl.

dole [doou l] s. distribution gratuite; aumône, f.; secours, m.; v. distribuer; **unemployment dole**, indemnité de chômage.

doleful [doou lfel] adj. lugubre; endeuillé; plaintif; dolent, triste.

doll [dâl] s. poupée, f.

dollar [dâler] s. dollar, m.; Fr. Can. piastre, f.

dolly [dâli] s.* chariot, m.; poupée, f.

dolor [doou ler] s. douleur, f.

dolphin [dâlfin] s. dauphin [mammal], m.; daurade, f. [fish].

dolt [doou lt] s. lourdaud, sot, m.

domain [doou mé’n] s. domaine, m.

dome [doou m] s. dôme, m.

domestic [demèstik] adj. domestique; privé; national; apprivoisé; s. domestique, serviteur, m.

domicile [dâmes’l] s. domicile, m.; v. (se) domicilier.

dominant [dâmen’nt] adj. dominant. ‖ **dominate** [dâmné’t] v. dominer. ‖ **domination** [dâmnél’shen] s. domination, f. ‖ **domineer** [dâmnier] v. tyranniser, opprimer.

dominion [deminyen] s. dominion, m.; domination; souveraineté, f.

domino [dâmenou] s.* domino [costume, mask, game], m.

don [dân] v. mettre, vêtir.

donate [do°uné¹t] *v.* donner, accorder. ‖ **donation** [do°uné¹shⁿn] *s.* donation, f.; don, m.

done [dœn] *p. p. of* **to do**; fait, achevé; *to be done with*, en avoir fini avec; *to be done for*, être épuisé, ruiné; *overdone*, trop cuit.

donee [donî] *s.* donataire, m.

donkey [dân̂ki] *s.* âne, m.

donor [do°unⁿr] *s.* donateur; donneur, m.

doodle [doud'l] *v.* griffonner des petits dessins; *s.* griffonnage, m.

doom [doum] *s.* jugement, m.; sentence; destinée, f.; **doomsday**, jour du jugement dernier; *v.* condamner; destiner, vouer [*to*, à].

door [do°ur] *s.* porte; entrée; portière, f.; **doorframe**, chambranle; **doorkeeper**, portier, huissier; **doorknob**, bouton; **doormat**, paillasson; **doorstep**, pas de porte; seuil; **doorway**, entrée; *next door*, à côté.

dope [do°up] *s.* stupéfiant; opium; *Am.* tuyau (slang); benêt, m.; *v.* droguer, doper; **dope fiend**, morphinomane.

dormer [daurmⁿr] *s.* lucarne, f.

dormitory [daurmᵉto°uri] *s.** dortoir, m.

dormouse [daurma°us] *s.* loir, m.

dorsal [daurs'l] *adj.* dorsal.

dosage [do°usidj] *s.* dosage, m.; posologie, f. ‖ **dose** [do°us] *s.* dose, f.; *v.* médicamenter.

dot [dât] *s.* point, m.; *v.* mettre des points; pointiller; *to a dot*, parfaitement, minutieusement; *polka dots*, pois sur étoffe.

dotage [do°utidj] *s.* radotage, m. ‖ **dotard** [do°utⁿrd] *s.* radoteur, m.

double [dœb'l] *adj.* double; *s.* double; duplicata; pli; contre [bridge], m.; ruse, duplicité, f.; *v.* doubler; plier; replier; redoubler; serrer [fists]; *adv.* doublement; **double-bedroom**, chambre à deux lits; **double-breasted**, croisé; **double-deal**, duplicité; **double-quick**, pas gymnastique (mil.); *to double-cross*, duper.

doubt [da°ut] *s.* doute, m.; *v.* douter; hésiter; soupçonner; **doubtful**, douteux; indécis; **doubtless**, sans aucun doute, indubitablement.

douche [doush] *s.* douche; injection, f.; bock, m.; *v.* (se) doucher; donner (or) prendre une injection.

dough [do°u] *s.* pâte, f.; argent (slang); **doughboy**, fantassin américain; **doughnut**, beignet, *Fr. Can.* beigne, m.; **doughtray**, pétrin.

doughty [da°uti] *adj.* courageux.

douse [da°us] *v.* tremper, doucher; éteindre.

dove [do°uv] *pret. of* **to dive**.

dove [dœv] *s.* colombe, f.; pigeon, m.; **dove-cot**, pigeonnier; **dovetail**, queue d'aronde.

dowager [da°uedjer] *s.* douairière, f.

dowdy [da°udi] *adj.* négligé; mal tenu; fagoté.

dower [da°uer] *s.* douaire, m.; dot, f.; *v.* donner en douaire; doter.

down [da°un] *s.* dune, f.

down [da°un] *s.* duvet, m.; **downy**, duveteux.

down [da°un] *adv.* en bas; bas; au fond; à terre; *adj.* descendant; déprimé; baissé, abaissé; *prep.* du haut en bas de; *s.* descente, f.; *v.* baisser; descendre; renverser; *the sun is down*, le soleil est couché; *down here*, ici-bas; *to pay down*, verser des arrhes; **downcast**, abattu; **downdraft**, trou d'air (aviat.); **down-stream**, au fil du courant. ‖ **downfall** [-faul] *s.* chute, f. ‖ **downpour** [-po°ur] *s.* averse, f. ‖ **downright** [-ra¹t] *adj.* vertical; franc, catégorique. ‖ **downstairs** [-stèrz] *adv.* en bas; angl. du rez-de-chaussée. ‖ **downward** [-werd] *adj.* en pente; incliné; *adv.* en descendant; vers le bas; en bas.

dowry [da°uri] *s.** dot, f.; douaire, m.

dowser [da°uzᵉr] *s.* radiesthésiste, m.

doze [do°uz] *s.* somme, m.; sieste, f.; *v.* sommeiller; s'assoupir.

dozen [dœz'n] *s.* douzaine, f.; *a baker's dozen*, treize à la douzaine.

drab [drab] *adj.* grisâtre; monotone.

draft [draft] *s.* tirage; puisage; plan; brouillon; dessin; virement bancaire; courant d'air; détachement (mil.); tirant d'eau (naut.), m.; circonscription (mil.); boisson; traite (comm.), f.; *pl.* dames [game], f.; *v.* esquisser; dessiner; faire un brouillon; détacher (mil.); **draftee**, conscrit; **draftsman**, dessinateur; *to rough-draft*, ébaucher.

drag [drag] *s.* herse; drague, f.; grappin; frein, sabot; obstacle; drag, m.; trace artificielle du renard [hunting], f.; *v.* traîner; draguer; pêcher à la seine; passer lentement [time]; enrayer [wheel]; chasser sur ses ancres (naut.); chasser le renard [hunting]; **dragnet**, drège; *Am.* rafle.

dragon [dragᵉn] *s.* dragon, m. ‖ **dragonfly** [dragᵉnfla¹] *s.** libellule, f.

drain [dré¹n] *s.* drain; conduit d'écoulement; égout, m.; *v.* drainer; assécher; épuiser; vider; s'égoutter. ‖ **drainage** [-¹dj] *s.* drainage; soutirage; assèchement; écoulement, m.

drake [dré¹k] *s.* canard, m.

dram [dram] *s.* drachme [weight], f.; goutte [drink], f.

drama [drâm°] *s.* drame, m. ‖ **dramatic** [drəmatik] *adj.* dramatique. ‖ **dramatist** [drâm°tist] *s.* dramaturge, auteur dramatique, m. ‖ **dramatize** [dram°ta¹z] *v.* dramatiser.

drank [drängk] *pret. of to drink.*

drape [dré¹p] *s.* draperie, f.; rideau, m.; *v.* draper. ‖ **draper** [-°r] *s.* drapier, marchand de nouveautés, m. ‖ **drapery** [-°ri] *s.*° draperie; étoffes, f.; métier de drapier, m.

drastic [drǎstik] *adj.* rigoureux.

draught [draft], *see* **draft.**

draw [draù] *v.*° tirer; haler; extraire; dégainer [sword]; inspirer [breath]; tirer, gagner [lot]; toucher [money]; attirer; tirer [chimney]; tirer sur (comm.); dessiner, esquisser; arracher [teeth]; étirer [wire]; puiser [water]; faire match nul; *to draw up,* pousser [sigh]; rédiger [document]; relever, tirer en haut; *to draw together,* se rapprocher, se rassembler; *s.* lot gagné; tirage du lot; montant obtenu ou touché, m.; partie nulle; attraction, f.; *drawback,* obstacle, handicap; drawback (comm.); *drawbridge,* pont-levis. ‖ **drawer** [-°r] *s.* tireur, tiroir, m.; [-°rz] *pl.* caleçon, m. ‖ **drawing** [-ing] *s.* tirage; dessin, m.; extraction; attraction; quantité de thé à infuser, f.; *drawing-paper,* papier à dessin; *drawing-pin,* punaise; *drawing-room,* salon. ‖ **drawn** [-n] *p. p. of to draw.*

drawl [draùl] *v.* ânonner; *s.* élocution lente et traînante, f.

dray [dré¹] *s.* camion, m.; *drayage,* camionnage.

dread [drèd] *s.* crainte, terreur, f.; *adj.* terrible; *v.* redouter, s'épouvanter. ‖ **dreadful** [-f°l] *adj.* terrifiant, épouvantable, redoutable.

dreadnought [drèdnaut] *s.* dreadnought, m.; ratine [cloth], f.

dream [drîm] *s.* rêve, m.; *v.*° rêver. ‖ **dreamer** [-°r] *s.* rêveur, m. ‖ **dreamily** [-ili] *adv.* rêveusement, f. ‖ **dreamt** [drèmt] *pret., p. p. of to dream.* ‖ **dreamy** [drîmi] *adj.* rêveur, mélancolique; irréel; vague.

dreary [drîri] *adj.* morne; lugubre.

dredge [drèdj] *s.* drague, f.; *v.* draguer; *dredge boat,* dragueur.

dredge [drèdj] *v.* saupoudrer. ‖ **dredger** [-°r] *s.* saupoudroir, m.

dregs [drègz] *s. pl.* lie, f.

drench [drèntsh] *s.*° averse; saucée (colloq.), f.; purge, f. [for animals]; *v.* tremper; inonder; faire boire; purger.

dress [drès] *s.*° habillement, m.; robe; toilette, tenue, f.; *v.* habiller, vêtir;

apprêter; orner; parer; coiffer [hair]; tanner [leather]; cultiver [land]; panser [wound]; pavoiser [ship]; aligner [soldiers]; s'habiller; se parer; s'aligner (mil.). *dress-coat,* habit de soirée; *dress-rehearsal,* répétition générale. ‖ **dresser** [-°r] *s.* coiffeuse, f. ‖ **dressing** [-ing] *s.* toilette; sauce, raclée (fam.), f.; assaisonnement; apprêt (techn.); alignement (mil.), m., *French dressing,* vinaigrette; *dressing-gown,* robe de chambre. ‖ **dressmaker** [-mé¹k°r] *s.* couturier, m.; couturière, f. ‖ **dressmaking** [-mé¹king] *s.* couture, f. ‖ **dressy** [-i] *adj.* chic, élégant.

drew *pret. of to draw.*

dribble [drib'l] *v.* dégoutter; verser goutte à goutte; dribbler [game]; *s.* goutte, f. ‖ **driblet** [driblit] *s.* goutte; bribe, f.; brin, soupçon, m.

dried [dra¹d] *pret., p. p. of to dry;* *adj.* sec; déshydraté; tapé [pear]. ‖ **drier** [dra¹°r] *s.* séchoir, m.; sécheuse, f.; siccatif, m.

drift [drift] *s.* poussée; tendance; alluvion; dérive (naut.); masse [snow], f.; nuage [dust]; *v.* pousser; amonceler; aller à la dérive; s'amasser; être chassé par le vent.

drill [dril] *s.* foret; exercice (mil.), m.; *v.* forer, percer; faire l'exercice; *drill ground,* terrain de manœuvres.

drill [dril] *s.* sillon; semoir, m.; *v.* semer par sillon.

drily [dra¹li], *see* **dryly.**

drink [dringk] *s.* boisson, f.; alcool, m.; *v.*° boire; *to drink up,* vider [glass]; *to drink in,* écouter attentivement, absorber; *to drink off,* boire d'un trait; *drink-money,* pourboire. ‖ **drinkable** [-°b'l] *adj.* buvable, potable. ‖ **drinker** [-°r] *s.* buveur, m. ‖ **drinking** [-ing] *s.* boire, m.; boisson; ivrognerie, f.; *drinking-bout,* beuverie; *drinking-water,* eau potable.

drip [drip] *s.* égouttement, m.; *v.* dégoutter; *drip-coffee,* café-filtre; *dripping-pan,* lèche-frite.

drive [dra¹v] *s.* promenade en voiture; route carrossable; presse (comm.); vente-réclame (comm.); transmission (mech.); *Am.* touche [cattle], f.; drive [sport], m.; flottage, m., *Fr. Can.* drave, f.; *v.*° pousser; conduire [auto]; faire marcher, actionner; contraindre; enfoncer [nail]; toucher [cattle]; *Fr. Can.* draver; driver; aller en voiture; percer [tunnel]; *he has a lot of drive,* il a beaucoup d'allant; *what are you driving at?,* où voulez-vous en venir?; *driving wheel,* roue motrice.

drivel [driv'l] *v.* baver; radoter; *s.* bave; bêtises, f.

driven [driv^e^n] *p. p. of* to drive. ‖ **driver** [dra^i^v^e^r] *s.* conducteur; chauffeur; mécanicien; machiniste; driver [sport]; *Fr. Can.* draveur, m.

drizzle [driz'l] *v.* bruiner; *s.* bruine, f.

droll [dro^u^l] *adj.* drôle, amusant.

dromedary [drâm^e^d^e^ri] *s.** dromadaire, m.

drone [dro^u^n] *s.* bourdon; bourdonnement; parasite, m.; *v.* bourdonner; paresser; vivre en parasite.

droop [droup] *v.* se pencher; languir; s'affaiblir; se voûter; pencher [head]; baisser [eyes]; *s.* affaissement, m.

drop [drâp] *s.* goutte; chute; pendeloque, f.; *v.* laisser tomber; goutter; tomber; jeter [anchor]; lâcher [bombs]; sauter [stitch]; laisser échapper [word]; *cough drop,* pastille contre la toux; *drop curtain,* rideau de théâtre; *dropper, dropping tube,* compte-gouttes.

dropsy [drâpsi] *s.* hydropisie, f.

drought [dra^o^ut] *s.* sécheresse, f.

drove [dro^o^uv] *s.* troupeau, m.

drove [dro^o^uv] *pret. of* to drive.

drown [dra^o^un] *v.* noyer; étouffer [sound]; submerger; se noyer.

drowse [dra^o^uz] *v.* sommeiller; somnoler. ‖ *drowsiness* [dra^o^uzinis] *s.* somnolence, f. ‖ *drowsy* [dra^o^uzi] *adj.* somnolent, assoupi; soporifique, endormant; apathique, endormi.

drudge [drœdj] *v.* peiner, trimer; *s.* trimeur, forçat, esclave, m. ‖ *drudgery,* corvée; besogne harassante; turbin (colloq.).

drug [drœg] *s.* produit pharmaceutique, m.; drogue f.; stupéfiant, m.; *v.* droguer; *drug-addict,* toxicomane. ‖ *druggist* [-ist] *s.* droguiste, pharmacien, m. ‖ *drugstore* [-sto^o^ur] *s.* pharmacie, droguerie, f.; bazar, m.

druid [dro^u^id] *s.* druide, m.

drum [drœm] *s.* tambour; tympan; cylindre; rouleau, m.; *v.* tambouriner; battre du tambour; *bass drum,* grosse caisse; *drumhead,* peau de tambour; *drum major,* tambour-major; *drumstick,* baguette de tambour. ‖ *drummer* [-^e^r] *s.* tambour [man]; *Am.* commis voyageur, m.

drunk [drœngk] *p. p. of* to drink; *adj.* ivre; *to get drunk,* prendre une cuite (fam.), *Fr. Can.* prendre une brosse. ‖ *drunkard* [-^e^rd] *s.* ivrogne, poivrot, m. ‖ *drunken* [-^e^n] *adj.* ivre. ‖ *drunkenness* [-^e^nis] *s.* ivresse, ivrognerie, f.

dry [dra^i^] *adj.* sec, sèche; desséché; aride; altéré; caustique; ardu; *Am.* antialcoolique; ennuyeux, « rasoir »; *v.* sécher; faire sécher; essuyer [dishes]; se tarir; *s.** *Am.* prohibitionniste, m.; *dry goods,* nouveautés; *dry cleaning,* nettoyage à sec; *drysalter,* droguiste; ‖ *dryly* [-li] *adv.* sèchement. ‖ *dryness* [-nis] *s.* sécheresse; dessiccation; aridité, f.

dual [dyou^e^l] *adj.* double; *dual control,* double commande; *dual office,* cumul. ‖ *duality* [dyouality] *s.** dualité, f.

dub [dœb] *v.* qualifier; doubler [film]; raboter, aplanir.

dubious [dyoubi^e^s] *adj.* douteux; contestable; problématique. ‖ *dubitative* [-bit^e^tiv] *adj.* dubitatif.

duchess [dœtshis] *s.** duchesse, f.

duck [dœk] *s.* coutil, m.

duck [dœk] *s.* canard, m.; cane, f.; *duckling,* caneton.

duck [dœk] *v.* plonger; immerger; éviter en baissant la tête; *s.* plongeon, m.; esquive, f.

duct [dœkt] *s.* conduit, m.

ductile [dœkt'l] *adj.* ductile; docile.

dudgeon [dœdj^e^n] *s.* colère, f.

due [dyou] *adj.* dû; convenable; échu [bill]; qui doit arriver; *s.* dû; droit, m.; taxe, f.; *due North,* droit vers le Nord; *what is it due to?,* à quoi cela tient-il?; *in due time,* en temps voulu; *the train is due at six,* le train doit arriver à six heures; *town dues,* octroi.

duel [dyou^e^l] *s.* duel, m.; *v.* se battre en duel.

duet [dyouèt] *s.* duo, m. ‖ *duettist* [-ist] *s.* duettiste, m. f.

duffer [dœf^e^r] *s.* colporteur; faussaire; faux; cancre; sot, m.

dug *pret., p. p. of* to dig. ‖ *dugout* [dœga^o^ut] *s.* abri, m.; cagna; pirogue, f.

duke [dyouk] *s.* duc, m.; *dukedom,* duché.

dull [dœl] *adj.* stupide, hébété; borné; traînard; morne, terne; ennuyeux; ralenti (comm.); triste; gris [sky]; sourd [sound]; pâle [color]; émoussé [blade]; *v.* hébéter, engourdir; ternir; émousser; amortir. ‖ *dullness* [-nis] *s.* stupidité; lenteur; torpeur; tristesse, f.; ennui; engourdissement, m.

duly [dyouli] *adv.* dûment.

dumb [dœm] *adj.* muet, muette; silencieux; *Am.* stupide; *dumb-waiter,* monte-plat. ‖ *dumbness* [-nis] *s.* mutisme, m.; stupidité, f.

dumfound [dœmfa^o^und] *v.* abasourdir, confondre, désarçonner, ébahir.

dummy [dœmi] *s.** mannequin; acteur d'un rôle muet; homme de paille; mort [bridge]; objet factice, m.;

maquette; sucette, f.; *adj.* factice, truqué; agissant comme prête-nom.

dump [dœmp] *s.* dépôt; dépotoir, m.; décharge publique des ordures, f.; *v.* décharger, vider; entasser.

dumps [dœmps] *s. pl.* cafard, m.; idées noires, f. pl.

dumpy [dœmpi] *adj.* trapu, replet.

dun [dœn] *v.* harceler (a debtor); *s.* créancier impatient, m.

dunce [dœns] *s.* ignorant, m.; *dunce's cap*, bonnet d'âne.

dune [dyoun] *s.* dune, f.

dung [dœng] *s.* fumier, m.; crotte, f.; *v.* fumer; *dunghill*, tas de fumier.

dungeon [dœndjⁿn] *s.* cachot, m.

dunk [dœnk] *v.* tremper, faire des mouillettes; faire trempette.

Dunkirk [dœnkĕrk] *s.* Dunkerque.

duo [dyouoᵒᵘ] *s.* duo, m.

dupe [dyoup] *s.* dupe, f.; *v.* duper.

duplicate [dyouplᵉkit] *adj.* double; *s.* double, duplicata, m.; [dyouplᵉkéⁱt] *v.* copier; établir en double; faire un duplicata, reproduire.

duplicity [dyouplisⁱti] *s.** duplicité, hypocrisie, f.

durable [dyourᵉbⁱl] *adj.* durable. ‖ *duration* [dyouréⁱshⁿn] *s.* durée, f. ‖ *duress* [dyouⁱrès] *s.* contrainte; captivité, f. ‖ *during* [dyouring] *prep.* durant, pendant.

dusk [dœsk] *s.* crépuscule, m.; *Fr. Can.* brunante, f. ‖ *dusky* [-i] *adj.* sombre, obscur; hâlé.

dust [dœst] *s.* poussière; cendres [corpse]; ordures, balayures, f.; poussier, m.; *v.* épousseter; saupoudrer; *saw-dust*, sciure; *dust coat*, cache-poussière; *dust-pan*, pelle à ordures. ‖

duster [-ᵉr] *s.* torchon, essuie-meuble; *Am.* cache-poussière, m.; *feather-duster*, plumeau. ‖ *dusty* [-i] *adj.* poussiéreux; poudreux.

Dutch [dœtsh] *adj.*, *s.* Hollandais, Néerlandais; *Dutch oven*, rôtissoire. ‖ *Dutchman* [-mⁿn] (*pl.* *Dutchmen*) *s.* Hollandais, m.

dutiable [dyoutiᵉbⁱl] *adj.* soumis aux droits de douane. ‖ *dutiful* [dyoutiᶠⁱl] *adj.* soumis; déférent; respectueux. ‖ *duty* [dyouti] *s.** devoir; respect, m.; tâche, obligation; taxe, imposition, f.; *duty-free*, exempt d'impôt.

dwarf [dwaurf] *adj.*, *s.* nain, naine; *v.* rapetisser; arrêter la croissance; réduire (*to*, à).

dwell [dwèl] *v.** habiter, demeurer; rester; insister (*on*, sur). ‖ *dweller* [-ᵉr] *s.* habitant, résident, m. ‖ *dwelling* [-ing] *s.* habitation, f.; domicile, m. ‖ *dwelt* [-t] *pret.*, *p. p. of* to dwell.

dwindle [dwind'l] *v.* diminuer; dépérir; se ratatiner.

dye [daⁱ] *s.* teinture; couleur, f.; *v.* teindre; *Br. dye-house*; *Am. dye-work*, teinturerie. ‖ *dyer* [-ᵉr] *s.* teinturier, m.

dying [daⁱing] *adj.* moribond, mourant.

dynamic [daⁱnamik] *adj.* dynamique; énergique; *s. pl.* dynamique, f. ‖ *dynamism* [daⁱnᵉmiz'm] *s.* dynamisme, m.

dynamite [daⁱnᵉmaⁱt] *s.* dynamite, f.; *v.* dynamiter, miner. ‖ *dynamiter* [-ᵉr] *s.* dynamiteur, m.

dynamo [daⁱnᵉmeᵒ] *s.* dynamo, f.

dynasty [dinᵉsti] *s.** dynastie, f.

dysentery [dis'ntèri] *s.* dysenterie, f.

dyspepsia [dispèpshᵉ] *s.* dyspepsie, f.

E

each [îtsh] *adj.* chaque; *pron.* chacun, chacune; *each other*, l'un l'autre.

eager [îgᵉr] *adj.* avide; ardent; impatient. ‖ *eagerness* [-nis] *s.* avidité; ardeur; impatience, f.; zèle, m.

eagle [îg'l] *s.* aigle, m.; *eagle-owl*, grand-duc.

ear [iᵉr] *s.* oreille; anse, f.; épi, m.; *ear-drum*, tympan; *ear-ring*, boucle d'oreille; *ear-trumpet*, cornet acoustique; *ear-wax*, cérumen.

earl [ĕrl] *s.* comte, m.

early [ĕrli] *adv.* tôt, de bonne heure; *adj.* matinal; précoce; prompt; de primeur [fruit]; bas [age].

earn [ĕrn] *v.* gagner; acquérir; mériter; *earnings*, salaire.

earnest [ĕrnist] *adj.* sérieux; sincère; ardent; *s.* sérieux, m.; *in earnest*, sérieusement, pour de bon; *earnest money*, arrhes. ‖ *earnestly* [-li] *adv.* avec sérieux; avec ardeur.

earnings [ĕrningz] *s.* gain, salaire, m.; appointements, m. pl.; bénéfices, m. pl.

earphone [iᵉrfoᵒⁿn], **earpiece** [iᵉrpîs] *s.* écouteur, m. ‖ *earshot* [-shôt] *s.* portée d'ouïe, f.

earth [ĕrth] *s.* terre, f.; monde; univers; sol, m. ‖ *earthen* [-ᵉn] *adj.* en terre; de terre; *earthenware*, poterie, faïence. ‖ *earthly* [-li] *adj.* terrestre; mondain; matériel. ‖ *earthquake* [-kwéⁱk] *s.* tremblement de terre, m. ‖ *earthwork* [-wĕrk] *s.* terrassement,

m. ‖ **earthworm** [-wër̃m] *s.* ver de terre; lombric, m. ‖ **earthy** [-i] *adj.* terreux; fruste; truculent.

ease [īz] *s.* aise, confort; soulagement, m.; aisance; facilité; détente, f.; *v.* soulager; détendre; faciliter; mollir (naut.); alléger.

easel [īz'l] *s.* chevalet, m.

easily [īz•li] *adv.* aisément.

east [īst] *s.* est; orient; levant, m.; *adj.* oriental; *adv.* à l'est, vers l'est, de l'est; *Near East*, Proche-Orient; *Far East*, Extrême-Orient.

Easter [īst•r] *s.* Pâques, m. pl.

eastern [īst•rn] *adj.* oriental, de l'est. ‖ **eastward** [īstw•rd] *adv., adj.* vers l'est.

easy [īzi] *adj.* facile; à l'aise; léger; libre; docile; tranquille; *to feel easy*, se sentir à son aise; *easy-going*, placide, accommodant; *by easy stages*, à petites étapes.

eat [īt] *v.** manger; *to eat up the miles*, dévorer les kilomètres. ‖ **eatables** [īt•b'lz] *s. pl.* aliments, m.; choses comestibles, f. ‖ **eaten** [īt'n] *p. p. of* to eat. ‖ **eater** [-•r] *s.* mangeur, m. ‖ **eating-house** [īting•haous] *s.* restaurant, m.

eaves [īvz] *s.* larmier, m.; *eaves-drop*, écouter aux portes; *eaves-dropper*, espion, indiscret.

ebb [èb] *s.* reflux; déclin, m.; baisse, f.; *v.* refluer; décliner; péricliter; *ebb tide*, jusant.

ebony [èb•ni] *s.* ébène, m.

ebullient [ibœly•nt] *adj.* bouillonnant, effervescent; exubérant.

ebullition [eb•lish•n] *s.* ébullition, f.

eccentric [iksèntrik] *adj., s.* excentrique, original. ‖ **eccentricity** [èksèntrisīti] *s.** excentricité, f.

ecclesiastic [ikliziastik] *adj., s.* ecclésiastique.

echo [èko⁰u] *s.** écho, m.; *v.* répéter; faire écho, répercuter.

éclair [ē¹klè•r] *s.* éclair, m. (culin.).

eclipse [iklips] *s.* éclipse, f.; *v.* éclipser; *to become eclipsed*, s'éclipser.

economical [ik•nämik'l] *adj.* économique; économe, épargnant. ‖ **economically** [-'li] *adv.* économiquement. ‖ **economics** [ik•nämiks] *s.* économie politique, f. ‖ **economist** [ikän•mist] *s.* économiste, m. ‖ **economize** [ikän•ma¹z] *v.* économiser; ménager, épargner. ‖ **economy** [ikän•mi] *s.** économie, parcimonie; frugalité; épargne, f.; système économique, m.

ecstasy [èkst•si] *s.** extase, f. ‖ **ecstatic** [èkstatik] *adj.* extatique.

eczema [ékzim•] *s.* eczéma, m.

eddy [èdi] *s.** tourbillon, remous, m.; *v.* tourbillonner.

edge [èdj] *s.* tranchant; bord; fil [sword], m.; lisière; tranche [book], acuité, f.; *v.* aiguiser; border; se faufiler; *to set the teeth on edge*, agacer les dents; *gilt-edged*, doré sur tranche.

edible [èd•b'l] *adj., s.* comestible.

edict [īdikt] *s.* édit, m.

edification [édifiké¹sh•n] *s.* édification, f. ‖ **edificatory** [-t•ri] *adj.* édifiant. ‖ **edifice** [èd•fis] *s.* édifice, m. ‖ **edify** [èd•fa¹] *v.* édifier.

edit [èdit] *v.* réviser; éditer. ‖ **edition** [idish•n] *s.* édition, f. ‖ **editor** [èdit•r] *s.* rédacteur en chef; directeur de journal ou de collection, m. ‖ **editorial** [èd•to⁰uri•l] *adj., s.* éditorial, m.; *Am. editorial writer*, éditorialiste.

educate [èdj•ké¹t] *v.* éduquer, élever; instruire. ‖ **education** [èdj•ké¹sh•n] *s.* éducation; pédagogie; études, f. ‖ **educational** [-'l] *adj.* instructif; pédagogique. ‖ **educative** [èdj•ké¹tiv] *adj.* éducatif. ‖ **educator** [èdj•ké¹t•r] *s.* éducateur, m.; éducatrice, f.

eel [īl] *s.* anguille, f.; *eel-pout*, barbote.

efface [ifès] *v.* effacer. ‖ **effacement** [-m•nt] *s.* effacement, m.

effect [ifèkt] *s.* effet, résultat; sens; accomplissement, m.; réalisation; influence, f.; *pl.* effets, biens, m. pl.; *v.* effectuer, accomplir. ‖ **effective** [-iv] *adj.* effectif; efficace; impressionnant; en vigueur (jur.); bon pour le service (mil.). ‖ **effectiveness** [-nis] *s.* efficacité, f.; effet, m.; sensation, f. ‖ **effectual** [ifèktshou•l] *adj.* efficace.

effeminate [•fèm•nit] *adj.* efféminé.

effervescent [èf•rvès'nt] *adj.* effervescent; exubérant, surexcité.

effete [ifīt] *adj.* épuisé; stérile.

efficacious [éfiké¹sh•s] *adj.* efficace. ‖ **efficacy** [èf•k•si] *s.* efficacité, f.

efficiency [•fish•nsi] *s.* efficience, f. ‖ **efficient** [•fish•nt] *adj.* efficient; compétent; capable; utile.

effigy [èf•dji] *s.** effigie, f.

effluvium [éflouvi•m] *s.* effluve, m.

effort [èf•rt] *s.* effort, m.

effrontery [•frænt•ri] *s.* effronterie, impudence, f.

effulgence [èfœldj•ns] *s.* éclat, brillant, m.; splendeur, f.

effusion [èfyou•j•n] *s.* effusion, f.; épanchement, m. ‖ **effusive** [èfyousiv] *adj.* expansif, démonstratif.

egg [èg] *s.* œuf, m.; *boiled egg*, œuf à la coque; *fried egg*, œuf sur le plat; *hard-boiled egg*, œuf dur; *poached egg*, œuf poché; *scrambled eggs*, œufs brouillés; **egg-cup,** coquetier; **eggplant,** aubergine; **egg-shell,** coquille d'œuf.

egocentric [égo°u°séntrik] *adj.* égocentriste. ‖ **egocentricity** [ègo°u°séntris°ti] *s.* égocentrisme, m. ‖ **egoism** [égo°u°iz'm] *s.* égoïsme, m. ‖ **egoist** [-ist] *s.* égoïste, m. f. ‖ **egotism** [ìgetiz°m] *s.* égotisme, m. ‖ **egotist** [-ist] *s.* égotiste, m. f.

egregious [igridji°s] *adj.* insigne, notoire, signalé.

Egypt [ìdjipt] *s.* Égypte, f.; **Egyptian,** égyptien, Égyptien.

eider [a¹der] *s.* eider, m.; **eider-down,** duvet; édredon, m.

eight [é¹t] *adj.* huit. ‖ **eighth** [-th] *adj.* huitième. ‖ **eighty** [-i] *adj.* quatre-vingts.

either [ízher] *adj., pron.* l'un ou l'autre; *conj.* ou bien; *adv.* non plus; *either of them,* chacun d'eux; *nor he either,* ni lui non plus; *in either case,* dans les deux cas.

eject [idjèkt] *v.* éjecter, expulser. ‖ **ejection** [-shen] *s.* expulsion, f.

elaborate [ilab°rit] *adj.* compliqué, recherché; soigné, fini; [ilab°ré¹t] *v.* élaborer, produire.

elapse [ilaps] *v.* s'écouler [time].

elastic [ilastik] *adj.* élastique; souple; *s.* élastique, m. ‖ **elasticity** [ilastis°ti] *s.* élasticité, f.

elate [ilé¹t] *v.* exalter, transporter.

elbow [èlbo°u] *s.* coude, m.; *to elbow one's way,* jouer des coudes pour se frayer un chemin; *elbow grease,* huile de coude.

elder [èld°r] *adj.* aîné; plus âgé; ancien; *s.* aîné, ancien; dignitaire (eccles.), m. ‖ **elderly** [-li] *adj.* d'un certain âge. ‖ **eldest** [èldist] *adj.* aîné.

elder [èld°r] *s.* sureau, m.

elect [ilèkt] *adj., s.* élu; d'élite; *v.* élire. ‖ **election** [ilèksh°n] *s.* élection, f. ‖ **elective** [-tiv] *adj.* électif; électoral; facultatif; *s.* matière à option, f. ‖ **elector** [ilèkt°r] *s.* électeur, m. ‖ **electoral** [ilèkt°r°l] *adj.* électoral.

electric [ilèktrik] *adj.* électrique. ‖ **electrical** [-'l] *adj.* électrique; *electrical engineering,* électrotechnique. ‖ **electrician** [ilèktrish°n] *s.* électricien, m. ‖ **electricity** [ilèktris°ti] *s.* électricité, f. ‖ **electrify** [ilèktrfa¹] *v.* électrifier; électriser. ‖ **electrocute** [ilèktr°kyout] *v.* électrocuter. ‖ **electrode** [ilèktro°ud] *s.* électrode, f. ‖ **electromagnet** [ilèktro°umagnit] *s.* électro-aimant, m. ‖ **electron** [ilèktrôn] *s.* électron, m. ‖ **electronics** [-iks] *s.* électronique, f.

elegance [èl°g°ns] *s.* élégance, f. ‖ **elegant** [èl°g°nt] *adj.* élégant.

elegy [èl¹dji] *s.** élégie, f.

element [èl°m°nt] *s.* élément, m. ‖ **elementary** [-°ri] *adj.* élémentaire; primaire [school].

elephant [èl°f°nt] *s.* éléphant, m.

elevate [èl°vé¹t] *v.* élever, hausser; exalter, ennoblir; enthousiasmer. ‖ **elevation** [èl°vé¹sh°n] *s.* élévation; altitude; exaltation, f. ‖ **elevator** [èl°vé¹t°r] *s.* ascenseur; élévateur, m.

eleven [ilèv°n] *adj.* onze.

elicit [ilisit] *v.* tirer, arracher [word]; susciter [applause].

eligible [èlidjeb'l] *adj.* éligible.

eliminate [ilim°né¹t] *v.* éliminer. ‖ **elimination** [ilim°né¹sh°n] *s.* élimination, f. ‖ **eliminatory** [ilimin°tori] *adj.* éliminatoire.

elixir [iliks°r] *s.* élixir, m.

elk [èlk] *s.* élan, m.; *Am.* wapiti, m.

ellipse [ilips] *s.* ellipse, f.

elm [èlm] *s.* orme, m.

elocution [èl°kyoush°n] *s.* élocution; diction, f.

elope [ilo°up] *v.* s'enfuir (*from,* de); se faire enlever (*with,* par).

eloquence [èl°kwens] *s.* éloquence, f. ‖ **eloquent** [èl°kw°nt] *adj.* éloquent.

else [èls] *adj.* autre; *adv.* autrement; *nothing else,* rien d'autre; *or else,* ou bien; *everything else,* tout le reste; *nowhere else,* nulle part ailleurs. ‖ **elsewhere** [-hwè°r] *adv.* ailleurs.

elucidate [ilous°dé¹t] *v.* élucider; clarifier. ‖ **elucidation** [ilous°dé¹sh°n] *s.* élucidation, explication, f.; éclaircissement, m.

elude [iloud] *v.* éluder; échapper à. ‖ **elusive** [ilyousiv] *adj.* évasif, fuyant; déconcertant.

emaciate [imé¹shié¹t] *v.* amaigrir.

emanate [èm°né¹t] *v.* émaner. ‖ **emanation** [èm°né¹sh°n] *s.* émanation, f.

emancipate [imans°pé¹t] *v.* émanciper. ‖ **emancipation** [imans°pé¹sh°n] *s.* émancipation, f.

embalm [imbâm] *v.* embaumer.

embankment [imbàngkm°nt] *s.* digue, f.; remblai; quai, m.

embargo [imbârgo°u] *s.* embargo, m.

embark [imbârk] *v.* (s')embarquer.

embarrass [imbâr°s] *v.* embarrasser; déconcerter; causer des difficultés financières. ‖ **embarrassment** [-m°nt] *s.* embarras; trouble, m.; gêne pécuniaire, f.

embassy [èmb°si] *s.** ambassade, f.

embellish [imbèlish] *v.* embellir.

ember [èmb°r] *s.* cendre, f.; *pl.* braises, f.; tison, m.

embezzle [imbèz'l] *v.* détourner [money]. ‖ *embezzlement* [-mᵉnt] *s.* détournement, m.

embitter [imbitᵉr] *v.* rendre amer; aigrir [feelings].

emblem [èmblᵉm] *s.* emblème, m.

embody [imbädi] *v.* incorporer; incarner; matérialiser.

embolden [imboᵘld'n] *v.* enhardir.

emboss [imbaus] *v.* gaufrer; frapper; bosseler.

embrace [imbréⁱs] *s.* embrassement, m.; étreinte, f.; *v.* embrasser; inclure; adopter [profession]; *embracement*, embrassement, enlacement.

embroider [imbroⁱdᵉr] *v.* broder. ‖ *embroidery* [-ᵉri] *s.* broderie, f.

embryo [èmbrioᵘ] *s.* embryon, m.

emend [imènd] *v.* corriger.

emerald [èmᵉrᵉld] *s.* émeraude, f.

emerge [imë̈rdj] *v.* émerger. ‖ *emergency* [-ᵉnsi] *s.* circonstance critique, f.; cas urgent, m.; *Am.* to call « *emergency* », appeler police-secours.

emery [èmᵉri] *s.* émeri, m.

emigrant [èmᵉgrᵉnt] *adj., s.* émigrant. ‖ *emigrate* [èmᵉgréⁱt] *v.* émigrer. ‖ *emigration* [èmᵉgréⁱshᵉn] *s.* émigration, f.

eminence [èmᵉnᵉns] *s.* éminence, f. ‖ *eminent* [èmᵉnᵉnt] *adj.* éminent; élevé; remarquable.

emissary [èmᵉsèri] *s.* émissaire; agent secret, m.

emission [imishᵉn] *s.* émission, f.

emit [imit] *v.* émettre [paper money]; dégager [smoke]; publier [decree].

emotion [imoᵘshᵉn] *s.* émotion, f. ‖ *emotional* [imoᵘshᵉn'l] *adj.* émotionnel; émotif; ému. ‖ *emotive* [imoᵘtiv] *adj.* émotif. ‖ *emotiveness* [-ivnis] *adj.* émotivité, f.

emperor [èmpᵉrᵉr] *s.* empereur, m.

emphasis [èmfᵉsis] (*pl. emphases*) *s.* accent oratoire, m.; force, énergie, f. ‖ *emphasize* [èmfᵉsaⁱz] *v.* accentuer; appuyer sur; insister. ‖ *emphatic* [imfätik] *adj.* accentué, appuyé.

emphysema [emfisîmᵉ] *s.* emphysème, m.

empire [èmpaⁱr] *s.* empire, m.

empiric [èmpirik] *adj.* empirique. ‖ *empiricism* [èmpirisiz'm] *s.* empirisme, m.

employ [imploⁱ] *v.* employer; occuper [time]; *s.* emploi, m. ‖ *employee* [imploⁱî] *s.* employé, m. ‖ *employer* [imploⁱᵉr] *s.* employeur, m. ‖ *employment* [-mᵉnt] *s.* emploi, m.; occupation, charge, f.

emporium [èmpoᵘrîᵉm] *s.* entrepôt, magasin, marché, m.

empress [èmpris] *s.* impératrice, f.

emptiness [èmptinis] *s.* vide, m. ‖ *empty* [èmpti] *adj.* vide; stérile; vain; *v.* vider; se jeter [river].

emulate [èmyᵉléⁱt] *v.* rivaliser avec. ‖ *emulation* [émyouléⁱshᵉn] *s.* émulation, f. ‖ *emulator* [émyouᵉtᵉr] *s.* émule, m. f.

enable [inéⁱb'l] *v.* habiliter; mettre à même de.

enact [inakt] *v.* décréter, promulguer (jur.).

enamel [inam'l] *s.* émail, m.; *v.* émailler.

enamo(u)r [inamᵉr] *v.* séduire.

encamp [inkàmp] *v.* camper. ‖ *encampment* [-mᵉnt] *s.* campement, m.

enchain [èntshéⁱn] *v.* enchaîner.

enchant [intshànt] *v.* enchanter; fasciner. ‖ *enchanter* [-ᵉr] *s.* enchanteur, m. ‖ *enchantment* [-mᵉnt] *s.* enchantement, m.; féerie, f.

encircle [insë̈rk'l] *v.* encercler.

enclose [inkloᵘz] *v.* enclore; enfermer; entourer [surround]; inclure. ‖ *enclosure* [inkloᵘjᵉr] *s.* enclos; pli [letter], m.; clôture, f.

encomium [ènkoᵘmiᵉm] *s.* éloge, panégyrique, m.

encompass [inkæmpᵉs] *v.* encercler; contenir.

encore [àngkaur] *interj.* bis!; *s.* rappel, bis, m.; *v.* bisser.

encounter [inkaᵘntᵉr] *s.* rencontre, bataille, f.; *v.* rencontrer; affronter; combattre.

encourage [inkë̈ridj] *v.* encourager; inciter; aider. ‖ *encouragement* [-mᵉnt] *s.* encouragement, stimulant; soutien, m.

encroach [inkroᵘtsh] *v.* empiéter (*upon*, sur).

encumber [inkæmbᵉr] *v.* encombrer; charger; gêner; accabler [with, de].

encyclic [ènsaⁱklik] *s.* encyclique, f.

encyclopedia [ènsaⁱklᵒpîdiᵉ] *s.* encyclopédie, f. ‖ *encyclopedic* [ènsaⁱklᵒpîdik'l] *adj.* encyclopédique.

end [ènd] *s.* fin; extrémité; mort, f.; bout; but, m.; *v.* finir; achever; aboutir; se terminer; mourir; *to secure one's end*, arriver à ses fins; *to make an end to*, en finir avec.

endanger [indéⁱndjᵉr] *v.* mettre en danger; risquer.

endear [indîᵉr] *v.* rendre cher, faire aimer. ‖ *endearment* [-mᵉnt] *s.* caresse; affection, f.

endeavo(u)r [indévᵉr] *s.* effort, m.; tentative, f.; *v.* essayer; s'efforcer (*to*, de); tenter.

ending [ènding] *s.* conclusion; fin, mort, f. ‖ **endless** [èndlis] *adj.* perpétuel; interminable; incessant.

endorse, *see* **indorse.**

endow [indaⁿu] *v.* doter; douer. ‖ **endowment** [-mᵉnt] *s.* dotation, f.; don, m.

endue [indyou] *v.* douer; investir.

endurance [indyouᵉns] *s.* endurance; résistance; patience, f. ‖ **endure** [indyour] *v.* durer; endurer; patienter; supporter, tolérer.

enema [ènᵉmᵉ] *s.* lavement; broc, m.

enemy [ènᵉmi] *s.** ennemi, m.

energetic [ènᵉrdjètìk] *adj.* énergique. ‖ **energy** [ènᵉrdji] *s.** énergie, f.

enervate [ènᵉrvéⁱt] *v.* énerver; débiliter; [ènèⁱrvit] *adj.* énervé, abattu, débilité, affaibli.

enfeeble [infîbˈl] *v.* affaiblir.

enfold, *see* **infold.**

enforce [infoⁿurs] *v.* forcer [obedience]; faire appliquer [law]; faire valoir [right]. ‖ **enforcement** [-mᵉnt] *s.* contrainte; exécution; application, f.

enfranchise [ènfrⱥntshaⁱz] *v.* affranchir; donner droit de cité ou de vote.

engage [ingéⁱdj] *v.* engager; garantir; attirer [attention]; attaquer; se fiancer; employer; embrayer (mech.); s'engager; se livrer à [business]; s'engrener (mech.). ‖ **engagement** [-mᵉnt] *s.* fiançailles, f. pl.; occupation; promesse, f.; engagement; combat; contrat; engrenage (mech.); rendez-vous, m.

engender [indjèndᵉr] *v.* engendrer.

engine [èndjᵉn] *s.* machine; locomotive, f.; engin [war]; moteur, m.; *engine trouble,* panne de moteur. ‖ **engineer** [èndjᵉnîᵉr] *s.* ingénieur; mécanicien; soldat du génie, m.; *v.* diriger la construction de; établir les plans. ‖ **engineering** [-ing] *s.* art de l'ingénieur; génie, m.; logistique industrielle, f.; manigances, f. pl. (colloq.).

England [inggˡᵉnd] *s.* Angleterre, f. ‖ **English** [inggˡish] *adj., s.* anglais. ‖ **Englishman** [-mᵉn] *s.* Anglais, m. ‖ **Englishwoman** [-woumᵉn] *s.* Anglaise, f.

engraft [èngrâft] *v.* greffer.

engrave [ingréⁱv] *v.* graver. ‖ **engraver** [-ᵉr] *s.* graveur, m. ‖ **engraving** [-ing] *s.* gravure, f.

engross [ingroⁿus] *v.* grossoyer [writing]; absorber [attention]; monopoliser.

engulf [ingœlf] *v.* engloutir.

enhance [inhⱥns] *v.* augmenter; intensifier; rehausser.

enigma [inigmᵉ] *s.* énigme, f. ‖ **enigmatic(al)** [énigmⱥtik('l)] *adj.* énigmatique.

enjoin [indjoⁱn] *v.* enjoindre; interdire (*from,* de).

enjoy [indjoⁱ] *v.* jouir de; apprécier; savourer; *to enjoy oneself,* se divertir; *to enjoy the use of,* avoir l'usufruit de. ‖ **enjoyable** [-ᵉbˈl] *adj.* agréable, attirant. ‖ **enjoyment** [-mᵉnt] *s.* jouissance, f.; plaisir; usufruit, m.

enkindle [ènkindˈl] *v.* enflammer.

enlarge [inlârdj] *v.* agrandir, étendre, élargir; s'accroître; commenter, s'étendre (*upon,* sur). ‖ **enlargement** [-mᵉnt] *s.* agrandissement, développement; accroissement, m.; hypertrophie, f. (med.).

enlighten [inlaⁱtˈn] *v.* éclairer; instruire; illuminer.

enlist [inlist] *v.* enrôler; s'engager. ‖ **enlistment** [-mᵉnt] *s.* recrutement; engagement, m.

enliven [inlaⁱvᵉn] *v.* animer, égayer; stimuler [business].

enmity [ènmeti] *s.* inimitié, f.

ennoble [inoⁿubˈl] *v.* ennoblir; anoblir; grandir.

enormity [inaurmiti] *s.** énormité, f. ‖ **enormous** [inaurmᵉs] *adj.* énorme.

enough [ᵉnœf] *adj.* suffisant; *adv.* assez; *s.* quantité suffisante, f.; *enough to pay,* de quoi payer; *good enough,* assez bon; *more than enough,* plus qu'il n'en faut.

enounce [inoⁿuns] *v.* proclamer; énoncer; mentionner. ‖ **enouncement** [-mᵉnt] *s.* proclamation, déclaration; mention, f.

enquire, *see* **inquire.**

enrage [inréⁱdj] *v.* enrager.

enrapture [inraptshᵉr] *v.* ravir.

enrich [inritsh] *v.* enrichir.

enroll [inroⁿul] *v.* enrôler; immatriculer; s'inscrire. ‖ **enrollment** [-mᵉnt] *s.* enrôlement; enregistrement; registre, rôle, m.

enshroud [ènshraⁿud] *v.* ensevelir.

ensign [èns'n] *s.* enseigne de vaisseau, m.; [ènsaⁱn] *s.* enseigne, f.; étendard; insigne, m.

enslave [insléⁱv] *v.* asservir.

ensnare [ènsnèᵉr] *v.* prendre au piège.

ensue [ènsou] *v.* s'ensuivre, résulter.

ensure [inshour] *v.* assurer.

entail [intéⁱl] *v.* léguer (jur.); entraîner [consequence].

entangle [intⱥnggˈl] *v.* enchevêtrer, embrouiller.

enter [ènt**ᵉr**] v. entrer; commencer; prendre part à; s'affilier à; enregistrer [act, address]; notifier (jur.); embrasser [profession].

enteritis [ènt**ᵉ**ra¹tis] s. entérite, f.

enterprise [ènt**ᵉ**'pra¹z] s. entreprise; initiative, f. ‖ **enterprising** [-ing] adj. entreprenant.

entertain [ènt**ᵉ**rté¹n] v. recevoir [guest]; accueillir [suggestion]; caresser [hope]; nourrir [project]; divertir, amuser. ‖ **entertaining** [-ing] adj. amusant. ‖ **entertainment** [-m**ᵉ**nt] s. accueil; divertissement, m.

enthrall [inthraul] v. asservir.

enthusiasm [inthyouziaz**ᵉ**m] s. enthousiasme, m. ‖ **enthusiast** [-ziast] s. enthousiaste, m., f. ‖ **enthusiastic** [-ziastik] adj. enthousiaste.

entice [inta¹s] v. attirer, séduire. ‖ **enticement** [-m**ᵉ**nt] s. attrait, m.

entire [inta¹r] adj. entier, complet, total. ‖ **entirely** [-li] adv. entièrement, intégralement. ‖ **entirety** [-ti] s. totalité, intégralité, f.

entitle [inta¹t'l] v. intituler; habiliter; donner le droit à.

entity [ènt**ᵉ**ti] s.* entité, f.

entomb [intoum] v. enterrer.

entrails [èntr**ᵉ**lz] s. entrailles, f. pl.

entrance [èntr**ᵉ**ns] s. entrée; introduction, f.; début; accès; droit d'entrée, m.

entrance [intrèns] v. jeter en transe; ravir.

entreat [intrît] v. supplier, implorer. ‖ **entreaty** [-ti] s.* supplication, instances, f.

entree [ântré¹] s. entrée [dish], f.

entrust [intrœst] v. confier; remettre, déposer; charger.

entry [èntri] s.* entrée [passage]; inscription, écriture (comm.); prise de possession (jur.), f.; débuts, m. pl.; **entry form**, feuille d'inscription.

entwine [intwa¹n] v. entrelacer.

enumerate [inyoum**ᵉ**ré¹t] v. énumérer. ‖ **enumeration** [inyoum**ᵉ**r¹sh**ᵉ**n] s. énumération, f.

enunciate [inœnsié¹t] v. énoncer; annoncer, prononcer. ‖ **enunciation** [inœnshié¹sh**ᵉ**n] s. énonciation; déclaration; prononciation, f.

envelop [invèl**ᵉ**p] v. envelopper. ‖ **envelope** [ènv**ᵉ**lo**ᵒ**up] s. enveloppe, f.

enviable [ènvi**ᵉ**b'l] adj. enviable. **envious** [ènvi**ᵉ**s] adj. envieux.

environ [inva¹r**ᵉ**n] v. environner. ‖ **environment** [-m**ᵉ**nt] s. environs; milieu environnant, m. ‖ **environs** [-z] s. environs, m. pl.

envisage [invîzldj] v. envisager.

envoy [ènvo¹] s. envoyé, m.

envy [ènvi] s.* envie, f.; v. envier.

enwrap [inrap] v. envelopper.

epaulet [èp**ᵉ**lèt] s. épaulette, f.

ephemeral [**ᵉ**fèm**ᵉ**r**ᵉ**l] adj. éphémère.

epic [èpik] adj. épique; s. épopée, f.

epidemic [èp**ᵉ**dèmik] adj. épidémique; s. épidémie, f.

epidermal [épidèm**ᵉ**l] adj. épidermique. ‖ **epidermis** [-mis] s. épiderme, m.

episcopal [ipisk**ᵉ**p**ᵉ**l] adj. épiscopal. ‖ **episcopate** [ipisk**ᵉ**pit] s. épiscopat, m.

episode [épiso**ᵒ**d] s. épisode, m. ‖ **episodic** [épisâdik] adj. épisodique.

epistle [ipis'l] s. épître, f.

epitaph [èp**ᵉ**taf] s. épitaphe, f.

epoch [èp**ᵉ**k] s. époque, f.

equal [îkw**ᵉ**l] adj. égal; capable de; s. égal, pair, m.; v. égaler; *I don't feel equal to it*, je ne m'en sens pas la force; **equally**, également. ‖ **equality** [ikwâl**ᵉ**ti] s. égalité, f. ‖ **equalize** [ikwᵉla¹z] v. égaliser; niveler.

equation [ikwé¹j**ᵉ**n] s. équation, f.

equator [ikwé¹t**ᵉ**r] s. équateur, m.

equestrian [ikwéstri**ᵉ**n] adj. équestre; s. cavalier, m.

equilibrium [ikw**ᵉ**lîbri**ᵉ**m] s. équilibre, m.

equip [ikwîp] v. équiper; outiller. ‖ **equipment** [-m**ᵉ**nt] s. équipement; outillage, m.

equitable [èkwit**ᵉ**b'l] adj. équitable. ‖ **equity** [èkw**ᵉ**ti] s. équité, f.

equivalence [ikwîv**ᵉ**lⁿns] s. équivalence, f. ‖ **equivalent** [ikwîv**ᵉ**l**ᵉ**nt] adj. équivalent.

equivocal [ikwîv**ᵉ**k'l] adj. équivoque ‖ **equivocate** [-ké¹t] v. biaiser.

era [i**ᵉ**r**ᵉ**] s. ère, époque, f.

eradicate [iradiké¹t] v. déraciner.

erase [iré¹s] v. raturer. ‖ **eraser** [-**ᵉ**r] s. grattoir, m.; gomme, f. ‖ **erasure** [iré¹j**ᵉ**r] s. rature, f.

ere [èr] prep. avant de; conj. avant que.

erect [irèkt] adj. droit; v. ériger; dresser; monter [machine].

ermine [ë**ᵉ**min] s. hermine, f.

erode [iro**ᵒ**d] v. éroder; corroder. ‖ **erosion** [iro**ᵒ**j**ᵉ**n] s. érosion, f.

erotic [irâtik] adj. érotique. ‖ **eroticism** [-isiz'm] s. érotisme, m.

err [ë**ᵉ**r] v. errer; se tromper; s'égarer.

errand [èr**ᵉ**nd] s. commission; course, f.; message, m.; **errand boy**, commissionnaire, coursier, m.

errant [ĕrənt] *adj.* errant.

erroneous [ᵉroⁿᵘniᵉs] *adj.* erroné. ‖ **error** [ĕrᵊr] *s.* erreur, f.

erudite [ĕroudaⁱt] *adj.* érudit. ‖ **erudition** [ĕroudĭshᵊn] *s.* érudition, f.

eruption [irœpshᵊn] *s.* éruption, f.

escalade [ĕskᵉlĕⁱd] *v.* escalader; *s.* escalade, f.

escalator [ĕskᵉlĕⁱtᵉr] *s.* escalier roulant, m.

escapade [ĕskᵉpĕⁱd] *s.* escapade, f. ‖ **escape** [ᵉskĕⁱp] *v.* s'échapper; éluder; éviter [pain]; échapper à; *s.* évasion; fuite [gas], f.; moyen de salut, m.; *fire escape*, échelle de sauvetage; *escaped prisoner*, évadé. ‖ **escapism** [iskĕⁱpizᵊm] *s.* évasion, f.

eschew [ĕstshou] *v.* éviter.

escort [ĕskaurt] *s.* escorte, f.; convoi, m.; [iskaurt] escorter; convoyer.

escutcheon [iskœtshᵊn] *s.* écusson, m.

especial [ᵉspĕshᵊl] *adj.* spécial; **especially**, spécialement, surtout.

espionage [ĕspiᵉnidj] *s.* espionnage, m.

espouse [ispaᵘz] *v.* épouser.

esquire [iskwaⁱᵉr] *s.* Monsieur (courtesy title); cavalier, m.

essay [ĕsĕ¹] *s.* essai, m.; [ᵉsĕ¹] *v.* essayer, tenter.

essence [ĕs'ns] *s.* essence, f. ‖ **essential** [ĭsᵉnshᵊl] *adj.* essentiel.

establish [ᵉstablish] *v.* établir; installer; démontrer; fonder [firm]. ‖ **establishment** [-mᵊnt] *s.* établissement, effectifs (mil.), m.; maison de commerce, f.

estate [ᵉstĕ¹t] *s.* état; biens, domaine, m.; condition sociale; fortune, f.; *family estate*, patrimoine.

esteem [ᵉstîm] *v.* estimer; *s.* estime, f. ‖ **estimable** [ĕstᵉmᵉb'l] *adj.* estimable. ‖ **estimate** [ĕstᵉmit] *s.* estimation, f.; devis, m.; [ĕstᵉmĕ¹t] *v.* estimer; évaluer; juger. ‖ **estimation** [ĕstᵉmĕ¹shᵊn] *s.* estimation; appréciation; évaluation, f.; jugement, m.

estrange [ᵉstrĕ¹ndj] *v.* aliéner [affection]; détourner; dépayser.

estuary [ĕstshouᵉri] *s.* estuaire, m.

etch [ĕtsh] *v.* graver à l'eau-forte; **etching**, eau-forte.

eternal [itĕᵊn'l] *adj.* éternel. ‖ **eternity** [itĕᵊn'ti] *s.* éternité, f.

ether [îthᵉr] *s.* éther, m. ‖ **ethereal** [ithiri'l] *adj.* éthéré.

ethical [ĕthĭk'l] *adj.* éthique. ‖ **ethics** [ĕthiks] *s.* morale, éthique, f.

ethnography [ĕthnâgrᵉfi] *s.* ethnographie, f. ‖ **ethnology** [-dji] *s.* ethnologie, f.

etiquette [ĕtikĕt] *s.* étiquette, f.; cérémonial, m.; bonnes manières, f. pl.

ethnic [ĕthnik] *adj.* ethnique.

etymological [ĕtimᵉlâdjik'l] *adj.* étymologique. ‖ **etymology** [ĕtᵉmâlᵉdjil] *s.* étymologie, f.

eucalyptus [youkᵉliptᵉs] *s.* eucalyptus, m.

euphemism [youfᵉmizᵉm] *s.* euphémisme, m.

European [yourᵉpiᵉn] *adj.*, *s.* européen.

euthanasia [youthᵉnĕ¹ziᵉ] *s.* euthanasie, f.

evacuate [ivakouĕ¹t] *v.* évacuer. ‖ **evacuation** [ivakou'ĕ¹shᵊn] *s.* évacuation, f. ‖ **evacuee** [ivakouĭ] *s.* évacué, en. f.

evade [ivĕ¹d] *v.* éviter; éluder; s'évader; s'esquiver.

evaluate [ivalyouĕ¹t] *v.* évaluer. ‖ **evaluation** [ivalyouĕ¹shᵊn] *s.* évaluation, f.

evangelical [ivàndjèlik'l] *adj.* évangélique.

evaporate [ivapᵉrĕ¹t] *v.* (s') évaporer. ‖ **evaporation** [ivapᵉrĕ¹shᵊn] *s.* évaporation, f.

evasion [ivĕ¹jᵉn] *s.* échappatoire; évasion, f. ‖ **evasive** [ivĕ¹siv] *adj.* évasif; fuyant.

eve [îv] *s.* veille; vigile, f.; soir, m.

even [îvᵉn] *adj.* égal; uni; plat; équivalent; pair [number]; juste; *adv.* même; exactement; également; *v.* égaliser; aplanir; niveler; *to get even with*, rendre la pareille à; *to be even with*, être quitte avec; *even-handed*, équitable; *even money*, compte rond; *even now*, à l'instant; *even so*, pourtant; *even though*, quand même.

evening [îvning] *s.* soir, m.

event [ivĕnt] *s.* événement; incident; résultat; « event », m. ‖ **eventful** [-fᵉl] *adj.* mouvementé; mémorable. ‖ **eventual** [-shouᵉl] *adj.* final; éventuel; **eventually**, finalement. ‖ **eventuality** [ivĕntshouᵊl'ti] *s.* éventualité, f.

ever [ĕvᵉr] *adv.* toujours; *if ever*, si jamais; *ever so little*, si peu que ce soit; *hardly ever*, presque jamais; *ever so much*, infiniment. ‖ **evergreen** [-grĭn] *adj.* toujours vert [plant]. ‖ **everlasting** [-lasting] *adj.* perpétuel; *s.* éternité; éternelle [plant], f. ‖ **evermore** [-moᵘr] *adv.* pour jamais.

every [ĕvri] *adj.* chaque, toute, tous; *every day*, tous les jours; *every other day*, tous les deux jours; *every now and then*, de temps à autre; *every one*, chacun, tous. ‖ **everybody** [-bâdi] *pron.* tout le monde. ‖ **everyday** [-dĕ¹] *adj.* quotidien; habituel. ‖ **everyone** [-wœn] *pron.* chacun; tous; tout le monde. ‖ **everything** [-thing] *pron.* tout, toute chose. ‖ **everywhere** [-hwèr] *adv* partout.

evict [ivïkt] *v* évincer; expulser. ‖ **eviction** [ivïksh°n] *s.* éviction, f.

evidence [èv°d°ns] *s.* évidence; indication, preuve, f.; témoignage (jur.), m. ‖ **evident** [èv°d°nt] *adj.* évident, manifeste

evil [ïv'l] *adj.* mauvais; *s.* mal; malheur, m.. *adv.* mal; *evil-doer,* malfaiteur.

evince [ivïns] *v.* montrer; déployer.

evocation [èvoouké¹sh°n] *s.* évocation, f. ‖ **evoke** [ivoouk] *v.* évoquer; provoque (*laughter*).

evolution [èv°loush°n] *s.* évolution, f. ‖ **evolve** [ivälv] *v.* développer.

ewe [you] *s.* brebis, f.

ewer [you°r] *s* aiguière, f.

exact [igzakt] *adj.* exact; *exactly,* exactement, f. ‖ **exactitude** [igzakt-tyoud] *s* exactitude, f.

exact [igzakt] *v* exiger; commettre des exactions. ‖ **exacting** [-ing] *adj.* exigeant [person] épuisant [work].

exaggerate [igzadj°ré¹t] *v.* exagérer. ‖ **exaggeration** [igzadj°ré¹sh°n] *s.* exagération, f.

exalt [igzault] *v.* exalter. ‖ **exaltation** [ègzault°l¹sh°n] *s.* exaltation, f.

examination [igzam°né¹sh°n] *s.* examen, interrogatoire [prisoner], m.; visite [customs] instruction (jur.), f.; *examination-paper,* composition, épreuve *examine* [igzamïn] *v.* examiner; interroger (jur univ.); visiter (customs) *examinee* [igzam°nï] *s.* candidat, m ‖ *examiner* [igzamïn°r] *s.* examinateur juge d'instruction, m.

example [igzâmp'l] *s.* exemple, m.

exasperate [igzasp°ré¹t] *v.* exaspérer; irriter ‖ **exasperation** [igzasp°-ré¹sh°n] *s* exaspération, f.

excavate [èksk°vé¹t] *v.* creuser. ‖ **excavation** [èksk°vé¹sh°n] *s.* excavation; fouille, f.

exceed [iksïd] *v.* excéder; outrepasser ‖ **exceedingly,** extrêmement.

excel [iksèl] *v* exceller; surpasser. ‖ **excellence** [èks'l°ns] *s.* excellence, f. ‖ **excellent** [èks'l°nt] *adj.* excellent.

except [iksèpt] *prep.* excepté sauf; *conj.* à moins que; *v.* excepter; objecter (*against* contre). ‖ **excepting** [-ing] *prep.* excepté hormis. ‖ **exception** [iksèpsh°n] *s* exception; objection; opposition (jur.), f. ‖ **exceptional** [-'l] *adj.* exceptionnel.

excerpt [èksë¹pt] *v.* prendre un extrait de, extraire; [èksèrpt] *s.* extrait, m.

excess [iksès] *s.°* excès; dérèglement; *excess baggage,* excédent de bagages. ‖ **excessive** [iksèsiv] *adj.* excessif; *excessively,* excessivement.

exchange [ikstshé¹ndj] *s.* échange; change [money]; bureau central [telephone], m. Bourse [place]; permutation (mil.), f.; *v.* échanger, troquer; changer [money]; permuter (mil.); *rate of exchange,* taux du change.

exchequer [ikstshék°r] *s.* échiquier; trésor public, m.

excise [eksa¹z] *s.* impôt indirect, m.; *v.* imposer, pressurer; faire une incision dans

excitable [iksa¹t°b'l] *adj.* excitable. ‖ **excitant** [èksit°nt] *s.* excitant, m. ‖ **excitation** [èksité¹sh°n] *s.* excitation, f. ‖ **excite** [iksa¹t] *v.* exciter; irriter; stimuler **excited** [-id] *adj.* agité; impatience enthousiasmé. ‖ **excitement** [-m°nt] *s* excitation; émotion; animation, f. ‖ **exciting** [-ing] *adj.* excitant; émouvant passionnant.

exclaim [iksklé¹m] *v.* s'exclamer; protester ‖ **exclamation** [èkskl°mé¹sh°n] *s.* exclamation, f.; *exclamation mark,* point d'exclamation.

exclude [ikskloud] *v.* exclure. ‖ **excluding** [-ing] *prep.* non compris. ‖ **exclusion** [iksklouj°n] *s.* exclusion, f. ‖ **exclusive** [iksklousiv] *adj.* exclusif; privé, fermé, *exclusive of,* sans compter, non compris.

excommunicate [èksk°myoun°ké¹t] *v.* excommunier. ‖ **excommunication** [èksk°myoun°ké¹sh°n] *s.* excommunication, f

excoriate [iksko°ur¹é¹t] *v.* écorcher.

excrement [èkskrim°nt] *s.* excrément, m.

exculpate [èkskœlpé¹t] *v.* disculper.

excursion [ikskë¹j°n] *s.* excursion; sortie, f., raid, m. (mil.); digression, f.; *excursion train,* train de plaisir. ‖ **excursionist** [-ist] *s.* excursionniste, m. f.

excusable [ikskyouz°b'l] *adj.* excusable. ‖ **excuse** [ikskyous] *s.* excuse, f.; [ikskyouz] *v.* excuser; dispenser de.

execrable [èksikr°b'l] *adj.* exécrable; détestable. ‖ **execrate** [-é¹t] *v.* exécrer. ‖ **execration** [èksikré¹sh°n] *s.* exécration, f.

execute [èksikyout] *v.* exécuter; accompli; mettre à mort. ‖ **execution** [èksikyoush°n] *s.* accomplissement, m.; exécution saisie-exécution (jur.), f. **executioner** [-°r] *s.* bourreau, m. **executive** [ègzékyoutiv] *adj.* exécutif; ‖ **executor** [igzéky°t°r] *s.* exécuteur testamentaire, m.; [èkskyout°r] *s.* exécutant, m.

exegesis [èksidjïsis] (*pl.* exegeses) *s.* exégèse, f.

exemplary [igzèmpl•ri] *adj.* exemplaire. **exemplify** [igzèmpl•fa¹] *v.* illustrer par des exemples

exempt [igzèmpt] *adj.* exempt; *v.* exempter **exemption** [igzèmpsh•n] *s.* exemption f.

exercise [èks•rsa¹z] *s.* exercice; usage; devoir scolaire, m.; occupation, f.; *v.* programme de variétés, m.; *v.* exercer pratiquer; faire de l'exercice *to be exercised about*, être préoccupé par

exert [igzö°t] *v* exercer; *to exert oneself* s'efforcer de; se dépenser. ‖ **exertion** [igzö°sh•n] *s* effort, m.

exhalation [èks•lé¹sh•n] *s.* exhalaison, f. ‖ **exhale** [èks-hé¹l] *v.* émettre; (s')exhaler

exhaust [igzaust] *v* achever; débiliter; *s* évacuation (mech.), f.; *to be exhausted* être à bout de forces. ‖ **exhaustion** [igzaustsh•n] *s.* épuisement, m ‖ **exhaustive** [igzaustiv] *adj.* complet

exhibit [igzibit] *v.* exhiber; exposer. ‖ **exhibition** [èks•bish•n] *s.* exhibition; exposition

exhilarate [igzil•ré¹t] *v.* égayer.

exhort [igzaurt] *v.* exhorter. ‖ **exhortation** [ègzât·sh•n] *s* exhortation, f.

exhume [igzyoum] *v* exhumer.

exigency [èks•dj•nsi] *s.*° exigence; urgence **exigent** [èks•dj•nt] *adj.* exigeant urgent

exiguity [èksigyouiti] *s.* exiguïté, f. ‖ **exiguous** [igzigyou•s] *adj.* exigu.

exile [ègza¹l] *s.* exilé; exil, m.; *v.* exiler

exist [ègzist] *v* exister. ‖ **existence** [-•ns] *s.* existence, f. ‖ **existent** [-•nt] *adj.* existant ‖ **existentialism** [egzistènsh•liz'm] *s* existentialisme, m.

exit [ègzit] *v* sortie, f.; *v.* sortir.

exodus [èks•d•s] *s* exode, m.

exonerate [igzân•ré¹t] *v.* disculper; exempter dispenser de.

exorbitant [igzaurb•t•nt] *adj.* exorbitant; extravagant prohibitif.

exorcism [èksau·siz'm] *s.* exorcisme, m. ‖ **exorcize** [-a¹z] *v* exorciser.

exotic [igzâtik] *adj.* exotique. ‖ **exoticism** [-tisiz'm] *s* exotisme, m.

expand [ikspànd] *v* étendre; développer amplifier se dilater, s'agrandir. ‖ **expanse** [ikspàns] *s.* étendue, f ‖ **expansion** [ikspànsh•n] *s.* expansion, dilatation f ‖ *expansive* [ikspànsiv] *adj* expansif.

expatriate [èkspé¹trié¹t] *v.* expatrier.

expect [ikspèkt] *v.* attendre; s'attendre à; exiger; *what to expect*, à quoi s'en tenir. ‖ **expectancy** [-•nsi]

s.° **expectative**; attente, f. ‖ **expectation** [èkspèkté¹sh•n] *s.* attente; espérance expectative. f.; *pl.* espérances

expectorate [ikspèkt•ré¹t] *v.* expectorer **expectoration**, expectoration.

expediency [ikspîdi•nsi] *s.*° convenance opportunité, f.; opportunisme, m. ‖ **expedient** [ikspîdi•nt] *adj.* opportun; avantageux, *s* expédient, m.

expedition [èkspîdish•n] *s* diligence, hâte expédition, f. ‖ **expeditionary** [-•ri] *adj* expéditionnaire. ‖ **expeditious** [èkspîdish•s] *adj.* expéditif.

expel [iksp•l] *v.* expulser.

expend [ikspènd] *v.* dépenser. **expenditure** [-itsh•r] *s.* dépense, f. ‖ **expense** [ikspèns] *s.* dépense, f.; frais, dépens (jur.), m. pl. ‖ **expensive** [-iv] *adj.* coûteux, cher. ‖ **expensiveness** [-ivnis] *s* cherté, f.

experience [iksp³ri•ns] *s.* expérience, f.; *v* éprouver, expérimenter; subir [feeling]. **experienced** [-t] *adj.* expérimenté expert. **experiment** [iksp•r•m•nt] *s* expérience, f.; *v.* expérimenter ‖ **experimental** [èkspèrimènt'l] *adj* expérimental; d'essai. ‖ **experimentation** [èkspèr•mènté¹sh•n] *s.* expérimentation, f.

expert [èksp•¹t] *s.* expert, spécialiste, m [iksp•¹t] *adj.* expert. ‖ **expertise** [èkspë°tîz] *s.* expertise; compétence, f ‖ **expertness** [èkspë°tnis] *s.* maîtrise, f.

expiate [èkspié¹t] *v.* expier. ‖ **expiation** [èkspié¹sh•n] *s.* expiation, f. ‖ **expiatory** [èksp•t•ri] *adj.* expiatoire.

expiration [èksp•ré¹sh•n] *s.* expiration, f ‖ **expire** [ikspa¹r] *v.* expirer; prendre fin exhaler [air].

explain [ikspé¹n] *v.* expliquer. ‖ **explainable** [-•b'l] *adj.* explicable. ‖ **explanation** [èkspl•né¹sh•n] *s.* explication f ‖ **explanatory** [iksplan•to°ri] *adj* explicatif.

explode [iksplo°•d] *v.* exploser; faire sauter discréditer.

exploit [èksplo¹t] *s.* exploit, m. ‖ [iksplo¹t v exploiter; utiliser; abuser de. ‖ **exploitation** [èksplo¹té¹sh•n] *s.* exploitation f

exploration [èkspl•ré¹sh•n] *s.* exploration ‖ **explore** [iksplaur] *v.* explorer. ‖ **explorer** [-•r] *s.* explorateur, m

explosion [iksplo°uj•n] *s.* explosion, f. ‖ **explosive** [iksplo°usiv] *adj.*, *s.* explosif

exponent [ikspo°u°n•nt] *s.* exposant; représentant interprète; exécutant, m.

export [èkspo°urt] *s.* exportation, f.; article d'exportation, m.; [ikspo°urt] *v.* exporter. ‖ **exportation** [èkspau°té¹sh•n] *s.* exportation, f. ‖ **exporter** [èkspau°t•r] *s.* exportateur, m.

expose [ikspo⁰ᵘz] v. exposer; exhiber; démasquer. ‖ **exposition** [èkspə-zish⁰n] s. exposition; exhibition, f.; exposé, m.

expostulate [ikspåstsh⁻lé¹t] v. gourmander, faire la morale (*with*, à).

exposure [ikspoºuj⁰r] s. exposition; divulgation; pose (phot.), f.

expound [ikspa⁰ᵘnd] v. expliquer.

express [iksprès] adj. exprès; formel; précis; rapide; s.⁰ exprès [messenger]; express [train], m.; *Am.* factage, service de transport des colis, m.; v. exprimer; extraire; exposer; envoyer par exprès; adv. exprès; d'urgence; rapidement. ‖ **expression** [ikspré¹sh⁰n] s. expression, f. ‖ **expressive** [iksprèsiv] adj. expressif.

expressly [iksprèsli] adv. expressément, explicitement; volontairement.

expropriate [èkspro⁰ᵘprié¹t] v. exproprier; déposséder (fig.).

expulsion [ikspælsh⁰n] s. expulsion, f.

expunge [ikspoundj] v. effacer; supprimer.

expurgate [èksp⁰rgé¹t] v. expurger.

exquisite [èkskwizit] adj. exquis; intense; *exquisite despair*, désespoir atroce. ‖ **exquisiteness** [-nis] s. raffinement, m.; intensité, f.

exsanguinate [èksångkwiné¹t] v. saigner à blanc; **exsanguine**, exsangue, anémique.

extant [ikstånt] adj. existant.

extemporaneous [èkstémp⁰ré¹ny⁰s] adj. improvisé; impromptu. ‖ **extemporization** [èkstémp⁰ra¹zé¹sh⁰n] s. improvisation, f. ‖ **extemporize** [èkstémp⁰ra¹z] v. improviser.

extend [ikstènd] v. étendre; prolonger; accroître; accorder [protection]; s'étendre. ‖ **extension** [ikstènsh⁰n] s. extension; prolongation; prorogation, f.; *extension table*, table à rallonges. ‖ **extensive** [ikstènsiv] adj. étendu; spacieux, m. ‖ **extent** [ikstènt] s. étendue, f.; *to such an extent*, à tel point.

extenuate [ikstènyoué¹t] v. atténuer; amoindrir.

exterior [ikstíri⁰r] adj., s. extérieur. ‖ **exteriorization** [èksti⁰ri⁰ra¹zé¹sh⁰n] s. extériorisation, f. ‖ **exteriorize** [èksti⁰ri⁰ra¹z] v. extérioriser.

exterminate [ikstĕrm⁰né¹t] v. exterminer. ‖ **extermination** [ikstĕrm⁰né¹sh⁰n] s. extermination, f.

external [ikstĕrn'l] adj. externe.

extinct [ikstingkt] adj. éteint; aboli. ‖ **extinguish** [ikstinggwish] v. éteindre; détruire. ‖ **extinguishment** [-m⁰nt] s. extinction, f.

extirpate [èkst⁰rpé¹t] v. extirper.

extol [ikstoºul] v. exalter, glorifier.

extort [ikstaurt] v. extorquer. ‖ **extortion** [ikstaursh⁰n] s. extorsion, f.

extra [èkstr⁰] adj. supplémentaire, extra; *extra tire*, pneu de secours; *do you have an extra copy?*, avez-vous un exemplaire de trop?; s. supplément [payment]; figurant [cinema]; extra [workman], m.; édition spéciale, f.; adv. extra.

extract [èkstrakt] s. extrait, m.; [ikstrakt] v. extraire. ‖ **extraction** [ikstraksh⁰n] s. extraction; origine, f.; extrait, m.

extradite [èkstr⁰da¹t] v. extrader.

extraneous [ikstré¹ni⁰s] adj. étranger (*to*, à).

extraordinary [ikstrourd'n⁰ri] adj. extraordinaire; *extraordinarily*, extraordinairement.

extravagance [ikstrav⁰g⁰ns] s. extravagance, prodigalité, f.; gaspillage, m. ‖ **extravagant** [ikstrav⁰g⁰nt] adj. extravagant; prodigue; exorbitant [price]; excessif.

extreme [ikstrîm] adj. extrême; ultime; exceptionnel [case]; rigoureux; avancé [opinion]; s. extrémité, f.; extrême, m.; *extremely*, extrêmement. ‖ **extremity** [ikstrèm⁻ti] s.⁰ extrémité, f.; extrême; bout; besoin; danger, m.

extricate [èkstriké¹t] v. dégager.

extrinsic [èkstrínsik] adj. extrinsèque.

extrude [èkstroud] v. rejeter, expulser; faire saillie, dépasser. ‖ **extrusion** [èkstrouj⁰n] s. expulsion, f.

exuberance [igzyoub⁰r⁰ns] s. exubérance, f. ‖ **exuberant** [igzyoub⁰r⁰nt] adj. exubérant.

exult [igzælt] v. exulter. ‖ **exultation** [ègzælté¹sh⁰n] s. exultation, f.

eye [a¹] s. œil; œillet [cloth]; chas [needle]; piton, m.; vision; discrimination, f.; v. observer; examiner; toiser; *to keep an eye on*, ne pas perdre de vue; *hook and eye*, crochet et porte; *to make eyes at*, faire les yeux doux à; *pearl-eye*, cataracte; **eye-opener**, nouvelle sensationnelle; **eye-wash**, collyre; *tape-a-l'œil.* ‖ **eyeball** [-baul] s. globe de l'œil, m. ‖ **eyebrow** [-bra⁰ᵘ] s. sourcil, m. ‖ **eyeglass** [-glas] s.⁰ lorgnon; oculaire, m.; lunelles; lunettes, f. pl. ‖ **eyelash** [-lash] s.⁰ cil, m. ‖ **eyelet** [-lit] s. œillet de lacet, m. ‖ **eyelid** [-lid] s. paupière, f. ‖ **eyesight** [-sa¹t] s. vue, f. ‖ **eyesore** [-so⁰ᵘr] s. mal d'yeux; repoussoir [person], m.

eyot [èit] s. îlot, m.

eyrie [èri] s. aire [nest]; nichée, f.; nid d'aigle (arch.), m.

F

fable [fé¹b'l] s. fable, f.

fabric [fabrik] s. tissu, textile; ouvrage; édifice, m. ‖ **fabricate** [-é¹t] v. fabriquer; construire; inventer. ‖ **fabrication** [fabriké¹sh∘n] s. fabrication; construction; invention, f.

fabulist [fabyoulist] s. fabuliste, m. ‖ **fabulous** [faby∘l∘s] adj. fabuleux.

façade [f∘sâd] s. façade, f.

face [fé¹s] s. face, figure; façade; facette [diamond]; physionomie; apparence; tournure, surface, f.; aspect; cadran [dial]; œil (typogr.) m.; pl. grimace; **face-cloth**, gant de toilette, m.; Fr. Can. débarbouillette, f.; **face-lifting**, chirurgie esthétique; v. affronter; faire face; donner sur [house]; to face a coat, mettre des revers à une veste; to face out, payer d'audace; to about-face, faire demi-tour (mil.).

facet [fasit] s. facette, f.

facetious [f∘sish∘s] adj. facétieux.

facial [fé¹sh∘l] adj. facial.

facilitate [f∘sil¹té¹t] v. faciliter. ‖ **facility** [f∘sil¹ti] s.* facilité, f.

facing [fé¹sing] s revêtement; revers; parement [cloth], m.

fact [fakt] s. fait, m.; as a matter of fact, en réalité.

faction [faksh∘n] s. faction, f.

factor [fakt∘r] s. facteur; agent, m.; v. mettre en facteur. ‖ **factorage** [-ridj] s. courtage; droits de commission, m. pl. ‖ **factory** [faktri] s.* fabrique; usine, f.; atelier, m.

facultative [fakœlté¹tiv] adj. facultatif; conditionnel; occasionnel.

faculty [fak'lti] s.* faculté, f.

fad [fad] s. marotte; vogue, f.

fade [fé¹d] v. se flétrir; dépérir; s'évanouir.

faery [fè∘ri] adj. féerique; s. pays (m.) des fées.

fag [fag] v. peiner; s'éreinter; s. trimeur, manœuvre, m.; (fam.) cigarette, cibiche, f fag-end, bout, mégot.

faience [fa¹auns] s. faïence, f.

fail [fé¹l] v. échouer; manquer à; faiblir; faire faillite (comm.); he will not fail to, il ne manquera pas de; without fail, sans faute. ‖ **failure** [-y∘r] s. manque; manquement; échec; raté, m.; faillite; panne [current], f.

faint [fé¹nt] adj faible; épuisé; pusillanime; vague; v. défaillir; s'évanouir; faint-hearted, lâche. ‖ **faintness** [-nis] s. faiblesse; timidité, f.; découragement, m.

fair [fèr] s. foire, f.

fair [fèr] adj. beau; belle; favorable; bon [wind]; clair [complexion]; blond [hair]; juste; moyen; adv. bien, convenablement; au net; en plein; carrément, franchement; v. tourner au beau [weather]; Am. fair, médiocrement; fair play, franc jeu; fair price, prix honnête; to bid fair to, promettre de; a fair copy, une copie au propre. ‖ **faired** [-d] adj. fuselé; caréné (aviat.). ‖ **fairing** [-ing] s. profilage, carénage, m. (aviat.). ‖ **fairly** [-li] adv honnêtement; loyalement; passablement. ‖ **fairness** [-nis] s. beauté; équité; honnêteté; bonne foi, f. ‖ **fairway** [-wé¹] s. passe, f.; chenal navigable (naut.); Am. parcours normal, m [golf].

fairy [fèri] adj. féerique; s.* fée; fairyland, pays des fées.

faith [fé¹th] s. foi; fidélité; croyance; confiance, f.; to break faith, manquer à sa parole. ‖ **faithful** [-f∘l] adj. fidèle; loyal; faithfully, loyalement; fidèlement. ‖ **faithfulness** [-nis] s. fidélité; loyauté, f. ‖ **faithless** [-lis] adj. infidèle; déloyal. ‖ **faithlessness** [-lisnis] s. déloyauté; infidélité; incroyance, f.

fake [fé¹k] s. trucage; faux, m.; adj. truqué. falsifié; prétendu, feint; v. truquer, maquiller; feindre.

fakir [fâkiⁱr] s. fakir, m.

falange [f∘lǎndj] s. phalange, f.

falcon [faulk∘n] s. faucon, m. ‖ **falconry** [-ri] s. fauconnerie, f.

fall [faul] s. chute; tombée [night]; déchéance; baisse [price]; cascade [water]. décrue [waters], f.; renversement [government]; éboulement [earth]. automne [season], m.; v.* tomber; baisser; succomber; to fall back, se replier (mil.); to fall into a spin, descendre en vrille (aviat.); to fall behind, rester en arrière; to fall out with, se brouiller avec; to fall through, s'échouer; fall guy, « lampiste » (fam.). ‖ **fallen** [-∘n] p. p. of to fall. ‖ **falling** [-ing] s. chute, f.; falling away, amaigrissement; affaissement, falling back, repli; falling in, écroulement [building]; rassemblement (mil.).

fallow [falo∘] adj. en jachère; s. jachère, f.; v. jachérer.

false [fauls] adj. faux, fausse; false answer, faux témoignage (jur.); to play false, tricher, tromper; falsely, faussement. ‖ **falsehood** [-houd] s. fausseté, f.; mensonge, m. ‖ **falseness** [-nis] s. fausseté; perfidie, f. ‖ **falsification** [fâlsifiké¹sh∘n] s. falsification,

f. ‖ **falsify** [-°fa¹] v. falsifier. ‖ **falsity** [-°ti] s. fausseté, f.

falter [fault°r] v. chanceler; hésiter; balbutier; s. balbutiement; tremblement; vertige, m.

fame [fé¹m] s. renommée, réputation, f.; *of ill fame,* mal famé. ‖ **famed** [-d] adj. célèbre, réputé.

familiar [f°mĭly°r] adj. familier; intime; familiarisé (*with,* avec); s. familier, m. ‖ **familiarity** [f°milĭar°ti] s.* familiarité, f. ‖ **familiarize** [f°milÿ°ra¹z] v. familiariser. ‖ **family** [famli] s.* famille, f.; *family name,* nom de famille; *family tree,* arbre généalogique; *to be in a family way,* être enceinte.

famine [famĭn] s. famine, f.

famish [famish] v. affamer; mourir de faim.

famous [fé¹m°s] adj. fameux; célèbre; renommé.

fan [fàn] s. éventail; ventilateur; van; *Am.* amateur, admirateur, m.; v. éventer; vanner (*grain*); attiser [fire]; *fan out,* se déployer (mil.).

fanatic [f°natik] adj., s. fanatique. ‖ **fanaticism** [f°nat°siz°m] s. fanatisme, m.

fanciful [fànsif°l] adj. capricieux; fantasque; fantastique. ‖ **fancy** [fànsi] s.* fantaisie; imagination, f.; goût; caprice, m.; v. s'imaginer; avoir du goût pour; *to take a fancy to,* s'éprendre de; *to fancy oneself,* s'imaginer; *fancy ball,* bal costumé; *fancy goods,* nouveautés, fantaisies.

fang [fàng] s. croc [dog]; crochet [snake], m.; racine [tooth], f.

fantastic [fàntastik] adj. fantastique; extravagant. ‖ **fantasy** [fànt°si] s.* fantaisie; imagination, f.; caprice, m.

far [fâr] adv. loin; au loin; adj. lointain; éloigné; reculé; *far and wide,* de tous côtés; *in so far as,* dans la mesure où; *as far as,* aussi loin que, autant que; *how far?* jusqu'où; *so far,* jusqu'ici; *far from it,* tant s'en faut; *by far,* de beaucoup; *farfetched,* recherché; *faraway,* lointain.

farce [fârs] s. farce, f.

fare [fèªr] s. prix du voyage, de la course; tarif, m.; nourriture, f.; v. voyager; avoir tel ou tel sort; se porter [health]; *bill of fare,* menu, carte; *round trip fare,* prix d'un aller et retour. ‖ **farewell** [-wèl] s. adieu, m.

farina [f°ra¹n°] s. farine, f.; amidon, m.

farm [fârm] s. ferme; métairie, f.; v. affermer; exploiter; *farm products,* produits agricoles; *to farm out,* donner à ferme. ‖ **farmer** [-°r] s. fermier; cultivateur, *Fr. Can.* habitant, m. ‖

farming [-ing] s. agriculture; exploitation agricole, f.; adj. agricole; de la terre.

farrier [farĭ°r] s. maréchal-ferrant, m.

farsightedness [fârsa¹tidnis] s. clairvoyance; presbytie (med.), f.

farther [fârzh°r] adv. plus loin; audelà; en outre; davantage, de plus; adj. ultérieur; plus éloigné. ‖ **farthest** [fârzhist] adv. le plus loin; adj. le plus éloigné.

farthing [fârzhing] s. liard, sou, m.

fascinate [fas'né¹t] v. fasciner, séduire. ‖ **fascination** [fas'né¹sh°n] s. fascination, f.

fascism [fashiz'm] s. fascisme, m. ‖ **fascist** [-ist] s. fasciste, m.

fashion [fash°n] s. façon; forme, mode, f.; usage; style, m.; v. façonner; former; *to go out of fashion,* passer de mode; *to bring into fashion,* mettre à la mode; *after a fashion,* tant bien que mal, en quelque sorte; *fashion-show,* présentation de collection; *fashion-writer,* chroniqueur de mode. ‖ **fashionable** [-°b'l] adj. élégant, à la mode, chic.

fast [fast] adj. rapide; dissipé [life]; en avance [clock]; adv. vite, rapidement; *to live fast,* mener la vie à grandes guides.

fast [fast] s. jeûne, m.; v. jeûner; *breakfast,* déjeuner; *fast day,* jour maigre.

fast [fast] adj. ferme; solide; fixe; amarré (naut.); bon teint [dye]; serré [tie]; fidèle [friend]; profond [sleep]; adv. solidement; profondément; fermement.

fasten [fas'n] v. fixer; attacher; fermer [door]; agrafer; cramponner; *to fasten on,* imputer à. ‖ **fastener** [-°r] s. agrafe, f.; fermoir, m.; *paper fastener,* trombone; *zip-fastener,* fermeture à glissière, fermeture Éclair.

fastidious [fastidĭ°s] adj. difficile, délicat, chipoteur.

fastness [fastnis] s. fermeté; forteresse; promptitude; dissipation, licence, f.

fat [fat] adj. gros; gras; s. graisse, f.; gras, m.; v. engraisser; *fat profits,* profits substantiels.

fatal [fé¹t'l] adj. fatal; mortel [disease]. ‖ **fatalism** [-t°liz'm] s. fatalisme, m. ‖ **fatalist** [-t°list] s. fataliste, m. f. ‖ **fatality** [f°tal°ti] s.* fatalité, f. ‖ **fate** [fé¹t] s. destin; sort, m. ‖ **fated** [-id] adj. inéluctable; marqué par le destin. ‖ **fateful** [-foul] adj. décisif; fatal.

father [fâzh°r] s. père, m. ‖ **fatherhood** [-houd] s. paternité, f. ‖ **father-in-law** [-inlau] s. beau-père, m. ‖

fatherland [-land] *s.* patrie, f. ‖ **fatherless** [-lis] *adj.* orphelin de père. ‖ **fatherly** [-li] *adj.* paternel; *adv.* paternellement.

fathom [fazh•m] *s.* brasse, f.; *v.* sonder; approfondir; pénétrer. ‖ **fathomable** [-•b'l] *adj.* sondable. ‖ **fathomless** [-lis] *adj.* insondable; impénétrable.

fatigue [f•tîg] *s.* fatigue; corvée (mil.); usure [material], f.; *v.* fatiguer.

fatness [fatnis] *s.* embonpoint, m.; fertilité [land], f. ‖ **fatten** [-'n] *v.* engraisser. ‖ **fatty** [-i] *adj.* graisseux.

fatuity [f•tyouiti] *s.* sottise, f. ‖ **fatuous** [fatshou•s] *adj.* sot, vain.

fauces [fausîz] *s.* pl. gosier, m.

faucet [fausit] *s.* robinet; fausset, m.; douille, f.

fault [fault] *s.* défaut, m.; faute; faille (geol.), f.; *to be at fault,* être en défaut; **faultfinder,** critiqueur; **faultiness,** imperfection. ‖ **faultless,** parfait. ‖ **faulty** [-i] *adj.* fautif; en faute; défectueux, imparfait.

favo(u)r [fé¹v•r] *s.* faveur, f.; *v.* favoriser; gratifier; préférer; *to have everything in one's favo(u)r,* avoir tout pour soi; *to find favo(u)r with,* se faire bien voir de. ‖ **favo(u)rable** [-•b'l] *adj.* favorable. ‖ **favo(u)red** [-d] *adj.* favorisé; *well-favo(u)red,* de bonne mine. ‖ **favo(u)rite** [-rit] *adj.* favori. ‖ **favo(u)ritism** [fé¹vritiz•m] *s.* favoritisme, m.

fawn [faun] *s.* faon, m.; *adj.* fauve.

fawn [faun] *v.* ramper, se coucher [dog]; s'aplatir, flagorner [man]. ‖ **fawning** [-ing] *s.* servilité, flatterie, f.

fealty [fi•lti] *s.* loyauté, f.

fear [fi•r] *s.* crainte; peur, f.; *v.* craindre; redouter. ‖ **fearful** [-f•l] *adj.* craintif; timide; redoutable. ‖ **fearless** [-lis] *adj.* intrépide; sans peur. ‖ **fearlessness** [-lisnis] *s.* intrépidité; bravoure, f.

feasible [fîz•b'l] *adj.* faisable; réalisable, praticable.

feast [fîst] *s.* fête, f.; festin, m.; *v.* fêter; régaler; *to feast one's eyes with,* se repaître les yeux de.

feat [fît] *s.* exploit, m.; *feat of arms,* fait d'armes.

feather [fèzh•r] *s.* plume, f.; sillage d'un sous-marin (naut.), m.; *v.* emplumer; empenner; *to feather one's nest,* s'enrichir; *to show the white feather,* laisser voir qu'on a peur; **featherless,** déplumé; **feather-weight,** poids plume; **feathery,** couvert de plumes; duveteux; léger; doux.

feature [fîtsh•r] *s.* trait, m.; caractéristique, f.; gros titre; clou; grand film, m.; *v.* donner la vedette à; représenter, dépeindre; imaginer; **featureless,** terne, peu caractéristique.

February [fèbrouèri] *s.* février, m.

feculent [fèkyoul•nt] *s.* féculent, m.

fecund [fèk•nd] *adj.* fécond. ‖ **fecundate** [-é¹t] *v.* féconder. ‖ **fecundation** [fèkœnd¹sh•n] *s.* fécondation, f. ‖ **fecundity** [fikœnditi] *s.* fécondité, f.

federal [fèd•r•l] *adj.* fédéral. ‖ **federate** [fèd•rit] *adj.* fédéré. ‖ **federation** [fèd•ré¹sh•n] *s.* fédération; confédération, f.

fee [fî] *s.* fief; honoraires, m.; propriété héréditaire (jur.), f.; *admission fee,* droit d'entrée; *retaining fee,* provisions à un avocat.

feeble [fîb'l] *adj.* faible, débile; **feebleness,** faiblesse; **feebly,** faiblement.

feed [fîd] *v.* nourrir; faire paître [cattle]; *s.* nourriture; alimentation; pâture, f.; *fuel feed,* alimentation en combustible ou en essence; **feeding-bottle,** biberon. ‖ **feeder** [-•r] *s.* mangeur; pourvoyeur; éleveur [cattle]; alimenteur (mech.), m.; mangeoire, f.

feel [fîl] *v.* sentir; se sentir; toucher; éprouver; *s.* toucher, tact, m.; sensation, f.; *to feel one's way,* avancer à tâtons; *to feel strongly on,* avoir à cœur; *to feel for,* partager la douleur de; *to feel like,* avoir envie de. ‖ **feeler** [-•r] *s.* antenne [insect]; moustache [cat], f.; ballon d'essai, m. ‖ **feeling** [-ing] *s.* toucher [sense]; sentiment, m.; sensation; sensibilité, f.; *adj.* sensible, ému; **feelingly,** d'une manière émue.

feet [fît] *pl. of* **foot.**

feign [fé¹n] *v.* feindre; simuler. ‖ **feint** [fé¹nt] *s.* feinte, f.

felicitate [f•lis•té¹t] *v.* féliciter. ‖ **felicitous** [filisit•s] *adj.* heureux. ‖ **felicity** [-ti] *s.* félicité, f.

fell [fèl] *v.* abattre [tree], *Fr. Can.* bûcher; rabattre [seam]; *pret. of* to **fall.**

fellow [fèloou] *s.* camarade, compagnon; individu; membre [society]; universitaire; pendant [thing], m.; *fellow citizen,* concitoyen; *fellow student,* condisciple. ‖ **fellowship** [-ship] *s.* association; camaraderie, situation universitaire; bourse à un étudiant gradué, f.

felon [fèl•n] *s.* criminel; panaris (med.), m.; *adj.* perfide, scélérat. ‖ **felony** [-i] *s.* crime, m.

felt [fèlt] *pret. of* to **feel.**

felt [fèlt] *s.* feutre, m.; *adj.* en feutre; *v.* (se) feutrer.

female [fîmé¹l] *adj.* féminin; femelle; *s.* femme; femelle, f.; *female friend,* amie.

feminine [fèmˈnin] *adj.* féminin; efféminé. ‖ **femininity** [fèmininiti] *s.* féminité; gent féminine, f. ‖ **feminism** [fèminizˈm] *s.* féminisme, m. ‖ **feminist** [-ist] *adj., s.* féministe.

fen [fèn] *s.* marécage, m.

fence [fèns] *s.* clôture; enceinte; escrime, f.; receleur, m.; *v.* enclore; faire de l'escrime; *to be on the fence,* être indécis. ‖ **fencing** [-ing] *s.* escrime, f.; **fencing school,** salle d'armes.

fend [fènd] *v.* parer; détourner. ‖ **fender** [-ᵉʳ] *s.* pare-feu; *Am.* garde-boue; pare-choc [auto] m.; *Am.* chasse-pierres, m.

fennel [fènˈl] *s.* fenouil, m.

ferment [fĕrmˈnt] *s.* ferment, m.; agitation, f.; [fᵉrmènt] *v.* fermenter. ‖ **fermentation** [fĕrmèntéˈshᵉn] *s.* fermentation, f.

fern [fĕrn] *s.* fougère, f.

ferocious [fᵉroᵘshˢs] *adj.* féroce. ‖ **ferocity** [fᵉrᴐsᵉti] *s.* férocité, f.

ferret [fèrit] *s.* furet, m.; *v.* fureter; dénicher; *to ferret out,* dépister.

ferrous [fèrˢs] *adj.* ferreux.

ferrule [fèrᵉl] *s.* virole, f.; bout ferré; manchon, m.

ferry [fèri] *s.*ᵉ bac; passage de rivière, m.; *v.* passer en bac; transporter par mer ou air; **aerial ferry,** pont transbordeur; **ferry-boat,** bac transbordeur, *Fr. Can.* traversier; **ferryman,** passeur; **ferry-pilot,** convoyeur.

fertile [fĕrˈtl] *adj.* fertile. ‖ **fertility** [fĕrtílᵉti] *s.*ᵉ fertilité; fécondation, f. ‖ **fertilize** [fĕrˈtˈlaˈz] *v.* fertiliser; féconder. ‖ **fertilizer** [fĕrˈtˈlaˈzᵉr] *s.* engrais, m.

fervent [fĕrˈvᵉnt] *adj.* fervent. ‖ **fervid** [-vid] *adj.* bouillant, ardent. ‖ **fervo(u)r** [fĕrᵛᵉr] *s.* ferveur; ardeur, f.

fester [fèstᵉr] *v.* (s')envenimer; *s.* pustule, f.

festival [fèstᵉvˈl] *s.* fête, f. ‖ **festivity** [fèstívᵉti] *s.*ᵉ festivité; fête, f.

festoon [fèstoᵘn] *s.* guirlande, f.; feston, m.; *v.* festonner.

fetch [fètsh] *v.* aller chercher; amener; apporter; pousser [sigh]; atteindre [price].

fetid [fètid] *adj.* fétide.

fetish [fétish] *s.* fétiche, m.

fetter [fètᵉr] *s.* entraves, f. pl.; fers, m. pl.; *v.* entraver; enchaîner.

feud [fyoud] *s.* brouille à mort; haine; vendetta, f.

feud [fyoud] *s.* fief, m.; **feudal,** féodal; **feudality,** féodalité.

fever [fīᵛᵉr] *s.* fièvre, f.; **scarlet fever,** scarlatine; **swamp fever,** paludisme, malaria. ‖ **feverish** [-rish] *adj.* fiévreux; fébrile. ‖ **feverishness** [-rishnis] *s.* fièvre, febrilité, f.

few [fyou] *adj., pron.* peu; **a few,** quelques.

fiancé(e) [fiᵉnséˈ] *s.* fiancé, m.; fiancée, f.

fib [fib] *s.* petit mensonge, m.; blague, f.; *v.* mentir, blaguer. ‖ **fibber** [-ᵉʳ] *s.* menteur, blagueur, m.

fiber [faˈbᵉr] *s.* fibre, f.; filament, m.

fibroma [faˈbroᵘmᵉ] *s.* fibrome, m.

fibrous [faˈbrᵉs] *adj.* fibreux.

fickle [fikˈl] *adj.* inconstant; volage. ‖ **fickleness** [-nis] *s.* inconstance, f.

fiction [fíkshᵉn] *s.* fiction, f. ‖ **fictitious** [fiktíshᵉs] *adj.* fictif.

fiddle [fidˈl] *s.* violon, m.; *v.* jouer du violon; gesticuler; **fiddle stick,** archet; **fiddlesticks,** sornettes, balivernes.

fidelity [faˈdélᵉti] *s.* fidélité, f.

fidget [fidjit] *v.* s'agiter; *s.* sursaut, m.; agitation, f.; agité, m. ‖ **fidgety** [-i] *adj.* remuant; fébrile.

field [fīld] *s.* champ; champ de bataille; terrain; espace, m.; campagne, f.; **in the field,** aux armées; **field of study,** spécialité; **landing field,** terrain d'atterrissage.

fiend [fīnd] *s.* diable, démon; *Am.* fanatique, mordu, m.; **fiendish,** diabolique, démoniaque.

fierce [fiᵉrs] *adj.* féroce; furieux; farouche. ‖ **fierceness** [-nis] *s.* férocité, fureur; violence, f.

fiery [faˈri] *adj.* embrasé, flamboyant; fougueux, ardent.

fifteen [fiftín] *adj., m.* quinze. ‖ **fifteenth** [-th] *adj., s.* quinzième. ‖ **fifth** [fifth] *adj., s.* cinquième. ‖ **fiftieth** [fiftiith] *adj., s.* cinquantième. ‖ **fifty** [fifti] *adj.* cinquante.

fig [fig] *s.* figue, f.; **fig-tree,** figuier.

fight [faˈt] *s.* combat, m.; lutte; rixe; action (mil.), f.; *v.*ᵉ combattre; se battre; **air fight,** combat aérien; **dog fight,** mêlée générale; **hand-to-hand fight,** corps-à-corps. ‖ **fighter** [-ᵉʳ] *s.* combattant; lutteur; avion de combat ou de chasse, m. ‖ **fighting** [-ing] *s.* combat, m.; lutte, f.

figuration [figyouréˈshᵉn] *s.* figuration; forme, f. ‖ **figurative** [figyᵉrᵉtiv] *adj.* figuré. ‖ **figure** [figyᵉr] *s.* figure; silhouette; forme; taille; tournure, f.; dessin; chiffre, m.; *v.* figurer; calculer; *to figure on,* compter sur; se trouver sur [list].

filament [fílᵉmᵉnt] *s.* filament, m.

file [faˈl] *s.* lime, f.; *v.* limer.

file [fa¹l] *s.* file, f.; classeur; *pl.* dossier, m.; *v.* défiler; classer; *file card*, fiche; *file closer*, serre-file; *card index file*, fichier.

filial [fíli•l] *adj.* filial. ‖ *filiation* [filié¹sh•n] *s.* filiation, f.

filing [fa¹ling] *s.* limaille, f.

fill [fil] *s.* suffisance, f.; content; remblai [road], m.; *v.* remplir; tenir [part]; combler; rassasier [food]; plomber [tooth]; occuper [post]; exécuter [order]; *to fill out a blank*, remplir une formule; *to fill in*, insérer. ‖ *filler* [-•r] *s.* compte-gouttes, m.; recharge, f.

fillet [filé¹] *s.* filet [meat], m.; [fílit] *s.* bande, f.; ruban; bandeau; bloc de remplissage (aviat.); collet (mech.), m.

filling [fíling] *s.* remplissage; plombage, m.; *filling-station*, poste d'essence; *gold filling*, aurification.

filly [fíli] *s.*° pouliche, f.

film [film] *s.* pellicule; taie; bande [cinema]; couche, f.; film, m.; *v.* couvrir d'une pellicule; filmer.

filter [fílt•r] *s.* filtre, m.; *v.* filtrer; *filter-tip*, bout filtre.

filth [filth] *s.* ordure, f.; immondice, m.; *filthy*, sale, immonde.

fin [fin] *s.* nageoire [fish]; ailette [auto]; aileron (aviat.); *Am.* billet de cinq dollars (slang), m.

final [fa¹n'l] *adj.* final; définitif; *finally*, finalement, définitivement.

finance [f•nàns] *s.* finance, f.; *pl.* finances, f.; fonds, m.; *v.* financer; commanditer. ‖ *financial* [f•nànsh•l] *adj.* financier, pécuniaire. ‖ *financier* [fin•nsí•r] *s.* financier, m. ‖ *financing* [f•nànsing] *s.* financement, m.

finch [fíntsh] *s.* pinson, m.

find [fa¹nd] *v.*° trouver; découvrir; constater; *to find guilty*, déclarer coupable. ‖ *finder* [-•r] *s.* trouveur [person]; chercheur; viseur (phot.), m.; lunette de repère [telescope], f.; *altitude finder*, altimètre, f. ‖ *finding* [-ing] *s.* découverte; constatation; trouvaille, f.; *pl.* conclusions (jur.), f.

fine [fa¹n] *s.* amende, f.; *v.* mettre à l'amende.

fine [fa¹n] *adj.* fin; menu; subtil; joli; raffiné; excellent; *I am fine*, je vais bien; *fine arts*, beaux-arts; *v.* affiner; amincir; clarifier [wine]. ‖ *fineness* [-nis] *s.* finesse; délicatesse; élégance; excellence, f. ‖ *finery* [-•ri] *s.* parure, f. ‖ *finesse* [finès] *s.* ruse; habileté; impasse, f.; *v.* finasser.

finger [fíng•r] *s.* doigt, m.; *little finger*, auriculaire; *middle finger*,

médius; *ring finger*, annulaire; *fingerprint*, empreinte digitale; *finger tip*, bout du doigt; *v.* toucher; palper.

finicky [fíniki] *adj.* difficile, délicat, chipoteur; soigné, fignolé.

finish [fínish] *v.* finir; terminer; compléter; *s.* fin; conclusion, f.; fini; finissage, m.; *he's finished*, c'en est fait de lui; *to finish up*, mettre la dernière main.

Finn [fin] *s.* Finnois, m.

fir [fër] *s.* sapin, m.

fire [fa¹r] *s.* feu; incendie; tir, m.; flamme, ardeur, f.; *v.* allumer; enflammer; incendier; faire feu; congédier; *belt of fire*, zone de feu; *drum fire*, feu roulant; *firearm*, arme à feu; *firebrand*, tison; *firecracker*, pétard; *fire extinguisher*, extincteur; *fire insurance*, assurance-incendie; *firewood*, bois de chauffage; *fireworks*, feu d'artifice. ‖ *firehouse* [-ha⁰us] *s.* poste des pompiers, m. ‖ *fireman* [-m•n] *s.* (*pl. firemen*) *s.* pompier; chauffeur (mech.), m. ‖ *fireplace* [-plé¹s] *s.* cheminée, f.; âtre, foyer, m. ‖ *fireproof* [-prouf] *adj.* incombustible; ignifuge. ‖ *fireside* [-sa¹d] *s.* coin du feu, m.; *adj.* intime. ‖ *firewater* [-waut•r] *s.* eau-de-vie, f.; alcool, m.

firm [fërm] *s.* firme, maison de commerce, f.

firm [fërm] *adj.* ferme; résolu; stable [price]; *firmly*, fermement; solidement.

firmament [fërm•m•nt] *s.* firmament, m.

firmness [fërmnis] *s.* fermeté, f.

first [fërst] *adj.*, *s.* premier; *adv.* premièrement; *s.* commencement, début, m.; *at first*, d'abord; *first aid kit*, pansement individuel; *first born*, aîné; *first class*, de qualité supérieure; *first hand*, de première main; *first rate*, de premier ordre; *first sergeant*, sergent-chef.

fisc [fisk] *s.* fisc, m. ‖ *fiscal* [-'l] *adj.* fiscal; *fiscal year*, année budgétaire.

fish [fish] *s.* (*pl. fishes*) *s.* poisson, m.; *v.* pêcher; *fish bone*, arête; *fish story*, histoire à dormir debout. ‖ *fisher* [-•r], *fisherman* [-•rm•n] *s.* pêcheur, m. ‖ *fishing* [-ing], *fishery* [-•ri] *s.*° pêche, f. ‖ *fishhook* [-houk] *s.* hameçon, m. ‖ *fishmonger* [-mœng•r] *s.* marchand de poisson, m. ‖ *fishwife* [-wa¹f] *s.* marchande (f.) de poisson; harangère, f. ‖ *fishy* [-¹] *adj.* poissonneux; de poisson; vitreux; louche.

fission [físh•n] *s.* fission, f.

fissure [físh•r] *s.* fissure; fente, f.

fist [fist] *s.* poing, m.; *to clench one's fist*, serrer les poings.

fistula [fĭstshoulᵉ] *s.* fistule (med.), f.

fit [fĭt] *s.* attaque; crise (med.), f.; accès, m.; *by fits and starts*, par accès; *to throw into fits*, donner des convulsions à. || *fitful* [-fᵉl] *adj.* agité; capricieux; variable; quinteux (med.).

fit [fĭt] *adj.* propre, convenable; opportun; en bonne santé; *s.* ajustement; ajustage (mech.), m.; *v.* convenir à; ajuster; adapter; *to think fit*, juger bon; *to fit in with,* s'harmoniser avec; *to fit out*, équiper; *to fit up a shop*, monter une boutique; *a coat that fits you*, un habit qui vous va bien. || *fitness* [-nis] *s.* aptitude; bienséance; justesse, f. || *fitted* [-id] *adj.* ajusté, monté. || *fitter* [-ᵉʳ] *s.* ajusteur; monteur (mech.); installateur (electr.); essayeur (tailor), m. || *fitting* [-ĭng] *adj.* convenable, opportun; *s.* garniture, fournitures, f.; agencement; montage, m.

five [faɪv] *adj.* cinq.

fix [fĭks] *v.* fixer; établir; régler; reparer [radio]; *s.* embarras, m.; difficulté, f.; point observé (naut.), m. || *fixed* [-t] *adj.* fixe; ferme; *to be fixed for*, disposer de. || *fixity* [-ĭti] *s.* fixité, f. || *fixture* [-tshᵉʳ] *s.* meuble, m.

fizz [fĭz] *v.* siffler; pétiller; *s.* pétillement, m.; *fizz-water*, eau gazeuse.

flabbergasted [flabᵉrgâstĭd] *adj.* éberlué, ébahi; épaté.

flabby [flabĭ] *adj.* flasque, mou.

flaccid [flaksĭd] *adj.* mou, flasque.

flag [flag] *s.* glaïeul, m.

flag [flag] *s.* dalle [stone], f.; *v.* daller.

flag [flag] *s.* drapeau; pavillon, m.; *v.* pavoiser; faire des signaux; *flag at half-mast*, drapeau en berne; *flagship,* vaisseau amiral; *flagstaff,* hampe.

flag [flag] *v.* faiblir, languir.

flagrant [fléɪgrᵉnt] *adj.* flagrant; énorme; scandaleux.

flail [fléɪl] *s.* fléau, m.; *v.* battre au fléau [corn].

flair [flèᵉʳ] *s.* flair, instinct, m.

flake [fléɪk] *s.* flocon [snow], m.; écaille, f.; *v.* floconner; s'écailler; *corn flakes*, flocons de maïs.

flame [fléɪm] *s.* flamme, f.; feu; zèle, m.; *v.* flamber, flamboyer; s'enflammer; *to flame up*, s'emporter; *flame thrower*, lance-flammes; *flaming,* flamboyant; passionné.

flamingo [flèmĭnggoᵒᵘ] *s.* flamant, m.

flange [flàndj] *s.* rebord; collet (mech.); patin [rail], m.

flank [flàngk] *s.* flanc, m.; *v.* flanquer; prendre de flanc.

flannel [flàn'l] *s.* flanelle, f.

flap [flap] *s.* tape, f.; claquement; coup, m.; pan [coat]; bord [hat]; battant [table]; rabat [envelope]; lobe [ear]; lambeau [flesh]; volet (aviat.); affolement (colloq.), m.; patte [pocket]; trappe [cellar], f.; *v.* taper; battre; pendre.

flare [flèᵉʳ] *s.* flamme vacillante; fusée éclairante, f.; feu signalisateur, m.; *v.* flamber; s'enflammer; *ground flare*, feu d'atterrissage (aviat.); *to flare up*, s'emporter.

flash [flash] *s.* éclair; éclat; trait; clin d'œil, instant, m.; *v.* jeter des lueurs; étinceler; jaillir; darder; *a flash of hope*, un rayon d'espoir; *a flash of lightning*, un éclair d'orage; *a flash of wit*, un trait d'esprit; *it flashed upon me*, soudain l'idée me vint; *news flash*, dernières nouvelles; *flashlight*, lampe de poche. || *flashy* [flashĭ] *adj.* voyant, tapageur, criard.

flask [flask] *s.* flacon, m.; bouteille, f.; flasque (artill.), m.

flat [flat] *adj.* plat; uni; épaté [nose]; éventé [drink]; dégonflé [tire]; monotone, terne; bémol [music]; *s.* plaine, f.; appartement; bas-fond (naut.), m.; paume [hand], f.; *to fall flat*, tomber à plat; *flat rate*, à prix fixe; *flat car*, wagon-plate-forme; *flat iron*, fer à repasser; *to sing flat*, chanter faux. || *flatten* [-'n] *v.* aplanir; laminer; (s')aplatir; *flattening mill*, laminoir.

flatter [flatᵉʳ] *v.* flatter. || *flatterer* [-rᵉʳ] *s.* flatteur, m. || *flattering* [-rĭng] *adj.* flatteur; *flattery*, flatterie.

flaunt [flaunt] *v.* se pavaner; étaler; *s.* étalage, m.; parade, ostentation, f.

flavo(u)r [fléɪvᵉʳ] *s.* saveur, f.; goût; arôme; bouquet [wine], m.; *v.* donner du goût; assaisonner; aromatiser; *flavo(u)rless* [-lĭs] *adj.* insipide; fade.

flaw [flau] *s.* défaut; vice (jur.), m.; imperfection; paille [metal]; fêlure [glass], f.; *v.* rendre défectueux; fêler [glass]; *flawless*, impeccable.

flax [flaks] *s.* lin, m.; *flaxseed*, graine de lin; *flaxen* [-n] *adj.* de lin; blond.

flay [fléɪ] *v.* écorcher; s'acharner sur.

flea [flĭi] *s.* puce, f.; *fleabite*, piqûre de puce.

fleck [flèk] *s.* tache; moucheture, f.; *v.* moucheter.

fled [flèd] *pret., p. p. of* **to flee**.

flee [flĭi] *v.* fuir; s'enfuir; échapper.

fleece [flĭis] *s.* toison, f.; *v.* tondre; dépouiller.

fleet [flĭit] *s.* flotte, f.; *home fleet*, flotte britannique.

fleet [flĭit] *adj.* prompt, rapide. || *fleeting* [-ĭng] *adj.* fugace; éphémère.

Flemish [flèmĭsh] *adj., s.* flamand.

flesh [flèsh] *s.* chair; viande; pulpe [fruit], f.; *v.* assouvir; acharner [dogs]; **flesh-broth,** bouillon de viande; **flesh-eater,** carnassier; **fleshless,** décharné; **fleshliness,** désirs charnels; **flesh-worm,** asticot; **fleshy,** charnel; charnu.

flew [flou] *pret. of* **to fly.**

flex [flèks] *v.* fléchir. ‖ **flexibility** [flèksᵉbilᵉti] *s.* flexibilité, f. ‖ **flexible** [flèksᵉb'l] *adj.* flexible, souple; influençable. ‖ **flexor** [flèksᵉʳ] *s.* fléchisseur, m. ‖ **flexure** [flèkshᵉʳ] *s.* flexion; courbure, f.; fléchissement, m.

flick [flik] *s.* chiquenaude, f.; claquement; sursaut, m.; *v.* donner une chiquenaude à.

flicker [flikᵉʳ] *s.* vacillement; battement [wing], m.; lueur [interest], f.; *v.* vaciller; clignoter; battre [wing]; trembler; papilloter.

flier [flaᵉʳ] *s.* avion; aviateur, m.

flight [flaᵗt] *s.* vol; essor, m.; volée; fuite; *Am.* unité de trois à six avions, f.; *flight of stairs,* escalier; *to put to flight,* mettre en fuite; *soaring flight,* vol à voile.

flimsy [flìmzi] *adj.* fragile; sans valeur; sans force; *s.* papier pelure, m.

flinch [flìntsh] *v.* fléchir; défaillir; broncher.

fling [fling] *v.** jeter, lancer; désarçonner; *s.* coup; trait; sarcasme, m.; joyeuse vie, f.; *to fling out,* tuer; *to fling at,* viser.

flint [flìnt] *s.* silex, m.; pierre à briquet, à fusil, f.

flip [flip] *s.* chiquenaude, f.; *v.* voleter; caresser ou épousseter d'une chiquenaude.

flippancy [flìpᵉnsi] *s.* désinvolture; pétulance, f. ‖ **flippant** [flìpᵉnt] *adj.* étourdi; désinvolte.

flirt [flᵉʳt] *s.* flirteur, m.; flirteuse, f.; *v.* flirter. ‖ **flirtation** [flᵉʳtéʲshᵉn] *s.* flirt, m.

flit [flit] *v.* voltiger, voleter; *s.* déménagement, m.

float [floᵘt] *s.* flotteur (mech.); ballonnet (aviat.); radeau, train de bois, m.; *v.* flotter, *Fr. Can.* draver; surnager; renflouer (naut.); faire la planche [swimming]; lancer (comm.); *wood-floater, Fr. Can.* draveur, m. ‖ **floating** [-ing] *adj.* flottant; *s.* lancement, m.; *floating capital,* fonds de roulement.

flock [flâk] *s.* troupeau, m.; troupe, f.; *to flock together,* s'attrouper.

flock [flok] *s.* flocon, m.

floe [floᵘ] *s.* banquise, f.

flog [flåg] *v.* fouetter, flageller. ‖ **flogging** [-ing] *s.* flagellation, f.

flood [flœd] *s.* flot; flux; déluge, m.; inondation; marée [sea]; crue [river], f.; *v.* inonder; submerger; **floodgate,** vanne; **floodlight,** phare, projecteur, m.; *to floodlight,* illuminer par projecteurs.

floor [floᵘʳ] *s.* plancher; parquet; étage; sol, m.; aire; varangue (naut.), f.; *first floor, Br.* premier étage; *Am.* rez-de-chaussée; *v.* planchéier, parqueter; jeter à terre; *to take the floor,* prendre la parole.

flop [flâp] *s.* floc, bruit mat, m.; four (colloq.), m.; *v.* laisser tomber; jeter; faire floc; *to flop down,* s'affaler.

florid [flaurid] *adj.* fleuri; haut en couleur.

florist [floᵘrist] *s.* fleuriste, m. f.

floss [flaus] *s.* bourre de soie, f.

flotilla [floᵘtilᵉ] *s.* flottille, f.

flotsam [flautsᵉm] *s.* épave, f.

flounce [flaᵘns] *s.* volant, m.

flounder [flaᵘndᵉʳ] *v.* se débattre; *to flounder about,* patauger.

flounder [flaᵘndᵉʳ] *s.* carrelet, m.

flour [flaᵘʳ] *s.* farine, f.; *v.* floury, enfariné.

flourish [flèrish] *s.** fioriture [music]; fanfare [trumpet]; arabesque, f.; parafe [pen]; moulinet [sword], m.; *v.* fleurir; faire des fioritures; brandir [sword]; prospérer.

flout [flaᵘt] *v.* se moquer de; *s.* raillerie, moquerie, f.

flow [floᵘ] *s.* écoulement; flux; courant; flot [music]; passage [air], m.; *v.* couler; s'écouler; monter; passer [air]; affluer; *to be flowing with riches,* nager dans l'opulence.

flower [flaᵘᵉʳ] *s.* fleur, f.; *v.* fleurir; *flower bed,* parterre; *flower leaf,* pétale; *flower-pot,* pot à fleurs; *flower show,* exposition de fleurs. ‖ **flowered** [-d] *adj.* fleuri; épanoui; à fleurs. ‖ **flowery** [-i] *adj.* à fleurs; fleuri [style].

flowing [floᵘing] *adj.* coulant; fluide, facile [style].

flown [floᵘn] *p. p. of* **to fly.**

flu [flou] *s.* grippe, f.

fluctuate [flœktshouéʲt] *v.* ondoyer; fluctuer; ballotter; osciller. ‖ **fluctuation** [flœktshouéʲshᵉn] *s.* fluctuation, f.

flue [flou] *s.* tuyau de cheminée; tuyau d'échappement, m.

fluency [flouᵉnsi] *s.* facilité [speech], f. ‖ **fluent** [flouᵉnt] *adj.* coulant; disert; *to speak fluently,* parler couramment.

fluff [flœf] *s.* duvet; mouton, m.; *v.* rendre pelucheux; pelucher; louper (theatr.); *fluffy,* duveteux; pelucheux; flou [hair].

fluid [flouid] adj., s. fluide; liquide, m.; *de-icing fluid*, liquide antigivre; *fire-extinguishing fluid*, liquide extincteur.

fluke [flouk] s. patte d'ancre, f.; coup de chance, m.

flung [flœng] prep., p. p. of to fling.

flunk [flœngk] s. échec [exam.], m.; v. échouer; être recalé.

flunky [flœngki] s.* laquais; larbin, m.

fluorescence [flouⁱrès·ns] s. fluorescence, f. ‖ *fluorescent* [-n't] adj. fluorescent; à incandescence (electr.).

flurry [flěrⁱ] s.* agitation; commotion, f.; coup de vent, m.; v. agiter; troubler; émouvoir.

flush [flœsh] s.* flux, m.; rougeur; ecchymose (med.); chasse d'eau, f.; *hot flush*, bouffée de chaleur; adj. éclatant; frais, fraîche; riche (with, de); à fleur (with, de); v. faire rougir; s'empourprer; exalter; laver à grande eau; *flushed*, empourpré, rouge.

fluster [flœstᵉʳ] v. agiter; s. agitation, f.; trouble, énervement, m.; *to become flustered*, se troubler; se démonter.

flute [flout] s. flûte; cannelure, f.; v. jouer de la flûte; canneler.

flutter [flœtᵉʳ] s. battement d'ailes; voltigement, m.; agitation; palpitation (med.), f.; v. voltiger; flotter au vent; palpiter [heart]; frémir; osciller (mech.); agiter; *to flutter its wings*, battre des ailes.

flux [flœks] s. flux; décapant, m.; v. purger; décaper.

fly [flaⁱ] s.* mouche, f.; *fly-paper*, papier tue-mouches.

fly [flaⁱ] s.* volée [baseball]; braguette, f.; couvre-bouton, m.; v.* voler [bird, airplane]; fuir, s'enfuir; battre [flag]; *to fly at*, s'élancer sur; *to fly open*, s'ouvrir brusquement; *to fly away*, s'envoler; *to fly off the handle*, sortir de ses gonds, lâcher les pédales. ‖ *flying* [-ing] s. vol, m.; aviation, f.; *blind flying*, vol sans visibilité; *glider flying*, vol par planeur; *flying boat*, hydravion.

foal [foᵘl] s. poulain, m.; pouliche, f.; ânon, m.; v. pouliner.

foam [foᵘm] s. écume, mousse, f.; v. écumer; mousser; moutonner.

focal [foᵘk'l] adj. focal. ‖ *focus* [foᵘkᵉs] s. foyer, m.; v. mettre au point (phot.); concentrer; faire converger.

fodder [fâdᵉʳ] s. fourrage, m.

foe [foᵘ] s. ennemi, m.

foetus [fîtᵉs] s.* fœtus, m.

fog [fâg] s. brouillard, m.; brume, f.; voile (phot.), m.; v. assombrir; embrumer; embrouiller; voiler; *pea-soup fog*, purée de pois; *fog-horn*, corne de brume; *fog-light*, phare antibrouillard; *foggy*, brumeux.

foil [foⁱl] s. feuille [metal], f.; tain [mirror]; repoussoir, m.

foil [foⁱl] s. fleuret, m.

foil [foⁱl] v. déjouer; dépister.

fold [foᵘld] s. pli; repli, m.; v. plisser; plier; envelopper; croiser [arms]. ‖ *folder* [-ᵉʳ] s. plieur; plioir; dépliant; dossier, m.; chemise (comm.), f. ‖ *folding* [-ing] adj. pliant; *folding bed*, lit pliant; *folding machine*, plieuse; *folding ruler*, mètre pliant, Fr. Can. pied-de-roi; *folding screen*, paravent; *folding stool*, pliant.

fold [foᵘld] s. bergerie, f.; parc à moutons, m.; v. parquer [sheep].

foliage [foᵘlidj] s. feuillage, m.

folio [foᵘlioᵘ] s. folio [page]; in-folio, m.; v. paginer.

folk [foᵘk] s. gens; peuple, m.; pl. parents, amis, m.; adj. du peuple, populaire; *folklore*, folklore.

follow [fâloᵘ] v. suivre; poursuivre; s'ensuivre; exercer [profession]. ‖ *follower* [-ᵉʳ] s. suivant; compagnon; partisan; imitateur; satellite, m. ‖ *following* [-ing] s. suite, f.; partisan, adepte, m.; adj. suivant.

folly [fâlⁱ] s.* sottise, bêtise, absurdité, folie [purchase], f.

foment [foᵘmènt] v. fomenter.

fond [fând] adj. affectueux, aimant; *to be fond of*, aimer. ‖ *fondle* [-'l] v. caresser. ‖ *fondly* [-li] adv. affectueusement. ‖ *fondness* [-nis] s. affection, f.; attrait, m.; faiblesse, f.

font [fânt] s. fonts baptismaux, m. pl.; source, origine, f.

food [foud] s. aliment, m.; nourriture, f.; *Food Minister*, ministre du Ravitaillement; *food rations*, rations de vivres; *foodstuff*, produits comestibles, denrée alimentaire.

fool [foul] s. sot, imbécile; fou, bouffon, m.; *to play the fool*, faire l'idiot; v. faire l'imbécile; duper; *to fool away time*, perdre son temps en niaiseries. ‖ *foolish* [-ish] adj. sot, sotte; imbécile, Fr. Can. sans dessein; insensé. ‖ *foolishly* [-ishli] adv. sottement. ‖ *foolishness* [-ishnis] s. sottise, bêtise, imbécillité, f.

foot [fout] (pl. feet [fît]) s. pied [man]; bas [page]; fond [sail], m.; patte [animal]; base [pillar], f.; jambe [compasses], f.; base [pillar], f.; jambe [compasses], f.; fouler [ground]; faire le total de [numbers]; *footbindings*, attaches de skis; *footbridge*, passerelle; *footnote*, note en bas de page ; **footprint,** empreinte de pas ; **footrace,** course à pied ; **footsoldier,** fantassin ; **footstool,** tabouret ; **footwarmer,** bouillotte, chaufferette. ‖ **football** [-baul] s. football, m. ‖ **footing** [-ing] s. marche ; position ferme, f. ; point d'appui, m. ‖ **footlights** [-la¹ts] s. pl. rampe (theat.), f. ‖ **footpath** [-path] s. bas-côté [road] ; trottoir, m. ; piste (f.) pour piétons. ‖ **footstep** [-stèp] s. pas, m. ‖ **footwear** [-wèᵉr] s. chaussures, f. pl.

fop [fâp] s. dandy, gommeux, m. ‖ **foppery** [fâpᵉri] s. fatuité, f. ‖ **foppish** [-ish] adj. fat ; d'une élégance prétentieuse.

for [faur] prep. pour ; de ; par ; pendant ; depuis ; conj. car ; *as for me,* quant à moi ; *for the whole day,* pendant tout le jour ; *to send for someone,* envoyer chercher quelqu'un ; *he has been here for two months,* il est ici depuis deux mois ; *to wait for,* attendre.

forage [fauridj] s. fourrage, m. ; v. fourrager ; aller au fourrage ; **forager,** s. fourrageur, m.

foray [fauré¹] s. incursion, f. ; v. faire une incursion ; piller.

forbade [fᵉrbad] pret. of to forbid.

forbear [faurbè¹r] v. ancêtre, m.

forbear [faurbèr] v.* cesser ; s'abstenir de ; supporter. ‖ **forbearance** [-ᵉns] s. abstention ; patience, f.

forbid [fᵉrbid] v.* interdire ; empêcher de. ‖ **forbidden** [-'n] adj. interdit, prohibé ; p. p. of to forbid. ‖ **forbidding** [-ing] adj. rébarbatif, repoussant ; sombre, menaçant.

forbore [faurboᵘr] pret. of to forbear. ‖ **forborn** [faurboᵘrn] p. p. of to forbear.

force [foᵘrs] s. force ; vigueur ; violence ; contrainte ; troupe, f. ; corps (mil.), m. ; *armed force,* force armée ; *covering forces,* troupes de couverture ; *landing force,* troupe de débarquement ; v. forcer ; contraindre ; *to force a smile,* sourire d'une manière forcée ; *to force back,* faire reculer. ‖ **forceful** [-fᵉl] adj. vigoureux ; énergique ; violent. ‖ **forcible** [-ᵉb'l] adj. fort ; énergique ; violent ; forcé.

forceps [faursᵉps] (pl. forceps) s. forceps, m. ; *dental forceps,* davier.

ford [foᵘrd] s. gué, m. ; v. guéer.

fore [foᵘr] adj. antérieur ; de l'avant.

forearm [foᵘrârm] s. avant-bras, m.

forebode [foᵘrboᵘd] v. pressentir ; présager, annoncer.

forecast [foᵘrkast] s. pronostic, m. ; prévision, f. ; [foᵘrkast] v. pronostiquer ; prédire ; prep., p. p. of to forecast ; *weather forecast,* prévision météorologique.

forefather [foᵘrfâzhᵉr] s. ancêtre, aïeul, m.

forefinger [foᵘrfinggᵉr] s. index, m.

forefoot [foᵘrfout] (pl. forefeet [-fît]) s. patte de devant, f.

forego [foᵘrgoᵘ], see forgo. ‖ **foregone** [foᵘrgaun] p. p. of to forego ; adj. inévitable ; prévu, escompté.

foreground [foᵘrgraᵒund] s. premier plan, m.

forehead [faurid] s. front, m.

foreign [faurin] adj. étranger ; extérieur ; *foreign office,* ministère des Affaires étrangères ; *foreign service,* service diplomatique ; *foreign trade,* commerce extérieur. ‖ **foreigner** [-ᵉr] s. étranger, m.

forelock [foᵘrlâk] s. mèche sur le front [hair], f. ; toupet, m.

foreman [foᵘrmᵉn] (pl. foremen) s. contremaître ; chef (m.) de fabrication ; premier juré, m.

foremast [foᵘrmast] s. mât de misaine, m.

foremost [foᵘrmoᵘst] adj. premier ; principal ; de tête ; adv. en avant, en premier.

forenoon [foᵘrnoun] s. matinée, f. ; Fr. Can. avant-midi, m.

forerunner [foᵘrrænᵉr] s. précurseur ; signe avant-coureur, m.

foresaw [foᵘrsau] pret. of to foresee. ‖ **foresee** [foᵘrsî] v. prévoir. ‖ **foreseen** [foᵘrsîn] p. p. of to foresee.

foresight [foᵘrsa¹t] s. prévision ; prévoyance ; mire [gun] ; visée directe [survey], f.

forest [faurist] s. forêt, f. ; v. boiser ; **forester,** forestier ; **forestry,** sylviculture.

forestall [foᵘrstaul] v. anticiper ; devancer ; accaparer (comm.).

foretaste [foᵘrté¹st] s. avant-goût, m. ; [fauté¹st] v. avoir un avant-goût de.

foretell [foᵘrtèl] v. prédire.

foretoken [foᵘrtoᵘk'n] s. présage ; [faur¹toᵘk'n] v. présager, annoncer.

foretold [foᵘrtoᵘld] pret., p. p. of to foretell.

forever [fᵉrèvᵉr] adv. pour jamais.

forewarn [foᵘrwaurn] v. prévenir, avertir ; prémunir ; mettre en garde contre.

foreword [foᵘrwëᵉrd] s. avant-propos, m.

forfeit [faurfît] s. amende ; pénalité ; déchéance, f. ; v. être déchu de, perdre ; forfaire à. ‖ **forfeiture** [faurfitshᵉr] s. perte ; confiscation ; déchéance ; forfaiture, f.

forgave [fᵉʳgéⁱv] *pret. of* **to forgive.**

forge [faurdj] *s.* forge, f.; *v.* forger; contrefaire; falsifier. ‖ **forgery** [-ᵉʳi] *s.* falsification; contrefaçon, f.; faux, m.

forget [fᵉʳgèt] *v.* oublier; *to forget oneself,* s'oublier, se laisser aller. ‖ **forgetful** [-fᵉl] *adj.* oublieux; distrait; négligent. ‖ **forgetfulness** [-fᵉlnis] *s.* oubli, m.; inattention; négligence, f. ‖ **forget-me-not** [-minât] *s.* myosotis, m.

forgive [fᵉʳgiv] *v.* pardonner; absoudre; faire grâce. ‖ **forgiven** [-ᵉn] *p. p. of* **to forgive.** ‖ **forgiveness** [-nis] *s.* pardon, m.; grâce, f. ‖ **forgiving** [-ing] *adj.* clément; sans rancune.

forgo [faurgoᵘᵘ] *v.* renoncer à; se passer de.

forgot [fᵉʳgât] *pret., p. p. of* **to forget.** ‖ **forgotten** [fᵉʳgât'n] *p. p. of* **to forget.**

fork [faurk] *s.* fourche; fourchette; bifurcation [road], f.; zigzag, m. [lightning]; *v.* prendre à la fourche; fourcher; bifurquer; *tuning fork,* diapason [music]; **forked,** fourchu, bifurqué; *to fork out,* abouler, casquer (colloq.).

forlorn [fᵉʳlaurn] *adj.* abandonné; désespéré; misérable.

form [faurm] *s.* forme; formule; formalité; classe (educ.), f.; formulaire; banc, m.; *v.* former; façonner; arranger; se former. ‖ **formal** [-'l] *adj.* régulier; conventionnel; cérémonieux; de pure forme. ‖ **formality** [faurmal-ᵉti] *s.* formalité; cérémonie, f. ‖ **formally** [-'li] *adv.* dans les formes; cérémonieusement; solennellement. ‖ **formation** [faurméⁱshᵉn] *s.* formation; structure, f.; ordre; dispositif, m. ‖ **formative** [faurmᵉtiv] *adj.* formatif; plastique; de formation.

former [faurmᵉʳ] *adj.* premier; antérieur; précédent; ancien. ‖ **formerly** [-li] *adv.* autrefois; jadis; auparavant.

formidable [faurmidᵉb'l] *adj.* formidable; terrifiant.

formless [faurmlis] *adj.* informe.

formula [faurmyᵉlᵉ] *s.* formule, f. ‖ **formulate** [-léit] *v.* formuler.

forsake [fᵉʳséⁱk] *v.* abandonner; délaisser. ‖ **forsaken** [fᵉʳséⁱkᵉn] *adj.* abandonné; *p. p. of* **to forsake.** ‖ **forsook** [fᵉʳsouk] *pret. of* **to forsake.**

forswear [faurswèr] *v.* abjurer; se parjurer; nier avec serment.

fort [foᵘʳt] *s.* fort, m.

forth [foᵘʳth] *adv.* en avant; (au) dehors; au loin; *to go forth,* sortir; *and so forth,* et cætera; et ainsi de suite. ‖ **forthcoming** [-kœming] *adj.* prochain; sur le point de paraître [book]; à venir. ‖ **forthwith** [-with] *adv.* sur-le-champ; immédiatement.

fortieth [faurtiith] *adj., s.* quarantième.

fortification [faurtᵉfᵉkéⁱshᵉn] *s.* fortification, f.; *coastal fortifications,* fortifications côtières. ‖ **fortify** [faurtᵉfaⁱ] *v.* fortifier.

fortitude [faurtᵉtyoud] *s.* force d'âme, f.

fortnight [faurtnaⁱt] *s.* quinzaine, f.; quinze jours, m.

fortress [faurtris] *s.* forteresse; place forte, f.; *flying fortress,* forteresse volante (aviat.).

fortuitous [faurtyouᵉtᵉs] *adj.* fortuit, inopiné.

fortunate [faurtshᵉnit] *adj.* fortuné. ‖ **fortunately** [-li] *adv.* heureusement, par bonheur. ‖ **fortune** [faurtshᵉn] *s.* fortune, f.; destin, m.; *fortune-hunter,* coureur de dot; *fortune-teller,* diseuse de bonne aventure.

forty [faurti] *adj.* quarante.

forward [faurwᵉʳd] *adj.* avancé; précoce; prompt; empressé; hardi; effronté; *adv.* en avant; *s.* avant [football], m.; *v.* avancer; hâter; expédier; acheminer; faire suivre [letter]; promouvoir [plan]. ‖ **forwarder** [-ᵉʳ] *s.* expéditeur, m.; expéditrice, f.; transitaire, m.; promoteur, m. (fig.).

fossil [fâs'l] *adj., s.* fossile.

foster [faustᵉʳ] *v.* nourrir; élever; encourager [art]; *adj.* adoptif; putatif; nourricier; *foster-child,* nourrisson; *foster-father,* père nourricier.

fought [faut] *pret., p. p. of* **to fight.**

foul [faᵒᵘl] *adj.* immonde; souillé, odieux, infâme; bourbeux [water]; malsain [air]; malhonnête [behavior]; mauvais [weather]; grossier [language]; *foul word,* gros mot; *s.* coup irrégulier [boxing], m.; faute [sport]; collision (naut.), f.; *v.* salir; souiller; (s')encrasser [gun]; entrer en collision (naut.); violer la règle [sport].

found [faᵒᵘnd] *pret., p. p. of* **to find.**

found [faᵒᵘnd] *v.* fonder; instituer. ‖ **foundation** [faᵒᵘndéⁱshᵉn] *s.* fondement, m.; fondation; base; dotation, f.

founder [faᵒᵘndᵉʳ] *s.* fondateur; bienfaiteur. m.

founder [faᵒᵘndᵉʳ] *s.* fondeur (metall.). m.

founder [faᵒᵘndᵉʳ] *v.* broncher [horse]; sombrer [ship]; échouer.

foundling [faᵒᵘndling] *s.* enfant trouvé, m.

foundry [faᵒᵘndri] *s.* fonderie, f.

fountain [fa°u nt'n] *s.* fontaine; source, f.; *fountain pen,* stylo.

four [fo°u r] *adj.* quatre; *on all fours,* à quatre pattes; *fourfooted,* quadrupède; *fourscore,* quatre-vingts. || *fourteen* [fo°u rtîn] *adj.* quatorze. || *fourteenth* [fo°u rtînth] *adj., s.* quatorzième. || *fourth* [fo°u rth] *adj., s.* quatrième; quatre [kings, title] *s.* quart, m.

fowl [fa°ul] *s.* volaille; poule, f.; oiseau, m.

fox [fâks] *s.** renard, m.; *fox-glove,* digitale; *fox-tail,* queue de renard; *foxy,* rusé, astucieux.

fraction [frakshₑn] *s.* fraction, f.; fragment, m.; *representative fraction,* échelle cartographique. || *fracture* [fraktsheʳ] *s.* fracture (med.); rupture, f.; *v.* fracturer (med.); rompre; se fracturer.

fragile [fradjél] *adj.* fragile. || *fragility* [fradjíliti] *s.* fragilité, f.

fragment [fragmₑnt] *s.* fragment, m.

fragrance [fréigrₑns] *s.* parfum, m. || *fragrant* [fréigrₑnt] *adj.* parfumé, embaumé.

frail [fréil] *adj.* fragile; frêle. || *frailty* [-ti] *s.** fragilité; faiblesse, f.

frame [fréim] *s.* charpente; membrure [ship], f.; châssis [window]; chambranle [door]; cadre [picture]; bâti; couple (naut., aviat.); métier [embroidery], m.; *v.* former; construire; charpenter; encadrer [picture]; inventer; *frame-work,* charpente; ossature; *to frame someone,* conspirer contre quelqu'un.

franc [fràngk] *s.* franc, m.

France [fràns] *s.* France, f.

franchise [fràntshaiz] *s.* franchise; immunité, f.; droit constitutionnel, m.

frank [fràngk] *adj.* franc, sincère; *s.* franchise postale, f.; *v.* envoyer en franchise postale.

frankfurter [frangkfₑrtₑr] *s.* saucisse fumée, f.

frantic [fràntik] *adj.* frénétique; forcené.

fraternal [frₑtₑʳn'l] *adj.* fraternel. || *fraternity* [frₑtₑʳnéti] *s.** fraternité; confrérie, f.; club, m. || *fraternize* [fratₑʳnaiz] *v.* fraterniser.

fraud [fraud] *s.* fraude; tromperie, f. || *fraudulent* [-jₑlₑnt] *adj.* frauduleux; *fraudulent conversion,* détournement de fonds.

fray [fréi] *s.* bagarre; mêlée, f.

fray [fréi] *v.* (s')effranger, (s')effilocher; *s.* effilochure, f.

freak [frîk] *s.* caprice, m.; frasque, f.; phénomène, m.

freckle [frèk'l] *s.* tache de rousseur, f.; *freckled,* tavelé.

free [frî] *adj.* libre; exempt; aisé; gratuit; généreux; *v.* délivrer; débarrasser; affranchir; dégager (techn.); exempter [taxes]; *adv.* gratis; franco; *free and easy,* sans gêne; *to make free with,* prendre des libertés avec; *delivered free,* franco à domicile; *free goods,* marchandises en franchise; *freemason,* franc-maçon; *freemasonry,* franc-maçonnerie; *free port,* franco de port; *free thinker,* libre-penseur; *Am. freeway,* autoroute; *free-wheel,* roue libre. || *freedom* [-dₑm] *s.* liberté; exemption, f.; sans-gêne, m.

freeze [frîz] *v.** geler; glacer; figer; (se) congeler. || *freezer* [-ₑʳ] *s.* sorbetière; glacière, f. || *freezing* [-ing] *adj.* glacial; réfrigérant; *freezing point,* point de congélation; *freezing up,* givrage.

freight [fréit] *s.* fret; chargement, m.; cargaison, f.; *pl.* prix du fret; *v.* fréter; affréter; *freight plane,* avion de transport; *freight train,* train de marchandises.

French [frèntsh] *adj., s.* français. || *Frenchman* [-mₑn] (*pl. Frenchmen*) *s.* Français, m. || *Frenchwoman* [-woumₑn] (*pl. Frenchwomen*) *s.* Française, f.

frenzy [frènzi] *s.** frénésie, f.; transport; délire, m.; *v.* rendre fou.

frequency [frîkwₑnsi] *s.** fréquence, f. || *frequent* [frîkwₑnt] *adj.* fréquent; [frîkwènt] *v.* fréquenter. || *frequentation* [frîkwₑntéishₑn] *s.* fréquentation, f. || *frequently* [frîkwèntli] *adv.* fréquemment.

fresh [frèsh] *adj.* frais, fraîche; nouveau, nouvelle; novice; *Am.* impertinent; sans gêne; *fresh water,* eau douce. || *freshen* [-ₑn] *v.* rafraîchir; raviver; fraîchir. || *freshening* [-ₑning] *s.* rafraîchissement, m. || *freshly* [-li] *adv.* fraîchement; nouvellement. || *freshman* [-mₑn] *s.* novice; « bizuth », m. || *freshness* [-nis] *s.* fraîcheur; nouveauté, f.

fret [frèt] *v.* frotter; user; (s')irriter; (se) ronger; *s.* irritation; éraillure; érosion; agitation; préoccupation, f.

fret [frèt] *s.* entrelacs, m.; grecque, f.; *v.* orner.

fretful [frètfoul] *adj.* maussade; agacé, irritable.

friar [fraiₑr] *s.* frère, moine, m.

friction [frikshₑn] *s.* frottement, m.; friction, f.

Friday [fraidi] *s.* vendredi, m.; *Good Friday,* vendredi saint.

fried [fraid] *p. p. of* to fry.

friend [frènd] *s.* ami, amie. ‖
friendliness [-linis] *s.* amitié, affabilité, f. ‖ **friendly** [-li] *adj.* amical, affable ; *friendly society,* amicale. ‖
friendship [-ship] *s.* amitié, f.

frigate [frigit] *s.* frégate, f.

fright [fra¹t] *s.* effroi, m. ; frayeur ;
horreur, f. ‖ **frighten** [-'n] *v.* épouvanter ; terrifier. ‖ **frightful** [-f°l] *adj.*
effroyable ; terrifiant. ‖ **frightfulness**
[-f°lnis] *s.* horreur, f. ; terrorisme, m.

frigid [fridjid] *adj.* froid ; glacial ;
frigide. ‖ **frigidity** [fridjíditi] *s.* froideur ; frigidité, f.

fringe [frìndj] *s.* frange ; bordure, f. ;
v. franger.

frippery [frip°ri] *s.** pacotille, camelote, f. ; *pl.* colifichets, m. pl.

frisk [frisk] *s.* gambade, f. ; *v.* gambader, folâtrer ; palper, fouiller (slang).
‖ **frisky** [-i] *adj.* folâtre ; frétillant
[dog] ; fringant [horse] ; sémillant.

fritter [frit°ʳ] *s.* beignet, m. ; *v. to
fritter away,* gaspiller, éparpiller
[time].

frivolity [frivál°ti] *s.** frivolité, f. ‖
frivolous [friv°l°s] *adj.* frivole ; sans
valeur ; injustifié ; futile.

frizzle [friz'l] *v.* friser ; griller ; grésiller ; faire frire ; *s.* frisure, friture,
f. ; frizzy, frisé, crépu.

fro [fro°u], *see* to and fro.

frock [fråk] *s.* robe ; blouse, f. ; froc,
m. ; *frock-coat,* redingote.

frog [fråg] *s.* grenouille ; fourchette
[horse's foot], f. ; chat dans la gorge,
m. ; *bullfrog,* grenouille d'Amérique,
Fr. Can. ouaouaron ; *frogman,* homme-
grenouille.

frolic [frålik] *s.* ébats, m. pl. ; *v.* folâtrer, gambader ; batifoler.

from [fråm, fræm] *prep.* de ; à ; avec ;
contre ; par ; d'après ; dès ; *the train
from London,* le train de Londres ;
to borrow from, emprunter à ; *from
that point of view,* à ce point de vue ;
made from butter, fait avec du beurre ;
to shelter from, abriter contre ; *from
spite,* par dépit ; *from what you say,*
d'après ce que vous dites ; *from the
beginning,* dès le commencement.

front [frœnt] *s.* front (anat., mil.) ;
devant ; par ; plastron [shirt], m. ; face ; façade [house], f. ; *v.* faire face à ; donner sur ; affronter ; braver ; *to come to
the front,* arriver au premier rang ; *in
front of,* en face de. ‖ **frontage** [-idj]
s. façade ; largeur du front (mil.), f. ‖
frontier [frœnti°ʳ] *s.* frontière, f.

frost [fråust] *s.* gelée, f. ; gel, m. ; *v.*
glacer ; givrer ; *glazed frost,* verglas,
m. ; *frostbitten foot,* pied gelé ; *hoar
frost,* givre, gelée blanche. ‖ **frosty**
[-i] *adj.* glacé ; glacial ; givré.

froth [frauth] *s.* écume ; mousse ; futilités [speech], f. ; *v.* écumer ; mousser ; *to froth at the mouth,* écumer de
rage. ‖ **frothy** [-i] *adj.* écumeux ;
écumant ; mousseux ; creux (fig.).

frown [fra°un] *s.* froncement de sourcils ; regard furieux, m. ; *v.* froncer le
sourcil, *to frown at,* regarder d'un
mauvais œil.

froze [fro°uz] *pret. of to freeze.* ‖
frozen [-'n] *p. p. of to freeze.*

fructify [frœktefa¹] *v.* fructifier.

frugal [froug'l] *adj.* frugal ; sobre ;
économe.

fruit [frout] *(pl. fruit) s.* fruit, m. ; *v.*
porter des fruits ; *dried fruit,* fruits
secs ; *stewed fruit,* fruits en compote ;
fruit tree, arbre fruitier. ‖ **fruiterer**
[-er°ʳ] *s.* fruitier, m. ‖ **fruitful** [-f°l]
adj. fécond ; fructueux ; productif ;
fruitless [-lis] *adj.* stérile ; infructueux ;
improductif.

frustrate [frœstré¹t] *v.* frustrer ; faire
échouer ; contrecarrer. ‖ **frustration**
[frœstré¹sh°n] *s.* anéantissement, m. ;
déception ; frustration, f.

fry [fra¹] *s.** friture, f. ; fretin, m. ;
v. frire ; faire frire ; *Am. French fries,*
pommes de terre frites ; *frying-pan,*
poêle à frire ; *small fry,* menu fretin.

fuchsia [fyoush°] *s.* fuchsia, m.

fudge [fœdj] *s.* baliverne ; blague, f. ;
fondant, m.

fuel [fyou°l] *s.* combustible ; carburant ; propergol ; aliment, m. (fig.) ; *v.*
(s')alimenter en combustible ; *alcohol-
blended fuel,* carburant à base d'alcool ; *coal-oil fuel,* mazout ; *fuel
pump,* distributeur d'essence ; *fuel-
saving,* économique ; *fuel station,*
poste à essence ; *wood fuel,* bois de
chauffage.

fugacious [fyougé¹sh°s] *adj.* fugace.
‖ **fugacity** [fyougásiti] *s.* fugacité, f. ‖
fugitive [fyoudj°tiv] *adj.,* *s.* fugitif.

fulfil(l) [foulfil] *v.* accomplir ; combler
[wish] ; exaucer [prayer]. ‖ **fulfil(l)-
ment** [-m°nt] *s.* accomplissement, m.

full [foul] *adj.* plein ; entier ; rempli ;
repu ; complet ; *adv.* complètement,
totalement, pleinement, tout à fait ;
I am full je suis rassasié ; *in full,*
complètement ; *two full hours,* deux
bonnes heures ; *full dress,* grande tenue ; *full session,* assemblée plénière ;
full size, grandeur nature ; *full stop,*
un point ; *full text,* texte intégral ; *full
weight,* poids juste. ‖ **fullness** [-nis] *s.*
plénitude, ampleur ; abondance, f.

fuller [foul°ʳ] *s.* foulon, m.

fumble [fœmbl] *v.* tâtonner ; hésiter ;
s. tâtonnement, m.

fume [fyoum] *v.* fumer ; rager ; *s.* fumée, vapeur, émanation, f.

fumigate [fyoum•gé¹t] v. fumiger; désinfecter par fumigation.

fun [fœn] s. amusement, m.; plaisanterie, f.; v. plaisanter; *for fun*, pour rire; *to make fun of*, se moquer de; *to have fun*, s'amuser beaucoup.

function [fœngksh•n] s. fonction; charge; cérémonie officielle, f.; v. fonctionner; opérer. ‖ *functionary* [-èri] s.* fonctionnaire, m. f. ‖ *functionate* [-é¹t] v. fonctionner.

fund [fœnd] s fonds, m.; caisse, f.; v. consolider [debts]; *fund-holder*, rentier; *sinking-fund*, caisse d'amortissement. ‖ *fundamental* [fœnd•mènt'l] adj. fondamental; s. fondement, m.

funeral [fyoun•r•l] s. funérailles, f. pl.; adj. funèbre; *funeral home*, Fr. Can. salon mortuaire. ‖ *funereal* [fyouníri•l] adj. triste et solennel.

funicular [fyouníkyoul•r] s., adj. funiculaire, m.

funnel [fœn'l] s. entonnoir; tuyau [air], m.; cheminée (naut.), f.

funny [fœni] adj. amusant; comique; ridicule; *the funnies*, la page comique [magazine].

fur [fër] s. fourrure, f.; tartre, m.; v. fourrer; s'entartrer; *fur trade*, pelleterie; *furrier*, fourreur.

furious [fyouri•s] adj. furieux.

furl [fërl] v. ferler; ployer; replier.

furlough [fërloou] s. permission (mil.), f.; congé, m.

furnace [fërnis] s. four; foyer; fourneau, m.; fournaise, f.; *blast furnace*, haut fourneau.

furnish [fërnish] v. fournir; produire; équiper; meubler [room]. ‖

furniture [fërnitsh•r] s. meubles; ameublement, m.; Am. équipement, m.; garniture, f.; *furniture-warehouse*, garde-meuble.

furrow [férоou] s. sillon; cassis, m.; ride, f.; v. sillonner; canneler; rider.

further [fërzh•r] adj. ultérieur; plus éloigné; additionnel; autre; adv. plus loin; plus tard, ultérieurement; v. promouvoir. ‖ *furthermore* [-moour] adv. de plus. ‖ *furthest* [fërzhist] adj. le plus éloigné; adv. au plus tard, au plus loin.

furtive [fërtiv] adj. furtif.

furuncle [fyou•rœngk'l] s. furoncle, m.

fury [fyouri] s.* furie, f.

furze [fërz] s. ajonc, m.

fuse [fyouz] v. fondre; liquéfier; étoupiller [charge]; *see fuze.*

fuselage [fyouz'lidj] s. fuselage, m.

fusible [fyouz•b'l] adj., s. fusible.

fusion [fyouj•n] s. fusion; fonte, f.; fusionnement; fondage (metall.), m.

fuss [fœs] s.* vacarme; embarras, m.; dispute, f.; v. tatillonner; faire des histoires; *fussy*, faiseur d'embarras; affairé; voyant.

futile [fyout'l] adj. futile; frivole.

future [fyoutsh•r] adj. futur; s. avenir, m.; *futurist*, futuriste.

fuze [fyouz] s. fusée; mèche; amorce, f.; *electric fuze*, plomb, fusible; *see fuse.*

fuzz [fœz] s. duvet, m.; peluche, f. ‖ *fuzzy* [-i] adj. duveteux; flou (phot.); bouffant [hair]; incertain; *to be fuzzy about*, ne pas se rappeler clairement.

G

gab [gab] v. bavarder; s. faconde; loquacité, f.; *gift of the gab*, bagout.

gabardine [gab•rdîn] s. gabardine, f.

gabble [gab'l] v. babiller; s. babil, bavardage, m.

gable [gé¹b'l] s. pignon, m.

gad [gad] v. *to gad about*, vagabonder; courir la pretantaine.

gadfly [gadfla¹] s.* taon, m.

gadget [gadjit] s. dispositif; bidule (colloq.), m.

gag [gag] v. bâillonner; réduire au silence; s. bâillon; gag, m.; plaisanterie, f.

gage, *see gauge.*

gaiety [gé¹ti] s.* gaieté, f. ‖ *gaily* [gé¹li] adv. gaiement, allègrement.

gain [gé¹n] s. gain; profit, m.; v. gagner; avancer [clock]. ‖ *gainer* [-•r] s. gagnant; gagneur, m.

gait [gé¹t] s. démarche; allure; cadence, f.; pas (mil.), m.

gale [gé¹l] s. coup de vent; grain; éclat [laughter], m.

gall [gaul] s. fiel, m.; bile; Am. impudence, f.; *gall bladder*, vésicule biliaire.

gall [gaul] s. écorchure; irritation, f.; v. écorcher; fâcher; blesser.

gallant [gal•nt] adj. vaillant, noble; [g•lant] adj. galant, courtois; s. galant, amoureux, m. ‖ *gallantry* [gal•ntri] s. vaillance; élégance; galanterie; intrigue amoureuse, f.

gallery [gal•ri] s.* galerie, f.; balcon, m.

galley [gali] *s.* galère ; cuisine (naut.), f. ; *galley proof*, placard (typogr.) ; *galley slave*, galérien.

gallon [gal•n] *s.* gallon, m.

gallop [gal•p] *s.* galop, m. ; *v.* galoper ; faire galoper.

gallows [galoᵒᵘz] *s. pl.* potence, f. ; gibet, m. ; *gallows bird*, gibier de potence.

galosh [g•lắsh] *s.ᵉ* galoche, f. ; caoutchouc [shoe], m.

galvanize [galvᵉna¹z] *v.* galvaniser ; stimuler.

gamble [gàmb'l] *v.* jouer ; risquer ; *to gamble away*, perdre au jeu ; *s.* spéculation de hasard, f. ; *gambling-house*, maison de jeu, *Fr. Can.* barbote.

gambol [gàmb•l] *v.* gambader ; *s.* gambade, cabriole, f.

game [gé¹m] *s.* jeu, amusement, match, m. ; *Fr. Can.* joute, f. ; gibier, m. ; intrigue. f. ; *adj.* courageux, résolu, crâne. *Am.* boiteux (fam.) ; *game-bird*, gibier à plumes ; *game-preserves*, chasses gardées ; *small game*, menu gibier ; *to play a game*, faire une partie.

gamut [gam•t] *s.* gamme, f.

gander [gànd•ʳ] *s.* jars, m.

gang [gàng] *s.* bande ; équipe, f.

ganglion [gàngli•n] *s.* ganglion, m.

gangrene [gànggrin] *s.* gangrène, f. ; *v.* gangrener.

gangster [gàngst•ʳ] *s.* bandit, gangster, m.

gangway [gàngwé¹] *s.* passerelle (naut.) ; coupée (naut.), f. ; passage, couloir, m. ; allée. f.

gap [gap] *s.* brèche ; trouée ; ouverture ; lacune, f. ; interstice ; col de montagne, m. ; *v.* ébrécher ; échancrer.

gape [gé¹p] *s.* bâillement, m. ; *v.* bâiller ; bayer aux corneilles.

garage [g•rắj] *s.* garage, m.

garb [gàrb] *s.* vêtement, m. ; apparence, allure, f. ; *v.* vêtir, habiller.

garbage [gàrbidj] *s.* rebuts ; déchets, détritus, m. pl. ; ordures, f. pl. ; *garbage can*, poubelle.

garden [gàrd'n] *s.* jardin, m. ; *v.* jardiner ; *gardener*, jardinier ; *gardening*, jardinage. *garden-party*, garden-party.

gargle [gàrg'l] *s.* gargarisme, m. ; *v.* se gargariser.

garish [gè•rish] *adj.* cru ; criard.

garland [gàrl•nd] *s.* guirlande, f.

garlic [gàrlik] *s.* ail, m. (*pl.* aulx).

garment [gàrm•nt] *s.* habit, m.

garner [gàrn•ʳ] *v.* stocker, engranger, amasser ; *s.* grenier, m.

garnish [gàrnish] *v.* garnir ; *s.* garniture, f.

garret [garit] *s.* mansarde, f.

garrison [garᵉs'n] *s.* garnison, f. ; *v.* être en garnison.

garrulous [garᵉlᵉs] *adj.* bavard ; volubile ; verbeux.

garter [gàrt•ʳ] *s.* jarretière, f. ; *v.* attacher avec une jarretière ; *Br.* décorer de l'ordre de la Jarretière ; *Am. garter belt*, porte-jarretelles.

gas [gas] *s.ᵉ* gaz, m. ; *Am.* essence, f. ; *v.* gazer, asphyxier ; *mustard gas*, ypérite ; *poison gas*, gaz toxique ; *tear gas*, gaz lacrymogène ; *gas-burner*, bec de gaz, *gas-meter*, compteur à gaz. ‖ *gaseous* [-¹•s] *adj.* gazeux.

gash [gash] *s.ᵉ* balafre, f. ; *v.* balafrer ; entailler.

gasify [gasifa¹] *v.* gazéifier.

gasoline [gaslin] *s. Am.* essence, f.

gasp [gasp] *s.* halètement ; souffle, m. ; *v.* haleter.

gastronomy [gastrân•mi] *s.* gastronomie, f.

gate [gé¹t] *s.* porte ; grille, f. ; *gate-way*, passage, portail.

gather [gazh•ʳ] *v.* assembler ; amasser ; recueillir ; prendre [speed] ; cueillir [fruit]. froncer ; percevoir [taxes] ; rassembler [strength] ; *s.* froncis, m. ‖ *gathering* [-ring] *s.* assemblée, réunion, récolte, cueillette ; fronces ; perception [taxes], f. ; rassemblement ; attroupement, m.

gaudy [gaudi] *adj.* voyant ; fastueux.

gauge [géidj] *s.* jauge ; mesure, f. ; calibre gabarit, indicateur ; écartement [wheels], m. ; capacité, f. (fig.) ; *v.* jauger. estimer ; mesurer ; calibrer ; étalonner peser.

gaunt [gaunt] *adj.* émacié, décharné [face] ; creux [cheek] ; lugubre ; féroce (fig.).

gauntlet [gauntlit] *s.* gantelet, m. ; *to throw down the gauntlet*, défier, provoquer.

gauze [gauz] *s.* gaze, f.

gave [gé¹v] *pret. of* **to give**.

gawky [gauki] *adj.* maladroit, lourdaud. gauche.

gay [gé¹] *adj.* gai, allègre ; pimpant.

gaze [gé¹z] *v.* fixer [eye] ; contempler ; *s.* regard fixe ou attentif, m.

gazette [g•zé¹t] *s.* gazette, f. ; journal officiel, m. ; *v.* mettre à l'officiel.

gean [gîn] *s.* merise, f. ; *gean-tree*, merisier.

gear [gi•ʳ] *s.* accoutrement ; attirail ; outillage ; mécanisme ; dispositif ; appareil ; engrenage ; embrayage, m. ; vitesse ; transmission, commande (mech.).

f.; *v.* démultiplier; (s')engrener (*with*, avec); *to throw into gear*, embrayer; *to throw out of gear*. débrayer; *gearbox*, boîte de vitesses; *gear-case*, carter; *gearshift*, changement de vitesse; dérailleur.

geese [gîs] *pl. of* goose.

gelatin [djèl•t'n] *s.* gélatine, f.

gem [djèm] *s.* pierre précieuse, f.; fleuron, m.; *v.* gemmer.

gender [djènd•r] *s.* genre (gramm.), m.

genealogy [djìnìalâdji] *s.* généalogie, f.

general [djèn•r'l] *adj.* général, commun; universel; public; *s.* général, m.; *general headquarters*, grand quartier général. ‖ *generality* [djèn•ral•ti] *s.* généralité, f. ‖ *generalize* [djèn•r•la¹z] *v.* généraliser (*from*, à partir de).

generate [djèn•ré¹t] *v.* engendrer; produire. ‖ *generation* [djèneré¹sh•n] *s.* génération; production, f. ‖ *generator* [djèn•ré¹t•r] *s.* génératrice; dynamo, f.

generosity [djèn•raus•ti] *s.*• générosité; libéralité, f. ‖ *generous* [djèn•r•s] *adj.* généreux; abondant; magnanime.

genial [djîni•l] *adj.* affable; sympathique; cordial [person]; clément [climate]; réconfortant [warmth].

genius [djîny•s] *s.*• génie, m.

genteel [djèntîl] *adj.* distingué; élégant; courtois.

gentian [djènsh•n] *s.* gentiane, f.

gentile [djènta¹l] *adj., s.* gentil (eccles.).

gentle [djènt'l] *adj.* aimable; bien né; honorable; doux. ‖ *gentleman* [-m•n] (*pl.* *gentlemen*) *s.* galant homme, gentilhomme, m.; *he is a gentleman*, c'est un Monsieur. ‖ *gentleness* [-nis] *s.* douceur; amabilité, f. ‖ *gently* [-li] *adv.* doucement; poliment; calmement.

gentry [djèntri] *s.* haute bourgeoisie; élite, f.

genuflexion [djènyouflèksh•n] *s.* génuflexion, f.

genuine [djènyouin] *adj.* sincère; authentique, véritable.

geographical [djì•grafik'l] *adj.* géographique. ‖ *geography* [djìâgr•fi] *s.* géographie, f.

geology [djìâl•dji] *s.* géologie, f.

geometric [djì•mètrik] *adj.* géométrique. ‖ *geometry* [djìâm•tri] *s.*• géométrie, f.

geranium [dj•ré¹ni•m] *s.* géranium, m.

geriatrics [djéri•triks] *s. Am.* gérontologie, f.

germ [djë•rm] *s.* germe; microbe, m.; origine, f.

German [djë•rm•n] *adj., s.* allemand. ‖ *Germany* [-i] *s.* Allemagne, f.

germicide [djë•rm•sa¹d] *s.* microbicide, bactéricide, m.

germinate [djë•rm•né¹t] *v.* germer.

gerund [djèr•nd] *s.* gérondif; substantif verbal (gramm.), m.

gestation [djèsté¹sh•n] *s.* gestation, f.

gesticulate [djèstìky•lé¹t] *v.* gesticuler. ‖ *gesture* [djèstsh•r] *s.* geste; signe, m.; *v.* gesticuler; *a mere gesture*, une pure formalité.

get [gèt] *v.*• obtenir; acquérir; se procurer; devenir; *to get in*, entrer; *to get over*, franchir; *to get a cold*, prendre froid; *to get angry*, se mettre en colère; *to get ill*, tomber malade; *to get at*, atteindre; *to get married*, se marier; *to get ready*, (se) préparer; *to get rid of*, se débarrasser de; *to get up*, monter, organiser; se lever.

gewgaw [gyougau] *s.* babiole, f.

geyser [gé¹z•r] *s.* geyser; chauffebain, m.; soupe-au-lait, f. (colloq.).

ghastly [gastli] *adj.* horrible; macabre; livide.

gherkin [gë•rkin] *s.* cornichon, m.

ghost [go°ust] *s.* spectre, fantôme, revenant; nègre [writer], m.; âme; ombre [notion], f.; *the Holy Ghost*, le Saint-Esprit; *ghostly*, spectral; fantomatique; spirituel.

giant [dja¹•nt] *s.* géant, m.

gibberish [djìb•rish] *s.*• baragouin, m.

giblets [djìblits] *s. pl.* abattis, m.

giddy [gìdi] *adj.* étourdi; vertigineux; frivole. léger.

gift [gìft] *s.* don, cadeau; talent, m.; donation, f.; *gifted*, doué.

gigantic [dja¹gantik] *adj.* gigantesque.

giggle [gìg'l] *s.* gloussement, m.; *v.* glousser, risoter.

gild [gìld] *v.* dorer. ‖ *gilding* [-ing] *s.* dorure, f.

gill [gil] *s.* ouïes [fish], f. pl.

gillyflower [djìliflaou•r] *s.* giroflée, f.

gilt [gìlt] *adj.* doré; *s.* dorure, f.; *gilt-edged*, doré sur tranches.

gimlet [gìmlit] *s.* vrille [tool], f.

gin [djin] *s.* gin, genièvre, m.

ginger [djìndj•r] *s.* gingembre, m.; *ginger-bread*, pain d'épices.

gingerly [djìndj•rli] *adv.* délicatement; avec précaution.

gipsy, *see* gypsy.

giraffe [dj•raf] *s.* girafe, f.

gird [gĕrd] *v.* ceindre; attacher; entourer; *to gird oneself for*, se préparer pour, à. || **girdle** [-'l] *s.* ceinture; gaine; enceinte; limite, f.; *v.* ceinturer, entourer.

girl [gĕrl] *s.* (jeune) fille, f. || **girlhood** [-houd] *s.* jeunesse, enfance d'une femme, f. || **girlish** [-ish] *adj.* puéril; de fillette, de jeune fille.

girt [gĕrt] *pret., p. p. of* **to gird**.

girth [gĕrth] *s.* sangle; circonférence, f.; tour de taille, m.

gist [djist] *s.* substance, f.; fond, essentiel, m.

give [giv] *v.* donner; livrer; céder; accorder; remettre; rendre [verdict]; pousser [cry]; *s.* élasticité, f.; *to give in*, céder; se rendre; *to give out*, divulguer; *to give off*, émettre; *to give up*, renoncer; *to give way*, fléchir, céder du terrain. || **given** [-'n] *p. p. of* **to give**; *adj.* donné; offert; adonné (*to*, à); *given time*, heure déterminée; *given that*, étant donné que; *given the circumstances*, vu les circonstances. || **giver** [-ᵉr] *s.* donateur, m.; donatrice, f.

glacial [glé'shᵉl] *adj.* glacial. || **glacier** [glé'shᵉr] *s.* glacier, m.

glad [glad] *adj.* content; heureux. || **gladden** [-'n] *v.* (se) réjouir (*at*, de).

glade [glé'd] *s.* clairière; éclaircie, f.

gladiolus [gladioᵒulᵉs] *s.* glaïeul, iris, m.

gladly [gladli] *adv.* joyeusement; de bon cœur. || **gladness** [gladnis] *s.* joie, f.; contentement, m.

glamo(u)r [glamᵉr] *s.* charme, m.; grâce, f. || **glamo(u)rous** [-rᵉs] *adj.* fascinant, ravissant; prestigieux.

glance [glàns] *s.* coup d'œil, regard, m.; œillade, f.; *v.* jeter un regard; lancer; dévier; briller par éclats.

gland [glànd] *s.* glande, f.

glare [glèᵉr] *s.* lueur, f.; éclat; regard farouche, m.; *v.* briller; jeter un regard étincelant; *to glare at*, foudroyer du regard.

glass [glas] *s.* verre, m.; vitre; lentille [optics], f.; *field glass*, jumelles; *magnifying glass*, loupe; *shatterproof glass*, verre incassable, « Sécurit »; *glass-blower*, verrier; *glasscase*, vitrine; *glass-ware*, verrerie, f. || **glasses** [-iz] *s. pl.* lorgnon, m.; lunettes, f. pl.; *snow-glasses*, lunettes d'alpiniste; *smoked glasses*, verres fumés. || **glassy** [-i] *adj.* vitreux.

glaze [glé'z] *s.* lustre, vernis, m.; *v.* vernir; lustrer; glacer [pastry]; vitrer. || **glazier** [glé'jᵉr] *s.* vitrier, m.

gleam [glîm] *s.* rayon, m.; lueur, f.; *v.* scintiller, luire.

glean [glîn] *v.* glaner.

glee [glî] *s.* allégresse; chanson à reprises, f.; *glee club*, chorale; *gleeman*, ménestrel.

glib [glib] *adj.* délié; facile [excuse]; bien pendue [tongue].

glide [gla'd] *s.* glissement; vol plané, m.; *v.* glisser; s'insinuer; planer. || **glider** [-ᵉr] *s.* planeur; hydroglisseur, m.

glimmer [glimᵉr] *v.* luire faiblement; *s.* lueur, f.; miroitement, m.

glimpse [glìmps] *s.* coup d'œil; aperçu, m.; *v.* jeter un coup d'œil; entrevoir.

glint [glìnt] *s.* lueur, f.; rayon, m.

glisten [glis'n] *v.* reluire, miroiter.

glitter [glitᵉr] *v.* briller, scintiller; *s.* scintillement, m.

gloat [gloᵒut] *v. to gloat over*, couver d'un regard avide, se repaître la vue de; faire des gorges chaudes de.

global [gloᵒubᵉl] *adj.* global; sphérique; mondial. || **globe** [gloᵒub] *s.* globe, m.; terre, f.

globule [glábyoul] *s.* globule, m.

gloom [gloum] *s.* obscurité, ténèbres; tristesse, f.; *v.* (s')assombrir. || **gloomy** [-i] *adj.* sombre; ténébreux; triste.

glorification [gloᵒurᵉfᵉké'shᵉn] *s.* glorification, f. || **glorify** [gloᵒurᵉfa'] *v.* glorifier. || **glorious** [gloᵒurᵉs] *adj.* glorieux; splendide; resplendissant; illustre. || **glory** [gloᵒuri] *s.* gloire; célébrité; splendeur, f.; *v.* (se) glorifier; s'enorgueillir [*in*, de].

gloss [glaus] *s.* lustre, luisant, apprêt, m.; *v.* lustrer; polir; *glossy*, lustré, luisant.

gloss [glaus] *s.* glose, f.; *v.* gloser. || **glossary** [glásᵉri] *s.* glossaire, m.

glottis [glátis] *s.* glotte, f.

glove [glœv] *s.* gant, m.; *v.* ganter; *driving gloves*, gants de chauffeur; *rubber gloves*, gants en caoutchouc.

glow [gloᵒu] *s.* incandescence; ardeur, f.; rougeoiement, m.; *v.* rougir, s'embraser; irradier. || **glowing** [-ing] *adj.* incandescent, ardent; rouge [embers]. || **glowworm** [-wĕrm] *s.* ver luisant, m.

glucose [gloᵒukoᵒus] *s.* glucose, m.

glue [glou] *s.* colle; glu, f.; *v.* coller, engluer.

glum [gloum] *adj.* triste, renfrogné.

glut [glœt] *s.* rassasiement; engorgement, m.; satiété; pléthore, surabondance, f.; *v.* gorger; rassasier; inonder, engorger [market].

glutton [glœt'n] *s.* glouton, Fr. Can. carcajou [animal], m. || **gluttonous** [-ᵉs] *adj.* glouton, goulu. || **gluttony** [-i] *s.* gloutonnerie; goinfrerie, f.

glycerin [glísrin] *s.* glycérine, f.

gnarled [nârld] *adj.* noueux [wood].

gnash [nash] *v.* grincer [teeth].

gnat [nat] *s.* moustique; moucheron, *Fr. Can.* maringouin, m.

gnaw [nau] *v.* ronger.

go [goᵘʷ] *v.** aller; s'en aller; devenir; fonctionner; s'écouler [time]; *to go for*, aller chercher; *to go without*, se passer de; *to let go*, lâcher; *to go about*, circuler; se mettre à; s'en prendre à; *to go after*, briguer; *to go on*, continuer; *to go by*, passer; *to go off*, partir; *to go between*, s'entremettre; *no go !*, rien à faire ! ; *s.* affaire; mode, façon, f.; mouvement, m.

goad [goᵘd] *s.* aiguillon, m.; *v.* aiguillonner, stimuler.

goal [goᵘl] *s.* but; objectif, m.; *goalkeeper*, gardien de but, goal.

goat [goᵘt] *s.* chèvre, f.; bouc émissaire, m.; *male goat*, bouc; *goatherd*, chevrier. ‖ *goatee* [goᵘtĭ] *s.* bouc [beard], m.

gobble [gáb'l] *v.* gober; glouglouter; *to gobble up*, engloutir; s'empiffrer. ‖ *gobbler* [-ᵉʳ] *s.* dindon; glouton, m.

go-between [goᵘbᵉtwîn] *s.* intermédiaire, entremetteur, m.

goblet [gáblit] *s.* gobelet, m.

goblin [gáblin] *s.* lutin, m.

God [gád] *s.* Dieu, m.; *pl.* dieux. ‖ *godchild* [-tshaᵗld] *s.* filleul, m.; filleule, f. ‖ *goddess* [-is] *s.** déesse, f. ‖ *godfather* [-fâzhᵉʳ] *s.* parrain, m. ‖ *godhead* [-hèd] *s.* divinité, f. ‖ *godless* [-lis] *adj.* athée. ‖ *godlike* [-laᵗk] *adj.* divin. ‖ *godly* [-li] *adj.* pieux, dévot; divin. ‖ *godmother* [-mœzhᵉʳ] *s.* marraine, f. ‖ *godsend* [-sènd] *s.* aubaine providentielle, f. ‖ *godson* [-sœn] *s.* filleul, m.

goggle [gág'l] *v.* rouler de gros yeux; *s. pl.* lunettes protectrices, f.; *flying goggles*, lunettes d'aviateur.

going [goᵘing] *pr. p.* of **to go**; *adj.* allant, en vie; *s.* allure; marche; conduite, f.; *comings and goings*, allées et venues.

goiter [goᵗtᵉʳ] *s.* goitre (med.), m.

gold [goᵘld] *s.* or, m.; *dead gold*, or mat; *gold standard*, étalon or.

goldbrick [goᵘldbrik] *v. Am.* tirer au flanc; se défiler.

golden [goᵘldᵉⁿ] *adj.* d'or; doré; précieux; prospère; *golden mean*, juste milieu. ‖ *goldfinch* [-fintsh] *s.** chardonneret, m. ‖ *goldfish* [-fish] *s.** poisson rouge, m. ‖ *goldsmith* [-smith] *s.* orfèvre, m.

golf [gálf] *s.* golf, m.

gondola [gándᵉlᵉ] *s.* gondole; nacelle, f.; *gondola car*, wagon plate-forme.

gone [gaun] *p. p.* of **to go**; *adj.* parti; disparu; passé; *gone west*, mort; *goner*, homme fichu.

gong [gaung] *s.* gong, m.

good [goud] *adj.* bon; avantageux; satisfaisant; vertueux; valide; *s.* bien; profit, m.; *pl.* biens, m.; marchandises, f.; *adv.* bien, bon; *good-bye*, adieu, au revoir; *good day*, bonjour; *good evening*, bonsoir; *good night*, bonne nuit; *good-looking*, de bonne mine, beau; *be so good as to*, veuillez avoir la bonté de; *to make good*, exécuter [contract], compenser [loss]; *what's the good of?*, à quoi bon?; *to have a good time*, passer un bon moment. ‖ *goodness* [-nis] *s.* bonté; probité; bienveillance; qualité, f. ‖ *goodwill* [-wil] *s.* bonne volonté; bienveillance, f.; clientèle, f. (comm.). ‖ *goody* [-i] *s.** friandise, sucrerie, f.

goose [gous] (*pl.* geese [gîs]) *s.* oie, f.; dinde, sotte, f. (colloq.); *Canada goose*, *Fr. Can.* outarde, f.; *pl.* carreau [tailor's iron], m.; *goose step*, pas de l'oie. ‖ *gooseberry* [-bèri] *s.** groseille à maquereau, f. ‖ *goose-flesh* [-flèsh] *s.* chair de poule, f. ‖ *gooseherd* [-hêʳd] *s.* gardeuse d'oies, f.

gore [goᵒʳ] *s.* sang coagulé, m. ‖ *gory* [-i] *adj.* sanglant, ensanglanté.

gore [goᵒʳ] *s.* panneau (aviat.); fuseau [parachute], m.; langue, pointe de terre, f.

gore [goᵒʳ] *v.* percer; donner un coup de corne à.

gorge [gaurdj] *adj.*, *s.* gorge, f.; couloir; repas, m.; *v.* gorger; s'empiffrer.

gorgeous [gaurdjᵉs] *adj.* magnifique, fastueux.

gorilla [gᵉrᶦlᵉ] *s.* gorille, m.

gosling [gázling] *s.* oison, m.

gospel [gausp'l] *s.* évangile, m.

gossip [gásip] *s.* commère, f.; bavard; commérage, potin, m.; *v.* bavarder, *Fr. Can.* bavasser; *gossip-writer*, échotier.

got [gât] *pret.*, *p. p.* of **to get**.

Gothic [gáthik] *adj.* gothique; *s.* gotique [language]; gothique [style].

gotten [gâtⁿ] *p. p.* of **to get**.

gouge [gaᵘdj] *s.* gouge, f.; *v.* faire un trou dans; *Am.* duper, rouler.

gourd [goᵒʳd] *s.* gourde, f.

gout [gaᵘt] *s.* goutte (med.), f.

govern [gœvᵉʳn] *v.* gouverner; diriger. ‖ *governess* [-is] *s.** gouvernante, institutrice, f. ‖ *government* [-mᵉnt] *s.* gouvernement; conseil municipal;

conseil d'administration, m.; **government funds**, fonds d'Etat. ‖ **governmental** [gœv°rnmènt'l] *adj.* gouvernemental. ‖ **governor** [gœv°rn°r] *s.* gouverneur; gouvernant; patron; régulateur (mech.), m.

gown [ga°un] *s.* robe; toge, f.; **dressing gown**, peignoir; **night-gown**, chemise de nuit.

grab [grab] *v.* empoigner, saisir; *s.* prise, f.; grappin, m.; **grabber**, accapareur.

grace [gré¹s] *s.* grâce; faveur, f.; pardon, m.; *to say grace*, dire les grâces. ‖ **graceful** [-f°l] *adj.* gracieux; élégant. ‖ **gracefulness** [-f°lnis] *s.* grâce, élégance, f. ‖ **gracious** [gré¹sh°s] *adj.* gracieux; courtois.

gradation [gré¹dé¹sh°n] *s.* gradation, f.; degré, échelon, m. ‖ **grade** [gré¹d] *s.* grade; degré; rang, m.; rampe; *Am.* pente (railw.); inclinaison, f.; *v.* classer; graduer; qualifier; **grade crossing**, passage à niveau. ‖ **gradual** [gradjou°l] *adj.* graduel; progressif. ‖ **gradually** [-i] *adv.* peu à peu, progressivement. ‖ **graduate** [gradjouit] *adj.* gradué, diplômé; [gradjoué¹t] *v.* graduer; prendre ses diplômes. ‖ **graduation** [gradjoué¹sh°n] *s.* graduation; gradation; remise (or) réception (f.) d'un grade.

graft [graft] *s.* greffe; concussion, f.; *v.* greffer; tripoter. ‖ **grafter** [-°r] *s.* concussionnaire, m.

grain [gré¹n] *s.* céréales, f. pl.; grain [corn, weight, wood, marble]; brin, m.; *against the grain*, à rebours, à rebrousse-poil.

gram [gram] *s.* gramme, m.

grammar [gram°r] *s.* grammaire, f.; **grammar school**, *Am.* école primaire; *Br.* lycée. ‖ **grammatical** [gr°matik'l] *adj.* grammatical.

gramophone [gram°fo°un] *s.* gramophone, phonographe, m.

granary [gran°ri] *s.* grenier, m.

grand [grànd] *adj.* grand; grandiose. ‖ **grandchild** [-tshaild] *(pl.* **grandchildren** [-tshildr°n]) *s.* petit-enfant, m. ‖ **granddaughter** [-daut°r] *s.* petite-fille, f. ‖ **grandeur** [-j°r] *s.* grandeur, majesté, f. ‖ **grandfather** [-fàzh°r] *s.* grand-père, m. ‖ **grandiose** [-io°us] *adj.* grandiose. ‖ **grandma** [-mâ] *s.* grand-maman, mémé, f. ‖ **grandmother** [-mœzh°r] *s.* grand-mère, f. ‖ **grandness** [-nis] *s.* grandeur, magnificence, f. ‖ **grandpa** [-pâ] *s.* grand-papa, pépé, m. ‖ **grandparent** [-pèr°nt] *s.* grand-parent, aïeul, m. ‖ **grandson** [-sœn] *s.* petit-fils, m.

grange [gré¹ndj] *s.* manoir, m.; *Am.* fédération agricole, f.

granite [granit] *s.* granit, m.

granny [grani] *s.* bonne-maman, f.

grant [grànt] *v.* accorder; octroyer; allouer; transférer; *s.* concession; allocation; cession, f.; octroi, m.; **grantee**, donataire; **grantor**, donateur.

granulate [grany°lé¹t] *v.* granuler. ‖ **granulation** [grany°lé¹sh°n] *s.* granulation, f.; grenaillement, m. ‖ **granule** [granyoul] *s.* granule, m. ‖ **granulous** [-°s] *adj.* granuleux.

grape [gré¹p] *s.* grain de raisin; *pl.* raisin, m. ‖ **grapefruit** [-frout] *s.* pamplemousse, m. ‖ **grapestone** [-stoun] *s.* pépin de raisin, m.

graph [graf] *s.* graphique; diagramme, m.; courbe, f.; *v.* tracer un graphique; faire un diagramme. ‖ **graphic** [-ik] *adj.* graphique.

graphite [grafa¹t] *s.* graphite, m.; mine de plomb; plombagine, f.

grapnel [grapnel] *s.* grappin, m.

grapple [grap'l] *v. to grapple with*, accrocher; agripper; prendre au corps; aborder [subject].

grasp [grasp] *v.* empoigner; serrer; saisir; étreindre; comprendre; *s.* étreinte; prise; poigne; poignée [arms]; compréhension, f.; *within one's grasp*, à portée de la main; *to have a good grasp of a subject*, bien connaître une question; **grasping**, avare; avide.

grass [gras] *s.* herbe, f.; gazon, m. ‖ **grasshopper** [grashâp°r] *s.* sauterelle, f. ‖ **grassplot** [-plât] *s.* pelouse, f. ‖ **grassy** [-i] *adj.* herbeux, herbu.

grate [gré¹t] *s.* grille, f.; *v.* griller [window].

grate [gré¹t] *v.* râper; frotter; grincer [teeth]; irriter; froisser; être désagréable (*on*, à). ‖ **grateful** [gré¹tf°l] *adj.* reconnaissant (*for*, de; *to*, à). ‖ **gratefulness** [-nis] *s.* reconnaissance, gratitude, f.; réconfort, agrément, m.

grater [gré¹t°r] *s.* râpe, f.

gratification [grat°fœké¹sh°n] *s.* gratification, f.; plaisir, m. ‖ **gratify** [grat°fa¹] *v.* satisfaire; obliger; faire plaisir à; contenter.

grating [gré¹ting] *s.* grincement [sound], m.; *adj.* grinçant, discordant, désagréable.

gratitude [grat°tyoud] *s.* gratitude, f.

gratuitous [gr°tyou°t°s] *adj.* gratuit; arbitraire. ‖ **gratuity** [gr°tyou°ti] *s.* pourboire, m.; gratification, f.

grave [gré¹v] *adj.* grave; important; solennel.

grave [gré¹v] *s.* tombe, fosse, f.; tombeau, m.; **gravedigger**, fossoyeur; **gravestone**, pierre tombale; **graveyard**, cimetière.

gravel [grav'l] *s.* gravier, m.; gravelle, f.; *v.* graveler.

graven [gré¹vᵉn] *adj.* gravé.

gravity [grav⁵ti] *s.* gravité; importance; pesanteur, f.

gravy [gré¹vi] *s.* sauce, f.; jus, m.; *gravy-boat*, saucière; *gravy-train*, *Am.* assiette au beurre.

gray [gré¹] *adj.*, *s.* gris; *graybeard*, vieillard. ‖ *grayish* [-ish] *adj.* grisâtre. ‖ *grayness* [-nis] *s.* teinte grise; pénombre, f.

graze [gré¹z] *v.* brouter; faire paître; pâturer; effleurer; raser (mil.); écorcher [skin]; *s.* action de paître; éraflure, f.; effleurement; écrêtement, m.

grease [grîs] *s.* graisse, f.; *v.* graisser; lubrifier; *grease remover*, dégraisseur; *greasy*, gras; graisseux; huileux.

great [gré¹t] *adj.* grand; éminent; excellent; magnifique; *a great deal*, beaucoup; *great-aunt*, grand-tante; *great-grand-daughter*, arrière-petite-fille; *great-grand-father*, arrière-grand-père; *great-grand-mother*, arrière-grand-mère; *great-grand-son*, arrière-petit-fils; *great-nephew*, petit-neveu; *great-niece*, petite-nièce; *great-uncle*, grand-oncle; ‖ *greatly* [-li] *adv.* grandement, beaucoup, considérablement; avec grandeur. ‖ *greatness* [-nis] *s.* grandeur, f.

greaves [grîvz] *s. pl.* fritons, rillons, m. pl.; *Fr. Can.* cretons, m. pl.

Grecian [grîshᵉn] *adj.*, *s.* grec, grecque. ‖ **Greece** [grîs] *s.* Grèce, f.

greed [grîd] *s.* avidité; convoitise; gloutonnerie, f. ‖ *greediness* [-inis] *s.* voracité, avidité, f. ‖ *greedy* [-i] *adj.* avide; cupide; glouton, vorace.

Greek [grîk] *adj.*, *s.* grec, grecque.

green [grîn] *adj.* vert; inexpérimenté; naïf; novice; *to grow green*, verdoyer; *s.* vert; gazon, m.; verdure; pelouse, f.; *pl.* légumes verts, m.; *greengrocer*, fruitier; *greenish*, verdâtre. ‖ *greenhouse* [-haᵒᵘs] *s.* serre, f. ‖ *greenness* [-nis] *s.* vert, m.; verdure; verdeur; inexpérience, f.

greet [grît] *v.* saluer. ‖ *greeting* [-ing] *s.* salutation, f.; accueil; salut, m.; *pl.* compliments, m. pl.

grenade [griné¹d] *s.* grenade (mil.), f. ‖ *grenadier* [grᵉnᵉdiᵉr] *s.* grenadier, m.

grew [grou] *pret. of* **to grow**.

grey, *see* **gray**.

greyhound [gré¹haᵒᵘnd] *s.* lévrier, m.

grid [grid] *s.* quadrillage [survey]; gril; grillage, m.

griddle [grid'l] *s.* gril, m.; *griddle-cake*, crêpe.

gridiron [grida¹ᵉrn] *s.* gril; *Am.* terrain de football, m.

grief [grîf] *s.* chagrin, m.; peine, f.; *to come to grief*, finir mal; *grief-stricken*, accablé de chagrin. ‖ *grievance* [grîvᵉns] *s.* grief, tort, m.; offense, f. ‖ *grieve* [grîv] *v.* chagriner, peiner; regretter; s'affliger. ‖ *grievous* [grîvᵉs] *adj.* douloureux; attristant; grave; atroce, cruel.

grill [gril] *s.* gril, m.; grillade, f.; *men's grill*, restaurant pour hommes; *v.* griller; interroger (jur.); cuisiner [police]; être sur le gril (fig.); *grill-room*, rôtisserie.

grim [grim] *adj.* farouche; sinistre; menaçant; sardonique [smile]; rébarbatif; impitoyable.

grimace [grimé¹s] *s.* grimace, f.; *v.* grimacer.

grime [gra¹m] *s.* crasse, saleté, f.; *v.* salir, noircir; *grimy*, sale, barbouillé.

grin [grin] *s.* sourire moqueur, grimaçant, malin; ricanement, m.; *v.* sourire.

grind [gra¹nd] *v.* moudre; broyer; aiguiser [knife]; bûcher [lesson]; jouer [hand organ]; grincer [teeth]; *s.* broyage; grincement; boulot, travail acharné; *Am.* bûcheur, m.; routine, f.; *grindstone*, meule. ‖ *grinder* [-ᵉr] *s.* meule, f.; broyeur; moulin [coffee], m.

grip [grip] *s.* prise; étreinte; poigne; poignée; *Am.* valise, trousse, f.; emprise, f. (fig.); *v.* étreindre; serrer; *to come to grips*, en venir aux mains.

gripe [gra¹p] *s.* colique (med.); *Am.* récrimination, f.; *v.* se plaindre.

grippe [grip] *s.* grippe (med.), f.

grisly [grisli] *adj.* terrifiant; macabre; horrible.

gristle [gris'l] *s.* cartilage, m.

grit [grit] *s.* gruau; gravier; grès; courage, m.; endurance, f.; *v.* grincer; *gritty*, caillouteux.

grizzly [grizli] *adj.* grisâtre; *s.* ours gris d'Amérique, m.

groan [graun] *s.* gémissement, m.; *v.* gémir; murmurer.

groats [groᵒᵘts] *s. pl.* gruau, m.

grocer [groᵒᵘsᵉr] *s.* épicier, m. ‖ *grocery* [-ri] *s.* épicerie, f.; *pl.* denrées comestibles, f. pl.

grog [graug] *s.* grog, m. ‖ *groggy* [-i] *adj.* ivre; chancelant; hébété.

groin [gro¹n] *s.* aine (med.); arête (arch.), f.

groom [groum] *s.* palefrenier; marié, m.; *v.* panser [horse]; soigner, astiquer (colloq.); *groomsman*, garçon d'honneur.

groove [grouv] *s.* rainure; cannelure; rayure; coulisse, f.; *v.* évider; strier; faire une rainure dans.

grope [group] *v.* tâtonner; *to grope for*, chercher à tâtons.

gross [grouˢ] *adj.* gros, grosse; rude; grossier; brut [weight]; épais [ignorance]; *s.* grosse [measure], f.; *Am.* recette brute, f.

grotesque [grouᵒutèsk] *adj., s.* grotesque.

grotto [grautoᵘ] *s.* grotte, f.

grouch [graᵒutsh] *s.* mauvaise humeur, f.; ronchon, m.; *v.* ronchonner. ‖ **grouchy** [-i] *adj.* grognon; acariâtre.

ground [graᵒund] *s.* terrain; sol; fond; fondement, motif; chef d'accusation; point de vue, m.; terre; masse (electr.); cause; base, f.; *v.* mettre à terre; fonder; enseigner les principes de; atterrir (aviat.); masser (electr.); *to gain ground*, gagner du terrain; *to stand one's ground*, tenir bon; *to break ground*, creuser une tranchée; *to be well grounded in*, avoir une connaissance solide de; *ground-floor*, rez-de-chaussée; *groundnut*, arachide; *coffee-grounds*, marc de café.

ground [graᵒund] *pret., p. p. of* **to grind**.

group [group] *s.* groupe, m.; escouade, f.; *v.* grouper; *blood group*, groupe sanguin.

grouse [graᵒus] *s.* coq de bruyère, grouse, m.; *v.* ronchonner.

grove [grouv] *s.* bosquet, m.

grovel [grâv'l] *v.* se vautrer; ramper; flagorner; *groveller*, chien couchant (fig.); *grovelling*, rampant.

grow [grouᵘ] *v.*⁕ pousser, croître; grandir; devenir; avancer; augmenter; faire pousser; *to grow old*, se faire vieux; *to grow better*, s'améliorer. ‖ **grower** [-ᵉr] *s.* cultivateur, producteur, m.

growl [graᵒul] *s.* grognement, m.; *v.* grogner.

grown [grouᵒun] *p. p. of* **to grow**; *adj.* développé, cultivé; *full-grown*, adulte; *grown-ups*, grandes personnes. ‖ **growth** [grouᵒuth] *s.* croissance; crue; excroissance (med.), f.; accroissement; produit, m.

grub [grœb] *v.* creuser, défricher; trimer; *s.* asticot, ma.; larve; mangeaille; boustifaille (pop.), f.

grudge [grœdj] *s.* rancune, f.; *v.* donner à contrecœur; *to bear a grudge against*, garder une dent contre.

gruesome [grousᵉm] *adj.* terrifiant; horrible; lugubre.

gruff [grœf] *adj.* bourru, brusque.

grumble [grœmb'l] *s.* murmure, grognement, m.; *v.* grogner, murmurer; *grumbler*, grognon, m.

grumpy [grœmpi] *adj.* maussade, grognon, grincheux.

grunt [grœnt] *s.* grognement [hog], m.; *v.* grogner.

guarantee [garᵉntî] *s.* garantie; caution, f.; garant, m.; *v.* garantir; se porter garant. ‖ **guarantor** [garᵉntᵉr] *s.* garant; répondant, m.

guard [gârd] *s.* garde, protection, f.; garde, m.; *v.* garder; protéger; défendre; *guardhouse*, corps de garde; *guardrail*, garde-fou, main-courante; *on guard*, de garde, sur le qui-vive. ‖ **guardian** [gârdiᵉn] *s.* gardien; administrateur; tuteur, m. ‖ **guardianship** [-ship] *s.* garde; tutelle, f.

gudgeon [gœdjᵉn] *s.* goujon; tourillon (mech.), m.; jobard, m. (colloq.).

guerilla [gᵉrilᵉ] *s.* guérilla, f.; guérillero, m.

guess [gès] *s.* conjecture, supposition, f.; *v.* deviner; conjecturer; penser; *at a guess*, au jugé.

guest [gèst] *s.* convive; hôte; visiteur; invité, m.; *guest room*, chambre d'amis.

guffaw [gᵉfau] *s.* gros rire bruyant, m.

guggle [gœg'l] *v.* glousser.

guidance [gaᴵd'ns] *s.* conduite; direction, f. ‖ **guide** [gaᴵd] *s.* guide; conducteur, m.; *v.* guider; conduire; gouverner; *guidebook*, guide; *guidepost*, poteau indicateur.

guild [gild] *s.* corporation, association, guilde, f.

guile [gaᴵl] *s.* astuce; ruse, f.; *guileful*, rusé, fourbe, astucieux; *guileless*, candide, loyal.

guilt [gilt] *s.* culpabilité; faute, f.; crime, m. ‖ **guiltless** [-lis] *adj.* innocent. ‖ **guilty** [-i] *adj.* coupable.

guinea-fowl [ginifaᵒul] *s.* pintade, f.

guinea-pig [ginipig] *s.* cobaye, m.

guise [gaᴵz] *s.* façon; guise; mode, f.; aspect; déguisement, m.

guitar [gitâr] *s.* guitare, f.; *guitarist*, guitariste.

gulch [gœltsh] *s.*⁕ ravin, m.

gulf [gœlf] *s.* golfe; gouffre, m.

gull [gœl] *s.* mouette, f.; goéland, m.

gull [gœl] *s.* dupe, f.; *v.* duper.

gullet [gœlit] *s.* œsophage; goulet; gosier, m.

gullible [gœleb'l] *s.* jobard, m.

gully [gœli] *s.*⁕ ravin, m.; ravine, f.

gulp [gœlp] *s.* gorgée; goulée, f.; *v.* avaler; gober; *at a gulp*, d'un trait, d'une bouchée.

gum [gœm] *s.* gomme; gencive [teeth], f.; *gum arabic,* gomme arabique; *gum-tree,* gommier; *v.* gommer. *gummy adj.* collant; chassieux [eyes].

gun [gœn] *s* fusil; canon, m.; arme à feu, f.; *v.* mettre les gaz; *assault gun,* canon de 75. *automatic gun,* fusil automatique. *camera gun,* cinémitrailleuse; *machine gun,* mitrailleuse. *submachine gun,* mitraillette. *gunboat,* canonnière, *gun carriage,* affût de canon; *gunfire,* canonnade, *gunshot,* coup de canon. ‖ *gunner* [-ᵉr] *s.* pointeur; mitrailleur; artilleur, m.

gurgle [gᵉr'g'l] *s.* glouglou; gargouillement, m.; *v.* gargouiller.

gush [gœsh] *s.ᵉ* jaillissement, m.; effusion, f.; *v.* jaillir; couler à flots; se répandre en effusions.

gust [gœst] *s.* jet [flame], m.; bouffée [smoke]; rafale [wind], f.; accès [rage], m.; *gusty,* de grand vent.

gut [gœt] *s.* boyau; intestin, m.; tripe, f.; *v.* vider, déboyauter; *to have guts,* avoir du cran.

gutter [gœtᵉr] *s.* gouttière, rigole, f.; ruisseau [street], m.

guttural [gœtᵉr'l] *adj.* guttural.

guy [gaᵌ] *s.* hauban; étai, m.

guy [gaᵌ] *s.* type, individu; épouvantail, m.

guzzle [gœz'l] *v.* ingurgiter; lamper, pomper. bâfrer.

gymnasium [djimné¹ziᵉm] *s.* gymnase, m ‖ *gymnastics* [djimnastiks] *s.* gymnastique, f.

gynecology [dja¹nik°lâdji] *s.* gynécologie. f.

gyp [djip] *v.* refaire, carotter (colloq.).

gypsy [dji¹psi] *s.ᵉ* gitan, m.; gitane, f.

gyrate [dja¹ré¹t] *v.* tournoyer. ‖ *gyration* [dja¹ré¹shᵉn] *s.* giration, f. ‖ *gyroplane* [dja¹replèn] *s.* hélicoptère, m.

H

haberdasher [habᵉrdashᵉr] *s.* mercier; chemisier, m. ‖ *haberdashery* [-ri] *s.ᵉ* mercerie; *Am.* chemiserie, f.

habit [habit] *s.* habitude, coutume, f.; habillement; costume, m.; *drug habit,* toxicomanie.

habitual [hᵉbitshouᵉl] *adj.* habituel. ‖ *habituate* [hᵉbitshoué¹t] *v.* habituer; accoutumer.

hack [hak] *s.* fiacre; cheval de louage; mercenaire, m.; rosse, f.; *hack-writer,* nègre, écrivain à gages.

hack [hak] *s.* pioche; entaille, coche, f.; *v.* hachurer, ébrécher; toussoter.

hackneyed [haknid] *adj.* rebattu; commun, banal.

had [had] *pret., p. p. of* to have.

haft [haft] *s.* manche [knife], m.; poignée [sword], f.; *v.* emmancher.

hag [hag] *s.* sorcière, f.

haggard [hagᵉrd] *adj.* hagard; farouche; livide.

haggle [hag'l] *v.* marchander; disputer, débattre.

hail [hé¹l] *s.* salut; appel, m.; *v.* saluer; héler; *Hail Mary,* Ave Maria.

hail [hé¹l] *v.* grêle, f.; grésil, m.; *v.* grêler; *hailstone,* grêlon.

hair [hèᵉr] *s.* cheveu; poil, m.; chevelure, f.; crin; filament, m.; *hairbrush,* brosse à cheveux; *haircut,* coupe de cheveux; *hair net,* filet à cheveux, *hair-setting,* mise en plis; *hair-splitting,* ergotage. ‖ *hairdo* [hèᵉrdou] *s.* coiffure, f. ‖ *hairdresser*

[hèᵉrdrèsᵉr] *s.* coiffeur, m. ‖ *hairless* [hèᵉrlis] *adj.* chauve; sans poil. ‖ *hairpin* [hèᵉrpin] *s.* épingle à cheveux, f. ‖ *hairy* [hèᵉri] *adj.* chevelu; poilu; hirsute.

hale [hé¹l] *adj.* robuste; sain; en bon état; vigoureux; solide.

half [haf] (*pl. halves* [havz]) *s.* moitié; demie, f.; *adj.* demi; *half-breed,* métis, *half-brother,* demi-frère. *half-hearted,* peu généreux, peu enthousiaste; *half-hour,* demi-heure *half-open,* entrebâillé; *half-sister,* demi-sœur; *halfway,* à mi-chemin; *one hour and a half,* une heure et demie; *too short by half,* moitié trop court.

halibut [halᵉbᵉt] *s.* flétan, m.

hall [haul] *s.* salle, f.; hall; vestibule; édifice public, m.; *town hall,* hôtel de ville; *hallmark,* estampille, poinçon de garantie.

hallo, *see* hello.

hallow [haloᵘ] *v.* sanctifier; consacrer; *s.* saint, m.; *All-Hallows,* Toussaint; *Hallowe'en,* vigile de la Toussaint.

hallucination [hᵉlyous'né¹shᵉn] *s.* hallucination, f. ‖ *hallucinatory* [hᵉly°ᵘsin°t'ri] *adj.* hallucinatoire.

halo [hé¹loᵘ] *s.* halo, m.; auréole, f.

halt [hault] *s.* halte; station, f.; arrêt, m.; *v.* faire halte; arrêter.

halt [hault] *s.ᵉ* boitement, m.; *v.* boiter; *adj.* boiteux; *halting,* claudicant, éclopé; ânonnant.

halter [haultᵉʳ] *s.* licou, m.; hart, f.

halve [hav] *v.* partager en deux. ‖ *halves* [-z] *pl. of half.*

ham [ham] *s.* jambon; jarret; cabotin (colloq.), m.

hamlet [hamlit] *s.* hameau, m.

hammer [hamᵉʳ] *s.* marteau; percuteur; chien de fusil, m.; *v.* marteler; forger; enfoncer; *drop hammer*, marteau-pilon; *sledge hammer*, marteau de forgeron; *hammer-drill*, marteau pneumatique. ‖ *hammering* [hamring] *s.* martèlement; pilonnage, m.; rossée, f. ‖ *hammerless* [hamᵉrlis] *adj.* sans chien [gun].

hammock [hamᵉk] *s.* hamac, m.

hamper [hàmpᵉʳ] *s.* panier, m.; manne, bourriche, f.

hamper [hàmpᵉʳ] *v.* gêner, entraver; brouiller [lock].

hand [hànd] *s.* main; écriture; signature; part; aiguille [watch], f.; ouvrier; jeu [cards]; côté [side], m.; *v.* passer, donner; *to hand in*, remettre; *to hand on*, transmettre; *at hand*, sous la main; *hands up!*, haut les mains!; *on the one hand*, d'une part; *on the right hand side*, à droite; *to hand about*, faire passer; *handbag*, sac à main; *handsel*, étrenne, donner à Dieu. ‖ *handball* [-baul] *s.* handball, m. ‖ *handbill* [-bil] *s.* prospectus, m. ‖ *handcuff* [-kœf] *v.* mettre les menottes; *s. pl.* menottes, f. pl. ‖ *handful* [-fᵉl] *s.* poignée, f. ‖ *handicap* [-ikap] *s.* handicap, obstacle, m.; *v.* handicaper. ‖ *handiwork* [-wëʳk] *s.* ouvrage manuel, m. ‖ *handkerchief* [hàngkᵉrtshif] *s.* mouchoir, m. ‖ *handle* [hànd'l] *s.* manche; bouton [door]; bras [wheelbarrow], m.; poignée [sword]; brimbale [pump]; queue [pan]; anse [basket]; manivelle; manette (mech.), f.; *v.* manier; traiter; palper; manipuler; faire commerce de. ‖ *handmade* [hàndmé¹d] *adj.* fait à la main. ‖ *hand-rail* [-ré¹l] *s.* rampe, f.; garde-fou, m. ‖ *handshake* [-shé¹k] *s.* poignée de main, f.

handsome [hànsᵉm] *adj.* beau, m.; belle, f. ‖ *handsomeness* [-nis] *s.* beauté, f.

handwriting [hàndra¹ting] *s.* écriture, f.

handy [hàndi] *adj.* proche, sous la main; adroit; commode; maniable.

hang [hàng] *v.** pendre, suspendre; accrocher; tapisser; baisser [head]; être pendu, suspendu; *s.* chute, inclinaison; tendance, f.; *to hang back*, hésiter; *to hang on*, tenir bon; *to hang over*, surplomber.

hangar [hàngᵉʳ] *s.* hangar, m.

hanger [hàngᵉʳ] *s.* crochet; croc; portemanteau; bourreau; coutelas;

paper-hanger, tapissier. ‖ *hanging* [hànging] *s.* pendaison; tenture; tapisserie; pose de papiers; suspension, f.; montage, m.; *adj.* pendant; suspendu. ‖ *hangman* [hàngmᵉn] (*pl. hangmen*) *s.* bourreau, m. ‖ *hangnail* [-né¹l] *s.* envie (med.), f. ‖ *hangover* [-oᵒuᵛᵉʳ] *s.* gueule (f.) de bois (colloq.).

hank [hàngk] *s.* écheveau, m.

hanker [hàngkᵉʳ] *v.* désirer, aspirer (*for*, à).

haphazard [haphazᵉrd] *adv.* au hasard, à l'aventure; *adj.* accidentel, fortuit.

hapless [haplis] *adj.* infortuné; malchanceux. ‖ *haply* [-li] *adv.* par hasard.

happen [hapᵉn] *v.* arriver; advenir; survenir; *to happen upon*, trouver par hasard; *if you happen to go*, s'il vous arrive d'y aller. ‖ *happening* [-ing] *s.* événement, m.

happily [hap'li] *adv.* heureusement. ‖ *happiness* [hapinis] *s.* bonheur, m.; félicité, f. ‖ *happy* [hapi] *adj.* heureux; fortuné; *happy-go-lucky*, sans souci; à la va-comme-je-te-pousse.

harangue [hᵉràng] *s.* harangue, f.; *v.* haranguer.

harass [harᵉs] *v.* harasser; harceler (mil.); épuiser.

harbo(u)r [hârbᵉr] *s.* port; havre; asile; refuge; abri, m.; *v.* héberger; abriter. ‖ *harbo(u)rage* [-ridj] *s.* hospitalité, f.; refuge, m.

hard [hârd] *adj.* dur; difficile; pénible; rude; ferme; ardu; *adv.* durement; fermement; péniblement; violemment; *hard drink*, boisson alcoolique; *hard labo(u)r*, travaux forcés; *hard luck*, mauvais sort; *hard-working*, laborieux; *hard of hearing*, dur d'oreille; *hard up*, gêné; *hard by*, tout près. ‖ *harden* [-'n] *v.* durcir; endurcir; indurer; scléroser (med.); tremper [steel]; se raidir. ‖ *hardening* [-'ning] *s.* durcissement; endurcissement, m.; sclérose (med.); trempe [metal], f. ‖ *hardly* [-li] *adv.* difficilement; avec peine; à peine; guère. ‖ *hardness* [-nis] *s.* dureté; fermeté; solidité; rigueur; difficulté, f. ‖ *hardship* [-ship] *s.* fatigue; épreuve; privation; souffrance, f. ‖ *hardtack* [-tak] *s. Am.* biscuit de mer, m. ‖ *hardware* [-wèᵉr] *s.* quincaillerie, f.; *hardwareman*, quincailler.

hardy [hârdi] *adj.* robuste; hardi, audacieux; vivace [plant].

hare [hèᵉr] *s.* lièvre, m.; *harebell*, campanule; *hare-brained*, écervelé; *harelip*, bec-de-lièvre.

harem [hèrᵉm] *s.* harem, m.

haricot [harikoᵒu] *s.* navarin, m.; *haricot-bean*, haricot blanc.

harlot [hârlet] *s.* prostituée, f.

harm [hârm] *s.* tort, dommage ; mal, m. ; *v.* faire du mal à ; faire tort à. ‖ **harmful** [-fel] *adj.* malfaisant ; nuisible ; préjudiciable. ‖ **harmless** [-lis] *adj.* innocent ; inoffensif. ‖ **harmlessness** [-lisnis] *s.* innocence ; innocuité, f. ; caractère inoffensif, m.

harmonic [hârmânik] *adj., s.* harmonique. ‖ **harmonica** [-e] *s.* harmonica, m. ‖ **harmonious** [hârmoᵘnies] *adj.* harmonieux. ‖ **harmonize** [hârmena¹z] *v.* (s')harmoniser ; concorder. ‖ **harmony** [hârmeni] *s.* harmonie, f.

harness [hârnis] *s.* harnais ; harnachement, m. ; *v.* harnacher ; *parachute harness,* ceinture de parachute ; *to get back into harness,* reprendre le collier ; *harness maker,* sellier.

harp [hârp] *s.* harpe, f. ; *v.* jouer de la harpe ; *to harp on one string,* rabâcher toujours la même chose.

harpoon [hârpoun] *s.* harpon ; obus de baleinier, m. ; *v.* harponner.

harpy [hârpi] *s.* harpie, f.

harrow [haroᵘ] *s.* herse, f. ; *v.* herser ; tourmenter. ‖ **harrowing** [-ing] *adj.* déchirant ; horripilant.

harry [hari] *v.* harceler ; molester ; ravager, dévaster, piller.

harsh [hârsh] *adj.* âpre ; rude ; rigoureux ; discordant [sound]. ‖ **harshness** [-nis] *s.* rudesse ; âpreté ; rigueur ; dureté ; discordance, f.

harvest [hârvist] *s.* récolte ; moisson, f. ; *v.* moissonner ; récolter.

hash [hash] *s.* hachis, m. ; *v.* hacher.

hasp [hasp] *s.* fermoir ; loquet, m. ; *v.* cadenasser.

hassock [hasek] *s.* coussin-agenouilloir, m.

haste [hé¹st] *s.* hâte ; précipitation, f. ; *to make haste,* se dépêcher. ‖ **hasten** [hé¹s'n] *v.* (se) hâter ; accélérer. ‖ **hastily** [hé¹stli] *adv.* à la hâte. ‖ **hasty** [hé¹sti] *adj.* hâtif ; improvisé ; ébauché ; inconsidéré ; violent ; précipité ; prompt, rapide.

hat [hat] *s.* chapeau, m. ; *hat-maker,* chapelier, m. ; *hat-peg,* patère, f.

hatch [hatsh] *s.* * éclosion ; couvée, f. ; *v.* éclore ; couver ; machiner.

hatch [hatsh] *s.* * porte coupée ; vanne d'écluse, f. ‖ **hatchway** [-wé¹] *s.* écoutille (naut.), f.

hatchet [hatshit] *s.* hachette, f.

hate [héʰt] *s.* haine ; aversion, f. ; *v.* haïr, détester. ‖ **hateful** [-feʰl] *adj.* haïssable, exécrable ; détestable. ‖ **hatred** [-rid] *s.* haine, f.

haughtily [haut'li] *adv.* avec hauteur. ‖ **haughtiness** [hautinis] *s.*

hauteur, arrogance, f. ‖ **haughty** [hauti] *adj.* hautain ; altier ; arrogant.

haul [haul] *v.* haler ; remorquer ; traîner ; transporter ; *s.* traction, aubaine, f. ; transport, m.

haunch [hauntsh] *s.* * hanche, f. ; arrière-train ; cuissot (m.) de venaison.

haunt [haunt] *v.* hanter ; fréquenter ; *s.* rendez-vous ; repaire, m. ; *haunted house,* maison hantée.

have [hav] *v.* * avoir ; posséder ; prendre ; tenir ; contenir ; *to have a suit made,* faire faire un complet ; *I have come,* je suis venu ; *I had better,* je ferais mieux ; *you have been had,* on vous a eu ; *have him down,* faites-le descendre ; *to have it over,* en finir.

haven [hé¹ven] *s.* havre ; port ; refuge, asile, m.

havoc [havek] *s.* ravage ; dégât, m.

hawk [hauk] *s.* faucon, m. ; *v.* chasser au faucon ; *hawker,* fauconnier.

hawk [hauk] *v.* colporter ; *hawker,* colporteur.

hawser [hauzer] *s.* haussière, f.

hawthorn [hauthaurn] *s.* aubépine, f.

hay [hé¹] *s.* foin, m. ; herbe sèche, f. ; *haycock,* meulon de foin ; *hay-fever,* rhume des foins ; *hayloft,* fenil ; *hay-making,* fenaison ; *haystack,* meule de foin.

hazard [hazerd] *s.* hasard ; risque ; obstacle ; danger, m. ; *v.* hasarder, risquer. ‖ **hazardous** [-es] *adj.* hasardeux ; périlleux.

haze [héⁱz] *s.* brume, f. ; *hazy,* brumeux ; confus ; *v.* embrumer.

hazel [héⁱz'l] *s.* noisetier, m. ; *adj.* couleur de noisette ; *hazel nut,* noisette.

he [hi] *pers. pron.* il ; lui ; *he who,* celui qui ; *it is he,* c'est lui ; *there he is,* le voilà.

head [hèd] *s.* tête, f. ; bon sens ; bout [table] ; chevet [bed] ; fond [cask] ; titre ; chapitre, m. ; proue (naut.) ; source, f. ; *v.* conduire ; diriger ; *adj.* principal, premier ; de tête ; *heads or tails,* pile ou face ; *Am. to be out of one's head,* avoir perdu la tête ; *to keep one's head,* conserver son sang-froid ; *to head off,* barrer la route à ; *headache,* mal de tête ; *headdress,* coiffure, f. ; *headland,* promontoire, cap (geogr.) ; *headline,* manchette [newspaper] ; *head-office,* bureau central ; *head-on,* de front ; *headwork,* travail intellectuel ; ‖ **heading** [-ing] *s.* en-tête, f. ; titre, m. ‖ **headlamp** [-lamp] *s.* phare ; projecteur, m. ‖ **headlight** [-la¹t] *s.* fanal (railw.) ; phare, m. ‖ **headlong** [-laung] *adv.* précipitamment, témérairement. ‖ **headphone**

[-fo°ᵘn] *s.* casque téléphonique, m. ‖ **headquarters** [-kwaurtᵉrz] *s.* quartier général; poste de commande. m. ‖ **headrope** [-ro°ᵘp] *s.* longe, f. ‖ **headstrong** [-straung] *adj.* têtu; obstiné. ‖ **headway** [-wé¹] *s.* progrès, m.; avance, f.; *to make headway*, progresser. ‖ **heady** [-i] *adj.* capiteux; impétueux.

heal [hîl] *v.* guérir; cicatriser. ‖ **healing** [-ing] *s.* guérison, f. ‖ **health** [hélth] *s.* santé, f. ‖ **healthful** [-fᵉl] *adj.* salubre; sain. ‖ **healthy** [-i] *adj.* sain; en bonne santé; hygiénique.

heap [hîp] *s.* tas; monceau, m.; *v.* amasser; entasser; charger; combler [*with*, de].

hear [hîᵉr] *v.* ° entendre; écouter; apprendre; entendre parler (*of*, de); *to hear from*, recevoir des nouvelles de. ‖ **heard** [hë̈rd] *pret.*, *p.* *p.* *of* **to hear**. ‖ **hearer** [hîrᵉr] *s.* auditeur, m.; auditrice, f. ‖ **hearing** [hîring] *s.* audition; audience; ouïe; chose entendue; portée de voix, f.; *to get a hearing*, obtenir audience. ‖ **hearsay** [hîrsé¹] *s.* ouï-dire, m.; rumeur, f.

hearse [hë̈rs] *s.* corbillard, m.

heart [hârt] *s.* cœur; courage; centre; *pl.* cœur [cards], m.; *to one's heart's content*, à cœur joie; *to take to heart*, prendre à cœur. ‖ **heartache** [-é¹k] *s.* chagrin, m.; angoisse, f.; douleur au cœur, f. ‖ **heartbeat** [-bît] *s.* battement de cœur, m. ‖ **heartbroken** [-bro°ᵘkᵉn] *adj.* au cœur brisé; navré. ‖ **hearten** [-'n] *v.* encourager. ‖ **heartfelt** [-fèlt] *adj.* cordial, sincère, senti.

hearth [hârth] *s.* foyer; âtre, m.

heartily [hârt'ili] *adv.* cordialement; de bon cœur. ‖ **heartless** [-lis] *adj.* sans cœur; insensible; dur. ‖ **heart-rending** [-rènding] *adj.* navrant, déchirant. ‖ **hearty** [-i] *adj.* sincère, cordial; sain; nutritif [food]; substantiel [meal]; sonore [laugh]; *s.* gars de la Marine, m.

heat [hît] *s.* chaleur; colère; surexcitation; période d'activité intense; épreuve éliminatoire [race], f.; *v.* chauffer; réchauffer; s'échauffer; *heat-insulating*, calorifuge; *heat-insulation*, calorifugeage; *heat-wave*, vague de chaleur. ‖ **heater** [-ᵉr] *s.* appareil de chauffage, m.

heathen [hîthᵉn] *adj.*, *s.* païen; *heathendom, heathenism,* paganisme.

heather [hézhᵉr] *s.* bruyère, f.

heating [hîting] *s.* chauffage, m.; *central heating plant*, installation de chauffage central; *heating-apparatus,* calorifère; *heating power*, pouvoir calorifique.

heave [hîv] *v.* lever; pousser [sigh]; hisser; palpiter [heart]; (se) soulever; virer (naut.); avoir des nausées; *s.* soulèvement; effort, m.

heaven [hèvᵉn] *s.* ciel, m.; *heavenly,* céleste.

heavily [hèv'li] *adv.* pesamment; tristement; fortement. ‖ **heaviness** [hèvinis] *s.* pesanteur; lourdeur; tristesse, f.; accablement, m. ‖ **heavy** [hèvi] *adj.* pesant; lourd; massif [metal]; accablant; abattu [heart]; mauvais [road]; sévère [blame]; *heavy-handed,* maladroit.

hecatomb [hèkᵉtoumb] *s.* hécatombe. f.

hectic [hèktik] *adj.* fiévreux; tuberculeux; trépidant (fam.).

hedge [hèdj] *s.* haie, f.; *v.* entourer d'une haie; user de subterfuges; *hedge-hopping*, rase-mottes; *natural hedge*, haie vive.

hedgehog [hèdjhaug] *s.* hérisson, f.

heed [hîd] *v.* faire attention; prendre garde; *s.* attention, f.; *heedful,* vigilant; *heedless,* étourdi; *heedlessness,* étourderie.

heel [hîl] *s.* talon, m.; quignon [bread]; *Am.* salaud, m.; *v.* mettre des talons à; *down at the heel*, éculé [shoe]; dans la dèche; *to heel over*, donner de la bande (naut.).

heft [hèft] *s.* poids, m.; majeure partie, f.; *v.* soulever; soupeser.

heifer [hèfᵉr] *s.* génisse, f.

height [ha¹t] *s.* hauteur; élévation; altitude, f. ‖ **heighten** [ha¹t'n] *v.* augmenter; accroître; intensifier; rehausser, relever.

heinous [hé¹nᵉs] *adj.* atroce; odieux; infâme.

heir [èᵉr] *s.* héritier, m. ‖ **heiress** [è'ris] *s.*° héritière, f.; *heirloom,* souvenir de famille.

held [hèld] *pret.*, *p.* *p.* *of* **to hold.**

helicopter [hèlikâptᵉr] *s.* hélicoptère, m.; *helicopter-borne,* héliporté.

helix [hîliks] (*pl.* **helices** [hîlislz]) *s.* spirale; hélice, f.

hell [hèl] *s.* enfer, m.; *hellish,* infernal, diabolique.

hello! [hèlo°ᵘ] *interj.* holà!; allô!

helm [hèlm] *s.* gouvernail, m.; *helmsman,* timonier.

helmet [hèlmit] *s.* casque, m.

help [hèlp] *s.* aide; secours; personnel assistant, m.; assistance, f.; *v.* aider; secourir; *he cannot help it,* il n'y peut rien; *I cannot help laughing,* je ne peux m'empêcher de rire; *help yourself,* servez-vous [food]. ‖ **helper** [-ᵉr] *s.* aide; assistant, m. ‖ **helpful** [-fᵉl] *adj.* utile; serviable. ‖ **helping** [-ing] *s.* portion [food]; aide, f. ‖ **helpless** [-lis] *adj.* impuissant; désemparé; faible; perplexe; inextricable [situation]. || **helplessness** [-lisnis] *s.* faiblesse ; impuissance ; invalidité ; incapacité, f.

hem [hèm] *s.* ourlet ; bord, m. ; *v.* ourler, border ; *to hem in*, cerner ; *Am.* **hem binding,** extra-fort.

hem [hèm] *v.* toussoter ; faire hum ; *interj.* hem ! hum ! ; *to hem and haw,* ânonner.

hemiplegia [hèmiplîdji] *s.* hémiplégie, f.

hemisphere [hèmesfìer] *s.* hémisphère, m.

hemlock [hèmlâk] *s.* ciguë, f. || **hemlock fir,** *Fr. Can.* pruche, f.

hemoptysis [hèmauptisis] *s.* hémoptysie, f.

hemorrhage [hèmeridj] *s.* hémorragie, f.

hemp [hèmp] *s.* chanvre, m.

hemstitch* [hèmstitsh] *s.* point d'ourlet ; ourlet à jour, m. ; *v.* ourler à jour.

hen [hèn] *s.* poule ; femelle d'oiseau, f. ; *hen-coop,* cage à poules ; *hen-house,* poulailler ; *henpecked husband,* mari que sa femme mène par le bout du nez ; *henroost,* juchoir.

hence [hèns] *adv.* d'ici, de là ; par suite ; en conséquence. || **henceforth** [-foourth] *adv.* dorénavant ; désormais.

henna [héne] *s.* henné, m. ; *v.* teindre au henné.

hep [hèp] *adj.* averti, affranchi ; à la page.

hepatic [hipatik] *adj.* hépatique.

her [hër] *pron.* elle ; la ; lui ; *adj.* son, sa, ses ; à elle ; d'elle ; *I saw her,* je la vis ; *I speak to her,* je lui parle ; *she loves her father,* elle aime son père ; *she lost her senses,* elle a perdu connaissance ; *she has cut her finger,* elle s'est coupé le doigt.

herald [hèreld] *s.* héraut ; messager ; précurseur, m. ; *v.* proclamer ; introduire, annoncer.

heraldry [hèreldri] *s.* science héraldique ; armoiries, f. pl.

herb [ërb] *s.* herbe, f. ; *herb-shop,* herboristerie. || **herbalist** [ërbelist] *s.* botaniste ; herboriste, m. f. || **herby** [-i] *adj.* herbeux.

herd [hërd] *s.* troupeau, m. ; foule, cohue, f. ; *the common herd,* le « vulgum pecus » ; *v.* réunir ; s'attrouper. || **herdsman** [-zmen] *s.* bouvier, berger, m.

here [hìer] *adv.* ici ; *here and there,* çà et là ; *here's to you,* à votre santé ; *here we are,* nous voici arrivés. || **hereabout(s)** [-ebaouts)] *adv.* près d'ici, dans ces parages. || **hereafter** [hìerafter] *adv.* ci-après, ci-dessous ;

désormais ; à l'avenir ; *s.* la vie future, f. || **hereby** [hìerbaì] *adv.* par là, par ce moyen ; près d'ici, par la présente (comm.).

hereditary [hèredetèri] *adj.* héréditaire ; transmissible. || **heredity** [herèdeti] *s.* hérédité, f.

herein [hìerìn] *adv.* en ceci, sur ce point ; ci-inclus.

heresy [hèresi] *s.** hérésie, f. || **heretic** [hèretik] *adj., s.* hérétique.

heretofore [hìertefoour] *adv.* auparavant, jusqu'ici. || **hereupon** [hìerepân] *adv.* là-dessus. || **herewith** [hìerwìth] *adv.* ci-joint ; avec ceci ; inclus.

heritage [hèretidj] *s.* héritage, m.

hermetic [hërmètik] *adj.* hermétique.

hermit [hërmit] *s.* ermite, m.

hernia [hërnìe] *s.* hernie, f.

hero [hìroou] *s.** héros, m. || **heroic** [hiroouik] *adj.* héroïque. || **heroine** [hèroouin] héroïne, f. || **heroism** [hèroouizem] *s.* héroïsme, m.

heron [hèren] *s.* héron, m.

herring [hèring] *s.* hareng, m. ; *red herring,* hareng saur.

hers [hërz] *poss. pron.* le sien, la sienne, les siens, les siennes ; à elle ; *s.* ses parents à elle ; les siens ; *are these books hers?,* ces livres sont-ils à elle ? ; *it is no business of hers,* cela ne la regarde pas. || **herself** [hersèlf] *pron.* elle-même ; soi-même ; *she cut herself,* elle s'est coupée ; *she saw herself in the mirror,* elle se vit dans le miroir ; *she was sitting by herself,* elle était assise seule.

hesitate [hèztéìt] *v.* hésiter ; balbutier. || **hesitating** [-ing] *adj.* hésitant ; indécis ; irrésolu. || **hesitatingly** [-ingli] *adv.* avec hésitation. || **hesitation** [hèztéshen] *s.* hésitation ; indécision, f.

heterogeneous [hèterodjînìes] *adj.* hétérogène.

hew [hyou] *v.** tailler, couper ; abattre [tree]. || **hewn** [hyoun] *p. p. of to hew ; rough-hewn,* taillé à coups de serpe.

hexagon [hèksegân] *s.* hexagone, m.

hey! [hé¹] *interj.* hé ! hein !

heyday [hé¹dé¹] *s.* beaux jours, m. pl. ; période florissante ; fleur [youth], f. ; éclat [glory], m. ; faîte [prosperity], m.

hibernate [haìbernéìt] *v.* hiberner ; hiverner ; somnoler, paresser.

hiccup [hìkep], **hiccough** [hìkauf] *s.* hoquet, m. ; *v.* avoir le hoquet ; hoqueter.

hickory [hìkeri] *s.** hickory ; noyer d'Amérique, m.

hid [hid] *pret., p. p. of* **to hide.** ||
hidden [hid'n] *p. p. of* **to hide;** *adj.*
caché; secret; mystérieux. || **hide**
[ha¹d] *v.* (se) cacher; enfouir; masquer; couvrir; *to hide from,* se cacher
de; *to play hide and seek,* jouer à
cache-cache; *hiding-place,* cachette.

hide [ha¹d] *s.* peau, f.; cuir, m.; *v.*
rosser; *hidebound,* à l'esprit étroit.

hideous [hidi⁰s] *adj.* hideux.

hierarchical [ha¹erâkik⁰l] *adj.* hié-
rarchique. || *hierarchy* [ha¹erârki] *s.*
hiérarchie, f.

high [ha¹] *adj.* haut; élevé; hautain,
fier; faisandé [game]; lointain [anti-
quity]; puissant [explosive]; violent
[wind]; *Am.* ivre (fam.); *adv.* haut,
hautement; grandement; fortement; *it
is high time that,* il est grand temps
que; *to play high,* jouer gros jeu; *high
altar,* maître-autel; *high-born,* de
haute extraction; *high-handed,* despotique; *high-heeled,* à hauts talons;
high-priced, coûteux; *high-road,*
grand-route; *high-sounding,* sonore,
ronflant. || **highland** [-l⁰nd] *s.* terre
haute, f.; *the Highlands,* les Highlands
d'Ecosse. || **highly** [-li] *adv.* beaucoup;
très; supérieurement; hautement;
highly paid, très bien payé. || **highness**
[-nis] *s.* hauteur; élévation; Altesse
[title], f. || **highway** [-wé¹] grand-
route; voie publique; chaussée, f.;
express highway, autoroute; *high-
wayman,* voleur de grand chemin.

hike [ha¹k] *s.* marche; excursion à
pied, f.; *v.* faire un trajet à pied;
trimer (slang). || **hiker** [-er] *s.* excur-
sionniste, m. f.

hilarious [hilêeri⁰s] *adj.* hilare. ||
hilarity [hilareti] *s.* hilarité, f.

hill [hil] *s.* colline; butte; montée, f.;
monticule; coteau, m.; *up hill and
down dale,* par monts et par vaux;
hillock, mamelon; *hillside,* flanc de
coteau; *hilltop,* éminence, cime; *hilly,*
accidenté, montagneux, vallonné.

hilt [hilt] *s.* poignée [sword], f.

him [him] *pron.* le; lui; celui; *I see
him,* je le vois; *I speak to him,* je lui
parle; *to him who speaks,* à celui qui
parle. || **himself** [himsélf] *pron.* lui-
même; soi-même; se; *he came himself,*
il vint lui-même; *he avenged himself,*
il s'est vengé.

hind [ha¹nd], *hinder* [ha¹nder] *adj.*
postérieur; de derrière; *hindmost,* dernier, ultime.

hind [ha¹nd] *s.* biche, f.

hinder [hinder] *v.* empêcher; gêner;
retarder. || **hindrance** [-rens] *s.* empê-
chement; obstacle (*to,* à), m.

hinge [hindj] *s.* gond, m.; charnière,
f.; principe essentiel, m.; *v.* tourner
sur les gonds, sur une charnière;

off one's hinges, déboussolé; *to hinge
on,* dépendre de, être axé sur.

hint [hìnt] *s.* allusion; insinuation, f.;
aperçu; mode d'emploi, m.; *v.* insinuer; faire allusion; suggérer; *to take
the hint,* comprendre à demi-mot.

hip [hip] *s.* hanche, f.; *hip-joint
disease,* coxalgie; *hip-bath,* bain de
siège; *hipbone,* os iliaque.

hippodrome [hip⁰dro⁰m] *s.* hippodrome, m.

hippopotamus [hip⁰pât⁰m⁰s] *s.* hippopotame, m.

hire [ha¹er] *s.* louage; gages, m.;
location, f.; *v.* louer; engager; soudoyer; *hireling,* mercenaire.

hirsute [hërsyout] *adj.* hirsute.

his [hiz] *poss. pron.* son, sa, ses; le
sien, la sienne, les siens, les siennes; à
lui; *it is his,* c'est le sien c'est à lui;
he has broken his leg, il s'est cassé
la jambe.

hiss [his] *s.* sifflement; sifflet, m.; *v.*
siffler.

historian [histo⁰uri⁰n] *s.* historien,
m. || **historic(al)** [histaurik'l] *adj.* his-
torique, f. || **history** [histri] *s.* his-
toire, f.

hit [hit] *v.* frapper; heurter; toucher
[target]; atteindre [mark]; convenir
(*with,* à); *s.* coup; choc, m.; trouvaille; touche; réussite, f.; *to hit back,*
rendre coup pour coup; *to hit the
mark,* toucher juste; *to hit upon,* tomber sur; *direct hit,* coup au but; *great
hit,* succès fou; *hit-and-run driver,*
chauffard; *hit-the-baby,* *Am.* jeu de
massacre.

hitch [hitsh] *s.* accroc; obstacle; incident; contretemps; nœud, m.; anicroche, f.; *v.* (s')accrocher; amarrer;
empêtrer; sautiller, boiter; *hitch hike,*
faire de l'auto-stop; *hitch hiker,* auto-
stoppeur; *hitch hiking,* auto-stop.

hither [hizher] *adv.* ici; *hitherto,*
jusqu'ici.

hive [ha¹v] *s.* ruche, f.

hives [ha¹vz] *s. pl.* urticaire (med.), m.

hoar [ho⁰r] *adj.* blanchi, chenu;
givre, m.; *hoar-frost,* gelée blanche.

hoard [ho⁰rd] *s.* tas; trésor, magot,
m.; *v.* accumuler; thésauriser.

hoarse [ho⁰rs] *adj.* enroué, rauque.
|| **hoarsen** [-en] *v.* (s') enrouer. ||
hoarseness [-nis] *s.* enrouement, m.

hoax [ho⁰uks] *s.* mystification;
attrape, f.; *v.* mystifier.

hob [hâb] *s.* plaque; matrice (mech.),
f.; clou [shoe], m.

hobble [hâb'l] *v.* clopiner; entraver;
s. clopinement, m.; entrave, f.

hobby [hâbi] *s.* dada, m.; marotte, f.

hobo [ho͞ob͞oᵘ] *s.* vagabond; clochard, m.

hock [hâk] *s.* jarret, m.; *v.* couper le jarret [horse].

hockey [hâki] *s.* hockey, m.

hocus-pocus [ho͞ouk͟ᵉs-po͞ouk͟ᵉs] *s.* tour de passe-passe, m.

hod [hâd] *s.* auge, augette, f.; oiseau [tool], m.

hodgepodge [hâdjpâdj] *s.* méli-mélo, salmigondis, m.

hoe [ho͞ou] *s.* houe, binette, f.; *v.* sarcler.

hog [hâg] *s.* cochon, porc; dos de chat (aviat.); goret (naut.), m.; *v.* manger gloutonnement; *hoggish*, sale, glouton; *hogherd*, porcher; *hog-pen*, étable à cochons; *hogshead*, barrique.

hoist [ho͞ist] *s.* grue, f.; *v.* hisser; arborer [flag].

hold [ho͞ould] *v.** tenir; contenir; détenir, retenir; se maintenir; durer; endurer; être d'avis; demeurer; *s.* prise; garde; place forte; cale (naut.), f.; appui, soutien, m.; *to hold down*, empêcher de monter; *to hold fast*, tenir bon; *to hold off*, tenir à distance; *to hold good*, demeurer valable; *to hold out*, tenir jusqu'au bout; *to hold with*, être du parti de; *to hold on*, s'accrocher; *to catch hold of*, s'emparer de; *to let go one's hold*, lâcher prise. ‖ *holder* [-ᵉʳ] *s.* teneur; détenteur; support; tenancier; porteur (comm.); titulaire, m.; *pen-holder*, porte-plume. ‖ *holding* [-ing] *s.* possession; terre affermée, f. ‖ *hold-up* [-œp] *s.* attaque à main armée, f.; embarras, m.; entrave, f.

hole [ho͞oul] *s.* trou; creux, m.; cavité, f.; *v.* trouer; *air hole*, trou d'air; *to be in a hole*, être dans le pétrin.

holiday [hâl•dé¹] *s.* jour de fête; jour férié; congé, m.; vacances, f. pl.

holiness [ho͞oulinis] *s.* sainteté, f.

Holland [hâlᵉnd] *s.* Hollande, f.

hollow [hâlo͞ou] *adj.* creux; vide; trompeur; *s.* creux; vallon, m.; *v.* creuser; excaver.

holly [hâli] *s.* houx, m.

hollyhock [hâlihâk] *s.* rose trémière, f.

holster [ho͞oulstᵉr] *s.* étui [revolver], m.; fonte, f.

holy [ho͞ouli] *adj.* saint; sacré; bénit [water].

home [ho͞oum] *s.* logis; pays; foyer, m.; demeure; habitation; patrie, f.; *at home*, chez soi; *to come home*, rentrer chez soi; *make yourself at home*, faites comme chez vous; *to hit home*, frapper juste; *homeland*, terre natale; *homeless*, sans-abri; apatride; *homelike*, familial, intime, commode; *homely*, simple, terne; sans beauté; *home-made bread*, pain de ménage; *home office*, bureau central; *home run*, Fr. Can. coup de circuit; *homesick*, nostalgique; *homesickness*, mal du pays; *homespun*, étoffe de fabrication domestique; *homestead*, château, propriété; *homeward*, vers la maison; vers le pays; *homeward voyage*, voyage de retour.

homicide [hâm•sa¹d] *s.* homicide; assassin, meurtrier, m.

homily [hâmili] *s.** homélie, f.

homing [ho͞ouming] *s.* vol de rentrée (aviat.), m.; *homing mechanism*, radiogoniomètre; *homing pigeon*, pigeon voyageur.

homogeneous [ho͞oumᵉdjíni•s] *adj.* homogène.

homologate [hemâl•gé¹t] *v.* homologuer. ‖ *homologous* [-gᵉs] *adj.* homologue.

homonym [hâmᵉnim] *s.* homonyme, m.

hone [ho͞oun] *s.* pierre à aiguiser, f.; *v.* repasser [razor]; affiler affûter.

honest [ânist] *adj.* honnête; probe; sincère; loyal et marchand [goods]. ‖ *honestly* [-li] *adv.* honnêtement; loyalement; sans fraude. ‖ *honesty* [-i] *s.* honnêteté; loyauté; probité, f.

honey [hâni] *s.* miel, m.; *v.* sucrer; flatter; *honey!*, chéri(e)! ‖ *honeycomb* [-ko͞oum] *s.* rayon de miel; filtre à alvéoles, m.; *honeycombed*, criblé; gaufré. ‖ *honeyed* [-id] *adj.* mielleux; doux. ‖ *honeymoon* [-mo͞oun] *s.* lune de miel, f.; *v.* passer sa lune de miel. ‖ *honeysuckle* [-sœk'l] *s.* chèvrefeuille, m.

honk [haungk] *s.* coup de Klaxon, m.; *v.* klaxonner.

hono(u)r [ânᵉr] *s.* honneur, m.; *v.* honorer. ‖ *hono(u)rable* [ânᵉrᵉb'l] *adj.* honorable. ‖ *honorary* [ânᵉri] *adj.* honoraire; d'honneur; bénévole; honorifique. ‖ *honorific* [ânᵉrifik] *adj.* honorifique.

hood [houd] *s.* coiffe; capote, f.; capot [auto]; chapeau (mech.), m.; *v.* encapuchonner; *hoodwink*, bander les yeux; jeter de la poudre aux yeux à; aveugler.

hoof [houf] *s.* sabot [horse], m.; *hoofed*, ongulé.

hook [houk] *s.* croc; crochet; crampon; hameçon, m.; agrafe, f.; *v.* accrocher; agrafer; attraper [fish]; *by hook and by crook*, par tous les moyens; *to hook it*, décamper; *on his own hook*, pour son propre compte. ‖ *hooky* [-i] *adj.* crochu; *Am.* *to play hooky*, faire l'école buissonnière.

hoop [houp] *s.* cerceau; cercle; arceau [croquet], m.; jante [wheel]; frette (techn.), f.; *v.* cercler; fretter; *hoop-skirt*, crinoline.

hoot [hout] *v.* huer; hululer; *s.* huée, f.; hululement, m.; *hooter*, Klaxon; sirène; sifflet; *hooting*, huée.

hop [hâp] *s.* saut, sautillement, m.; *v.* sauter à cloche-pied.

hop [hâp] *s.* houblon, m.

hope [hoᵒup] *s.* espérance, f.; espoir, m.; *v.* espérer; *to hope for*, s'attendre à; *hopeful*, optimiste, prometteur; *hopeless*, sans espoir, irrémédiable, incurable; *hopelessness*, désespérance; état désespéré.

hopscotch [hâpskâtsh] *s.* marelle, f.

horde [hoᵒurd] *s.* horde, f.; *v.* vivre en horde.

horizon [hᵉra¹zᵉn] *s.* horizon, m. ‖ *horizontal* [haurᵉzânt'l] *adj.* horizontal.

hormone [hauᵣmoᵒuⁿ] *s.* hormone, f.

horn [haurn] *s.* corne, f.; Klaxon; cor [music], m.; *v.* corner; klaxonner, avertir [car].

hornet [haurnit] *s.* frelon, m.

horologe [hârᵉlâdj] *s.* horloge, f.

horrible [haurᵉb'l] *adj.* horrible; *horribly*, horriblement.

horrid [haurid] *adj.* horrible; hideux; affreux.

horrific [hᵉrifik] *adj.* horrible. ‖ *horrify* [haurᵉfa¹] *v.* horrifier; épouvanter. ‖ *horror* [haurᵉʳ] *s.* horreur, f.

horse [haurs] *s.* cheval; chevalet, m.; cavalerie, f.; *adj.* de cheval; à chevaux; hippique; *blooded horse*, pursang; *pack horse*, cheval de bât; *saddle-horse*, cheval de selle; *horseflesh*, viande de cheval; *horse-fly*, taon; *horse-hair*, crin; *horse race*, course de chevaux; *horse sense*, gros bon sens; *horse shoe*, fer à cheval; *horse-show*, concours hippique; *horsewhip*, cravache, fouet. ‖ *horseman* [-mᵉn] (*pl. horsemen*) *s.* cavalier; écuyer, m.; *horsemanship*, équitation. ‖ *horsepower* [-paouᵉʳ] *s.* cheval-vapeur, m.; puissance en chevaux, f. ‖ *horse radish* [-radish] *s.* raifort, m.

hose [hoᵒuz] *s.* bas [stockings]; tuyau, m.; canalisation, f.; *men's hose*, chaussettes d'homme. ‖ *hosiery* [hoᵒujri] *s.* bonneterie, f.

hospitable [hâspitᵉb'l] *adj.* hospitalier. ‖ *hospital* [hâspit'l] *s.* hôpital, m.; infirmerie, f.; *surgical hospital*, ambulance militaire; *hospital train*, train sanitaire. ‖ *hospitality* [hâspitalᵉti] *s.* hospitalité, f. ‖ *hospitalization* [hâspitᵉlizé¹shᵉn] *s.* hospitalisation, f. ‖ *hospitalize* [hâspitla¹z] *v.* hospitaliser.

host [hoᵒust] *s.* armée; multitude, f.

host [hoᵒust] *s.* hôte; hôtelier, m.

host [hoᵒust] *s.* hostie, f.; *sacred host*, hostie consacrée.

hostage [hâstidj] *s.* otage; gage, m.

hostel [hâst'l] *s.* maison universitaire, f.; *youth hostel*, auberge de jeunesse.

hostess [hâstis] *s.*⁎ hôtesse, f.

hostile [hâst'l] *adj.* hostile; ennemi. ‖ *hostility* [hastilᵉti] *s.*⁎ hostilité, inimitié, f.

hot [hât] *adj.* chaud; brûlant; ardent; coléreux; épicé; *it is hot*, il fait très chaud; *white hot*, chauffé à blanc; *hotbed*, couche (hort.); foyer (fig.); *hothouse*, serre chaude; *hot-plate*, chauffe-plat.

hotel [hoᵒutᵉl] *s.* hôtel, m.; *hotelkeeper*, hôtelier.

hotly [hâtli] *adv.* chaudement; ardemment; violemment; avec véhémence.

hound [haᵒund] *s.* chien courant, m.; *v.* chasser; poursuivre; pister; *pack of hounds*, meute; *hound's-tooth check*, Am. pied-de-poule.

hour [aᵒur] *s.* heure, f.; *office hours*, heures de présence, heures de bureau; *hour hand*, aiguille des heures. ‖ *hourly* [-li] *adv.* d'heure en heure; fréquemment; *adj.* horaire; fréquent.

house [haᵒus] *s.* maison; demeure; habitation; salle (theat.); assemblée politique, f.; [haᵒuz] *v.* loger; héberger; donner l'hospitalité à; garer [auto]; *country house*, maison de campagne; *housebreaking*, cambriolage; *Br the House of Commons*, la Chambre des communes; *Am. the House of Representatives*, la Chambre des représentants. ‖ *household* [haoushoᵒuld] *s.* maisonnée, famille, f.; *adj.* domestique; de ménage. ‖ *housekeeper* [haᵒuskîpᵉʳ] *s.* femme de charge; gouvernante; ménagère, f. ‖ *housekeeping* [-kîping] *s.* ménage, m. ‖ *housetop* [-tâp] *s.* toit, m. ‖ *housewife* [-wa¹f] (*pl. housewives* [-wa¹vz]) *s.* maîtresse de maison; ménagère; [hœzif] trousse de couture, f. ‖ *housework* [-wᵉʳk] *s.* travaux domestiques, m. pl.

hove [hoᵒuv] *pret.*, *p. p. of* to heave.

hovel [hœv'l] *s.* appentis, m.; baraque, cahute, f.

hover [hœvᵉʳ] *v.* planer; se balancer; voltiger; rôder (*around*, autour).

how [haᵒu] *adv.* comment; comme; à quel degré; *how much* (sing.), *how many* (plur.), combien?; *how far is it?*, à quelle distance est-ce?; *how old are you?*, quel âge avez-vous?; *how long have you been in France?*, depuis quand êtes-vous en France? ; *any how*, n'importe comment, quoi qu'il en soit ; *anyhow*, de toute façon. ‖ *however* [ha·u·èv·er] *adv., conj.* de toute façon ; cependant ; néanmoins ; du reste ; quelque ... que ; si ... que ; *however difficult it may be*, quelque difficile que ce soit ; *however much*, si fort que.

howitzer [ha·uits·er] *s.* obusier, m.

howl [ha·ul] *s.* hurlement [dog, wolf], m. ; *v.* hurler ; se lamenter.

hub [hœb] *s.* moyeu, m.

hubbub [hœbœb] *s.* tintamarre ; boucan ; brouhaha, m.

huckster [hœkst·er] *s.* revendeur, m. ; *Am.* marchand (m.) des quatre-saisons ; agent (m.) de publicité ; trafiquant, m. ; *v.* colporter ; trafiquer ; marchander.

huddle [hœd'l] *s.* confusion, f. ; pêle-mêle, m. ; *v.* brouiller ; jeter en vrac ; fourrer ; *to huddle together*, se serrer les uns contre les autres.

hue [hyou] *s.* teinte, nuance, f.

huff [hœf] *s.* accès de colère, m. ; *v.* s'emporter ; malmener ; *huffish*, susceptible, irritable.

hug [hœg] *v.* étreindre ; serrer ; *to hug the wind*, serrer le vent (naut.) ; *s.* étreinte, f. ; embrassement, m.

huge [hyoudj] *adj.* énorme ; immense.

hull [hœl] *s.* coque, carène (naut. ; aviat.) ; cosse, gousse, balle, f. ; *v.* écosser, décortiquer.

hum [hœm] *v.* bourdonner ; fredonner ; murmurer ; *s.* bourdonnement ; fredon, m. ; *interj.* hum !

human [hyoum·en] *adj., s.* humain. ‖ *humane* [hyoumé·in] *adj.* humain, humanitaire. ‖ *humanism* [-iz'm] *s.* humanisme, m. ‖ *humanitarian* [hyouman·etèri·en] *adj.* humanitaire ; *s.* philanthrope, m. f. ‖ *humanity* [hyouman·eti] *s.* humanité, f.

humble [hœmb'l] *adj.* humble ; modeste ; *v.* humilier ; abaisser ; *to humble oneself*, s'humilier ; *humbly*, humblement. ‖ *humbleness* [-nis] *s.* humilité ; modestie, f.

humbug [hœmbœg] *s.* sornette ; tromperie, f. ; farceur, m.

humid [hyoumid] *adj.* humide. ‖ *humidify* [hyoumi·difa·i] *v.* humidifier. ‖ *humidity* [-d·ti] *s.* humidité, f.

humiliate [hyoumi·lié·it] *v.* humilier. ‖ *humiliation* [hyoumi·lié·ish·en] *s.* humiliation, f. ‖ *humility* [hyoum·li·ti] *s.* humilité, f.

hummingbird [hœmingbë·rd] *s.* oiseau-mouche, m.

hummock [hœm·ek] *s.* monticule, m.

humo(u)r [hyoum·er] *s.* humeur ; disposition, f. ; caprice ; humour, m. ; *out of humo(u)r*, de mauvaise humeur ; *v.* complaire à ; flatter ; se prêter à ; suivre l'humeur de. ‖ *humorist* [hyoum·erist] *s.* humoriste, m. ‖ *humoristic* [hyoum·rist·ik] *adj.* humoristique. ‖ *humorous* [hyoum·er·es] *adj.* humoristique, plein d'humour ; comique.

hump [hœmp] *s.* bosse, f. ; dos-d'âne [road] ; dos de chat (aviat.), m. ; *v.* courber ; arquer ; cambrer.

hunch [hœntsh] *s.* bosse, f. ; gros morceau ; chanteau [bread] ; *Am.* pressentiment, m. ; *v.* arrondir, voûter. ‖ *hunchback* [-bak] *s.* bossu, m.

hundred [hœndr·ed] *adj.* cent ; *s.* centaine, f. ‖ *hundredth* [-th] *adj.* centième.

hung [hœng] *pret., p. p. of* **to hang**.

Hungarian [hœnggèri·en] *adj.*, *s.* hongrois. ‖ *Hungary* [hœng·eri] *s.* Hongrie, f.

hunger [hœngg·er] *s.* faim, f. ; *v.* avoir faim ; affamer ; désirer ardemment. ‖ *hungrily* [-grili] *adv.* avidement ; voracement. ‖ *hungry* [-gri] *adj.* affamé ; famélique ; *to be hungry*, avoir faim.

hunk [hœngk] *s.* gros morceau ; quignon [bread], m.

hunt [hœnt] *s.* chasse ; poursuite ; meute, f. ; *v.* chasser ; poursuivre ; chercher ; *to hunt down*, traquer. ‖ *hunter* [-er] *s.* chasseur ; cheval de chasse, m. ‖ *huntsman* [-sm·en] (*pl.* **huntsmen**) *s.* chasseur, m.

hurdle [hë·rd'l] *s.* claie ; clôture, f. ; obstacle, m. ; *v.* clôturer ; sauter un obstacle.

hurl [hë·rl] *v.* jeter, lancer.

hurly-burly [hë·rlibë·rli] *s.* tumulte, tohu-bohu, m.

hurrah ! [h·ra] *interj.* hourra ! ; *v.* pousser des vivas.

hurricane [hë·rké·n] *s.* ouragan, m.

hurried [hë·rid] *adj.* précipité ; hâtif ; *hurriedly*, précipitamment. ‖ *hurry* [hë·ri] *s.* hâte, précipitation, f. ; *v.* presser ; (se) hâter ; *to be in a hurry*, être pressé ; *there is no hurry*, ça ne presse pas ; *to hurry on*, activer, faire presser.

hurst [hë·rst] *s.* tertre ; banc de sable, m. ; colline boisée, f.

hurt [hë·rt] *v.* faire mal à ; nuire à ; offenser ; endommager ; *s.* mal ; préjudice ; dommage, m. ; blessure, f. ; *my tooth hurts me*, j'ai mal à une dent ; *pret., p. p. of* **to hurt**. ‖ *hurter* [-er] *s.* heurtoir, m.

husband [hœzb·end] *s.* mari ; époux, m. ; *v.* économiser ; marier. ‖ *husbandman* [-m·en] (*pl.* **husbandmen**) *s.* fermier, m. ‖ *husbandry* [-ri] *s.* économie ; agriculture, f.

hush [hœsh] v. se taire; faire taire; *s.* silence, m.; *interj.* chut!; *to hush up a scandal.* étouffer un scandale; *hush-money*, argent obtenu par chantage, prix du silence.

husk [hœsk] *s.* cosse; gousse; écale; pelure; peau, f.; brou [nut], m.; *v.* éplucher [corn]; monder [barley]; écosser; écaler.

husky [hœski] *adj.* enroué; robuste, solide; *s* chien esquimau, m.

hustle [hœs'l] v. bousculer; presser; précipiter; se presser; *Am.* s'activer; *s.* activité; hâte; presse; énergie; vigueur, f.; *Am.* allant; esprit (m.) d'entreprise.

hut [hœt] *s.* hutte; cabane, f.; baraquement, m.; *forester's hut,* maison forestière.

hutch [hœtsh] *s.* ° huche, f.; clapier, m.

hyacinth [ha¹e·sinth] *s.* jacinthe, f.

hydrant [ha¹dr·nt] *s.* bouche à incendie; prise d'eau, f. ‖ **hydrate** [-e¹t] v. hydrater; *s.* hydrate, m.

hydraulic [ha¹draulik] *adj.* hydraulique.

hydrogen [ha¹dr·dj·n] *s.* hydrogène, m.

hydroplane [ha¹dr·plé¹n] *s.* hydravion, m.

hyena [ha¹in·] *s.* hyène, f.

hygiene [ha¹djin] *s.* hygiène, f.

hymn [him] *s.* hymne, f.

hyphen [ha¹f·n] *s.* trait d'union, m.

hypnosis [hipno⁰u¹sis] (*pl.* **hypnoses** [-iz]) *s.* hypnose. ‖ **hypnotic** [-nâtik] *adj.* hypnotique; *s* hypnotique, m.; personne (f.) en état d'hypnose. ‖ **hypnotism** [hipnâtiz·m] *s.* hypnotisme, m.

hypocrisy [hipâkr·si] *s.* ° hypocrisie, f. ‖ **hypocrite** [hipâkrit] *s.* hypocrite, m·f.

hypothecate [ha¹pâth·ké¹t] v. hypothéquer

hypothesis [ha¹pâth·sis] (*pl.* **hypotheses** [-siz]) *s* hypothèse, f.

hysteria [histíri·] *s.* hystérie, f. ‖ **hysterical** [histèrik·l] *adj.* hystérique; nerveux frénétique; convulsif; *Am.* désopilant. ‖ **hysterics** [histèriks] *s. pl.* crise de nerfs, f.

I

I [a¹] *pron.* je; moi.

ice [a¹s] *s.* glace; crème glacée, f.; *v.* glacer. frapper [wine]; congeler; *ice bag*, vessie à glace; *iceberg*, iceberg; *ice box*, glacière; *ice-cream*, glace, *Fr. Can.* crème à la glace; *icefloe*, banquise; *iced fruits*, *Am.* fruits confits; *ice-pail*, seau à glace; *ice-pick*, piolet. ‖ **icicle** [a¹sik'l] *s.* glaçon, m. ‖ **icy** [a¹si] *adj.* glacé; congelé; glacial.

idea [a¹di·] *s.* idée, f.

ideal [a¹di·l] *adj.*, *s.* idéal. ‖ **idealism** [a¹di·liz·m] *s* idéalisme, m. ‖ **idealist** [a¹di·list] *s* idéaliste, m. f. ‖ **idealistic** [aidi·listik] *adj.* idéaliste. ‖ **idealize** [a¹di·la¹z] v idéaliser.

identical [a¹dèntik·l] *adj.* identique. ‖ **identification** [a¹dènt·f·ké¹sh·n] *s.* identification identité, f. ‖ **identify** [a¹dènt·fa¹] v. identifier; ‖ **identity** [a¹dènt·ti] *s.* ° identité, f.

idiom [idi·m] *s.* idiome; idiotisme, m.

idiot [idi·t] *s.* idiot, m. ‖ **idiotic** [idiâtik] *adj.* idiot.

idle [a¹d'l] *adj.* oisif; désœuvré; futile; paresseux; *s* ralenti, m.; *v.* resser; flâner tourner au ralenti, à vide (mech.). *idleness* [-nis] *s.* oisiveté; paresse, futilité, f.; désœuvrement, m. ‖ **idler** [-·r] *s.* fainéant; flâneur; oisif, m.; roue folle (mech.), f.

idol [a¹d'l] *s.* idole, f. ‖ **idolatry** [a¹dâl·tri] *s.* idolâtrie, f. ‖ **idolize** [a¹d·la¹z] v idolâtrer.

idyl [aid'l] *s* idylle, f.

i. e. [a¹l] *abbrev.* c'est-à-dire.

if [if] *conj.* si; *as if*, comme si; *if not*, sinon.

igloo [iglou] *s.* igloo, m.

ignite [igna¹t] v. allumer; mettre le feu à. prendre feu. ‖ **igniter** [-·r] *s.* allumeur moyen d'allumage, m. ‖ **ignition** [ignish·n] *s* allumage m.; ignition. f.; *ignition plug*, bougie.

ignoble [igno⁰ub'l] *adj.* ignoble; abject vil bas.

ignominy [ignâmini] *s.* ignominie, f.

ignorance [ign·r·ns] *s.* ignorance, f. ‖ **ignorant** [ign·r·nt] *adj.* ignorant. ‖ **ignore** [igno⁰ur] v ne pas admettre; prétendre ignorer. dédaigner; ne pas tenir compte de: *to ignore a bill*, prononcer un non-lieu (jur.).

ill [il] *adj.* malade; mauvais; impropre; *adv* mal; *s.* mal; malheur, m.; *ill-advised*, malavisé; *ill-bred*, mal élevé *ill-clad*, mal vêtu; *ill-humo(u)red*, mal luné; *ill-mannered*, sans-gêne discourtois.

illegal [ilig'l] *adj.* illégal; illicite. ‖ **illegality** [ili'galiti] *s.* ° illégalité, f.

illegible [ilẽdjⁱeb'l] adj. illisible.

illegitimate [ilidjⁱtⁱmit] adj. illégitime; bâtard . naturel [son].

illicit [ilisit] adj. illicite.

illimitable [ilimitⁱb'l] adj. illimité.

illiterate [ilitⁱrit] adj., s. illettré; analphabète.

illness [ilnis] s. maladie, f.

illogical [ilẽdjik'l] adj. illogique.

illuminate [iloumⁱnéⁱt] v. illuminer; éclaircir , enluminer . colorier. ‖ illumination [iloumⁱnéⁱshⁱn] s. illumination ; enluminure, f.; éclairage, m.

illusion [ilouⱼⁱn] s. illusion, f. ‖ illusive [ilousiv] adj. illusoire; fallacieux. ‖ illusory [ilousⁱri] adj. illusoire.

illustrate [ilⁱstréⁱt] v. illustrer; démontrer; embellir. ‖ illustration [ilⁱstréⁱshⁱn] s. illustration; gravure, explication, f. ‖ illustrative ['ilⁱstrélⁱtiv] adj. explicatif, illustrant. ‖ illustrator [ilⁱstréⁱtⁱr] s. illustrateur; exemple (fig.). m ‖ illustrious [ilⱱstriⁱs] adj. illustre, glorieux; brillant.

image [imidj] s. image; ressemblance, f.; symbole, m ‖ imagery [-ri] s. images; imaginations, f. pl. ‖ imaginable [imadjin•b'l] adj. imaginable. ‖ imaginary [imadjⁱnèri] adj. imaginaire. ‖ imagination [imadjⁱnéⁱshⁱn] s. imagination, f. ‖ imaginative [imadjⁱnéⁱtiv] adj. imaginatif. ‖ imagine [imadjin] v. (s')imaginer; supposer.

imbecile [imbisaⁱl] adj., s. débile; imbécile, m. ‖ imbecility [imbisⁱliti] s. débilité; imbécillité, f.

imbibe [imbaⁱb] v. absorber; s'imbiber; se pénétrer de.

imbricate [imbrikéⁱt] v. imbriquer.

imbue [imbyou] v. imprégner; pénétrer (with. de).

imitate [imitéⁱt] v. imiter. ‖ imitation [imⁱtéⁱshⁱn] s imitation; copie, f. ‖ imitator [imⁱtéⁱtⁱr] s. imitateur, m.

immaculate [imakyⁱlit] adj. immaculé, sans tache.

immanent [imⁱnⁱnt] adj. immanent.

immaterial [imⁱtⁱriⁱl] adj. immatériel; spirituel . sans importance; *it is immaterial to me* cela m'est égal, cela m'est indifférent

immature [imⁱtour] adj. prématuré; pas mûr.

immediacy [imⁱdyⁱsi] s. imminence, f. ‖ immediate [-diit] adj. immédiat; proche; direct *immediately*, immédiatement; directement.

immense [imèns] adj. immense. ‖ immensity [-ⁱti] s. immensité, f.

immerse [imⁱrs] v immerger. ‖ immersion [imⁱrshⁱn] s. immersion, f.

immigrant [imⁱgrⁱnt] adj., s. immigrant; immigré. ‖ immigrate [-gréⁱt]

v. immigrer. ‖ **immigration** [imⁱgréⁱshⁱn] s. immigration, f.

imminent [imⁱnⁱnt] adj. imminent.

immobile [imooⁱb'l] adj. immobile. ‖ immobility [imooⁱbilⁱti] s. immobilité, f. ‖ immobilization [imooⁱb'l•zéⁱshⁱn] s. immobilisation, f. ‖ immobilize [imooⁱb'laⁱz] v. immobiliser.

immoderate [imädⁱrit] adj. immodéré , déréglé; démesuré.

immodest [imaudist] adj. immodeste, indécent

immoral [imaurⁱl] adj. immoral; licencieux. ‖ immorality [imⁱralⁱti] s. immoralité, f.

immortal [imaurt'l] adj., s. immortel. ‖ immortality [imaurtalⁱti] s. immortalité, f. ‖ immortalize [imaurt•laⁱz] v. immortaliser.

immovable [imouvⁱb'l] adj. immobile; inébranlable; insensible; inamovible; immeuble (jur.).

immune [imyoun] adj. exempt; dispensé. ‖ immunity [-ⁱti] s.* immunité; exemption, dispense, f.

immunize [imyⁱnaⁱz] v. immuniser.

imp [imp] s. lutin, m.

impact [impakt] s. choc; impact, m.; collision, f.; [impäkt] v. serrer; presser; enfoncer [into, dans]; se heurter [against. contre]; impacted, encastré.

impair [impèr] v. endommager; altérer; diminuer; s'affaiblir; se détériorer. ‖ impairment [-mⁱnt] s. diminution; détérioration, f.

impalpable [impalpⁱb'l] adj. impalpable imperceptible

impart [impärt] v. faire participer à; faire part de; annoncer [news].

impartial [impärshⁱl] adj. impartial. ‖ impartiality [impärshalⁱti] s. impartialité. f

impassable [impasⁱb'l] adj. infranchissable impraticable

impasse [im'päs] s. impasse, f.

impassibility [impäsibⁱliti] s. impassibilité, f ‖ impassible [impasⁱb'l] adj. impassible

impassioned [impashⁱnd] adj. passionné véhément

impassive [impasiv] adj. impassible, insensible

impatience [impéⁱshⁱns] s. impatience, f. ‖ impatient [-ⁱnt] adj. impatient.

impeach [impⁱtsh] v. accuser; blâmer; contester. ‖ impeachment [-mⁱnt] s. accusation; contestation, f.

impede [impⁱd] v. empêcher; entraver; retarder. ‖ impediment [impèdmⁱnt] s. empêchement; obstacle; embarras, m.

impel [impèl] v. pousser; forcer; obliger; activer.

impend [impènd] v. être imminent; menacer. ‖ *impendent* [-ᵉnt] adj. imminent.

imperative [impèrᵉtiv] adj. impératif; impérieux; urgent; s. impératif, m.

imperceptible [impᵉrsèptᵉb'l] adj. imperceptible.

imperfect [impᵉrfikt] adj. imparfait; incomplet; s. imparfait, m.

imperial [impíriᵉl] adj. impérial. ‖ *imperialism* [-iz'm] s. impérialisme, m.

imperil [impèrᵉl] v. mettre en danger.

imperious [impíriᵉs] adj. impérieux.

imperishable [impérishᵉb'l] adj. impérissable.

impermeable [impᵉrmiᵉb'l] adj. imperméable; étanche.

impersonal [impᵉrsn'l] adj. impersonnel. ‖ *impersonate* [impᵉrs'néⁱt] v. personnifier; jouer le rôle de.

impertinent [impᵉrt'nᵉnt] adj. impertinent; inopportun. ‖ *impertinence* [-t'nᵉns] s. impertinence; inconvenance, f.; manque d'à-propos (or) de rapport, m.

imperturbable [impᵉrtᵉrbᵉb'l] adj. imperturbable.

impervious [impᵉrviᵉs] adj. impénétrable; insensible; étanche.

impetuous [impètshouᵉs] adj. impétueux. ‖ *impetus* [impᵉtᵉs] s. impulsion, f.; entrain; élan, m.

impinge [impinj] v. entrer en collision; empiéter.

impious [impiᵉs] adj. impie.

impish [impish] adj. espiègle.

implacable [impléⁱkᵉb'l] adj. implacable.

implant [implánt] v. implanter.

implement [implᵉmᵉnt] s. outil; ustensile; pl. attirail, m.

implicate [implikéⁱt] v. impliquer; sous-entendre; entraîner.

implore [imploᵘr] v. implorer.

imply [implaⁱ] v. impliquer; sous-entendre; insinuer.

impolite [impᵉlaⁱt] adj. impoli; *impoliteness,* impolitesse.

imponderable [impándᵉrᵉb'l] adj. impondérable.

import [impoᵘrt] s. importation (comm.); importance; signification, f.; [impoᵘrt] v. importer; signifier. ‖ *importance* [impaurt'ns] s. importance, f. ‖ *important* [-t'nt] adj. important. ‖ *importer* [-ᵉr] s. importateur, m.

importunate [impaurtshᵉnit] adj. importun; [-néⁱt] v. importuner.

impose [impoᵘz] v. imposer; en imposer (*upon,* à); *to impose upon,* duper, abuser de; *imposing,* imposant, impressionnant. ‖ *imposition* [impᵉzishᵉn] s. imposition; charge; imposture, f.; abus de confiance, m.

impossibility [impâsᵉbilᵉti] s.° impossibilité, f. ‖ *impossible* [impâsᵉb'l] adj. impossible.

impostor [impâstᵉr] s. imposteur, m. ‖ *imposture* [impastshᵉr] s. imposture, f.

impotence [impᵉtᵉns] s. impotence, f. ‖ *impotent* [impᵉtᵉnt] adj. impotent; impuissant.

impoverish [impávᵉrish] v. appauvrir, s'appauvrir.

impracticable [impraktikᵉb'l] adj. impraticable; irréalisable; impossible; insociable.

impregnate [imprègnéⁱt] v. imprégner; féconder; *Am.* fertiliser.

impress [imprès] s.° empreinte; impression, f.; [imprès] v. imprimer; impressionner; empreindre; racoler (mil.). ‖ *impression* [imprèshᵉn] s.° impression; conviction, f. ‖ *impressionable* [imprèshᵉb'l] adj. impressionnable; sensible. ‖ *impressive* [imprèsiv] adj. impressionnant. ‖ *impressment* [imprèsmᵉnt] s. enrôlement forcé, m.; presse (mil.), f.

imprint [imprint] s. empreinte; marque de l'éditeur, f.; [imprint] v. imprimer; estampiller; appliquer une empreinte.

imprison [impriz'n] v. emprisonner. ‖ *imprisonment* [impriz'nmᵉnt] s. emprisonnement, m.; incarcération, f.

improbable [imprábᵉb'l] adj. improbable; *improbably,* sans probabilité.

improper [imprápᵉr] adj. impropre; malséant; inconvenant. ‖ *impropriety* [impropraⁱti] s.° impropriété, inexactitude; incorrection, inconvenance, f.

improve [improuv] v. améliorer; embellir; faire valoir [land]; (se) perfectionner. ‖ *improvement* [-mᵉnt] s. progrès; perfectionnement, m.; amélioration; culture, f.

improvisation [imprᵉvaⁱzéⁱshᵉn] s. improvisation, f. ‖ *improvise* [imprᵉvaⁱz] v. improviser.

imprudence [improudᵉns] s. imprudence, f. ‖ *imprudent* [-d'nt] adj. imprudent; *imprudently,* imprudemment.

impudence [impyᵉdᵉns] s. impudence, f. ‖ *impudent* [-dᵉnt] adj. impudent; insolent.

impulse [impœls] s. impulsion; poussée, f.; instinct, m.; *on impulse,* impulsivement. ‖ *impulsion* [impœlshᵉn] s. impulsion, f.

impunity [impyounᵉti] s. impunité, f.

impure [impyour] *adj.* impur; impudique; souillé. ‖ *impurity* [-ºti] *s.* impureté, f.

impute [impyout] *v.* imputer (*to*, à); attribuer (*to*, à).

in [in] *prep.* dans, en; à; de; *adv.* dedans; *Am* **in-pupil**, pensionnaire; *in time*, à temps; *in the morning*, le matin; *to succeed in*, réussir à; *in this way*, de cette manière; *dressed in white*, vêtu de blanc; *one in ten*, un sur dix; *is he in?*, est-il chez lui, est-il rentré?; *the train is in*, le train est arrivé.

inability [inºbílºti] *s.* incapacité, f.

inaccessible [inºksèsºb'l] *adj.* inaccessible.

inaccurate [inakyºrit] *adj.* inexact.

inactive [inaktiv] *adj.* inactif; inerte. ‖ *inactivity* [inaktivºti] *s.* inactivité; inertie, f.

inadequate [inadºkwit] *adj.* inadéquat; insuffisant; inadapté.

inadvertent [inºdvèrºt'nt] *adj.* étourdi; involontaire; *inadvertently*, par inadvertance, par mégarde.

inane [inéºn] *adj.* vide; vain; inepte; *s.* vide, m.

inanimate [inanºmit] *adj.* inanimé.

inanition [inºníshºn] *s.* inanition, f.

inanity [inaniti] *s.*º inanité; ineptie, f.

inappropriate [inºprooºupriit] *adj.* non indiqué; impropre.

inapt [inapt] *adj.* inapte; inapproprié. ‖ *inaptitude* [-Ityoud] *s.* inaptitude, f.

inasmuch [inºzmœtsh] *conj.* dans la mesure où; tant, vu (*as*, que).

inattentive [inºtèntiv] *adj.* inattentif; distrait; peu attentionné.

inaugurate [inaugyºréºt] *v.* inaugurer; ouvrir; *inauguration*, inauguration.

inborn [inbaurn] *adj.* inné; congénital.

incandescent [inkºndès'nt] *adj.* incandescent.

incapable [inkéºpºb'l] *adj.* incapable; inapte. ‖ *incapacitate* [inkºpasºtéºt] *v.* rendre incapable; mettre hors d'état.

incarcerate [inkâsºreºt] *v.* incarcérer.

incarnate [inkânºeºt] *v.* incarner; [-nit] *adj.* incarné; *incarnation*, incarnation.

incendiary [insèndiºri] *adj.*, *s.*º incendiaire.

incense [insèns] *s.* encens, m.; [insèns] *v.* encenser.

incense [insèns] *v.* irriter; courroucer; exciter.

incentive [insèntiv] *s.* stimulant, m.

incessant [insès'nt] *adj.* incessant.

inch [intsh] *s.*º pouce [2,54 cm], m.; *v.* avancer pas à pas; *to be within an inch of*, être à deux doigts de.

incident [insºdºnt] *s.* incident, m. ‖ *incidental* [-'l] *adj.* fortuit; accidentel; accessoire; *incidental expenses*, faux frais.

incinerate [insinºréºt] *v.* incinérer.

incision [insijºn] *s.* incision, f.

incitation [insitéºshºn] *s.* incitation, f. ‖ *incite* [insaºt] *v.* inciter; *incitement* [-mºnt] *s.* incitation, f.; mobile; stimulant, m.

inclination [inklºnéºshºn] *s.* inclination; inclinaison, f. ‖ *incline* [inklaºn] *s.* inclinaison; pente; oblique, f.; [inklaºn] *v.* (s')incliner; pencher; obliquer.

include [inkloud] *v.* renfermer; inclure; *the tip is included*, le service est compris. ‖ *inclusive* [inklousiv] *adj.* y compris; inclus.

incoherence [inkoºuhiºrºns] *s.* incohérence, f. ‖ *incoherent* [inkoºuhirºnt] *adj.* incohérent; hétéroclite.

income [inkœm] *s.* revenu, m.; rente, f.; *income tax*, impôt sur le revenu.

incomparable [inkâmpºrºb'l] *adj.* incomparable.

incompatible [inkºmpatºb'l] *adj.* incompatible.

incompetent [inkâmpºtºnt] *adj.* incompétent; inhabile (jur.).

incomplete [inkºmplít] *adj.* incomplet; inachevé. ‖ *incompletion* [-plíshºn] *s.* inachèvement, m.

incomprehensible [inkºmprihènsºb'l] *adj.* incompréhensible.

incongruous [inkângrouºs] *adj.* disparate, inharmonieux; inapproprié; inconvenant; incongru.

inconsiderate [inkºnsídºrit] *adj.* inconsidéré; irréfléchi.

inconsistent [inkºnsistºnt] *adj.* inconsistant; inconséquent; incongru.

inconspicuous [inkºnspíkyouºs] *adj.* inapparent; peu en vue; banal.

inconstant [inkânstºnt] *adj.* inconstant; versatile.

inconvenience [inkºnvínyºns] *s.* inconvénient; dérangement, m.; incommodité, f.; *v.* incommoder; déranger. ‖ *inconvenient* [-ºnt] *adj.* incommode; gênant; inopportun; importun.

incorporate [inkaurpºreºt] *adj.* incorporé; associé; [-réºt] *v.* (s')incorporer; former une société (comm.); incarner.

incorrect [inkºrèkt] *adj.* incorrect; inexact.

increase [inkrîs] *s.* augmentation, f.; accroissement; gain, m.; [inkrîs] *v.* augmenter; grandir; accroître. ‖ *increasingly* [-ingli] *adv.* de plus en plus.

incredible [inkrèdᵉb'l] *adj.* incroyable; inadmissible.

incredulity [inkrᵉdyouⁱti] *s.* incrédulité, f. ‖ *incredulous* [inkrèdjᵉlᵉs] *adj.* incrédule.

incriminate [inkrimᵉnéⁱt] *v.* incriminer.

incubate [inkyᵉbéⁱt] *v.* couver; incuber; *incubation,* incubation; *incubator,* couveuse.

inculcate [inkœlkéⁱt] *v.* inculquer.

inculpate [inkœlpéⁱt] *v.* inculper. ‖ *inculpation* [inkœlpéⁱshᵉn] *s.* inculpation, f.

incur [inkᵉr] *v.* encourir; s'exposer à; contracter [debts].

incurable [inkyourᵉb'l] *adj., s.* incurable.

incursion [inkᵉrshᵉn] *s.* incursion, f.

incurve [inkᵉrv] *v.* incurver.

indebted [indètid] *adj.* endetté; redevable (*for,* de).

indecent [indis'nt] *adj.* indécent; grossier, inconvenant, déplacé.

indeed [indîd] *adv.* en effet; en vérité; réellement, vraiment.

indefinable [indifaⁱnᵉb'l] *adj.* indéfinissable.

indefinite [indèfinit] *adj.* indéfini.

indelible [indèlᵉb'l] *adj.* indélébile.

indelicate [indèlᵉkéⁱt] *adj.* indélicat; grossier.

indemnify [indèmnᵉfaⁱ] *v.* indemniser. ‖ *indemnity* [indèmnᵉti] *s.** indemnité, f.; dédommagement, m.

indent [indènt] *v.* denteler; échancrer; commander (comm.); *Am.* aller à la ligne; passer un contrat; *s.* commande (comm.), f.; bon; ordre de réquisition (mil.), m.

independence [indipèndᵉns] *s.* indépendance, f. ‖ *independent* [-dᵉnt] *adj.* indépendant.

indescribable [indiskraⁱbᵉb'l] *adj.* indescriptible.

index [indèks] *s.** indice, signe; index; exposant (math.), m.; *v.* répertorier; faire l'index; *index-card,* fiche.

India [indiᵉ] *s.* Inde, f. ‖ *Indian* [-ᵉn] *adj., s.* indien; hindou; *Indian ink,* encre de Chine.

indicate [indᵉkéⁱt] *v.* indiquer; montrer; marquer. ‖ *indication* [indᵉkéⁱshᵉn] *s.* indication; marque, f.; renseignement, m. ‖ *indicative* [indikᵉtiv] *adj., s.* indicatif. ‖ *indicator* [indᵉkéⁱtᵉr] *s.* indicateur; signalisateur, m.

indict [indaⁱt] *v.* inculper. ‖ *indictment* [-mᵉnt] *s.* inculpation, f.

indifference [indifrᵉns] *s.* indifférence; apathie, f. ‖ *indifferent* [-rᵉnt] *adj.* indifférent; apathique.

indigenous [indidjᵉnᵉs] *adj.* indigène.

indigent [indᵉdjᵉnt] *adj.* indigent.

indigestion [indᵉdjèstshᵉn] *s.* indigestion, f.

indignant [indignᵉnt] *adj.* indigné. ‖ *indignation* [indignéⁱshᵉn] *s.* indignation, f. ‖ *indignity* [indignᵉti] *s.** indignité; insulte, f.; affront, m.

indirect [indᵉrèkt] *adj.* indirect; oblique.

indiscipline [indisiplin] *s.* indiscipline, f.

indiscreet [indiskrît] *adj.* indiscret. ‖ *indiscretion* [indiskréⁱshᵉn] *s.* indiscrétion, f.

indiscriminate [indiskriminit] *adj.* sans discrimination; fait au hasard; aveugle.

indispensable [indispènsᵉb'l] *adj.* indispensable.

indispose [indispoᵘz] *v.* indisposer. ‖ *indisposition* [indispᵉzishᵉn] *s.* indisposition, f.

indistinct [indistinkt] *adj.* indistinct; *indistinctness,* vague, manque de netteté; imprécision.

indite [indaⁱt] *v.* composer, rédiger.

individual [indᵉvidjouᵉl] *adj.* individuel; *s.* individu, m. ‖ *individualism* [-iz'm] *m.* individualisme, m. ‖ *individualist* [-ist] *s.* individualiste, m. ‖ *individuality* [indᵉvidjouᵉⁱti] *s.* individualité, f. ‖ *individualize* [indivídⁱᵉla'z] *v.* individualiser.

indivisible [indᵉvizᵉb'l] *adj.* indivisible.

indoctrinate [indɒktrinéⁱt] *v.* endoctriner; *indoctrination,* endoctrinement.

indolent [indᵉlᵉnt] *adj.* indolent; apathique; nonchalant.

indomitable [indɒmitᵉb'l] *adj.* indomptable, intraitable.

indoor [indoᵘr] *adj.* intérieur, domestique. ‖ *indoors* [-z] *adv.* à l'intérieur; à la maison.

indorse [indaurs] *v.* endosser; adopter; confirmer; garantir. ‖ *indorsement* [-mᵉnt] *s.* endossement [check]; endos, m.; souscription; adhésion; garantie, f. ‖ *indorser* [-ᵉr] *s.* endosseur, m.

induce [indyous] *v.* induire; persuader; amorcer (mech.). ‖ *inducement* [-mᵉnt] *s.* attrait; motif, mobile, m. ‖ *inducer* [-ᵉr] *s.* provocateur, m.; provocatrice, f.

induct [indǽkt] *v.* introduire; installer; initier. ‖ *induction* [indǽkshᵉn] *s.* installation, initiation (mil.); induction (electr.), f.

indulge [indǽldj] *v.* céder à; être indulgent (*to*, pour); s'adonner (*in*, à). ‖ *indulgence* [-ᵉns] *s.* indulgence; complaisance, f.; plaisir, m. ‖ *indulgent* [-ᵉnt] *adj* indulgent; accommodant; complaisant; patient.

indurate [indyouré¹t] *v.* durcir; indurer; endurcir.

industrial [indǽstriᵉl] *adj.* industriel. ‖ *industrialist* [-ist] *s.* industriel, m. ‖ *industrious* [indǽstriᵉs] *adj.* industrieux; laborieux. ‖ *industry* [indǽstri] *s.* industrie; diligence; activité, f.

inebriate [iníbriit] *s.* ivrogne, m.; [iníbrié¹t] *v.* enivrer; *inebriation,* enivrement; ébriété.

inedible [inédib'l] *adj.* immangeable; non comestible.

ineffective [inᵉfèktiv] *adj.* inefficace. ‖ *inefficiency* [inᵉfíshᵉnsi] *s.* inefficacité; incompétence, f. ‖ *inefficient* [inᵉfíshᵉnt] *adj.* inefficace; inefficient; incapable.

ineligible [inélidjib'l] *adj.* sans attrait; inacceptable; inéligible; impropre.

inept [inépt] *adj.* inepte; inapproprié; balourd; vain.

inequality [inikwalᵉti] *s.* inégalité, f.

inert [inᵉᵗrt] *adj.* inerte. ‖ *inertia* [inᵉᵗrshᵉ] *s.* inertie, f.

inestimable [inèstimᵉb'l] *adj.* inestimable, inappréciable.

inevitable [inèvitᵉb'l] *adj.* inévitable; inéluctable; fatal.

inexcusable [inikskjousᵉb'l] *adj.* inexcusable.

inexhaustible [inigzaustᵉb'l] *adj.* inépuisable.

inexpensive [inikspènsiv] *adj.* économique; bon marché.

inexperience [iníkspiriᵉns] *s.* inexpérience, f. ‖ *inexperienced* [-t] *adj.* inexpérimenté.

inexplicable [inèksplikᵉb'l] *adj.* inexplicable.

inexpressible [iniksprèsᵉb'l] *adj.* inexprimable, indicible.

infallible [infalᵉb'l] *adj.* infaillible.

infamous [infᵉmᵉs] *adj.* infâme, ignoble; infâmant.

infancy [infᵉnsi] *s.* bas âge, m. ‖ *infant* [infᵉnt] *s.* petit enfant; bébé; mineur (jur.). ‖ *infantile* [-taᵢ¹l] *adj.* infantile. ‖ *infantine* [infᵉntin] *adj.* enfantin.

infantry [infᵉntri] *s.* infanterie, f.

infarct [infáᵗrkt] *s.* infarctus, m.

infatuate [infatyoué¹t] *v.* affoler; enticher; *to become infatuated with,* se toquer de, avoir un béguin pour.

infect [infèkt] *v.* infecter; contaminer; corrompre. ‖ *infection* [infèkshᵉn] *s* infection; contamination, f. ‖ *infectious* [-shᵉs] *adj.* infectieux; contagieux.

infer [infᵉᵣr] *v.* déduire, inférer. ‖ *inference* [infᵉrᵉns] *s.* déduction, f.

inferior [infiriᵉr] *adj.,* *s.* inférieur. ‖ *inferiority* [infiriaurᵉti] *s.* infériorité, f.

infernal [infᵉᵣn'l] *adj.* infernal.

infest [infèst] *v.* infester.

infiltrate [infíltre¹t] *v.* imprégner; noyauter; (s') infiltrer; faire pénétrer; *infiltration,* infiltration; noyautage.

infinite [infᵉnit] *adj.,* *s.* infini.

infinitive [infínitiv] *adj.,* *s.* infinitif.

infinity [infínᵉti] *s.* infinité, f.; *to infinity.* a l'infini.

infirm [infᵉᵣrm] *adj.* infirme; faible. ‖ *infirmary* [-eri] *s.* infirmerie, f. ‖ *infirmity* [-ᵉti] *s.* infirmité, f.

inflame [inflé¹m] *v.* enflammer; incendier; irriter; échauffer. ‖ *inflammation* [inflᵉmé¹shᵉn] *s.* inflammation, f.

inflate [inflé¹t] *v.* gonfler; enfler. ‖ *inflation* [inflé¹shᵉn] *s.* inflation, f.; gonflement, m. ‖ *inflator* [-tᵉr] *s.* pompe à bicyclette, f.; gonfleur, m.

inflection [inflèkshᵉn] *s.* inflexion, f.

inflict [inflíkt] *v.* infliger.

inflow [infloᵒu] *s.* affluence; rentrée [money]; afflux, m.

influence [infloᵘᵉns] *s.* influence, f.; *v.* influencer; influer. ‖ *influential* [infloᵘènshᵉl] *adj.* influent.

influenza [infloᵘènzᵉ] *s.* grippe, f.

influx [inflœks] *s.* affluence; invasion, f., afflux, m.

infold [infoᵒuld] *v.* envelopper; embrasser.

inform [infaurm] *v.* informer; aviser; renseigner; *to inform against,* dénoncer. *informer,* indicateur [police]. ‖ *informal* [-'l] *adj.* sans cérémonie. ‖ *information* [infᵉrmé¹shᵉn] *s.* information, nouvelles; dénonciation, f.; renseignement, m. ‖ *informer* [infaurmᵉr] *s.* dénonciateur; indicateur (m.) de police.

infringe [infríndj] *v.* enfreindre; transgresser; empiéter.

infuriate [infyourié¹t] *v.* exaspérer.

infuse [infyouz] *v.* infuser; inculquer; remplir (*with,* de). ‖ *infusion* [-jᵉn] *s.* infusion, f.

ingathering [i*ngazh*e*ring*] *s.* récolte, f.

ingenious [indj*i*ny*e*s] *adj.* ingénieux. ‖ *ingenuity* [indj*e*nou*e*ti] *s.* ingéniosité; habileté, f.

ingenuous [indj*è*nyou*e*s] *adj.* ingénu, naïf; sincère, franc.

ingest [indj*è*st] *v.* ingérer.

ingot [i*ng*g*e*t] *s.* lingot, m.

ingratiate [ingré*i*shié*i*t] *v. to ingratiate oneself with,* se faire bien voir de.

ingratitude [ingrat*e*tyoud] *s.* ingratitude, f.

ingredient [ingrid*i*e*nt] *s.* ingrédient, m.

ingrown [i*ng*rooun] *adj.* incarné [nail]; invétéré [habit].

ingurgitate [ing*è*rdjite*i*t] *v.* ingurgiter.

inhabit [inhabit] *v.* habiter. ‖ *inhabitant* [-e*nt] *s.* habitant, m.

inhale [inhé*i*l] *v.* inhaler; respirer.

inherent [inh*i*re*nt] *adj.* inhérent; propre.

inherit [inh*è*rit] *v.* hériter. ‖ *inheritance* [-te*ns] *s.* héritage, m.

inhibit [inh*i*bit] *v.* prohiber; interdire; réprimer, refréner. ‖ *inhibition* [inib*i*she*n] *s.* interdiction; inhibition, f.

inhospitable [inh*â*spit*e*b'l] *adj.* inhospitalier.

inhuman [inhyoum*e*n] *adj.* inhumain.

inhumation [inhjoume*i*she*n] *s.* inhumation, f.; *inhume,* inhumer.

inimical [in*i*mik*e*l] *adj.* inamical; hostile; défavorable; contraire.

inimitable [in*i*mit*e*b'l] *adj.* inimitable.

iniquity [in*i*kweti] *s.** iniquité, injustice, f.

initial [inish*e*l] *adj.* initial; *s.* initiale, f.; *v.* parafer; marquer d'initiales; émarger.

initiate [in*i*shié*i*t] *v.* initier; instituer; commencer. ‖ *initiation* [inishié*i*she*n] *s.* inauguration, f.; début, m.; initiation, f. ‖ *initiative* [inishié*i*tiv] *s.* initiative, f.

inject [indj*è*kt] *v.* injecter. ‖ *injection* [indj*è*kshe*n] *s.* injection, piqûre, f.

injunction [indj*æ*ngksh*e*n] *s.* injonction, f.; commandement (jur.), m.

injure [i*n*dj*ë*r] *v.* nuire à; léser; blesser; faire mal à; endommager; avarier [goods]. ‖ *injurious* [indjouri*e*s] *adj.* nuisible, préjudiciable. ‖ *injury* [i*n*dj*e*ri] *s.** préjudice; tort; dégât, m.; blessure; avarie, f.

injustice [indj*æ*stis] *s.* injustice, f.

ink [i*n*gk] *s.* encre, f.; *v.* encrer; *inking ribbon,* ruban à machine. ‖ *inkling* [-ling] *s.* indication; idée; notion, f. ‖ *inkstand, inkwell,* encrier.

in-law [i*n*lau] *s.* parent par mariage, m.

inlay [inlé*i*] *v.* incruster; marqueter; [inlé*i*] *s.* incrustation; marqueterie, f.

inmate [i*n*mé*i*t] *s.* habitant; pensionnaire; *Am.* prisonnier, m.

inmost [i*n*mooust] *adj.* le plus profond, secret, intime.

inn [in] *s.* auberge, f.

innate [iné*i*t] *adj.* inné.

inner [in*e*r] *adj.* intérieur; intime; interne; *innermost, see inmost.*

inning [i*n*ing] *s.* rentrée, f.

innkeeper [i*n*kîp*e*r] *s.* aubergiste; hôtelier, m.

innocence [in*e*s'ns] *s.* innocence, f. ‖ *innocent* [in*e*s'nt] *adj.* innocent (*of,* de); simple, niais.

innocuous [in*â*kyou*e*s] *adj.* inoffensif; *innocuousness,* innocuité.

innovation [inevé*i*she*n] *s.* innovation, f.

innoxious [in*â*kshe*s] *adj.* inoffensif. ‖ *innoxiousness* [-nis] *s.* innocuité, f.

innuendo [inyouèndoou] *s.** insinuation malveillante, f.

innumerable [inyoum*e*re*b'l] *adj.* innombrable.

inobservance [inebz*è*rv*e*ns] *s.* inattention; inobservation; inobservance, f.

inoculate [in*â*kyelé*i*t] *v.* inoculer. ‖ *inoculation* [in*â*kyelé*i*she*n] *s.* inoculation; vaccination, f.

inodorous [ino*ou*d*e*re*s] *adj.* inodore.

inoffensive [in*e*fènsiv] *adj.* inoffensif, anodin; acceptable; non offensant.

inopportune [in*â*pe*r*tyoun] *adj.* inopportun, fâcheux; *inopportuneness,* inopportunité.

inordinate [inau*r*dinit] *adj.* désordonné; immodéré; indu [hour].

inquest [i*n*kwest] *s.* enquête, f.; jury, m.

inquire [inkwa*i*r] *v.* demander; s'enquérir (*about,* de). ‖ *inquiring* [-ing] *adj.* curieux, investigateur, interrogateur. ‖ *inquiry* [-i] *s.** question; investigation; enquête, f.; interrogatoire, m. ‖ *inquisition* [inkw*e*zish*e*n] *s.* inquisition; enquête, f. ‖ *inquisitive* [inkw*i*se*tiv] *adj.* curieux; investigateur.

inroad [inro*ou*d] *s.* incursion, f.; empiètement, m.

inrush [i*n*rœsh] *s.** irruption, f.

insalubrious [ins•loubri•s] *adj.* insalubre.

insane [insé¹n] *adj.* fou; insensé. ‖ **insanity** [insan•ti] *s.** démence, f.

insatiable [insé¹shi•b'l] *adj.* insatiable.

inscribe [inskra¹b] *v.* inscrire. ‖ **inscription** [inskripsh•n] *s.* inscription, f.

insect [insèkt] *s.* insecte, m.; *Fr. Can.* bibite, f. ‖ **insecticide** [insèkt•sa¹d] *s.* insecticide, m.

insecure [insikyour] *adj.* incertain; dangereux.

insemination [ins•mine¹sh•n] *s.* insémination, f.

insensible [insèns•b'l] *adj.* insensible; sans connaissance.

insensitive [insèns•tiv] *adj.* insensible.

inseparable [insèp•r•b'l] *adj.* inséparable.

insert [insë̈rt] *s.* insertion, f.; [insër̈t] *v.* insérer; intercaler. ‖ **insertion** [insër̈sh•n] *s.* insertion, f.; intercalage; ajout, m.

inside [insa¹d] *s.* intérieur, m.; [insa¹d] *adj.* intérieur; interne; [insa¹d] *adv.* dedans, à l'intérieur; [insa¹d] *prep.* en dedans de.

insight [insa¹t] *s.* perspicacité; intuition, f.; discernement, m.

insignia [insigni•] *s. pl.* insignes; emblèmes, m.; *Am.* collar insignia, écussons.

insignificant [insignif•k•nt] *adj.* insignifiant.

insincere [insinsi•r] *adj.* peu sincère, faux.

insinuate [insinyoué¹t] *v.* insinuer; sous-entendre.

insipid [insipid] *adj.* insipide.

insist [insi̇st] *v.* insister; persister. ‖ **insistence** [-•ns] *s.* insistance, f. ‖ **insistent** [-•nt] *adj.* persistant; obstiné; pressant.

insobriety [insobra¹•ti] *s.* intempérance, f.

insolation [insoᵘlé¹sh•n] *s.* insolation, f.; coup de soleil, m.

insolence [ins•l•ns] *s.* insolence, f. ‖ **insolent** [-l•nt] *adj.* insolent.

insoluble [insályoub'l] *adj.* insoluble.

insolvent [insálv•nt] *adj.* insolvable.

inspect [inspèkt] *v.* inspecter; vérifier. ‖ **inspection** [inspèksh•n] *s.* inspection, f.; contrôle, m. ‖ **inspector** [inspèkt•r] *s.* inspecteur; contrôleur, m.

inspiration [insp•ré¹sh•n] *s.* inspiration; impulsion; aspiration, f. ‖ **inspire** [inspa¹r] *v.* inspirer; animer; suggérer; susciter.

inspiriting [inspi̇riting] *adj.* vivifiant; égayant; stimulant.

instable [insté¹b'l] *adj.* instable; inconstant.

install [instaul] *v.* installer. ‖ **installation** [insté¹sh•n] *s.* installation, f. ‖ **instal(l)ment** [instaulm•nt] *s.* acompte, m.; livraison (en partie); portion, f.; **instalment plan,** facilités de paiement.

instance [inst•ns] *s.* occasion, circonstance; instance, f.; exemple, m.; *for instance,* par exemple. ‖ **instancy** [-i] *s.* imminence; urgence; instance, f.

instant [inst•nt] *s.* instant; moment, m.; *adj.* urgent; immédiat; *the 1st instant,* le premier courant. ‖ **instantaneous** [inst•nté¹ni•s] *adj.* instantané.

instauration [instauré¹sh•n] *s.* Restauration, f.

instead [instèd] *adv.* au lieu; à la place (*of,* de).

instep [instèp] *s.* cou-de-pied, m.

instigate [inst•gé¹t] *v.* pousser; provoquer. ‖ **instigation** [inst•gé¹sh•n] *s.* instigation, f.

instill [insti̇l] *v.* instiller; inspirer.

instinct [instingkt] *s.* instinct, m.; **instinctive,** instinctif.

institute [inst•tyout] *s.* institut, m.; institution, f.; *v.* instituer; engager; constituer; intenter; investir (eccles.); **institution,** institution; introduction (jur.); investiture (eccles.).

instruct [instrækt] *v.* instruire; enseigner. ‖ **instruction** [-sh•n] *s.* instruction, f.; enseignement, m.; *pl.* instructions, f.; ordres, m. ‖ **instructive** [-tiv] *adj.* instructif. ‖ **instructor** [-t•r] *s.* instructeur, m.

instrument [instr•m•nt] *s.* instrument; appareil, m.; **instrument board,** tableau de bord. ‖ **instrumental** [instroumén't'l] *adj.* contributif; utile; instrumental.

insubordination [ins•baurd'né¹sh•n] *s.* insubordination; indiscipline, f.

insufferable [insæfr•b'l] *adj.* intolérable, insupportable.

insufficient [ins•fi̇sh•nt] *adj.* insuffisant; incapable.

insular [insyoul•r] *adj.* insulaire; en plaques [sclerosis]; isolé; borné (fig.).

insulate [ins•lé¹t] *v.* isoler; **insulator,** isolant; isolateur.

insult [insœlt] *s.* insulte, f.; [insœlt] *v.* insulter.

insuppressible [inseprésib'l] *adj.* irrépressible.

insurance [inshou˙ens] *s.* assurance, f. ‖ **insurant** [-ent] *s.* assuré, m. ‖ **insure** [inshou˙r] *v.* assurer; garantir. ‖ **insurer** [-er] *s.* assureur, m.

insurgent [inserdjent] *adj.*, *s.* insurgé; rebelle.

insurmountable [insermaounteb'l] *adj.* insurmontable; infranchissable.

insurrection [inseréikshen] *s.* insurrection, f.

intact [intakt] *adj.* intact; indemne.

intake [intéik] *s.* appel, m. [air]; prise, f. [water]; ration, f. [food]; recrues, f. pl. (milit.); diminution, f. [knitting].

integer [intedjer] *s.* nombre entier, m. ‖ **integral** [integrel] *adj.* intégral; *s.* intégrale, f. ‖ **integration** [intigréishen] *v.* intégration, f. ‖ **integrity** [integreti] *s.* intégrité; droiture, f.

intellectual [int'lèktshoue'l] *adj.*, *s.* intellectuel. ‖ **intelligence** [intèlédjens] *s.* intelligence; police secrète, f.; service de renseignements, m. ‖ **intelligent** [-jent] *adj.* intelligent.

intemperance [intèmperens] *s.* intempérance, f.

intend [intènd] *v.* avoir l'intention (*to*, de); destiner (*for*, à). ‖ **intended** [-id] *adj.* intentionnel; projeté; futur; *s.* fiancé, m.

intense [intèns] *adj.* intense; acharné. ‖ **intensity** [-eti] *s.** intensité; force, f. ‖ **intensive** [-iv] *adj.* intensif.

intent [intènt] *s.* intention, f.; but, m.; *adj.* appliqué; déterminé; acharné (*on*, à); *to all intents and purposes*, sous tous les rapports; en réalité. ‖ **intention** [intènshen] *s.* intention, f.; but, m.; **intentional**, intentionnel.

inter [inter] *adv.* entre; *inter-war period*, l'entre-deux-guerres.

inter [intèr] *v.* enterrer.

intercalate [intèrkele´it] *v.* intercaler.

intercede [intersîd] *v.* intercéder.

intercept [intersèpt] *v.* intercepter.

intercession [intersèshen] *s.* intercession, f.

interchange [intertshé´indj] *s.* échange, m. ‖ [intertshé´indj] *v.* échanger; permuter.

intercom [interkâm] *s.* interphone, m.

intercourse [interkoours] *s.* fréquentation, f.; relations, f. pl.; rapports, m. pl.

interdiction [interdîkshen] *s.* interdiction, f.

interest [intrist] *s.* intérêt; bénéfice, m.; influence, f.; *v.* intéresser; **interesting**, intéressant.

interfere [interfi˙er] *v.* intervenir; s'entremettre; *to interfere with*, contrarier, gêner. ‖ **interference** [-rens] *s.* intervention; interférence, f.; obstacle; brouillage [radio], m.

interim [interim] *s.* intérim, m.

interior [intiri˙er] *adj.*, *s.* intérieur.

interjection [interdjèkshen] *s.* intercalation; interjection, f.

interlace [interlé´is] *v.* entrelacer.

interlock [interlâk] *v.* (s')entrelacer; (s')engrener.

interlude [interlyoud] *s.* intermède; interlude; intervalle, m.

intermediate [intermîdiit] *adj.* intermédiaire; *v.* s'entremettre.

interminable [intermineb'l] *adj.* interminable.

intermingle [intermingg'l] *v.* entremêler; se mêler.

intermission [intermishen] *s.* interruption, f.; intermède; *Am.* entracte, m. ‖ **intermittent** [-mit'nt] *adj.* intermittent.

intern [intern] *s.* interne, m.; [intern] *v.* interner; incarcérer. ‖ **internal** [intern'l] *adj.* interne.

international [internashen'l] *adj.* international.

internecine [internisin] *adj.* meurtrier; ravageur; **internecine war**, guerre d'extermination.

internee [internî] *s.* interné, m. ‖ **internment** [internment] *s.* internement, m.

interpellate [interpèlé´it] *v.* interpeller; **interpellation**, interpellation.

interplanetary [interplaneteri] *adj.* interplanétaire.

interpolate [interpolé´it] *v.* interpoler; intercaler.

interpose [interpoouz] *v.* (s')interposer.

interpret [intèrprit] *v.* interpréter. ‖ **interpretation** [interprité´ishen] *s.* interprétation, f. ‖ **interpreter** [interpriter] *s.* interprète, m. f.

interrogate [intèrogé´it] *v.* interroger. ‖ **interrogation** [intèrogé´ishen] *s.* interrogation, f.; interrogatoire, m. ‖ **interrogative** [interâgtiv] *adj.* interrogatif; *s.* interrogateur, m. ‖ **interrogatory** [interâgetoouri] *s.** interrogatoire, m.

interrupt [interœpt] *v.* interrompre. ‖ **interrupter** [-ter] *s.* interrupteur; rupteur (electr.), m. ‖ **interruption** [-shen] *s.* interruption, f.

intersect [inter**sèkt**] *v.* (s')entrecouper. ‖ *intersection* [inter**sèksh**en] *s.* intersection, f.; croisement [street], m.

intersperse [inter**spê**rs] *v.* parsemer; entremêler.

intertwine [inter**twa**¹n] *v.* entrelacer, s'entrelacer.

interurban [inter**erb**en] *adj.* Am. de banlieue [train].

interval [**int**erv'l] *s.* intervalle, m.; récréation [at school], f.; entracte (theatr.), m.; mi-temps, f. [game]; distance, f. (fig.).

intervene [inter**vin**] *v.* intervenir; survenir; s'écouler [time]. ‖ *intervention* [inter**vénsh**en] *s.* intervention, f.

interview [**int**ervyou] *s.* entrevue; interview, f.; *v.* interviewer.

intestine [in**tèst**in] *s.* intestin; boyau, m.; *adj.* intérieur; *intestine war,* guerre intestine.

intimacy [**int**eme**s**¹] *s.* intimité, f. ‖ *intimate* [**int**emit] *adj., s.* intime; [**int**emé¹t] *v.* insinuer. ‖ *intimation* [inte**mé**¹sh**en] *s.* conseil, m.; insinuation, f.

intimidate [in**tim**edé¹t] *v.* intimider.

into [**int**ou, **int**e] *prep.* dans, en.

intolerable [in**tôl**ere**b**'l] *adj.* intolérable. ‖ *intolerance* [-rens] *s.* intolérance, f. ‖ *intolerant* [-rent] *adj.* intolérant.

intonation [intou**né**¹sh**en] *s.* intonation, f.

intoxicants [in**tâks**ekents] *s. pl.* boissons alcooliques, f. ‖ *intoxicate* [-ké¹t] *v.* enivrer; intoxiquer (med.); *intoxicated,* ivre. ‖ *intoxication* [intâkse**ké**¹sh**en] *s.* ivresse; intoxication (med.), f.

intractable [in**trakt**e**b**'l] *adj.* invétéré (med.); indocile; insoluble.

intransigency [in**trans**idjensi] *s.* intransigeance, f.; *intransigent,* intransigeant.

intravenous [intre**vin**es] *adj.* intraveineux.

intrench [in**tré**¹ntsh] *v.* (se) retrancher.

intrepid [in**trèp**id] *adj.* intrépide.

intricacy [**int**rikesi] *s.** imbroglio; dédale, m.; complications, f. pl.; complexité, f. ‖ *intricate* [**int**rekit] *adj.* embrouillé; compliqué.

intrigant [**int**rigent] *s.* intrigant, m. ‖ *intrigue* [in**trig**] *s.* intrigue, f.; *v.* intriguer; tramer; intéresser; avoir une liaison.

intrinsic [in**trins**ik] *adj.* intrinsèque.

introduce [intre**dyous**] *v.* introduire; présenter. ‖ *introduction* [intre**dœks**hen] *s.* introduction; présentation, f.

introspection [introspeksh**en] *s.* introspection, f.

intrude [introud] *v.* pénétrer; se faufiler; s'infiltrer; abuser; déranger; *intruder,* intrus. ‖ *intrusion* [introuj**en] *s.* intrusion, f. ‖ *intrusive* [introu-siv] *adj.* intrus.

intuition [intou**ish**en] *s.* intuition, f.

inundate [in**cend**é¹t] *v.* inonder. ‖ *inundation* [in**cend**¹sh**en] *s.* inondation, f.

inured [in**yourd**] *adj.* endurci.

inusable [in**jouz**e**b**'l] *adj.* non utilisable.

inutility [injou**til**iti] *s.* inutilité, f.

invade [in**vé**¹d] *v.* envahir. ‖ *invader* [-er] *s.* envahisseur, m.

invalid [**inv**elid] *adj., s.* invalide, infirme; malade; *v.* réformer (mil.).

invalid [in**val**id] *adj.* non valable; invalide (jur.). ‖ *invalidate* [-é¹t] *v.* invalider. ‖ *invalidity* [inv**lid**iti] *s.* invalidité; déficience, maladie, f.

invaluable [in**val**ye**b**'l] *adj.* inappréciable; inestimable.

invariable [in**vèr**ie**b**'l] *adj.* invariable.

invasion [in**vé**¹j**en] *s.* invasion, f.

invent [in**vènt**] *v.* inventer; imaginer. ‖ *invention* [-sh**en] *s.* invention, f. ‖ *inventive* [-tiv] *adj.* inventif. ‖ *inventor* [-ter] *s.* inventeur, m. ‖ *inventory* [**inv**èt**ou**ri] *s.** inventaire, m.; *v.* inventorier.

inverse [in**vê**rs] *adj.* inverse. ‖ *invert* [in**vê**rt] *v.* intervertir; [**inv**êrt] *s.* inverti, m.

invest [in**vèst**] *v.* investir; cerner (mil.); placer (comm.); vêtir [dress]; revêtir [honor].

investigate [in**vèst**egé¹t] *v.* rechercher; faire une enquête. ‖ *investigation* [invèstigé¹sh**en] *s.* examen, m.; enquête, investigation, f. ‖ *investigator* [-er] *adj., s.* investigateur, investigatrice.

investment [in**vèst**ment] *s.* investissement (mil.); placement (comm.), m. ‖ *investor* [-ter] *s.* actionnaire; bailleur de fonds, m.

inveterate [in**vèt**erit] *adj.* invétéré; obstiné; chronique.

invigorate [in**vig**eré¹t] *v.* fortifier.

invincible [in**vins**e**b**'l] *adj.* invincible.

invisible [in**viz**e**b**'l] *adj.* invisible.

invitation [invité**sh**en] *s.* invitation, f. ‖ *invite* [inva¹t] *v.* inviter. ‖ *inviting* [-ing] *adj.* attrayant; appétissant.

invoice [**inv**o¹s] *s.* facture; expédition de marchandises facturées, f.; *v.* facturer.

invoke [invoᵘk] *v.* invoquer.

involuntary [invǎl·ntèri] *adj.* involontaire; irréfléchi.

involve [invǎlv] *v.* impliquer; entraîner [consequence]; envelopper; entortiller (*in*, dans).

inwall [inwaul] *v. Am.* clore de murs.

inward(s) [inw·rd(z)] *adj.* intérieur; interne; *adv.* à l'intérieur.

iodine [aⁱeda¹n] *s.* iode, f.

ipecac [ĭpikak] *s.* ipéca, m.

irascible [a¹ras·b'l] *adj.* irascible.

iraq [irǎk] *s.* Irak, m.; *iraqi*, Irakien.

ireland [aⁱrl·nd] *s.* Irlande, f.

iridescent [ir·dès'nt] *adj.* irisé.

iris [aⁱris] *s.* iris [eye, flower], m.

irish [aⁱrish] *adj.*, *s.* irlandais.

irksome [ë̃rks·m] *adj.* ennuyeux.

iron [aⁱ·rn] *s.* fer, m.; *adj.* en fer, de fer; *v.* ferrer; charger de chaînes; mettre aux fers; repasser [garment]; *scrap iron,* ferraille; *wrought iron,* fer forgé; *iron ore,* minerai de fer.

ironical [a¹rǎnik'l] *adj.* ironique.

ironing [a¹r·ning] *s.* repassage, m.

ironmaster [a¹·rnmast·ʳ] *s.* métallurgiste, m.; *ironmonger,* quincaillier; *ironmongery,* quincaillerie; *ironwork,* ferrure; *ironworks,* forge, hauts fourneaux.

irony [a¹r·ni] *s.*⁎ ironie, f.

irradiant [iréⁱdi·nt] *adj.* irradiant; rayonnant.

irrational [irashn'l] *adj.* irraisonnable; déraisonnable; irrationnel.

irrecoverable [irikæv·r·b'l] *adj.* non récupérable; irrécouvrable; irréparable, irrémédiable.

irregular [irègy·l·ʳ] *adj.* irrégulier. ‖ *irregularity* [irègy·lar·ti] *s.*⁎ irrégularité; dissymétrie, f.; vice de forme (jur.), m.

irrelevant [irèl·v·nt] *adj.* inopportun; inapplicable; hors de propos.

irreligious [irilidj·s] *adj.* irréligieux; impie.

irremediable [irimîdi·b'l] *adj.* irrémédiable.

irreparable [irèp·r·b'l] *adj.* irréparable.

irreplaceable [iriplé¹s·b'l] *adj.* irremplaçable.

irreproachable [iriproᵘtsh·b'l] *adj.* irréprochable.

irresolute [irèz·lout] *adj.* irrésolu.

irresponsible [irispǎns·b'l] *adj.* irresponsable.

irresponsive [irispǎnsiv] *adj.* fermé; insensible, indifférent.

irretrievable [iritrĭv·b'l] *adj.* irréparable, irrécouvrable.

irreversible [irivë̃rs·b'l] *adj.* irrévocable; irréversible.

irrevocable [irév·k·b'l] *adj.* irrévocable.

irrigate [irigé¹t] *v.* irriguer. ‖ *irrigation* [irigé¹sh·n] *s.* irrigation, f.; arrosage, m.

irritable [ir·t·b'l] *adj.* irritable. ‖ *irritant* [-t·nt] *adj.*, *s.* irritant. ‖ *irritate* [-té¹t] *v.* irriter. ‖ *irritating* [-té¹ting] *adj.* irritant. ‖ *irritation* [irité¹sh·n] *s.* irritation, f.

islam [izlǎm] *s.* Islam, m.; *islamism,* islamisme.

island [aⁱl·nd] *s.* île, f.; *islander,* insulaire.

isle [aⁱl] *s.* île, f.

isolate [a¹s·lé¹t] *v.* isoler. ‖ *isolation* [a¹s'lé¹sh·n] *s.* isolement, m.

israel [izreⁱl] *s.* Israël, m.; *israeli,* Israélien; *israelite,* Israélite.

issue [ishou] *s.* issue; émission [money]; question (jur.); sortie (mil.); publication; progéniture, f.; événement; numéro [newspaper]; écoulement [liquid], m.; *v.* expédier; sortir; publier [books]; émettre (Stock Exchange); lancer (jur.); faire paraître [order]; déboucher (mil.); provenir; *issue par,* prix d'émission.

isthmus [ism·s] *s.*⁎ isthme, m.

it [it] *pron.* il, elle; le, la, lui; ce; *is it you?,* est-ce vous?; *it is said,* on dit; *don't think of it,* n'y pensez pas; *to brave it,* avoir du cran.

italian [italy·n] *adj.*, *s.* italien.

italic [italik] *adj.* italique.

italy [it·li] *s.* Italie, f.

itch [itsh] *s.*⁎ démangeaison; gale, f.; *v.* démanger; *to be itching to,* avoir grande envie de; *itchy,* galeux.

item [a¹t·m] *s.* article; écho, entrefilet [newspaper]; détail, item, m.; *usable items,* articles de consommation courante.

iterate [it·ré¹t] *v.* réitérer; répéter.

itinerary [a¹tĭnèr·ri] *s.*⁎ itinéraire, m. ‖ *itinerate* [-é¹t] *v.* se déplacer constamment.

its [its] *poss. adj.* son, sa, ses. ‖ *itself* [itsèlf] *pers. pron.* lui-même, elle-même, se; *by itself,* tout seul; *in itself,* en soi.

ivory [a¹vri] *s.*⁎ ivoire, m.

ivy [a¹vi] *s.*⁎ lierre, m.; *poison-ivy,* sumac vénéneux, *Fr. Can.* herbe à puces.

J

jab [djab] v. piquer; s. coup de canif, de coude; direct [boxing], m.

jack [djak] s. valet [cards]; cric [auto]; pavillon de beaupré (naut.); vérin (techn.); chevalet [saw-horse]; tire-bottes; tourne-broche; brochet [fish], m.; v. mettre sur cric; *jack of all trades*, factotum; *to jack up*, hausser brusquement [price]; *jack-in-the-box*, diable-surprise; *jackass*, âne, sot, imbécile.

jackal [djakaul] s. chacal, m.

jacket [djakit] s. tunique (mil.); veste; vareuse; enveloppe (mech.); jaquette [book], f.

jade [djé¹d] s. rosse; coquine, f.; v. harasser; s'éreinter.

jagged [djagid] adj. dentelé; ébréché, découpé.

jail [djé¹l] s. prison, f.; v. emprisonner; *jailer*, geôlier.

jalopy [dʒᵉlápi] s.* Am. bagnole (fam.), f.

jam [djam] s. confiture, f.

jam [djam] s. embouteillage [traffic]; enrayage [weapon]; brouillage [radio], m.; v. coincer; obstruer; se bloquer; *to jam up*, tasser; *to jam on the brakes*, caler les freins; *to be in a jam*, être dans le pétrin.

James [djé¹mz] s. Jacques, m.

janitor [djanᵉtᵉʳ] s. concierge, portier, m.

January [djànyouᵉri] s. janvier, m.

Japan [djᵉpan] s. Japon, m.; laque, f.; v. laquer.

Japanese [djapᵉnîz] adj., s. japonais.

jar [djâr] s. discordance; querelle, f.; v. grincer; vibrer; secouer; ébranler; se quereller.

jar [djâr] s. jarre, f.; pot, bocal, m.

jargon [djârgᵉn] s. jargon, m.

jasmine [djazmîn] s. jasmin, m.

jasper [djaspᵉʳ] s. jaspe, m.

jaundice [djaundis] s. jaunisse, f.

jaunt [djaunt] s. excursion, f.; v. faire un tour.

jaunty [djaunti] adj. vif, insouciant; désinvolte, cavalier; prétentieux.

jaw [djau] s. mâchoire; gueule, f.; laïus, m.; v. bavarder; caqueter; engueuler (slang); *jawbone*, maxillaire.

jay [djé¹] s. geai, m.

jazz [djaz] s. jazz; entrain, m.; v. arranger (ou) jouer en jazz; animer.

jealous [djèlᵉs] adj. jaloux; *jealousy*, jalousie.

Jeep [djîp] s. Jeep, f.

jeer [djîᵉʳ] s. raillerie, f.; v. railler; se moquer (*at*, de).

jelly [djèli] s.* gelée, f.; v. mettre en marmelade; *jellyfish*, méduse.

jeopardize [dʒép̣ᵉda¹z] v. risquer, mettre en péril. || *jeopardy* [-di] s. danger, risque, m.

jerk [djëʳk] s. saccade; secousse, f.; réflexe (med.), m.; v. secouer; tirer brusquement; se mouvoir par saccades; se crisper.

jerk [djëʳk] v. boucaner.

jersey [djëʳzi] s. jersey, maillot, m.

jest [djèst] s. plaisanterie, f.; v. plaisanter; *jester*, bouffon, railleur, plaisantin.

jet [djèt] s. jet; gicleur [auto], m.; *jet plane*, avion à réaction; v. jeter, lancer.

jet [djèt] s. jais, m.; adj. de jais.

jetsam [djètsᵉm] s. épave; marchandise jetée à la mer (jur.), f.

jettison [djètᵉs'n] v. délester; jeter à la mer.

Jew [djou] s. Juif; Israélite, m.

jewel [djouᵉl] s. joyau; bijou, m. || *jeweler* [-ᵉʳ] s. bijoutier, m. || *jewelry* [-ri] s.* bijouterie, f.

Jewish [djouish] adj. juif.

jiffy [djifi] s.* instant, m.; *in a jiffy*, en un clin d'œil.

jig [djig] s. gigue, f.; appareil de montage, m.; v. danser la gigue; *jig-saw*, scie mécanique.

jiggle [djig'l] v. sautiller; gigoter.

jilt [djilt] v. repousser un amoureux, lâcher (fam.); s. inconstante, iâcheuse, f.

jingle [djing'l] s. tintement, cliquetis; grelot, m.; v. tinter.

jingo [djingoᵘ] s., adj. chauvin.

jitters [djitᵉʳs] s. pl. frousse, f. (colloq.).

job [djâb] s. travail; emploi, m.; place; besogne, f.; Br. *cushy job*, Am. *soft job*, filon, « fromage » (slang); v. donner à l'entreprise; spéculer; traiter en sous-main; *job lot*, articles dépareillés d'occasion; *job work*, travail à la pièce.

jockey [djáki] s. jockey, m.; v. maquignonner, intriguer.

jocular [djắkyoulᵉʳ] adj. facétieux, plaisant.

jog [djằg] v. secouer, cahoter; pousser; rafraîchir [memory]; s. saccade, secousse, f.; cahot; petit trot; coup de coude, m.; *to jog along*, aller son petit train.

John [djân] s. Jean. ‖ *Johnny* [-i] s. Jeannot; type, m.

join [djoⁱn] v. joindre; unir; s'associer; rejoindre. ‖ *joiner* [-ᵉʳ] s. menuisier, m. ‖ *joinery* [-ri] s. menuiserie, f.

joint [djoⁱnt] s. joint; raccord; assemblage; gond, m.; articulation; jointure; jonction; pièce de viande; charnière, f.; adj. solidaire; joint; concerté; combiné; v. joindre; rapporter; découper [meat]; (s')ajuster; *out of joint*, disjoint; *joint tenants*, copropriétaires; *rail joint*, éclisse.

joist [djoⁱst] s. solive, f.; madrier, m.

joke [djoᵒᵘk] s. plaisanterie, f.; bon mot, m.; v. plaisanter. ‖ *joker* [-ᵉʳ] s. plaisantin; farceur; joker [cards], m. ‖ *jokingly* [-ingli] adv. en plaisantant, pour rire.

jolly [djẳli] adj. jovial, enjoué; éméché; plaisant; formidable.

jolt [djoᵒᵘlt] s. choc; cahot, m.; v. secouer, cahoter.

jostle [djâs'l] v. coudoyer, bousculer; s. cohue, bousculade, f.

jot [djât] s. iota; brin, m.

jot [djât] v. noter, pointer.

journal [djë̈ʳn'l] s. journal [newspaper, diary, daybook, register]; tourillon (mech.), m. ‖ *journalism* [-iz∍m] s. journalisme, m. ‖ *journalist* [-ist] s. journaliste, m. f.

journey [djë̈ni] s. voyage; trajet; parcours, m.; v. voyager; *to take a journey*, faire un voyage.

journeyman [djë̈nim∍n] (pl. *journeymen*) s. ouvrier, journalier, m.

jovial [djoᵒᵘviᵉl] adj. jovial.

joy [djoⁱ] s. joie, f.; *joyful, joyous*, joyeux; *joyless*, triste.

jubilant [djoub'l∍nt] adj. joyeux, triomphant; *jubilate*, jubiler; *jubilation*, jubilation. ‖ *jubilee* [djoub'lĭ] s. jubilé, m.

judge [djædj] s. juge; arbitre, m.; v. juger; décider; apprécier [distances]. ‖ *judgment* [-m∍nt] s. jugement; arrêt, m.; opinion, f.

judicial [djoudĭsh∍l] adj. judiciaire; juridique. ‖ *judicious* [djoudĭsh∍s] adj. judicieux.

jug [djæg] s. broc; *Am.* « violon » (fam.), m.

juggle [djæg'l] v. jongler; escamoter; s. jonglerie, f.; tour de passe-passe, m.; *juggler*, jongleur, prestidigitateur.

juice [djous] s. jus; suc, m. ‖ *juiciness* [-inis] s. succulence, f. ‖ *juicy* [-i] adj. juteux; succulent; osé [story].

jukebox [djoukbâks] s.* *Am.* pick-up électrique à sous, m.

July [djoula¹] s. juillet, m.

jumble [djæmb'l] v. jeter pêle-mêle; (s')embrouiller; s. embrouillamini, m.; *jumble-sale*, déballage.

jump [djæmp] s. saut, m.; v. sauter; bondir; se précipiter; omettre; *to jump at the chance*, sauter sur l'occasion; *to jump over*, laisser de côté, passer; *parachute jump*, saut en parachute. ‖ *jumper* [-ᵉʳ] s. sauteur; jumper, m.; *Am.* barboteuse, f.

junction [djæ̈ngkshᵉn] s. jonction; bifurcation [road], f.; nœud [rail], m. ‖ *juncture* [-tshᵉʳ] s. jointure; conjoncture, f.

June [djoun] s. juin, m.

jungle [djæ̈ngg'l] s. jungle, f.

junior [djounyᵉʳ] adj. cadet; plus jeune; subalterne; s. cadet; *Am.* étudiant de troisième année (univ.), m.

junk [djᵉngk] s. jonque, f.

junk [djᵉngk] s. vieux cordages; rebut, m.; v. mettre au rebut; *junkman*, *Am.* chiffonnier.

juridical [djouridĭkᵉl] adj. juridique.

jurisdiction [djourisdĭkshᵉn] s. juridiction; compétence, f.

jurisprudence [djourisprouđ'ns] s. jurisprudence, f.

jurist [djouᵉrist] s. juriste; étudiant en droit, m.

juror [djourᵉʳ] s. juré, m. ‖ *jury* [djouri] s. jury, m.; *juryman*, juré; *jurywoman*, femme juré.

just [djæst] adj. juste; équitable; impartial; exact; adv. exactement; justement; seulement; *I have just seen him*, je viens de le voir; *just as*, à l'instant où; tout comme; *just out*, vient de paraître; *just before*, immédiatement avant; *he had just finished*, c'est à peine s'il a fini. ‖ *justice* [-is] s. justice, f.; juge, magistrat, m. ‖ *justification* [djæstᵉfᵉke¹shᵉn] s. justification, f. ‖ *justificative* [djæstifike¹tiv] adj. justificatif. ‖ *justificatory* [-eri] adj. justificateur. ‖ *justify* [-tᵉfa¹] v. justifier; autoriser.

jut [djæt] v. faire saillie.

jute [djout] s. jute, m.

juvenile [djouvᵉ'na¹l] adj. juvénile.

juxtaposition [djᵉkstᵉpᵉzishᵉn] s. juxtaposition, f.

K

kangaroo [kàngᵉrou] *s.* kangourou, m.

kapok [kâpâk] *s.* kapok, m.

keck [kék] *v.* avoir des nausées ; être soulevé.

keel [kîl] *s.* quille, f. ; *v.* faire chavirer ; *to keel over*, chavirer.

keelson [kèls'n] *s.* carlingue, f.

keen [kîn] *adj.* affilé ; aigu ; perçant [noise] ; vif [cold] ; pénétrant [mind] ; perspicace. ‖ **keenness** [-nis] *s.* acuité ; perspicacité ; finesse ; ardeur, f.

keep [kîp] *v.*ᵉ garder ; tenir ; retenir ; maintenir ; entretenir ; célébrer [feast] ; protéger ; nourrir ; *s.* entretien [food] ; donjon, m. ; *to keep at it*, travailler sans relâche ; *to keep from*, s'abstenir de ; empêcher de ; *to keep in*, rester chez soi ; *to keep up*, soutenir ; *to keep going*, continuer à aller. ‖ **keeper** [-ᵉr] *s.* gardien ; garde ; surveillant, m. ‖ **keeping** [-ing] *s.* surveillance ; garde ; conservation, f. ; entretien ; maintien, m. ; *in keeping with*, en harmonie avec. ‖ **keepsake** [-sé¹k] *s.* souvenir, m.

keg [kèg] *s.* baril, m.

kennel [kèn'l] *s.* niche, f. ; *pl.* chenil, m.

kept [kèpt] *pret.*, *p. p.* *of* **to keep**.

kerb [kërb] *s.* bord du trottoir, m. ; margelle, f.

kerchief [kërtshif] *s.* fichu, foulard, carré, m.

kernel [kër'n'l] *s.* grain ; noyau, m. ; amande, f. ; cœur, m. (fig.).

kerosene [kèrᵉsin] *s.* pétrole, m.

kettle [kèt'l] *s.* marmite, f. ; coquemar, m. ; bouilloire, f. ; gâchis, m. ; *kettle-drum*, timbale [music].

key [kî] *s.* clef ; clavette ; touche [piano] ; fiche (electr.), f. ; *v.* caler ; harmoniser ; *keyed up*, surexcité, nerveux ; *key of F*, clef de fa ; *under lock and key*, sous clef ; *master key*, passepartout ; *keyboard*, clavier, m. ; *keyhole*, trou de la serrure ; *keyman*, cheville ouvrière ; *keynote*, note tonique [music] ; *keystone*, clef de voûte, base ; *key-word*, mot d'ordre, mot clef.

khaki [kâki] *s.* kaki, m.

kick [kik] *s.* coup de pied ; recul [gun], m. ; ruade [horse], f. ; *v.* donner des coups de pied ; reculer [gun] ; ruer [horse] ; regimber ; *to kick about*, gigoter ; *to kick the bucket*, passer l'arme à gauche, « claquer » (pop.).

kid [kid] *s.* chevreau [flesh, fur, skin] ; *Am.* gosse, gamin, m. ; *adj.* en chevreau ; *v. Am.* se moquer de ; chevreter, mettre bas [goats] ; *kidding*, blague.

kidnap [kidnap] *v.* enlever ; *kidnapper*, *kidnapper*, ravisseur, kidnappeur ; *kidnapping*, rapt.

kidney [kidni] *s.* rognon ; rein, m.

kill [kil] *v.* tuer ; détruire ; *kill-joy*, rabat-joie. ‖ **killer** [-ᵉr] *s.* meurtrier, tueur ; tombeur de cœurs, m. (colloq.). ‖ **killing** [-ing] *adj.* meurtrier ; mortel ; exténuant ; désopilant ; conquérant ; *s.* tuerie, f.

kiln [kiln] *s.* four ; séchoir, m. ; étuve, f.

kilogram [kilᵉgram] *s.* kilogramme, m.

kilometer [kilᵉmitᵉr] *s.* kilomètre, m.

kilowatt [kilᵉwât] *s.* kilowatt, m.

kimono [kᵉmoᵒuᵉ] *s.* kimono, m.

kin [kin] *s.* parenté, f. ; parent ; allié, m.

kind [ka¹nd] *s.* genre, m. ; espèce, f. ; *adj.* bon, aimable ; affable ; bienveillant ; *kindest regards*, bien vifs compliments ; *to pay in kind*, payer en nature.

kindergarten [kindᵉrgârt'n] *s.* jardin d'enfants, m.

kindle [kind'l] *v.* (s')allumer ; enflammer ; inciter.

kindly [ka¹ndli] *adj.* bon, bienveillant ; aimable ; *adv.* aimablement ; gracieusement. ‖ **kindness** [ka¹ndnis] *s.* bonté : amabilité ; bienveillance, f.

kindred [kindrid] *adj.* apparenté ; en relations ; *s.* parenté, f.

king [king] *s.* roi, m. ; dame [draughts], f. ‖ **kingdom** [-dᵉm] *s.* royaume, m. ‖ **kingly** [-li] *adj.* royal ; *adv.* royalement.

kink [kingk] *s.* nœud ; torticolis, m. ; coque ; déviation, déformation ; lubie, f. ; *v.* (s')entortiller. ‖ **kinky** [kingki] *adj.* noué ; crépu.

kinship [kinship] *s.* parenté, f. ‖ **kinsman** [kinzmᵉn] (*pl.* kinsmen) *s.* parent, m. ; *kinswoman* (*pl.* kinswomen), parente, f.

kiss [kis] *s.*ᵉ baiser, m. ; embrassade, f. ; *v.* embrasser ; *to kiss the hand*, baiser la main.

kit [kit] *s.* équipement ; sac ; nécessaire, m. ; musette (mil.) ; trousse, f. ; *medicine kit*, trousse de médecin ; *mess kit*, cantine (mil.).

kitchen [kitshìn] *s.* cuisine, f. ; *kitchen garden*, jardin potager ; *kitchen maid*, fille de cuisine ; *kitchenwares*, ustensiles de cuisine.

kite [ka¹t] *s.* cerf-volant ; milan [bird], m. ; *kite balloon*, ballon captif.

kitten [kit'n] *s.* petit chat, m.

kittle [kit'l] *adj.* épineux, délicat ; chatouilleux.

knack [nak] *s.* adresse ; habileté, f. ; talent, m. ; *to have a knack for*, avoir la bosse de.

knapsack [napsak] *s.* havresac, m.

knave [né¹v] *s.* coquin ; valet [cards], m.

knead [nîd] *v.* pétrir.

knee [nî] *s.* genou ; coude (techn.), m. ; *v.* pousser du genou, faire du genou à ; faire des poches à [trousers] ; *kneecap*, rotule.

kneel [nîl] *v.*° s'agenouiller.

knell [nèl] *s.* glas, m. ; *v.* sonner le glas.

knelt [nèlt] *pret., p. p. of to knell.*

knew [nyou] *pret. of to know.*

knickknack [niknak] *s.* babiole, f. ; bibelot, m.

knife [na¹f] (*pl.* **knives** [na¹vz]) *s.* couteau, m. ; *v.* donner un coup de couteau ; poignarder ; *clasp knife*, couteau de poche ; *paper-knife*, coupepapier ; *pocket knife*, canif ; *knife grinder*, rémouleur.

knight [na¹t] *s.* chevalier ; cavalier [chess], m. ; *v.* armer chevalier ; *knighthood*, chevalerie ; *knightliness*, conduite chevaleresque, courtoisie.

knit [nit] *v.*° tricoter ; joindre ; nouer ; froncer [brows] ; *pret., p. p. of to knit.* ‖ *knitting* [-ing] *s.* tricotage ; tricot, m.

knives [na¹vz] *pl. of knife.*

knob [nâb] *s.* bosse [swelling], f. ; bouton [door], m.

knock [nâk] *v.* cogner ; frapper ; *Am.* dénigrer ; *s.* coup ; cognement (mech.), m. ; *to knock down*, abattre, renverser ; *to knock out*, mettre hors de combat ; *to knock off*, cesser le travail ; *to knock up*, éreinter ; *knock-kneed*, cagneux. ‖ *knockabout* [nâk°ba°ut] *s. Am.* rixe, f. ‖ *knocker* [-°r] *s.* marteau [door], m.

knoll [no°ul] *s.* monticule, tertre, m.

knot [nât] *s.* nœud ; petit groupe, m. ; *v.* lier ; (se) nouer ; *sword knot*, dragonne. ‖ *knotty* [-i] *adj.* noueux ; embrouillé ; peu clair.

know [no°u] *v.*° connaître ; savoir ; reconnaître ; *to know how to swim*, savoir nager ; *to know about*, être informé de ; *to know of*, avoir connaissance de ; *he ought to know better*, il devrait être plus raisonnable ; *let me know*, faites-moi savoir ; *know-how*, technique, manière de s'y prendre. ‖ *knowing* [-ing] *adj.* au courant, informé ; instruit ; malin, entendu ; délibéré ; déniaisé, dessalé (colloq.). ‖ *knowingly* [-ingli] *adv.* sciemment ; à bon escient ; habilement. ‖ *knowledge* [nâlidj] *s.* connaissance, science, f. ; savoir, m. ; *not to my knowledge*, pas que je sache. ‖ *known* [no°un] *p. p. of to know.*

knuckle [nœk'l] *s.* jointure, articulation, f. ; nœud [finger] ; osselet, m. ; *knuckle of veal*, jarret de veau.

kohlrabi [ko°ulrâbi] (*pl.* **kohlrabies**) *s.* chou-rave, m.

L

label [lé¹b'l] *s.* étiquette ; marque, f. ; écriteau, m. ; *v.* étiqueter ; enregistrer.

labo(u)r [lé¹ber] *s.* travail ; labeur, m. ; main-d'œuvre, f. ; *v.* travailler ; s'appliquer (à) ; *hard labo(u)r*, travaux forcés ; *to labo(u)r under*, être victime de, lutter contre ; *Br. labo(u)r exchange*, bureau de placement ; *Br. Labour Party*, parti travailliste ; *Am. Department of Labor*, ministère du Travail.

laboratory [labreto°uri] *s.*° laboratoire, m.

labo(u)rer [lé¹berer] *s.* travailleur ; homme de peine ; ouvrier, m. ‖ *labo(u)rious* [lebo°uri°s] *adj.* laborieux.

labyrinth [lab°rinth] *s.* labyrinthe, m.

lace [lé¹s] *s.* galon ; ruban ; lacet, m. ; dentelle, f. ; *Am.* goutte, f. (colloq.) ; *v.* galonner ; orner de dentelle ; (se) lacer.

lacerate [las°ré¹t] *v.* lacérer.

lack [lak] *s.* manque ; défaut, m. ; pénurie, f. ; *v.* manquer ; faire défaut ; être dénué de ; *he lacks courage*, le courage lui manque.

laconic [l°kânik] *adj.* laconique. ‖ *laconism* [lak°niz'm] *s.* laconisme, m.

lacquer [lak°r] *s.* laque, f. ; *v.* laquer.

lacrosse [lâkros] *s. Fr. Can.* crosse [sport], f.

lacuna [l°kyoun°] *s.* lacune, f.

lad [lad] *s.* garçon ; jeune homme, m.

ladder [lad°r] *s.* échelle, f. ; fil tiré, démaillage, m. ; *ladder-mender*, remmailleuse ; *ladder-proof*, indémaillable.

laden [lé¹d'n] *adj.* chargé.

ladies [lé¹diz] *s. pl. of lady.*

ladle [lé¹d'l] *s.* louche, f.

lady [lé¹di] (*pl.* **ladies**) *s.* dame ; madame, f. ; *young lady*, jeune femme, demoiselle; **lady-bird,** coccinelle; **Lady day,** Annonciation.

lag [lag] *s.* retard; ralentissement; décalage, m.; *v.* rester en arrière; (se) traîner. ‖ **laggard** [-ˏᵉd] *s.* lambin; retardataire, m.; *adj.* lent; en retard.

lagoon [lᵉgoun] *s.* lagune, f.

laic [léⁱik] *adj.* laïque.

laid [léⁱd] *pret., p. p. of* **to lay**; **laid up,** malade, alité; **laid paper,** papier vergé.

lain [léⁱn] *p. p. of* **to lie.**

lair [lèᵉr] *s.* tanière; bauge, f.; antre, repaire, m.

lake [léⁱk] *s.* lac, m.

lamb [làm] *s.* agneau, m. ‖ **lambkin** [-kin] *s.* agnelet, m.

lame [léⁱm] *adj.* boiteux; estropié; défectueux; *v.* estropier; **lame duck,** failli; *Am.* battu aux élections.

lament [lᵉmènt] *s.* lamentation, f.; *v.* se lamenter; déplorer. ‖ **lamentable** [lamᵉntᵉb'l] *adj.* lamentable. ‖ **lamentation** [lamèntéⁱsh'n] *s.* lamentation, f.

laminate [lamᵉnéⁱt] *v.* laminer; feuilleter; plaquer.

lamp [làmp] *s.* lampe; lanterne, f.; **kerosene lamp,** lampe à pétrole; **lamp-post,** réverbère; **lamp shade,** abat-jour; **pocket lamp,** lampe de poche; **trouble lamp,** baladeuse (electr.).

lampion [lampiᵉn] *s.* lampion, m.

lampoon [làmpoun] *s.* libelle, m.

lance [làns] *s.* lance, f.; *v.* percer d'un coup de lance; percer [abscess].

lancet [lànsit] *s.* lancette (med.), f.

lancination [lânsinéⁱsh'n] *s.* élancement, m.

land [lànd] *s.* terre, f.; terrain; pays; domaine, m.; *v.* débarquer; aborder (naut.); atterrir (aviat.); poser à terre; obtenir (situation); **fallow land,** terre en friche. ‖ **landholder** [-hoᵒuldᵉr] *s.* propriétaire foncier, m. ‖ **landing** [-ing] *s.* débarquement; atterrissage; débarcadère; palier, m.; **emergency landing,** atterrissage forcé. ‖ **landlady** [-léⁱdij] (*pl.* **landladies**) *s.* propriétaire; logeuse; hôtelière, f. ‖ **landlord** [-laurd] *s.* propriétaire; logeur; hôtelier, m. ‖ **landmark** [-mârk] *s.* borne; limite, f.; point de repère; point saillant, m. ‖ **landowner** [-oᵒunᵉr] *s.* propriétaire foncier, m. ‖ **landscape** [-skéⁱp] *s.* paysage, panorama, m. ‖ **landslide** [-slaⁱd] *s.* éboulement, m.

lane [léⁱn] *s.* ruelle, f.; chemin, m.; route (naut.), f.; *Am.* **pedestrian lane,** passage clouté.

language [lànggwidj] *s.* langue, f.; langage, m.

languid [làngguid] *adj.* languide, languissant. ‖ **languish** [-gwish] *v.* languir. ‖ **languor** [-gᵉr] *s.* langueur, f.

lank [làngk] *adj.* efflanqué.

lantern [làntᵉrn] *s.* lanterne, f.; phare, m.

lap [lap] *s.* giron, m.; genoux, m. pl.; isolant [electr.], m.; *to sit in s.o.'s lap,* s'asseoir sur les genoux de qqn; *lap robe, Am.* plaid.

lap [lap] *v.* laper; *s.* gorgée; étape [journey], f.

lap [lap] *s.* recouvrement (mech.), m.; *v.* envelopper; s'étendre; recouvrir; roder (mech.); boucler [course]; s'enrouler.

lapel [lᵉpèl] *s.* revers d'habit, m.

lapse [laps] *s.* cours; laps; manquement, m.; chute de température (aviat.); erreur, f.; *v.* s'écouler [time]; tomber; périmer (jur.); faillir.

larboard [lârbᵉrd] *s.* bâbord, m.

larceny [lârs'ni] *s.[superscript e]* larcin, m.

lard [lârd] *s.* saindoux, m.; *v.* larder; **larder,** garde-manger.

large [lârdj] *adj.* grand; gros; vaste. ‖ **largely** [-li] *adv.* abondamment; amplement; beaucoup.

lark [lârk] *s.* alouette, f.; joyeuse équipée; farce, f.; *v.* s'amuser; chahuter.

larva [lârvᵉ] *s.* larve, f.

larynx [laringks] *s.[superscript e]* larynx, m.

lascivious [lᵉsiviᵉs] *adj.* lascif.

lash [lash] *s.[superscript e]* coup de fouet; cil [eye], m.; mèche [whip], f.; *v.* cingler; fouetter.

lash [lash] *v.* attacher; amarrer (naut.); jouer (mech.).

lass [las] *s.[superscript e]* fille, f.

lassitude [lasᵉtyoud] *s.* lassitude, f.

lasso [lasoᵒu] *s.* lasso, m.; *v.* prendre au lasso.

last [last] *adj.* dernier; ultime; passé; *v.* durer; *last night,* hier soir; *at last,* enfin, à la fin; *lastly,* enfin, en dernier lieu. ‖ **lasting** [-ing] *adj.* durable; permanent.

latch [latsh] *s.[superscript e]* loquet; verrou, m.; *Am. to latch on to,* s'emparer de.

late [léⁱt] *adj.* tard; en retard; ancien; défunt; avancé [hour]; *adv.* tard; *to be late,* être en retard; *of late, lately,* récemment; *until lately,* jusqu'à ces derniers temps.

latent [lat'nt] *adj.* latent; secret; caché.

later [léⁱtᵉr] *comp. of* **late.**

lateral [latᵉrᵉl] *adj.* latéral.

latest [lé¹tist] *sup. of late; latest news*, dernières nouvelles; *at latest*, au plus tard.

lath [lath] *s.* latte, f.

lathe [lé¹zh] *s.* tour (techn.), m.

lather [lazh°ʳ] *s.* mousse; écume, f.; *v.* mousser, écumer; savonner.

Latin [lat'n] *adj., s.* latin.

latitude [lat°tyoud] *s.* latitude; liberté, f.

latter [lat°ʳ] *adj.* dernier; récent; moderne.

lattice [latis] *s.* treillis, m.

laud [loud] *s.* louange, f.; *v.* louer. ‖ **laudative** [-°tiv] *adj.* laudatif. ‖ *laudatory* [-°t°ri] *adj.* louangeur.

laugh [laf] *s.* rire, m.; risée, f.; *v.* rire; *to laugh at*, se moquer de; *to burst out laughing*, éclater de rire; *to laugh up one's sleeve*, rire sous cape; *to laugh on the wrong side of one's mouth*, rire jaune; *it is no laughing matter*, il n'y a pas de quoi rire; *laughable*, risible, dérisoire; *laugher*, rieur; *laughing*, riant, rieur; risible; hilarant *laughter* [-t°ʳ] *s.* rire, m.; *laughter-provoking*, désopilant.

launch [launtsh] *s.°* chaloupe, f.; *v.* mettre à l'eau, lancer (naut.; comm.); déclencher (mil.). ‖ *launching* [-ing] *s.* lancement, m.; *launching-ramp*, rampe de lancement.

launder [laund°ʳ] *v.* blanchir, laver; *laundress*, blanchisseuse; *laundry*, blanchissage buanderie; blanchisserie; *laundryman*, blanchisseur.

laureate [lourïit] *s.* lauréat, m. ‖ *laurel* [-°l] *s.* laurier, m.; gloire, f.

lava [lâv°] *s* lave, f.

lavatory [lav°to°ʳi] *s.°* lavoir; *Br.* cabinets; *Am.* lavabos publics, m. pl.

lavender [lav°nd°ʳ] *s.* lavande, f.

lavish [lavish] *adj.* prodigue; copieux, abondant; *v.* gaspiller, dilapider, prodiguer; *lavishness*, prodigalité.

law [lau] *s.* loi, f.; droit, m.; *commercial law*, droit commercial; *law court*, tribunal; *law department*, service de contentieux, *law student*, étudiant en droit. ‖ *lawful* [-f°l] *adj.* légal; légitime, licite ‖ *lawless* [-lis] *adj.* illégal; effréné, déréglé. ‖ *lawmaker* [-m°k°ʳ] *s.* législateur, m.

lawn [laun] *s.* pelouse, f.; *lawn mower*, tondeuse.

lawn [laun] *s.* linon, m.

lawsuit [lausout] *s.* procès; litige, m. ‖ *lawyer* [lauy°ʳ] *s.* homme de loi; avocat; jurisconsulte; avoué, m.

lax [laks] *adj.* lâche; distendu; négligent; relâché. ‖ *laxative* [-°tiv] *s.*

laxatif, m. ‖ *laxity* [-°ti] *s.* relâchement, m.; mollesse, f.; *moral laxity*, légèreté de mœurs.

lay [lé¹] *pret. of to lie.*

lay [lé¹] *v.°* poser; mettre; coucher; étendre; pondre [eggs]; abattre [dust]; tendre [snare]; rejeter [blame]; *to lay aside*, mettre de côté; *to lay bare*, mettre à nu, révéler; *to lay down arms*, déposer les armes; *to lay a gun*, pointer un canon; *to lay off*, congédier; *to lay out*, disposer; placer [money]; *to lay waste*, dévaster. ‖ *layer* [-°ʳ] *s.* couche; assise; marcotte [shoot]; pondeuse [hen], f.; pointeur [gunner], m.

layman [lé¹m°n] (*pl. laymen*) *s.* laïc, m.

lazily [lé¹zili] *adv.* paresseusement. ‖ *laziness* [lé¹zinis] *s.* paresse, f. ‖ *lazy* [lé¹zi] *adj.* paresseux; indolent, mou.

lead [lèd] *s.* plomb, m.; mine de plomb, sonde, f.; *v.* plomber; *leaden*, de plomb, plombé; *lead-work*, plomberie.

lead [lîd] *v.°* conduire; mener; diriger [orchestra]; introduire; dominer; avoir la main [cards]; *s.* conduite; direction préséance, f.; commandement, m.; *Am lead article*, leader, article de fond [newspaper]; *leading lady*, vedette; *leading part*, premier rôle; *to lead astray*, égarer; dissiper; *to lead the way*, montrer le chemin.

leader [lîd°ʳ] *s.* chef; conducteur; meneur, dirigeant; *Br.* article de fond [newspaper], m. ‖ *leadership* [-ship] *s* direction; autorité, f.; commandement, m. ‖ *leading* [lîding] *adj.* principal de tête; en chef.

leaf [lîf] (*pl. leaves* [lîvz]) *s.* feuille, f.; feuillet [book]; battant [door], m.; rallonge [table], f.; *v.* se couvrir de feuilles *leafless*, dénudé, effeuillé; *leafy*, feuillu, touffu. ‖ *leaflet* [-lit] *s.* feuillet, dépliant; imprimé; prospectus, tract, m.

league [lîg] *s.* ligue; union, f.; *v.* (se) liguer.

league [lîg] *s.* lieue, f.

leak [lîk] *s.* fuite; voie d'eau, f.; *v.* fuir; faire eau (naut.); *to leak out*, sourdre se faire jour, transpirer (fig.). ‖ *leakage* [-idj] *s* percer; fuite, f.; coulage, m., *leaky*, qui fuit; qui prend l'eau; défaillant [memory].

lean [lîn] *v.°* s'incliner; se pencher; s'appuyer, *s.* pente, inclinaison, f.

lean [lîn] *adj.* maigre; émacié.

leant [lènt] = *leaned, see lean.*

leap [lîp] *v.°* sauter; bondir; s'élancer; franchir; *s.* saut; bond, m.; *leap year*, année bissextile. ‖ *leapt* [lèpt] *pret., p. p. of to leap.*

learn [lë⁰n] v.ª apprendre; étudier. **learned** [-id] adj. érudit, instruit, lettré. ‖ **learner** [-⁰r] s. élève; débutant; apprenti, m. ‖ **learning** [-ing] s. savoir, m.; science; érudition, f. ‖ **learnt** [-t] pret., p. p. of **to learn**.

lease [lîs] v. louer; affermer; s. bail, m.; ferme, f.

leash [lîsh] s. laisse, f.; v. attacher; mener en laisse; **to hold in leash**, tenir en lisière.

least [lîst] adj. le moindre; le plus petit; adv. le moins; **at least**, au moins; du moins; **leastwise**, du moins.

leather [lèzh⁰r] s. cuir, m.; peau, f.; **leather-dresser**, mégissier.

leave [lîv] v.ª laisser; s'en aller; partir; quitter; abandonner; s. permission; liberté, f.; congé, m.; **sick leave**, congé de convalescence; **to leave about**, laisser traîner; **to leave off**, renoncer; **to leave out**, omettre.

leaven [lèv⁰n] s. levain, m.; v. lever.

leaves [lîvz] pl. of **leaf**.

lecherous [lètsh⁰r⁰s] adj. débauché; sensuel.

lectern [lèkt⁰rn] s. lutrin, pupitre, m.

lecture [lèktsh⁰r] s. conférence; réprimande, f.; v. faire des conférences; sermonner. ‖ **lecturer** [-r⁰r] s. conférencier; maître de conférences (univ.), m.

led [lèd] pret., p. p. of **to lead**.

ledge [lèdj] s. rebord, m.; saillie, f.

ledger [lèdj⁰r] s. grand-livre; registre, m.

leech [lîtsh] s.ª sangsue, f.

leek [lîk] s. poireau, m.

leer [lî⁰r] s. œillade, f.; regard de côté, m.; v. regarder de coin.

left [lèft] pret., p. p. of **to leave;** **I have two books left**, il me reste deux livres.

left [lèft] adj. gauche; s. main gauche, f., **left-handed**, gaucher; **on the left**, à gauche ‖ **leftist** [lèftist] s. homme (m.) de gauche. ‖ **leftovers** [lèfto°uv⁰rz] s. pl. restes, m. pl. (culin.). ‖ **lefty** [lèfti] s. Am. gaucher, m.

leg [lèg] s jambe; patte; tige [boots]; cuisse [hens]; branche [compasses], f.; pied [furniture], gigot [mutton], m.; **on one leg**, à cloche-pied; **one-legged**, unijambiste **leg-up**, coup de main, dépannage, m. (colloq.).

legacy [lèg⁰si] s.ª legs, m.

legal [lîg'l] adj. légal; licite. ‖ **legalize** [-a¹z] v légaliser; autoriser.

legate [lègit] s. légat, délégué, m. ‖ **legatee** [lèg⁰tî] s. légataire, m. ‖ **legation** [ligé¹sh⁰n] s. légation, f.

legend [lèdj⁰nd] s. légende; inscription, f.; **legendary**, légendaire.

legging [lèging] s. guêtre; molletière, f

legible [lèdj⁰b'l] adj. lisible.

legion [lîdj⁰n] s. légion, f.

legislate [lèdjislé¹t] v. légiférer. ‖ **legislation** [lèdjislé¹sh⁰n] s. législation, f. ‖ **legislator** [lèdjislé¹t⁰r] s. législateur, m. ‖ **legislature** [lèdjislé¹tsh⁰r] s. législature, f.

legitimate [lidjít⁰mit] adj. légitime.

leisure [lîj⁰r] s. loisir, m.; **leisurely**, à loisir.

lemon [lèm⁰n] s. citron, m. ‖ **lemonade** [lèm⁰né¹d] s. limonade, f.; citron pressé, m.

lend [lènd] v.ª prêter; **lender**, prêteur.

length [lèngkth] s. longueur; étendue; durée; distance; quantité (gramm.), f.; **the whole length**, jusqu'au bout; **lengthwise**, en longueur; **lengthy**, long, prolixe. ‖ **lengthen** [-⁰n] v. allonger; prolonger; (s')étendre.

lenient [lînint] adj. indulgent; adoucissant; lénitif.

lens [lènz] s.ª lentille, f.; objectif (phot.); verre; ménisque, m.

lent [lènt] pret., p. p. of **to lend**.

Lent [lènt] s. carême, m.

leopard [lèp⁰rd] s. léopard, m.

leprosy [lèpr⁰si] s. lèpre, f. ‖ **leprous** [lèpr⁰s] adj. lépreux.

lesion [lîz⁰n] s. lésion, f.

less [lès] adj. moindre; adv. moins.

lessee [lèsî] s. locataire; preneur, m.

lessen [lès'n] v. diminuer; amoindrir; atténuer ‖ **lesser** [lès⁰r] adj. plus petit, moindre, inférieur.

lesson [lès'n] s. leçon, f.

lest [lèst] conj. de peur que.

let [lèt] v.ª laisser; permettre; louer; impers aux. : **let him come**, qu'il vienne, **house to let**, maison à louer; **to let know**, faire savoir; **to be let off with**, en être quitte pour; **to let out**, laisser échapper; libérer; **to let alone**, laisser tranquille pret., p. p. of **to let**.

lethargy [lèth⁰rdji] s. léthargie, f.

letter [lèt⁰r] s. lettre, f.; caractère, m.; **capital letter**, majuscule; **letter box**, boîte aux lettres; **letter-carrier**, facteur **letter-head**, en-tête.

lettuce [lètis] s. laitue, f.

letup [lèt⁰p] s. détente, f.; ralentissement m.

level [lèv'l] adj. horizontal; de niveau; s. niveau, m.; v. niveler; équilibrer; plafonner (aviat.); pointer

[arm]; *to level out*, égaliser; *adv.* de niveau; à ras; *Am. on the level*, honnête, droit; *level-crossing*, passage à niveau; *level-headed*, bien équilibré, rassis, d'aplomb; *leveller*, niveleur; *levelling*, nivellement.

lever [lèvᵉr] *s.* levier, m.; manette, f.; *control lever*, levier de commande; *to lever up*, soulever avec un levier.

levity [léviti] *s.* légèreté, f.

levy [lèvi] *s.* levée; réquisition; imposition, f.; embargo, m., *v.* lever; percevoir; imposer; mettre l'embargo.

lewd [loud] *adj.* lascif; impudique. ‖ *lewdness* [-nis] *s.* lubricité, f.

lexicography [lèksikogrᵉfi] *s.* lexicographie, f.; *lexicology*, lexicologie.

lexicon [lèksikᵉn] *s.* lexique, m.

liability [laᵉbilᵉti] *s.* responsabilité, f.; engagement, m. ‖ *liable* [laᵉbᵉl] *adj.* responsable; passible (*to*, de); soumis, sujet (*to*, à).

liaison [liéᵗzaun] *s.* liaison, f.

liar [laᵉᵉr] *s.* menteur, m.

libel [laᵉbᵉl] *s.* libelle, m.; diffamation, f.; *v.* diffamer. ‖ *libellous* [-ᵉs] *adj.* diffamatoire.

liberal [libᵉrᵉl] *adj.*, *s.* libéral. ‖ *liberality* [libᵉralᵉti] *s.* libéralité, f. ‖ *liberate* [libᵉréᵗt] *v.* libérer ‖ *liberation* [libᵉréᵗshᵉn] *s.* libération, f. ‖ *liberator* [libᵉréᵗtᵉr] *s.* libérateur, m. ‖ *libertine* [libᵉrtîn] *adj.*, *s.* libertin. ‖ *liberty* [libᵉrti] *s.* liberté, f.

librarian [laᵉbrériᵉn] *s.* bibliothécaire, m. ‖ *library* [laibrèri] *s.* bibliothèque, f.

lice [laᵉs] *pl. of louse.*

licence [laᵉsᵉns] *s.* permission; licence; patente, f.; brevet; permis, m. ‖ *license* [laᵉsᵉns] *v* autoriser (*to*, à); permettre (*to*, de); breveter; patenter; *operator's license*, *driving license*, permis de conduire. ‖ *licentious* [laᵉsènshᵉs] *adj.* licencieux, dissolu.

lichen [laikin] *s.* lichen, m.

lick [lik] *v.* lécher; laper; rosser; *not to do a lick of work*, ne pas faire un brin de travail; *licking*, raclée.

lid [lid] *s.* couvercle, m.; *eye-lid*, paupière, f.

lie [laᵉ] *s.* mensonge, m.; *v.* mentir; *to give the lie to*, donner un démenti à.

lie [laᵉ] *s. Br.* position; configuration, f.; gisement (geol.), m.; *v.* ᵉ être couché; reposer; être situé; stationner; *to lie low*, se tapir, se taire; *to lie about*, traîner.

lief [lîf] *adv.*; *I had as lief*, j'aimerais autant.

lieutenant [loutènᵉnt] *s.* lieutenant, m.; *lieutenant-colonel*, lieutenant-colonel; *lieutenant-commander*, capitaine de corvette; *lieutenant-general*, général de division.

life [laᵉf] (*pl. lives* [laᵉvz]) *s.* vie; vivacité; durée (techn.), f.; *life-belt*, ceinture de sauvetage; *live insurance*, assurance sur la vie *lifeless*, sans vie, inanimé; *lifelike*, vivant, naturel; *lifelong*, perpétuel, de toute la vie; *life pension*, pension alimentaire; *life-size*, grandeur nature.

lift [lift] *v.* lever; soulever; *Am.* voler (slang), *s.* haussement; *Br.* ascenseur, m.; poussée; force ascensionnelle; levée; balancine (naut.); portance (aviat.), f.

ligament [ligᵉmᵉnt] *s.* ligament, m.

light [laᵉt] *s.* lumière; clarté; lueur, f.; phare; jour; éclairage, m.; *v.* allumer; éclairer; *to come to light*, se révéler; *give me a light* donnez-moi du feu; *to put out the light*, éteindre la lumière; *beacon light*, balisage (aviat.); *driving lights*, éclairage-code [auto]; *night light*, veilleuse; *northern lights*, aurore boréale.

light [laᵉt] *adj.* léger; *light-headed*, frivole; *light-hearted*, allègre; *light-minded*, frivole, volage; *v.* descendre, retomber.

lighten [laᵉtn] *v.* éclairer; illuminer; éclaircir.

lighten [laᵉtn] *v.* alléger, soulager.

lighter [laᵉtᵉr] *s.* allumeur; briquet; chaland (naut.), m. ‖ *lighthouse* [laᵉthaᵘs] *s.* phare, m. ‖ *lighting* [laᵉting] *s.* éclairage; allumage, m.; illumination, f.

lightly [laᵉtli] *adv.* légèrement; superficiellement; étourdiment. ‖ *lightness* [laᵉtnis] *s.* légèreté; frivolité; inconstance, f.

lightness [laᵉtnis] *s.* clarté, lumière, f. ‖ *lightning* [-ning] *s.* éclair, m.; foudre, f. *lightning conductor*, *lightning rod*, paratonnerre; *lightning war*, guerre éclair.

lights [laᵉts] *s. pl.* mou (of veal), m.

lightsome [laᵉtsᵉm] *adj.* lumineux; agile éger, leste; gracieux; gai.

likable [laᵉkᵉbᵉl] *adj.* agréable; aimable; sympathique.

like [laᵉk] *v.* aimer, trouver à son goût, vouloir bien; *do whatever you like*, faites ce que vous voulez.

like [laᵉk] *adj.* ressemblant; tel; pareil; semblable; *prep* comme; *what is he like?*, à quoi ressemble-t-il?; *something like*, à peu près, plus ou moins; *to look like*, ressembler. ‖ *likelihood* [-lihoud] *s.* vraisemblance, probabilité, f. ‖ *likely* [-li] *adj.* plausible, probable; *adv.* probablement. ‖ *liken*

[-ᵉn] v. comparer. ‖ **likeness** [-nis] s. apparence; ressemblance, f.; air; portrait, m. ‖ **likewise** [-wa¹z] adv. de même; pareillement.

liking [la¹king] s. goût; penchant; gré, m.; sympathie, inclination, f.

lilac [la¹lᵉk] adj., s. lilas.

lily [lĭlĭ] s.° lis, m.; *lily of the valley,* muguet.

limb [lim] s. membre, m.; grosse branche, f.

limber [limbᵉr] adj. souple; v. assouplir.

limber [limbᵉr] s. caisson; avant-train (mil.), m.

lime [la¹m] s. chaux; glu, f.; v. chauler; prendre à la glu.

lime [la¹m] s. citron, m.; lime, f.

lime [la¹m] s. tilleul, m.; *lime-tree,* tilleul.

limelight [la¹mla¹t] s. lumière oxhydrique; gloire; célébrité, f.

limestone [la¹mstoᵘn] s. calcaire, m.

limit [limĭt] s. limite; frontière; tolérance (techn.), f.; v. limiter, borner. ‖ **limitation** [limité¹shᵉn] s. limitation; restriction, f. ‖ **limited** [lĭmĭtid] adj. limité; restreint; anonyme; à responsabilité limitée [company]; rapide, de luxe (train).

limp [limp] s. claudication, f.; v. bolter, clocher.

limp [limp] adj. flasque; flexible; amorphe.

limpid [limpid] adj. limpide.

linden [lĭndᵉn] s. tilleul, m.

line [la¹n] s. ligne; corde; lignée; voie, f.; contour; cordeau; trait; vers [poetry]; *Am.* métier, m.; v. aligner; border; sillonner; doubler; *line shooting,* galéjade, tartarinade; *plumb line,* fil à plomb; *to line up,* s'aligner, faire queue; *to fall in line with,* se conformer à.

line [la¹n] v. doubler [clothes]; revêtir [masonry]; remplir [one's pocket].

lineage [lĭnidj] s. lignée, f.

linear [lĭniᵉr] adj. linéaire. ‖ **lined** [la¹nd] adj. rayé.

linen [lĭnin] s. toile de lin, f.; linge, m.

liner [la¹nᵉr] s. transatlantique, m.; *air liner,* avion de transport.

linger [lĭnggᵉr] v. s'attarder; traîner; se prolonger. ‖ **lingerer** [-rᵉr] s. retardataire; lambin, m.

lingerie [lànjᵉri] s. lingerie, f.

linguist [lĭnggwist] s. linguiste, m. ‖ **linguistic** [lĭnggwĭstik] adj. linguistique. ‖ **linguistics** [-iks] s. linguistique, f.

lining [la¹ning] s. doublure, f.; doublage; revêtement, m.

link [lĭngk] s. anneau; maillon; chaînon, m.; articulation, f.; v. lier; unir; enchaîner; (s')articuler; se raccorder. ‖ **links** [-s] s. pl. terrain de golf, m.

linnet [lĭnit] s. linotte, f.

linoleum [lĭnoᵘliᵉm] s. linoléum, m.

linseed [lĭnsîd] s. graine de lin, f.; *linseed oil,* huile de lin.

lint [lint] s. charpie, f.

lintel [lĭnt'l] s. linteau, m.

lion [la¹ᵉn] s. lion, m.; *lioness,* lionne.

lip [lip] s. lèvre, f.; *lipsalve,* pommade dermophile pour les lèvres; *lipstick,* rouge à lèvres.

liquefy [lĭkwefa¹] v. liquéfier; fluidifier. ‖ **liqueur** [lĭkĭouᵉr] s. liqueur, f. ‖ **liquid** [lĭkwid] adj., s. liquide. ‖ **liquidate** [-é¹t] v. liquider; amortir; solder [accounts]. ‖ **liquidation** [lĭkwidé¹shᵉn] s. liquidation, f.; solde des comptes, m. ‖ **liquor** [lĭkᵉr] s. liqueur, f.; spiritueux; liquide, m.

lisp [lisp] v. zézayer; s. zézaiement, m.

list [list] s. liste; bande (naut.), f.; registre; tableau, m.; v. inscrire; *army list,* annuaire de l'armée; *wine list,* carte des vins; *list price,* tarif, prix du catalogue.

list [list] s. lisière [cloth], f.

listen [lĭs'n] v. écouter; prêter attention; *to listen in,* écouter à la radio; *listener,* auditeur.

listless [lĭstlis] adj. insouciant; inattentif; indolent. ‖ **listlessness** [-nis] s. indifférence; insouciance; nonchalance, f.

lit [lit] pret., p. p. of **to light.**

literal [lĭtᵉrᵉl] adj. littéral; mot à mot; s. coquille (typogr.), f. ‖ **literary** [-rèri] adj. littéraire. ‖ **literate** [-it] adj. sachant lire et écrire, alphabète. ‖ **literature** [-rᵉtshᵉr] s. littérature, f.

lithe [la¹zh], **lithesome** [-sᵉm] adj. souple, flexible.

litigate [lĭtigé¹t] v. plaider; contester. ‖ **litigation** [litegé¹shᵉn] s. litige; procès, m. ‖ **litigious** [litidjᵉs] adj. litigieux; procédurier.

litter [lĭtᵉr] s. litière; civière; portée [animals], f.; brancard; désordre, m.; v. faire une litière; mettre en désordre; salir; joncher; mettre bas [animals]; *litter bearer,* brancardier.

little [lĭt'l] adj. petit; mesquin; adv. peu; *a little,* un peu; *for a little,* pendant quelque temps; *little by little,* peu à peu; *ever so little,* tant soit peu. ‖ **littleness** [-nis] s. petitesse, f.

littoral [lĭtᵉrᵉl] s. littoral, m.

livable [*liv*eb'l] *adj.* logeable, habitable ; supportable. || **live** [liv] *v.* vivre ; habiter ; [la¹v] *adj.* vif, vivant ; actif ; palpitant [question] ; ardent [coal] ; sous tension (electr.) ; *to live down*, faire oublier ; *live rail*, rail conducteur. || **livelihood** [la¹vlihoud] *s.* subsistance, f. ; moyen d'existence, m. || **liveliness** [-linis] *s.* vivacité, f. || **lively** [-li] *adj.* vif ; animé ; gai ; *adv.* vivement ; avec gaieté.

liver [*liv*eʳ] *s.* viveur, m. ; *good liver*, bon vivant.

liver [*liv*eʳ] *s.* foie, m.

livery [*liv*eri] *s.** livrée ; pension pour chevaux, f.

lives [la¹vz] *pl. of life.*

livestock [la¹vstâk] *s.* bétail, cheptel, m.

livid [*livid*] *adj.* livide.

living [*living*] *adj.* vivant ; vif ; *s.* vie, subsistance, f. ; *living-room*, salle de séjour, *Fr. Can.* vivoir ; *living wage*, minimum vital ; *the living*, les vivants ; *to earn a living*, gagner sa vie ; *good living*, bonne chère.

lizard [*liz*eʳd] *s.* lézard, m.

load [loʰud] *s.* charge, f. ; fardeau ; chargement, m. ; *v.* charger ; plomber [stick] ; accabler (fig.) ; piper [dice] ; *dead load*, poids mort ; *loader*, chargeur.

loadstar [loʰudstar] *s.* étoile Polaire, f. ; *loadstone*, magnétite.

loaf [loʰuf] (*pl.* **loaves** [loʰuvz]) *s.* miche de pain, f. ; *sugar loaf*, pain de sucre.

loaf [loʰuf] *v.* flâner ; *loafer*, fainéant, flâneur.

loam [loʰum] *s.* glaise, f.

loan [loʰun] *s.* prêt ; emprunt, m. ; *v.* prêter ; *loan shark*, usurier ; *loan society*, société de crédit.

loath [loʰuth] *adj.* peu enclin, répugnant [to, à] ; *nothing loath*, volontiers ; *to be loath to*, faire à contre-cœur. || **loathe** [loʰuzh] *v.* abhorrer ; répugner à. || **loathsome** [loʰuzhsem] *adj.* dégoûtant ; odieux.

loaves [loʰuvz] *pl. of loaf.*

lobby [*lâ*bi] *s.** couloir, vestibule, m. ; *v.* « faire les couloirs » (polit.).

lobe [loʰub] *s.* lobe, m.

lobster [*lâb*steʳ] *s.* homard, m. ; *spiny lobster*, langouste.

local [loʰuk'l] *adj.* local ; localisé [pain] ; externe [remedy] ; de lieu [adverb.] ; *s.* journal (ou) train (ou) équipe (ou) agent local ; [loʰukal] *s.* localité, f. || **locality** [lokaliti] *s.** localisation ; région ; résidence ; localité, f. || **localization** [loʰukela¹zé¹shen] *s.* localisation, f. || **localize**

locate [loʰuké¹t] *v.* localiser. || **locate** [loʰuké¹t] *v.* situer ; établir ; repérer ; poser. || **location** [loʰuké¹shen] *s.* emplacement ; site ; repérage, m. ; situation, f.

lock [lâk] *s.* mèche [hair], f.

lock [lâk] *s.* serrure ; fermeture ; écluse [river] ; platine [firearm], f. ; blocage (mech.) ; verrou, m. ; *v.* fermer à clef ; verrouiller, *Fr. Can.* barrer ; bloquer ; *to double-lock*, fermer à double tour ; *safety lock*, verrou de sûreté. || **locker** [-eʳ] *s.* coffre, m. || **locket** [-it] *s.* médaillon, m. || **locksmith** [-smith] *s.* serrurier, m.

locomotion [loʰukemoʰushen] *s.* locomotion, f. || **locomotive** [loʰukemoʰutiv] *s.* locomotive, f.

locust [loʰukest] *s.* sauterelle, f. ; caroube, f. ; *locust-tree*, caroubier, m.

locution [loʰukyoushen] *s.* locution, expression, f.

lode [loʰud] *s.* filon, m.

lodestone [loʰudstoʰun] *s.* aimant naturel, m.

lodge [lâdj] *s.* loge ; maisonnette, f. ; *v.* loger ; abriter ; présenter [complaint]. || **lodger** [-eʳ] *s.* locataire, m. || **lodging** [-ing] *s.* logement ; abri, m. ; *furnished lodging*, garni ; *lodging-house*, hôtel meublé.

loft [lauft] *s.* grenier ; réduit, m. ; soupente, f. ; *choir loft*, tribune du chœur. || **lofty** [-i] *adj.* élevé ; noble ; altier ; pompeux.

log [laug] *s.* bûche ; bille ; souche, f. ; *v.* couper ; tronçonner ; *log house*, *Fr. Can.* maison en bois rond.

log [laug] *s.* loch (naut.), m. ; journal de bord (naut.), m. ; *v.* porter au journal de bord ; filer des nœuds (naut.) ; *air log*, carnet de route (aviat.).

logic [*lâ*djik] *s.* logique, f. || **logical** [-'l] *adj.* logique ; *logician*, logicien ; *logistics*, logistique.

loin [lo¹n] *s.* rein, m. ; lombe ; longe, f.

loiter [lo¹teʳ] *v.* flâner ; rôder. || **loiterer** [-reʳ] *s.* flâneur ; traînard ; rôdeur, m.

loll [lâl] *v.* se prélasser ; pendre, tirer [tongue].

lollipop [*lâ*lipâp] *s.* sucette, f.

London [*lænd*en] *s.* Londres, m. ; *adj.* londonien ; *Londoner*, Londonien.

lone [loʰun] *adj.* seul ; solitaire. || **loneliness** [-linis] *s.* isolement, m. || **lonely** [-li] *adj.* isolé ; désemparé. || **lonesome** [-sem] *adj.* solitaire ; nostalgique ; esseulé ; désert.

long [laung] *adj.* long ; allongé ; prolongé ; *adv.* longtemps ; *a long time*, longtemps ; *in the long run*, à la longue ; *long ago*, autrefois ; *to be long* *in coming*, tarder à venir; *long-sighted*, presbyte; prévoyant; *long-suffering*, résigné, tolérant; *long-winded*, prolixe.

long [laung] *v.* aspirer; désirer; soupirer; *I long to know*, il me tarde de savoir; *to long for peace*, aspirer à la paix.

longer [laung^{e}r] *comp. adj. of long.*

longevity [lândjèv^{e}ti] *s.* longévité, f.

longing [launging] *s.* aspiration, f.; grand désir, m.; *adj.* désireux; nostalgique.

longitude [lândj^{e}tyoud] *s.* longitude, f.

longshoreman [laungsho^{o}urm^{e}n] *s.* débardeur, m.

longsome [lângs^{e}m] *adj.* long, ennuyeux. ‖ *longways* [-wè^{1}z] *adv.* en long.

look [louk] *v.* regarder; sembler, paraître; donner [to face]; *s.* regard; air, m.; apparence, f.; *it looks well on you*, cela vous va bien; *to look about*, ouvrir l'œil; *to look after*, s'occuper de; *to look away*, détourner les yeux; *to look back*, regarder en arrière; *to look for*, chercher; espérer; *to look into*, examiner, regarder dans; *to look on*, être spectateur; *to look out*, prendre garde; *to look over*, parcourir du regard; *to look to*, veiller à; *he looks ill*, il a l'air malade; *looker-on*, spectateur; *looking-glass*, miroir; *lookout*, vigie; surveillance.

loom [loum] *s.* métier à tisser, m.

loom [loum] *v.* apparaître; se distinguer au loin; s'estomper; *looming*, mirage.

loon [loun] *s.* plongeon (zool.), *Fr. Can.* huard, m.

loony [louni] *adj.* toqué.

loop [loup] *s.* boucle; bride; maille; ganse [rope], f.; looping (aviat.), m.; *v.* boucler; faire un looping (aviat.).

loophole [loupho^{o}ul] *s.* meurtrière, f.; échappatoire, f.

loose [lous] *adj.* lâche; délié; détendu; relâché [morals]; ample [garments]; dévissé (mech.); libre (mech.); *v.* lâcher; détacher; déchaîner; défaire; larguer (naut.); *loose cash*, menue monnaie; *to get loose*, se détacher; *to give loose to*, donner libre cours à; *to work loose*, prendre du jeu. ‖ *loosen* [-'n] *v.* lâcher; desserrer; dénouer; dévisser. ‖ *looseness* [-nis] *s.* relâchement; jeu (mech.); dérèglement, m.; ampleur, f.

loot [lout] *s.* pillage; butin, m.; *v.* piller.

lop [lâp] *v.* élaguer; tomber mollement; clapoter; *lop-eared*, aux oreilles pendantes.

loquacious [lo^{o}ukwè^{1}sh^{e}s] *adj.* loquace, disert. ‖ *loquacity* [lo^{o}ukwasiti] *s.* loquacité, f.

lord [laurd] *s.* seigneur; maître; lord, m.; *v.* dominer; *Lord's Prayer*, Pater; *Our Lord*, Notre Seigneur. ‖ *lordly* [-li] *adj.* seigneurial; noble; despotique; hautain; *adv.* avec noblesse; avec hauteur; impérieusement. ‖ *lordship* [-ship] *s.* seigneurie, f.

lore [lo^{o}ur] *s.* savoir, m.

lorry [lauri] *s.*[*] *Br.* camion, m.

lose [louz] *v.*[*] perdre; égarer; retarder [clock]; *to lose sight of*, perdre de vue; *to lose one's temper*, perdre patience, perdre son sang-froid. ‖ *loss* [laus] *s.* perte; déperdition, f.; sinistre (naut.), m.; *to be at a loss*; être perplexe; *to sell at a loss*, vendre à perte. ‖ *lost* [-t] *pret., p. p. of to lose*; *adj.* perdu; égaré; sinistré (naut.); plongé [thoughts]; gaspillé [time]; *lost and found*, objets trouvés.

lot [lât] *s.* lot; sort; tirage; paquet (fin.), m.; *to draw lots*, tirer au sort; *a lot of, lots of*, beaucoup de, un tas de.

lotion [lo^{o}ush^{e}n] *s.* lotion, f.

lottery [lât^{e}ri] *s.*[*] loterie, f.

loud [la^{o}ud] *adj.* fort; haut; sonore; bruyant; éclatant [color]; tapageur; *loud-mouth*, braillard; *loud-speaker*, haut-parleur; *loudly*, bruyamment. ‖ *loudness* [la^{o}udnis] *s.* force, nature bruyante, f.; clinquant, m.

lounge [la^{o}undj] *s.* flânerie; chaise-longue, f.; divan; promenoir; foyer; salon de repos, m.; *v.* flâner; se prélasser.

louse [la^{o}us] (*pl.* **lice** [la^{1}s]) *s.* pou, m.; *lousy*, pouilleux, vil, « moche » (fam.).

lout [la^{o}ut] *s.* rustre; lourdaud, m.

lovable [l$æ$v^{e}b'l] *adj.* aimable. ‖ *love* [l$æ$v] *s.* amour, m.; affection; amitié, f.; zéro [tennis], m.; *v.* aimer; *love at first sight*, coup de foudre; *to make love to*, faire la cour à; *to be in love*, être amoureux; *to fall in love with*, s'éprendre de. ‖ *loveliness* [-linis] *s.* charme, m.; grâce; amabilité, f. ‖ *lovelock* [-lâk] *s.* accroche-cœur, m. ‖ *lovely* [-li] *adj.* aimable; charmant; beau. ‖ *lover* [-^{e}r] *s.* amoureux; amant; amateur, ami, m.; *music lover*, mélomane. ‖ *loving* [-ing] *adj.* aimant; tendre; affectueux. ‖ *lovingly* [-ingli] *adv.* tendrement; aimablement; affectueusement; amoureusement.

low [lo^{o}u] *adj.* bas; faible; vil; débile, déficient; *low comedy*, farce; *low gear*, première vitesse; *lowland*, plaine; *low mass*, messe basse; *low-necked*, décolleté; *adv.* bas; à bas prix; bassement; *in low spirits, low spirited*, abattu, déprimé, découragé.

low [lo^{ou}] s. beuglement, m.; v. beugler, meugler.

lower [la^{ouer}] v. se renfrogner, regarder de travers; s'assombrir; s. visage renfrogné, m.

lower [lo^{ouer}] adj. plus bas; inférieur; d'en bas; v. baisser; abaisser; diminuer; humilier; rabattre.

lowering [la^{ouer}ing] adj. menaçant.

lowliness [lo^{ou}linis] s. humilité, f. ‖ **lowly** [lo^{ou}li] adj. humble, modeste; peu élevé; adv. humblement. ‖ **lowness** [lo^{ou}nis] s. infériorité; bassesse; humilité; gravité [sound], f.; faible altitude, f.; abattement, m.

lox [lâks] s. Am. saumon fumé, m.

loyal [loⁱel] adj. loyal; fidèle. ‖ **loyalty** [-ti] s. fidélité; solidarité; loyauté, f.

lubber [læb^{er}] s. lourdaud, m.

lubricant [loubrik^ent] adj., s. lubrifiant. ‖ **lubricate** [-kéⁱt] v. lubrifier; graisser. ‖ **lubrication** [loubrikéⁱsh^en] s. lubrification, f.; graissage, m. ‖ **lubricity** [loubrisiti] s. onctuosité; lubricité, f.

lucid [lousid] adj. lucide; limpide. ‖ **lucidity** [lousiditi] s. luminosité; lucidité, f.

Lucifer ['lousif^{er}] s. Lucifer, m.; Vénus, f. [star]; allumette-tison, f.

luck [lœk] s. hasard; bonheur, m.; chance; fortune; f.; **ill-luck**, mauvaise fortune. ‖ **luckily** [-'li] adv. heureusement; par bonheur. ‖ **lucky** [-i] adj. heureux; chanceux; fortuné; favorable.

lucrative [loukr^etiv] adj. lucratif.

ludicrous [loudikr^es] adj. risible, comique, grotesque.

luff [lœf] s. lof, m.; v. lofer (naut.).

lug [lœg] v. tirer; traîner; entraîner.

luge [lyoudj] s. luge, f.; v. luger.

luggage [lœgidj] s. bagage, m.; **luggage-carrier**, porte-bagages; **luggage-rail**, galerie (auto).

lukewarm [loukwaurm] adj. tiède; tempéré. ‖ **lukewarmness** [-nis] s. tiédeur, f.

lull [lœl] v. se calmer; bercer; endormir; s. accalmie; embellie (naut.), f.

lullaby [lœl^ebaⁱ] s.* berceuse, f.

lumber [læmb^{er}] s. Am. bois de charpente; bric-à-brac, m.; v. entasser; encombrer; se mouvoir pesamment; Am. exploiter le bois; **lumber camp**, Fr. Can. chantier; **lumberman**, bûcheron; **lumber-room**, débarras, fourre-tout.

luminous [loum^en^es] adj. lumineux.

lump [lœmp] s. motte; masse, f.; bloc; morceau; lourdaud, m.; v. mettre en tas; prendre en bloc; **lump-sugar**, sucre en morceaux.

lumpish [lœmpish] adj. balourd; lourdaud. ‖ **lumpishness** [-nis] s. gaucherie, f.; lourdeur (f.) d'esprit.

lunar [loun^{er}] adj. lunaire.

lunatic [loun^etik] adj., s. aliéné; fou.

lunch [lœntsh] s.*, v. déjeuner. ‖ **luncheon**, s. lunch, m.; collation, f.; **luncheon-basket**, panier-repas.

lung [lœng] s. poumon; mou, m.

lunge [lœndj] s. coup porté, m.; botte [fencing], f.; v. porter une botte [fencing]; allonger un coup (at, à).

lurch [lë^rtsh] s.* embardée, f.; v. faire une embardée; tituber; **to leave in the lurch**, planter là.

lurch [lë^rtsh] s. panne (fam.), f.; **to be left in the lurch**, rester en carafe.

lure [lour] s. leurre; appât; attrait, m.; v. leurrer; amorcer; attirer.

lurid [lourid] adj. mélodramatique; exagéré; livide.

lurk [lë^rk] v. se tapir; être aux aguets.

luscious [lœsh^es] adj. succulent, exquis, délicieux.

lust [lœst] s. convoitise; luxure; concupiscence, f.; v. convoiter.

luster [lœst^{er}] s. lustre; éclat, m.

lustful [lœstf^el] adj. luxurieux; lascif; lubrique. ‖ **lustfulness** [-nis] s. désir, m.; lascivité, f.

lusty [lœsti] adj. fort, vigoureux.

lute [lout] s. luth, m.

luxation [lœkséⁱsh^en] s. luxation, f.

luxe [louks] s. luxe, m.

luxuriant [lœgjouri^ent] adj. luxuriant; abondant; exubérant.

luxurious [lœgjouri^es] adj. luxueux, somptueux. ‖ **luxury** [lœksh^eri] s.* luxe, m.; volupté, f.

lustrous [lœstr^es] adj. brillant; lustré.

lyceum [laⁱsí^em] s. auditorium, m.; salle (f.) de conférences.

lye [laⁱ] s. lessive, f.

lying [laⁱing] s. lieu pour se coucher; **lying down**, action de se coucher; adj. couché.

lying [laⁱing] adj. menteur; s. mensonge, m.

lymph [limf] s. lymphe, f.

lynch [lintsh] v. lyncher.

lynx [lingks] s.* lynx, m.

lyre [laⁱr] s. lyre, f. ‖ **lyric** [lirik] adj. lyrique; s. poème lyrique; **lyrical**, lyrique. ‖ **lyricism** [lir^esiz^em] s. lyrisme, m.

M

mac [mak] *s.* imperméable, imper, m.; gabardine, f.

macadam [məkadəm] *s.* macadam, m.

macaroni [makəroʰuni] *s.* macaroni, m.

macaroon [makəroun] *s.* macaron, m.

machine [məshîn] *s.* machine, f.; appareil, instrument, dispositif m.; *v.* usiner, façonner; **machine-gun**, mitrailleuse, **machine-gunner**, mitrailleur, **mincing-machine**, hache-viande, **sewing-machine**, machine à coudre. || **machinery** [-əri] *s.* mécanisme, m. mécanique, f. || **machinist** [-ist] *s.* machiniste, mécanicien, m.

mackerel [makərəl] *s.* maquereau, m.; *adj.* moutonné [sky].

mackintosh [makintâsh] *s.* imperméable, imper, m.; gabardine, f.

maculate [makioulə¹t] *v.* maculer.

mad [mad] *adj.* fou; furieux; enragé [dog]; **madly**, follement, furieusement, m.

madam [madəm] *s.* madame, f.

madcap [madkap] *adj.* écervelé; téméraire; rage, f. || **madden** [mad'n] *v.* devenir fou; rendre furieux.

made [mé¹d] *pret., p. p. of* **to make**; **self-made man.** fils de ses œuvres; **made-to-order**, fait sur mesure; **made-up**, factice; maquillé.

madman [madmən] *(pl.* **madmen)** *s.* fou, m. || **madness** [madnis] *s* folie, démence; rage, f. || **madwoman** [-wou-mən] *(pl.* **madwomen)** *s.* folle, démente, f.

magazine [magəzîn] *s.* magasin, dépôt, m., soute, f.

magazine [magəzîn] *s.* revue, magazine, f.; périodique, m.

magic [madjik] *s.* magie, f.; *adj.* magique. || **magician** [mədjîshən] *s.* magicien, prestidigitateur, m.

magistracy [madjistrəsi] *s.* magistrature, f. || **magistrate** [madjistré¹t] *s.* magistrat, m.

magnanimous [magnanəməs] *adj.* magnanime

magnet [magnit] *s.* aimant, m. || **magnetic** [magnètik] *adj.* magnétique; aimanté, attirant. || **magnetize** [magnita¹z] *v.* aimanter; magnétiser; attirer. || **magneto** [magnitou] *s.* magnéto, f

magnificence [magnifəs'ns] *s.* magnificence, f. || **magnificent** [-s'nt] *adj.* magnifique.

magnify [magnəfai] *v.* grandir; agrandir; grossir; amplifier [sound];

magnifying glass, loupe. || **magnitude** [magnⁱtyoud] *s.* grandeur, importance, f.

magpie [magpa¹] *s.* pie, f.

mahogany [mⁱhâgⁿni] *s.* acajou, m.

mahout [mⁱhaoͧt] *s.* cornac, m.

maid [mé¹d] *s.* fille; vierge; servante, bonne, f.; *maid of hono(u)r* demoiselle d'honneur. || **maiden** [-'n] *s.* jeune fille, f.; *adj.* virginal; inaugural. || **maidenhead** [-hèd] *s.* virginité, f. || **maidenhood** [-houd] *s* célibat, m.

mail [mé¹l] *s.* courrier, m.; poste; correspondance, f.; *v.* expédier; mettre à la poste; *air mail*, poste aérienne; **mailbox**, boîte aux lettres; *Am.* **mailman, mail carrier**, facteur

mail [mé¹l] *s.* cotte de mailles, f.

maim [mé¹m] *v.* mutiler; tronquer.

main [mé¹n] *adj.* principal; essentiel; gros, *s.* haute mer, f.; force, canalisation principale, f.; secteur; grand collecteur, m.; *in the main.* en général; *main-traveled, Am.* à large circulation [road]; **mainland**, continent, m. || **mainly** [-li] *adv.* principalement.

maintain [mé¹nté¹n] *v.* maintenir; conserver; entretenir; prétendre; soutenir. || **maintenance** [mé¹ntenⁿns] *s.* soutien; entretien; maintien, service de dépannage et de ravitaillement; moyens d'existence, m.; *separate maintenance*, séparation de biens.

maintop [mé¹ntâp] *s.* grand-hune, f.

maize [mé¹z] *s.* maïs, m.

majestic [mⁱdjèstik] *adj.* majestueux. || **majesty** [madjisti] *s.* majesté, f.

major [mé¹djⁱr] *s.* major; commandant, m.; *adj.* plus grand; majeur; *major key*, ton majeur [music]. || **majority** [mⁱdjâⁱrⁿti] *s.* majorité, f.

make [mé¹k] *v.* faire; fabriquer; façonner; rendre; atteindre; former; prononcer; forcer; *s.* façon; forme; fabrication; marque, f.; modèle [car], m.; *to make away with.* se défaire de, gaspiller; *to make fast*, amarrer (naut.); *to make for*, se diriger vers; *to make land*, atterrir, aborder; *to make it*, réussir; *to make off*, filer; *to make over*, transférer, refaire; *to make out*, établir; discerner; dresser; *to make over to* céder à; *to make up for*, compenser, réparer; *to make up* se maquiller, inventer, se réconcilier; **make-believe**, feinte; **make-do**, de fortune; **makeshift**, pis-aller. expédient; **make-up**, arrangement, maquillage. || **maker** [-ⁿr] *s.* auteur; faiseur; fabricant; créateur, m.

maladjusted [maIɘdjæstid] *adj.* mal ajusté, mal réglé.

malady [malɘdi] *s.** maladie, f.

malapropism [malɘprâpiz'm] *s.* impropriété d'expression, f.

malaria [mɘlèriɘ] *s.* malaria, f.; paludisme, m.

malcontent [malkɘntènt] *adj.* mécontent.

male [méɩl] *adj.* mâle; masculin; *s.* mâle, m.

malediction [malidíkshɘn] *s.* malédiction, f.

malefactor [malifaktɘr] *s.* malfaiteur, m.

malevolence [mɘlévɘlɘns] *s.* malveillance, f. ‖ *malevolent* [-ɘnt] *adj.* malveillant.

malice [malis] *s.* malice; méchanceté; malveillance; rancune, f. ‖ *malicious* [mɘlíshɘs] *adj.* méchant, malveillant; délictueux; volontairement coupable (jur.).

malign [mɘlaɩn] *adj.* méchant; pernicieux; *v.* calomnier; diffamer. ‖ *malignant* [mɘlígnɘnt] *adj.* méchant, venimeux, pernicieux; *malignity*, malignité, f.

malinger [mɘlínggɘr] *v.* simuler la maladie, tirer au flanc.

malleable [malibʼl] *adj.* malléable.

mallet [malit] *s.* maillet, m.; mailloche, f.

malnutrition [malnyoutríshɘn] *s.* sous-alimentation; mauvaise hygiène alimentaire, f.

malpractice [malpraktis] *s.* malfaçon; incurie, f.

malt [mault] *s.* malt, m.

maltreat [maltrît] *v.* maltraiter.

mammal [mamʼl] *s.* mammifère, m.

mammoth [mamɘth] *s.* mammouth, m.; *adj.* énorme, gigantesque.

mammy [mami] *s.** maman; nounou, f.

man [màn] (*pl.* **men** [mèn]) *s.* homme; pion [draughts]; soldat; employé, m.; pièce [chess], f.; *v.* armer; équiper; *man and wife,* mari et femme; *to a man,* tous, unanimement; *man-of-war,* navire de guerre; *man-power,* main-d'œuvre; *single man,* célibataire.

manage [manidj] *v.* diriger; gérer; administrer; (s')arranger; manier; maîtriser; trouver moyen; *I shall manage it,* je m'en tirerai. ‖ *manageable* [-bʼl] *adj.* maniable; docile. ‖ *management* [-mɘnt] *s.* administration; gestion; gérance, f.; maniement, m. ‖ *manager* [-ɘr] *s.* administrateur; gérant; régisseur; impresario; manager,

m.; *advertising manager,* chef de publicité. ‖ *managing* [-ing] *adj.* directeur, gérant, principal; actif, entendu; *Am. managing editor,* rédacteur en chef.

mandarin [mandɘrin] *s.* mandarin, m.; mandarine, f.

mandate [màndéɩt] *s.* mandat; ordre, m.; *v.* mandater.

mandolin(e) [mandolin] *s.* mandoline, f.

mane [méɩn] *s.* crinière, f.

maneuver [mɘnouvɘr] *s.* manœuvre, tactique, f.; *v.* manœuvrer.

manful [manfɘl] *adj.* viril; vaillant.

mange [méɩndj] *s.* gale, f.

manger [méɩndjɘr] *s.* mangeoire; crèche, f.

mangle [màggʼl] *v.* déchiqueter; déchirer; mutiler.

mangle [màggʼl] *s.* calandre, f.; *v.* calandrer.

mangy [méɩndji] *adj.* galeux.

manhandle [manhàndʼl] *v.* malmener; manutentionner.

manhole [mànhoᵘl] *s.* trou d'homme, m.; bouche d'égout, f.

manhood [mànhoud] *s.* virilité, f.

mania [méɩniɘ] *s.* folie; manie, f. ‖ *maniac* [-niak] *adj.* fou furieux (med.); maniaque, enragé, mordu.

manicure [manikyour] *s.* manucure, f.

manifest [manɘfèst] *adj.* manifeste; évident, notoire; *s.* manifeste, m.; déclaration d'expédition (naut.), f.; *v.* manifester; témoigner; déclarer. ‖ *manifestation* [manɘfèstéɩshɘn] *s.* manifestation, f. ‖ *manifesto* [manifèstoᵘ] *s.* manifeste, m.; proclamation, f.

manifold [manɘfoᵘld] *adj.* multiple; divers; nombreux; *manifold writer,* machine à polycopier; *s.* tuyauterie; tubulure; polycopie, f.; *v.* polycopier.

manikin [manɘkin] *s.* mannequin, m.; petit bout d'homme, m.

manioc [maniâk] *s.* manioc, m.

manipulate [mɘnípyɘléɩt] *v.* manipuler; manier. ‖ *manipulation* [mɘnipyɘléɩshɘn] *s.* manipulation, f.

manitou [mànɘtou] *s.* manitou, m.

mankind [mànkaɩnd] *s.* humanité, f.; genre humain, m. ‖ *manliness* [mànlinis] *s.* virilité, f. ‖ *manly* [mànli] *adj.* viril; *adv.* virilement.

manner [manɘr] *s.* manière; mœurs; coutume; méthode, f.; *after the manner of,* à la manière de; *he has no manners,* il n'a pas de savoir-vivre; *all manners of,* toutes sortes de; *the* *manner how*, la façon dont. || *man-nerless* [-lis] *adj.* sans éducation. || *mannerliness* [-linis] *s.* savoir-vivre, m. ; courtoisie, f. || *mannerly* [-li] *adj.* courtois, bien élevé.

mannish [manish] *adj.* hommasse.

manœuvre, *see* maneuver.

manometer [mɘnamɘtɘr] *s.* manomètre, m.

manor [manɘr] *s.* manoir, m.

mansion [manshɘn] *s.* château ; hôtel ; palais, m.

manslaughter [manslautɘr] *s.* homicide involontaire, m. || *manslayer* [-sléiɘr] *s.* meurtrier, m.

mantel [mant'l], *mantelpiece* [-pis] *s.* manteau de cheminée, m.

mantle [mant'l] *s.* manteau ; manchon [gas], m. ; *v.* couvrir ; s'épandre ; cacher, voiler ; mousser [liquid] ; affluer [blood] ; rougir [face]. || *mantlet* [-lit] *s.* mantelet, m.

manual [manyouɘl] *adj.* manuel ; *s.* manuel ; clavier, m.

manufactory [manyɘfaktɘri] *s.* Br. usine, fabrique, f.

manufacture [manyɘfaktshɘr] *s.* manufacture ; industrie, f. ; produit manufacturé, m. ; *v.* manufacturer ; fabriquer. || *manufacturer* [-rɘr] *s.* fabricant, industriel, m. || *manufacturing* [-ring] *s.* fabrication, f. ; *adj.* industriel ; manufacturier.

manure [mɘnyour] *s.* fumier ; engrais, m. ; *v.* fumer.

manuscript [manyɘskript] *adj.*, *s.* manuscrit.

Manx [mangks] *adj.* de l'île de Man ; *s.* manx, mannois, m. ; *Manxman*, Mannois.

many [mɘni] *adj.* beaucoup de ; maint ; bien des ; *pron.* beaucoup ; *how many?*, combien? ; *as many as*, autant que ; *not so many*, pas tant ; *so many*, tant ; *too many*, trop ; *a great many*, un grand nombre.

map [map] *s.* carte (topogr.), f. ; *v.* faire une carte ; *astronomical map*, carte du ciel ; *large-scale map*, carte à grande échelle ; *road map*, carte routière ; *map of the world*, mappemonde.

maple [mép'l] *s.* érable, m. ; *sugar maple*, érable à sucre ; *maple bush*, Fr. Can. sucrerie ; *maple grove*, érablière ; *maple sap*, eau d'érable ; *maple sugar*, sucre d'érable.

maquis [maki] *s.* maquis ; maquisard, m.

mar [mâr] *v.* endommager ; défigurer, gâter.

marble [mârb'l] *s.* marbre, m. ; bille, f. ; *adj.* de marbre ; *v.* marbrer ; *to play marbles*, jouer aux billes.

march [mârtsh] *s.* * marche ; avance, f. ; progrès, m. ; *v.* marcher ; avancer ; être en marche ; *to march past*, défiler ; *day march*, étape journalière.

march [mârtsh] *s.* * frontière, marche, f.

March [mârtsh] *s.* mars [month], m.

marchioness [mârshɘnis] *s.* * marquise, f.

mare [mèɘr] *s.* jument, f.

margin [mârdjin] *s.* marge, f. ; bord, m. ; *v.* marginer ; annoter en marge ; *marginal*, marginal.

marigold [marɘgoould] *s.* souci, m.

marinade [marinéid] *s.* marinade, f. ; *v.* faire mariner.

marine [mɘrîn] *adj.* marin ; maritime ; *s.* soldat de l'infanterie de marine, m. ; *marines*, fusiliers marins. || *mariner* [marɘnɘr] *s.* marinier ; marin, m. || *maritime* [marɘta¹m] *adj.* maritime.

mark [mârk] *s.* marque ; empreinte ; cible, f. ; signe ; but ; jalon ; repère, m. ; note [school], f. ; *v.* marquer ; repérer ; *question mark*, point d'interrogation ; *marksman*, tireur d'élite ; *to hit the mark*, atteindre le but ; *to make one's mark*, se distinguer ; *to mark out*, délimiter ; *to mark up*, hausser [price] ; *mark my words*, écoutez-moi bien. || *marker* [-ɘr] *s.* pointeur ; indicateur ; repère ; avertisseur, m.

market [mârkit] *s.* marché, m. ; *v.* faire son marché ; faire un marché ; vendre, mettre sur le marché ; *black market*, marché noir ; *market price*, prix courant.

marmalade [mârm'léid] *s.* confiture d'orange, de citron, f.

marmot [mârmɘut] *s.* marmotte, f.

maroon [mɘroun] *adj.*, *s.* marron.

maroon [mɘroun] *s.* nègre marron ; homme abandonné dans une île déserte, m.

marquetry [mârkitri] *s.* * marqueterie, f.

marquis [mârkwis] *s.* * marquis, m. || *marquise* [mârkiz] *s.* marquise, f.

marriage [maridj] *s.* mariage, m. || *married* [marid] *adj.* marié ; conjugal.

marrow [maroou] *s.* moelle ; quintessence ; vigueur, f.

marry [mari] *v.* (se) marier ; épouser ; s'allier (*with*, à).

marsh [mârsh] *s.* * marais ; marécage, m. ; *marsh-fever*, paludisme.

marshal [mârshɘl] *s.* maréchal ; Am. prévôt [police], m. ; *v.* disposer ; régler une cérémonie ; *marshalling station*, gare de triage.

marshmallow [mârshmaloᵒᵘ] *s.* guimauve, f.

marshy [mârshi] *adj.* marécageux.

mart [mârt] *s.* marché [place], m.; salle de vente, f.

martial [mârshᵉl] *adj.* martial.

martin [mârtin] *s.* martinet [bird], m. ‖ *martinet* [mâˡtinét] *s.* gendarme, m. (colloq.).

martingal [mârtˡngéˡl] *s.* martingale, f.

martyr [mârtᵉr] *s.* martyr, m.; *v.* martyriser. ‖ *martyrdom* [-dᵉm] *s.* martyre, m. ‖ *martyrize* [-raˡz] *v.* martyriser.

marvel [mârv'l] *s.* merveille, f.; *v.* s'émerveiller; s'étonner; se demander; *marvel(l)ous*, merveilleux; surprenant.

mascot [maskᵉt] *s.* mascotte, f.

masculine [maskyᵉlin] *adj.* masculin; viril, mâle; *s.* masculin, m.; *masculinity*, masculinité.

mash [mash] *v.* triturer; brasser [beer]; réduire en pâtée, en bouillie; *mashed potatoes*, purée de pommes de terre.

mask [mask] *s.* masque; loup, m.; mascarade, f.; *v.* (se) masquer; cacher; (se) déguiser.

mason [méˡs'n] *s.* maçon, m.; *v.* maçonner; construire. ‖ *masonry* [-ri] *s.* maçonnerie; franc-maçonnerie, f.

masquerade [maskᵉréˡd] *s.* mascarade, f.; *v.* faire partie d'une mascarade; se masquer; se faire passer (*as*, pour).

mass [mas] *s.*⁎ messe, f.

mass [mas] *s.*⁎ masse; foule; multitude; majorité, f.; *v.* (se) masser; entasser; s'accumuler; *mass meeting*, rassemblement populaire; *mass production*, production en série.

massacre [masᵉkᵉr] *s.* massacre, m.; *v.* massacrer.

massage [mᵉsâj] *s.* massage, m.; *v.* masser.

massing [masing] *s.* agglomération, f.; attroupement, rassemblement; amoncellement, m.

massive [masiv] *adj.* massif.

mast [mast] *s.* mât, m.; *radio mast*, mât de T.S.F.; *topgallant mast*, mât de perroquet.

master [mastᵉr] *s.* maître; patron; jeune garçon, m.; *v.* maîtriser; dompter; connaître à fond [language]; diriger, gouverner; *adj.* principal, maître, directeur, dominant; *Master of Arts*, licencié ès lettres; *masterful*, autoritaire, magistral; *master key*, passepartout; *masterly*, magistral, *masterpiece*, chef-d'œuvre. ‖ *mastery* [-ri] *s.* maîtrise; supériorité, f.; empire, m.

mastic [mastik] *s.* mastic, m.; lentisque, m.

masticate [mastikéˡt] *v.* mastiquer. ‖ *mastication* [mastikéˡshᵉn] *s.* mastication, f.

mastiff [mastif] *s.* mâtin, m.

mat [mat] *s.* natte, f.; paillasson; napperon; dessous-de-plat, -d'assiette, m.; *v.* natter; enchevêtrer; tresser.

mat [mat] *adj.* mat, terne.

match [matsh] *s.*⁎ allumette; mèche, f.

match [matsh] *s.*⁎ égal, pair; assortiment; mariage; match, m., *Fr. Can.* joute, f.; *v.* assortir; appareiller; accoupler; tenir tête à; rivaliser; *he has no match*, il est sans égal, *she is a good match*, c'est un bon parti; *and a hat to match*, et un chapeau à l'avenant; *these colo(u)rs do not match*, ces couleurs ne s'assortissent pas; *match-mark*, point de repère. ‖ *matching* [-ing] *s.* assortiment, m. ‖ *matchless*, sans rival, inégalable.

mate [méˡt] *s.* camarade; conjoint; officier (naut.), m.; *first mate*, second (naut.); *second mate*, lieutenant (naut.); *v.* unir, marier; épouser; s'accoupler.

mate [méˡt] *s.* mat (chess), m.; *v.* mater; subjuguer; faire échec et mat.

material [metiriᵉl] *adj.* matériel; essentiel, important; *s.* matière, f.; tissu; matériel, m.; *raw material*, matière première. ‖ *materialism* [-iz'm] *s.* matérialisme, m. ‖ *materialist* [-ist] *s.* matérialiste, m. ‖ *materialization* [metiᵉriᵉlaˡzéˡshᵉn] *s.* matérialisation, f. ‖ *materialize* [mᵉtiᵉriᵉlaˡz] *v.* (se) matérialiser.

maternal [mᵉtḗrn'l] *adj.* maternel. ‖ *maternity* [mᵉtḗrnˡti] *s.* maternité, f.

mathematical [mathᵉmatik'l] *adj.* mathématique. ‖ *mathematician* [mathᵉmˡtîshᵉn] *s.* mathématicien, m. ‖ *mathematics* [mathᵉmatiks] *s. pl.* mathématiques, f. pl.

matriculate [mᵉtrˡkyᵉléˡt] *v.* immatriculer. ‖ *matriculation* [mᵉtrˡkyᵉléˡshᵉn] *s.* immatriculation, f.

matrimony [matrᵉmoᵒᵘni] *s.*⁎ mariage, m.; vie conjugale, f.

matrix [méˡtriks] *s.*⁎ matrice; gangue, f.; moule, m.

matron [méˡtrᵉn] *s.* matrone; infirmière major; surveillante, f. [hospital]; intendante; dame âgée, f.

matter [matᵉr] *s.* matière, affaire, chose, f.; sujet; fait; pus (med.), m.; *v.* importer; *it is of no matter*, cela n'a pas d'importance; *it does not matter*, peu importe; *no matter how*, de n'importe quelle manière; *as a matter of fact*, à vrai dire; *a matter-of-fact man*, un homme positif; *a* *matter of law,* une question de droit; *a matter of course,* une chose qui va de soi; *what's the matter with you?,* qu'avez-vous?; **printed matters,** imprimés.

mattress [matris] s.* matelas, m.; **spring mattress,** sommier.

mature [m°tyour] adj. mûr; v. mûrir; venir à échéance (comm.). ‖ **maturity** [m°tyour°ti] s. maturité; date d'échéance (comm.), f.

maul [maul] v. marteler; maltraiter; meurtrir.

mausoleum [maus°li°m] s. mausolée, m.

maxim [maksim] s. maxime, f.

maximum [maks°m°m] adj., s. maximum, m.

may [mé¹] defect. v. pouvoir; avoir le droit, l'autorisation, la possibilité de; **may I sit down?,** puis-je m'asseoir?; **may you live happily!** puissiez-vous vivre heureux!; **it may rain,** il se peut qu'il pleuve; **maybe,** peut-être.

May [mé¹] s. mai, m.; **May Day,** premier mai; **May-beetle,** hanneton; **May-bush,** aubépine.

mayday [mé¹dé¹] s. S.O.S., signal de détresse, m.

maypole [mé¹po°ul] s. mai, m.

mayor [mé¹er] s. maire, m.

maze [mé¹z] s. labyrinthe, dédale, m.; perplexité, f.

me [mî, mi] pers. pron. moi; me.

meadow [mèdo°u] s. pré, m.; prairie, f.

meager [mîg°r] adj. maigre; insuffisant, pauvre.

meal [mîl] s. repas, m.; **meal-time,** heure du repas.

meal [mîl] s. farine, f.; **mealy,** farineux; **mealy-mouthed,** patelin; doucereux, cauteleux.

mean [mîn] adj. médiocre; mesquin; vil; avare; **mean trick,** vilain tour.

mean [mîn] adj. moyen; s. milieu; moyen; procédé, m.; moyenne (math.), f.; pl. ressources, f.; moyens, m.; by **no means,** nullement; **by means of,** au moyen de; **private means,** fortune personnelle; **come by all means,** venez sans faute; **golden mean,** juste milieu.

mean [mîn] v.* signifier; avoir l'intention de; **I didn't mean it,** je ne l'ai pas fait exprès; **to mean well,** avoir de bonnes intentions; **what do you mean?,** que voulez-vous dire?

meander [miand°r] s. méandre, m.; v. serpenter; errer. ‖ **meandrous** [-°s] adj. sinueux.

meaning [mîning] s. intention; signification, f.; sens, m.; adj. intentionné; **meaningful,** plein de sens, significatif; **meaningless,** dénué de sens.

meanness [mînnis] s. mesquinerie; médiocrité; abjection, f.

meant [mènt] pret., p. p. of **to mean.**

meantime [mînta¹m], **meanwhile** [-hwa¹l] adv. en attendant; sur ces entrefaites; d'ici là; s. intérim; intervalle, m.

measles [mîz'lz] s. pl. rougeole, f.

measurable [mèjr°b'l] adj. mesurable. ‖ **measure** [mèj°r] s. mesure; quantité; disposition; proposition [law]; démarche, f.; v. mesurer; **to measure,** sur mesure; **to bring forward a measure,** déposer un projet de loi. ‖ **measured** [-°d] adj. mesuré; modéré; circonspect. ‖ **measurement** [-m°nt] s. mesurage; arpentage; jaugeage, m.; dimension, f.

meat [mît] s. viande; nourriture, f.; aliment, m.; **meat ball,** boulette; **meat-chopper,** hache-viande; **meat-safe,** garde-manger.

mechanic [m°kanik] adj. mécanique. ‖ **mechanics** [-s] s. pl. mécanique, f.; mécanicien, m. ‖ **mechanism** [mèk°niz°m] s. mécanisme; machinisme; système, m. ‖ **mechanization** [mèk°na¹ze¹sh°n] s. mécanisation, f. ‖ **mechanize** [mèk°na¹z] v. mécaniser.

medal [mèd'l] s. médaille; décoration, f.; **life-saving medal,** médaille de sauvetage. ‖ **medallion** [-¹°n] s. médaillon, m.

meddle [mèd'l] v. se mêler (with, de); s'immiscer (with, dans); **meddler,** intrigant; **meddlesome,** indiscret, importun, intrigant; **meddling,** immixtion, ingérance.

median [mîdi°n] adj. médian; moyen.

mediate [mîdié¹t] v. s'entremettre; servir d'intermédiaire; intervenir. ‖ **mediation** [mîdié¹sh°n] s. intervention; médiation, f. ‖ **mediator** [mîdiét°r] s. médiateur; intercesseur, m.

medical [mèdik°l] adj. médical; **medical equipment,** matériel sanitaire. ‖ **medicament** [mèdik°m°nt] s. médicament, m. ‖ **medicated** [mèdike¹tid] adj. hydrophile [cotton]. ‖ **medicine** [mèd°s'n] s. médecine, f.; médicament, remède, m.; **medicine man,** sorcier.

medieval [mîdîv'l] adj. médiéval.

mediocre [mîdio°uk°r] adj. médiocre. ‖ **mediocrity** [mîdiàkr°ti] s.* médiocrité, f.

meditate [mèdté¹t] v. méditer; projeter. ‖ **meditation** [mèdté¹sh°n] s. méditation, f. ‖ **meditative** [mèditè¹tiv] adj. méditatif.

medium [mĭdiᵉm] *s.* moyen; milieu; intermédiaire; médium, m.; *adj.* moyen; *advertising medium*, organe de publicité; *circulating medium*, monnaie en circulation; *culture medium*, bouillon de culture; *medium distance*, demi-fond (sports). ‖ *mediumistic* [mĭdiᵉmĭstik] *adj.* médiumnique.

medley [mĕdli] *s.* mélange; pot-pourri, m.; *adj.* hétéroclite, mêlé; *v.* mêler, mélanger.

meek [mĭk] *adj.* doux; docile. ‖ *meekness* [-nis] *s.* docilité; soumission; douceur, f.

meet [mĭt] *v.* rencontrer; aller à la rencontre de; faire connaissance avec; faire face à; satisfaire [requirements]; se réunir; se rencontrer (*with*, avec); faire honneur à [debts]; répondre à [views]. ‖ *meeting* [-ing] *s.* assemblée; réunion; rencontre, f.; meeting, m.

megaphone [mĕgᵉfoᵘn] *s.* mégaphone; porte-voix, m.

melancholy [mĕlᵉnkâli] *s.* mélancolie, f.; *adj.* mélancolique.

mellifluous [mĕlĭflouᵉs] *adj.* mielleux, doucereux.

mellow [mĕloᵘ] *adj.* moelleux; fondant; fondu [color]; mûr [fruit]; *v.* mûrir; adoucir; devenir moelleux; ameublir.

melodic [mĭlâdik] *adj.* mélodique. ‖ *melodious* [mᵉloᵘdiᵉs] *adj.* mélodieux ‖ *melodrama* [mĕlodrâmᵉ] *s.* mélodrame, m. ‖ *melody* [mĕlᵉdi] *s.* mélodie, f. ‖ *melomaniac* [mĕlomé¹niak] *adj.* mélomane.

melon [mĕlᵉn] *s.* melon, m.

melt [mĕlt] *v.* fondre; couler; se dissoudre; s'attendrir (fig.).

member [mĕmbᵉʳ] *s.* membre; député [Parliament]; associé; sociétaire, m. ‖ *membership* [-ship] *s.* sociétariat; ensemble des membres, f.; qualité de membre; adhésion, f.

membrane [mĕmbré¹n] *s.* membrane, f.

memento [mimèntoᵘ] *s.* mémento; souvenir, m.

memoir [mĕmwâr] *s.* mémoire, m.; mémoires, f. pl. ‖ *memorable* [mĕmᵉrᵉb'l] *adj.* mémorable. ‖ *memorandum* [mĕmᵉrandᵉm] *s.* mémorandum; mémoire; bordereau (comm.), m.; *memorandum pad*, bloc-notes. ‖ *memorial* [mᵉmoᵘriᵉl] *s.* mémorial, monument, m.; plaque commémorative, f.; *adj.* commémoratif. ‖ *memorize* [mĕmᵉra¹z] *v.* apprendre par cœur. ‖ *memory* [mĕmᵉri] *s.* mémoire, f.

men [mĕn] *pl. of* man.

menace [mènis] *s.* menace, f.; *v.* menacer.

mend [mĕnd] *v.* raccommoder; réparer; améliorer; *to mend one's ways*, changer de conduite; *s.* amélioration, f.; *to be on the mend*, être en voie de guérison.

mendacious [mĕndé¹shᵉs] *adj.* mensonger.

mendicant [mèndíkᵉnt] *s.* mendiant, m. ‖ *mendicity* [-siti] *s.* mendicité, f.

menial [mĭniᵉl] *adj.* domestique; servile; *s.* subalterne; valet, m.

meninges [mᵉnindjiz] *s. pl.* méninges, f. pl. ‖ *meningitis* [mĕnindja¹tis] *s.* méningite, f.

menopause [mĕnopauz] *s.* ménopause, f. ‖ *menses* [mĕnsĭz] *s. pl.* menstrues, règles, f. pl.

mensuration [mĕnshᵉré¹shᵉn] *s.* mensuration, f.; mesurage, m.

mental [mĕnt'l] *adj.* mental; psychiatrique; intellectuel; toqué (colloq.). ‖ *mentality* [mĕntalᵉti] *s.* mentalité, f.

mention [mĕnshᵉn] *s.* mention, f.; *v.* citer; mentionner; *don't mention it*, il n'y a pas de quoi.

menu [mĕnyou] *s.* menu, m.

mercantile [mĕʳkᵉntil] *adj.* mercantile; commercial; marchand; *mercantile agency*, agence commerciale.

mercenary [mĕʳs'nèri] *s.* mercenaire, m.

mercerize [mĕʳserа¹z] *v.* merceriser.

merchandise [mĕʳtshᵉnda¹z] *s.* marchandise, f.; *v.* faire du commerce. ‖ *merchant* [mĕʳtshᵉnt] *s.* négociant; commerçant; marchand, m.; *adj.* marchand; *merchantman*, navire marchand.

merciful [mĕʳsifᵉl] *adj.* miséricordieux. ‖ *merciless* [-lis] *adj.* impitoyable; sans merci.

mercurial [mĕʳkyouᵉri᷈l] *adj.* éloquent; rusé; commerçant; éveillé, prompt; inconstant; mercuriel. ‖ *mercury* [mĕʳkyᵉri] *s.* mercure [metal], m.

mercy [mĕʳsi] *s.* miséricorde; pitié, f.; *mercy stroke*, coup de grâce; *to be at the mercy of*, être à la merci de.

mere [miᵉʳ] *adj.* simple; seul; *a mere formality*, une pure formalité; *the mere sight of him*, sa seule vue; *merely*, purement, simplement.

merge [mĕrdj] *v.* fusionner; (se) fondre; s'amalgamer.

meridian [mᵉridiᵉn] *adj., s.* méridien.

merit [mèrit] *s.* mérite, m.; *v.* mériter. ‖ *meritorious* [mĕrᵉtoᵘri᷈s] *adj.* méritoire; méritant.

mermaid [mĕʳmé¹d] *s.* sirène, f. ‖ *merman* [-mᵉn] *s.* triton, m.

merrily [mèr°li] *adv.* joyeusement. ‖ **merriment** [-m°nt] *s.* gaieté, f. ‖ **merry** [mèri] *adj.* gai, joyeux; plaisant; *to make merry*, se réjouir, se divertir; *merry-go-round*, carrousel, manège de chevaux de bois; *merrymaker*, noceur; *merrymaking*, réjouissance, partie de plaisir.

mesh [mèsh] *s.** maille, f.; filet; engrenage, m.; *v.* s'engager; s'engrener.

mess [mès] *s.** plat; mess; ordinaire, m.; ration; popote; pâtée, f.; brouet, m.; *v.* manger au mess.

mess [mès] *s.** gâchis; désordre, m.; *v.* gâcher; salir; *to make a mess*, faire du gâchis; *to be in a mess*, être dans le pétrin.

message [mèsidj] *s.* message; télégramme, m.; communication, f.; *telephone message*, message téléphonique. ‖ **messenger** [mès'ndj°r] *s.* messager, m.

Messiah [misa¹e] *s.* Messie, m.; **Messianic,** messianique.

met [mèt] *pret., p. p. of* **to meet.**

metal [mèt'l] *s.* métal, m.; *adj.* métallique; en métal; *coarse metal*, métal brut; *sheet metal*, tôle. ‖ **metallic** [m°talik] *adj.* métallique. ‖ **metallurgy** [mèt'l°rdji] *s.* métallurgie, f.

metamorphosis [mèt°maurf°sis] (*pl.* **metamorphoses**) *s.* métamorphose, f.

metaphor [mèt°f°r] *s.* métaphore, f. ‖ **metaphysics** [mèt°fiziks] *s. pl.* métaphysique, f.

meteor [mîti°r] *s.* météore, m. ‖ **meteorological** [mîti°r°ládjik'l] *adj.* météorologique. ‖ **meteorology** [mîti°rál°dji] *s.* météorologie, f.

meter, metre [mît°r] *s.* mètre; compteur; jaugeur [gasoline], m.

method [mèth°d] *s.* méthode, technique, f.; procédé, m. ‖ **methodical** [m°thâdik'l] *adj.* méthodique. ‖ **Methodist** [mèth°dist] *s.* méthodiste, m. f.

metric [mètrik] *adj.* métrique. ‖ **metrics** [-s] *s. pl.* métrique, f.

metropolis [m°tráp'lis] *s.** métropole; capitale, f. ‖ **metropolitan** [mètr°pâl°t'n] *adj., s.* métropolitain.

mettle [mèt'l] *s.* courage, enthousiasme, m.; fougue; étoffe, f. (fig.).

mew [myou] *s.* mouette, f.

mew [myou] *s.* miaulement, m.; *v.* miauler.

mew [myou] *v.* muer, changer de.

mew [myou] *s.* mue, cage; *pl.* étable, f.; *v.* encager; enfermer.

Mexican [mèksik°n] *adj., s.* mexicain; *Mexico,* Mexique [country]; Mexico [town].

mezzanine [mèz°nîn] *s.* entresol, m.

mica [ma¹k°] *s.* mica, m.

mice [ma¹s] *pl. of* **mouse.**

microbe [ma¹kro°b] *s.* microbe, m.

microgroove [ma¹kr°grou̯v] *s.* microsillon, m. ‖ **microphone** [-fo°n] *s.* microphone, m.

microscope [ma¹kr°sko°p] *s.* microscope, m. ‖ **microscopic** [ma¹kr°skâpik] *adj.* microscopique.

mid [mid] *adj.* mi, moyen; intermédiaire; *s.* milieu, m.; *in mid air*, au milieu des airs. ‖ **midday** [-dé¹] *s.* midi, m. ‖ **middle** [-'l] *adj.* moyen; intermédiaire; *s.* milieu; centre, m.; *middle size*, taille moyenne; *in the middle of*, au milieu de; *middleman*, intermédiaire. ‖ **middling** [-ling] *adj.* passable, moyen; *adv.* assez bien, pas mal. ‖ **middy** [-i] *s.** aspirant de marine, m.

midge [midj] *s.* moucheron, m.

midget [midjit] *s.* nain, m.

midnight [midna¹t] *s.* minuit, m.; *adj.* de minuit.

midshipman [midshipm°n] (*pl.* **midshipmen**) *s.* aspirant de marine, m. ‖ **midships** [-s] *adv.* par le travers (naut.).

midst [midst] *s.* milieu, centre, m.; *adv.* au milieu; *prep.* au milieu de; *in our midst*, au milieu de nous. ‖ **midstream** [midstrîm] *s.* mi-courant, m. ‖ **midsummer** [midsœm°r] *s.* plein été; solstice d'été, m.; *midsummer day*, jour de la Saint-Jean. ‖ **midway** [-wé¹] *adj., adv.* à mi-chemin; *s.* milieu du chemin; moyen terme, m.

midwife [midwa¹f] (*pl.* **midwives**) *s.* sage-femme, f.

mien [mîn] *s.* mine, allure, f.

might [ma¹t] *pret. of* **may;** *s.* force; puissance, f.; pouvoir, m. ‖ **mighty** [-i] *adj.* puissant, fort, vigoureux; *adv.* fort, extrêmement.

migrant [ma¹gr°nt] *s.* émigrant, m.; *adj.* migrateur. ‖ **migrate** [-gré¹t] *v.* émigrer.

mike [ma¹k], *see* **microphone.**

milch [miltsh] *adj.* laitière; à lait [cow].

mild [ma¹ld] *adj.* doux; paisible; affable; bénin. ‖ **mildness** [-nis] *s.* douceur; modération; affabilité, f.

mildew [mildyou] *s.* mildiou, m.

mile [ma¹l] *s.* mille, m.; *mileage, Fr. Can.* millage; *milestone,* borne kilométrique ou milliaire.

militant [mil°t°nt] *s.* militant, m.

militarism [mil°teriz'm] *s.* militarisme, m. ‖ **militarize** [mil°tra¹z] *v.* militariser. ‖ **military** [mil°tèri] *s.** *adj.* militaire.

milk [milk] *s.* lait, m.; *v.* traire; *milk diet*, régime lacté; *milkmaid*, laitière; *milkman*, laitier; *milksop*, poule mouillée, empoté; *milky*, laiteux, lacté [way].

mill [mil] *s.* moulin; laminoir (mech.), m.; usine, f.; *v.* moudre, broyer; fraiser; fabriquer; *coffee mill*, moulin à café; *paper mill*, fabrique de papier; *saw mill*, scierie; *sugar mill*, sucrerie; *textile mill*, usine de textiles; *water mill*, moulin à eau. ‖ *miller* [-ər] *s.* meunier; minotier, m.; fraiseuse, f.

milliner [milənər] *s.* modiste, f.; *Am.* chapelier, m. ‖ *millinery* [-ri] *s.* modes, f. pl.; *Am.* chapeaux; magasin, articles de mode, m.

million [milyən] *s.* million, m. ‖ *millionaire* [milyənèr] *s.* millionnaire, m. ‖ *millionth* [milyənth] *adj.*, *s.* millionième.

millstone [milstoun] *s.* meule de moulin, f.

mime [maim] *s.* mime, m.; *v.* mimer. ‖ *mimic* [mimik] *adj.* imitatif; *s.* mime, m.; imitation, f.; *v.* mimer, singer; *mimicry*, mimique.

mimosa [mimouzə] *s.* mimosa, m.

minaret [minərèt] *s.* minaret, m.

mince [mins] *v.* hacher menu; émincer; minauder; *not to mince words*, ne pas mâcher ses mots; *mincemeat*, hachis, émincé.

mind [maind] *s.* esprit; penchant; avis, m.; intelligence; mémoire; opinion; conscience; intention, f.; *v.* faire attention; remarquer; observer; surveiller; obéir; *to bear in mind*, tenir compte de; *to have in mind*, avoir en vue; *to have a mind to*, avoir envie de; *to make up one's mind*, se décider; *to speak one's mind*, dire ce qu'on pense; *I don't mind*, cela m'est égal; *never mind*, peu importe; *mind your own business*, occupez-vous de vos affaires. ‖ *mindful* [-fəl] *adj.* attentif (*to*, à); soucieux; conscient (*of*, de). ‖ *mindless* [-lis] *adj.* inanimé; insouciant; indifférent (*of*, à).

mine [main] *pron.* le mien; la mienne; à moi.

mine [main] *s.* mine, f.; *v.* miner; exploiter; extraire; saper; *minesweeper*, dragueur de mines. ‖ *miner* [-ər] *s.* mineur, m.

mineral [minərəl] *adj.*, *s.* minéral. ‖ *mineralize* [-aiz] *v.* minéraliser.

mingle [mingl] *v.* (se) mêler; mélanger; entremêler.

miniature [minitshər] *s.* miniature, f.; *adj.* réduit; en miniature.

minimize [minimaiz] *v.* minimiser. ‖ *minimum* [miniməm] *adj.*, *s.* minimum.

mining [maining] *s.* industrie minière; exploitation des mines, f.; *adj.* minier.

minister [ministər] *s.* ministre; prêtre; pasteur; ecclésiastique, m.; *v.* servir; entretenir; officier. ‖ *ministry* [-tri] *s.* ministère, m.

minium [miniəm] *s.* minium, m.

mink [mingk] *s.* vison, m.

minnow [minoou] *s.* vairon, m.

minor [mainər] *s.* mineur, m.; mineure, f.; *adj.* mineur, moindre; secondaire; *minor key*, ton mineur [music]. ‖ *minority* [mənaurti] *s.* minorité, f.

minster [minstər] *s.* abbatiale; cathédrale, f.

minstrel [minstrəl] *s.* musicien; ménestrel; acteur comique, m.

mint [mint] *s.* menthe, f.

mint [mint] *s.* hôtel de la Monnaie, m.; *v.* monnayer, frapper; fabriquer, forger.

minuet [minyouèt] *s.* menuet, m.

minus [mainəs] *adj.* négatif; en moins; *s.* moins (math.), m.

minute [minit] *s.* minute, f.; *pl.* procès-verbaux, comptes rendus, m. pl.; *v.* minuter; *to minute down*, prendre note, inscrire.

minute [mənyout] *adj.* menu; minuscule; de peu d'importance; minutieux; détaillé.

minx [mingks] *s.* espiègle, chipie, coquine, f.

miracle [mirək'l] *s.* miracle, m. ‖ *miraculous* [mərakyələs] *adj.* miraculeux.

mirage [mərâj] *s.* mirage, m.

mire [mair] *s.* boue; vase, fange, f.; bourbier, m.; *v.* (s')embourber.

mirror [mirər] *s.* miroir, m.; glace, f.; *v.* refléter; miroiter.

mirth [mërth] *v.* joie, gaieté, f.; *mirthful*, joyeux, gai.

miry [mairi] *adj.* fangeux, bourbeux, boueux; souillé; infect (fig.).

misappropriate [misəprouprié't] *v.* détourner; faire un mauvais emploi de. ‖ *misappropriation* [misəprouprié'shən] *s.* détournement, abus de confiance, m.

misbehave [misbihé'v] *v.* se conduire mal.

miscarriage [miskaridj] *s.* échec; accident, m.; inconduite; fausse couche, f.; *miscarriage of justice*, erreur judiciaire. ‖ *miscarry* [miskari] *v.* échouer; avorter; se perdre [letter].

miscellaneous [mis'lé'niəs] *adj.* divers; varié; éclectique.

mischief [mɪstshif] *s.* mal; tort; dommage, m.; méchanceté; frasque, f. || *mischievous* [-tshivᵉs] *adj.* malicieux; méchant; nuisible; espiègle.

misconduct [miskᵃndœkt] *s.* mauvaise conduite; mauvaise administration, f.; [miskᵃndœkt] *v.* diriger mal; gérer mal; *to misconduct oneself,* se mal conduire.

misdeed [misdɪ́d] *s.* méfait, m.

misdemeanor [misdimɪ̂nᵉr] *s.* délit, m.; inconduite, f.

miser [maɪzᵉr] *s.* avare, m.

miserable [mɪzrᵉb'l] *adj.* misérable; pitoyable.

miserly [maɪzᵉrli] *adj.* avare; mesquin; chiche.

misery [mɪzri] *s.** misère; indigence, f.; tourment, m.

misfire [misfaɪᵉr] *s.* raté, m.; *v.* rater; avoir des ratés.

misfit [misfit] *s.* laissé-pour-compte (comm.); inadapté (colloq.), m.

misfortune [misfaurtshᵉn] *s.* malheur, m.; adversité, f.

misgiving [misgiving] *v.* appréhension, f.; soupçon; pressentiment, m.

misgotten [misgᵃtᵉn] *adj.* mal acquis.

mishap [mis'hᵃp] *s.* malheur; accident; contretemps, m.

misinform [misinfaurm] *v.* renseigner mal.

mislaid [mislᵉɪ́d] *pret., p. p. of* **to mislay.** || *mislay* [mislᵉɪ́] *v.* égarer, perdre.

mislead [mislɪ́d] *v.* fourvoyer; égarer. || *misled* [mislɛ̀d] *pret., p. p. of* **to mislead.**

misogynist [misᵃdjinist] *s.* misogyne, m.

misplace [misplᵉɪ́s] *v.* mal placer, mal classer; déplacer.

misprint [misprint] *s.* faute d'impression, f.; *v.* imprimer avec une coquille.

mispronounce [misprᵉnaᵒᵘns] *v.* mal prononcer, écorcher.

misquotation [miskwoᵒᵘtᵉɪ́shᵉn] *s.* fausse citation, f.

misrepresent [misrèprizènt] *v.* représenter mal; déformer; dénaturer; calomnier.

miss [mis] *v.* manquer; omettre; souffrir de l'absence, du manque de; *s.* manque; raté, m.; perte; faute; erreur; déficience, f.; *to miss one's way,* se tromper de route; *he just missed falling,* il a failli tomber; *I miss you,* vous me manquez.

miss [mis] *s.** mademoiselle, f.

missal [misᵉl] *s.* missel, m.

missile [mis'l] *s.* projectile, m.; *adj.* de jet; qu'on peut lancer.

missing [mising] *adj.* absent; manquant; disparu (milit.).

mission [mishᵉn] *s.* mission, f. || *missionary* [-èri] *adj., s.** missionnaire.

misspell [misspèl] *v.* mal orthographier; mal épeler.

mist [mist] *s.* brume; bruine; buée, f.; brouillard, m.; *v.* bruiner; envelopper d'un brouillard.

mistake [mᵉstéɪ́k] *s.* erreur; faute; méprise; gaffe, f.; mécompte (comm.), m.; *v.** se tromper; se méprendre; *to make a mistake,* se tromper, commettre une bévue. || *mistaken* [-ᵉn] *p. p. of* **to mistake;** *adj.* erroné; fait par erreur.

mister [mistᵉr] *s.* monsieur, m.

mistify [mistifaɪ] *v.* vaporiser, pulvériser, atomiser.

mistletoe [mɪsltoᵒᵘ] *s.* gui, m.

mistook [mistouk] *pret. of* **to mistake.**

mistreat [mistrɪ́t] *v.* maltraiter.

mistress [mistris] *s.** madame; maîtresse; patronne, f.; *school mistress,* institutrice.

mistrust [mistrœst] *s.* méfiance, f.; *v.* se méfier de. || *mistrustful* [-fᵉl] *adj.* méfiant; soupçonneux.

misty [misti] *adj.* brumeux; vague, indécis.

misunderstand [misœndᵉrstᵃnd] *v.* mal comprendre; se méprendre; mal interpréter. || *misunderstanding* [-ing] *s.* mésintelligence; mauvaise interprétation; équivoque, f.; malentendu, m. || *misunderstood* [misœndᵉrstoud] *pret., p. p. of* **to misunderstand.**

misuse [misyoᵘs] *s.* abus; mauvais usage; mauvais traitements, m.; malversation, f.; [misyouz] *v.* mésuser; abuser; maltraiter; détourner; employer mal à propos.

mite [maɪt] *s.* mite; obole, f.; denier, m.; (colloq.) brin; mioche, m.

miter [maɪtᵉr] *s.* mitre; dignité épiscopale, f.

mitigate [mɪtᵉgéɪt] *v.* mitiger; atténuer; modérer; apaiser.

mitten [mit'n] *s.* mitaine; moufle, f.

mix [miks] *v.* (se) mêler; (se) mélanger; s'associer; *s.** mélange, gâchis, m.; cohue, pagaille, mêlée; *to mix up,* bien mélanger; embrouiller. || *mixed* [-t] *adj.* mélangé; mixte; panaché (culin.); fractionnaire (math.); perplexe (fig.). || *mixture* [mɪkstshᵉr] *s.* mélange; amalgame, m.; mixture, f.

mizzen [mìz'n] *s.* artimon, m.

moan [moᵒun] *s.* gémissement, m.; plainte, f.; *v.* gémir; se lamenter; pleurer, déplorer.

moat [moᵒut] *s.* fossé, m.; douve, f.

mob [màb] *s.* foule; populace, cohue, f.; attroupement; rassemblement, m.; *v.* se ruer en foule sur; s'attrouper.

mobile [moᵒub'l] *adj.* mobile.

mobilization [moᵒub'l'zéⁱsh•n] *s.* mobilisation, f. ‖ **mobilize** [moᵒub'la¹z] *v.* mobiliser.

moccasin [màk•s'n] *s.* mocassin, m.

mocha [moᵒuk•] *s.* moka, m.; *adj.* au café.

mock [màk] *v.* se moquer; singer; rire de; *s.* moquerie, f.; *adj.* faux; imité; fictif; *mock-up*, maquette. ‖ *mockery* [-rì] *s.*° moquerie; dérision; parodie, f.; simulacre, m.

modality [modalitì] *s.*° modalité, f. ‖ *mode* [moᵒud] *s.* mode; façon; méthode, f.; système; mode [music], m.

model [màd'l] *s.* modèle; patron; mannequin, m.; copie, f.; *adj.* modèle; en miniature, réduit; *v.* modeler; prendre modèle; faire le mannequin; poser.

moderate [màd•rit] *adj.* modéré; modique; médiocre; [-réⁱt] *v.* modérer; (se) calmer. ‖ *moderation* [màd•réⁱsh•n] *s.* modération; retenue; tempérance, f.

modern [màd•rn] *adj.* moderne. ‖ *modernism* [-is'm] *s.* modernisme, m.; nouveauté, f. ‖ *modernize* [-a¹z] *v.* moderniser.

modest [màd¹st] *adj.* modeste. ‖ *modesty* [-ì] *s.* modestie; pudeur, f.

modification [màd•f•kéⁱsh•n] *s.* modification, f. ‖ *modify* [màd•fa¹] *v.* modifier.

modiste [moᵒudìst] *s.* couturière, f.

modulate [màdy•léⁱt] *v.* moduler. ‖ *modulus* [màdy•ⁱ•s] *s.* module, coefficient, m.

Mohammedan [moᵒuham•d•n] *adj.*, *s.* mahométan.

moil [mo¹l] *v.* trimer.

moist [mo¹st] *adj.* humide; moite. ‖ *moisten* [mo¹s'n] *v.* humecter; humidifier. ‖ *moisture* [mo¹stsh•r] *s.* humidité, f.

molar [moᵒul•r] *adj.*, *s.* molaire.

molasses [m•lasiz] *s.* mélasse, f.; *molasses candy*, bonbon, *Fr. Can.* tire.

mo(u)ld [moᵒuld] *s.* moisi, m.; *v.* moisir; *mo(u)ldy*, moisi.

mo(u)ld [moᵒuld] *s.* terre, f.; terreau, m. ‖ *mo(u)lder* [-•r] *v.* s'émietter; s'effriter.

mo(u)ld [moᵒuld] *s.* moule, m.; *v.* mouler; modeler; *mo(u)lding*, moulage, moulure.

mole [moᵒul] *s.* môle, m.

mole [moᵒul] *s.* tache, f.; grain de beauté, m.

mole [moᵒul] *s.* taupe, f.; *mole-hill*, taupinière.

molecule [màl•kyoul] *s.* molécule, f.

molest [m•lèst] *v.* molester; tourmenter. *molestation*, molestation.

mollify [màl•fa¹] *v.* amollir; pacifier; adoucir, calmer.

mollusc [maul•sk] *s.* mollusque, m.

molten [moᵒult'n] *adj.* fondu.

moment [moᵒum•nt] *s.* moment, instant, m.; importance, f. ‖ *momentary* [-èri] *adj.* momentané; imminent. ‖ *momentous* [moᵒum•nt•s] *adj.* important, considérable. ‖ *momentum* [moᵒumènt•m] *s.* force d'impulsion, f.

monarch [màn•rk] *s.* monarque, m. ‖ *monarchy* [-ì] *s.*° monarchie, f.

monastery [màn•stèrì] *s.*° monastère, m.; *monastic*, monastique, monacal; *monasticism*, monachisme, vie monastique.

Monday [mœndi] *s.* lundi, m.

monetary [mœn•tèri] *adj.* monétaire. ‖ *money* [mœnì] *s.* argent, m.; monnaie; espèces, f.; *money-bag*, sacoche; richard; *money-box*, tronc; tirelire; *money dealer*, changeur; *money-minded*, intéressé; *money order*, mandat-poste; *money-making*, lucratif; *counterfeit money*, fausse monnaie. ‖ *moneyed* [-d] *adj.* possédant; fortuné; pécuniaire.

mongrel [mœnggr•l] *adj.*, *s.* bâtard; métis, m.

monitor [màn¹t•r] *s.* moniteur; contrôleur d'enregistrement, m.; *monitor-room*, cabine (radio).

monk [mœngk] *s.* moine, m.

monkey [mœngkì] *s.* singe, m.; guenon, f.; *v.* singer; se mêler à; *monkeyshine*, tour, farce; *monkey wrench*, clef anglaise.

monogamy [m•nàg•mì] *s.* monogamie, f.

monogram [màn•gram] *s.* monogramme, m.

monologue [màn'laug] *s.* monologue, m.

monopolize [m•nàp'la¹z] *v.* monopoliser, accaparer. ‖ *monopoly* [-lì] *s.*° monopole; accaparement, m.

monosyllable [màn•sìl•b'l] *s.* monosyllabe, m.

monotonous [m•nàt'n•s] *adj.* monotone. ‖ *monotony* [-nì] *s.* monotonie, f.

monsoon [mânsou̯n] *s.* mousson, f.

monster [mânst*e*r] *s.* monstre, m.; *adj.* énorme. ‖ **monstrosity** [mânstrâs•ti] *s.*° monstruosité, f. ‖ **monstrous** [mânstr•s] *adj.* monstrueux.

month [m*œ*nth] *s.* mois, m. ‖ **monthly** [-li] *adj.* mensuel; *adv.* mensuellement; *s.* publication mensuelle, f.

monument [mâny•m*e*nt] *s.* monument, m. ‖ **monumental** [mâny•m*e*nt'l] *adj.* monumental, colossal, grandiose.

moo [mou] *s.* mugissement, m.; *v.* mugir; meugler.

mood [moud] *s.* humeur, f.; état d'esprit, m.; *to be in a good mood,* être de bonne humeur; *to be in the mood to,* être d'humeur à, disposé à.

mood [moud] *s.* mode (gramm.), m.

moody [moudi] *adj.* maussade; capricieux; quinteux.

moon [moun] *s.* lune, f.; *moonlight,* clair de lune; *moonstruck,* lunatique, toqué; sidéré.

moor [mou*e*r] *v.* amarrer; mouiller.

moor [mou*e*r] *s.* lande, f.; terrain inculte, m.

Moor [mou*e*r] *s.* Maure, m.; *Moorish,* mauresque.

moose [mous] *s.* élan (zool.), *Fr. Can.* orignal, m.

mop [mâp] *s.* balai; faubert (naut.), m.; *Am.* tignasse, f.; *v.* éponger, balayer; *dish mop,* lavette.

mope [mou̯p] *v.* faire grise mine.

moral [mâur•l] *adj.* moral; *s.* morale; moralité, f.; *pl.* mœurs, f. pl. ‖ **morale** [m•ral] *s.* moral, m. ‖ **moralist** [mâur•list] *s.* moraliste, m. ‖ **morality** [m•ral•ti] *s.*° moralité, f. ‖ **moralize** [mâur•la̯z] *v.* moraliser.

morbid [mâurbid] *adj.* morbide; maladif; malsain.

mordacious [mâr̯dé̯ı̯sh•s] *adj.* mordant, caustique.

more [mou̯•r] *adj.* plus de; *adv.* plus; davantage; *some more,* encore un peu; *the more... the more,* plus... plus; *once more,* encore une fois; *never more,* jamais plus; *more and more,* de plus en plus; *more or less,* plus ou moins; *all the more,* à plus forte raison, d'autant plus.

morel [mâr̯èl] *s.* morille, f.

moreover [mou̯•rou̯•v•r] *adv.* de plus; en outre; d'ailleurs.

moribund [mâuribœnd] *adj.* moribond.

morning [mâurning] *s.* matin, *Fr. Can.* avant-midi, m.; *adj.* du matin.

Moroccan [m•râk•n] *adj.*, *s.* marocain. ‖ **Morocco** [m•râkou̯] *s.* Maroc, m.

morrow [mârou̯] *s.* lendemain, m.

morsel [mâurs'l] *s.* morceau; brin, m.; bouchée, f.

mortal [mâurt'l] *adj.*, *s.* mortel. ‖ **mortality** [mâurtal•ti] *s.*° mortalité, f.

mortar [mâurt•r] *s.* mortier, m.; *knee-mortar,* lance-grenades.

mortgage [mâurgidj] *s.* hypothèque, f.; *v.* hypothéquer.

mortification [mâ•tifiké̯ı̯sh•n] *s.* mortification, gangrène, f. ‖ **mortify** [mâurt•fa̯ı̯] *v.* mortifier, gangrener (méd.).

mortise [mâurtis] *s.* mortaise, f.; *v.* mortaiser.

mortuary [mâr̯tyou•ri] *adj.* mortuaire; *s.* morgue, f.

mosaic [mou̯ou̯zé̯ı̯ik] *s.* mosaïque, f.; relevé photographique aérien; *v.* mosaïquer.

mosquito [m•skı̯̂tou̯] *s.* moustique, *Fr. Can.* maringouin, m.; *mosquito net,* moustiquaire.

moss [maus] *s.* mousse, f.; tourbe, f.; *mossy,* moussu.

most [mou̯ou̯st] *adj.* le plus, la plus, les plus; *adv.* on ne peut plus; *most people,* la plupart des gens; *most likely,* très probablement; *at most,* au plus; *most of all,* surtout; *to make the most of,* tirer le meilleur parti de. ‖ **mostly** [-li] *adv.* pour la plupart; le plus souvent; surtout; *s.* la plupart de.

mote [mou̯ou̯t] *s.* grain de poussière, m.; paille, f. (fig.).

motel [mou̯ou̯tel] *s.* motel, m.

motet [mou̯ou̯tèt] *s.* motet, m.

moth [mauth] *s.* phalène; mite; teigne, f.; *moth ball,* boule de naphtaline; *moth-eaten,* mité.

mother [m*œ*zh•r] *s.* mère, f.; *adj.* de mère, maternel; *v.* servir de mère à; dorloter; donner naissance à (fig.); *mother tongue,* langue maternelle; *motherhood,* maternité; *mother-in-law,* belle-mère; *motherly,* maternel; *mother-of-pearl,* nacre.

motif [mou̯ou̯tı̯̂f] *s.* motif, thème (music), m.

motion [mou̯ou̯sh•n] *s.* mouvement; déplacement, m.; motion, f.; *v.* faire signe de; *to second a motion,* appuyer une proposition; *motionless,* immobile; *motion picture,* cinéma; film cinématographique.

motive [mou̯ou̯tiv] *s.* motif, m.; *adj.* moteur, motrice; cinétique; *v.* motiver; *motive power,* force motrice.

motley [mǎtli] *adj.* bigarré, multicolore; varié, hétérogène; *s.* bigarrure, f.; salmigondis, m.

motor [mo͞ot͞ər] *s.* moteur, m.; auto, f.; *v.* aller en auto; *motor-school*, auto-école. ‖ *motorboat* [-bo͞ot] *s.* canot automobile, m. ‖ *motorcar* [-kâr] *s.* automobile, f. ‖ *motorcoach* [-ko͞otsh] *s.* autobus, m. ‖ *motorcycle* [-sa¹k'l] *s.* motocyclette, f. ‖ *motorist* [-rist] *s.* automobiliste, m. ‖ *motorize* [-ra¹z] *v.* motoriser. ‖ *motorman* [-m·n] (*pl.* *motormen*) *s.* wattman; machiniste, m.

mottled [mǎt'ld] *adj.* moucheté, bigarré; pommelé; chiné; brouillé [complexion].

motto [mǎto͞o] *s.* devise, f.

mould, *see* **mold.**

mound [ma͞ound] *s.* tertre, monticule, m.

mount [ma͞ont] *s.* mont, m.

mount [ma͞ont] *s.* monture, f.; *v.* chevaucher; gravir; monter, installer; sertir; encadrer.

mountain [ma͞ont'n] *s.* montagne, f.; *adj.* de montagne; *mountain lion*, puma; *mountaineer*, alpiniste; montagnard; *mountainous*, montagneux.

mountebank [ma͞ontibangk] *s.* saltimbanque; charlatan, m.

mounting [ma͞onting] *s.* affût; support, m.

mourn [mo͞orn] *v.* se lamenter; pleurer; regretter; porter le deuil (*for*, de); *mournful*, funèbre, lugubre, triste. ‖ *mourning* [-ing] *s.* deuil, m.; affliction, f.; *adj.* de deuil; *mourning-band*, crêpe.

mouse [ma͞os] (*pl.* *mice* [ma¹s]) *s.* souris, f.; *mouse-trap*, souricière.

moustache, *see* **mustache.**

mouth [ma͞oth] *s.* bouche; gueule; embouchure, f.; orifice; goulot, m.; *with open mouth*, bouche bée; *mouth-organ*, harmonica. ‖ *mouthful* [-f·l] *s.* bouchée, f. ‖ *mouthing* [-ing] *s.* déclamation, f.; verbiage, m. ‖ *mouthpiece* [-pîs] *s.* embouchure (mus.), f.; porte-parole (fig.), m. ‖ *mouthy* [-i] *adj.* déclamatoire; hâbleur; braillard.

movable [mo͞ov·b'l] *adj.* mobile; mobilier; *s. pl.* (biens) meubles, m. pl. ‖ **move** [mo͞ov] *v.* mouvoir; remuer; transporter; déménager [furniture]; proposer [motion]; émouvoir; *s.* mouvement; coup [chess], m.; *to move away*, s'éloigner; *to move back* (faire) reculer; *to move forward*, avancer; *to move in*, emménager; *it is your move*, c'est à vous de jouer [game]. ‖ *movement* [-m·nt] *s.* mouvement; déplacement; mécanisme, m.; manœuvre; opération, f. ‖ *movie* [-i] *s.* cinéma,

film, m. ‖ *moving* [-ing] *adj.* mouvant; émouvant; touchant.

mow [mo͞o] *v.* faucher. ‖ *mower* [-·r] *s.* faucheur, m.; faucheuse [machine]; tondeuse, f. ‖ *mown* [-n] *adj.*, *p. p.* fauché.

much [mǎtsh] *adj.* beaucoup de; *adv.* beaucoup; *as much as*, autant que; *much as*, pour autant que; *how much?*, combien?; *so much*, tant; *ever so much*, tellement; *too much*, trop; *very much*, beaucoup; *to think much of*, faire grand cas de; *so much the better*, tant mieux; *not much of a book*, un livre sans grande valeur.

muck [mǎk] *s.* fumier, m.; fange, f.; *v.* fumer; souiller; salir.

mucosity [myouk·siti] *s.* mucosité, f. ‖ *mucous* [myouk·s] *adj.* muqueux; *mucous membrane*, muqueuse.

mud [mǎd] *s.* boue, fange, f.; *mud-guard*, garde-boue. ‖ *muddle* [-'l] *v.* barboter, patauger; troubler; salir; embrouiller; gaspiller; *s.* gâchis, trouble, désordre, m.; confusion, f. ‖ *muddy* [-i] *adj.* boueux; confus; *v.* couvrir de boue; troubler; rendre confus.

muff [mǎf] *s.* manchon, m.

muff [mǎf] *v.* bousiller, saboter; gâcher, louper, rater.

muffin [mǎfin] *s.* brioche; galette, f.; *Am.* pain moufflet, m.

muffle [mǎf'l] *v.* emmitoufler; assourdir [sound]. ‖ *muffler* [-·r] *s.* cache-nez; amortisseur de son; pot d'échappement, m.

mufti [mǎfti] *s.* costume civil, m.

mug [mǎg] *s.* pot, gobelet, m.

muggy [mǎgi] *adj.* mou, chaud et humide.

mulatto [m·lato͞o] *s.* mulâtre, m.; *mulatress*, mulâtresse, f.

mulberry [mǎlbèri] *s.* mûre, f.

mulct [mǎlkt] *s.* amende, f.; *v.* frapper d'une amende.

mule [myoul] *s.* mulet, m.; mule, f. ‖ *muleteer* [myoul·tîr] *s.* muletier, m.

mull [mǎl] *v.* réfléchir (*over*, à); chauffer et épicer une boisson.

multiple [mǎlt·p'l] *adj.*, *s.* multiple. ‖ *multiplication* [mǎlt·pl·ké¹sh·n] *s.* multiplication, f. ‖ *multiply* [mǎlt·pla¹] *v.* (se) multiplier. ‖ *multitude* [mǎlt·tyoud] *s.* multitude, f.

mum [mǎm] *adj.* muet, silencieux; *interj.* chut!; *to keep mum*, se taire.

mum [mǎm] *s.* maman, f. (pop.).

mumble [mǎmb'l] *v.* marmonner; *s.* grognement, murmure, m.; *to talk in a mumble*, marmotter entre ses dents.

mummy [mæmi] *s.* momie, f.; maman, f. (pop.); *v.* momifier; **mummify,** (se) momifier.

mumpish [mæmpish] *adj.* renfrogné, boudeur.

mumps [mæmps] *s. pl.* oreillons, m. pl.

munch [mœntsh] *v.* croquer, mâcher.

mundane [mænde¹n] *adj.* du monde, mondain; terrestre.

municipal [myounís⁰p'l] *adj.* municipal. ‖ **municipality** [myounis⁰pæ⁰ti] *s.⁰* municipalité, f.

munificence [myounífís'ns] *s.* munificence, f. ‖ **munificent** [-'nt] *adj.* munificent.

munition [myounísh⁰n] *s.* munition, f.; **munition plant,** arsenal.

mural [myour⁰l] *adj.,* s. mural.

murder [mẽrd⁰r] *s.* meurtre, m.; *v.* assassiner; écorcher [language]. ‖ **murderer** [-r⁰r] *s.* meurtrier, assassin, m. ‖ **murderous** [-r⁰s] *adj.* meurtrier; homicide.

murky [mẽrki] *adj.* sombre, obscur; **murky past,** passé obscur.

murmur [mẽrm⁰r] *s.* murmure, m.; *v.* murmurer.

muscle [mœs'l] *s.* muscle, m. ‖ **muscular** [mœskyⓔl⁰r] *adj.* musculaire; musculeux. ‖ **musculature** [mœskyoul⁰tsh⁰r] *s.* musculature, f.

muse [myouz] *v.* rêver, méditer; *s.* méditation, rêverie, f.; Muse, f.

museum [myouzi⁰m] *s.* musée, m.

mush [mœsh] *s.⁰* bouillie de farine de maïs; gaude; niaiserie, f.; brouillage, m.

mushroom [mœshroum] *s.* champignon, m.; *v.* foisonner; pousser vite; s'aplatir; s'écraser.

music [myouzik] *s.* musique, f.; **music stand,** pupitre; **music stool,** tabouret de piano. ‖ **musical** [-⁰l] *adj.* musical; musicien; mélodieux; *s.* opérette, f. ‖ **musicality** [myouzikæliti] *s.* musicalité, f. ‖ **musicalness** [-nis] *s.* harmonie, mélodie, f. ‖ **musician** [myouzísh⁰n] *s.* musicien, m.

muskrat [mœskrat] *s.* rat musqué, m.

muslin [mœzlïn] *s.* mousseline, f.

muss [mœs] *s.* désordre, m.; confusion, f.; *v.* déranger; froisser.

mussel [mœs'l] *s.* moule, f.

Mussulman [mœs'lm⁰n] (*pl.* **Mussulmans** [-z], **Mussulmen** [-m⁰n]) *adj., s.* musulman.

must [mœst] *s.* moût, m.

must [mœst] *defect. v.* devoir, falloir; *I must say,* il faut que je dise, je ne peux pas m'empêcher de dire.

mustache [mœstash] *s.* moustache, f.

mustard [mœst⁰rd] *s.* moutarde, f.; **mustard gas,** ypérite; **mustard plaster,** sinapisme.

muster [mœst⁰r] *s.* appel; rassemblement, m.; revue, f.; *v.* faire l'appel de; passer en revue; rassembler; **mustering-in,** Am. enrôlement; **mustering-out,** démobilisation.

musty [mœsti] *adj.* moisi.

mutable [myout⁰b'l] *adj.* variable; changeant. ‖ **mutation** [myouté¹sh⁰n] *s.* altération, f.; changement, m.

mute [myout] *adj.* muet; *s.* muet, m.; muette (gramm.), f.; sourdine (music), f.; *v.* amortir, assourdir. ‖ **muteness** [-nis] *s.* mutisme, m.

mutilate [myout'lé¹t] *v.* mutiler; tronquer. ‖ **mutilation** [myout'lé¹sh⁰n] *s.* mutilation, f.

mutineer [myoutini⁰r] *s.* mutin, m. ‖ **mutiny** [myout'ni] *s.⁰* mutinerie, f.; *v.* se mutiner; se révolter.

mutter [mæt⁰r] *v.* marmotter; grommeler; gronder [thunder]; *s.* marmottement, m.

mutton [mæt'n] *s.* mouton [flesh], m.; **mutton chop,** côtelette de mouton; **leg of mutton,** gigot.

mutual [myoutshou⁰l] *adj.* mutuel; réciproque; commun [friend]; **mutualism,** mutualisme; **mutuality,** mutualité.

muzzle [mœz'l] *s.* museau [animal], m.; muselière; bouche, gueule [firearm], f.; *v.* museler.

muzzy [mœzi] *adj.* flou [ideas]; abruti, hébété.

my [ma¹] *adj.* mon, ma, mes.

myope [ma¹o⁰up] *s.* myope, m. f. ‖ **myopia** [ma¹o⁰upi⁰] *s.* myopie, f.

myosotis [ma¹oso⁰utis] *s.* myosotis, m.

myriad [míriad] *s.* myriade, f.

myrrh [mœr] *s.* myrrhe, f.

myrtle [mẽrt'l] *s.* myrte, m.; Am. pervenche, f.

myself [ma¹sẽlf] *pron.* moi-même; moi; me; *I have hurt myself,* je me suis blessé.

mysterious [mistíri⁰s] *adj.* mystérieux; **mysteriously,** mystérieusement. ‖ **mystery** [místri] *s.⁰* mystère, m.

mystic [místik] *adj., s.* mystique; **mystical,** mystique. ‖ **mysticism** [míst⁰siz⁰m] *s.* mysticisme, m.

mystification [místifiké¹sh⁰n] *s.* mystification; complexité; perplexité, f.; mystère; tour, m. ‖ **mystify** [místifa¹] *v.* mystifier; obscurcir; intriguer.

myth [mith] *s.* mythe, m.; **mythical,** mythique. ‖ **mythology** [mithál⁰dji] *s.⁰* mythologie, f.

N

nab [nab] v. saisir; happer; appréhender, arrêter.

nag [nag] s. bidet, petit cheval, m.

nag [nag] v. gronder, grogner; importuner; critiquer; criailler; harceler; s. querelle, f.

nail [né¹l] s. clou; ongle, m.; v. clouer; *nail file*, lime à ongles; *to hit the nail on the head*, mettre le doigt dessus, tomber juste; *nail maker*, cloutier; *nail polish*, vernis à ongles.

naive [naiv] adj. naïf, ingénu.

naked [né¹kid] adj. nu. ‖ *nakedness* [-nis] s. nudité, f.

name [né¹m] s. nom; renom, m.; réputation, f.; v. nommer; appeler; fixer; mentionner; désigner; *what is your name?*, comment vous appelez-vous?; *Christian name*, nom de baptême; *to know by name*, connaître de nom; *assumed name*, pseudonyme; *nickname*, sobriquet, surnom; *nameless*, sans nom, anonyme, inconnu; *namely*, à savoir, nommément. ‖ *namesake* [-sé¹k] s. homonyme, m.

nap [nap] s. duvet, poil, m.

nap [nap] s. somme [sleep], m.; sieste, f.; v. sommeiller; faire la sieste.

nape [né¹p] s. nuque, f.

naphtha [napthe] s. naphte, m.

napkin [napkin] s. serviette; couche, f.

narcissus [nârsíses] s.° narcisse, m.

narcosis [nârkoºsis] s. narcose, f.

narcotic [nârkâtik] adj., s. narcotique.

narrate [naré¹t] v. raconter, narrer. ‖ *narration* [naré¹shen] s. narration, f. ‖ *narrative* [narˀtiv] adj. narratif; s. récit; exposé, m.; relation, f.

narrow [naroºu] adj. étroit; rétréci; borné; intolérant; s. pl. détroit; défilé, m.; v. (se) rétrécir; *narrow circumstances*, gêne. ‖ *narrowness* [-nis] s. étroitesse, f.; rétrécissement, m.

nasal [né¹z'l] adj. nasal.

nastiness [nastinis] s. saleté, malpropreté; grossièreté, f.

nasturtium [nastêrshem] s. capucine, f.

nasty [nasti] adj. sale; grossier; obscène; odieux; *a nasty customer*, un mauvais coucheur; *a nasty trick*, un sale tour; *to smell nasty*, sentir mauvais.

natality [netaliti] s. natalité, f.

natation [netéºshen] s. natation, f.

nation [né¹shen] s. nation, f. ‖ *national* [-'l] adj. national. ‖ *nationalism* [nashˀnˀlizˀm] s. nationalisme, m. ‖ *nationalist* [-ist] s. nationaliste; étatiste, m. ‖ *nationalistic* [nashˀnˀlístik] adj. nationaliste. ‖ *nationality* [nashˀnalˀti] s.° nationalité, f. ‖ *nationalization* [nashˀnˀla¹zé¹shˀn] s. nationalisation, f. ‖ *nationalize* [nashˀn'la¹z] v. nationaliser; naturaliser; être naturalisé.

native [né¹tiv] adj. natif; originaire; natal; s. indigène, naturel, m. ‖ *nativity* [né¹tivˀti] s.° naissance; nativité, f.

natty [nati] adj. pimpant, coquet; habile; commode.

natural [natshˀrˀl] adj. naturel; normal; simple; réel; bécarre [music]. ‖ *naturalism* [-izˀm] s. naturalisme, m. ‖ *naturalist* [-ist] s. naturaliste, m. ‖ *naturalization* [natshrˀlˀzé¹shˀn] s. naturalisation, f. ‖ *naturalize* [natshˀrˀla¹z] v. naturaliser. ‖ *naturally* [-lij] adv. naturellement. ‖ *naturalness* [-lnis] s. naturel, m. ‖ *nature* [né¹tshˀr] s. nature, f.; naturel; caractère, m.; simplicité, f.

naught [naut] s. rien, zéro; *to come to naught*, n'aboutir à rien, échouer. ‖ *naughty* [-i] adj. malicieux, polisson, indocile; mauvais, pervers.

nausea [naujˀ] s. nausée, f. ‖ *nauseate* [-jié¹t] v. avoir des nausées; dégoûter. ‖ *nauseous* [-jˀs] adj. nauséabond; écœurant.

nautical [nautikˀl] adj. nautique; marin; naval; de marine.

naval [né¹v'l] adj. naval; *Am. naval academy*, école navale; *naval officer*, officier de marine.

nave [né¹v] s. nef [church], f.

nave [né¹v] s. moyeu, m.

navel [né¹v'l] s. nombril, ombilic, m.

navigable [navˀgˀb'l] adj. navigable. ‖ *navigate* [-gé¹t] v. naviguer; gouverner; piloter. ‖ *navigation* [navˀgé¹shˀn] s. navigation, f.; *radio navigation*, radio-goniométrie. ‖ *navigator* [navˀgé¹tˀr] s. navigateur, m. ‖ *navy* [né¹vi] s.° marine; flotte, f.; *navy blue*, bleu marine.

nay [né¹] adv. non; *interj.* vraiment! voyons!; s. vote négatif, m.

Nazi [nâtsi] s. nazi, m.; *Nazism*, nazisme.

near [nɪər] *adv.* près; *prep.* près de; *adj.* proche; rapproché; voisin; intime; *v.* approcher de; *near at hand,* sous la main; *to be near to laughter,* être sur le point de rire; *a near translation,* une traduction près du texte; *to come near,* s'approcher; *near-by,* proche, près; *near-sighted,* myope; *near silk,* rayonne. ‖ **nearly** [-li] *adv.* de près; presque; à peu près; *he nearly killed me,* il a failli me tuer. ‖ **nearness** [-nis] *s.* proximité; imminence [danger]; intimité, f.

neat [nît] *adj.* propre; net; pur [drink]; habile. ‖ **neatly** [-li] *adv.* nettement, proprement, coquettement; habilement. ‖ **neatness** [-nis] *s.* propreté, netteté, élégance; habileté, f.

nebulous [nébyouls] *adj.* nébuleux.

necessarily [nèssèrˈili] *adv.* nécessairement. ‖ **necessary** [nèssèri] *adj.* cessaire. ‖ **necessaries** [-z] *s. pl.* nécessaire; équipement individuel, m. ‖ **necessitate** [nˈsèssˈtéˈt] *v.* nécessiter. ‖ **necessitous** [nˈsèssˈtˈs] *adj.* nécessiteux. ‖ **necessity** [nˈsèssˈti] *s.ᵒ* nécessité; indigence, f.; besoin, m.

neck [nèk] *s.* cou; col; goulot, m.; encolure, f.; *neck of land,* isthme; *neck and neck,* côte à côte; *low necked,* décolleté; *stiff neck,* torticolis; *neck beef,* collet de bœuf; *neckerchief,* foulard; *necklace,* collier; *necktie,* cravate.

need [nîd] *s.* besoin, m.; nécessité; indigence; circonstance critique, f.; *v.* avoir besoin de; nécessiter; *I need a pen,* il me faut un stylo; *for need of,* faute de; *if need be,* en cas de besoin. ‖ **needful** [-fˈl] *adj.* nécessaire; **needfully,** nécessairement. ‖ **neediness** [-inis] *s.* gêne, indigence, f.; besoin, m.

needle [nîdˈl] *s.* aiguille, f.

needless [nîdlis] *adj.* inutile.

needlework [nîdˈlwèrk] *s.* travaux (m. pl.) d'aiguille; ouvrage, m.; couture, f.

needy [nîdi] *adj.* nécessiteux, besogneux.

nefarious [nifèriˈs] *adj.* abominable.

negation [nigéˈshˈn] *s.* négation, f. ‖ **negative** [nègˈtiv] *adj.* négatif; *s.* (cliché) négatif, m.; *v.* repousser, rejeter.

neglect [niglèkt] *s.* négligence, f.; oubli, m.; *v.* négliger; omettre (*to,* de). ‖ **neglectful** [-fˈl] *adj.* négligent; insouciant; oublieux. ‖ **negligence** [nèglˈdjˈns] *s.* négligence, f. ‖ **negligent** [nèglˈdjˈnt] *adj.* négligent; oublieux. ‖ **negligible** [nèglˈdjˈbˈl] *adj.* négligeable.

negotiate [nigoᵒushiéˈt] *v.* négocier; traiter; surmonter [difficulty]. ‖

negotiation [nigoᵒushiéˈshˈn] *s.* négociation, f.; pourparlers, m. pl. ‖ **negotiator** [nigoᵒushiéˈtˈr] *s.* négociateur, m.

negress [nîgris] *s.ᵒ* négresse, f. ‖ **negro** [nîgroᵒu] *adj.,* *s.ᵒ* nègre, Noir, m.

neigh [néˈ] *s.* hennissement, m.; *v.* hennir.

neighbo(u)r [néˈbˈr] *adj.* voisin, proche, *s.* voisin; prochain, m.; *v.* avoisiner. ‖ **neighbo(u)rhood** [-houd] *s.* voisinage; alentours, m.; *in our neighbo(u)rhood,* dans notre quartier. ‖ **neighbo(u)ring** [-ring] *adj.* voisin, contigu.

neither [nîzhˈr] *pron.* aucune, ni l'un ni l'autre; *adv.* ni, ni... non plus; *neither of the two,* aucun des deux; *neither... nor,* ni... ni.

neon [nîân] *s.* néon, m.

nephew [nèfyou] *s.* neveu, m.

nerve [nèrv] *s.* nerf; courage, m.; nervure, f.; *pl.* nervosité, f.; *Am.* audace, sans-gêne; *v.* donner du nerf, du courage; *optical nerve,* nerf optique. ‖ **nervous** [-ˈs] *adj.* nerveux, inquiet, timide. ‖ **nervousness** [-ˈsnis] *s.* nervosité; agitation; inquiétude, f.; trac, m. ‖ **nervy** [-i] *adj.* énervé; nerveux; culotté (colloq.).

ness [nès] *s.* cap, promontoire, m.

nest [nèst] *s.* nid, m.; nichée, f.; *v.* nicher; *nest-egg,* nichet. ‖ **nestle** [nès'l] *v.* nicher; se blottir; cajoler. ‖ **nestling** [-ling] *s.* oisillon, m.

net [nèt] *s.* filet; rets; réseau, m.; *v.* prendre au filet; tendre des filets; faire du filet; *road net,* réseau routier; *trawl-net,* chalut.

net [nèt] *adj.* net; pur; *v.* gagner net; *net profit,* bénéfice net.

Netherlander [nèzhˈrlˈndˈr] *s.* Néerlandais, Hollandais, m. ‖ **Netherlandish,** néerlandais, hollandais; *Netherlands,* Pays-Bas, Hollande.

nethermost [nèzhˈrmoᵒust] *adj.* le plus bas.

nettle [nèt'l] *s.* ortie, f.; *v.* piquer, irriter.

network [nètwèrk] *s.* réseau, m.; *radio network,* réseau radiophonique.

neuralgia [nyouraldjˈ] *s.* névralgie, f. ‖ **neurasthenia** [nyourˈsthìnˈ] *s.* neurasthénie, f. ‖ **neurasthenic** [-ik] *adj.* neurasthénique. ‖ **neurologist** [nyouˈrâlˈdjist] *s.* neurologue, m. ‖ **neurology** [-dji] *s.* neurologie, f. ‖ **neuropath** [nyouˈropath] *s.* névropathe, m. f. ‖ **neurosis** [nyouˈroᵒusis] *s.* névrose, f. ‖ **neurotic** [-râtik] *adj.,* *s.* névrosé, m. f.

neuter [nyoutˈr] *adj.* neutre (gramm.). ‖ **neutral** [nyoutrˈl] *adj.* neutre [country]. ‖ **neutrality** [nyoutra¹leˡti] s. neutralité, f. ‖ **neutralize** [nyoutrᵉla¹z] v. neutraliser.

never [nèvᵉr] adv. jamais; **never mind**, peu importe, cela ne fait rien; **never more**, jamais plus; **never-ending**, incessant, interminable; **never-never**, achat à tempérament; **never-never land**, pays de légende. ‖ **nevertheless** [nèverzhᵉlès] adv., conj. néanmoins; cependant; nonobstant.

new [nyou] adj. neuf; nouveau; récent; frais; adv. nouvellement, récemment; à nouveau; **new-born baby**, nouveau-né; **newcomer**, nouveau venu; **newfangled**, très moderne; **Newfoundland**, Terre-Neuve; **brand-new**, flambant neuf. ‖ **newly** [-li] adv. nouvellement; récemment; **newly wed**, nouveau marié. ‖ **newness** [-nis] s. nouveauté, f. ‖ **news** [-z] s. pl. nouvelles, f. pl.; **newscast**, les informations; **newsreel**, les actualités; **a piece of news**, une nouvelle; **news boy**, **newsy**, vendeur de journaux; **news stand**, kiosque à journaux. ‖ **newsmonger** [-mœnggᵉr] s. cancanier, potinier, m. ‖ **newspaper** [-pé¹pᵉr] s. journal, m.

next [nèkst] adj. le plus proche; contigu; suivant; prochain; adv. ensuite; **next to**, à côté de; **the next two days**, les deux jours suivants; **the morning after next**, après-demain matin; **next to nothing**, pour ainsi dire rien.

nib [nib] s. pointe, f.; bec [pen], m. **nibble** [nib'l] v. mordiller; grignoter; chicaner; s. grignotement, m.

nice [na¹s] adj. agréable; sympathique; aimable; charmant; gentil; délicat; difficile. ‖ **nicely** [-li] adv. bien; agréablement; délicatement; minutieusement. ‖ **nicety** [-ti] s.* délicatesse; exactitude; minutie; friandise, f.

niche [nitsh] s. niche, f.

nick [nik] s. encoche; entaille, f.; v. encocher, entailler; ébrécher.

nick [nik] s. moment précis, m.; **in the nick of time**, à point; v. tomber à pic.

nickel [nik'l] s. nickel, m.; **nickel-in-the-slot machine**, appareil à sous. ‖ **nickel-plate**, v. nickeler.

nickname [nikné¹m] s. surnom, sobriquet, diminutif, m.; v. surnommer.

nicotine [nikᵉtîn] s. nicotine, f.; **nicotinism**, tabagisme.

niece [nîs] s. nièce, f.

niggard [nigᵉrd] adj., s. ladre. ‖ **niggardly** [-li] adj. avare; adv. avec avarice; chichement.

nigger [nigᵉr] s. noir, nègre (pop.), m.; noire, négresse, f.; v. noircir.

niggle [nig'l] v. tatillonner.

night [na¹t] s. nuit, f.; soir, m.; adj. du soir, nocturne; **last night**, hier soir; **to-night**, ce soir; **night bird**, oiseau de nuit; **nightfall**, tombée de la nuit, Fr. Can. brunante; **nightgown**, chemise de nuit; **night watchman**, veilleur de nuit. ‖ **nightingale** [-ingé¹l] s. rossignol, m. ‖ **nightly** [-li] adj. nocturne; adv. de nuit. ‖ **nightman** [-mᵉn] (pl. nightmen) s. vidangeur, m. ‖ **nightmare** [-mèᵉr] s. cauchemar, m.

nimble [nimb'l] adj. agile, leste; léger; vif.

nine [na¹n] adj., s. neuf; **ninepins**, quilles. ‖ **nineteen** [-tîn] adj., s. dix-neuf. ‖ **nineteenth** [-tînth] adj., s. dix-neuvième. ‖ **ninetieth** [na¹ntiith] adj., s. quatre-vingt-dixième. ‖ **ninety** [na¹nti] adj., s. quatre-vingt-dix.

ninny [nini] adj. niais, sot.

ninth [na¹nth] adj., s. neuvième.

nip [nip] v. pincer; couper; mordre; siroter; s. pincement, m.; morsure; goutte, f. [drink].

nippers [nipᵉrs] s. pinces; tenailles, f. pl.

nipple [nip'l] s. bout de sein, mamelon, m.

nippy [nipi] adj. preste, vif; mordant.

nitrate [na¹tré¹t] s. nitrate, m.

nitrogen [na¹trᵉdjᵉn] s. azote, m.

no [noᵘ] adv. non; pas; adj. aucun; pas de; ne... pas de; no doubt, sans doute; **no more**, pas davantage; **no longer**, pas plus longtemps; **no smoking**, défense de fumer; **no one**, nul, personne; **of no use**, inutile.

nobility [noᵘbîlᵉti] s. noblesse, f. ‖ **noble** [noᵘb'l] s. adj. noble. ‖ **nobleman** [-mᵉn] (pl. noblemen) s. noble, aristocrate, m. ‖ **nobleness** [-nis] s. noblesse, f. ‖ **nobly** [-i] adv. noblement.

nobody [noᵘbâdi] pron. personne, nul, aucun.

nocuous [nâkyouᵉs] adj. nocif.

nod [nâd] v. faire signe de la tête; opiner; hocher la tête; sommeiller; dodeliner; s. signe de tête, hochement, m.

nodosity [nodoᵘsìti] s.* nodosité, f.

noise [no¹z] s. bruit; tapage, m.; v. publier, répandre; **to make a noise**, faire du bruit; **it is being noised about that**, le bruit court que; **noiseless**, silencieux, sans bruit; **noiselessly**, silencieusement; **noisily**, bruyamment; **noisiness**, tintamarre; turbulence.

noisome [no¹sᵉm] adj. puant, fétide; nuisible.

noisy [no¹zi] adj. bruyant, tapageur.

nomad [no^oumad] *adj., s.* nomade, m. f.

nominal [nâm^en'l] *adj.* nominal. ‖ *nominate* [nâm^ené¹t] *v.* nommer; désigner. ‖ *nomination* [nâm^ené¹sh^en] *s.* nomination, désignation, f. ‖ *nominative* [nâm^ené¹tiv] *adj.* nominatif.

nonage [nânidj] *s.* minorité, f.

none [nœn] *pron.* aucun; nul; *adj.* ne... aucun; *none of that,* pas de ça; *none the less,* pas moins.

nonentity [nânènt^eti] *s.* néant; bon à rien, m.; futilité; nullité, f.

nonplus [nânplœs] *v.* déconcerter; désemparer.

nonsense [nânsèns] *s.* absurdité, sottise, baliverne, f.

noodle [noud'l] *s.* nigaud, m.

noodles [noud'lz] *s. pl.* nouilles, f. pl.

nook [nouk] *s.* coin, recoin, m.

noon [noun] *s.* midi, m. ‖ *noonday* [-dé¹] *s.* milieu de la journée; midi, m.

noose [nous] *s.* nœud coulant; lacet, m.; *v.* prendre au lacet; nouer.

nor [naur, n^er] *conj.* ni; *neither... nor,* ni... ni; *nor he either,* ni lui non plus.

norm [naurm] *s.* norme, f. ‖ *normal* [-'l] *adj.* normal; *s.* normale, f.; *normalcy, normality,* normalité; *normalization,* normalisation. ‖ *normalize* [-la¹z] *v.* normaliser.

Norman [naum^en] *adj., s.* normand; *Normandy,* Normandie.

north [naurth] *s.* nord, m.; *north star,* étoile Polaire; *north pole,* pôle Nord; *north wind,* aquilon. ‖ *northeast* [-īst] *adj., s.* nord-est; *adj.* direction nord-est. ‖ *northern* [naurzh^ern] *adj.* du nord, septentrional. ‖ *northern lights,* aurore boréale. ‖ *northerner* [-^er] *s.* nordique, habitant du Nord, m. ‖ *northward* [naurthw^erd] *adv.* vers le nord. ‖ *northwest* [-wèst] *adj., s.* nord-ouest. ‖ *northwestern* [-wèst^ern] *adj.* du nord-ouest.

Norway [nau^rwé¹] *s.* Norvège, f. ‖ *Norwegian* [naurwidj^en] *adj., s.* norvégien.

nose [no^ouz] *s.* nez; museau; bec (techn.), m.; *nose dive,* piqué (aviat.); *to nose down,* piquer du nez (aviat.); *to nose around,* fouiner.

nosegay [no^ouzgé¹] *s.* bouquet, m.

nostalgia [nâstaldjie] *s.* nostalgie, f. ‖ *nostalgic* [-djik] *adj.* nostalgique.

nostril [nâstr^el] *s.* narine, f.; naseau, m.

nosy [no^ouzi] *s.* fouinard.

not [nât] *adv.* ne... pas; non; pas; point; *not at all,* pas du tout; *if not,* sinon; *not but that,* non pas que.

notable [no^out^eb'l] *adj.* notable; considérable; remarquable; *s.* notable, m.; *notableness,* notabilité.

notary [no^out^eri] *s.*° notaire, m.

notation [no^oité¹sh^en] *s.* notation, f.

notch [nâtsh] *s.*° entaille; coche; dent [wheel]; brèche, f.; cran, m.; *v.* entailler; denteler; créneler; cocher.

note [no^out] *s.* note; lettre; remarque; annotation; marque, facture, f.; bulletin; billet; ton (mus.), m.; *v.* noter; remarquer; indiquer; *banknote,* billet de banque; *promissory note,* billet à ordre; *to take note of,* prendre note de, acte de; *notebook,* carnet, calepin; *note paper,* papier à lettres; *noteworthiness,* importance; *noteworthy,* notable. ‖ *noted* [-id] *adj.* remarquable; distingué, renommé.

nothing [næthing] *s.* rien, m.; *pron.* rien, rien de; *adv.* en rien, rien, pas du tout; *to do nothing but,* ne faire que; *to come to nothing,* n'aboutir à rien.

notice [no^outis] *s.* notice; notification; affiche, observation; mention, f.; avis; avertissement; congé, m.; *v.* prêter attention à; remarquer; observer; mentionner; prendre connaissance de; *to come into notice,* se faire connaître; *to give notice,* informer; donner congé; *at a day's notice,* du jour au lendemain; *to attract notice,* se faire remarquer; *without notice,* sans avertissement; *notice-board,* tableau d'affichage, *Fr. Can.* babillard. ‖ *noticeable* [-^eb'l] *adj.* remarquable, perceptible. ‖ *notification* [no^outifiké¹sh^en] *s.* notification, f.; avis, m. ‖ *notify* [no^out^efa¹] *v.* notifier; aviser; informer.

notion [no^oush^en] *s.* notion; idée; opinion; fantaisie, f.; *pl. Am.* mercerie; bimbeloterie, f.; *Am. notions shop,* mercerie. ‖ *notional* [-'l] *adj.* imaginaire; spéculatif; *Am.* capricieux.

notoriety [no^out^era¹eti] *s.*° notoriété, f. ‖ *notorious* [no^outo^ouri^es] *adj.* notoire; insigne.

notwithstanding [nâtwithstànding] *prep.* nonobstant; malgré; *conj.* bien que; en dépit de; quoique; *adv.* cependant, néanmoins.

nougat [nougâ] *s.* nougat, m.

nought, *see* naught.

noun [na^oun] *s.* nom, substantif, m.

nourish [n^erish] *v.* nourrir; alimenter; fomenter; entretenir. ‖ *nourishing* [-ing] *adj.* nourrissant, nutritif. ‖ *nourishment* [-m^ent] *s.* nourriture; alimentation; nutrition, f.

novel [nâv'l] *s.* roman, m.; *adj.* nouveau; récent; original. ‖ *novelette* [-'t] *s.* nouvelle, f. ‖ *novelist* [-ist] *s.* romancier, m. ‖ **novelty** [-ti] *s.* nouveauté; innovation, f.

November [no⁰ᵘvèmbᵉʳ] *s.* novembre, m.

novena [novín⁰] *s.* neuvaine, f.

novice [nắvis] *s.* novice, m. f. ‖ **noviciate** [no⁰ᵘvíshiit] *s.* noviciat, m.

now [na⁰ᵘ] *adv.* maintenant; actuellement; or; *now... now,* tantôt... tantôt; *right now,* tout de suite; *between now and then,* d'ici là; *till now,* jusqu'ici; *he left just now,* il vient de partir; *nowadays,* de nos jours.

nowhere [no⁰ᵘhwèᵉʳ] *adv.* nulle part.

nowise [no⁰ᵘwa¹z] *adv.* nullement.

noxious [nắkshᵉs] *adj.* nuisible; nocif; malsain; malfaisant. ‖ **noxiousness** [-nis] *s.* nocivité, f.

nozzle [nâz'l] *s.* lance, f.; nez, bec (techn.); embout (mech.); gicleur, m.

nubile [nyoubil] *adj.* nubile.

nuclear [nyouklᵉʳ] *adj.* nucléaire; atomique. ‖ **nucleus** [-kliᵉs] *(pl. nuclei* [-a¹]*) s.* nucleus; noyau, m.

nude [nyoud] *adj., s.* nu.

nu-dge [nœdj] *s.* coup de coude, m.; *v.* pousser du coude.

nudism [nyoudiz'm] *s.* nudisme, m. ‖ **nudist** [-ist] *s.* nudiste, m. f. ‖ **nudity** [-ᵉti] *s.* nudité, f.

nugatory [nyoug⁰to⁰ᵘri] *adj.* frivole, futile; vain, inefficace.

nugget [nœgit] *s.* pépite, f.

nuisance [nyous'ns] *s.* désagrément; ennui; fléau; dommage (jur.), m.; contravention (jur.), f.

null [nœl] *adj.* nul, nulle; *nul and void,* nul et non avenu. ‖ **nullify** [-ᵉfa¹] *v.* annuler. ‖ **nullity** [-ᵉti] *s.* nullité, f.

numb [nœm] *adj.* engourdi; *v.* engourdir. ‖ **numbness** [-nis] *s.* engourdissement, m.

number [nœmbᵉʳ] *s.* nombre; chiffre; numéro; *v.* numéroter; compter; *six in number,* au nombre de six; *number-card,* dossard. ‖ **numbering**

[-ring] *s.* calcul; numérotage, m. ‖ **numberless** [-lis] *adj.* innombrable.

numeral [nyoumrᵉl] *s.* chiffre; nom de nombre, m.; *adj.* numéral. ‖ **numerary** [-ᵉri] *adj.* numéraire. ‖ **numeration** [nyoumᵉré¹shᵉn] *s.* numération, f. ‖ **numerical** [nyoumèrik'l] *adj.* numérique. ‖ **numerous** [nyoumrᵉs] *adj.* nombreux.

numskull [nœmskœl] *s.* imbécile, crétin, m.

nun [nœn] *s.* nonne, religieuse, f.

nuncio [nœnshio⁰ᵘ] *s.* nonce, m.

nunnery [nœnᵉri] *s.* couvent, m.

nuptial [nœpshᵉl] *adj.* nuptial; *s. pl.* noce, f.

nurse [nĕʳs] *s.* garde-malade; infirmière; bonne d'enfant; nourrice, f.; *v.* soigner; allaiter; dorloter; se bercer de (illusion); *nurse-child,* nourrisson; *nursemaid,* bonne d'enfant; *male nurse,* infirmier. ‖ **nursery** [-ri] *s.* nursery; pépinière, f.; *nursery-school,* école maternelle. ‖ **nursling** [-ling] *s.* nourrisson, m.

nurture [nĕʳtshᵉʳ] *s.* nourriture; alimentation; éducation, f.; *v.* nourrir; élever.

nut [nœt] *s.* noix; noisette, f.; écrou; *Am.* toqué (fam.), m.; *chestnut,* châtaigne; *doughnut,* beignet; *nutcracker,* casse-noisettes; *nutmeg,* muscade; *nut-oil,* huile de noix; *unionnut,* écrou-raccord.

nutria [nyoutri⁰] *s.* ragondin, castor du Chili, m.

nutriment [nyoutrᵉmᵉnt] *s.* nourriture, f. ‖ **nutrition** [nyoutríshᵉn] *s.* nutrition, f. ‖ **nutritious** [-trishᵉs] *adj.* nourrissant, f. ‖ **nutritive** [nyoutritiv] *adj.* nutritif.

nutshell [nœtshᵉl] *s.* coquille de noix; *in a nutshell,* en un mot.

nuzzle [nœz'l] *v.* frotter; fouiner; fouiller avec le groin; renifler, flairer; se blottir.

nylon [na¹lân] *s.* Nylon, m.

nymph [nìmf] *s.* nymphe, f.

O

oak [o⁰ᵘk] *s.* chêne, rouvre, m.; *holm oak,* yeuse; *oaken,* en chêne; *oakling,* jeune chêne.

oakum [o⁰ᵘkᵉm] *s.* étoupe; filasse, f.

oar [o⁰ᵘr] *s.* rame, f.; aviron, m.; *v.* ramer; *oarlock,* porte-rame; *oarsman,* rameur.

oasis [o⁰ᵘé¹sis] *(pl. oases) s.* oasis, f.

oat, oats [o⁰ᵘt, o⁰ᵘts] *s.* avoine, f.

oath [o⁰ᵘth] *s.* serment; juron; *Fr. Can.* blasphème, sacre, m.; *to administer oath,* faire prêter serment.

oatmeal [o⁰ᵘtmîl] *s.* farine d'avoine, f.

obedience [ᵉbídiᵉns] *s.* obéissance; soumission, f. ‖ **obedient** [-diᵉnt] *adj.* obéissant.

obelisk [ắb'lisk] *s.* obélisque, f.

obesity [o⁰ᵘbîsᵉti] *s.* obésité, f.

obey [°bé¹] *v.* obéir (à).

object [ăbdjïkt] *s.* objet; but; complément (gramm.), m.; chose, f.; [°bdjèkt] *v.* objecter; désapprouver. ‖ **objection** [-sh°n] *s.* objection; opposition; aversion, f.; inconvénient, m. ‖ **objective** [-tiv] *adj.* objectif; *s.* objectif; but, m. ‖ **objectivity** [-tivïti] *s.* objectivité, f. ‖ **objector** [°bdjèkt°ʳ] *s.* objecteur; protestataire; contradicteur, m.

obligate [ăbl°gé¹t] *v.* obliger. ‖ **obligation** [ăbl°gé¹sh°n] *s.* obligation, f.; devoir; engagement, m. ‖ **obligatory** [aublïg°t°ri] *adj.* obligatoire. ‖ **oblige** [°bla¹dj] *v.* obliger; forcer; rendre service; *much obliged!*, merci beaucoup! ‖ **obliging** [-ing] *adj.* obligeant, serviable; ‖ **obligingness**, obligeance.

oblique [°blïk] *adj.* oblique; en biais; de côté.

obliterate [°blït°ré¹t] *v.* rayer; oblitérer. ‖ **obliteration** [°blit°ré¹sh°n] *s.* rature; oblitération, f.

oblivion [°blïvi°n] *s.* oubli, m. ‖ **oblivious** [-vi°s] *adj.* oublieux; ignorant (*of*, de).

obnoxious [°bnăksh°s] *adj.* odieux; détestable; antipathique.

oboe [o°ubo°u] *s.* hautbois, m.

obscene [°bsïn] *adj.* osé, grossier; obscène. ‖ **obscenity** [°bsènti] *s.°* obscénité; grossièreté, f.

obscuration [ăbskyouré¹sh°n] *s.* obscurcissement, m. ‖ **obscure** [°bskyouʳ] *adj.* obscur; sombre; caché; *v.* obscurcir. ‖ **obscurity** [-°ti] *s.* obscurité, f.

obsequies [ăbsikwiz] *s. pl.* obsèques, funérailles, f. pl. ‖ **obsequious** [°bsïkwi°s] *adj.* obséquieux.

observable [°bzëʳv°b'l] *adj.* observable. ‖ **observance** [-v°ns] *s.* observance; pratique; conformité, f. ‖ **observant** [-v°nt] *adj.* attentif; observateur; fidèle. ‖ **observation** [aubzëʳvé¹sh°n] *s.* observation; surveillance; remarque, f. ‖ **observatory** [°bzëʳv°to°uri] *s.°* observatoire, m. ‖ **observe** [°bzëʳv] *v.* observer; noter; apercevoir; célébrer (feast). ‖ **observer** [-°ʳ] *s.* observateur, m.; observatrice, f.

obsess [°bsès] *v.* obséder. ‖ **obsession** [°bsèsh°n] *s.* obsession, f.; **obsessionist**, obsédé; **obsessive**, obsessif.

obsolete [ăbs°lït] *adj.* vieilli; inusité; hors d'usage.

obstacle [ăbst°k'l] *s.* obstacle; empêchement, m.; difficulté, f.

obstinacy [ăbst°n°si] *s.* obstination, f. ‖ **obstinate** [ăbst°nit] *adj.* obstiné, opiniâtre.

obstruct [°bstrækt] *v.* obstruer; barrer; encombrer; empêcher. ‖

obstruction [°bstræksh°n] *s.* obstruction, f.; obstacle; encombrement; empêchement, m.; **obstructionism**, obstructionnisme.

obtain [°bté¹n] *v.* obtenir; réussir; gagner; se procurer; être le cas (*with*, pour); **obtainable**, disponible; trouvable.

obtrude [obtroud] *v.* mettre en avant; *to obtrude on*, s'imposer auprès de.

obtrusive [°btrousïv] *adj.* importun.

obturate [ăbtyouré¹t] *v.* obturer; **obturation**, obturation; **obturator**, obturateur.

obtuse [°btous] *adj.* obtus.

obviate [ăbvié¹t] *v.* obvier à.

obvious [ăbvi°s] *adj.* évident, manifeste; visible, palpable; **obviousness**, évidence.

ocarina [âk°rïn°] *s.* ocarina, m.

occasion [°ké¹zh°n] *s.* occasion; cause, raison, f.; besoin; sujet, m.; *v.* occasionner; déterminer; provoquer. ‖ **occasional** [-'l] *adj.* occasionnel; fortuit; peu fréquent; intermittent. ‖ **occasionally** [-'li] *adv.* à l'occasion; de temps en temps; parfois.

occident [ăksid°nt] *s.* occident, m. ‖ **occidental** [âks°dènt'l] *adj., s.* occidental.

occlude [okloud] *v.* fermer; **occlusion**, occlusion.

occult [°kœlt] *adj.* occulte; **occultism**, occultisme; **occultist**, occultiste.

occupant [ăky°p°nt] *s.* occupant, m. ‖ **occupation** [âky°pé¹sh°n] *s.* occupation; profession, f. ‖ **occupy** [ăky°pa¹] *v.* occuper; employer; habiter; posséder.

occur [°kë¹] *v.* arriver; survenir; avoir lieu. ‖ **occurrence** [-°ns] *s.* occurrence, f.; fait, événement, m.

ocean [o°ush°n] *s.* océan, m.; *adj.* océanique; au long cours; *Am.* par mer; **oceanic**, océanique.

ochre [o°uk°] *s.* ocre, f.

octave [ăkté¹v] *s.* octave, f.

October [âkto°ub°ʳ] *s.* octobre, m.

octopus [auktop°s] *s.* pieuvre, f.

ocular [ăkyoul°ʳ] *adj., s.* oculaire. ‖ **oculist** [ăky°list] *s.* oculiste, m.

odd [ăd] *adj.* dépareillé; étrange; drôle; original; impair [number]; irrégulier, divers; *s. pl.* inégalité, disparité, chances, f.; *twenty odd*, vingt et quelques; *odd moments*, moments perdus; *the odds are that*, il y a gros à parier que; *to be at odds with*, être brouillé avec. ‖ **oddity** [ăd°ti] *s.°* bizarrerie, f.

ode [o°ud] *s.* ode, f.

odious [o°udi°s] *adj.* odieux.

odo(u)r [o°ud°r] *s.* odeur, f.; **odor-ous**, odorant, parfumé; **odourless**, inodore.

of [ăv, *v] *prep.* de; du; de la; des; à; sur; en; parmi; *what do you do of an evening?*, que faites-vous le soir?; *of necessity*, nécessairement; *to have the advantage of*, avoir l'avantage sur; *Am. a quarter of three*, trois heures moins le quart.

off [auf] *adv.* au loin; à distance; *adj.* enlevé; parti; *interj.* oust!; hors d'ici!; *hats off!*, chapeaux bas!; *off with!*, enlevez, ôtez; *off and on*, de temps à autre; *I'm off*, je me sauve; *two miles off*, à deux milles de là; *to be well off*, être à l'aise; *a day off*, un jour de congé; **offcenter**, décalé, décentré; **off-shore**, au large, du côté de la terre.

offend [°fénd] *v.* offenser; froisser; enfreindre. ‖ **offender** [-°r] *s.* délinquant; malfaiteur; coupable, m.; *joint offender*, complice. ‖ **offense** [°fèns] *s.* offense; infraction; contravention; offensive (mil.), f.; délit, m.; *to take offense*, s'offenser; *continuing offense*, récidive. ‖ **offensive** [-iv] *adj.* offensant, choquant; offensif; *s.* offensive, f.

offer [auf°r] *v.* (s')offrir; (se) présenter; *s.* offre, proposition, f. ‖ **offering** [-ring] *s.* offrande, f. ‖ **offertory** [auf°r°to°ri] *s.*° offertoire, m.

offhand [aufhănd] *adv.* au premier abord; sur-le-champ; *adj.* improvisé; dégagé; cavalier.

office [aufis] *s.* fonction; charge, f.; bureau; office; emploi; service, m.; *to take office*, entrer en fonctions; prendre le pouvoir; *booking office*, guichet des billets; *doctor's office*, cabinet médical; *lawyer's office*, étude d'avocat; *main office*, siège social (comm.). ‖ **officer** [auf°s°r] *s.* officier; fonctionnaire; employé, m.; *sanitation officer*, officier de santé; *v.* commander; encadrer d'officiers; **officering**, encadrement; commandement. ‖ **official** [°fish°l] *adj.* officiel; titulaire; *s.* fonctionnaire; employé, m.; **officialdom**, bureaucratie, fonctionnarisme. ‖ **officiate** [°fishié¹t] *v.* officier. ‖ **officious** [-sh°s] *adj.* officieux; importun, trop empressé.

offing [aufing] *s.* large, m.; *in the offing*, en perspective.

offish [aufish] *adj.* distant.

offset [aufsèt] *v.* compenser; [aufsèt] *s.* compensation (comm.); offset (impr.); rejeton, m.

offspring [aufspring] *s.* progéniture; conséquence, f.; descendant; résultat; produit (fig.), m.

offtake [aufté¹k] *s.* écoulement, m.

oft, often [auft, auf°n] *adv.* souvent; fréquemment; *how often?*, combien de fois?

ogive [o°udja¹v] *s.* ogive, f.

ogle [o°ug'l] *s.* œillade, f.; *v.* lorgner.

ogre [o°ug°r] *s.* ogre, m.

oil [o¹l] *s.* huile, f.; pétrole brut, m.; *v.* huiler; graisser; lubrifier; oindre; *fuel oil*, mazout; *linseed oil*, huile de lin; **oil-cloth**, toile cirée; **oil-painting**, peinture à l'huile; *oil of turpentine*, essence de térébenthine. ‖ **oily** [-i] *adj.* huileux; graisseux; onctueux.

ointment [o¹ntm°nt] *s.* onguent, m.; pommade, f.

O. K. [o°uké¹] *interj.* d'accord, parfait, très bien.

old [o°uld] *adj.* vieux, vieil, vieille; âgé; *old man*, vieillard; *of old*, jadis; *how old are you?*, quel âge avez-vous?; *to grow old*, vieillir; **old-fashioned**, démodé; **old-time**, d'autrefois; **old-timer**, vieux routier. ‖ **oldness** [-nis] *s.* vieillesse; vétusté, f.

oleander [o°uliánd°r] *s.* laurier-rose, m.

olive [ăliv] *s.*, *adj.* olive; *olive oil*, huile d'olive; *olive drab*, drap gris olive réglementaire pour uniforme; **olive-tree**, olivier.

omelet [ămlit] *s.* omelette, f.

omen [o°umin] *s.* signe, présage, augure, m.; **ominous**, sinistre, menaçant, inquiétant.

omission [o°umish°n] *s.* omission; négligence, f.; oubli; manquement, m. ‖ **omit** [o°umit] *v.* omettre; oublier; négliger.

omnibus [ămnib°s] *s.* autobus; car, m.; *adj.* omnibus.

omnipotent [âmnip°t°nt] *adj.* omnipotent, tout-puissant.

omniscient [âmnisj°nt] *adj.* omniscient.

omoplate [o°umoplé¹t] *s.* omoplate, f.

on [ân] *prep.* sur; à; en; de; contre; avec; pour; dès; *adv.* dessus; *on horseback*, à cheval; *on leave*, en congé; *on this account*, pour cette raison; *on her opening the door*, dès qu'elle ouvrit la porte; *and so on*, ainsi de suite; *the light is on*, la lumière est allumée.

once [wèns] *adv.* une fois; jadis; *at once*, tout de suite, à la fois; *all at once*, tout d'un coup; *when once*, une fois que; *once in a while*, une fois en passant; *Am. to give the once over*, jeter un coup d'œil scrutateur.

one [wèn] *adj.*, *pron.* un, une; *one day*, un certain jour; *someone*, quelqu'un; *anyone*, n'importe qui; *everyone*, tout le monde; *one and all*, tous

onerous [âneªres] *adj.* onéreux; lourd.

oneself [wœnsèlf] *pron.* soi, soi-même; *by oneself*, seul.

onion [ænyeⁿ] *s.* oignon, m.

onlooker [ânloukeʳ] *s.* spectateur, assistant; participant, m.

only [oªunli] *adj.* seul, unique; *adv.* seulement, uniquement; *she is only five*, elle n'a que cinq ans; *he only laughs*, il ne fait que rire; *only yesterday*, hier encore.

onset [ânsèt] *s.* assaut, m.; attaque; impulsion, f.; *at the onset*, au premier abord.

onslaught [ânslaut] *s.* attaque furieuse, f.

onward [ânweʳd] *adv.* en avant.

onyx [âniks] *s.* onyx, m.

ooze [ouz] *s.* vase, boue, f.; suintement, m.; *v.* suinter; transpirer [news].

opal [oªup'l] *s.* opale, f.; *opalin*, opalin, opaline.

opaque [oªupéⁱk] *adj.* opaque.

open [oªupeⁿ] *v.* (s')ouvrir; exposer; révéler; *adj.* ouvert; découvert; exposé; franc; *wide open*, grand ouvert; *an open truth*, une vérité évidente; *open market*, marché public; *to open up*, ouvrir, dévoiler; *the door opens into the garden*, la porte donne sur le jardin; *half-open*, entrouvert; *open secret*, secret de Polichinelle; *open-handed*, libéral, généreux; *open-minded*, libéral, réceptif; *open-mouthed*, bouche bée; *in the open*, en rase campagne; *to lay oneself open to*, s'exposer à. ‖ **opening** [-ing] *s.* ouverture; embouchure; inauguration; percée, f.; débouché; orifice; déclenchement; vernissage; début, m.; *adj.* naissant; débutant; premier; *opening statement*, discours d'ouverture. ‖ **openly** [-li] *adv.* ouvertement; publiquement; carrément.

opera [âpeʳe] *s.* opéra, m.; *opera-glass*, jumelles; *comic opera*, opéra-comique.

operate [âperéⁱt] *v.* opérer; spéculer; manœuvrer; commander (mech.). ‖ **operation** [âperéⁱsheⁿ] *s.* opération; exécution, f.; fonctionnement, m.; *to be in operation*, fonctionner; *in full operation*, en pleine activité. ‖ **operative** [âperéⁱtiv] *adj.* actif; efficace; opératoire; *s.* ouvrier, m. ‖ **operator** [âperéⁱteʳ] *s.* opérateur, m.

operetta [âperètè] *s.* opérette, f.

ophtalmic [âfthalmĭk] *adj.* ophtalmique. ‖ **ophtalmologist** [-mâleªdjist] *s.* ophtalmologiste, m. f.

opine [opaⁱn] *v.* opiner; penser. ‖ **opinion** [êpĭnyeⁿ] *s.* opinion, f.; avis, m.; décision motivée (jur.), f.; *opinionated*, opiniâtre.

opiomaniac [oªupiomé ⁱniek] *s.* opiomane, m. f. ‖ **opium** [oªupiem] *s.* opium, m.

opponent [epoªuneⁿt] *s.* adversaire; opposant; antagoniste, m.

opportune [âpeʳtyoun] *adj.* opportun; à propos. ‖ **opportuneness** [-nis] *s.* opportunité, f.; *opportunism*, opportunisme; *opportunist*, opportuniste. ‖ **opportunity** [-eti] *s.** occasion, f.

oppose [epoªuz] *v.* (s')opposer; combattre; arrêter, empêcher. ‖ **opposing** [-ing] *adj.* opposé, contraire. ‖ **opposite** [âpezit] *adj.* opposé; contraire; vis-à-vis; de front; *s.* contraire, adversaire, m.; *opposite to*, en face de. ‖ **opposition** [âpezĭsheⁿ] *s.* opposition; résistance; concurrence; hostilité, f.; parti adverse, m.

oppress [eprès] *v.* opprimer; oppresser. ‖ **oppression** [eprèsheⁿ] *s.* oppression, f. ‖ **oppressive** [eprèsiv] *adj.* opprimant; accablant, étouffant, angoissant; tyrannique. ‖ **oppressor** [eprèseʳ] *s.* oppresseur, m.

opprobrious [eproªubrĭes] *adj.* infamant, injurieux. ‖ **opprobrium** [-briem] *s.* opprobre, m.

opt [âpt] *v.* opter.

optical [âptik'l] *adj.* optique. ‖ **optician** [âptisheⁿ] *s.* opticien, m. ‖ **optics** [âptiks] *s. pl.* optique.

optimism [âpteмizem] *s.* optimisme m. ‖ **optimist** [-mist] *s.* optimiste, m. ‖ **optimistic** [âpteмĭstik] *adj.* optimiste.

option [âpsheⁿ] *s.* option; alternative, f.; choix, m. ‖ **optional** [-'l] *adj.* facultatif.

opulence [âpyeⁿlens] *s.* opulence; abondance, f. ‖ **opulent** [-leⁿt] *adj.* opulent; riche; abondant.

opuscule [âpæskyoul] *s.* opuscule, m.

or [aur, eʳ] *conj.* ou, ou bien; soit; *or else*, ou bien; autrement; sinon.

oracle [aurek'l] *s.* oracle, m.

oral [oªurel] *adj.* oral.

orange [aurindj] *s.* orange, f.; *orange blossom*, fleur d'oranger; *orange-tree*, oranger; *adj.* orangé [color]; *orangeade*, orangeade.

oration [oªuréⁱsheⁿ] *s.* discours, m.; harangue, f. ‖ **orator** [aureteʳ] *s.* orateur, m. ‖ **oratory** [aureto ªuri] *s.** éloquence, f.; oratoire, m.

orb [aurb] *s.* globe; cercle, m.; orbe, f. || **orbit** [aurbit] *s.* orbite, orbe, f.; *v.* tourner autour de; **orbital**, orbital, orbitaire; de ceinture.

orchard [aurtshᵉrd] *s.* verger, m.

orchestra [aurkistrᵉ] *s.* orchestre, m. || **orchestrate** [-tréⁱt] *v.* orchestrer. || **orchestration** [âᵣkᵉstréⁱshᵉn] *s.* orchestration, f.

orchid [aurkid] *s.* orchidée, f.

ordain [aurdéⁱn] *v.* ordonner; décréter; déterminer, fixer. || **ordainer** [-ᵉʳ] *s.* ordonnateur; ordinant (eccles.), m.

ordeal [aurdîl] *s.* épreuve, f.; jugement de Dieu, m.

order [aurdᵉr] *s.* ordre; mandat (fin.), m.; consigne; ordonnance; commande; décoration, f.; *v.* ordonner; commander; diriger; régler; arranger; *to break an order,* manquer à la consigne; *citation in orders,* citation à l'ordre du jour; *counter-order,* contrordre; *executive order,* décretloi; *full marching order,* tenue de campagne; *holy orders,* ordres sacrés; *order-blank,* bon de commande; *made to order,* fait sur commande, fait sur mesure [suit]; *in order that,* afin que; *to be out of order,* être détraqué, en panne. || **orderly** [-li] *adj.* ordonné; discipliné; *s.* ordonnance (mil.), f.; planton, m.; infirmier, m. || **ordinance** [aurdᵉnᵉns] *s.* ordonnance (jur.), f.; décret, m. || **ordinarily** [-'nèrᵉli] *adv.* ordinairement. || **ordinary** [-'nèri] *adj.* ordinaire, commun, habituel. || **ordnance** [-nᵉns] *s.* artillerie, f.; matériel de guerre, m.

ore [oᵒur] *s.* minerai, m.

organ [aurgᵉn] *s.* orgue; organe, m.; *hand organ,* orgue de Barbarie. || **organic** [aurganik] *adj.* organique; fondamental. || **organism** [aurgᵉnizᵉm] *s.* organisme, m. || **organist** [-nist] *s.* organiste, m. || **organization** [aurgᵉnᵉzéⁱshᵉn] *s.* organisation, f.; agencement, aménagement; organisme, m. || **organize** [aurgᵉnaⁱz] *v.* (s')organiser. || **organizer** [-ᵉʳ] *s.* organisateur, m.; organisatrice, f.

orgy [aurdji] *s.* orgie, f.

orient [oᵒuriènt] *s.* orient, m.; *v.* orienter. || **oriental** [oᵒuriènt'l] *adj.*, *s.* oriental. || **orientate** [oᵒuriènté ⁱt] *v.* orienter. || **orientation** [oᵒuriènté ⁱshᵉn] *s.* orientation, f.

orifice [aurᵉfis] *s.* orifice, m.; ouverture, f.

origin [aurᵉdjin] *s.* origine; provenance, f. || **original** [ᵉridjᵉn'l] *adj.*, *s.* original. || **originality** [ᵉridjᵉnalᵉti] *s.** originalité, f. || **originally** [ᵉridjᵉn'li] *adv.* primitivement; originalement. || **originate** [ᵉridjᵉnéⁱt] *v.* faire naître; produire; inventer; provenir; dériver. || **originator** [-ᵉʳ] *s.* créateur, promoteur; point de départ, m.

orison [ârizᵉn] *s.* oraison, f.

ornament [aurnᵉmᵉnt] *s.* ornement, m.; parure, f.; [aurnᵉmènt] *v.* ornementer, décorer. || **ornamental** [aurnᵉmènt'l] *adj.* ornemental, décoratif. || **ornamentation** [âᵣnᵉmèntéⁱshᵉn] *s.* ornementation, f.; embellissement, m. || **ornamenter** [âᵣnᵉmèntᵉr] *s.* décorateur, m. || **ornate** [aurnéⁱt] *adj.* paré, ornementé; fleuri [style].

ornithology [aunithaulᵉdji] *s.* ornithologie, f.

orphan [aurfᵉn] *adj.*, *s.* orphelin, m.; *v.* rendre orphelin; **orphan asylum,** **orphanage,** orphelinat.

orris [auris] *s.* iris, m.

orthography [aurthâgrᵉfi] *s.** orthographe, f.

orthopaedics [âᵣthopìdiks] *s.* orthopédie, f.

ortolan [âᵣtelᵉn] *s.* ortolan, m.

oscillate [âs'léⁱt] *v.* osciller; balancer; s'affoler [compass]. || **oscillation** [âs'léⁱshᵉn] *s.* oscillation, f.

osier [oujᵉr] *s.* osier, m.; **osiery,** oseraie; vannerie.

ossify [âsᵉfaⁱ] *v.* ossifier.

ostensible [âstènsᵉb'l] *adj.* ostensible. || **ostentation** [âstèntéⁱshᵉn] *s.* ostentation, f. || **ostentatious** [-shᵉs] *adj.* ostentatoire; vaniteux.

ostracism [âstrᵉsizᵉm] *s.* ostracisme, m. || **ostracize** [-saⁱz] *v.* frapper d'ostracisme.

ostrich [austritsh] *s.** autruche, f.

otary [oᵒutᵉri] *s.* otarie, f.

other [œzhᵉr] *adj.*, *pron.* autre; *s.* autrui; *every other day,* tous les deux jours; *the two others,* les deux autres; *other than,* autre que. || **otherwise** [-waⁱz] *adv.* autrement; par ailleurs; à part cela; sous d'autres rapports; sinon.

otter [âtᵉr] *s.* loutre, f.

ought [aut] *defect. v.* devoir; *he ought to say,* il devrait dire.

ounce [aᵒuns] *s.* once, f.

our [aᵒur] *adj.* notre, nos. || **ours** [-z] *pron.* le nôtre, la nôtre, les nôtres. || **ourselves** [-sèlvz] *pron.* nous-mêmes; nous.

oust [aᵒust] *v.* expulser, chasser.

out [aᵒut] *adv.* hors; dehors; *adj.* découvert; disparu; exposé; éteint; *prep.* hors de; *out of fear,* par crainte; *out of money,* sans argent; *out of print,* épuisé [book]; *out with it!,* expliquez-vous!; *to speak out,* parler clairement; *out of breath,* à bout de souffle ; *out and out,* absolu, avéré ; *the week is out,* la semaine est achevée ; *the secret is out,* le secret est divulgué ; *he is out,* il est sorti ; *he is out five dollars,* cela lui a coûté cinq dollars, il a fait une erreur de cinq dollars.

outbreak [aᵒutbréⁱk] *s.* éruption, f. ; soulèvement, tumulte, m.

outburst [aᵒutbërst] *s.* explosion ; éruption, f.

outcast [aᵒutkast] *adj.* exclus ; *s.* proscrit, paria, m.

outcome [aᵒutkœm] *s.* résultat ; dénouement, m.

outcry [aᵒutkraⁱ] *s.* clameur, f.

outdoor [aᵒutdoᵘr] *adj.* extérieur ; externe ; de plein air [game]. || *outdoors* [-z] *adv.* en plein air ; au-dehors.

outer [aᵒuₜₑr] *adj.* extérieur ; externe ; du dehors ; *outermost,* extrême.

outfit [aᵒutfit] *s.* équipement ; attirail, outillage ; trousseau, m. ; *v.* équiper.

outing [aᵒuting] *s.* excursion, sortie, promenade, f.

outlaw [aᵒutlau] *s.* bandit ; proscrit, fugitif, m. ; *v.* proscrire.

outlay [aᵒutléⁱ] *s.* débours, m. ; dépense, f. ; [aᵒutléⁱ] *v.* dépenser, débourser.

outlet [aᵒutlèt] *s.* sortie ; issue, f. ; débouché, m.

outline [aᵒutlaⁱn] *s.* contour ; sommaire ; tracé, m. ; esquisse, f. ; *v.* esquisser, ébaucher ; tracer.

outlive [aᵒutliv] *v.* survivre à.

outlook [aᵒutlouk] *s.* guet, m. ; perspective, f.

outlying [aᵒutlaⁱing] *adj.* détaché, isolé ; écarté.

outmaneuver [aᵒutmᵉnouvᵉr] *v.* déjouer ; tromper ; rouler (fam.).

outnumber [aᵒutnœmbᵉr] *v.* surpasser en nombre.

o u t p o s t [aᵒutpoᵒust] *s.* avantposte, m.

output [aᵒutpout] *s.* rendement, m. ; production, puissance, f.

outrage [aᵒutréⁱdj] *s.* outrage ; attentat, m. ; *v.* outrager ; violenter. || *outrageous* [aᵒutréⁱdjᵉs] *adj.* outrageux ; outrageant ; atroce ; exorbitant.

outran [aᵒutrᵃn] *pret. of to outrun.* || *outrun* [aᵒutrœn] *v.* gagner de vitesse ; dépasser à la course ; *outrunner,* avant-coureur.

outset [aᵒutsèt] *s.* début, commencement, m. ; ouverture, f. ; *from the outset,* dès le premier abord.

outshine [aᵒutshaⁱn] *v.* éclipser en éclat. || *outshone* [aᵒutshoᵒun] *pret., p. p. of to outshine.*

outside [aᵒutsaⁱd] *adj.* extérieur ; externe ; *adv.* dehors, à l'extérieur ; *prep.* à l'extérieur de, au-dehors de ; *s.* extérieur, m. || *outsider* [-ᵉr] *s.* étranger ; profane ; outsider [sport] ; ailier ; coulissier (fin.), m.

outskirts [aᵒutskërts] *s. pl.* lisière, f.

outspoken [aᵒutspoᵒukᵉn] *adj.* franc, direct ; explicite.

outspread [aᵒutsprèd] *adj.* déployé ; *s.* déploiement, m.

outstanding [aᵒutstanding] *adj.* notable ; saillant ; non payé (comm.).

outstretched [aᵒutstrètsht] *adj.* étendu ; tendu [arm] ; ouvert [hand].

outward(s) [aᵒutwᵉrd(z)] *adj.* extérieur ; externe ; apparent ; superficiel ; *adv.* au-dehors ; extérieurement ; vers le dehors.

outweigh [aᵒutwéⁱ] *v.* excéder en poids, en valeur.

oval [oᵒuv'l] *adj., s.* ovale, m.

ovary [oᵒuvᵉri] *s.* * ovaire, m.

ovation [oᵒuvéⁱshᵉn] *s.* ovation, f.

oven [œv'n] *s.* four, m.

over [oᵒuvᵉr] *prep.* sur ; plus de ; au-dessus de ; *adv.* par-dessus ; en plus ; *adj.* de dessus ; de l'autre côté ; *s.* excès, m. ; *all over the country,* dans tout le pays ; *my life is over,* ma vie est finie ; *over there,* là-bas ; *overalls,* salopette ; *overboard,* par-dessus bord ; *overcoat,* pardessus ; capote ; *overdone,* trop cuit ; surmené, épuisé ; outré, exagéré ; *overdose,* trop forte dose ; *overdue,* échu, en souffrance ; *overindulgence,* indulgence excessive.

overcame [oᵒuvᵉrkéⁱm] *pret. of to overcome.*

overcast [oᵒuvᵉrkast] *adj.* couvert, nuageux ; trop élevé [sum] ; [oᵒuvᵉrkast] *v.* assombrir ; couvrir de nuages.

overcharge [oᵒuvᵉrtshârdj] *v.* faire payer trop cher ; écorcher, saler.

overcome [oᵒuvᵉrkœm] *v.* surmonter ; vaincre ; conquérir ; dominer ; accabler ; venir à bout de.

overcrowd [oᵒuvᵉrkraᵒud] *v.* remplir excessivement ; *overcrowded,* bondé ; surpeuplé ; *overcrowding,* encombrement ; surpeuplement.

overdo [oᵒuvᵉrdou] *v.* exagérer ; charger ; faire trop cuire ; se surmener.

overdraw [oᵒuvᵉrdrau] *v.* mettre à découvert (comm.) ; tirer un chèque sans provision ; trop enjoliver.

overdrive [oᵒuvᵉrdraⁱv] *s.* vitesse surmultipliée, f. ; [oᵒuvᵉrdraⁱv] *v.* surmener.

overexcite [oᵒuvᵉriksaⁱt] *v.* surexciter ; *overexcitement,* surexcitation, effervescence.

overexert [oᵒᵘveʳrigzĕt] *v.* tendre à l'excès; se surmener; **overexertion,** surmenage.

overflow [oᵒᵘveʳfloᵒᵘ] *s.* inondation, f.; trop-plein, débordement, m.; [oᵒᵘveʳfloᵒᵘ] *v.* inonder, déborder.

overgrown [oᵒᵘveʳgroᵒᵘn] *adj.* énorme; trop grand; dense [leafs]; dégingandé [boy].

overhang [oᵒᵘveʳhang] *v.* surplomber; faire saillie.

overhead [oᵒᵘveʳhĕd] *s. pl.* frais généraux (comm.), m. pl.; *adj.* au-dessus, en haut; élevé; [-hĕd] *adv.* en haut, au-dessus de la tête.

overhear [oᵒᵘveʳhîeʳ] *v.* surprendre, entendre par hasard. ‖ **overheard** [oᵒᵘveʳhĕrd] *pret., p. p. of* to overhear.

overheat [oᵒᵘveʳhît] *v.* surchauffer.

overhung [oᵒᵘveʳhæng] *pret., p. p. of* to overhang.

overladen [oᵒᵘveʳléⁱden] *adj.* surchargé.

overland [oᵒᵘveʳland] *adj.* voyageant par terre; de terre; [oᵒᵘveʳland] *adv.* par terre.

overlap [oᵒᵘveʳlap] *s.* recouvrement; empiètement, m.; [oᵒᵘveʳlap] *v.* recouvrer; empiéter; chevaucher; dépasser.

overload [oᵒᵘveʳloᵒᵘd] *v.* surcharger; [oᵒᵘveʳloᵒᵘd] *s.* surcharge, f.

overlook [oᵒᵘveʳloᵘk] *v.* oublier, laisser passer; fermer les yeux sur; parcourir des yeux; donner sur; surveiller.

overman [oᵒᵘveʳmen] (*pl.* overmen) *s.* contremaître, m.

overmatch [oᵒᵘveʳmatsh] *v.* surclasser; avoir l'avantage sur.

overmuch [oᵒᵘveʳmœtsh] *adj.* trop de; *adv.* trop.

overnight [oᵒᵘveʳnaⁱt] *adv.* (pendant) la nuit; *adj.* de nuit; de la veille au soir.

overpower [oᵒᵘveʳpaᵒᵘeʳ] *v.* subjuguer; maîtriser; vaincre; accabler.

overprint [oᵒᵘveʳprĭnt] *s.* surimpression; surcharge, f.; *v.* surimprimer; surcharger.

overran [oᵒᵘveʳran] *pret. of* to overrun. ‖ **overrun** [oᵒᵘveʳrœn] *v.°* parcourir; se répandre; envahir; inonder.

oversea [oᵒᵘveʳsî] *adj.* d'outre-mer, de l'autre côté de la mer; *pl. adv.* outre-mer.

oversee [oᵒᵘveʳsî] *v.* surveiller. ‖ **overseer** [oᵒᵘveʳsîeʳ] *s.* surveillant, inspecteur, m.

oversensitive [oᵒᵘveʳsĕnsitiv] *adj.* hypersensible.

oversight [oᵒᵘveʳsaⁱt] *s.* négligence, inadvertance; surveillance, f.

overstate [oᵒᵘveʳstéⁱt] *v.* exagérer; **overstatement,** exagération.

overstep [oᵒᵘveʳstĕp] *v.* dépasser, franchir.

overt [oᵒᵘveʳt] *adj.* évident, non déguisé; public.

overtake [oᵒᵘveʳtéⁱk] *v.* rattraper, rejoindre; doubler [auto]. ‖ **overtaken** [oᵒᵘveʳtéⁱken] *p. p. of* to overtake. ‖ **overtaking** [-ing] *s.* dépassement, m.

overthrew [oᵒᵘveʳthroᵘ] *pret. of* to overthrow. ‖ **overthrow** [oᵒᵘveʳthroᵒᵘ] *s.* renversement, m.; ruine, f.; *v.* renverser, culbuter; mettre en déroute. ‖ **overthrown,** *p. p. of* to overthrow.

overtime [oᵒᵘveʳtaⁱm] *s.* heures supplémentaires, f. pl.

overtook [oᵒᵘveʳtouk] *pret. of* to overtake.

overture [oᵒᵘveʳtsheʳ] *s.* ouverture; proposition, f.; prélude, m.

overturn [oᵒᵘveʳtĕrn] *v.* renverser; verser, capoter [auto]; chavirer (naut.); bouleverser.

overweening [oᵒᵘveʳwînîng] *adj.* outrecuidant; insensé [pride].

overweight [oᵒᵘveʳwéⁱt] *s.* excédent de poids, de bagages, m.; [oᵒᵘveʳwéⁱt] *v.* surcharger.

overwhelm [oᵒᵘveʳhwĕlm] *v.* écraser, opprimer; surcharger; submerger. ‖ **overwhelming** [-ing] *adj.* accablant, écrasant; submergeant; irrésistible.

overwork [oᵒᵘveʳwĕrk] *v.* (se) surmener; *s.* surmenage, m.

owe [oᵒᵘ] *v.* devoir; être redevable; *to be owing to,* être dû à; *owing to,* à cause de; grâce à.

owl [aᵒᵘl] *s.* chouette, f.; hibou, m.; *screech-owl,* chat-huant.

own [oᵒᵘn] *adj.* propre, à soi; *v.* posséder; avoir en propre; avoir la propriété de; *a house of his own,* une maison à lui; *to hold one's own,* tenir bon.

own [oᵒᵘn] *v.* reconnaître; convenir de, avouer.

owner [oᵒᵘneʳ] *s.* propriétaire; possesseur, m. ‖ **ownership** [-ship] *s.* propriété; possession, f.

ox [ăks] (*pl.* oxen [-n]) *s.* bœuf, m.; *ox-fly,* taon.

oxide [ăksaⁱd] *s.* oxyde, m. ‖ **oxidize** [ăkseda¹z] *v.* oxyder.

Oxonian [auksoᵒᵘniᵉn] *adj.* Oxonien; d'Oxford.

oxygen [ăksᵉdjen] *s.* oxygène, m.

oyster [oⁱsteʳ] *s.* huître, f.; *oyster-bed,* banc d'huîtres; *oyster-plant,* salsifis.

ozone [ozoᵒᵘn] *s.* ozone; *Am.* air pur, plein air, m.

P

pace [pé¹s] *s.* pas, m.; allure, f.; *v.* marcher au pas; arpenter; suivre; *to mend one's pace*, presser le pas.

pacific [pəsⁱfik] *adj., s.* pacifique. ‖ *pacification* [pasⁱf²ké¹sh°n] *s.* pacification, f.; apaisement, m. ‖ *pacify* [pasⁱfa¹] *v.* pacifier; calmer.

pack [pak] *s.* paquet; ballot; paquetage; sac, m.; troupe, bande, meute, f.; jeu [cards], m.; *v.* emballer, empaqueter; remplir; bâter; *pack-animal*, bête de somme; *pack saddle*, bât; *to pack off*, plier bagages; *to send packing*, envoyer promener. ‖ *package* [-idj] *s.* paquet, colis, m. ‖ *packer* [-ᵉʳ] *s.* emballeur, m. ‖ *packet* [-it] *s.* paquet, m. ‖ *packing* [-ing] emballage, empaquetage; bourrage (mech.), m. ‖ *packthread* [-thrèd] *s.* ficelle, f.

pact [pakt] *s.* pacte; accord; contrat, m.; convention, f.

pad [pad] *s.* tampon; bourrelet; coussinet; bloc [paper]; plastron [fencing], m.; *v.* rembourrer, ouater, matelasser; *writing-pad*, sous-main. ‖ *padding* [-ing] *s.* rembourrage; remplissage, m.

paddle [pad'l] *s.* pagaie, f.; *Fr. Can.* aviron, m.; palette, f.; *v.* pagayer, ramer, *Fr. Can.* avironner; patauger; *Am.* fesser (fam.); *paddle wheel*, roue à aubes.

paddock [padᵉk] *s.* paddock, pesage; enclos, m.

padlock [padiâk] *s.* cadenas, m.; *v.* cadenasser.

pagan [pé¹gᵉn] *adj., s.* païen, m. ‖ *paganism* [-izᵉm] *s.* paganisme, m.

page [pé¹dj] *s.* page, f.; *v.* paginer.

page [péidj] *s.* chasseur [boy], m.; *v. Am.* envoyer chercher par un chasseur (ou) un groom.

pageant [padjᵉnt] *s.* parade; manifestation; représentation en plein air; revue, f.; spectacle, m.

paid [pé¹d] *pret., p. p. of* **to pay**.

pail [pé¹l] *s.* seau, m.

pain [pé¹n] *s.* douleur; peine; souffrance, f.; *v.* faire souffrir; affliger; *on pain of*, sous peine de; *to have a pain in*, avoir mal à; *to take pains*, se donner du mal; *pain-killer*, antalgique. ‖ *painful* [-fᵉl] *adj.* pénible, douloureux; laborieux. ‖ *painless* [-lis] *adj.* indolore. ‖ *painstaking* [-zté¹king] *adj.* laborieux, appliqué; *s.* effort, m.

paint [pé¹nt] *s.* couleur; peinture, f.; *v.* peindre, *Fr. Can.* peinturer; *paintbrush*, pinceau; *wet paint*, attention à la peinture. ‖ *painter* [-ᵉʳ] *s.* peintre, m. ‖ *painting* [-ing] *s.* peinture, f.

pair [pèᵉʳ] *s.* paire, f.; couple, m.; *v.* (s')apparier; (s')accoupler; assortir; marier.

pajamas [pᵉdjamᵉz] *s. pl. Am.* pyjama, m.

pal [pal] *s.* copain, m.

palace [palis] *s.* palais, m.

palate [palit] *s.* palais (anat.); goût, m.; *palatable*, savoureux.

palaver [pᵉlâvᵉʳ] *s.* palabre, f.; *v.* palabrer; flagorner.

pale [pé¹l] *adj.* pâle, blême; *v.* pâlir. ‖ *paleness* [-nis] *s.* pâleur, f.

palette [palit] *s.* palette, f.

palisade [palᵉsé¹d] *s.* palissade; falaise escarpée, f.; *v.* palissader.

pall [paul] *s.* vêtement de cérémonie; poêle mortuaire, m.; *v.* recouvrir, revêtir.

pall [paul] *v.* s'affadir; s'éventer; s'affaiblir; décourager; blaser; rassasier.

palliate [paliè¹t] *v.* pallier; atténuer. ‖ *palliative* [paliᵉtiv] *adj., s.* palliatif.

pallid [palid] *adj.* pâle, blême. ‖ *pallor* [palᵉʳ] *s.* pâleur, f.

palm [pâm] *s.* palme, f.; palmier, m.; *Palm Sunday*, dimanche des Rameaux.

palm [pâm] *s.* paume [hand], f.; *v.* empaumer, tromper; *to palm something off on someone*, faire avaler quelque chose à quelqu'un; *palmist*, chiromancien; *palmistry*, chiromancie.

palpable [palpᵉb'l] *adj.* palpable; tangible.

palpitate [palpᵉté¹t] *v.* palpiter. ‖ *palpitation* [palpᵉté¹shᵉn] *s.* palpitation, f.

palsy [paulzi] *s.* ᵃ paralysie, f.

palter [paulᵉʳ] *v.* biaiser; marchander; badiner.

paltry [paultri] *adj.* mesquin; insignifiant; chétif.

pamper [pampᵉʳ] *v.* choyer, gâter.

pamphlet [pamflit] *s.* brochure, plaquette, f.; pamphlet; dépliant, m.

pan [pàn] *s.* casserole; cuvette, f.; bassinet (mech.); carter, m.; *a flash in the pan*, un raté; *to pan out well*, donner de bons résultats; *frying-pan*, poêle.

pancake [pànké¹k] *s.* crêpe, f.; *v.* descendre à plat (aviat.).

pancreas [pangkriᵉs] *s.* ᵃ pancréas, m.

pander [pàndᵉʳ] *s.* entremetteur, m.; *v.* s'entremettre.

pane [pé¹n] *s.* carreau, panneau, m.; vitre, f.

panegyric [panidjírik] *s.* panégyrique, m.; *adj.* élogieux.

panel [pan'l] *s.* panneau, lambris, m.; *v.* diviser en panneaux; lambrisser; *code panels,* panneaux de signalisation; *jury panel,* liste des jurés, jury.

pang [pàng] *s.* angoisse, douleur aiguë, f.; affres, f. pl.

panic [panik] *adj., s.* panique, f.; *v.* semer la panique; être pris de panique; *panicky,* alarmiste; paniquard (colloq.).

pansy [pànzi] *s.*° pensée [flower], f.

pant [pànt] *v.* haleter, panteler; *to pant for,* aspirer à.

panther [pànth°r] *s.* panthère, f.

panting [pànting] *s.* palpitation, f.; essoufflement, m.; *adj.* pantelant; palpitant.

pantomime [pant°ma¹m] *s.* mime, m.; revue-féerie, f.; *v.* mimer; s'exprimer en pantomime.

pantry [pàntri] *s.*° office, m.; dépense, f.

pants [pànts] *s. pl. Am.* pantalon; *Br.* caleçon, m.

papa [pâp°] *s.* papa, m.

papacy [pé¹p°si] *s.*° papauté, f. ‖ *papal* ['l] *adj.* papal.

paper [pé¹p°r] *s.* papier; document; article; journal. m.; *v.* garnir de papier; tapisser, *paper-currency,* papier monnaie; *paper-hangings,* papiers peints; *paper-knife,* coupe-papier; *paper-mill,* papeterie; *paper-weight,* presse-papiers; *on paper,* par écrit.

par [pâr] *s.* pair (fin.), m.; égalité, f.; par value, valeur au pair; *on a par with,* à égalité avec; *to feel below par,* ne pas être dans son assiette.

parable [par°b'l] *s.* parabole, f.

parabola [p°rab°l°] *s.* parabole (geom.), f.

parachute [par°shout] *s.* parachute, m.; *v.* sauter. descendre en parachute; parachuter , *parachute jump,* saut en parachute. ‖ *parachutist* [-ist] *s.* parachutiste, m.

parade [p°ré¹d] *s.* parade; prise d'armes; procession, f.; défilé; cortège, m.; *v.* parader; faire parade de; défiler; se promener de long en large.

paradise [par°da¹s] *s.* paradis, m.; *paradisiac,* paradisiaque.

paradox [par°dâks] *s.*° paradoxe, m.

paraffin [par°fin] *s.* paraffine, f.

paragraph [par°graf] *s.* paragraphe, m.; *v.* diviser en paragraphes.

parallel [par°lèl] *adj., s.* parallèle; *v.* comparer à.

paralysis [p°ral°sis] *(pl. paralyses)* *s.* paralysie. f. ‖ *paralytic* [par°litik] *adj., s.* paralytique.

paramount [par°ma°unt] *adj.* souverain; dominant; suprême.

parapet [par°pit] *s.* parapet, m.

paraph [par°f] *s.* paraphe, m.

paraphrase [par°fré¹z] *v.* paraphraser; *s.* paraphrase, f.

parasite [par°sa¹t] *s.* parasite, m.

parasol [par°saul] *s.* parasol, m.; ombrelle. f.

parcel [pârs'l] *s.* paquet; colis; lot, m.; parcelle; partie; portion, f.; *v.* morceler; diviser en portions; répartir; *parcel post,* service des colis postaux.

parch [pârtsh] *v.* brûler; (se) dessécher; se griller.

parchment [pârtshm°nt] *s.* parchemin, m.

pardon [pârd'n] *s.* pardon, m.; grâce, f.; pardonner; gracier.

pare [pè°r] *v.* peler [fruit]; tailler [nails]; ébarber [paper]; rogner, réduire [expenditures].

parent [pèr°nt] *s.* père, m.; mère, f.; *pl.* parents, m. pl. ‖ *parentage* [-idj] *s.* extraction; origine; naissance; famille, f.

parenthesis [p°rènth°sis] *(pl. parentheses)* *s.* parenthèse, f.

paring [pè°ring] *s.* épluchure, f.

parish [parish] *s.*° paroisse; commune, f. ‖ *parishioner* [p°rish°n°r] *s.* paroissien; habitant de la commune, m.

parity [pariti] *s.* égalité; parité, f.

park [pârk] *s.* parc, m.; *v.* parquer; enclore. garer; stationner; *no parking,* défense de stationner; *free parking,* stationnement libre et gratuit; *parkway,* autoroute.

parley [pârli] *s.* négociation, f.; pourparlers. m. pl.; *v.* négocier; parlementer discuter.

parliament [pârl°m°nt] *s.* parlement, m. ‖ *parliamentary* [pârl°mènt°ri] *adj.* parlementaire.

parlo(u)r [pârl°r] *s.* (petit) salon; *Am. beauty parlor,* salon de coiffure; *Am. parlor car,* wagon-salon.

parochial [p°ro°uki°l] *adj.* paroissial; communal.

parody [par°di] *s.*° parodie, f.; *v.* parodier.

parole [p°ro°ul] *s.* parole, f.; mot d'ordre, m.; libérer sur parole.

paroxysm [par°ksiz°m] *s.* paroxysme; accès, m.; crise, f.

parquet [pâ´ké¹] *s.* parquet, m.

parricide [parisaᵻd] *s.* parricide, m.

parrot [parᵉt] *s.* perroquet, m.; *v.* répéter, rabâcher.

parry [parᵢ] *v.* parer [fencing]; esquiver; *s.°* parade, f.

parsimonious [pârsimoᵘniᵉs] *adj.* parcimonieux; *parsimony*, parsimonie.

parsley [pârsli] *s.* persil, m.

parsnip [pârsnᵉp] *s.* panais, m.

parson [pârsⁿ] *s.* curé; pasteur, m.

part [pârt] *s.* part; partie; pièce; raie [hair]; région, f.; élément, organe; rôle (theat.); parti, m.; *pl.* dons, talents, m. pl.; *v.* partager, diviser; (se) séparer (*with*, de), *part-owner*, copropriétaire; *spare parts*, pièces détachées; *to act a part*, jouer un rôle; *for the most part*, pour la plupart; *to part company*, se séparer; *to part with money*, se démunir d'argent; *part... part*, moitié... moitié. ‖ *partake* [pᵉrté͟ᵻk] *v.* participer; partager; *to partake of (a meal)*, goûter, manger. ‖ *partaken* [pᵉrté͟ᵻkⁿ] *p. p. of* **to partake**.

partial [pârshᵉl] *adj.* partiel; partial; aimant. ‖ *partiality* [pârshᵃᵗti] *s.* partialité; prédilection, f. ‖ *partially* [-li] *adv.* partialement; partiellement.

participant [pᵉrtᵢsᵉpⁿt] *adj., s.* participant. ‖ *participate* [pᵉrtᵢsᵉpé͟ᵻt] *v.* participer. ‖ *participation* [pᵉrtᵢsᵉpé͟ᵻshⁿ] *s.* participation, f. ‖ *participle* [pârtᵉsᵖ'l] *s.* participe, m.

particle [pârtik'l] *s.* particule; parcelle, f.; atome; brin, m.

particoloured [pârtikœlᵉd] *adj.* bigarré, panaché.

particular [pᵉrtᵻkyᵉlᵉʳ] *adj.* particulier; spécial; exigeant; méticuleux; difficile; pointilleux; *s. pl.* détails, m.; circonstance; particularité, f. ‖ *particularize* [pârtᵻkyoulᵉraiz] *v.* particulariser; détailler; spécifier; préciser. ‖ *particularly* [pᵉrtᵻkyᵉlᵉrli] *adv.* particulièrement; surtout; spécialement.

parting [pârting] *s.* séparation; raie [hair], f.; départ, m.; *adj.* du départ.

partisan [pârtᵉzⁿn] *adj., s.* partisan, m.

partition [pᵉrtᵢshⁿn] *s.* répartition; cloison, f.; morcellement; partage, m.; *v.* partager; diviser; cloisonner; répartir; partition, partitif.

partly [pârtli] *adv.* partiellement, en partie.

partner [pârtnᵉʳ] *s.* associé; partenaire; collègue; cavalier, danseur, m. ‖ *partnership* [-ship] *s.* association; société (comm.), f.

partook [pᵉrtouk] *pret. of* **to partake**.

partridge [pârtridj] *s.* perdrix, f.

party [pârti] *s.°* parti; groupe; détachement (mil.); individu, tiers, m.; réception, partie de plaisir; partie (jur.), f.; *firing party*, peloton d'exécution; *hunting party*, partie de chasse; *political party*, parti politique; *working party*, équipe d'ouvriers; *party wall*, mur mitoyen.

parvis [pavis] *s.* parvis, m.

pasque-flower [pâskflaoᵘᵉʳ] *s.* anémone, f.

pass [pas] *v.* passer, dépasser; doubler [auto]; s'écouler; voter [law]; adopter [bill]; approuver [account]; recevoir [candidate]; être reçu à [exam]; *s.* passage, laissez-passer; permis; billet de faveur (theat.); col (geogr.), m.; gorge (geogr.); passe; difficulté, crise; carte de circulation; botte [fencing], f.; *to pass round*, faire circuler; *to pass over*, sauter; survoler; passer sous silence; *to pass off*, se passer (*as*, pour); *to pass out*, sortir; s'évanouir. ‖ *passable* [-ᵉb'l] *adj.* passable; praticable; franchissable; carrossable. ‖ *passage* [-idj] *s.* passage; couloir; trajet, m.; traversée; adoption [bill], f. ‖ *passenger* [-ˈndjᵉʳ] *s.* passager; voyageur, m. ‖ *passer-by* [-ᵉbaᵻ] *s.* passant, m. ‖ *passing* [-ing] *adj.* passager; fortuit; *s.* passage; trépas; dépassement [auto]; écoulement [time], m.; *adv.* extrêmement, très.

passion [pashᵉn] *s.* passion, f.; emportement, m.; *to fly into a passion*, se mettre en colère; *Passion week*, semaine sainte. ‖ *passionate* [-it] *adj.* passionné; emporté.

passive [pasiv] *adj., s.* passif; *passiveness, passivity*, passivité, f.

passport [paspoᵘrt] *s.* passeport, m.

password [paswềrd] *s.* mot de passe, m.; consigne, f.

past [past] *adj.* passé; écoulé; fini; *s.* passé, m.; *prep.* après; au-delà de; plus loin que; *ten past six*, six heures dix; *he is past sixty*, il a dépassé la soixantaine; *past-master*, qui est passé maître, qui excelle dans; *the past president*, l'ex-président; *past tense*, temps passé (gramm.); *to go past*, passer; *past bearing*, intolérable; *past hope*, désespéré.

paste [pé͟ᵻst] *s.* pâte; colle, f.; strass, m.; *v.* coller à la colle de pâte.

pasteboard [pé͟ᵻstboᵘrd] *s.* carton, m.

pastel [pastᵉl] *s.* pastel, m.

pasteurize [pastᵉraᵻz] *v.* pasteuriser.

pastille [pastῐl] *s.* pastille, f.

pastime [pastaᵻm] *s.* passe-temps, m.

pastor [pastᵉr] *s.* pasteur; ecclésiastique, m. ‖ *pastoral* [-rᵉl] *adj.* pastoral; *s.* pastorale, f.

pastry [péˡstri] *s.*° pâtisserie, f.; *pastry cook*, pâtissier; *pastry shop*, pâtisserie.

pasture [pastshᵉʳ] *s.* pâturage, m.; *v.* pâturer; (faire) paître.

pasty [pæsti] *adj.* pâteux; *s.*° pâté, m.

pat [pat] *adj.* à point, opportun; *adv.* à propos, juste; *s.* petite tape, f.; *v.* tapoter.

pat [pat] *s.* coquille [butter], f.

patch [patsh] *s.*° pièce; plaque, tache; mouche [cosmetics]; petite portion, f.; emplâtre, écusson, m.; *v.* rapiécer; arranger; *Am. tire-repair patch*, rustine.

pate [péˡt] *s.* tête, caboche, f.; *bald pate*, chauve (fam.).

patent [pat'nt] *adj.* patent, évident; *s.* patente, f.; brevet d'invention, m.; *v.* patenter; breveter; *patent leather*, cuir verni, *patent medicine*, spécialité pharmaceutique; *patently*, clairement, manifestement.

paternal [pᵉtë'n'l] *adj.* paternel. ‖ *paternity* [pᵉtë'nᵉti] *s.* paternité, f.

path [path] *s.* sentier, chemin; circuit (electr.), m.; trajectoire, piste, f.

pathetic [pᵉthëtik] *adj.* pathétique; lamentable; pitoyable.

pathology [patháˡᵈji] *s.* pathologie, f.

pathos [péˡthâs] *s.* pathétique, m.; émotion, f.

pathway [pathwéˡ] *s.* sentier, m.; voie (fig.), f.

patience [péˡshᵉns] *s.* patience, f. ‖ *patient* [-shᵉnt] *adj.*, *s.* patient.

patriarch [péˡtriârk] *s.*° patriarche, m.

patrimony [patrᵉmoᵘni] *s.*° patrimoine, m.

patriot [péˡtriᵉt] *s.* patriote, m. ‖ *patriotic* [péˡtriátik] *adj.* patriotique. ‖ *patriotism* [péˡtriᵉtiz'm] *s.* patriotisme, m.

patrol [pᵉtroᵘl] *s.* patrouille; ronde, f.; *v.* patrouiller.

patron [péˡtrᵉn] *s.* patron; protecteur; client, m. ‖ *patronage* [-idj] *s.* patronage, m.; protection, f. ‖ *patroness* [-is] *s.*° patronne; protectrice, f. ‖ *patronize* [-aˡz] *v.* patronner, protéger; traiter avec condescendance.

patter [patᵉr] *v.* tapoter; trottiner; *s.* bruit sec; crépitement; fouettement [rain]; grésillement [snow], m.

patter [patᵉr] *v.* marmotter, murmurer; *s.* bavardage; boniment, m.

pattern [patᵉrn] *s.* modèle; dessin; patron; exemple; échantillon, m.; *v.* modeler; suivre l'exemple de, copier.

paucity [pausiti] *s.* rareté, pénurie, f.; manque, m.

paunch [pauntsh] *s.*° panse, f.

pauper [paupᵉr] *s.* indigent, m.

pause [pauz] *s.* pause, f.; silence; point d'orgue, m.; *v.* faire une pause.

pave [péˡv] *v.* paver; *to pave the way for*, préparer les voies pour, aplanir les difficultés de; *to pave with bricks*, carreler. ‖ *pavement* [-mᵉnt] *s.* pavé, dallage; trottoir, m.; *cobble pavement*, pavé en cailloutis; *woodblock pavement*, pavé en bois.

pavilion [pᵉvilyᵉn] *s.* pavillon, m.

paw [pau] *s.* patte, f.; *v.* piaffer; caresser [dog].

pawky [pauki] *adj.* rusé.

pawl [paul] *s.* linguet, cliquet (mech.), m.

pawn [paun] *s.* gage; pion [chess]; nantissement, m.; *v.* mettre en gage; *pawnbroker*, prêteur sur gages; *pawnshop*, mont-de-piété.

pay [péˡ] *v.*° payer; acquitter [bill]; rétribuer; rendre; rapporter; faire [visit, compliment]; *s.* paye; solde, f.; appointements, salaire, gages, m.; *to pay attention*, faire attention; *to pay back*, restituer; *to pay down*, payer comptant; *to pay one's respects*, présenter ses respects; *it does not pay*, ça ne rapporte rien; *to pay out*, débourser; *pay card*, feuille de paye; *travel pay*, frais de déplacement; *paymaster*, trésorier payeur; *pay-roll*, état de paiements. ‖ *payable* [-ᵉb'l] *adj.* payable; dû. ‖ *payee* [péˡ?] *s.* bénéficiaire, m. f. ‖ *paying* [péˡing] *s.* paiement; règlement, m.; *adj.* payant; rémunérateur. ‖ *payment* [-mᵉnt] *s.* paiement, versement, m.; *payment in full*, paiement global.

pea [pî] *s.* pois, m.; *green peas*, petits pois; *sweet peas*, pois de senteur; *chick-peas*, pois chiches; *pea-shooter*, sarbacane; *pea-pod*, cosse de pois.

peace [pîs] *s.* paix; tranquillité, f. ‖ *peaceful* [-fᵉl] *adj.* paisible; tranquille; pacifique. ‖ *peacemaker* [-méˡkᵉr] *s.* pacificateur, conciliateur, m.

peach [pîtsh] *s.*° pêche [fruit], f.; *peach-tree*, pêcher.

peacock [pîkâk] *s.* paon, m.; *peahen*, paonne.

peak [pîk] *s.* pic; sommet, m.; cime; pointe [beard]; visière [cap], f.

peal [pîl] *s.* carillon; bruit retentissant; fracas [thunder]; éclat [laughter], m.; *v.* résonner; carillonner; (faire) retentir.

peanut [pînœt] *s.* cacahuète; arachide, f.; *peanut butter, Fr. Can.*

beurre d'arachide; **peanut oil,** huile d'arachide.

pear [pèⁿr] *s.* poire, f.; **pear-tree,** poirier.

pearl [pëⁿl] *s.* perle, f.; **pearl neck-lace,** collier de perles; **mother-of-pearl,** nacre; **pearl oyster,** huître perlière; **pearly,** perlé, nacré; perlier.

peasant [pèz'nt] *adj., s.* paysan; **peasantry,** paysannerie.

pease [pîz] *s.* pois, m. pl.

peat [pît] *s.* tourbe, f.

pebble [pèb'l] *s.* caillou; galet, m.

peck [pèk] *v.* becqueter; picoter; picorer; *s.* coup de bec, m.

peck [pèk] *s.* picotin; tas, m.; grande quantité, f.

peculate [pékyoulé¹t] *v.* détourner des fonds; **peculator,** concussionnaire.

peculiar [pikyoulyⁿr] *adj.* particulier; propre; singulier; bizarre. ‖ **peculiarity** [pikyouliⁿrⁱti] *s.** particularité; individualité; singularité; bizarrerie, f.

pedagogue [pèdⁿgâg] *s.* pédagogue, m. f.; **pedagogics, pedagogy,** pédagogie.

pedal [pèd'l] *s.* pédale, f.; *v.* pédaler.

pedant [pèd'nt] *s.* pédant, m. ‖ **pedantic** [pidântik] *adj.* pédantesque; *s.* pédant, m. ‖ **pedantry** [pédⁿntri] *s.* pédantisme, m.

peddle [pèd'l] *v.* colporter. ‖ **peddler** [-ⁿr] *s.* colporteur, m.

pedestal [pèdist'l] *s.* piédestal, m.

pedestrian [pⁿdèstriⁿn] *s.* piéton, m.; *adj.* pédestre; **pedestrian crossing,** passage clouté.

pedigree [pèdⁿgrî] *s.* pedigree; certificat d'origine, m.; généalogie, f.

peek [pîk] *v.* épier.

peel [pîl] *s.* pelure, peau, f.; zeste, m.; *v.* peler, éplucher, décortiquer; **orange-peel,** écorce d'orange; **peeling,** épluchure; décortiquage; desquamation.

peep [pîp] *v.* jeter un coup d'œil; regarder furtivement; poindre [day]; *s.* coup d'œil; point du jour, m.

peep [pîp] *v.* piauler, pépier; pousser des petits cris aigus; *s.* piaulement, pépiement; petit cri aigu, m.

peer [pⁿr] *s.* pair, noble, égal, m.; **peerless,** incomparable.

peer [pⁿr] *v.* regarder avec attention, scruter; pointer.

peeve [pîv] *v.* irriter; agacer; **peevish,** maussade, acariâtre.

peg [pèg] *s.* cheville; patère, f.; fausset [cask], m.; *v.* cheviller; *to take down a peg,* rabattre le caquet à.

pellet [pèlit] *s.* boulette [paper], f.

pell-mell [pèl-mèl] *adj.* pêle-mêle; confus; *adv.* sans précaution, impétueusement.

pelt [pèlt] *s.* peau, f.

pelt [pèlt] *v.* assaillir; *to pelt with stones,* lapider; **pelting rain,** pluie battante.

pen [pèn] *s.* plume, f.; *v.* écrire; **penholder,** porte-plume; **pen-name,** pseudonyme; **fountain pen,** stylo; **ball-point pen,** pointe-bille.

pen [pèn] *s.* enclos; parc [sheep]; poulailler, m.; soue [pig]; *Am.* prison, f.; *v.* parquer.

penal [pîn'l] *adj.* pénal. ‖ **penalty** [-ti] *s.** pénalité; sanction, f.; *death penalty,* peine de mort. ‖ **penance** [pènⁿs] *s.* pénitence, f.

pence [pèns] *pl. of* penny.

pencil [pèns'l] *s.* crayon; pinceau, m.; *v.* marquer au crayon; **pencil sharpener,** taille-crayon; **automatic pencil,** porte-mine.

pendant [pènd'nt] *s.* pendant, m.; pendeloque; suspension [lamp]; pantoire (naut.), f.; *adj.* pendant; penché. ‖ **pending** [pèndiŋ] *adj.* pendant; en cours; *prep.* pendant, durant; en attendant.

pendulum [pèndyeⁿm] *s.* pendule; balancier, m.

penetrability [pènⁿtrabⁱⁱeti] *s.* pénétrabilité, f. ‖ **penetrable** [pènⁿtréb'l] *adj.* pénétrable.

penetrate [pènⁿtré¹t] *v.* pénétrer. ‖ **penetrating** [-iŋ] *adj.* pénétrant. ‖ **penetration** [pènⁿtré¹shⁿn] *s.* pénétration, f.; **penetrative,** pénétrant.

penguin [pèŋgwin] *s.* manchot (zool.), m.

penholder [pènhoⁿuldⁿr] *s.* porteplume, m.

peninsula [pⁿninseⁿ] *s.* péninsule, f.

penitent [pènⁿtⁿnt] *adj.* repentant; *s.* pénitent, m. ‖ **penitentiary** [pènⁿtènshⁿri] *adj.* pénitentiaire; *s.** pénitencier, m.

penknife [pènna¹f] (*pl.* **penknives** [-na¹vz]) *s.* canif, m.

penmanship [pènmⁿnship] *s.* calligraphie, f.

pennant [pènⁿnt] *s.* banderole; flamme (naut.), f.; fanion (mil.), m.

penniless [pènilis] *adj.* sans le sou. ‖ **penny** [pèni] *s.* (*pl.* **pennies** [-z] *or* **pence** [pèns]) *s.* sou, m.

pension [pènshⁿn] *s.* pension, retraite, f.; *v.* pensionner; mettre à la retraite; **pensioner,** retraité, pensionné; invalide.

pensive [pènsiv] *adj.* pensif.

pent [pènt] *adj.* enfermé, enclos; *pent-up emotions,* sentiments réprimés.

pentagon [pènt•g•n] *s.* pentagone, m.

Pentecost [péntikaust] *s.* Pentecôte, f.

penthouse [pèntha°us] *s.* appentis; hangar; auvent, m.

penumbra [pénœmbr•] *s.* pénombre, f.

penury [pèny•ri] *s.* pénurie, disette, f.

peony [pí•ni] *s.*° pivoine, f.

people [pîp'l] *s.* peuple; gens, m.; parents, m. pl.; *v.* peupler.

pep [pép] *s.* allant, m.; vitalité, f.; *v. to pep up,* animer.

pepper [pèp•r] *s.*° poivre, m.; *v.* poivrer; *to pepper with bullets,* cribler de balles; *pepper-shaker,* poivrière; *red, green peppers,* piments rouges, verts; *peppermint,* menthe poivrée; *peppery,* poivré; irascible.

per [p•r] *prep.* pour; *per cent,* pour cent; *per year,* par an.

perambulator [p•rambioulé¹t•r] *s.* voiture d'enfant, f.

percale [p•rké¹l] *s.* percale, f.

perceive [p•rsîv] *v.* (s')apercevoir; percevoir.

percentage [p•rsèntidj] *s.* pourcentage, m.

perceptible [p•rsèpt•b'l] *adj.* perceptible. ‖ *perception* [p•rsèpsh•n] *s.* perception, f.; discernement, m.

perch [pèrtsh] *s.*° perche [fish], f.; *yellow perch, Fr. Can.* perchaude, f.

perch [pèrtsh] *s.*° perche [rod], f.; perchoir, m.

perchance [p•rtshans] *adv.* par hasard.

percolate [pèrk•lé¹t] *v.* filtrer.

percuss [p•rkœs] *v.* percuter.

perdition [p•rdísh•n] *s.* perdition, f.

peremptory [p•rèmpt•ri] *adj.* péremptoire; décisif; absolu.

perennial [pèrèni•l] *adj.* durable; vivace (bot.); perpétuel.

perfect [pèrfikt] *adj.* parfait; achevé; accompli; *s.* parfait (gramm.); [p•rfèkt] *v.* perfectionner; parfaire; améliorer; *pluperfect,* plus-que-parfait. ‖ *perfection* [p•rfèksh•n] *s.* perfection, f.

perfidious [p•rfídi•s] *adj.* perfide. ‖ *perfidy* [pèrf•di] *s.*° perfidie, f.

perforate [pèrf•ré¹t] *v.* perforer; percer; *perforation,* perforation, f.

perform [p•rfaurm] *v.* représenter (theat.); accomplir [task]. ‖ *performance* [-•ns] *s.* accomplissement; fonctionnement; rendement, m.; représentation (theat.); performance, f. ‖ *performer* [-•r] *s.* artiste, m. f.; exécutant, m.

perfume [pèrfyoum] *s.* parfum, m.; [p•rfyoum] *v.* parfumer. ‖ *perfumery* [p•rfyoum•ri] *s.*° parfumerie, f.

perfunctory [p•rfœngkt•ri] *adj.* négligent; superficiel; de pure forme.

perhaps [p•rhaps] *adv.* peut-être.

peril [pèr•l] *s.* péril, m.; *v.* exposer au danger; *perilous,* périlleux; dangereux.

perimeter [p•rim•t•r] *s.* périmètre, m.

period [pír¹ed] *s.* période; durée, f.; délai, cycle, m.; *Am.* point (gramm.); *running-in period,* période de rodage. ‖ *periodic* [piriâdik] *adj.* périodique. ‖ *periodical* ['-l] *s.* périodique, m.; revue, f.; *adj.* périodique.

perish [pèrish] *v.* périr; mourir; se gâter; *perishable,* périssable, f.

periwinkle [périwink'l] *s.* pervenche, f.

perjure [pèrdj•r] *v.* se parjurer. ‖ *perjury* [-ri] *s.*° parjure, m.

perky [pèrki] *adj.* éveillé.

perm [pèrm] *s.* permanente, f.; *v.* onduler.

permanence [pèrm•n•ns] *s.* permanence; stabilité, f. ‖ *permanent* [-n•nt] *adj.* permanent; durable; stable.

permeate [pèrmié¹t] *v.* pénétrer; imprégner; s'insinuer.

permissible [p•rmis•b'l] *adj.* permis; admissible. ‖ *permission* [-sh•n] *s.* permission; autorisation, f.; permis, m. ‖ *permit* [pèrmit] *s.* permis; congé, laissez-passer, m.; autorisation, f.; [p•rmít] *v.* permettre, autoriser; *permit of residence,* permis de séjour.

permute [p•rmyout] *v.* permuter.

pernicious [p•rnish•s] *adj.* pernicieux.

pernickety [p•ríkiti] *adj.* délicat; méticuleux.

perorate [pèr•ré¹t] *v.* pérorer; *peroration,* péroraison, f.

perpendicular [pèrp•ndiky•l•r] *adj. s.* perpendiculaire.

perpetrate [pèrp•tré¹t] *v.* perpétrer; commettre.

perpetual [p•rpètshou•l] *adj.* perpétuel. ‖ *perpetuate* [-shoué¹t] *v.* perpétuer. ‖ *perpetuity* [pèrpityouití] *s.* perpétuité, f.

perplex [p•rplèks] *v.* confondre, embarrasser; embrouiller. ‖ *perplexed* [-t] *adj.* perplexe, embarrassé; embrouillé, confus. ‖ *perplexity* [-•ti] *s.*° perplexité; confusion, f.; enchevêtrement, m.

persecute [pèrsikyout] *v.* persécuter. ‖ *persecution* [pèrsikyoush•n] *s.* persécution, f.

perseverance [për͞s•vír•ns] *s.* persévérance, f. ‖ **persevere** [për͞s•vî•r] *v.* persévérer; persister (*in*, à, dans).

persist [p•rzist] *v.* persister (*in*, à, dans); affirmer; s'obstiner. ‖ **persistence** [-•ns] *s.* persistance, f. ‖ **persistent** [-•nt] *adj.* persistant.

person [për͞s'n] *s.* personne, f.; individu, type, m. ‖ **personage** [-idj] *s.* personnage, m. ‖ **personal** [-'l] *adj.* personnel; en personne. ‖ **personality** [për͞s'nal•ti] *s.** personnalité, f.; personnage, m. ‖ **personification** [për͞sân-ifiké¹sh•n] *s.* personnification, f. ‖ **personify** [për͞sânifa¹] *v.* personnifier. ‖ **personnel** [për͞s'nèl] *s.* personnel, m.

perspective [p•rspèktiv] *s.* perspective, f.

perspicacious [për͞spiké¹sh•s] *adj.* perspicace; **perspicacity**, perspicacité.

perspiration [për͞sp•ré¹sh•n] *s.* transpiration; sueur, f. ‖ **perspire** [për͞spa¹r] *v.* transpirer.

persuade [p•rswé¹d] *v.* persuader; déterminer. ‖ **persuasion** [p•rswé¹j•n] *s.* persuasion; croyance, f. ‖ **persuasive** [-siv] *adj.* persuasif, convaincant.

pert [përt] *adj.* effronté, insolent.

pertain [p•rté¹n] *v.* appartenir.

pertinacity [për͞tinasiti] *s.* entêtement, m.

pertinent [për͞t'n•nt] *adj.* pertinent; opportun; **pertinently,** pertinemment, avec à-propos.

perturb [p•rtër͞b] *v.* perturber, troubler. ‖ **perturbation** [për͞tèrbé¹sh•n] *s.* perturbation, f.

perusal [p•rouz•l] *s.* examen, m.; lecture, f. ‖ **peruse** [p•rouz] *v.* examiner, lire avec attention, consulter.

pervade [p•rvé¹d] *v.* traverser, se répandre, pénétrer.

perverse [p•rvër͞s] *adj.* pervers; entêté; revêche. ‖ **pervert** [-vër͞t] *v.* pervertir; fausser; détourner de; [për͞vër͞t] *s.* pervers, vicieux, m.

pessimism [pès•miz•m] *s.* pessimisme, m. ‖ **pessimist** [-mist] *s.* pessimiste, m. ‖ **pessimistic** [-mistik] *adj.* pessimiste.

pest [pèst] *s.* peste, f.; fléau, m.

pester [pèst•r] *v.* importuner.

pestilence [pèst'l•ns] *s.* peste, f.

pestle [pés'l] *s.* pilou, m.

pet [pèt] *s.* animal favori; enfant gâté; objet préféré, m.; *v.* caresser, choyer, gâter; *pet name,* nom d'amitié, diminutif.

petal [pèt'l] *s.* pétale, m.

petition [p•tish•n] *s.* pétition, requête, f.; *v.* pétitionner; présenter une requête.

petrify [pétrifa¹] *v.* (se) pétrifier.

petrol [pètr•l] *s. Br.* essence, f.

petroleum [p•tro͞uli•m] *s.* pétrole, m.

petticoat [pètiko͞ut] *s.* jupon, m.; combinaison, f.; cotillon, m.

petty [pèti] *adj.* insignifiant; mesquin; menu (jur.); *petty cash,* menue monnaie; *petty officer,* officier marinier, quartier-maître.

pew [pyou] *s.* banc d'église, m.

phantom [fant•m] *s.* fantôme, m.

pharmacist [fâr͞m•sist] *s.* pharmacien, m. ‖ **pharmacy** [-si] *s.** pharmacie, f.

phase [fé¹z] *s.* phase, f.; *out of phase,* décalé [motor].

pheasant [fèz'nt] *s.* faisan, m.

phenomenon [f•nâm•nân] (*pl. phenomena* [f•nâm•n•]) *s.* phénomène, m.

phial [fa¹l] *s.* fiole, f.; flacon, m.

philosopher [f•lâs•f•r] *s.* philosophe, m. ‖ **philosophical** [fils•âfik'l] *adj.* philosophique. ‖ **philosophy** [f•lâs•fi] *s.** philosophie, f.

phlegmatic [flègmatik] *adj.* flegmatique.

phone [fo͞un] *s.* téléphone, m.; *v.* téléphoner.

phonetics [fo͞uǹètiks] *s. pl.* phonétique, f.

phonograph [fo͞un•graf] *s.* phonographe, m.

phosphate [fâsfé¹t] *s.* phosphate, m.

phosphorus [fâsf•r•s] *s.* phosphore, m.

photo [fo͞uto͞u] *s.* photo, f.; *photoelectric,* photo-électrique; *photograph,* photographie; prise de vue; *v.* photographier; *photographer,* photographe; *photography,* photographie; *photogravure,* photogravure; *photoprint,* photocopie.

phrase [fré¹z] *s.* phrase (mus.); locution; expression, f.; *v.* exprimer, formuler.

phthisis [tha¹sis] *s.* phtisie, f.

physic [fizik] *s.* médecine; purge, f.; médicament, m.; *v.* (pop.) médiciner; purger; droguer. ‖ **physical** [-'l] *adj.* physique. ‖ **physician** [f•zish•n] *s.* médecin, m. ‖ **physicist** [fiz•sist] *s.* physicien, m. ‖ **physics** [fiziks] *s. pl.* physique, f.

physiological [fizi•lâdjik'l] *adj.* physiologique. ‖ **physiology** [fizi•lâdji] *s.* physiologie, f.

physique [fizîk] *s.* physique, m.

pianist [pi•nist] *s.* pianiste, m. f. ‖ *piano* [piano͞u] *s.* piano, m.; *piano stool,* tabouret de piano; *grand piano,* piano à queue; *baby-grand-piano,* demi-queue; **upright-piano**, piano droit.

piccolo [pík°loou] *s.* octavin, piccolo [music], m.

pick [pik] *s.* pic, m.; pioche, f.; choix, m.; *v.* percer, trouer; becqueter; crocheter [lock]; plumer [fowl]; curer [teeth]; ronger [bone]; cueillir; choisir; extraire; piocher (techn.); *to pick flaws*, critiquer; *to pick up*, ramasser; gagner; (se) reprendre; **pickaxe**, pioche; **pickpocket**, voleur à la tire; **tooth-pick**, cure-dents.

picket [píkit] *s.* piquet; pieu; jalon; piquet militaire, m.; *v.* entourer de piquets; former un piquet (mil.); monter la garde; **outlying picket**, poste avancé.

pickle [pík'l] *s.* marinade; saumure, f.; *pl.* conserves au vinaigre; *v.* mariner; conserver dans du vinaigre; décaper (techn.); **pickled cucumbers**, cornichons; **picklefish**, poisson mariné; *to be in a pickle*, être dans de beaux draps.

picnic [píknik] *s.* pique-nique, m.; *v.* pique-niquer.

pictorial [piktâri°l] *adj.* pittoresque; illustré.

picture [píktsh°r] *s.* tableau; portrait, m.; peinture; gravure; image cinématographique; *v.* peindre, représenter; décrire; (s')imaginer; **picture gallery**, musée de peinture; **picturesque**, pittoresque; **motion picture**, film.

pie [pa¹] *s.* pâté, m.; tourte; tarte; tartelette, f.

piece [pîs] *s.* pièce, f.; morceau, fragment, m.; *piece of advice*, conseil; *piece of land*, parcelle de terrain; *piece of news*, nouvelle; *to piece on to*, ajouter à; *to piece together*, réunir les morceaux de, se faire une idée d'ensemble de; **piecemeal**, fragmentaire.

pier [pi°r] *s.* jetée; pile de pont, f.; appontement; pilastre, pilier, m.

pierce [pi°rs] *v.* percer; pénétrer; *to pierce through*, transpercer.

piety [pa¹ti] *s.* piété, f.

pig [pig] *s.* porc, cochon, pourceau, m.; **pig-headed**, cabochard; **pig iron**, fonte brute, gueuse.

pigeon [pídj°n] *s.* pigeon, m. ‖ **pigeonhole** [-hoou] *s.* case, f.; casier, m.; *v.* classer; **pigeon house**, colombier.

piglet [píglit] *s.* porcelet, m.

pigment [pígm°nt] *s.* pigment, m.

pigskin [pígskin] *s.* peau (f.) de porc.

pike [pa¹k] *s.* pique; pointe, f.; pic, m.

pike [pa¹k] *s.* brochet, *Fr. Can.* doré, m.

pile [pa¹l] *s.* pieu, pilot, m.; *v.* piloter, soutenir avec des pilots; **pilework**, pilotis.

pile [pa¹l] *s.* pile (electr.), f.; tas, monceau; faisceau (mil.), m.; *v.* empiler; entasser; accumuler; *to pile arms*, former les faisceaux.

pilfer [pílf°r] *v.* chiper, chaparder.

pilgrim [pílgrim] *s.* pèlerin, m. ‖ **pilgrimage** [-idj] *s.* pèlerinage, m.

pill [pil] *s.* pilule; *Am.* personne désagréable (fam.), f.

pillage [pílidj] *v.* piller; *s.* pillage, m. ‖ **pillager** [-°r] *s.* pillard, saccageur, m.

pillar [píl°r] *s.* pilier, m.; colonne, f.; *from pillar to post*, de-ci de-là; **pillar-box**, borne postale [letters].

pillow [píloou] *s.* oreiller; coussin, m.; **pillowcase**, taie d'oreiller.

pilot [pa¹l°t] *s.* pilote; guide, m.; *v.* piloter, guider, conduire; **pilot balloon**, ballon d'essai; **robot pilot**, pilote automatique.

pimple [pìmp'l] *s.* bouton (med.), m.

pin [pìn] *s.* épingle; cheville; clavette; goupille, f.; boulon, m.; *v.* épingler; clouer, goupiller; *to pin down*, engager formellement, lier; *to pin up*, trousser, retrousser; **pin-up**, jolie fille, pin-up; **breast pin**, broche; **rolling-pin**, rouleau à pâtisserie; **pin money**, argent de poche; **pinworm**, oxyure.

pincers [píns°rz] *s. pl.* pinces; pincettes, f. pl.

pinch [pìntsh] *v.* pincer; serrer; être serré, gêné; *s.* * pincée; prise [tobacco]; gêne, f.; pincement, m.; **pinchbar**, levier; **pinch-penny**, grippe-sou.

pine [pa¹n] *s.* pin, m.; **pine cone**, pomme de pin.

pine [pa¹n] *v.* languir; déplorer; *to pine for*, soupirer après; *to pine away*, dépérir.

pineapple [pa¹nap'l] *s.* ananas, m.

pink [pingk] *s.* œillet, m.; *in the pink of condition*, en parfaite santé; *adj.* rose.

pinnacle [pín°k'l] *s.* faîte; pinacle, m.; tourelle, f.

pint [pa¹nt] *s.* pinte, *Fr. Can.* chopine, f.

pioneer [pa¹°ni°r] *s.* pionnier; précurseur, m.; *v.* explorer; promouvoir; faire office de pionnier.

pious [pa¹°s] *adj.* pieux.

pipe [pa¹p] *s.* pipe [smoking]; canule (med.), f.; tuyau; tube; conduit; pipeau; sifflet, m.; v. canaliser, capter; siffler; jouer du pipeau, du fifre; *to pipe down*, baisser la voix; *pipe-line*, pipe-line; *pipe down!*, la barbe!; *pipe organ*, grand orgue; *pipe-stem*, tuyau de pipe. || *piper* [-ᵉʳ] s. flûtiste; joueur de cornemuse, m. || *piping* [-ing] s. tubulure, f.; tuyautage, m.; son ou jeu du fifre, m.; *adj.* flûté; *piping hot*, bouillant.

pippin [pípìn] s. pomme de reinette, f.

pique [pìk] s. pique, brouillerie, f.; ressentiment, m.; v. vexer; irriter; *to pique oneself on*, se piquer de.

piracy [paᶦʳsi] s. piraterie, f.; plagiat, m. || *pirate* [paᶦʳᵉt] s. pirate; plagiaire, m.; v. pirater; plagier.

pirogue [piroᵘg] s. pirogue, f.

pirouette [pirouét] s. pirouette, f.; v. pirouetter.

pistil [pístil] s. pistil, m.

pistol [pìst'l] s. pistolet, m.

piston [píst'n] s. piston, m.; *piston rod, ring,* tige, segment de piston.

pit [pit] s. trou; puits [mining], m.; fosse, f.

pitch [pitsh] s. poix, f.; bitume, m.; v. bitumer.

pitch [pitsh] s.* degré, niveau, point; diapason [music]; tangage (naut.); pas [screw], m.; pente, f.; v. dresser [tent]; fixer; jeter, lancer; tanguer (naut.); donner le ton [music]; *to pitch in*, se mettre à la besogne; *to pitch into*, attaquer.

pitcher [pítshᵉr] s. cruche, f.; pichet; lanceur [baseball], m.

pitchfork [pítshfaurk] s. fourche, f.

pitching [pítshing] s. lancement; tangage, m.

piteous [pìtiᵉs] adj. piteux; pitoyable; compatissant; lamentable.

pitfall [pìtfâl] s. piège, m.; trappe, f.

pith [pith] s. moelle; substance; quintessence, f.; essentiel, m. || *pithy* [-ᶦ] adj. plein de moelle; vigoureux, substantiel; savoureux, plein de suc.

pitiful [pìtifᵉl] adj. compatissant; pitoyable; lamentable. || *pitiless* [-lis] adj. impitoyable. || *pity* [pìti] s.* pitié; compassion, f.; dommage, m.; v. plaindre; avoir pitié; *what a pity!*, quel dommage!

pivot [pívᵉt] s. pivot, axe, m.; v. pivoter; faire pivoter.

placard [plakârd] s. placard; écriteau, m.; affiche, pancarte, f.; v. placarder, afficher.

placate [plᵉkéᶦt] v. apaiser, calmer.

place [pléᶦs] s. place; situation; demeure; localité, f.; lieu; endroit; poste; établissement, m.; v. placer; *place of worship*, église, temple; *in place of*, au lieu de; *to take place*, avoir lieu; *hiding place*, cachette; *market place*, place du marché.

placid [plasid] adj. placide; *placidity*, placidité, calme.

plagiarism [pléᶦdjᵉriz'm] s. plagiat, m. || *plagiarist* [-ist] s. plagiaire, m. || *plagiarize* [-aᶦȝ] v. plagier. || *plagiary* [-ᶦ] s.* plagiat, m.

plague [pléᶦg] s. peste, bête noire, f.; fléau, m.; v. tourmenter; harceler; frapper de la peste.

plaid [plad] s. plaid, m.; tissu écossais, m.

plain [pléᶦn] adj. uni, plat; égal; commun; facile; évident; franc; s. plaine, f.; adv. franchement; simplement; clairement; *plain cooking*, cuisine bourgeoise; *plain-spoken*, sincère, carré; *in plain clothes*, en civil; *she is plain*, elle est sans attraits. || *plainsong* [pléᶦnsaung] s. plain-chant, m.

plaintiff [pléᶦntif] s. plaignant; demandeur (jur.), m. || *plaintive* [-tiv] adj. plaintif, plaintive.

plan [plàn] s. plan; projet; dessein; système, procédé, m.; v. projeter; tracer; dessiner; décider.

plane [pléᶦn] s. rabot, m.; v. raboter.

plane [pléᶦn] s. platane, m.

plane [pléᶦn] s. surface plane, f.; plan; avion, m.; v. aplanir; planer (aviat.); *plane detector*, détecteur d'avions.

planet [planit] s. planète, f. || *planetary* [-ᵉri] adj. planétaire.

plank [plàngk] s. planche, f.; bordage (naut.); madrier; *Am.* programme électoral, m.; v. planchéier; border (naut.); déposer de force [money]; servir [on a board].

plant [plànt] s. plante, f.; plant; matériel, outillage, m.; usine; machinerie, f.; v. planter; ensemencer; implanter; fonder, introduire; *electric-light plant*, génératrice électrique; *printing plant*, imprimerie, f. || *plantation* [plànté¹shᵉn] s. plantation, f. || *planter* [plàntᵉr] s. planteur, m.

plaque [plak] s. plaque, f.

plasma [plazmᵉ] s. plasma, m.

plaster [plastᵉr] s. emplâtre; plâtre; mortier, m.; v. plâtrer; mettre un emplâtre; *court plaster*, sparadrap; *mustard plaster*, sinapisme.

plastic [plastik] adj., s. plastique.

plasticity [plastisiti] s. plasticité, f.

plate [plé¹t] *s.* assiette; vaisselle; planche (typogr.); plaque [metal], f.; *v.* plaquer; blinder; argenter; étamer; *dental plate,* dentier.

plateau [plato^{ou}] *s.* plateau (geogr.), m.

plateful [pléitfoul] *s.* assiettée, f.

platform [platfaurm] *s.* plateforme; estrade, f.; quai; programme politique, m.; *arrival platform,* quai d'arrivée (railw.), débarcadère (naut.).

platinum [plat'n°m] *s.* platine, m.

platitude [plat°tyoud] *s.* platitude; banalité, f.

platonic [platânik] *adj.* platonique; platonicien.

platter [plat°r] *s.* gamelle, écuelle; plat, m.

plausible [plauzib'l] *adj.* plausible; spécieux; enjôleur.

play [plé¹] *s.* jeu; fonctionnement, m.; pièce de théâtre, f.; *v.* jouer, avoir du jeu (mech.); représenter (theat.); *to play high,* jouer gros jeu; *to play cards,* jouer aux cartes; *to play the piano,* jouer du piano; *to play the fool,* faire l'imbécile; *play on words,* calembour, jeu de mots. || *player* [-°r] *s.* joueur; musicien; acteur, m.; *player piano,* piano mécanique; *piano player,* pianiste. || *playful* [-f°l] *adj.* enjoué, folâtre. || *playground* [-gra°und] *s.* terrain de jeux. || *plaything* [-thing] *s.* jouet, m. || *playtime* [-ta¹m] *s.* récréation, f. || *playwright* [-ra¹t] *s.* auteur dramatique, dramaturge, m.

plea [plî] *s.* défense; excuse; allégation, f.; argument, m.; *on the plea of,* sous prétexte de.

plead [plîd] *v.* plaider; alléguer; *pleader,* plaideur. || *pleading* [plîding] *s.* plaidoirie, f.; adj. implorant.

pleasant [plèz'nt] *adj.* agréable; plaisant; gracieux; sympathique. || *pleasantry* [-ri] *s.** plaisanterie, f. || *please* [plîz] *v.* plaire à; contenter; faire plaisir à; *(if you) please,* s'il vous plaît; *to be pleased with,* être satisfait de; *please be seated,* veuillez vous asseoir; *to do as one pleases,* faire à sa guise; *if you will be pleased to,* si vous voudriez prendre la peine de. || *pleasing* [-ing] *adj.* agréable, charmant. || *pleasure* [plèj°r] *s.* plaisir; gré, m.; volonté, f.; *at your pleasure,* à votre gré; *pleasure trip,* voyage d'agrément.

pleat [plît] *s.* plissé, m.; *v.* plisser.

plebiscite [plèb°sa¹t] *s.* plébiscite, m.

pledge [plèdj] *s.* gage; engagement; vœu; nantissement, m.; promesse; garantie, f.; *v.* (s')engager; promettre; mettre en gage; *to take the pledge,* faire vœu de tempérance.

plenipotentiary [plèn°p°tènsh°ri] *s.** plénipotentiaire, m.

plentiful [plèntif°l] *adj.* abondant, copieux. || *plenty* [plènti] *s.* abondance; plénitude; profusion, f.

pliable [pla¹eb'l] *adj.* flexible; souple. || *pliant* [pla¹ent] *adj.* docile, pliant.

pliers [pla¹erz] *s. pl.* pinces, f. pl.

plight [pla¹t] *s.* état, m.; condition; situation difficile, f.

plinth [plinth] *s.* plinthe, f.

plod [plâd] *v.* marcher péniblement; trimer, piocher.

plot [plât] *s.* complot; coin de terre; plan, m.; intrigue; conspiration, f.; *v.* comploter; machiner; relever le plan; *to plot a curve,* tracer une courbe. || *plotter* [-°r] *s.* conspirateur; conjuré; traceur de route, m.

plough, plow [pla°u] *s.* charrue, f.; *v.* labourer; sillonner (naut.); *ploughman,* laboureur; *plough-share,* soc.

pluck [plœk] *v.* arracher; cueillir; plumer [fowl]; coller [exam]; pincer de la guitare; *s.* courage; cran, m.; *to pluck one's eyebrows,* s'épiler les sourcils; *to pluck up,* reprendre courage. || *plucky* [-i] *adj.* courageux; *to be plucky,* avoir du cran.

plug [plœg] *s.* tampon; bouchon; robinet; plombage [tooth]; fausset; gibus [hat], m.; prise de courant (electr.), f.; *v.* boucher; *drain plug,* bouchon de vidange; *plug of tobacco,* carotte de tabac; *to plug up,* obstruer; *to plug in,* brancher (electr.).

plum [plœm] *s.* prune, f.; *dried plum,* pruneau; *plum-tree,* prunier; *sugar plum,* dragée.

plumage [ploumidj] *s.* plumage, m.

plumb [plœm] *s.* plomb, m.; *v.* plomber; *adv.* d'aplomb; *out of plumb,* oblique; déplombé; *adj.* perpendiculaire, vertical; *Am.* juste; *plumb bob,* fil à plomb; *plumb crazy,* tout à fait toqué. || *plumber* [-°r] *s.* plombier, m. || *plumbing* [-ing] *s.* plomberie; tuyauterie, f.

plume [ploum] *s.* panache; plumet, m.; plume, f.; *v.* empanacher; garnir d'une aigrette; plumer [fowl]; lisser ses plumes [bird]; se vanter (on, de), faire la roue.

plump [plœmp] *adj.* dodu, potelé; *v.* engraisser; gonfler.

plump [plœmp] *v.* tomber lourdement; *adv.* subitement; tout droit; en plein.

plunder [plœnd°r] *s.* butin; pillage, m.; *v.* piller; dépouiller; saccager.

plunge [plœndj] *v.* (se) plonger; s'enfoncer; *s.* plongeon, m.; *plunger,* plongeur; *Am.* spéculateur; *plunging,* embarras financier.

pluperfect [plou-pë^rfikt] *adj., s.* plus-que-parfait, m.

plural [plou^rel] *s.* pluriel, m.; *adj.* pluriel; plural. ‖ *pluralism* [-iz'm] *s.* cumul, m. ‖ *pluralist* [-ist] *s.* cumulard, m. ‖ *plurality* [plou^raliti] *s.* cumul, m.; majorité, f.

plus [plœs] *s.* plus (math.; print.), m.; *plus sign*, signe de l'addition.

plush [plœsh] *s.* peluche, f.

ply [plaⁱ] *v.* manier avec vigueur; exercer [trade]; presser, solliciter; plier; courber; louvoyer (naut.); faire le service (naut.); *to ply the needle*, tirer l'aiguille; *to ply the oars*, faire force de rames; *plywood*, contre-plaqué.

pneumatic [nyoumatik] *adj.* pneumatique.

pneumonia [nyoumo^{ou}nye] *s.* pneumonie, f.

poach [po^{ou}tsh] *v.* pocher.

poach [po^{ou}tsh] *v.* braconner. ‖ *poacher* [-e^r] *s.* braconnier, m.; *poaching*, braconnage.

pocket [pâkit] *s.* poche; cavité, f.; blouse [billiards]; *v.* empocher; avaler [insult]; *air pocket*, trou d'air (aviat.).

pocketbook [pâkitbouk] *s.* portefeuille; porte-billets; carnet, livre de poche; *Am.* sac à main, m.

pocketknife [pâkitnaⁱf] (*pl.* pocket-knives [-naⁱvz]) *s.* couteau de poche; canif, m.

pod [pâd] *s.* cosse, f.

podgy [pâdji] *adj.* rondelet.

poem [po^{ou}im] *s.* poème, m.; poésie, f. ‖ *poet* [po^{ou}it] *s.* poète, m. ‖ *poetess* [-is] *s.* poétesse, f. ‖ *poetic* [po^{ou}e-tik] *adj.* poétique; *s. pl.* art poétique, m. ‖ *poetical* [-'l] poétique. ‖ *poetry* [po^{ou}itri] *s.* poésie, f.

poignant [poⁱn^ent] *adj.* mordant; piquant; *Am.* émouvant.

point [poⁱnt] *s.* point; essentiel, m.; pointe; extrémité; aiguille [steeple]; question, f.; *v.* pointer; signaler; montrer; ponctuer; viser; aiguiser; *it is not the point*, ce n'est pas la question; *to come to the point*, en venir au fait; *datum point, reference point*, point de repère; *dead point*, point mort [auto]; *starting point*, point de départ; *point-blank*, à bout portant; *pointsman*, aiguilleur (railw.). ‖ *pointed* [-id] *adj.* pointu; piquant; mordant; ogival (arch.). ‖ *pointer* [-e^r] *s.* pointeur; index; chien d'arrêt, m.

poise [poⁱz] *s.* poids; aplomb, m.; *v.* balancer, tenir en équilibre.

poison [poⁱz'n] *s.* poison; toxique, m.; *v.* empoisonner; intoxiquer. ‖

poisoner [-e^r] *s.* empoisonneur, m. ‖ *poisoning* [-ing] *s.* empoisonnement, m. ‖ *poisonous* [-es] *adj.* empoisonné; toxique; vénéneux; venimeux.

poke [po^{ou}k] *v.* tisonner; fourrer, pousser; *s.* coup de coude, coup de poing, m.; *to poke fun at someone*, se moquer de; *to poke about*, fouiller, fourgonner; *poker*, tisonnier; poker.

Poland [po^{ou}lend] *s.* Pologne, f.

polar [po^{ou}le^r] *adj.* polaire; *polarity*, polarité; *polarization*, polarisation; *polarize*, (se) polariser.

pole [po^{ou}l] *s.* pôle (geogr.), m.

pole [po^{ou}l] *s.* mât; poteau; timon, m.; gaule; poutre, f.; *telegraph pole*, poteau télégraphique.

Pole [po^{ou}l] *s.* Polonais, m.

polecat [po^{ou}lkat] *s.* putois, m.; *Am.* mouffete, f.

polemics [pelémiks] *s. pl.* polémique, f.

police [pel*í*s] *s.* police, f.; *v.* faire la police; maintenir l'ordre; surveiller; *police department*, préfecture de police; *police headquarters*, commissariat de police; *police station*, poste de police. ‖ *policeman* [-men] (*pl.* police-men) *s.* agent de police; gardien de la paix, m.

policy [pâl^esi] *s.* politique; ligne de conduite; diplomatie, f.

policy [pâl^esi] *s.* police d'assurance, f.

poliomyelitis [po^{ou}lio^{ou}maⁱe^laⁱtis] *s.* poliomyélite, f.

Polish [po^{ou}lish] *adj., s.* polonais.

polish [pâlish] *s.* poli; vernis, m.; *v.* polir; vernir; cirer; astiquer.

polite [pelaⁱt] *adj.* courtois, poli. ‖ *politeness* [-nis] *s.* politesse, f.

politic [pâl^etik] *adj.* politique; prudent; rusé. ‖ *political* [pel*í*tik'l] *adj.* politique. ‖ *politician* [pâl^et*í*shen] *s.* politicien, m. ‖ *politics* [pâl^etiks] *s. pl.* politique, f.

poll [po^{ou}l] *s.* vote; scrutin, m.; tête; urne électorale, f.; *v.* (faire) voter; tenir le scrutin; obtenir les votes; *polling booth*, isoloir.

pollen [pâl^en] *s.* pollen, m.

pollute [pel*ou*t] *v.* polluer, contaminer, souiller.

polo [po^{ou}lo^{ou}] *s.* polo, m.

poltroon [pâltroun] *s.* poltron, m.

polygamist [polige^mist] *s.* polygame, m; *polygamy*, polygamie.

polygon [pâlig^en] *s.* polygone, m.

polyvalent [pâliveⁱl^ent] *adj.* polyvalent.

pomade [po^{ou}méⁱd] *s.* pommade, f.

pomegranate [pœmgranit] *s.* grenade (bot.), f.; grenadier, m.

pommel [pœm'l] *s.* pommeau, m.

pomp [pœmp] *s.* pompe; ostentation, f.; faste, m. ‖ **pompous** [-°s] *adj.* pompeux; fastueux.

pond [pând] *s.* étang, m.; mare, f.; *fishpond*, vivier.

ponder [pând°r] *v.* peser; considérer; méditer (*over*, sur). ‖ **ponderous** [-r°s] *adj.* pesant.

pontiff [pântif] *s.* pontife, m. ‖ **pontify** [-a¹] *v.* pontifier.

pontoon [pântou⁰n] *s.* flotteur d'hydravion; ponton; bac, m.

pony [po⁰uni] *s.°* poney, m.

poodle [poud'l] *s.* caniche, m.

pool [poul] *s.* étang; bassin, m.; *swimming-pool*, piscine.

pool [poul] *s.* pool, fonds commun, m.; poule [sport], f.; *v.* faire un pool.

poop [poup] *s.* poupe (naut.), f.

poor [pou°r] *adj.* pauvre; piètre; indigent; *the poor*, les pauvres; *poorly*, pauvrement, tristement, mal; *poorhouse*, hospice.

pop [pâp] *s.* explosion, détonation, f.; saut [cork], m.; *v.* exploser, détoner; sauter [cork]; tirer [gun]; poser à brûle-pourpoint [question]; *to pop in*, entrer à l'improviste; *to pop corn*, faire griller et éclater des épis de maïs; *to pop one's head out*, sortir brusquement la tête; *soda pop*, boisson gazeuse; *popeyed*, aux yeux exorbités.

pope [po⁰up] *s.* pape; pope, m.

poplar [pâpl°r] *s.* peuplier, m.

poppy [pâpi] *s.°* pavot; coquelicot, m.

populace [pâpy°lis] *s.* populace, f. ‖ **popular** [pâpy°l°r] *adj.* populaire. ‖ **popularity** [pâpy°lar°ti] *s.* popularité, f. ‖ **popularize** [pâpy°l°raiz] *v.* populariser. ‖ **populate** [pâpy°lé¹t] *v.* peupler. ‖ **population** [pâpy°lé¹sh°n] *s.* population, f. ‖ **populous** [pâpy°l°s] *adj.* populeux.

porcelain [po⁰urslin] *s.* porcelaine, f.

porch [po⁰urtsh] *s.°* porche, m.

porcupine [pâurky°pa¹n] *s.* porc-épic, m.

pore [po⁰ur] *s.* pore, m.

pork [pâurk] *s.* viande de porc, f.; *salt pork*, petit salé, *Fr. Can.* lard salé; *pork and beans*, *Fr. Can.* fèves au lard; *porker*, porc à l'engrais, goret.

porous [po⁰ur°s] *adj.* poreux, perméable.

porpoise [pâurp°s] *s.* marsouin, m.

porridge [pâuridj] *s.* bouillie, f.; porridge, m.

porringer [pârindj°r] *s.* écuelle, f.

port [po⁰urt] *s.* port, havre, m.; *free port*, port franc; *sea port*, port de mer; *port of call*, escale.

port [po⁰urt] *s.* sabord (naut.); bâbord (naut.), m.; *porthole*, hublot.

port [po⁰urt] *s.* porto [wine], m.

portable [po⁰urt°b'l] *adj.* portatif.

portage [po⁰urtidj] *s.* portage, m.; *v. Fr. Can.* portager.

portal [po⁰urt'l] *s.* portail, m.

portcullis [po⁰urtkœlis] *s.* sarrasine, herse, f.

portent [po⁰urtènt] *s.* mauvais présage, m.; *portentous*, de mauvais augure; prodigieux.

porter [po⁰urt°r] *s.* portier, concierge, m.

porter [po⁰urt°r] *s.* portefaix; commissionnaire, m.

portfolio [po⁰urtfoo⁰ulio⁰u] *s.* portefeuille, m.; serviette, f.

portico [pau°rtiko⁰u] *s.* portique, m.

portion [po⁰urshⁿ] *s.* portion, part; dot, f.; *v.* partager; répartir; doter.

portly [pau°rtli] *adj.* corpulent.

portmanteau [pau°rtmanto⁰u] *s.* valise, f.

portrait [po⁰urtré¹t] *s.* portrait, m.; *portraitist*, portraitiste. ‖ **portray** [po⁰urtré¹] *v.* peindre; décrire. ‖ **portrayal** [-°l] *s.* peinture, description, représentation, f.

Portuguese [po⁰urtsh°gîz] *adj.*, *s.* portugais.

pose [po⁰uz] *s.* pose; attitude; affectation, f.; *v.* poser; disposer; prendre la pose; affecter une attitude; *to pose as*, se faire passer pour.

position [p°zishⁿn] *s.* position, place; situation; attitude, f.; rang; état, m.; *in a position to*, à même de.

positive [pâz°tiv] *adj.* positif; affirmatif; certain; catégorique, formel; *positiveness*, certitude, assurance.

possess [p°zès] *v.* posséder. ‖ **possession** [p°zèshⁿn] *s.* possession, f. ‖ **possessor** [p°zès°r] *s.* possesseur, m.

possibility [pâs°bil°ti] *s.°* possibilité, f. ‖ **possible** [pâs°b'l] *adj.* possible. ‖ **possibly** [-li] *adv.* peut-être; possiblement.

post [po⁰ust] *s.* poteau; pieu; pilier, m.; colonne [bed], f.; *v.* afficher, placarder.

post [po⁰ust] *s.* poste, emploi, m.; poste, f.; *v.* poster; placer; mettre à la poste; *army post*, garnison; *postcard*, carte postale; *post office*, bureau de poste; *post-paid*, affranchi, port payé; *post marked at,* timbré de; *by return of post,* par retour du courrier. ‖ *postage* [-idj] *s.* affranchissement; port, m.; *postage stamp,* timbre-poste. ‖ *postal* [-'l] *adj.* postal; *postal money order,* mandat-poste.

poster [po^{ou}st^{er}] *s.* afficheur, m.; affiche, f.

posterior [pâstiri^{er}] *adj.* postérieur. ‖ *posterity* [pâstèr^eti] *s.* postérité, f.

posthumous [po^{ou}sthyoum^es] *adj.* posthume.

postman [po^{ou}stm^en] (*pl. postmen*) *s.* facteur, m. ‖ *postmaster* [-mast^{er}] *s.* receveur des postes, m.

postpone [po^{ou}stpo^{ou}n] *v.* remettre; différer. ‖ *postponement* [-m^ent] *s.* ajournement, m.

postscript [po^{ou}stskript] *s.* post-scriptum, m.

postulate [pâstshé^{lé}t] *v.* postuler.

posture [pâstsh^{er}] *s.* posture, attitude; condition; situation, f.; *v.* adopter une posture.

posy [po^{ou}zi] *s.** bouquet, m.

pot [pât] *s.* pot, vase, m.; marmite; mitre [chimney], f.; *pot-bellied,* ventru, pansu.

potable [po^{ou}t^eb'l] *adj.* potable.

potassium [p^etasi^em] *s.* potassium, m.

potash [pâtash] *s.* potasse, f.

potato [petéⁱto^{ou}] *s.** pomme de terre, f.; *sweet potato,* patate, f.

potency [po^{ou}t^ensi] *s.** puissance; capacité; efficacité, f. ‖ *potent* [-t^ent] *adj.* puissant, fort; efficace. ‖ *potential* [p^etènsh^el] *adj., s.* potentiel.

potion [po^{ou}sh^en] *s.* dose, f.; breuvage, m.

pottage [pâtidj] *s.* brouet, m.

potter [pât^{er}] *s.* potier, m. ‖ *pottery* [-ri] *s.** poterie, f.

pouch [pa^{ou}tsh] *s.** poche; blague [tobacco]; musette, f.; sac, m.; *mail pouch,* sac du courrier; *cartridge pouch,* cartouchière, f.

poulp [pou^lp] *s.* poulpe, m.

poultice [po^{ou}ltis] *s.* cataplasme, m.

poultry [po^{ou}ltri] *s.* volaille, f.; *poultry yard,* basse-cour.

pounce [pa^{ou}ns] *v.* saisir; foncer; fondre (*on,* sur).

pound [pa^{ou}nd] *s.* livre, f.

pound [pa^{ou}nd] *v.* broyer; piler; concasser.

pound [pa^{ou}nd] *s.* fourrière, f.

pour [po^{ou}r] *v.* verser, répandre; se déverser; pleuvoir à verse.

pout [pa^{ou}t] *v.* faire la moue; bouder; *s.* moue, f.

poverty [pâverti] *s.* pauvreté; misère; pénurie; disette, f.; *poverty-stricken,* indigent.

powder [pa^{ou}d^{er}] *s.* poudre, f.; *v.* pulvériser; poudrer; *powder magazine,* poudrerie; *powder-puff,* houppe à poudre; *powder train,* traînée de poudre; *to powder one's face,* se poudrer; *Am. to take a powder,* prendre la poudre d'escampette.

power [pa^{ou}er] *s.* pouvoir, m.; puissance; force; autorité, f.; *man power,* effectifs (mil.); *power breakdown,* panne (electr.); *power-house, Am.* centrale électrique; foyer d'énergie (fig.); *power-plant,* groupe électrogène; *water power,* énergie hydraulique; *high-powered,* de haute puissance; *powerful,* puissant; *powerless,* impuissant; *exceeding one's power,* abus de pouvoir; *Am. balance of power,* équilibre européen; *six horse-power,* six chevaux-(vapeur).

pox [pâks] *s.* variole, f.

practicable [praktikeb'l] *adj.* praticable; carrossable; faisable.

practical [praktik'l] *adj.* pratique; réel, positif; *a practical joke,* un mauvais tour, une farce. ‖ *practice* [praktis] *s.* pratique; habitude; clientèle, f.; exercice, art, m.; *v.* pratiquer; exercer; étudier; *practiced,* expert, versé (*in,* dans).

prairie [prèri] *s.* savane, prairie, f.

praise [préⁱz] *s.* louange, f.; éloge, m.; *v.* louer; *praiseworthy,* louable.

pram [pram] *s.* voiture d'enfant, f.

prance [prans] *v.* caracoler; se cabrer.

prank [prangk] *s.* escapade, espièglerie, f.; *to play pranks,* faire des niches.

prate [préⁱt] *v.* bavarder, babiller; *s.* babillage, m.

prattle [prat'l] *v.* bavarder, jaser; *s.* bavardage, babil, m.

prawn [praun] *s.* bouquet (zool.), m.; crevette, f.

pray [préⁱ] *v.* prier; *pray, take a chair,* asseyez-vous, je vous prie. ‖ *prayer* [prè^{er}] *s.* prière; supplication, f.; *Prayer Book,* rituel.

preach [prîtsh] *v.* prêcher. ‖ *preacher* [-^{er}] *s.* prédicateur, m. ‖ *preaching* [-ing] *s.* prédication, f.; sermon, m.

preamble [prîamb'l] *s.* préambule, m.

prearranged [prî^eréⁱndjd] *adj.* arrangé d'avance.

precarious [prikèri^es] *adj.* précaire.

precast [prîkâst] *adj.* précontraint; préfabriqué.

precaution [prikaush⁹n] *s.* précaution, f.

precede [prîsîd] *v.* précéder; devancer. ‖ **precedence** [-'ns] *s.* préséance; priorité, f. ‖ **precedent** [près⁹d⁹nt] *s.* précédent, m. ‖ **preceding** [prîsîding] *adj.* précédent.

precept [prîsèpt] *s.* précepte, m.

precinct [prîsingkt] *s.* enceinte; limite, f.; *pl.* pourtour, m; *Am.* circonscription électorale, f.

precious [près⁹s] *adj.* précieux.

precipice [près⁹pis] *s.* précipice, m. ‖ **precipitate** [prisip⁹té¹t] *v.* hâter; (se) précipiter; *adj., s.* précipité. ‖ **precipitation** [prisip⁹té¹sh⁹n] *s.* précipitation, f. ‖ **precipitous** [prisip⁹t⁹s] *adj.* escarpé, à pic.

precise [prisa¹s] *adj.* précis, exact. ‖ **preciseness** [-nis] *s.* précision; méticulosité, f. ‖ **precision** [prisíj⁹n] *s.* précision, exactitude, f.

preclude [prikloud] *v.* exclure; empêcher (de).

precocious [prikoᵒush⁹s] *adj.* précoce; **precociousness**, précocité.

precursor [prikë⁹sᵉr] *s.* précurseur, m.

predacious [préde¹sh⁹s] *adj.* rapace; **predacity**, rapacité.

predecessor [pridisèsᵉr] *s.* prédécesseur, m.

predestinate [pridèstiné¹t] *v.* prédestiner; [-nit] *adj., s.* prédestiné. ‖ **predestine** [pridèstin] *v.* prédestiner.

predicament [pridík⁹m⁹nt] *s.* catégorie; classe; situation, f.

predicate [prèdikit] *adj., s.* attribut.

predict [pridikt] *v.* prédire. ‖ **prediction** [pridíksh⁹n] *s.* prédiction, prévision, f.

predilection [prîd'lèksh⁹n] *s.* prédilection, préférence, f.

predispose [prîdispoᵒuz] *v.* prédisposer.

predominance [pridám⁹n⁹ns] *s.* prédominance, f. ‖ **predominant** [-n⁹nt] *adj.* prédominant. ‖ **predominate** [-né¹t] *v.* prédominer, prévaloir.

prefab [prifab] *adj.* préfabriqué. ‖ **prefabricate** [-fabriké¹t] *v.* préfabriquer.

preface [préf⁹s] *s.* préface, f; exorde, m.; *v.* préfacer; servir de prélude; faire précéder.

prefect [prîfèkt] *s.* préfet, m.; **prefecture**, préfecture.

prefer [prifër] *v.* préférer; intenter; présenter [claim]; déposer [charge]; promouvoir. ‖ **preferable** [prèfr⁹b'l] *adj.* préférable. ‖ **preferably** [-i] *adv.* de préférence. ‖ **preference** [prèfr⁹ns]

s. préférence, f. ‖ **preferential** [prèfᵉr-énsh⁹l] *adj.* préférentiel. ‖ **preferment** [prifër⁹m⁹nt] *s.* promotion, f.; avancement, m.

prefix [prîfiks] *s.* préfixe, m.; [prifíks] *v.* préfixer.

pregnancy [prègn⁹nsi] *s.* grossesse, f. ‖ **pregnant** [-n⁹nt] *adj.* enceinte; gros (fig.).

prehistory [prîhistᵉri] *s.* préhistoire, f.

prejudice [prèdj⁹dis] *s.* préjugé; parti pris; préjudice (jur.), m.; prévention, f.; *v.* inspirer des préventions; porter préjudice à; **prejudicial**, préjudiciable.

prelate [prèlit] *s.* prélat, m.

preliminary [prilim⁹nèri] *adj., s.* préliminaire.

prelude [prèlyoud] *s.* prélude, m.; [prilyoud] *v.* préluder.

premature [prim⁹tyour] *adj.* prématuré; avant terme.

premeditate [primédité¹t] *v.* préméditer; **premeditation**, préméditation.

premier [prîmiᵉr] *s.* Premier ministre, m.; *adj.* premier, principal.

premise [prèmis] *s.* prémisse, f.; *pl.* locaux; immeubles, m. pl.; *on the premises*, sur place.

premium [prîmi⁹m] *s.* prime; récompense, f.; *premium bond*, obligation à lots; *to be at a premium*, faire prime.

premonition [prim⁹nish⁹n] *s.* prémonition, f.; pressentiment; indice, m.; **premonitory**, prémonitoire.

preoccupation [priakyᵖé¹sh⁹n] *s.* préoccupation, f. ‖ **preoccupy** [priáky⁹pa¹] *v.* préoccuper; prévenir.

prepaid [prîpé¹d] *adj.* affranchi; franco.

preparation [prèp⁹ré¹sh⁹n] *s.* préparation, f.; préparatif, m. ‖ **preparatory** [pripar⁹tᵒᵘri] *adj.* préparatoire. ‖ **prepare** [pripéᵉr] *v.* (se) préparer; apprêter. ‖ **preparedness** [-ridnis] *s.* état de préparation; équipement, m.

preponderance [pripánd⁹r⁹ns] *s.* prépondérance, f. ‖ **preponderant** [-⁹nt] *adj.* prépondérant. ‖ **preponderate** [-é¹t] *v.* l'emporter; être prépondérant.

preposition [prèp⁹zish⁹n] *s.* préposition, f.

prepossessing [pripozésing] *adj.* attirant.

preposterous [pripástr⁹s] *adj.* absurde, déraisonnable.

prerequisite [prirèkw⁹zit] *adj.* requis; *s.* nécessité préalable, f.

prerogative [prirág⁹tiv] *s.* prérogative, f.

presage [prèsidj] *s.* présage, m.; [prisé¹dj] *v.* présager.

presbyopic [prezbioᵒupik] *adj.* presbyte.

prescience [préshiᵉns] *s.* prescience, f.

prescribe [priskraᶦb] *v.* prescrire; légiférer. ‖ **prescription** [priskripshᵉn] *s.* prescription; ordonnance, f.

presence [prèz'ns] *s.* présence, f.; *presence of mind,* présence d'esprit. ‖ **present** [prèz'nt] *adj.* présent; prompt; actuel; *s.* présent, m.; heure actuelle, f.; *for the present,* pour le moment; *present participle,* participe présent. ‖ **present** [prizènt] *v.* (se) présenter; s'offrir; faire cadeau; présent, cadeau, m. ‖ **presentation** [prèzn'téᶦshᵉn] *s.* présentation, f.; cadeau, m.; *presentation copy,* hommage de l'auteur [book].

presentiment [prizèntᵉmᵉnt] *s.* pressentiment, m.

presently [prèz'ntli] *adv.* tout à l'heure; sous peu.

preservation [prèzᵉrvéᶦshᵉn] *s.* préservation; conservation, f. ‖ **preserve** [prizᵉrv] *v.* préserver; protéger; conserver; faire des conserves; *s.* conserves; confiture; chasse réservée, f.

preside [prizaᶦd] *v.* présider. ‖ **presidency** [prèzᵉdènsi] *s.* présidence, f. ‖ **president** [prèzᵉdᵉnt] *s.* président, m. ‖ **presidential** [prèzᵉdènshᵉl] *adj.* présidentiel.

press [près] *v.* presser; étreindre; satiner [paper]; repasser [clothes]; repousser; inciter; insister; *to press one's point,* insister sur ses arguments; *to press down upon,* peser sur, accabler; *to be hard pressed,* être aux abois; *s.* presse; foule; pression; urgence, f.; *printing press,* machine à imprimer; **pressing** [-ing] *adj.* pressant; urgent; *s.* repassage, m. ‖ **pressure** [prèshᵉr] *s.* pression; poussée (mech.); urgence, f.; *blood pressure,* tension artérielle; *pressure-cooker,* autocuiseur, Cocotte Minute (trademark); *pressure gauge,* manomètre.

prestidigitation [prèstididjitéᶦshᵉn] *s.* prestidigitation, f.; ‖ **prestidigitator,** prestidigitateur.

prestige [prèstidj] *s.* prestige, m.

presumable [prizoumᵉb'l] *adj.* présumable; probable. ‖ **presume** [prizoum] *v.* présumer; supposer; *to presume on,* abuser de. ‖ **presumption** [prizèmpshᵉn] *s.* présomption; prétention; supposition, f. ‖ **presumptuous** [-ptshouᵉs] *adj.* présomptueux; prétentieux.

presuppose [prîsᵉpoᵒuz] *v.* présupposer.

pretend [pritènd] *v.* prétendre; prétexter; faire semblant. ‖ **pretense** [-tèns] *s.* prétexte; faux-semblant, m.; excuse; feinte, f.; *under pretense of,* sous prétexte de. ‖ **pretension** [pritènshᵉn] *s.* prétention; ostentation, f. ‖ **pretentious** [-shᵉs] *adj.* prétentieux.

pretext [pritèkst] *s.* prétexte, m.

prettily [pritili] *adv.* joliment. ‖ **prettiness** [pritinis] *s.* charme, m.; gentillesse, joliesse, f. ‖ **pretty** [priti] *adj.* joli; gentil; *adv.* assez; à peu près; passablement; *pretty nearly,* à peu de chose près; *pretty well,* presque, assez bien.

prevail [privéᶦl] *v.* prévaloir; dominer; l'emporter sur; *to prevail upon oneself,* se résoudre. ‖ **prevailing** [-ing] *adj.* dominant; courant; répandu. ‖ **prevalent** [-ᵉnt], *see prevailing.*

prevaricate [privarikéᶦt] *v.* biaiser; mentir; **prevarication,** équivoque, faux-fuyant, mensonge.

prevent [privènt] *v.* prévenir; empêcher; détourner. ‖ **prevention** [privènshᵉn] *s.* empêchement, m.; précautions; mesure préventive, f. ‖ **preventive** [-tiv] *adj.* préventif; **preview** [prîvyou] *s.* projection en avant-première, première vision, f.; *v.* visionner.

previous [privieᵉs] *adj.* antérieur; précédent; préalable.

prey [préᶦ] *s.* proie, f.; *v.* faire sa proie (*on,* de); *it preys upon my mind,* cela me mine.

price [praᶦs] *s.* prix; coût, m.; *v.* tarifer; coter; *at a reduced price,* au rabais; **priceless,** inestimable; **pricelist,** prix courant, catalogue.

prick [prik] *v.* piquer; aiguillonner; pointer; *s.* pointe; piqûre, f.; piquant; remords, m.; *to prick up one's ears,* dresser les oreilles. ‖ **prickly** [-li] *adj.* épineux; piquant.

pride [praᶦd] *s.* orgueil, m.; fierté, f.; *v. to pride oneself,* s'enorgueillir (*on, upon,* de).

priest [prîst] *s.* prêtre, m. ‖ **priesthood** [-houd] *s.* prêtrise, f.; sacerdoce, m.

priggish [prigish] *adj.* poseur, pédant; collet monté.

prim [prim] *adj.* affecté; coquet; tiré à quatre épingles.

primarily [praᶦmèrᵉli] *adv.* primitivement; à l'origine; surtout. ‖ **primary** [praᶦmèri] *adj.* primaire; élémentaire; premier; primordial; primitif. ‖ **primate** [-it] *s.* primat (eccles.), m. ‖ **prime** [praᶦm] *adj.* premier, principal; excellent; *s.* origine; première heure, f.; commencement, printemps; nombre premier, m.; *v.* amorcer; instruire, styler; *Prime Minister,* Premier ministre; *to be in one's prime,* être dans la fleur de l'âge.

primer [prim^{er}] *s.* traité élémentaire, m.

primer [pra¹m^{er}] *s.* amorce, f.

primitive [prímitiv] *adj.* primitif.

primness [prìmnis] *s.* afféterie, préciosité, f.

primordial [pra¹mau^rdi^el] *adj.* primordial; originel.

primp [prìmp] *v.* se parer; s'attifer.

primrose [prìmroo^uz] *s.* primevère, f.

prince [prìns] *s.* prince, m. ǁ **princely** [-li] *adj.* princier; somptueux. ǁ **princess** [-is] *s.** princesse, f.

principal [prìns^ep'l] *adj.* principal; premier; *s.* principal; proviseur; mandant; commettant, m.

principle [prìns^ep'l] *s.* principe; fondement, m.; base, f.

print [prìnt] *s.* impression; empreinte; épreuve (phot.); estampe, gravure; cotonnade imprimée, indienne, f.; *v.* imprimer; *printed matter,* imprimés; *out of print,* épuisé. ǁ **printer** [-^{er}] *s.* imprimeur, m. ǁ **printing** [-ing] *s.* impression, imprimerie, f.

prior [pra¹^{er}] *adj.* antérieur; préalable; *s.* prieur, m.; *prior to,* antérieur à. ǁ **priority** [pra¹au^rti] *s.** priorité; antériorité, f. ǁ **priory** [pra¹^eri] *s.** prieuré, m.

prism [prìz^em] *s.* prisme, m.

prison [prìz'n] *s.* prison, f.; *v.* emprisonner. ǁ **prisoner** [-^{er}] *s.* prisonnier; captif, m.

privacy [pra¹v^esi] *s.* retraite; solitude; intimité, f. ǁ **private** [pra¹vit] *adj.* privé; personnel, particulier; confidentiel; *s.* soldat, m.; *private citizen,* simple particulier. ǁ **privation** [pra¹vé¹sh^en] *s.* privation, f.

privilege [prìvlidj] *s.* privilège, m.; **privileged,** privilégié.

prize [pra¹z] *s.* prix, lot, m.; récompense; prise (naut.); capture, f.; *prize book,* livre de prix; *prize-packet,* pochette-surprise; *prize-list,* palmarès.

prize [pra¹z] *v.* priser; estimer; évaluer; tenir à.

probability [prâb^ebíl^eti] *s.** probabilité, f. ǁ **probable** [prâb^eb'l] *adj.* probable; **probably,** probablement.

probation [proo^ubé¹sh^en] *s.* probation; épreuve, f.; stage; noviciat, m.; *Probation Act,* loi de sursis; *on probation,* à l'essai.

probe [proo^ub] *v.* sonder; approfondir; *s.* sonde (med.); enquête; investigation, f.; **probity,** probité.

problem [prâbl^em] *s.* problème, m.

procedure [pr^esídj^{er}] *s.* procédure; méthode, f.; procédé; fonctionnement, m. ǁ **proceed** [pr^esíd] *v.* procéder;

avancer; continuer; aller, se rendre; *to proceed against,* intenter un procès à; *to proceed with,* continuer; *to proceed from,* provenir de. ǁ **proceeding** [-ing] *s.* procédé, m.; marche à suivre, f.; relèvement (naut.), m.; *pl.* procédure; délibérations; poursuites; démarches, f. ǁ **proceeds** [proo^usîdz] *s. pl.* produit; montant, m.

process [prâsès] *s.** procédé; processus; procès, m.; marche; méthode; opération, f.; *v.* soumettre à un procédé; *due process of law,* procédure légale. ǁ **processing** [-ing] *s.* traitement, m.; transformation, f.; *food-processing industry,* industrie alimentaire.

procession [pr^esèsh^en] *s.* procession, f.; cortège, m.; *v.* défiler.

proclaim [proo^uklé¹m] *v.* proclamer; annoncer. ǁ **proclamation** [prâkl^emé¹sh^en] *s.* proclamation; déclaration, f.

procrastinate [prokrastiné¹t] *v.* atermoyer, remettre au lendemain; **procrastination,** remise au lendemain.

procreate [proo^ukrie¹t] *v.* procréer; **procreation,** procréation, f.; **procreative,** procréateur.

procuration [praukiouré¹sh^en] *s.* procuration; proxénétisme; acquisition, f.

procure [proo^ukyour] *v.* (se) procurer; faire obtenir. ǁ **procurement** [-m^ent] *s.* obtention, acquisition, f.; *Am.* approvisionnement, m.; **procurer,** proxénète; **procuress,** entremetteuse.

prod [prâd] *v.* piquer; aiguillonner.

prodigal [prâdig'l] *adj.*, *s.* prodigue.

prodigious [pr^edidj^es] *adj.* prodigieux. ǁ **prodigy** [prâd^edji] *s.** prodige, m.

produce [prâdyous] *s.* produit; rendement, m.; [pr^edyous] *v.* produire; exhiber; fabriquer. ǁ **producer** [-^{er}] *s.* producteur; impresario, m. ǁ **product** [pradèkt] *s.* produit, m.; denrée, f.; *farm product,* produit agricole. ǁ **production** [pr^edæksh^en] *s.* production; fabrication; représentation (theat.); œuvre [book], f. ǁ **productive** [-tiv] *adj.* productif; **productiveness,** productivité.

profanation [prâf^ené¹sh^en] *s.* profanation, f. ǁ **profane** [pr^efé¹n] *adj.* profane; *v.* profaner; profanateur; **profanity,** caractère profane; impiété; juron.

profess [pr^efès] *v.* professer, prétendre. ǁ **profession** [pr^efèsh^en] *s.* profession, f.; métier; état; emploi, m. ǁ **professional** [-'l] *adj.*, *s.* professionnel. ǁ **professor** [-^{er}] *s.* professeur, m.; **professorship,** professorat; chaire.

proffer [prâf^{er}] *s.* offre, f.; *v.* offrir, proposer.

proficiency [prᵉfíshᵉnsi] *s.* compétence; capacité, f.; talent; progrès,
m. ‖ *proficient* [-shᵉnt] *adj.* compétent; habile; calé.

profile [proᵒfaᵓl] *s.* profil; contour,
m.; silhouette, f.; *v.* profiler.

profit [práfit] *s.* profit; bénéfice;
avantage; rapport, m.; *v.* profiter;
bénéficier; mettre à profit. ‖ *profitable*
[-b'l] *adj.* profitable; avantageux;
lucratif. ‖ *profiteer* [práfᵉtír] *s.* profiteur; mercanti, m.; *v.* exploiter.

profligacy [práfligᵉsi] *s.* débauche,
f.; *profligate*, débauché.

profound (prᵉfaᵒnd] *adj.* profond;
profoundness [-nis], *profundity* [prᵉ-
fǽnditi] *s.* profondeur, f.

profuse [prᵉfyous] *adj.* profus; prodigue; abondant; *profusion*, profusion.

progeny [prádjᵉni] *s.* ᵉ progéniture;
descendance; postérité, f.

prognostic [prᵉgnástik] *s.* pronostic,
symptôme, m.; *prognosticate*, pronostiquer.

program(me) [proᵒugram] *s.* programme; plan, m.

progress [prágres] *s.* ᵉ progrès; cours
[events]; voyage; avancement, m.;
[prᵉgrés] *v.* progresser; avancer; faire
des progrès. ‖ *progression* [-shᵉn] *s.*
progression, f. ‖ *progressive* [prᵉgrés-
iv] *adj.* progressif; *s.* progressiste, m.

prohibit [proᵒuhíbit] *v.* prohiber; interdire. ‖ *prohibition* [proᵒuᵉbíshᵉn] *s.*
prohibition; interdiction, f. ‖ *prohibitive* [proᵒuhíbitiv] *adj.* prohibitif.

project [prádjèkt] *s.* projet; dessein,
m.; intention, f.; [prᵉdjèkt] *v.* projeter, lancer; faire saillie; s'avancer.

projectile [prᵉdjèkt'l] *s.* projectile,
m. ‖ *projection* [-djèkshᵉn] *s.* projection; saillie, f. ‖ *projector* [prodjékt°r]
s. projecteur, m.

proletarian [proᵒulᵉtériᵉn] *adj.*, *s.*
prolétaire. ‖ *proletariat* [-ríᵉt] *s.* prolétariat, m.

proliferate [prolifᵉréᵓt] *v.* proliférer;
proliferation, prolifération.

prolific [proᵒulífik] *adj.* prolifique;
prolification, prolifération; procréation; fécondité, f.

p r o l i x e [proᵒuliks] *adj.* prolixe;
prolixity, prolixité.

prologue [proᵒulaug] *s.* prologue, m.

prolong [prᵉlaung] *v.* prolonger. ‖
prolongation [proᵒulaunggéᵓshᵉn] *s.*
prolongation, f.; prolongement, m.

promenade [prámᵉnéᵓd] *s.* promenade, f.; *v.* se promener.

prominent [prámᵉnᵉnt] *adj.* proéminent; éminent; saillant.

promiscuity [prᵉmiskyouᵉti] *s.* promiscuité, f. ‖ *promiscuous* [prᵉmís-
kyouᵉs] *adj.* confus; pêle-mêle; débauché.

promise [prámis] *s.* promesse, f.; *v.*
promettre. ‖ *promising* [-ing] *adj.* prometteur; d'avenir. ‖ *promissory* [prá-
mᵉsoᵒri] *adj.* à ordre; *promissory
note*, billet à ordre.

promontory [prámᵉntoᵒuri] *s.* ᵉ promontoire, m.

promote [prᵉmoᵒut] *v.* faire avancer;
promouvoir; encourager; contribuer
à. ‖ *promoter* [-ᵉr] *s.* promoteur, m. ‖
promotion [prᵉmoᵒushᵉn] *s.* promotion, f.; avancement, m. ‖ *promotive*
[prᵉmoᵒutiv] *adj.* favorable, favorisant.

prompt [prámpt] *adj.* prompt; rapide; empressé; immédiat; ponctuel;
v. inciter; suggérer; souffler (theat.). ‖
promptly [-li] *adv.* promptement; immédiatement; ponctuellement. ‖
promptness [-nis] *s.* promptitude;
ponctualité, f; empressement, m.

promulgate [prᵉmœlgéᵓt] *v.* promulguer. ‖ *promulgation* [proᵒumœlgéᵓ-
shᵉn] *s.* promulgation, f.

prone [proᵒun] *adj.* incliné; en pente;
enclin (to, à); couché à plat ventre.

prong [praung] *s.* dent, f. [fork]; *v.*
enfourcher.

pronoun [proᵒunaᵒun] *s.* pronom, m.

pronounce [prᵉnaᵒuns] *v.* prononcer;
déclarer. ‖ *pronounced* [-t] *adj.* prononcé; marqué. ‖ *pronunciation* [prᵉ-
nœnsiéᵓshᵉn] *s.* prononciation, f.

proof [prouf] *s.* preuve; justification;
épreuve (phot.), f.; *adj.* à l'épreuve
de, résistant; étanche; imperméable;
proof-sheet, épreuve (typogr.).

prop [práp] *s.* étai; tuteur; support;
soutien, m.; *v.* étayer; soutenir.

propaganda [prápᵉgandᵉ] *s.* propagande, f.; *propagandize*, faire de la
propagande.

propagate [prápᵉgéᵓt] *v.* (se) propager. ‖ *propagation* [prápᵉgéᵓshᵉn] *s.*
propagation, f.; *propagative*, propa-
gateur.

propel [prᵉpèl] *v.* propulser. ‖ *propel-
lant* [-ᵉnt] *s.* propulseur; propergol, m. ‖ *propeller* [-ᵉr] *s.* propulseur,
m.; hélice, f.

propense [propéns] *adj.* porté (to, à);
propensity, propension.

proper [prápᵉr] *adj.* propre; convenable, exact; à propos; régulier;
juste; *proper noun*, nom propre. ‖
properly [-li] *adv.* régulièrement;
convenablement; en propre. ‖ *property* [prápᵉrti] *s.* ᵉ propriété; possession; qualité, f.; biens; matériel, m.;
property-man, accessoiriste.

prophecy [prắfᵉsi] *s.* prophétie, f. ‖ **prophesy** [prắfᵉsa¹] *v.* prophétiser; pronostiquer. ‖ **prophet** [prắfit] *s.* prophète, m. ‖ **prophetic** [prᵉfètik] *adj.* prophétique.

propinquity [prooᵘpínkwiti] *s.* proximité; affinité; ressemblance; proche parenté. f.

propitiate [prᵉpíshié¹t] *v.* rendre propice; **propitiation**, propitiation; **propitiatory**, propitiatoire; **propitious**, propice.

proportion [prᵉpooᵘrsh°n] *s.* proportion, f.; *v.* proportionner; *out of proportion*, disproportionné; hors de proportion (*to*, avec); **proportional**, proportionnel; **proportionate**, proportionné; **proportionately**, proportionnellement.

proposal [prᵉpooᵘz'l] *s.* proposition; demande en mariage; déclaration d'amour, f.; projet, m. ‖ **propose** [prᵉpooᵘz] *v.* proposer; offrir; demander en mariage. ‖ **proposition** [prắpᵉzish°n] *s.* proposition; offre; affaire, f.

propound [propaᵒᵘnd] *v.* proposer; émettre [idea]; poser [problem].

proprietor [prᵉpra¹ᵉtᵉr] *s.* propriétaire, m. f. ‖ **propriety** [-ti] *s.°* propriété; opportunité; bienséance, f.

propulsion [propœlsh°n] *s.* propulsion, f.

prorate [prooᵘré¹t] *v.* taxer proportionnellement.

prorogation [prooᵘrᵉgé¹sh°n] *s.* prorogation, f. ‖ **prorogue** [proroᵒᵘg] *v.* (se) proroger.

prosaic [prooᵘzé¹ik] *adj.* prosaïque.

proscribe [proskra¹b] *v.* proscrire; **proscription**, proscription.

prose [prooᵘz] *s.* prose, f.; *prose writer*, prosateur.

prosecute [prắsikyout] *v.* poursuivre; traduire en justice; revendiquer [right]; intenter une action. ‖ **prosecution** [prắsikyoush°n] *s.* poursuites judiciaires; accusation; continuation [studies], f.; *witness for the prosecution*, témoin à charge. ‖ **prosecutor** [prắsikyoutᵉr] *s.* procureur; plaignant, m.

proselyte [prắsila¹t] *s.* prosélyte, m. f.; *v. Am.* faire du prosélytisme.

prosody [prắsᵉdi] *s.* prosodie, f.

prospect [prắspèkt] *s.* perspective; vue; espérances, f.; avenir; panorama, m.; *v.* prospecter, explorer. ‖ **prospective** [prᵉspèktiv] *adj.* en perspective; présumé; prévoyant; à perspective, f. ‖ **prospector** [prᵉspèktᵉr] *s.* prospecteur; chercheur d'or, m.

prosper [prắspᵉr] *v.* réussir; (faire) prospérer. ‖ **prosperity** [prắspᵉrti] *s.* prospérité, f. ‖ **prosperous** [prắspᵉrᵉs] *adj.* prospère, florissant.

prostitute [prắstᵉtyout] *s.* prostituée, f.; *v.* prostituer. ‖ **prostitution** [prắstityoush°n] *s.* prostitution, f.

prostrate [prắstré¹t] *adj.* prosterné; prostré; [prắstré¹t] *v.* abattre; prosterner. ‖ **prostration** [-tré¹sh°n] *s.* prostration; prosternation, f.

protagonist [protagᵉnist] *s.* protagoniste, m. f.

protect [prᵉtèkt] *v.* protéger; défendre. ‖ **protection** [-sh°n] *s.* protection; défense; sauvegarde, f. ‖ **protective** [-tiv] *adj.* protecteur; de protection. ‖ **protector** [-tᵉr] *s.* protecteur, m. ‖ **protectorate** [-trit] *s.* protectorat, m. ‖ **protectress** [-tris] *s.* protectrice, f.

protégé [prooᵘtejé¹] *s.* protégé, m.

protein [prooᵘtîin] *s.* protéine, f.

protest [prooᵘtèst] *s.* protestation, f.; protêt, m.; [prᵉtèst] *v.* protester; faire protester (comm.). ‖ **protestant** [prắtist'nt] *adj.*, *s.* protestant. ‖ **protestation** [prắtᵉsté¹sh°n] *s.* protestation, f.; **protester**, protestataire.

protocole [prooᵘtokâl] *s.* protocole, m.

protoplasm [prooᵘtᵉplaz°m] *s.* protoplasme, m.

protract [prooᵘtrakt] *v.* prolonger; traîner en longueur.

protrude [prooᵘtroud] *v.* (faire) sortir; faire saillie.

protuberance [prooᵘtyoubᵉrᵉns] *s.* protubérance, f.; **protuberant**, protubérant.

proud [praoᵘd] *adj.* orgueilleux; fier; arrogant; fougueux [horse].

prove [prouv] *v.* prouver; démontrer; vérifier; éprouver; homologuer; se montrer.

proverb [prắvër̄b] *s.* proverbe, m.; maxime, f.; **proverbial**, proverbial.

provide [prᵉva¹d] *v.* pourvoir; fournir; munir (*with*, de); stipuler [article]; pourvoir (*for*, à); *to be well provided for*, être à l'abri du besoin. ‖ **provided** [-id] *conj.* pourvu, à condition (*that.* que).

providence [prắvᵉdᵉns] *s.* providence; prévoyance, f. ‖ **providential** [prắvᵉdènsh°l] *adj.* providentiel.

provider [prᵉva¹dᵉr] *s.* pourvoyeur; fournisseur, m.

province [prắvins] *s.* province; juridiction, f.; ressort, m.; *it is not within my province*, ce n'est pas de mon rayon. ‖ **provincial** [prᵉvinsh°l] *adj.*, *s.* provincial.

provision [prᵊvi̇jᵊn] *s.* stipulation; mesure; clause; somme d'argent; provisions, f.; acte de pourvoir aux besoins de quelqu'un, m.; *v.* s'approvisionner; *provisional,* provisoire; provisionnel (jur.).

provisory [prova¹zᵊri] *adj.* conditionnel; provisoire.

provocation [prᵃvᵊké¹shᵊn] *s.* provocation; irritation, f.; stimulant, m. ‖ **provoke** [prᵊvoᵘk] *v.* provoquer; irriter; fâcher, susciter. ‖ **provoking** [-ing] *adj.* contrariant; fâcheux.

provost [prᵃvᵊst] *s.* prévôt, m.

prow [praoᵘ] *s.* proue, f.

prowess [praoᵘis] *s.°* prouesse, f.

prowl [praoᵘl] *v.* rôder.

proximity [prᵃksᵊmᵊti] *s.* proximité, f.; voisinage, m.

proxy [prᵃksi] *s.°* procuration, f.; mandataire, m.

prude [proud] *s.* prude, f.

prudence [proud'ns] *s.* prudence, f. ‖ **prudent** [-d'nt] *adj.* prudent.

prudery [proud°ri] *s.* pruderie, f. ‖ **prudish** [-dish] *adj.* prude.

prune [proun] *s.* pruneau, m.

prune [proun] *v.* élaguer; émonder.

Prussia [prᵃshᵊ] *s.* Prusse, f.; **Prussian,** Prussien.

pry [pra¹] *v.* fouiller; fureter; se mêler de; fourrer le nez dans.

pry [pra¹] *s.°* levier, m.; *v.* soulever avec un levier.

psalm [sâm] *s.* psaume, m. ‖ **psalmodize** [-oda¹z] *v.* psalmodier.

pseudonym [syoud'nim] *s.* pseudonyme, m.

psychiatrist [sa¹ka¹trist] *s.* psychiatre, m. ‖ **psychiatry** [-tri] *s.* psychiatrie, f. ‖ **psychic** [sa¹kik] *adj.* psychique; *s.* médium. m.; *psychics,* métapsychique *psychism,* psychisme.

psychological [sa¹k°lᵃdjik'l] *adj.* psychologique. ‖ **psychologist** [-djist] *s.* psychologue, m. ‖ **psychology** [-dji] *s.* psychologie, f.

psychosis [sa¹koᵘsis] (*pl.* psychoses) *s.* psychose, f.

public [pᵃblik] *adj.* public; *s.* public; peuple, m.; *public authorities,* pouvoirs publics; *public officers,* fonctionnaires; *public spirited,* dévoué au bien public. ‖ **publication** [pᵃblikḗ¹shᵊn] *s.* publication; promulgation, f. ‖ **publicity** [pᵃbli̇sᵊti] *s.* publicité; réclame, f. ‖ **publicize** [-sa¹z] *v.* faire de la publicité. ‖ **publish** [pᵃblish] *v.* publier; éditer. ‖ **publisher** [-ᵊr] *s.* éditeur, m.

puck [pᵃk] *s.* palet, m.; *Fr. Can.* rondelle [hockey], f.

pucker [pᵃkᵊr] *v.* plisser, froncer, rider; se froncer.

pudding [pouding] *s.* boudin; pudding, m.; saucisse, f.

puddle [pᵃd'l] *s.* flaque; mare, f.; *v.* patauger.

puerile [pyouᵊra¹l] *adj.* puéril. ‖ **puerility** [youᵊri̇li̇ti] *s.* puérilité, f.

puff [pᵃf] *s.* souffle, m.; bouffée; houppe; vantardise, réclame, louange exagérée, f.; *v.* souffler; tirer des bouffées; gonfler; prôner; *puff-box,* boîte à houppe; *puff-paste,* pâte feuilletée; *puffed up with pride,* bouffi d'orgueil.

pug [pᵃg] *s.* singe; renard; carlin, m.; *pug-nose,* nez camus.

pugilism [pioudji̇li̇z'm] *s.* pugilat, m; *pugilist,* pugiliste.

pugnacious [pᵃgné¹shᵊs] *adj.* batailleur.

pule [pyoul] *v.* pépier; vagir.

pull [poul] *v.* tirer; arracher; faire aller à la rame; *s.* traction; secousse; promenade en bateau, f.; coup de collier; tirage; avantage, m.; *to pull about,* trailler; *to pull away,* arracher; *to pull down,* abattre, démolir; *to pull through,* se tirer d'affaire; *to pull to pieces,* mettre en pièces; *to pull oneself together,* se ressaisir; *to pull someone's leg,* faire marcher quelqu'un.

pullet [poulit] *s.* poulette, f.

pulley [pouli] *s.* poulie, f.

pulmonary [pᵃlmᵊnᵊri] *adj.* pulmonaire; tuberculeux.

pulp [pᵃlp] *s.* pulpe; pâte [paper], f.; *v.* réduire en pâte.

pulpit [poulpit] *s.* chaire, f.

pulsate [pᵃlsé¹t] *v.* battre, palpiter (med.). ‖ **pulsation** [pᵃlsé¹shᵊn] *s.* pulsation, f. ‖ **pulse** [pᵃls] *s.* pouls, m.

pulverize [pᵃlv°ra¹z] *v.* pulvériser.

pumice [pᵃmis] *s.* ponce, f.; *v.* poncer; *pumice stone,* pierre ponce.

pump [pᵃmp] *s.* pompe, f.; *v.* pomper; gonfler [pneu]; débiter (mech.); *gasoline pump,* pompe à essence; *hand pump,* pompe à main; *tire pump,* pompe à pneus; *to pump someone,* tirer les vers du nez à quelqu'un.

pumpkin [pᵃmpkin] *s.* citrouille; courge, f.; potiron, m.

pun [pᵃn] *s.* calembour; jeu de mots, m.; *v.* faire des jeux de mots.

punch [pᵃntsh] *s.°* poinçon; percevoir; découpoir (techn.); emporte-pièce, m.; *v.* percer; perforer.

punch [pᵃntsh] *s.* punch, m.; vitalité, énergie, f.; *v.* battre, frapper.

punch [pœntsh] *s.* punch [drink], m.

punctilious [pœngtílies] *adj.* pointilleux.

punctual [pœngktshouel] *adj.* ponctuel; exact. ‖ **punctuality** [pœngktshouel'ti] *s.* ponctualité, f.; *v.* ponctuer. ‖ **punctuation** [-ktshouel'shen] *s.* ponctuation, f. ‖ **puncture** [pœngktsher] *v.* piquer, faire une piqûre; crever [tire]; *s.* ponction; piqûre; perforation, crevaison [tire], f.

pungent [pœndjent] *adj.* piquant; aigu; mordant; poignant.

puniness [pyouninis] *s.* débilité, chétivité, f.

punish [pœnish] *v.* punir, châtier. ‖ **punishment** [-ment] *s.* punition; sanction; peine, f.; châtiment, m.; *capital punishment*, peine capitale; *mitigation of punishment*, réduction de peine.

punk [pœngk] *s.* amadou, m.; insanité, ineptie, f. (fam.); *adj. Am.* pourri [wood]; mal fichu (pop.).

puny [pyouni] *adj.* chétif; débile.

pup [pœp] *s.* chiot; morveux, m.

pupil [pyou'p'l] *s.* élève, m. f.

pupil [pyoup'l] *s.* pupille; prunelle [eye], f.

puppet [pœpit] *s.* marionnette; poupée, f.; pantin, m. (colloq.).

puppy [pœpi] *s.** chiot; morveux, m.

purchase [pë⁰tshes] *s.* achat, m.; acquisition; emplette, f.; *v.* acheter, acquérir.

pure [pyoueⁱ] *adj.* pur.

purée [pyouréⁱ] *s.* purée, f.

purgative [pë⁰g'tiv] *adj.*, *s.* purgatif. ‖ **purgatory** [-tooⁱri] *s.** purgatoire, m. ‖ **purge** [pë⁰dj] *s.* purge; purgation; épuration, f.; *v.* purger; purifier; nettoyer; épurer.

purify [pyouⁱfaⁱ] *v.* purifier; dépurer. ‖ **Puritan** [pyouⁱten] *s.*, *adj.* puritain; *puritanism*, puritanisme, m. ‖ **purity** [pyouⁱti] *s.* pureté; propreté, f.

purple [pë⁰p'l] *adj.*, *s.* pourpre; violet; rouge violacé.

purport [pë⁰poouⁱt] *s.* teneur; portée, f.; [peⁱpoouⁱt] *v.* signifier; impliquer.

purpose [pë⁰pes] *s.* but; objet, m.; intention, f.; *v.* se proposer; *with the purpose of*, dans l'intention de; *for no purpose*, sans but, inutilement, en vain; *on purpose*, à dessein; *purposeful*, réfléchi; avisé; pondéré; entêté, tenace; *purposely*, exprès.

purr [pë⁰] *s.* ronron, m.; *v.* ronronner; faire ronron.

purse [pë⁰s] *s.* bourse; ressources, f.; porte-monnaie, m.; *v.* plisser, froncer; *to purse one's lips*, pincer les lèvres.

pursue [peⁱsou] *v.* poursuivre; exercer [profession]. ‖ **pursuit** [-t] *s.* poursuite; occupation; recherches, f.; *pursuit plane*, avion de chasse.

purulent [pyourouleⁿt] *adj.* purulent. ‖ **pus** [pœs] *s.* pus (med.), m.

purvey [peⁱvéⁱ] *v.* fournir; *purveyance*, approvisionnement; *purveyor*, fournisseur.

purview [peⁱvyou] *s.* portée (f.) du regard.

push [poush] *v.* pousser; presser; inciter; *to push aside*, écarter; *to push down*, renverser; *to push a reform through*, faire aboutir une réforme; *to push off*, se mettre en route; *push button*, poussoir; presse - bouton; *pushcart*, voiture à bras; *pusher*, propulseur; arriviste, m; *pushfulness*, arrivisme.

pusillanimity [pyousilenímiti] *s.* pusillanimité, f.; *pusillanimous*, pusillanime.

pussy [pousi] *s.** minet, chat, m.

pussyfoot [pousifout] *s.* prohibition, f.; *v.* faire patte de velours.

pustule [pœstyoul] *s.* pustule, f.

put [pout] *v.** mettre; poser; placer; *to be put out*, être déconcerté, contrarié; *to put back*, retarder; *to put down*, noter; *to put on a dress*, mettre une robe; *to put off*, renvoyer, ajourner; ôter, déposer; *to put on airs*, se donner des airs; *to put out* [fire], éteindre [le feu]; *to put up with*, supporter, tolérer; *a put-up job*, une affaire montée; pret., p. p. of **to put**.

putrefaction [pyoutreᵉfaksh'n] *s.* putréfaction, f. ‖ **putrefy** [pyoutrefaⁱ] *v.* pourrir; (se) putréfier; *putrescible*, putrescible.

putrid [pyoutrid] *adj.* putride.

puttee [pœti] *s.* bande molletière, f.

putter [pœteⁱ] *v.* bricoler.

putter [pouteⁱ] *s.* metteur; instigateur; poteur, m.

putting [pouting] *s.* mise, pose, f.; *putting away*, rangement; économie; *putting down*, inscription; mouillage [boat]; *putting to sea*, appareillage; *putting the shot* (or) *weight*, lancement du poids.

putty [pœti] *s.* mastic, m.; *v.* mastiquer.

puzzle [pœz'l] *s.* énigme, f.; jeu de patience, m.; *v.* intriguer; embarrasser; embrouiller; se creuser la tête; *crossword puzzle*, mots croisés; *to puzzle out*, déchiffrer, découvrir; *to be puzzled*, être perplexe.

pyjamas [pidjâmᵉz] *s. pl.* pyjama, m.

pylon [paⁱlân] *s.* pylône, m.

pyramid [píreᵐmid] *s.* pyramide, f.

pyx [piks] *s.* ciboire; contrôle (fin.), m.

Q

quack [kwak] *s.* charlatan; médicastre; couin-couin; couac, m.; *adj.* charlatanesque; *v.* crier comme un canard; faire des couacs; agir en charlatan.

quadrant [kwâdrᵉnt] *s.* quart; quart de cercle; quadrant, m.

quadrilateral [kwâdrᵉlatᵉrᵉl] *s.* quadrilatère, m.

quadruped [kwâdroupéd] *s., adj.* quadrupède, m. ‖ **quadruple** [-p'l] *adj., s.* quadruple; *v.* (se) quadrupler; **quadruplet,** quadruplé.

quagmire [kwagma¹ᵉr] *s.* fondrière, f.; marécage, m.

quail [kwé¹l] *s.* caille, f.

quaint [kwé¹nt] *adj.* curieux; original; ingénieux, pittoresque.

quake [kwé¹k] *v.* trembler; frémir; *s.* tremblement, m. ‖ **Quaker** [-ᵉr] *s.* Quaker, m.

qualification [kwâlᵉfᵉké¹shᵉn] *s.* qualification; aptitude; compétence, f. ‖ **qualify** [kwâlᵉfa¹] *v.* (se) qualifier; rendre, être capable; être reçu; obtenir les titres (*for,* pour). ‖ **qualitative** [kwâlᵉté¹tiv] *adj.* qualitatif. ‖ **quality** [kwâlᵉti] *s.* qualité, f.

qualm [kwâm] *s.* nausée, f.; scrupule; remords, m.

quantitative [kwânᵗᵉté¹tiv] *adj.* quantitatif. ‖ **quantity** [kwânᵗᵉti] *s.* quantité; abondance; somme, f.; *unknown quantity,* inconnue (math.).

quarantine [kwaurᵉntîn] *s.* quarantaine, f.; *v.* mettre en quarantaine.

quarrel [kwaurᵉl] *s.* querelle, brouille, f.; *v.* se quereller; se disputer; se brouiller. ‖ **quarrelsome** [-sᵉm] *adj.* querelleur; irascible; grincheux.

quarry [kwauri] *s.*° carrière [pit], f.; *v.* exploiter une carrière; *slate quarry,* ardoisière; **quarrystone,** moellon.

quart [kwaurt] *s.* quarte, f. *Fr. Can.,* pinte [milk], f.

quarter [kwaurtᵉr] *s.* quart; quartier (mil.; topogr.); terme [rent]; trimestre, m.; *Am.* pièce de 25 cents, f.; *v.* diviser en quatre; écarteler; cantonner (mil.). ‖ **quartered** [-d] *adj.* divisé en quatre; cantonné; caserné; logé. ‖ **quarterly** [-li] *adv.* par trimestre; *adj.* trimestriel. ‖ **quartet** [kwaurtèt] *s.* quatuor, m.

quartz [kwaurts] *s.* quartz; cristal de roche, m.

quatrain [kwautrᵉn] *s.* quatrain, m.

quaver [kwé¹vᵉr] *s.* tremblement; trémolo, trille, m.; *v.* trembler; trembloter; faire des trilles.

quay [kî] *s.* quai; appontement, m.

queasy [kwîzi] *adj.* nauséeux.

queen [kwîn] *s.* reine; dame [cards], f.; **queenly,** royal.

queer [kwiᵉr] *adj.* bizarre, étrange; excentrique; mal à l'aise; inverti (colloq.); *v.* gâcher; déranger; rendre malade; **queerness,** bizarrerie; malaise.

quell [kwèl] *v.* réprimer; calmer; étouffer [rebellion].

quench [kwèntsh] *v.* éteindre [fire]; étancher [thirst]; étouffer [revolt]; *to quench one's thirst,* se désaltérer.

quern [kwё¹rn] *s.* moulin, m.

querulous [kwèrᵉlᵉs] *adj.* ronchon; rouspéteur (colloq.).

query [kwiᵉri] *s.*° question; interrogation, f.; *v.* questionner; révoquer en doute; contester.

quest [kwèst] *s.* enquête, f.; *in quest of,* en quête de.

question [kwèstshᵉn] *s.* question; demande; interpellation, f.; problème, m.; *v.* interroger, questionner; douter; se demander; *to ask a question,* poser une question; *leading question,* question tendancieuse (jur.); *question mark,* point d'interrogation. ‖ **questionable** [-ᵉb'l] *adj.* douteux; contestable. ‖ **questioner** [-ᵉr] *s.* interrogateur, m. ‖ **questioning** [-ing] *s.* interrogatoire, m.; *adj.* interrogateur. ‖ **questionless** [-lis] *adj.* indiscutable. ‖ **questionnaire** [kwèstshᵉnèr] *s.* questionnaire, m.

queue [kyou] *s.* queue; file, f.; *v.* faire la queue.

quibble [kwib'l] *v.* argutie, chicane, f.; *v.* ergoter.

quick [kwik] *adj.* prompt; rapide; preste; fin; *adv.* vite; *s.* vif, vivant, m.; *quick edge,* haie vive; *quick fire,* tir rapide; *quicklime,* chaux vive; *quicksand,* sable mouvant; *quicksilver,* mercure; *quickstep,* pas accéléré (mil.); *quick wit,* esprit vif; *to cut to the quick,* tailler dans le vif. ‖ **quicken** [-ᵉn] *v.* vivifier; (s')animer; accélérer; stimuler. ‖ **quickly** [-li] *adv.* vite; rapidement; bientôt; tôt. ‖ **quickness** [-nis] *s.* rapidité; promptitude; vitesse; vivacité; acuité, f.

quid [kwid] *s.* chique, f.; (fam.). livre, f.

quiescence [kwaiᵉs'ns] *s.* calme, repos, m.

quiet [kwa¹t] *adj.* tranquille; calme; paisible; serein; *s.* tranquillité; quiétude; accalmie, f.; *v.* calmer; apaiser;

tranquilliser; faire taire, faire tenir tranquille; *on the quiet,* en douce; *to be quiet,* se taire, rester tranquille; *quietly,* tranquillement, en silence. ‖ **quietness** [-nis] *s.* tranquillité, f.; calme; silence; repos; recueillement, m.

quietus [kwa¹îtēs] *s.* quitus, m.; quittance; mort, f.

quill [kwil] *s.* plume [bird], f.; curedent; piquant, m.

quilt [kwilt] *s.* couvre-pieds, m.; couverture piquée, f.; *v.* rembourrer, piquer.

quince [kwins] *s.* coing, m.; *quince-tree,* cognassier.

quincunx [kwínkœngks] *s.* quinconce, m.

quinine [kwa¹na¹n] *s.* quinine, f.

quinquina [kwíngkinє] *s.* quinquina, m.

quinsy [kwínsi] *s.* angine, f.

quintet [kwíntèt] *s.* quintette, m. ‖ *quintuple* [kwíntyoup'l] *adj., s.* quintuple; *v.* quintupler. ‖ *quintuplet* [kwíntyouplít] *s.* quintuplé, m.

quip [kwip] *s.* raillerie; repartie; argutie; pointe, f.; sarcasme; bon mot, m.; *v.* railler.

quit [kwit] *v.* quitter; laisser; abandonner; démissionner; acquitter; *adj.* quitte, libéré; *pret., p. p. of* **to quit;** *notice to quit,* congé.

quite [kwa¹t] *adv.* tout à fait; entièrement; parfaitement; bien; *in quite another tone,* sur un tout autre ton; *she is quite a beauty,* c'est une vraie beauté.

quitter [kwitєr] *s. Am.* défaitiste, déserteur, lâcheur; javart (vet.).

quiver [kwivєr] *v.* trembler; frissonner; vibrer, palpiter; *s.* tremblement, frisson; carquois, m.

quixotic [kwiksátik] *adj.* exalté, donquichottesque.

quiz [kwiz] (*pl.* **quizzes**) *s.* examen; questionnaire, m.; colle (fam.); moquerie, f.; *v. Am.* poser des colles à; railler, persifler; lorgner; *quizzing-glass,* lorgnon.

quorum [kwoºurєm] *s.* quorum, m.

quota [kwoºutє] *s.* quote-part; cotisation, f.; contingent, m.; *quota system,* contingentement.

quotation [kwoºuté¹shєn] *s.* citation; cote; cotation, f.; cours, m.; *quotation mark,* guillemet. ‖ **quote** [kwoºut] *v.* citer; coter [price]; mettre des guillemets; *in quotes,* entre guillemets.

quotient [kwoºushєn] *s.* quotient, m.

R

rabbi [raba¹] *s.* rabbin, m.

rabbit [rabit] *s.* lapin, m.

rabble [rab'l] *s.* racaille; canaille; populace; cohue, f.

rabid [rabid] *adj.* furieux; féroce; enragé. ‖ **rabies** [ré¹bîz] *s.* rage, f.

raccoon [rakoun] *s.* raton laveur, m.

race [ré¹s] *s.* course; carrière, f.; cours, courant; affolement [motor], m.; *v.* courir, s'emballer; s'affoler (techn.); *hurdle race,* course de haies; *tide race,* raz de marée; *race track,* champ de courses, piste.

race [ré¹s] *s.* race, lignée, f.

racer [ré¹sєr] *s.* coureur; cheval, bateau, avion de course, m.

racial [ré¹shєl] *adj.* racial; *racialism, Am. racism,* racisme; *racialist, Am. racist,* raciste.

rack [rak] *s.* chevalet [torture]; râtelier [arms]; casier [bottles]; filet, porte-bagages [train], m.; crémaillère, f.; *v.* torturer, distendre; extorquer; *bomb rack,* lance-bombes; *hat rack,* porte-chapeau; *towel rack,* porte-serviettes; *to rack one's brains,* se creuser la tête.

rack [rak] *s.* ruine, f.; *to go to rack and ruin,* s'en aller à vau-l'eau.

racket [rakit] *s.* raquette; *Am.* palette, f.; battoir, m.

racket [rakit] *s.* vacarme, tapage, m.; métier louche, racket, m.; *v.* faire du boucan; faire la sarabande. ‖ **racketeer** [rakitⁱєr] *s.* tapageur; noceur; escroc; gangster, m.; *v.* escroquer; extorquer; combiner.

radar [ré¹daª] *s.* radar, m.

radiance [ré¹diєns] *s.* rayonnement, m. ‖ **radiant** [-diєnt] *adj.* rayonnant; radieux; irradiant. ‖ **radiate** [-dié¹t] *v.* irradier; rayonner. ‖ **radiation** [ré¹dié¹shєn] *s.* radiation, f.; rayonnement, m. ‖ **radiator** [ré¹dié¹tєr] *s.* radiateur, m.; *radiator-cap,* bouchon de radiateur.

radical [radik'l] *adj., s.* radical, m.; fondamental; foncier.

radio [ré¹dioºu] *s.* radio; T. S. F., f.; *v.* émettre; radiodiffuser; radiotélégraphier; *radioactivity,* radioactivité; *radiobroadcast,* radiodiffusion; *radiologist,* radiologue; *radiology,* radiologie; *radio set,* poste de T. S. F.; *radiotherapy,* radiothérapie.

radish [radish] s.* radis, m.; **radish-dish**, ravier.

radium [ré¹diem] s. radium, m.

radius [ré¹dies] s.* rayon, m.

raffia [rafia] s. raphia, m.

raffle [raf'l] s. loterie, tombola, f.; v. mettre en loterie.

raft [raft] s. radeau, train de bois, m.; **air raft**, radeau pneumatique.

raft [raft] s. Am. tas, amas, m.

rafter [raft°r] s. chevron, m.; **under the rafters**, sous les combles.

raftsman [raftsmen] (pl. **raftsmen**) s. flotteur, Fr. Can. draveur, m.

rag [rag] s. haillon; chiffon, m.; guenille, f.; **rag doll**, poupée en chiffon; **rag-and-bone-man, rag-picker, rag-man**, chiffonnier.

ragamuffin [rag°mœfin] s. gueux, vagabond, m.

rage [ré¹dj] s. rage, fureur, f.; v. être déchaîné; divaguer, dérailler; enrager (with, de); **to be all the rage**, faire fureur, être du dernier cri, être du dernier chic.

ragged [ragid] adj. déguenillé; déchiqueté; en haillons; rocailleux.

raid [ré¹d] s. raid; coup de main, m.; incursion; razzia; descente de police, f.; v. conduire un raid; faire un coup de force; razzier; **police raid**, rafle; **raider**, maraudeur; croiseur, corsaire (naut.); commando (milit.); avion ennemi.

rail [ré¹l] s. barre; rampe [staircase]; balustrade; barrière, f.; barreau; rail; étrésillon, m.; **by rail**, par fer; **rail car**, autorail; **to go off the rails**, dérailler; **railing** [-ing] s. palissade, grille, balustrade, f. ‖ **railroad** [-roºd] s. Am. voie ferrée, f.; chemin de fer, m.; **railroad station**, gare; **railroader**, Am. cheminot. ‖ **railway** [-wé¹] s. chemin de fer, m.; Am. **railway crossing**, passage à niveau; **railway system**, réseau de chemin de fer; **railwayman**, cheminot.

rain [ré¹n] s. pluie, f.; v. pleuvoir; **rain water**, eau de pluie; **to rain down**, faire pleuvoir. ‖ **rainbow** [-boºu] s. arc-en-ciel, m. ‖ **raincoat** [-koºut] s. imperméable, m. ‖ **raindrop** [-dråp] s. goutte d'eau, f. ‖ **rainfall** [-faul] s. averse; pluviosité, f. ‖ **raingauge** [-gé¹dj] s. pluviomètre, m. ‖ **rainy** [-i] adj. pluvieux; humide.

raise [ré¹z] v. lever; élever; soulever [question]; hausser; pousser [cry]; évoquer [spirit]; ressusciter [dead]; se procurer [money]; émettre [loan]; augmenter; produire; **to raise a laugh**, faire rire; s. augmentation, hausse [price], f.

raisin [ré¹z'n] s. raisin sec, m.

rake [ré¹k] s. rateau; dégagement (techn.); viveur, m.; ratissoire, f.; v. ratisser, râcler; **rake-off**, ristourne, « gratte » (pop.).

rally [rali] s. ralliement [mast], f.; rallier; reprendre ses forces.

ram [ram] s. bélier; éperon (naut.); coulisseau, m.; v. heurter; tamponner; enfoncer; bourrer; éperonner.

ramble [ramb'l] s. randonnée; promenade; excursion, f.; v. errer; rôder; se promener; divaguer.

ramify [ramifa¹] v. (se) ramifier.

rampant [ramp°nt] adj. déchaîné; luxuriant.

rampart [rampårt] s. rempart, m.

ran [ran] pret. of **to run**.

ranch [rantsh] s.* ranch, m.

rancid [ransid] adj. rance.

ranco(u)r [rangk°r] s. rancune, f.; ressentiment, m.

random [rand°m] adj. fortuit; à tort et à travers; s. hasard; **at random**, au hasard.

rang [rang] pret. of **to ring**.

range [ré¹ndj] s. rangée; chaîne [mountains]; étendue; portée; distance; direction, f.; domaine, champ d'activité; champ de tir; alignement; fourneau de cuisine, m.; v. (se) ranger; parcourir, s'étendre; aligner; s'échelonner; **adjusted range**, tir ajusté; **gas-range**, fourneau à gaz; **long range**, longue portée; **within range of**, à portée de; **range of vision**, champ visuel.

rank [rangk] s. rang; ordre; grade, m.; classe, f.; v. (se) ranger; classer; disposer; Am. avoir un rang supérieur à; Br. occuper un rang; **rank and file**, les hommes de troupe; **to rank with**, être à égalité de rang, de grade, avec; être au niveau de; **promoted from the ranks**, sorti du rang.

rank [rangk] adj. fort [odor]; complet, absolu, éclatant; répugnant; fétide; dru; luxuriant.

ransack [ransak] v. saccager; piller; fouiller.

ransom [rans°m] s. rançon, f.; v. rançonner; racheter.

rant [rant] v. déclamer; divaguer; s. divagation; rodomontade, f.

ranunculus [r°nœngkyoul°s] s.* renoncule, f.

rap [rap] s. tape, f.; v. frapper; heurter; donner des petits coups secs; **to rap out**, débiter vite.

rap [rap] s. fausse pièce de monnaie [halfpenny], f.; **not to care a rap**, s'en soucier comme d'une guigne, s'en moquer.

rapacious [rᵊpé¹shᵊs] *adj.* rapace; *rapaciousness, rapacity,* rapacité.

rape [ré¹p] *s.* viol; rapt, m.; *v.* violer; enlever.

rapid [rapid] *adj.* rapide; accéléré; prompt; *s. pl.* rapides, m. pl. ‖ *rapidity* [rᵊpidᵉti] *s.* rapidité, f.

rapier [ré¹piᵉr] *s.* rapière, f.

rapine [rapa¹n] *s.* rapine, f.

rapport [rapaᵘr] *s.* rapport, m.

rapt [rapt] *adj.* ravi, extasié, transporté. ‖ *rapture* [raptshᵉr] *s.* ravissement; transport, enthousiasme, m.; extase, f.

rare [rèᵉr] *adj. Am.* à demi cru, mal cuit, saignant.

rare [rèᵉr] *adj.* rare; précieux; extraordinaire; excellent. ‖ *rarefy* [-fa¹] *v.* (se) raréfier; affiner (fig.). ‖ *rarely* [-li] *adv.* rarement; parfaitement, admirablement.

rarity [rèrᵉti] *s.** rareté; curiosité, f.

rascal [rask'] *s.* gredin, polisson, m.

rash [rash] *s.* éruption (med.), f.

rash [rash] *adj.* téméraire; irréfléchi; impétueux; imprudent. ‖ *rashness* [-nis] *s.* impétuosité; témérité; imprudence, f.

rasp [rasp] *s.* râpe, f.; *v.* râper.

raspberry [razbèri] *s.** framboise, f.; *raspberry bush,* framboisier.

raspy [raspi] *adj.* rugueux, râpeux, âpre.

rat [rat] *s.* rat; lâcheur; jaune [workman]; renégat, m.; *v.* dératiser; trahir; tourner casaque.

rate [ré¹t] *s.* taux; pourcentage; prix; cours [exchange]; régime, débit; impôt, m.; catégorie; cadence; vitesse, f.; *v.* évaluer; taxer; tarifer; imposer; coter; étalonner; classer; tancer; *at any rate,* de toute façon; *at the rate of,* à raison de; *he rates high,* on le tient en haute estime; *first rate,* de premier ordre; épatant (fam.); *rate-office,* recette municipale.

rather [razhᵉr] *adv.* plutôt; assez, passablement; de préférence; *rather than,* plutôt que; *I had rather stay,* j'aimerais mieux rester.

ratification [ratᵊfiké¹shᵊn] *s.* ratification, f. ‖ *ratify* [ratᵉfa¹] *v.* ratifier.

rating [ré¹ting] *s.* estimation, évaluation; répartition [taxes]; capacité, puissance, valeur, f.; rang; classement, m.; semonce, f.

ratio [ré¹shoᵘ] *s.* rapport, m.; proportion, f.; *in indirect ratio,* en raison inverse.

ration [ré¹shᵉn] *s.* ration, f.; *v.* rationner; ravitailler.

rational [rashᵉn'l] *adj.* rationnel; raisonnable; raisonné; logique; *rationalism,* rationalisme; *rationalist,* rationaliste; *rationalize,* rationaliser.

rationing [ré¹shᵉning] *s.* rationnement, m.

rattan [ratan] *s.* rotin, m.

rattle [rat'l] *s.* cliquetis; bruit de ferraille, m.; crécelle, f.; *v.* cliqueter; *to rattle off,* débiter rapidement; *deathrattle,* râle; *rattle-snake,* serpent à sonnette, crotale.

raucous [raukᵉs] *adj.* rauque.

ravage [ravidj] *s.* ravage; pillage, m.; ruine, f.; *v.* ravager; piller.

rave [ré¹v] *v.* délirer; divaguer; déraisonner; s'extasier (*over,* sur).

ravel [rav'l] *v.* emmêler; s'embrouiller; *to ravel out,* démêler; s'effilocher.

raven [ré¹vᵉn] *s.* corbeau, m.; *adj.* noir luisant.

ravenous [ravᵉnᵉs] *adj.* vorace, dévorant; affamé.

ravine [rᵊvîn] *s.* ravin, m.; ravine, f.

ravish [ravish] *v.* ravir; enlever; violer; enchanter, transporter; *ravishment,* rapt; viol; ravissement, m.

raw [rau] *adj.* cru; brut; aigre [weather]; grège [silk]; vif [air]; inexpérimenté; novice; *s.* point sensible, m.; *rawhide,* cuir vert; *raw material,* matière première; *raw sugar,* cassonade; *raw wound,* plaie à vif.

ray [ré¹] *s.* rayon, m.; radiation, f.

rayon [ré¹ân] *s.* rayonne, soie artificielle, f.

raze [ré¹z] *v.* raser; effacer; rayer. ‖ *razor* [-ᵉr] *s.* rasoir, m.; *razor blade,* lame de rasoir.

reach [rîtsh] *v.* atteindre; rejoindre; (s')étendre; aboutir à; arriver à; *to reach for,* s'efforcer d'atteindre; *to reach into,* mettre la main dans; *reach me over my hat,* passez-moi mon chapeau; *reach-me-down,* décrochez-moi-ça; *s.* portée, étendue, f.; *beyond the reach of,* hors d'atteinte de; *within the reach of,* à portée de.

react [riakt] *v.* réagir; jouer de nouveau. ‖ *reaction* [riakshᵉn] *s.* réaction; résistance, f.; processus, m. ‖ *reactionary* [-èri] *adj., s.** réactionnaire; conservateur; *reactor* [riaktᵉr] *s.* réacteur, m.

read [rîd] *v.** (se) lire; *to read up,* étudier; *to read out,* lire tout haut; *to read over,* parcourir; *readable,* lisible; [rèd] *pret., p. p. of* to read. ‖ *reader* [-ᵉr] *s.* lecteur, m.; lectrice, f.

readily [rèd'li] *adv.* promptement; volontiers, de bon cœur. ‖ *readiness* [rèdinis] *s.* promptitude ; facilité ; vivacité ; bonne volonté, f.

reading [rîding] *s.* lecture ; indication ; cote, f. ; relevé, m. ; *reading-desk,* pupitre ; lutrin.

readjust [rî°djœst] *v.* rajuster ; réorganiser. ‖ *readjustment* [-m°nt] *s.* rajustement, m. ; réorganisation, f.

ready [rèdi] *adj.* prêt ; vif ; disposé ; comptant [money] ; *ready-made,* tout fait ; *ready-to-wear,* prêt à porter.

real [rî°l] *adj.* réel ; véritable ; matériel ; *real estate,* propriété immobilière. ‖ *realism* [-iz°m] *s.* réalisme, m. ‖ *realist* [-ist] *s.* réaliste, m. ‖ *realistic* [-istik] *adj.* réaliste. ‖ *reality* [riàlti] *s.°* réalité, f. ‖ *realizable* [rî°la¹z°b'l] *adj.* concevable ; imaginable ; réalisable. ‖ *realization* [rî°l°zⁱsh°n] *s.* réalisation, f. ; conception nette, f. ‖ *realize* [rî°la¹z] *v.* réaliser ; effectuer ; comprendre, saisir ; se rendre compte de. ‖ *really* [rî°li] *adv.* réellement ; véritablement ; vraiment, en vérité.

realm [rèlm] *s.* royaume ; domaine, m.

reanimate [rî°nime¹t] *v.* réanimer ; ranimer ; *reanimation,* réanimation ; reprise.

reap [rîp] *v.* moissonner ; recueillir. ‖ *reaper* [-°r] *s.* moissonneur, m.

reappear [rî°pî°r] *v.* reparaître ; *reappearance,* réapparition ; rentrée (theatr.).

rear [rî°r] *adj.* arrière ; d'arrière ; *s.* arrière ; derrière, m. ; file, queue, f. ; *rear admiral,* contre-amiral ; *rear guard,* arrière-garde.

rear [rî°r] *v.* lever, soulever ; élever ; redresser ; se cabrer [horse].

reason [rîz'n] *s.* raison ; cause, f. ; motif, m. ; *v.* raisonner ; *by reason of,* à cause de ; *to stand to reason,* être raisonnable ; *to reason upon,* argumenter sur. ‖ *reasonable* [-°b'l] *adj.* raisonnable ; juste ; rationnel ; modéré ; justifié [doubt]. ‖ *reasonably* [-°bli] *adv.* raisonnablement ; modérément ; passablement. ‖ *reasoning* [-ing] *s.* raisonnement, m.

reassure [rî°shou°r] *v.* rassurer ; réassurer.

rebate [rîbé¹t] *s.* escompte ; rabais, m ; remise, f. ; *v.* diminuer ; rabattre ; escompter.

rebel [rèb'l] *adj., s.* rebelle ; [ribèl] *v.* se révolter ; se rebeller. ‖ *rebellion* [-y°n] *s.* rébellion, f. ‖ *rebellious* [-y°s] *adj.* rebelle, mutin, révolté.

rebirth [rîbërth] *s.* renaissance ; réincarnation, f. ; *reborn,* réincarné ; né de nouveau.

rebound [riba°und] *v.* (faire) rebondir ; [riba°und] *s.* rebondissement, ricochet, m.

rebuff [ribœf] *s.* rebuffade, f. ; échec, m. ; *v.* repousser ; rebuter.

rebuild [rîbîld] *v.* reconstruire ; réédifier. ‖ *rebuilt* [-bîlt] *pret., p. p. of* to rebuild.

rebuke [ribyouk] *s.* reproche, blâme, m. ; *v.* réprimander.

rebus [rîb°s] *s.* rébus, m.

rebut [ribœt] *v.* réfuter ; rejeter.

recalcitrant [rikalsitr°nt] *adj.* récalcitrant.

recalcitrate [rikalsitré¹t] *v.* regimber.

recall [rîkaul] *s.* rappel, m. ; rétractation ; annulation, f. ; [rîkaul] *v.* (se) rappeler ; se souvenir de ; retirer, annuler.

recant [rikant] *v.* (se) rétracter.

recapitulate [rik°pityoulé¹t] *v.* récapituler ; *recapitulation,* récapitulation.

recede [risîd] *v.* se retirer ; s'éloigner ; renoncer (*from,* à).

receipt [risît] *s.* quittance ; facture ; réception [letter], f. ; réépissé ; reçu, m. ; *pl.* recette ; rentrées, f. ; *v.* donner un reçu ; acquitter.

receive [risîv] *v.* recevoir ; accepter. ‖ *receiver* [-°r] *s.* destinataire [letter] ; receveur ; récepteur, réceptionnaire ; *Am.* recéleur, m.

recent [ris°nt] *adj.* récent, nouveau, de fraîche date.

receptacle [risèpt°k'l] *s.* réceptacle ; récipient, m.

reception [risèpsh°n] *s.* réception, f. ; *receptionist,* réceptionniste ; *receptive,* réceptif ; *receptivity,* réceptivité.

recess [risès] *s.°* repli ; coin solitaire ; évidement ; renfoncement ; creux, m. ; alcôve ; niche ; gorge ; cavité ; vacances ; récréation, f. ; *v.* enfoncer ; encastrer ; évider ; prendre des vacances ; suspendre les séances ; *recession,* récession.

recipe [rès°pi] *s.* recette ; ordonnance, f.

recipient [risipi°nt] *s.* récipient ; destinataire, bénéficiaire, m. ; *adj.* réceptif ; qui reçoit.

reciprocal [risipr°k'l] *adj.* réciproque, mutuel ; inverse. ‖ *reciprocate* [risipr°ké¹t] *v.* échanger ; payer de retour ; répondre à. ‖ *reciprocity* [rès°pràs°ti] *s.* réciprocité, f.

recital [risa¹t'l] *s.* récit ; exposé ; récital [music], m. ‖ *recitation* [rès°té¹sh°n] *s.* récitation, f. ‖ *recite* [risa¹t] *v.* réciter ; raconter ; relater, exposer.

reckless [rèklis] *adj.* téméraire ; imprudent ; insouciant. ‖ *recklessness* [-nis] *s.* insouciance ; témérité, f.

reckon [rèk°n] v. compter (*on*, sur); calculer; *Am.* supputer, croire. || **reckoning** [-ing] s. compte; calcul, m.

reclaim [riklé¹m] v. réclamer; récupérer; réformer; défricher; *reclamation*, réclamation; récupération; amendement.

recline [rikla¹n] v. incliner; reposer; (s')appuyer; s'étendre.

recluse [riklous] adj. reclus. || *reclusion* [riklouj°n] s. réclusion, f.

recognition [rèk°gnish°n] s. reconnaissance; identification, f. || *recognize* [rèk°gna¹z] v. reconnaître; identifier; admettre.

recoil [r°ko¹l] v. reculer; hésiter; rebondir; s. recul [gun]; contrecoup; dégoût, m.

recollect [rèk°lèkt] v. se souvenir, se rappeler. || *recollection* [rèk°lèksh°n] s. souvenir, m.; mémoire, f.; recueillement, m.

recommend [rèk°mènd] v. recommander; conseiller. || *recommendation* [rèk°mèndé¹sh°n] s. recommandation, f.

recompense [rèk°mpèns] s. récompense, f.; dédommagement, m.; v. récompenser; dédommager.

reconcile [rèk°nsa¹l] v. réconcilier; faire accepter; arranger; *to become reconciled to*, se résigner à. || *reconciliation* [rèk°nsilié¹sh°n] s. réconciliation; conciliation; résignation, f.

recondite [rèk°nda¹t] adj. abstrus; profond.

reconnoissance [rikán°ns] s. reconnaissance (mil.), f. || *reconnoiter* [rik°no¹t°r] v. *Am.* reconnaître, explorer (mil.).

reconsider [rik°nsíd°r] v. reconsidérer; réviser (jur.).

reconstitute [rík°nstityout] v. reconstituer; *reconstitution*, reconstitution.

reconstruct [rik°nstrækt] v. reconstruire; réédifier. || *reconstruction* [rik°nstræksh°n] s. reconstruction, f.

record [rèk°rd] s. attestation; note; mention, f.; procès-verbal; dossier; registre; disque [gramophone]; record [sport]; casier judiciaire, m.; adj. notable, marquant; [rikaurd] v. enregistrer; consigner; attester; graver; imprimer (fig.); faire un disque; *record-player*, pick-up; *public records*, archives nationales; *service record*, état de service; *to break the speed record*, battre le record de vitesse; *off-the-record*, à titre confidentiel. || *recorder* [-°r] s. enregistreur; indicateur; greffier (jur.), m.

recount [rîkaount] s. recomptage, état, m.; [rîkaount] v. raconter; énumérer; recompter.

recoup [rikoup] v. dédommager; récupérer; défalquer (jur.).

recourse [rîkoours] s. recours, m.

recover [rikæv°r] v. recouvrer; récupérer; guérir.

recover [rîkæv°r] v. recouvrir.

recovery [rikævri] s.° recouvrement; rétablissement (med.); redressement, m.; reprise (comm.); récupération [industry], f.

recreate [rèkrié¹t] v. (se) distraire. || *recreation* [rèkrié¹sh°n] s. récréation; distraction, f.; divertissement, m.; *recreative*, récréatif.

recriminate [rikrimíné¹t] v. récriminer; *recrimination*, récrimination.

recrudescence [rikroudés°ns] s. recrudescence, f.

recruit [rikrout] v. recruter; s. recrue, f.; *recruiting*, recrutement.

rectangle [rèktàngg'l] s. rectangle, m; *rectangular*, rectangulaire.

rectify [rèkt°fa¹] v. rectifier.

rector [rèkt°r] s. recteur, m.

rectum [rèkt°m] s. rectum, m.

recuperate [rikyoup°ré¹t] v. récupérer; recouvrer; *Am.* se rétablir (med.). || *recuperator* [-°r] s. récupérateur; régénérateur, m.

recur [rikë°r] v. revenir; se reproduire, se renouveler. || *recurrence* [-°ns] s. retour, m.; récidive, f.

red [rèd] adj., s. rouge; roux; *redbreast*, rouge-gorge; *red-haired*, roux; *red-hot*, chauffé au rouge.

redaction [ridaksh°n] s. rédaction, f.; *redactor*, rédacteur.

redden [rèd'n] v. rougir; *reddish*, rougeâtre.

redeem [ridîm] v. racheter, sauver; compenser; exécuter [promise]; rembourser; défricher [land]. || *redeemer* [-°r] s. libérateur, sauveur, Rédempteur, m. || *redemption* [ridèmpsh°n] s. rédemption; délivrance, f.; remboursement; paiement; rachat; amortissement, m.

redness [rèdnis] s. rougeur; inflammation, f.

redouble [rídæb'l] v. redoubler.

redoubt [ridaout] s. redoute, f.

redoubtable [ridaout°b'l] adj. redoutable.

redress [rîdrès] s. redressement; remède, m.; réparation, réforme; revanche, f.; [ridrès] v. redresser; réparer; remédier.

reduce [ridyous] v. réduire; diminuer; amoindrir; maigrir; rétrograder; subjuguer. || *reduction* [ridæksh°n] s. réduction; diminution, f.

redwood [rèdwoud] *s.* séquoia, m.

reed [rîd] *s.* roseau; chalumeau; peigne [weaving], m.; anche, f.

reef [rîf] *s.* récif; écueil; atoll; ris (naut.), m.; *v.* prendre les ris dans.

reek [rîk] *v.* fumée; vapeur; mauvaise odeur, f.; *v.* fumer; enfumer; puer; *to reek of,* empester.

reel [rîl] *s.* bobine; titubation, f.; rouleau; dévidoir; moulinet, m.; *v.* bobiner, dévider; tournoyer; avoir le vertige; (faire) tituber; *to reel off,* débiter, dégoiser (fam.).

re-establish [rîᵉstablish] *v.* rétablir; réinstaller; restaurer.

refection [rifékshᵉn] *s.* collation, f. ‖ **refectory** [-tᵉri] *s.* réfectoire, m.

refer [rifᵉr] *v.* renvoyer; référer; transmettre; s'adresser, s'en remettre (*to,* à); *referring to,* comme suite à. ‖ **referee** [rèfᵉrî] *s.* arbitre, m.; *v.* arbitrer. ‖ **reference** [rèfrᵉns] *s.* référence; mention; recommandation; allusion, f.; rapport; répondant; renvoi, m.; *referendum,* référendum.

refill [rîfíl] *v.* remplir; réapprovisionner; [rîfil] *s.* mine de rechange [pencil], cartouche [fountain pen], f.

refine [rifaᵻn] *v.* raffiner; renchérir (*upon,* sur); polir [manners]; affiner [metal]; s'épurer. ‖ **refined** [-d] *adj.* raffiné; délicat; distingué; cultivé. ‖ **refinement** [-mᵉnt] *s.* raffinage; raffinement; affinage, m.; épuration, f. ‖ **refiner** [-ᵉr] *s.* raffineur, m. ‖ **refinery** [-ᵉri] *s.*⁺ raffinerie, f.

reflect [riflèkt] *v.* réfléchir; refléter; méditer. ‖ **reflection** [riflékshᵉn] *s.* réflexion; critique, f.; reflet, m.; *on reflexion,* réflexion faite. ‖ **reflector** [riflèktᵉr] *s.* réflecteur, m.

reflex [rîflèks] *adj., s.*⁺ réflexe.

reflexive [riflèksiv] *adj., s.* réfléchi.

reflux [rîflœks] *s.* reflux; jusant, m.

reform [rifaurm] *s.* réforme, f.; *v.* réformer. ‖ **reformation** [rèfᵉrmᵉⁱshᵉn] *s.* réforme, f.; amendement, m. ‖ **reformer** [rifauᵉmᵉʳ] *s.* réformateur, m.; réformiste, m. f.

refract [rifrakt] *v.* réfracter; **refraction,** réfraction, f.; **refractivity,** réfringence.

refractory [rifraktᵉri] *adj.* réfractaire; récalcitrant; indiscipliné.

refrain [rifrᵉⁱn] *v.* s'abstenir, se garder; s'empêcher (*from,* de); refréner; contenir.

refresh [rifrèsh] *v.* rafraîchir; délasser; rénover; se restaurer; se reposer. ‖ **refreshing** [-ing] *adj.* rafraîchissant; délassant; réparateur. ‖ **refreshment** [-mᵉnt] *s.* rafraîchissement; casse-croûte, m.

refrigeration [rifridjᵉréⁱshᵉn] *s.* réfrigération, f.; refroidissement, m. ‖ **refrigerate** [-réⁱt] *v.* réfrigérer; frigorifier; frapper [wine]. ‖ **refrigerator** [rifrídjeréⁱtᵉʳ] *s.* réfrigérateur, m.; glacière, f.

refuge [rèfyoudj] *s.* refuge; asile, m. ‖ **refugee** [rèfyoudjî] *s.* réfugié, m.

refund [rîfœnd] *s.* remboursement, m.; [rifœnd] *v.* rembourser, restituer; [rîfœnd] *v.* consolider.

refusal [rifyouzʹl] *s.* refus; déni, m. (jur.). ‖ **refuse** [rifyouz] *v.* refuser; repousser; rejeter; se refuser (*to,* à).

refuse [rèfyous] *s.* détritus; déchets, m. pl.; ordures, f. pl.

refutal, refutation [rifyoutʹl, rifyoutᵉⁱshᵉn] *s.* réfutation, f. ‖ **refute** [rifyout] *v.* réfuter.

regain [rigéⁱn] *v.* regagner; récupérer; recouvrer.

regal [rîgʹl] *adj.* royal.

regale [rigéⁱl] *v.* (se) régaler; *to regale oneself on,* savourer.

regalia [rigéⁱlie] *s. pl.* insignes, m. pl.

regard [rigárd] *v.* regarder; faire attention à; considérer; concerner; estimer, juger; *s.* égard; respect, m.; considération, estime, f.; *pl.* compliments, m.; *as regards,* quant à; *with regard to,* relativement à; *best regards,* meilleurs souvenirs; *regardful,* attentif, soigneux, respectueux; *regardless,* négligent, inattentif. ‖ **regarding** [-ing] *prep.* concernant, relativement à.

regatta [rigatᵉ] *s.* régate, f.

regenerate [ridjénᵉréⁱt] *v.* régénérer. ‖ **regeneration** [ridjenᵉréⁱshᵉn] *s.* régénération, f.; **regenerative,** régénérateur.

regent [rîdjᵉnt] *s.* régent, m.

regime [rijîm] *s.* régime, m.

regiment [rèdjᵉmᵉnt] *s.* régiment, m.

region [rîdjᵉn] *s.* région, f.; *regionalism,* régionalisme.

register [rèdjistᵉr] *s.* registre; compteur; repérage (mil.), m.; *v.* enregistrer; inscrire; repérer (mil.); recommander [mail]; déposer [trademark]; immatriculer. ‖ **registrar** [-trár] *s.* greffier; secrétaire (univ.); archiviste, m. ‖ **registration** [rèdjistréⁱshᵉn] *s.* inscription; immatriculation; recommandation [post], f.; enregistrement; repérage (mil.), m. ‖ **registry** [rèdjistri] *s.*⁺ acte (ou) bureau d'enregistrement, m.

regress [rigrès] *v.* retourner en arrière; rétrograder; *s.* régression, f.

regret [rigrèt] *s.* regret, m.; *v.* regretter; *to send regrets,* envoyer ses excuses; *regrettable,* regrettable; fâcheux.

regular [règ•l•r] *adj.* régulier ; courant [price] ; méthodique ; permanent [army] ; *a regular fool,* un vrai sot. ‖ *regularity* [règ•l•r•ti] *s.* régularité ; assiduité, f. ‖ *regularize* [règyoul•ra¹z] *v.* régulariser. ‖ *regulate* [règ•lé¹t] *v.* régler ; réglementer ; ajuster ; déterminer. ‖ *regulation* [règ•lé¹sh•n] *s.* règlement ; réglage, m. ; réglementation, f. ; *regulative, regulator,* régulateur.

rehearsal [rihë•rs'l] *s.* répétition (theat.), f. ; énumération, f. ‖ *rehearse* [-hë•rs] *v.* répéter.

reign [ré¹n] *s.* règne, m. ; *v.* régner.

reimburse [rîmbë•rs] *v.* rembourser. ‖ *reimbursement* [-m•nt] *s.* remboursement, m.

rein [ré¹n] *s.* rêne, guide, f. ; *v.* guider, conduire ; refréner ; *bridoon rein,* bride ; *to give free rein to,* lâcher la bride à.

reincarnate [rîinkâne¹t] *v.* réincarner ; *reincarnation,* réincarnation.

reindeer [ré¹ndi•r] *s.* renne, m.

reinforce [rîinfaurs] *v.* renforcer. ‖ *reinforcement* [-m•nt] *s.* renfort, m.

reiterate [rîit•ré¹t] *v.* réitérer.

reject [ridjèkt] *v.* rejeter ; repousser ; refuser.

rejoice [ridjo¹s] *v.* réjouir ; égayer. ‖ *rejoicing* [-ing] *s.* réjouissance ; allégresse, f.

rejoin [rîdjo¹n] *v.* rejoindre ; réunir ; [ridjo¹n] *v.* répliquer ; *rejoinder,* riposte, réplique.

rejuvenate [ridjouv•né¹t] *v.* rajeunir ; rénover.

relapse [rilaps] *s.* rechute, f. ; *v.* retomber ; rechuter ; récidiver (jur.).

relate [rila¹t] *v.* relater ; raconter ; (se) rapporter (to, à). ‖ *related* [-id] *adj.* apparenté ; allié ; ayant rapport à ; en relation avec. ‖ *relation* [rilé¹sh•n] *s.* rapport ; récit, m. ; parenté, f. ; *pl.* parents, m. ; *with relation to,* par rapport à. ‖ *relationship* [-ship] *s.* parenté, f. ‖ *relative* [rèl•tiv] *adj.* relatif ; *s.* parent, m. ; *relative to,* relativement à ; *relativism,* relativisme ; *relativity,* relativité.

relax [rilaks] *v.* relâcher ; (se) détendre ; faire de la relaxation. ‖ *relaxation* [rîlaksé¹sh•n] *s.* relâchement ; délassement, m. ; détente ; relaxation, f.

relay [rîlé¹] *s.* relais, m. ; relève, f. ; [rîlé¹] *v.* relayer ; transmettre par relais.

release [rilîs] *v.* relâcher ; délivrer ; libérer [prisoner] ; rendre public [news] ; décharger (from, de) ; dégager ; *s.* élargissement ; déclenchement (techn.), m. ; libération, délivrance, f. ; *release on bail,* mise en liberté sous caution.

relegate [rèl•gé¹t] *v.* reléguer ; renvoyer ; bannir.

relent [rilènt] *v.* se laisser fléchir ; revenir sur une décision ; *relentless,* implacable, inflexible.

relevant [rèl•v•nt] *adj.* pertinent, à propos ; applicable (to, à).

reliability [rila¹•bíl•ti] *s.* sûreté ; solidité ; crédibilité, f. ‖ *reliable* [rila¹•b'l] *adj.* sûr, digne de confiance. ‖ *reliance* [rila¹•ns] *s.* confiance, f. ; *self-reliance,* confiance en soi.

relic [rèlik] *s.* relique, f.

relief [rilîf] *s.* soulagement ; secours ; allégement ; relief, m. ; réparation ; relève (mil.), f. ; *relief association,* société de secours. ‖ *relieve* [rilîv] *v.* soulager ; secourir ; délivrer ; dégager ; redresser (jur.) ; relever (mil.) ; mettre en relief.

religion [rilídj•n] *s.* religion, f. ‖ *religious* [-dj•s] *adj.* religieux.

relinquish [rilingkwish] *v.* abandonner ; abdiquer ; renonciation, abandon, renonciation.

reliquary [rèlikw•ri] *s.°* reliquaire, m.

relish [rèlish] *s.* saveur, f. ; *v.* savourer, goûter ; avoir goût de.

reluctance [rilœkt•ns] *s.* répugnance ; aversion, f. ‖ *reluctant* [-t•nt] *adj.* peu disposé ; qui agit à contrecœur ; réfractaire ; *reluctantly,* à contrecœur, à regret.

rely [rila¹] *v.* se fier ; s'appuyer, compter (on, sur).

remain [rimé¹n] *v.* rester ; demeurer. ‖ *remainder* [-d•r] *s.* reste ; restant ; reliquat, m. ; *remainder sale,* solde. ‖ *remains* [-z] *s. pl.* restes, vestiges, m. pl.

remake [rimé¹k] *v.* refaire.

remanence [rèm•n•ns] *s.* rémanence, f.

remark [rimârk] *s.* remarque ; observation ; note, f. ; *v.* remarquer ; noter ; observer. ‖ *remarkable* [-•b'l] *adj.* remarquable, notable.

remarriage [rîmaridj] *s.* remariage, m. ‖ *remarry* [-ri] *v.* se remarier (avec).

remediable [rimídi•b'l] *adj.* remédiable. ‖ *remedy* [rèm•di] *s.°* remède ; recours (jur.), m. ; *v.* remédier à ; soigner.

remember [rimèmb•r] *v.* se rappeler ; se souvenir de. ‖ *remembrance* [-br•ns] *s.* souvenir, m. ; mémoire, f. ; *pl.* souvenirs, compliments, m. pl.

remind [rima¹nd] *v.* rappeler ; remémorer. ‖ *reminder* [-•r] *s.* aidemémoire ; mémento ; rappel, m.

reminiscence [rèm•nis'ns] *s.* réminiscence ; souvenir, m. ; *reminiscent,* ayant souvenance ; évocateur.

remiss [rimís] adj. négligent; relâché; insouciant. ‖ **remission** [rimíshᵉn] s. rémission; remise (jur.); atténuation, f.

remit [rimít] v. remettre; livrer; relâcher; pardonner. ‖ **remittance** [-'ns] s. remise, f.; versement, envoi de fonds, m.

remnant [rèmnᵉnt] s. reste; résidu; vestige, m.; pl. soldes, m. pl.

remodel [rîmád'l] v. réorganiser; refondre; remodeler; remanier.

remonstrance [rimânstrᵉns] s. remontrance; protestation, f. ‖ **remonstrant** [-ᵉnt] adj. protestataire; de remontrance; s. protestataire; sermonneur, m. ‖ **remonstrate** [-éᵗt] v. faire des remontrances; protester; faire observer.

remorse [rimaurs] s. remords, m.; **remorseless,** impitoyable; sans remords.

remote [rimoᵘt] adj. éloigné; reculé; écarté; distant (fig.); **remote control,** commande à distance; **remoteness,** éloignement; réserve.

removal [rimoᵘv'l] s. déménagement; déplacement; enlèvement, m.; révocation; suppression; levée; élimination, f. ‖ **remove** [rimoᵘv] v. enlever; transférer; éliminer; révoquer; assassiner; déménager; (se) déplacer. ‖ **removed** [-d] adj. éloigné; différent. ‖ **remover** [-ᵉr] s. déménageur; dissolvant, m.

remunerate [rimyounᵉréᵗt] v. rémunérer; **remuneration,** rémunération; **remunerative,** rémunérateur.

renaissance [rènᵉzâns], **renascence** [rinás'ns] s. renaissance, f.

rend [rènd] v.* déchirer; fendre; arracher.

render [rèndᵉr] v. rendre; remettre; interpréter [music]; traduire.

renew [rinyou] v. rénover; renouveler; rajeunir; prolonger. ‖ **renewal** [-el] s. renouvellement, m.

renounce [rinaᵘns] v. renoncer à; **renouncement,** renoncement; désaveu.

renovate [rènᵉvéᵗt] v. rénover.

renown [rinaᵘn] s. renom, m.; **renowned,** renommé; réputé.

rent [rènt] s. déchirure; crevasse, fissure; rupture, f.; pret., p. p. of **to rend.**

rent [rènt] s. loyer; fermage, m.; redevance, f.; v. louer; affermer; **rental,** loyer; **renter,** locataire, loueur.

renunciation [rinœnsié¹shᵉn] s. renonciation; renoncement, f.

reopen [rioᵘpᵉn] v. rouvrir; recommencer. ‖ **reopening** [ing] s. réouverture; reprise, f.

repair [ripèᵉr] v. réparer; radouber (naut.); restaurer; raccommoder; s. réparation, f.; raccommodage; radoub, m.; under repair, en réparation; out of repair, en mauvais état; beyond repair, irréparable; in good repair, en bon état.

reparation [rèpᵉré¹shᵉn] s. réparation, f.; dédommagement, m.

repatriate [ripatrié¹t] v. rapatrier; **repatriation,** rapatriement, m.

repay [ripé¹] v. rembourser; payer; récompenser; dédommager. ‖ **repayment** [-mᵉnt] s. restitution, f.; remboursement; dédommagement.

repeal [ripîl] v. abroger; annuler; s. abrogation, annulation, f.

repeat [ripît] v. répéter; réitérer; s. répétition, f.; **repeater,** récidiviste.

repel [ripèl] v. repousser; rebuter; **repellent,** répulsif, repoussant.

repent [ripènt] v. se repentir de; regretter. ‖ **repentance** [-ᵉns] s. repentir, m. ‖ **repentant** [-ᵉnt] adj. repentant.

repercussion [rìpᵉrkœshᵉn] s. répercussion, f.

repertoire [rèpᵉtwâr], **repertory** [-tᵉri] s. répertoire, m.

repetition [rèpitíshᵉn] s. répétition; récidive; reprise, f.

replace [riplé¹s] v. remplacer; replacer; déplacer. ‖ **replaceable** [-ᵉb'l] adj. remplaçable. ‖ **replacement** [-mᵉnt] s. remplacement, m.; substitution, f.

replenish [riplènish] v. remplir; recompléter; refaire le plein. ‖ **replenishment** [-mᵉnt] s. remplissage, m.

replete [riplît] adj. rempli; repu; **repletion,** satiété.

replica [rèplikᵉ] s. réplique, reproduction, f.; fac-similé, m.

reply [ripla¹] v. répondre; répliquer; s.* réponse; réplique, f.

report [ripoᵘrt] v. rapporter; rendre compte; relater; signaler; dénoncer; s. rapport; compte rendu; procès-verbal; exposé; bulletin, m.; nouvelle, rumeur; détonation (gun), f.; to report oneself, se présenter; news report, reportage. ‖ **reporter** [-ᵉr] s. reporter; rapporteur, m.

repose [ripoᵘz] v. (se) reposer; s. repos, m; **repository,** dépôt; dépositaire.

reprehensible [réprihénsib'l] adj. répréhensible.

represent [rèprizènt] v. représenter. ‖ **representation** [rèprizènté¹shᵉn] s. représentation, f. ‖ **representative** [rèprizèntᵉtiv] adj. représentatif; typique; s. représentant, m.

repress [riprès] v. refréner; contenir. || **repression** [ripré¹sh°n] s. répression, f.

reprieve [riprîv] v. surseoir à; accorder un délai à; s. délai; sursis, m.

reprimand [rèpr°mand] v. réprimander; s. réprimande, f.

reprisals [ripra¹z'ls] s. pl. représailles, f. pl.

reproach [riprooutsh] v. reprocher; blâmer; s.* reproche, blâme, m.; **reproachful,** réprobateur.

reprobate [rèprobé¹t] v. réprouver; adj., s. réprouvé, m. f.; **reprobation,** réprobation.

reproduce [rîpr°dyous] v. reproduire. || **reproduction** [rîpr°dœksh°n] s. reproduction, réplique, f.

reproof [riproûf] s. reproche, m. || **reprove** [riproûv] v. réprimander; blâmer.

reptile [rèpt'l] s. reptile, m.

republic [ripœblik] s. république, f.; **republican,** républicain.

repudiate [ripyoudié¹t] v. répudier.

repugnance [ripœgn°ns] s. répugnance; aversion, f. || **repugnant** [-n°nt] adj. répugnant; repoussant; antipathique.

repulse [ripœls] v. repousser; rejeter; refouler; s. échec; refus, m.; rebuffade, f.; to sustain a repulse, essuyer un échec. || **repulsive** [-iv] adj. repoussant; écœurant; distant.

reputable [rèpy°t°b'l] adj. honorable. || **reputation** [rèby°té¹sh°n] s. réputation; renommée, f. || **repute** [ripyout] v. réputer; considérer; estimer; s. réputation, f.; **reputed,** supposé, prétendu.

request [rikwèst] s. requête, demande; pétition, f.; v. demander; solliciter; prier; inviter à; at the request of, sur les instances de; request stop, arrêt facultatif; « faire signe au machiniste ». || **require** [rikwa¹°r] v. exiger, requérir; avoir besoin de. || **requirement** [-m°nt] s. exigence; condition requise; nécessité, f.; besoin, m. || **requisite** [rèkw°zit] adj. requis, indispensable; s. requis, m.; condition requise, f. || **requisition** [rèkw°zîsh°n] s. réquisition; requête, f.; v. réquisitionner.

requital [rikwa¹t°l] s. vengeance, f.; représailles, f. pl.; récompense, f. || **requite** [rikwa¹t] v. récompenser; venger.

rescind [risînd] v. annuler; abroger; **rescission,** annulation, abrogation.

rescue [rèskyou] s. délivrance; rescousse, f.; secours; sauvetage, m.; v. sauver; secourir; délivrer; **rescue service,** service de sauvetage.

research [rîsèrtsh] s.* recherche; investigation, f.; [risèrtsh] v. rechercher; enquêter; **researcher,** chercheur.

resemblance [rizèmbl°ns] s. ressemblance, f. || **resemble** [-b'l] v. ressembler à.

resent [rizènt] v. se fâcher de, tenir rigueur à. || **resentful** [-f°l] adj. rancunier; irascible; vindicatif. || **resentment** [-m°nt] s. ressentiment, m.

reservation [rèz°rvé¹sh°n] s. réserve; restriction; arrière-pensée; réservation (jur.), f.; Am. terrain réservé, m.; **mental reservation,** restriction mentale. || **reserve** [rizë°rv] v. réserver, louer; s. réserve; discrétion; restriction, f. || **reservist** [-ist] s. réserviste, m. || **reservoir** [rèzë°vaur] s. réservoir, m.

reside [riza¹d] v. résider; habiter. || **residence** [rèz°d°ns] s. résidence; habitation, f. || **resident** [-d°nt] s. résident, m.; adj. résidant; **residential,** résidentiel.

residue [rèz°dyou] s. résidu; reliquat, reste, m.

resign [riza¹n] v. résigner, renoncer à; démissionner; to resign oneself, se résigner. || **resignation** [rèzigné¹sh°n] s. démission; résignation, f.

resilient [rizîli°nt] adj. élastique; énergique, plein de ressort.

resin [rèz'n] s. résine, f.

resist [rizîst] v. résister à; s'opposer à; combattre. || **resistance** [-°ns] s. résistance; opposition, f.; **electric resistance,** résistance électrique. || **resistant** [-°nt] adj. résistant.

resolute [rèz°lout] adj. résolu; déterminé. || **resolution** [rèz°loush°n] s. résolution; détermination; solution; délibération, f. || **resolve** [rizôlv] v. (se) résoudre; (se) décider; déterminer; dissoudre, fondre; dissiper. || **resolvent** [-°nt] s. résolvant; résolutif, m.

resonance [rèz°n°ns] s. résonance, f. || **resonant** [-°nt] adj. résonnant, sonore; **resonator,** résonateur.

resort [rizaurt] v. recourir à; fréquenter; s. recours; rendez-vous; ressort (jur.), m.; ressource, f.; as a last resort, en dernier ressort; **summer resort,** villégiature d'été.

resound [riza°und] v. résonner; retentir; répercuter.

resource [riso°urs] s. ressource, f.; **resourceful,** avisé, débrouillard.

respect [rispèkt] s. respect; égard, m.; estime, considération, f.; pl. hommages, m.; with respect to, relativement à; in all respects, à tous égards. || **respectable** [-°b'l] adj. respectable. || **respectful** [-f°l] adj. respectueux. || **respecting** [-ing] prep. relativement à,

touching à, quant à. ‖ *respective* [-iv]
adj. respectif; relatif.

respiration [rèsᵊré¹shᵊn] *s.* respiration, f.; *respiratory*, respiratoire;
respire, respirer.

respite [rèspit] *s.* répit; sursis (jur.);
délai, m.; trève, f.

resplendent [risplèndᵊnt] *adj.* resplendissant, éblouissant.

respond [rispând] *v.* répondre; payer
de retour; convenir (*to*, à). ‖ *response*
[rispâns] *s.* réponse; réaction, f.;
répons, m.

responsibility [rispânsᵊbᵢlᵢti] *s.*
responsabilité, f. ‖ *responsible* [ris-
pânsᵊb'l] *adj.* responsable; solidaire
(jur.); digne de confiance; lourd de
responsabilité. ‖ *responsive* [-siv] *adj.*
sensible; vibrant; nerveux [motor].

rest [rèst] *s.* repos; calme; appui,
support, m.; pause [music], f.; *v.* (se)
reposer; s'appuyer (*on*, sur); *to rest
with*, incomber à.

rest [rèst] *v.* rester; *s.* reste; restant,
m.; *to rest there*, en rester là.

restaurant [rèstᵉrᵉnt] *s.* restaurant, m.

restful [rèstfᵉl] *adj.* reposant; paisible, calme, tranquille.

restitute [rèstityout] *v.* restituer. ‖
restitution [rèstᵉtyoushᵉn] *s.* restitution, f.

restless [rèstlis] *adj.* agité; inquiet;
turbulent; infatigable. ‖ *restlessness*
[-nis] *s.* agitation; inquiétude; turbulence; insomnie, f.

restoration [rèstᵉré¹shᵉn] *s.* restauration; réintégration; restitution; reconstitution, f.; rétablissement, m. ‖ *restorative* [ristoᵘrᵉtiv] *s.* reconstituant;
fortifiant, m. ‖ *restore* [ristoᵘr] *v.*
restaurer; rénover; réparer; restituer;
reconstituer; rétablir; réintégrer; *to
restore to oneself*, ranimer, faire revenir à soi; *restorer*, restaurateur; fortifiant.

restrain [ristré¹n] *v.* restreindre; retenir; contenir; réprimer; entraver,
limiter. ‖ *restraint* [ristré¹nt] *s.* restriction; circonspection; contrainte, f.;
empêchement, m.

restrict [ristrĭkt] *v.* restreindre; réduire; limiter. ‖ *restriction* [-trikshᵉn]
s. restriction, limitation, f.; *restrictive*,
restrictif.

result [rizœlt] *v.* résulter (*from*, de);
aboutir (*in*, à); *s.* résultat, m.; *result-
ful*, fructueux.

resume [rizoum] *v.* reprendre; réas-
sumer; se remettre à; récapituler.

résumé [rèzoumé¹] *s.* résumé, m.

resurgence [rizᵉrdjᵉns] *s.* résurrection, f. ‖ *resurrect* [rèzᵉrèkt] *v.* ressusciter; *resurrection*, résurrection.

resuscitate [risœséᵉté¹t] *v.* ressusciter;
resuscitation, résurrection.

retail [rîté¹l] *s.* détail, m.; vente au
détail, f.; *v.* détailler, débiter; *retail
merchant, retailer*, détaillant.

retain [rité¹n] *v.* retenir; garder;
conserver; *retainer*, détenteur; suivant; provisions (jur.).

retaliate [ritalié¹t] *v.* rendre coup
pour coup; contre-attaquer; user de
représailles; prendre sa retraite. ‖ *retaliation* [ritalié¹shᵉn]
s. représailles; contre-attaque; re-
vanche, f.; talion, m.

retard [ritârd] *v.* retarder; différer;
s. retard, délai, m.

reticence [rétisᵉns] *s.* réticence, f.;
reticent, réticent.

retina [rétinᵉ] *s.* rétine, f.

retinue [rètnyou] *s.* suite, escorte, f.

retire [rita¹r] *v.* (se) retirer; se replier; prendre sa retraite. ‖ *retirement*
[-mᵉnt] *s.* retraite, f.; repli; retrait, m.

retort [ritaurt] *v.* riposter; rétorquer;
s. riposte, réplique, f.

retouch [ritœtsh] *s.** retouche, f.;
v. retoucher.

retrace [ritré¹s] *v.* revenir sur; remonter à la source de; *to retrace
one's steps*, rebrousser chemin.

retract [ritrakt] *v.* (se) rétracter; revenir sur; *retractation*, rétractation;
retractile, rétractile; *retraction*, ré-
traction; rétractation.

retransmission [rìtransmĭshᵉn] *s.* retransmission, f. ‖ *retransmit* [rìtràns-
mit] *v.* retransmettre.

retreat [ritrît] *s.* retraite, f.; refuge,
asile, m.; *v.* se retirer; rétrocéder;
battre en retraite.

retrench [ritrèntsh] *v.* (se) retrancher; économiser. ‖ *retrenchment*
[-mᵉnt] *s.* retranchement, m.

retribution [rètribyoushᵉn] *s.* rétribution, récompense, f.; châtiment, m.

retrieve [ritrîv] *v.* réparer; recouvrer, regagner; récupérer.

retroactive [rètroᵒuaktiv] *adj.* rétroactif.

retrograde [rétrogre¹d] *v.* rétrograder; *adj.* rétrograde.

retrogression [rètrᵉgrèshᵉn] *s.* recul,
m.; dégénérescence, f.

retrospect [rètrospèkt] *s.* rétrospective, f.; *retrospection*, rétrospection;
retrospective, rétrospectif.

return [ritᵉrn] *v.* retourner; revenir; répliquer; rapporter; renvoyer;
rendre; rembourser; restituer; *s.* retour; renvoi; relevé; compte rendu,
m.; rentrée; ristourne; restitution;
compensation; revanche; réciprocité;
réponse, f.; *pl.* profit, rendement, m.;

return address, adresse de l'expéditeur ; **return profit,** rendement ; **return ticket,** billet d'aller et retour ; **election returns,** compte rendu des élections.

reunion [rîyouny°n] *s.* réunion ; assemblée, f. ‖ **reunite** [rîyouna¹t] *v.* (se) réunir ; réconcilier.

reveal [rivîl] *v.* révéler ; dévoiler.

reveille [révˀli] *s.* diane (mil.), f.

revel [rèv'l] *s.* orgie, fête, f. ; *v.* faire la fête ; faire bombance ; se délecter (*in,* à).

revelation [rèv'lé¹sh°n] *s.* révélation ; Apocalypse, f.

revelry [rèv'lri] *s.*° orgie ; réjouissance, f ; divertissement, m.

revendication [rivèndiké¹sh°n] *s.* revendication, f.

revenge [rivèndj] *s.* revanche ; vengeance, f. ; *v.* (se) venger (*for something,* de quelque chose, *on somebody,* de quelqu'un) ; *to take revenge for,* se venger de ; **revengeful,** vindicatif ; vengeur, vengeresse ; **revenger,** vengeur.

revenue [rèv°nyou] *s.* revenu ; trésor public ; fisc, m. ; recette budgétaire ; administration des impôts, f.

reverberate [rivẽrb°ré¹t] *v.* renvoyer, réfléchir ; **reverberation,** réverbération.

revere [rivi°r] *v.* révérer, vénérer. ‖ **reverence** [rèv°ns] *s.* vénération, f. ; respect, m. ; ‖ **reverend** [-r°nd] *adj.* révérend, vénérable. ‖ **reverent** [-r°nt] *adj.* respectueux, révérencieux ; **reverential,** révérenciel.

reverie [rèv°ri] *s.* rêverie, musardise, f.

reversal [rivẽrs'l] *s.* revirement ; renversement, m.

reverse [rivẽrs] *adj.* contraire ; opposé ; *s.* revers ; verso [leaf] ; contraire, m. ; marche arrière [auto], f. ; *v.* renverser ; inverser ; intervertir ; révoquer [decision] ; faire marche arrière. ‖ **reversement** [-m°nt] *s.* renversement, m. ‖ **reversible** [-°b'l] *adj.* réversible. ‖ **reversion** [rivẽrj°n] *s.* réversion, f. ‖ **revert** [rivẽrt] *v.* revenir, retourner (*to,* à).

review [rivyou] *v.* revoir ; reviser ; rendre compte, critiquer [book] ; passer en revue (mil.) ; *s.* revue ; revision ; critique [book], f. ; compte rendu ; examen ; contrôle, m. ; *board of review,* conseil de révision ; **reviewer,** critique.

revile [riva¹l] *v.* insulter, injurier.

revise [riva¹z] *v.* reviser ; revoir ; relire ; corriger, modifier. ‖ **revision** [rivij°n] *s.* révision, f.

revival [riva¹v'l] *s.* renaissance ; remise en vigueur ; reprise [play], f. ; renouveau ; réveil, m. ‖ **revive** [riva¹v]

v. (se) ranimer ; réveiller ; revigorer ; faire revivre.

revocation [rèv°ké¹sh°n] *s.* révocation ; abrogation, f. ‖ **revoke** [rivoᵘk] *v.* révoquer ; abroger ; retirer ; rétracter.

revolt [rivoᵘlt] *s.* révolte ; rébellion, f. ; soulèvement, m. ; *v.* (se) révolter ; s'indigner. ‖ **revolution** [rèv°loush°n] *s.* révolution ; rotation, f. ; circuit, tour, m. ‖ **revolutionary** [-èri] *adj.*, *s.* révolutionnaire. ‖ **revolutionist** [-ist] *s.* révolutionnaire, m. ‖ **revolutionize** [-a¹z] *v.* révolutionner.

revolve [rivâlv] *v.* tourner, girer ; retourner ; pivoter ; *to revolve in one's mind,* retourner dans son esprit, réfléchir à.

revolver [rivâlv°r] *s.* revolver, m.

revulsion [rivœlsh°n] *s.* révulsion, f. ; revirement, m. ; **revulsive,** révulsif.

reward [riwaurd] *s.* récompense ; gratification, f. ; dédommagement, m. ; *v.* récompenser.

rewrite [rira¹t] *v.* récrire, remanier.

rhetoric [rèt°rik] *s.* rhétorique, f.

rheum [roûm] *s.* chassie, f. ; mucosités, f. pl.

rheumatism [roum°tiz°m] *s.* rhumatisme, m.

rhinoceros [ra¹nâs°r°s] *s.*° rhinocéros, m.

rhubarb [roubârb] *s.* rhubarbe, f.

rhyme [ra¹m] *s.* rime, f. ; *v.* rimer.

rhythm [rizh°m] *s.* rythme, m. ‖ **rhythmical** [rizhmik'l] *adj.* rythmique, cadencé.

rib [rib] *s.* côte ; nervure ; baleine [umbrella] ; éclisse [violin] ; armature, f.

ribbon [rib°n] *s.* ruban, m. ; bande, f.

rice [ra¹s] *s.* riz, m. ; *rice-field,* rizière ; *rice wine,* saké.

rich [ritsh] *adj.* riche ; succulent ; fertile, fécond ; généreux [wine] ; épicé ; luxuriant [vegetation] ; gras [food] ; vif [color]. ‖ **riches** [-iz] *s. pl.* richesse ; fortune, f. ‖ **richness** [-nis] *s.* richesse ; fécondité ; opulence ; abondance ; chaleur [color] ; fertilité, f.

rickety [rikiti] *adj.* rachitique ; délabré ; boiteux [chair].

ricochet [rikâshé¹] *s.* ricochet, m. ; *v.* ricocher.

rictus [rikt°s] *s.*° rictus, m.

rid [rid] *v.* libérer ; délivrer, débarrasser ; *to get rid of,* se débarrasser de ; *pret., p. p. of* **to rid.**

ridden [rid'n] *p. p. of* **to ride.**

riddle [rid'l] *s.* énigme ; devinette, f. ; *v.* expliquer, interpréter ; embarrasser.

riddle [rid'l] *s.* crible, tamis, m.; *v.* cribler (*with*, de).

ride [ra¹d] *v.** chevaucher; aller en voiture; rouler; *s.* promenade; randonnée; course, f.; voyage; parcours, m.; *to ride a bicycle*, aller à bicyclette; *to ride horseback*, monter à cheval; *to ride at anchor*, être à l'ancre. ‖ **rider** [-ᵉʳ] *s.* cavalier; codicille, m.; annexe (jur.), f.

ridge [ridj] *s.* crête; arête; échine; croupe, f.; faîte; billon, m.

ridicule [ridikyoul] *s.* dérision; moquerie, f.; *v.* ridiculiser. ‖ **ridiculous** [ridíky•l•s] *adj.* ridicule.

riff-raff [rifraf] *s.* racaille, pègre, canaille, f.

rifle [ra¹f'l] *s.* fusil, m.; carabine, f.; *v.* fusiller; rayer; *automatic rifle*, fusil mitrailleur; *rifleman*, fusilier, carabinier.

rifle [ra¹f'l] *v.* rafler, piller; détrousser, dévaliser.

rig [rig] *v.* gréer, équiper; accoutrer; échafauder; *s.* gréement; équipement; accoutrement; échafaudage, m. ‖ **rigging** [-ing] *s.* agrès; gréement (naut.); montage (mech.), m.

right [ra¹t] *adj.* droit; exact; juste; vrai; direct; régulier; *adv.* droit; directement; comme il faut; tout à fait; *s.* droit, m.; équité; droite, f.; *v.* rectifier; corriger; faire justice à; (se) redresser; *right away*, tout de suite; *he is right*, il a raison; *keep to the right*, tenez votre droite; *to set right*, mettre en ordre, régler; *all right*, très bien, ça va; *right now*, immédiatement; *by right of*, en raison de; *is that the right street ?*, est-ce bien la rue ? ‖ **righteous** [-•s] *adj.* juste; droit. ‖ **righteousness** [-•nis] *s.* droiture; rectitude; équité, f. ‖ **rightful** [-f•l] *adj.* juste; légitime. ‖ **right-hand** [-hànd] *adj.* de droite; à main droite; *right-hand man*, bras droit, alter ego. ‖ **rightly** [-li] *adv.* à juste titre; avec raison; correctement.

rigid [ridjid] *adj.* rigide, raide. ‖ **rigidity** [ridjid•ti] *s.* rigidité; raideur; rigueur, f.

rigo(u)r [rig•ʳ] *s.* rigueur; rigidité, f.; *rigorism*, rigorisme; *rigorous*, rigoureux.

rim [rim] *s.* bord, m.; *wheel rim*, jante.

rime [ra¹m] *s.* givre, m.; gelée blanche, f.; *v.* givrer.

rind [ra¹nd] *s.* écorce [tree]; pelure [fruit]; couenne; croûte [cheese], f.

ring [ring] *s.* anneau; cercle, m.; bague; boucle [ear]; couronne (geom.); arène, piste, f.; ring [box], m.; *v.* entourer, encercler; cerner;

anneler; baguer; *ring-finger*, annulaire.

ring [ring] *v.** sonner, tinter; résonner; faire sonner; *s.* son métallique; son de clochette; coup de sonnette, m.; *to ring up on the phone*, appeler au téléphone; *to ring for the maid*, sonner la bonne.

ringlet [ringlit] *s.* anneau, m.; boucle [hair], f.

rink [ringk] *s.* patinoire, f.

rinse [rins] *v.* rincer; *s.* rinçage, m.

riot [ra¹•t] *s.* émeute; sédition, f.; tumulte, m.; *v.* faire une émeute; faire du vacarme; *riot of colo(u)rs*, débauche de couleurs; *rioter*, émeutier; noceur; *riotous*, séditieux; tapageur; débauché.

rip [rip] *v.* fendre; déchirer; éventrer; *s.* fente; déchirure, f.; *to rip off*, arracher.

ripe [ra¹p] *adj.* mûr; parfait; à point. ‖ **ripen** [-ᵉn] *v.* mûrir; faire mûrir. ‖ **ripeness** [-nis] *s.* maturité, f.

ripple [rip'l] *s.* ride; ondulation, f.; murmure [water]; rire perlé, m.; *v.* se rider; onduler; murmurer.

rise [ra¹z] *v.** se lever; s'élever; monter; renchérir; augmenter; naître, prendre sa source; grandir; faire des progrès; *s.* ascension; montée; crue; hausse; élévation; augmentation; croissance, f.; lever; avancement, m.; *to rise up in rebellion*, se soulever. ‖ **risen** [riz'n] *p. p. of to rise.*

risk [risk] *s.* risque; danger; hasard, m.; *v.* risquer; aventurer; hasarder; *to risk defeat*, s'exposer à l'échec. ‖ **risky** [-i] *adj.* risqué; hasardeux; hardi; audacieux. ‖ **risqué** [-é¹] *adj.* osé, scabreux.

rite [ra¹t] *s.* rite, m.; cérémonie, f. ‖ **ritual** [ritshou•l] *adj.*, *s.* rituel. ‖ **ritualism** [rityou•liz'm] *s.* ritualisme, m. ‖ **ritualist** [-ist] *s.* ritualiste m. f. ‖ **ritualistic** [rityou•listik] *adj.* ritualiste.

rival [ra¹v'l] *s.* rival; concurrent; compétiteur, m.; *v.* rivaliser avec; *adj.* adverse, opposé. ‖ **rivalry** [-ri] *s.** rivalité, concurrence, f.

river [riv•ʳ] *s.* fleuve, m.; rivière, f.

rivet [rivit] *s.* rivet, m.; *v.* riveter, river; *riveting*, rivure, rivetage; *riveting-machine*, riveuse, f.

rivulet [rivy•lit] *s.* ruisselet, m.

road [ro°ud] *s.* route; voie; chaussée; rade (naut.), f.; *branch road*, embranchement; *convex road*, route bombée; *high road*, grand-route; *military road*, route stratégique; *unimproved road*, route en mauvais état; *winding road*, route en lacets; *roadside*, accotement; *roadway*, chaussée, voie carrossable.

roam [roᵘm] *v.* errer; rôder.

roar [roᵘr] *v.* rugir; mugir [sea]; gronder [thunder]; éclater [laughter]; *s.* rugissement; mugissement; grondement; éclat, m.

roast [roᵘst] *v.* rôtir; torréfier; griller; *s.* rôti, m.; *roast beef,* rosbif; *roaster,* rôtissoire; rôtisseur; brûloir; volaille à rôtir.

rob [râb] *v.* voler, dérober; cambrioler; *to rob someone of something,* voler quelque chose à quelqu'un. ‖ *robber* [-ᵉr] *s.* voleur; brigand, m.; *sea-robber,* pirate. ‖ *robbery* [-ri] *s.°* vol; cambriolage, m.

robe [roᵘb] *s.* robe, toge, f.; *Am. automobile robe,* plaid, m.

robin [râbin] *s.* rouge-gorge, m.; *Am.* grive migratrice, f.

robot [roᵘbât] *s.* robot, m.; *adj.* automatique.

robust [roᵘbœst] *adj.* robuste; solide; vigoureux.

rock [râk] *s.* roc, rocher; *Am.* moellon, m.; roche, f.; *rock garden,* rocaille; *rock salt,* sel gemme.

rock [râk] *v.* (faire) balancer, bercer; se balancer; chanceler; *to rock to sleep,* bercer. ‖ *rocker* [-ᵉr] *s.* culbuteur, m.; bascule, f.

rocket [râkit] *s.* fusée, f.; savon [colloq.], m.; *v.* monter en flèche; passer en éclair.

rocking [râking] *s.* balancement; bercement, m.; *rocking-chair,* chaise à bascule, *Fr. Can.* berceuse.

rocky [râki] *adj.* rocailleux; rocheux.

rocky [râki] *adj.* instable, branlant, chancelant.

rod [râd] *s* baguette; tringle [curtain]; tige; canne [fishing]; bielle [piston]; verge, f.; *tie-rod,* barre d'accouplement (mech.); *divining-rod,* baguette de sourcier.

rode [roᵘd] *pret. of to ride.*

rodent [roᵘdᵉnt] *s.* rongeur, m.

roe [roᵘ] *s.* chevreuil; œufs (ou) laitance de poisson.

rogue [roᵘg] *s.* fripon; espiègle; vagabond, drôle, gredin; rustre, m. ‖ *roguish* [roᵘgish] *adj.* malhonnête; coquin; espiègle.

roister [rôⁱstᵉr] *v* faire du chahut; *roistering,* tapage; tapageur.

rôle [roᵘl] *s.* rôle, m.

roll [roᵘl] *v.* rouler; passer au rouleau; laminer [metal]; cylindrer; faire le tonneau (aviat.); *s.* liste; rôle; rouleau; roulement; roulis (naut.); petit pain, m.; *to call the roll,* faire l'appel. ‖ *roller* [-ᵉr] *s.* rouleau; cylindre; galet, tambour (mech.), m.; *roller coaster,* montagnes russes; *roller skate,* patin à roulettes.

rollick [rolik] *v.* folâtrer.

Roman [roᵘmᵉn] *adj., s.* romain; *Roman nose,* nez aquilin.

romance [roᵘmàns] *s.* roman, m.; romance, f.; *adj.* roman; *v.* faire un récit romancé; être romanesque. ‖ *romanesque* [roᵘmᵉnèsk] *adj.* romanesque; roman [style]. ‖ *romantic* [roᵘmàntik] *adj.* romantique; romanesque. ‖ *romanticism* [-tᵉsizᵉm] *s.* romantisme, m. ‖ *romanticist* [-tᵉsist] *s.* romantique, m.

romp [râmp] *v.* jouer bruyamment; être turbulent; gambader; *s.* enfant turbulent; garçon manqué, m.

rood [roud] *s.* croix, f.; quart d'arpent, m.

roof [rouf] *s.* toit; palais [mouth]; comble [house]; plafond (aviat.), m.; voûte, f.; *v.* couvrir; mettre un toit; abriter; *flat roof,* terrasse; *roofless,* sans abri.

room [roum] *s.* chambre; pièce; salle; place, f.; lieu; espace, m.; *v.* loger; habiter en garni; *there is no room for,* il n'y a pas lieu de; il n'y a pas de place pour; *dressing room,* cabinet de toilette; *roommate,* compagnon de chambre; « cothurne ». ‖ *roomer* [-ᵉr] *s.* locataire, m. ‖ *roominess* [-inis] *s.* grande étendue, grande dimension, f. ‖ *roomy* [-i] *adj.* spacieux; vaste.

roost [roust] *s.* perchoir, m.; *v.* se percher [bird, fowl]. ‖ *rooster* [-ᵉr] *s.* coq, m.

root [rout] *s.* racine; base; origine; souche; fondement; principe, m.; *v.* s'enraciner; prendre racine; *to root out,* déraciner; extirper; dénicher.

rope [roᵘp] *s.* corde, f.; cordage; câble, m.; *v.* corder; encorder; lier; prendre au lasso; *to be at the end of one's rope,* être au bout de son rouleau; *to know the ropes,* connaître son affaire.

rosary [roᵘuzᵉri] *s.°* rosaire, m.

rose [roᵘuz] *pret. of to rise.*

rose [roᵘuz] *s.* rose; rosace; pomme d'arrosoir, f.; *Brazilian rosewood,* palissandre; *rosebud,* bouton de rose; *rose bush,* rosier; *rosette,* rosette; *rose-window,* rosace; *rosin,* colophane.

rostrum [râstrᵉm] *s.* tribune, f.

rosy [roᵘuzi] *adj.* rose, rosé; riant.

rot [rât] *v.* pourrir; se gâter; se carier [tooth]; *s.* pourriture; putréfaction; carie; clavelée, f.

rotary [roᵘutᵉri] *adj.* rotatif; tournant; rotatoire. ‖ *rotate* [roᵘuté¹t] *v.* tourner; girer; pivoter. ‖ *rotation* [roᵘuté¹shᵉn] *s.* rotation; révolution, f.; roulement; tour, m.; *in rotation,* par roulement; *rotation of crops,* assolement.

rote [roᵘut] *s.* routine, f.; *by rote,* par cœur, machinalement.

rotten [rât'n] adj. corrompu; pourri; putréfié; gâté.

rotundity [rotœnditi] s.* rondeur; redondance, f.; embonpoint, m.

roué [roué¹] s. débauché, m.

rouge [rouj] s. rouge, fard, m.; v. farder; se mettre du rouge.

rough [rœf] adj. rude; brut; non poli [glass]; âpre, orageux [weather]; raboteux; hérissé; accidenté; **rough draft**, ébauche; brouillon; **rough estimate**, calcul approximatif; **to rough it**, faire du camping, vivre primitivement. || **roughen** [-ᵊn] v. endurcir; devenir rude. || **roughly** [-li] adv. rudement; grossièrement; en gros; à peu près; âprement. || **roughness** [-nis] s. rudesse; rugosité; grossièreté; aspérité; âpreté; rigueur [weather], f.

round [raᵒund] adj. rond; circulaire; s. rond; cercle; round [boxing]; tour, m.; sphère; tournée; ronde; cartouche, f.; v. arrondir; contourner; entourer; faire une ronde; adv. tout autour; autour de; à la ronde; du premier au dernier; d'un bout à l'autre; prep. autour de; par; de l'autre côté de; **round of applause**, salve d'applaudissements; **round of pleasures**, succession de plaisirs; **to pay for the round**, payer la tournée; **to go the rounds**, circuler, faire le tour; **to round off**, arrondir; **to round**, compléter; **to hand round**, faire passer; **roundabout**, détourné [way]; sens giratoire; détour; manège; rond-point; circonlocution; **round-shouldered**, voûté; **round-trip ticket**, billet circulaire; **roundup**, conclusion; rassemblement; rodéo; rafle.

rouse [raᵒuz] v. réveiller; exciter; soulever; ranimer; provoquer.

rout [raᵒut] s. cohue; foule; réunion; déroute (mil.), f.; v. mettre en déroute; **to rout out**, chasser de.

route [rout] s. route; voie, f.; itinéraire, m.; v. acheminer, diriger; **route-map**, carte routière.

routine [routîn] s. routine, f.; cours habituel des événements; service courant, m.; adj. routinier, courant, habituel; **routine-bound**, enrouliné; **routine-minded**, routinier; **routinist**, routinier.

rove [roᵒuv] v. rôder; errer, vagabonder; divaguer, **rover**, vagabond, rôdeur; éclaireur, routier; pirate.

row [raᵒu] s. tapage; vacarme; boucan, m.; dispute, f.; v. se quereller; **rowdy**, tapageur, batailleur; voyou.

row [roᵒu] s. rang, m.; rangée, ligne, file; colonne [figures], f.

row [roᵒu] v ramer; canoter; nager (naut.); s. promenade en bateau; **row-boat**, bateau à rames, canot, barque, Fr. Can. chaloupe. || **rower** [-ᵊr] s. rameur, m. || **rowing** [-ing] s. canotage, m.

royal [ro¹ᵊl] adj. royal. || **royalist** [-ist] s. royaliste, m. || **royalty** [-ti] s.* royauté; redevance, f.; droit d'auteur ou d'inventeur, m.

rub [rœb] v. frotter; frictionner; astiquer; s. frottement; astiquage, m.; friction, difficulté, f.; **there is the rub**, voilà le hic; **to rub out**, effacer; **to rub someone the wrong way**, prendre quelqu'un à rebrousse-poil; **to rub up**, fourbir; **rub-down**, friction. || **rubber** [-ᵊr] s. frotteur; frottoir; caoutchouc, m.; gomme, f., Fr. Can. claque, f.; rob [bridge], m.; **hard rubber**, ébonite.

rubbish [rœbish] s. détritus; débris; résidu; déblais, m.; décombres, m. pl; ordures, f. pl.; camelote, f.; absurdités, f. pl.; **rubbish-shoot**, vide-ordures

rubella [rou'bèl°] s. rubéole, f.

rubicund [roubik°nd] adj. rubicond.

ruby [roubi] s.* rubis, m.

rudder [rœdᵊr] s. gouvernail, m.; **rudder tiller**, barre du gouvernail.

ruddy [rœdi] adj. vermeil, rouge.

rude [roud] adj. grossier; rude; impoli; rébarbatif; rigoureux. || **rudeness** [-nis] s. rudesse; grossièreté; impolitesse, rigueur [weather], f.

rudiment [roud°m°nt] s. rudiment; élément, m. || **rudimentary** [roud°mᵊnt°rij] adj. rudimentaire.

rueful [rouf°l] adj. pitoyable; navrant; triste, morne.

ruff [rœf] s. fraise, f.; collier, m.

ruffian [rœfiᵊn] s. bandit, ruffian, m.

ruffle [rœf'l] v. froisser; froncer; ébouriffer [hair]; chiffonner; troubler; irriter; s. fronce, ruche, agitation, irritation; ride [water], f.

rug [rœg] s. tapis, m.; couverture, f.

rugged [rœgid] adj. rude, âpre; rugueux, raboteux; dentelé [hills]; tempétueux; Am. fort, robuste; peu commode. || **ruggedness** [-nis] s. aspérité; anfractuosité; rudesse, f.

ruin [rouin] s. ruine; perte; destruction, f.; v. ruiner; démolir; détruire. || **ruinous** [-°s] adj. ruineux; désastreux; coûteux.

rule [roul] s. règle; autorité, f.; règlement, ordre; pouvoir, m.; v. régler; réglementer; gouverner; juger (jur.); conseiller, persuader; **rule of three**, règle de trois; **as a rule**, en général, ordinairement; **to be ruled by**, être sous la domination de; se laisser guider par || **ruler** [-ᵊr] s. règle, f.; régleur; chef, gouvernant, m. || **ruling** [-ing] s. décision, f.; gouvernement, m.; adj. gouvernant, dirigeant; principal, prédominant.

rum [rœm] s. rhum, m.

rumble [rœmb'l] s. grondement; roulement; grouillement; coffre [auto], m.; v. gronder; rouler [thunder]; résonner.

ruminant [roumin*e*nt] s., adj. ruminant, m. || **ruminate** [roum*e*ne¹t] v. ruminer; méditer (*on*, sur); **rumination,** rumination; **ruminative,** méditatif.

rummage [ræmidj] v. fouiller; remuer; bouleverser; s. remue-ménage; bouleversement, m.; fouilles, recherches, f. pl.; **rummage sale,** déballage.

rumo(u)r [roum*e*r] s. rumeur; opinion, f.; on-dit, m.; v. faire courir le bruit.

rump [ræmp] s. croupe, f.; postérieur, derrière; croupion, m.; culotte [meat], f.

rumpish [ræmpish] adj. bruyant.

rumple [ræmp'l] v. chiffonner; friper; s. ride, f.

rumpus [ræmp*e*s] s. chahut, boucan, potin, m.; prise (f.) de bec.

run [ræn] v.* courir; fuir, perdre; fonctionner; diriger [business]; couler [water]; passer [time]; se répandre [rumor]; être candidat, se présenter (*for*, à); se démailler [stockings]; *to run away,* s'enfuir; *to run across,* rencontrer par hasard; traverser en courant; *to run ashore,* s'échouer; *to run into debts,* s'endetter; *to run into,* tampcnner; *to run down,* écraser [auto]; *to run through a book,* parcourir un livre; s. course; suite; série; maille [stockings], f.; *in the long run,* à la longue; *run of performances,* série de représentations; *to run for something,* courir chercher quelque chose; *to get run in,* se faire coffrer; *to have the run of,* avoir le libre usage de; *run-away,* fugitif, fuyard, déserteur; *run-down,* épuisé; déchargé [accumulator]; *pret., p. p. of* to run.

rung [ræng] s. tige, barre, f.; bâton; échelon, m.

rung [ræng] p. p. of to ring.

runner [ræn*e*r] s. coureur; courrier; agent de transmission; patin de traîneau, m. || **running** [ræning] s. course;

marche; suppuration, f.; cours; fonctionnement; écoulement, m.; adj. courant; consécutif; continu; **running board,** marchepied; **running commentary,** reportage en direct (radio); **running down,** éreintement; **running fire,** feu roulant; **running in,** en rodage; **running water,** eau courante.

runt [rænt] s. nabot, avorton; animal (m.) de petite race.

runway [rænwé¹] s. piste (aviat.), f.

rupee [roûpî] s. roupie, f.

rupture [ræptsh*e*r] s. rupture; hernie; brouille, f.; v. (se) rompre; donner une hernie à.

rural [rour*e*l] adj. rural; champêtre; rustique.

ruse [rouz] s. ruse de guerre, f.; stratagème, m.

rush [ræsh] v. s'élancer; se précipiter; se ruer; prendre d'assaut; s'empresser; bousculer; s.* élan; bond; rush, m.; ruée; affluence, foule, masse; presse, f.; **rush hours,** heures d'affluence; *to make a rush at, for,* se précipiter sur.

rush [ræsh] s.* jonc, m.; **rush-bottomed,** à fond de jonc, paillé.

rusk [ræsk] s. biscotte, f.

Russian [ræsh*e*n] adj., s. russe. || **Russia** [ræsh*e*] s. Russie, f.

russet [ræsit] adj. roux, mordoré.

rust [ræst] s. rouille, f.; v. (se) rouiller; s'oxyder, **rustproof,** inoxydable.

rustic [ræstik] adj. rustique; s. paysan; rustre, m.; **rusticate,** se retirer à la campagne.

rustle [ræs't'l] v. bruire; froufrouter; s. bruissement; frou-frou, m.

rusty [ræsti] adj. rouillé; oxydé; rauque [voice].

rut [ræt] s. ornière, f.; v. sillonner; *to get into a rut,* s'encroûter.

ruthless [routhlis] adj. impitoyable; implacable; cruel. || **ruthlessness** [-nis] s. cruauté; brutalité, f.

rye [ra¹] s. seigle, m.; **rye bread,** pain de seigle.

S

sabbath [sabeth] s. sabbat, m.

saber, sabre [sé¹b*e*r] s. sabre, m.

sable [sé¹b'l] s. zibeline, f.; pl. vêtements (m. pl.) de deuil; adj. noir.

sabotage [sab*e*tâj] s. sabotage, m.; v. saboter.

saccharin [sak*e*rin] s. saccharine, f.

sacerdotal [sas*e*do*u*t'l] adj. sacerdotal.

sack [sak] s. sac; pillage, m.; v. piller; ensacher; saquer, renvoyer.

sacrament [sakr*e*m*e*nt] s. sacrement, m.; **sacramental,** sacramentel.

sacred [sé¹krid] adj. sacré. || **sacredness** [-nis] s. sainteté; inviolabilité, f.; caractère sacré, m.

sacrifice [sakr*e*fa¹s] s. sacrifice, m.;

v. sacrifier; *to sell at a sacrifice*, vendre au rabais.

sacrilege [sakrelidj] *s.* sacrilège, m. ‖ **sacrilegious** [sakrilidjes] *adj.* sacrilège.

sacristan [sakristen] *s.* sacristain, m. ‖ **sacristy** [-ti] *s.** sacristie, f.

sad [sad] *adj.* triste; mélancolique; cruel [loss]; sombre [color]. ‖ **sadden** [-'n] *v.* (s')attrister.

saddle [sad'l] *s.* selle; sellette, f.; *v.* seller; bâter; charger; *flat saddle*, selle anglaise; *pack saddle*, bât; *saddle-bag*, sacoche; *to saddle someone with responsibilities*, accabler quelqu'un de responsabilités. ‖ **saddler** [sadler] *s.* sellier, m.

sadism [sé¹diz'm] *s.* sadisme, m. ‖ **sadist** [-ist] *s.* sadique, m. f. ‖ **sadistic** [sadistik] *adj.* sadique.

sadness [sadnis] *s.* tristesse, f.

safe [sé¹f] *adj.* sauf; sûr; hors de danger, intact; *s.* coffre-fort, m.; *safe and sound*, sain et sauf; *safe conduct*, sauf-conduit; *safely*, en sûreté, sans encombre; *safe from*, à l'abri de. ‖ **safeguard** [-gârd] *s.* sauvegarde; escorte, f.; *v.* sauvegarder, protéger. ‖ **safety** [-ti] *s.** sécurité; protection; sauvegarde, f.; cran de sûreté, m.; *in safety*, en lieu sûr; *safety deposit box*, coffre, *Fr. Can.* coffret de sûreté; *safety-device*, mécanisme de sécurité; *safety pin*, épingle de sûreté; *safety razor*, rasoir mécanique; *safety valve*, soupape de sûreté.

saffron [safren] *s.*, *adj.* safran, m.

sag [sag] *v.* ployer; fléchir; s'affaisser; *s.* fléchissement; affaissement, m.; courbure [shoulders], f.

sagacious [segé¹shes] *adj.* sagace; subtil; avisé. ‖ **sagacity** [segaseti] *s.* sagacité; perspicacité, f.

sage [sé¹dj] *adj.* sage; avisé; modéré; instruit; *s.* sage, m.

sage [sé¹dj] *s.* sauge, f.

said [sé¹d] *pret.*, *p. p. of* to say.

sail [sé¹l] *s.* voile; aile [mill]; promenade en bateau à voiles, f.; *v.* faire voile, voguer; *under full sail*, toutes voiles dehors; *to take in sail*, carguer la voile (naut.); *to set sail*, prendre la mer; *sailboat*, voilier; *sailplane*, planeur de vol à voile (aviat.); *foresail*, misaine. ‖ **sailing** [-ing] *s.* navigation, f.; départ, m. ‖ **sailor** [-er] *s.* marin; matelot, m.; *to be a good sailor*, avoir le pied marin; *deep-sea sailor*, navire long courrier.

saint [sé¹nt] *s.* saint, m.; *All Saints' Day*, la Toussaint; *Saint Vitus's dance*, danse de Saint-Guy; *v.* canoniser; faire le saint. ‖ **saintly** [-li] *adj.* saint; pieux; *adv.* saintement.

sake [sé¹k] *s.* cause, f.; but, égard, amour, intérêt, m.; *for the sake of*, à cause de; *do it for my sake*, faites-le pour moi; *for God's sake*, pour l'amour de Dieu; *for the sake of appearances*, pour sauver les apparences.

salad [saled] *s.* salade, f.; *salad bowl*, saladier.

salamander [salemànder] *s.* salamandre, f.

salary [saleri] *s.** salaire, m.; appointements, m. pl.; *v.* salarier; appointer.

sale [sé¹l] *s.* vente, f.; débit; solde, m.; *private sale*, vente à l'amiable; *for sale*, à vendre; *on sale*, en vente; *charity sale*, kermesse, *Fr. Can.* bazar; *wholesale*, vente en gros. ‖ **salesman** [-zmen] (*pl.* **salesmen**) *s.* vendeur; marchand, m.; *Am.* **traveling salesman**, voyageur de commerce, commis voyageur. ‖ **saleswoman** [-zwoumen] (*pl.* **saleswomen**) *s.* vendeuse, f.

salient [sé¹lient] *adj.* saillant; remarquable; proéminent.

saline [sé¹la¹n] *adj.* salin; salé; *s.* saline, f.; sel purgatif, m.

saliva [sela¹ve] *s.* salive, f. ‖ **salivate** [salivé¹t] *v.* (faire) saliver.

sallow [saloᵘ] *adj.* blême, jaune.

sally [sali] *s.** sortie; saillie; boutade, f.; *v.* saillir; faire une sortie.

salmon [samen] *s.* saumon, m.; *salmon-trout*, truite saumonée; *land-locked salmon*, *Fr. Can.* ouananiche.

salon [salonⁿ] *s.* salon, m.; *Am.* **beauty salon**, institut de beauté.

saloon [seloun] *s.* salon; bar; *Am.* bistrot; *saloon-car*, wagon-salon.

salsify [salsefi] *s.* salsifis, m.

salt [sault] *s.* sel, m.; *adj.* salé; *v.* saler; *salt cellar*, salière; *salt mine*, mine de sel; *salt provisions*, salaisons; *old salt*, loup de mer; *smelling salts*, sels volatils.

saltpeter [saultpiter] *s.* salpêtre, m.

salty [saulti] *adj.* salé; saumâtre.

salubrity [seloubreti] *s.* salubrité, f.

salutary [salyeteri] *adj.* salutaire.

salutation [salyeté¹shen] *s.* salutation, f.; salut, m. ‖ **salute** [selout] *s.* salut, m.; salve, f.; *v.* saluer.

salvage [salvidj] *s.* sauvetage; objet récupéré, m.; récupération, f.

salvation [salvé¹shen] *s.* salut, m.; salvation, f.; *Salvation Army*, Armée du Salut.

salve [sav] *s.* onguent; baume, m.; pommade, f.; *v.* oindre; appliquer un onguent à; adoucir.

salvo [salvoᵘ] *s.* salve (mil.), f.

same [sé¹m] *adj.* même; semblable; *it is all the same to me,* cela m'est égal; *it is all the same,* c'est tout comme; *the same to you,* pareillement; *to do the same,* en faire autant.

sample [sàmp'l] *s.* échantillon; exemple; prélèvement (méd.), m.; *v.* échantillonner; déguster; *sampler,* modèle; échantillonneur.

sanatorium [sanetoⁱurⁱem] *s.* sanatorium, m.

sanctification [sàngktᵉfᵉké¹shᵉn] *s.* sanctification, f. || *sanctify* [sàngktᵉfa¹] *v.* sanctifier. || *sanctimonious* [sangktimoᵘni°s] *adj.* papelard, cagot, bigot.

sanction [sàngkshᵉn] *s.* sanction; approbation, f.; *v.* sanctionner; ratifier; autoriser.

sanctity [sàngktᵉti] *s.* sainteté, f.

sanctuary [sàngktshouèri] *s.** sanctuaire, m.

sand [sànd] *s.* sable, m.; *pl.* grève, f.; *v.* sabler; ensabler; *sandbank,* banc de sable; *Am. sand glass,* sablier; *sandpaper,* papier de verre; *sandstone,* grès.

sandwich [sàndwitsh] *s.** sandwich, m.; *v.* intercaler; *sandwich-loaf,* pain de mie.

sandy [sàndi] *adj.* sableux; sablonneux; blond roux (hair).

sane [sé¹n] *adj.* sain; sensé; raisonnable.

sang [sàng] *pret. of to sing.*

sanguinary [sànggwinèri] *adj.* sanguinaire. || *sanguine* [sàngwin] *adj.* de sang; rubicond; sanguin; optimiste; *v.* ensanglanter.

sanitarium [sanᵉtàrⁱem] *s.* sanatorium, m. || *sanitary* [sanᵉtèri] *adj.* sanitaire; hygiénique. || *sanitation* [sanᵉté¹shᵉn] *s.* hygiène; salubrité, f.; assainissement, m. || *sanity* [sanᵉti] *s.* santé; raison, f.; équilibre mental, m.

sank [sàngk] *pret. of to sink.*

sap [sap] *s.* sève, f.; aubier, m.; *saphouse,* Fr. Can. cabane à sucre.

sap [sap] *s.* sape, f.; *Am.* crétin, m.; *v.* saper.

sapling [sapling] *s.* arbrisseau, m.

sapper [sapᵉr] *s.* sapeur, m.

sapphire [safa¹r] *s.* saphir, m.

sappy [sapi] *adj.* plein de sève; naïf; niais.

saraband [sarᵉband] *s.* sarabande, f.

sarcasm [sâ'kaz'm] *s.* sarcasme; esprit sarcastique, m. || *sarcastic* [sᵉrkastik] *adj.* sarcastique.

sarcophagus [sâkaufᵉgᵉs] *s.* sarcophage, m.

sardine [sârdîn] *s.* sardine, f.

sardonic [sardânik] *adj.* sardonique.

sarsaparilla [sârspᵉri¹ᵉ] *s.* salsepareille, f.

sash [sash] *s.** ceinture; écharpe; *Fr. Can.* ceinture fléchée, f.; *v.* ceinturer; orner d'une écharpe.

sash [sash] *s.** châssis de fenêtre, m.; *sash window,* fenêtre à guillotine.

Satan [sé¹tᵉn] *s.* Satan, m.; *satanic,* satanique.

satchel [satshᵉl] *s.* cartable, m.; gibecière; sacoche, f.

sate [sé¹t] *v.* rassasier; assouvir, satisfaire.

sateen [satîn] *s.* satinette, f.

satellite [satla¹t] *s.* satellite, m.

satiate [sé¹shié¹t] *v.* rassasier; assouvir. || *satiety* [sᵉta¹eti] *s.* satiété, f.

satin [satin] *s.* satin, m.; *adj.* de satin; *v.* satiner.

satire [sata¹r] *s.* satire, f. || *satirical* [sᵉtirik'l] *adj.* satirique. || *satirize* [satᵉra¹z] *v.* satiriser.

satisfaction [satisfakshᵉn] *s.* satisfaction, f.; contentement, m. || *satisfactory* [satisfàktri] *adj.* satisfaisant; satisfactoire (theol.). || *satisfy* [satisfa¹] *v.* satisfaire; contenter; donner satisfaction; *to satisfy oneself that,* s'assurer que.

saturate [satshᵉré¹t] *v.* saturer; imprégner; imbiber. || *saturation* [satyouré¹shᵉn] *s.* saturation; imprégnation, f.

Saturday [satᵉrdi] *s.* samedi, m.

satyr [satᵉ] *s.* satyre, m.

sauce [saus] *s.* sauce; *Br.* impertinence, f.; assaisonnement, m.; *v.* assaisonner; être insolent avec. || *saucepan* [sauspàn] *s.* casserole, f. || *saucer* [sausᵉr] *s.* soucoupe, f. || *sauciness* [sausinis] *s.* effronterie; insolence, f. || *saucy* [sausi] *adj.* impertinent; effronté.

sauerkraut [saᵒuᵉrkraᵒut] *s.* choucroute, f.

saunter [sauntᵉr] *v.* flâner; musarder; déambuler; *s.* flânerie, f.

sausage [sausidj] *s.* saucisse, f.; saucisson, m.; *sausage balloon,* saucisse (aviat.).

savage [savidj] *adj.* sauvage; farouche; brutal; désert, inculte; *s.* sauvage, m. f. || *savagery* [-ri] *s.** sauvagerie; brutalité; fureur, f.

savanna [sᵉvànᵉ] *s.* savane, f.

save [sé¹v] *v.* sauver; épargner; économiser; ménager; *prep.* sauf; excepté; *to save from,* préserver de, sauver de; *save for,* à l'exception de; *save* *that*, si ce n'est que. || **saver** [-ᵉʳ] *s.* sauveur, libérateur, m.; personne économe, f.; économiseur (mech.), m. || **saving** [-ing] *s.* sauvetage, m.; économie, f.; *adj.* économe; **savings bank**, caisse d'épargne; *prep.* sauf; à l'exception de. || **savio(u)r** [séˡvyᵉʳ] *s.* sauveur, m.

savo(u)r [séˡvᵉʳ] *s.* saveur, f.; goût, parfum, m.; *v.* savourer; avoir goût (*of*, de); *it savo(u)rs of treason*, cela sent la trahison; **savourless**, insipide, fade; **savo(u)ry**, savoureux; épicé; relevé.

saw [sau] *pret. of* to see.

saw [sau] *s.* scie, f.; *v.** scier; **fret saw**, scie à découper; **hand saw**, égoïne; **lumberman's saw**, scie passe-partout; **power saw**, scie mécanique; **sawdust**, sciure de bois; **sawmill**, scierie.

sawn [saun] *p. p. of* to saw.

saxophone [saksᵉfoᵒuⁿ] *s.* saxophone, m.

say [séˡ] *v.** dire; réciter; raconter; s'exprimer; *as they say*, comme on dit; *that is to say*, c'est-à-dire; *say what I would*, j'avais beau dire; *to say nothing of*, sans parler de; *the final say*, le dernier mot; *to have one's say*, donner son avis. || **saying** [-ing] *s.* dicton; adage, m.; *as the saying goes*, comme dit le proverbe.

scab [skab] *s.* croûte (med.); gale; escarre, f.; *Am.* « jaune » [blackleg]; *v.* faire croûte; se cicatriser.

scabbard [skabᵉrd] *s.* fourreau; étui, m.; gaine, f.

scabby [skabi] *adj.* galeux; couvert de croûtes; teigneux. || **scabies** [skéˡbïz] *s.* gale, f.

scabrous [skéˡbrᵉs] *adj.* rugueux, raboteux; scabreux, risqué.

scaffold [skafˡld] *s.* échafaud, m.; **scaffolding**, échafaudage, m.

scald [skauld] *s.* brûlure, f.; *v.* échauder; brûler; ébouillanter.

scale [skéˡl] *s.* échelle; proportion, f.; *v.* escalader; *on a limited scale*, sur une petite échelle; **scale model**, maquette; **wage scale**, barème des salaires.

scale [skéˡl] *s.* plateau de balance, m.; balance, f.; *v.* peser; *to turn the scale*, faire pencher la balance; **platform scale**, bascule.

scale [skéˡl] *s.* écale; écaille; squame, f.; tartre, m.; *v.* écaler; écailler; s'exfolier; s'entartrer.

scallion [skalyᵉn] *s.* ciboule, f.

scallop [skaulᵉp] *s.* coquillage; mollusque; feston, m.; *v.* festonner; faire cuire en coquilles; faire gratiner.

scalp [skalp] *s.* cuir chevelu; scalp, m.; *v.* scalper; écorcher; *Am.* vendre au-dessus du prix; **scalpel**, scalpel, m.

scaly [skéˡli] *adj.* écailleux; **scaly with rust**, rouillé.

scamp [skàmp] *s.* chenapan; vagabond, m.; *v.* bâcler; bousiller [colloq.].

scamper [skàmpᵉr] *v.* courir allègrement; *to scamper away*, décamper; *s.* fuite rapide, f.

scampi [skampi] *s.* langoustine, f.

scan [skàn] *v.* scander; scruter.

scandal [skànd'l] *s.* calomnie; médisance; diffamation, f.; scandale, m. || **scandalize** [-aˡz] *v.* scandaliser; médire; *to be scandalized at*, se scandaliser de. || **scandalous** [-ᵉs] *adj.* scandaleux; honteux; diffamatoire.

Scandinavia [skandiné¹vi°] *s.* Scandinavie, f. || **Scandinavian** [-ᵉn] *adj.*, *s.* scandinave.

scant [skànt] *adj.* rare; épars; insuffisant; exigu; *v.* limiter; réduire; rogner. || **scantiness** [-inis] *s.* rareté; insuffisance, f. || **scanty** [-i] *adj.* rare; insuffisant, maigre.

scapegoat [skéˡpgoᵒut] *s.* bouc émissaire; « lampiste », m.

scapegrace [skéˡpgréˡs] *s.* vaurien; garnement, m.

scapula [skapyoulᵉ] *s.* omoplate, f.

scar [skâr] *s.* cicatrice; balafre; f.; *v.* cicatriser; balafrer; couturer.

scarab [skarᵉb] *s.* scarabée, m.

scarce [skèᵉrs] *adj.* rare; peu commun; mal pourvu; pauvre (*of*, de); **scarcely**, à peine; ne... guère; **scarcely anything**, presque rien.

scare [skèᵉr] *s.* panique, f.; *v.* effrayer; épouvanter; effarer; **scarecrow**, épouvantail; **scary**, peureux, alarmé.

scarf [skârf] *s.* écharpe; cravate; étole, f.; fichu, m.; *Am.* chemin (m.) de table.

scarf [skârf] *s.* assemblage (mech.), m.

scarify [skarᵉfaˡ] *v.* scarifier.

scarlet [skárlit] *adj.*, *s.* écarlate; **scarlet fever**, scarlatine.

scathe [skéˡzh] *s.* dommage, m.; *v.* endommager; détruire; **scathing**, acerbe, mordant; **scatheless**, indemne.

scatter [skatᵉr] *v.* répandre; éparpiller; (se) disperser; **scatterbrained**, étourdi, écervelé.

scavenger [skavindjᵉr] *s.* boueur, balayeur; égoutier, m.

scenario [sinárioᵒu] *s.* scénario, m.; **scenario-writer**, scénariste. || **scene**

[sîn] *s.* scène, vue, f. ; décor, m. ; **scene-shifter**, machiniste. ‖ **scenery** [-ri] *s.* scène ; vue ; perspective ; mise en scène, f. ; décors, m. pl. ‖ **scenic** [-ik] *adj.* scénique ; théâtral.

scent [sènt] *s.* senteur, f. ; parfum ; flair ; odorat, m. ; *v.* parfumer ; flairer ; *my dog has a keen scent*, mon chien a du nez ; *to be on the scent*, être sur la piste ; *to get scent of*, avoir vent de ; **scentless**, inodore.

scepter [sèptᵉʳ] *s.* sceptre, m.

sceptic [skèptik] *adj.* sceptique. ‖ **scepticism** [skèptᵉsizᵐ] *s.* scepticisme, m.

schedule [skèdyoul] *s.* horaire ; tarif [price] ; bilan (comm.); plan [work] ; bordereau ; inventaire ; barème, m. ; nomenclature ; liste ; cédule ; annexe, f. ; *v.* établir un horaire, un plan, un programme ; *training schedule*, programme d'études.

schematic [skîmatik] *adj.* schématique. ‖ **schematize** [skîmeta¹z] *v.* schématiser. ‖ **scheme** [skîm] *s.* plan ; projet ; schéma, m. ; *v.* projeter ; arranger ; ourdir ; *colo(u)r scheme*, combinaison de couleurs ; *metrical scheme*, système de versification. ‖ **schemer** [-ᵉʳ] *s.* intrigant ; faiseur de projets, m. ‖ **scheming** [-ing] *adj.* intrigant ; spéculateur ; *s.* machination, intrigue, f.

schism [sizᵉm] *s.* schisme, m. ‖ **schismatic** [sizmatik] *adj.,* *s.* schismatique.

schist [shist] *s.* schiste, m.

scholar [skâlᵉʳ] *s.* écolier ; élève ; savant ; érudit, m. ; *a Greek scholar*, un helléniste. ‖ **scholarly** [-li] *adj.* érudit ; savant. ‖ **scholarship** [-ship] *s.* instruction ; érudition ; science ; bourse (univ.), f.

scholastic [skoᵒᵘlastik] *adj.* scolaire ; scolastique ; pédant.

school [skoᵘl] *s.* école, f. ; banc [fish], m. ; *v.* instruire ; enseigner ; faire la leçon à ; discipliner ; *adj.* d'école, scolaire ; *boarding school*, pensionnat ; *trade school*, école professionnelle ; *school book*, livre de classe ; *school-boy*, écolier ; lycéen ; *schoolhouse*, bâtiment scolaire ; *schoolmaster*, professeur ; *schoolmate*, condisciple ; *schoolmistress*, maîtresse d'école, institutrice ; *schoolroom*, classe ; *schoolteacher*, maître, instituteur ; institutrice. ‖ **schooling** [-ing] *s.* enseignement ; instruction, f.

schooner [skounᵉʳ] *s.* goélette, f. ; *Am.* chope, f.

sciatica [sa¹atikᵉ] *s.* sciatique, f.

science [saᵉns] *s.* science, f. ‖ **scientific** [saᵉntifik] *adj.* scientifique ; de précision. ‖ **scientifically** [-li] *adv.*

scientifiquement. ‖ **scientist** [sa¹ᵉntist] *s.* savant, homme de science, m.

scintillate [sintilᵉit] *v.* scintiller.

scion [saᵉn] *s.* scion ; descendant, m.

scission [sishᵉn] *s.* coupage, m. ; scission, division, f.

scissors [sizᵉrz] *s. pl.* ciseaux, m. pl.

scoff [skâf] *s.* moquerie ; raillerie, f. ; *v.* railler ; se moquer (*at*, de) ; **scoffer**, moqueur.

scold [skoᵒᵘld] *v.* gronder ; réprimander ; *s.* grondeur, m. ; mégère ; gronderie, f. ‖ **scolding** [-ing] *s.* réprimande ; semonce, f. ; savon, m. ; *adj.* grondeur, criard ; plein de reproches.

sconce [skâns] *s.* bougeoir ; flambeau, m. ; bobèche, applique, f.

scone [skoᵒᵘn] *s.* galette (f.) au lait.

scoop [skoup] *s.* épuisette ; écope ; louche ; nouvelle sensationnelle, exclusivité, f. ; godet, m. ; *v.* écoper ; vider ; creuser ; **scoopful**, grande cuillerée, pleine louche ; **scoop-net**, épuisette, drague.

scoot [skout] *v.* filer, déguerpir.

scooter [skoutᵉʳ] *s.* trottinette, f. ; scooter, m.

scope [skoᵒᵘp] *s.* champ d'action, m. ; portée, f. ; *within the scope of*, dans les limites de.

scorch [skaurtsh] *v.* brûler ; roussir ; *s.** brûlure ; roussissure, f. ; **scorching**, brûlant.

score [skoᵒᵘr] *s.* entaille, coche ; marque ; dette ; cause, raison ; partition [music], f. ; point ; compte ; vingt ; sujet, m. ; *v.* entailler ; marquer ; compter ; inscrire ; orchestrer ; marquer des points [game] ; *on that score*, à ce sujet ; *on the score of*, à propos de, à cause de ; *to score a point*, marquer un point ; *eightscore*, cent soixante.

scorn [skaurn] *s.* dédain ; mépris, m. ; *v.* mépriser ; dédaigner ; **scornful**, méprisant, dédaigneux ; **scornfully**, avec dédain.

scorpion [skaurpiᵉn] *s.* scorpion, m.

scot [skât] *s.* écot, m. ; **scot-free**, gratis ; indemne.

Scot [skât] *s.* Ecossais, m. ‖ **Scotch** [skâtsh] *adj.,* *s.* écossais ; *s.* whisky, m.

scotch [skâtsh] *s.** entaille, éraflure, f. ; *v.* érafler ; égratigner.

Scotland [skâtlᵉnd] *s.* Ecosse, f. ; **Scots**, Ecossais ; **Scottish**, écossais.

scoundrel [skaᵘndrᵉl] *s.* coquin ; gredin, m. ; canaille, f.

scour [skaᵒᵘr] *v.* récurer ; dégraisser ; décaper ; fourbir ; curer ; purger.

scour [skaᵒᵘr] *v.* parcourir ; *to scour the country*, battre la campagne.

scourge [skë°dj] *s.* fouet; fléau, m.; discipline, f.; *v.* fouetter; opprimer.

scout [ska°ut] *s.* éclaireur; scout, m.; vedette, f.; *v.* partir en éclaireur; reconnaître (mil.); *air scout,* avion de reconnaissance; *submarine scout,* patrouilleur anti-sous-marin; *scout-master,* chef scout; *scout-mistress,* cheftaine. || *scouting* [-ing] *s.* exploration, reconnaissance, f.

scowl [ska°ul] *s.* froncement de sourcils; air renfrogné, m.; *v.* froncer le sourcil; prendre un air renfrogné.

scraggy [skràgi] *adj.* décharné, maigre; noueux; anfractueux (geol.).

scramble [skràmb'l] *v.* jouer des pieds et des mains; se bousculer; mettre pêle-mêle; avancer difficilement; brouiller (radio); *s.* marche difficile; mêlée; confusion, f.; *scrambled eggs,* œufs brouillés; *to scramble up,* grimper.

scrap [skrap] *s.* fragment; morceau; chiffon; lambeau, m.; bribe, f.; *pl.* restes, m.; *v.* envoyer au rebut; mettre hors de service; *scrap book,* album de découpures; *scrap iron,* ferraille.

scrape [skrê¹p] *v.* gratter; racler; décrotter; *s.* raclement, m.; situation embarrassante, f.; *to scrape up a hundred pounds,* réussir à rassembler cent livres. || *scraper* [-°r] *s.* racloir; grattoir; décrottoir; grippe-sou, m.

scratch [skratsh] *v.* égratigner; (se) gratter; effacer; abandonner; griffonner; *adj.* disparate; improvisé; sommaire; *s.°* égratignure; rayure, raie, f.; coup de griffe; griffonnage, m.; *to scratch out,* rayer, biffer.

scrawl [skraul] *s.* griffonnage, m.; pattes de mouches, f. pl.; *v.* griffonner.

scream [skrîm] *s.* cri perçant, m.; *v.* pousser un cri aigu; *he is a scream,* il est « rigolo » « marrant ».

screech [skrîtsh] *s.°* cri aigu, m.; *v.* crier; *screech owl,* chat-huant.

screen [skrîn] *s.* écran; rideau; paravent; crible, tamis; pare-brise, m.; *v.* masquer; protéger; porter à l'écran; *smoke screen,* rideau de fumée; *motion-picture screen,* écran de cinéma.

screw [skrou] *s.* vis; hélice, f.; écrou, m.; *v.* visser; contracter; pressurer; exploiter; extorquer, arracher; *screw-bolt,* boulon; *screw-driver,* tournevis; *screw propeller,* propulseur à hélice; *Br. screw-wrench,* clef anglaise; *to put the screws on,* forcer la main à; *to screw up one's courage,* prendre son courage à deux mains.

scribble [skrib'l] *v.* griffonner; *s.* griffonnage, m. || *scribbler* [-°r] *s.* gribouilleur; gratte-papier, m.

scrimp [skrimp] *v.* lésiner; saboter. || *scrimpy* [-i] *adj.* étriqué; chiche.

script [skript] *s.* écriture, main, f.; manuscrit; scénario, m.; *script-writer,* scénariste. || *Scripture* [skríptsh°r] *s.* Écriture sainte, f.

scrivener [skrivn°r] *s.* plumitif, m.

scroll [skro°ul] *s.* rouleau de parchemin, de papier; ornement en volute, en spirale, m.

scrub [skrœb] *v.* récurer, frotter, briquer; faire de gros travaux; *s.* arbuste rabougri, m.; brosse usée, f.; poils drus, m. pl.; récurage (m.) à la brosse; avorton, m.; *adj. Am.* malingre, chétif; *Am. scrub woman,* laveuse, femme de journée; *scrubby,* rabougri; chétif; dru; broussailleux.

scruff [skrœf] *s.* nuque, f.

scruple [skrou°p'l] *s.* scrupule, m.; *v.* avoir des scrupules; hésiter à. || *scrupulous* [-°s] *adj.* scrupuleux; méticuleux.

scrutinize [skroutina¹z] *v.* scruter; dévisager; faire une enquête sévère. || *scrutiny* [-ni] *s.°* examen rigoureux, m.; enquête minutieuse, f.

scuffle [skœf'l] *s.* mêlée; rixe; échauffourée, f.; *v.* se bousculer, se battre; marcher en traînant les pieds.

scull [skœl] *s.* rame, f.; *v.* ramer, godiller.

scullery [skœl°ri] *s.°* arrière-cuisine, f.; *scullery-boy,* plongeur; *scullion,* marmiton; plongeur.

sculptor [skœlpt°r] *s.* sculpteur, m. || *sculpture* [-tsh°r] *s.* sculpture, f.; *v.* sculpter; ciseler.

scum [skœm] *s.* écume; scorie; lie (fig.), f.; *v.* écumer; *scummer,* écumeur, écumoire; *scummy,* écumeux.

scurf [skë°f] *s.* pellicules, f. pl.; teigne, f.; tartre, m. || *scurfy* [-i] *adj.* pelliculeux; dartreux; squameux.

scurrilous [skë°il°s] *adj.* grossier; indécent; ignoble, méprisable.

scurry [skë°ri] *v.* courir vite; *to scurry away,* détaler.

scurvy [skë°vi] *s.* scorbut, m.; *adj.* bas, vil, indigne.

scutcheon [skœtsh°n] *s.* écusson, m.

scuttle [skœt'l] *s.* écoutillon; hublot (naut.), m.; *v.* saborder (naut.).

scuttle [skœt'l] *s.* seau à charbon, m.

scythe [sa¹zh] *s.* faux, f.

sea [sî] *s.* mer, f.; *adj.* de mer, marin; *to go to sea,* prendre la mer; *to put to sea,* prendre le large; *high sea,* haute mer; *inland sea,* mer intérieure; *open sea,* pleine mer; *seaboard,* côtes; *seacoast,* littoral; *sea fight,* combat naval; *sea-green,* vert de mer; *sea-gull,* mouette; *sea lion,* otarie; *seaman,* marin; *seashore,* bord de la mer; **seasickness,** mal de mer; **sea-side,** bord de la mer; **sea wall,** digue; **seawards,** en direction de la mer; **sea-weed,** algue marine; **seaworthy,** en état de naviguer.

seal [sîl] *s.* sceau; cachet, m.; *v.* sceller; cacheter, plomber; authentifier; approuver; **sealing wax,** cire à cacheter.

seal [sîl] *s.* phoque, m.; **sealskin,** phoque (comm.).

seam [sîm] *s.* couture; suture (med.); veine (geol.), f.; *v.* faire une couture; suturer; **soldered seam,** soudure; **seamstress,** couturière, lingère.

seaplane [sîplé'n] *s.* hydravion, m.

sear [si°r] *v.* cautériser; brûler; saisir (culin.); *adj.* séché, fiétri, sec; *s.* gâchette, f.

search [së°tsh] *v.* chercher; scruter; fouiller; perquisitionner dans; visiter [customs]; *s.°* recherche; perquisition (jur.); visite [customs]; descente (police]; investigation, f.; *to search after,* aller à la recherche de; *to search for,* essayer de découvrir; *to search into,* chercher à pénétrer; **searcher,** chercheur; perquisitionneur; sonde; **searching,** scrutateur; **searchlight,** projecteur, phare; *Am.* lampe de poche, f.; **search warrant,** mandat de perquisition.

season [sîz'n] *s.* saison; époque, f.; *v.* assaisonner; acclimater; sécher; tempérer; aguerrir; **seasonable,** opportun; **season ticket,** carte d'abonnement; *in good season,* au bon moment; **seasoned troops,** troupes aguerries. || **seasoning** [-ing] *s.* assaisonnement; séchage [wood], m.

seat [sît] *s.* siège, m.; place assise; assiette [horseman]; résidence, f.; *v.* asseoir; faire asseoir; placer; mettre un fond [trousers]; *to seat oneself,* s'asseoir; *this room seats three hundred,* cette salle contient trois cents places; **folding seat,** pliant; **seating capacity,** nombre de places assises.

sebaceous [sibé'sh°s] *adj.* sébacé.

secant [sîk°nt] *s.* sécante, f.

secede [sisîd] *v.* se séparer. || **secession** [sisésh°n] *s.* sécession; scission; dissidence, f. || **secessionist** [-ist] *s. Am.* sécessionniste.

seclude [sikloud] *v.* séparer; écarter; éloigner; *to seclude oneself from,* se tenir à l'écart de; **secluded,** retiré, écarté; solitaire. || **seclusion** [siklouj°n] *s.* éloignement; isolement, m.; retraite, f.

second [sèk°nd] *adj.* second, deuxième; secondaire; *s.* second; inférieur, m.; seconde, f.; *v.* seconder; appuyer [motion]; **second-hand,** d'occasion; **second hand of the clock,** grande aiguille

d'horloge; **second lieutenant,** sous-lieutenant; **second-rate,** de deuxième qualité; **second-sighted,** doué de seconde vue. || **secondary** [-èrî] *adj.* secondaire; accessoire; subordonné. || **secondly** [-lî] *adv.* deuxièmement.

secrecy [sîkr°sî] *s.* discrétion; réserve, f.; secret, m. || **secret** [sîkrit] *adj., s.* secret; *open secret,* secret de Polichinelle; **secretly,** secrètement, dans la clandestinité.

secretary [sèkr°tèrî] *s.°* secrétaire; ministre, m.; *Secretary of State,* secrétaire d'Etat; **secretaryship,** secrétariat.

secrete [sikrît] *s.* sécréter (med.); dissimuler; receler. || **secretion** [sikrîsh°n] *s.* sécrétion, f. || **secretive** [-tiv] *adj.* qui sécrète ou favorise la sécrétion; réservé; peu communicatif.

sect [sèkt] *s.* secte, f. || **sectarian** [sèktèrî°n] *adj., s.* sectaire. || **sectarianism** [-iz'm] *s.* sectarisme, m. || **sectary** [sèktrî] *adj.* schismatique.

section [sèksh°n] *s.* section; coupe (techn.), tranche, f.; *v.* sectionner; diviser en sections. || **sector** [-t°r] *s.* secteur, m.

secular [sèky°l°r] *adj.* séculaire; séculier; profane; *s.* laïc, m.; prêtre séculier, m. || **secularize** [-ra'z] *v.* séculariser.

secure [sikyour] *adj.* sûr; en sûreté; *v.* mettre en sûreté; assurer; s'emparer de; acquérir; retenir; **securely,** sans crainte, en sécurité, comme il faut. || **security** [-°tî] *s.°* sécurité; sûreté; protection; garantie, f.; nantissement, m.; *pl.* titres, m. pl.; valeurs, f. pl.

sedan [sidæn] *s.* chaise à porteur; *Am.* conduite intérieure [car], f.

sedate [sidé't] *adj.* posé, sérieux. || **sedative** [sèd°tiv] *adj.* sédatif, calmant.

sedentary [sèd'ntèrî] *adj.* sédentaire.

sedge [sèdj] *s.* laîche, f.; jonc, m.

sediment [sèd°m°nt] *s.* sédiment, m.

sedition [sidîsh°n] *s.* sédition, f. || **seditious** [-sh°s] *adj.* séditieux.

seduce [sidyous] *v.* séduire; détourner. || **seducer** [-°r] *s.* séducteur, m. || **seduction** [sidœksh°n] *s.* séduction, f. || **seductive** [-tiv] *adj.* séduisant.

sedulous [sèdyoul°s] *adj.* assidu, diligent, empressé.

see [sî] *v.°* voir; apercevoir; veiller à; accompagner; *to see somebody out,* reconduire quelqu'un; *to see about,* s'occuper de; *to see something through,* voir ce qui se cache derrière, voir à travers; *to see something through,* mener quelque chose à bien; *to see a person through a difficulty,* aider quelqu'un à sortir d'une difficulté; *to see to one's affairs,* veiller à ses affaires.

see [sî] s. siège, m.; Holy See, Saint-Siège.

seed [sîd] s. graine, f.; grain; pépin; germe; principe; sperme; frai, m.; semence; cause, f.; v. ensemencer; grener; parsemer (with, de); to run to seed, monter en graine; canary seed, millet; seed bed, semis; seed-drill, semoir; seedling, jeune plant; élève; semis; seedless, sans graine, sans pépin; seedsman, grainetier; seedtime, semaison, temps des semailles; seedy, grenu; patraque (fam.).

seek [sîk] v.* chercher; rechercher; poursuivre; solliciter; to seek out, essayer de découvrir; to seek for fame, chercher la gloire; to go and seek one's fortune, aller chercher fortune; seeker, chercheur.

seem [sîm] v. sembler; paraître; it seemed as though, on aurait dit que; seemingly, apparemment, en apparence. ‖ seemliness [-linis] s. grâce, beauté; bienséance, f. ‖ seemly [-li] adj. convenable; décent; bienséant.

seen [sîn] p. p. of to see.

seep [sîp] v. suinter; filtrer.

seer [sier] s. prophète, voyant, devin; visionnaire, m. f.

seesaw [sîsau] s. balançoire, bascule, f.; v. basculer; balancer.

seethe [sîzh] v. bouillonner; foisonner.

segment [sègm*nt] s. segment, m.; division, portion, f.

segregate [sègrigé¹t] v. séparer; isoler; [-git] adj. séparé, isolé. ‖ segregation [ségr*gé¹sh*n] s. ségrégation, f.

seism [sa¹z'm] s. séisme, m.

seize [sîz] v. saisir; prendre; capturer; confisquer; empoigner; coincer (mech.); to seize upon, s'emparer de. ‖ seizure [sîj*r] s. saisie; prise; capture; mainmise; attaque (illness); appréhension, f.; grippement (mech.), m.

seldom [sèld*m] adv. rarement.

select [s*lèkt] v. choisir; adj. choisi. ‖ selection [-sh*n] s. sélection, f.; choix, m. ‖ selective [-tiv] adj. sélectif; sélecteur.

self [sèlf] (pl. selves [sèlvz]) pron. même, s. moi; individu, m.; self-centered, égocentrique; self-confident, sûr de soi; self-conscious, conscient, contraint, timide; self-contained, autonome, indépendant; self-control, sang-froid, empire sur soi-même; self-defense, légitime défense; self-denial, abnégation; self-evident, flagrant; manifeste; self-government, autonomie, gouvernement démocratique; self-interest, intérêt personnel; selfish, égoïste; selfishness, égoïsme; self-lessness, désintéressement; self-love,

amour-propre; égoïsme; self-reliance, confiance en soi; self-respect, respect de soi-même; self-starter, autodémarreur; self-supporting, qui vit de son travail; self-taught, autodidacte.

sell [sèl] v.* vendre; to sell out, liquider; seller, vendeur, vendeuse; selling, vente.

selves [sèlvz] pl. of self.

semaphore [sém*fau*] s. sémaphore, m.

semblance [sèmbl*ns] s. ressemblance; apparence, f.

semiannual [sèmianyou*l] adj. semestriel.

semicircle [sèm*s*rk'l] s. demi-cercle, m.

semicolon [sèm*kooul*n] s. point et virgule, m.

semimonthly [sèm*mânthli] adj. bimensuel; semi-mensuel.

seminar(y) [sèmin*r, sèm*nèri] s.* séminaire, m. ‖ seminarist [sèm*nèrist] s. séminariste.

semiweekly [sèm*wîkli] adj. bi-hebdomadaire; semi-hebdomadaire.

senate [sènit] s. sénat, m.; senator, sénateur; senatorial, sénatorial.

send [sènd] v. envoyer; expédier; lancer; to send for, envoyer chercher; to send away, renvoyer, expédier; to send forth, exhaler, émettre, produire; to send word of, faire prévenir de; to send on, faire suivre, transmettre; sender, expéditeur; expéditionnaire; transmetteur.

senile [sîna¹l] adj. sénile. ‖ senility [s*nîl*ti] s. sénilité, f.

senior [sînyer] adj., s. aîné; supérieur; to be someone's senior by three years, avoir trois ans de plus que quelqu'un. ‖ seniority [sinyaur*ti] s. aînesse; ancienneté; doyenneté, f.

sensation [sènsé¹sh*n] s. sensation; impression; émotion, f.; sensational, sensationnel; émouvant.

sense [sèns] s. sens; sentiment, m.; impression; sensibilité; direction, f.; v. percevoir; sentir; common sense, sens commun; good sense, bon sens; to be out of one's senses, avoir perdu la tête; to make sense, comprendre, avoir un sens; sense of duty, sentiment du devoir. ‖ senseless [-lis] adj. insensible; inanimé; insensé; stupide. ‖ sensibility [sèns*bil*ti] s.* sensibilité, f. ‖ sensible [sèns*b'l] adj. sensible; conscient; sensé; sensibly, sensiblement; avec bon sens; raisonnablement; perceptiblement. ‖ sensitive [sèns*tiv] adj. sensible; susceptible. ‖ sensitivity [sèns*tiv*ti] s. sensitivité; sensibilité, f. ‖ sensorial [sénsauri•l] *adj.* sensoriel. ‖ **sensual** [sènshou•l] *adj.* sensuel; voluptueux. ‖ **sensuality** [sènshoua•ti] *s.* sensualité, f. ‖ **sensuous** [sènshyou•s] *adj.* capiteux; voluptueux; sensuel; matérialiste.

sent [sènt] *pret.,* *p. p. of* **to send.**

sentence [sèn•ns] *s.* sentence; maxime; phrase, f.; jugement, m.; *v.* condamner; rendre un jugement contre; *death sentence,* condamnation à mort; *reconsideration of sentence,* révision de jugement; *suspended sentence,* sursis; *a well-turned sentence,* une phrase bien tournée; **sententious,** sentencieux.

sentient [sènshènt] *adj.* sensible.

sentiment [sènt•mènt] *s.* sentiment, m.; opinion, f. ‖ **sentimental** [sènt•mènt'l] *adj.* sentimental. ‖ **sentimentality** [sènt•mèntal•ti] *s.* sentimentalité, f.; sentimentalisme, m. ‖ **sentimentalize** [sènt•mènt•la•z] *v.* faire du sentiment.

sentinel, sentry [sènt•n'l], [sèntri] *s.*° sentinelle, f.; factionnaire; guetteur, m.; *sentry box,* guérite.

separable [sèp•r•b'l] *adj.* séparable *(from,* de). ‖ **separate** [sèprit] *adj.* séparé; distinct; isolé; à l'écart; *separate interests,* intérêts privés; *separately,* séparément, à part; [-ré•t] *v.* (se) séparer; désunir; disjoindre. ‖ **separation** [sèp•ré•shèn] *s.* séparation; scission, f. ‖ **separatism** [sèp•r•tizèm] *s.* séparatisme, m. ‖ **separatist** [-tist] *s.* séparatiste, m. f.

September [sèptèmb•r] *s.* septembre, m.

septic [sèptik] *adj.* septique (med.).

sepulcher [sèp'lk•r] *s.* sépulcre, m. ‖ **sepulchral** [sipœlkr•l] *adj.* sépulcral.

sepulture [sèp'ltsh•r] *s.* sépulture, f.

sequel [sìkw•l] *s.* suite; conséquence, f.

sequela [sikwîl] *s.* séquelle, f.

sequence [sìkw•ns] *s.* suite; série; conséquence; séquence; concordance, f.; enchaînement, m.; *sequent, sequential,* conséquent; conséquent, f.

sequester [sikwèst•r] *v.* séquestrer; confisquer. ‖ **sequestration** [sikwèstré•shèn] *s.* séquestration; confiscation, f.; séquestre, m.

seraglio [sérá•liou] *s.* sérail; harem, m.

seraph [sér•f] *(pl.* seraphim [-fim]) *s.* séraphin, m.

serenade [sèr•nèd] *s.* sérénade, f.; *v.* donner une sérénade.

serene [s•rîn] *adj.* serein; paisible; *keep serene,* gardez le sourire. ‖ **serenity** [s•rèn•ti] *s.*° sérénité, f.

serf [sërf] *s.* serf, m.; serve, f. ‖ **serfdom** [sërfd•m] *s.* servage, m.

sergeant [sârdjènt] *s.* sergent; maréchal des logis, m.; *sergeant-at-arms,* sergent d'armes.

serial [sîri•l] *adj.* en série; périodique; consécutif; *serial novel,* roman feuilleton; *serial number,* numéro matricule; *series,* série; succession, f.

serin [sérin] *s.* serin, m.

serious [sîri•s] *adj.* sérieux; grave; *seriously,* sérieusement. ‖ **seriousness** [-nis] *s.* sérieux, m.; gravité, f.

sermon [së̀r•mèn] *s.* sermon, m.

serpent [së̀r•pènt] *s.* serpent, m.

serrate [sèrit] *adj.* dentelé; en dents de scie.

serum [sîr•m] *s.* sérum, m.

servant [sërvènt] *s.* serviteur; domestique; servant, m.; servante, f.; *Br. civil servant,* fonctionnaire. ‖ **serve** [së̀rv] *v.* servir; suffire; faire le service militaire; desservir [transportation]; signifier (jur.); *it serves him right,* c'est bien fait pour lui; *he serves me with wine,* il me fournit de vin; *to serve as,* servir de; *to serve notice on,* notifier, aviser, signifier. ‖ **service** [-is] *s.* service; emploi; entretien des voitures, m.; distribution [gas, electricity], f.; *v.* entretenir, réparer (mech.); desservir; *to service and repair,* dépanner [car]; *detached service,* mission spéciale; *divine service,* office divin; *funeral service,* service funèbre; *mail service,* service des postes; *table service,* service de table; *service-station,* poste d'essence. ‖ **serviceable** [-is•b'l] *adj.* utile; utilisable. ‖ **servicing** [-ising] *s.* entretien, m.; réparation, f. ‖ **servile** [-'l] *adj.* servile, obséquieux. ‖ **servitude** [-ityoud] *s.* servitude, f.; asservissement, esclavage, m.

session [sèshèn] *s.* session; séance, f.; *Am.* trimestre universitaire, m.

set [sèt] *v.*° poser; placer; mettre; désigner; arranger; ajuster; établir [rule]; donner [example]; repasser [knife]; affûter [saw]; sertir [gem]; tendre [trap]; régler [watch]; (se) fixer; se coucher [sun]; se serrer [teeth]; se nouer [fruit]; *s.* ensemble, assortiment; groupe; service [for tea]; équipage; coucher [sun]; jeu, m.; série; garniture; partie [game]; tranche (math.), f.; *adj.* placé, situé; fixe; serré; immuable, arrêté; résolu, obstiné; *to set aside,* affecter; mettre à part; *to set out,* se mettre en route; *to set up,* installer, apprêter; *to set oneself about,* se mettre à; *to set right,* redresser; *to set to music,* mettre en musique; *the smart set,* le monde élégant; *of set purpose,* de propos délibéré; *set of furniture,* ameublement;

set of teeth, denture; *radio set,* poste de T.S.F.; *tea set,* service à thé; *telephone set,* poste téléphonique; *setback,* échec, recul; *settee,* canapé; *set-up,* dispositif. ‖ *setting* [-ing] *s.* pose; position; monture; composition (typogr.); mise en scène, f.; montage; réglage; affûtage [knife]; coucher [sun], m.

settle [sèt'l] *v.* établir; déterminer; arranger; organiser; régler [account]; résoudre; coloniser; assigner [property]; s'établir; se calmer [sea]; se poser [liquid]; se remettre [weather]; se tasser [building]; se liquider [debts]; *to settle down,* s'installer; *to settle down to,* s'atteler à. ‖ *settlement* [-mənt] *s.* établissement; arrangement; règlement; accord, m.; installation colonisation; liquidation (comm.); pension, f.; *penal settlement,* colonie pénitentiaire; *settler,* colon; arbitre.

seven [sèv'n] *adj.* sept. ‖ *seventeen* [sèventîn] *adj.* dix-sept. ‖ *seventeenth* [-tînth] *adj.* dix-septième. ‖ *seventh* [sèventh] *adj.* septième. ‖ *seventieth* [sèventiith] *adj.* soixante-dixième. ‖ *seventy* [sèventi] *adj.* soixante-dix.

sever [sèver] *v.* (se) séparer; diviser; trancher; (se) disjoindre.

several [sèvrel] *adj.* divers; plusieurs; quelques; respectif; individuel; séparé; *severally,* séparément; respectivement.

severe [sévîer] *adj.* sévère; austère; rigoureux; *severely,* sévèrement. ‖ *severity* [sevèreti] *s.* * sévérité; dureté; rigueur, f.

sew [soou] *v.* coudre; brocher.

sewer [syouer] *s.* égout; collecteur, m.

sewing [soouing] *s.* couture, f.; *sewing-machine,* machine à coudre. ‖ *sewn* [sooun] *p. p.* of *to sew.*

sex [sèks] *s.* * sexe, m.

sextant [sèkstent] *s.* sextant, m.

sexton [sèksten] *s.* sacristain; fossoyeur, m.

sexual [sèkshouel] *adj.* sexuel. ‖ *sexuality* [seksyoualiti] *s.* sexualité, f. ‖ *sexy* [sèksi] *adj.* capiteuse, troublante [woman].

shabby [shabi] *adj.* râpé; fripé; minable; mesquin; miteux.

shack [shak] *s.* hutte, cabane, f.

shackle [shak'l] *v.* enchaîner; entraver; maniller (naut.); accoupler (railw.); *s.* maillon, m.; manille, f.; *pl.* fers, m. pl.; entraves, f. pl.

shad [shad] *s.* alose, f.

shade [shéid] *s.* ombre; visière [cap]; nuance, f.; store [window], m.; *v.* ombrager; ombrer; obscurcir; abriter; nuancer; *shadeless,* sans ombre;

lamp shade, abat-jour. ‖ *shadow* [shadoou] *s.* ombre; obscurité; trace, f.; fantôme, m.; *v.* ombrager; obscurcir; ombrer; suivre comme une ombre; *shadowy,* ombreux; indécis; *shady,* ombragé; louche [transaction]; douteux [character].

shaft [shaft] *s.* flèche; hampe [flag], f.; trait; fût [column]; timon [pole]; manche [tool]; arbre (mech.); rayon [light]; brancard [vehicle]; puits [mine], m.; *drive shaft,* arbre de transmission.

shaggy [shagi] *adj.* poilu; hirsute; raboteux, hérissé (*with,* de).

shagreen [shegrîn] *s.* chagrin, m.

shake [shéik] *v.* * secouer; branler; agiter; bouleverser; trembler; ébranler; chanceler; *s.* secousse; agitation, f.; serrement; tremblement; trille [music]; hochement, m.; *to shake hands with,* serrer la main à; *to shake one's head,* hocher la tête; *to shake off,* se débarrasser de; *to shake with laughter,* se tordre de rire; *shakedown,* lit improvisé. ‖ *shaken* [-'n] *p. p.* of *to shake.* ‖ *shaker* [-er] *s.* mixeur, secoueur, m. ‖ *shaky* [-i] *adj.* branlant, chancelant.

shall [shal] *defect. aux.*; *I shall go to London,* j'irai à Londres; *shall I open the window?,* voulez-vous que j'ouvre la fenêtre? ; *you shall be our umpire,* vous allez être notre arbitre.

shallop [shalep] *s.* chaloupe, f.

shallot [shelât] *s.* échalote, f.

shallow [shaloou] *adj.* peu profond; superficiel; frivole; *s.* haut-fond, basfond, m. ‖ *shallowness* [-nis] *s.* manque de profondeur, m.; frivolité, futilité, f.

sham [shàm] *s.* feinte; frime, f.; chiqué, m.; *adj.* feint, truqué; *sham battle,* petite guerre; *v.* feindre; contrefaire.

shamble [shàmb'l] *v.* marcher en traînant les pieds; *s. pl.* décombres, m. pl.; ruines, f. pl.

shame [shéim] *s.* honte; pudeur, f.; *v.* faire honte, faire affront à; déshonorer : *to bring shame upon,* jeter le discrédit sur; *shamefaced,* timide, honteux; *shameful* [-fel] *adj.* honteux; indécent; déshonorant. ‖ *shameless* [-lis] *adj.* impudent, éhonté. ‖ *shamelessness* [-lisnis] *s.* impudence; impudeur, f.; dévergondage, m.

shammer [shame] *s.* imposteur; simulateur.

shampoo [shàmpou] *s.* shampooing, m.; *v.* faire un shampooing.

shamrock [shàmrâk] *s.* trèfle, m.

shank [shàngk] *s.* tibia; canon [horse], m.; partie inférieure de la jambe; tige (mech.); queue [flower], f.

shanty [shănti] s.* bicoque, masure, cabane, f.

shape [shé¹p] s. forme; tournure; configuration; façon, coupe, f.; contour, galbe, m.; v. former; façonner; modeler; *in a bad shape,* mal en point; *to get out of shape,* se déformer; *to shape up well,* prendre bonne tournure; **shapeless,** informe; **shapeliness,** beauté de forme, belles proportions, galbe; **shapely,** bien tourné.

share [shèᵉr] s. part, portion; action, valeur, f.; titre, m.; v. partager; participer (*in,* à; *with,* avec); *in half shares,* de compte à demi. ‖ **share-cropper** [-krâpᵉr] s. Am. métayer, m. ‖ **shareholder** [-hoᵘldᵉr] s. actionnaire; sociétaire, m. ‖ **sharer** [-rᵉr] s. participant, m.

share [shèᵉr] s. soc [plow], m.

shark [shârk] s. requin; filou, m.; *loan shark,* usurier.

sharp [shârp] adj. aigu; acéré; violent [struggle]; âcre [taste]; mordant; brusque [curve]; saillant; fin [ear]; accusé [features]; perçant; acide; rusé; dièse [music]; adv. exactement; attentivement; *at six o'clock sharp,* à six heures précises; **sharper,** chevalier d'industrie, m. ‖ **sharpen** [-ᵉn] v. aiguiser; tailler [pencil]; diéser [music]; exciter; **sharpener,** affûteuse. ‖ **sharply** [-li] adv. vivement; rudement; nettement; attentivement; *to arrive sharply,* tomber à pic. ‖ **sharpness** [-nis] s. acuité; finesse; netteté; rigueur; âpreté; acidité, f.

shatter [shatᵉr] v. briser; mettre en pièces; délabrer; fracasser; se briser en miettes; se disperser; s. pl. morceaux, débris, m. pl.

shave [shé¹v] v. (se) raser; « tondre », duper; effleurer, frôler; *to have a close shave,* l'échapper belle; **clean-shaven,** rasé de frais; glabre. ‖ **shaven,** p. p. *of* to shave. ‖ **shaving** [-ing] s. action de (se) raser; planure (techn.), f.; copeau, m.; **shaving brush,** blaireau; **shaving soap,** savon à barbe.

shawl [shaul] s. châle; fichu, m.

she [shî] pron. elle; *the who,* celle qui; *she is a good woman,* c'est une brave femme; **she-bear,** ourse; **she-goat,** chèvre.

sheaf [shîf] (pl. **sheaves** [shîvz]) s. gerbe; liasse; botte, f.; faisceau, m.; v. mettre en gerbes.

shear [shiᵉr] v.* tondre; cisailler; corroyer; s. tonte, f.; cisaillement, m.; pl. cisailles, f. pl.; cisailleuse (mech.), f.; **shearer,** tondeur; **shearing-machine,** tondeuse.

sheath [shîth] s. fourreau; étui; élytre, m.; gaine, f. ‖ **sheathe** [shîzh] v. rengainer; recouvrir; revêtir.

sheave [shîv] s. réa, m.; poulie, f.

sheaves [shîvz] pl. *of* sheaf.

shed [shèd] s. hangar; appentis; abri, m.; remise, f.

shed [shèd] v.* répandre; verser; perdre, laisser fuir; déverser; *to shed leaves,* s'effeuiller.

sheen [shîn] s. éclat; lustre; miroitement, m.

sheep [shîp] s. mouton, m.; *black sheep,* brebis galeuse; **sheep dog,** chien de berger; **sheep-fold,** bercail, bergerie; **sheepish,** niais, moutonnier, gauche; **sheepskin,** peau de mouton, basane; peau d'âne (diploma).

sheer [shiᵉr] adj. pur; escarpé; transparent; *by sheer force,* de vive force; adv. tout à fait; à pic; v. descendre (ou) monter à pic.

sheet [shît] s. drap, m.; feuille; nappe [water]; tôle [metal]; épreuve (typogr.), f.; **sheet iron,** tôle; **sheet lightning,** éclair de chaleur; **asbestos sheet,** plaque d'amiante.

sheik [shé¹k] s. cheik, m.

shelf [shèlf] (pl. **shelves** [shèlvz]) s. rayon; casier; plateau; écueil; récif; bas-fond, m.; planche, f.

shell [shèl] s. coquille; cosse; écaille; carapace; enveloppe (mech.); f.; obus, m.; v. écosser; écaler; bombarder; **shell hole,** trou d'obus, entonnoir.

shellac [shᵉlak] s. gomme laque, f.

shellfish [shèlfish] s.* coquillage, m.

shelter [shèltᵉr] s. abri; refuge, m.; v. abriter; protéger; *to take shelter,* s'abriter; **shelter trench,** tranchée-abri.

shelve [shèlv] v. mettre de côté; garnir de rayons; classer; remiser.

shelve [shèlv] v. pencher; être en pente.

shelves [shèlvz] pl. *of* shelf.

shepherd [shèpᵉrd] s. berger, m.; *the Good Shepherd,* le Bon Pasteur; **shepherdess,** bergère.

sherbet [shëᵉbit] s. sorbet, m.

sheriff [shèrif] s. shérif, m.

sherry [shèri] s.* xérès, m.

shew [shoᵘ], see show.

shield [shîld] s. bouclier; pare-éclats, m.; v. défendre; protéger; blinder; **shield-bearer,** écuyer.

shift [shift] v. changer; changer de linge, de vitesse, de place; transférer; dévier; décaler; finasser; biaiser; s. changement; relais; expédient; subterfuge, m.; équipe; journée de travail; f.; *to shift about,* tourner casaque; **gear shift,** changement de vitesse; **wind shift,** saute de vent; *to shift for*

oneself, se débrouiller tout seul. ||
shifting [-ing] *adj.* changeant; mouvant; instable; rusé. || **shiftless** [-lis] *adj.* incapable; empoté; mou.

shilling [shíling] *s.* shilling, m.

shilly-shally [shílishali] *v.* tergiverser.

shimmer [shím^{e}r] *v.* chatoyer; *s.* lueur, f.

shin [shìn] *s.* tibia; jarret; bas de la jambe; *to shin up a tree,* grimper à un arbre.

shindy [shíndi] *s.* tapage, m.; bagarre, f.; *Am.* sauterie, f.

shine [sha^{i}n] *v.** briller; luire; cirer [shoes]; *s.* éclat, brillant; lustre, m.; *rain and shine,* la pluie et le beau temps; *to shine on,* éclairer.

shingle [shìng'l] *s.* bardeau (techn.), m.; échandole, f.; enseigne, plaque, f.

shingles [shìng'lz] *s. pl.* zona, m.

shining [sha^{i}ning] *adj.* brillant; resplendissant; illustre; *s.* éclat; lustre, m. || **shiny** [shaíni] *adj.* luisant; bien ciré [shoe].

ship [shíp] *s.* bateau; vaisseau; navire, m.; *v.* embarquer; expédier par bateau; enrôler comme marin; *merchant ship,* navire marchand; *shipload,* cargaison, fret; *shipmate,* compagnon d'équipage; *ship-owner,* armateur, fréteur; *shipyard,* chantier de construction navale. || **shipment** [-m^{e}nt] *s.* embarquement; chargement; transport, m.; expédition, f. || **shipper** [-^{e}r] *s.* expéditeur, chargeur, m. || **shipping** [-ing] *s.* marine; navigation; expédition, f.; transport maritime; tonnage, m.; *shipping charges,* frais d'embarquement; *shipping company,* compagnie de messageries maritimes; compagnie de navigation. || **shipwreck** [-rèk] *s.* naufrage, m.; *v.* faire naufrage; détruire.

shire [sha^i^{e}r] *s. Br.* comté, m.

shirk [shë^{r}k] *v.* éviter; esquiver; tirer au flanc; *shirker,* lâcheur, flanchard; tireur au flanc.

shirt [shë^{r}t] *s.* chemise d'homme, f.; *shirt-maker,* chemisier [person]; *shirtwaist,* chemisier [dress].

shiver [shív^{e}r] *v.* frissonner; grelotter; *s.* tremblement, frisson, m.

shiver [shív^{e}r] *s.* morceau, éclat, m.; *v.* fracasser; briser en miettes; ralinguer (naut.).

shoal [sho^{u}l] *s.* banc; haut-fond; traquenard, m.

shock [shâk] *s.* choc; impact; coup, m.; commotion, secousse, f.; *v.* choquer; heurter; commotionner; offenser; *shock absorber,* amortisseur;

shock troops, troupes de choc; *return shock,* choc en retour. || **shocking** [-ing] *adj.* choquant; révoltant; scandaleux; affreux.

shod [shâd] *pret. p., p. p. of to shoe.*

shoddy [shâdi] *adj.* de camelote; *s.* camelote, pacotille.

shoe [shou] *s.* soulier; chaussure; fer [horse]; sabot; patin (mech.), m.; *v.** chausser; ferrer; saboter (mech.); *calked shoe,* fer à glace; *shoeblack,* décrotteur, cireur; *shoe blacking,* cirage noir; *shoehorn,* chausse-pied; *shoelace,* lacet de soulier; *shoemaker,* cordonnier; *shoe polish,* crème à chaussure; *shoe repairs,* cordonnerie; *shoe store,* magasin de chaussures; *shoe tree,* embauchoir.

shone [sho^{u}n] *pret., p. p. of to shine.*

shook [shouk] *pret. of to shake.*

shoot [shout] *v.** tirer; décocher; décharger; faire feu; toucher; fusiller; chasser au fusil; *Fr. Can.* lancer [hockey]; pousser [plant]; photographier, filmer; filer [star]; *s.* pousse, chute d'eau, f.; coup de fusil; *Fr. Can.* lancer [hockey]; jet, m.; *to shoot a film,* tourner un film; *to shoot by,* passer en trombe; *to shoot forth,* germer, bourgeonner; *to shoot down,* abattre. || **shooter** [-^{e}r] *s.* tireur, m. || **shooting** [-ing] *s.* tir; élancement [pain], m.; pousse; chasse; décharge; prise de vue, f.; tournage, m. [film]; *shooting-script,* découpage; *shooting star,* étoile filante.

shop [shâp] *s.* magasin; atelier, m.; boutique; officine, f.; *v.* faire des emplettes, courir les magasins; *beauty shop,* institut de beauté; *shopgirl,* employée de magasin; *shop-lifting,* vol à l'étalage; *shop window,* devanture. || **shopkeeper** [-kip^{e}r] *s.* boutiquier, marchand, m. || **shopper** [-^{e}r] *s.* acheteur, client, m. || **shopping** [-ing] *s.* achat, *Fr. Can.* magasinage, m.; *to go shopping,* aller faire des courses, *Fr. Can.* magasiner.

shore [shau^{e}r] *s.* côte; plage, f.; rivage; littoral, m.; *off shore,* au large; *on shore,* à terre.

shore [shau^{e}r] *s.* étai; étançon, m.; *v.* étayer; accorer (naut.); *shoring,* étaiement.

shorn [sho^{u}rn] *p. p. of to shear.*

short [shau^{r}t] *adj.* court; bref; passager; brusque; insuffisant; *adv.* court, brièvement, brusquement; *to be short of,* être à court de; *in short,* bref; *short circuit,* court-circuit; *shortcut,* raccourci; *short story,* conte; *short syllable,* syllabe brève; *for short,* pour abréger; *to stop short,* s'arrêter net. || **shortage** [-idj] *s.* manque; déficit, m.; pénurie, f. || **shortcoming** [-kœming] *s.* insuffisance, f.; manquement, m. ‖ **shorten** [-'n] *v.* raccourcir; abréger. ‖ **shortening** [-ning] *s.* abréviation; graisse à pâtisserie, f.; saindoux, m. ‖ **shorthand** [-hand] *s.* sténographie, f.; **shorthand-typist,** sténo-dactylo. ‖ **shortly** [-li] *adv.* sous peu; brièvement; sèchement; vivement. ‖ **shortness** [-nis] *s.* brièveté; courte durée; concision; petitesse; insuffisance, f. ‖ **shorts** [-s] *s. pl.* caleçon; slip; short, m.

shot [shât] *pret., p. p. of* **to shoot;** *s.* coup de feu; boulet; grain de plomb; tireur, m.; piqûre (med.), f.; *adj.* changeant; saillant; *an expert pistol shot,* un bon tireur au pistolet; *like a shot,* comme un trait; **shotgun,** fusil de chasse; *Am.* **big shot,** « grosse légume »; **buck-shot,** chevrotine.

should [shoud] *defect. aux.; you should be more attentive,* vous devriez être plus attentif; *I said that I should go,* j'ai dit que j'irais; *if it should rain,* s'il pleuvait; *how should I know?,* comment voulez-vous que je le sache?; *I should have gone,* j'aurais dû aller.

shoulder [shoºuldeʳ] *s.* épaule, f.; épaulement (mech.), m.; *v.* mettre sur les épaules; pousser de l'épaule; **shoulder-belt, -sash, -strap,** bandoulière; **shoulder blade,** omoplate; **shoulder braid,** fourragère; *to turn a cold shoulder to,* battre froid à.

shout [shaºut] *v.* crier; s'écrier; *s.* clameur; acclamation, f.

shove [shœv] *v.* pousser, bousculer; *s.* poussée, f.; *to shove off,* pousser au large; *shove off!,* fiche le camp!

shovel [shœv'l] *s.* pelle; pelletée, f.; *v.* pelleter; remuer, jeter à la pelle; **intrenching shovel,** pelle-bêche.

show [shoºu] *v.** montrer; indiquer; faire voir; exposer; *s.* apparence; parade; exposition, f.; étalage; spectacle; concours, m.; *advance show,* vernissage; **autoshow,** salon de l'automobile; **showdown,** étalement du jeu [cards]; *show him to his seat,* conduisez-le à sa place; *to show in,* introduire; *to show out,* reconduire; *to show off,* faire étalage; *to go to the show,* aller au spectacle; *to make a show of oneself,* s'exhiber.

shower [shoºueʳ] *s.* exposeur; exposant; démonstrateur, m.

shower [shaºueʳ] *s.* averse; ondée; douche, f.; *v.* faire pleuvoir; arroser; tomber à verse; combler; *April shower,* giboulée. ‖ **shower-bath,** *s.* douche, f.

shown [shoºun] *p. p. of* **to show.**

showy [shoºui] *adj.* voyant; éclatant; tapageur.

shrank [shràngk] *pret. of* **to shrink.**

shrapnel [shrâpnel] *s.* shrapnel, m.

shred [shrèd] *s.* lambeau; fragment; filament, m.; *v.* déchiqueter; effilocher; mettre en lambeaux; *to be in shreds,* être en loques; **shreddy,** déchiqueté, en lambeaux.

shrew [shrou] *s.* mégère, f.; **shrew-mouse,** musaraigne. ‖ **shrewd** [-d] *adj.* rusé, malin; acéré; perspicace; subtil. ‖ **shrewdly** [-dli] *adv.* avec sagacité. ‖ **shrewdness** [-dnis] *s.* sagacité; perspicacité; finesse, f. ‖ **shrewish** [-ish] *adj.* acariâtre, querelleur, criard.

shriek [shrîk] *s.* cri perçant, m.; *v.* pousser des cris aigus.

shrike [shraik] *s.* pie-grièche, f.

shrill [shril] *adj.* aigu, perçant; *v.* rendre un son aigu.

shrimp [shrimp] *s.* crevette, f.; gringalet, avorton, m. [colloq.].

shrine [shrain] *s.* châsse, f.; sanctuaire; tombeau, m.

shrink [shringk] *v.** rétrécir; rapetisser; diminuer; se ratatiner; se resserrer; *to shrink back,* reculer. ‖ **shrinkage** [-idj] *s.* rétrécissement, m.; diminution; réduction; contraction, f.

shrive [shraiv] *v.* confesser et absoudre.

shrivel [shriv'l] *v.* (se) ratatiner; se recroqueviller.

shroud [shraºud] *s.* linceul; suaire; blindage (mech.), m.; *v.* ensevelir; envelopper, voiler.

Shrovetide [shroºuvtaid] *s.* les jours gras, m.; **Shrove Tuesday,** Mardi gras.

shrub [shrœb] *s.* arbuste; arbrisseau, m.; **shrubbery,** bosquet.

shrug [shrœg] *v.* hausser les épaules; *s.* haussement d'épaules, m.

shrunk [shrœngk], **shrunken** [-en] *p. p. of* **to shrink.**

shuck [shœk] *s. Am.* bogue; cosse; écale, f.; *v.* écosser, décortiquer, écailler; *interj.* zut!

shudder [shœdeʳ] *s.* frisson, m.; vibration, f.; *v.* frissonner; vibrer.

shuffle [shœf'l] *v.* mêler; battre [cards]; traîner [feet]; ruser, biaiser; danser une danse glissée; *s.* confusion; allure traînante, f.; acte de battre les cartes; pas glissé, m.

shun [shœn] *v.* éviter, esquiver.

shunt [shœnt] *v.* (se) garer; changer de voie; manœuvrer (railw.); dériver; *s.* détour; changement, m.; dérivation (electr.); aiguille (railw.), f.; **shunter,** aiguilleur.

shut [shœt] *v.** fermer; *to shut out,* empêcher d'entrer; exclure; *to shut* *off*, couper (electr.); *to shut up*, enfermer; emprisonner; se taire; pret., p. p. *of to shut; adj.* fermé, clos. ‖ **shutter** [shœt**ᵉr**] *s.* volet; contrevent; obturateur (phot.), m.; persienne, f.

shuttle [shœt'l] *s.* navette, f.; *v.* faire la navette; **shuttlecock**, volant; **shuttle-service**, navette.

shy [sha¹] *adj.* timide; ombrageux; *v.* faire un écart [horse]; se jeter de côté; **shyly**, timidement; *to be shy of*, être intimidé par; *to look shy at*, regarder d'un air défiant. ‖ **shyness** [-nis] *s.* timidité; réserve, f. ‖ **shyster** [-stᵉr] *s.* canaille, f.; *adj.* véreux.

si [si] *s.* si, m. (mus.).

sibyl [sîbil] *s.* sibylle; devineresse, f.; **sibylline**, sibyllin.

sick [sîk] *adj.* malade; souffrant; nauséeux; écœuré; las; nostalgique; *s.* les malades, m. pl.; *to report sick*, se faire porter malade; *to be sick for*, soupirer après; *to be sick of*, être dégoûté de; *to be sick*, avoir mal au cœur (ou) des nausées; **sick-brained**, malade du cerveau; *sick leave*, congé de maladie; *seasick*, qui a le mal de mer. ‖ **sicken** [-en] *v.* tomber malade; rendre malade; écœurer. ‖ **sickening** [-ning] *adj.* écœurant; navrant; répugnant.

sickle [sîk'l] *s.* faucille, f.

sickly [sîkli] *adj.* maladif; chétif; malsain. ‖ **sickness** [sîknis] *s.* maladie; nausée, f.; *seasickness*, mal de mer; *air sickness*, mal de l'air.

side [sa¹d] *s.* côté; bord; versant [hill]; camp [game]; parti; effet [billiards], m.; *v.* prendre parti (*with*, pour; *against*, contre); *side by side*, côte à côte; *by his side*, à côté de lui; *to sidestep*; esquiver; *side-car*, sidecar; *side glance*, regard de côté; *side issue*, à-côté, question secondaire; *side-slip*, glissade sur l'aile (aviat.), dérapage [auto]; *wrong side*, envers. ‖ **sideboard** [-booʳd] *s.* buffet, m. ‖ **sidetrack** [-trak] *v.* garer; reléguer; dévier; dépister. ‖ **sidewalk** [-wauk] *s. Am.* trottoir, m. ‖ **sideways** [-wé¹z] *adv.* de côté; latéralement; *adj.* latéral; par le flanc. ‖ **siding** [sa¹ding] *s.* voie de garage; voie secondaire, f. ‖ **sidle** [sa¹d'l] *v.* marcher de côté.

siege [sîdj] *s.* siège, m.; *to lay siege to*, assiéger; *to lift the siege*, lever le siège.

sierra [siérᵉ] *s.* sierra, f.

siesta [siéstᵉ] *s.* sieste, f.

sieve [sîv] *s.* tamis; crible, m.; *v.* tamiser; passer au crible.

sift [sift] *v.* tamiser; passer au crible.

sigh [sa¹] *s.* soupir, m.; *v.* soupirer; se lamenter.

sight [sa¹t] *s.* vue; vision; inspection; mire; hausse (milit.), f.; spectacle; guidon, m.; *v.* apercevoir; viser; *by sight*, de vue; *within sight*, en vue; *dial sight*, goniomètre; *Am. far sighted*, presbyte; *sightless*, aveugle; *sightly*, plaisant; *to catch sight of*, apercevoir; *to lose sight of*, perdre de vue; *a sight of*, un tas de; *to see the sights*, faire le tour des curiosités. ‖ **sightseeing** [-sîing] *s.* tourisme, m.; *sightseeing tour*, circuit touristique; **sightseer**, touriste, curieux, excursionniste.

sign [sa¹n] *s.* signe; symbole; indice, m.; trace; enseigne, f.; *v.* signer; faire un signe, un signal; *sign board*, panneau d'affichage; *call sign*, indicatif d'appel [radio]; *street sign*, plaque de rue; *signer*, signataire, endosseur; *to sign up for a job*, signer un contrat de travail.

signal [sîgn'l] *s.* signal; signe; indicatif; avertisseur; indicateur; insigne; sémaphore, m.; *v.* signaler; donner le signal; faire des signaux; *adj.* signalé; *distress signal*, S. O. S.; *stop signal*, signal d'arrêt; *signal communications*, transmissions; *signalman*, signaleur. ‖ **signal(l)ing** [-ing] *s.* signalisation, f. ‖ **signalize** [sîgn·la¹z] *v.* signaler; faire des signaux.

signatory [sîgnᵉtᵉri] *adj., s.* signataire, m. f. ‖ **signature** [-tshᵉr] *s.* signature; clef [music], f.; *signature tune*, indicatif musical [radio], m.

signet [sîgnᵉt] *s.* sceau, signet, m.; *signet-ring*, chevalière.

significance [sîgnîfᵉkns] *s.* sens, m.; signification; importance, f. ‖ **significant** [-knt] *adj.* significatif. ‖ **signification** [sîgnᵉfîké¹shᵉn] *s.* signification, f. ‖ **significative** [sîgnîfîktiv] *adj.* significatif. ‖ **signify** [sîgnifa¹] *v.* signifier; vouloir dire; faire savoir, déclarer.

signpost [sa¹npoᵒᵘst] *s.* poteau indicateur; signal routier, m.

silence [sa¹lᵉns] *s.* silence, m.; *v.* faire le silence; faire taire. ‖ **silencer** [-ᵉr] silencieux; amortisseur de bruit, m. ‖ **silent** [sa¹lᵉnt] *adj.* silencieux; taciturne; muet; *silent partner*, commanditaire. ‖ **silently** [-li] *adv.* silencieusement, sans bruit.

silhouette [silouèt] *s.* silhouette, f.; *v.* to be silhouetted, se profiler.

silicon [sîlikoᵒᵘn] *s.* silicone, m.

silk [silk] *s.* soie, f.; *silken*, de soie; *silkworm*, ver à soie; *silky*, soyeux.

sill [sil] *s.* seuil [door]; rebord [window], m.; longrine; culée, f.

silly [sîli] *adj.* sot; niais; absurde; ridicule.

silo [sa¹loou] *s.* silo, m.; *v.* ensiler.

silt [silt] *s.* vase; fange, f.; limon, m.; *v. to silt up,* (s') envaser.

silver [silv°r] *s.* argent, m.; *v.* argenter; étamer [mirror]; *adj.* argent; gris argent; argenté; *silver fox,* renard argenté; *silver wedding,* noces d'argent. ‖ *silversmith* [-smith] *s.* orfèvre, m. ‖ *silverware* [-wè°r] *s.* argenterie, f. ‖ *silvery* [-ri] *adj.* argenté; argentin [sound].

similar [sim°l°r] *s.* similaire; analogue; *similarly,* de la même manière. ‖ *similarity* [sim°lar°ti] *s.* similarité; ressemblance; analogie, f. ‖ *simile* [sim°li] *s.* comparaison, f. ‖ *similitude* [semil°tyoud] *s.* similitude, f.

simmer [sim°r] *v.* mijoter, cuire à petit feu; frémir; fermenter (fig).

simper [simp°r] *s.* sourire niais, m.; *v.* minauder.

simple [simp'l] *adj.* simple; naturel; candide; sincère; ingénu; *s.* simple, m.; simple [plant], f.; *simple-minded,* simplet. ‖ *simpleton* [simp'lt°n] *s.* simplet, niais, m. ‖ *simplicity* [simplis°ti] *s.* simplicité; naïveté; candeur, f. ‖ *simplification* [simpl°f°ké¹sh°n] *s.* simplification, f. ‖ *simplify* [simpl°fa¹] *v.* simplifier.

simulate [simy°lé¹t] *v.* feindre; simuler; affecter. ‖ *simulation* [simyoulé¹sh°n] *s.* simulation, f.

simultaneity [sim°lt°né¹iti] *s.* simultanéité, f. ‖ *simultaneous* [sa¹m'lté¹ni°s] *adj.* simultané.

sin [sin] *s.* péché, m.; faute, f.; *v.* pécher; commettre une faute.

sinapism [sin°piz'm] *s.* sinapisme, m.

since [sins] *conj.* depuis que; puisque; *prep.* depuis; *six years since,* il y a six ans; *ever since,* depuis (ce moment-là); *since when?,* depuis quand?

sincere [sinsi°r] *adj.* sincère; franc; de bonne foi. ‖ *sincerity* [sinsèr°ti] *s.* sincérité, f.

sinecure [s/nikyour] *s.* sinécure, f.

sinew [sinyou] *s.* tendon; nerf, m.; énergie, f.; *sinewless,* sans force; amorphe; *sinewy,* tendineux; musculeux; nerveux; musclé.

sinful [sinfoul] *adj.* coupable.

sing [sing] *v.* chanter; célébrer en vers; *to sing small,* déchanter; *to sing to sleep,* endormir en chantant; *to sing out of tune,* détonner; *singer,* chanteur; cantatrice, chanteuse.

singe [sindj] *v.* roussir; brûler [hair]; flamber [poultry]; se roussir.

single [sìngg'l] *adj.* seul; unique; simple; célibataire; franc, sincère; *v.* sélectionner; séparer; *to single out,* remarquer, singulariser; *to remain single,* rester célibataire; *single-breasted,* droit [jacket]; *single-handed,* sans aide; *single-seater,* monoplace. ‖ *singleness* [sìngg'lnis] probité; sincérité; unicité, f.; célibat, m.

singsong [sìngsaung] *s.* rengaine, f.; *adj.* monotone, chantant.

singular [sìnggy°l°r] *adj.* singulier; étrange; insolite; curieux; rare; *s.* singulier, m. ‖ *singularity* [sìnggyoula-riti] *s.* singularité; particularité; bizarrerie; rareté, f. ‖ *singularize* [sìnggyoul°ra¹z] *v.* singulariser.

sinister [sinist°r] *adj.* sinistre; funeste; menaçant.

sink [sink] *v.* couler; sombrer (naut.); décliner; s'enfoncer; s'embourber, rabaisser [value]; se coucher [sun]; amortir [debts]; placer à fonds perdus [money]; *s.* évier; égout; cloaque, m.; *to sink under,* succomber à; *sinking-fund,* caisse d'amortissement. ‖ *sinker* [-°r] *s.* plomb (m.) de ligne [fishing].

sinless [sinlès] *adj.* sans péché, innocent. ‖ *sinner* [sin°r] *s.* pécheur, m.; pécheresse, f.

sinuosity [sinyouâsiti] *s.* sinuosité, f. ‖ *sinuous* [sinyou°s] *adj.* sinueux; tortueux; souple.

sinus [sa¹n°s] *s.* sinus (med.), m.; *sinusitis,* sinusite.

sip [sip] *v.* siroter, déguster; *s.* petite gorgée, f.

siphon [sa¹f°n] *s.* siphon, m.; *v.* tirer au siphon; siphonner.

sir [sër] *s.* monsieur, m.

sire [sa¹°r] *s.* sire; père; mâle [animal], m.; *v.* engendrer.

siren [sa¹r°n] *s.* sirène, f.

sirloin [sër'lo¹n] *s.* aloyau; faux-filet, m.

sirocco [sirokoou] *s.* sirocco, m.

sirup [sir°p] *s.* sirop, m.

sister [sist°r] *s.* sœur; religieuse, f.; *sister-in-law,* belle-sœur; *sister ship,* navire jumeau.

sit [sit] *v.* s'asseoir; être assis; siéger (jur.); tenir une séance; poser [portrait]; couver [hen]; *to sit down,* s'asseoir; *to sit still,* se tenir tranquille; *to sit up all night,* veiller toute la nuit; *to sit astride,* être assis à califourchon; *to sit well,* aller bien, convenir (on, à).

site [sa¹t] *s.* site, emplacement, m.

sitter [sit°r] *s.* personne assise; couveuse, f.; modèle qui pose, m.; *sitter-up,* personne qui veille tard. ‖ *sitting* [-ing] *s.* séance; session, f.; *adj.* couveuse; assis; *sitting-room,* salon; *sitting up,* veillée.

situated [sĭtshoué¹tĭd] *adj.* situé, sis. ‖ **situation** [sĭtshoué¹shˁn] *s.* situation; position; circonstance, f.; emploi; emplacement, m.

sitz-bath [sĭtsbâth] *s.* bain de siège, m.

six [sĭks] *adj., s.* six. ‖ **sixteen** [-tîn] *adj., s.* seize. ‖ **sixteenth** [-tînth] *adj., s.* seizième; *April sixteenth,* le 16 avril. ‖ **sixth** [-th] *adj., s.* sixième. ‖ **sixthly** [sĭksthlĭ] *adv.* sixièmement. ‖ **sixty** [-tĭ] *adj., s.* soixante. ‖ **sixtieth** [-tiĭth] *adj., s.* soixantième.

size [sa¹z] *s.* grandeur; dimension; pointure; taille; encolure; capacité; étendue, f.; calibre; volume; format, m.; *v.* calibrer; classifier; *full size,* grandeur naturelle; *large size,* grande taille; *to size up,* estimer, se faire une idée de.

sizzle [sĭz'l] *v.* frire; pétiller; grésiller; *s.* grésillement, m.

skate [ské¹t] *s.* raie, f.

skate [ské¹t] *s.* patin, m.; *v.* patiner; *ice skate,* patin à glace; *roller skate,* patin à roulettes; *skater,* patineur; *skating,* patinage.

skein [ské¹n] *s.* écheveau, m.

skeleton [skèl°t'n] *s.* squelette, m.; ossature; carcasse; charpente, f.; *skeletal,* squelettique.

skeptic, *see* **sceptic.**

sketch [skètsh] *s.* croquis; relevé, m.; esquisse; ébauche; étude, f.; *v.* esquisser; faire un croquis; *rough sketch,* brouillon; *sketching,* dessin à main levée; *sketchy,* sommaire; ébauché; imprécis; rudimentaire.

skewer [skyou°r] *s.* brochette, f.

ski [skĭ] *s.* ski, m.; *v.* skier; *ski-lift,* remonte-pente.

skid [skĭd] *s.* sabot-frein; patin (aviat.); traîneau; dérapage, m.; *v.* glisser; patiner; déraper; chasser [wheels]; *skidding,* dérapage.

skiff [skĭf] *s.* esquif, m.

skilful [skĭlf°l] *adj.* adroit, habile; *skilfully,* avec adresse, avec dextérité.

skill [skĭl] *s.* habileté; dextérité, f.; art, talent, m. ‖ **skilled** [-d] *adj.* habile; expérimenté; fort (*in,* en).

skillet [skĭlit] *s.* poêlon, m.; poêle, f.

skim [skĭm] *v.* écumer; écrémer; effleurer; *skim milk,* lait écrémé; *skimmer,* écumoire.

skimp [skĭmp] *v.* lésiner; bâcler.

skin [skĭn] *s.* peau; pellicule, f.; *v.* peler; écorcher; éplucher; se cicatriser; *drenched to the skin,* trempé jusqu'aux os; *to skin someone out of his money,* « plumer » quelqu'un, lui

soutirer de l'argent; *skin-deep,* superficiel; à fleur de peau; *skinflint,* grippe-sou; *skinner,* peaussier, pelletier; *skinny,* décharné, osseux, parcheminé.

skip [skĭp] *v.* sauter; bondir; omettre, négliger; *Am. to skip rope,* sauter à la corde; *skipping rope,* corde à sauter.

skipper [skĭp°r] *s.* capitaine; patron d'un petit navire, m.

skirmish [skĕ²mish] *s.* escarmouche, échauffourée, f.; *v.* escarmoucher; *skirmisher,* tirailleur.

skirt [skĕrt] *s.* jupe; basque; lisière, f.; quartier de selle, m.; *v.* côtoyer; longer; border; contourner; *skirting-board,* plinthe.

skit [skĭt] *s.* sketch comique et satirique, m.; pasquinade, f.

skittish [skĭtish] *adj.* capricieux; frivole; ombrageux [horse].

skittle [skĭt'l] *s.* quille, f.; jeu (m.) de quilles.

skulk [skœlk] *v.* se cacher; se défiler, tirer au flanc; skulker.

skull [skœl] *s.* crâne, m.; *skullcap,* calotte.

skunk [skœngk] *s.* sconse; putois (m.) d'Amérique; moufette; *Fr. Can.* bête puante, f.; mufle [man], m.

sky [ska¹] *s.* ciel, m.; *skylark,* alouette; *to skylark,* faire des farces; *skylight,* lucarne; *sky-line,* ligne d'horizon; *skyrocket,* fusée volante; *skyscraper,* gratte-ciel; *skyward,* vers le ciel; *skyway,* route aérienne; *mackerel sky,* ciel moutonné, cirro-cumulus.

slab [slab] *s.* dalle; plaque; tablette [chocolate]; planche, f.; pavé [gingerbread]; marbre (typogr.), m.

slack [slak] *adj.* négligent; inactif; flasque; distendu; *s.* flottement; relâchement, jeu, m.; *pl.* pantalon, m.; *business is slack,* les affaires ne vont pas; *slack season,* morte-saison; *v.* = **slacken.** ‖ **slacken** [-°n] *v.* (se) relâcher; détendre; ralentir; mitiger; diminuer. ‖ **slacker** [-°r] *s.* tire-au-flanc; flemmard; embusqué (slang).

slag [slag] *s.* scorie, f.

slain [slé¹n] *p. p. of* **to slay.**

slake [slé¹k] *v.* étancher [thirst]; éteindre [lime]; assouvir (fig.).

slam [slam] *v.* claquer [door].

slam [slam] *s.* chelem [bridge], m.

slander [slånd°r] *s.* calomnie; diffamation, f.; *v.* calomnier; diffamer; *slanderer,* calomniateur; *slanderous,* calomnieux; diffamatoire.

slang [slàng] *s.* argot, m.; *adj.* argotique; *v.* enguirlander (colloq.).

slant [slànt] *s.* pente; inclinaison, f.; plan oblique, m.; *adj.* incliné; oblique; *v.* être en pente; (s') incliner; *slanting*, en pente, en biais, oblique.

slap [slap] *s.* gifle; tape, f.; *v.* souffleter, gifler; *slap-dash*, impétueux; bâclé; *slap-happy*, cinglé (colloq.).

slash [slash] *s.** entaille; coupure, f.; *v.* taillader; balafrer.

slat [slat] *s.* lamelle; latte; traverse [bed], f.

slate [slé¹t] *s.* ardoise, f.; *Am.* liste des candidats d'un parti politique, f.; *v.* couvrir en ardoises; *Am.* inscrire sur la liste.

slattern [slat⁹rn] *s.* souillon, f.

slaughter [slaut⁹r] *s.* carnage; massacre, m.; *v.* massacrer, tuer; *slaughter house*, abattoir.

Slav [slàv] *s.* Slave, m. f.

slave [slé¹v] *s.* esclave, m. f.; *v.* trimer; *slave dealer*, marchand d'esclaves; *slave-holder*, propriétaire d'esclaves.

slaver [slav⁹r] *s.* bave, f.; *v.* baver.

slaver [slé¹v⁹r] *s.* négrier, m. ‖ *slavery* [-i] *s.* esclavage, m. ‖ *slavish* [slé¹vish] *adj.* servile, d'esclave.

slaw [slau] *s.* chou au vinaigre, m.

slay [slé¹] *v.** tuer; massacrer; *slayer*, tueur, meurtrier.

sleazy [slé¹zi] *adj.* léger, de camelote.

sled [slèd], **sledge** [slèdj] *s.* traîneau, m.

sledge [slèdj] *s.* marteau de forgeron, m.

sleek [slîk] *adj.* lisse; luisant; mielleux, doucereux; *v.* polir, lisser.

sleep [slîp] *s.* sommeil, m.; *v.** dormir; sommeiller; *to sleep off*, cuver [wine]; *to sleep off a headache*, guérir sa migraine en dormant; *to go to sleep*, s'endormir; *to sleep out*, découcher; *broken sleep*, sommeil entrecoupé, interrompu. ‖ *sleeper* [-⁹r] *s.* dormeur; voiture-lit, f.; traverse (railw.), f. ‖ *sleepiness* [-inis] *s.* assoupissement, sommeil, m.; somnolence, f. ‖ *sleeping* [-ing] *adj.* endormi, sommeillant; *sleeping bag*, sac de couchage; *sleeping-berth*, couchette; *sleeping car*, voiture-lit; *sleeping pills*, somnifère; *sleeping-room*, chambre à coucher, dortoir; *sleeping sickness*, encéphalite léthargique. ‖ *sleepless* [-lis] *adj.* sans sommeil, d'insomnie, blanche [night]. ‖ *sleeplessness* [-lisnis] *s.* insomnie, f. ‖ *sleepy* [-i] *adj.* somnolent; assoupi; soporifique; *to be sleepy*, avoir sommeil.

sleet [slît] *s.* grésil, m.; *v.* grésiller.

sleeve [slîv] *s.* manche; chemise; douille (mech.), f.; manchon (mech.), m.; *sleeveless*, sans manche; *sleeveboard*, jeannette.

sleigh [slé¹] *s.* traîneau, m.; *v.* aller en traîneau.

sleight [sla¹t] *s.* adresse, f.; *sleight of hand*, prestidigitation.

slender [slènd⁹r] *adj.* mince; svelte; fragile, faible; insuffisant; maigre. ‖ *slenderness* [-nis] *s.* minceur, sveltesse; modicité; faiblesse, f.

slept [slèpt] *pret.*, *p. p. of* to sleep.

sleuth [slouth] *s.* détective, m.

slew [slou] *pret. of* to slay.

slice [sla¹s] *s.* tranche, f.; *v.* couper en tranches; *slice of bread and butter*, tartine beurrée.

slick [slik] *adj.* glissant; lisse, luisant; gracieux; doucereux; matois, rusé, adroit.

slicker [slik⁹r] *s. Am.* imperméable; (fam.) roublard, m.

slid [slid] *pret.*, *p. p. of* to slide. ‖ *slidden* [-'n] *p. p. of* to slide. ‖ *slide* [sla¹d] *v.** glisser; coulisser; *s.* glissement; coulant; chariot, curseur (mech.), m.; glissade; glissière; glissoire; platine [microscope]; coulisse, f.; *slide rule*, règle à calcul; *slide-trombone*, trombone à coulisse; *to slide in*, entrer furtivement; *to let slide*, ne pas s'occuper de, laisser tomber. ‖ *sliding* [-ing] *adj.* glissant; à coulisse [door]; amovible [seat]; mobile [panel].

slight [sla¹t] *adj.* léger; insignifiant; fragile; maigre; rare; *v.* mépriser; dédaigner; manquer d'égards envers; *slightly*, légèrement; fort peu; avec dédain.

slim [slim] *adj.* mince, élancé, délié; rare; faible.

slime [sla¹m] *s.* boue, vase; bave [snails], f.; limon, m.; *slimy*, visqueux, baveux, limoneux.

sling [sling] *s.* fronde; bretelle [gun]; écharpe (med.), f.; *v.** lancer avec une fronde; porter en bandoulière.

slink [slingk] *v.* s'esquiver; *to slink in*, se faufiler dans; *to slink away*, se débiner.

slip [slip] *v.* (se) glisser; s'échapper; se détacher; diminuer [prices]; patiner (mech.); faire un faux pas; filer [cable]; *s.* glissade; gaffe; erreur; bande [land]; cale de construction (naut.); combinaison [garment]; laisse [leash]; bouture [plant], f.; glissement; bout [paper]; placard (typogr.), m.; *to slip on*, enfiler [dress]; *to slip away*, se dérober; *a slip of the tongue*, un lapsus; *to slip out of joint,* se disloquer; *it slipped my mind,* cela m'est sorti de l'esprit; *slip cover,* housse; *slip knot,* nœud coulant; *deposit slip,* fiche de dépôt. ‖ *slipper* [-ᵉʳ] *s.* pantoufle, f.; *rope slipper,* sandale. ‖ *slippery* [-ri] *adj.* glissant; incertain; scabreux; rusé.

slit [slit] *s.* fente, fissure; déchirure; incision, f.; ajour, m.; *v.* * (se) fendre; (se) déchirer; éclater; inciser; *to slit into strips,* déchiqueter; *pret., p. p. of to slit.*

slither [slithᵉʳ] *v.* glisser; onduler.

sliver [slivᵉʳ] *s.* éclat de bois, m.; tranche mince, f.; *v.* (se) fendre; couper en tranches.

slobber [slãbᵉʳ] *s.* bave, f.; *v.* baver; *slobbering,* baveux.

sloe [slⁱoᵘ] *s.* prunelle, f.

slogan [slᵒoᵘgᵉn] *s.* slogan, m.; devise, f.

sloop [sloup] *s.* sloop, aviso (naut.), m.

slop [slãp] *v.* répandre; renverser; faire déborder; inonder; *s. pl.* mare; lavasse; eaux sales, f.; sentimentalisme, m.; *slop pail,* seau à toilette.

slope [slᵒoᵘp] *v.* pencher; aller en pente; *s.* pente, inclinaison; rampe, f.; talus; versant, m.

sloppy [slãpⁱ] *adj.* bourbeux; négligé; flasque; larmoyant, fade.

slot [slãt] *s.* fente; rainure; mortaise, f.; *v.* fendre, entailler; *slot machine,* appareil à jetons, distributeur automatique.

sloth [slãuth] *s.* paresse, indolence, f.; paresseux [animal], m.; *slothful,* paresseux, indolent.

slouch [slaᵒutsh] *s.* * maladroit, lourdaud, m.; *Am.* fainéant; bord rabattu d'un chapeau mou avachi, m.; démarche mal assurée, f.; *v.* marcher lourdement; s'avachir; s'affaisser.

slough [slaᵒu] *s.* fondrière; mare, f.; bourbier, m.

slough [slãf] *s.* mue, dépouille [snake]; escarre (med.), f.

sloven [slãvᵉn] *s.* négligent; souillon, m. ‖ *slovenliness* [-linis] *s.* malpropreté; négligence, f. ‖ *slovenly* [-li] *adj.* malpropre; négligent; bâclé.

slow [slⁱoᵘ] *adj.* lent; borné; en retard; terne, sans vie; *v.* ralentir; *to slow down,* diminuer la vitesse; *to be slow to,* tarder à; *ten minutes too slow,* en retard de dix minutes; *slow-acting,* à action lente; *slowly,* lentement, tardivement. ‖ *slow-motion,* ralenti (ciném.). ‖ *slowness* [-nis] *s.* lenteur; lourdeur d'esprit, f.; retard; manque d'empressement, m.

sludge [slœdj] *s.* boue; neige fondue, f.; cambouis, m.

slug [slœg] *s.* limace, f. ‖ *sluggard* [slœgᵉrd] *s.* paresseux, m. ‖ *sluggish* [-ish] *adj.* lambin, traînard; stagnant; mou, lent, paresseux; *sluggish engine,* moteur qui ne tire pas. ‖ *sluggishness* [-ishnis] *s.* paresse; mollesse; lenteur, f.

sluice [slous] *s.* écluse, f.; *sluice gate,* vanne.

slum [slœm] *s.* zone, f.; taudis, m.; *v.* visiter les taudis.

slumber [slœmbᵉr] *s.* assoupissement, sommeil, m.; *v.* s'assoupir, sommeiller; *slumberous,* somnolent, assoupi; endormant; endormi (fig.).

slump [slœmp] *s.* effondrement, m.; dépression, crise; chute [prices], f.; *v.* s'enfoncer brusquement; s'affaisser; s'effondrer [prices].

slung [slœng] *pret., p. p. of to sling.*

slunk [slœngk] *pret., p. p. of to slink.*

slur [slëʳ] *s.* tache; insinuation malveillante; flétrissure, f.; affront, m.; *v.* flétrir, salir; calomnier.

slur [slëʳ] *v.* glisser, faire peu de cas (*over*, de); déprécier; bredouiller; mal prononcer; lier [music]; *s.* liaison [music], f.

slush [slœsh] *s.* neige fondue; boue; sentimentalité larmoyante, f.; *v.* patauger; éclabousser.

slut [slœt] *s.* souillon; coureuse, f.

sly [slaⁱ] *adj.* rusé; madré; retors; fourbe; *on the sly,* à la dérobée. ‖ *slyness* [-nis] *s.* ruse, f.

smack [smak] *v.* claquer; faire claquer un baiser; *s.* claquement, m.; claque, f.; baiser bruyant, m.; *smacking,* sonore; *to smack one's lips,* se lécher les babines.

small [smaul] *adj.* petit; peu nombreux; exigu; mesquin; sans importance; médiocre; bref; *small letters,* (lettres) minuscules; *small mind,* esprit étroit; *small talk,* commérages; *small voice,* voix fluette; *a small matter,* peu de chose; *to feel small,* se sentir tout petit. ‖ *smallness* [-nis] *s.* petitesse; insignifiance, f. ‖ *smallpox* [-pãks] *s.* petite vérole, variole, f.

smart [smârt] *adj.* vif; éveillé; pimpant; élégant; chic; intelligent; cuisant; *v.* picoter; cuire; *smartly,* avec élégance, vivement, d'une manière cuisante. ‖ *smartness* [-nis] *s.* élégance; finesse; vivacité, f.

smash [smash] *s.* * débâcle; faillite (fin.); collision (auto), f.; fracassement; smash [tennis], m.; *v.* fracasser; anéantir; faire faillite; écraser, ruiner; pulvériser; *to smash into*, entrer en collision avec; *smash-up*, collision. ‖ *smasher* [-er] *s.* écraseur; fracas; coup (m.) de massue; argument (m.) massue.

smattering [smat'ring] *s.* teinture, connaissance rudimentaire, f.

smear [smier] *v.* barbouiller; maculer; brouiller [radio]; *s.* tache, f.; barbouillage, m.; calomnie, f.

smell [smèl] *v.* sentir; flairer; *s.* odeur, f.; parfum; odorat, m.; *to smell out*, découvrir par le flair; *to smell close*, sentir le renfermé. ‖ *smelly* [-i] *adj.* odorant.

smelt [smèlt] *pret., p. p. of* to smell.

smelt [smèlt] *v.* fondre [metal]; *smelting works*, fonderie; *smelter*, fondeur.

smelt [smèlt] *s.* éperlan, m.; *Fr. Can.* petits poissons des chenaux, m. pl.

smile [smaïl] *s.* sourire, m.; *v.* sourire. ‖ *smiling* [-ing] *adj.* souriant; agréable; *smilingly*, en souriant, avec le sourire.

smirch [smërtsh] *v.* salir; noircir; *s.* souillure; noircissure, f.

smirk [smërk] *v.* sourire avec affectation; minauder.

smite [smaït] *v.* frapper; affliger.

smith [smith] *s.* forgeron, m. ‖ *smithy* [-i] *s.* forge, f.

smitten [smit'n] *p. p. of* to smite; *adj.* épris, féru, atteint (*with*, de).

smock [småk] *s.* blouse, f.

smoke [smoouk] *s.* fumée, f.; *v.* fumer; enfumer; *I will have a smoke*, je vais en griller une; *smoke black*, noir de fumée; *smokeless*, sans fumée. ‖ *smoker* [-er] *s.* fumeur, m.; compartiment pour fumeurs, m. ‖ *smokestack* [-stak] *s.* cheminée, f. ‖ *smoking* [-ing] *adj.* de fumeur; fumant; à fumer; *s.* action de fumer, f.; *no smoking*, défense de fumer; *smoking car*, wagon de fumeurs; *smoking room*, fumoir. ‖ *smoky* [-i] *adj.* fumeux; enfumé.

smo(u)lder [smooulder] *v.* couver [fire].

smooth [smoouzh] *adj.* uni; lisse; glabre; calme [sea]; coulant [style]; *v.* polir; lisser; aplanir; adoucir; dérider; caresser [animal]; *smooth disposition*, caractère égal; *smooth talker*, beau parleur insinuant et doucereux; *smooth-faced*, imberbe; glabre; smoothly, doucement; sans heurt. ‖ *smoothness* [-nis] *s.* surface plane, lisse et unie; tranquillité, harmonie; absence de heurt, f.; calme, m. [sea]; douceur, onction, f.

smote [smoout] *pret. of* to smite.

smother [smaether] *v.* étouffer, suffoquer; supprimer.

smoulder [smooulder] *v.* couver; *s.* feu (m.) qui couve; combustion lente, f.

smudge [smoedj] *s.* fumée suffocante; tache, f.; *v.* noircir, maculer, tacher, salir.

smug [smoeg] *adj.* pimpant, frais; vaniteux, suffisant.

smuggle [smoeg'l] *v.* faire de la contrebande; *smuggler*, contrebandier; *smuggling*, contrebande.

smut [smoet] *s.* tache noire; nielle, f.; noir de suie; langage indécent, m.; *v.* noircir; nieller; se barbouiller. ‖ *smutty* [-i] *adj.* barbouillé de noir; taché de suie; niellé; grivois, grossier.

snack [snack] *s.* casse-croûte, m.; *v.* casser la croûte, manger sur le pouce.

snag [snag] *s.* chicot, m.; fil tiré [stocking]; écueil, hic, m.; difficulté, f.; *v.* heurter; accrocher; *to snag a stocking*, accrocher un bas.

snail [snéïl] *s.* colimaçon, escargot, m.

snake [snéïk] *s.* serpent (prop.; fig.), m.; *coral snake*, vipère aspic; *garter snake*, couleuvre; *rattlesnake*, serpent à sonnette. ‖ *snaky* [-ki] *adj.* sinueux; vipérin; perfide; plein de serpents.

snap [snap] *v.* briser; (se) casser net; claquer; faire claquer [whip]; happer [dog]; *s.* claquement; bruit sec; ordre bref; gâteau sec; bouton pression, m.; période de froid vif; vivacité; photo (pop.); chose facile, f.; *adj.* brusque, instantané; *to snap one's fingers at*, faire la nique à; *to snap off*, casser net; *to snap up*, happer; *to snap at*, essayer de mordre; rembarrer; *to snap shut*, fermer d'un coup sec. ‖ *snappy* [-i] *adj.* hargneux [dog]; acariâtre; *Am.* chic, élégant; preste, vif; *snappy cheese*, fromage piquant. ‖ *snapshot* [-shât] *s.* instantané (phot.), m.; *v.* faire un instantané.

snare [snèer] *s.* piège; collet, lacet, m.; *v.* prendre au piège.

snarl [snârl] *v.* gronder; montrer les dents; parler d'un ton hargneux; *s.* grognement, m.

snarl [snârl] *v.* embrouiller; (s')enchevêtrer; (s')emmêler.

snatch [snatsh] *v.* empoigner; enlever, arracher; *s.* tentative pour saisir; courte période; bribe, f.; morceau; *Am.* enlèvement, m.; *to snatch up*, ramasser vivement.

sneak [snîk] *v.* se glisser furtivement; flagorner; ramper; chaparder, chiper; *s.* sournois, fureteur; chapardeur; rapporteur, mouchard, m. ‖ *sneakers* [-erz] *s. pl. Am.* espadrilles, chaussures de tennis, f. pl.

sneer [snie r] v. ricaner; persifler; s. ricanement; persiflage, m.; *to sneer at*, se moquer de, dénigrer.

sneeze [snîz] v. éternuer; s. éternuement, m.

sniff [snif] v. renifler; s. reniflement, m.; *to sniff at*, dédaigner.

sniffle [snif'l], *see* **snuffle**.

snigger [snige r] s. ricanement, m.; v. ricaner.

snip [snip] s. coup de ciseaux; petit morceau, m.; v. couper; enlever d'un coup de ciseaux.

snipe [snaip] s. bécassine, f.; v. canarder; critiquer; *sniper*, canardeur, tireur d'élite.

snippy [snipi] adj. morcelé; fragmentaire; insignifiant; dédaigneux.

snitch [snitsh] v. chiper; escamoter.

snivel [sniv'l] s. morve, f.; v. pleurnicher; renifler.

snob [snâb] s. snob, m.; *snobbishness*, snobisme, m.

snoop [snoup] v. rôder; s. curieux, rôdeur, m.

snooze [snouz] v. faire un somme; s'assoupir; s. somme, m.; sieste, f.

snore [snoo r] v. ronfler; s. ronflement, m.

snort [snau rt] v. renâcler; s'ébrouer; ronfler; s. ébrouement; grognement; ronflement; reniflement, m.

snot [snât] s. morve, f.; morveux, m. ‖ *snotty* [-i] adj. morveux.

snout [snau t] s. museau; groin, m.

snow [snoo u] s. neige, f.; v. neiger; *snow ball*, boule de neige; *snowblower*, Fr. Can. souffleuse; *snowbound*, bloqué par la neige; *snowdrift*, congère, Fr. Can. banc de neige; *snowdrop*, perce-neige; *snowfall*, chute de neige, Fr. Can. bordée de neige; *snowflake*, flocon de neige; *snow-man*, bonhomme de neige; *snowplow*, chasse-neige; *snow-shoe*, raquette; *snowshoer*, Fr. Can. raquetteur; *snowslip*, avalanche; *snowstorm*, blizzard; *drifting snow*, Fr. Can. poudrerie; *powdered snow*, poudreuse. ‖ *snowy* [-i] adj. neigeux.

snub [snœb] s. rebuffade, f.; adj. camus [nose]; v. mépriser; rabrouer; encombrer.

snuff [snœf] v. moucher [candle]; détruire, éteindre [hope].

snuff [snœf] v. priser; s. tabac à priser, m.; *a pinch of snuff*, une prise de tabac; *snuff-box*, tabatière; *snuff-taker*, *snuffer*, priseur.

snuffle [snœf'l] v. nasiller; renifler; s. nasillement; reniflement, m.

snug [snœg] adj. douillet; abrité; confortable; commode; gentil, coquet. ‖ *snuggle* [snœg'l] v. dorloter; se pelotonner. ‖ *snugness* [-nis] s. confort; bien-être, m.

so [soo u] adv. ainsi; aussi; si, tellement; alors; donc; *as... so*, de même que... de même; *and so on, and so forth*, et ainsi de suite; *so be it*, ainsi soit-il; *so lazy that*, si paresseux que; *so as to*, de manière à; *so much the better*, tant mieux; *I think so*, je le crois; *so that*, de sorte que; *five minutes or so*, cinq minutes environ; *so-and-so*, un tel; *is that so?*, vraiment? *so-called*, soi-disant, prétendu.

soak [soo uk] v. tremper; imbiber; s'infiltrer (*in*, dans); *Am.* estamper; s. *Am.* ivrogne, m.; *to be soaked through*, être trempé jusqu'aux os; *to soak up*, absorber; boire comme un trou.

soap [soo up] s. savon, m.; v. savonner; *soap bubble*, bulle de savon; *Am. soap opera*, mélo radiodiffusé; *soap-suds*, eau de savon; *soapwort*, saponaire. ‖ *soapy* [-i] adj. savonneux; doucereux.

soar [soo r] s. essor, m.; v. prendre son essor; s'élever; planer; *soaring*, vol plané (aviat.).

sob [sâb] s. sanglot, m.; v. sangloter.

sober [soo be r] adj. de sang-froid; qui n'a pas bu; modéré; pondéré; v. dégriser; calmer; *to sleep oneself sober*, cuver son vin en dormant; *to be sober*, ne pas être ivre; *to sober down*, (se) calmer, s'apaiser. ‖ *soberly* [-li] adv. avec sobriété, pondération. ‖ *soberness* [-nis], *sobriety* [soo bra ti] s. sobriété; modération, gravité, f.

soccer [sâke r] s. football association, m.

sociable [soo she b'l] adj. sociable; affable.

social [soo she l] adj. social; mondain; de société; s. réunion, soirée, f. ‖ *socialism* [-ize m] s. socialisme, m. ‖ *socialist* [-ist] s. socialiste, m.

society [se sai e ti] s.* société; association; compagnie, f.; *a society woman*, une femme du monde.

sociologist [soo sie le djist] s. sociologue, m. f. ‖ *sociology* [-dji] s. sociologie, f.

sock [sâk] s. chaussette, f.

sock [sâk] v. frapper, corriger.

socket [sâkit] s. emboîture; alvéole; orbite; douille; bobèche, f.; manchon (mech.), m.

socle [sâk'l] s. socle, m.

sod [sâd] s. gazon, m.; v. couvrir de gazon.

soda [so⁰ud⁰] *s.* soude, f.; *soda water,* soda; *baking soda,* bicarbonate de soude.

sodium [so⁰udi⁰m] *s.* sodium, m.

sofa [so⁰uf⁰] *s.* divan, m.; *sofa-bed,* canapé-lit.

soft [sauft] *adj.* doux; tendre; faible; efféminé; non alcoolique [drink]; malléable [metal]; *soft-boiled egg,* œuf mollet; *soft-hearted,* tendre; compatissant; *soft-soap,* savon noir; pommade, lèche [colloq.]; flatter; *soft water,* eau douce. || *soften* [sauf⁰n] *v.* adoucir; assouplir; atténuer; efféminer; (s')amollir; (s')attendrir; baisser [voice]. || *softness* [sauftnis] *s.* douceur; tendresse; mollesse; faiblesse, f.

soggy [sâgi] *adj.* saturé, détrempé; lourd; pâteux.

soil [so¹l] *s.* saleté; tache, f.; *v.* salir, tacher; fumer [field].

soil [so¹l] *s.* sol; terrain; pays, m.

sojourn [so⁰udjⁿr] *s.* séjour, m.; [so⁰udjⁿr] *v.* séjourner.

solace [sâlis] *s.* consolation, f.; soulagement, m.; *v.* consoler; soulager; réconforter.

solar [so⁰ul⁰r] *adj.* solaire; *solarium,* solarium.

sold [so⁰uld] *pret., p. p. of to sell; Am. to be sold on an idea,* être persuadé, très attaché à une idée.

solder [sâd⁰r] *s.* soudure, f.; *v.* souder.

soldier [so⁰uldj⁰r] *s.* soldat, m.; *v.* être soldat; tirer au flanc (slang); *fellow soldier,* frère d'armes; *foot soldier,* fantassin; *private soldier,* simple soldat; *soldierly,* martial, militaire.

sole [so⁰ul] *adj.* seul; unique; exclusif; *solely,* uniquement, seulement.

sole [so⁰ul] *s.* semelle; plante [foot], f.; *v.* ressemeler.

sole [so⁰ul] *s.* sole, f.

solecism [sâl⁰siz⁰m] *s.* solécisme, m.; infraction à l'étiquette, f.

solemn [sâl⁰m] *adj.* solennel; grave; sérieux. || *solemnity* [s⁰lèmn⁰ti] *s.* solennité; gravité; majesté, f. || *solemnize* [sâl⁰mna¹z] *v.* solenniser, célébrer.

solicit [s⁰lisit] *v.* solliciter; briguer; tenter. || *solicitation* [s⁰lisité¹shⁿn] *s.* sollicitation; tentation; tentative de corruption (jur.), f.; racolage, m. || *solicitor* [s⁰lisit⁰r] *s.* avoué; *Am.* démarcheur, m.; *solicitor general,* avocat général. || *solicitous* [s⁰lisit⁰s] *adj.* inquiet; préoccupé; désireux. || *solicitude* [s⁰lisⁱtyoud] *s.* sollicitude; inquiétude, f.

solid [sâlid] *s.* solide, m.; *adj.* solide; massif [gold]; uni [color]; digne de confiance; sérieux; *to be solid for,* se déclarer énergiquement pour. || *solidarity* [sâl⁰dar⁰ti] *s.* solidarité, f. || *solidify* [s⁰lid⁰fa¹] *v.* (se) solidifier. || *solidity* [s⁰lid⁰ti] *s.* solidité, f.

soliloquy [s⁰lil⁰kwi] *s.* soliloque; monologue, m.

solitary [sâl⁰tèri] *adj.* solitaire; retiré; isolé; *s.* solitaire, m. || *solitude* [sâl⁰tyoud] *s.* solitude, f.; isolement; lieu isolé, m.

solo [so⁰ulo⁰] *s.* solo, m.; action exécutée par une seule personne, f.; *adj.* solo; exécuté en solo; *soloist,* soliste.

solstice [sâlstis] *s.* solstice, m.

solubility [sâly⁰bil⁰ti] *s.* solubilité; résolubilité, f. || *soluble* [sâly⁰b'l] *adj.* soluble; résoluble.

solution [s⁰loushⁿn] *s.* solution; mixture, f.

solvable [sâlv⁰b'l] *adj.* soluble; résoluble. || *solve* [sâlv] *v.* résoudre.

solvency [sâlv⁰nsi] *s.* solvabilité, f. || *solvent* [-v⁰nt] *adj.* dissolvant; solvable; *s.* solvant, m.

somatic [so⁰umatik] *adj.* somatique.

somber [sâmb⁰r] *adj.* sombre; *somberly,* sombrement.

some [sæm] *adj.* quelque; certain; du, de la, de l', des; *pron.* quelques-uns, quelques-unes; *some milk,* un peu de lait; *of some importance,* d'une certaine importance; *for some five months,* pour cinq mois environ; *some say that,* d'aucuns disent que; *some... some,* les uns... les autres. || *somebody* [-bâdi] *pron., s.* quelqu'un. || *somehow* [-ho⁰u] *adv.* d'une manière ou d'une autre. || *someone* [-wœn] *pron.* quelqu'un.

somersault [sæm⁰rsault] *s.* saut périlleux; capotage, m.; culbute, f.; *v.* faire le saut périlleux, la culbute; capoter.

something [sæmthing] *pron.* quelque chose; *adv.* un peu, quelque peu.

sometime [sæmta¹m] *adv.* autrefois; une fois ou l'autre. || *sometimes* [-s] *adv.* quelquefois; parfois; tantôt.

somewhat [sæmhwât] *adv.* un peu; tant soit peu; *s.* un peu de; un brin.

somewhere [sæmhwèr] *adv.* quelque part; *somewhere before midday,* un peu avant midi.

somnambulism [sâmnambyouliz'm] *s.* somnambulisme, m. || *somnambulist* [-ist] *s.* somnambule, m., f. || *somniferous* [sâmnif⁰r⁰s] *adj.* somnifère. || *somnolence* [-n⁰lⁿs] *s.* somnolence, f. || *somnolent* [sâmn⁰l⁰nt] *adj.* somnolent.

son [sœn] *s.* fils, *Fr. Can.* garçon, m.;
son-in-law, gendre; **step-son**, beau-fils.

sonata [sɐnât*] *s.* sonate, f.

song [saung] *s.* chanson, f.; chant;
cantique, m.; **song bird**, oiseau chan-teur; **song-writer**, chansonnier; *to buy
something for a song*, acheter quelque
chose pour un morceau de pain. ‖
songster [saungst*r] *s.* chanteur;
oiseau chanteur, m. ‖ **songstress**
[-stris] *s.* chanteuse, cantatrice, f.

sonnet [sânit] *s.* sonnet, m.

sonority [sɐnoᵒuriti] *s.* sonorité, f. ‖
sonorous [-r*s] *adj.* sonore; timbré
[voice].

soon [soun] *adv.* bientôt; sous peu;
as soon as, aussitôt que; *too soon*,
trop tôt; *so soon*, si tôt; *how soon?*,
quand?; *soon after*, peu après; *no
sooner*, pas plus tôt, à peine.

soot [sout] *s.* suie, f.

soothe [souzh] *v.* apaiser; soulager;
flatter; **soothing**, calmant.

soothsayer [southsé¹er] *s.* devin, m.

sooty [souti] *adj.* de suie; couvert de
suie; charbonneux.

sop [sâp] *v.* tremper; imbiber; *s.*
trempette, soupe, f.; appât, dériva-tif, m.

sophism [sâfiz*m] *s.* sophisme, m.;
sophist, sophiste; **sophistic**, sophis-tique. ‖ **sophisticated** [s*fistiké¹tid]
adj. blasé; frelaté [wine]; falsifié [do-cument]; *a sophisticated novel*, un
roman pour lecteurs avertis. ‖ **sophis-tication** [s*fistiké¹sh*n] *s.* sophistica-tion; falsification, f. ‖ **sophistry** [sâ-fistri] *s.* sophisme, m.; sophistique, f.

sophomore [sâf'moᵒur] *s. Am.* étu-diant de seconde année.

soporific [soᵒup*rifik] *adj.* sopori-fique; *s.* somnifère, m.

soprano [s*pranoᵒu] *s.* soprano, m.

sorcerer [saurs*r*r] *s.* sorcier, m.;
sorceress, sorcière; **sorcery**, sorcel-lerie.

sordid [saurdid] *adj.* sordide; **sor-didly**, d'une manière sordide ou mes-quine.

sore [soᵒur] *adj.* douloureux; endo-lori; fâché; cruel [loss]; dur [trial];
sore eyes, mal d'yeux; *to have a sore
throat*, avoir mal à la gorge; *to make
sore*, irriter, enflammer; *s.* plaie; écor-chure, f.; **sorely**, douloureusement,
extrêmement; *to be sorely in need of*,
avoir un urgent besoin de.

sorghum [saurg*m] *s.* sorgho, m.

sorrel [saur*l] *adj., s.* alezan.

sorrel [saur*l] *s.* oseille, *Fr. Can.*
surette, f.

sorrow [sâroᵒu] *s.* chagrin, m.; afflic-tion, f.; *v.* s'affliger; avoir de la peine.
‖ **sorrowful** [-f*l] *adj.* triste; affligeant;
pénible; peiné. ‖ **sorry** [sauri] *adj.*
fâché, chagriné; pitoyable, lamentable;
désolé; *I am sorry*, je regrette.

sort [saurt] *s.* espèce; sorte; manière,
f.; *v.* assortir; classer; distribuer;
s'entendre; *all sorts of*, toute sorte de;
a wine of sorts, un vin médiocre; *out
of sorts*, de mauvaise humeur, mal en
train.

sortie [saurti] *s.* sortie (mil.), f.

sot [sât] *s.* ivrogne, m.; **sottish**, abruti
par l'alcool; ivre.

soufflé [soufflé¹] *s.* soufflé, m.

sough [saou] *s.* murmure, soupir, m.;
v. soupirer, murmurer.

sought [saut] *pret., p. p. of* to seek.

soul [soᵒul] *s.* âme, f.; *not a soul*, pas
un chat, personne; *a simple soul*, une
bonne âme; *All Souls' Day*, le jour
des Morts; **soulful**, expressif; senti-mental.

sound [saᵒund] *adj.* sain; solide; bien
fondé; en bon état; profond [sleep];
robuste [constitution]; légal [title]; *to
sleep soundly*, dormir profondément.

sound [saᵒund] *s.* son; bruit, m.; *v.*
résonner; faire résonner; exprimer;
sound-damping ou **-proofing**, inso-norisation; **sound-effects**, bruitage;
sound-proof, *v.* insonoriser; *adj.* inso-norisé; insonore; isolant.

sound [saᵒund] *v.* sonder; *s.* sonde, f.

soundness [saᵒundnis] *s.* santé; vi-gueur; justesse; légitimité, f.

soup [soup] *s.* consommé, potage, m.;
soup-tureen, soupière.

sour [saᵒur] *adj.* aigre; acide; aca-riâtre; tourné [milk]; *v.* (s')aigrir;
fermenter; devenir morose.

source [soᵒurs] *s.* source; origine, f.;
début, m.

sourish [saᵒurish] *adj.* aigrelet; su-ret. ‖ **sourness** [saᵒurnis] *s.* acidité;
acrimonie, f.

souse [saᵒus] *s.* marinade; douche, f.
[colloq.]; *v.* (faire) mariner; tremper.

south [saᵒuth] *s.* sud; midi, m.; *adj.*
du sud, méridional; *adv.* vers le sud;
South American, sud-américain; **south
pole**, pôle Sud. ‖ **southeast** [-¹st] *s.*,
adj., sud-est; *adv.* vers le sud-est. ‖
southeastern [-¹st*rn] *adj.* du sud-est.
‖ **southern** [sæzh*rn] *adj.* méridional,
du sud. ‖ **southerner** [sæzh*rn*r] *s.*
méridional, m. ‖ **southward** [saᵒuth-w*rd] *adj.* vers le sud. ‖ **southwest**
[saᵒuthwèst] *s., adj.* sud-ouest; *adv.*
vers le sud-ouest. ‖ **southwestern**
[saᵒuthwèst*rn] *adj.* du sud-ouest.

souvenir [souvᵉnîr] *s.* objet-souvenir, m.

sovereign [sâvrìn] *adj., s.* souverain. || **sovereignty** [sâvrìnti] *s.* souveraineté, f.

Soviet [soᵒᵘviit] *s.* soviet, m.; *adj.* soviétique.

sow [saᵒᵘ] *s.* truie; gueuse [iron], f.

sow [soᵒᵘ] *v.** semer; ensemencer; répandre; **sower,** semeur; **sowing,** semailles; **sowing-machine,** semeuse. || **sown** [-n] *p. p. of* **to sow.**

soy(a) [sâi(ᵉ)] *s.* soya, m.

spa [spâ] *s.* ville d'eau, f.

space [spéⁱs] *s.* espace; intervalle; espacement, m.; étendue, surface, f.; *v.* espacer; échelonner; écarter; *air space,* cubage d'air; *occupied space,* encombrement, place occupée [vehicle]. || **spacious** [spéⁱshᵉs] *adj.* spacieux; ample.

spade [spéⁱd] *s.* bêche, f.; *pl.* pique [cards], m.; *v.* bêcher; **spadeful,** pelletée, pleine bêche.

Spain [spéⁱn] *s.* Espagne, f.

span [spàn] *s.* empan; écartement; pont; moment, m.; envergure [wings]; ouverture (arch.); paire [horses]; travée; portée; largeur, f.; *v.* embrasser; mesurer; traverser; enjamber; *span of life,* longévité.

spangle [spàngg'l] *s.* paillette, f.; *v.* pailleter; **star-spangled,** étoilé.

Spaniard [spànyᵉrd] *s.* Espagnol, m.

spaniel [spànyᵉl] *s.* épagneul, m.

Spanish [spànish] *adj., s.* espagnol; *Spanish American,* hispano-américain.

spank [spàngk] *v.* donner une fessée à; *s.* fessée, f.

spanking [spàngking] *adj.* vif; rapide; *spanking new,* flambant neuf.

spanner [spànᵉr] *s.* clef anglaise, f.

spar [spâr] *s.* espar (naut.); poteau; longeron (aviat.), m.

spare [spèᵉr] *v.* épargner; ménager; se passer de; *s.* pièce de rechange, f.; *adj.* disponible; de réserve; rare, maigre, frugal; *to spare no expense,* ne pas lésiner sur la dépense; *spare cash,* argent disponible; *spare time,* loisirs; *spare tire,* pneu de secours; *sparing,* économe; **sparingness,** épargne, frugalité, parcimonie.

spark [spârk] *s.* étincelle; lueur, f.; *v.* faire des étincelles; *spark advance,* avance à l'allumage [motor]; *spark arrester,* pare-étincelles; *spark coil,* bobine d'induction (electr.); *spark condensor,* condensateur (electr.); *Am. spark plug,* bougie [motor]; *Br. spark-ing plug,* bougie. || **sparkle** [-'l] *s.*

étincellement, m.; *v.* étinceler; scintiller; chatoyer; mousser [wine]; *sparkling,* étincelant, effervescent; mousseux [wine].

sparrow [sparoᵒᵘ] *s.* moineau, m.

sparse [spârs] *adj.* épars; clairsemé; rare [hair].

spasm [spazᵉm] *s.* spasme, m. || **spasmodic** [spazmâdik] *adj.* spasmodique; convulsif; fait par à-coups. || **spastic** [spastik] *adj.* spasmodique; *s.* paraplégique, m. f.

spat [spat] *pret., p. p. of* **to spit.**

spat [spat] *v. Am.* taper; se quereller; *s.* prise de bec, f.

spatial [spéⁱshᵉl] *adj.* spatial.

spats [spats] *s. pl.* guêtres, f. pl.

spatter [spatᵉr] *v.* éclabousser; *s.* éclaboussure, f.

spatula [spatyoulᵉ] *s.* spatule, f.

spawn [spaun] *s.* frai; fretin, m.; engeance, f.; *v.* frayer, naître [fish].

speak [spîk] *v.** parler; causer; prononcer [word]; exprimer; *so to speak,* pour ainsi dire; *to speak one's mind,* dire ce qu'on pense; *speak to the point,* venez-en au fait; *to speak up,* parler sans réserve. || **speaker** [-ᵉr] *s.* orateur; interlocuteur; speaker; président de la Chambre (*Br.* des Communes, *Am.* des Représentants), m.; *loud speaker,* haut-parleur.

spear [spiᵉr] *s.* lance, f.; épieu, m.; pousse [grass], f.; *v.* percer de la lance; harponner; poindre; *spearhead,* fer de lance; pointe; *spearman,* lancier; *spearmint,* menthe verte.

special [spèshᵉl] *adj.* spécial; particulier; exprès; *s.* train, autobus spécial, m.; entrée spéciale, f.; **specially,** spécialement; particulièrement; surtout. || **specialist** [-ist] *s.* spécialiste, technicien, m. || **speciality** [-ti] *s.** spécialité, f. || **specialize** [-aⁱz] *v.* se spécialiser.

species [spîshiz] (*pl.* **species**) *s.* espèce, f.; genre, m.; *a species of,* une sorte de.

specific [spisìfik] *adj.* spécifique; caractéristique; *s.* remède spécifique, m.; spécialité médicale, f.; *specific gravity,* poids spécifique; **specifically,** spécifiquement; particulièrement; **specification,** caractéristique, condition; **specificity,** spécificité. || **specify** [spès⁵fa¹] *v.* spécifier; stipuler; désigner; énoncer; préciser.

specimen [spèsᵉmᵉn] *s.* spécimen; échantillon; exemplaire, m.

specious [spîshᵉs] *adj.* spécieux.

speck [spèk] *s.* tache, f.; point; grain, brin, m.; *v.* tacheter, moucheter.

speckle [spèk(l)] *s.* petite tache ; moucheture, f. ; *v.* tacheter, moucheter.

spectacle [spèktºk'l] *s.* spectacle, m. ; *pl.* lunettes, f. pl. ; *colo(u)red spectacles*, lunettes de soleil ; *to make a spectacle of oneself*, se donner en spectacle. ‖ *spectacular* [spèktaky°l°r] *adj.* spectaculaire ; ostentatoire ; théâtral. ‖ *spectator* [spèkt°t°r] *s.* spectateur ; témoin, m. ‖ *spectatress* [-tris] *s.* spectatrice, f.

specter [spèkt°r] *s.* spectre, fantôme, m.

spectrum [spèktr°m] *s.* spectre solaire, m.

speculate [spèky°lé¹t] *v.* spéculer ; réfléchir. ‖ *speculation* [spèky°lé¹sh°n] *s.* spéculation ; conjecture ; réflexion, f. ‖ *speculative* [spèky°lé¹tiv] *adj.* spéculatif ; théorique. ‖ *speculator* [-t°r] *s.* spéculateur ; penseur, m.

sped [spèd] *pret., p. p. of* to speed.

speech [spîtsh] *s.** parole ; allocution, f. ; discours, m. ; *speech defect*, défaut d'élocution ; *speechify*, discourir, pérorer ; *speechless*, sans parole ; muet ; stupéfié.

speed [spîd] *s.* vitesse ; allure, f. ; succès, m. ; *v.** (se) hâter ; faire de la vitesse ; prospérer ; favoriser ; *at full speed*, à toute allure ; *speedometer* ; *speed counter*, compteur de vitesse ; *speed limit*, vitesse limite autorisée ; *speedway*, piste, autostrade. ‖ *speedily* [-'li] *adv.* promptement, vite. ‖ *speedy* [-i] *adj.* rapide ; expéditif ; vite.

speleologist [spîliấl°djist] *s.* spéléologue, m. f. ‖ *speleology* [-dji] *s.* spéléologie, f.

spell [spèl] *s.* relais ; temps, m. ; période, f. ; *cold spell*, passe de froid ; *dry spell*, période de sécheresse ; *spell of duty*, tour de service ; *to work by spells*, travailler d'une façon intermittente ; *v. Am.* relever, relayer.

spell [spèl] *s.* sortilège, m. ; *spellbound*, fasciné, ensorcelé.

spell [spèl] *v.* épeler ; orthographier ; signifier ; exprimer ; *spelling*, orthographe ; épellation ; *spelling-book*, abécédaire. ‖ *spelt* [-t] *pret., p. p. of* to spell.

spend [spènd] *v.** dépenser ; consumer ; épuiser ; passer [time] ; *spendthrift*, prodigue. ‖ *spent* [spènt] *pret., p. p. of* to spend.

spew [spyou] *v.* vomir ; cracher.

sphere [sfi°r] *s.* sphère, f. ; rayon, domaine, m. ‖ *spherical* [sfèrik'l] *adj.*

sphinx [sfingks] *s.* sphinx, m.

spice [spa¹s] *s.* épice, f. ; condiment, m. ; *v.* épicer ; assaisonner ; *spicy*, épicé, aromatisé ; leste, grivois.

spider [spa¹d°r] *s.* araignée ; *Am.* sauteuse (f.) sur trépied ; *spider's web*, toile d'araignée.

spigot [spig°t] *s.* cannelle, f. ; fausset [barrel], m.

spike [spa¹k] *s.* clou ; épi ; spic, m. ; *v.* clouer ; armer de pointes ; *spiky*, pointu, plein de piquants.

spill [spil] *v.** répandre ; renverser ; divulguer ; *s.* chute de cheval, de voiture, f. ; *to have a spill*, ramasser une bûche. ‖ *spilt* [-t] *pret., p. p. of* to spill.

spin [spin] *v.** tourner ; tournoyer ; descendre en vrille (aviat.) ; chasser [wheel] ; filer [thread] ; débiter [story] ; *s.* tournoiement, m. ; rotation ; vrille (aviat.), f. ; *to spin out*, faire traîner en longueur ; *to spin yarns*, conter des histoires.

spinach [spinitsh] *s.* épinards, m. pl.

spinal [spa¹n'l] *adj.* spinal ; *spinal column*, épine dorsale ; *spinal cord*, cordon médullaire.

spindle [spind'l] *s.* fuseau ; arbre ; axe ; pivot, m. ; *v.* monter (ou) rouler en fuseau.

spindrift [spindrift] *s.* embruns, m. pl.

spine [spa¹n] *s.* épine dorsale, f. ; *spineless*, invertébré ; mou.

spinner [spin°r] *s.* fileur ; filateur ; métier à filer, m. ; araignée ; cuiller [fishing], f. ‖ *spinning* [-ing] *s.* filage ; tournoiement ; repoussage (mech.), m. ; *spinning mill*, filature ; *spinning-wheel*, rouet.

spinster [spinst°r] *s.* femme célibataire ; vieille fille (colloq.), f.

spiny [spa¹ni] *adj.* épineux ; *spiny lobster*, langouste.

spiral [spa¹r°l] *s.* spirale, f. ; *adj.* en colimaçon [staircase] ; *v.* descendre (ou) monter en spirale (aviat.).

spire [spa¹r] *s.* spire ; pointe ; flèche [steeple], f. ; brin [grass], m.

spirit [spirit] *s.* esprit ; caractère ; courage ; entrain ; *pl.* spiritueux, m. ; fougue, f. ; *a man of spirit*, un homme de cœur ; *in low spirits*, déprimé ; *to spirit away*, enlever comme par enchantement ; *spirit of wine*, esprit de vin ; *spirit of turpentine*, essence de térébenthine ; *fighting spirit*, humeur belliqueuse ; *methylated spirit*, alcool dénaturé, alcool à brûler ; *spirit level*, niveau à bulle d'air. ‖ *spirited* [-id] *adj.* vif, animé. ‖ *spiritless* [-lis] *adj.* abattu ; sans force ; déprimé. ‖ *spiritual* [-shouèl] *adj.* spirituel ; *s.* chant religieux des Noirs du sud des Etats-Unis, m. ‖ *spiritualism* [-shou°liz°m] *s.* spiritualisme ; spiritisme, m. ‖ *spirituality* [spiritshoual°ti] *s.* spiritualité, f. ‖ *spirituous* [spiritshou°s] *adj.* spiritueux.

spit [spit] v.° cracher; s. crachat, m.; salive, f.; *pret., p. p. of* **to spit**.

spit [spit] s. broche, f.

spite [spaɪt] s. dépit, m.; rancune, f.; v. dépiter, détester; *in spite of*, malgré; *spiteful*, rancunier, malveillant, venimeux, *spitefulness*, rancœur; rancune; malveillance; caractère rancunier.

spitting [spiting] s. expectoration, f.; *blood spitting*, hémoptysie.

spittle [spit'l] s. salive, f.; crachat, m.

spittoon [spitoun] s. crachoir, m.

splash [splash] v. éclabousser; barboter; clapoter; s.° éclaboussure, f.; clapotement [water]; bariolage [colors]; écrasement [bullet], m.; *splashboard*, garde-boue.

spleen [splîn] s. rate; bile; mauvaise humeur; hypocondrie.

splendid [splèndid] adj. splendide; éclatant; somptueux; épatant (colloq.). ‖ *splendo(u)r* [-dᵉr] s. splendeur, f.; faste, éclat, m.

splice [splaɪs] s. épissure; ligature; soudure, f.; v. épisser; joindre; raccorder; *splice bar*, éclisse.

splint [splint] s. éclisse; attelle, f.; suros [horse], m.; v. éclisser. ‖ *splinter* [-ᵉr] v. voler en éclats; (faire) éclater; s. éclat, m.; écharde; esquille, f.

split [split] s. fente; crevasse; scission, f.; v.° fendre; morceler; mettre la division; *to split hairs*, couper les cheveux en quatre; *to split one's sides with laughter*, se tordre de rire; *to split the difference*, partager le différend; *to split the atom*, désintégrer l'atome; *split pin*, goupille fendue.

splurge [splërdj] s. épate (colloq.), f.; v. Am. faire de l'épate.

splutter [splætᵉr] v. bredouiller.

spoil [spoɪl] v.° gâter; gâcher; endommager; dépouiller, spolier; s. butin, m.; dépouilles, f. pl.; *spoil-sport*, rabat-joie.

spoke [spoᵒuk] s. échelon; rayon [wheel]; bâton, m.

spoke [spoᵒuk] pret. of **to speak**.

spoken [spoᵒukᵉn] p. p. of **to speak**.

spokesman [spoᵒuksmᵉn] (pl. spokesmen) s. porte-parole, m.

spoliate [spoᵒulié¹t] v. spolier. ‖ *spoliation* [spoᵒulié¹shᵉn] s. spoliation, f.; pillage, m.

sponge [spœndj] s. éponge, f.; écouvillon; écornifleur, m.; v. éponger; écouvillonner; écornifler; *to throw in the sponge*, s'avouer vaincu; *spongecake*, biscuit de Savoie; *sponger*, pêcheur d'éponges; éponger; écornifleur; *spongy*, spongieux.

sponsor [spânsᵉr] s. parrain, m.; marraine, f.; répondant, m.; v. parrainer; répondre pour; être le garant de.

spontaneity [spântᵉniᵉti] s. spontanéité, f. ‖ *spontaneous* [spânté¹niᵉs] adj. spontané.

spoof [spouf] v. filouter; faire marcher; s. attrape, filouterie, f.

spook [spouk] s. revenant, spectre, fantôme, m.

spool [spoul] s. bobine; canette, f.; v. bobiner.

spoon [spoun] s. cuiller, f.; v. prendre à la cuiller; *spoonful*, cuillerée; *teaspoon*, cuiller à café.

sport [spoᵒurt] s. jeu; amusement; sport, m.; v. jouer; divertir; faire du sport; *in sport*, pour rire; *to make sport of*, se moquer de; *sport(s) clothes*, vêtement de sport; *sportive*, gai, badin, folâtre; *sportiveness*, enjouement. ‖ *sportsman* [-smᵉn] (pl. sportsmen) s. sportif; beau joueur, m. ‖ *sportswoman* [-woumᵉn] (pl. sportswomen) s. sportive, f.

spot [spât] s. tache, souillure, f.; endroit, coin, m.; v. tacher; marquer; repérer, détecter; *on the spot*, sur-le-champ, sur le coup; *to pay spot cash*, payer comptant; *spotless*, immaculé; *spotlight*, feu de projecteur, rampe; *weak spot*, point faible. ‖ *spotted* [-id] adj. tacheté; moucheté; tigré; *spotted fever*, méningite cérébro-spinale; *spotted tie*, cravate à pois.

spouse [spaᵒuz] s. époux, m.; épouse, f.; conjoint, m.; conjointe, f.

spout [spaᵒut] v. jaillir, gicler; déclamer; s. jet; dégorgeoir; goulot; bec d'écoulement, m.; trombe, f.; *spouter*, péroreur; *spout-hole*, évent.

sprain [spré¹n] s. foulure; entorse, f.; v. fouler.

sprang [spràng] pret. of **to spring**.

sprat [sprat] s. sprat; gringalet, m.

sprawl [spraul] v. s'étaler; se vautrer; s. attitude affalée, f.; *sprawling*, les quatre fers en l'air.

spray [spré¹] s. branche; brindille, f.

spray [spré¹] s. jet, m.; éclaboussure; poussière d'eau, f.; vaporisateur, pulvérisateur, m.; v. vaporiser; pulvériser; arroser; *sea spray*, embrun; *sprayer*, vaporisateur; pulvérisateur; arroseuse; *tar-sprayer*, goudronneuse.

spread [sprèd] v.° étendre; dresser [tent]; tendre [sail]; déployer; (se) répandre; (se) propager; (s') étaler; s.

étendue; envergure; ouverture; diffusion; dispersion, f.; dessus-de-lit, m.; *to spread butter on*, beurrer; *a well-spread table*, une table bien servie; *to spread to*, gagner; *pret., p. p. of to spread.*

spree [sprî] *s.* orgie, noce; cuite (colloq.), Fr. Can. brosse, f.; *Am. to go on a spree*, aller faire la bombe.

sprig [sprig] *s.* brindille, f.

sprightly [spra¹tli] *adj.* vif; enjoué.

spring [spriŋg] *s.* bond, saut; ressort; printemps, m.; élasticité; origine; source, f.; *pl.* suspension [auto], f.; *v.** sauter; bondir; s'élancer; pousser [plant]; jaillir [water]; faire sauter [mine]; surgir; se détendre; *adj.* à ressort; printanier; *to spring back*, faire un bond en arrière, faire ressort; *to spring a leak*, faire eau (naut.); *to spring to one's feet*, se lever d'un bond; *springboard*, tremplin; *spring mattress*, sommier élastique; *spring-time*, printemps; *spring water*, eau de source; *springy*, souple; élastique; à ressort; agile.

sprinkle [spriŋg'l] *v.* asperger; saupoudrer; répandre; *s.* pincée [salt]; petite pluie de, f.; *sprinkled*, moucheté, jaspé; *sprinkler*, appareil d'arrosage; goupillon.

sprint [sprint] *v.* sprinter; *s.* sprint, m.; *sprinter*, sprinter.

sprout [spraᵘt] *v.* pousser; germer; *s.* pousse, f.; *Brussels sprouts*, choux de Bruxelles.

spruce [sprous] *s.* épicéa, m.; *Fr. Can.* épinette, f.

spruce [sprous] *adj.* élégant, pimpant; *v. to spruce up*, s'habiller coquettement.

sprung [spröeng] *p. p. of to spring.*

spume [spioum] *s.* écume, f.; *v.* écumer.

spun [spöen] *pret., p. p. of to spin.*

spur [spë̈r] *s.* éperon; stimulant; contrefort; ergot [cock]; aiguillon; embranchement (railw.), m.; *v.* éperonner; aiguillonner; stimuler; *on the spur of the moment*, impromptu; *spur-gear*, engrenage; *spur-wheel*, roue dentée.

spurious [spyouriᵉs] *adj.* contrefait, falsifié.

spurn [spë̈rn] *v.* mépriser; dédaigner; écarter.

spurt [spë̈rt] *v.* (faire) jaillir; cracher; *s.* jet; effort, coup de collier, m.; explosion [anger], f.

sputter [spæteᵉr] *v.* crachoter; bredouiller; *s.* bredouillement; crachotis, m. ‖ *sputum* [spyouteᵉm] *s.* crachat, m.

spy [spa¹] *s.** espion, m.; *v.* espionner; épier; apercevoir; *to spy out*, explorer, reconnaître; *spyglass*, lunette d'approche; *spying*, espionnage.

squabble [skwáb'l] *s.* querelle, f.; *v.* se chamailler; se quereller.

squad [skwâd] *s.* escouade; équipe, f.

squadron [skwâdreᵉn] *s.* escadron, m.; escadre (naut.); escadrille (aviat.), f.

squalid [skwálid] *adj.* crasseux, sordide; répugnant; miséreux.

squall [skwaul] *s.* grain, m.; bourrasque, rafale, f.; *v.* souffler en rafale.

squall [skwaul] *s.* braillement, m.; *v.* crier; brailler.

squander [skwândeᵉr] *v.* gaspiller; dilapider; *squanderer*, dissipateur, gaspilleur; *squandering*, gaspillage.

square [skwëᵉr] *s.* carré; carreau [glass]; square [garden]; *Am.* pâté de maisons, m.; équerre; case [chessboard], f.; *adj.* carré; vrai; exact; équitable; net; franc; *v.* carrer (math.; mil.); équarrir; ajuster; cadrer; mesurer; balancer [accounts]; *square-built*, trapu, aux épaules carrées; *square root*, racine carrée; *to square oneself with*, se mettre en règle avec; *to be square with someone*, être quitte avec quelqu'un; *he is on the square*, il est honnête et de bonne foi; *squarely*, carrément; honnêtement; nettement.

squash [skwâsh] *s.** bruit mou, m.; chute lourde, f.; *v.* (s')écraser; *lemon squash*, citron pressé.

squash [skwâsh] *s.** courge, f.

squat [skwât] *v.* s'accroupir; s'établir sans titre; occuper les lieux abusivement; *squatter*, squatter.

squawk [skwauk] *s.* cri rauque, m.; crier d'une voix rauque; protester.

squeak [skwîk] *v.* pousser un cri aigu; glapir; grincer; *s.* cri aigu; grincement, m.

squeal [skwîl] *v.* crier; dénoncer; *s.* cri aigu, m.; *squealer*, dénonciateur, mouchard, m.

squeamish [skwîmish] *adj.* difficile; chipoteur; pudibond; nauséeux.

squeeze [skwîz] *v.* presser; comprimer; pressurer; pousser; *s.* cohue, f.; *to squeeze out the juice*, exprimer le jus; *to squeeze money*, extorquer de l'argent; *to squeeze through a crowd*, se frayer un chemin dans la foule; *lemon-squeezer*, presse-citron; *squeezing*, pressurage; compression; oppression.

squelch [skwëltsh] *v.* (s')écraser; déconcerter; étouffer [revolt].

squib [skwĭb] *s.* pétard; brocard, m.; *v.* brocarder.

squint [skwĭnt] *v.* loucher; regarder de côté; *s.* strabisme; coup d'œil furtif, m.; *squint-eyed*, bigle.

squire [skwaⁱəʳ] *s.* écuyer; titre anglais; châtelain; gros propriétaire, m.; *v.* escorter; être le cavalier de.

squirm [skwë̆ʳm] *v.* se tortiller.

squirrel [skwë̆ʳel] *s.* écureuil, m.

squirt [skwë̆ʳt] *v.* faire gicler; jaillir; *s.* seringue, f.; jet, m.

squish [skwĭsh] *v.* gicler.

stab [stab] *v.* poignarder; donner un coup de couteau à; *s.* coup de couteau, de poignard, m.

stability [stəbĭleti] *s.* stabilité, f. ‖ **stabilize** [stéⁱbʼlaⁱz] *v.* stabiliser. ‖ **stable** [stéⁱbʼl] *adj.* stable; constant; solide.

stable [stéⁱbʼl] *s.* écurie, f.; *stable-boy*, palefrenier.

stack [stak] *s.* meule; pile; souche; cheminée, f.; faisceau [arms], m.; *v.* mettre en meule; empiler; mettre en faisceaux (mil.); *library stacks*, rayons de bibliothèque.

stadium [stéⁱdⁱem] *s.* stade, m.

staff [staf] *s.* bâton; mât; soutien, tuteur; état-major; personnel (comm.), m.; gaule; hampe [flag]; mire [levelling]; portée [music], f.; *bishop's staff*, crosse épiscopale; *clerical staff*, personnel de bureau; *editorial staff*, rédaction d'un journal; *general staff*, état-major général; *pilgrim's staff*, bâton de pèlerin; *teaching staff*, corps enseignant.

stag [stag] *s.* cerf; cervidé mâle, m.; coulissier [Stock Exchange], m.; *stag dinner*, *stag party*, dîner, réunion d'hommes.

s t a g e [stéⁱdj] *s.* estrade; scène (theat.); étape (fig.); plate-forme; phase (techn.); platine [microscope], f.; tréteau; échafaudage; relais [horses], m.; *v.* mettre à la scène, monter; progresser par étapes; *stage (-coach)*, diligence; *stage door*, entrée des artistes; *stage fright*, trac; *stage hand*, machiniste; *stage manager*, régisseur; *stage player*, comédien; *stage-struck*, entiché de théâtre.

stagger [stagəʳ] *v.* chanceler; hésiter; décaler (aviat.); échelonner [working hours]; (faire) tituber; disposer en zigzag; confondre; consterner; *s.* chancellement; étourdissement; décalage (aviat.); échelonnage; *pl.* vertige, vertigo, m.

stagnancy [stagnᵉnsi] *s.* stagnation, f.; marasme, m. ‖ **stagnant** [-ᵉnt] *adj.*

stagnant; inactif, mort. ‖ **stagnate** [-éⁱt] *v.* stagner. ‖ **stagnation** [stagnéⁱshᵉn] *s.* stagnation, f.

staid [stéⁱd] *adj.* sérieux; posé.

stain [stéⁱn] *s.* tache; souillure; couleur, f.; *v.* tacher, souiller; teindre, colorier; *stained-glass window*, fenêtre aux vitres de couleur, vitrail; *stainless*, immaculé; inoxydable [metal].

stair [stèⁱʳ] *s.* marche, f.; *pl.* escalier, m.; *staircase*, *stairway*, escalier.

stake [stéⁱk] *s.* pieu; poteau; bûcher; jalon; enjeu [gambling], m.; *v.* garnir de pieux; jalonner; parier; hasarder; *Am.* subvenir aux besoins de; tuteurer [plants]; *to be at stake*, être en jeu; *to have much at stake*, avoir pris beaucoup de risques; *to have a stake in*, avoir des intérêts dans; *to stake one's reputation*, jouer sa réputation.

stalactite [stəlăktaⁱt] *s.* stalactite, f. ‖ **stalagmite** [-gmaⁱt] *s.* stalagmite, f.

stale [stéⁱl] *adj.* rassis [bread]; renfermé; vicié [air]; éventé [liquor]; vieilli; périmé; défraîchi; rebattu [joke]; *v.* éventer; défraîchir; rendre insipide; déflorer.

stalk [stauk] *s.* tige; queue [flower], f.; pied [shoot]; tuyau [quill]; trognon [cabbage]; manche [whip], m.

stalk [stauk] *v.* marcher dignement; suivre furtivement à la chasse.

stall [staul] *s.* stalle [church]; étable; écurie; boutique; perte de vitesse (aviat.), f.; étalage; étal; blocage (mech.), m.; *v.* mettre à l'étable; caler [motor]; *stalled in the mud*, embourbé.

stallion [stalyᵉn] *s.* étalon, m.

stalwart [staulwë̆ʳt] *adj.* vigoureux; vaillant; fort, solide.

stamen [stéⁱmᵉn] *s.* étamine, f.

stamina [stamᵉnᵉ] *s.* résistance, vigueur, force vitale, f.

stammer [stamᵉʳ] *v.* bégayer; bredouiller; *s.* bégaiement, m.; *stammerer*, bègue; *stammering*, bégaiement, balbutiement.

stamp [stàmp] *v.* trépigner; imprimer, marquer, estampiller; contrôler [gold]; poinçonner; timbrer; plomber [customs]; estamper [metal]; emboutir (techn.); *s.* trépignement; poinçon; timbre; cachet, m.; estampille; marque; empreinte, f.; *postage stamp*, timbre-poste; *rubber stamp*, timbre en caoutchouc; *stamp duty*, droit de timbre.

stampede [stàmpîd] *s.* débandade; panique, f.; *v.* se débander; fuir en désordre.

stance [stàns] *s.* position, f.

stanch [stântsh] *adj.* ferme, sûr.

stand [stànd] *v.** se tenir debout; (se) mettre, (se) placer; être situé; rester; durer; exister; stationner; supporter; *s.* position; station; situation; béquille [motorcycle]; estrade; résistance (mil.), f.; stand; support; socle; chevalet; banc, pied; affût [telescope], m.; *to let tea stand*, laisser infuser le thé; *to stand by*, appuyer, défendre, être près de; *to stand fast*, tenir bon; *to stand for*, tolérer, supporter; tenir la place de, signifier; *to stand in need*, avoir besoin de; *to stand in the way*, encombrer; *to stand out*, faire saillie, se détacher; tenir ferme; *to stand to*, s'en tenir à; *to stand up for*, soutenir; *to stand one's ground*, se maintenir sur ses positions; *to make a stand*, offrir de la résistance (mil.); *to stand up*, se lever; *Am.* poser un lapin; *music stand*, lutrin; *test stand*, banc d'essai; *umbrella stand*, porte-parapluie; *stand-by*, soutien, partisan; ressource; *standpoint*, point de vue; *standstill*, immobilisation.

standard [stànderd] *s.* étendard; étalon, titre [gold]; degré; programme; standard, m.; norme, f.; *adj.* réglementaire; classique [book]; définitive [edition]; courant; normal; *standard-bearer*, porte-drapeau; *standard price*, prix homologué; *standard time*, heure légale. || **standardization** [stànderdə-zé¹shen] *s.* normalisation; standardisation, f.; étalonnement; titrage, m. || **standardize** [stànderda¹z] *v.* standardiser; normaliser; étalonner.

standing [stànding] *s.* station debout; durée; place, pose, f.; rang, m.; *adj.* debout; stationnaire; sur pied; stagnant; permanent [army]; fixe; traditionnel [army]; *standing-room*, place(s) debout.

standstill [standstil] *s.* stagnation; accalmie; panne, f.; marasme, m.

stank [stàngk] *pret. of* **to stink.**

stanza [stànzᵉ] *s.* stance, strophe, f.

staple [sté¹p'l] *adj.* principal; commercial; indispensable; *s.* produit principal; produit brut, m.; matière première; fibre, soie, f.; *pl.* articles de première nécessité, m. pl.

staple [sté¹p'l] *s.* crampon, m.; gâche; broche [bookbinding], f.; *v.* brocher, fixer, attacher; *stapler*, agrafeuse.

star [stâr] *s.* étoile; vedette, f.; astérisque; astre, m.; *v.* étoiler; marquer d'un astérisque; être (ou) mettre en vedette; *shooting star*, étoile filante; *stars and stripes*, bannière étoilée, drapeau des Etats-Unis; *star fish*, astérie, étoile de mer; *star-spangled*, étoilé.

starboard [stârboºurd] *s.* tribord, m.

starch [stârtsh] *s.* amidon; empois, m.; fécule, f.; *v.* amidonner; empeser; *starchy*, amidonné; féculent [foods]; guindé, compassé (fig.).

stare [stèᵉr] *v.* regarder fixement; *s.* regard fixe, m.; *to outstare*, faire baisser les yeux. || **staring** [-ring] *adj.* fixe, grand ouvert.

stark [stârk] *adj.* raide, rigide; rigoureux, désolé, désert; absolu, véritable; *stark naked*, nu comme un ver; *adv.* complètement, tout à fait.

starling [stârling] *s.* sansonnet, étourneau, m.

starry [stârⁱ] *adj.* étoilé, étincelant, constellé.

start [stârt] *v.* partir; démarrer; commencer; entamer; sursauter; sauter; se détacher; lever [game]; réveiller; exciter; ouvrir [subscription]; *s.* tressaillement; commencement; départ; saut; écart [horse]; démarrage; élan; haut-le-corps, m.; *to start off*, démarrer; *to start out*, se mettre en route; *to start up from one's sleep*, se réveiller en sursaut; *by starts*, par accès, par saccades. || **starter** [-ᵉr] *s.* démarreur, m.; *self-starter*, démarreur automatique. || **starting** [-ing] *s.* démarrage; départ; début, m.; mise en marche, f.; *starting point*, point de départ.

startle [stârt'l] *v.* faire frémir; réveiller en sursaut; sursauter. || **startling** [-ling] *adj.* saisissant; sensationnel.

starvation [stârvé¹shen] *s.* inanition; famine, f. || **starve** [stârv] *v.* mourir d'inanition; réduire à la famine; *starveling*, meurt-de-faim, famélique.

state [sté¹t] *s.* état; rang; degré; apparat, m.; condition; situation, f.; *v.* déclarer; spécifier; préciser; affirmer; *in (great) state*, en grande pompe; *buffer state*, Etat tampon; *state of emergency*, état d'exception. || **stately** [-li] *adj.* majestueux, imposant; *adv.* majestueusement, d'un air noble. || **statement** [-ment] *s.* déclaration, f.; exposé; rapport; état; bilan; compte rendu, m.; *statement of account*, relevé de compte. || **state-room** [-roum] *s.* cabine (naut.), f. || **statesman** [-smen] (pl. *statesmen*) *s.* homme d'Etat; homme politique, m.

static [statik] *adj.* statique; *s.* perturbation atmosphérique [radio]; *pl.* statique, f.

station [sté¹shen] *s.* station; gare; position sociale; place de stationnement, f.; poste, m.; *v.* placer; ranger; poster; *broadcasting station*, poste émetteur [radio]; *first aid station*, poste de secours; *police station*, poste de police; *regulating station*, gare régulatrice; *station-master*, chef de gare. ‖ **stationary** [-èri] *adj*. stationnaire, immobile.

stationery [sté¹sh⁰nèri] *s*. papeterie, f.; papier à lettres, m.

statistician [statistish⁰n] *s*. statisticien, m. ‖ **statistics** [st⁰tistiks] *s. pl*. statistique, f.

statuary [statshouèri] *s*. statuaire, f. ‖ **statue** [statshou] *s*. statue, f.

stature [statsh⁰r] *s*. stature; taille, f.

status [sté¹t⁰s] *s*. statut; état; rang; standing, m.; condition, f.

statute [statshout] *s*. statut, m.; ordonnance, f.; code, m.; *statutory*, statutaire, réglementaire.

staunch [stauntsh] *v*. étancher; *adj*. étanche; ferme, solide; sûr.

stave [sté¹v] *s*. douve [cask]; portée [music]; strophe, stance, f.; *v*. défoncer; *to stave off*, maintenir à distance.

stay [sté¹] *s*. support; soutien; séjour, m.; suspension (jur.), f.; *v.*⁎ (s')arrêter; séjourner; demeurer; étayer; différer [execution]; *to stay up all night*, veiller toute la nuit; *to stay away*, s'absenter; *to stay for*, attendre.

stead [stèd] *s*. place, f.; *in his stead*, à sa place. ‖ **steadfast** [-fast] *adj*. constant; ferme; stable. ‖ **steadily** [-'li] *adv*. avec fermeté ou constance; résolument; fixement. ‖ **steadiness** [-inis] *s*. fermeté; stabilité; assiduité, f. ‖ **steady** [-i] *adj*. ferme, rangé, sérieux; constant; sûr; *v*. fixer; affermir; assujettir; calmer; *to keep steady*, ne pas bouger, ne pas broncher.

steak [sté¹k] *s*. bifteck, m.; tranche; entrecôte, f.

steal [stîl] *v.*⁎ voler; aller à la dérobée; *to steal away*, subtiliser; s'esquiver; *to steal a glance*, jeter un regard furtif; *stealer*, voleur. ‖ **stealth** [stèlth] *s*. dérobée, f.; *by stealth*, furtivement; en tapinois; *stealthily*, à la dérobée; *stealthiness*, nature furtive; *stealthy*, furtif, secret.

steam [stîm] *s*. vapeur; buée, f.; *adj*. à vapeur; par la vapeur; *v*. fumer; jeter de la vapeur; passer, cuire à la vapeur; s'évaporer; *steam engine*, machine à vapeur. ‖ *steamboat* [-boout], *steamer* [-er], *steamship* [-ship] *s*. bateau à vapeur; steamer, m.; *cargo steamer*, cargo.

steed [stîd] *s*. coursier; cheval de combat, destrier, m.

steel [stîl] *s*. acier; fusil [sharpening]; fer [sword], m.; *v*. aciérer; endurcir; aguerrir (*against*, contre); *stainless steel*, acier inoxydable; *steelworks*, aciérie.

steep [stîp] *adj*. escarpé; à pic; exorbitant [price]; *s*. escarpement, m.; pente rapide, f.

steep [stîp] *v*. tremper; infuser; macérer; saturer.

steeple [stîp'l] *s*. clocher, m.; *steeple-chase*, course d'obstacles.

steer [sti⁰r] *s*. bouvillon, m.

steer [sti⁰r] *v*. piloter; tenir la barre (naut.); conduire; *to steer the course*, faire route; *the car steers easily*, la voiture se conduit facilement; *steering gear*, gouvernail; *steering wheel*, volant [auto]; *steerage*, entrepont; *steersman*, timonier.

stellar [stél⁰r] *adj*. stellaire.

stem [stèm] *s*. tige, queue; pied [glass]; étrave (naut.), f.; tuyau [pipe], m.

stem [stèm] *v*. arrêter; endiguer; refouler; remonter [tide]; s'opposer à; *to stem from*, descendre de, provenir de.

stench [stènsh] *s.*⁎ puanteur, f.

stencil [stèns'l] *s*. pochoir; stencil, m.

stenographer [st⁰nágr⁰f⁰r] *s*. sténographe, m. f. ‖ **stenography** [-fi] *s*. sténographie, f. ‖ **stenotypist** [sténota¹pist] *s*. sténotypiste, m. f. ‖ **stenotypy** [sténota¹pi] *s*. sténotypie, f.

step [stèp] *s*. pas, m.; marche [stairs]; démarche; emplanture [mast], f.; échelon; marchepied [vehicle], m.; *pl*. échelle, f.; perron, m.; *v*. marcher; avancer; faire un pas; *to step aside*, s'écarter; *to step out*, allonger le pas; *to take a step*, faire une démarche, prendre un parti; *to take steps*, prendre des mesures; *to step back*, rebrousser chemin; *to step on the gas*, appuyer sur l'accélérateur, mettre les gaz; *to be in step with*, marcher au pas avec, être d'accord avec; *stepladder*, échelle double.

stepchild [stèptsha¹ld] (*pl. stepchildren*) [-tshildr⁰n] *s*. beau-fils, m.; belle-fille, f. ‖ **stepdaughter** [-dauter] *s*. belle-fille, f. ‖ **stepfather** [-fâzh⁰r] *s*. beau-père, m. ‖ **stepmother** [-mœzh⁰r] *s*. belle-mère, f.

steppe [stèp] *s*. steppe, f.

stepsister [stèpsist⁰r] *s*. demi-sœur, f. ‖ **stepson** [-sœn] *s*. beau-fils, m.

stereotype [stèri⁰ta¹p] *s*. cliché; stéréotype, m.

sterile [stér⁰l] *adj*. stérile; aseptique. ‖ **sterility** [stér⁰l'ti] *s*. stérilité, f. ‖ **sterilize** [stèr⁰la¹z] *v*. stériliser.

sterling [stë⁰ling] *s*. sterling, m.; monnaie de bon aloi, f.; *adj*. qui a cours légal; vrai, authentique; *pound sterling*, livre sterling.

stern [stë³n] *adj.* austère; sévère; rigoureux; rébarbatif.

stern [stë³n] *s.* arrière, m.; poupe, f.; *sternlight*, feu de poupe; *sternpost*, étambot.

sternutation [stë³nyouté¹sh°n] *s.* éternuement, m.

stethoscope [stèth°sko°°p] *s.* stéthoscope, m.

stevedore [stïv°do°u³r] *s.* débardeur; déchargeur, m.

stew [styou] *v.* faire un ragoût; mettre en ragoût ou en civet; fricasser; cuire à l'étouffée; *s.* ragoût; civet, m.; fricassée; étuvée, f.; *to be in a stew*, être dans la panade; être très agité; *stewed fruit*, compote de fruits; *stewpan*, cocotte.

steward [styouw°rd] *s.* intendant; régisseur; économe; maître d'hôtel; commis aux vivres; steward, m.; *stewardess*, femme de chambre.

stick [stik] *s.* baguette; tige; canne, f.; *cleft stick*, piquet fourchu; *control stick*, manche à balai (aviat.).

stick [stik] *v.*° piquer; percer; enfoncer; adhérer, (se) coller; s'embourber; s'empêtrer; (se) cramponner; *to stick out*, faire saillie; *stick to it!*, tenez bon!; *to stick to one's friends*, cramponner ses amis, être collant; *to stick one's hands up*, lever les mains; *sticking-plaster*, taffetas gommé, sparadrap. **stickiness** [-inis] *s* adhésivité; viscosité, f. || **stickler** [-°r] *s.* farouche partisan, m. (*for*, de). || **sticky** [-i] *adj.* collant; adhésif; visqueux; tatillon.

stiff [stif] *adj.* raide, rigide; ankylosé; inflexible; obstiné; opiniâtre guindé; difficile [exam]. || **stiffen** [-°n] *v.* (se) raidir, durcir; se guinder; s'obstiner. || **stiffness** [-nis] *s.* rigidité; raideur; consistance; opiniâtreté; difficulté, f.

stifle [sta¹f'l] *v.* étouffer; suffoquer; amortir; réprimer; éteindre.

stigma [stigm°] *s.* stigmate, m.; marque, f.; *stigmatist*, stigmatisé; *stigmatize*, stigmatiser.

stiletto [stilèto°u] *s.* stylet; poinçon, m.; *stiletto heel*, talon aiguille.

still [stil] *adj.* calme; silencieux; tranquille; *s.* calme, silence, m., *v.* calmer; apaiser; tranquilliser; faire taire; *adv.* toujours, encore, constamment, cependant, néanmoins, *but still*, mais enfin, tout de même, *still born*, mortné; *still life*, nature morte.

still [stil] *s.* alambic, m.; distillerie, f.; *v.* distiller; faire tomber goutte à goutte.

stillness [stïlnis] *s.* calme, silence, m.; tranquillité, f.

stilt [stilt] *s.* échasse, f.; *stilted*, compassé, gourmé, guindé.

stimulant [stimy°l°nt] *adj.*, *s.* stimulant, tonique. || **stimulate** [-lé¹t] *v.* stimuler; encourager, exciter, aiguillonner. || **stimulation** [stimy°lé¹sh°n] *s.* stimulation; excitation, f.; encouragement, m. || **stimulus** [stimy°l°s] (*pl. stimuli* [-i]) *s.* stimulant; aiguillon; stimulus (med.), m.

sting [sting] *s.* aiguillon; dard, m.; pointe, piqûre, f.; *v.*° piquer, picoter, cuire, blesser; mortifier; *stung to the quick*, piqué au vif; *stingless*, sans dard, sans épine.

stinginess [stïndjinis] *s.* avarice; mesquinerie, f. || **stingy** [stïndji] *adj.* avare; maigre, rare.

stink [stingk] *v.* puer, empester; *s.* puanteur, pestilence, f.; *stinker*, salaud; *stinking*, puant, fétide.

stint [stint] *v.* limiter, rationner; lésiner sur; *s.* tâche journalière, besogne convenue; restriction, réserve, f.

stipend [sta¹pènd] *s.* salaire; traitement; appointements, m.; *stipendiary*, salarié.

stipulate [stipy°lé¹t] *v.* stipuler; arrêter, préciser. || **stipulation** [stipy°lé¹sh°n] *s.* stipulation, clause, convention, f.

stir [stë³r] *v.* remuer; agiter; bouger; irriter, attiser; émouvoir; troubler; *s.* mouvement, m., agitation; activité; émotion, f., *Am.* prison (slang); *to stir up a revolt*, susciter une révolte; *to stir up to*, pousser à, encourager. || **stirring** [-ing] *adj.* émouvant, stimulant; mouvementé; entraînant; intéressant; sensationnel.

stirrup [stë³r°p] *s.* étrier; collier (mech.), m.; *stirrup-strap*, étrivière.

stitch [stitsh] *s.*° point; point de suture, m.; maille, f.; *v.* coudre, piquer; faire des points de suture; brocher [books].

stoat [sto°ut] *s.* hermine, f.

stock [stâk] *s.* souche, lignée; bûche; monture; giroflée [flower]; ente [grafting], f.; provisions; actions, rentes, valeurs, f. pl.; approvisionnement; stock [stores]; fonds d'État; tronc [tree]; billot [wood]; *pl* chantier, tins de cale (naut.), consommé [broth], m.; *v.* approvisionner, monter, stocker; outiller peupler [game or fish]; *to have on the stocks*, avoir sur le chantier; *to take stock of*, faire l'inventaire de; *to take stock in*, prendre des actions de; *Am.* accorder créance à; *to stock a farm*, monter le cheptel d'une ferme; *live stock*, bétail; *rolling stock*, matériel roulant (railw.); *stock-broker*, agent de change; *Am. stock car,* wagon à bestiaux; *Stock Exchange,* Bourse des valeurs; *stock-holder,* actionnaire; *stock market,* marché des valeurs; *stock-piling,* stockage; *stock raising,* élevage du bétail; *stock-room,* magasin; *stock-yards,* parc à bétail.

stockade [stăké¹d] *s.* palissade, f.

stocking [stǎking] *s.* bas, m.

stocky [stǎki] *adj.* trapu.

stodgy [stǎdji] *adj.* pâteux; bourratif; indigeste.

stoic [sto⁰uik] *adj., s.* stoïque. || *stoicism* [sto⁰uisizᵉm] *s.* stoïcisme, m.

stoke [sto⁰uk] *v.* chauffer, entretenir un feu; *stokehold,* chaufferie; *stoker,* chauffeur (naut.).

stole [sto⁰ul] *pret. of to steal.* || *stolen* [staul⁰n] *p. p. of to steal.*

stole [sto⁰ul] *s.* étole, f.

stolid [stǎlid] *adj.* lourd; passif; flegmatique; *stolidness,* flegme.

stomach [stæmᵉk] *s.* estomac, m.; *v.* digérer; supporter; *stomach-ache,* douleur d'estomac, mal de ventre; *stomachal,* stomacal.

stone [sto⁰un] *s.* pierre, f.; noyau [fruit]; calcul (med.), m.; *adj.* de pierre; complètement; *v.* lapider; passer à la pierre (techn.); dénoyauter; *altar stone,* pierre d'autel; *building stone,* moellon; *cut stone,* pierre de taille; *grindstone,* meule; *hail-stone,* grêlon; *stone-deaf,* sourd comme un pot; *stoneware,* grès, poterie; *stonework,* maçonnerie. || *stony* [-i] *adj.* pierreux; de pierre; endurci, insensible; *stony-broke,* dans la dèche.

stood [stoud] *pret., p. p. of to stand.*

stooge [stoudj] *s.* comparse, m. f.

stool [stoul] *s.* tabouret; escabeau; petit banc, m.; *to go to stool,* aller à la selle; *camp-stool,* pliant; *stool pigeon,* appeau; *Am.* mouchard.

stoop [stoup] *v.* (se) pencher; (s')incliner; s'abaisser; humilier; *s.* dos rond, m.; attitude voûtée, f.; inclinaison, f.; *stoop-shouldered,* voûté.

stop [stǎp] *v.* arrêter; cesser; empêcher; obstruer; boucher; *Br.* plomber [teeth]; stopper; parer (naut.); *s.* arrêt; obstacle; empêchement; dispositif de blocage; butoir (mech.); jeu [organ], m.; interruption; obstruction; station (railw.); escale (naut.), f.; *to stop at a hotel,* descendre à l'hôtel; *to stop from,* cesser de; *to stop over at,* faire escale à; *stop consonant,* consonne explosive; *stopblock,* butoir; *Am.* stop-over, arrêt, escale; *stopwatch,* chronomètre compte-secondes; *full-stop,* point [punctuation]. || *stoppage* [-idj] *s.* arrêt; enrayage (mil.); obstacle; *Br.* plombage [teeth], m.;

halte; pause; interruption; retenue [pay], f. || *stopper* [-ᵉr] *s.* bouchon; obturateur, m.

storage [sto⁰uridj] *s.* emmagasinage; entreposage; frais d'entrepôt, m.; *storage battery,* accumulateur; *storage cell,* élément d'accu. || *store* [sto⁰ur, stauᵉr] *s.* provisions; fourniture; boutique, f.; approvisionnement; entrepôt; magasin, m.; *pl.* vivres; matériel, m.; munitions, f. pl.; *v.* fournir; approvisionner; emmagasiner; mettre en dépôt; *book store,* librairie; *department store,* grand magasin; *fruit store,* fruiterie; *shoe store,* magasin de chaussures; *to hold in store,* garder en réserve; *to store up,* accumuler. || *storehouse* [-haºus] *s.* magasin; entrepôt; dépôt, m. || *storekeeper* [-kipᵉr] *s.* garde-magasin; magasinier; *Am.* boutiquier, m.

stork [staurk] *s.* cigogne, f.

storm [staurm] *s.* tempête, f.; orage; assaut (mil.), m.; *v.* tempêter; faire de l'orage; se déchaîner; monter à l'assaut; prendre d'assaut; *storm troops,* troupes d'assaut; *in a storm of,* dans un accès de. || *stormy* [-i] *adj.* orageux, tempétueux; turbulent.

story [sto⁰uri] *s.* histoire, f.; récit; conte; mensonge, m.; *story teller,* conteur; mythomane.

story [sto⁰uri] *s.* étage, m.; *Am.* second story, premier étage; *upper story,* étage supérieur.

stout [staᵘt] *s.* stout, m.; bière anglaise, f.; *adj.* fort; corpulent; vigoureux; substantiel; énergique; *stout-hearted,* vaillant, intrépide. || *stoutness* [staºutnis] *s.* vigueur, force; corpulence, f.; embonpoint, m.

stove [sto⁰uv] *s.* poêle; fourneau, m.; étuve, f.; *stovepipe,* tuyau de poêle.

stove [sto⁰uv] *pret., p. p. of to stave.*

stow [sto⁰u] *v.* mettre en place; installer, entasser; arrimer (naut.); *to stow away on a ship,* embarquer clandestinement; *stowage,* arrimage (naut.); *stowaway,* passager clandestin.

strabismus [strᵉbizmᵉs] *s.* strabisme, m.

straddle [strad'l] *v.* enfourcher; être à cheval sur; encadrer (mil.); se tenir à califourchon; biaiser (fig).

strafe [stré¹f] *v.* bombarder; *strafing,* marmitage.

straggle [strag'l] *v.* traîner; rôder; s'écarter, rester en arrière; *straggler,* traînard, rôdeur.

straight [stré¹t] *adj.* droit; direct; en bon état, en ordre; loyal; *adv.* directement, tout droit; immédiatement; loyalement; *to keep a straight*

face, garder son sérieux; for two hours
straight, deux heures de suite; to keep
somebody straight, maintenir quelqu'un
dans le devoir; keep straight on, allez
tout droit; straight away. immédiatement; straight off, d'emblée. ‖
straighten [-'n] v. redresser. ranger.
‖ **straightforward** [-faurwᵉrd] adj.
direct, droit; sans détours; adv directement; tout droit. ‖ **straightness**
[-nis] s. rectitude, f. ‖ **straightway**
[-wéⁱ] adv. aussitôt, sur-le-champ, tout
de suite.

strain [stréⁱn] v. tendre; fouler
(med.); forcer; contraindre; faire un
effort; suinter [liquid]; s. effort, m.;
tension; entorse, foulure; fatigue
excessive, f.; to strain oneself, se surmener. ‖ **strainer** [-ᵉr] s. tamis, filtre,
m.; passoire, f.

strait [stréⁱt] adj. étroit; s. détroit,
m.; strait jacket, camisole de force;
the Straits of Dover, le pas de Calais.
‖ **straiten** [-'n] v. resserrer; mettre
dans la gêne.

strand [stränd] v. (s')échouer (naut.);
s. plage, grève, Fr. Can. batture, f.;
stranded, échoué [ship]; en panne; en
plan; décavé.

strand [stränd] s. toron [rope], m.;
v. toronner; strand of pearls, collier
de perles.

strange [stréⁱndj] adj. étrange; bizarre; inhabituel; inconnu. ‖ **strangeness** [-nis] s. étrangeté; réserve, froideur, f. ‖ **stranger** [-ᵉr] s. étranger;
inconnu, m.; you are quite a stranger,
on ne vous voit plus.

strangle [stränggʼl] v. étrangler;
étouffer. ‖ **strangulate** [stränggᵉléⁱt]
v. étrangler (med.). ‖ **strangulation**
[stränggʉléⁱshᵉn] s. strangulation, f.;
étranglement, m.

strap [strap] s. courroie; sangle; lanière; bande; bride; chape (mech.);
étrivière, f.; v. sangler; ceinturer;
breast strap, bricole; chin strap,
jugulaire.

strapping [straping] adj. bien découplé.

stratagem [stratᵉdjᵉm] s. stratagème,
m.; ruse, f.

strategic [strᵉtídjik] adj. stratégique.
‖ **strategist** [stratidjist] s. stratège, m.
‖ **strategy** [stratᵉdji] s.ᵉ stratégie, f.

stratification [stratifikèⁱshᵉn] s. stratification, f. ‖ **stratify** [stratifaⁱ] v.
stratifier.

stratosphere [stratᵉsfiᵉr] s. strato-
sphère, f.

straw [strau] s. paille, f.; chalumeau,
m.; adj. de paille; en paille; truss of
straw, botte de paille; it is the last
straw!, c'est le bouquet!; straw hat,

chapeau de paille; straw mattress,
paillasse. ‖ **strawberry** [-bèri] s.ᵉ
fraise, f.; strawberry-tree, arbousier.

stray [stréⁱ] v. s'égarer. s'éloigner;
adj. égaré, fortuit, accidentel; s. animal errant vagabond, m.; dispersion
(electr.), f. stray bullet, balle perdue.

streak [strík] s rayure; raie; bande,
f.; v. rayer, strier; barioler; streak of
lightning, éclair.

stream [strím] s ruisseau; flot; courant; fleuve. m.; rivière, f.; v. couler;
ruisseler; flotter [flag], mountain
stream, torrent a stream of cars, un
flot de voitures, to stream out, sortir
à flots. ‖ **streamer** [-ᵉr] s banderole,
f. ‖ **streamlined** [-laⁱnd] adj. fuselé;
profilé; aérodynamique; Am. abrégé,
plus rapide.

street [strít] s rue, f.; back street,
rue détournée main street, artère
principale; street door, porte d'entrée.
‖ **streetcar** [-kâr] s. Am tramway, m.

strength [strength] s. force; intensité,
f.; effectif (mil.). m. ‖ **strengthen**
[-ᵉn] v. fortifier, affermir renforcer,
consolider **strengthener**, fortifiant.

strenuous [strènyuᵉs] adj. énergique;
vif; acharné actif.

streptomycin [streptomaⁱsin] s. strep-
tomycine, f.

stress [strès] s.ᵉ force; violence
[weather]; tension; pression; insistance; charge (mech.); contrainte, f.;
accent tonique effort, m.; v. charger
(mech.); insister. accentuer; to lay the
stress on, mettre l'accent sur.

stretch [strètsh] v. tendre; (s')étirer;
(s')étendre; (se) déployer; s.ᵉ étendue; extension; portée; élasticité; section [roads], f. allongement; étirage
(mech.), m.; to stretch one's legs, se
dégourdir les jambes. at a stretch,
d'un trait. ‖ **stretcher** [-ᵉr] s. brancard; tendeur [shoes]; traversin [row-
boat], m.; civière, f.; stretcher-bearer,
brancardier.

strew [strou] v. semer; joncher; répandre ‖ **strewn** [-n] p. p. of to strew.

stria [straⁱᵉ] s. strie, f.; **striate**, strié;
strier.

stricken [stríkᵉn] p. p. of to strike,
adj. frappé, atteint.

strict [stríkt] adj. strict; précis;
exact; rigide, sévère; in strict confidence, sous le sceau du secret; sous
toute réserve. ‖ **strictness** [-nis] s. rigueur; sévérité; exactitude; précision, f.

stridden [strídʼn] p. p. of to stride.

stride [straⁱd] v.ᵉ aller à grands pas;
enjamber; enfourcher [horse]; s. enjambée, f.; grand pas, m.

strident [stra'd'nt] *adj.* strident.

strife [stra'f] *s.* lutte, f.; *at strife with*, en guerre avec.

strike [stra'k] *v.** frapper; assener, cogner; sonner [clock]; saisir; tamponner; frotter [match]; conclure [bargain]; baisser [flag]; arrêter [account]; *v.* faire grève; *s.* grève; matrice [printing]; frappe [coins], f.; coup, m.; *to strike off*, rayer, biffer, abattre; *to strike a balance*, établir un bilan; *how does he strike you?*, quelle impression vous fait-il?; *sit-down strike*, grève le tas; *slow-down strike*, grève perlée; *strike-breaker*, briseur de grève. ‖ *striker* [-ᵉʳ] *s.* gréviste; percuteur [firearm]; brosseur (mil.), m. ‖ *striking* [-ing] *adj.* frappant; remarquable; saisissant; en grève.

string [string] *s.* corde; ficelle; file; enfilade; kyrielle, f.; fil; cordon; lacet [shoes]; ruban; chapelet [onions], m.; *v.** garnir de cordes; tendre; accorder [music]; enfiler [beads]; aligner; mettre, aller à la file; enlever les fils de; *to string together*, faire un chapelet de; *string of boats*, train de bateaux; *string of cars*, file de voitures; *to string up*, pendre; *fiddle string*, corde de violon; *stringbean*, haricot vert; *stringy*, filandreux; visqueux.

strip [strip] *v.* dépouiller; déshabiller; (se) mettre à nu; écorcer [tree]; *to strip off*, ôter [dress]; *strip-tease*, déshabillage, strip-tease.

strip [strip] *s.* bande; bandelette; lanière; piste (aviat.), f.; lambeau; ruban, m.; *weather strip*, bourrelet [window].

stripe [stra'p] *s.* raie, rayure; bande, f.; chevron; galon, m.; *v.* rayer; *striped*, à rayures, rayé.

stripling [stripling] *s.* adolescent, m.

strive [stra'v] *v.** lutter; s'efforcer; tenter de; se démener; rivaliser (*with*, avec); *to strive to*, s'efforcer de. ‖ *striven* [striven] *p. p. of* to strive.

strode [stroᵘd] *pret. of* to stride.

stroke [stroᵘk] *s.* coup; choc; trait, m.; attaque; apoplexie, f.; *to row a long stroke*, allonger la nage (naut.); *stroke of a bell*, coup de cloche; *sunstroke*, coup de soleil.

stroke [stroᵘk] *v.* caresser; *s.* caresse, f.

stroll [stroᵘl] *v.* errer; se promener; *s.* promenade, flânerie, f.; *to stroll the streets*, flâner dans les rues; *stroller*, flâneur, vagabond.

strong [straung] *adj.* fort; solide; vigoureux, énergique; marqué, prononcé; *adv.* fort, fortement; *strong market*, marché ferme; *strong-willed*,

décidé, volontaire. ‖ *stronghold* [-hoᵘld] *s.* place forte, f.; fort, m. ‖ *strongly* [-li] *adv.* fortement; énergiquement; fermement; vigoureusement; solidement; avec netteté.

strop [strâp] *s.* cuir à rasoir, m.; *v.* repasser, aiguiser.

strove [stroᵘv] *pret. of* to strive.

struck [strœk] *pret., p. p. of* to strike; *adj.* frappé (*with*, de).

structural [strœktshᵉrᵉl] *adj.* structural; morphologique. ‖ *structure* [-shᵉr] *s.* structure, f.; bâtiment, immeuble, m.

struggle [strœg'l] *s.* lutte, f.; effort, m.; *v.* lutter, combattre; se démener; *to struggle on*, avancer péniblement; *struggler*, lutteur.

strum [strœm] *v.* jouailler (mus.).

strung [strœng] *pret., p. p. of* to string.

strut [strœt] *v.* se pavaner; *s.* démarche orgueilleuse; entretoise, f.

stub [stœb] *s.* souche, f.; tronc; talon [check]; chicot [tooth]; mégot, m.; *v.* déraciner; buter contre; *stub pen*, plume à pointe émoussée.

stubble [stœb'l] *s.* chaume, m.; éteule; barbe rude, f.; *stubbly hair*, cheveux en brosse.

stubborn [stœbᵉrn] *adj.* têtu, entêté; opiniâtre; réfractaire; rétif [horse]; acharné [work]. ‖ *stubbornness* [-nis] *s.* entêtement, m.; obstination, f.

stubby [stœbi] *adj.* hérissé, hirsute [beard].

stucco [stœkoᵘ] *s.* stuc, m.; *v.* enduire de stuc.

stuck [stœk] *pret., p. p. of* to stick; *adj.* stuck-up, affecté, poseur.

stud [stœd] *s.* poteau, montant; support; étai (naut.); contact (electr.); clou [nail]; bouton de chemise; tenon [bayonet], m.; *v.* clouter, parsemer.

stud [stœd] *s.* haras; étalon; chenil d'élevage, m.; *stud-farm*, haras.

student [styoudᵉnt] *s.* étudiant; élève, m.; *senior student*, Fr. Can. finissant. ‖ *studied* [stœdid] *adj.* étudié; apprêté; prémédité; versé (*in*, dans). ‖ *studio* [styoudioᵘ] *s.* atelier, studio [radio], m. ‖ *studious* [styoudiᵉs] *adj.* studieux; appliqué; soigné. ‖ *study* [stœdi] *s.** étude; attention; préoccupation; méditation, f.; cabinet de travail, m.; *v.* étudier; faire des études; réfléchir, chercher; *to study for an examination*, préparer un examen.

stuff [stœf] *s.* matière; étoffe, f.; tissu, m.; *v.* rembourrer; obstruer; calfater; empailler; farcir; *what stuff!*,

quelle sottise!; *stuffer*, empailleur. ‖
stuffing [-ing] *s.* bourre, étoupe, f.;
rembourrage; empaillage, m.; farce, f.
(culin.). ‖ *stuffy* [-i] *adj.* étouffant;
qui sent le renfermé; calfeutré; collet
monté.

stumble [stæmb'l] *v.* trébucher; broncher; faire un faux pas; *s.* faux pas,
m.; *stumbling-block*, pierre d'achoppement.

stump [stœmp] *s.* tronçon; trognon
[cabbage]; chicot [tooth]; moignon
[limb]; bout [cigarette], m., souche
[tree]; *Am.* estrade de réunion
publique, f.; *v.* dessoucher; faire une
campagne électorale; marcher lourdement; embarrasser, coller; *to be up a
stump*, être embarrassé; *to stump the
country*, courir le pays pour une tournée électorale; *stumpy*, trapu.

stun [stœn] *v.* étourdir, assommer;
stunning, épatant (fam.).

stung [stœng] *pret.*, *p. p.* *of* to sting.

stunk [stœngk] *pret.*, *p. p.* *of* to
stink.

stunt [stœnt] *s.* acrobatie; nouvelle
sensationnelle, f.; montage publicitaire; tour de force, m.; *v.* faire des
acrobaties ou des tours.

stunt [stœnt] *v.* rabougrir; arrêter la
croissance de.

stupefaction [styoupifaksh*e*n] *s.* stupéfaction, f. ‖ *stupefier* [styoupifa¹*er*]
s. stupéfiant, m. ‖ *stupefy* [styoup*e*fa¹]
v. hébéter; abrutir; stupéfier (med.);
frapper de stupeur.

stupendous [styoupěnd*e*s] *adj.* prodigieux, formidable.

stupid [styoupid] *adj.* stupide; sot;
bête; *Fr. Can.* sans dessein. ‖ *stupidity* [styoupid*e*tiï] *s.* stupidité, bêtise, f.
‖ *stupor* [styoup*er*] *s.* stupeur, f.; engourdissement, m.

sturdiness [stěr'dinis] *s.* robustesse,
résolution, f. ‖ *sturdy* [stěr'di] *adj.* robuste, vigoureux; *sturdy chap*, luron.

sturgeon [stěrdj*e*n] *s.* esturgeon, m.

stutter [stœt*er*] *v.* bégayer; bredouiller. ‖ *stutterer* [-r*er*] *s.* bègue, m. ‖
stuttering [-ring] *s.* bégaiement, m.;
adj. bégayant.

sty [sta¹l] *s.*° porcherie, f.

sty [sta¹l] *s.*° orgelet (med.), m.

style [sta¹l] *s.* style; genre; type; modèle; cachet, chic, m.; manière, mode,
f.; *v.* intituler, nommer, désigner;
stylish, à la mode; chic; *stylist*, sty-
liste; *stylistic*, stylistique; *stylus*,
style.

subaltern [s*e*bault*er*n] *s.* subalterne;
subordonné, m.

subcommittee [sœbk*e*miti] *s.* sous-
comité, m.; sous-commission, f.

subconscious [sœbkânsh*e*s] *s.* sub-
conscient, m.

subdeacon [sœbdĭk*e*n] *s.* sous-
diacre, m.

subdivision [sœbd*e*vij*e*n] *s.* subdivision, f.; morcellement, m.

subdue [s*e*bdyou] *v.* subjuguer; réprimer; maîtriser; adoucir; assourdir;
subdued light, demi-jour.

subject [sœbdjikt] *s.* sujet; individu,
m.; matière question, f.; *adj.* assu-
jetti; soumis, sujet, porté, subordonné
(*to*, à); justiciable (*to*, de); [sœbdjèkt]
v. assujettir; soumettre; exposer à;
faire subir. ‖ *subjection* [-sh*e*n] *s.* sujétion; soumission, f. ‖ *subjective*
[-tiv] *adj.* subjectif.

subjugate [sœbdj¹gé¹t] *v.* subjuguer;
asservir; *subjugation*, subjugation,
asservissement.

subjunctive [s*e*bdjænktiv] *s.* subjonctif, m.

sublet [sœblèt] *v.* sous-louer.

sublime [sœblimit] *adj.*, *s.* sublimé,
m.; [-mé¹] *v.* sublimer. ‖ *sublime*
[s*e*bla¹m] *adj.* sublime.

submachine gun [sœbm*e*shĭng*æ*n] *s.*
mitraillette, f.

submarine [sœbm*e*r¹n] *adj.* sous-
marin; [sœbm*e*rĭn] *s.* sous-marin, m.

submerge [s*e*bměr²djj] *v.* submerger;
inonder, plonger. ‖ *submersible*
[-sib'l] *adj.*, *s.* submersible, m.

submission [s*e*bmĭsh*e*n] *s.* soumission; résignation, f. ‖ *submissive*
[s*e*bmĭsiv] *adj.* soumis, résigné. ‖
submit [s*e*bmĭt] *v.* (se) soumettre; se
résigner (*to*, à).

subordinate [s*e*bǒurd'nit] *adj.* subordonné; secondaire; *s.* subordonné,
sous-ordre, m., [-né¹t] *v.* subordonner
(*to*, à); *subordination*, subordination.

suborn [s*e*bǒaur¹n] *v.* suborner; *suborner*, suborneur.

subpoena [s*e*bpīn*e*] *s.* citation de témoin; assignation, f.; *v.* citer; assigner.

subscribe [s*e*bskra¹b] *v.* souscrire;
s'abonner (*for*, à); adhérer (*to*, à).
‖ *subscriber* [-*er*] *s.* souscripteur;
abonné; signataire; contractant, m. ‖
subscription [s*e*bskrĭpsh*e*n] *s.* souscription; cotisation, f.; abonnement, m.

subsequent [sœbsikwènt] *adj.* subséquent; ultérieur; consécutif.

subservient [s*e*bsěr²vi*e*nt] *adj.* utile;
subordonné, servile.

subside [s*e*bsa¹d] *v.* s'apaiser; s'effondrer; tomber, laisser, diminuer.

subsidiary [s*e*bsĭdi'ri] *adj.* subsi-
diaire; mercenaire; *s.*° auxiliaire,
m. f.

subsidize [sœbs°da¹z] v. subventionner; primer. ‖ **subsidy** [sœbs°di] s.* subvention, f.; subside, m.

subsist [s°bsíst] v. subsister; exister; vivre; **subsistence**, subsistance.

substance [sœbst°ns] s. substance; matière; ressources, f.; fond; essentiel, m. ‖ **substantial** [s°bstànsh°l] adj. substantiel; réel; considérable; résistant, solide.

substantive [sœbst°ntiv] s. substantif, m.; adj. explicite, effectif.

substitute [sœbst°tyout] v. substituer; remplacer; subroger (jur.); s. substitut; suppléant; remplaçant; succédané, m. ‖ **substitution** [sœbst°tyoush°n] s. substitution; suppléance; subrogation (jur.), f.; remplacement, m.

substructure [sœbstrœktsh°r] s. infrastructure; base, f.; soubassement, m.

subtenancy [sœbtén°nsi] s. sous-location, f. ‖ **subtenant** [-°nt] s. sous-locataire, m. f.

subterfuge [sœbt°rfyoudj] s. subterfuge, m.; échappatoire, f.

subterranean [sœbt°ré¹ni°n] adj. souterrain.

subtilize [sœbtila¹z] v. sublimer; raffiner; alambiquer; ergoter.

subtle [sœt'l] adj. subtil; ingénieux; habile; pénétrant. ‖ **subtlety** [-ti] s.* subtilité, f.

subtract [s°btrakt] v. retrancher; soustraire. ‖ **subtraction** [s°btraksh°n] s. soustraction; défalcation, f.

suburb [sœbërb] s. faubourg, m.; banlieue, f. ‖ **suburban** [s°bër°b°n] adj. suburbain; de banlieue.

subvention [s°bvénsh°n] s. subvention, f.

subversion [s°bvër°sh°n] s. subversion, f. ‖ **subversive** [-siv] adj. subversif. ‖ **subvert** [-ʳt] v. renverser.

subway [sœbwé¹] s. Am. métropolitain; Br. passage souterrain, m.

succedaneous [sœksídé¹ni°s] adj. succédané.

succeed [s°ksíd] v. succéder; remplacer; suivre; réussir (in, à). ‖ **success** [s°ksès] s. succès, m. ‖ **successful** [-f°l] adj. heureux; prospère; réussi. ‖ **succession** [s°ksèsh°n] s. succession; suite; série; accession, f. ‖ **successive** [s°ksèsiv] adj. consécutif; successif. ‖ **successor** [s°ksès°r] s. successeur, m.

succinct [s°ksingkt] adj. succinct; **succinctness**, concision.

succo(u)r [sœk°r] s. secours, m.; v. secourir; **succo(u)rer**, secouriste.

succulence [sœky°l°ns] s. succulence, f. ‖ **succulent** [-nt] adj. succulent.

succumb [s°kœm] v. succomber; céder.

such [sœtsh] adj. tel; pareil; semblable; pron. tel; **such as**, tel que; **such a friend**, un tel ami; **such patience**, une telle patience; **in such a way that**, de telle sorte que; **on such occasions**, en pareils cas; **such as it is**, tel quel; **such a one**, un tel; **suchlike**, de ce genre.

suck [sœk] v. sucer; absorber; téter; **to give suck to**, allaiter; Am. **sucker**, poire, gobeur. ‖ **suckle** [-'l] v. allaiter; **suckling**, nourrisson. ‖ **suction** [sœksh°n] s. succion; aspiration, f.

sudden [sœd'n] adj. soudain; imprévu; prompt; **all of a sudden**, tout à coup; **suddenly**, brusquement, subitement. ‖ **suddenness** [-nis] s. soudaineté; promptitude; précipitation, f.

suds [sœdz] s. pl. eau de savon, f.; **to be in the suds**, être dans l'ennui.

sue [sou] v. traduire en justice; plaider; solliciter; **to sue for damages**, intenter un procès en dommages-intérêts; **to sue for counsel**, solliciter un conseil.

suede [swe¹d] s. suède; daim, m.

suet [souit] s. graisse de bœuf, f.; suif, m.

suffer [sœf°r] v. souffrir; supporter; subir; tolérer; essuyer [losses]; **sufferer**, patient, malade. ‖ **suffering** [-ring] s. souffrance; douleur, f.; adj. souffrant; dolent.

suffice [s°fa¹s] v. suffire (à). ‖ **sufficiency** [s°físh°nsi] s.* suffisance; capacité; aisance, f. ‖ **sufficient** [s°físh°nt] adj. suffisant; compétent. ‖ **sufficiently** [-li] adv. suffisamment.

suffix [sœfiks] s. suffixe, m.

suffocate [sœf°ké¹t] v. suffoquer; étouffer; asphyxier (med.). ‖ **suffocation** [sœf°ké¹sh°n] s. suffocation; asphyxie, f.

suffrage [sœfridj] s. suffrage, m.

suffuse [s°fyouz] v. inonder.

sugar [shoug°r] s. sucre, m.; v. sucrer; **granulated sugar**, sucre semoule; **lump sugar**, sucre en morceaux; **maple sugar**, sucre d'érable; **powdered sugar**, sucre en poudre; **sugar bowl**, sucrier; **sugar bush**, Fr. Can. sucrerie; **sugaring party**, Fr. Can. partie de sucre; **lump of sugar**, morceau de sucre.

suggest [s°djèst] v. suggérer; proposer. ‖ **suggestion** [-sh°n] s. suggestion, f. ‖ **suggestive** [-iv] adj. suggestif.

suicide [sou°sa¹d] s. suicide, m.; **to commit suicide**, se suicider.

suit [sout, syout] *s.* costume, complet; procès, m.; requête; poursuite (jur.); couleurs [cards], f.; *v.* adapter; assortir; accommoder; convenir à; plaire à; s'accorder; *that suits me,* ça me va; *to follow suit,* jouer de la même couleur, suivre le mouvement; *to bring suit,* intenter un procès; *suit yourself,* faites à votre gré. ‖ **suitable** [-ᵊb'l] *adj.* convenable; adapté; apte; **suitably,** convenablement; conformément (*to,* à). ‖ **suitcase** [-ké¹s] *s.* valise, mallette, f.

suite [swît] *s.* suite; escorte; série, f.; *suite of rooms,* appartement; *suite of furniture,* ameublement.

suitor [sout*er*, syout*er*] *s.* prétendant, amoureux; solliciteur; plaideur, m.

sulk [sœlk] *v.* bouder; *s.* bouderie, f.; **sulkiness,** bouderie; **sulky,** boudeur, maussade.

sullen [sœlin] *adj.* morose; renfrogné; taciturne.

sully [sœli] *v.* souiller; ternir.

sulphate [sœlfé¹t] *s.* sulfate, m. ‖ **sulphide** [-fa¹d] *s.* sulfure, m. ‖ **sulphur** [-f*er*] *s.* soufre, m.; **sulphuric,** sulfurique; **sulphurous,** sulfureux.

sultan [sœlt'n] *s.* sultan, m. ‖ **sultana** [sœltân*er*] *s.* sultane, f.; raisin (m.) de Smyrne.

sultry [sœltri] *adj.* étouffant; orageux; suffocant [heat].

sum [sœm] *s.* somme, f.; total; calcul; sommaire; summum, m.; *to sum up,* additionner; récapituler; *to work out a sum,* faire un calcul; *sum total,* total. ‖ **summarize** [sœm*er*a¹z] *v.* résumer. ‖ **summary** [sœmri] *s.* sommaire; abrégé; aperçu; relevé, m.; *adj.* sommaire; bref; résumé; expéditif.

summation [s*er*mé¹sh*er*n] *s.* addition, f.

summer [sœm*er*] *s.* été, m.; *Indian summer,* été de la Saint-Martin, *Fr. Can.* été des sauvages; *adj.* estival; *v.* estiver.

summit [sœmit] *s.* sommet; faîte; comble, m.

summon [sœm*er*n] *v.* convoquer; sommer; assigner; poursuivre (jur.). ‖ **summons** [-z] *s. pl.* sommation; convocation; assignation; citation (jur.), f.

sump [sœmp] *s.* carter; puisard, m.

sumptuary [sœmptshouèri] *adj.* somptuaire. ‖ **sumptuous** [-shou*e*s] *adj.* somptueux, fastueux; **sumptuousness,** somptuosité.

sun [sœn] *s.* soleil, m.; *v.* exposer au soleil; (se) chauffer au soleil; **sunbeam,** rayon de soleil; **sunburn,** coup de soleil, hâle; **Sunday,** dimanche; **sun-dial,** cadran solaire.

sunder [sœnd*er*] *v.* séparer.

sundown [sœnda*o*ᵘn] *s.* coucher de soleil, m.

sundries [sœndriz] *s. pl.* articles divers; faux frais, m. pl. ‖ **sundry** [-i] *adj.* divers, varié.

sunfish [sœnfish] *s.* poisson-lune; *Fr. Can.* crapet-soleil, m.; **sunflower,** tournesol; **sunlight,** lumière du soleil; **sunlit,** ensoleillé, radieux, rayonnant; **sunny,** ensoleillé; **sunny side,** bon côté; **sunproof,** inaltérable au soleil; **sunrise,** lever du soleil; **sunset,** coucher du soleil; **sunshine,** clarté du soleil; **sunspot,** tache solaire; **sunstroke,** insolation.

super [soup*er*] *s.* figurant, m.

superabundance [soup*er*b*er*nd*er*ns] *s.* surabondance, f.; **superabundant,** surabondant.

superannuated [soup*er*ranyoué¹tid] *adj.* démodé.

superb [soupê*r*b] *adj.* superbe; majestueux; somptueux.

supercargo [soup*er*kârgo*o*ᵘ] *s.* subrécargue, m.

supercharger [soup*er*tshârdj*er*] *s.* supercompresseur, m.

supercilious [soup*er*sili*e*s] *adj.* sourcilleux; hautain.

superficial [soup*er*fîsh*e*l] *adj.* superficiel. ‖ **superficies** [-shîz] (*pl.* **superficies**) *s.* superficie, f.

superfluity [soup*er*flou¹ti] *s.* superfluité, f.; superflu, m. ‖ **superfluous** [-flou*e*s] *adj.* superflu.

superhuman [soup*er*hyoum*er*n] *adj.* surhumain.

superintend [souprintênd] *v.* diriger; surveiller. ‖ **superintendence** [-ens] *s.* surveillance; surintendance, f.; contrôle, m. ‖ **superintendent** [-ent] *s.* surintendant; chef, m.

superior [s*er*pîri*er*] *adj.*, *s.* supérieur. ‖ **superiority** [s*er*piriau*er*ti] *s.* supériorité, f.

superlative [s*er*pê*r*l*e*tiv] *adj.*, *s.* superlatif.

superman [soup*er*m*er*n] (*pl.* **supermen**) *s.* surhomme, m.

supernatural [soup*er*natshr*e*l] *adj.* surnaturel; **supernaturalness,** surnaturel.

supernumerary [soup*er*nyoum*er*rèri] *s.* surnuméraire; excédent, m.

superposable [syoup*er*po*o*ᵘz*e*b'l] *adj.* superposable; **superpose,** superposer; **superposition,** superposition.

supersede [soup*er*sîd] *v.* supplanter; remplacer; surseoir à (jur.).

supersonic [soup^{er}so^{ou}nik] *adj.* supersonique.

superstition [soup^{er}sti∫h^en] *s.* superstition, f. ‖ *superstitious* [-sh^es] *adj.* superstitieux.

superstructure [soup^{er}strœktsh^{er}] *s.* superstructure, f.; accastillage (naut.), m.

supervise [soup^{er}va¹z] *v.* surveiller; diriger. ‖ *supervisor* [-p^{er}vaiz^{er}] surveillant; contrôleur; directeur, m. ‖ *supervision* [soup^{er}vij^en] *s.* surveillance; inspection; direction, f.; contrôle, m.

supine [soupa¹n] *s.* supin, m.; [soupa¹n] *adj.* couché sur le dos; en pente; indolent.

supper [sœp^{er}] *s.* souper, m.; *the Lord's Supper*, la Cène.

supplant [s^eplant] *v.* supplanter.

supple [sœp'l] *adj.* souple; flexible; docile, soumis.

supplement [sœpl^em^ent] *s.* supplément; appendice, m.; annexe, f.; [-mènt] *v.* suppléer; compléter; *supplementary*, supplémentaire.

suppliant [sœpli^ent] *adj., s.* suppliant. ‖ *supplicate* [sœplike¹t] *v.* supplier; implorer; *supplication*, supplication.

supplier [s^epla¹^{er}] *s.* fournisseur, m. ‖ *supplies* [s^epla¹z] *s. pl.* approvisionnements, m. pl.; fournitures, f. pl.; *food supplies*, vivres; *medical supplies*, matériel sanitaire. ‖ *supply* [s^epla¹] *s.** ravitaillement, m.; alimentation; fourniture, f.; *v.* approvisionner; ravitailler; *supply base*, centre de ravitaillement; *supply and demand*, l'offre et la demande.

support [s^epo^{ou}rt] *v.* soutenir; appuyer; entretenir; *s.* appui; entretien; support (techn.), m.; adhésion, f.; *to support oneself*, gagner sa vie. ‖ *supporter* [-^{er}] *s.* partisan; soutien; supporter; adhérent, m.; jarretière, f.

suppose [s^epo^{ou}z] *v.* supposer; s'imaginer; prendre pour. ‖ *supposed* [-d] *adj.* supposé; présumé; imaginaire. ‖ *supposition* [sœp^ezish^en] *s.* supposition; hypothèse, f.

suppository [s^epâz^eto^{ou}ri] *s.** suppositoire, m.

suppress [s^eprès] *v.* supprimer; réprimer [revolt]; étouffer [voice]. ‖ *suppression* [s^eprèsh^en] *s.* suppression; répression, f.

suppurate [sœpyouré¹t] *v.* suppurer; *suppuration*, suppuration.

supremacy [s^eprèm^esi] *s.* suprématie, f.; *air supremacy*, maîtrise de l'air. ‖ *supreme* [s^eprîm] *adj.* suprême; souverain.

surcharge [së^rtshâdj] *s.* surcharge; surtaxe; majoration, f.

sure [shou^{er}] *adj.* sûr; assuré; certain; solide, stable; *adv.* sûrement; *sure enough*, en effet, sans doute; *be sure and come*, ne manquez pas de venir. ‖ *surely* [-li] *adv.* assurément; certainement; sans faute. ‖ *surety* [-ti] *s.** sûreté; certitude; caution (jur.), f.; garant (jur.), m.

surf [së^rf] *s.* ressac; brisants, m.

surface [së^rfis] *s.* surface; superficie, f.; extérieur, dehors, m.; *v.* apprêter; revêtir; aplanir; remonter à la surface (naut.).

surfeit [së^rfit] *s.* excès, m.; satiété, f.; *v.* rassasier; écœurer; dégoûter; se gorger.

surge [së^rdj] *s.* lame; vague; houle, f.; *v.* être houleux [sea]; se soulever [waters]; monter sur la vague (naut.); surgir.

surgeon [së^rdj^en] *s.* chirurgien; médecin (mil.; naut.), m. ‖ *surgery* [-dj^eri] *s.* chirurgie; clinique, f.; cabinet; dispensaire, m.; *surgery-hours*, heures de consultation. ‖ *surgical* [-djik'l] *adj.* chirurgical.

surly [së^rli] *adj.* maussade; renfrogné; hargneux.

surmise [ser^rma¹z] *v.* soupçonner; supposer; *s.* supposition; conjecture, f.

surmount [ser^rma^{ou}nt] *v.* surmonter; franchir; dépasser, vaincre.

surname [së^rné¹m] *s.* nom de famille, m.

surpass [ser^rpas] *v.* surpasser; exceder; franchir; *surpassing*, excellent; éminent.

surplice [së^rplis] *s.* surplis, m.

surplus [së^rplœs] *s.** surplus; excédent, m.; plus-value, f.; *adj.* excédentaire; *surplus property*, matériel en excédent; *surplus stock*, stock soldé.

surprise [ser^rpra¹z] *s.* surprise, f.; étonnement, m.; *v.* surprendre; prendre en flagrant délit; *surprising*, surprenant.

surrender [s^erènd^{er}] *s.* capitulation; reddition; abdication (jur.); restitution; concession, f.; abandon, m.; *v.* rendre; céder; (se) livrer; capituler; renoncer à; s'abandonner.

surreptitious [sœr^rptish^es] *adj.* subreptice.

surround [s^era^{ou}nd] *v.* entourer; environner; cerner; *surrounding*, environnant. ‖ *surroundings* [-ingz] *s. pl.* alentours, m. pl.; entourage, m.

surtax [së^rtaks] *s.* surtaxe, f.; *v.* surtaxer.

survey [sĕrvé¹] *s.* examen; arpentage [land], m.; vue; inspection; étude; expertise; levée de plans, f.; [sĕrvé¹] *v.* examiner; arpenter; lever le plan de; hydrographier; **official survey**, cadastre. ‖ **surveying** [-ing] *s* relevé de plans, m.; expertise, f.; **land surveying**, arpentage, géodésie; **naval surveying**, hydrographie. ‖ **surveyor** [sᵉrvé¹ᵉr] *s.* arpenteur géomètre; ingénieur topographe, m.

survival [sᵉrva¹v'l] *s.* survivance; survie, f. ‖ **survive** [sᵉrva¹v] *v.* survivre. ‖ **survivor** [-ᵉr] *s.* survivant; rescapé, m.

susceptibility [sᵉsᵉpt°bíl°ti] *s.°* susceptibilité, f. ‖ **susceptible** [sᵉsᵉpt°b'l] *adj.* susceptible; sensible (*to*, à); capable; accessible (*of*, à).

suspect [sœspèkt] *s.* suspect, m.; [sᵉspèkt] *v.* soupçonner; suspecter; s'imaginer.

suspend [sᵉspènd] *v.* suspendre; interrompre; surseoir (jur.). ‖ **suspenders** [-ᵉrz] *s. pl.* bretelles; jarretelles, f. pl.; fixe-chaussettes, m.

suspense [sᵉspèns] *s.* suspens; doute; suspense [cinema], m.; indécision, f. ‖ **suspension** [sᵉspènsh°n] *s.* suspension; surséance (jur.), f.; **suspension-bridge**, pont suspendu.

suspicion [sᵉspísh°n] *s.* soupçon; doute, m.; suspicion, f. ‖ **suspicious** [-sh°s] *adj.* soupçonneux; suspect.

sustain [sᵉsté¹n] *v.* soutenir; éprouver [loss]; subir [injury]; *to sustain oneself by*, se donner du courage en; **sustaining**, soutènement (arch.); fortifiant (med.). ‖ **sustenance** [sœst°n°ns] *s.* subsistance, f.; aliments, m. pl.

sutler [sœtl°r] *s.* cantinier, m.; vivandière, f.

suture [soutsh°r] *s.* suture, f.

suzerain [souz°re¹n] *s.* suzerain, m.; **suzerainty**, suzeraineté.

swab [swâb] *s.* torchon; écouvillon (naut.); tampon d'ouate, m.; *v.* écouvillonner.

swaddle [swâd'l] *v.* emmailloter; **swaddling-clothes**, maillot, langes.

swagger [swag°r] *v.* crâner; fanfaronner; se pavaner.

swain [swé¹n] *s.* galant, prétendant, m.; berger, m. (obsolete).

swallow [swâloᵘ] *s.* hirondelle, f.; **swallow-tail coat**, queue-de-pie.

swallow [swâloᵘ] *v.* avaler; ingurgiter; endurer; *s.* gorgée, f.

swam [swam] *pret. of* **to swim**.

swamp [swâmp] *s.* marécage; marais, m.; *v.* submerger; faire chavirer; embourber; *swamped with work*, débordé de travail; **swampy**, marécageux.

swan [swân] *s.* cygne, m.

swap [swâp] *v.* troquer; échanger; *s.* troc, m.

swarm [swaurm] *s.* essaim, m.; nuée, f.; *v.* fourmiller; essaimer.

swarthy [swaurzhi] *adj.* basané.

swash [swâsh] *s.°* clapotis, m.; *v.* clapoter; **swashbuckler**, fanfaron.

swastika [swâstik°] *s.* croix gammée, f.; svastika, m.

swat [swât] *v.* écraser; taper; *s.* coup, m.

swathe [swé¹zh] *s.* maillot, m.; *v. Br.* emmailloter.

sway [swé¹] *v.* osciller; ballotter; se balancer; gouverner; régir; influencer; *s.* balancement; empire, m.; influence; autorité, f.

swear [swè°r] *v.°* jurer, *Fr. Can.* sacrer, blasphémer; (faire) prêter serment; *to swear at*, maudire; *to swear in*, assermenter; *to swear to*, attester sous serment; *to swear by*, jurer par; se fier à; *swear word*, juron, *Fr. Can.* sacre, blasphème.

sweat [swèt] *s.* sueur; transpiration, f.; suintement; ressuage, m.; *v.* suer; transpirer; suinter. ‖ **sweater** [swèt°r] *s.* sudorifique; exploiteur; chandail, m. ‖ **sweatiness** [-inis] moiteur, f.; **sweating**, sudation, suée; exploitation; suintement; exploitation (fam.); **sweaty**, en sueur, suant; moite; pénible.

Swede [swîd] *s.* Suédois. ‖ **Sweden** [swîd'n] *s.* Suède, f. ‖ **Swedish** [swîdish] *adj.* suédois.

sweep [swîp] *v.°* balayer; ramoner; draguer; *s.* balayage; balayeur; ramoneur, m.; courbe; étendue, f.; *to sweep by*, glisser, passer rapidement. ‖ **sweeper** [-°r] *s.* balayeur; ramoneur, m.; **carpet sweeper**, balai mécanique. ‖ **sweeping** [-ing] *s.* balayage; ramonage; dragage, m.; *pl.* balayures, f.; *adj.* rapide; complet [victory].

sweet [swît] *adj.* doux; sucré; parfumé; mélodieux; suave; gentil; délicieux; frais [milk]; sans sel [butter]; *s.* mets sucré; entremets; dessert; bonbon, m.; **sweetbread**, ris de veau; **sweetbrier**, églantier; **sweet pea**, pois de senteur; **sweet potato**, patate; **sweet-shop**, confiserie; *to have a sweet tooth*, aimer les douceurs. ‖ **sweeten** [-'n] *v.* sucrer; adoucir; parfumer; assainir. ‖ **sweetheart** [-hârt] *s.* amoureux, m.; petite amie, *Fr. Can.* blonde, f. ‖ **sweetness** [-nis] *s.* douceur; gentillesse, f.

swell [swèl] *v.** enfler; gonfler; (se) tuméfier; se pavaner; *s.* houle [sea], f.; gonflement, m.; *adj. Am.* remarquable; épatant; chic; *to have a swelled head,* se donner des airs. ‖ *swelling* [-ing] *s.* enflure; boursouflure; protubérance; crue [river], f.

swelter [swèltₑr] *v.* être étouffant [air]; étouffer de chaleur; être en nage; *s.* chaleur étouffante; suée, f.

swept [swèpt] *pret., p. p. of* to sweep.

swerve [swëₑv] *v.* faire un écart, une embardée; se dérober [horse]; *s.* écart, m.; embardée; incartade [horse]; dérive, f.

swift [swift] *adj.* rapide; prompt. ‖ *swiftness* [-nis] *s.* rapidité; vélocité; promptitude, f.

swig [swig] *v.* lamper; *s.* lampée, f.

swill [swil] *v.* laver à grande eau; lamper, entonner (colloq.); *s.* lavage, m.; eaux grasses, f. pl.; ordure, f. (fig.); lampée, f. (colloq.).

swim [swim] *v.** nager; *s.* nage, f.; *to swim across,* traverser à la nage; *my head swims,* la tête me tourne; *swim suit,* maillot. ‖ *swimmer* [-ₑr] *s.* nageur, m.; nageuse, f. ‖ *swimming* [-ing] *s.* natation, nage, f.; *swimming pool,* piscine.

swindle [swind'l] *s.* escroquerie, f.; *v.* escroquer; *swindler,* escroc.

swine [swaₗn] *s.* porc, cochon, m.; *swineherd,* porcher.

swing [swing] *v.** se balancer; pivoter; être suspendu; pendre; branler; lancer [propeller] (aviat.); *Am.* donner un coup de poing à; *s.* balancement; tour; évitage (naut.); libre cours, libre essor; entrain, m.; oscillation; amplitude; escarpolette, balançoire, f.; *to swing at anchor,* éviter sur l'ancre (naut.); *to swing back,* se rabattre; *to be in full swing,* battre son plein; *swing-back,* revirement; *swing-gate,* tourniquet, barrière pivotante; *swing-round,* tête-à-queue.

swinish [swaₗnish] *adj.* grossier, bestial; immonde; de pourceau; *swinishly,* salement.

swipe [swaₗp] *v.** cogner; chaparder (pop.); *s.* coup violent, m.

swirl [swëₗl] *s.* remous, tourbillon, m.; *v.* (faire) tourbillonner.

swish [swish] *v.* cingler; siffler [whip]; susurrer; *s.* bruit cinglant; susurrement, m.

Swiss [swis] *adj., s.* suisse.

switch [switsh] *s.** badine; aiguille (railw.), f.; commutateur (electr.), m.; *v.* cingler; aiguiller (railw.); *to switch off,* couper le courant (electr.); *to switch on,* mettre le contact (electr.);

switchback, montagnes russes; *switchboard,* tableau de distribution (electr.), standard (teleph.); *switchboard operator,* standardiste; *switchman,* aiguilleur (railw.).

Switzerland [switsₑrlₑnd] *s.* Suisse, f.

swivel [swiv'l] *s.* tourniquet, pivot; tourillon, m.; *v.* pivoter; *swivelseat,* siège tournant.

swizzle [swiz'l] *s.* cocktail, m.; *swizzle-stick,* marteau à champagne.

swob [swâb], *see* swab.

swollen [swoᵘlₑn] *p. p. of* to swell.

swoon [swoun] *v.* s'évanouir; *s.* évanouissement, m.; syncope; faiblesse, f.

swoop [swoup] *v.* fondre; foncer (*on, sur*); *s.* attaque, ruée; descente subite, brusque chute sur; *at one swoop,* d'un seul coup.

swop, *see* swap.

sword [sauₑd] *s.* épée, f.; sabre; glaive, m.; *to draw the sword,* dégainer; *to put to the sword,* passer au fil de l'épée; *sword-belt,* ceinturon; *sword hilt,* poignée de l'épée; *swordplay,* escrime.

swore [swoᵘr] *pret. of* to swear. ‖ *sworn* [-n] *p. p. of* to swear.

swum [swœm] *p. p. of* to swim.

swung [swœng] *pret., p. p. of* to swing.

sycamore [sٖkₑmoᵘr] *s.* sycomore, m.

syllable [sٖlₑb'l] *s.* syllabe, f.

syllogism [sٖlₑdjizₑm] *s.* syllogisme, m.

sylph [silf] *s.* sylphe, m.; sylphide, f.

symbiosis [simbioᵘsis] *s.* symbiose, f.

symbol [simbₑl] *s.* symbole; signe, m.; *symbolic,* symbolique; *symbolize,* symboliser.

symmetrical [simètrik'l] *adj.* symétrique.

sympathetic [simpₑthètik] *adj.* sympathique; compatissant. ‖ *sympathize* [simpₑthaₗz] *v.* sympathiser; compatir. ‖ *sympathy* [-thi] *s.** sympathie; compassion, f.; condoléances, f. pl.

symphony [simfₑni] *s.** symphonie, f.

symptom [simtₑm] *s.* symptôme; indice, m. ‖ *symptomatic* [simtₑmatik] *adj.* symptomatique.

synagogue [sinₑgaug] *s.* synagogue, f.

synchronize [sٖngkrₑnaₗz] *v.* synchroniser; être synchronique; *synchronizer,* synchroniseur; *synchronous,* synchronique.

syncope [sìngkᵉpi] *s.* syncope (med.), f.

syndicate [sìndikit] *s.* syndicat, m.; [-kéᵻt] *v.* (se) syndiquer; vendre à un organisme de diffusion littéraire; *newspaper syndicate,* syndicat des périodiques, organisme de diffusion du livre.

synod [sìnᵉd] *s.* synode, m.

synonym [sìnᵉnim] *s.* synonyme, m. ‖ **synonymous** [sinânᵉmᵉs] *adj.* synonyme (*with,* de).

syntax [sìntaks] *s.* syntaxe, f.

synthesis [sìnthᵉsis] (pl. *syntheses*) *s.* synthèse, f.; *synthetic,* synthétique; **synthetics,** plastiques.

syphilis [sìfilis] *s.* syphilis, f.

Syria [sìriᵉ] *s.* Syrie, f. ‖ **Syrian** [-n] *adj.,* *s.* syrien.

syringe [sìrindj] *s.* seringue, f.

system [sìstᵉm] *s.* système; réseau (railw.); dispositif, m.; méthode, f.; *communications system,* réseau de transmissions. ‖ **systematic(al)** [sistᵉmatik('l)] *adj.* systématique, méthodique; **systematize,** systématiser.

T

tab [tab] *s.* écusson, m.; étiquette [baggage], f.; *index tab,* onglet; *Am. to keep tabs on,* ne pas perdre de vue.

tabernacle [tabᵉnak] *s.* tabernacle, m.

table [téᵻb'l] *s.* table; tablette, f.; tableau; catalogue; plateau (mech.), m.; *billiard table,* billard; *card table,* table de jeu; *extension table,* table à rallonges; *operating table,* table d'opérations; *tablecloth,* nappe; *table land,* plateau (geogr.); *tablespoonful,* cuillerée à bouche; *tableware,* articles de table; *tablewater,* eau de table; *table of contents,* table des matières.

tablet [tablit] *s.* tablette; plaque commémorative; pastille, f.; comprimé (med.); bloc-notes, m.

tabloid [tabloᵻd] *s. Br.* comprimé (med.); *Am.* journal à sensation, m.

taboo [tᵉbou] *adj.,* *s.* tabou, m.; *v.* proscrire.

tabular [tabyᵉlᵉr] *adj.* plat; tabulaire. ‖ **tabulate** [tabyᵉléᵻt] *v.* disposer en tableaux; cataloguer; *tabulator,* tabulateur.

tachometer [tᵉkâmᵉtᵉr] *s.* tachymètre; compte-tours, m.

tacit [tàsit] *adj.* tacite.

taciturn [tasᵉtẽrn] *adj.* taciturne.

tack [tak] *s.* semence de tapissier; bordée (naut.); ligne de conduite, f.; *v.* clouer; bâtir, faufiler; louvoyer; unir; annexer.

tackle [tak'l] *s.* attirail; palan; appareaux (naut.), m.; poulie, f.; *v.* accrocher; empoigner; aborder; s'attaquer (*to,* à); *fishing tackle,* articles de pêche.

tact [takt] *s.* tact; toucher, m.; *tactful,* délicat; plein de tact; *tactless,* sans tact, indiscret; **tactlessness,** manque de tact.

tactical [taktik'l] *adj.* tactique. ‖ **tactics** [taktiks] *s.* tactique, f.

tactile [takt'l] *adj.* tactile; tangible.

tadpole [tadpoᵘl] *s.* têtard, m.

taenia [tîniᵉ] *s.* ténia; bandage, m.

taffeta [tafitᵉ] *s.* taffetas, m.

taffy [tàfi] *s.** caramel, m.; *Fr. Can.* tire, f.; *maple taffy, Fr. Can.* tire d'érable.

tag [tag] *s.* ferret; tirant [boots], m.; étiquette [baggage], f.; *v.* attacher une fiche (or une étiquette) à; coller; marquer; *to tag after,* suivre comme une ombre.

tag [tag] *s.* chat [game], m.

tail [téᵻl] *s.* queue; basque; pile [coin], f.; bout, manche [plow]; arrière [cart], m.; *v.* finir; *Am.* suivre; filer; *tail-piece,* cul-de-lampe; *tail-spin,* vrille (aviat.); *tail-wobble,* queue-de-poisson [autom.].

tailor [téᵻlᵉr] *s.* tailleur; *ladies' tailor,* tailleur pour dames.

taint [téᵻnt] *s.* tache, souillure; tare; corruption, f.; *v.* vicier; ternir; (se) gâter; (se) corrompre; *taintless,* pur, sans tache.

take [téᵻk] *v.** prendre, saisir; porter; ôter; conduire; accepter; amener, emmener; retrancher; considérer; contenir; faire [walk]; emprunter [passage]; suivre [road]; passer [examination]; souscrire [shares]; falloir [time]; *s.* prise; pêche, f.; *to take aim,* viser; *to take away,* emporter; *to take care,* prendre garde; *to take care of,* prendre soin de; *to take a chance,* courir un risque; *to take cover, to take shelter,* s'abriter; *to take effect,* entrer en vigueur; *to take hold of,* s'emparer de; *to take from,* ôter de; *to take heart,* reprendre courage; *to take in,* faire entrer, inclure, mettre dedans; *to take in water,* faire de l'eau; *to* *take into account*, tenir compte; *to take leave*, prendre congé; *to take notice of*, prêter attention à; *to take off*, enlever, ôter; décoller (aviat.); *to take oneself off*, décamper; *to take on*, embaucher, conduire; *to take out*, (faire) sortir; *to take over*, prendre à sa charge; prendre possession de, prendre la succession de; *to take prisoner*, faire prisonnier; *to take stock*, faire l'inventaire; *to take the sun*, prendre un bain de soleil; *to take trouble*, se donner de la peine; *to take turns*, passer à tour de rôle; *to take unawares*, prendre au dépourvu; *take-off*, décollage (aviat.); caricature. ‖ **taken** [-ᵊn] *p. p. of to take.* ‖ **taking** [-ing] *s.* prise, f.; **taking-in**, diminution; **taking-off**, élan; décollage (aviat.); **taking-out**, extraction.

talcum [talkᵊm] *s.* talc, m.

tale [té¹l] *s.* conte, récit; dénombrement, compte, m.; *to tell tales*, rapporter, dénoncer; **talebearer**, rapporteur.

talent [talᵊnt] *s.* talent, m.; **talented**, doué, de talent.

talesman [té¹lîzmᵊn] (*pl.* **talesmen**) *s.* juré suppléant, m.

taleteller [té¹ltèlᵉr] conteur; rapporteur, m.

talisman [talizmᵊn] *s.* talisman, m.

talk [tauk] *v.* parler; causer; s'entretenir; *s.* conversation, f.; entretien; propos; bavardage; on-dit, m.; *to get talked about*, faire parler de soi; *small talk*, banalités; *to talk into*, persuader de; *to talk out of*, dissuader de; *to talk over*, discuter; *matter for talk*, sujet de conversation; *to be the talk of the town*, être la fable du pays; *table talk*, propos de table. ‖ **talkative** [-ᵊtiv] *adj.* bavard. ‖ **talker** [-ᵉr] *s.* bavard; fanfaron, m. ‖ **talking** [-ing] *s.* conversation, f.; bavardage, m.; **talking-to**, semonce.

tall [taul] *adj.* grand; haut; *how tall are you?* quelle taille avez-vous?; *tall tale*, conte à dormir debout. ‖ **taliboy** [-bo¹] *s.* commode, f.; chiffonnier [furniture], m.

tallow [taloᵘ] *s.* suif, m.; *v.* suiffer; suager; *tallow candle*, chandelle.

tally [tali] *s.ᵉ* taille; entaille; marque, étiquette, f.; pointage, m.; *v.* concorder; s'accorder; *Am.* compter, calculer; *tally shop*, magasin où l'on vend à crédit.

talon [talᵊn] *s.* serre; griffe, f.; talon, m. [check].

tambour [tambouʳ] *s.* tambour, m.; **tambourine**, tambourin.

tame [té¹m] *adj.* apprivoisé; domestique; anodin; terne; *v.* apprivoiser; domestiquer; dompter; *to grow tame*,

s'apprivoiser; **tameless**, indomptable; **tameness**, docilité; pusillanimité; banalité, platitude; **tamer**, dompteur.

tam o' shanter [tamᵊshàntᵉr] *s.* béret, m.

tamper [tàmpᵉr] *v.* se mêler (*with*, de); tripoter, falsifier; toucher (*with*, à); essayer de suborner.

tan [tàn] *s.* tan; hâle. m.; *adj.* jaunebrun, hâlé, couleur feu; *v.* tanner; bronzer; rosser (fam.).

tandem [tàndᵊm] *adj.* en flèche; *tandem bicycle*, tandem.

tang [tàng] *s.* goût fort, m.

tangent [tàndjᵊnt] *adj.* tangent; *s.* tangente, f.

tangerine [tàndjᵊrîn] *s.* mandarine, f.

tangible [tàndjᵊb'l] *adj.* tangible.

Tangiers [tàndjiᵉr] *s.* Tanger, m.

tangle [tàng'l] *s.* enchevêtrement; fourré; fouillis, m.; affaire embrouillée, f.; *v.* embrouiller; (s')enchevêtrer.

tango [tangoᵘ] *s.* tango, m.

tank [tàngk] *s.* citerne, f.; réservoir; bidon; tank, char (mil.), m.; *auxiliary tank*, nourrice [motor]; *gasoline tank*, réservoir à essence, container, bac; *tank destroyer*, engin antichar. ‖ **tankard** [-ᵊd] *s.* chope, f. ‖ **tanker** [-ᵉr] *s.* bateau-citerne, m.; *oil-tanker*, pétrolier.

tanner [tanᵉr] *s.* tanneur, m. ‖ **tannery** [-ᵉri] *s.ᵉ* tannerie, f. ‖ **tanning** [-ing] *s.* tannage, m.

tantalize [tànt'la¹z] *v.* tenter; tourmenter.

tantamount [tantᵊmaᵘnt] *adj.* équivalent.

tantrum [tàntrᵊm] *s.* accès de colère, de mauvaise humeur, m.

tap [tap] *s.* tape, f.; *v.* taper, tapoter.

tap [tap] *s.* fausset; robinet; taraud, m.; *v.* mettre en perce; tarauder; faire une ponction (med.); capter (telegr.); *on tap*, en perce.

tape [té¹p] *s.* ruban, lacet, m.; bande, f.; *v.* mettre un ruban à; ficeler; border; maroufler (aviat.); *insulating tape*, chatterton (electr.); *measuring tape*, mètre souple, *Fr. Can.* galon; *paper tape*, bande de papier gommé; *red tape*, paperasserie administrative; *tape-recorder*, magnétophone; *tapeworm*, ténia (med.).

taper [té¹pᵉr] *s.* bougie; cire, f.; cierge; cône (techn.), m.; *v.* effiler; fuseler; *tapered, tapering*, conique; en pointe; effilé; *tapering trousers*, fuseaux.

tapestry [tapistri] *s.ᵉ* tapisserie, f.; *v.* orner de tapisserie.

tapioca [tapio°uk°] *s.* tapioca, m.

tapir [té¹p°r] *s.* tapir, m.

tappet [tapit] *s.* taquet; butoir, m.

tar [târ] *s.* goudron, m.; *v.* goudronner; bitumer; *tar paper,* carton goudronné; *tarry,* goudronné.

tardy [târdi] *adj.* lent; tardif, traînard; nonchalant; en retard.

tare [tèⁿr] *s.* tare (comm.), f.; *v.* tarer.

tare [tèⁿr] *s.* ivraie, f.

target [târgit] *s.* cible, f.; objectif, but, m.

tariff [tarif] *s.* tarif, m.

tarmac [târmak] *s.* macadam, m.; piste (f.) d'envol.

tarnish [târnish] *v.* (se) ternir; *s.*° ternissure, f.

tarpaulin [târpaulin] *s.* prélart, m.; bâche, f.

tarry [tari] *v.* s'attarder; demeurer; *to tarry for someone,* attendre quelqu'un.

tart [târt] *adj.* âcre, âpre; acide; piquant; acariâtre.

tart [târt] *s.* tarte, f.; grue (pop.), f.

tartar [târtⁿr] *s.* tartre, m.

tartlet [târtlit] *s.* tartelette, f.

task [task] *s.* tâche; besogne; mission (mil.), f.; ouvrage; devoir, m.; *v.* imposer une tâche à; charger.

tassel [tas'l] *s.* gland; tasseau, m.

taste [té¹st] *s.* goût; penchant, m.; *v.* goûter; sentir; *to taste of,* avoir goût de; *tasteful,* de bon goût; *tasteless,* insipide, fade; sans goût; *taster,* dégustateur; tâte-vin; *tasty,* savoureux.

tatter [tatⁿr] *s.* haillon, lambeau, m.; guenille, f.; *tattered,* déguenillé.

tatting [tating] *s.* frivolité, broderie, f.

tattle [tat'l] *v.* bavarder; *s.* cancan, m.; *tattle-tale,* rapporteur.

tattoo [t°tou] *s.* sonnerie de la retraite (mil.), f.

tattoo [t°tou] *s.* tatouage, m.; *v.* tatouer.

taught [taut] *pret., p. p. of to teach.*

taunt [taunt] *s.* insulte, invective, f.; reproche, m.; *v.* insulter; critiquer; blâmer; taquiner.

tavern [tavⁿrn] *s.* taverne, auberge, f.; bar, cabaret, m.; *tavern-haunter,* pilier de bistrot; *tavern-keeper,* cabaretier.

tawdry [taudri] *adj., s.* clinquant, m.

tawny [tauni] *adj.* fauve, feu [color]; hâlé, bronzé [skin].

tax [taks] *s.*° impôt, m.; taxe; contribution, f.; droit, m.; *v.* imposer; taxer; accuser (*with,* de); sermonner, blâmer; mettre à contribution; *direct tax,* contribution directe; *excise tax,* droit de régie; *floor tax,* taxe sur la surface corrigée; *income tax,* impôt sur le revenu; *indirect tax,* contribution indirecte; *non-resident tax,* taxe de séjour; *stamp tax,* droit de timbre; *taxable,* imposable; *taxpayer,* contribuable.

taxi [taksi] *s.* taxi, m.; *v.* aller en taxi; rouler au sol (aviat.); *taxicab,* taxi; *taxi-girl,* entraîneuse; *taxi-rand,* (ou) *-stand,* station de taxis.

tea [tî] *s.* thé, m.; *tea cake,* gâteau pour le thé; *teacup,* tasse à thé; *tea-kettle,* bouilloire à thé; *tea party,* thé [reception]; *teapot,* théière; *tea service,* service à thé; *tea spoon,* cuiller à café; *tea strainer,* passe-thé; *tea-urn,* samovar.

teach [tîtsh] *v.*° enseigner; instruire; apprendre. ‖ *teacher* [-°r] *s.* professeur; maître; instituteur, m.; institutrice, f. ‖ *teaching* [-ing] *s.* enseignement, m.; *pl.* préceptes, m. pl.; *practice teaching,* stage pédagogique.

teal [tîl] *s.* sarcelle, f.

team [tîm] *s.* attelage [horses], m.; équipe [workmen], f.; *v.* atteler; faire travailler en équipe; *to team up,* former une équipe; *teamster,* charretier; *Am.* camionneur; *teamwork,* travail d'équipe; bonne collaboration.

tear [tèⁿr] *s.* accroc; déchirement, m.; déchirure, f.; *v.*° (se) déchirer; arracher; se mouvoir très rapidement; *to tear along,* aller bride abattue; *to tear in(to),* entrer en coup de vent; attaquer; *to tear out,* sortir en trombe; arracher; *to tear upstairs,* monter l'escalier quatre à quatre; *wear and tear,* usure, détérioration.

tear [tiⁿr] *s.* larme, f.; pleur, m.; *tearful,* éploré, en larmes; *tear-gas,* gaz lacrymogène; *t e a r l e s s,* sans larmes, sec, insensible.

tease [tîz] *v.* taquiner; tracasser; carder [wool]; *s.* taquin, m.; *teaser,* taquin; *teasing,* taquinerie.

teat [tît] *s.* mamelon; pis, m.; tétine, f.

technical [tèknik'l] *adj.* technique. ‖ *technician* [tèknishⁿn] *s.* technicien, m. ‖ *technics* [tèkniks] *s.* technologie, f. ‖ *technique* [tèknik] *s.* technique, f.

technocracy [tèknâkrⁿsi] *s.* technocratie, f.; *technology,* technologie.

tedious [tîdiⁿs] *adj.* ennuyeux; fastidieux; fatigant. ‖ *tediousness* [-nis] *s.* ennui, m.; fatigue, f.

teem [tîm] *v.* produire, engendrer; foisonner; regorger (*with*, de); *Am.* pleuvoir à verse; **teeming**, grouillant; bondé; torrentiel [rain].

teen-ager [tîné¹djᵉr] *s.* adolescent, m. ‖ **teens** [tînz] *s. pl.* âge de treize à dix-neuf ans; nombre de 13 à 19, m.

teeth [tîth] *pl. of* tooth. ‖ **teethe** [tîzh] *v.* faire ses dents.

teetotaller [tîtoᵘt¹lᵉr] *s.* abstinent, m.

telegram [tèl¹gram] *s.* télégramme, m.; dépêche, f.

telegraph [tèl¹graph] *s.* télégraphe, m.; *v.* télégraphier; *telegraph office,* bureau du télégraphe; *telegraph operator,* télégraphiste. ‖ **telegraphy** [tᵉlègrᵉfi] *s.* télégraphie, f.; *two-way telegraphy,* duplex; *wireless telegraphy,* T.S.F., radio.

telemeter [tilémîtᵉr] *s.* télémètre, m.

telepathy [tilépᵉthi] *s.* télépathie, f.

telephone [tèl¹foᵘn] *s.* téléphone, m.; *v.* téléphoner; *telephone booth,* cabine téléphonique; *telephone exchange,* central téléphonique; *telephone number,* numéro de téléphone; *telephone operator,* téléphoniste; **telephonic,** téléphonique; **telephonist,** téléphoniste.

telephotolens [tèlifoᵘt¹lèns] *s.** téléobjectif, m.

telescope [tèl¹skoᵘp] *s.* télescope, m.; longue-vue, f.; *v.* télescoper. ‖ **telescopic** [-ik] *adj.* coulissant, rentrant; abrégé.

televiewer [tèlivyouᵉr] *s.* téléspectateur, m.; téléspectatrice, f.

televise [tèl¹vaiz] *v.* téléviser. ‖ **television** [tèl¹vijᵉn] *s.* télévision, f.; *television set, televisor,* téléviseur.

tell [tèl] *v.** dire; raconter; déclarer; montrer; compter; avouer; distinguer (*from,* de); *I am told,* on me dit; *to tell one's beads,* dire son chapelet. ‖ **teller** [-ᵉr] *s.* narrateur, conteur; caissier; scrutateur [votes], m. ‖ **telling** [-ing] *adj.* fort, efficace; *s.* narration; divulgation, f. ‖ **telltale** [tèltè¹l] *s.* dénonciateur; compteur (mech.); axiomètre (naut.), m.; *adj.* révélateur.

temerity [tᵉmèrᵉti] *s.* témérité, f.

temper [tèmpᵉr] *s.* tempérament; caractère, m.; humeur, trempe (techn.), f.; *v.* tempérer; détremper, délayer; tremper [metal]; *to lose one's temper,* s'emporter; *to be in a temper,* être en colère. ‖ **temperament** [tèmpᵉrmᵉnt] *s.* tempérament, m.; constitution, f.; *temperamental,* capricieux, fantasque.

temperance [tèmprᵉns] *s.* tempérance; modération; retenue; sobriété, f.

temperate [tèmprit] *adj.* modéré; tempéré; sobre; sage. ‖ **temperature** [tèmprᵉtshᵉr] *s.* température, f.; *temperature chart,* feuille de température; *to have a temperature,* avoir de la température.

tempest [tèmpist] *s.* tempête (naut.), f.; orage, m. ‖ **tempestuous** [tèmpèstshoᵘᵉs] *adj.* tempétueux; orageux; turbulent.

temple [tèmp'l] *s.* temple, m.

temple [tèmp'l] *s.* tempe, f.

templet [tèmplé¹t] *s.* gabarit, m.

temporal [tèmpᵉr²l] *adj.* temporal.

temporal [tèmpᵉr²l] *adj.* temporel; séculier. ‖ **temporarily** [tèmprᵉrᵉrᵉli] *adv.* temporairement; provisoirement. ‖ **temporary** [tèmprᵉrèri] *adj.* temporaire; provisoire; intérimaire. ‖ **temporize** [tèmpᵉra¹z] *v.* temporiser.

tempt [tèmpt] *v.* tenter; inciter; pousser. ‖ **temptation** [tèmpté¹shᵉn] *s.* tentation, f. ‖ **tempter** [tèmptᵉr] *s.* tentateur, m. ‖ **tempting** [-ting] *adj.* tentateur; séduisant.

ten [tèn] *adj.* dix; *s.* dix, m.; dizaine, f.

tenable [tènᵉb'l] *adj.* soutenable.

tenacious [tiné¹shᵉs] *adj.* tenace; opiniâtre; attaché (*of,* à). ‖ **tenacity** [tinasᵉti] *s.* ténacité; obstination; persévérance, f.

tenancy [tènᵉnsi] *s.** location, f. ‖ **tenant** [tènᵉnt] *s.* locataire, m. f.

tench [tèntsh] *s.** tanche, f.

tend [tènd] *v.* tendre à; se diriger vers.

tend [tènd] *v.* garder; soigner; surveiller.

tendency [tèndᵉnsi] *s.** tendance; inclination; orientation, f.; penchant, m. ‖ **tendential** [-shᵉl] *adj.* tendancieux.

tender [tèndᵉr] *s.* offre; soumission (comm.), f.; *v.* offrir; soumissionner; donner [resignation]; *legal tender (currency),* cours légal, monnaie légale.

tender [tèndᵉr] *s.* tender (techn.); transbordeur (naut.); ravitailleur (aviat.), m.

tender [tèndᵉr] *adj.* tendre; délicat; sensible; susceptible; attentif (*of,* à); soucieux (*of,* de); *tenderfoot,* nouveau venu; novice; *Am.* louveteau (boy-scout).

tenderloin [tèndᵉrlo¹n] *s.* filet, m.

tenderness [tèndᵉrnis] *s.* tendresse; sensibilité; délicatesse, f.

tendon [tèndᵉn] *s.* tendon, m.

tendril [tèndril] *s.* vrille, f.

tenement [tèn°m°nt] *s.* maison de rapport, f.; logement ouvrier, m.

tennis [tènis] *s.* tennis, m.

tenor [tèn°ʳ] *s.* ténor, m.; teneur; portée; échéance, f.

tenpins [tènpinz] *s.* Am. jeu (m.) de quilles.

tense [tèns] *adj.* tendu; raide; *tenseness,* tension.

tense [tèns] *s.* temps (gramm.), m.

tensile [tèns'l] *adj.* extensible; ductile. || **tension** [tènshⁿ] *s.* tension, f.

tent [tènt] *s.* tente, f.; *v.* camper; *tent peg,* piquet de tente.

tentacle [tént°k'l] *s.* tentacule, m.; filament, m.; *tentacular,* tentaculaire.

tentative [tènt°tiv] *adj.* expérimental; provisoire.

tenth [tènth] *adj.* dixième; *s.* dixième; dix [dates, titles], m.; dîme, f.

tenuity [t°nyouiti] *s.* ténuité; faiblesse, f. || **tenuous** [tènyou°s] *adj.* ténu; effilé.

tepid [tèpid] *adj.* tiède.

tergiversate [tëʳdjvʳsé¹t] *v.* tergiverser; *tergiversation,* tergiversation.

term [tëʳm] *s.* terme; trimestre scolaire; énoncé [problem]; délai, m.; limite; durée; session (jur.), f.; *pl.* conditions, clauses; relations, f. pl.; termes, rapports, m. pl.; *v.* nommer; désigner; *to come to terms,* conclure un arrangement; *on easy terms,* avec facilités de paiement; *the lowest term,* la plus simple expression (math.); *by the terms of,* en vertu de. || **terminal** [-°n'l] *adj.* terminal; ultime; *s.* terminus (railw.), m.; prise de courant (electr.); extrémité, f. || **terminate** [-né¹t] *v.* achever; (se) terminer; aboutir. || **termination** [tëʳmén°ⁱshⁿn] *s.* fin; terminaison; conclusion, f. || **terminus** [tëʳmⁿn°s] *s.* terminus, m.; tête de ligne, f.

termite [tëʳma¹t] *s.* termite, m.

terrace [tèris] *s.* terrasse, f.; terre-plein, m.; *v.* disposer en terrasse.

terrain [téré¹n] *s.* terrain (mil.), m.

terrestrial [terèstri°l] *adj.* terrestre.

terrible [tèr°b'l] *adj.* terrible; épouvantable. || **terribly** [-bli] *adv.* terriblement; affreusement; épouvantablement.

terrier [tèri°ʳ] *s.* terrier, m.

terrific [t°rifik] *adj.* terrible, effroyable; formidable. || **terrify** [tèrfa¹] *v.* terrifier; épouvanter; affoler.

territorial [térità̀ri°l] *adj.* régional; territorial; terrien; *territoriality,* territorialité. || **territory** [tèrito°ʳri] *s.** territoire, m.

terror [tèr°ʳ] *s.* terreur; frayeur, f.; effroi, m.; *terrorism,* terrorisme; *terrorist,* terroriste. || **terrorize** [tèr°ra¹z] *v.* terroriser; épouvanter.

terse [tëʳs] *adj.* succinct, concis.

test [tèst] *s.* épreuve, f.; test; réactif (chem.), m.; *v.* éprouver; expérimenter; contrôler; *blood test,* prise de sang; *test flight,* vol d'essai; *test tube,* éprouvette.

testament [tèst°mⁿnt] *s.* testament, m. || **testator** [tèsté¹t°ʳ] *s.* testateur, m. || **testify** [tèstifai] *v.* témoigner; attester; déclarer; accuser (jur.). || **testimonial** [tèstimo°ⁿni°l] *s.* attestation, f.; certificat, m. || **testimony** [-mo°ⁿni] *s.** témoignage, m.; déposition, f.

testy [tèsti] *adj.* susceptible; irritable.

tetanus [tètnⁿs] *s.* tétanos, m.

tether [tèzh°ʳ] *s.* longe; attache, f.; *v.* mettre à l'attache.

text [tèkst] *s.* texte, m.; *textbook,* manuel.

textile [tèkst'l] *s.* textile; tissu, m.; *adj.* textile.

textual [tèkstshou°l] *adj.* littéral; de texte; textuel.

texture [tèkstsh°ʳ] *s.* texture, contexture, f.; tissu, m.

Thames [témz] *s.* Tamise, f.

than [zhàn] *conj.* que; de [numbers]; *more than he knows,* plus qu'il ne sait; *more than once,* plus d'une fois.

thank [thàngk] *v.* remercier (*for,* de); s'en prendre à; *s. pl.* remerciement; merci, m.; *thank you,* merci; *to have oneself to thank for,* être responsable de, s'en prendre à soi-même. || **thankful** [-f°l] *adj.* reconnaissant. || **thankfully** [-f°li] *adv.* avec gratitude. || **thankfulness** [-f°lnis] *s.* reconnaissance; gratitude, f. || **thankless** [-lis] *adj.* ingrat. || **thanklessness** [-lisnis] *s.* ingratitude, f. || **thanksgiving** [thàngksgiving] *s.* action de grâces; *Am.* fête d'action de grâces, f.

that [zhat] *demonstr. adj.* ce, cet; cette; ça; *pron.* cela, ce; qui; lequel; que; ce que; *conj.* que; *that is,* c'est-à-dire; *that's all,* voilà tout; *all that I know,* tout ce que je sais; *that he may know,* afin qu'il le sache; *in that,* en ce que; *that far,* si loin; *that will do,* cela suffit; cela ira.

thatch [thatsh] *s.* chaume, m.; *v.* couvrir en chaume; *thatched roof,* toit de chaume.

thaw [thau] *s.* dégel, m.; *v.* dégeler; fondre.

the [zh°] ([zhi] before a vowel) *def. art.* le, la, les; *of the, from the,* du, de la, des; *to the,* au, à la, aux; *adv.* d'autant; *the sooner,* d'autant plus tôt; *the less said the better,* moins on en dit, mieux ça vaut.

theater [thî°t°r] *s.* théâtre, m. ‖ **theatrical** [thiatrik'l] *adj.* théâtral; scénique; dramatique.

thee [zhî] *pron.* te, toi.

theft [thèft] *s.* vol; larcin, m.

their [zhè°r] *poss. adj.* leur; leurs. ‖ **theirs** [-z] *poss. pron.* le leur, la leur, les leurs; à eux; à elles.

them [zhèm] *pron.* eux; elles; les; leur; *take them,* prenez-les; *give them a drink,* donnez-leur à boire; *for them,* pour eux; *I see them,* je les vois.

theme [thîm] *s.* thème; sujet, m.; composition, f.; *theme-song,* leitmotiv; indicatif [radio].

themselves [thèmsèlvz] *pron.* eux-mêmes; elles-mêmes; se; eux; elles; *they flatter themselves,* ils se flattent.

then [zhèn] *adv.* alors; puis; ensuite; donc; dans ce cas; *now and then,* de temps en temps; *now... then,* tantôt... tantôt; *even then,* déjà, à cette époque. ‖ **thence** [-s] *adv.* de là; dès lors; par conséquent; pour cette raison; *thenceforth,* dès lors, désormais.

theology [thîâl°dji] *s.** théologie, f.

theorem [thî°r°m] *s.* théorème (math.), m.

theoretical [thî°rètik'l] *adj.* théorique; pur [chem.]; rationnel [mech.]. ‖ **theory** [thî°ri] *s.** théorie, f.

therapeutics [thèr°pyoutiks] *s.* thérapeutique, f.; *therapeutist,* thérapeute; *therapist,* praticien.

there [zhè°r] *adv.* là; y; voilà; *there is, there are,* il y a; *up there,* là-haut; *down there,* là-bas, there and then, sur-le-champ; *there he is,* le voilà. ‖ **thereabouts** [zhèr°ba°uts] *adv.* à peu près; vers; dans les environs. ‖ **thereafter** [zhèraft°r] *adv.* ensuite; par la suite; en conséquence. ‖ **thereby** [zhèrba¹] *adv.* de cette manière; de ce fait; par ce moyen ‖ **therefore** [zhèr-foo°r] *adv.* donc; par conséquent; pour cette raison. ‖ **therein** [zhèrìn] *adv.* là-dedans; en cela; y; inclus. ‖ **thereof** [zhèrâv] *adv.* de cela; en. ‖ **thereon** [zhèrân] *adv.* là-dessus; y. ‖ **thereupon** [zhèr°pân] *adv.* sur ce; là-dessus; en conséquence. ‖ **therewith** [zhèrwith] *adv.* avec cela; ensuite.

thermal [thèrm'l] *adj.* thermique; thermal. ‖ **thermometer** [thèrmâm°-t°r] *s.* thermomètre, m. ‖ **thermonu-clear** [thèr°m°nyouklî°r] *adj.* thermo-

nucléaire. ‖ **Thermos** [thèrm°s] *s.* Thermos [bottle], m. (trademark). ‖ **thermostat** [-tat] *s.* thermostat, m.

these [zhîz] *adj.* ces; *pron.* ceux-ci, celles-ci; *these are yours,* voici les vôtres.

thesis [thîsis] (*pl. theses*) *s.* thèse, f.

thews [thyouz] *s. pl.* nerfs; muscles, m. pl.; *thewy,* musclé, fort.

they [zhé¹] *pron.* ils; elles; *they who,* ceux qui, celles qui; *they say,* on dit.

thick [thik] *adj.* épais; dense; inarticulé [voice]; consistant; intime; *s.* gras, m.; *adv* abondamment; rapidement; péniblement; gras [speech]; *thick-skinned,* à la peau dure, insensible; *thick-witted,* à l'esprit lourd. ‖ **thicken** [-°n] *v.* épaissir; s'obscurcir; se compliquer [plot]. ‖ **thicket** [-it] *s.* bosquet; fourré, hallier, m. ‖ **thickly** [-li] *adv.* d'une façon drue; en foule; abondamment; rapidement. ‖ **thickness** [-nis] *s.* épaisseur; grosseur; densité; consistance; dureté [ear]; difficulté d'élocution, f.

thief [thîf] (*pl. thieves* [thîvz]) *s.* voleur; larron, m. ‖ **thieve** [thîv] *v.* voler; dérober.

thigh [tha¹] *s.* cuisse, f.; *thighbone,* fémur.

thimble [thìmb'l] *s.* dé à coudre, m.; cosse (naut.), f.

thin [thìn] *adj.* mince; maigre; fin; clairsemé [hair]; fluide [liquid]; léger [clothing]; raréfié [air]; *v.* amincir; diluer; raréfier; allonger [sauce]; s'amincir; (s')éclaircir.

thine [zha¹n] *poss. pron.* le tien; la tienne; les tiens; les tiennes; à toi.

thing [thìng] *s.* chose; affaire; créature, f.; objet; *pl.* vêtements, m.; *the very thing,* exactement ce qu'il faut; *how are things?,* comment ça va?; *thingumajig,* truc, machin.

think [thìngk] *v.** penser (*of,* à); croire; réfléchir; imaginer; trouver; s'aviser; *I will think it over,* j'y réfléchirai; *I thought better of it,* je me ravisai; *I think ill of,* j'ai mauvaise opinion de; *he thought much of,* il fit grand cas de; *I think so,* je (le) crois; je crois que oui. ‖ **thinkable** [-b'l] *adj.* imaginable, concevable. ‖ **thinker** [-°r] *s.* penseur, m. ‖ **thinking** [-ing] *s.* pensée; opinion, f.; avis, m.; *adj.* pensant.

thinly [thìnli] *adv.* légèrement [clad]; à peine, en petit nombre; maigrement. ‖ **thinness** [-nis] *s.* minceur; maigreur; légèreté; faiblesse; rareté; raréfaction, f.

third [thèrd] *adj., s.* troisième; trois [month, king]; *s.* tiers, m. ‖ **thirdly** [-li] *adv.* troisièmement.

thirst [thër'st] *s.* soif, f.; *v.* avoir soif; être avide (*for*, de). || **thirsty** [-i] *adj.* altéré; desséché [earth]; *to be thirsty*, avoir soif.

thirteen [thër'tïn] *adj., s.* treize. || **thirteenth** [-th] *adj., s.* treizième; treize [month, king]. || **thirtieth** [thër'tiith] *adj., s.* trentième; trente [month, title]. || **thirty** [thër'ti] *adj., s.* trente; *thirty-first*, trente et unième; trente et un [month].

this [zhis] *demonstr. adj.* ce; cet; cette; ce... ci; cet... ci; cette... ci; *pron.* ceci; *this one*, celui-ci, celle-ci; *this day*, aujourd'hui; *this way*, par ici; de cette façon; *upon this*, là-dessus; *this is London*, ici Londres [radio].

thistle [this'l] *s.* chardon, m.

thither [thizh'er] *adv.* là, y.

tho, *see* though.

thong [thaung] *s.* courroie; lanière; longe, f.

thorax [thauraks] *s.* thorax, m.

thorn [thaurn] *s.* épine, f.; buisson d'épines, m.; *thorny*, épineux; piquant.

thorough [thërou] *adj.* entier; complet; parfait; consciencieux. || **thoroughbred** [-brèd] *adj.* pur sang; de sang [horse]. || **thoroughfare** [-fèer] *s.* voie de communication, f.; *no thoroughfare*, passage interdit. || **thoroughly** [-li] *adv.* entièrement; tout à fait; parfaitement; à fond.

those [thoouz] *demonstr. adj.* ces; *pron.* ceux-là, celles-là; *those who*, *those which*, ceux qui, celles qui; *those of*, ceux, de celles de.

thou [thaou] *pers. pron.* tu.

though [zhoou] *conj.* quoique; bien que; encore que; *as though*, comme si; *even though*, même si.

thought [thaut] *s.* pensée, idée; opinion; sollicitude, f.; *pret. of to think*; *to give it no thought*, ne pas se préoccuper de; *thought-transference*, télépathie. || **thoughtful** [-f·l] *adj.* pensif; réfléchi; attentif; soucieux. || **thoughtfulness** [-f·lnis] *s.* prévenance, sollicitude; méditation, f. || **thoughtless** [-lis] *adj.* irréfléchi; inconsidéré; insouciant; étourdi; inattentif. || **thoughtlessness** [-lisnis] *s.* irréflexion; étourderie; insouciance, f.

thousand [thaouz'nd] *adj.* mille; *s.* millier, m.; *thousands of*, des milliers de. || **thousandth** [-th] *adj.* millième.

thrash [thrash] *v.* rosser; battre le blé; *to thrash around*, se démener; *to thrash out a matter*, étudier une question à fond; *thrashing*, raclée; battage (agr.); *thrashing-floor*, aire; *thrashing-machine*, batteuse.

thread [thrèd] *s.* fil; filament; filet, filetage (mech.), m.; *v.* enfiler; fileter, tarauder (mech.); *to thread one's way through the crowd*, se faufiler dans la foule; *thread-like*, filiforme. || **threadbare** [-bèer] *adj.* usé jusqu'à la corde; rebattu.

threat [thrèt] *s.* menace, f. || **threaten** [-'n] *v.* menacer; *threatening*, menaçant.

three [thrî] *adj., s.* trois; *three-cornered hat*, tricorne; *threefold*, triple; *threephase*, triphasé (electr.).

thresh, *see* thrash.

threshold [thrèshoould] *s.* seuil, m.

threw [throu] *pret. of to throw.*

thrice [thra¹s] *adv.* trois fois.

thrift [thrift] *s.* épargne; économie; frugalité, f.; *thrifty*, économe; frugal.

thrill [thril] *v.* percer; faire vibrer; tressaillir, frémir; *s.* émotion vive; surexcitation, f.; frisson, m. || **thriller** [-er] *s.* roman (ou) spectacle à sensation, m. || **thrilling** [-ing] *adj.* émouvant, palpitant.

thrive [thra¹v] *v.* prospérer; réussir. | **thriven** [thriv·n] *p. p. of to thrive.* || **thriving** [-ing] *adj.* vigoureux, florissant.

throat [throout] *s.* gorge, f.; gosier; collet (mech.), m.; *a sore throat*, un mal de gorge.

throb [thrâb] *v.* battre, palpiter [heart]; vibrer; *s.* palpitation, pulsation, f.; battement, m.

throe [throou] *s.* agonie, angoisse, f.; douleurs de l'enfantement, f. pl.

thrombosis [thrambo·sis] *s.* thrombose, f.

throne [throoun] *s.* trône, m.

throng [thraung] *s.* foule; multitude, f.; *v.* s'attrouper; accourir en foule; (se) presser.

throstle [thrâs'l] *s.* grive, f.

throttle [thrât'l] *s.* obturateur, étrangleur (mech.); gosier, m.; *v.* étouffer; étrangler; obstruer; *to open the throttle*, mettre les gaz; *to throttle down*, ralentir; réduire les gaz.

through [throu] *prep.* à travers; par; au moyen de; de part en part de; *adj.* direct, fait, achevé; *adv.* d'un bout à l'autre. *through carriage*, voiture directe; *through ticket*, billet direct; *wet through*, trempé jusqu'aux os; *to fall through*, échouer; *to see it through*, le mener à bonne fin; *let me through*, laissez-moi passer. || **throughout** [-aout] *adv., prep.* partout; d'un bout à l'autre.

throve [thro⁰ᵘv] *pret. of* to thrive.

throw [thro⁰ᵘ] *v.*° jeter; lancer; renverser désarçonner; *s.* jet; coup; élan, m.; *to throw away* rejeter. gaspiller; *to throw in gear* engrener; *to throw off*, se débarrasser de; *to throw out*, expulser *to throw up*, jeter en l'air; vomir, rejeter; *to throw out of work*, débaucher. mettre sur le pavé; *to throw in the clutch* embrayer; *to throw out the clutch*, débrayer. ‖ **thrown** [thro⁰ᵘn] *p. p. of* to throw.

thrum [throem] *v.* tapoter; *s.* tapotement, m.

thrush [throesh] *s.*° grive, f.

thrush [throesh] *s.*° aphte (med.), f.

thrust [throest] *s* coup de pointe, m.; estocade; poussée butée. f.; *v*° pousser; enfoncer, porter une pointe; allonger une botte [fencing]; *propeller thrust*, traction de l'hélice (aviat.); *to thrust on*, faire avancer. inciter; *to thrust in*, fourrer. enfoncer.

thud [thoed] *v.* tomber avec un bruit sourd; *s.* floc, m.

thug [thoeg] *s.* assassin, étrangleur, bandit, m.

thumb [thoemb] *s.* pouce m.; *v.* manier gauchement; feuilleter; *to thumb a lift*, faire de l'auto-stop. *under the thumb of*, sous la coupe de. ‖ *thumbtack* [-tak] *s.* Am punaise, f.

thump [thoemp] *v* bourrer de coups; sonner lourdement [footsteps]; *s.* coup violent, m ‖ *thumping* [-ing] *adj.* (fam.), énorme.

thunder [thoendᵉʳ] *s* tonnerre, m.; foudre, f., *v* tonner gronder; retentir; fulminer **thunderbolt**, coup de foudre, **thunderclap**, coup de tonnerre, **thundershower**, pluie d'orage; **thunderstorm**, orage **thundering** [-ring] *adj* tonnant tonitruant foudroyant. ‖ **thunderous** [-rᵉs] *adj.* tonnant; redoutable orageux [weather]. ‖ **thunderstruck** [-stroek] *adj.* foudroyé; pétrifié

Thursday [thᵉʳzdi] *s.* jeudi, m.; *on Thursdays* le jeudi, tous les jeudis.

thus [zhoes] *adv.* ainsi; donc; *thus far*, jusqu'ici.

t h u y a [thyouyᵉ] *s.* thuya, m.; *American thuya*, Fr. Can. cèdre.

thwart [thwaurt] *v.* contrarier; contrecarrer; déjouer

thyme [ta¹m] *s.* thym, m.

thy [zha¹] *poss adj.* ton; ta; tes.

thyroid [tha¹ro¹d] *adj., s.* thyroïde.

thyself [zha¹sèlf] *pron.* toi-même; te; toi.

tiara [ta¹é¹rᵉ] *s.* tiare, f.

tibia [tíbiᵉ] *s.* tibia, m.

tic [tik] *s.* tic, m.

tick [tik] *s.* coutil, m.; toile à matelas, f.

tick [tik] *s* tique, f.

tick [tik] *s.* tic-tac, m.; marque, f.; *v.* faire tic tac; *to tick off*, marquer, pointer.

tick [tik] *s.* crédit, m.; *on tick*, à crédit.

ticket [tíkit] *s* billet; ticket; bulletin [luggage], m étiquette, f.; *v.* étiqueter donner un billet; *ticket book*, carnet de tickets, *ticket office*, guichet.

tickle [tík'l] *v.* chatouiller; *s.* chatouillement, m., **ticklish**, chatouilleux: scabreux. périlleux.

tidal [ta¹d'l] *adj.* de marée; *tidal wave*, raz de marée. ‖ **tide** [ta¹d] *s.* marée saison, f ; courant, m.; *v.* aller avec la marée, *to go with the tide*, suivre le courant *to tide over*, surmonter *ebb tide*, marée descendante; jusant, **flood tide**, marée montante; *high tide*, marée haute; *low tide*, marée basse, *tide-gate*, écluse; *tide race*, raz de marée.

tidily [ta¹dili] *adv* proprement, soigneusement ‖ **tidiness** [ta¹dinis] *s.* propreté netteté, f.; ordre, m.

tidings [ta¹dings] *s. pl.* nouvelles, f. pl.

tidy [ta¹di] *adj.* propre; net; en ordre, *v.* ranger, mettre en ordre; *a tidy sum*, une somme rondelette; *to tidy oneself up*, faire un brin de toilette.

tie [ta¹] *v* attacher; nouer; (se) lier; *s.* lien; nœud; tirant (techn.); assujettissement ballottage m.; attache; obligation cravate [neck-tie], traverse (railw.) moise (techn.); partie nulle [sport] f., *to tie down*, astreindre (*to*, à), *tie-up*, embouteillage [traffic]; arrêt de travail; impasse.

tier [ti°ʳ] *s.* rangée, file, f.

tiff [tif] *s* chamaillerie, f.; *v.* prendre la mouche.

tiger [ta¹gᵉʳ] *s.* tigre, m.

tight [ta¹t] *adj.* serré; raide, tendu; étroit [clothes], hermétique; étanche; imperméable. ivre *adv* hermétiquement, fortement, *it fits tight*, c'est ajusté, collant, *tightwad*, grippe-sou. ‖ **tighten** [-'n] *v.* serrer, resserrer; tendre bloquer **tightness** [-nis] *s.* raideur, étroitesse. étanchéité; imperméabilité; tension; avarice, f.; resserrement, m.

tigress [ta¹gris] *s.*° tigresse, f.

tile [ta¹l] *s.* tuile, f.; carreau de cheminée; tuyau de poêle, m.; *v.* couvrir de tuiles; carreler; *tiler*, couvreur.

till [til] *prep.* d'ici à, jusqu'à; *conj.* jusqu'à ce que; *not till*, pas avant.

till [til] *s.* tiroir-caisse, m.

till [til] *v.* cultiver, labourer. ‖ *tillage* [-ədj] *s.* labourage, m.; agriculture, f.

tilt [tilt] *s.* bâche, f.; tendelet, m.; *v.* bâcher.

tilt [tilt] *s.* inclinaison; pente; bande (naut.), f.; *v.* incliner; donner de la bande; jouter avec; *at full tilt*, à bride abattue.

tilth [tilth] *s.* culture; couche arable, f.

timber [tìmbər] *s.* bois de construction, m.; trempe (fig.), f.; *v.* charpenter.

time [ta¹m] *s.* temps, moment, m.; époque; saison; heure; occasion; fois; mesure [music], f.; *v.* régler; mettre à l'heure, calculer; chronométrer; ajuster; choisir le moment opportun; *at any time*, n'importe quand; *at times*, parfois; *two at a time*, deux à la fois; *to beat time*, battre la mesure; *by this time*, maintenant; *from this time*, dorénavant; *from that time*, dès lors; *in due time*, en temps voulu; *from time to time*, de temps en temps; *on time*, à l'heure; à temps; *in a short time*, sous peu; *next time*, la prochaine fois; *to lose time*, perdre du temps; retarder [clock]; *what time is it?* quelle heure est-il?; *standard time, civil time*, heure légale; *timekeeper*, surveillant; pointeur; *timepiece*, chronomètre, pendule; *timetable*, horaire, indicateur (railw.). ‖ *timely* [-li] *adj.* opportun; à propos; à temps ‖ *timer* [-ər] *s.* chronométreur, m.; minuterie, f.

timid [tìmid] *adj.* timide, craintif, peureux. ‖ *timidity* [timìdəti] *s.* timidité, f.

timorous [tìmərəs] *adj.* timoré.

tin [tìn] *s.* étain; fer-blanc; récipient en fer-blanc, m.; *v.* étamer; *adj.* d'étain; *tin can*, bidon en fer-blanc; *tin foil*, feuille d'étain; *tin hat*, casque; *tinsmith*, ferblantier, étameur; *tinware*, ferblanterie; *tinworks*, usine d'étain.

tincture [tìngktshər] *s.* teinture, f.; *v.* teindre; *tincture of iodine*, teinture d'iode.

tinder [tìndər] *s.* amadou, m.; *tindery*, inflammable.

tine [ta¹n] *s.* dent [fork], f.; andouiller, m.

tinge [tìndj] *s.* teinte; nuance, f.; *v.* nuancer; parfumer.

tingle [tìng'l] *v.* tinter; vibrer; picoter, fourmiller; *s.* tintement; fourmillement, picotement, m.

tinker [tìngkər] *s.* rétameur; bricoleur, m.; *v.* étamer; bricoler; rafistoler.

tinkle [tìngk'l] *v.* tinter; *s.* tintement, m.

tinned [tìnd] *adj.* étamé; conservé en boîte; *tinny*, d'étain; grêle.

tinsel [tìns'l] *s.* clinquant; oripeau, m.; *adj.* de clinquant.

tint [tìnt] *s.* teinte; nuance, f.; ton, m.; *v.* teinter.

tintinnabulate [tintinàbyoulé¹t] *v.* tintinnabuler, tinter.

tiny [ta¹ni] *adj.* tout petit; menu.

tip [tip] *s.* inclinaison, f.; pourboire; tuyau [horseracing], m.; *v.* donner un pourboire à; donner un tuyau à; basculer; *to tip over*, se renverser; chavirer.

tip [tip] *s.* bout, m.; extrémité; pointe, f.; *wing tip*, bout d'aile.

tippet [tìpit] *s.* collet [fur], m.

tipsy [tìpsi] *adj.* gris, éméché; *to get tipsy*, se griser.

tiptoe [tiptoᵘ] *s.* pointe du pied, f.; *v.* avancer sur la pointe des pieds.

tirade [ta¹ré¹d] *s.* tirade, f.

tire, tyre [ta¹ər] *s.* pneu(matique); bandage de roue, m.; *v.* mettre un pneu; *balloon tire*, pneu ballon; *blown-out tire*, pneu éclaté; *flat tire*, pneu crevé; *nonskid tire*, pneu antidérapant; *retreaded tire*, pneu rechapé; *spare tire*, pneu de rechange.

tire [ta¹ər] *v.* (se) lasser; (se) fatiguer; épuiser. ‖ *tired* [-d] *adj.* fatigué; ennuyé; *tired out*, exténué; *to get tired*, se lasser. ‖ *tiredness* [-dnis] *s.* lassitude; fatigue, f. ‖ *tireless* [-lis] *adj.* infatigable. ‖ *tiresome* [-səm] *adj.* lassant; fatigant; ennuyeux; fastidieux.

tisane [tizæn] *s.* tisane, f.

tissue [tìshou] *s.* tissu, m.; *tissue-paper*, papier pelure; papier de soie.

tit [tit] *s.* mamelle, f.

tit [tit] *s.* mésange, f.

Titan [ta¹tən] *s.* Titan, m.; *titanic*, titanesque.

titbit [tìtbit] *s.* friandise, f.

tithe [ta¹zh] *s.* dîme, f.

titillate [tìtilé¹t] *v.* titiller, chatouiller, émoustiller.

title [ta¹t'l] *s.* titre; droit (jur.), m.; *title to property*, titre de propriété; *title page*, page de titre.

titmouse [tìtmaᵘs] (*pl.* **titmice** [-ma¹s]) *s.* mésange, f.

titular [tìtshelər] *adj., s.* titulaire.

to [tou] *prep.* à; vers; en; de; pour; jusque; jusqu'à; afin de; envers; *owing to*, grâce à; *in order to*, afin de; *to go to England*, aller en Angleterre; *to the last*, jusqu'au dernier; jusqu'au bout; *to all appearances*, selon toute apparence; *a quarter to five*, cinq heures moins le quart; *to and fro*, allée et venue, « navette ».

toad [tou°d] *s.* crapaud, m. ‖ **toady** [-i] *s.* flagorneur, m.

toast [tou°st] *s.* toast, m.; rôtie, f.; *v.* (faire) griller [bread]; porter un toast à.

tobacco [t°bako°u] *s.* tabac, m.; **tobacconist**, débitant de tabac.

toboggan [t°bâg°n] *s.* toboggan, m.; *Indian toboggan, Fr. Can.* traîne sauvage; *v.* faire du toboggan; *Am.* dégringoler [colloq.].

tocsin [tâksin] *s.* tocsin, m.

today [t°dé¹] *adv.* aujourd'hui.

toddle [tâd'l] *v.* trottiner; *s.* trottinement, m.

to-do [t°doû] *s.* remue-ménage, m.

toe [tou°] *s.* orteil; bout [stocking], m.; *v. to toe in*, marcher les pieds en dedans; *to toe out*, marcher les pieds en dehors; **toenail**, ongle d'orteil.

together [t°gèzh°r] *adv.* ensemble; en même temps; à la fois; de suite.

toil [to¹l] *v.* travailler, trimer; *s.* labeur, m.; peine, f.

toilet [to¹lit] *s.* toilette; ablutions, f.; costume, cabinet, m.; *toilet case*, nécessaire de toilette; *toilet paper*, papier hygiénique; *toilet water*, eau de Cologne.

toilsome [to¹ls°m] *adj.* ardu, laborieux.

token [tou°k°n] *s.* marque, f.; signe; gage; témoignage; jeton, m.

told [tou°ld] *pret., p. p. of to tell.*

tolerable [tâl°r°b'l] *adj.* tolérable; supportable; passable. ‖ **tolerance** [-r°ns] *s.* tolérance, f. ‖ **tolerant** [-r°nt] *adj.* tolérant; indulgent. ‖ **tolerate** [-ré¹t] *v.* tolérer; supporter. ‖ **toleration** [tâl°ré¹sh°n] *s.* tolérance, f.

toll [tou°l] *s.* octroi; péage; droit de passage, m.; *toll-bridge*, pont payant; *toll gate*, barrière de péage, d'octroi.

toll [tou°l] *s.* tintement [bell], m.; *v.* tinter; sonner.

tomato [t°mé¹tou°] *s.* ° tomate, f.

tomb [toum] *s.* tombe; sépulture, f.; tombeau, m.; **tombstone**, pierre tombale.

tomboy [tâmbo¹] *s.* garçon manqué, m.

tomcat [tâmkat] *s.* matou, m.

tomorrow [t°mauro°u] *adv.* demain; *day after tomorrow*, après-demain.

tomtit [tâmtit] *s.* mésange, f.

ton [tœn] *s.* tonne, f.; tonneau (naut.), m.

tone [tou°n] *s.* ton; accent; son; tonus (med.), m.; *v.* débiter d'un ton monotone; accorder, régler; virer (phot.); tonifier (med.); *to tone in well with*, s'harmoniser avec; *to tone up*, revigorer; *toneless voice*, voix blanche.

tongs [taungz] *s. pl.* pincettes; pinces; tenailles, f. pl.

tongue [tœng] *s.* langue; languette, f.; ardillon [buckle], m.; *to hold one's tongue*, se taire; *tongue-tied*, bouche cousue; *coated tongue*, langue chargée; **tonguelet**, languette.

tonic [tânik] *adj., s.* tonique; fortifiant, **tonicity**, tonicité.

tonight [t°na¹t] *adv.* cette nuit; ce soir.

tonnage [tœnidj] *s.* tonnage, m.; jauge, f.

tonsil [tâns'l] *s.* amygdale, f. ‖ **tonsilitis** [tâns'la¹t¹s] *s.* amygdalite, f.

tonsure [tânsh°r] *s.* tonsure, f.; *v.* tonsurer.

too [tou] *adv.* trop; aussi, de même; *too much, too many*, trop, trop de.

took [touk] *pret. of to take.*

tool [toul] *s.* outil; instrument, m.; *tool bag*, trousse à outils; **tooling**, outillage; usinage; ciselage.

toot [tout] *v.* sonner de la trompette; donner un coup de klaxon; siffler; *s.* coup de klaxon; son du cor; sifflement, m.

tooth [touth] (*pl.* **teeth** [tîth]) *s.* dent, f.; *false tooth*, fausse dent; *milk tooth*, dent de lait; *wisdom tooth*, dent de sagesse; **toothache**, mal de dents; **toothbrush**, brosse à dents; **toothpaste**, pâte dentifrice; **toothpick**, cure-dents; **toothpowder**, poudre dentifrice; **toothsome**, savoureux.

top [tâp] *s.* sommet; faîte; haut; couvercle; dessus [table]; extrados (aviat.); ciel [furnace]; comble (fig), m.; toupie; hune (naut.); surface [water]; capote [car]; impériale [bus], f.; *v.* couronner; surmonter; surpasser; dominer; apiquer (naut.); *adj.* premier, de tête; extrême, principal; *at the top of one's voice*, à tue-tête; *from top to toe*, de la tête aux pieds; *on top of*, sur, par-dessus, en plus de; *at top speed*, à toute vitesse, *that tops everything*, c'est le bouquet; *to top off*, parfaire; **topcoat**, pardessus; **topmast**, mât de hune; **topmost**, le plus élevé, le plus haut.

topaz [to°upaz] *s.* topaze, f.

toper [to°up°r] *s.* ivrogne, m.

topgallant [to°upgal°nt] *s.* perroquet, m. (naut.).

topic [tåpik] *s.* sujet, m.; matière, f.; *current topic*, actualité; *topical*, d'actualité; topique.

topography [to°upâgr°fi] *s.* topographie, f.

topper [tap°r] *s.* haut-de-forme; *Am.* surtout, m.

topple [tåp'l] *v.* dégringoler; (faire) culbuter; *to topple over*, renverser, faire choir; s'écrouler.

topsy-turvy [tåpsitë°vi] *adj., adv.* la tête en bas; à l'envers; sens dessus dessous; en désordre.

torch [taurtsh] *s.* torche, f.; flambeau; chalumeau (techn.), m.; lampe de poche, f.

tore [to°ur] *pret. of to tear.*

toreador [tåri°då°r] *s.* toréador, m.

torment [taurm°nt] *s.* tourment, m.; torture, f.; [taurm°nt] *v.* tourmenter; harceler; *tormentor*, bourreau.

tormentor [taurm°nt°r] *s.* abat-son, panneau anti-sonore, m.

torn [to°urn] *p. p. of to tear.*

tornado [taurné¹do°u] *s.* tornade, f.; ouragan; cyclone, m.

torpedo [taurpído°u] *s.* torpille, f.; *v.* torpiller; *torpedo boat*, torpilleur; *torpedo-tube*, lance-torpilles.

torpid [taurpid] *adj.* engourdi; inactif; *torpify*, engourdir; *torpor*, torpeur.

torrent [taur°nt] *s.* torrent; déluge; cours violent, m.; *torrential*, torrentiel; torrentueux.

torrid [taurid] *adj.* torride.

torsion [taursh°n] *s.* torsion, f.

torticollis [tau°tikális] *s.* torticolis, m.

tortoise [taurt°s] *s.* tortue, f.

tortuous [taurtshou°s] *adj.* tortueux; sinueux.

torture [taurtsh°r] *s.* torture, f.; supplice; tourment, m.; *v.* torturer, supplicier; tourmenter; *torturer*, bourreau, tourmenteur.

toss [taus] *v.* lancer, jeter en l'air; ballotter (naut.); secouer; sauter [cooking]; désarçonner; *s.* secousse; chute de cheval, f.; ballottement, m.; *toss-up*, coup à pile ou face; affaire douteuse; *to toss up*, jouer à pile ou face.

tot [tåt] *s.* petit enfant; gosse, m.

total [to°ut'l] *adj., s.* total; *v.* totaliser; s'élever à. ‖ *totalitarian* [to°utal·l°tèri°n] *adj.* totalitaire. ‖ *totality* [to°utal·ti] *s.* totalité, f. ‖ *totalizator* [to°utal·té¹t°r] *s.* totalisateur, m. ‖ *totalize* [to°ut·la¹z] *v.* totaliser. ‖ *totally* [to°ut·li] *adv.* totalement; entièrement; tout à fait.

totem [to°ut°m] *s.* totem, m.

totter [tåt°r] *v.* chanceler; vaciller.

touch [tœtsh] *v.* toucher; atteindre; faire escale (naut.); concerner; affecter; *s.* toucher; tact; attouchement; contact; trait, aperçu, m.; touche; allusion; pointe, trace, f.; *touchstone*, pierre de touche; *touchwood*, amadou; *to get in touch*, se mettre en rapport; *to keep in touch*, garder le contact; *to make a touch*, taper, emprunter de l'argent; *to touch up*, retoucher; *to touch upon*, effleurer; *a touch of powder*, un soupçon de poudre; *a touch of fever*, une pointe de fièvre. ‖ *touching* [-ing] *adj.* touchant; émouvant; *touchy*, susceptible, pointilleux.

tough [tœf] *adj.* dur; coriace; résistant; tenace; ardu; *m.* voyou, apache, m. ‖ *toughen* [-'n] *v.* durcir; s'endurcir; (se) raidir. ‖ *toughness* [-nis] *s.* dureté; raideur; résistance; difficulté, f.

tour [tour] *s.* tour; voyage, m.; excursion; tournée, f.; *v.* voyager; visiter. ‖ *tourism* [-riz°m] *s.* tourisme, m. ‖ *tourist* [-ist] *s.* touriste, m.

tournament [të°n°m°nt] *s.* tournoi; concours; championnat, m.; compétition, f.

tourniquet [të°nikéi] *s.* garrot, m.

tousle [ta°uz'l] *v.* ébouriffer [hair]; chiffonner [dress]; bousculer.

tout [ta°ut] *v.* racoler; *s.* rabatteur; démarcheur, m.

tow [to°u] *v.* touer; remorquer; haler; dépanner; *s.* remorque, f.; touage, m.; *tow boat*, remorqueur; *tow path*, chemin de halage; *towing*, dépannage.

tow [to°u] *s.* étoupe; filasse, f.

toward(s) [to°urd(z)] *prep.* vers; envers; à l'égard de; du côté de.

towel [ta°ue l] *s.* serviette, f.; essuie-mains, m.

tower [ta°ue r] *s.* tour, f.; pylône, m.; *v.* dominer; planer; s'élever; *conning-tower*, tourelle de commandement (naut.); *towering*, gigantesque; dominant.

town [ta°un] *s.* ville; municipalité, f. ‖ *town-hall*, mairie; *town-planning*, urbanification, urbanisme. ‖ *township* [-ship] *s.* commune, f.

toxic [tåksik] *adj.*, *s.* toxique. ‖ **toxin** [tåksìn] *s.* toxine, f.

toy [to¹] *s.* jouet; colifichet, m.; *v.* jouer; manier; **toy trade**, bimbeloterie.

trace [tré¹s] *s.* trace; empreinte, f.; tracé, m.; *v.* calquer; tracer; pister; **tracer**, calqueur, traçoir; **tracing-paper**, papier-calque.

trace [tré¹s] *s.* trait [harness], m.

trachea [tré¹kiɐ] *s.* trachée, f.; **tracheitis**, trachéite.

track [trak] *s.* piste; voie (railw.); route (naut.; aviat.); orbite (astron.), f.; sillage; chemin, m.; *v.* suivre à la trace; pister; tracer une voie; traquer; haler (naut.); **caterpillar track**, chenille tank; **race track**, piste de course; **to be off the track**, dérailler; **the beaten track**, les sentiers battus; **to track in mud**, faire des marques de pas.

tract [trakt] *s.* étendue; région; nappe [water], f.; tract; opuscule, m.; **digestive tract**, appareil digestif.

tractable [traktɐb'l] *adj.* traitable; docile; maniable.

traction [trakshɐn] *s.* traction; tension; attraction, f. ‖ **tractor** [traktɐr] *s.* tracteur, m.; **farm tractor**, tracteur agricole.

trade [tré¹d] *s.* commerce; négoce; métier, m.; *v.* commercer; négocier; trafiquer; troquer; **trade-mark**, marque de fabrique; **trade name**, raison sociale; **trade school**, école professionnelle; **trade-union**, union ouvrière; **trade wind**, vent alizé. ‖ **trader** [-ɐr] *s.* commerçant; négociant; marchand; vaisseau marchand (naut.), m. ‖ **tradesman** [-zmɐn] (*pl.* **tradesmen**) *s.* marchand, commerçant; boutiquier; fournisseur; artisan, m. ‖ **trading** [-ing] *s.* commerce; trafic, m.

tradition [trɐdishɐn] *s.* tradition, f.

traduce [trɐdyous] *v.* diffamer; **traducer**, calomniateur, diffamateur.

traffic [trafik] *s.* trafic; négoce, commerce, m.; circulation, f.; *v.* trafiquer; faire du commerce; être en relation (*with*, avec); **traffic flow**, courant de circulation.

tragedian [trɐdjídiɐn] *s.* tragédien; tragique, m. ‖ **tragedy** [tradjᵉdi] *s.* tragédie, f. ‖ **tragic** [tradjik] *adj.* tragique.

trail [tré¹l] *s.* trace; piste; traînée; crosse d'affût (mil.), f.; *v.* traîner; suivre à la piste; **trail rope**, prolonge (artill.). ‖ **trailer** [-ɐr] *s.* remorque, f.; traînard, m.; **trailer-caravan**, caravane [autom.].

train [tré¹n] *s.* train; convoi; enchaînement [ideas], m.; traînée; traîne; escorte, f.; *v.* (s')entraîner; former, instruire; dresser [animals]; pointer (mil.); **express train**, express, rapide; **freight train**, train de marchandises; **local train**, omnibus; **passenger train**, train de voyageurs; *Am.* **subway train**, rame de métro. ‖ **trainer** [-ɐr] *s.* entraîneur; dompteur; avion - école (aviat.), m. ‖ **training** [-ing] *s.* entraînement; dressage; pointage (mil.), m.; instruction, éducation, f.; **basic training**, instruction élémentaire. ‖ **trainman** [-mɐn] (*pl.* **trainmen**) *s.* cheminot, m.

trait [tré¹t] *s.* trait, m.; caractéristique, f.

traitor [tré¹tɐr] *s.* traître, m.; **traitorous**, traître; **traitress**, traîtresse.

traject [trɐdjèkt] *v.* projeter, jeter; *s.* trajet, m. ‖ **trajectory** [-ᵉri] *s.*° trajectoire, f.

tram [tram] *s.* tramway; wagonnet de houillère, m.

tramp [tràmp] *v.* aller à pied; battre la semelle; marcher à pas rythmés; vagabonder; *s.* promenade à pied, marche, f.; piétinement; vagabond, chemineau, m. ‖ **trample** [-'l] *v.* piétiner; fouler aux pieds.

trance [tràns] *s.* extase; transe; catalepsie, f.

tranquil [tràŋkwil] *adj.* tranquille. ‖ **tranquillity** [tràŋkwilᵉti] *s.* tranquillité, f. ‖ **tranquillizer** [tràŋgkwila¹zᵉr] *s.* tranquillisant, m.

transact [trànsakt] *v.* traiter; négocier avec. ‖ **transaction** [trànsakshɐn] *s.* transaction, affaire, f.; *pl.* compte rendu, m.; procès-verbaux, actes, m. pl. ‖ **transactor** [-ɐr] *s.* négociateur, m.

transalpine [trànsalpin] *adj.* transalpin.

transatlantic [trànsᵉtlàntik] *adj.* transatlantique.

transcend [trànsènd] *v.* outrepasser; dépasser; **transcendent**, transcendant.

transcribe [trànskra¹b] *v.* transcrire. ‖ **transcript** [trànskript] *s.* transcription; copie, f.; **transcription**, transcription; émission différée [radio].

transept [trànsèpt] *s.* transept, m.

transfer [trànsfёr] *s.* transfert (jur.); déplacement; billet de correspondance (railw.); virement (fin.), m.; mutation; copie, f.; [trànsfёr] *v.* transférer; permuter; transporter; transborder; transmettre; décalquer; virer; changer, correspondre (railw.); **transferable**, transportable; transmissible; transférable; négociable.

transfigure [trànsfigyᵉr] *v.* transfigurer.

transform [trànsfaurm] *v.* changer; (se) transformer. ‖ *transformation* [trànsˢᵉrméˡshᵉn] *s.* transformation, f. ‖ *transformer* [trànsfaurmᵉʳ] *s.* transformateur, m.

transfuse [trànsfyouz] *v.* transfuser; transvaser. ‖ *transfusion* [trànsfyou-jᵉn] *s.* transfusion, f.

transgress [trànsgrès] *v.* transgresser; pécher; dépasser [bounds]. ‖ *transgression* [trànsgréˡshᵉn] *s.* transgression; infraction; violation, f. ‖ *transgressor* [trànsgrès°ᵉʳ] *s.* transgresseur; délinquant; pécheur, m.

transient [trànshᵉnt] *adj.* transitoire; passager; fugitif; momentané. ‖ *transit* [trànsit] *s.* transit; passage; parcours; transport (comm.), m. ‖ *transition* [trànzishᵉn] *s.* transition, f. ‖ *transitive* [trànsᵉtiv] *adj.* transitif. ‖ *transitory* [trànsᵉtoᵒuri] *adj.* transitoire, éphémère.

translate [trànsléˡt] *v.* traduire; transférer; retransmettre (telegr.). ‖ *translation* [trànsléˡshᵉn] *s.* translation (eccles.); version, traduction, f. ‖ *translator* [trànsléˡtᵉʳ] *s.* traducteur, m.; traductrice, f.

transliterate [trànslitᵉréˡt] *v.* transcrire.

translucent [trànslousˈnt] *adj.* translucide.

transmission [trànsmishᵉn] *s.* transmission; émission [radio]; transmission [auto], f. ‖ *transmit* [trànsmit] *v.* transmettre; émettre [radio]; transporter (electr.). ‖ *transmitter* [-°ᵉʳ] *s.* transmetteur; émetteur [radio]; manipulateur (telegr.), m.

transmute [trànsmiout] *v.* transmuer.

transom [trànsᵉm] *s.* traverse, f.; *Am.* vasistas, m.

transparency [trànspèˈrᵉnsi] *s.°* transparence; diapositive, f. ‖ *transparent* [trànspèrᵉnt] *adj.* transparent; clair; diaphane.

transpierce [trànspiᵉrs] *v.* transpercer.

transpiration [trànspaiᵉréˡshᵉn] *s.* transpiration, f. ‖ *transpire* [trànspaiᵉr] *v.* transpirer; s'ébruiter; avoir lieu.

transplant [trànsplànt] *v.* transplanter; greffer (med.).

transport [trànspoᵒurt] *s.* transport; enthousiasme; déporté, m.; [trànspoᵒurt] *v.* transporter; camionner; déporter; enthousiasmer; *transportable*, transportable. ‖ *transportation* [trànspᵉrtéˡshᵉn] *s.* transport; enthousiasme, m.; déportation, f.; *air, motor, rail, water transportation*, transport par air, par camions, par fer, par eau. ‖ *transporter* [trànspoᵒurtᵉr] *s.* transporteur, m.

transpose [trànspoᵒuz] *v.* transposer. *transposition*, transposition.

transverse [trànsvèʳs] *adj.* transversal; *s.* transverse, m.

trap [trap] *s.* trappe, f.; piège, m.; *v.* attraper; prendre au piège; *Fr. Can.* trapper; *trapdoor*, trappe; *trapper*, trappeur; *mouse trap*, souricière; *rattletrap*, guimbarde.

trapeze [trapîz] *s.* trapèze, m.

trappings [trapingz] *s. pl.* parures, f. pl.; ornements; atours, m. pl.

trash [trash] *s.°* camelote; fadaise [talk], f.; déchets; rebuts, m. pl.

traumatism [traumᵉtizᵉm] *s.* traumatisme, m.

travel [travˈl] *s.* voyage; trajet (mech.), m.; *v.* voyager; circuler; parcourir; tourner, rouler (mech.); *travel agency*, agence de voyage. ‖ *travel(l)er* [-°ʳ] *s.* voyageur; curseur; chariot (mech.), m. ‖ *travel(l)ing* [-ing] *adj.* mobile; ambulant; de voyage; *s.* travelling [cinema], m.

traverse [travèʳs] *s.* traverse; traversée; entretoise (mech.); transversale (geom.), f.; obstacle, revers, m.; *v.* traverser.

travesty [travisti] *s.°* travesti, m.; parodie, f.; *v.* parodier; déguiser.

trawler [traulᵉr] *s.* chalutier, m.

tray [tréˡ] *s.* plateau, m.; cuvette (phot.); auge, augette, f.

treacherous [trètshᵉrs] *adj.* traître; perfide. ‖ *treachery* [trètshᵉri] *s.°* trahison; perfidie, f.

treacle [trîkˈl] *s.* mélasse, f.

tread [trèd] *v.°* fouler, écraser; piétiner; appuyer sur; *s.* (bruit de) pas; piétinement; écartement des roues [car], m.; marche; chape [tire]; semelle, f.; *treadle*, pédale.

treason [trîzˈn] *s.* trahison, f.

treasure [trèjᵉr] *s.* trésor, m.; *v.* thésauriser; conserver précieusement. ‖ *treasurer* [-rᵉr] *s.* trésorier, m.; *treasury* [-ri] *s.°* trésor public, m.; trésorerie, f.

treat [trît] *v.* traiter; négocier; inviter; *s.* régal, m.; partie de plaisir; tournée [drink], f. ‖ *treater* [-°ʳ] *s.* négociateur; hôte, m. ‖ *treatise* [-is] *s.* traité, m. ‖ *treatment* [-mᵉnt] *s.* traitement, m.; cure, f. ‖ *treaty* [-i] *s.°* traité; pacte, m.

treble [trèbˈl] *adj.* triple; *s.* triple, m.; *v.* tripler; *treble clef*, clef de sol; *treble voice*, voix de soprano.

tree [trî] *s.* arbre, m.; *family tree*, arbre généalogique; *treeless*, sans arbre; *treetop*, cime d'un arbre.

trefoil [trîfoˡil] *s.* trèfle, m.

trellis [trèlis] *s.** treillis, m.; *v.* treil-lisser.

tremble [trèmb'l] *v.* trembler; trembloter; vibrer; *s.* tremblement, m.

tremendous [trimènd⁰s] *adj.* terrible; épouvantable; extraordinaire; formidable.

tremor [trèm⁰r] *s.* tremblement; frémissement, m.; trépidation, f. ‖ *tremulous* [trèmyoul⁰s] *adj.* tremblotant; frémissant.

trench [trèntsh] *s.** tranchée, f.; retranchement; fossé, m.; *trenchboard,* caillebotis; *trench-coat,* imperméable; *trench fever,* fièvre récurrente; *trench mortar,* mortier (mil.). ‖ *trenchant* [-⁰nt] *adj.* mordant, tranchant; vigoureux.

trend [trènd] *s.* tendance; direction, f.

trepan [tripàn] *s.* trépan, m.; *v.* trépaner.

trepidation [trèpidé¹sh⁰n] *s.* trépidation; agitation, f.; trac, m.

trespass [trèsp⁰s] *s.** violation; contravention, f.; délit, m.; *v.* enfreindre; violer; empiéter sur; pécher; *no trespassing,* défense d'entrer. ‖ *trespasser* [-⁰r] *s.* transgresseur; délinquant; maraudeur; intrus, m.

tress [très] *s.** tresse, f.

trestle [très'l] *s.* tréteau; support; chevalet, m.

trial [tra¹⁰l] *s.* épreuve, expérience, tentative, f.; essai; jugement, procès (jur.), m.; *to bring to trial,* mettre en jugement; *speed trial,* essai de vitesse.

triangle [tra¹àngg'l] *s.* triangle, m. ‖ *triangular* [-gy⁰l⁰r] *adj.* triangulaire.

tribe [tra¹b] *s.* tribu, f.

tribulation [triby⁰lé¹sh⁰n] *s.* tribulation, f.

tribunal [tribyou⁰n'l] *s.* tribunal, m.

tribune [tribyou⁰n] *s.* tribune, f.; [tribyou⁰n] *s.* «tribune» [newspaper], f.

tributary [triby⁰tèri] *adj.* tributaire; *s.** affluent, m. ‖ *tribute* [tribyout] *s.* tribut; hommage, m.

trice [tra¹s] *s.* instant, m.

trick [trik] *s.* tour; truc; tic, m.; ruse; farce; levée [cards], f.; *v.* duper; escroquer; *trick-shot,* truquage [cinema]. ‖ *trickery* [-⁰ri] *s.** tromperie; tricherie; supercherie, f.

trickle [trik'l] *v.* couler; ruisseler; *s.* ruissellement; filet d'eau; ruisselet, m.

trickster [trikst⁰r] *s.* escroc; fourbe, m. ‖ *tricky* [triki] *adj.* rusé; astucieux; minutieux, compliqué; délicat.

tried [tra¹ed] *p. p. of to try; adj.* éprouvé.

trifle [tra¹f'l] *s.* bagatelle; vétille, f.; *v.* badiner; *to trifle away,* gaspiller; *to trifle with,* se jouer de; *trifling,* insignifiant.

trig [trig] *adj.* net; soigné; pimpant; bien tenu.

trigger [trig⁰r] *s.* détente; gâchette, f.; déclic, m.

trill [tril] *s.* trille, m.; *v.* triller; tinter; rouler les r.

trillion [trili⁰n] *s.* trillion; *Am.* billion, m.

trim [trim] *v.* arranger; orner; ajuster; tailler; arrimer (aviat.; naut.); émonder [tree]; dégrossir [timber]; *s.* ornement; attirail; bon ordre; arrimage, m.; *adj.* ordonné; soigné; coquet. ‖ *trimming* [-ing] *s.* garniture, f.; arrimage; émondage; calibrage (phot.), m.; *pl.* passementerie, f.

trimonthly [tra¹mœnthli] *adj.* trimestriel.

trinket [trìngkit] *s.* colifichet, m.

trio [trio⁰u] *s.* trio, m.

trip [trip] *s.* excursion; tournée, f.; tour; trajet, parcours; faux pas; déclenchement (mech.), m.; *v.* trébucher; broncher [horse]; déclencher (mech.); fourcher [tongue]; trottiner.

tripe [tra¹p] *s.* tripe; camelote, f.; *tripe-dealer, tripeman,* tripier; *tripe-shop,* triperie.

triple [trip'l] *adj.* triple; *v.* tripler; *triplet,* trio; triplet; tercet; triolet; *triplicate,* triplé, en triple exemplaire.

tripod [tra¹pâd] *s.* trépied, m.

triptych [triptik] *s.* triptyque, m.

trite [tra¹t] *adj.* banal; rebattu.

triturate [tritiouré¹t] *v.* triturer.

triumph [tra¹⁰mf] *s.** triomphe, m.; *v.* triompher. ‖ *triumphal* [tra¹⁰mf'l] *adj.* triomphal. ‖ *triumphant* [tra¹⁰mf⁰nt] *adj.* triomphant; triomphateur. ‖ *triumphantly* [-li] *adv.* triomphalement. ‖ *triumpher* [-⁰r] *s.* triomphateur, m.; triomphatrice, f.

trivial [trivy⁰l] *adj.* trivial; insignifiant; banal; frivole.

trod [trâd] *pret., p. p. of to tread.* ‖ *trodden* [-'n] *p. p. of to tread.*

trolley [tráli] *s.* trolley; chariot; fardier; tramway, m.; *trolley car,* tramway; *trolley line,* ligne de tramways.

trollop [trál⁰p] *s.* souillon; traînée, f.

trombone [trâmbo⁰un] *s.* trombone, m.; *trombonist,* trombone [man].

troop [troup] *s.* troupe, f.; peloton; escadron, m. ‖ *trooper* [-⁰r] *s.* cavalier [soldier], m. ‖ *troops* [troups] *s. pl.* troupes, f. pl.; *covering troops,* troupes de couverture; *picked troops,* troupes d'élite.

trophy [trou°fi] *s.*° trophée, m.

tropic [trâpik] *s.* tropique, m. ‖ **tropical** [-'l] *adj.* tropical.

trot [trât] *v.* trotter; *s.* trot, m.; *fast trot,* trot allongé.

trouble [træb'l] *s.* trouble; chagrin; ennui; souci; dérangement, m.; peine; affection (med.), f.; *v.* troubler; agiter; tracasser; affliger; préoccuper; ennuyer; déranger; gêner; *it is not worth the trouble,* cela n'en vaut pas la peine, *engine trouble,* panne de moteur; *trouble maker,* dépanneur; **troublemaker,** agitateur, agent provocateur. ‖ **troublesome** [-s°m] *adj.* ennuyeux; fâcheux; gênant; incommode.

trough [trauf] *s.* auge, f.; pétrin; baquet; creuset (metall.); caniveau; creux des lames, m.; *drinking-trough,* abreuvoir.

trounce [trauⁿs] *v.* rosser.

trousers [trauz°rz] *s. pl.* pantalon, m.

trousseau [trousoⁿ] *s.* trousseau, m.

trout [trauᵗ] *s.* truite, f.

trowel [trauᵉl] *s.* truelle, f.; déplantoir (hort.), m.

truant [trouᵉnt] *s.* paresseux, m.; *adj.* paresseux; vagabond.

truce [trous] *s.* trêve, f.; *flag of truce,* drapeau de parlementaire.

truck [træk] *s.* camion; fourgon; wagon (railw.); chariot, diable, m.; *v.* camionner; *delivery truck,* camionnette; *truck garden,* jardin maraîcher.

truckle [træk'l] *v.* ramper, s'aplatir.

truculence [trækyoulᵉns] *s.* férocité; violence, f.

trudge [trædj] *v.* cheminer péniblement; clopiner; se traîner; *s.* marche pénible, f.

true [trou] *adj.* vrai; exact; loyal, sincère; droit; juste; conforme; fidèle; centré (mech.); légitime; authentique; *to come true,* se réaliser.

truffle [træf'l] *s.* truffe, f.

truism [trouîz'm] *s.* truisme, m.

truly [trouli] *adv.* vraiment; réellement; sincèrement; franchement; *yours truly,* sincèrement vôtre.

trump [træmp] *s.* atout [cards], m.; *v.* jouer atout.

trump [træmp] *v.* inventer; *to trump up an excuse,* forger une excuse.

trumpet [træmpit] *s.* trompette, f.; *v.* jouer de la trompette; publier; *trumpeter,* trompettiste; *ear trumpet,* cornet acoustique.

truncate [trængkéⁱt] *v.* tronquer; [-it] *adj.* tronqué.

truncheon [trænshᵉn] *s.* matraque, f.; bâton, m.

trundle [trænd'l] *v.* (faire) rouler; pousser.

trunk [trængk] *s.* tronc, m.; trompe [elephant]; malle [luggage]; ligne principale (railw.), f.; *pl.* caleçon court, m.

truss [træs] *s.*° bandage herniaire (med.); cintre (archit.), m.

trust [træst] *s.* confiance; espérance; responsabilité, charge; garde; confidence, f.; trust; crédit (comm.), m.; *v.* se fier; (se) confier; faire crédit à; espérer. ‖ **trustee** [-î] *s.* dépositaire; administrateur, syndic, m.; *board of trustees,* conseil d'administration. ‖ **trustful** [-fᵉl] *adj.* confiant. ‖ **trustworthy** [-wë°zhi] *adj.* digne de confiance, honnête, sûr. ‖ **trusty** [træsti] *adj.* sûr; fidèle; loyal; *s.*° homme de confiance, m.

truth [trouth] *s.* vérité; sincérité, loyauté, f. ‖ **truthful** [-fᵉl] *adj.* véridique, vrai; sincère. ‖ **truthfulness** [-fᵉlnis] *s.* véracité, f.

try [traⁱ] *v.* essayer; entreprendre; mettre à l'épreuve; juger (jur.); *s.*° tentative, f.; essai [rugby], m.; *to try someone's patience,* éprouver la patience de quelqu'un; *to try on a suit,* essayer un costume. ‖ **trying** [-ing] *adj.* éprouvant; pénible; angoissant; vexant.

tub [tœb] *s.* cuve; baignoire, f.; baquet; tub, m.; *v.* prendre un tub.

tube [tyoub] *s.* tube; conduit; tuyau; Br. métro, m.; buse (techn.); lampe [radio], f.; *bronchial tube,* bronche; *inner tube,* chambre à air [tire]; *tube-station,* station de métro.

tubercle [tyoubë°k'l] *s.* tubercule, m. ‖ **tubercular** [tyoubë°ky•lᵉʳ] *adj.* tubercular. ‖ **tuberculous** [-°s] *adj.* tuberculeux. ‖ **tuberculosis** [tyoubë°ky•loⁿsis] *s.* tuberculose, f.

tubing [tyoubing] *s.* tuyautage, m.; tuyauterie, f.; tubage, m. (med.).

tubular [tioûbioulᵉʳ] *adj.* tubulaire.

tuck [tœk] *s.* retrousser; *s.* pli, plissé, m.; *to tuck in bed,* border le lit; *tuck-in,* gueuleton (colloq.).

Tuesday [tyouzdi] *s.* mardi, m.

tuft [tœft] *s.* touffe; huppe, f.; pompon, m.

tug [tœg] *v.* tirer, tirailler; remorquer; *s.* tiraillement; remorqueur [boat], m.; saccade, f.

tuition [tyouishᵉn] *s.* instruction; leçons, f.; enseignement, m.; Am. droits d'inscription, m. pl.

tulip [tyoulᵉp] *s.* tulipe, f.

tulle [tyoul] *s.* tulle, m.

tumble [tæmb'l] v. tomber, dégringoler; tourner et retourner; chiffonner; *to tumble to*, deviner; *to tumble over*, faire la culbute; *to tumble for*, se laisser prendre à. || **tumbler** [-ᵉʳ] s. gobelet, grand verre, m.; timbale, f.; équilibriste, acrobate; pigeon culbutant, m.

tumefy [tyoumᵉfaⁱ] v. (se) tuméfier. || **tumid** [tyoumid] adj. enflé; ampoulé (fig.).

tummy [tæmi] s. estomac, ventre, m. (colloq.).

tumo(u)r [tyoumᵉʳ] s. tumeur, f.

tumult [tyoumœlt] s. tumulte; vacarme; trouble, m. || **tumultuous** [tyoumœltshouᵉs] adj. tumultueux.

tun [tœn] s. tonneau, fût, m.

tuna [tounᵉ] s. Am. thon, m.

tune [tyoun] s. air; ton; accord, m.; mélodie, f.; v. accorder; régler, syntoniser [radio]; *out of tune*, désaccordé; *in tune*, d'accord; accordé; juste; *tuneful*, harmonieux, mélodieux.

tunic [tyounik] s. tunique, f.

tuning [tyouning] s. accord; accordage, m.; mise au point (mech.); syntonisation [radio], f.; *tuning knob*, bouton de réglage [radio].

Tunisia [tyounishiᵉ] s. Tunisie, f.

tunnel [tæn'l] s. tunnel, m.; v. trouer, percer.

turbid [tᵉrbid] adj. trouble; bourbeux; en désordre; embrouillé.

turbine [tᵉrbaⁱn] s. turbine, f.

turbulent [tᵉrbyᵉlᵉnt] adj. turbulent; tumultueux; tourbillonnant; séditieux.

tureen [tyourîn] s. saucière; soupière, f.

turf [tᵉrf] s. gazon; terrain de course; turf, m.; tourbe, f. || **turfite** [-aⁱt] s. turfiste, m. f.

turgid [tᵉrdjid] adj. enflé, gonflé.

Turk [tᵉrk] s. Turc, m.

turkey [tᵉrki] s. dindon, m.; dinde, f.; Am. « four » (theat.).

Turkey [tᵉrki] s. Turquie, f. || **Turkish** [-sh] adj., s. turc.

turmoil [tᵉrmoⁱl] s. tumulte; désordre; trouble, m.; agitation, f.

turn [tᵉrn] v. (se) tourner; transformer; virer (aviat.); faire pencher [scale]; traduire; émousser; écœurer; se détourner; se changer, devenir; se diriger; s. tour; tournant; contour; virage; changement; penchant, m.; révolution (astron.); tournure; occasion, f.; *to turn back*, se retourner; renvoyer; rebrousser chemin; *to turn down an offer*, repousser une offre; *to turn about*, faire demi-tour; *to turn*

in, rendre, restituer; Am. se coucher; *to turn off*, fermer, couper [gas]; éteindre (electr.); *to turn on*, ouvrir, allumer (electr.); *to turn out*, expulser; *to turn over*, capoter [auto], se renverser; *to turn to*, avoir recours à; *to turn over and over*, tournoyer; *to turn sour*, aigrir; *turn of mind*, tournure d'esprit; *by turns*, alternativement; *in turn*, à tour de rôle.

turncoat [tᵉrnkoᵘt] s. renégat, m.; girouette (fig.), f.

turnip [tᵉrnip] s. navet, m.

turnkey [tᵉrnki] s. geôlier, m.

turnover [tᵉrnoᵘvᵉr] s. capotage; chiffre d'affaires [business]; chausson [apple], m.; adj. replié, rabattu; reversible; pliant [table].

turnpike [tᵉrnpaⁱk] s. péage, f.; Am. autoroute, f.

turnsole [tᵉrnsoᵘl] s. tournesol, m.

turntable [tᵉrnté'b'l] s. plaque tournante (railw.), f.; plateau [gramophone], m.

turpentine [tᵉrpᵉntaⁱn] s. térébenthine, f.

turpitude [tᵉrpᵉtyoud] s. turpitude; vilenie, f.

turquoise [tᵉrkwoⁱz] s. turquoise, f.

turret [tᵉrit] s. tourelle, f.

turtle [tᵉrt'l] s. tortue, f.; **turtle-dove**, tourterelle, f.; *to turn turtle*, capoter.

tusk [tœsk] s. défense, f.

tussle [tœs'l] s. bagarre, f.; v. se bagarrer.

tutelary [tyoutilᵉri] adj. tutélaire.

tutor [tyoutᵉr] s. précepteur; répétiteur; professeur adjoint; tuteur (jur.), m.; v. être le tuteur de; servir de tuteur à; enseigner; **tutorage**, tutelle; **tutoress**, monitrice; tutrice.

tuxedo [tœksidoᵘ] s. smoking, m.

twaddle [twåd'l] s. niaiseries, f. pl.; v. jacasser.

twang [twàng] s. nasillement; son métallique, m.; v. nasiller; (faire) vibrer; **twangy**, nasal, nasillant.

tweed [twîd] s. tweed, m.

tweet [twît] v. pépier.

tweezers [twîzᵉrz] s. pl. pince, f.

twelfth [twèlfth] adj., s. douzième; *Twelfth Night*, soir de l'Epiphanie. || **twelve** [twèlv] adj., s. douze; *twelve o'clock*, midi, minuit. || **twentieth** [twèntiith] adj., s. vingtième; vingt [month, title]. || **twenty** [twènti] adj., s. vingt.

twice [twaⁱs] adv. deux fois.

twig [twig] s. brindille; ramille, f.

twilight [twa¹la¹t] *s.* crépuscule, m.; *adj.* crépusculaire.

twin [twìn] *adj.*, *s.* jumeau, m.; jumelle, f.; *twin-beds*, lits jumeaux.

twine [twa¹n] *s.* ficelle, f.; enroulement; entrelacement, m.; *v.* (s')enrouler.

twinge [twìndj] *s.* élancement, m.; *v.* pincer; élancer.

twining [twa¹ning] *adj.* sinueux; lancinant.

twinkle [twìngkl] *v.* scintiller; clignoter; *s.* scintillement; clignement, clin, m. ‖ *twinkling* [-ing] *s.* clignement, clin, m.

twirl [twë²l] *v.* (faire) tournoyer; girer; *s.* tournoiement, m.; fioriture; volute; pirouette.

twist [twist] *s.* cordon; cordonnet; toron (naut.), m.; torsion; contorsion, f.; *v.* tordre; entortiller; enlacer; s'entrelacer, (s')enrouler; se tortiller; *twisted,* tordu, *Fr. Can.* croche.

twitch [twitsh] *s.** élancement; tic, m.; secousse; convulsion (med.), f.; chiendent, m. (bot.); *v.* se crisper; se contracter; se convulser; tirer vivement, arracher.

twitter [wit²r] *v.* gazouiller; palpiter; *s.* gazouillis; émoi, m.; palpitation, f.

two [tou] *adj.* deux; *by twos,* deux à deux; *two and two,* deux plus deux; *two-edged,* à deux tranchants. ‖ *twofold* [-fo⁰uld] *adj.* double.

tycoon [ta¹ko⁰ûn] *s. Am.* magnat (m.) de la finance.

tympan [tìmp²n] *s.* tympan, m.

type [ta¹p] *s.* type; individu; caractère (typogr.), m.; *v.* taper à la machine, dactylographier. ‖ *typewrite* [-ra¹t] *v.* dactylographier, taper. ‖ *typewriter* [-ra¹t²r] *s.* machine à écrire, f., *Fr. Can.* dactylo, m. ‖ *typewritten* [-rit'n] *adj.* dactylographié.

typhoid [ta¹fo¹d] *s.* typhoïde, f.

typhoon [ta¹fo⁰un] *s.* typhon, m.

typhus [ta¹f²s] *s.* typhus, m.

typical [tìpik'l] *adj.* typique. ‖ *typify* [tìpifa¹] *v.* représenter, symboliser, figurer; être le type de.

typing [ta¹ping] *s.* dactylographie, f. ‖ *typist* [ta¹pist] *s.* dactylo(graphe), m., f.

typographer [ta¹pâgr²f²r] *s.* typographe, m. ‖ *typography* [-fi] *s.* typographie, f.

tyrannical [tiranik'l] *adj.* tyrannique. ‖ *tyrannize* [tìr²na¹z] *v.* tyranniser. ‖ *tyranny* [tìr²ni] *s.** tyrannie, f. ‖ *tyrant* [ta¹r²nt] *s.* tyran, m.

tyre [ta¹²r] *s.* pneu, m.

tyro [ta¹ro] *s.* novice, m.

U

ubiquity [ioubìkwiti] *s.* ubiquité, f.

udder [œd²r] *s.* pis, m.

ugliness [œglinis] *s.* laideur, f. ‖ *ugly* [œgli] *adj.* laid; vilain; mauvais [weather].

ulcer [œls²r] *s.* ulcère, m.; plaie, f. ‖ *ulcerate* [-ré¹t] *v.* (s')ulcérer. ‖ *ulceration* [œls²ré¹sh²n] *s.* ulcération, f.

ulterior [œltìri²r] *adj.* ultérieur.

ultimate [œlt²mit] *adj.* ultime. ‖ *ultimately* [-li] *adv.* finalement; en définitive; définitivement.

ultra-sound [œltr²sa⁰und] *s.* ultrason, m. ‖ *ultra-violet* [-va¹²lit] *adj.* ultraviolet.

umbilicus [œmbìlik²s] (*pl.* **umbilici** [-a¹l]) *s.* ombilic, m.

umbrage [œmbridj] *s.* ombrage, m.

umbrella [œmbrèl²] *s.* parapluie, m.; ombrelle, f.

umpire [œmpa¹r] *s.* arbitre, m.; *v.* arbitrer.

un- [œn] *prefix* in-; non-; dé-; mal; sans; peu.

unable [œné¹b'l] *adj.* incapable; empêché; impuissant; *to be unable to,* ne pouvoir.

unaccountable [œn²ka⁰unt²b'l] *adj.* inexplicable; incompréhensible; irresponsable; indépendant.

unaccustomed [œn²kœst²md] *adj.* inaccoutumé; insolite; peu usuel.

unacknowledged [œn²knâlidjd] *adj.* non reconnu; sans réponse [letter].

unaffected [œn²fèktid] *adj.* simple, naturel; insensible.

unalloyed [œn²lo¹d] *adj.* pur, sans mélange.

unambiguous [œnambìgyou²s] *adj.* non équivoque.

unamenable [œn²mìn²b'l] *adj.* réfractaire, indocile.

unanimity [youn²nìm²ti] *s.* unanimité, f.; *unanimous,* unanime.

unanswerable [œnàns²r²b'l] *adj.* sans réplique, incontestable.

unapproachable [œn²pro⁰utsh²b'l] *adj.* inaccessible; incomparable.

unarmed [œnɑ́rmd] *adj.* désarmé; sans armes.

unassailable [œn•sé¹l•b'l] *adj.* inattaquable . irréfutable.

unassuming [œn•syoumíng] *adj.* modeste, simple

unattractive [œn•tráktiv] *adj.* sans attrait, peu séduisant.

unavailable [œn•vé¹l•b'l] *adj.* indisponible , pas libre. ‖ **unavailing** [œn•vé¹ling] *adj.* inutile, infructueux.

unavoidable [œn•vóid•b'l] *adj.* inévitable , inéluctable.

unaware [œn•wè•r] *adj.* ignorant; non averti; non informé. ‖ **unawares** [-z] *adv.* au dépourvu; à l'improviste; par mégarde.

unbalanced [œnbal•nst] *adj.* inéquilibré; déséquilibré (med.); non compensé (mech.).

unbearable [œnbèr•b'l] *adj.* intolérable; intenable.

unbecoming [œnbikœming] *adj.* inconvenant; déplacé; peu seyant.

unbelief [œnb•líf] *s.* incrédulité, f. ‖ **unbelievable** [-lîv•b'l] *adj.* incroyable. ‖ **unbeliever** [-lîv•r] *s.* incrédule; mécréant, m. ‖ **unbelieving** [-lîving] *adj.* incrédule.

unbend [œnbénd] *v.* (se) redresser; (se) détendre. ‖ **unbending** [-ing] *adj.* inflexible; intransigeant.

unbiased [œnba¹•st] *adj.* sans préjugés; impartial.

unbosom [œnbouz•m] *v.* révéler.

unbounded [œnba^{ou}ndid] *adj.* illimité; démesuré; effréné.

unbreakable [œnbré¹k•b'l] *adj.* incassable. ‖ **unbroken** [œnbro^{ou}k•n] *adj.* intact, non brisé; non violé; ininterrompu; indompté [horse].

unburden [œnbě̈r•d'n] *v.* alléger, soulager.

unbutton [œnbœt'n] *v.* déboutonner.

uncanny [œnkáni] *adj.* étrange; surnaturel; mystérieux.

unceasing [œnsísing] *adj.* incessant, continuel.

uncertain [œnsě̈r't'n] *adj.* incertain; irrésolu; indéterminé; douteux; aléatoire.

unchallenged [œntshalindjd] *adj.* incontesté; non contredit; non récusé.

unchangeable [œntshé¹ndj•b'l] *adj.* inaltérable; immuable; invariable. ‖ **unchanged** [œntshé¹ndjd] *adj.* inchangé.

uncharted [œntshɑ́rtid] *adj.* qui ne figure pas sur la carte.

unclaimed [œnklé¹md] *adj.* non réclamé; de rebut [letter].

uncle [œngk'l] *s.* oncle, m.

unclean [œnklî́n] *adj.* sale; impur.

unclear [œnklî•r] *adj.* peu clair.

uncomfortable [œnkœmf•r't•b'l] *adj.* inconfortable; incommode; gêné; fâcheux, mal à l'aise.

uncommon [œnkɑ́m•n] *adj.* peu commun, rare; insolite; *not uncommonly*, assez souvent.

uncommunicative [œnk•myounik•tiv] *adj.* renfermé.

uncompleted [œnk•mplî́tid] *adj.* inachevé.

uncomplimentary [œnkɑ̂mplimént•ri] *adj.* peu flatteur.

uncompromising [œnkɑ̂mpr•ma¹zing] *adj.* intransigeant.

unconcerned [œnk•nsě̈•rnd] *adj.* indifférent; insouciant.

unconditional [œnk•ndísh•n'l] *adj.* absolu; inconditionnel.

uncongenial [œnk•ndjíny•l] *adj.* antipathique, déplaisant; incompatible.

unconquerable [œnkɑ́ngk•r•b'l] *adj.* invincible; indomptable; insurmontable. ‖ **unconquered** [œnkɑ́ngk•rd] *adj.* invaincu; indompté.

unconscious [œnkɑ́nsh•s] *adj.* inconscient; évanoui; *s.* inconscient, m. ‖ **unconsciousness** [-nis] *s.* inconscience, f.; évanouissement, m.

unconsolable [œnk•nso^{ou}l•b'l] *adj.* inconsolable.

uncontrollable [œnk•ntro^{ou}l•b'l] *adj.* incontrôlable; irrésistible; indomptable. ‖ **uncontrolled** [œnk•ntro^{ou}ld] *adj.* incontrôlé; sans frein; indépendant; irresponsable.

unconventional [œnk•nvénsh•n'l] *adj.* peu conventionnel; original; affranchi, libre.

uncork [œnkáurk] *v.* déboucher.

uncouth [œnkóuth] *adj.* étrange; gauche; grossier, malappris.

uncover [œnkœv•r] *v.* (se) découvrir.

unction [œngksh•n] *s.* onction, f. ‖ **unctuous** [-sh•s] *adj.* onctueux; *unctuousness,* onctuosité.

uncultivated [œnkœlt•vé¹tid] *adj.* inculte. ‖ **uncultured** [œnkœltsh•rd] *adj.* inculte, sans culture, fruste.

undeceive [œndisî́v] *v.* désabuser.

undecided [œndisa¹did] *adj.* indécis, irrésolu.

undeniable [œndina¹•b'l] *adj.* indéniable; incontestable.

undenominational [œndin•miné¹sh•n'l] *adj.* laïque, non confessionnel.

under [œnd^er] *prep.* sous; au-dessous de; dans, en moins de; *adv.* dessous; *adj.* inférieur; *under the law*, en vertu de la loi.

underbrush [œnd^erbrœsh] *s.* * taillis; sous-bois, m.; broussailles, f. pl.

undercarriage [œnd^erkaridj] *s.* train d'atterrissage (aviat.), m.

underclothes [œnd^erkloo^uz] *s.* * *pl.* sous-vêtements, m. pl.; linge de corps, m.

underdone [œnd^erdœn] *adj.* pas assez cuit; saignant.

underestimate [œnd^erèstméⁱt] *v.* sous-estimer; déprécier.

underfed [œnd^erfèd] *adj.* sous-alimenté.

undergo [œnd^ergoo^u] *v.* subir; supporter.

undergraduate [œnd^ergradyouit] *s.* étudiant non diplômé, m.

underground [œnd^ergra^{ou}nd] *adj., s.* souterrain; *Br.* métro, m.; Résistance [war], f.; *adv.* en secret.

underhand [œnd^erhand] *adj.* clandestin; sournois.

underline [œnd^erlaⁱn] *v.* souligner.

underlying [œnd^erlaⁱing] *adj.* sous-jacent; fondamental.

undermine [œnd^ermaⁱn] *v.* miner.

underneath [œnd^ernîth] *prep.* sous; au-dessous de; *adv.* dessous; en dessous; par-dessous.

underpass [œnd^erpâs] *s.* * *Am.* passage souterrain (ou) sous un pont, m.

underpay [œnd^erpéⁱ] *v.* exploiter; payer au-dessous du tarif.

undersell [œnd^ersèl] *v.* vendre meilleur marché; solder.

undershirt [œnd^ershёrt] *s.* chemisette, f.

undersigned [œnd^ersaⁱnd] *adj., s.* soussigné.

undersized [œnd^ersaⁱzd] *adj.* de taille inférieure à la moyenne; sous-calibré (mech.); rabougri.

underskirt [œnd^erskёrt] *s.* jupon, m.; sous-jupe, f.

understand [œnd^erstànd] *v.* * entendre; comprendre; sous-entendre; apprendre; être habile à; *understandable*, compréhensible. ‖ *understanding* [-ing] *s.* compréhension; intelligence; harmonie; convention, f.; entendement; accord, m. ‖ *understood* [œnd^erstoud] *pret., p. p. of to understand.*

understate [œnd^erstéⁱt] *v.* amoindrir. ‖ *understatement* [-m^ent] *s.* atténuation (f.) des faits; euphémisme, m.

understructure [œnd^erstrœktsh^er] *s.* infrastructure, f.

understudy [œnd^erstœdij] *v.* doubler; *s.* * doublure (theat.), f.

undertake [œnd^ertéⁱk] *v.* entreprendre; assumer; garantir. ‖ *undertaken* [-^en] *p. p. of to undertake.* ‖ *undertaker* [-^er] *s.* entrepreneur de pompes funèbres, m. ‖ *undertaking* [-ing] *s.* entreprise, f. ‖ *undertook* [-touk] *pret. of to undertake.*

undertow [œnd^ertoo^u] *s.* ressac, m.

undervalue [œnd^ervalyou] *v.* sous-estimer; déprécier.

underwear [œnd^erwèr] *s.* sous-vêtements, m. pl.

underwent [œnd^erwènt] *pret. of to undergo.*

underworld [œnd^erwёrld] *s.* pègre, f.; enfers, m. pl.

underwrite [œnd^erraⁱt] *v.* assurer; souscrire.

undeviating [undîviéⁱting] *adj.* droit; constant, rigide.

undid [œndid] *pret. of to undo.*

undiscoverable [œndiskœv^erb'l] *adj.* introuvable.

undiscriminating [œndiskrîm^enéⁱting] *adj.* sans discernement; peu averti.

undistinguished [œndistingwisht] *adj.* médiocre, banal.

undisturbed [œndistёrbd] *adj.* serein; impassible; non dérangé; non troublé.

undo [œndou] *v.* * défaire; détacher; délier; ruiner, perdre. ‖ *undone* [-dœn] *p. p. of to undo;* *adj.* non exécuté; défait; délié; perdu.

undress [œndrès] *v.* (se) déshabiller; [œndrès] *s.* petite tenue, f.

undrinkable [œndrink^eb'l] *adj.* imbuvable.

undue [œndyou] *adj.* non dû; non échu; excessif; irrégulier, indu.

undulate [œndyuléⁱt] *v.* onduler.

unduly [œndyouli] *adv.* indûment; à l'excès.

undying [œndaⁱing] *adj.* immortel.

unearned [œnёrnd] *adj.* immérité.

unearth [œnёrth] *v.* déterrer; exhumer; découvrir.

uneasily [œnîzli] *adv.* malaisément; difficilement; avec gêne ou inquiétude. ‖ *uneasy* [œnîzi] *adj.* mal à l'aise; préoccupé; gêné; pénible, difficile.

uneducated [œnèdjékéⁱtid] *adj.* ignorant; sans éducation.

unemployed [œnimplo¹d] *adj.* inoccupé; désœuvré; en chômage. ‖ **unemployment** [œnimplo¹m⁰nt] *s.* chômage, m.

unending [œnènding] *adj.* interminable; sempiternel.

unequal [œnîkw⁰l] *adj.* inégal; non à la hauteur (*to*, de); insuffisant. ‖ **unequalled** [-d] *adj.* inégalé.

uneven [œniv⁰n] *adj.* dénivelé; irrégulier; raboteux; impair [number]; accidenté. ‖ **unevenness** [-nis] *s.* inégalité; dénivellation; variabilité [temper], f.; accident du terrain, m.

unexpected [œnikspèktid] *adj.* inattendu; imprévu. ‖ **unexpectedly** [-li] *adv.* à l'improviste.

unfailing [œnfé¹ling] *adj.* inépuisable; infaillible; indéfectible.

unfair [œnfèᵉr] *adj.* injuste; déloyal; de mauvaise foi.

unfaithful [œnfé¹thf⁰l] *adj.* infidèle; impie; inexact.

unfashionable [œnfashn⁰b'l] *adj.* démodé.

unfasten [œnfas'n] *v.* détacher; délier; desserrer; déboutonner.

unfavo(u)rable [œnfé¹vr⁰b'l] *adj.* défavorable; hostile.

unfeasible [œnfîz⁰b'l] *adj.* irréalisable, impraticable.

unfeeling [œnfîling] *adj.* insensible; inhumain; impitoyable.

unfinished [œnfinisht] *adj.* inachevé; incomplet; imparfait.

unfit [œnfit] *adj.* inapte; impropre; incapable; inopportun; *v.* rendre impropre à.

unflagging [œnflaging] *adj.* inlassable; soutenu [interest].

unfold [œnfoºuld] *v.* déplier; déployer; révéler; (se) dérouler.

unforeseen [œnfoºursîn] *adj.* imprévu, inattendu.

unforgettable [œnf⁰rgèt⁰b'l] *adj.* inoubliable.

unforgivable [œnf⁰rgiv⁰b'l] *adj.* impardonnable. ‖ **unforgiving** [-ving] *adj.* implacable.

unfortunate [œnfaurtsh⁰nit] *adj.* infortuné; regrettable, fâcheux.

unfriendliness [œnfrèndlinis] *s.* inimitié, hostilité, f. ‖ **unfriendly** [-i] *adj.* peu amical; malveillant; *adv.* avec malveillance, avec inimitié.

unfurl [œnfërl] *v.* déployer; larguer [sail].

unfurnished [œnfërnisht] *adj.* non meublé.

ungainly [œngé¹nli] *adj.* gauche, dégingandé.

ungraceful [œngré¹sfoul] *adj.* disgracieux. ‖ **ungracious** [-gré¹sh⁰s] *adj.* peu aimable, déplaisant.

ungrateful [œngré¹tf⁰l] *adj.* ingrat.

unhappy [œnhapi] *adj.* malheureux.

unharmed [œnhârmd] *adj.* indemne.

unhealthy [œnhèlthi] *adj.* malsain; insalubre; maladif.

unheard of [œnhërdâv] *adj.* inouï; inconnu; ignoré.

unhitch [œnhitsh] *v.* dételer.

unhook [œnhouk] *v.* décrocher; dégrafer.

unhurt [œnhërt] *adj.* indemne.

uniform [youn⁰faurm] *s.* uniforme, m.; *v.* mettre en uniforme. ‖ **uniformity** [-⁰ti] *s.* uniformité, f.

unify [youn⁰fa¹] *v.* unifier.

unimpeachable [œnìmpîtsh⁰b'l] *adj.* incontestable.

unimportant [œnimpauᵉrt⁰nt] *adj.* insignifiant, peu important.

uninjured [œnìndjër d] *adj.* intact, sain et sauf.

union [youny⁰n] *s.* union, f.; syndicat, m.; *Union Jack,* pavillon britannique.

unique [younîk] *adj.* unique.

unison [youn⁰z'n] *s.* unisson, f.

unit [younit] *s.* unité, f.; élément; groupe; bloc, m.; *unitary,* unitaire.

unite [youna¹t] *v.* (s')unir; réunir; (se) joindre; se mêler. ‖ **unity** [youn⁰ti] *s.ᵉ* unité; union; solidarité; concorde, f.

universal [youn⁰vèrs⁰l]; *adj.* universel; *universality,* universalité; *universalize,* universaliser. ‖ **universe** [youn⁰vërs] *s.* univers, m. ‖ **university** [youn⁰vërs⁰ti] *s.ᵉ* université, f.

unjust [œndjæst] *adj.* injuste; mal fondé. ‖ **unjustifiable** [-⁰fa¹⁰b'l] *adj.* injustifiable. ‖ **unjustified** [-⁰fa¹d] *adj.* injustifié.

unkempt [œnkèmpt] *adj.* mal peigné.

unkind [œnka¹nd] *adj.* méchant; malveillant; discourtois.

unknowingly [œnnoºuingli] *adv.* inconsciemment.

unknown [œnnoºun] *adj.* inconnu.

unlawful [œnlauf⁰l] *adj.* illégal; frauduleux.

unleash [œnlîsh] *v.* lâcher [dogs].

unless [⁰nlès] *conj.* à moins que; *prep.* excepté, sauf.

unlike [œnla¹k] *adj.* différent; dissemblable; *prep.* au contraire de; ne... pas comme. ‖ **unlikely** [-li] *adj.* improbable; invraisemblable.

unlimited [œnlímitid] *adj.* illimité.

unload [œnloᵒud] *v.* décharger; *un-loaded*, déchargé, *Fr. Can.* allège; soulagé (fig.).

unlock [œnlák] *v.* ouvrir; débloquer; révéler.

unlucky [œnlœki] *adj.* malchanceux; malencontreux; néfaste.

unmanageable [œnmǝnidjeˇb'l] *adj.* indomptable, intraitable.

unmarried [œnmarid] *adj.* célibataire.

unmask [œnmask] *v.* démasquer.

unmatched [œnmatsht] *adj.* sans égal; incomparable; dépareillé.

unmerciful [œnmëⁱsifel] *adj.* impitoyable; exorbitant.

unmindful [œnmaⁱndfel] *adj.* inattentif; négligent; indifférent.

unmistakable [œnmestéⁱkeˇb'l] *adj.* évident, indubitable.

unmoved [œnmouvd] *adj.* immobile; impassible; indifférent.

unnatural [œnnatsheˇrel] *adj.* contre nature; dénaturé; artificiel.

unnerve [œnnëˇrv] *v.* faire perdre son courage à; démonter.

unnoticed [œnnoᵒutist] *adj.* inaperçu; négligé; passé sous silence.

unobliging [œneˇblaⁱdjing] *adj.* peu obligeant; sans courtoisie.

unobserved [œneˇbzëˇrvd] *adj.* inaperçu; non remarqué; sans être vu.

unobtainable [œneˇbtéⁱneˇb'l] *adj.* inaccessible; inacquérable.

unobtrusive [œneˇbtrousiv] *adj.* discret, effacé.

unofficial [œneˇfisheˇl] *adj.* non officiel; officieux; non confirmé.

unpack [œnpak] *v.* déballer.

unpaid [œnpéⁱd] *adj.* impayé; non acquitté; non affranchi [letter].

unpalatable [œnpaleˇteˇb'l] *adj.* d'un goût désagréable.

unpleasant [œnplèzˇnt] *adj.* déplaisant; désagréable; fâcheux. ‖ *un-pleasantness* [-nis] *s.* caractère désagréable; désagrément, m.; brouille légère, petite querelle, f.

unpopular [œnpápyoulˇᵣ] *adj.* impopulaire.

unprecedented [œnprèsˇdèntid] *adj.* sans précédent; sans exemple.

unprejudiced [œnprèdjeˇdist] *adj.* sans préjugé; impartial.

unprepared [œnpripërd] *adj.* inapprêté; improvisé; impromptu.

unprofitable [œnpráfteˇb'l] *adj.* improfitable; inutile; peu lucratif.

unprovable [œnprouveˇb'l] *adj.* indémontrable.

unpublished [œnpœblisht] *adj.* inédit.

unpunctual [œnpǝngktshouˇl] *adj.* inexact.

unqualified [œnquálˇfaⁱd] *adj.* non qualifié (*to*, pour); incompétent; non autorisé; catégorique [statement]; absolu; exprès.

unquenchable [œnkwèntsheˇb'l] *adj.* inextinguible; inassouvissable.

unquestionable [œnkwèstsheˇneˇb'l] *adj.* indiscutable; incontestable.

unravel [œnrav'l] *v.* débrouiller, démêler.

unrehearsed [œnrihëˇrst] *adj.* inapprêté, non préparé.

unreal [œnrîeˇl] *adj.* irréel.

unreasonable [œnrîzneˇb'l] *adj.* déraisonnable; irrationnel; excessif; *un-reasoning*, irraisonné.

unrecognizable [œnrèkeˇgnaⁱzeˇb'l] *adj.* méconnaissable.

unrefined [œnrifaⁱnd] *adj.* non raffiné; inculte; grossier.

unrelenting [œnrilènting] *adj.* implacable, acharné.

unreliable [œnrilaⁱeˇb'l] *adj.* peu sûr; douteux; instable.

unresponsive [œnrispánsiv] *adj.* froid, difficile à émouvoir; mou.

unrest [œnrèst] *s.* inquiétude; insomnie; agitation, émeute, f.

unrighteous [œnraⁱtiˇeˇs] *adj.* inique, injuste; peu honnête.

unroll [œnroᵒul] *v.* (se) dérouler; (se) déployer.

unruly [œnrouli] *adj.* indompté; insoumis; indocile.

unsafe [œnséⁱf] *adj.* peu sûr; dangereux; hasardeux.

unsal(e)able [œnséⁱleˇb'l] *adj.* invendable; *unsal(e)able article*, rossignol.

unsatisfactory [œnsatisfaktri] *adj.* peu satisfaisant; défectueux; *unsatis-fied*, peu satisfait; insatisfait; inassouvi; non convaincu.

unscathed [œnskéⁱzhd] *adj.* indemne.

unscrew [œnskrou] *v.* dévisser; déboulonner.

unseasonable [œnsîzeˇneˇb'l] *adj.* inopportun; intempestif; hors de saison.

unseat [œnsît] *v.* supplanter; renverser; faire perdre son siège à [deputy]; désarçonner.

unseemly [œnsîmli] *adj.* inconvenant; incongru.

unseen [œnsîn] *adj.* inaperçu; invisible; occulte.

unselfish [œnsèlfish] *adj.* désintéressé, altruiste, sans égoïsme. || *unselfishness* [-nis] *s.* désintéressement, m.; abnégation, f.

unserviceable [œnsë'vis·b'l] *adj.* inutilisable; hors de service.

unsettled [œnsètld] *adj.* non fixé; dérangé; non réglé; variable [weather]; instable; indécis; détraqué [health]; en suspens [question]; inquiet, agité, trouble [liquid].

unshaken [œnshê'k·n] *adj.* inébranlable.

unshrinkable [œnshrıngk·b'l] *adj.* irrétrécissable.

unsightly [œnsa'tli] *adj.* laid; désagréable à voir.

unskilled [œnskıld] *adj.* inexpérimenté; non spécialisé. || *unskilful* [œnskılf·l] *adj.* maladroit.

unsophisticated [œnsofıstikê'tid]*adj.* non frelaté; ingénu.

unsound [œnsa·und] *adj.* malsain; corrompu; dépravé; taré [horse]; dérangé [mind].

unspeakable [œnspîk·b'l] *adj.* indicible; ineffable, inexprimable; *unspoken,* non prononcé; sous-entendu; tacite.

unstable [œnstê'b'l] *adj.* instable.

unsteady [œnstèdi] *adj.* peu solide; chancelant; incertain; irrésolu; inconstant; mal assuré; variable.

unstinted [œnstıntıd] *adj.* abondant. || *unstinting* [-ting] *adj.* généreux, prodigue.

unsuccessful [œns·ksèsf·l] *adj.* raté, manqué; infructueux.

unsuitable [œnsout·b'l] *adj.* inopportun; incongru; impropre.

unsuspected [œns·spèktid] *adj.* insoupçonné. || *unsuspecting* [-ting] *adj.* confiant; sans défiance.

unsympathetic [œnsimp·thétik] *adj.* sec, peu compatissant.

unthinkable [œnthıngk·b'l] *adj.* inconcevable. || *unthinking* [-king] *adj.* irréfléchi, étourdi.

untidiness [œnta'dinis] *s.* malpropreté, f.; désordre, m. || *untidy* [-di] *adj.* malpropre; débraillé; en désordre; sans soin, négligé.

untie [œnta'] *v.* délier, dénouer.

until [œntıl] *prep.* jusqu'à; *conj.* jusqu'à ce que; *until I am,* jusqu'à ce que je sois.

untimely [œnta'mli] *adj.* prématuré; inopportun; *adv.* prématurément; inopportunément.

untiring [œnta'ring] *adj.* inlassable, infatigable; assidu.

unto [œntou], *see* **to.**

untold [œntoºuld] *adj.* passé sous silence; indicible; incalculable, innombrable; inestimable.

untouched [œntœtsht] *adj.* intact; sain et sauf; non traité; insensible.

untrained [œntré'nd] *adj.* non entraîné; inexpérimenté; indiscipliné; non dressé.

untried [œntra'd] *adj.* inéprouvé; inexpérimenté; non tenté; non ressenti; non jugé (jur.).

untroubled [œntrœb'ld] *adj.* paisible; sans souci; serein; limpide.

untrue [œntrou] *adj.* inexact; erroné; incorrect; déloyal; mensonger; infidèle (*to,* à). || *untruth* [œntrouth] *s.* mensonge, m.; fausseté; inexactitude; déloyauté; perfidie, f.

unused [œnyouzd] *adj.* désaffecté [building]; inusité; inaccoutumé (*to,* à). || *unusual* [œnyoujou·l] *adj.* insolite, inusité; rare.

unvaried [œnvèrid] *adj.* uniforme, sans variété. || *unvarying* [œnvèriing] *adj.* invariable, constant.

unveil [œnvé'l] *v.* dévoiler; révéler; inaugurer [statue].

unwarranted [œnwaur·ntid] *adj.* inautorisé; injustifié; injustifiable; non garanti [quality].

unwary [œnwèri] *adj.* imprudent; irréfléchi.

unwashed [œnwâsht] *adj.* non lavé.

unwelcome [œnwèlk·m] *adj.* mal venu; importun; fâcheux.

unwell [œnwèl] *adj.* souffrant.

unwholesome [œnhoºuls·m] *adj.* malsain, insalubre.

unwieldy [œnwîldi] *adj.* peu maniable, pesant, encombrant.

unwilling [œnwîling] *adj.* peu disposé, rétif, répugnant (*to,* à); involontaire, à contrecœur; *to be unwilling,* ne pas vouloir, refuser. || *unwillingly* [-li] *adv.* à contrecœur; de mauvaise grâce. || *unwillingness* [-nis] *s.* mauvaise volonté; répugnance (*to,* à), f.

unwind [œnwa'nd] *v.* dérouler.

unwise [œnwa'z] *adj.* malavisé; peu sage; imprudent.

unwittingly [œnwıtingli] *adv.* involontairement, inconsciemment.

unworthy [œnwë'zhi] *adj.* indigne.

unwrap [œnrap] *v.* développer; révéler, découvrir.

unyielding [œnyîlding] *adj.* inébranlable, inflexible.

up [œp] *adv.* en haut; en montant; *prep.* au haut de; *adj.*, *s.* haut; *the ups and downs*, les hauts et les bas, les vicissitudes; *to sweeten up*, sucrer à point; *not yet up*, pas encore levé; *time is up*, il est l'heure; *he is up to something*, il manigance quelque chose; *up to his task*, à la hauteur de sa tâche; *up train*, train montant.

upbraid [œpbré¹d] *v.* réprimander.

upgrade [œpgré¹d] *s.* montée, côte, f.; *adj.* montant; *adv.* en côte; *on the upgrade*, en bonne voie d'amélioration.

upheaval [œphi'v'l] *s.* soulèvement; bouleversement, m.

upheld [œphèld] *pret.*, *p. p. of to uphold*.

uphill [œphíl] *adj.* montant, escarpé; ardu.

uphold [œphoᵒuld] *v.* soutenir; appuyer; étayer; épauler.

upholster [œphoᵒulstᵉr] *v.* tapisser, capitonner, rembourrer. || **upholsterer** [-ᵉrᵉr] *s.* tapissier, *Fr. Can.* rembourreur, m. || **upholstery** [-ri] *s.* tapisserie, f.

upkeep [œpkíp] *s.* entretien, m.

upland [œplànd] *s.* terrain élevé, m.; région montagneuse, f.

uplift [œplíft] *s.* élévation, f.; [œplíft] *v.* lever, élever.

upon [ᵉpân] *prep.* sur; *see on*.

upper [œpᵉr] *adj.* supérieur; d'en haut; de dessus; *s.* dessus de chaussure, m.; tige de bottine, f.; *to get the upper hand of*, l'emporter sur.

upright [œpra¹t] *adj.* droit; vertical; intègre; debout; *s.* montant de charpente; piano droit, m.; *adv.* tout droit; verticalement; à pic. || **uprightness** [-nis] *s.* rectitude; droiture; position verticale, f.

uprising [œpra¹sing] *s.* soulèvement, m.; insurrection, f.

uproar [œproᵒr] *s.* tumulte, tapage, m.; *uproarious*, tumultueux.

uproot [œprout] *v.* déraciner.

upset [œpsèt] *v.ᵉ* renverser; bouleverser; faire chavirer; déjouer [plan]; refouler [metal]; *adj.* renversé; bouleversé; navré; dérangé; chaviré; [œpsèt] *s.* bouleversement, chambardement, m.; action de faire verser ou chavirer, f.

upshot [œpshât] *s.* dénouement, m.

upside [œpsa¹d] *s.* dessus, m.; *upside down*, la tête en bas, renversé; biscornu, bizarre.

upstairs [œpstèrz] *adv.* en haut; aux étages supérieurs; *adj.* d'en haut; *to go upstairs*, monter.

upstart [œpstârt] *s.* parvenu, m.

up-to-date [œptᵉdé¹t] *adj.* moderne; dernier cri; à la page; mis à jour [account].

upward [œpwᵉrd] *adj.* ascendant, montant. || *upwards* [-z] *adv.* vers le haut; au-dessus; *upward(s) of*, plus de.

uranium [youré¹ni•m] *s.* uranium, m.

urban [ë'rb•n] *adj.* urbain. || **urbane** [ë'rbè'n] *adj.* courtois. || **urbanity** [ë'r baniti] *s.* urbanité, f. || **urbanization** [ë'rb•na¹zé¹sh•n] *s.* urbanisation, f.

urchin [ë'rtshin] *s.* hérisson; oursin; gamin, m.

urea [youᵉri•] *s.* urée, f.; *ur(a)emia*, urémie; *uric*, urique.

urge [ë'rdj] *v.* pousser, presser; exhorter; alléguer [reason]; *s.* impulsion, f. || *urgency* [-ᵉnsi] *s.ᵉ* urgence, f. || *urgent* [ë'rdj•nt] *adj.* urgent, pressant; immédiat. || *urgently* [-li] *adv.* d'urgence.

urinal [yourin'l] *s.* urinoir, m.; *street urinal*, vespasienne; *urinary*, urinaire; *urinate*, uriner; *urine*, urine.

urn [ë'rn] *s.* urne, f.; *tea-urn*, samovar.

urticaria [œtikè•ri•] *s.* urticaire, f.

us [œs] *pron.* nous.

usage [yousidj] *s.* usage; traitement, m.; coutume, f.; *hard usage*, mauvais traitement. || *use* [yous] *s.* usage; emploi; service, m.; utilité; consommation, f.; [youz] *v.* employer; user; consommer; utiliser; traiter; accoutumer; avoir coutume de; *of no use*, inutile; *to make use of*, se servir de; *directions for use*, mode d'emploi; *he used to say*, il disait d'habitude; *to be used to*, être accoutumé à; *to get used*, s'habituer; *used car*, voiture d'occasion; *used up*, épuisé; entièrement consommé. || *useful* [yousf•l] *adj.* utile; pratique. || *usefulness* [-nis] *s.* utilité, f. || *useless* [youslis] *adj.* inutile; vain; bon à rien. || *uselessness* [-nis] *s.* inutilité, f.

usher [œsh•r] *s.* huissier; appariteur; placeur, m.; *v.* introduire; annoncer; *usherette*, ouvreuse.

usual [youju•l] *adj.* usuel; habituel; courant. || *usually* [-i] *adv.* habituellement; en général.

usufruct [iouzioufrœkt] *s.* usufruit, m.

usurer [youj•r•r] *s.* usurier, m. || *usurious* [youzou•ri•s] *adj.* usuraire.

usurp [youzë'rp] *v.* usurper; *usurpation*, usurpation; *usurper*, usurpateur.

usury [youj•ri] *s.* usure, f.

utensil [youtèns'l] *s.* ustensile, m.

utilitarian [youtilitéri•n] *adj.* utilitaire ; *utilitarianism,* utilitarisme. ‖ **utility** [youtfi'ti] *s.*•utilité, f. ‖ *utilizable* [youtfla'z•b'l] *adj.* utilisable ; *utilization,* utilisation. ‖ *utilize* [you-tila'z] *v* utiliser.

utmost [œtmo°ust] *adj.* dernier ; extrême ; *s* extrême ; comble, m. ; *to do one's utmost,* faire tout son possible ; *at the utmost,* tout au plus.

utopia [youto°oupi•] *s.* utopie, f. ; *utopian,* utopique ; utopiste.

utter [œt•r] *adj.* complet ; total ; extrême ; absolu.

utter [œt•r] *v* proférer ; prononcer ; émettre [coin], pousser [cry]. ‖ *utterance* [-r•ns] *s* prononciation ; articulation ; expression ; émission, f. ; propos ; langage, m.

utterly [œt•rli] *adv.* complètement.

uttermost, see *utmost.*

uvula [youvy•l•] *s.* luette, f.

V

vacancy [vé'k•nsi] *s.*• vacance ; lacune ; distraction, f. ; vide ; poste vacant, m. ‖ *vacant* [vé'k•nt] *adj.* vacant, libre ; vide distrait ; *vacate* [vé'ké't] *v.* laisser libre ; vider, rendre vacant. ‖ *vacation* [vé'ké'sh•n] *s.* vacances, f. pl. ; *vacationist,* vacancier.

vaccinate [vaks'né't] *v.* vacciner, inoculer. ‖ *vaccination* [vaks'né'sh•n] *s.* vaccination, f. ‖ *vaccine* [vaksìn] *s.* vaccin, m.

vacillate [vas'lé't] *v.* vaciller.

vacuous [vakyou•s] *adj.* vide ; vague ; hébété. ‖ *vacuum* [vakyou•m] *s* vide ; vacuum, m. ; *to get a vacuum* faire le vide ; *vacuum cleaner,* aspirateur.

vagabond [vag•bând] *adj.,* *s.* vagabond ; *vagabondage,* vagabondage ; *vagrant,* vagabond.

vague [vé'g] *adj.* vague, imprécis.

vain [vé'n] *adj.* vain ; vaniteux ; futile ; *vainglorious,* vaniteux, vain ; *vainglory,* gloriole.

valentine [val•nta'n] *s.* amoureux, m. ; amoureuse ; « valentine », f.

valet [valit] *s.* valet, m.

valiant [valy•nt] *adj.* vaillant.

valid [valid] *adj.* valide ; valable. ‖ *validate* [validé't] *v.* valider. ‖ *validity* [v•lid•ti] *s.* validité, f.

valise [v•lis] *s.* valise, f.

valley [vali] *s.* vallée, f. ; vallon, m.

valo(u)r [val•r] *s.* valeur, vaillance, f. ‖ *valorous* [-•s] *adj.* valeureux.

valuable [valyou•b'l] *adj.* de valeur ; précieux, *s. pl.* objets de valeur, m. pl.

valuation [valyoué'sh•n] *s* estimation ; évaluation, expertise, appréciation, f. ‖ *value* [valyou] *s.* valeur, f. ; prix ; mérite, m. , *v.* évaluer ; apprécier ; estimer ; *food value,* valeur nutritive ; *market value,* valeur marchande ; *valuer,* expert.

valve [valv] *s.* valve ; soupape, f.

vamp [vamp] *s.* empeigne ; vamp, f. ; *v.* mettre une empeigne à ; provoquer.

vampire [vampa'•r] *s.* vampire, m.

van [vàn] *s.* voiture de déménagement ; fourgonnette, f. ; fourgon (railw.), m.

van [vàn] *s.* van, m.

van [vàn] *s.* avant, m.

vandalism [vand•liz'm] *s.* vandalisme, m.

vane [vé'n] *s.* girouette ; aile [windmill], aube [turbine] ; pinnule (techn.) ; palette (aviat.), f.

vanguard [vàngârd] *s.* avant-garde, f.

vanilla [v•nfl•] *s.* vanille, f.

vanish [vànish] *v.* disparaître ; s'évanouir, se dissiper.

vanity [van•ti] *s.*• vanité, f. ; *vanity case,* poudrier de sac.

vanquish [vànkwish] *v.* vaincre.

vantage [vàntidj] *s.* avantage, m.

vapid [vapid] *adj.* plat ; insipide.

vapo(u)r [vé'p•r] *s.* vapeur ; buée, f. ‖ *vaporization* [vé'p•ra'zé'sh•n] *s.* vaporisation, f *vaporize* [vé'p•ra'z] *v.* vaporiser, gazéifier ; carburer (mech.), *vaporizer,* vaporisateur. ‖ *vaporous* [-•s] *adj.* vaporeux.

variable [vèri•b'l] *adj.* variable ; inconstant ‖ *variance* [vèri•ns] *s.* variation, divergence, discorde, f. ‖ *variation* [vèrié'sh•n] *s* variation ; différence, f. changement, m. ‖ *varied* [vèri•d] *adj.* varié, divers. ‖ *variegated* [vèrigé'tid] *adj.* bigarré. ‖ *variety* [v•ra'•ti] *s.*• variété ; diversité ; variation, f. ‖ *various* [vèri•s] *adj.* divers ; varié.

varnish [vârnish] *s.*• vernis, m. ; *v.* vernir, vernisser ; *varnisher,* vernisseur ; *varnishing-day,* vernissage (art).

vary [vèri] *v.* varier ; diversifier.

vase [vé's] *s.* vase, m.

vaseline [vas'lîn] *s.* vaseline, f.

vast [vast] *adj.* vaste, étendu, immense. ‖ **vastness** [-nis] *s.* vaste étendue; immensité, f.

vat [vat] *s.* cuve, f.; cuveau, m.

vaudeville [vo^ou^d^e^vil] *s.* vaudeville, m.

vault [vault] *s.* voûte; cave; chambre forte, f.; *v.* voûter; *family vault,* caveau de famille.

vault [vault] *s* voltige, f.; *v.* sauter, voltiger; franchir d'un bond; *pole vault,* saut à la perche.

vaunt [vaunt] *s* jactance, f.; *v.* (se) vanter, faire étalage de.

veal [vîl] *s.* viande de veau, f.

veer [vi^e^r] *v.* virer (naut.), obliquer; tourner [wind], *s.* virage, m.

vegetable [vèdjt^e^b'l] *s* légume, m.; *adj.* végétal; *potager dried vegetables,* légumes secs, *vegetable man,* fruitier ‖ **vegetal** [-it'l] *adj.*, *s.* végétal. ‖ **vegetarian** [vèdjitè^ri^e^n] *adj.*, *s.* végétarien.

vegetate [vèdj^e^tê^i^t] *v.* végéter. ‖ **vegetation** [vèdj^e^tê^i^sh^e^n] *s.* végétation, f.; *vegetative,* végétatif.

vehemence [vî^m^e^ns] *s* véhémence, f.; *vehement,* véhément.

vehicle [vîik'l] *s.* véhicule; moyen (fig.), m., voiture, f ; *Am. combat vehicle,* engin blindé; *half-track vehicle,* autochenille.

veil [vé^i^l] *s.* voile, m.; *v.* voiler; dissimuler; déguiser.

vein [vé^i^n] *s* veine, f.; filon, m.; *v.* veiner; *in a talking vein,* en veine de bavardage; *veined,* veiné, jaspé; veineux.

velar [vîl^e^r] *adj.*, *s.* vélaire.

velocity [v^e^lâs^t^i] *s.^o^* vélocité; rapidité; vitesse, f.

velvet [vèlvit] *s.* velours, m.; *adj.* de velours; velouté.

venal [vîn^e^l] *adj.* vénal; *venality,* vénalité.

vendee [vèndî] *s.* acquéreur, acheteur.

vendor [vènd^e^r] *s.* vendeur, m.; venderesse (jur.), f.; *street vendor,* marchand des quatre-saisons.

veneer [v^e^nî^e^r] *s* placage; revêtement, m.; vernis (fig.), m.; *v.* plaquer.

venerable [vèn^e^r^e^b'l] *adj.* vénérable. ‖ **venerate** [-rê^i^t] *v.* vénérer. ‖ **veneration** [vèn^e^rê^i^sh^e^n] *s.* vénération, f.

venery [vén^e^ri] *s.* vénerie, f.

vengeance [vèndj^e^ns] *s.* vengeance, f.; *with a vengeance,* furieusement; *vengeful,* vindicatif; vengeur.

venial [vîni^e^l] *adj.* véniel.

venison [vèn^e^z'n] *s.* venaison, f.

venom [vèn^e^m] *s.* venin, m. ‖ **venomous** [-^e^s] *adj.* venimeux; vénéneux [plant].

venous [vîn^e^s] *adj.* veineux.

vent [vènt] *s* orifice; évent, m.; lumière [gun], fente, f.; *v.* éventer; exhaler décharger.

ventilate [vènt'lê^i^t] *v.* ventiler; aérer; oxygéner [blood]; agiter [question]. ‖ **ventilation** [vènt'lê^i^sh^e^n] *s.* ventilation, aération, f. ‖ **ventilator** [vènt'lê^i^t^e^r] *s.* ventilateur; volet d'aération m.

ventricle [vèntrik'l] *s.* ventricule, m. ‖ **ventriloquist** [vèntrîl^e^kwist] *s.* ventriloque, m.

venture [vèntsh^e^r] *s.* aventure; entreprise, f risque, m.; *v.* risquer; hasarder, s'aventurer; se permettre; *business venture,* spéculation; *venturesome,* aventuré; aventureux; *venturous,* aventureux, osé.

venue [vènyou] *s.* juridiction, f.; lieu du jugement (jur.), m.

veracious [vèrê^i^sh^e^s] *adj.* véridique; *veraciousness, veracity,* véracité.

veranda [v^e^rând^e^] *s.* véranda, f.

verb [vë^r^b] *s* verbe, m. ‖ **verbal** [-'l] *adj.* verbal; oral. ‖ **verbose** [v^e^rbo^ou^s] *adj.* verbeux prolixe.

verdict [vë^r^dikt] *s.* verdict (jur.), m.

verdigris [vë^r^digris] *s.* vert-de-gris, m.

verdure [vë^r^dj^e^r] *s.* verdure, f.

verge [vë^r^dj] *s.* bord; confins, m.; limite, margelle, f.; *v.* border, approcher (*to* de), tendre (*towards,* à, vers); *on the verge of,* sur le point de.

verification [vèrifikê^i^sh^e^n] *s.* vérification, f.; contrôle, m. ‖ **verify** [vèr^e^fa^i^] *v* vérifier, contrôler; constater; confirmer, certifier.

verily [vèr^e^li] *adv.* en vérité; vraiment.

verisimilitude [vèrisimílityoud] *s.* vraisemblance, f.

veritable [vèr^e^t^e^b'l] *adj.* véritable.

verjuice [vë^r^djous] *s.* verjus, m.

vermin [vë^r^mìn] *s.* vermine, f.

vernacular [v^e^rnak^e^l^e^r] *adj.* vernaculaire, vulgaire [language].

versatile [vë^r^s^e^ta^i^l] *adj.* souple; universel; aux talents variés; *versatility,* souplesse, faculté d'adaptation; versatilité (bot.), f.

verse [vë^r^s] *s.* vers; verset, m.; strophe, f.

versed [vë^r^st] *adj.* versé, expert.

versifier [vĕrsifaɪ͏ᵉr] s. versificateur, m.; versify, versifier.

version [vĕrjᵉn] s. version, f.

vertebra [vĕrtᵉbrᵉ] s. vertèbre, f.

vertical [vĕrtik'l] adj. vertical; s. verticale, f.

vertigo [vĕrtᵉgoᵘ] s. vertige (med.), m.

vervain [vĕrveɪn] s. verveine, f.

very [vĕri] adv. très; fort; bien; adj. vrai, véritable; this very day, aujourd'hui même; the very best, tout ce qu'il y a de mieux.

vesicle [vĕsik'l] s. vésicule; ampoule (med.), f.

vespers [vĕspᵉrz] s. pl. vêpres, f. pl.

vessel [vĕs'l] s. vaisseau; navire; récipient, m.; blood vessel, vaisseau sanguin.

vest [vĕst] s. gilet, m.; v. vêtir; investir (with, de); attribuer.

vestal [vĕst'l] s. vestale, f.

vestibule [vĕstᵉbyoul] s. vestibule, couloir, m.; antichambre; entrée, f.

vestige [vĕstidj] s. vestige, m.

vestigial [vĕstidjiᵉl] adj. rudimentaire.

vestment [vĕstmᵉnt] s. vêtement, m.; chasuble [eccles.], f.

vestry [vĕstri] s.* sacristie, f.; conseil paroissial; vestiaire, m.

veteran [vĕtᵉrᵉn] s. vétéran; ancien combattant, m.

veterinarian [vĕtrᵉnĕriᵉn] s. vétérinaire, m. || veterinary [vĕtrᵉnĕri] adj., s.* vétérinaire.

veto [vītoᵘ] s. veto, m.; opposition, f.; v. opposer son veto; s'élever contre.

vex [vĕks] v. vexer; fâcher, molester; contrarier; incommoder, déranger; importuner. || vexation [vĕksᵉshᵉn] s. contrariété; vexation, f.; dépit; désagrément, m.; vexatious, vexatoire; irritant.

via [vaɪᵉ] prep. via, par.

viable [vaɪᵉb'l] adj. viable.

viaduct [vaɪᵉdœkt] s. viaduc, m.

vial [vaɪ'l] s. fiole, f.

viands [vaɪᵉndz] s. pl. victuailles, f. pl.; aliments, m. pl.

viaticum [vaɪatikᵉm] s. viatique, m.

vibrate [vaɪbrēɪt] v. vibrer, frémir. || vibration [vaɪbrēɪshᵉn] s. vibration, f.; vibratory, vibratoire.

viburnum [vaɪbĕrnᵉm] s. viorne, f.

vicar [vikᵉr] s. curé, m.; vicar general, vicaire général; vicarious, substitut; délégué; fait à la place d'autrui; vicarship, pastorat.

vice [vaɪs] s. vice, m.; tare, f.

vice [vaɪs] pref. vice-, suppléant, m.; vice-chairman, vice-président.

vice [vaɪs] s. étau, m.

vicinity [vᵉsіnᵉti] s.* proximité, f.; voisinage, m.; abords, m. pl.

vicious [vishᵉs] adj. vicieux; dépravé; défectueux; ombrageux [horse]; méchant [dog].

vicissitude [vᵉsisᵉtyoud] s. vicissitude, f.

victim [viktim] s. victime; dupe, f.; sinistré, m.

victor [viktᵉr] s. vainqueur, m. || victorious [viktoᵘriᵉs] adj. victorieux, vainqueur. || victory [viktri] s.* victoire, f.

victual(s) [vit'l(z)] s. vivres, m. pl.; victuailles, f. pl.

vie [vaɪ] v. lutter, rivaliser.

view [vyou] s. vue; perspective; opinion; intention, f.; aperçu, m.; v. regarder; examiner; contempler; bird's-eye view, vue à vol d'oiseau; side view, vue de profil; viewer, spectateur; téléspectateur; visionneuse.

vigil [vidjᵉl] s. veille; veillée; vigile, f. || vigilance [-ᵉns] s. vigilance; circonspection, f. || vigilant [-ᵉnt] adj. vigilant; attentif.

vigo(u)r [vigᵉr] s. vigueur; vitalité; force, f.; vigorous, vigoureux, robuste.

vile [vaɪl] adj. vil; abject. || vilify [-faɪ] v. diffamer.

vilia [vilᵉ] s. villa, f.

village [vilidj] s. village, m.; bourgade, f.; villager, villageois.

villain [vilᵉn] s. coquin; scélérat; traître (theat.); vilain, manant, m. || villainous [-ᵉs] adj. vil, bas; scélérat; exécrable. || villainy [-i] s.* vilenie; infamie; scélératesse, f.

vim [vim] s. force, vigueur, f.

vinaigrette [vinᵉgrēt] s. burette (f.) à vinaigre; flacon (m.) de sels; vinaigrette, f.

vindicate [vindᵉkēɪt] v. défendre; disculper; revendiquer. || vindication [vindikēɪshᵉn] s. justification, f.; vindicative, justificatif.

vindictive [vindiktiv] adj. vindicatif; vengeur.

vine [vaɪn] s. vigne; plante grimpante, f.; sarment, cep, m.

vinegar [vinigᵉr] s. vinaigre, m.

vineyard [vinyârd] s. vignoble, m.; vigne, f.

vintage [vintidj] s. vendange, f.; cru, m.

viol [va¹e¹l] *s.* viole, f. ‖ *viola* [vioou¹e] *s.* alto, m.

violate [va¹ele¹t] *v.* violer; enfreindre; profaner. ‖ *violation* [va¹lé¹shen] *s.* violation; infraction; contravention, f. ‖ *violence* [va¹e¹ens] *s.* violence, f.; voies de fait (jur.), f. pl.; *to do violence to*, violenter. ‖ *violent* [va¹e¹ent] *adj.* violent.

violet [va¹elit] *s.* violette, f.; *adj.* violet.

violin [va¹elin] *s.* violon, m.; *violinist*, violoniste; *violoncellist*, violoncelliste; *violoncello*, violoncelle.

viper [va¹per] *s.* vipère, f.

virgin [ve̋rdjin] *adj., s.* vierge; *virginal*, virginal. ‖ *virginity* [ve̋rdjin¹eti] *s.* virginité, f.

virile [vir¹l] *adj.* viril. ‖ *virility* [ve̋ril¹ti] *s.* virilité, f.

virtual [ve̋rtshou¹el] *adj.* virtuel; de fait; *virtuality*, virtualité.

virtue [ve̋rtshou] *s.* vertu, qualité, f.; mérite, m.

virtuosity [ve̋rtiouositi] *s.* virtuosité, f.; *virtuoso*, virtuose; connaisseur, m.

virtuous [ve̋rtshou¹es] *adj.* vertueux.

virulence [vir¹y¹ens] *s.* virulence, f.; *virulent*, virulent. ‖ *virus* [va¹res] *s.° virus, m.

visa [viz¹] *s.* visa, m.; *v.* viser [passport]; donner un visa.

visage [viz¹dj] *s.* visage, m.

viscera [vis¹er] *s.* viscères, f. pl. ‖ *visceral*, viscéral.

viscid [visid] *adj.* visqueux.

viscosity [visk¹s¹ti] *s.* viscosité, f.

viscount [va¹ka°unt] *s.* vicomte, m.

viscous [visk¹es] *adj.* visqueux, gluant.

vise [va¹s] *v.* étau, m.; *see vice*.

visibility [viz¹bi¹eti] *s.* visibilité, f. ‖ *visible* [viz¹b'l] *adj.* visible. ‖ *vision* [vijen] *s.* vision; vue, f. ‖ *visionary* [vij¹nèri] *adj.* visionnaire; chimérique; *s.° visionnaire, m. f.

visit [vizit] *s.* visite, f.; séjour; arraisonnement (naut.), m.; *v.* visiter; arraisonner (naut.). ‖ *visitation* [viz¹té¹shen] *s.* visite, inspection; fouille; tournée; épreuve, f.; Visitation (relig.). ‖ *visitor* [vizit¹er] *s.* visiteur, m.

visor [va¹z¹r] *s.* visière, f.; pare-soleil, m.

vista [vist¹] *s.* percée; perspective; échappée [view]; trouée [wood], f.

visual [vij¹ou¹l] *adj.* visuel; optique. ‖ *visualize* [-a¹z] *v.* évoquer; se représenter; extérioriser.

vital [va¹t'l] *adj.* vital; essentiel; capital. ‖ *vitality* [va¹tal¹ti] *s.* vitalité; vigueur, f.; *vitalize*, vitaliser.

vitamin [va¹t¹mìn] *s.* vitamine, f.; *vitamin deficiency*, avitaminose.

vitiate [vishié¹t] *v.* vicier.

vitreous [vitri¹es] *adj.* vitreux. ‖ *vitrify* [-trifa¹] *v.* vitrifier.

vitriol [vitri¹l] *s.* vitriol, m.; *copper vitriol*, sulfate de cuivre.

vituperate [va¹tyoupré¹t] *v.* vilipender; vitupérer.

vivacious [va¹vé¹sh¹es] *adj.* vivace; enjoué, allègre. ‖ *vivacity* [va¹vas¹ti] *s.* vivacité, verve, f.

vivid [vivid] *adj.* vif; animé. ‖ *vivify* [vivifa¹] *v.* vivifier. ‖ *vivisect* [-sèkt] *v.* pratiquer la vivisection.

vixen [viks¹en] *s.* renarde; mégère, f.

vizier [vizi¹er] *s.* vizir, m.

vocabulary [v¹kaby¹lèri] *s.° vocabulaire, m

vocal [vo°uk'l] *adj.* vocal; oral.

vocation [voou¹ké¹shen] *s.* vocation; profession, f.; *vocational*, professionnel.

vociferate [vosif¹ré¹t] *v.* vociférer.

vogue [vo°ug] *s.* vogue, mode, f.

voice [vo¹s] *s.* voix, f.; *v.* exprimer, énoncer, *with one voice*, à l'unanimité; *at the top of his voice*, à tue-tête; *voiced*, sonore [consonant]; *voiceless*, sans voix; muet; sourde [consonant].

void [vo¹d] *adj.* vide, vacant; dépourvu; nul (jur.); *v.* annuler; évacuer, vider.

volatile [v¹l¹t'l] *adj.* volatil; volage. ‖ *volatilize* [v¹latila¹z] *v.* (se) volatiliser.

volcanic [v¹lkanik] *adj.* volcanique. ‖ *volcano* [v¹lké¹no] *s.* volcan, m.

volley [v¹li] *s.* salve; rafale (mil.); bordée (naut.); volée, f.; *v.* tirer une salve; tomber en grêle.

volplane [v¹lplé¹n] *v.* planer (aviat.).

volt [vo°ult] *s.* volt (electr.), m. ‖ *voltage* [-idj] *s.* voltage, m.; *high voltage*, haute tension.

voluble [v¹lyoub'l] *adj.* volubile.

volume [v¹ly¹m] *s.* volume, m. ‖ *voluminous* [v¹læmin¹es] *adj.* volumineux.

voluntariness [v¹l¹n¹terinis] *s.* caractère volontaire, m.; spontanéité, f. ‖ *voluntary* [v¹l¹ntèri] *adj.* volontaire; spontané, bénévole. ‖ *volunteer* [v¹l¹ntí¹er] *s.* volontaire, m.; *adj.* de volontaire; *v.* s'engager, agir comme volontaire.

voluptuous [vᵉlœptshouᵉs] *adj.* voluptueux ; **voluptuousness,** sensualité.

vomit [vâmit] *v.* vomir. ‖ *vomiting* [-ing] *s.* vomissement, m. ‖ *vomitive* [-iv] *s.* vomitif, m.

voodoo [voûdou] *s.* vaudou, m.

voracious [voᵒuréⁱshᵉs] *adj.* vorace.

voracity [voᵒurasiti] *s.* voracité, f.

vortex [vaurtèks] *s.* tourbillon, m.

vote [voᵒut] *s.* vote ; scrutin, m. ; voix ; motion, f. ; *v.* voter. ‖ *voter* [-ᵉr] *s.* électeur ; votant, m. ‖ *voting* [-ing] *s.* scrutin ; (mode de) suffrage, m.

vouch [vaᵒutsh] *v.* attester ; garantir ; *to vouch for,* répondre de. ‖ *voucher* [-ᵉr] *s.* garant, répondant ; récépissé ;

bon de garantie, m. ; pièce justificative ; pièce comptable, f. ‖ *vouchsafe* [vaᵒutshséⁱf] *v.* accorder ; daigner.

vow [vaᵒu] *s.* vœu, m. ; *v.* faire un vœu ; jurer.

vowel [vaᵒuel] *s.* voyelle, f.

voyage [voⁱidj] *s.* traversée ; croisière, f. ; *v.* naviguer, faire une croisière ; *maiden voyage,* première traversée ; *voyager,* passager ; navigateur.

vulcanize [vœlkᵉnaⁱz] *v.* vulcaniser.

vulgar [vœlgᵉr] *adj.* vulgaire ; trivial ; populaire ; commun. ‖ *vulgarity* [vœlgᵃrti] *s.* vulgarité, f. ‖ *vulgarize* [vœlgᵉraⁱz] *v.* populariser.

vulnerable [vœlnᵉreb'l] *adj.* vulnérable.

vulture [vœltshᵉr] *s.* vautour, m.

W

wad [wâd] *s.* bourre ; liasse [banknotes], f. ; rembourrage ; tampon, m. ; *v.* bourrer ; ouater.

waddle [wâd'l] *v.* se dandiner ; dandinement, m.

wade [wéⁱd] *v.* passer à gué ; patauger ; avancer péniblement (fig.).

wafer [wéⁱfer] *s.* pain à cacheter ; cachet, m. ; hostie ; gaufrette, f.

waffle [wâf'l] *s.* gaufre, f.

waft [waft] *v.* flotter ; porter dans les airs ; *s.* bouffée d'air, f. ; coup d'aile, m.

wag [wag] *v.* branler ; remuer, agiter ; *s.* oscillation, f. ; mouvement, m. ; farceur, boute-en-train, m.

wage [wéⁱdj] *s.* gage, m. ; *pl.* salaire, m. ; *v.* engager, entreprendre ; *to wage war,* faire la guerre.

wager [wéⁱdjer] *s.* pari, m. ; gageure, f. ; *v.* parier, gager.

waggish [wagish] *adj.* facétieux ; badin.

wagon [wagᵉn] *s.* fourgon ; chariot, m. ; voiture, f. ; *Br* wagon, m. ; *wagonload,* charretée.

waif [wéⁱf] *s.* épave (jur.), f. ; enfant abandonné, m.

wail [wéⁱl] *v.* gémir ; se lamenter ; *s.* gémissement, m. ; lamentation, f.

wain [wéⁱn] *s.* chariot, m.

wainscot [wéⁱnskᵉt] *s.* lambris, m.

waist [wéⁱst] *s.* taille ; ceinture ; *Am.* blouse, chemisette, f. ; *waistband,* ceinture du pantalon ; *waistcoat,* gilet.

wait [wéⁱt] *v.* attendre ; *s.* attente ; embuscade, f. ; *wait for me,* attendez-moi ; *to wait on,* être aux ordres de ;

to wait at table, servir à table ; *to lie in wait,* être aux aguets. ‖ *waiter* [-ᵉr] *s.* garçon de restaurant ; serveur ; domestique, m. ‖ *waiting* [-ing] *s.* attente, f. ; *no waiting,* stationnement interdit ; *waiting-room,* salle d'attente. ‖ *waitress* [-ris] *s.* serveuse ; servante, bonne, f. ; *waitress!,* mademoiselle !

waive [wéⁱv] *v.* renoncer à ; écarter ; abandonner [right].

wake [wéⁱk] *s.* sillon ; sillage (naut.), m.

wake [wéⁱk] *v.* éveiller ; réveiller ; veiller ; *s.* veillée mortuaire, f. ; *to wake up,* se réveiller. ‖ *wakeful* [-fᵉl] *adj.* éveillé ; vigilant ; d'insomnie. ‖ *waken* [-ᵉn] *v.* éveiller ; (se) réveiller.

walk [wauk] *v.* marcher ; se promener ; aller à pied, au pas ; mener en laisse [dog] ; *s.* marche ; promenade, f. ; pas ; tour ; trottoir, m. ; *to walk a horse,* conduire un cheval au pas ; *walk of life,* carrière ; position sociale ; *walker,* marcheur, promeneur ; *walker-on,* figurant ; *walk-over,* victoire facile.

wall [waul] *s.* muraille ; paroi, f. ; mur ; rempart ; espalier, m. ; *v.* murer ; entourer de murs ; *partition wall,* cloison ; *party wall,* mur mitoyen ; *wallpaper,* papier peint. ‖ *walled* [-d] *adj.* muré ; clos de murs ; *walled in,* emprisonné.

wallet [wâlit] *s.* portefeuille, m. ; sacoche, f.

wallflower [waulflaᵒuer] *s.* giroflée, ravenelle, f. ; *to be a wallflower at a dance,* faire tapisserie.

wallop [wâlᵉp] *v.* rosser ; galoper.

wallow [waloou] *v.* se vautrer.

walnut [waulnet] *s.* noix, f.; bois de noyer, m.; *walnut-tree*, noyer.

walrus [waulres] *s.* morse, m.

waltz [waults] *s.** valse, f.; *v.* valser.

wan [waun] *adj.* blême; livide.

wananish [wanánish] *s.* Fr. Can.* ouananiche, f.

wand [wând] *s.* baguette, f.; bâton, m.; *Mercury's wand*, caducée.

wander [wânder] *v.* errer; rôder; s'égarer; divaguer; *to wander from*, s'écarter de. ‖ *wanderer* [-rer] *s.* errant; rôdeur; nomade, m.

wane [wéin] *s.* déclin; décroît [moon], m.; *v.* être sur le déclin; décroître; décliner.

wangle [wang'l] *v.* se débrouiller, resquiller; *wangler*, resquilleur.

want [wânt] *v.* manquer de; avoir besoin de; désirer, souhaiter; demander; *s.* besoin; manque, défaut, m.; *for want of*, faute de; *he is wanted*, on le demande.

wanton [wânten] *adj.* libre, libertin; licencieux; folâtre; inconsidéré.

war [waur] *s.* guerre, f.; *v.* guerroyer; faire la guerre; *war of attrition*, guerre d'usure; *warfare*, conduite de la guerre.

warble [waurb'l] *v.* gazouiller; *s.* gazouillis, m. ‖ *warbler* [-bler] *s.* chanteur, m.; fauvette, f.

ward [waurd] *s.* garde; tutelle; pupille; salle [hospital], f.; quartier [prison], m.; *v.* se garder; *to ward off*, parer, détourner. ‖ *warden* [-'n] *s.* gardien, m. ‖ *warder* [-er] *s.* gardien de prison, m. ‖ *wardrobe* [-rooub] *s.* garde-robe, armoire, f.; vêtements, m. pl.

ware(s) [wèer(z)] *s.* marchandises, f. pl.; produits manufacturés, m. pl.; faïence, f.; *China ware*, porcelaine.

warehouse [wèrhaous] *s.* entrepôt, m.; *warehouseman*, magasinier, entreposeur; *furniture warehouse*, garde-meuble.

warlike [waurlaik] *adj.* guerrier; belliqueux; martial.

warm [waurm] *adj.* chaud; tiède; chaleureux; *v.* chauffer; réchauffer; *to be warm*, avoir chaud; *it is warm*, il fait chaud. ‖ *warmth* [-th] *s.* chaleur; ardeur, f.; zèle, m.

warn [waurn] *v.* avertir, prévenir; mettre en garde (*against*, contre); *warner*, avertisseur, f. ‖ *warning* [-ing] *s.* avertissement; avis, m.; *to give warning*, donner l'éveil.

warp [waurp] *v.* ourdir; voiler [wood]; touer (naut.); colmater [land]; gauchir; dévier; *s.* chaîne de tissu, f.; gauchissement, m. ‖ *warped* [-t] *adj.* retiré [wood]; faussé [mind].

warrant [waurent] *s.* autorisation; garantie, f.; pouvoir; warrant (comm.); mandat (jur.), m.; *v.* garantir; autoriser; certifier.

warren [wauren] *s.* garenne, f.

warrior [waurier] *s.* guerrier, m.

warship [waurship] *s.* navire de guerre, m.

wart [waurt] *s.* verrue, f.

wary [wèri] *adj.* avisé; vigilant.

was [wâz] *pret. of* to be.

wash [wâsh] *v.* (se) laver; blanchir; lotionner; *s.** blanchissage, m.; lessive; lotion; lavure, f.; lavis; remous (naut.), m.; *washable*, lavable; *washbowl*, cuvette; *washcloth*, lavette; *washed up*, lessivé; *wash-out*, fiasco; *washroom*, cabinet de toilette; *washstand*, lavabo; *washtub*, baquet à lessive, cuvier. ‖ *washer* [-er] *s.* machine à laver; rondelle (mech.), f. ‖ *washing* [-ing] *s.* lavage, m.; *washing-machine*, machine à laver.

wasp [wâsp] *s.* guêpe, f.

wastage [wéistidj] *s.* gaspillage, coulage, m.; déperdition, f.

waste [wéist] *s.* perte; usure, f.; déchets; gaspillage; dégâts (jur.); terrain inculte, m.; *v.* dévaster, gâcher; gaspiller; *to waste away*, dépérir; *wasteful*, prodigue, dissipateur; *wasteland*, terrain vague; *waste-paper basket*, corbeille à papier.

watch [wâtsh] *s.** garde; surveillance; veille; montre, f.; quart (naut.), m.; *v.* veiller; surveiller; faire attention; *by my watch*, à ma montre; *on the watch*, aux aguets; *watchdog*, chien de garde; *watchful*, vigilant; *watchman*, veilleur; *watchtower*, tour de guet; *watchword*, mot de passe.

water [wauter] *s.* eau, f.; *v.* arroser [plants]; baptiser [wine]; abreuver [animals]; *watercolo(u)r*, aquarelle; *water power*, force hydraulique; *water sports*, jeux nautiques; *watering place*, abreuvoir; station thermale. ‖ *waterfall* [-faul] *s.* cascade; cataracte; chute d'eau, f. ‖ *waterproof* [-prouf] *adj.* s. imperméable. ‖ *waterspout* [-spaout] *s.* gouttière; trombe d'eau, f. ‖ *watertight* [-tait] *adj.* étanche; imperméable. ‖ *waterway* [-wéi] *s.* voie d'eau; voie navigable, f.; canal, m. ‖ *watery* [-ri] *adj.* aqueux; humide.

wave [wé¹v] v. onduler; (s')agiter; flotter; s. vague; lame; onde; ondulation [hair], f.; signe de la main, m.; *Am.* femme servant dans la Marine, f.; *cold wave,* vague de froid; *long waves,* grandes ondes [radio]; *permanent wave,* indéfrisable, permanente; *wave length,* longueur d'onde; *to wave good-by,* faire un signe d'adieu. ‖ **waver** [-ᵉʳ] v. osciller; hésiter. ‖ **wavy** [-i] adj. ondoyant; ondulé.

wax [waks] v. croître; devenir.

wax [waks] s. cire, f.; v. cirer; *wax-candle,* bougie; *waxen,* en cire; cireux; malléable.

way [wé¹] s. chemin; sens; moyen, m.; voie; direction; distance; manière, f.; *way in,* entrée; *way out,* sortie; *way through,* passage; *by the way,* en passant; *in no way,* en aucune façon; *half-way,* à mi-chemin; *to give way,* céder; *to make way for,* faire place à; *in which way,* de quel côté, par où; *to feel one's way,* tâter le terrain; *to lose one's way,* s'égarer; *way-bill,* feuille de route, lettre de voiture; *wayside,* bord de la route. ‖ **waylay** [wé¹lé¹] v. dresser une embuscade à. ‖ **wayward** [wé¹wᵉrd] adj. volontaire, rebelle.

we [wî] pron. nous.

weak [wîk] adj. faible; débile; pauvre [fuel]; *weak-minded,* faible d'esprit. ‖ **weaken** [-ᵉn] v. affaiblir; (s')amollir; s'appauvrir; se débiliter. ‖ **weakly** [-li] adv. faiblement; adj. faible. ‖ **weakness** [-nis] s. faiblesse; débilité, f.; faible, m.

wealth [wèlth] s. richesse; prospérité, opulence, f. ‖ **wealthy** [-i] adj. riche; opulent.

wean [wîn] v. sevrer. ‖ **weaning** [-ing] s. sevrage, m.

weapon [wèpᵉn] s. arme, f.

wear [wèᵉr] v.* porter; user; lasser, épuiser; faire usage; s. usage, m.; usure; détérioration, f.; *to wear well,* faire bon usage; *worn out,* épuisé, complètement usé.

wearily [wîrili] adv. péniblement. ‖ **weariness** [wirinis] s. fatigue; lassitude, f.; ennui; dégoût, m. ‖ **wearisome** [wirisᵉm] adj. fatigant, ennuyeux. ‖ **weary** [wiri] adj. las; ennuyé; fatigué.

weasel [wîz'l] s. belette, f.

weather [wèzhᵉr] s. temps (meteor.), m.; v. résister; doubler [cape]; *changeable weather,* temps variable; *weather bureau,* office météorologique; *weathercock,* girouette; *weather conditions,* conditions atmosphériques.

weave [wîv] v.* tisser; tresser; ourdir; *to weave together,* entrelacer;

to weave into, entremêler à; s. texture, f.; tissage, m.; *weaver,* tisserand.

web [wèb] s. tissu, m.; trame; pièce d'étoffe; toile; membrane; palmure; taie (med.), f.; *spider's web,* toile d'araignée; *web-footed,* palmipède. ‖ **webbing** [-ing] s. sangles; toile à sangle, f.

wed [wèd] v. épouser; (se) marier; *pret., p. p. of* to wed. ‖ **wedded** [-id] adj. marié; conjugal; féru de. ‖ **wedding** [-ing] s. mariage, m.; noce, f.; *silver wedding,* noces d'argent; *wedding ring,* alliance, *Fr. Can.* jonc.

wedge [wèdj] s. coin, m.; cale, f.; v. coincer; caler; *to wedge into,* enfoncer, pénétrer comme un coin.

wedlock [wèdlâk] s. mariage, m.; vie conjugale, f.

Wednesday [wènzdi] s. mercredi, m.

wee [wî] adj. tout petit, minuscule.

weed [wîd] s. mauvaise herbe; herbe folle, f.; v. sarcler; désherber; *to weed out,* arracher, extirper. ‖ **weeds** [wîdz] s. pl. vêtements (m. pl.) de deuil. ‖ **weedy** [-i] adj. envahi par les herbes, en friche; malingre (pop.).

week [wîk] s. semaine, f.; *weekday,* jour ouvrable; jour de semaine; *week-end,* week-end, *Fr. Can.* fin de semaine; *a week from today,* d'aujourd'hui en huit. ‖ **weekly** [-li] adj. hebdomadaire; adv. tous les huit jours.

weep [wîp] v.* pleurer. ‖ **weeping** [-ing] adj. pleureur; s. pleurs, m. pl.

weevil [wîv'l] s. charançon, m.

weigh [wé¹] v. peser; avoir du poids; soupeser, estimer, évaluer; *to weigh anchor,* lever l'ancre; *to weigh down,* accabler. ‖ **weight** [-t] s. poids, m., pesanteur; lourdeur; gravité, importance, f.; v. charger d'un poids; surcharger; *balance weight,* contrepoids; *gross weight,* poids brut; *net weight,* poids net. ‖ **weighty** [-ti] adj. pesant, lourd; grave, important.

welcome [wèlkᵉm] s. bienvenue, f.; adj. bienvenu; v. souhaiter la bienvenue à; faire bon accueil à.

weld [wèld] s. soudure, f.; v. souder.

welfare [wèlfèᵉr] s. bien-être, m.; prospérité, f.

well [wèl] s. source, fontaine, f.; puits; réservoir, m.; v. jaillir, sourdre; *artesian well,* puits artésien; *oil well,* puits de pétrole.

well [wèl] adv. bien; adj. bien portant; en bon état; heureux; avantageux; *I am well,* je vais bien; *to get well,* se rétablir; *as well as,* aussi bien que; *well-being,* bien-être; *well-bred,* bien élevé; *well-meaning,* bien intentionné; *well-nigh,* presque; *well-to-do,* aisé.

Welsh [wèlsh] *adj., s.* gallois, m. [language]; *the Welsh,* les Gallois.

welt [wèlt] *s.* bordure; trépointe, f.

welter [wèltᵉr] *adj.* lourd; *v.* se vautrer; bouillonner; *s.* désordre, m.; *welter-weight,* poids mi-moyen.

went [wènt] *pret. of to go.*

wept [wèpt] *pret., p. p. of to weep.*

were [wër, wèᵉr] *pret. of to be.*

werewolf [wīrwoulf] (*pl. werewolves* [-woulvz]) *s.* loup-garou, m.

west [wèst] *s.* ouest; occident, m.; *adj.* occidental; de l'ouest; *adv.* à l'ouest. || **western** [-ᵉrn] *adj.* occidental; de l'ouest. || **westerner** [-ᵉrnᵉr] *s.* habitant de l'ouest, m. || **westward** [-wᵉrd] *adj.* à l'ouest; vers l'ouest. || **westwards** [-wᵉrdz] *adv.* à l'ouest, vers l'ouest.

wet [wèt] *adj.* humide; mouillé; pluvieux; *v.* mouiller; humecter; arroser; imbiber; *wet blanket,* trouble-fête, rabat-joie; *pret., p. p. of to wet.*

wether [wèzhᵉr] *s.* mouton, m.

wetness [wètnis] *s.* humidité, f.

whack [wak] *s.* coup bien appliqué, m.; *v.* frapper, cogner.

whale [wèl] *s.* baleine, f.; *v.* chasser la baleine; *whale-boat,* baleinier; *whale-bone,* baleine.

wharf [hwaurf] *s.* quai; appontement; embarcadère; entrepôt, m.

what [hwât] *pron.* ce qui, ce que; quoi; que; qu'est-ce que; *adj.* quel, quelle; quels, quelles; *what do you charge for?,* combien prenez-vous pour? || **whatever** [hwâtèvᵉr] *pron.* tout ce qui, tout ce que; quoi (que ce soit) que; *adv.* quoi que ce soit; *adj.* quel que soit... qui; quelque... que ce soit; quelconque. || **whatsoever** [-soouèvᵉr], *see whatever.*

wheat [hwît] *s.* froment; blé, m.

wheedle [hwid'l] *v.* cajoler; enjôler.

wheel [hwîl] *s.* roue, f.; volant; cercle, m.; *v.* rouler; tourner; faire rouler; pédaler; *to wheel the baby,* promener le bébé dans sa voiture; *wheel chair,* fauteuil roulant; *big wheel,* grosse légume; *front wheel,* roue avant; *rear wheel,* roue arrière; *spare wheel,* roue de rechange. || **wheelbarrow** [-baroou] *s.* brouette, f. || **wheel-house** [-haous] *s.* timonerie, f. || **wheelwright** [-ra¹t] *s.* charron, m.

wheezy [hwîzi] *adj.* asthmatique; poussif.

when [hwèn] *adv., conj.* quand, lorsque; et alors que; où. || **whence** [-s] *adv.* d'où. || **whenever** [-èvᵉr] *adv.* toutes les fois que.

where [hwèᵉr] *adv.* où; *anywhere,* n'importe où; *elsewhere,* ailleurs; *nowhere,* nulle part. || **whereabouts** [-ᵉbaouts] *s.* lieu où l'on se trouve, m. || **whereas** [hwèᵉras] *conj.* tandis que; vu que; puisque; attendu que; au lieu que. || **whereby** [-ba¹] *adv.* par lequel; par où; par quoi. || **wherefore** [hwèᵉfoour] *adv.* pourquoi; c'est pourquoi. || **wherein** [hwèᵉrin] *adv.* en quoi, dans lequel; où [time]. || **whereof** [-âv] *adv.* dont, duquel, de quoi. || **whereupon** [-ᵉpân] *adv.* sur quoi; sur ce; là-dessus; après quoi. || **wherever** [-èvᵉr] *adv.* n'importe où; partout où; en quelque lieu que ce soit. || **wherewithal** [hwèᵉrwizhᵉl] *s.* moyens, m. pl.

whet [hwèt] *v.* aiguiser, affûter; *s.* stimulant, m.

whether [hwèzhᵉr] *conj.* si le soit; soit que; si; *whether... or,* si... ou.

whetstone [wètstooun] *s.* affiloir, m.

whey [hwé¹] *s.* petit-lait, m.

which [hwitsh] *pron.* qui; que; lequel, laquelle, lesquels, lesquelles; ce qui, ce que; *adj.* quel, quelle, quels, quelles. || **whichever** [-èvᵉr] *pron., adj.* n'importe lequel; quelque.. que.

whiff [hwif] *s.* bouffée, f.; *v.* lancer des bouffées.

while [hwa¹l] *s.* temps, moment, m.; *conj.* pendant que, tandis que; en même temps que; *in a little while,* sous peu; *it is not worth while,* cela n'en vaut pas la peine; *to while away the time,* tuer le temps.

whilst [hwa¹lst] *conj., see while.*

whim [hwim] *s.* caprice, m.; lubie, f.

whimper [hwimpᵉr] *v.* pleurnicher; *s.* pleurnicherie, f.

whimsical [hwimzik'l] *adj.* fantasque, capricieux.

whine [hwa¹n] *v.* geindre, gémir; *s.* pleurnicherie, f.; gémissement, m. || **whiner** [-ᵉr] *s.* pleurnicheur, m.

whip [hwip] *v.* fouetter, fustiger; battre [eggs]; *s.* cravache, f.; fouet; fouettement, m.; *to whip off,* décamper; *whipstock,* manche de fouet. || **whipping** [-ing] *s.* fustigation, flagellation; raclée, f.; surjet [sewing], m.

whir [whëᵉr] *v.* ronfler; bruisser; *s.* ronflement; bruissement, m.

whirl [hwëᵉrl] *v.* faire tourner; tournoyer; pirouetter; *s.* tournoiement; tourbillon, m.; *my head whirls,* la tête me tourne; *whirlpool,* tourbillon d'eau; *whirlwind,* tourbillon, cyclone.

whisk [hwisk] *v.* épousseter; battre [eggs]; se mouvoir rapidement; *s.* mouvement rapide; fouet à œufs, m.; vergette, f.; *to whisk something out of sight,* escamoter quelque chose; *whisk-broom,* balayette.

whisker [hwiskᵉʳ] *s.* moustache [cat, man], f.; *pl.* favoris, m. pl.

whisk(e)y [hwiski] *s.*ᵃ whisky, m.

whisper [hwispᵉʳ] *v.* chuchoter; murmurer; parler bas; *s.* chuchotement; murmure, m.

whistle [hwis'l] *v.* siffler; siffloter; *s.* (coup de) sifflet; sifflement, m.

whit [hwit] *s.* brin, détail, rien.

white [hwa¹t] *adj.* blanc; pur; loyal, honorable; *s.* blanc, m.; **whitecaps**, moutons [sea]; **white hot**, chauffé à blanc; **white lead**, blanc de céruse; **white lie**, petit mensonge; **white-livered**, poltron; **white slavery**, traite des blanches; *to show the white feather*, se montrer poltron. ‖ **whiten** [-'n] *v.* blanchir. ‖ **whiteness** [-nis] *s.* blancheur; pâleur, f. ‖ **white-wash** [-wâsh] *v.* blanchir à la chaux; badigeonner; couvrir (fig.); réhabiliter; *s.* blanc de chaux, m.

whither [hwizhᵉʳ] *adv.* où.

whiting [hwa¹ting] *s.* merlan, m.

whitish [hwa¹tish] *adj.* blanchâtre.

whitlow [hwitloᵘ] *s.* panaris, m.

Whitsuntide [hwitsœnta¹d] *s.* Pentecôte, f.

whittle [hwit'l] *v.* amincir; aiguiser; réduire; couper; rogner.

whiz(z) [hwiz] *v.* siffler [bullet]; *s.*ᵃ sifflement, m.

who [hou] *pron.* qui; qui est-ce qui; *he who*, celui qui. ‖ **whoever** [-ᵉvᵉʳ] *pron.* quiconque; quel que soit; celui qui.

whole [hoᵒul] *adj.* entier; complet; intégral; tout; sain; *s.* ensemble, m.; totalité; intégralité, f.; *in the whole*, au total; *on the whole*, somme toute, à tout prendre. ‖ **wholesale** [-sé¹l] *s.* vente en gros, f.; commerce de gros, m.; *adj.* en gros; en masse; en série; *v.* vendre en gros. ‖ **wholesome** [-sᵉm] *adj.* sain; salubre; salutaire. ‖ **wholesomeness** [-sᵉmnis] *s.* salubrité, f. ‖ **wholly** [-i] *adv.* entièrement, totalement; tout à fait.

whom [houm] *pron.* que; qui; lequel; laquelle, lesquels, lesquelles; qui est-ce qui. ‖ **whomsoever** [-soᵒuᵉvᵉʳ] *pron.* quiconque; n'importe qui, que.

whoop [houp] *s.* quinte (med.), f.; cri; ululement, m.; huée, f.; *v.* crier; huer; ululer; **whooping cough**, coqueluche; *Am. to whoop it up*, pousser des cris; **whoopee**, hourra!, you!; *Am.* noce, f.

whopper [wâpᵉʳ] *s.* énormité, f.

whore [hoᵒuʳ] *s.* prostituée, f.

whortleberry [hwëʳt'lbèʳi] *s.*ᵃ myrtille, f.; *Fr. Can.* bleuet, m.

whose [houz] *pron.* dont; de qui; duquel, de laquelle, desquels, desquelles; à qui.

why [hwa¹] *adv.* pourquoi; *interj.* eh bien!; voilà!; voyons!; tenez!; ma foi!; vraiment!

wick [wik] *s.* mèche, f.

wicked [wikid] *adj.* méchant; mauvais. ‖ **wickedness** [-nis] *s.* méchanceté; perversité, f.

wicker [wikᵉʳ] *s.* osier, m.

wicket [wikit] *s.* guichet, m.; barrière; barres [cricket], f.

wide [wa¹d] *adj.* large; vaste; étendu; ample; *adv.* largement; loin; grandement, bien; *a yard wide*, un mètre de large; *far and wide*, partout; **wide awake**, bien éveillé; **wide open**, grand ouvert. ‖ **widely** [-li] *adv.* amplement, largement; au loin. ‖ **widen** [-'n] *v.* (s')élargir; évaser; étendre; (s')aggraver. ‖ **widespread** [-spréd] *adj.* très répandu; général; bien diffusé.

widow [widoᵘ] *s.* veuve, f. ‖ **widower** [-ᵉʳ] *s.* veuf, m. ‖ **widowhood** [-houd] *s.* veuvage, m.

width [width] *s.* largeur; étendue; ampleur, f.; lé, m.

wield [wild] *v.* manier; gouverner; exercer [power].

wife [wa¹f] (*pl.* **wives** [wa¹vz]) *s.* épouse, femme, f.

wig [wig] *s.* perruque, f.

wiggle [wig'l] *v.* se dandiner; *s.* dandinement, m.

wigwag [wigwâg] *s. Am.* signaux, m. pl.; *v.* osciller; faire des signaux.

wild [wa¹ld] *adj.* sauvage; féroce; farouche, affolé; extravagant; bizarre; impétueux, effréné; *s.* lieu désert, m.; **wildcat**, chat sauvage; **wildcat scheme**, projet extravagant. ‖ **wilderness** [wildᵉʳnis] *s.* désert; lieu sauvage, m.; solitude, f. ‖ **wildness** [wa¹ldnis] *s.* sauvagerie; férocité; étrangeté, f.

wile [wa¹l] *s.* ruse, astuce, f.

will(l)ful [wilᵉl] *adj.* obstiné; volontaire; délibéré; intentionnel. ‖ **will** [wil] *s.* volonté; décision, f.; gré; testament, m.; *v.* vouloir; ordonner; léguer; avoir l'habitude de; *defect. aux.* : *I will tell you*, je vais vous dire; je vous dirai; *she will knit for hours*, elle a l'habitude de tricoter pendant des heures; *the arena will hold a thousand*, l'arène peut contenir mille personnes; *he willed himself to sleep*, il s'est endormi à force de volonté; *free-will*, libre arbitre. ‖ **willing** [-ing] *adj.* bien disposé; enclin à; prêt à;

he is willing to, il veut bien. ‖ **willingly** [-ingli] *adv.* volontiers; de bon cœur. ‖ **willingness** [-ingnis] *s.* bonne volonté, f.; empressement; consentement, m.

willow [wĭlo͞u] *s.* saule, m.

willy-nilly [wĭli-nĭli] *adv.* bon gré mal gré.

wilt [wĭlt] *v.* se faner; dépérir.

wily [wa'ili] *adj.* rusé, astucieux.

wimple [wĭmp'l] *s.* guimpe, f.

win [wĭn] *v.** gagner; acquérir; obtenir; remporter [prize]; parvenir; fléchir; décider; *to win over,* persuader, endoctriner.

wince [wĭns] *v.* broncher; défaillir.

winch [wĭntsh] *s.** treuil, m.

wind [wĭnd] *s.* vent; air; souffle, m.; *v.* avoir vent de; essouffler; laisser souffler [horse]; flairer [game]; *to be winded about,* s'ébruiter.

wind [wa'ind] *v.** tourner; enrouler; dévider; remonter [watch]; serpenter; *s.* détour; lacet, m.

windbag [wĭndbag] *s.* baudruche, outre, f.; orateur verbeux, m. ‖ **windfall** [-faul] *s.* bonne aubaine, f. ‖ **winding** [-ing] *s.* sinuosité, f.; méandre; enroulement; remontage [watch], m.; *adj.* sinueux, en spirale; en colimaçon [staircase]. ‖ **windmill** [-mil] *s.* moulin à vent, m.

window [wĭndo͞u] *s.* fenêtre; vitrine; glace [auto], f.; vitrail, m.; *window display,* étalage, f.; *window-pane,* vitre; *window-sill,* rebord de fenêtre; *Am. window-shade,* store.

windpipe [wĭndpa'ip] *s.* trachée-artère, f. ‖ **windshield** [-shĭld] *s.* pare-brise, m. ‖ **windy** [-i] *adj.* venteux; verbeux; froussard (pop.).

wine [wa'in] *s.* vin, m.; *wine and water,* eau rougie; *wine cellar,* cave à vin; *wine glass,* verre à vin; *wine grower,* viticulteur; *wine waiter,* sommelier.

wing [wĭng] *s.* aile; escadre aérienne; coulisse (theat.), f.; aileron, m.; *v.* donner des ailes; blesser à l'aile; voler; *to take wing,* prendre son vol; *winged,* ailé; *winglet,* aileron; *wingspread,* envergure.

wink [wĭngk] *v.* cligner de l'œil; clignoter; *s.* clin d'œil; *I didn't sleep a wink,* je n'ai pas fermé l'œil une seconde. ‖ **winker** [-ᵉr] *s.* clignotant, m. ‖ **winking** [-ing] *s.* clignement, m.; *adj.* clignotant.

winner [wĭnᵉr] *s.* gagnant; vainqueur, m. ‖ **winning** [wĭning] *adj.* gagnant; engageant, attrayant; *s. pl.* gains, m. pl.

winnow [wĭno͞u] *v.* vanner; trier; séparer; battre [air]; *winnowing-machine,* tarare, van.

winsome [wĭnsᵉm] *adj.* charmant.

winter [wĭntᵉr] *s.* hiver, m.; *v.* hiverner; *adj.* d'hiver; hivernal; *wintergreen,* thé du Canada, *Fr. Can.,* thé des bois. ‖ **wintry** [-tri] *adj.* d'hiver; hivernal; glacial.

wipe [wa'ip] *v.* essuyer; *to wipe off,* effacer; essorer. ‖ **wiper** [-ᵉr] *s.* torchon; tampon; essuyeur, m.; *Am. windshield wiper,* essuie-glace.

wire [wa'iᵉr] *s.* fil de fer; fil métallique; télégramme, m.; dépêche, f.; *v.* attacher avec du fil de fer; télégraphier; poser des fils électriques; *barbed wire,* fil de fer barbelé; *fence wire,* ronce pour clôture; *piano wire,* corde à piano; *telegraph wire,* fil télégraphique; *to pull wires,* pistonner. ‖ **wireless** [-lis] *adj.* sans fil; *s.* radio, T.S.F., f.; *wireless controlled,* radioguidé; *wireless operator,* radiotélégraphiste; *wireless set,* poste de radio. ‖ **wiry** [-ri] *adj.* en fil de fer; sec et nerveux; raide [hair].

wisdom [wĭzdᵉm] *s.* sagesse; prudence, f.

wise [wa'iz] *adj.* sage; prudent; discret; sensé; *The Three Wise Men,* les trois rois mages; *to put wise,* donner un tuyau à; *v. Am. to wise up,* se mettre à la page; se dessaler; se détromper.

wise [wa'iz] *s.* façon, manière, f.

wiseacre [wa'izé'ikᵉr] *s.* benêt prétentieux, m. ‖ **wisecrack** [-krak] *s.* plaisanterie, f.; *v.* faire de l'esprit.

wish [wĭsh] *v.* désirer, souhaiter, vouloir; *s.** désir, souhait, vœu, m.; *best wishes,* meilleurs vœux; *I wish I were,* je voudrais être; *wishful,* désireux.

wisp [wĭsp] *s.* bouchon, tortillon, m. [straw]; ruban, m. [smoke].

wistaria [wĭstè'riᵉ] *s.* glycine, f.

wistful [wĭstfᵉl] *adj.* pensif; sérieux; silencieux et attentif.

wit [wĭt] *s.* esprit, m.; *to live by one's wits,* vivre d'expédients; *to lose one's wits,* perdre la tête; *to wit,* à savoir; *a wit,* un bel esprit.

witch [wĭtsh] *s.** sorcière, f.; *witchcraft,* sorcellerie; *witch hazel,* teinture d'hamamélis; *witching,* séduisant, ensorcelant.

with [wĭzh, wĭth] *prep.* avec; de; par; à; chez; dans; parmi; *with his hat on,* le chapeau sur la tête; *with a view,* en vue de; *he was with us ten years,* il a été employé chez nous dix ans.

withdraw [wizhdrau] *v.*° (se) retirer; se replier; rétracter [statement]. ‖ **withdrawal** [-°l] *s.* retrait; repli; rappel [order]. m.; retraite; mainlevée (jur.), f. ‖ **withdrawn** [-n] *p. p. of to* **withdraw.** ‖ **withdrew** [wizhdrou] *pret. of to* **withdraw.**

wither [wizh°r] *v.* (se) faner, (se) flétrir; dépérir.

withers [wizh°rz] *s. pl.* garrot, m.

withheld [withhĕld] *pret., p. p. of to* **withhold.** ‖ **withhold** [withhoould] *v.* retenir, arrêter; cacher.

within [wizhin] *prep.* dans; en dedans de; en moins de; *adv.* à l'intérieur; *within the week*, dans le courant de la semaine.

without [wizha°ut] *prep.* sans; hors de; en dehors de; *adv.* à l'extérieur, au-dehors; *without my knowledge*, à mon insu.

withstand [withstănd] *v.*° résister à; supporter. ‖ **withstood** [withstoud] *pret., p. p. of to* **withstand.**

witness [witnis] *s.* témoin; déposant; témoignage, m.; *v.* déposer; témoigner; attester.

witticism [wit°siz°m] *s.* trait d'esprit, m.

wittingly [witingli] *adv.* sciemment, de propos délibéré.

witty [witi] *adj.* spirituel.

wives [waivz] *pl. of* **wife.**

wizard [wiz°rd] *s.* sorcier, m.

wobble [wăb'l] *v.* vaciller; tituber; branler; *s.* vacillement, m.

woe [wo°u] *s.* douleur; misère, f.; malheur, m.; **woebegone**, navré.

woke [wo°uk] *pret. of to* **wake.**

wolf [woulf] (*pl.* **wolves** [woulvz]) *s.* loup, m.; *Am.* don juan, coureur, m.

wolverine [woulv°ra¹n] *s.* glouton, *Fr. Can.*, carcajou, m.

wolves [woulvz] *pl. of* **wolf.**

woman [woum°n] (*pl.* **women**) *s.* femme, f. ‖ **womanhood** [-houd] *s.* féminité, f. ‖ **womanize** [-a¹z] *v.* efféminer; courir les jupons. ‖ **womankind** [-ka¹nd] *s.* les femmes, f. pl. ‖ **womanly** [-li] *adj.* de femme; féminin; *adv.* en femme; de femme.

womb [woum] *s.* utérus, sein, m.; matrice, f.

women [wimin] *pl. of* **woman.**

won [wœn] *pret., p. p. of to* **win.**

wonder [wănd°r] *s.* étonnement; prodige, miracle, m.; surprise; merveille, f.; *v.* s'étonner (*at*, de); s'émerveiller; se demander (*whether*, si). ‖ **wonderful** [-f°l] *adj.* étonnant; prodigieux;

admirable. ‖ **wonderfully** [-f°li] *adv.* merveilleusement; extraordinairement. ‖ **wondrous** [wœndr°s] *adj.* merveilleux

wont [wo°unt] *s.* coutume; habitude, f.; *adj.* habitué, accoutumé; habituel; *to be wont.* avoir coutume.

won't = **will not**, *see* **will.**

woo [wou] *v.* courtiser.

wood [woud] *s.* bois, m.; *soft wood*, bois blanc. *wood engraving*, gravure sur bois; **woodcock**, bécasse; **woodcutter**, bûcheron; **wooded**, boisé; **wooden**, de bois, en bois. ‖ **woodland** [lănd] *s.* pays boisé, m. ‖ **wood(s)man** [-(z)m°n] (*pl.* **woodsmen**) *s.* homme des bois, trappeur; artisan du bois, m. ‖ **woodpecker** [-pèk°r] *s.* pic, pivert, *Fr. Can.*, pique-bois, m. ‖ **woodwork** [-wèrk] *s.* boiserie; menuiserie; ébénisterie, f. ‖ **woodworker** [-wèrk°r] *s.* charpentier; menuisier; ébéniste; ouvrier du bois, m.

woof [wouf] *s.* trame, f.

wool [woul] *s.* laine, f.; *adj.* de laine; en laine. ‖ **wool(l)en** [-in] *adj.* de laine; en laine; *s.* lainage, m. ‖ **wool(l)y** [-i] *adj.* laineux; crépu; mou [style].

word [wèrd] *s.* mot; vocable; avis, m.; parole; nouvelle, f.; *v.* exprimer; rédiger; libeller; formuler; *to have words with*, se quereller avec; *password*, mot de passe. ‖ **wordy** [-i] *adj.* prolixe, verbeux.

wore [wo°ur] *pret. of to* **wear.**

work [wèrk] *s.* travail; ouvrage; emploi, m.; œuvre; besogne, f.; *pl.* usine, f.; mécanisme; mouvement, m.; *v.*° travailler; accomplir; fonctionner; fermenter; produire; exploiter; manœuvrer; se frayer; résoudre [problem]; *to work away*, travailler d'arrache-pied; *to work out*, produire, opérer; calculer; *to be all worked up*, être surexcité; *workday*, jour ouvrable. ‖ **worker** [-°r] *s.* travailleur; ouvrier, m. ‖ **working** [-ing] *s.* travail, fonctionnement; tirage, m.; opération; manœuvre, f.; *adj.* travailleur; laborieux; *working hours*, heures de travail. ‖ **workingman** [-ingm°n], **workman** [-m°n] (*pl.* **workingmen**, **workmen**) *s.* ouvrier; travailleur; artisan, m. ‖ **workmanship** [-m°nship] *s.* ouvrage, m.; exécution du travail, f. ‖ **workshop** [-shâp] *s.* atelier, m.

world [wèrld] *s.* monde; univers, m.; *a world of*, une infinité de; *for the world*, pour tout au monde; *World War*, Grande Guerre, guerre mondiale. ‖ **worldly** [-li] *adj.* du monde; mondain; terrestre.

worm [wèrm] *s.* ver; serpentin [still]; tire-bourre (mech.), m.; vis sans fin, f.; *v.* se tortiller; se faufiler; ramper;

soutirer [secret]; *to worm oneself into*, s'insinuer dans; *worm-eaten*, vermoulu.

wormwood [wĕʳmwoud] *s.* absinthe; amertume, f. (fig.).

worn [woºʳn] *p. p. of to wear*; *worn out*, usé; éreinté.

worry [wĕʳi] *s.* tourment; tracas; ennui, m.; inquiétude, f.; *v.* ennuyer; importuner; (s')inquiéter; (se) tourmenter.

worse [wĕʳs] *adj.* pire; plus mauvais; *adv.* pis, plus mal; *worse and worse*, de mal en pis; *so much the worse*, tant pis; *he is none the worse for it*, il ne s'en trouve pas plus mal; *to change for the worse*, empirer, s'aggraver.

worship [wĕʳship] *s.* culte; respect, m.; adoration; vénération, f.; *v.* adorer; rendre un culte à. ‖ **worship(p)er** [-eʳ] *s.* adorateur, m.; adoratrice, f.

worst [wĕʳst] *adj.* le pire; le plus; le plus mauvais; *adv.* le pis; le plus mal; *v.* battre, vaincre, défaire; *to get the worst of it*, avoir le dessous.

worth [wĕʳth] *s.* valeur, f.; mérite; prix, m.; *adj.* valant; *to be worth*, valoir; *to have one's money's worth*, en avoir pour son argent. ‖ **worthless** [-lis] *adj.* sans valeur; sans mérite; inutile; indigne. ‖ **worthy** [wĕʳzhi] *adj.* digne; méritant; de valeur; estimable, honorable; bien fondé; *s.* sommité; célébrité, f.; grand homme, m.

would [woud] *pret. of will*; *she would come every day*, elle venait tous les jours (elle avait l'habitude de venir); *if you would do it*, si vous vouliez le faire; *she said she would go*, elle a dit qu'elle irait; *would-be*, soi-disant, prétendu.

wound [wound] *s.* blessure; plaie, f.; *v.* blesser.

wound [waºund] *pret., p. p. of to wind.*

wove [woºuv] *pret. of to weave.* ‖ **woven** [-ⁿ] *p. p. of to weave.*

wrangle [ràngʼl] *v.* se quereller; *s.* dispute, querelle, f.

wrap [rap] *v.* enrouler; rouler; envelopper; absorber (fig.); *s.* écharpe, f.; châle; manteau, m. ‖ **wrapper** [-eʳ] *s.* emballeur; empaqueteur; couvre-livre, m.; toile d'emballage; robe de chambre; bande de journal, f. ‖ **wrapping** [-ing] *s.* emballage, m.; *wrapping-paper*, papier d'emballage.

wrath [rath] *s.* colère, f.; courroux, m.; *wrathful*, furieux.

wreath [rîth] *s.* guirlande; couronne, f.; *wreath of smoke*, tourbillon de fumée. ‖ **wreathe** [rîzh] *v.* tresser, entrelacer; enrouler; couronner (*with*, de).

wreck [rèk] *s.* naufrage; sinistre; accident; bris (naut.), m.; épave (naut.); ruine, f.; *v.* faire naufrager, couler; saborder; détruire; faire dérailler (railw.).

wren [rèn] *s.* roitelet, m. (zool.).

wrench [rèntsh] *s.* torsion; foulure, entorse; clef (mech.), f.; *v.* tordre; arracher; (se) fouler; *screw-wrench*, tournevis; *adjustable screw-wrench*, clef universelle.

wrest [rèst] *v.* arracher en tordant; tirer de force; forcer [text]. ‖ **wrestle** [rès'l] *v.* lutter; combattre (*with*, avec; *against*, contre); *s.* assaut de lutte, m.; *wrestler*, lutteur; *wrestling*, lutte.

wretch [rètsh] *s.* misérable; malheureux; scélérat, m.; *poor wretch*, pauvre diable. ‖ **wretched** [-id] *adj.* misérable; infortuné; piètre; méchant; méprisable.

wriggle [rigʼl] *v.* se tortiller, frétiller; se faufiler (*into*, dans); s'insinuer (*in*, dans); *to wriggle out of a difficulty*, se tirer adroitement d'embarras.

wring [ring] *v.* tordre; arracher; presser, serrer; essorer; déchirer [heart]; extorquer [money]; forcer (fig.).

wrinkle [ringkʼl] *s.* ride; rugosité du terrain, f.; faux pli [cloth], m.; *v.* rider; froisser; faire des faux plis.

wrist [rist] *s.* poignet, m.; *wrist-pin*, axe de piston; *wrist-watch*, montre-bracelet.

writ [rit] *s.* exploit, mandat, m.; assignation; ordonnance (jur.), f.; *Holy Writ*, l'Écriture sainte. ‖ **write** [raⁱt] *v.* écrire; tracer; *to write down*, coucher par écrit; *to write out*, transcrire; mettre au net; *to write up*, décrire; inscrire; *how is this word written?*, comment s'écrit ce mot? ‖ **writer** [-eʳ] *s.* écrivain; auteur, m.

writhe [raⁱzh] *s.* se tordre.

writing [raⁱting] *s.* écriture, f.; art d'écrire, m.; *pl.* écrits, m. pl.; *in writing*, par écrit; *writing-desk*, bureau, pupitre; *writing-paper*, papier à lettres. ‖ **written** [rit'n] *p. p. of to write.*

wrong [raung] *adj.* faux; erroné; mauvais; illégitime; qui a tort; *s.* mal; tort; préjudice; dommage, m.; injustice, f.; *adv.* mal; à tort; *v.* faire du tort; léser; *to be wrong*, avoir tort; se tromper; *my watch is wrong*, ma montre ne va pas; *the wrong side of a fabric*, l'envers d'un tissu; *he took the wrong train*, il s'est trompé de train; *to do wrong*, mal agir; *to do a wrong*, faire du tort; méchant; délinquant; *wrong-doing*, iniquité; *wrongful*, injuste, injustifié; dommageable; illégal.

wrote [ro°ut] *pret. of* to write.

wrought [raut] *pret., p. p. of to work; adj.* travaillé, façonné; **wrought iron,** fer forgé.

wrung [rœng] *pret., p. p. of* to wring.

wry [ra¹] *adj.* tordu; de travers; *to make a wry face,* faire la grimace; **wryneck,** torticolis.

X - Y

X-ray [èks-ré¹] *s.* rayon X, m.; *v.* radiographier; **X-ray examination,** examen radioscopique; **X-ray photograph,** radiographie; **X-ray treatment,** radiothérapie.

xenophobia [zèn°fo°ubi°] *s.* xénophobie, f.

xylography [za¹l°grafi] *s.* xylographie, f.

xylophone [za¹l°fo°un] *s.* xylophone, m.

yacht [yât] *s.* yacht, m.; *v.* naviguer en yacht.

yam [yam] *s.* igname; *Am.* patate, f.

Yankee [yàngki] *adj., s.* yankee.

yap [yap] *v.* japper; glapir; rouspéter; *s.* jappement, m.; rouspétance, f.

yard [yârd] *s.* yard [measure]; vergue (naut.), f.

yard [yârd] *s.* cour, f.; préau; chantier; dépôt, m.; *back yard,* arrière-cour; *churchyard,* cimetière; *classification yard,* gare de triage; *navy yard,* arsenal; *poultry yard,* basse-cour. ‖ *yardstick* [-stik] *s.* unité de mesure; aune, f.

yarn [yârn] *s.* fil [thread]; récit, m.; histoire, f.

yaw [yau] *s.* embardée (naut.), f.; *v.* embarder (naut.); gouverner (aviat.).

yawn [yaun] *s.* bâillement, m.; *v.* bâiller.

yea [yé¹] *adv.* oui.

year [yi°r] *s.* année, f.; an, m.; *he is six years old,* il a six ans; *by the year,* à l'année; *twice a year,* deux fois l'an; *New Year's Day,* jour de l'an; *half-year,* semestre; *leap year,* année bissextile; *year book,* annuaire; *yearling,* animal d'un an. ‖ *yearly* [-li] *adj.* annuel; *adv.* annuellement.

yearn [yёrn] *v.* désirer; soupirer (*for,* après). ‖ *yearning* [-ing] *s.* désir, m.; aspiration, f.

yeast [yîst] *s.* levure, f.; ferment, m.

yell [yèl] *v.* hurler; vociférer; *s.* hurlement, m.; vociferation, f.

yellow [yèlo°u] *adj., s.* jaune; *yellowish,* jaunâtre; *yellowness,* couleur jaune.

yelp [yèlp] *v.* japper; glapir; *s.* jappement, glapissement, m.

yeoman [yo°um°n] (*pl.* yeomen) *s.* petit propriétaire; *Br.* magasinier, *Am.* commis aux écritures (naut.), m.

yes [yès] *adv.* oui; si [after a negative].

yesterday [yèst°rdi] *adv., s.* hier; *the day before yesterday,* avant-hier.

yet [yèt] *conj.* cependant; pourtant; néanmoins; toutefois; tout de même; *adv.* encore; toujours; déjà; malgré tout; jusqu'à maintenant; *as yet,* jusqu'ici; *not yet,* pas encore.

yield [yîld] *v.* céder; livrer; rendre; rapporter, produire; se soumettre; *s.* rendement; rapport; débit; produit; fléchissement, m.; récolte, f.; *to yield five per cent,* rapporter cinq pour cent; **yield capacity,** productivité; **yield point,** limite de résistance (mech.); *yielding,* doux; flexible; complaisant; accommodant.

yodel [yo°ud'l] *v.* yodler, iouler; *s.* ioulement, m.; tyrolienne, f.

yoga [yo°g°] *s.* yoga, m.; *yogi,* yogi.

yoke [yo°k] *s.* joug, m.; *v.* atteler; enjuguer; *yoke-elm,* charme [tree].

yolk [yo°k] *s.* jaune d'œuf, m.

yolk [yo°k] *s.* suint, m.

yonder [yànd°r] *adv.* là-bas.

yore [yo°r] *adv.* autrefois; *in days of yore,* au temps jadis.

you [you] *pron.* vous; *you never can tell,* on ne sait jamais.

young [yœng] *adj.* jeune; *s.* petit d'animal, m.; *to grow young again,* rajeunir; *young people,* la jeunesse. ‖ *youngster* [-st°r] *s.* gamin, mioche, gosse; jeune homme, blanc-bec, m.

your [your] *adj.* votre; vos; à vous. ‖ *yours* [-z] *pron.* le vôtre; la vôtre; les vôtres; à vous. ‖ *yourself* [yoursèlf] *pron.* vous-même; vous.

youth [youth] *s.* jeunesse; adolescence, f.; jeune homme, m. ‖ *youthful* [-foul] *adj.* jeune; juvénile. ‖ *youthfulness* [-foulnis] *s.* jeunesse, f.

yowl [yao°ul] *v.* hurler; *s.* hurlement, m.

Yugoslav [yo°ūgo°uslâv] *adj., s.* yougoslave, m.; *Yugoslavia,* Yougoslavie.

Yuletide [youlta¹d] *s.* fête de Noël, f.; temps de Noël, m.; *Yulelog,* bûche de Noël.

Z

zeal [zīl] *s.* zèle; enthousiasme, m.; ardeur, f. ‖ **zealot** [zèlᵉt] *s.* zélateur; fanatique, m. ‖ **zealotry** [zèlᵉtri] *s.* fanatisme, m. ‖ **zealous** [zèlᵉs] *adj.* zélé; ardent; enthousiaste; dévoué.

zebra [zībrᵉ] *s.* zèbre, m.

zebu [zībyou] *s.* zébu, m.

zenith [zīnith] *s.* zénith, m.

zephyr [zèfᵉr] *s.* zéphir, m.

zero [zīroᵘ] *s.* zéro, m.; *zero hour,* heure H.

zest [zèst] *s.* saveur; verve, f.; piquant, m.

zigzag [zigzag] *s.* zigzag; lacet, m.; *v.* zigzaguer.

zinc [zìngk] *s.* zinc, m.

Zion [zaⁱen] *s.* Sion, f.; *Zionism,* sionisme; *Zionist,* sioniste.

zip [zip] *v.* aller à toute vitesse, brûler le pavé.

zip [zip] *s.* fermeture à crémaillère, f.; *Am.* allant, brio, m.; verve, f.; *v.* fermer avec une fermeture à crémaillère; *zip-fastener,* fermeture à crémaillère.

zipper [zipᵉr] *s.* fermeture à crémaillère, f.

zither [zithᵉr] *s.* cithare, f.

zodiac [zoᵘdiak] *s.* zodiaque, m. ‖ **zodiacal** [zoᵘdaⁱek'l] *adj.* zodiacal.

zona [zoᵘnᵉ] *s.* zona, m.

zone [zoᵘn] *s.* zone, f.; *v.* répartir en zones; *danger zone,* zone dangereuse; *prohibited zone,* zone interdite.

zoo [zou] *s.* zoo, jardin zoologique, m. ‖ **zoological** [zoᵘeládjik'l] *adj.* zoologique. ‖ **zoology** [zoᵘál̴edji] *s.* zoologie, f.

zoom [zoum] *v.* monter en chandelle (aviat.); bourdonner, vrombir.

zyme [zaⁱm] *s.* enzyme, f.

THE NOUVEAU PETIT LAROUSSE

is the only book in the world that can be used several times a day, for a lifetime, not only by Frenchmen but by everyone who has the advantage of knowing French. By its constant re-editions and revisions it assures the reader of the most modern and accurate definitions in existence.

THE NOUVEAU PETIT LAROUSSE

is divided in two parts. The first covers over 50,000 French words, from A to Z, with pronunciations, spelling and definitions. The second section, from A to Z, deals with the arts, history, geography, science, etc. It has up-to-date maps of every country in the world. The whole 3-inch dictionary itself contains 70,500 entries, 1,800 pages, 5,535 illustrations in black and white, 56 color plates (of which 26 are maps), and a 8-page, 4-color atlas. The same dictionary is also available in a de luxe edition, with every page illustrated in full color, entitled NOUVEAU PETIT LAROUSSE EN COULEURS.

THE NOUVEAU PETIT LAROUSSE

is edited by a group of scholars whose experience and knowledge make it today the last and authoritative word on the subject. It is one of the basic books in every public and private library. Not to have one is to be behind the times.

For information about other Larousse publications:
LIBRAIRIE LAROUSSE U.S.A., 572 Fifth Avenue, NEW YORK;
LES ÉDITIONS FRANÇAISES INC., 192, rue Dorchester, case postale 3459, St.-Roch, QUÉBEC 2, Canada; or: LIBRAIRIE LAROUSSE, 17, rue du Montparnasse, PARIS-6ᵉ.

founded in 1852.
THE LIBRAIRIE LAROUSSE

was established more than a century ago by Pierre Larousse and Augustin Boyer. The aim of the two associates was "to teach everything to everybody." In a short time the name of Larousse attained great fame, thanks especially to its encyclopedic dictionaries which put all human knowledge within the reach of the general public. Today the Librairie Larousse is among the leading publishing houses of the world and Larousse has become synonymous with dictionary for all Frenchmen and French-speaking people. There is no book in France more widely known and used than the *Nouveau Petit Larousse* in one volume. There is no book more important than the *Grand Larousse encyclopédique* in eleven large volumes, the equivalent of a 600-book library. Between these two famous works, a variety of other dictionaries are to be found, in one or several volumes, many of them specialized, as well as a whole series of bilingual dictionaries. The Librairie Larousse is well known also for its *Mementos* (Encyclopedias), *Quarto Collection, Grammars, "Nouveaux Classiques Larousse,"* etc.

A detailed Larousse catalogue will be sent free upon request:
LIBRAIRIE LAROUSSE U.S.A., 572 Fifth Avenue, NEW YORK; LES ÉDITIONS FRANÇAISES INC., 192, rue Dorchester, case postale 3459, St.-Roch, QUÉBEC 2, Canada; or: LIBRAIRIE LAROUSSE, 17, rue du Montparnasse, PARIS-6ᵉ.

FREE!!
BOOKS BY MAIL
CATALOGUE

BOOKS BY MAIL will share with you our current bestselling books as well as hard to find specialty titles in areas that will match your interests. You will be updated on what's new from Pocket Books at no cost to you. Just fill in the coupon below and discover the convenience of having books delivered to your home. Please add $1.00 to cover the cost of postage and handling.

- -